刑事裁判의諸問題

第9券

刑事實務研究會 編

2019

司法發展財團

머 리 말

대법원 형사실무연구회는 1995년 1월 제1회 창립총회 겸 제1회 연구발표회를 개최한 이래 정례 세미나와 심포지엄 등을 통해 형사사법 분야의 실무와 관련된 연구 활동을 계속 해 오고 있습니다. 그동안 형사법 분야의 전통적인 쟁점에서부터 새롭게 대두되는 주제까지 모두를 아우르며 폭 넓고 깊이 있는 논의가 이어졌고, 2016년 3월까지의 연구결과가 담긴 '형사재판의 제문제【제8권】'가 2016년 8월 발간된 바 있습니다.

우리 연구회는 이번에 2016년 5월부터 2018년 12월까지 세미나와 심포지엄에서 발표된 논문 중 22편과 이에 대한 지정토론문 11편을 선정하여 수록한 '형사재판의 제문제【제9권】'를 발간하게 되었습니다. 여기에는 학계와 실무계 전문가들의 고민과 토론을 통해 구체화된 우리나라 형사사법의 모습과 향후 과제에 대한 다양한 연구결과가 망라되어 있고, 판례 형성에 실마리를 제공한 논문도 포함되어 있습니다. 그간의 연구성과를 정리한 이번 논문집이 학계와 실무계에 의미 있는 자료로 활용되어 더욱 발전된 이론을 모색하는 데 든든한 기반이 되기를 바랍니다.

끝으로 귀중한 시간을 내어 열정적으로 논문을 작성해 주신 집필자들과 열띤 토론에 참가해 주신 회원 여러분, 그리고 책자가 간행되기까지 애써주신 사법발전 재단 관계자들께 감사드립니다. 특별히 전임회장으로서 우리 연구회를 위해 헌신과 수고를 아끼지 않으시다가 퇴임하신 김신 대법관님께도 깊은 감사의 말씀을 드립니다.

2019. 5.

형사실무연구회 회장 대법관 박상옥

Contents

형사재판의 제문제 9권

1. 형사실체법 분야

목 차

2. 형사특별법 분야

3. 형사절차법 분야

Contents

형사재판의 제문제

1. 형사실체법 분야
2. 형사특별법 분야
3. 형사절차법 분야

1. 형사실체법 분야

법인대표자의 대표권남용과 배임죄의 성부

- 허 일 태* -

목 차

대상판결

서울고등법원(춘천) 제1형사부 2013. 5. 29. 선고 2012노217 판결

Ⅰ. 제1심: 춘천지방법원 영월지원 2012. 10. 25. 선고 2010고합43 판결

1. 법인대표자의 대표권 남용행위와 배임죄의 성부

제1심은 ① 근저당권설정행위로 인한 특정경제범죄가중처벌등에관한법률(이하 '특정경제범죄가중처벌법'이라 칭함)위반(배임)의 점과 관련하여, 거래의 상대방인 이남○이 당시 피해 회사에 대해

* 동아대학교 법학전문대학원 명예교수

아무런 채권이 없었음에도 피고인이 김○○와 공모하여 근저당권을 설정해 준다는 것을 알았거나 충분히 알 수 있었고, 그 후 위 근저당권설정등기가 말소되면서 피해 회사의 자금이 지출되지 않았으므로, 피고인의 이러한 행위는 대표권 남용행위로서 무효이고, 이로 인하여 피해 회사가 사용자 책임이나 불법행위에 따른 손해배상책임을 부담할 여지가 없다는 이유로 이 부분에 대해 주문에서 무죄로 판단하였다.

또한 ② 소유권이전행위로 인한 특정경제범죄가중처벌법위반(배임)의 점과 관련하여, 위와 같은 행위는 피해 회사의 영리 목적 또는 경영상 필요와 관계없이 피고인 또는 ○○기업의 이익을 도모할 목적으로 그 권한을 남용한 것이고, 그 행위의 상대방인 ○○기업의 대표이사 이남○도 피고인의 그와 같은 진의를 알았거나 알 수 있었다고 볼 수 있는바, 이는 피해 회사에 대한 대표권 남용행위로서 무효이고 이로 인하여 피해 회사가 사용자책임이나 법인의 불법행위 등에 따른 손해배상책임을 부담할 여지도 없다고 하면서 이 부분에 대하여도 주문에서 무죄로 판단하였다.

…

2. 대표이사가 피해회사를 상대로 지급명령을 확정시킨 행위와 관련하여 손해발생 내지 손해발생가능성 여부

제1심은 피고인이 이○○, 이남○, 우○○과 공모하여 피해 회사를 상대로 각 지급명령을 확정시킨 행위와 관련하여, 이○○은 피고인의 원심판시 제1의 업무상 배임 행위로 취득한 지급명령에 기하여 피해 회사 소유인 이 사건 아파트에 관한 경매절차에서 일반채권자로서 배당요구를 한 사실, 이남○은 피고인의 원심판시 제2의 업무상 배임 행위로 취득한 지급명령상의 채권액 6억 원을 피보전권리로 하여 피해 회사가 한민○, 한태○, 김용○, 김영○에게 한 이 사건 아파트의 일부 세대 매도행위를 사해행위에 해당한다고 주장하면서 사해행위취소소송을 제기한 사실(서울중앙지방법원 2008가단429769), 우○○은 피고인의 원심판시 제3의 업무상 배임행위로 취득한 지급명령을 집행권원으로 하여 2008. 10.경 당시 피해 회사의 무한책임사원이었던 한○근 소유 부동산에 관한 강제경매를 신청한 사실(서울중앙지방법원 2008타경30544)이 인정되고, 나아가 이○○, 이남○, 우○○은 언제든지 확정된 지급명령을 집행권원으로 하여 피해 회사의 재산에 강제집행을 실시하여 허위채권의 만족을 얻을 수 있었으므로, 피고인의 위 각 행위로 인하여 경제적 관점에서는 피해 회사에 재산상 손해발생의 위험이 초래되었다고 봄이 상당하다고 하면서 이 부분에 대해 유죄로 판단하였다.

II. 제2심의 법리와 판단

1. 법리

(1) 배임죄에서 '재산상 손해를 가한 때'에는 현실적인 손해를 가한 경우뿐만 아니라 재산상 실해발생의 위험을 초래한 경우도 포함되나, 그러한 손해발생의 위험조차 초래되지 아니한 경우에는 배임죄가 성립하지 아니한다. 이에 따라 법인의 대표자가 그 법인 명의로 한 채무부담행위가 법률상

효력이 없는 경우에는 특별한 사정이 없는 한 그로 인하여 법인에 어떠한 손해가 발생하거나 발생할 위험이 있다고 할 수 없으므로 그 대표자의 행위는 배임죄를 구성하지 아니하며,[1] 주식회사의 대표이사 등이 회사의 이익을 위해서가 아니라 자기 또는 제3자의 이익을 도모할 목적으로 그 대표권을 행사한 경우에 상대방이 대표이사 등의 진의를 알았거나 알 수 있었을 때에는 그 행위는 회사에 대하여 무효가 되므로 위와 같이 보아야 할 것이다.[2]

…

(2) 회사의 대표이사가 자신의 개인채무를 담보하기 위하여 회사 명의의 약속어음을 발행하는 것은 다른 특별한 사정이 없는 한 대표권 남용행위에 해당하고, 만일 상대방이 그 사실을 알았거나 중대한 과실로 알지 못하였다면 대표이사가 그와 같이 회사 명의의 약속어음을 발행한 것은 회사에 대하여 효과가 미치지 아니한다고 할 것이므로 회사는 상대방에 대하여 어음금채무를 지지 아니한다. 또한 그 경우 회사는 원칙적으로 상대방에 대하여 민법 제35조 제1항에 의한 손해배상책임 또는 민법 제756조 제1항에 의한 사용자책임을 지지 아니한다.[3] 그러나 약속어음은 원칙적으로 배서에 의하여 양도할 수 있고(어음법 제11조 제1항, 제77조 제1항), 약속어음상 채무의 이행을 청구받은 자는 그 소지인이 채무자를 해할 것을 알고 어음을 취득한 경우가 아니라면 발행인 또는 종전의 소지인에 대한 인적 관계로 인한 항변으로써 소지인에게 대항하지 못한다(어음법 제17조, 제77조 제1항). 그렇다면 회사의 대표이사가 대표권을 남용하여 회사 명의의 약속어음을 발행하였다면, 비록 상대방이 그 남용의 사실을 알았거나 중대한 과실로 알지 못하여 회사가 상대방에 대하여는 채무를 부담하지 아니한다 하더라도 약속어음이 제3자에게 유통될 경우 회사가 소지인에 대하여 어음금채무를 부담할 위험은 이미 발생하였다 할 것이므로, 그 약속어음이 제3자에게 유통되지 아니한다는 특별한 사정이 없는 한 경제적 관점에서는 회사에 대하여 배임죄에서의 재산상 실해 발생의 위험이 초래되었다고 봄이 상당하다.[4] 여기에서 그 약속어음이 제3자에게 유통되지 아니한다는 특별한 사정이 있는지 여부는 어음의 발행인과 수취인 기타 관련자들의 관계 및 그들 사이의 종전 거래실제, 유통하지 아니한다는 확약이 있는지 여부 등 약속어음 발행 전후의 구체적 경위와 사정, 발행된 어음의 문면 · 형식 · 재질, 기타 유통성에 영향을 주는 어음의 외형적 요소, 나아가 약속어음 외에 다른 담보가 제공되었는지 여부, 그 담보의 종류 또는 내용, 어음수취인, 기타 관련자들의 권리추급, 기타 그 권리관계의 전개양상 등 여러 사정들을 종합적으로 고려하여 판단하여야 한다(대법원 2013. 2. 14. 선고 2011도10302 판결 참조).

2. 제2심의 판단

---

1) 대법원 2010. 9. 30. 선고 2010도6490 판결 등 참조.

2) 대법원 1993. 6. 25. 선고 93다13391 판결, 대법원 2010. 5. 27. 선고 2010도1490 판결, 대법원 2011. 7. 14. 선고 2011도3180 판결, 대법원 2012. 2. 23. 선고 2011도15857 판결 등 참조.

3) 대법원 2011. 9. 29. 선고 2011도8110 판결 등 참조.

4) 대법원 2012. 12. 27. 선고 2012도10822 판결 참조.

(1) 위 각 특정경제범죄가중처벌법위반(배임)의 점과 관련하여, 위 법리와 특히 소유권이전행위로 인한 특정경제범죄가중처벌법위반(배임)의 점의 경우 중산기업 명의로 소유권이전등기가 마쳐진 이후 2007. 7. 3. 합의해제를 원인으로 그 소유권이전등기가 말소된 점(대표권남용에 따른 근저당권 설정행위의 무효와 이후 해지로 인한 근저당권설정등기의 말소에 관한 위 대법원 2012. 2. 23. 선고 2011도15857 판결 참조) 등에 비추어 볼 때, 원심의 위와 같은 판단은 정당하다고 보이며, 검사가 들고 있는 판례(대법원 2005. 10. 28. 선고 2005도4915 판결)는 거래 상대방의 행위가 어느 정도에 이르렀을 때 배임죄의 교사범 또는 공동정범이 될 수 있는지에 대하여 설시를 한 것으로서 이 사건과는 그 사안이 다른바, 앞서 본 판례(대법원 2012. 2. 23. 선고 2011도15857 판결)에서 설시한 바와 같이, 위 근저당권설정행위와 소유권이전행위로 인한 각 특정경제범죄가중처벌법위반(배임)의 점은 대표권 남용행위로서 무효이므로 피해 회사에 실질적인 손해가 발생할 가능성도 없고, 실제 손해도 없는 경우여서 배임죄가 성립하지 않는다고 할 것이다.

…

(2) 위의 법리와 제1심 법원이 적법하게 채택하여 조사한 증거들에 의해 인정되는 다음과 같은 사정, 즉 ① 이남○, 이○○, 우○○은 위 지급명령이 각 확정된 이후 이를 모두 포기한 점, ② 위와 같이 지급명령이 포기됨에 있어 피해 회사가 그들에게 별도의 금원을 지급하는 등 재산상 지출이 전혀 없었던 점, ③ 지급명령이 확정되는 경우 그 효력은 당사자 사이에만 미치는 것인 점 등을 종합하여 볼 때, 피고인이 이남○, 이○○, 우○○과 공모하여 지급명령을 확정시킨 행위는 피해 회사의 영리 목적 또는 경영상 필요와 관계없이 피고인이 피고인 또는 이남○, 이○○, 우○○의 이익을 도모할 목적으로 그 권한을 남용한 것이고, 그 행위의 상대방인 이남○, 이○○, 우○○도 피고인의 그와 같은 진의를 알았거나 알 수 있었다고 봄이 상당한바, 이는 피해 회사에 대한 대표권 남용행위로서 무효이고 이로 인하여 피해 회사가 그 채무 본지에 따른 책임은 물론이고, 나아가 사용자책임이나 법인의 불법행위 등에 따른 손해배상책임조차도 부담할 여지가 없으므로 피고인의 위 행위로 인하여 경제적 관점에서 피해 회사에 재산상 손해발생의 위험이 초래되었다고 볼 수 없다.[5]

연 구

I. 문제의 제기

배임죄는 형법 제355조 제2항에서 다음과 같이 명시하고 있다. "타인의 사

5) 약속어음이 제3자에 유통될 경우 피해 회사의 소구책임 가능성이 있다는 이유로 어음 발행으로 인한 배임죄가 성립될 수도 있다는 취지이나, 이 사건의 경우 지급명령이 확정되어도 당사자 사이에서만 효력이 있으므로 위와 같은 문제는 발생하지 않는다.

무를 처리하는 자가 그 임무에 위배하는 행위로써 재산상의 이익을 취득하거나 제3자로 하여금 이를 취득하게 하여 본인에게 손해를 가한 때에도 전항의 형(5년 이하의 징역 또는 1,500만 원 이하의 벌금)과 같다." 그리고 이에 관해 형을 가중한 '업무상 배임죄'(형법 제356조)는 "업무상의 임무에 위배하여 배임죄를 범한 자는 10년 이하의 징역 또는 3천만 원 이하의 벌금에 처"하고 있다.

그런데 배임행위에 의하여 재산상 이익의 취득액이 5억 원이 넘을 때에는 특정경제범죄가중처벌법 제3조가 적용되어 법정형이 본질적으로 가중된 형벌에 처할 수 있게 된다.[6] 그 결과 '특정경제범죄가중처벌법'의 적용대상이 되는 배임행위(혹은 '업무상 배임행위')를 통하여 재산상 이익의 가액이 5억 원이 넘는 경우에는 3년 이상의 유기징역, 50억 원이 넘으면 무기 또는 5년 이상의 징역에 처하게 된다.

이러한 특정경제범죄가중처벌법상 배임죄의 성립에는 ① 행위주체가 '타인의 사무를 처리하는 자'라는 신분을 가져야 되고, ② 행위자가 '그 임무에 위배하는 행위를 범하여'야 하는 점에서는 형법상 배임죄와 동일하지만, ③ 이런 배임행위로 인하여 "재산상의 이득을 5억 원 이상 취득하거나 제3자로 하여금 이를 취득하게 하여 본인에게 5억 원 이상의 손해를 가해야 한다."는 점에서 결정적으로 차이가 있다.

대상사건과 관련하여 제2심은 다음과 같은 입장을 취하고 있다.

① "근저당권설정행위와 소유권이전행위로 인한 각 특정경제범죄가중처벌법 위반(배임)의 점은 대표권 남용행위로서 무효이므로 피해 회사에 실질적인 손해가 발생할 가능성도 없고, 실제 손해도 없는 경우여서 배임죄가 성립하지 않는다."는 것이다. 즉 법인대표자가 대표권을 남용했지만, 그 남용행위가 법률상 무효인 경우에는 피해회사에 실질적인 손해발생의 가능성도 없기 때문에 특정경제

---

6) 제3조(특정재산범죄의 가중처벌)
① 「형법」 … 제355조(횡령 · 배임) 또는 제356조(업무상의 횡령과 배임)의 죄를 범한 사람은 그 범죄행위로 인하여 취득하거나 제3자로 하여금 취득하게 한 재물 또는 재산상 이익의 가액(이하 이 조에서 '이득액'이라 한다)이 5억 원 이상일 때에는 다음 각 호의 구분에 따라 가중 처벌한다.
1. 이득액이 50억 원 이상일 때: 무기 또는 5년 이상의 징역
2. 이득액이 5억 원 이상 50억 원 미만일 때: 3년 이상의 유기징역

범가중처벌법상 배임죄가 성립될 수 없다는 것이다.

② 회사의 대표이사가 대표권을 남용하여 다른 사람들과 공모하여 피해회사에 대한 지급명령을 확정시킨 행위는 이들 다른 사람들의 이익을 도모하여 대표권의 권한을 남용하고, 그 행위의 상대방인 이남○ 등이 피고인의 그와 같은 진의를 알았거나 알 수 있었기 때문에 이는 피해 회사에 대한 대표권 남용행위로서 무효이고 이로 인하여 피해 회사가 그 채무 본지에 따른 책임이나 사용자책임 혹은 법인의 불법행위 등에 따른 손해배상책임조차도 부담할 수 없다고 보아 피해회사에 재산상 손해발생의 위험이 초래되었다고 볼 수 없어 무죄가 된다는 입장을 취하고 있다.[7)]

따라서 이하에서는 법인대표자의 대표권 남용행위가 무효로 될 경우 배임죄의 성부에 관한 문제와 피고인이 대표권 권한남용으로 법률행위가 무효로 될 경우 곧바로 실해발생이나 실해발생 가능성의 위험이 없는지, 특정경제범죄가중처벌법위반(배임)의 경우 침해범인지 아니면 위험범인지 등을 규명하고, 대상사건의 경우 어떠한 형사실체법의 위반에 해당되는지를 검토해 보고자 한다.

II. 법인대표자의 대표권남용과 배임죄의 성부

1. 법인대표자가 자신의 채무를 자신이 대표로 있는 법인으로 하여금 담보토록 하는 행위가 타인(법인)의 사무인지

배임죄의 행위주체는 '타인을 위하여 그 사무를 처리하는 자'로 제한된다. '타인을 위하여 사무를 처리하는 자'란 타인에 대한 내부관계에서 이행해야 할 일정한 임무에 따라 그 타인의 사무를 처리하여야 할 법적 의무를 가지는 자를 의미한다. 즉 행위주체는 타인을 위해 그 타인과의 내부관계에서 이행해야 할 일정

7) 해당 사안의 경우 ① 지급명령이 각 확정된 이후 이를 모두 포기한 점, ② 위와 같이 지급명령이 포기됨에 있어 피해 회사가 그들에게 별도의 금원을 지급하는 등 재산상 지출이 전혀 없었던 점, ③ 지급명령이 확정되는 경우 그 효력은 당사자 사이에만 미치는 것인 점 등을 종합하여 볼 때, 실해의 발생이 없다는 것이다.

한 임무를 가지고 그 사무를 처리할 법적 성실의무를 부담하는 자여야 한다. 따라서 **매매나 금전소비대차 등의 쌍무계약**처럼 대향적으로 상대방에 대하여 의무를 부담하는 것에 불과한 자는 타인을 위하여 그 사무를 처리하는 자라고 할 수 없다. 이러한 경우의 행위자는 타인의 사무를 처리하는 자가 아니라, 타인을 위한 자기 자신의 사무를 처리하는 자에 불과하기 때문이다. 그 결과 이러한 자기 사무 처리자의 상대방에 대한 신의칙 위배행위는 민사상 채무불이행에 불과하고, 배임죄에는 해당될 수 없다. 그러므로 법인대표자가 자신이 대표로 있는 그 법인과의 정상적인 매매나 금전소비대차는 법인을 위한 타인의 사무가 아니라, 법인대표자의 자기를 위한 자기사무인 셈이다.

사정이 이렇다면 법인대표자가 대표권을 남용하여 법인의 재산을 자기 자신의 채무담보로 사용할 경우에도 그 대표자의 자기사무일 수 있을까? 법인대표자의 자기채무를 위해 법인재산에 대한 담보설정행위는 자기사무일 수 없다. 왜냐하면 법인대표자는 법인재산의 관리를 성실히 수행해야 할 임무를 갖고 있으며, 이는 대표자의 자기사무가 아니라, 타인인 법인의 사무를 처리한 것이기 때문이다.

2. 법인대표자의 권한남용행위와 타인의 사무처리에 대한 임무위배여부

법인은 민사법상 법률행위의 독자적인 행위주체가 될 수 있을지라도, 그 법인의 사무는 법인의 대표자가 처리한다. 즉 법인의 업무는 법인 명의로 처리되더라도 그 법인 명의의 업무에 관한 실질적인 사무처리자는 법인대표자에게 돌아간다. 법인대표자는 그런 업무를 성실히 이행해야 할 법적 책무를 부담한다. 이처럼 법인대표자가 자신의 법인 사무를 임무에 걸맞게 처리해야 할 의무를 지고 있음에도 이를 위반하여 권한을 남용하였다면, 법인대표자는 법인의 사무처리에 관해 성실히 이행해야 할 임무를 위배한 것이다.

또한 법인대표자의 권한남용에 의해서 체결된 제3자와의 법률행위가 법률상 무효로 되었다고 할지라도, 그 대표자의 권한남용은 타인의 사무처리 임무를 위배했다는 점에서는 하등 차이가 없다고 할 것이다. 왜냐하면 배임죄의 본질은 타인의 사무를 적절히 처리해야 될 임무의 위배에서 찾아야 되고, 대표자의 권한남용은 그런 임무위배의 핵심내용이기 때문이다.

3. 법인대표자의 권한남용행위와 손해의 발생과의 관계

법인대표자가 자신에게 주어진 법인의 사무처리 권한을 남용했다고 해서 곧바로 배임죄가 성립되는 것은 아니다. 그러한 권한남용은 타인의 사무를 적법하게 처리해야 할 임무에 위배하는 행위이자, 타인인 법인에 대한 재산상 손해발생의 원인일 수 있지만, 그렇다고 해서 손해발생의 필연일 수 없기 때문이다.

또한 법인대표자의 권한남용으로 체결된 법률행위가 무효로 귀착되었다고 해서 본인에게 재산상 손해를 전혀 가할 수 없는 것도 아니다. 예컨대 회사의 대표이사가 대표권을 남용하여 회사 명의의 약속어음을 발행하여 제3자에게 유통한 경우처럼 상대방이 그 남용의 사실을 알았거나 중대한 과실로 알지 못하여 회사가 상대방에 대하여는 채무를 부담하지 아니한다고 하더라도 회사는 그 약속어음의 소지인에 대하여 어음금채무를 부담할 위험은 특별한 사정이 없는 한 이미 발생한 것으로 볼 수 있기 때문이다.

III. 재산상 이익의 취득과 재산상 손해의 발생

1. 형법상 재산의 개념

형법상 재산의 개념은 법률적 관점에서가 아니라, 경제적 관점에서 실질적으로 파악해야 하며, 판례의 대부분도 이러한 경제적 재산설을 따르고 있다. 즉 "재산상 손해의 유무에 관한 판단은 법률적 판단에 의하지 아니하고 경제적 관점에서 실질적으로 판단되어야 한다."[8)]

그럼에도 불구하고 일부 판례는 이른바 '법률적 재산설'에 입각하여 법률행

---

8) 대법원 2015. 11. 26. 선고 2014도17180 판결.

위가 무효이면 재산적 손해도 발생하지 않는다는 입장을 취하고 있다. 즉 "배임죄에서 … 법인의 대표자가 법인 명의로 한 **채무부담행위가 법률상 효력이 없는 경우에는 특별한 사정이 없는 한 그로 인하여 법인에 어떠한 손해가 발생하거나 발생할 위험이 있다고 할 수 없으므로, 대표자의 행위는 배임죄를 구성하지 아니한다.**"[9] 다만 이런 경우의 대부분은 법률행위가 무효이면 본인인 피해자에게 대해 실질적인 손해발생이나 손해발생의 가능성이 거의 없을 때에 국한되고 있다.

그럼에도 판례의 이러한 '왔다갔다' 하는 태도는 다음과 같은 점에서 옳지 못하다.

첫째로 형법상 재산에 대한 개념은 원칙적으로 형법의 독자적 관점에서 수미일관되게 파악해야 한다. 어떤 재산이 민사법상 혹은 행정법상의 법률형식에 위배되어 형성된 것이라도 소유자나 점유자가 사실상 평온하게 지배할 경제적인 이익이나 가치를 갖는다면, 그런 재산은 형법상 보호해야 할 실익을 갖는다고 할 것이다. 즉 형법상 재산 개념은 형법의 재산보호 취지에 따라 독자적으로 판단해야 되기 때문에 법질서의 통일성을 이 단계에서 고려할 필요는 없다. 이에 따라 비록 사법상(私法上)으로 정당한 권리가 아니더라도 사실상으로 경제적인 이익이 있는 한, 그것을 형법상 재산 개념에 포함시킴으로써 그에 대한 침해로부터 보호하는 것이 타당해 보인다.[10]

그러므로 형법상 보호할 만한 재산은 경제적 관점에서 파악하는 것이 정당하고, 이러한 점에서 경제적 재산설은 형법적 재산 개념을 의미한다. 따라서 예컨대 매춘부의 성노동은 경제적 가치로 평가될 수 있어야 하고, 매춘부에게 매음료(賣淫料)를 지불할 의사와 능력이 없음에도 이를 가장(假裝)하여 성노동의 제공을 받은 행위는 사기죄에 해당될 수 있다고 보는 것이 자연스럽다.

둘째로 판례는 배임행위로 인하여 손해의 결과발생이 거의 없는 사안에서는 이른바 '법률적 재산설'을 취하면서, 손해발생이 곧바로 야기되거나 손해발생위험이 상대적으로 큰, 예컨대 약속어음의 발행과 같은 행위일 경우에는 '경제적 재산

---

9) 대법원 2011. 7. 14. 선고 2011도3180 판결; 대법원 2010. 9. 30. 선고 2010도6490 판결; 대법원 2001. 1. 19. 선고 2000도4787 판결.

10) 문형섭, 재산범죄의 이해, 전남대학교출판부, 2006, 30~31쪽 참조.

설'을 취하고 있다. 판례의 이러한 태도는 논리적이지 않고, 정당하지도 않다.

셋째로 특정경제범죄가중처벌법상 배임죄의 경우 미수범을 처벌하지 않기 때문에 배임행위로 인하여 재산상의 손해가 발생되지 아니하면, 범죄가 성립될 수 없다. 그러나 형법상 배임죄나 업무상 배임죄는 형법 제359조에 의거하여 미수범으로 처벌될 수 있다. 그러므로 법인의 대표이사가 권한을 남용하여 법인의 사무를 그르칠 경우, 이는 형법상 배임죄의 실행을 착수하였다는 점에서 비록 손해발생 혹은 손해의 발생가능성이 전혀 없다고 할지라도 미수범에서 완전히 자유로울 수 없는 것이다. 그럼에도 불구하고 법률적 재산 개념을 취하고 있는 일부 대법원 판례는 법인대표자의 권한남용행위(즉 채무부담행위)가 **"법률상 효력이 없는 경우에는 특별한 사정이 없는 한 그로 인하여 법인에 어떠한 손해가 발생하거나 발생할 위험이 있다고 할 수 없으므로, 대표자의 행위는 배임죄를 구성하지 아니 한다."**[11]는 판시는 정당하다고 할 수 없다.

2. 배임죄의 구성요건인 '이익을 취득하고, 손해를 가한 때'의 의미

'이익을 취득하고 손해를 가한 때'가 무엇을 의미하는지를 파악하려면 한편으로 '이익의 취득' 개념을, 다른 한편으로 '손해를 가한 때'의 개념을 규명할 필요가 있다. 그런데 이익의 취득은 손해를 가한 때와 대칭관계에 있으므로 후자의 개념을 파악하게 되면, 전자의 개념 역시 쉽게 이해될 수 있다는 점에서, 여기서는 후자의 개념 파악에 주력해 본다.

배임죄에서 '재산상의 손해'란 경제적 관점[12]에서 재산가치의 실질적 감소를 의미한다.[13] 재산가치의 실질적 감소는 기존재산의 감소뿐만 아니라 취득할 이

---

11) 대법원 2011. 7. 14. 선고 2011도3180 판결; 대법원 2010. 9. 30. 선고 2010도6490 판결; 대법원 2001. 1. 19. 선고 2000도4787 판결.

12) 대법원 2013. 4. 11. 선고 2012도15890 판결: "재산상 손해의 유무에 대한 판단은 본인의 전 재산 상태와의 관계에서 법률적 판단에 의하지 아니하고 경제적 관점에서 파악하여야 하므로."

13) 대법원 2012. 6. 28. 선고 2012도2623 판결: "판결회사의 대표이사 등이 그 임무에 위배하여 주식을 고가로 매수함으로 인하여 회사에 가한 손해액은, 그 주식이 회사의 경영권을 행사할 수 있는 이른바 경영권 프리미엄을 지니고 있어 그 가치를 평가하여 주식의 적정가액 산정에 가산하여야 하는 특별한 사정이 없는 한, 통상 그 주식의 실제 매수대금과 그 주식의 적정가액 사이의 차액 상당이라고 봄이 타당하다."

익의 상실을 포함한다.[14] 아울러 본인에게 발생된 손해와 이에 의한 이익이 동시에 발생한 경우에는 이를 정산하여 전체적인 차원에서 재산가치의 실질적 감소가 있었는가를 판단해야 한다.

그런데 재산상 위험의 발생만으로도 배임죄의 재산상 손해를 인정할 수 있다는 입장으로는 판례[15]뿐만 아니라 학자도 적지 않다.[16]

형법해석의 첫걸음은 문리해석이다. 문리해석이란 법규의 문언을 문자의 의미 그대로 해석하는 것이다. 그런데 '손해를 가한 때'의 경우, 문리해석이 특히 요구되는 것은 '가한 때'이다. 그리고 문리해석은 대부분 사전적 해석과 일치한다.

네이버의 우리말 사전에 따르면, '손해'의 개념과 '가(加)하다'의 용어는 다음과 같이 쓰임을 볼 수 있다.

'손해'의 개념은 통상적으로 "① 물질적으로나 정신적으로 밑지거나, ② 해를 입음"을 뜻한다.

'…를(을) 加한다.'의 의미는 "① 보태거나 더해서 늘리다. ② 어떤 행위를 하거나 영향을 끼치다. ③ 어떤 행위를 하도록 영향을 끼치다."

형법이 배임죄의 구성요건으로 '손해를 가한 때'라고 명시하고 있으므로, 여기서 '가하는 대상은 손해'이다. 손해란 통상적으로 '물질적으로나 정신적으로 밑지거나 실해를 입음'의 구체적 상태를 의미한다. 그것은 이미 발생하거나 가해진 실해이거나 물질적으로 밑지는 것을 의미하지, 손해발생을 야기하는 어느 행위 자체나 행위방식을 내포한다고 볼 수 없다.

더욱이 우리의 언어는 과거와 현재 그리고 미래형으로 구분 가능하며, 따라서 언제 손해를 가한 것인지에 대한 판단 역시 과거, 현재 그리고 미래로 확실하

---

14) 대법원 2005. 4. 15. 선고 2004도7053 판결; 대법원 2007. 3. 15. 선고 2004도5742 판결; 대법원 2007. 6. 15. 선고 2005도4338 판결; 대법원 2009. 8. 20. 선고 2008도12112 판결; 대법원 2011. 4. 28. 선고 2009도14268 판결.

15) 대법원 2015. 11. 26. 선고 2014도17180 판결: 업무상배임죄에서 재산상의 손해를 가한 때란 총체적으로 보아 본인의 재산 상태에 손해를 가하는 경우를 말하고, 현실적인 손해를 가한 경우뿐만 아니라 재산상 손해발생의 위험을 초래한 경우도 포함된다.

16) 박상기, 형법각론(제7판), 박영사, 2008; 배종대, 형법각론(제7판), 홍문사, 2010, 405쪽; 유기천, 형법각론강의(상권), 일조각, 1985, 296쪽; 이재상, 형법각론(제5판), 박영사, 2004, 419쪽; 이정원, 형법각론(제3판), 법지사, 2003, 470쪽; 정영일, 형법각론, 박영사, 2008, 407쪽.

게 구분할 수 있다. 즉 "손해를 가했다."는 과거로부터 발생한 경험적 손해이고, "손해를 가한다."는 현재시점의 존재적 손해이며, "손해를 가할 것이다."는 미래를 향하여 예견되는 손해를 뜻한다. 따라서 법문에서 '손해를 가한 때'라는 표지는 과거시점을 포함하여 손해가 현재 구체적으로 발생하고 있는 상태임을 의미한다고 하겠다.

3. 배임죄가 침해범인지의 여부

1) 형법 제355조 제2항의 문언

형법상 범죄는 당해 범죄구성요건을 통해 법익을 어느 정도로 보호하고 있는지에 따라 침해범과 위험범으로 구별된다. 침해범은 보호법익에 대한 현실적 침해가 있어야 범죄구성요건이 충족되는 범죄임에 반해, 위험범은 법익침해의 위험성만으로도 범죄구성요건이 충족되는 범죄이다.

만일 배임죄를 위험범으로 이해한다면, 타인의 사무를 처리하는 자가 그 임무에 위배되는 행위로써 재산상의 이익을 취득하려 해도 배임죄의 기수가 될 가능성이 높다고 할 것이다. 왜냐하면 행위자가 자신에게 주어진 임무에 위배된 행위로써 재산상 이익을 취득하려는 것은 필연적으로 타인에 대하여 손해를 가할 위험을 야기할 수 있게 되어 배임죄의 성립요건을 충족할 수 있기 때문이다.

배임죄를 위험범으로 이해하게 되면 그 범죄구성요건을 제대로 충족시키지 못한 경우에도 기수범으로 처벌할 수 있게 된다. 이는 죄형법정주의에 반한다. 배임죄에 관한 형법조문을 문언의 의미에 따른 침해범으로 해석하지 않고, 확대해석한 결과 그렇지 않아도 배임죄가 사적자치원칙에 반할 수 있어, 엄격한 해석이 필요함에도 불구하고 배임죄의 처벌의 범위를 확대시킬 수 있기 때문이다. 따라서 재산상 위험의 발생은 현재의 손해가 아닌 미래의 손해에 해당되므로 현재의 손해를 요구하고 있는 배임죄의 재산상 손해에는 해당하지 않는다고 해석해야 마땅하다.

특히 특정경제범죄가중처벌법 제3조는 이득액이 5억 원이 넘으면 3년 이상의 유기징역, 50억 원이 넘으면 무기 또는 5년 이상의 징역에 처하고 있음을 명시하고 있다. 그러므로 이득액이 5억 원이 넘거나 50억 원이 넘으면 법정형이 달라진다. 이득액의 차이에 법정형이 달라진다는 점에서 이득액은 범죄구성요건요소의 성질을 가진다. 이런 범죄성립의 구성요소는 단순히 이득액의 존재가능성만으로는 어느 법정형에 속한지를 파악할 수 없기에, 5억 원이 넘었는지 혹은 50억 원이 넘었는지를 판단하기 위해서 이득액의 구체적 액수 존재가 입증되어야 한다. 게다가 구성요건요소는 형사소송법상 엄격한 증명의 대상이다.

2) 미수범처벌 근거로 본 배임죄의 성질

배임죄는 미수범을 처벌한다(형법 제359조). 미수범은 처벌의 범위가 넓어 처벌의 사각지대를 최소화하는 데에는 유용하다. 이로 인해 사회방위의 보호기능은 강화되지만 형법의 보장적 기능은 약화된다. 즉 배임죄가 침해범이라면 타인의 사무를 처리하는 자가 본인에게 손해를 미치게 할 만한 임무위배행위를 하여도 손해의 결과가 발생하지 아니하면 기수범으로 처벌할 수 없게 된다. 따라서 이와 같은 처벌의 사각지대를 극복하기 위해 배임죄의 미수범 처벌을 요구하게 된 것이다.

물론 침해범이 아닌 위험범이라고 해서 미수범의 처벌을 인정해야 할 정당성이 없는 것은 아니다. 추상적 위험범인 현주건조물 등에의 방화(형법 제164조 제1항)나 공용건조물 등에의 방화(형법 제165조) 또는 일반건조물 등에의 방화(형법 제166조 제1항)조차 미수범을 처벌하고 있는바(형법 제174조 참조), 이들 위험범의 경우 범죄가 성립하려면 행위자가 단지 '불을 놓아'야 하는 것에 그치지 않고, 행위자의 그런 행위로 인하여 '소훼'라는 결과가 발생해야 한다. 따라서 행위자가 '불을 놓아'서 '소훼'라는 결과가 발생하지 아니하더라도 공중의 위험발생을 시도했다는 점에서, 그에 대한 처벌의 필요성이 존재하기에 추상적 위험범임에도 불구하고 미수범을 처벌하고 있는 것이다.[17]

---

17) 다음의 범죄도 위험범이지만 같은 맥락에서 미수범을 처벌하고 있다. 예컨대 형법 제172조(폭발성물건파열)는 폭발성 있는 물건을 파열시켜야 되고, 제172조의2(가스 · 전기 등 방류)는 가스 등을 방출, 유출 등을 행사해야 하며, 제173조(가스 · 전기 등 공급방해)는 가스, 전기 등의 공작물을 손괴 또는 제거하는 행위를 전제로 하고 있다. 즉 이들 범죄는 공공의 위험을 야기하기 위하여 행위자가 폭발성 있는 물건의 파열, 가스 등의 방출, 전기 등의 공작물 손괴를 요구하고 있다. 만

이에 반해 배임죄의 경우는 '타인의 사무를 처리하는 자가 그 임무에 위배하는 행위'만으로 곧바로 배임죄의 구성요건이 충족되지 않는다. 또한 행위자가 그런 행위 이외에 행위자에 의한 재산상의 이익을 취득했다고 해서 기수범이 되지도 않는다. 이런 요소를 포함하고, 이에 더하여 행위자가 본인에 대한 현실적인 손해의 발생이 있어야 비로소 기수범이 될 수 있는 것이다.

이처럼 배임죄의 기수범은 보호법익을 구체적이고 현실적으로 침해한 경우에 성립된다는 점에서 침해범이고, 그 결과 처벌범위는 협소하게 된다. 이에 따라 사회방위기능을 약화시킬 수 있기 때문에 이를 극복하고자 배임죄에 대해 미수범 처벌을 인정하고 있는 것이다.

3) 특정경제범죄가중처벌법상 5억 원 이상의 이득액의 성질과 침해범인지의 여부

특정경제범죄가중처벌법상 손해액이나 이득액이 구성요건 요소라면 그것은 재판 시에 이미 확정되어 있거나 확정될 수 있어야 한다. 이에 따라 '손해를 가한 때'의 의미도 이미 손해가 발생하였거나 적어도 현재 발생하고 있어야 할 것이다. 반면에 손해액이 배임죄의 양형요소에 불과하다면 자유로운 증명에 의해 손해발생을 추정할 수 있으면 족하다.

(1) 이득액 내지 손해액이 구성요건요소인지

형법상 재산범죄에 있어서 재물이나 재산상 이익 그 자체는 구성요건요소이지만, 그 가액이 얼마인가는 구성요건의 성립 여부에 원칙적으로 영향을 미치지 아니한다고 보는 것이 학계의 의견이다. 판례도 형법 제355조 제2항의 배임죄에서 재물의 가액이 얼마인지 문제되지 않는다고 판시한 것은 이런 관점에서 납득할 수 있다.[18] 독일의 경우에도 재산상 이익의 가액이 얼마인지는 역시 중요하

일 물건의 파열, 가스 등의 방출 또는 공작물의 파괴 등에 이르지 아니하면 미수로 처벌해야 할 여지가 적지 않다.

18) 대법원 2012. 9. 13. 선고 2012도3840 판결.

게 생각하지 않는다.[19)]

그러나 이러한 견해는 우리와 같은 특정경제범죄가중처벌법이 없는 경우에나 가능한 입장이다. 특정경제범죄가중처벌법 제3조 제1항에 따르면 배임행위로 취득한 이득액이 5억 원 이상 또는 50억 원 이상은 이에 상응하게 법정형이 구분되어 있고, 따라서 특정경제범죄가중처벌법상 이득액이나 손해액은 범죄구성요건의 일부로 되어 있음은 부인할 수 없는 사실이다. 대법원 전원합의체의 다수의견도 이러한 입장을 지지하고 있다.[20)] 다만 대법원의 견해가 특정경제범죄가중처벌법의 재산상 이득액을 항상 구성요건 요소로 파악하고 있는지에 대해서는 입장이 명백하지 않으나, 확실한 것은 이득액이 5억 원 이상 또는 50억 원 이상에 해당되느냐와 같은 한계 영역에서는 구성요건요소로 보고 있음은 분명하다.[21)]

사정이 이렇다면 형법상 배임죄에서도 이득액은 확정되어야 할 것이다. 왜냐하면 첫째로 침해범으로서 배임죄는 이득을 취하여 본인에게 손해를 현실적으로 가해야 하므로 이득액의 확정과 손해의 현실적 야기가 필요하고, 둘째로 특정경제범죄가중처벌법상 이득액이 5억 원이냐 혹은 50억 원이냐 여부에서만 확정되어야 할 논리적 필요성이 없으며, 셋째로 이득액이나 손해의 가액이 확정되지 않아도 배임죄의 미수범으로 처벌 가능하기 때문이다.

(2) 이득액의 구성요건적 성질

동일한 구성요건 내에서라도 재물이나 재산상의 가액은 구성요건요소와 깊은 관련을 맺고 있다. 왜냐하면 재산범죄에서 재물이나 재산상 이익은 행위의 객체이자 행위의 결과물이므로 구성요건요소인 재산상의 속성에 속하기 때문이다.[22)] 더구나 특정경제범죄가중처벌법은 5억 원이나 50억 원을 전후한 이득액에

19) Kindhäuser, in: Kindhäuser/Neumann/Paeffgen(hrsg.), Nomos Kommentar zum Strafgesetzbuch, Band 2. 2.Aufl., Baden-Baden, 2005, S. 4233.

20) 대법원 2012. 9. 13. 선고 2012도3840 판결; 대법원 2007. 4. 19. 선고 2005도7288 전원합의체 판결: 특경법위반(사기)죄에 관한 것으로 10인의 다수의견은 그 가액이 구성요건이라는 입장인 반면, 대법관 김용담, 김황식, 안대희 등 3인은 양형요소로 보았다.

21) 이에 반해 5억 원 미만이나 5억 원 이상에서 50억 원 미만 사이 또는 50억 원 이상에서는 단순히 양형요소로 파악하는 듯한 입장처럼 보이나, 불분명하다.

22) 같은 입장으로 이상원, “횡령죄의 이득액과 가벌적 후행행위”(상), 『저스티스』 제131호, 2012.

따라 법정형을 달리하고 있다.[23] 그런데 이득액이 원칙적으로 양형요소라고 한다면 다음과 같은 문제점에 발생한다. 즉 이득액의 가액이 5억 원이나 50억 원을 넘어서는 순간에만 구성요건의 요소이고, 그 외의 경우는 양형요소로 전환된다는 사고방식은 사물의 성질상 전혀 논리적이지도 않고, 정당하지도 않는다. 극단적으로 말하자면 5억 원에 1원이 못 미치면 양형요소에 불과하고, 5억 원이 되면 구성요건으로 전환될 수 있다는 생각은 받아들이기 힘들고, 이런 식의 이득액에 관한 사고방식은 논리법칙에 어긋난다. 다시 말해 배임으로 인한 특정경제범죄가중처벌법 위반의 경우 4억 9천만 원은 양형요소이고, 5억 원은 구성요건요소로 변하고, 다시금 5억 1천만 원은 양형요소로 돌변한다고 보는 것이 된다. 왜냐하면 이득액이 그 다과에 따라 불연속적인 질적 차이를 갖는 것은 아니며 연속하는 양적 차이가 있을 뿐이기 때문이다.

그러므로 특정경제범죄가중처벌법 제3조와 같이 이득액에 따라 법정형을 달리 규정하고 있는 한에서는 모든 재산상의 이득액은 단순한 양형요소가 아니라 구성요건 요소라고 보는 것이 타당해 보인다.[24]

이처럼 재산상 이득액 내지 손해액이 구성요건요소라면 그것은 5억 원 이상임을 입증해야 하기 때문에, 이득액은 구체적이고 실질적으로 나타낼 수 있어야 한다. 잠재적이고 미래의 손해, 즉 손해발생의 위험은 가액이 구체화되지도 않고, 실해일 수 없으며, 현실화되어 있다고 할 수 없다. 따라서 배임죄의 경우 손해의 발생에 대한 가액의 산정은 구성요건의 요소이며, 이는 손해가 현실적으로 발생한 것을 전제해야 한다.

4) 실해발생과 동 가치로 간주할 만한 불량대출 등의 경우

대법원에 따르면, '재산상의 손해를 가한 때'라 함은 현실적인 손해를 가한

8., 178쪽.

23) 대법원의 양형위원회에서 마련한 배임죄의 양형기준(표준)도 배임죄로 인한 이득액이 1억 원 미만(4월 ~ 1년 4월), 1억 원 이상 5억 원 미만(1년 ~ 3년), 5억 원 이상 50억 원 미만(2년 ~ 5년), 50억 원 이상 300억 원(4년 ~ 7년), 300억 원 이상(5년 ~ 8년)으로 구별하고 있다.

24) 같은 입장으로 이상원, 앞의 논문, 178쪽.

경우뿐만 아니라 '재산상 실해 발생의 위험을 초래한 경우도 포함되는 것'으로 판시하고 있다.[25] 앞에서 상세히 언급한 바와 같이 법문이 '재산상의 손해를 가한 때'라고 한정하여 현재의 손해야기임을 명시하고 있다. 그럼에도 불구하고 대법원이 이를 '재산상 실해 발생의 위험을 초래한 경우'까지 포함시킨 이유는 납득하기 힘들다.

다만 형법상 재산의 개념을 경제적 관점에서 파악할 때 실해의 발생과 동등하게 평가할 만한 재산상 현실적 손해라고 여길 만한 것이 없지 않다. 불량대출[26]이나 부정대출[27] 등과 같이 재산상 손해의 현실화에 이르지 아니하였더라도 그런 내용의 대출은 대출을 하자마자 재산상 손해로 평가할 만하기 때문이다.

그러나 자력이 없는 자에 대한 불량대출의 경우라도 그 대출 시점에서 보면, 장차 변제기의 회수불능의 위험이 존재하는 데 불과할 뿐이다. 다시 말해 불량대출을 하자마자 곧바로 실해가 발생한 것은 아니다. 불량대출의 경우 "채무자가 변제기에 채무를 결코 이행할 수 없다."는 사고방식은 독단이다. 불량대출의 경우라도 채무자가 자력을 회복하여 대출금을 이행할 수도 있기 때문이다. 물론 통상적으로 대출시점에서 볼 때 대출금의 회수가 어려운 명목상의 채권으로 평가할 수 있지만, 이행기가 도래하기 전까지는 본인에게 손해가 현실적으로 발생한 것이 아니다.[28] 그러므로 불량채권의 경우 그 이행기 이전에서는 배임죄의 기수범이 될 수 없을 뿐이지, 미수범의 성립을 방해하는 것은 아니다.[29]

4. 소결론

이상의 사정들을 종합해 보면 배임죄, 특히 특정경제범죄가중처벌법상 배임죄의 성질은 침해범이며, 따라서 손해의 발생가능성이 있다는 것만으로는 특정경

---

25) 대법원 2015. 11. 26. 선고 2014도17180 판결.

26) 대법원 2008. 2. 14. 선고 2007도7716 판결.

27) 대법원 1989. 4. 11. 선고 88도1247 판결.

28) 그러나 불량대출의 경우 곧바로 사실상 손해로 간주하고 있는 입장으로는 日本 大判 大正13年 11月 11日 刑集 3巻 788頁.

29) 동일한 입장으로 김신, "채무부담행위와 배임죄의 손해", 『법조』 통권 제733호, 2019. 2., 118쪽 이하 참조.

제범죄가중처벌법상 배임죄가 성립될 수 없게 된다. 특정경제범죄가중처벌법상 배임죄의 경우 미수범이 존재하지 않기 때문에 이익의 취득가능성과 이에 따른 손해의 발생가능성만으로는 범죄가 성립될 수 없다. 다만 형법상 배임죄나 업무상 배임죄의 미수범으로만 처벌될 수 있을 뿐이다.

최근의 대법원도 특정경제범죄가중처벌법위반(배임)의 경우 이러한 입장을 취하고 있음을 볼 수 있다. 즉 "배임 또는 업무상배임으로 인한 특정경제범죄가중처벌법 제3조 위반죄는 취득한 재산상 이익의 가액(이하 '이득액'이라 한다)이 5억 원 이상 또는 50억 원 이상이라는 것이 범죄구성요건의 일부로 되어 있고 이득액에 따라 형벌도 매우 가중되어 있으므로, 특정경제범죄가중처벌법 제3조를 적용할 때에는 취득한 이득액을 엄격하고 신중하게 산정함으로써, 범죄와 형벌 사이에 적정한 균형이 이루어져야 한다는 죄형균형 원칙이나, 형벌은 책임에 기초하고 책임에 비례하여야 한다는 책임주의 원칙이 훼손되지 않도록 유의하여야 한다. 따라서 업무상배임으로 취득한 재산상 이익이 있더라도 가액을 구체적으로 산정할 수 없는 경우에는, 재산상 이익의 가액을 기준으로 가중 처벌하는 특정경제범죄가중처벌법 제3조를 적용할 수 없다."[30)]

IV. 대상판결에 대한 평석

제1심 법원과 제2심 법원 모두 ① 근저당권설정행위로 인한 특정경제범죄가중처벌법위반(배임)의 점과 ② 소유권이전행위로 인한 특정경제범죄가중처벌법위반(배임)의 점에 관해 법인대표자가 권한을 남용한 것이고, 그 행위의 상대방도 피고인의 그와 같은 진의를 알았거나 알 수 있었기 때문에, 이는 피해 회사에 대한 대표권 남용행위로서 무효이고 이로 인하여 피해 회사가 사용자책임이나 법인의 불법행위 등에 따른 손해배상책임을 부담할 여지도 없다고 하면서 이 부분에 대하여도 주문에서 무죄로 판단하였다.

30) 대법원 2015. 11. 26. 선고 2014도17180 판결.

이에 반해 피고인인 대표이사의 피해회사를 상대로 지급명령을 확정시킨 행위와 관련한 문제에 대하여 제1심 법원은 손해발생가능성이 존재한다고 판단하여 특정경제범죄가중처벌법 제3조의 위반(배임)으로 유죄를 인정하였다. 그러나 제2심 법원은 (1) 대표이사인 피고인과 공모한 이남○ 등 3인 모두가 지급명령이 확정된 이후 모두 이를 포기한 점, (2) 지급명령의 포기와 함께 피해회사가 이남○ 등 3인에게 재산상 지출이 전혀 없었다는 점, (3) 지급명령이 확정되는 경우 그 효력은 당사자 사이에만 미친다는 점, (4) 피고인이 이남○ 등의 이익을 도모할 목적으로 그 권한을 남용한 것이고, (5) 그 상대방이 피고인의 그와 같은 진의를 알았거나 알 수 있었다는 점에서 법률행위가 무효이고, 이로 인하여 피해 회사가 그 채무 본지에 따른 책임은 물론이고, 사용자책임이나 법인의 불법행위 등에 따른 손해배상조차도 부담할 여지가 없으므로 피해 회사에 대하여 손해발생의 위험이 초래되었다고 볼 수 없다고 판시하고 있다.

결론부터 말하자면 배임죄, 특히 특정경제범죄가중처벌법상 제3조 위반(배임)의 경우는 앞서 살펴본 바와 같이 침해범이며, 따라서 이득액이 5억 원 이상인가의 여부는 구체적인 실해를 기반으로 해야 한다. 이런 점에서 특정경제범죄가중처벌법위반(배임)의 경우를 위험범으로 파악하여 손해의 발생가능성만으로도 기수범으로 파악하려는 태도는 논리적이지도 않고, 배임죄가 갖고 있는 사적자치에 반할 수 있는 성질에 부합하지도 않다. 이런 점에서 제1심 법원이나 제2심 법원이 배임죄의 성질, 특히 특정경제범죄가중처벌법위반(배임)이 위험범이라고 이해하고 손해의 발생가능성만으로도 유죄를 인정할 수 있다는 태도는 극복되어야 마땅하다.

다만 제2심 법원은 배임죄의 성질을 위험범으로 파악하면서도 사안의 구체적 성질을 검토하여 결과발생의 위험성이 거의 없어 보인 경우에는 특정경제범죄가중처벌법위반(배임)으로 인정할 수 없다는 입장은 그나마 제1심 법원보다 진일보한 것으로 보인다.

V. 결론

대부분 국가에서 배임죄를 인정하지 않은 결정적 이유는 시민사회의 핵심적 원칙인 개인의 사적자치를 보장하기 위한 배려 때문이다. 자본주의의 발전이 철저하게 진행되었던 영국이나 미국뿐만 아니라, 대부분의 국가에서는 형법 제355조 제2항의 배임죄를 잘 알지 못한다.[31)]

우리가 배임죄의 성립을 확대하면 할수록 민사문제에 대한 형사법의 개입은 확대되어 민사의 형사화를 부채질하게 되며, 이는 사적자치의 걸림돌이 될 수 있기 때문이다. 형법이 사회 경제질서에 개입하려면, 범죄의 불법성이 사회적으로 용납할 수 없을 정도로 사회 경제질서에 혼란을 야기할 수 있어야 하고, 이를 극복하기 위해 사법(私法)이나 행정법 등 다른 법률들에 의한 해결을 도저히 기대할 수 없을 때로 국한되어야 한다. 이를 무시한 채 사적자치가 원칙인 사법의 영역에 형사실체법의 적극적 개입은 절제되어야 할 뿐만 아니라, 특히 형법해석을 통한 사적자치의 제한에 적극적 개입은 극도로 자제되어야 한다. 왜냐하면 배임죄의 규정은 개인의 사적자치의 본질적 내용과 영역을 해칠 수 있기 때문이다. 그러므로 배임죄, 특히 특정경제범죄가중처벌법상 배임죄의 적용은 문언에 따라서 엄격하게 적용되어야지 이를 완화하거나 확대해석의 가능성은 반드시 회피되어야 할 것이다.

따라서 배임죄의 주체는 타인의 사무를 처리하는 자에 국한되어야 하고, 부동산의 이중매매에서 매도인의 등기협력사무처럼 타인을 위한 자기의 사무 역시 배임죄의 대상이 될 수 없어야 한다. 게다가 특정경제범죄가중처벌법상 이득액이 법정구성요건의 요소가 된다는 점에서, 구체적인 이득액의 현실적 산정이 가능해야 하며, 따라서 배임행위로 인해 피해자의 손해의 발생가능성만 있으면 특정경제범죄가중처벌법위반(배임)이 적용된다고 하는 것은 법치국가원칙에 본질적으로 반하는 것이 된다.

대상사건의 경우 손해발생의 결과가 발생하지 않았으므로 특정경제범죄가중

---

31) 미국 모범형법의 규정에도 전형적인 배임죄에 관한 규정이 없다. 이에 관해서는 법무부에서 발행한 “미국모범형법 · 형사소송법”, 『법무자료』 제50집, 111~130쪽 참조.

처벌법위반(배임)은 기수범이 될 수 없으나, 형법 제356조의 업무상 배임죄에 대한 미수범 인정은 가능해 보인다.

VI. 대상사건의 대법원판결

대상사건에 관해 대법원은 소유권이전행위로 인한 특정경제범죄가중처벌법위반(배임)의 점에 관하여 '피해 회사에 현실적인 손해가 발행하였거나 재산상 실해 발생의 위험이 초래되었다'고 보아, 이와 달리 이 부분을 무죄로 판단한 원심판결을 파기하였고, 나머지 부분에 대해서는 원심판결을 수긍하였다. 대법원 판결의 이유는 다음과 같다.

[대법원 2017. 10. 26. 선고 2013도6896 판결]

1. 소유권이전행위로 인한 특정경제범죄 가중처벌 등에 관한 법률 위반(배임)의 점에 관하여

가. 이 부분 공소사실의 요지는, 피해 회사를 실질적으로 운영하던 피고인이 그 임무에 위배하여 피해 회사의 대표사원 김○○와 주식회사 ○○기업(이하 '○○기업'이라 한다)의 대표이사인 이남○과 공모하여, 2007. 4. 16.경부터 2007. 7. 3.경까지 허위매매 방식으로 피해 회사 소유의 시가 합계 5억 5,000만 원 상당의 이 사건 아파트 55세대에 관하여 ○○기업 명의로 소유권이전등기를 경료함으로써, 이남○에게 5억 5,000만 원 상당의 재산상 이득을 취득하게 하고, 피해 회사에 같은 액수 상당의 손해를 가하였다는 것이다.

원심은, 피고인이 피해 회사의 대표사원 김○○와 공모하여 이 사건 아파트 55세대에 관한 소유권이전등기를 마쳐준 행위는 피해 회사의 영리 목적 또는 경영상 필요와 관계없이 피고인 또는 ○○기업의 이익을 도모할 목적으로 그 권한을 남용한 것으로, 상대방인 ○○기업의 대표자 이남○도 피고인의 진의를 알았거나 알 수 있었다고 할 것이어서 피해 회사에 대하여 무효인 점, 이로 인하여 피해 회사가 사용자책임이나 법인의 불법행위 등에 따른 손해배상책임을 부담할

여지도 없는 점, ○○기업 명의의 소유권이전등기가 2007. 7. 3. 합의해제를 원인으로 말소된 점 등을 들어 피해 회사에 실질적인 손해가 발생할 가능성이 없고, 실제 손해도 없는 경우여서 배임죄가 성립하지 않는다고 판단하였다.

나. 그러나 위와 같은 원심의 판단은 다음과 같은 이유로 수긍하기 어렵다.

배임죄는 타인의 사무를 처리하는 자가 그 임무에 위배하는 행위로써 재산상 이익을 취득하거나 제3자로 하여금 이를 취득하게 하여 본인에게 손해를 가함으로써 성립하는 범죄로서, 여기에서 '재산상의 손해를 가한 때'에는 현실적인 손해를 가한 경우뿐만 아니라 재산상 실해 발생의 위험을 초래한 경우도 포함된다. 재산상 손해의 유무에 대한 판단은 본인의 전 재산 상태와의 관계에서 법률적 판단에 의하지 아니하고 경제적 관점에서 파악하여야 하므로, 법률적 판단에 의하여 당해 배임행위가 무효라 하더라도 경제적 관점에서 파악하여 배임행위로 인하여 본인에게 현실적인 손해를 가하였거나 재산상 실해 발생의 위험을 초래한 경우에는 재산상의 손해를 가한 때에 해당되어 배임죄를 구성한다(대법원 2012. 12. 27. 선고 2012도10822 판결, 대법원 2013. 4. 11. 선고 2012도15890 판결, 대법원 2017. 7. 20. 선고 2014도1104 전원합의체 판결 등 참조).

위와 같은 법리에 비추어 보면, 이 사건 아파트 55세대에 관하여 ○○기업 앞으로 소유권이전등기를 마쳐준 피고인의 행위에 원심 판시와 같은 무효사유가 있다 하더라도, 그로 인해 피해 회사 소유의 이 사건 아파트 55세대에 관하여 ○○기업 명의의 소유권이전등기가 실제로 경료된 이상 경제적 관점에서는 피해 회사에 현실적인 손해가 발생하였거나 재산상 실해 발생의 위험이 초래되었다고 봄이 타당하다(대법원 1992. 5. 26. 선고 91도2963 판결, 대법원 1995. 11. 21. 선고 94도1375 판결 등 참조). 또한 위와 같이 ○○기업 앞으로의 소유권이전등기가 마쳐짐으로써 피해 회사에 재산상 손해가 발생한 이상 이후 ○○기업 명의의 위 소유권이전등기가 합의해제를 원인으로 말소되었다고 하여 이미 성립한 배임죄에 영향을 미칠 수 없다. 그런데도 원심은 그 판시와 같은 사정만을 근거로 피해 회사의 재산상 손해가 인정되지 않는다고 보아 이 부분 공소사실을 무죄로 판단하였으니, 이러한 원심판결에는 배임죄의 재산상 손해에 관한 법리를 오해하여 판결에 영향을 미친 잘못이 있다.

2. 나머지 특정경제범죄 가중처벌 등에 관한 법률 위반(배임) 및 업무상 배임의 점에 관하여

원심판결 이유를 기록에 비추어 살펴보면, 원심이 그 판시와 같은 이유를 들어 이 부분 공소사실에 대하여 각 범죄의 증명이 없는 때에 해당한다고 보아 무죄로 판단한 것은 정당하고, 거기에 상고이유 주장과 같이 논리와 경험의 법칙에 반하여 사실을 잘못 인정하거나 배임죄의 재산상 손해 및 직권심판의무 등에 관한 법리를 오해한 잘못이 없다.

3. 특정경제범죄 가중처벌 등에 관한 법률 위반(사기) 및 사기의 점에 관하여

소송사기에 있어서 피기망자인 법원의 재판은 피해자의 처분행위에 갈음하는 내용과 효력이 있는 것이어야 하므로, 피고인들이 타인과 공모하여 그 공모자를 상대로 제소한 경우나 피고인들이 법원을 기망하여 얻으려고 한 판결의 내용이 소송 상대방의 의사에 부합하는 것일 때에는 착오에 의한 재물의 교부행위가 있다고 할 수 없어 소송사기죄가 성립되지 아니한다(대법원 1996. 8. 23. 선고 96도1265 판결 등 참조).

원심은 그 판시와 같은 이유를 들어 이 부분 공소사실에 대하여 각 범죄의 증명이 없는 때에 해당한다고 보아 무죄를 선고한 제1심판결을 그대로 유지하였다. 원심의 이러한 판단은 위와 같은 법리에 따른 것으로서 정당하고, 거기에 상고이유 주장과 같이 소송사기에 관한 법리를 오해한 잘못이 없다.

4. 그러므로 원심판결 중 소유권이전행위로 인한 특정경제범죄 가중처벌 등에 관한 법률 위반(배임) 부분을 파기하고, 이 부분 사건을 다시 심리·판단하도록 원심법원에 환송하며, 나머지 상고를 기각하기로 하여, 관여 대법관의 일치된 의견으로 주문과 같이 판결한다.

[지정토론]

법인대표자의 대표권남용과 배임죄의 성부

- 고 홍 석*-

배임죄의 성립 여부와 관련하여 대법원판례가 형법 제355조 제2항의 '손해를 가한 때'에 '실해 발생의 위험'을 초래한 경우도 포함된다고 판단해 왔고, '실해 발생의 위험'이 무엇인지에 대하여 실무상 많은 논의가 되어 왔습니다. 발표자께서 법인 대표자의 대표권 남용행위가 무효로 될 경우 손해 발생이나 실해 발생의 위험이 없다고 볼 수 있는지 등을 중심으로 대법원판례에 대하여 여러 관점에서 문제를 제기해주시고, 새로운 시각을 제공해주셔서 감사드립니다.

개인적으로는 재판연구관으로 형사사건을 검토하면서 유사한 고민을 한 적이 있던 터라 제기하신 문제의식에 공감하였습니다. 다만 발표문을 읽는 과정에서 단편적으로 발생한 궁금한 점을 중심으로 몇 가지 여쭙고자 합니다만, 설혹 발표문의 취지를 잘못 이해한 부분이 있다면 널리 양해 부탁드립니다.

1. 일부 대법원판례가 법률적 재산설의 입장을 취하고 있는지

발표자께서는 대법원판례가 대부분 '경제적 재산설'을 따르고 있지만, 일부 대법원판례는 '법률적 재산설'에 입각하고 있는데, 이러한 대법원판례의 태도는 '배임행위로 인하여 손해의 결과 발생이 거의 없는 사안에서는 법률상 재산설을 취하면서 손해발생이 곧바로 야기되거나 손해 발생의 위험이 상대적으로 큰, 예컨대 약속어음의 발행과 같은 행위일 경우에는 경제적 재산설을 취하고 있어 논

* 대법원 재판연구관

리적이지 않다'는 등의 이유로 옳지 못하다고 설명하셨습니다.

발표자께서 '법률적 재산설'에 입각하였다고 제시하신 대법원판결은 대체로 "배임죄에서 '재산상 손해를 가한 때'란 현실적인 손해를 가한 경우뿐만 아니라 재산상 실해 발생의 위험을 초래한 경우도 포함되나, 그러한 손해 발생의 위험조차 초래되지 아니한 경우에는 배임죄가 성립하지 아니하는데, 법인의 대표자가 법인 명의로 한 채무부담행위가 법률상 효력이 없는 경우에는 특별한 사정이 없는 한 그로 인하여 법인에 어떠한 손해가 발생하거나 발생할 위험이 있다고 할 수 없으므로, 대표자의 행위는 배임죄를 구성하지 아니한다."고 판시한 것입니다.

개인적으로는 법인 대표자의 권한남용행위로 인한 채무부담행위가 법률적으로 무효라는 이유만으로 과연 '특별한 사정이 없는 한' 경제적인 관점에서도 손해의 발생이나 그 발생의 위험이 없다고 할 수 있는지에 대해서는 의문이 있습니다.

그러나 일부 대법원판례의 위 문언만으로 일부 대법원판례가 법률적 재산설, 즉 '재산을 법률상 권리 · 의무의 총체'로 파악하여 '권리 상실이나 의무 부담이 있는 때에 재산적 손해가 발생한 것'이라는 입장이라고 단정하기는 어려워 보입니다.

즉, <u>경제적 관점에서 보더라도</u> 임무위배에 의한 채무부담행위가 법률상 무효인 경우에는 '채무부담행위 자체만으로는' 곧 손해가 발생하거나 손해 발생의 위험이 초래되지는 않고, 또 채무부담의 외관이 형성된 이상 상대방이 그에 터잡아 본인에게 '채무이행을 청구'할 수 있으나 법인으로서는 채무이행을 거절하기만 하면 되므로, 법인과 상대방 사이의 관계가 이러한 단계에 머문 경우라면 <u>경제적 관점에서 실질적으로</u> 손해가 발생하거나 실해 발생의 위험이 있다고 보기 어렵습니다. 실제로 대법원이 위와 같은 판시를 한 사안들은 대체로 무효인 채무부담행위를 토대로 소송이 제기되거나(대법원 2010도1490), 압류 등 강제집행에 착수된 경우(대법원 2012도2142), 이로 인해 이자부담이나 주가하락의 위험이 발생한 경우(대법원 2011도3180)로 모두 배임죄의 성립을 인정하지 않았습니다.

또, 발표자께서 법률적 재산설에 입각하였다고 제시하신 대법원 2001. 1. 19. 선고 2000도4787 판결도 재건축조합이 정관을 위반하여 보증행위를 한 사안에서 '피고인의 보증행위는 조합에 대하여 효력이 없어 그 보증행위 당시 그로 인하여 조합이 보증계약상 책임을 부담하거나, 사용자로서 손해배상 등의 책임을 부담할 여지도 없으므로, 조합에 재산상 손해가 발생하였거나, 재산상 손해 발생의 위험이 초래되었다고 볼 수 없다'고 판단하면서도, 일반 법리로 "배임죄에서 재산상의 손해를 가한 때라 함은 현실적인 손해를 가한 경우뿐만 아니라 재산상 실해 발생의 위험을 초래한 경우도 포함되고, 재산상 손해의 유무에 대한 판단은 본인의 전 재산 상태와의 관계에서 법률적 판단에 의할 것이 아니라 경제적 관점에서 파악하여야 하며, 따라서 법률적 판단에 의하면 그 배임행위가 무효라 하더라도 경제적 관점에서 파악하여 그 행위로 인하여 본인에게 현실적인 손해를 가하였거나 적어도 재산상 실해 발생의 위험을 초래한 경우에는 배임죄를 구성"함을 인정하고 있습니다. 위와 같은 일반 법리는 무효인 배임행위로 인하여 재산상 손해 또는 실해 발생의 위험을 인정한 대법원판결들에서 공통적으로 제시되는 판시입니다.

이러한 점들을 모두 종합하여 조화롭게 해석하면, 발표자께서 법률적 재산설에 입각하였다고 제시하신 일부 대법원판례의 판시는 그 당부에 대한 판단을 떠나 법률적 재산설의 입장에서 선 것이 아니라 경제적 재산설의 입장에서 배임행위로 무효인 채무부담행위로 인한 재산상 손해 또는 실해 발생의 위험을 평가한 것이라고 생각됩니다. 즉, 재산적 손해 또는 실해 발생의 위험 자체는 경제적 관점에서 파악하되, 배임행위가 법률상 무효인 단계에 머물러 있는 경우에는 경제적 관점에서도 특별한 사정이 없는 한 실해 발생의 위험이 발생하였다고 볼 수 없어 이를 손해의 범위에서 제외하고, 그 행위로 법인이 민법상 사용자책임 또는 불법행위책임을 부담하거나,[1] 현실적인 손해가 발생한 경우,[2] 실해 발생의 위험이 있는 경우[3]에 비로소 배임죄의 '손해'가 있다고 본 것으로 생각됩니다.

발표자께서도 대법원판례가 법률적 재산설에 입각한 경우의 대부분은 '법률행위가 무효이면 본인인 피해자에게 대해 실질적인 손해 발생이나 손해 발생의

1) 대법원 2010. 9. 30. 선고 2010도6490 판결
2) 대법원 2013. 4. 11. 선고 2012도15890 판결
3) 대법원 1996. 9. 6. 선고 96도1606 판결

가능성이 거의 없을 때'에 국한되고 있다고 하셨는데, 바로 이 경우가 대법원이 법률행위가 무효이어서 '경제적 관점에서' 손해의 발생이나 실해 발생의 위험이 없다고 본 것으로 이해됩니다.

그렇다면 일부 대법원판례가 법률적 재산설에 입각하였는지가 문제가 된다기보다는, 배임행위가 법률상 무효인 경우라도 경제적인 관점에서 손해가 발생하거나 실해 발생의 위험이 초래되는 경우가 있을 수 있어 경제적 관점에서의 손해 내지 실해 발생의 위험을 어느 정도까지 배임죄의 '손해'에 포섭할 수 있는지가 중요한 문제라고 생각됩니다.

발표자께서 법률적 재산설에 입각하였다고 제시하신 일부 대법원판례도 경제적 재산설의 입장에 서있다고도 설명이 가능할 것 같은데, 이에 대한 발표자의 고견을 여쭙고 싶습니다.

2. 배임죄에서 '손해를 가한 때'의 의미

발표자께서는 배임죄에서의 '손해를 가한 때'라는 표지는 '과거시점을 포함하여 손해가 현재 구체적으로 발생하고 있는 상태'를 의미하고, '배임죄는 침해범이어서 재산상 위험의 발생은 현재의 손해가 아닌 미래의 손해에 해당하므로 현재의 손해를 요구하고 있는 배임죄의 재산상 손해에는 해당하지 않는다'고 설명하셨습니다.

발표문에서 제시하신 여러 이유에 비추어 배임죄를 위험범으로 보는 것이 타당한지에 대해서는 개인적으로도 의문이 없지 않습니다.

다만 대법원판례는 '재산상의 손해를 가한 때'란 "현실적인 손해를 가한 경우뿐만 아니라 재산상 실해 발생의 위험을 초래한 경우도 포함된다."[4]고 하면서도, '실해 발생의 위험'에 대하여 "구체적 · 현실적인 위험이 야기된 정도에 이르러야 하고 단지 막연한 가능성이나 권리행사에 방해요소가 될 우려가 있다는 정도로는 부족하다."[5]고 판시하고, 더 나아가 "(금융기관의 임 · 직원이 대출규정을

4) 대법원 2007. 11. 15. 선고 2007도6075 판결 등
5) 대법원 2012. 11. 29. 선고 2012도10139 판결

위반하여 대출한 사안에서) 대출행위를 업무상배임죄로 처벌하려면 그로 인하여 금융기관에 현실적인 손해가 발생하였거나 재산상 실해 발생의 위험, 즉 경제적 관점에서 재산상 손해가 발생한 것과 사실상 같다고 평가될 정도의 위험이 발생하였다고 판단되어야 한다."[6]고 판시하였고, 최근에도 "(업무상 임무에 위배하여 물품지급보증서를 발급한 사안에서) 재산상 손해가 발생하였다고 평가될 수 있는 재산상 실해 발생의 위험이란 본인에게 손해가 발생할 막연한 위험이 있는 것만으로는 부족하고 경제적인 관점에서 보아 본인에게 손해가 발생한 것과 같은 정도로 구체적인 위험이 있는 경우를 의미한다."[7]고 판시하고 있습니다.

이에 의하면 대법원판례는 현실적 손해 이외에 실해 발생의 위험도 배임죄에서의 손해에 포함하되, 그 범위를 제한하여 손해로 볼 수 있는 실해 발생의 위험은 그 위험에 의하여 현재 경제적 관점에서 재산의 가치가 감소되었다고 볼 수 있을 정도에 이르러야 한다는 입장으로 보입니다. 그렇다면 남는 문제는 구체적으로 어느 경우에 '경제적 관점에서 보아 재산적 손해가 발생한 것과 같은 정도로 구체적인 위험이 있는 경우'인가 하는 점입니다.

이와 관련하여 2가지 사항을 질문 드리겠습니다.

가. 발표자께서도 '대법원이 실해 발생의 위험을 초래한 경우'까지 손해에 포함시킨 이유는 납득하기 힘드나, "형법상 재산의 개념을 경제적 관점에서 파악해야 할 때 실해의 발생과 동등하게 평가할 만한 재산상 현실적 손해라고 여길 만한 것이 없지 않다. 예컨대 불량대출 … 등과 같이 재산상 손해의 현실화에 이르지 아니하였더라도 경제적 관점에서 볼 때 그런 내용의 대출은 재산상 손해로 평가할 수 있기 때문이다. 즉 불량대출 … 의 경우 비록 손해의 현실화에 이르지 아니하였지만, 경제적 관점에서 볼 때 현실적 재산상의 손해는 그런 대출을 하자마자 발생하게 된 것이다."고 설명하셨습니다.

위 발표 부분의 취지가 불량대출을 (대법원판례의 표현을 빌자면) 경제적 관점에서 '현실적 손해'로 보신 것인지, 아니면 이와 동가치로 간주할 수 있는 '실해

6) 대법원 2008. 6. 19. 선고 2006도4876 전원합의체 판결
7) 대법원 2015. 9. 10. 선고 2015도6745 판결

발생의 위험'으로 보신 것인지는 명확하지 않은 것 같습니다. 발표자의 다른 논문[8]에서 "배임죄에서 손해와 동가치의 구체적 위험발생"이라는 항목 아래에서 "법문이 '재산상의 손해를 가한 때'라고 한정하여 현재의 손해야기임을 명시하고 있음에도 불구하고 대법원이 이를 '재산상 실해 발생의 위험을 초래한 경우'까지 포함시킨 이유는 다음과 같아 보인다. 왜냐하면 예컨대 불량대출이나 부정대출 등과 같이 재산상 손해의 현실화에 이르지 아니하였더라도 경제적 관점에서 볼 때 재산상 손해로 평가할 수 있기 때문이다."라고 설명하신 것으로 보아서는 토론자 입장에서는 後者로 보신 것으로 추측합니다.

발표자께서는 불량대출을 前者와 後者 중 어느 것으로 보신 것인지요. 만약 後者로 보신 것이라면 발표자께서도 현실적인 손해가 발생한 경우 외에도 예외적으로 이와 동가치인 '실해 발생의 위험'이 있는 경우에는 배임죄의 손해에 포함된다는 입장으로 보이는데, 그렇다면 (구체적 · 개별적 사안에서 어느 경우를 재산상 손해와 같은 정도의 실해 발생의 위험이라고 볼 수 있는지는 별론으로 하더라도) '재산상 실해 발생의 위험'이란 '경제적인 관점에서 보아 본인에게 손해가 발생한 것과 같은 정도로 구체적인 위험'이라고 판시한 대법원판례의 입장과 같은 입장이라고 보아도 되는 것인지요.

나. 대법원판례는, 상대방이 무효인 채무부담행위를 토대로 소송을 제기하거나(대법원 2010도1490) 압류 등 강제집행에 착수한 경우(대법원 2012도2142), 이로 인한 이자부담 또는 주가하락의 위험(대법원 2011도3180), 허위채무를 부담하고 회사 명의 부동산에 근저당권을 설정한 경우(대법원 2010도3643), 외관을 제대로 갖추지 않은 보호예수증서를 작성 · 교부한 경우(대법원 95도531)만으로는 재산상 손해는 물론 실해 발생의 위험도 인정하지 않은 반면, 위조서류로 회사 명의 근저당권을 말소한 경우(대법원 2014도2578), 적법절차 없이 회사의 유일한 재산을 매도하고 소유권이전등기를 마쳐준 경우(대법원 94도1375)에는 재산상 손해가 발생한 경우라고 보았고, 허위 입금전표를 작성하고

8) "대표이사의 대표권 남용행위와 배임죄의 관계", 형사재판의 제문제 제7권, 189면

허위 예금통장을 교부한 경우(대법원 96도1606), 대표권을 남용하여 회사 명의 약속어음을 발행한 경우(대법원 2011도10302), 허위채무를 부담하여 회사의 채권과 상계한 경우(대법원 2011도15857, 원심 수긍)에는 실해 발생의 위험이 있다고 보았습니다.

발표자께서는 법인 대표자의 권한남용행위로 손해가 발생한 예로 배임행위로 약속어음을 발행하여 제3자에게 유통된 경우를 제시하셨습니다. 대법원판결(2011도10302)은 약속어음의 제3자 유통 가능성만으로 '실해 발생의 위험이 초래'되었다고 보았는데, 이것만으로는 배임죄의 '손해' 발생이라고 보기 어려운 것인지, 또 제시하신 사례 이외에 어느 경우를 무효인 배임행위임에도 재산상 손해가 발생하였다고 볼 수 있는지에 관한 설명을 부탁드립니다. 나아가 불량대출, 부정대출 이외에 배임죄에서의 손해와 동가치의 구체적 위험발생이 있다고 볼 수 있는 경우로 염두에 두신 사안이 있는지를 알려주시면 감사하겠습니다.

3. 부정대출의 경우 현실적 재산상 손해는 그런 대출 즉시 발생하는지

발표자께서는 부정대출의 경우에도 '재산상 손해의 현실화에 이르지 아니하였더라도 경제적 관점에서 볼 때 현실적 재산상의 손해는 그런 대출을 하자마자 발생하게 된 것'이라고 하여 실해 발생의 위험과 동가치로 간주할 수 있는 예외적인 경우라고 설명하셨습니다.

물론 대법원판례 중에는 경제적 재산설에 입각하면서도 특정한 정책목표의 달성을 위하여 조성된 자금의 대출 등에 있어서 그 자금운용규제나 정책목표달성이 저해되었다는 점 그 자체를 재산상 손해가 초래된 것으로 보아 배임죄의 성립을 인정한 사례[9]가 있습니다.

그러나 발표자께서 어떠한 부정대출을 염두에 두신 것인지 명확하지 않지만,[10] 종래 흔히 문제되었던 새마을금고 등의 동일인 대출한도 제한규정 위반을

9) 수산업 경영개선자금의 지원한도 초과대출의 경우(대법원 2007도1038 판결), 중소기업진흥기금의 부적격업체에 대출한 경우(대법원 97도2042 판결), 군 조절용 사료를 부당 방출한 경우(대법원 81도2024 판결), 곡가조절용 정부양곡을 부당 방출한 경우(대법원 73도1881 판결) 등

전제로 한 것이라면 그 규정 위반의 부정대출만으로 곧바로 재산상 손해 또는 이와 동가치의 실해 발생의 위험이 발생하였다고 볼 수 있는지 의문입니다. 동일인 대출한도 제한 규정은 해당 금융기관 자체의 적정한 운영을 위하여 마련된 것이지 대출채무자의 신용도를 평가해서 대출채권 회수가능성을 직접적으로 고려하여 만들어진 것은 아니고, 따라서 그 초과사실만으로 곧바로 대출채권을 회수하지 못하게 될 위험이 생겼다고 볼 수 없음은 물론, 다른 회원들에 대한 대출을 곤란하게 하여 적정한 자산운용에 장애를 초래하였다고 단정할 수 없기 때문입니다.

이점에서 대법원이 단순히 동일인 대출한도를 초과하여 대출하였다는 사정을 근거로 대출금 회수가능 여부나 담보 적정 여부 등을 따지지 않고 재산상 손해를 가한 것이라고 판단한 대법원판결들을 변경하여 "동일인 대출한도를 초과하여 대출함으로써 구 새마을금고법을 위반하였다고 하더라도, 대출한도 제한규정 위반으로 처벌함은 별론으로 하고, 그 사실만으로 특별한 사정이 없는 한 업무상배임죄가 성립한다고 할 수 없고, 일반적으로 이러한 동일인 대출한도 초과대출이라는 임무위배의 점에 더하여 대출 당시의 대출채무자의 재무상태, 다른 금융기관으로부터의 차입금, 기타 채무를 포함한 전반적인 금융거래상황, 사업현황 및 전망과 대출금의 용도, 소요기간 등에 비추어 볼 때 채무상환능력이 부족하거나 제공된 담보의 경제적 가치가 부실해서 대출채권의 회수에 문제가 있는 것으로 판단되는 경우에 재산상 손해가 발생하였다고 보아 업무상배임죄가 성립한다고 해야 한다."고 판시한 대법원 2008. 6. 19. 선고 2006도4876 전원합의체 판결의 입장이 타당해 보입니다.

이와 관련하여 다음과 같은 사항들을 여쭈어 보고자 합니다. 먼저 발표자께서 설명하신 현실적 손해 발생과 동가치할 수 있는 '부정대출'이 무엇을 의미하는지요. 또, 경제적 재산설의 입장에 서고 배임죄에 대하여 침해범의 입장에 선다면 부정대출이 있었다는 사실 그 자체만으로 현실적 손해나 이와 동가치의 실해

---

10) 제시하신 대법원 1989. 4. 11. 선고 88도1247 판결도 "피고인이 그 임무에 위배하여 부정대출행위에 관여하였을 때에는 그 대출금 전액에 대하여 배임죄가 성립"한다고 되어 있을 뿐, 구체적인 사안은 알 수 없습니다.

발생의 위험이 발생하였다고 볼 수는 없는지 의문인데, 발표자께서는 부정대출 그 자체만으로 '손해를 가한 때'의 요건이 충족되었다고 보신 것인지요.

4. 발표문에 관하여 몇 가지 드는 의문을 심도 깊은 고민 없이 여쭈어 보았습니다. 다시 한 번 양해 부탁드립니다. 그리고 훌륭한 발표를 해주신 점 다시 감사드립니다.

[지정토론]

법인대표자의 대표권남용과 배임죄의 성부

- 이 상 원* -

1. 머리에

회사의 대표이사가 대표권을 남용하여 회사에 대하여 부담을 지우는 ① 근저당권 설정행위, ② 소유권 이전행위, ③ 지급명령 확정행위를 한 데 대하여 특정경제범죄가중처벌등에관한법률위반(배임)죄로 기소된 사안에서, 제1심은 ①② 무죄, ③유죄를, 제2심은 ①②③모두 무죄를 선고하였습니다. 이에 대한 평석을 하신 발표문은 제2심 판결을 지지하면서 특정경제범죄법위반(배임)은 무죄이되 형법상의 업무상배임미수가 성립할 수는 있을 것이라는 취지로 이해됩니다.

배임죄는「타인의 사무를 처리하는 자가 그 임무에 위배하는 행위로써 재산상의 이익을 취득하거나 제삼자로 하여금 이를 취득하게 하여 본인에게 손해를 가한 때」에 성립합니다. 위 사안에서 문제된 핵심 내용은 위 구성요건 중 '손해를 가한 때'라는 요건을 충족하는가 하는 점이므로 이를 중심으로 살펴보겠습니다.

2. 법익보호의 정도

가. 견해

배임죄의 법익보호 정도에 관하여 침해범설과 위험범설이 있는데, 다수의 견해는 전자를 취하는 것으로 보인다. 그런데 판례는 일관하여「배임죄에 있어서

---

* 서울대학교 법학전문대학원 교수

재산상의 손해를 가한 때라 함은 현실적인 손해를 가한 경우뿐만 아니라 재산상 실해 발생의 위험을 초래한 경우도 포함」한다고 하고, 일부 판례에서는 명시적으로 배임죄가 위험범(위태범)이라고 판시한 바 있어,[1] 대개의 학자들은 판례의 입장을 위험범설로 이해하고 있다.

나. 형법의 해석

법문은 '손해를 가한 때'라고 하고 있다는 점을 고려하면 '손해의 발생'이 구성요건의 요소이고 '손해발생의 위험'만으로는 구성요건이 충족되지 않는다. 따라서 어떠한 이유나 필요에 의해서 '손해발생의 위험'만으로 구성요건이 충족된다고 판단하여 배임죄의 성립을 인정하는 것은 형법의 해석을 넘어선다. 이러한 의미에서 판례 중에서 「업무상배임죄에서 재산상의 손해를 가한 때라 함은 총체적으로 보아 본인의 재산 상태에 손해를 가하는 경우를 말하고, 현실적인 손해를 가한 경우뿐만 아니라 <u>재산상 손해발생의 위험</u>을 초래한 경우도 포함된다.」고 판시한 것[2]이나 아예 배임죄가 위험범(위태범)이라고 명시한 것은 다소의 아쉬움이 있다.

그런데 "손해를 가한 때"를 반드시 본인에게 "현실적인 손해가 실현된 때"로 이해할 것은 아니다. 통설과 판례가 취하는 경제적 재산설에 의할 때 재산상 손해의 유무에 대한 판단은 법률적 판단에 의하지 않고 경제적 관점에서 파악하여야 하는데, 만일 위와 같이 현실적인 손해가 실현된 때에 이르지 않더라도 경제적인 관점에서 손해가 발생하였다고 평가될 수 있다면 구성요건은 충족된 것으로 볼 수 있기 때문이다. 이러한 의미에서 대부분의 판례가 「재산상의 손해에는 현실적인 손해가 발생한 경우뿐만 아니라 <u>재산상 실해 발생의 위험</u>을 초래한 경우도 포함」한다고 하여 '재산상 손해발생의 위험'이라는 표현 대신 '재산상 실해 발생의 위험'이라는 표현을 사용한 것은 큰 의미가 있고, 이러한 관점에서 일부

---

1) 대법원 1975. 4. 22. 선고 75도123 판결(「횡령죄나 배임죄는 양자가 다 침해범이 아니고 위태범」); 대법원 2004. 7. 22. 선고 2002도4229 판결(「현행 형법상의 배임죄가 위태범이라는 법리를 부인할 수 없다 할지라도」)

2) 대법원 2015. 11. 26. 선고 2014도17180 판결

판례가『재산상 실해 ≠ 재산상 손해 = 현실적인 손해 + 실해발생의 위험』으로 파악하고 있는 것은 매우 적절하다고 생각한다.

대법원 2015. 9. 10. 선고 2015도6745 판결

> 업무상배임죄는 업무상 타인의 사무를 처리하는 자가 임무에 위배하는 행위를 하고 그러한 임무위배행위로 인하여 재산상의 이익을 취득하거나 제3자로 하여금 이를 취득하게 하여 본인에게 재산상의 손해를 가한 때 성립하는바, 여기서 재산상의 손해에는 현실적인 손해가 발생한 경우뿐만 아니라 재산상 실해 발생의 위험을 초래한 경우도 포함되고, 재산상 손해의 유무에 대한 판단은 법률적 판단에 의하지 않고 경제적 관점에서 파악하여야 한다(대법원 1995. 11. 21. 선고 94도1375 판결 등 참조). 그런데 재산상 손해가 발생하였다고 평가될 수 있는 재산상 실해 발생의 위험이라 함은 본인에게 손해가 발생할 막연한 위험이 있는 것만으로는 부족하고 경제적인 관점에서 보아 본인에게 손해가 발생한 것과 같은 정도로 구체적인 위험이 있는 경우를 의미한다(대법원 2008. 6. 19. 선고 2006도4876 전원합의체 판결 등 참조). 따라서 재산상 실해 발생의 위험은 구체적 · 현실적인 위험이 야기된 정도에 이르러야 하고 단지 막연한 가능성이 있다는 정도로는 부족하다(대법원 2012. 11. 29. 선고 2012도10139 판결 참조).

이에 따를 때 '실해'란 '현실적인 손해'를 의미하고 배임죄가 성립하는 '실해발생의 위험'이란 배임죄 구성요건인 '재산상 손해가 발생하였다'고 평가될 수 있는 것을 의미하며, 이는 구체적 · 현실적인 위험이 야기된 정도에 이르러야 하고 단지 막연한 가능성이 있다는 정도로는 부족하다.

다. 위험범?

위와 같이 실해발생의 위험만으로 배임죄가 성립한다면 위험범이 아닌가 하는 생각이 들고, 이 때문에 판례도 위험범이라는 표현까지 사용하게 되고, 이는 다시 '손해' 발생의 위험까지 포함하는 것으로 이해하는 데까지 나아간 것으로 생각된다.

그러나 실해발생의 위험이 포함된다고 하여 반드시 위험범설을 취할 필요는 없다. 기망에 의하여 재산권을 이전해주더라도 법률행위를 취소하고 다시 재산권을 회복할 수 있다고 하여 재산권 침해는 발생하지 않았고 오직 위험만 발생하였다는 이유로 위험범으로 보지는 않는다. 나아가 절도범은 도품에 대하여 아무런 법률적 권리가 없고 재산권은 여전히 원소유자에게 있어 재산권의 침해는 발생하지 않았지만 침해범으로 보고 있다. 소유권 보호법익의 관점에서 보는 경우는 물론, 점유권 보호법익의 관점에서도 1년 내에는 점유회수 청구를 할 수 있으므로(민법 204조) 재산권의 침해의 위험만이 발생하였다고 볼 수 있다. 그럼에도 절도죄는 침해범으로 보고 있다.

이렇게 본다면, 재산권이 현실적으로 침해되지 않고 그 위험만 발생한 경우, 즉 실해발생의 위험만 발생한 경우에도 우리 법은 범죄의 성립을 인정하고 있으며 그 정도도 침해범으로 인정하고 있다고 할 수 있다.

3. 법률행위가 무효인 경우와 실해발생의 위험

2.에서 본 바와 같이 법률행위가 취소될 수 있거나(사기, 공갈) 법률행위가 아예 존재하지 않는 상태에서도(절도, 강도) 재산권의 침해가 발생한다고 할 수 있는데, 이를 자세히 분석해 보면 '실해발생의 위험이 있는 경우'라고 할 수 있다.

그렇다면, 배임 거래의 상대방이 악의 또는 과실이 있는 경우 민법상의 비진의 의사표시 이론에 따라 법률행위가 무효라는 이유만으로 배임죄의 성립을 부인하는 것은 논리적이지 않다. 배임죄의 구성요건은 '배임법률행위의 유효'가 아니라 '경제적 관점에서 실해발생의 위험'이기 때문이다.

거래상대방의 심리상태를 이유로 배임거래의 무효가 문제되는 경우는 대체로 행위자와 수익자가 공모하여 본인에게 손해를 가하는 경우인데, 이들의 의도대로 진행된다면 결국 본인의 재산이 현실적으로 수익자에게 이전하는 결과가 초래되고 손해의 회복이 현실적으로 불가능한 경우가 적지 않을 것이다. 이러한 경우는 판례가 배임죄가 성립한다고 의심 없이 인정하는 경우, 예컨대 거래 상대방이 선의무과실인 경우보다 더욱 불법성이 크다고 할 것임에도 후자는 유죄, 전자는 무죄라는 전도된 결론을 내린다는 것은 매우 부적절하다.

4. 미수

판례가 실해발생의 위험이 초래되지 아니하였다는 이유로 배임죄의 성립을 부인하는 경우 배임미수죄가 성립을 인정하거나 검토하지는 않고 있다. 이에 대하여 임무위배행위가 존재하여 실행의 착수가 인정된다면 배임미수죄로 처벌하여야 할 것인데 판례의 취지는 미수죄조차 인정되지 않는다는 것이지만 그 근거에 대하여 아무런 판단이 없다는 비판이 있고, 무죄라는 판단이 아니라 미수는 성립한다는 뜻으로 선해하여야 한다는 입장도 있다.

법률행위가 무효라는 이유로 무죄라고 판단하는 판례가 미수조차 성립하지 않는다는 취지라고 할 때, 판례가 타당하기 위한 논리는 불능범이론이다. 즉, 위와 같은 경우에는 '실해발생의 위험'이 생길 가능성이 없고 따라서 그러한 사정에 대한 인식이 있더라도 범의(고의)는 성립하지 않으며 이에 따라 배임행위에 해당하는 구체적인 행위(예컨대, 등기설정)가 있더라도 불능범일 뿐이라는 논리이다.

그런데 이러한 논리가 타당하려면 '형법 제27조의 위험성'조차 없다는 것이 전제가 되어야 하며, '실해발생의 위험'이 없는 경우 '형법 제27조의 위험성'도 없다는 법리, 즉 양자의 '위험' 개념은 동일하다는 것을 전제로 한다.

그러나 판례도 적절히 지적한 바처럼(2015도6745 판결) 실해발생의 위험은 구체적 위험으로서 구성요건요소인 '결과'에 해당하는 것이며 결과발생의 위험을 의미하는 형법 제27조의 위험성과는 구분된다. 즉, 「형법 제27조의 위험성=결과발생의 위험성=실해발생의 위험이 발생할 위험」이기 때문이다. ①②③의 경우 실해발생의 위험이 없다고 한다고 하더라도 바로 불능범이라고 할 수는 없고, 다시 미수범의 성립 여부를 검토하여야 한다.

5. 맺으며

법률행위가 무효인 경우 배임죄 성부는 '실해발생의 위험' 여부를 기준으로 판단하여야 하고, 이 위험이 부정되는 경우라도 불능미수의 요건인 '위험성'이 있다면 미수범으로 처벌하여야 한다.

위계에 의한 아동·청소년 간음죄에서의 '위계'의 의미*

– 이 덕 인**–

목 차

【대상판결】

공소사실의 요지

피고인(사건 당시 36세)은 스마트폰 애플리케이션 '낯선 사람 랜덤채팅'을 통하여 피해자(여, 14세)에게 말을 걸어, 자신을 고등학교 2학년이라고 거짓으로 소개하고, 다른 사람의 사진을 마치 자신의 사진인 것처럼 피해자에게 전송한 뒤 채팅을 계속하면서 사귀기로 한 다음 피해자 신체의 가슴 부위 사진을 찍어서 보내줄 것을 요구하였다. 이 요구에 피해자가 수차례 응하자 피고인은 피

* 이 글은 대법원 형사실무회에서 발표 후 수정·보완을 거쳐 2016년 12월, 형사법연구 제28권 제4호에 게재하였습니다.
** 부산과학기술대학교 교수, 법학박사

해자를 유인한 후 간음하기로 마음먹고 채팅으로 피해자에게 거짓으로 피고인을 스토킹하는 여자가 있으며 이 여성의 집착으로 힘들다면서 그녀를 떼어 내려면 피해자와 피고인의 선배가 성관계를 하고 그 장면을 촬영하여 스토킹녀에게 보내주어야 한다고 하였다. 이러한 요구를 피해자는 거절하였으나 계속해서 그 여자 때문에 죽고 싶고 힘들다며 헤어질 것을 종용하는 피고인의 말에 헤어지는 것이 두려운 나머지 피해자는 피고인이 요구한 선배와의 성관계를 승낙하게 된다.
피해자를 약속한 장소에서 만난 피고인은 자신을 가공의 선배로 소개한 뒤 차량에 태워 인접한 해수욕장 근처 공터로 끌고 가 차량의 뒷좌석에서 스스로 옷을 벗게 한 후 1회 간음하였다. 이 과정에서 피해자는 통증을 호소하며 성관계의 중단을 요구하였으나 적극적인 거부 의사는 밝히지 않았고, 피고인이 "여기까지 왔으면 5번 정도는 해야 하지 않겠느냐. 할 거면 제대로 해라. 다시 하자." 라고 말하자 2회 더 간음에 응하였다.

재판의 경과

1. 1심의 판단

이 사건에 대해 피해자는 간음행위 자체가 아니라 자신의 나체 사진과 동영상이 유포되는 것이 두려워 수사기관에 신고하였고, 검찰은 제1심에서 아동 · 청소년의 성보호에 관한 법률(이하 청소년성보호법) 제7조 제5항에 규정된 '위력'에 의한 간음죄로 기소하였다, 그러나 제1심은 피고인이 사건 당시 피해자에 대해 자유의사를 제압하기에 충분한 세력을 이용하여 간음했음이 합리적 의심을 배제할 정도로 증명되었다고 보기 부족하다는 점에 근거하여 무죄를 선고하였고(광주지방법원 순천지원 2015. 2. 5. 선고 2014고합278 판결), 이에 검사는 항소하였다.

2. 2심의 판단

항소심은 당초 제1심과 같은 공소사실에 터 잡았으나 검사가 공소사실을 변경하여 청소년성보호법 제7조 제5항의 동일조문에 규정된 '위계'에 의한 간음죄로 심판대상을 변경하자 원심판결은 파기되었다. 변경된 공소사실에 대해서 항소심은 위계에 의한 아동 · 청소년간음죄에 있어서 위계는 행위자가 간음하기 위한 목적으로 피해자인 상대방에게 오인, 착각, 부지를 일으키게 하고 이와 같은 상대방의 비정상적인 심적 상태를 이용하여 간음의 목적을 달성하는 것이라고 전제한 후 이때의 오인, 착각, 부지는 간음행위 자체에 대한 오인, 착각, 부지에 제한되는 것이지, 간음행위와 불가분적 관련성이 인정되지 않는 다른 조건에 관한 오인, 착각, 부지를 가리키는 것은 아니라는 대법원의 종전 판단(대법원 2001. 12. 24. 선고 2001도5074 판결)을 재확인하면서, 변경된 공소사실에 대해서도 무죄를 선고하였다(광주고등법원 2015. 6. 11. 선고 2015노145 판결).

참조판례(대법원 2001. 12. 24. 선고 2001도5074 판결)

피해자는 성경험이 있었던 16세 남짓의 상업고등학교 1학년 여학생으로 이 사건 당일 컴퓨터 채팅을 통하여 피고인(사건 당시 24세)이 성관계를 가지면 50만 원을 주겠다는 제의를 하자 이를 승낙한 뒤 피고인과 성행위를 하였다. 그러나 피고인은 약속과 달리 성행위 후 50만 원을 지급하지 않은 채 오히려 칼로 피해자를 위협하고 돈을 빼앗아 달아나 버렸다.

사안의 제1심은 성교행위에 이르게 된 과정에 대해서 '위계'에 의한 간음죄를 인정하였다(서울지방법원 의정부지원 2001. 6. 14. 선고 2001고합68 판결). 그러나 항소심은 이와 달리 먼저 피해자가 성교에 대한 사리 판단력이 있는 사람이라고 전제한 후 피해자 스스로 피고인에게 성교의 대가를 받기로 하고 성행위에 나아갔으며 피고인이 성교의 대가를 줄 의사나 능력이 없으면서도 돈을 주겠다고 거짓말을 하고 피해자가 이 말에 속아 피고인과 성행위를 했다고 하더라도, 그러한 금품의 제공과 성행위 사이에 불가분의 관련성이 인정되지 않으며 이로 인하여 피해자가 간음행위 자체에 대한 착오에 빠졌다거나 이를 알지 못하였다고 할 수 없다는 이유로 무죄를 선고하였다(서울고등법원 2001. 9. 4. 선고 2001노1601 판결).

이에 검사가 상고하였으나 대법원 또한 항소심의 판단을 그대로 받아들여 피고인의 행위가 (구) 청소년의 성보호에 관한 법률 제10조 제4항의 '위계'에 해당하지 아니한다고 판시하여 상고를 기각하였다.

연 구

I. 문제의 제기

원래 형법 제302조에 포함된 위계에 의한 미성년자간음죄는 우리 형법에 독특한 성범죄 처벌구성요건으로, 윤리적 색채가 농후했던 1940년 일본 개정형법(가안) 제393조의 영향을 받아 제정형법에 규정된 것이다.[1] 그러나 아동 · 청소년 대상 성범죄가 만연하고 이에 대한 규제가 제대로 이루어지지 못하고 있다는 사회여론이 고조됨에 따라 성범죄 전반에 대한 엄형주의정책의 일환으로 강한 성형법들이 연이어 제정되면서 특히 폭행이나 협박에 의한 경우가 아니더라도

---

1) 오영근, "일본개정형법가안이 제정형법에 미친 영향과 현행 형법해석론의 문제점", 『형사법연구』 제20호, 2003, 112쪽.

일어날 수 있는 13세 이상의 미성년자 대상 성범죄를 사전 억제하고 사후 대처하기 위한 입법조치가 병행되었다. 이에 따라 청소년성보호법 제7조 제5항 및 성폭력처벌특례법 제6조 제5항은 구성요건의 본질적 내용은 변경을 가하지 않으면서 법정형의 폭만 상대적으로 강화하는 규정을 마련하게 이르렀다.[2] 즉 형법에 의할 때 5년 이하의 징역에 해당하는 범죄구성요건이 이들 형사특별법에서는 유기형의 하한을 5년으로 상향하고, 일정한 가중처벌의 요건이 충족된 경우라면 법리상 무기징역도 가능한 형태로 변모하게 된 것이다.

청소년성보호법은 19세 미만인 아동 · 청소년 대상 성범죄를 처벌하는 과정에서의 특례와 피해 미성년의 구제 및 지원을 규정하고, 이들을 범죄의 표적으로 삼는 성범죄자를 체계적으로 관리하는 것을 목적으로 설정하고 있다. 이처럼 형법상 관련 규정(제302조)을 이미 법정하고 있음에도 청소년성보호법에서 그 법정형만을 강화한 것은 이와 같은 범죄행위의 심각성에 주목하고 강력한 처벌이 필요하다는 사회적 요청을 그대로 반영한 것이라고 할 수 있다.

성범죄와 관련된 형사법 영역에서 '위계'가 구성요건에 포함된 경우들을 살펴보면 보편적으로 행위객체에 따라 처벌의 강도를 달리하고 피해자의 속성을 고려하여 쉽게 기망당할 가능성이 높은 경우 형량이 높게 예정되어 있다. 그러나 동일한 범죄에 대하여 형법과 형사특별법의 규정이 중첩되어 있는 상황에서 성범죄자 처벌 강화 기조에 따라 법정형만을 상향한 조치는 자칫 형벌규정을 사문화시키는 결과를 초래할 수 있다. 더욱이 아동 · 청소년의 성보호가 만족할만한 결과를 보여주지 못할 때 사회여론은 사법기관에 비판을 가하게 되며, 사법기관은 처벌 범위의 확대와 축소 사이에서 고민하게 되지만 법원으로서는 후자의 입장을 취하는 것이 일반적이다. 대상판결 또한 그 연장선상에서 위계에 의한 아동 · 청소년 간음죄의 해석에 있어서 중요한 관건이 되는 위계의 의미를 어떻게 근거 지어야 할 것인지를 근본적인 문제로 삼고 있는 것이다.

이에 따라 종전 대법원이 내린 참조판례를 토대로 형법상 위계의 일반적 의미를 되짚어보고 특히 위계에 의한 아동 · 청소년간음죄의 법적 체계를 파악한

2) 이와 관련하여 김태명, "성폭력범죄의 실태와 대책에 대한 비판적 고찰", 『형사정책연구』 제22권 제3호, 2011, 30쪽 이하 참조.

후 대상판결에서 나타나는 위계의 의미와 관련하여 제기되는 문제점들을 검토해 보기로 한다.

II. 위계에 의한 미성년간음죄

1. 형법상 위계의 일반적 의미

형법 제137조(위계에 의한 공무집행방해죄), 제253조(위계 등에 의한 촉탁살인죄 등), 제302조(미성년자 등에 대한 간음죄), 제303조(업무상 위력 등에 의한 간음죄), 제313조(신용훼손죄), 제315조(경매, 입찰의 방해죄) 등에는 객관적 구성요건의 요소로 '위계'를 규정하고 있다.[3] 그러나 위계가 어떤 개념인지를 구체적으로 설명하지 않아 그 의미가 명확히 드러나지는 않는다.

이에 따라 대법원은 공무집행방해죄와 업무방해죄 및 신용훼손죄가 문제된 사안에서 위계를 '타인의 착오 또는 부지를 이용하거나 기망, 유혹의 수단을 사용하는 것'이라고 설명하고 있으며,[4] 이와 같은 해석에 입각하여 학자 가운데에는 착오나 부지의 상태에 처해 있는 상대방을 이용하는 행위 역시 위계의 범위에 포함될 수 있다고 한다.[5] 그런데 위계의 의미는 이와 같이 공통된 요소로 정의할 수도 있으나 위계를 포함하는 범죄구성요건에 따라서는 그 내용이 다소 상이할 수 있다. 아울러 통상 '위계'가 범죄구성요건에 포함된 경우는 그 개념의 포괄성

3) 형법에서 삭제된 것으로는 제304조(혼인빙자 등에 의한 간음)가 있고, 형사특별법에는 건설산업기본법 제95조 제3호, 경륜 · 경정법 제26조 제1호, 공직선거법 제237조 제1항 제2호, 교정시설 경비교도대설치법 제11조 제6항, 국가인권위원회법 제56조 제1항 제3호, 국민체육진흥법 제48조 제6호, 국민투표법 제102조 제1항 및 제2항, 군형법 제37조, 제41조 제2항, 신용정보의 이용 및 보호에 관한 법률 제50조 제2항 제2호, 성매매알선 등 행위의 처벌에 관한 법률 제18조 제1항 제2호 및 제2항 제2호, 의무소방대설치법 제9조 제5항, (구)의문사 진상규명에 관한 특별법 제34조, 의무경찰대 설치 및 운영에 관한 법률 제9조 제6항, 정당법 제61조 제1항 및 제2항, 자본시장과 금융투자업에 관한 법률 제444조 제2호, 한국마사회법 제51조 제4호, 항공기운항안전법 제11조 등에서 '위계'에 관한 규정이 포함되어 있다.

4) 위계에 의한 공무집행방해죄:(대법원 2003. 12. 26. 선고 2001도6349 판결); 위계에 의한 업무방해죄:(대법원 2008. 6. 26. 선고 2008도2537 판결); 위계에 의한 신용훼손죄(대법원 2006. 12. 7. 선고 2006도3400 판결)

5) 이정원, "위계에 의한 공무집행방해죄의 적용범위", 『비교형사법연구』 제5권 제2호, 2003, 373면.

내지 추상성으로 인하여 명확성 원칙에 위배될 우려가 크고,[6] 처벌의 범위가 부당하게 확장될 우려가 있기 때문에,[7] 법원은 이를 가급적 좁게 해석하려는 태도를 보이고 있다.[8]

성범죄와 관계된 형법 제302조와 제303조 및 삭제된 형법 제304조에 규정된 '위계'또한 같은 의미로 해석되고 있는데,[9] 특히 위계에 의한 미성년자 간음에 있어서는 위계를 제한적으로 파악하여 상대방에게 목적의 착오를 일으키는 것이 제외되어 유혹으로써 목적을 달성하도록 이끌고 나가는 행위라고 파악하는 견해가 있으나,[10] 위계가 개입된 간음죄 유형들은 통상 하자 있는 의사에 편승한 간음행위를 처벌하는 것이라고 할 수 있다.[11]

과거 형사실무상 처벌된 사례를 살펴보면 하급심에서는 '간음행위 자체'를 속이는 행위 예컨대, 치료를 빙자하거나,[12] 종교의식을 빙자하는 등[13]의 거짓말

---

6) 최성진, "위계에 의한 공무집행방해죄의 적용범위에 대한 비판적 고찰", 『형사법연구』 제23권 제2호, 2011, 249쪽.

7) 박동률, "판례를 통해 본 위계공무집행방해죄: 법적 성격과 위계의 범위를 중심으로", 『법학논고』 제29집, 2008, 188쪽.

8) 대법원은 위계가 개입된 것으로 의심되는 범죄의 불법성을 좀처럼 인정하지 않으려 한다. 예컨대 위계에 의한 공무집행방해죄에 한정하더라도 국가고시나 운전면허시험 등의 대리 응시에만 이를 극히 제한적으로 인정했을 뿐이며, 대부분의 경우는 범죄의 성립을 부정하였다. 범죄성립을 부정한 판결로는 대법원 1988. 9. 27. 선고 87도2174 판결, 대법원 1977. 12. 27. 선고 77도3199 판결, 대법원 1997. 2. 28. 선고 96도2825 판결, 대법원 1977. 2. 8. 선고 76도3685 판결, 대법원, 1970. 1. 27. 선고 69도2260 판결, 대법원, 1996. 10. 11. 선고 96도312 판결, 대법원, 2000. 3. 24. 선고 2000도102 판결 등 다수가 있고, 범죄성립을 인정한 판결로는 대법원, 1982. 7. 27. 선고 82도1301 판결과 대법원 1997. 2. 28. 선고 96도 2825 판결 등이 있다.

9) 심갑보, "위계에 의한 미성년자 간음죄에 있어서의 위계의 의미" 강의중교수정년기념논문집, 2002, 423쪽 이하.

10) 주승희, "위계업무방해죄 적용상의 문제점 및 제언-관련 판례들의 비교검토를 중심으로-", 『안암법학』 제40호, 2013, 503쪽.

11) 형법 제298조(강제추행)에 대하여 제302조 · 제303조(위계 · 위력에 의한 추행)를 의사에 반하는 추행과 하자 있는 의사에 편승한 추행으로 구분하고 있는 견해로는 김준호, "형법상 강제추행 개념의 해석 범위", 『저스티스』 통권 제153호, 2016, 104면.

12) 형법 제304조로 처벌된 사례: 의사를 사칭한 피고인이 피해자에게 전화로 남편의 에이즈 감염을 허위 통보하고 피해자 감염 여부를 확인한다며 여관으로 나오게 한 후 피해자의 얼굴을 수건으로 가리고 에이즈 반응검사에 필요한 질액 채취를 하는 것처럼 속여 피고인의 성기를 삽입한 경우.

13) 형법 제303조로 처벌된 사례: 피고인이 불교 공부를 원하는 피해자에게 자신은 이미 성불한 사람이라고 하면서 그의 행자가 되게 한 다음, 피해자의 절대적 신뢰를 얻은 후 피해자에게 여자의 몸에는 뱀이 들어 있어 음욕이 생기는 것이니 그 뱀을 빼내야 정진할 수 있다고 거짓말하여 피해자에게 마치 불교의식을 행하는 것처럼 속인 후 피해자의 음부에 손가락을 집어넣는 방법으로 추행하고 간음한 경우.

을 하여 피해자가 간음을 당한다는 사실을 전혀 알지 못하게 하거나 착오를 일으키게 하여 간음한 경우를 위계에 의한 간음죄에 해당한다고 판단한 바 있다.

그런데 위계에 의한 간음행위는 폭행 · 협박에 의한 강간과 달리 하자 있는 의사표시이기는 하지만 피해자의 동의를 전제하고 있다는 점에서 일견 '합의에 의한 성행위'에 속한다고 볼 여지가 있다. 그러나 비록 성행위에 대한 당사자 쌍방의 의사 합치가 있었다고 하더라도 상대방의 미약한 의사능력을 이용했다면 결국 성적 자기결정의 자유를 침해한 것이므로 국가의 형사적 개입이 요청되는 것이다.[14)]

2. 위계가 개입된 간음죄의 법적 체계

위계에 의한 아동 · 청소년간음죄(청소년성보호법 제7조 제5항)는 5년 이상의 유기징역에 해당하고, 형법 제302조에 규정된 위계에 의한 미성년자간음죄는 5년 이하의 유기징역에 처하도록 되어 있다. 그러나 이러한 규정체계는 동일한 범죄유형에 대해 법정형의 불균형이라는 혼란을 초래한다.[15)] 당초 (구)청소년의 성보호에 관한 법률에서 규정하던 청소년의 연령이 만19세 미만이었고, 형법 제302조에 의하여 보호되던 미성년자의 연령은 민법의 개정(2009) 전 만20세 미만이었던 것이 2011년 3월, 민법의 일부개정으로 만19세 미만으로 변경되었다. 따라서 구분하자면 민법의 개정 전까지 (구)청소년성보호법은 19세 미만 미성년에 대하여, 형법 제302조는 만19세 이상 만20세 미만의 미성년에 대한 위계간음죄를 규율하는 형벌규범이었다. 이에 의하면 만19세 이상의 미성년자는 개정 전 민법에 의할 때 법률행위에 있어서 일정한 제한이 있지만 현실에서는 청소년의 범주에 포함되지 않는 성인에 가까운 존재였기 때문에 당시 법정형의 불균형은 어느 정도 이해될 수 있는 것이었다. 그러나 현재로서 민법상 미성년자의 연령이 낮추어진 상황에서 이처럼 법정형의 부조화는 입법정책적인 문제이기는 하지만 법

14) 한영수, "청소년의 성을 사는 행위와 위계에 의한 청소년간음행위의 구별", 『형사판례연구11』, 형사판례연구회(편), 2003, 512~513쪽.

15) 위계 · 위력에 의한 미성년자 간음 · 강제추행 규정의 정비에 대해서는 이승현, "아동 · 청소년 성범죄 관련 처벌규정의 문제점과 개선방안", 『형사정책』 제21권 제1호, 2009, 51면.

적용상의 혼동을 가속시킨다.

이외에도 위헌결정에 따라 (구)혼인빙자간음죄가 폐지되었으나 이를 제외한 성인 대상 위계간음행위에 대한 처벌의 필요성을 주장하며 그 공백을 보충하기 위해 처벌규정의 재도입이 주장되고 있고,[16] 위계와 위력을 분리하여 위력에 의한 간음행위는 폭행, 협박에 의한 행위유형과 결합시키고 위계에 의한 간음행위에서 미성년자 위계간음은 제외하고 13세 미만의 아동 또는 장애인과 같은 사회적 약자가 행위객체로 되는 제한된 영역에서만 처벌이 고려되어야 한다는 견해[17]가 제시되고 있다. 또한 폭행, 협박에 의한 성범죄보다 행위불법이 약하다는 점에서 위계에 의한 아동 · 청소년 간음죄는 아동 · 청소년 강간 등에 규정된 처벌보다 감경하도록 법정형이 완화되어야 한다는 견해도 있다.[18]

더욱이 위계나 위력에 의한 간음행위가 폭행이나 협박에 의한 강간행위와 그 불법의 내용과 정도면에서 차이가 있다는 점을 전제한 후 폭행, 협박, 위계, 위력을 같은 형으로 설정하고 있는 것은 불법과 책임의 비례원칙을 지키지 않은 것이므로,[19] 성폭력특례법상 위계나 위력에 의한 간음죄(제6조 제5항)의 법정형은 강간죄(제6조 제1항)보다 낮아야 하고, 청소년성보호법상 위계나 위력에 의한 간음죄(제7조 제5항)의 법정형 또한 강간죄(제7조 제1항)보다 완화되어야 한다는 입장[20]도 존재한다. 이와 같이 위계가 개입된 간음죄에 있어서는 특히 법정형과 관련된 법적 체계에 다양한 입장과 견해들이 대두되고 있고, 그 개선방안의 모색은 입법정책상의 과제이자 실효적 규범성을 확보하는 전제라고 할 수 있다.

---

16) 김한기, "성폭력범죄에 대응한 개정형법에 관한 연구", 『일감법학』 제27호, 2014, 398~399쪽; 박수희, "개정형법상 성폭력범죄규정에 대한 비판적 검토", 『법학논총』 제32집 제4호, 2015, 186쪽.

17) 김혜정, "강간죄 등 성폭력범죄의 구성요건에 대한 검토", 『비교형사법연구』 제13권 제2호, 2011, 84면.

18) 이승현, 앞의 논문, 51면.

19) 그러나 대법원 2007. 8. 23. 선고 2007도4818 판결에서는 위계 또는 위력을 사용하여 여자청소년을 간음 한 자에 대한 비난가능성의 정도가 여자청소년을 강간한 자에 비하여 반드시 가볍다고 단정할 수 없다고 판단하고 있다. (구)청소년의 성보호에 관한 법률 제10조 제4항(현행 청소년성보호법 제7조 제5항)이 위계 또는 위력을 사용하여 여자 청소년을 간음한 자에 대한 법정형을 강간한 경우의 법정형과 동일하게 규정하였다는 것을 두고 형법체계의 균형을 잃은 것으로 볼 수 없다는 입장으로는 윤덕경, "형사법상 성적 자기결정권의 보호에 관한 연구", 이화여자대학교 박사학위논문, 2012, 206면 주323) 재인용.

20) 윤덕경, 앞의 학위논문, 206~207면.

3. 범죄개념의 구분

참조판례에 비추어보면 위계에 의한 간음은 간음하기 위하여 상대방에게 오인, 착각, 부지를 일으키고 상대방의 그와 같은 결함 있는 심적 상태를 이용하여 간음하는 것을 말하고, 여기에서의 오인, 착각, 부지의 범위는 간음행위 자체에 대한 오인, 착각, 부지로 제한되며, 간음행위와 불가분적 관련성이 없는 다른 조건에 관한 오인, 착각, 부지는 포함되지 않는다고 한다.

그런데 이와 같은 판단 이전에 간음죄에 있어서의 위계개념을 이해하기 위해서는 범죄의 명칭을 어떻게 설정할 것인지에 대한 검토가 전제되어야 한다. 왜냐하면 이러한 유형의 범죄를 '위계에 의한 미성년자간음'이라고 볼 것인지 아니면 '미성년자 위계간음'으로 볼 것인지에 따라 대법원이 정의하고 있는 위계의 범위가 달라질 수도 있기 때문이다. 범죄의 명칭을 위계에 의한 미성년자간음죄로 본다면 다양한 미성년자간음 가운데 위계를 수단으로 피해자인 미성년자가 착오를 일으키거나 알지 못하는 사정(부지)을 이용하여 간음하는 것은 하나의 예시를 의미한다. 그러나 반대로 그 죄명을 미성년자 위계간음으로 판단한다면 위계간음은 간음행위 자체에 대한 위계로 그 범위가 제한된다고 볼 수 있을 것이다.

대법원의 태도는 참조판례를 통해 후자의 입장을 지지하는 것으로 판단되지만 (구)혼인빙자간음죄 규정과의 체계적 해석을 가해 보면 오히려 전자의 범죄명칭에 의하는 것이 타당해 보인다. 왜냐하면 만일 (구)혼인빙자간음죄를 후자와 같이 이해하게 되면 혼인빙자 여부와 상관없이 위계간음을 인정하는 것이 되어버려 결과적으로 (구)혼인빙자간음죄 규정을 부인하는 것이 되기 때문이다. 위계간음죄에 있어서 혼인빙자간음과 미성년자간음은 행위객체를 달리할 뿐 기본적으로 그 범죄의 본질은 동일한 것이라고 할 수 있으므로 범죄개념은 위계에 의한 미성년자간음으로 설정하는 것이 바람직하다.[21)]

21) 최은하, "위계 또는 위력에 의한 미성년자간음죄(형법 제302조)에서 '위계'의 해석", 『비교형사법연구』 제17권 제3호, 2015, 179면 이하.

4. 보충적 구성요건으로서의 위계에 의한 미성년자간음죄

형사실무상 수사기관은 성범죄의 경우 피해자가 19세 미만에 해당하면 미성년자에 대한 강간죄의 적용을 먼저 검토하게 되지만 그 적용에 어려움이 있을 때 이를 보충하는 구성요건으로 위계에 의한 경우는 물론이고 위력에 의한 미성년자간음죄로의 기소방식을 고려하게 된다. 즉 최협의의 폭행 또는 협박개념으로 강간죄를 판단하게 됨에 따라 이러한 정도에 이르지 못한 폭행, 협박이 간음행위에 개입된 경우 형법 제302조는 가벌성의 공백을 메우기 위해 보충적으로 적용되어 왔다.

그러나 이러한 의도와 달리 대법원은 위계간음으로, 다시 말해 간음행위에 불가분적으로 관련되어 있지 아니한 다른 조건에 관한 오인이나 착각, 부지를 허용하지 않고 그 범위를 제한하여 형법 제302조가 사실상 보충적 구성요건으로서의 기능을 다할 수 없도록 하였다. 그런데 최근 판례의 경향에 비추어 보면,[22] 형법 제302조의 규정에 포함된 또 다른 범죄구성요건인 위력에 의한 미성년자간음의 경우는 이와 같은 보충적 기능이 어느 정도 허용되는 추세를 보이고 있다는 점에서,[23] 위계에 의한 경우도 그 기능을 다 할 수 있도록 제한된 범위는 확대되어야 할 필요가 있다.

5. 성범죄에서 위계개념의 특수성

위계에 의한 미성년자간음죄를 범죄로 규정한 취지는 성인에 비하여 사리분별력이 부족한 탓에 쉽게 오인, 착각, 부지를 일으킬 수 있는 미성년자의 성을 보호하려는 데 있는 것이다. 그러나 대법원의 기존 판례를 비판 없이 수용한다면 13세 이상의 미성년자 스스로가 남녀의 성행위는 지극히 자연스러운 현상이라고 이미 알고 있었고 행위자가 그와 같은 착오를 이용하여 간음한 경우는 형사처벌

---

22) 안경옥, "'위력'에 의한 간음 · 추행죄의 판단기준 및 형법상 성범죄규정의 개선방안", 『경희법학』 제50권 제4호, 2015, 209쪽 이하 참조

23) 이에 대하여 류부곤, "미성년자 등 간음죄에 있어서의 '위력'의 의미", 『형사법연구』 제25권 제1호, 136쪽 이하 참조

의 대상에서 제외되어버리는 불합리한 결과가 초래된다. 위계는 기망에 의하든 유혹에 의하든 사리판단의 미성숙함을 이용하든 상대방의 부지를 이용하여 목적을 달성하려는 모든 경우에 나타날 수 있는데, 이러한 제한을 가하는 태도는 처벌의 범위를 지나치게 좁히는 것이다.

더욱이 대법원은 위계에 의한 간음에 관한 이론적 논거를 미성년자에 대한 경우를 포함하여 성범죄 일반의 특수한 사정을 충분히 고려하지 않고 위계가 개입된 일반범죄(예컨대 공무집행방해죄, 업무방해죄 등)에서 확립한 위계개념을 그대로 차용해 왔다. 아울러 위계가 개입된 일반범죄가 범죄구성요건으로 존재하는 것과는 별개로 이와 같은 범죄가 발생하는 빈도는 거의 희박하지만 우리 사회에서 행위자가 사리판단능력이 부족한 미성년자라는 사실을 알고 이들을 기망, 유혹하여 간음하는 사례는 비일비재하게 발생하고 있으며, 이를 합리적으로 규제해야 하는 것이 국가형벌권의 책무라는 점도 일반범죄의 위계개념을 미성년자간음죄에 그대로 차용해서는 안 되는 현실적 근거라고 할 것이다.

6. 위계의 소극적 요건으로서 사리판단

대법원은 참조판례에서 일반범죄에서 정립된 위계 성립요건에 더하여 위계에 의한 미성년자간음죄에 있어서는 사리판단이라는 소극적 요건을 추가하면서 성행위에 대한 사리판단이 있는 미성년자에 대해서는 위계가 가능하지 않으므로 간음행위 자체에 대한 착오에 빠졌거나 이를 알지 못했다고는 할 수 없다고 보고 있다.

그런데 사리판단이라는 잣대로 범죄성립 여부를 판가름하는 불가분적 관련성과 연결시키려면 어떻게 합리적으로 그 범위를 획정할 수 있는지가 먼저 논의되어야 한다. 이러한 전제조건에는 아동 · 청소년의 상이한 지적 능력이나 감수성, 정신적 성숙도 등이 고려되어야 하고 그 결과는 천차만별일 것이다. 그러나 아동 · 청소년의 성보호는 차별적 허용이 아니라 정책적인 차원에서 일률적으로 이루어지는 것이라는 점에서 사리판단의 정도를 범죄성립의 소극적 요건으로 제시하는 것은 바람직하지 않다. 뿐만 아니라 현실적으로도 성행위에 대한 사리판단이 불가능하거나 미숙한 경우는 아동이나 청소년이 아닌 유아기에 해당하는 연령에나 있을 수 있는 것이기에 사리판단을 위계의 소극적 요건으로 내세워 일반화하는 것은 타당하지 않다.[24]

III. 위계에 의한 아동 · 청소년간음죄와 성적 자기결정권

1. 의의

청소년성보호법 제7조 제5항의 '위계'는 형법 제302조에서 말하는 '위계'와 동일하며 다만 행위객체의 특수성에서 구분된다.[25] 즉 행위객체가 누구인가에 따라 행위수단으로서 '위계'가 동원된 간음죄의 형량에 차이를 두고 있을 뿐이다. 다시 말해 행위객체가 쉽게 기망당할 가능성이 높을수록 처벌의 강도 또한 높게 상정되어 있어서 위계를 이용하여 아동 · 청소년을 간음하는 경우는 강간죄(형법 제299조)와 같은 정도로 형사처벌을 가할 수 있게 하고 있다.

이와 같이 정책적인 측면에서의 강벌규정은 아동 · 청소년의 경우 상황판단 능력이나 책임능력, 의사결정능력이 성인에 비하여 현저히 부족하기에 그만큼 쉽게 기망당할 수 있다는 사정을 고려하고 이들에 대한 보호를 성행위의 상대방을 자유롭게 선택할 수 있는 권리보다 우위에 두고자 하는 국가의 후견적 배려를 명시적으로 선언하고 있는 것이라고 할 수 있다.[26] 아동 · 청소년은 사회적 약자이자 미래를 책임질 후속세대라는 점에서 이들에 대한 특별한 보호는 사회적 책임의 문제라고 할 수 있으며,[27] 그것은 성행위와 관련된 영역에서도 예외일 수 없는 일이다.

우리 형법은 13세 미만의 자에 대해 절대적으로 성적 자기결정의 능력이 부

24) 최은하, 앞의 논문, 186~187면 참조

25) 이상주, "청소년의성보호에관한법률 제10조 제4항의 위계에 의한 여자 청소년간음죄에 있어서 '위계'의 개념", 『대법원판례해설』 제41호, 2002, 761면.

26) 최은하, 앞의 논문, 187~189면 참조.

27) 김한균, "형법상 의제강간죄의 연령기준과 아동 · 청소년의 성보호", 『형사법연구』 제25권 제1호, 2013, 120면.

인되는 것으로 간주하여 폭행, 협박, 위계, 위력 여부를 불문하고 그와의 성행위를 가진 상대방이 되는 자를 처벌하고 있다. 이와 같은 연령 기준을 설정하게 된 배경에 대해서는 정확한 근거를 찾을 수 없으나 인간존재의 인지발달 측면에서 적어도 13세를 넘어서는 시기에 이르러야만 성생활의 의미나 그로 인해 부수적으로 발생하는 결과와 영향을 명확하게 인지할 수 있다는 점이 고려되었을 것이며,[28] 이에 더하여 사회적 도덕 감정의 측면에서도 13세 미만인 자와의 성행위가 상징하는 비윤리적 패륜성과 이 연령에 도달하지 아니한 자들에 대한 특별한 사회적·국가적 보호의 필요성이 제정형법의 입법자들에게 일종의 암묵적 합의를 하도록 이끌었을 것이라는 추정은 가능하다.

그런데 13세 이상의 미성년인 경우에는 폭행, 협박이 없더라도 최소한 위계 또는 위력이라는 행위수단이 동원된 간음 등 행위에 한해서만 국가적 개입이 허용되고 있으나 이러한 행위수단이 부정되는 경우는 마치 13세 이상이기만 하면 성적 자기결정권이 아무런 제약 없이 주어져 있는 것으로 파악되어 그 상대방이 되는 자들은 면죄부를 받는 것처럼 형사처벌의 대상으로부터 제외되고 있다. 그러나 13세 이상이기만 하면 최소한의 위계나 위력도 확인되지 않을 경우 성인과 다름없는 성적 자기결정권을 인정하는 것이 과연 정당한 법적 평가의 토대가 되는지에 대해서는 의문이 제기된다.[29] 따라서 아래에서는 13세 이상을 대상으로 한 위계에 의한 간음죄에서 위계개념에 대한 재해석을 바탕으로 성적 자기결정권과 관련된 문제를 검토해 보기로 한다.

2. 위계개념의 합목적적 재해석

위계의 의미 내지 범위를 대법원의 입장과 같이 제한적으로 해석할 경우, 대상판결은 참조판례와 마찬가지로 형사처벌에서 제외될 수밖에 없을 것이다.[30]

---

28) 그런데 성적 인지능력은 단순히 성행위에 대한 지식이라든가 이와 관련된 이해력 내지 사고력만을 의미하는 것이 아니라 이로 인하여 야기되는 다양한 문제에 관한 해결력이나 비판력 및 창의력과 같은 정신능력까지 모두 포함된다고 할 수 있다.

29) 이와 관련하여 김희정, “청소년기의 특성을 고려한 청소년과의 ‘합의’에 의한 성관계의 강간죄 처벌 에 관한 고찰”, 『형사법의 신동향』 통권 제51호, 2016, 416~417쪽.

30) 이에 따라 위계에 의한 간음죄 성립 여부에 대하여 그 개념이나 법적 성격을 도출하는 것보다 법

그러나 타인의 성적 자기결정권에 대해 위계를 동원하여 침해하는 행위는 그 수단이 폭행, 협박 또는 위력을 이용하는 경우와 마찬가지로 행위주체가 누구이든 그 행위태양이 어떠하든 명백히 범죄로 선언되고 처벌되어야 한다.[31] 대법원의 태도에서 나타나듯 성행위가 이루어진다는 사실 자체에 대해 전혀 인식하지 못한 경우에만 위계에 의한 간음에 있어서의 오인, 착각, 부지가 성립된다는 것은 결과적으로 형법 제302조와 마찬가지로 청소년성보호법 제7조 제5항의 사문화를 의미하는 결과가 된다. 따라서 이러한 현실에서는 아동 · 청소년을 대상으로 빚어지는 다양한 형태의 위계에 의한 간음은 법망을 교묘하게 빠져나갈 수 있으므로 이를 올바르게 규제하려면 아동 · 청소년간음에서의 위계는 의사결정의 자유를 침해하는 수단으로서 '자신의 의도 또는 객관적 상황에 관한 속임수를 통해 목적한 바를 달성하는 것'으로 넓게 해석되어야만 한다.[32] "형벌법규는 문언에 따라 엄격하게 해석 · 적용해야 하고 피고인에게 불리한 방향으로 지나치게 확장해석하거나 유추해석해서는 안 된다."[33]는 사실에 동의하지만 피고인의 보호에 치중한 나머지 문언의 의미범위에 엄격히 구속될 경우 청소년성보호법 제3조가 지향하는 아동 · 청소년의 권익을 우선적으로 고려해야 한다는 법해석과 법적용상의 선언은 무위로 돌아가게 될 것이다.

따라서 아동 · 청소년에 대하여 이러한 위계개념의 확대해석에 입각하여 상정 가능한 위계의 형태에는 성관계가 이루어진다는 사실 자체를 인식하지 못하도록 하는 기망은 물론이고 자발적으로 행하는 성관계에 대한 인식은 있지만 성행위를 하겠다는 의사결정에 본질적인 영향을 미치는 행위자의 기망도 포함되어야 할 것이다. 대상판결의 범죄사실에서도 14세에 불과한 청소년이 간음행위를 승낙한 것은 피고인이 자신의 의도 또는 객관적 상황에 관한 속임수를 통해 목적한 바를 달성하고자 하는 점이 그대로 드러나 있기 때문에 무죄를 선언한 원심은 파기되어야 할 것이다.

정책적 차원에서의 결단을 요청하는 것으로 주승희, 앞의 논문, 504면.

31) 김혜정, 앞의 논문, 85면.

32) 김성천, "청소년의 성보호", 『중앙법학』 제7권 제3호, 2005, 76~77면.

33) 대법원 2002. 2. 21. 선고 2001도2819 전원합의체 판결.

3. 보호대상으로서 아동 · 청소년의 성(性)

아동권리협약을 비롯하여 주요한 국제규범들은 대체로 18세 미만까지를 성적 보호의 대상으로 규정하고 있다. 이에 따라 대부분의 국가들에서는 아동과 청소년의 정상적이고 건전한 성의식 보호와 성범죄로부터의 보호를 개별국가의 실정에 따라 그들의 성형법 규정에 두고 있으며, 통상 14세 미만 아동의 경우는 절대적 보호의 대상으로, 14세 이상 청소년의 경우는 상대적 보호의 대상으로 삼고 있다.[34]

우리나라의 경우 연령기준(13세 미만)에는 다소 차이가 있으나 13세 이상 청소년의 성이 상대적으로 보호된다는 점은 아무런 외부적 강제나 최소한의 영향이 없는 사정 아래 자발적으로 타인과의 성행위를 맺는 경우 그와 같은 한도 내에서 청소년이 성적 자기결정권의 주체가 될 수 있다는 여지를 남기고 있다.

그런데 일반적으로 인정되는 성적 자기결정권 문제에서는 이른바 '피해자의 승낙'에 따라 처음부터 구성요건 자체가 부정되는 '양해'로 파악하여 성적 자기결정에 대한 자신의 처분행위가 이뤄지는 것을 의미하지만 이를 청소년의 경우에도 전면적으로 허용하려면 이들의 성적 자기결정권이 어떠한 의미를 가지는지에 대한 납득할 만한 규명이 전제되어야 한다.

4. 아동 · 청소년의 성적 자기결정권의 의미

자기의 책임 아래 성행위의 상대방을 선택하고 성행위를 자유롭게 할 수 있는 권리로서,[35] 성적 자기결정권을 행사할 수 있는 자에 대해서는 개인의 자율성을 최대한 보장해야 하며, 국가형벌의 개입은 허용되지 않는다. 그러나 폭행 · 협박에 의하여 성적 자기결정권이 침해되는 경우 형벌규범은 적극적으로 개입해야 한다. 반면에 자기결정권 행사에 제약이 있는 자에 대해서는 형법은 약자를 보호한다는 입장에서 폭행, 협박에 이르지 아니한 위계, 위력 등 비교적 경한 차

---

34) 이와 관련하여 국회입법조사처, 성범죄 처벌법규의 체계적 정비방안, 2011, 100면 이하 참조.

35) 헌법재판소가 판단한 성적 자기결정권의 의미에 대해서는 헌법재판소 2009. 11. 26. 선고 2008헌바58, 2009헌바191(병합) 전원재판부 결정 참조.

원의 유형력 행사가 있는 경우라도 개입이 이루어져야 할 것이다. 형사법이 미성년자 또는 심신미약자 등에 대하여 위계 또는 위력으로써 간음하거나 추행한 자를 처벌하는 규정을 두고 있는 것도 이들의 성적 자기결정능력이 일반인에 비하여 현저히 부족하다고 판단되기 때문에 이들을 후견적 입장에서 중하게 보호하고자 하는 것이다.[36)]

이에 따라 아동 · 청소년은 아직 성인에 이르지 못한 미성숙한 인간존재이기에 온전한 형태의 성적 자기결정의 주체로 파악될 수 없으며 법령에 정한 기준에 따라 13세 미만의 아동은 절대적으로 그 성이 보호되고, 청소년의 경우는 상대적으로 그 성을 보호하고 있다. 자기책임 아래 상대방을 선택하고 성적 교섭을 맺는다는 것은 개인의 자기결정권 존중의 측면에서 방해받아서는 안 될 권리라고 할 수 있다. 그러나 아동이나 청소년 또한 인격을 가진 주체로 존엄한 인간존재라는 사실을 부인하기는 어렵지만 이들은 아직 완성된 인격체가 아니라 성장도상에 있는 존재라는 점에서 사회는 각별한 관심과 보호를 기울이는 것이다. 비록 청소년층의 특징이 급격한 신체의 발달로 외관상 성인에 가깝게 보이더라도 정신적으로는 미성숙하여 일상적으로 노출될 수 있는 다양한 성적인 위협으로부터의 보호는 국가와 사회의 선택이 아니라 책무이기 때문에 더욱 더 필요하다.

우리 형법이 13세 미만의 아동에 대해서는 이들의 성을 절대적으로 보호하고 있으나 13세 이상의 청소년은 명확한 기준이 설정되어 있지 않다보니 법리상으로만 검토하면 자칫 성적 자기결정권이라든가 피해자의 승낙이 있으면 범죄성립이 부정되는 것으로 판단할 수 있다. 대상판례에서도 그것이 착오 내지 기망에 의한 것이기는 하지만 피해자인 미성년자는 자기 책임 아래 성관계의 승낙을 하고 있는 것으로 판단하고 있으나 피해 청소년이 이 사건의 간음행위를 승낙하는 과정에서 내린 결정을 성인과 동등하면서 절대적인 위치에 있는 주체로 승낙한 행위라고 평가하기는 어렵다. 왜냐하면 이 시기의 청소년은 그 스스로가 독자적으로 성적 가치관을 형성하고 있다거나 그에 따라 자신이 선택한 행동을 이해하고 이로 인한 결과에 책임을 전적으로 질 수 있다고 보기 힘들고, 사회적으로도

---

36) 이얼 · 김성돈, "성적 자기결정권의 형법적 의의와 기능", 『법학논총』 제34권 제2호, 2010, 409쪽.

이들에게 그와 같은 책임을 기대하기는 더욱 어렵기 때문이다.[37)]

5. 아동 · 청소년의 성적 자기결정권의 한계

성적 자기결정권이 자발적인 것으로 평가되기 위해서는 그것이 의미하는 개인적 · 사회적 요인의 작용 정도와 그것을 올바르게 이해하는데 요청되는 성교섭을 포함한 성가치관 전반과 관련된 개인의 내적 성찰이 전제되어야 한다. 그러나 우리의 사회현실에 비추어 볼 때 성인에게도 이와 같은 전제조건의 충족을 완벽하게 기대하는 것이 어려운 일인데, 이것을 13세 이상 미성년자에게 요구하는 것은 거의 불가능한 일이다. 따라서 미성년자의 성적 자기결정권은 성인의 그것과 동일한 정도로 이해되어서는 안 될 것이며, 무제한적으로 인정되어서도 안 된다.

6. 아동 · 청소년의 성적 자기결정권과 피해자의 승낙

일반적으로 피해자의 승낙이라는 것은 처분권 있는 자의 승낙에 의해 이루어지는 법익 훼손행위를 의미한다. 그런데 이와 같은 피해자의 승낙이 처벌되는 성범죄 구성요건의 배제를 뜻하는 '양해'의 기준으로 작용한다고 하더라도 성인이 아닌 13세 이상 미성년자인 경우라면 그 의미는 달리 파악되어야 한다. 즉 쉽사리 반항하지 않았고 거부하지 않았다는 소극적 판단으로 양해의 의미를 이해하는 데 그칠 것이 아니라 이들 미성년자의 나이, 지적 능력, 사회적응력, 성행위에 이르게 된 동기 및 경위, 성행위에 대한 동의의 자발성 여부 등과 같은 구체적인 내용들이 검토되어야 한다.

그런데 대상판결은 피해자인 미성년자가 성교의 의미를 제대로 알고 자의에 의해서 성행위를 가졌다고 판단하면서 마치 간음행위의 승낙을 한 것처럼 비춰질 수 있는 소지를 남기고 있다. 그러나 앞에서 지적한 내용들을 따져보지 않은 채 쉽사리 저항하거나 거부의 명시적 의사표시를 하지 않았다는 점만을 근거로 승낙이 있었다고 판단하는 것은 바람직한 일이 아니다. 왜냐하면 미성년자에 대

37) 이수진, "13세 이상 미성년자의 성적 자기결정권", 『비교형사법연구』 제17권 제3호, 2015, 122쪽 이하.

하여 행사되는 위계는 정형화되어 있는 것이 아니라 다양한 형태로 존재할 수 있으며, 그러한 위계로부터 벗어나지 못하는 데에는 여러 가지 요인이 작용하기 때문이다.

또한 우리 사회가 청소년을 성인과 동등한 입장에서 동일한 정도의 판단능력과 통찰능력을 지닌 존재로 인정하지 않으면서 형사특별법을 포함한 형법의 규정을 해석하는 과정에서 유독 이들이 피해자가 되는 간음죄(위계는 물론 위력에 의한 경우까지)에 대해 명확한 반대의사의 표시가 없다는 점만을 근거로 범죄성립을 부정하는 점 역시 이해하기 어려운 부분이다.

따라서 위계에 의한 아동 · 청소년 간음죄를 적용하기 위해서는 피해자인 13세 이상의 청소년에게 승낙의 능력이 구체적으로 갖추어져 있는지, 그리고 그러한 승낙이 적극적인 것인지를 따져 보아야 하며, 지금과 같이 추상적이고 막연한 위계개념에 의지하여 아동 · 청소년에 대한 위계간음죄를 파악하는 태도는 지양해야 할 것이다.

Ⅳ. 맺음말

실무상 형법 및 형사특별법에 규정된 위력 또는 위계에 의한 미성년자 간음죄나 위계에 의한 아동 · 청소년 간음죄는 별개의 범죄구성요건이지만 최협의로 폭행, 협박개념을 취하게 되어 강간죄를 적용할 수 없는 경우에 발생하는 가벌성의 공백에 대비하여 마련된 보충적 구성요건으로 인식되고 있다.

형법과 청소년성보호법에 규정을 두고 있는 위계에 의한 미성년자간음죄와 위계에 의한 아동 · 청소년간음죄는 법정형의 차이에도 불구하고 객관적 구성요건요소는 동일한 대상을 보호하고 있다. 그런데 구체적인 법적용에 있어서 같은 조문에 규정된 위력에 의한 간음죄의 경우는 그 의미를 넓게 해석하여 폭행, 협박뿐 아니라 사회적 · 경제적 · 정치적 지위나 권세를 이용하는 것까지 확대하고 있으므로, 위계에 의한 간음죄 또한 상대방인 아동 · 청소년을 포함한 미성년에게 착오를 일으키거나 부지를 이용하여 성행위에 이르게 되는 것이라는 점에서 이와 관련된 기망 또는 유혹행위도 포함하도록 넓게 해석해야 할 필요가 있다. 아울러 성범죄의 특수성, 나아가 아동 · 청소년 대상 성범죄의 특수성을 고려할 때, 이 사안과 같은 유형 범죄의 위계개념에 여타의 범죄유형(공무집행방해죄, 업무방해죄 등)에서 확립한 위계개념을 차용하는 것은 물론이고 사리판단이라고 하는 위계에 의한 간음죄 성립에 소극적 요건을 덧붙이는 것 또한 바람직한 태도가 아니라고 생각된다.

대법원은 기존의 판례를 통하여 형법 제302조의 위계에 의한 미성년자간음죄에 있어서 위계를 제한적으로 해석하여 간음행위 자체에 대한 오인, 착각, 부지만을 위계에 해당한다고 판시함에 따라 동일한 범죄구성요건으로 평가되는 청소년성보호법 제7조 제5항에서의 위계에 의한 아동 · 청소년 간음죄에 대해서도 동일한 맥락에서 위계개념을 파악하려 하고 있다. 따라서 위계의 의미 내지 범위를 이와 같이 제한적으로 해석할 경우 대상판결 또한 형사처벌에서 제외될 수밖에 없을 것이다.

그러나 위계에 의한 아동 · 청소년간음행위에 대한 처벌의 필요성과 정당성에 입각하여 마련된 범죄구성요건을 사문화시키지 않으려면 성행위가 이루어진다는 사실 자체를 인식하지 못하도록 하는 기망은 물론이고 성행위를 한다고 하는 인식은 있지만 성행위를 하겠다는 의사결정에 본질적인 영향을 미치는 행위자의 기망도 포함되는 방향으로 위계개념은 합목적적인 확대해석이 되어야 한다.

13세 이상의 청소년은 성인과 동일한 정도의 성적 자기결정의 주체가 되지 못할 뿐 아니라 부분적으로 성적 자기결정권을 인정하더라도 그에 근거한 간음에의 승낙에는 일정한 제한이 따른다. 이들에 대한 성보호는 아동 · 청소년의 성보호에 관한 법률이 지향하고 있는 포기되어서는 안 될 국가의 후견적 책무 가운데 하나라고 할 것이다.

[지정토론]

위계에 의한 아동 · 청소년 간음죄에서의 '위계'의 의미

– 조 현 욱* –

I. 처음에

평소 사형제도에 특별한 관심을 가지고 주옥같은 논문을 생산해 내신 발표자께서, 오늘 '위계에 의한 아동 · 청소년 간음죄에서의 위계의 의미'라는 문제에 대해 여러 가지 생각해 볼 기회를 제공해 주신 점에 대해 감사의 말씀을 드립니다. 아울러 형사실무연구회에서 토론의 기회를 주신 데에 대하여도 깊은 감사의 말씀을 드립니다.

오늘 발표문의 핵심내용은 위계의 의미를 다시 정립해 보자는데 있습니다.

형법 제302조와 아청법 제7조 제5항이 외형상 동일한 불법이고, 그 법정형에서 커다란 불균형을 보이고 있다는 발표자의 견해에 기본적으로 동의하지 않을 수 없습니다. 다만 위계의 의미와 관련하여서는 토론자의 입장에서 관점을 달리하여 몇 가지 의문이 드는 점에 대해 말씀드리고자 합니다.

이와 관련한 토론은 발표문의 순서에 따라 말씀드리도록 하겠습니다.

II. 문제의 제기

"성범죄와 관련된 형사법영역에서 '위계'가 구성요건에 포함된 경우는 행위

* 건국대학교 법학연구소 교수

객체에 따라 처벌의 강도를 달리하고 행위객체의 속성을 고려하여 쉽게 기망당할 가능성이 높은 경우 형량이 높게 예정되어 있다. 특히 동일한 범죄에 대하여 형법상 규정과 형사특별법의 규정이 중첩되어 있는 상황에서 사회의 성범죄자 처벌 강화 기조에 따라 법정형만을 강화한 형사특별법의 규정이 형법규정을 사문화시키는 상황"이라는 부분과 관련하여 말씀드리겠습니다.

과연 행위객체(미성년자, 아동 · 청소년, 장애인, 정상의 성년[1])에 따라 기망가능성의 정도를 파악하는 것이 올바른 태도인지 의문이 듭니다. 왜냐하면 표1)에서 보시는 바와 같이 형법 제302조(미성년자)와 아청법 제7조 제5항(아동 · 청소년)의 법정형을 비교했을 때는 발표자의 주장에 일정 부분 수긍이 되나, 성폭력특례법 제6조 제5항(장애인)의 법정형과 비교했을 때는 쉽사리 수긍이 되지 않습니다. 또한 아청법 제2조 제1호에서 아동 · 청소년이란 "19세 미만의 자를 말한다(다만, 19세에 도달하는 연도의 1월 1일을 맞이한 자는 제외한다.)"고 규정하고 있는데, 발표자께서는 미성년자(만 19세 미만자)와 아동 · 청소년을 동일한 객체로 파악한 것은 아닌지 의문이 듭니다. 발표자께서는 양 조문에 대해 동일불법을 규정한 것이라고 하고 있으나, 객체가 만 19세 미만자와 19세 미만자라는 점에서 논란의 여지는 있지만 미세한 차이를 발견할 수 있습니다. 따라서 양 조문의 객체를 동일하다고 보아 그 법정형의 불균형을 심화시켜 형법을 사문화한다는 부분은 다시 생각해 볼 필요가 있습니다. 오히려 미성년자라는 행위객체를 세분화하여 아동 · 청소년이라는 행위객체를 다시 창출해 냄으로써 아청법이라는 특별법을 제정한 것이라고 볼 여지도 있는 것입니다. 또한 사기죄에서 알 수 있듯이 온전한 성인의 경우에도 쉽게 기망에 빠질 수 있는 가능성이 상존합니다. 따라서 위계에 빠진다는 부분은 행위객체의 연령이나 성별 등 생물학적 차이뿐만 아니라 행위자의 능력(?), 정책적 판단 내지 입법취지 등도 함께 고려해야 할 것입니다.

---

1) 구 형법 제304조(혼인빙자등에 의한 간음) 중 혼인빙자간음죄 부분은 헌법재판소 2009. 11. 26. 선고 2008헌바58 등 결정에 의하여 위헌으로 판단됨에 따라 삭제되어 현행법상 정상의 성년에 대한 위계간음죄는 규정되어 있지 않다. 앞으로 이에 대한 입법적 보완작업이 있어야 할 것으로 보인다.

다만, 형법 제302조의 미성년자(만 19세 미만)와 아청법 제7조 제5항의 아동 · 청소년(19세 미만자) 사이에 극단적으로 하루 차이에 의해 위계(기망당할 가능성) 정도가 달려져 그 처벌도 달라져야 한다는 부분은 다시 한번 더 검토해 볼 여지가 있습니다.

III. 위계에 의한 미성년간음죄

"'위계에 의한 미성년자간음'이라고 볼 것인지 아니면 '미성년자 위계간음'으로 볼 것인지에 따라 참조판례가 정의하고 있는 위계의 범위가 달라질 수도 있을 것이다."라는 부분과 관련하여 말씀드리겠습니다.

'미성년자 위계간음(예컨대 하급심에서 제시하고 있는 종교의식이나 치료행위를 빙자한 간음)'의 경우에는 위계의 개념에 '기망'이나 '유혹' 등은 포함되지 않고, 반대로 '위계에 의한 미성년자간음(여관장소에의 유인)'의 경우에는 기망이나 유혹 등이 포함되는 것이 논리적이라는 점에는 동의합니다.

아청법 제7조 제5항의 표제어는 '아동 · 청소년에 대한 강간 · 강제추행 등'이고, 형법 제302조의 표제어는 '미성년자등에 대한 간음'으로 규정하고 있어 일관성을 유지하고 있습니다.

다만, 구형법 제304조(혼인빙자등에 의한 간음)를 위계간음죄에 부합되게 고쳐보면 "(혼인빙자) 기타 위계로써 부녀를 기망하여 간음한 자는 … 처한다."로 대체될 수 있어 그 해석이 달라질 여지를 제공하고 있기 때문에 위 3개의 범죄를 묶어 비교하면서 '위계에 의한 미성년자 간음'으로 범죄개념을 동일하게 설정하는 것이 바람직하다는 주장에는 전적으로 동의할 수 없습니다.

발표자께서 "성범죄의 특수성, 나아가 아동 청소년대상 성범죄의 특수성을 고려할 때, 이 사안과 같은 유형범죄의 위계개념을 그동안 법원이 여타의 범죄유형(공무집행방해죄, 업무방해죄 등)에서 확립한 위계개념으로 대체하는 것은 바람직한 태도가 아니라고 할 것이다."이라고 한 부분에 대해서는 일정 부분 동의

합니다. 그러나 그동안 대법원이 위계의 일반적 의미로 이러한 개념을 차용해 오다가,[2] 2001도5704 판결을 통해 아청법상 위계의 의미를 형법 제302조의 그것과 동일하다고 판단하면서,[3] 아청법상 위계의 실질적 의미를 제공하고 있다고 보여집니다.

주석형법이나 학계의 해석에서도 위계공무집행방해죄에 있어서 위계란 타인의 착오 또는 부지를 이용하거나 기망, 유혹의 수단을 사용하는 것, 신용훼손죄에 있어서 위계란 타인에게 착오를 일으키게 하는 수단, 사람을 속이기에 족한 계략 또는 술책이나 기망, 유혹하거나 혹은 사람의 착오, 부지를 이용하는 (위법한) 수단, 기망, 유혹 그 밖에 음흉한(악랄한) 수단으로 착오에 빠뜨리게 하는 것, 나아가 형법 제302조에서의 위계도 기망수단에 의하여 상대방을 착오에 빠지게 하는 것으로 유혹을 포함한다든지 기망이나 유혹 등의 수단을 통해 상대방의 부지나 착오를 이용하는 것을 말한다고 정의함으로써 기망이나 유혹을 위계의 개념에 이미 포함시켜 왔습니다.

그러나 기망 이외에 유혹을 포함하는 경우에는 유인이라는 용어를 쓰고 있다는 견해와 판례[4]도 있는 점 그리고 이와 관련된 형법 제288조[5]에 비추어 보

---

2) 대법원 1995. 5. 9. 선고 94도2990 판결; 대법원 1997. 2. 28. 선고 96도2825 판결(위계에 의한 공무집행방해죄에 있어서 위계라 함은 행위자의 행위목적을 이루기 위하여 상대방에게 오인, 착각, 부지를 일으키게 하여 그 오인, 착각, 부지를 이용하는 것을 말하는 것으로 상대방이 이에 따라 그릇된 행위나 처분을 하였다면 이 죄가 성립된다); 대법원 2006. 12. 7. 선고 2006도3400 판결(신용훼손죄에 있어서 위계라 함은 행위자의 행위목적을 달성하기 위하여 상대방에게 오인 · 착각 또는 부지를 일으키게 하여 이를 이용하는 것을 말한다).

3) 대법원 2002. 7. 12. 선고 2002도2029 판결(형법 제302조 소정의 위계에 의한 심신미약자간음죄에 있어서 위계라 함은 행위자가 간음의 목적으로 상대방에게 오인, 착각, 부지를 일으키고는 상대방의 그러한 심적 상태를 이용하여 간음의 목적을 달성하는 것을 말하는 것이고, 여기에서 오인, 착각, 부지란 간음행위 자체에 대한 오인, 착각, 부지를 말하는 것이지, 간음행위와 불가분적 관련성이 인정되지 않는 다른 조건에 관한 오인, 착각, 부지를 가리키는 것은 아니다).

4) 대법원 2007. 5. 11. 선고 2007도2318 판결; 서울고법 2011. 5. 26. 선고 2011노573, 2011전노68 판결(형법 제288조에서 말하는 '유인'이란 기망 또는 유혹을 수단으로 사람을 꾀어 하자 있는 의사에 따라 사람을 자유로운 생활관계 또는 보호관계에서 이탈하게 하여 자기 또는 제3자의 사실적 지배 아래로 옮기는 행위를 말한다. 간음목적유인죄는 실질적으로 보아 간음행위로 나아가기 전 단계에 해당하는 범죄인데, 그 목적을 달성하였다고 볼 수 있는 청소년 준강간 또는 위계 · 위력에 의한 청소년 간음을 내용으로 하는 아동 · 청소년의 성보호에 관한 법률 위반(강간등)죄의 법정형이 5년 이상의 징역형인 데 비하여, 특정범죄 가중처벌 등에 관한 법률 제5조의2 제4항에서 정한 간음의 목적으로 사람을 약취, 유인한 자에 대한 법정형이 무기 또는 5년 이상의 징역형인 점을 고려하면, 형법 제288조가 규정하고 있는 '유인'의 의미는 엄격하게 해석되어야 한다. 따라서 간음하기 위하여 일시적으로 장소를 이동할 때 기망 또는 유혹의 수단을 사용한 것에 불과하다면 간음목적유

면, 위계의 사전적 의미인 '계책이나 속임수'에서 출발하여 그 계책의 행위태양 내지 방법으로서의 오인, 착각, 부지 등을 제시함으로써 아청법상 위계의 실질적인 의미를 보다 명확하게 정의하고 그 범위를 확정짓는 작업이 더 필요할 것으로 판단됩니다.

Ⅳ. 위계에 의한 아동 · 청소년간음죄

국립국어원 표준국어대사전에 따른 위계의 사전적 의미는 거짓으로 계책을 꾸밈 또는 그 계책이고, 일반적으로 속임수라는 의미로 사용됩니다.

발표자께서는 "위계에 의한 아동 · 청소년간음에서의 위계는 의사결정의 자유를 침해하는 수단으로서 '자신의 의도 또는 객관적 상황에 관한 속임수를 통해 목적한 바를 달성하는 것'을 의미하는 것으로 넓게 해석되어야 하며, 여기에는 기망이나 유혹도 포함되어야 한다."고 하셨습니다.

이런 해석방법이 사안해결에 유용할 수 있다는 점에서는 동의합니다. 그러나 기망 또는 유혹행위도 포함하도록 넓게 해석할 필요가 있다는 주장에 대해서는 신중한 접근이 필요하다고 보여집니다.

예컨대 사기죄에서의 기망은 사람을 착오에 빠뜨리는 일체의 행위를 말하고, 이때의 착오는 객관과 주관의 불일치를 의미합니다. 따라서 기망자(행위자)의 고지 내용이 객관적 사실과 불일치해야 하는 또 다른 문제가 발생할 소지가 있습니다. 다시 말해 기망은 행위 당시에 구체적 사정에 비추어 보아 일반인으로 하여금 객관적 사실에 부합한다는 관념을 갖도록 할 가능성이 있는 행위여야 한다는 조건에 따르면 오히려 행위자의 위계행위를 정당화할 여지도 남기게 되는 것입니다. 유혹의 포함 부분에 대해서는 위에 설명한 것이 그대로 유효합니다.

따라서 대법원은 참조판례에서 이미 오인, 착오, 부지로 위계를 개념지우고

인죄의 유인행위에 해당하지는 않는다고 보는 것이 타당하다).

5) 형법 제288조 (추행 등 목적 약취, 유인 등) ① 추행, 간음, 결혼 또는 영리의 목적으로 사람을 약취 또는 유인한 사람은 1년 이상 10년 이하의 징역에 처한다. ② 노동력 착취, 성매매와 성적 착취, 장기적출을 목적으로 사람을 약취 또는 유인한 사람은 2년 이상 15년 이하의 징역에 처한다. ③ 국외에 이송할 목적으로 사람을 약취 또는 유인하거나 약취 또는 유인된 사람을 국외에 이송한 사람도 제2항과 동일한 형으로 처벌한다.[전문개정 2013. 4. 5.]

있으므로 기망은 오히려 불필요한 개념이 아닌가 보여집니다. 또한 구형법 제304조(혼인빙자등에 의한 간음)와 같이 기망이라는 법률문언이 들어가 있는 범죄와 기망이라는 법률문언이 들어가 있지 않은 아청법을 비교해 볼 때 아청법상 위계의 개념을 설명하는데 반드시 기망이 들어가야 하는지 의문이 듭니다. 기망의 유무에 따라 양자의 해석이 달라질 여지도 있다고 보여집니다. 따라서 오히려 판례에서 개념 짓고 있는 오인, 착각, 부지라는 용어가 더 적합한 해석이고, 다만 수단으로써의 기망이나 유혹 등을 포함한다고 위계의 의미를 개념 지을 수는 있을 것입니다. 제 개인적인 생각으로는 위계의 의미를 "행위자가 간음의 목적으로 아동 · 청소년에게 오인, 착각, 부지를 일으키고는 아동 · 청소년의 그러한 심적 상태를 이용하여 간음의 목적을 달성하는 것"이라고 단순화하는 것이 문제발생 소지를 줄일 수 있는 하나의 방법이라고 보여집니다.

V. 맺음 말

의문이 드는 부분에 대해 발표자께 다음과 같이 몇 가지 질의하는 것으로 토론을 마치도록 하겠습니다.

참조판례인 2001도5074 판결에서 제시하고 있는 소극적 요건으로서의 사리판단 부분은, 사리판단이 없는 아동청소년에 대하여는 불가분적 관련성이 인정될 여지가 있음을 시사하는 것으로 새길 여지가 있습니다. 따라서 참조판례에서 위계의 정의개념 이 외에 '사리판단'이라는 요건을 추가한 것은 발표자께서 적절히 지적하신 것처럼 문제가 있으므로 이를 재검토할 필요가 있다고 보여집니다.

나아가 일반상식에 비추어 볼 때 참조판례의 판단은 부당하다는 비판이 있습니다. 만약 금전적으로 유혹하지 않았다면 여고생은 성관계를 할 생각을 갖지 않았을 것이 분명하기 때문이라는 것입니다. 즉, 금50만 원을 받은 것과 여고생의 성관계 합의는 불가분적 관련성이 있다고 볼 여지도 있다는 것입니다. 또한 위계에 의한 경우 자체가 반합의상태에서 이루어지고 있다는 현실적인 면도 고려해야 할 것입니다. 참조판례의 사안을 위계에 의한 아동청소년 간음행위에서 배제한다면, 결과적으로 아청법 제7조 제5항 적용영역은 극히 제한된다는 비판도 있습니다.

대법원은 법조문을 엄격하게 해석하여 피고인의 보호에 치중하고 있는 것으로 판단됩니다. 앞으로는 아청법 제3조[6]를 염두에 둔 판단을 기대해 봅니다. 또한 불가분적 관련성 부분을 어떻게 합리적으로 그 범위를 한계지울 수 있는지에 대한 논의도 같이 이루어지면 좋겠다는 생각을 해봅니다.

1. 아청법 제7조 제5항의 아동 · 청소년(19세 미만의 자)과 형법 제302조의 미성년자(만 19세 미만자)를 **발표자께서 동일한 객체로 파악한 것인지 알고 싶습니다.**

2. '미성년자 위계간음'의 경우에는 위계의 개념에 '기망'이나 '유혹' 등은 포함되지 않고, 반대로 '위계에 의한 미성년자간음'의 경우에는 기망이나 유혹 등이 포함되는 것이 논리적이라는 점에는 동의합니다.

구형법 제304조(혼인빙자등에 의한 간음)를 위계간음죄에 부합되게 고쳐보면 "(혼인빙자) **기타 위계로써** 부녀를 **기망하여 간음한 자는** … 처한다."로 대체될 수 있습니다. 반면에 형법 제302조(미성년자등에 대한 간음)나 아청법 제7조 제5항(아동 · 청소년에 대한 강간 · 강제추행 등)은 "미성년자에 대하여 위계로써 간음을 한 자는 … 처한다.", "위계로써 아동청소년을 간음하거나 …"로 규정되어 있어 그 해석이 달라질 여지를 제공하고 있습니다. 혼빙간에서의 위계는 혼인빙자의 하나의 예시이기 때문에 유혹 등의 해석이 포함될 수 있는 반면, 형법이나 아청법상 위계는 행위태양을 분명하게 특정하고 있으므로 법체계상 모순되어 '위계에 의한 미성년자간음'라는 동일한 범죄개념으로 규정되어야 한다는 점에서는 의문이 듭니다. 따라서 형법이나 아청법상 위계개념을 분명하게 개념짓는 것이 오히려 법체계적으로 위계개념을 올바르게 적용할 수 있는 방법이라고 생각

6) 아청법 제3조 (해석상 · 적용상의 주의) 이 법을 해석 · 적용할 때에는 아동 · 청소년의 권익을 우선적으로 고려하여야 하며, 이해관계인과 그 가족의 권리가 부당하게 침해되지 아니하도록 주의하여야 한다.

되는데, 이에 대한 발표자의 견해를 듣고 싶습니다.

3. 대법원은 “형벌법규는 문언에 따라 엄격하게 해석 · 적용하여야 하고 피고인에게 불리한 방향으로 지나치게 확장해석하거나 유추해석하여서는 아니된다.”고 판시한 바 있습니다(대법원 2002. 2. 21. 선고 2001도2819 전원합의체 판결). 이는 해당법률문언의 의미범위에 엄격히 구속되어야 함을 의미합니다. 따라서 구형법 제304조(혼인빙자등에 의한 간음)를 위계간음죄에 부합되게 고쳐보면 “(혼인빙자) 기타 위계로써 부녀를 기망하여 간음한 자는 … 처한다.”로 대체될 수 있습니다. 즉, 이미 법률문언에 기망이 들어가 있는 경우와 기망이 들어가 있지 않은 경우의 차이를 무시하고 기망 등을 포함하여 위계를 해석한다면 죄형법정주의 위반의 문제를 야기할 우려도 있다고 보여집니다. 이와 같이 아청법상 위계를 해석함에 있어 기망이나 유혹을 포함해서 해석해야 할 필연성이 있는지 발표자의 견해를 듣고 싶습니다.

4. 그동안 학계에서도 위계의 개념에 기망, 유혹을 포함시켜 해석해 왔습니다. 따라서 발표자께서 주장하신 위계의 의미 내용과 해석방법에서 별다른 차이점을 발견할 수가 없습니다. 혹시 발표자께서 제가 파악하지 못한 다른 의미로 이의 포함여부를 말씀하셨는지 다시 한번 듣고 싶습니다.

쉽지 않은 주제를 연구하고 발표해 주신 교수님께 감사드립니다. 발표문의 내용을 제가 잘 이해하지 못하고 토론에 임한 것은 아닌지 여러 가지 생각이 듭니다. 널리 양해해 주시길 바라며, 이상으로 두서없는 토론을 마치고자 합니다. 감사합니다.

표1) 형법 및 특별법상 위계간음죄 비교

법률명	법정형	적용 연령
형법 제302조 (미성년자등에 대한 간음)	**5년 이하의 징역**	**만 19세 미만자**
형법 제303조① (업무상위력등에 의한 간음)	5년 이하의 징역 또는 1천500만 원 이하의 벌금	
구형법 제304조 (혼인빙자등에 의한 간음)	2년 이하의 징역 또는 500만 원 이하의 벌금	만 19세 이상
아청법 제7조⑤ (아동 · 청소년에 대한 강간 · 강제추행 등)	**무기징역 또는 5년 이상의 유기징역**	**19세 미만자** (19세에 도달하는 연도의 1월 1일을 맞이한 자는 제외)
성폭력특례법 제6조⑤ (장애인에 대한 강간 · 강제추행 등)	**5년 이상의 유기징역**	
성폭력특례법 제7조⑤ (13세 미만의 미성년자에 대한 강간, 강제추행 등)	무기징역 또는 10년 이상의 징역	13세 미만자

강제추행죄의 요건으로서 '폭행'의 해석과 기습추행

– 권 창 국* –

목 차

대상판례

대법원 2015. 9. 10. 선고 2015도6980, 2015모2524 판결

1. 사실관계

2014. 3. 25. 22:10경 혼자 술을 마시고 직장 기숙사에서 나와 광명시 원노온사로 39번길을 배회하던 중 버스에서 내려 혼자 걸어가는 피해자(여, 17세)를 발견하고, 마스크를 착용한 채 200m 정도 피해자를 뒤따라갔다. 피고인은 인적이 없고 외진 곳에 이르러 피해자에게 약 1m 간격으로 가까이 접근하여 양팔을 높이 들어 피해자를 껴안으려고 하였으나, 인기척을 느낀 피해자가 뒤돌아보면서 "왜 이러세요?"라고 소리치자, 그 상태로 몇 초 동안 피해자를 쳐다보다가 다시 오던 길로 되돌아갔다.

검사는 위 사실관계에서 피고인을 강제추행미수죄(아동청소년의 성보에 관한 법률 제7조 3항)로

---

* 전주대학교 사회과학대학 경찰학과 교수

기소하였다. 제1심은 검사의 공소사실을 그대로 인정하여 피고인을 유죄로 판단하였다. 피고인이 항소하였다.

2. 판결요지

원심판결요지 : 서울고등법원 2015. 4. 24. 선고 2015노226 판결

「아동 · 청소년의 성보호에 관한 법률 제7조 3항의 강제추행죄는 상대방에 대하여 폭행 또는 협박을 가하여 항거를 곤란하게 한 뒤에 추행행위를 하는 경우뿐만 아니라 폭행행위 자체가 추행행위라고 인정되는 경우도 포함되는 것이며, 이 경우에 있어서의 폭행은 반드시 상대방의 의사를 억압할 정도의 것임을 요하지 않고 상대방의 의사에 반하는 유형력의 행사가 있는 이상 그 힘의 대소강약을 불문한다(대법원 2002. 4. 26. 선고 2001도2417 판결 등 참조). 한편 위 강제추행죄는 상대방의 항거를 곤란하게 할 정도의 폭행 또는 협박을 개시한 때에 실행의 착수가 있다고 볼 것이나, 폭행행위 자체가 추행행위라고 인정되는 경우에는 폭행행위를 한 때에 그 실행의 착수가 있다고 보아야 한다(대법원 2011. 12. 13. 선고 2011도9593 판결 등 참조). …(중략)… 앞서 본 법리에 비추어 위 사실관계를 보면, 이 사건은 이른바 기습추행에 해당하지 아니하므로(그 행위 자체로 피해자에 대한 추행행위에 해당하는 폭행행위가 존재하지 아니한다), 피고인이 피해자의 반항을 곤란하게 할 정도의 폭행 또는 협박을 개시하였을 때에 강제추행죄의 실행의 착수가 있다고 보아야 한다. 그런데 앞서 살펴본 바와 같은 피고인이 피해자를 뒤따라 가다가 1m 정도 간격을 두고 양팔을 높이 들어 벌린 자세를 취한 행위나 몇 초 동안 피해자를 빤히 쳐다본 행위만으로는 피해자의 항거를 곤란하게 하는 정도의 폭행이나 협박이라고 보기 어렵고, 달리 이러한 폭행 · 협박을 인정할 증거도 없다. 따라서 피고인의 위 행위만으로 강제추행의 실행의 착수가 있었다고 볼 수 없다.」

상고심판결요지

「강제추행죄는 상대방에 대하여 폭행 또는 협박을 가하여 항거를 곤란하게 한 뒤에 추행행위를 하는 경우뿐만 아니라 폭행행위 자체가 추행행위라고 인정되는 경우도 포함되며, 이 경우의 폭행은 반드시 상대방의 의사를 억압할 정도의 것일 필요는 없다. 추행은 객관적으로 일반인에게 성적 수치심이나 혐오감을 일으키게 하고 선량한 성적 도덕관념에 반하는 행위로서 피해자의 성적 자유를 침해하는 것을 말하며, 이에 해당하는지 여부는 피해자의 의사, 성별, 연령, 행위자와 피해자의 이전부터의 관계, 그 행위에 이르게 된 경위, 구체적 행위태양, 주위의 객관적 상황과 그 시대의 성적 도덕관념 등을 종합적으로 고려하여 신중히 결정되어야 한다(대법원 2002. 4. 26. 선고 2001도2417 판결 등 참조).

그리고 추행의 고의로 상대방의 의사에 반하는 유형력의 행사, 즉 폭행행위를 하여 그 실행행위에 착수하였으나 추행의 결과에 이르지 못한 때에는 강제추행미수죄가 성립하며, 이러한 법리는 폭행행위 자체가 추행행위라고 인정되는 이른바 '기습추행'의 경우에도 마찬가지로 적용된다. …(중략)… 피고인과 피해자의 관계, 피해자의 연령과 의사, 위 행위에 이르게 된 경위와 당시의 상황, 위 행위 후의 피해자의 반응 및 위 행위가 피해자에게 미친 영향 등을 고려하여 보면, 피고인은 피해자를 추행하기 위하여 뒤따라간 것으로 보이므로 추행의 고의를 충분히 인정할 수 있고, 피고인이 피해자에게 가까이 접근하여 갑자기 뒤에서 피해자를 껴안는 행위는 일반인에게 성적 수치심이나 혐오감을 일으키게 하고 선량한 성적 도덕관념에 반하는 행위로서 피해자의 성적 자유를 침해하는 행위라 할 것이어서 그 자체로 이른바 '기습추행' 행위로 볼 수 있으므로, 실제로 피고인의 팔이 피해자의 몸에 닿지는 않았다 하더라도 위와 같이 양팔을 높이 들어 갑자기 뒤에서 피해자를 껴안으려는 행위는 피해자의 의사에 반하는 유형력의 행사로서 폭행행위에 해당하고, 그때에 이른바 '기습추행'에 관한 실행의 착수가 있다고 볼 수 있다. 그런데 마침 피해자가 뒤돌아보면서 "왜 이러세요?"라고 소리치는 바람에 피해자의 몸을 껴안는 추행의 결과에 이르지 못하고 미수에 그친 것이므로, 피고인의 위와 같은 행위는 아동 · 청소년에 대한 강제추행미수죄에 해당한다고 봄이 타당하다.」

I. 들어가는 말

90년대 중반에 이르기 까지 성범죄는 강간죄와 강제추행죄를 근간으로 이른바 '정조에 관한 죄'로 비교적 단조롭게 형법전에 편성되어 있었다. 그러나 페미니즘의 등장, 동등한 사회주체로서 여성은 물론 성적 소수자를 포함하여 성적 다양성과 평등성에 대한 인식과 수용을 배경으로 성범죄에 대한 시각도 점차 변화하게 되었다.

이에 따라 성범죄에 대한 이해 역시 전통적 가정제도의 유지, 보호와 여성을 남성의 소유물로 파악하는 발상에 기초한 여성의 '정조'를 보호하기 위한 것이 아니라,[1] 성적 접촉체험을 강제적으로 범인과 공유하게 되고 그로 인하여 피해자

1) 영미의 common law에서도 강간죄를 강제력을 사용하여 처 외의 여성에 대하여 그 의사에 반하여 성교를 하는 것으로 정의하는 점에서 확인할 수 있듯이, 성범죄는 여성에 대하여 남성이 가하는 폭력만을 대상으로 하였고, 이러한 시각은 서구에서도 대체로 70년대까지 지속되었다. Mathew Hale, History of the Pleas of the Crown Vol. 1(Philadelphia : Lincoln's INN, 1847), p. 628. https://upload.wikimedia.org/wikipedia/commons/1/15/Matthew_Hale,_Historia_Placitorum_Coron%C3%A6_(1st_American_ed,_1847,_vol_1).pdf(2017. 12. 10); 성범죄를 통해 보호되는 것은 개인의 성적 의사결정 등 자유가 아니라 여성의 정조이고, 여성은 정조를 지켜야할 의무가 있고, 성폭력에 저항하지 않는 여성은 이러한 의무에 위반하여 보호가치가 상실된다고 보았다. 이러한 시각에 의하면 성범죄에는 필연적으로 강도 높은 폭행이나 협박이 필요하게 되고, 보호법익과의 관계에서도 성범죄의 객체(특히 강간죄의 객체)가 여성으로 한정되며 부부강간도 성립

개인에게 물리적 또는 심리적 상처를 주는 것을 본질로 하는 이른바 성적 자기결정권으로 표현되는 개인의 자유를 침해하는 강요죄적 성격으로 파악하게 되었다.[2] 정조에 관한 죄에서 '강간과 추행의 죄'로 편장의 명칭을 변경한 이후, 강간죄의 행위객체를 부녀에서 사람으로 확대, 유사강간죄의 신설, 성적 의사결정의 자유가 상대적으로 쉽게 무력화될 수 있는 아동청소년이나 장애인 등을 보호하기 위한 특별법 제정 등 일련의 입법적 조치는 물론, 부부강간을 인정하는[3] 등 판례변화도 이루어지게 되었다.

한편, 성범죄의 본질을 피해자의 의사에 반하여 이루어진 성적 강요행위로 파악하면서 나타난 일련의 변화 가운데는 성범죄 유형 중 주축에 해당하는 강간 및 강제추행죄의 요건으로서 폭행, 협박의 정도를 완화하려는 판례변화도 포함된다.

강간 및 강제추행죄의 행위수단인 폭행, 협박은 종래 피해자의 거부의사를 명확히 확정짓는 표지로 기능하였는데 가령, 사실관계에서 일정수준 이상의 폭행, 협박을 관찰할 수 있다면 용이하게 피해자의 거부의사를 도출될 수 있고 결론적으로 피고인의 혐의사실을 쉽게 인정할 수 있다. 그러나 강간 및 강제추행 사례를 보면, 학교, 직장, 동호회, 이웃 등을 매개로 가해자와 피해자 간의 사회적 관계가 유지되는 가운데 발생함에 따라 범행과정에서 피해자의 반대의사가 손쉽게 무력화되는 예가 많다. 이 경우 기존의 해석론과 같이 높은 강도의 폭행,

---

하지 않는다는 결론이 도출된다. 本庄武, "性犯罪規定の見直し－改正案の思想は一貫しているか－" 法律時報 第88巻 5号, 2016. 5, 98-99頁.

2) 헌재 2016. 11. 24. 2015헌바136, "성적자기결정권이란 스스로 선택한 인생관 등을 바탕으로 사회공동체 안에서 각자가 독자적으로 성적 관(觀)을 확립하고, 이에 따라 사생활의 영역에서 자기 스스로 내린 성적 결정에 따라 자기책임 하에 상대방을 선택하고 성관계를 가질 권리를 의미한다(헌재 2002. 10. 31. 99헌바40; 헌재 2009. 11. 26. 2008헌바58 등)."; 성범죄는 신체적, 인격적 존엄에 대한 중대한 침해를 수반하는 점에서 단순히 성적 자기결정권 등 성적 자유를 보호법익으로 이해하는 것은 적절치 않다는 견해로, 前田雅英, 刑法各論講義 第5版(東京 : 東京大學出版会, 2011), 146頁.

3) 대법원 2013. 5. 16. 선고 2012도14788 전원합의체 판결, "1953. 9. 18. 법률 제293호로 제정된 형법은 강간죄를 규정한 제297조를 담고 있는 제2편 제32장의 제목을 '정조에 관한 죄'라고 정하고 있었는데, 1995. 12. 29. 법률 제5057호로 형법이 개정되면서 그 제목이 '강간과 추행의 죄'로 바뀌게 되었다. 이러한 형법의 개정은 강간죄의 보호법익이 현재 또는 장래의 배우자인 남성을 전제로 한 관념으로 인식될 수 있는 '여성의 정조' 또는 '성적 순결'이 아니라, 자유롭고 독립된 개인으로서 여성이 가지는 성적 자기결정권이라는 사회 일반의 보편적 인식과 법감정을 반영한 것으로 볼 수 있다."

협박을 요구한다면 피해자의 반대의사는 완전히 외면됨으로써 성적 자기결정권의 보호라는 기능은 사실상 기능을 발휘할 수 없게 된다. 또한 성범죄의 본질을 성적 자유를 침해하는 강요로 이해한다면, 피해자의 반대의사가 거부되었다는 사실 외에 폭행, 협박은 본질적인 표지가 아니다. 이러한 의미에서 일련의 판례변화를 지지하며 종국적으로 폭행, 협박이 아닌 피해자의 부동의를 요건으로 성범죄처벌규정의 개편논의도 제기되고 있다.[4)]

대상판례는 성범죄와 관련한 변화의 한 예로 볼 수 있는데, 소위 '기습추행' 사례에서 피고인의 행위가 기존 강제추행죄에서 요구되는 '폭행'에 포섭될 수 있는지가 쟁점이 되고 있다.[5)] 이하에서는 강간 및 강제추행죄의 요건으로서 폭행에 대한 판례의 트랜드 변화와 관련 논의를 분석함으로써 대상판례가 제시한 결론의 타당성을 논증해보고자 한다.

II. 강제추행죄 등 성폭력범죄의 행위수단으로서 폭행의 의미

1. 기습추행의 의미

강제추행은 폭행, 협박을 수단으로 사람을 추행함으로써 성립하는 범죄로, 추행에 앞서 폭행, 협박을 가하여 피해자의 저항 내지 거부의사를 무력화하고 추행하는 것이 일반적인 시퀀스다. 그러나 행위수단으로서의 폭행이 피해자의 거부의사를 무력화시킴과 동시에 추행에 해당하거나 동시적으로 진행되는 사례(폭행 = 추행형 또는 폭행 · 추행동시진행형)도 충분히 상정해볼 수 있는데, 기습추행이 그 한 예이다. 가령 대상판례처럼, 갑자기 껴안는다거나 키스를 하거나 가슴 등 신체부위에 접촉하는 등의 행위를 들 수 있다. 문제는 종래 학설은 강간죄와

---

4) 性犯罪の罰則の関する検討会, 取りまとめ報告書(案), 平成27年 8月 6日, 18頁 以下.

5) 최근 대법원은 찜질방에서 자고 있는 피해자의 항문에 갑자기 손가락을 넣어 찌른 사례에서, '기습유사강간'을 인정한 원심판단을 지지한 바 있다. 2016. 12. 15. 선고 2016도14099 판결.

마찬가지로 강제추행죄에 있어서도 일관되게 상대방의 저항을 제압할 정도는 아니라도 최소한 현저히 곤란하게 할 정도라는 '최협의 폭행(또는 협박)'을 요구함으로써, 기습추행 사례를 강제추행죄로 포섭할 수 있는지 논란이 되어 왔다. 이와 함께 폭행 등을 수단으로 하지 않는 단순추행행위의 가벌성을 긍정하면서 성폭력범죄의 처벌 등에 관한 특례법 제11조의 공중밀집장소 등에서의 추행죄 외에 단순추행행위를 처벌하는 규정이 없음에서 처벌규정의 신설을 지지하는 견해가 다수 제기되어 왔다.[6]

2. 강제추행죄의 요건으로서 폭행에 대한 판례 및 학설의 태도

그간 성범죄 관련 처벌규정처럼 큰 변화와 함께 복잡한 체계를 갖게 된 처벌규정의 예를 찾아보기 어려운데, 기존 성범죄 처벌규정은 통상 ① 폭행, 협박에 의하여 피해자에게 성교, 기타 성적행위를 강요하는 유형(강요형), ② 주로 아동이나 청소년 등이 타겟이 되겠지만, 항거가 불능하거나 곤란한 피해자의 취약성을 이용하여 성교, 기타 성적행위가 이루어지는 유형(착취형)으로 유형화할 수 있다. 문제는 성범죄의 본질을 피해자의 성적 자기결정권의 침해로 파악하면서도 기존 성범죄 체계는 피해자의 의사에 반하는 성적행위가 이루어진 것 자체를 가벌적 행위로 포착하지 않고 있다는 점이다. 리벤지 포르노 등의 예에서 알 수 있듯이 성적 자기결정권을 침해하는 다양한 가벌적 행위가 등장하는 가운데 기존 성범죄 처벌규정이 이를 적절히 소화하지 못하고 현재와 같이 성범죄 관련 처벌규정이 복잡한 체계를 갖게 된 근본적 배경을 여기서 찾아볼 수 있다.

이하에서는 대상판례에서 언급된 강제추행죄를 좀 더 자세히 살펴보도록 한다.

---

6) 조현욱, "기습추행의 의미와 그 판단기준", 일감법학 제33호, 건국대학교 법학연구소, 2016. 2, 672-674면; 김혁돈, "강제추행죄에 있어서 강제추행의 개념", 형사법연구 제21권 1호 통권 제33호, 한국형사법학회, 2009. 501-503면; 김혜림, "강제추행죄의 위헌성에 관한 고찰", 국가법연구 제12집 1호, 한국국가법학회, 2016. 2, 15-19면; 서보학, "강제추행죄에 있어서 폭행의 정도와 기습추행의 문제", Jurist 제374호, 2001. 11,

(1) 강제추행죄의 성격 등

강제추행죄 규정이 우리 형법전에 편입된 계기나 배경은 분명하지 않지만 일본 형법전의 제정 과정에서 그 일부를 추정해볼 수 있다. 현행 일본형법은 제22장 わいせつ, 姦淫及び重婚の罪에서 공연음란죄 등과 함께 강간 및 강제추행 등 성범죄 관련 규정을 두고 있다. 편장으로 본다면 사회적 법익에 관한 죄로 분류되지만, 개인적 법익에 관한 죄로 성적 자유(성적 자기결정권)를 보호법익으로 하는 것이 일반적 이해다.[7] 강제추행죄가 일본 형법전에 등장한 것은 明治13년의 구형법으로 제346조와 제347조이다. 이전 까지는 별도로 강제추행죄를 두지 않았는데, 明治3년의 新律綱領 역시 강간죄 규정은 있었지만 강제추행죄는 없었다.[8] 구형법 상의 강제추행죄는 현행 일본형법 규정과 거의 동일한데(다만, 현행 일본형법은 강간죄를 강제성교등죄로 명칭을 변경하였다), 강제추행죄을 선행하고 강간죄를 뒤에 규정한 점에 특징이 있다.[9] 구형법 초안검토과정에서 강간죄와 강제추행죄의 구별에 관한 질문에 대하여, 당시 형법초안 작성을 주도한 보아소나도(Gustave Emile Boissonade)는 강간은「폭행협박으로 남녀의 정욕을 완성하고자하는 것 즉, 간음하는 것이고 폭행으로써 외설의 소행을 하는 것은 남녀의 정욕을 완성하고 하는 것이 아니고, 예를 들어 사람의 음부 등을 보임으로써 우롱하는 것으로 양자는 구별된다」고 설명한다. 또한 강간미수와 강제추행죄의

---

7) 山口厚, 刑法各論 補正版(東京 : 有斐閣, 2005), 102頁; 西田典之, 刑法各論 第3版(東京 : 弘文堂, 2005), 821頁.

8) 犯姦律 犯姦
(略)強姦スル者ハ. 流三等. 未タ成ラサル者ハ. 一等ヲ減ス.
(略)十二歲以下ノ幼女ヲ姦スル者ハ.和ト雖モ.強ト同ク論ス.

9) 日本 旧刑法
(強制わいせつ罪)
第三百四十六條　十二歲ニ滿サル男女ニ対シ猥褻ノ所行ヲ為シ又ハ十二歲以上ノ男女ニ対シ暴行脅迫ヲ以テ猥褻ノ所行ヲ為シタル者ハ一月以上一年以下ノ重禁錮ニ処シ二円以上二十円以下ノ罰金ヲ附加ス
第三百四十七條 十二歲ニ滿サル男女ニ対シ暴行脅迫ヲ以テ猥褻ノ所行ヲ為シタル者ハ二月以上二年以下ノ重禁錮ニ処シ四円以上四十円以下ノ罰金ヲ附加ス
(強姦罪)
第三百四十八條 十二歲以上ノ婦女ヲ強姦シタル者ハ軽懲役ニ処ス(略)
第三百四十九條　十二歲ニ滿サル幼女ヲ姦淫シタル者ハ軽懲役ニ処ス若シ強姦シタル者ハ重懲役ニ処ス

관계에 대하여도 강제추행죄는 강간죄의 단순한 tentative가 아님을 분명히 하였다. 그러나 실제로는 강간을 목적으로 이러한 행위를 하는 경우가 많고, 강간의 의도를 증명하기 어려운 때는 강제추행죄로 처벌할 수 있다는 점도 언급하여 강제추행죄가 갖는 보완적 성격을 사실상 부인하지 않고 있다.

나아가 폭행, 협박이 게재되지 않은 단순추행 행위를 중죄로 처벌하는 것이 과도하지 않은가라는 지적에 대하여, 바로 그러한 이유로 프랑스법도 동일하게 단순추행을 처벌하는 규정을 두지 않았고 1812년에 이르러서야 아동에 대한 단순추행 행위를 처벌하는 규정을 두게 되었으며 이는 아동의 건강 등을 고려하여 이를 강력히 처벌할 필요성도 인정된다고 설명한 바 있다.[10)]

이상에서 볼 때, 강제추행죄는 간음의 표지만 달리하고 강간죄와 동일한 구조를 갖는 것으로 양 죄의 폭행, 협박은 적어도 동일한 성격으로 파악된 것으로 짐작할 수 있다.

(2) 강제추행죄의 폭행과 종합판단기준

교과서에서는 강제추행죄와 함께 강간죄의 행위수단으로서 폭행에 대하여, 최협의 폭행으로 상대방의 저항이 불가능하거나 적어도 현저히 곤란하게 할 정도가 요구된다고 한다. 판례 역시 강간죄와 강제추행죄 간에 약간의 뉘앙스 차이는 있지만 대체로 동일하다.[11)] 한편, 판례는 동 수준의 폭행여부를 판단하는 기준으로, 그 폭행의 내용과 정도는 물론 유형력을 행사하게 된 경위, 피해자와의 관계, 성교 당시와 그 후의 정황 등 모든 사정을 종합하여 판단하여야 한다고 판시하고 있다. 이러한 판단방식(소위 종합판단기준)은 1992년 판례에 처음 명시되었는데,[12)] 같은 아파트의 건너 방에 살던 피해자를 방으로 끌고 들어가 쓰러

---

10) 法制審議会刑事法(性犯罪關係)部会 第1回 會議配布資料, "强制わいせつ罪及び强姦罪の制定經緯等について", 1-2頁.

11) 대법원 1988. 11. 08. 선고 88도1628 판결, "강간죄에 있어서의 폭행 또는 협박은 피해자의 반항을 현저히 곤란하게 할 정도의 것이어야 함은 물론이고 …"; 대법원 2010. 11. 11. 선고 2010도9633 판결 등.

12) 대법원 1992. 4. 14. 선고 92도259 판결, "강간죄가 되기 위하여는 가해자의 폭행, 또는 협박은 피해자의 항거를 불능하게 하거나 현저히 곤란하게 할 정도의 것이어야 하고, 그 폭행 또는 협박이 피해자의 항거를 불능하게 하거나 현저히 곤란하게 할 정도의 것이었는지 여부는 유형력을 행

뜨린 뒤 목을 누르면서 소리를 지르면 칼을 가져와 죽이겠다고 위협하여 피해자를 강간한 사례로 강간행위 전후 상황에 대한 피해자 및 가해자의 대화내용과 상황묘사 등에서 볼 때, 피해자의 항거를 현저히 곤란하게 할 정도에 이른 것으로 보기는 미흡하다고 판시하였다.

종합판단기준은 다른 모든 요건으로부터 폭행만을 분리시켜 판단하는 것이 아니라, 폭행 등이 이루어진 시간, 장소, 구체적 방법 등 행위 당시는 물론 성적 행위에 이르게 된 전제적 상황을 의미하는 행위 전후의 객관적 상황 그리고 피해자의 연령, 지적능력이나 표현력, 건강상태 등인 절대적 피해자속성이나 가해자와의 관계 등에서 관찰될 수 있는 취약성 등 상대적 피해자속성까지 모두 고려하여 판단하되, 이러한 판단요소들에 의하여 동일한 폭행이나 협박이라도 그 정도가 달리 판단될 수 있음을 의미한다.

예를 들어, 같은 동호회에서 활동하는 여성과 연말회식 후 자신의 차로 귀가시켜주겠다면서 승용차에 동승한 뒤, 피해여성의 어깨를 누르고 착용한 하의를 내리고 거부의사를 명확히 밝혔음에도 불구하고 성관계가 이루어진 사안에서, 원심이 피해여성의 어깨를 누르고 옷을 벗기는 외에 유형력 행사가 없었고, 성행위가 이루어진 장소가 비교적 대로에 가까운 노출된 장소이며, 성행위가 이루어진 장소에서 피해자가 쉽게 이탈할 수 있는 상황 등을 고려하여 강간죄를 부정하였으나, 상고심은 단순히 사후적으로 보아 피해자가 범행 현장을 벗어날 수 있었다거나 피해자가 사력을 다하여 반항하지 않았다는 사정만으로 가해자의 폭행 등

사한 당해 폭행 및 협박의 내용과 정도는 물론이고, 유형력을 행사하게 된 경위, 피해자와의 관계, 성교 당시의 정황 등 제반사정을 종합하여 판단하여야 할 것인바, 이 사건에 있어서 원심은 피고인이 판시와 같은 폭행과 협박을 하여 피해자의 반항을 억압하였다고 만연히 설시하고 있으나, 과연 피고인이 행한 폭행과 협박이 피해자의 반항을 억압한 정도의 것이고, 따라서 피해자가 항거불능의 상태에 있었다고 인정하기에는 다음과 같은 여러가지 의문스러운 사정이 엿보인다."; 일본의 경우도, 판례와 학설은 강간죄나 강제추행죄에서 요구되는 폭행 등의 기준으로, 항거를 현저히 곤란하게 할 정도를 요구한다. 最判昭和24 · 5 · 10刑集3劵6号711頁. 그러나 昭和33년 최고재판소판결을 계기로, 한국과 같은 종판판단기준이 제시되면서 하급심 판례에서 상당한 혼란이 야기되었다. 最判昭和33 · 6 · 6裁刑集126 号171頁, "그 폭행 또는 협박의 행위는 단순히 그것만을 들어서 관찰한다면 위의 정도(항거곤란)에는 이르지 않은 것으로 인정될 수 있더라도, 그 상대방의 연령, 성별, 소행, 경력 등이나 범행이 이루어진 시간, 장소의 사주환경, 기타 구체적 사정여하에 상응하여 상대방의 항거를 불능하게 하거나 이를 현저하게 곤란하게 하는 것이라면 충분한 것으로 해석될 수 있다."

이 피해자의 항거를 현저히 곤란하게 할 정도에 이르지 않았다고 섣불리 단정하여서는 안 된다고 하면서, 건장한 체격의 가해자가 술에 취한 상태인 피해여성을 누른 상태이고, 범행시간 대가 새벽으로 노출된 공간이라도 주위에 인적이 드물고, 하의가 벗겨진 상태에서 현장을 이탈하는 것도 쉽지 않은 점, 범행 이후 가해자와의 문자메시지 등을 통한 대화내용 등을 고려할 때, 피해자의 반항을 억압하거나 현저하게 곤란하게 할 정도에 충분히 해당한다고 판시한 바 있다.[13] 결국 이러한 종합판단기준에 의하면 사례에 따라서는 '성행위에 수반되는 정도의 유형력'이라도(물론, 반대의 사례도 있겠지만) 사례에 따라서는 강간죄나 강제추행죄에서 요구하는 정도의 폭행에 해당할 수 있게 된다.

주로 강간죄 사례에서 폭행의 정도를 완화하는 이러한 판례의 트랜드는 강제추행죄에서도 확인할 수 있다.[14] 나아가 대상판례와 같이 기습추행이 문제된 사례군에서는 상대방의 의사에 반하는 유형력 행사만으로 충분하다고 하여, 소위 폭행죄에서 말하는 협의의 폭행 정도로도 강제추행가 가능하다고 한다. 가령, 피해여성을 갑자기 껴안고 두 차례 키스한 예에서 대법원이 강제추행을 폭행에 이어서 추행에 나아간 경우와 폭행행위 자체가 추행행위가 인정되는 경우도 포함

13) 대법원 2012. 7. 12. 선고 2012도4031 판결; 반대로, 피고인으로부터 폭행을 당하여 좌측고막천공 등의 상해를 입은 점 등 일련의 폭행사실에도 불구하고, 피해자와 상당기간 교제중인 관계로 지속적인 성관계가 유지되어 온 점 등에서 피해자에 가해진 폭행이 반항을 억압하거나 현저하게 곤란하게 할 정도로 단정하기는 의문이라고 판시한 예로, 대법원 2010. 11. 11. 선고 2010도9633 판결; 통상 성행위에 수반되는 유형력을 넘어서는 유형력이 없는 한 강간 또는 강제추행죄에서 말하는 폭행을 인정할 수 없다는 취지의 일본판례로, 広島地判昭和44・3・26判タ235号285頁, 広島高判昭和53・11・20判時922号111頁, 東京高判平成26・9・19 LLI/DB 6920389 등; 반면, 객관적 상황이나 피해자의 주관적 상태를 고려하여 판단이 이루어진 예로, 札幌高判昭和30・9・15高刑8券6号901頁, 広島高岡山支判昭和32・2・19裁特4券4号53頁 등.

14) 대법원 2007. 1. 25. 선고 2006도5979 판결, "강간죄가 성립하려면 가해자의 폭행・협박은 피해자의 항거를 불가능하게 하거나 현저히 곤란하게 할 정도의 것이어야 하고, 그 폭행・협박이 피해자의 항거를 불가능하게 하거나 현저히 곤란하게 할 정도의 것이었는지 여부는 그 폭행・협박의 내용과 정도는 물론, 유형력을 행사하게 된 경위, 피해자와의 관계, 성교 당시와 그 후의 정황 등 모든 사정을 종합하여 판단하여야 한다(대법원 1992. 4. 14. 선고 92도259 판결, 2004. 6. 25. 선고 2004도2611 판결 등 참조). 또한, 상대방에 대하여 폭행 또는 협박을 가하여 추행행위를 하는 경우에 강제추행죄가 성립하려면 그 폭행 또는 협박이 항거를 곤란하게 할 정도일 것을 요하고(대법원 1983. 6. 28. 선고 83도399 판결, 2006. 2. 23. 선고 2005도9422 판결 등 참조), 그 폭행・협박이 피해자의 항거를 곤란하게 할 정도의 것이었는지 여부 역시 그 폭행・협박의 내용과 정도는 물론, 유형력을 행사하게 된 경위, 피해자와의 관계, 추행 당시와 그 후의 정황 등 모든 사정을 종합하여 판단하여야 한다."; 기타 대법원 2008. 3. 13. 선고 2007도10050 판결 등

하며, 전자의 경우는 상대방의 항거를 곤란하게 할 정도의 폭행 등이 요구되지만 후자에서는 상대방의 의사에 반하는 유형력의 행사가 있는 이상, 그 힘의 대소강약은 불문한다고 판시하였다.[15] 이후 피해자의 집 방안에서 갑자기 피해자의 상의를 걷어 올려 가슴을 만지고 하의를 끌어내리는 행위,[16] 노래방에서 노래를 부르다가 갑자기 피해자를 뒤에서 껴안고 가슴을 만진 행위,[17] 놀이터에서 놀고 있는 아동인 피해자들을 갑자기 끌어안고 외음부를 손으로 만진 행위[18] 등에서도 동일한 태도를 취하였다.

판례가 강간죄와 마찬가지로 종합판단기준에 의하여 강제추행죄의 폭행(또는 협박)의 정도를 판단하는 것은 성범죄가 발생하는 구체적 상황의 다양성, 통상 가해자 및 피해자 쌍방의 진술 외에 범죄사실을 명확히 입증하는 증거가 제한된 예가 많은 점 또한 상당수 사례에서 확인할 수 있듯이 가해자와 피해자가 이미 면식관계로 가해행위에 대해 피해자가 적절히 방어하기 곤란한 사정이 개재되는 점 등을 고려한 결과로 충분한 합리성을 긍정할 수 있고, 대체로 특별한 이견이 제기되고 있지 않은 것으로 판단된다.

문제는 판례가 강간죄와 달리 강제추행죄의 경우, 폭행 등만을 분리시켜 판단하는 것이 아니라 객관적 상황이나 피해자적 요소 등을 고려하여 그 정도를 판단하는 것에 그치지 않고 처음부터 요구되는 폭행의 정도를 하향시키고 있는 점으로, 이견도 여기에 집중된다.

(3) 강제추행죄에서 폭행의 강도에 대한 제 견해

먼저 강제추행죄의 폭행의 강도를 강간죄와 동일하게 이해할 필요가 없다는 견해가 있다. 강제추행죄의 법정형이 강간죄에 비하여 낮은 점, 또한 강간행위와 달리 굳이 상대방의 반항을 제압하거나 곤란하게 할 필요도 없이, 성적 수치심이나 혐오감을 야기시킬 수 있는 추행행위는 얼마든지 가능한 점에서 강제추행죄

15) 대법원 1983. 6. 28. 선고 83도399 판결.
16) 대법원 1994. 8. 23. 선고 94도630 판결.
17) 대법원 2002. 4. 26. 선고 2001도2417 판결.
18) 대법원 2012. 6. 14. 선고 2012도3893, 2012감도14, 2012전도83 판결.

에서 요구되는 폭행은 폭행죄에서 요구되는 정도의 폭행 즉, 상대방의 의사에 반하는 유형력 행사로 충분하다고 한다.[19] 비슷한 뉘앙스의 견해로, 강간죄보다는 약하지만 폭행죄 보다는 높은 수준에서 상대방이 항거하기 곤란하다고 느낄 수 있는 정도[20] 내지는 상대방이 반항하기가 곤란할 정도의 수준으로 설명하는 견해도[21] 있는데, 모두 강간죄와는 일정 정도 하향된 수준이라는 점에서 동일한 맥락으로 포괄할 수 있다.

반면, 다수견해는 강간죄와 동일하게 강제추행죄 역시 피해자의 항거를 억압하거나 현저하게 불가능하게 할 정도가 요구된다고 한다.[22] 강제추행죄가 법정형이 낮은 점은 강간과 달리 추행개념이 비교적 해석대역이 넓고 간음에 비하여 불법성이 낮은 점을 고려한 것으로 폭행 등의 강제적 수단이 정도가 낮은 것은 아니며, 만일 강제추행죄에서 폭행 등의 강도를 낮춘다면 처벌되지 않는 단순추행행위도 강제추행죄로 포섭되어 지나치게 처벌범위가 확정될 수 있으며, 형법이나 성폭력특별법 상의 여타 추행죄의 법정형과의 균형을 고려할 필요성을 그 이유로 든다.[23]

판례의 경우, 앞서 살펴본 바와 같이 일반적인 강제추행사례(폭행 등이 추행을 목적으로 선행된 예)에는 대체로 강간죄와 동일하게 폭행의 정도를 파악하고 있다. 그러나 기습추행과 같이 폭행 = 추행 또는 폭행 · 추행동시진행 예에서는 폭행죄 정도 수준에서 요구하고 있다. 판례의 이러한 태도에 대하여, 기습추행이나 단발성 추행사례를 염두에 두고 가해자에게 면죄부를 줄 수 없다는 형사정책적 판단과 만일 이를 강제추행으로 보지 않으면, 민사불법으로만 처리하게 되어 피해자(주로 여성)가 법익보호 밖에 놓이게 되고 정당한 권익이 침해될 위험성이 높다는 사회정책적 배경이 고려된 것으로 이해하기도 한다.[24]

---

19) 김성돈, 형법각론 제3판(서울 : 성균대학교 출판부, 2013), 177면; 박상기, 형법각론 제6판(서울 : 박영사, 2005), 161면; 임웅, 형법각론 제5정판(서울 : 법문사, 2013), 194면.

20) 이경재, "강제추행죄를 둘러싼 몇 가지 문제점", 형사판례연구 23, 한국형사판례연구회, 2015, 184면.

21) 손동권, 형법각론(서울 : 율곡출판사, 2005), 153-154면.

22) 일본에서도 다수적 견해이다. 前田雅英, 前掲書, 148, 145頁; 西田典之, 前掲書, 83, 84頁; 山口厚, 前掲書, 104-105, 107頁.

23) 김혁돈, 전게논문, 500-501면.

III. 일본 및 독일형법에서 강제추행죄의 폭행과 기습추행

1. 일본의 경우

일본의 경우, 다수견해는 강제추행죄에서 요구되는 폭행(또는 협박) 역시 강간죄와 동일하게 상대방의 반항을 억압할 정도까지는 아니지만 현저하게 곤란하게 할 정도가 요구된다고 한다. 이에 따라, 기습추행 등과 같은 일련의 사례는 강제추행죄가 아닌 단순 폭행죄를 구성할 뿐이라는 견해도 있지만,[25] 이러한 견해는 성적 자유의 침해를 무시한 점에서 지지를 받지 못하고 있다. 오히려 다수견해는 기습추행 사례에서 강제추행죄 성립을 긍정한다. 가령, 강제추행죄의 폭행 등과 관련하여, 반항을 곤란하게 할 정도라는 요소는 필수적이지 않다고 하면서, 강제추행죄를 단지 성적 자유 내지 성적 자기결정권의 침해가 아니라 보다 넓게 성적 인격권에 대한 침해를 처벌하는 것으로 이해한다면, 상대방의 동의를 얻지 않은 추행행위만으로도 강제추행죄의 가벌성을 인정할 수 있다고 한다. 즉, 강제추행죄는 일종의 성적폭행죄 내지는 성적강요죄를 처벌하는 규정으로 이해하는 것이다.[26] 또는 폭행행위 자체에 추행적 요소가 개제되어 있다면, 폭행에 의하여 성적 자유를 직접 침해하는 것으로서 단적으로 강제추행죄에 해당한다고 해석하여도 좋다고 설명하기도 한다.[27]

이 외에 기습추행은 일종의 예상하지 못한 불의의 폭행으로 처음부터 반항하는 것이 곤란하기 때문에 강제추행죄가 성립할 수 있다는 견해도 있다.[28] 나름 주목받는 견해지만, 어떻게 보면 상대방의 항거불능 상태(불의의 타격으로 저항할 수 없는 상태를 이용한 점)에 편승하여 추행행위가 이루어진 점에서 오히려 준강제추행죄 성립을 긍정하게 된다는 반론도 제기되고 있다. 특히 일본의 경우, 한국과 달리 공중밀집장소 등에서의 추행죄와 같은 규정을 갖고 있지 않기 때문

24) 조현욱, 전게논문, 665면.

25) 中義勝, 刑法各論(東京 : 有斐閣, 1975), 85頁.

26) 前田雅英, 前揭書, 149頁.

27) 山口厚, 前揭書, 105頁; 大谷實, 刑法講義各論 新版第3版(東京 : 成文堂, 2009), 112頁.

28) 西田典之, 前揭書, 83頁.

에 대중교통수단에서 볼 수 있는 치한행위 등에서도 비교적 폭넓게 강제추행죄를 인정할 여지가 있다.

일본판례도 상당히 오래전부터 일관되게 기습추행 등의 사례를 강제추행죄로 포착하고 있다. 다만, 그 논리는 폭행을 수단으로 하는 경우에 제한되지 않고 폭행자체가 추행행위인 경우를 포함한다고 하며,[29] 이 경우 폭행의 강도와 관련하여서는 대소강약은 반드시 문제되지 않는다고[30] 판시한 바 있다.

2. 독일의 경우

한국 형법의 성범죄 처벌규정에 대하여 그 유형을 크게 강간죄와 강제추행죄의 2가지 카테고리로 대별한 뒤, 강제추행죄에 지나치게 많은 기능을 강요함으로써(유사강간죄 신설 등으로 어느 정도 문제가 해소되었지만),[31] 보호법익은 물론 폭행, 협박의 정도나 추행행위의 행위태양 등에 관한 논란만 가중시켜왔음을 지적하면서 독일형법의 예를 들고, 강간이나 유사강간, 강제추행을 아우르는 성적강요죄 입법례를 대안으로 제시하는 견해가 있다.[32]

이 견해가 지적하는 것처럼 독일은 종래 강간죄와 (구)성적강요죄를 제177조의 성적강요죄(Sexuelle Nötigung, sexual assault) 로 통합하였다.[33] 강간

---

29) 大判大正14・12・1刑集4券743頁.

30) 大判大正13・10・22刑集3券749頁; 갑작스럽게 키스한 행위를 강제추행죄로 판단한 사례로, 最判昭和26・5・10刑集5券6号1026頁.

31) 2016년 7월 이후 시행되고 있는 일본 개정형법은 기존 강간죄를 강제성교등의죄로 명칭을 바꾸고, '간음'이 아닌 유사성교행위를 포함한 '성교'행위로 개정하였다.
第百七十七条 (強制性交等) 十三歳以上の者に対し暴行又は脅迫を用いて性交肛門性交又は口腔くう性交 (以下「性交等」という.) をした者は強制性交等の罪とし五年以上の有期懲役に処する. 十三歳未満の者に対し性交等をした者も同様とする.

32) 박혜진, "현행 형법상 강제추행죄의 체계적 지위, 해석 및 적용에 대한 비판적 검토", 형사정책 제28권 제2호(통권 제49호), 2016. 8, 183-184면.

33) StGB §. 177 Sexuelle Nötigung; Vergewaltigung(2016년 개정 전)
(1) Wer eine andere Person
1. mit Gewalt,
2. durch Drohung mit gegenw ¦ rtiger Gefahr für Leib oder Leben oder
3. unter Ausnutzung einer Lage, in der das Opfer der Einwirkung des Täters schutzlos ausgeliefert ist, nötigt, sexuelle Handlungen des Täters oder eines Dritten an sich zu dulden oder an dem Täter oder einem Dritten vorzunehmen, wird mit Freiheitsstrafe nicht unter einem Jahr bestraft.

이나 강제추행이나 성적 자유를 침해한 점에서 본질적으로 동일하며, 단지 구체적 행위에 따른 가중적 차이에 불과한 것으로 이해한 결과다. 제177조 1항은 폭행이나(1호) 생명이나 신체에 대한 즉각적인 위협(협박, 2호), 또는 피해자에 대한 착취적 상황을 이용하여(3호) 성적 행위를 강요하는 등의 경우를 처벌하고, 2항 이하에서 그 가중요건으로 강간 등에 대한 규정을 두고 있다.

그러나 제177조 1항 1호의 폭행에 대하여 독일 통설과 판례는 절대적(vis absoluta) 내지는 강제적 폭행(vis compulsiva)으로, 피해자의 신체에 대하여 행하여지고 피해자가 신체적 강제로서 느낄 수 있을 정도의 힘(유형력)의 전개가 필요하다고 설명한다. 피해자의 저항을 극복하는 수단으로서 성적 행위의 직접적 준비나 실행에 조력하는 피해자의 신체에 대한 유형력으로, 피해자의 실질적인 신체적 저항은 그 요건이 아니지만 피해자의 저항을 방지할 정도면 충분하다고 하여, 한국이나 일본의 종합판단기준과 유사하게 비교적 낮은 강도의 폭행이라도 객관적 또는 피해자관련 상황을 고려할 때, 동조에서 말하는 폭행으로 파악하고 있다. 가령, 피해자의 손목을 꽉 쥐거나, 거절하는 피해자의 손을 물리치는 행위,

---

(2) In besonders schweren Fällen ist die Strafe Freiheitsstrafe nicht unter zwei Jahren. Ein besonders schwerer Fall liegt in der Regel vor, wenn
  1. der Täter mit dem Opfer den Beischlaf vollzieht oder ähnliche sexuelle Handlungen an dem Opfer vornimmt oder an sich von ihm vornehmen läßt, die dieses besonders erniedrigen, insbesondere, wenn sie mit einem Eindringen in den Körper verbunden sind (Vergewaltigung), oder
  2. die Tat von mehreren gemeinschaftlich begangen wird.

(3) Auf Freiheitsstrafe nicht unter drei Jahren ist zu erkennen, wenn der Täter
  1. eine Waffe oder ein anderes gef ¦ hrliches Werkzeug bei sich führt,
  2. sonst ein Werkzeug oder Mittel bei sich führt, um den Widerstand einer anderen Person durch Gewalt oder Drohung mit Gewalt zu verhindern oder zu überwinden, oder
  3. das Opfer durch die Tat in die Gefahr einer schweren Gesundheitsschädigung bringt.

(4) Auf Freiheitsstrafe nicht unter fünf Jahren ist zu erkennen, wenn der Täter
  1. bei der Tat eine Waffe oder ein anderes gefährliches Werkzeug verwendet oder
  2. das Opfer
    a) bei der Tat körperlich schwer mißhandelt oder
    b) durch die Tat in die Gefahr des Todes bringt.

(5) In minder schweren Fällen des Absatzes 1 ist auf Freiheitsstrafe von sechs Monaten bis zu fünf Jahren, in minder schweren Fällen der Absätze 3 und 4 auf Freiheitsstrafe von einem Jahr bis zu zehn Jahren zu erkennen.

다리를 벌려 누르는 행위, 폐쇄된 공간에의 감금, 자동차 문을 잠그는 행위, 손을 잡고 입을 막거나 목을 쥐고 누르는 행위 등에서 동조에서 말하는 폭행으로 인정한 바 있다.

독일 형법은 한국과 같이 독립된 구성요건으로서 폭행죄를 두지 않고, 각 개별 구성요건에 '폭행(Gewalt)'을 행위개념으로 규정하고 있다(이러한 이유로 독일에서도 폭행의 개념에 대한 논란이 발생하는 것으로 추정된다). 다만, 타인에게 그 의사에 반하는 행위를 강제하는 (일종의 기본적 구성요건으로) 강요죄(제240조)에 폭행을 기본적인 행위태양으로 규정하고 있는데,[34] 성적 자기결정권에 대한 침해와 관련한 제177조를 강도죄를 규정한 제249조 1항과 더불어 제240조에 대한 일종의 특별규정으로 이해하여 왔다. 그러나 1999년에 신설된 제240조 4항이 제177조 1항과 거의 동일한 내용의 구성요건을 포함하면서 이러한 종래의 이해는 더 이상 유효하지 않는 것으로 평가되고 있다. 독일 판례는 이와 관련하여 명확한 태도를 보이고 있지 않은데, 경범죄에 속하는 제240조 1항과 4항 1호가 인정되는 경우에도 중범죄인 제177조 1항을 적용하고 있다고 한다.[35]

독일 형법의 위 규정을 두고, 제177조 1항 2호 요건인 생명이나 신체에 대

---

34) StGB § 240 Nötigung
  (1) Wer einen Menschen rechtswidrig mit Gewalt oder durch Drohung mit einem empfindlichen Übel zu einer Handlung, Duldung oder Unterlassung n tigt, wird mit Freiheitsstrafe bis zu drei Jahren oder mit Geldstrafe bestraft.
  (2) Rechtswidrig ist die Tat, wenn die Anwendung der Gewalt oder die Androhung des Übels zu dem angestrebten Zweck als verwerflich anzusehen ist.
  (3) Der Versuch ist strafbar.
  (4) In besonders schweren Fällen ist die Strafe Freiheitsstrafe von sechs Monaten bis zu fünf Jahren. Ein besonders schwerer Fall liegt in der Regel vor, wenn der Täter
    1. eine andere Person zu einer sexuellen Handlung nötigt,
    2. eine Schwangere zum Schwangerschaftsabbruch nötigt oder
    3. seine Befugnisse oder seine Stellung als Amtsträger mißbraucht.

  StGB § 184g Begriffsbestimmungen
  Im Sinne dieses Gesetzes sind
  1. sexuelle Handlungen nur solche, die im Hinblick auf das jeweils geschützte Rechtsgut von einiger Erheblichkeit sind,
  2. sexuelle Handlungen vor einem anderen nur solche, die vor einem anderen vorgenommen werden, der den Vorgang wahrnimmt.

35) Thomas Fischer, StGB, 63. Auflage(C.H. Beck : München 2016), § 177 Rn. 5 ff.

한 즉각적인 위협과 같은 수준에서 1호의 폭행도 한국의 최협의 수준의 폭행으로 이해할 수 있음에서 강제추행죄의 폭행 역시 동일 수준에서 파악하여야 한다는 견해도 있다.[36] 독일의 통설은 제177조 1항 1호의 폭행에 절대적 성격의 폭행도 포함하여 이른바 최협의 폭행과 유사하게 파악할 수도 있지만, 동시에 강제적 성격의 폭행도 포함한다. 또한 폭행에 대하여 제177조 2호의 협박과 달리 생명, 신체에 대한 즉각적 위협과 같은 제한을 두고 있지 않음에서 한국의 강제추행 유형에 해당하는 사례에서 통상 폭행죄에서 요구하는 수준의 폭행도 충분한 것으로 이해할 수 있다.

이처럼 독일의 판례나 다수 학설은 강제추행(성적강요)행위에 있어서 폭행의 정도를 완화하여 해석하는 태도를 취하고 있지만, 기존 독일형법 규정은 (강간을 포함하여) 추행의 목적을 달성하기 위한 수단으로 폭행(내지 협박)을 요구함으로써, 폭행이 피해자의 저항을 배제하기 위한 것이 아니라 행위자의 성적 목적을 달성하기 위한 수단으로 직접 활용되거나, 피해자가 충분히 항거 가능한 상태에 있지만 반대의사를 표명할 여유도 없이 기습적으로 이루어지는 추행행위는 그 가벌성에도 불구하고 여전히 처벌대상에서 제외되는 난점이 지적되었다.[37] 아울러, 2011년 독일은 아직 비준하지 않았지만 상대방의 동의에 의하지 않은 성적 행위를 처벌할 수 있도록 가입국이 필요한 조치를 취하게 한 이스탄불조약에 가입함으로써,[38] 관련 성범죄 처벌규정을 개정할 의무를 부담하게 되었다.

---

36) 김혁돈, 전게논문, 501면; 폭행이 개시되기 전에 피해자가 공황상태에 빠져 무방비로 범인에게 노출된 상황에서 추행을 당한 경우는 형사처벌할 수 없음에서 이를 보충하기 위해 독일형법 제177조 제1항 3호는 '피해자가 무방비 상태로 행위자의 영향에 방치되어 있는 상황의 악용'이라는 침해수단을 추가하여, 강제추행으로 처벌하고 있다고 설명하기도 한다. 이정원, "현행법의 치계에서 성폭력범죄의 구조와 문제점 -강간과 추행의 죄를 중심으로-", 법학논문집 제39집 제1호, 중앙대학교 법학연구소, 2015, 113-114면.

37) 深町晋也, "ドイツにおける2016年性刑法改正について-我が国の性犯罪規定における暴行・脅迫要件の未来", 法律時報 89巻 9号, 2017. 8, 100-101頁.

38) 정식 명칭은 Council of Europe Convention on preventing and combating violence against women and domestic violence로 2011년부터 서명이 시작되어 2014년에 발효되었다. EU 비회원국도 가입이 가능한데, 일본을 포함하여 현재 43개국이 가입하였다. https://rm.coe.int/168008482e(2017. 12. 10).

Article 36 - Sexual violence, including rape

1. Parties shall take the necessary legislative or other measures to ensure that the following intentional conducts are criminalised :

이에 따라 2016년 형법개정을 통해 제177조의 표제어를 성적침해, 성적강요 및 강간으로 바꾸고, 동조 1항에서 피해자의 인식 가능한 반대의사에 반하여 이루어진 성적 행위를 처벌하도록 규정함으로써, 폭행이나 협박을 통한 피해자의 저항을 배제하는 요건 없이도 성범죄로 포착, 처벌하도록 하고(소위 no means no 원칙), 피해자의 항거불능 상태를 이용한 성적 행위를 처벌하는 제179조를 대신하여 제177조 2항에 피해자가 반대의사를 표명할 수 없는 상황을 이용하여 이루어진 성적 행위를 처벌할 수 있도록 규정하였다. 그리고 개정 전 제177조 1항에서 규정한 폭행, 협박에 의한 경우는, 성적강요의 수단이 아니라, 일종의 가중처벌 요건으로 하여 개정된 동조 제5항에 규정하였다.[39] 주목할 점은 개정된 제

---

a. engaging in non-consensual vaginal, anal or oral penetration of a sexual nature of the body of another person with any bodily part or object ;
b. engaging in other non-consensual acts of a sexual nature with a person ;
c. causing another person to engage in non-consensual acts of a sexual nature with a third person.

2. Consent must be given voluntarily as the result of the person's free will assessed in the context of the surrounding circumstances.
3. Parties shall take the necessary legislative or other measures to ensure that the provisions of paragraph 1 also apply to acts committed against former or current spouses or partners as recognised by internal law.

39) STGB § 177 Sexueller Übergriff; sexuelle Nötigung; Vergewaltigung(2016년 개정 후 현재)
(1) Wer gegen den erkennbaren Willen einer anderen Person sexuelle Handlungen an dieser Person vornimmt oder von ihr vornehmen lässt oder diese Person zur Vornahme oder Duldung sexueller Handlungen an oder von einem Dritten bestimmt, wird mit Freiheitsstrafe von sechs Monaten bis zu fünf Jahren bestraft.
(2) Ebenso wird bestraft, wer sexuelle Handlungen an einer anderen Person vornimmt oder von ihr vornehmen lässt oder diese Person zur Vornahme oder Duldung sexueller Handlungen an oder von einem Dritten bestimmt, wenn
1. der Täter ausnutzt, dass die Person nicht in der Lage ist, einen entgegenstehenden Willen zu bilden oder zu äußern,
2. der Täter ausnutzt, dass die Person auf Grund ihres körperlichen oder psychischen Zustands in der Bildung oder Äußerung des Willens erheblich eingeschränkt ist, es sei denn, er hat sich der Zustimmung dieser Person versichert,
3. der Täter ein Überraschungsmoment ausnutzt,
4. der Täter eine Lage ausnutzt, in der dem Opfer bei Widerstand ein empfindliches Übel droht, oder
5. der Täter die Person zur Vornahme oder Duldung der sexuellen Handlung durch Drohung mit einem empfindlichen Übel genötigt hat.
(3) Der Versuch ist strafbar.
(4) Auf Freiheitsstrafe nicht unter einem Jahr ist zu erkennen, wenn die Unfähigkeit,

177조 2항 3호에서 기습추행의 예와 같이 피해자가 놀라거나 당황한 순간을 이용하여 반대의사를 표명할 겨를도 없이 이루어진 경우를 규정한 점이다.

Ⅳ. 문제해결과 대안

기습추행죄와 관련하여 폭행의 강도를 낮추어 이를 강제추행죄로 포착하려는 판례의 입장에 대하여 반대하는 견해와[40] 함께 처벌의 공백을 우려하여 강제

---

einen Willen zu bilden oder zu äußern, auf einer Krankheit oder Behinderung des Opfers beruht.

(5) Auf Freiheitsstrafe nicht unter einem Jahr ist zu erkennen, wenn der Täter
1. gegenüber dem Opfer Gewalt anwendet,
2. dem Opfer mit gegenwärtiger Gefahr für Leib oder Leben droht oder
3. eine Lage ausnutzt, in der das Opfer der Einwirkung des Täters schutzlos ausgeliefert ist.

(6) In besonders schweren Fällen ist auf Freiheitsstrafe nicht unter zwei Jahren zu erkennen. Ein besonders schwerer Fall liegt in der Regel vor, wenn
1. der Täter mit dem Opfer den Beischlaf vollzieht oder vollziehen lässt oder ähnliche sexuelle Handlungen an dem Opfer vornimmt oder von ihm vornehmen lässt, die dieses besonders erniedrigen, insbesondere wenn sie mit einem Eindringen in den Körper verbunden sind (Vergewaltigung), oder
2. die Tat von mehreren gemeinschaftlich begangen wird.

(7) Auf Freiheitsstrafe nicht unter drei Jahren ist zu erkennen, wenn der Täter
1. eine Waffe oder ein anderes gefährliches Werkzeug bei sich führt,
2. sonst ein Werkzeug oder Mittel bei sich führt, um den Widerstand einer anderen Person durch Gewalt oder Drohung mit Gewalt zu verhindern oder zu überwinden, oder
3. das Opfer in die Gefahr einer schweren Gesundheitsschädigung bringt.

(8) Auf Freiheitsstrafe nicht unter fünf Jahren ist zu erkennen, wenn der Täter
1. bei der Tat eine Waffe oder ein anderes gefährliches Werkzeug verwendet oder
2. das Opfer
   a) bei der Tat körperlich schwer misshandelt oder
   b) durch die Tat in die Gefahr des Todes bringt.

(9) In minder schweren Fällen der Absätze 1 und 2 ist auf Freiheitsstrafe von drei Monaten bis zu drei Jahren, in minder schweren Fällen der Absätze 4 und 5 ist auf Freiheitsstrafe von sechs Monaten bis zu zehn Jahren, in minder schweren Fällen der Absätze 7 und 8 ist auf Freiheitsstrafe von einem Jahr bis zu zehn Jahren zu erkennen.

40) 서보학, 전게논문, 30-31면; 조현욱, 전게논문, 666면; 오영근, "2012년 형법판례 회고", 형사판례연구 21, 한국형사판례연구회, 2013, 658면.

추행죄에서 이를 제외하는 것은 시기상조라는 견해,[41] 강제추행죄의 보호법익은 성적 자기결정권으로 기습추행은 이를 직접 침해하는 점에서 강제추행죄가 성립한다는 견해가[42] 대립한다.

반대견해는 그 대안으로, 현행 성폭력특별법 제11조 공중밀집장소 등에서의 추행죄를 개정하여 단순추행죄로 확대하는 방안, 아니면 형법전에 단순추행죄를 신설하거나[43] 강제추행죄를 유형화 또는 세분화하는 방안[44] 등을 제시하고 있다. 그러나 강제추행죄 유형을 세분화하는 방법은 여전히 폭행의 정도와 관련한 논란이 재현될 여지가 있고 입법 기술적 측면에서도 다양한 사례를 상정하여 세분하는 것도 현실적이지 않은 점에서 가장 적절한 대안은 단순추행죄 신설이라 하겠다. 그러나 이것은 어디까지나 입법론적 해결로 즉각적으로 활용 가능한 대안은 아니다.

한편, 강제추행죄를 포함 모든 성범죄에서 폭행 등의 요건을 삭제하고 피해자의 부동의로 대체하자는 견해도 점차 설득력을 얻어가고 있다. 즉, 성범죄는 상대방의 의사에 반하는 성적 행위의 강요라는 점에서 반드시 폭행 등을 매개로 할 당위성은 없으며, 강제추행죄 등에서 말하는 폭행 등의 표지가 실제 사례에서 성범죄피해의 위기에 조우한 피해자가 경험하는 현실을 충분한 반영하고 있다고도 생각되지 않는다고 한다. 실제 범죄에 조우한 피해자의 경우, 즉각적이고 심각한 위해상황이 전제되지 않더라도 공포감에 휩싸여 적절한 방어를 할 수 없는 것이 일반적이기 때문이다.

물론 이에 대하여, 상대방이 동의하지 않는 성적 행동의 강요가 성범죄의 본질이라는 점에 동의하더라도 상대방의 의사에 반하거나 동의하지 않는 점을 확인하는 방법 내지는 기준은 결국 피해자의 저항여부로, 폭행 등은 성범죄의 구성요건에서 불가피하게 요구되며, 만일 단순히 동의의사 없이 이루어지는 추행 등

41) 심희기, "강제추행의 의미와 기습추행의 강제추행성 여부 -2004. 4. 26. 선고 2001도2417판결(공2002상, 1306)-" 고시연구, 2004, 108-109면.

42) 윤덕경, "형사법상 성적 자기결정권의 보호에 관한 연구", 이화여자대학교 박사학위논문, 2012, 85면; 홍기태, "강제추행죄에 있어서 폭행, 협박의 정도 -2002. 4. 26. 선고 2001도2417판결 : 공 2002상, 1306-" 대법원판례해설 41호, 법원도서관, 2002, 575면.

43) 조현욱, 전게논문, 674면;

44) 박혜진, 전게논문, 186-187면.

을 처벌한다면, 피해자 의사에 따라 범죄성립이 좌우되거나 입증이 곤란하여 역으로 명백히 범죄가 성립함에도 불구하고 처벌할 수 없는 사례도 등장할 수 있다는 비판이 제기될 수 있다. 영국에서 강간죄에서 폭행 등이 아닌 부동의가 요건화 되면서 지인 간의 성범죄 신고나 고소가 증가하고 피해자의 동의여부가 쟁점화 됨으로써 유죄율이 떨어졌다는 보고사례는 이를 뒷받침한다. 또한 폭행 등의 요건을 제외하자는 의견은 대부분 지위, 관계 등을 이용한 성범죄와 관련해서 주장되는 예가 많은 만큼, 이러한 유형에 대한 별도의 처벌규정을 고민하는 것이 더욱 현실적이라고 지적도 가능하다.[45)]

V. 맺음말

사견으로는 판례의 결론을 지지한다. 강도 높은 폭행 등이 전제되지 않더라도 피해자가 경험하는 공포감과 충격 등을 고려한다면 이를 단순히 민사상 손해배상 등 형사법적 외의 수단으로 해결할 수 있는 수준은 충분히 상회하는 점에서 형사처벌의 필요성이 긍정되고, 앞서 살펴본 것처럼, 판례가 종합판단기준에 의하여 강제추행죄에서 요구되는 폭행의 수준을 판단하는 점을 고려할 때, 구체적 사례에 따라서는 기습추행 등의 유형에서도 충분히 상대방의 저항이 현저하게 곤란한 상태가 유발될 수 있음에서 이론적 구성도 얼마든지 가능하기 때문이다. 나아가 대상판례에서 확인할 수 있듯이 독일형법과 달리 한국이나 일본에서는 추행과 폭행 또는 협박 간 목적 관련성이 요구되지 않으며, 행위 당시의 객관적 상황 등의 고려에 따라 폭행의 정도가 비교적 유연하게 평가되고 있다. 아울러, 개정 전 독일형법 제179조와 달리 준강간, 준강제추행죄에 있어서 항거불능의 상태 역시 비교적 광범위한 해석대역을 갖고 있기 때문에 단순추행죄 규정의 신설 등 입법론적 대안을 고려하지 않더라도 기습추행 등의 사례에 충분히 대응할 여지를 갖고 있다.

---

45) 性犯罪の罰則の関する検討会, 取りまとめ報告書(案), 平成27年 8月 6日, 18-20頁.

물론, 성범죄는 성적 자기결정권을 침해하는 행위로 상대방의 거부의사에도 불구하고 성적 행동을 강요하는 속성을 갖는 점에서 반드시 폭행, 협박을 매개로 할 이유는 없으며 피해자에게 '저항할 의무'는 존재하지 않기 때문에 단순추행죄 신설과 같이 폭행 등의 요건을 제외하자는 입법론 대안도 충분히 고민할 가치가 있다고 생각한다. 다만, 주의할 점은 피해자의 영혼살인에 비유될 정도로 성범죄의 보호법익이 높은 중요성을 갖는 점에서 폭행, 협박요건의 제외를 지지하는 견해는 대체로 기존 강간, 강제추행죄의 처벌강도가 유지될 것을 지지하는데,[46] 일면 수긍할 수 있는 측면도 있지만 자칫 성범죄와 처벌범위와 강도가 모두 함께 인플레이션 될 우려가 있음에서 이러한 입법론적 대안에는 법정형 특히 그 하한을 낮출 필요를 부가하여 지적하고 싶다.

46) 島岡まな,"性犯罪の保護法益並び刑法改正骨子への批判的考察", 慶應法學 37号, 2017, 30頁.

추행죄의 체계와 형사정책적 고려

- 박 미 숙*-

목 차

I. 문제의 제기

형법상 강간과 추행의 죄의 기본적 구성요건은 강제추행죄이다. 강제추행죄에 대하여 10년 이하의 징역 또는 1,500만 원의 벌금형에 처하도록 규정하고 있다(법 제298조). 형법상 구성요건을 보면 주체나 객체 혹은 행위태양에 따라 별도의 수정적 구성요건을 두고 있지 않으며, 처벌 또한 차등적이지 않다. 반면 성폭력범죄의 처벌에 관한 특례법(이하 성폭력처벌법)과 아동·청소년의 성보호에

* 한국형사정책연구원, 선임연구위원

관한 법률(이하 청소년성보호법)은 말 그대로 성폭력범죄 근절과 이를 위한 처벌 강화, 처벌절차 완화를 내용으로 하는 특별 입법이다. 이처럼 성폭력범죄의 구성요건과 처벌은 매우 복잡한 형태를 갖추고 있다.[1] 즉 동일하거나 유사한 행위에 대하여 다른 법정형으로 대응하고, 또한 추행의 의미를 둘러싸고 그 해석과 법적 용상으로 혼선이 생기기도 한다.[2] 더욱이 강제추행죄는 2014년 기준으로 성폭력범죄의 70%를 차지할 정도인데, 이에 대한 독립한 행위유형으로서의 특성이나 발생빈도, 그리고 양형현황 등을 파악하기조차 어렵다.[3]

이 글은 현행법상 추행죄의 체계 전반을 살펴보는데 그 기본적인 목적이 있다. 즉 형법과 특별법에서 규정하고 있는 추행죄에 대하여 정리해보고, 그 문제점이 무엇인지를 짚어보고자 하는데 그 목적이 있다. 여기서는 추행죄에 관한 현행법 체계와 이로 인해 나타나는 형사정책적 문제점과 고려해야 할 점에 중점을 두고자 한다.

II. 추행죄의 체계

1. 유사강간죄의 도입으로 인한 추행죄의 변화

2012년 형법 개정으로 강간, 유사강간, 강제추행으로 그 체계를 갖추게 되었다. 성폭력 관련 범죄는 형법 제32장 '강간과 추행의 죄'에서 성적자기결정권

1) 오영근, 형사특별법 정비방안(6)-성폭력범죄의처벌및피해자보호등에관한법률, 2008, 12면 ; 형법 개정 이후 성폭력범죄의 체계와 처벌 등의 문제점에 대하여는 김혜정, 성폭력범죄에 대한 대응의 재검토, 법학논총 제20집 제1호, 2013. 43, 369면 이하, 375면 참조.

2) 오영근, 형사특별법 정비방안(6), 53면 이하; 이미경, 성폭력 조장하는 대법원 판례 바꾸기 운동의 의의와 전망, 여성주의 관점의 성폭력 판례비평, 2면; 보다 자세한 논의는 박혜진, 현행 형법상 강제추행죄의 체계적 지위, 해석 및 적용에 대한 비판적 검토, 형사정책 제28권 제2호, 2016. 8, 174면 이하 참조.

3) 기광도, 강제추행죄의 양형에 관한 경험적 연구, 한국범죄학 제10권 제1호, 2016, 133면. 양형기준상제도상의 강제추행에 대한 양형인자를 분석한데 따르면 기본적으로 강제추행죄의 발생 및 양형현황을 파악하기 어려운 상황이기는 하지만, 사법행정처 발간 사법연감의 2014년 기준 제1심 양형현황에 따르면 집행유예는 33.2%, 재산형이 36.9% 그리고 유기징역형이 18.6%로 나타났다고 한다. 이는 그 이전에 비하여 유기징역 및 집행유예는 감소하고, 재산형이 급격히 증가하였음을 보여준 것이라고 한다(140-141면).

을 침해하는 범죄의 기본적인 형태는 폭행 · 협박을 수단으로 하는 강제적 간음 · 추행, 즉 강간 · 유사강간 · 강제추행이다. 이들 모두 폭행협박을 수단으로 해서 성립한다. 강제추행의 경우에는 폭행협박을 수단으로 하지 않는 경우 예컨대 위계에 의한 아동 · 청소년 간음 및 추행죄(형법 제302조), 의제강간강제추행죄(법 제305조),[4] 준강간강제추행죄(법 제299조) 등이 있으며, 형법상으로 처벌되지 않는 업무상 위력에 의한 추행(성폭력처벌법 제10조 제1항)과 피구금부녀자추행(법 제10조 제2항)을 새로운 구성요건으로 규정하고 있다.[5] 뿐만 아니라 성폭력처벌법은 공중밀집장소에서의 추행죄를 두어 1년 이하 300만 원 이하의 벌금에 처한다고 규정하고 있다.

개정 형법의 핵심은 강제적인 유사강간죄라는 것을 신설해서 이를 독자적인 행위태양을 가진 범죄로서 인정하고 기존의 강간과 강제추행 사이의 중간영역의 성범죄를 신설하여 삼분화를 완성했다는 데에 있다. 처벌 또한 강간죄와 강제추행죄의 중간영역에 위치하고 있다. 유사성교행위는 우선 특별법에서 먼저 입법되었으며, 이것이 형법으로 들어오게 된 것은 한편으로는 강간과 추행죄의 체계에서 의미 있는 개정으로 받아들여지고 있다.[6] 즉 '구강, 항문, 손가락 등 신체의 일부 또는 도구를 이용한 유사성교행위'를 기존의 강제추행과 구분하고 이 범죄행위의 경우 강간에 준하여 처벌하도록 하고 있는 것은 그 범죄행위가 죄질이 나쁘고 피해자에게 미치는 영향이 심각한 수위임에도 일반 추행으로 처벌되어온 현행법체계의 문제를 보완하는 의미를 지닌다.[7] 그럼에도 유사강간죄의 도입은 강간, 강제추행죄의 범죄구성요건에 대한 전반적인 문제와 연동되는 것이므로, 추행죄의 체계에 대한 전반적인 검토가 필요하다.[8]

---

4) 13세 미만 미성년자의 경우에는 폭행협박의 행사여부가 중요한 고려요인이 아니며, 따라서 가중할 필요가 없다고 본다. 형법도 13세 미만의 미성년자에 대한 강간과 강제추행에 대하여 강간죄와 강제추행죄의 형량과 동일하게 처벌하고 있음은 이런 의미로 이해된다. 오영근, 91면 참조.

5) 이들 규정을 형법에 편입하는 방안으로서는 오영근, 97-100면 참조.

6) 다만, 개정형법이 새롭게 구축한 유사강간 · 유사간음개념의 타당성은 인정되지만, 유사강간 · 유사간음이 강간 · 간음 보다 경한 성적 자기결정권의 침해로 규정한 것은 부당하다는 견해도 있다. 이정원, 현행법의 체계에서 성폭력범죄의 구조와 문제점-강간과 추행의 죄를 중심으로 -, 법학논문집 제39집 제1호, 119면.

7) 이미경, 성폭력특별법 개정방향에 대한 제언, 성폭력근절을 위한 긴급 토론회 자료집, 2006. 3, 11-12면.

그러나 이제 형법에 일반규정으로 유사강간의 개념이 도입된 이상, 별도로 이에 대해 개별적으로 규정을 하는 것 보다는 형법의 규정을 준용하여 문구를 정리하는 것이 바람직할 것이다.[9] 유사강간죄의 도입으로 이미 강간과 유사강간, 강제추행의 불법성에 대한 정도와 그 기본형량에 차이를 보이고 있는 상황에서 타 범죄와의 결합범 등에 대한 처벌을 규정하면서 이들을 모두 묶어 높은 법정형을 규정하는 것은 전면적인 재정비가 필요하다. 그리고 상대적으로 경미한 범행의 경우에도 단지 결합범이라는 이유만으로 지나치게 높은 형이 선고되고 있고, 이후의 강간이나 유사강간, 강제추행에 대한 불법성의 평가가 제대로 이루어지지 않으므로 이를 분리하여 각각 법정형을 규정하는 것이 바람직할 것으로 보인다.[10]

2. 추행죄의 체계

추행의 경우에도 폭행·협박에 의한 경우, 위계나 위력을 이용한 미성년자 추행, 피해자의 항거불능의 상황을 이용한 경우, 13세 미만자에 대한 추행만을 처벌하고 있으며, 13세 이상자에 대한 단순 추행죄에 대하여는 형사상으로는 아무런 책임을 물을 수 없다. 이에 대하여 성폭력처벌법에서 물론 장소를 특정하기는 하였지만, 단순추행에 대하여도 처벌대상으로 규율하고 있다. 성폭력처벌법상 단순추행은 대중교통수단이나 집회 등 적어도 사람들이 밀집하는 장소에서 발생하는 강제성 없는 추행이다.

추행죄의 기본적 구성요건은 강제추행죄이며(법 제298조), 그 감경적 구성요건으로 유사강간죄(법 제297조의2)를 두고 있으며, 준강간 및 준강제추행죄는 독립한 구성요건으로 규정되어 있다.

---

8) 임선숙, 성폭력실태와 개선방안을 위한 토론회, 국가인권위원회, 2006. 3.

9) 이상 강영혜/김영운/권민경, "성범죄법령에 대한 제 문제점 연구 및 개선방안 모색에 관한 연구", 성범죄 관련법령의 문제점 개선을 위한 심포지엄, 서울지방변호사회, 2014, 10면 이하.

10) 강영혜 외, 12면

3. 현행 체계의 이해와 문제점

첫째 강간, 유사강간, 강제추행죄로 성폭력범죄를 유형화하여 구별하고 있는 체계를 갖추고 있으면서도 한편으로는 유사강간죄 도입으로 인하여 소위 강제추행죄로 처단되던 종래의 행위유형이 유사강간죄로 처단됨으로써 강제추행죄의 추행행위가 그 해석상 축소될 수 밖에 없게 되었는데, 이 점이 실무에 어떻게 반영 적용되고 있는지 하는 점은 문제이다.

둘째 형법의 성범죄 분류체계하에서도 여전히 법으로 규율될 수 없는 공백이 남아있는데, 이 점은 특히 강제추행죄의 경우에 더욱 도드라지고 있다. 폭행협박에 의하지 아니한 추행, 비접촉 · 노출 등 성행위 등에 대하여는 여전히 이를 강제추행으로 규율할 것인지, 아니면 법의 공백으로 처리해버릴 것인지 하는 점이 문제된다.

폭행 · 협박을 수반하지 아니한 비강제적 간음 · 추행은 원칙적으로 형벌의 대상이 아니다. 다만 성적 자기결정권의 행사에 있어서 특별한 보호를 필요로 하는 피해자에 대해서는 비강제적 간음 · 추행도 특정한 요건 하에 형벌의 대상으로 규정하고 있다. 즉 형법은 미성년자 · 심신미약자에 대하여 위계 · 위력을 수단으로 간음 · 추행하는 경우, 업무 · 고용 기타관계에 의한 보호 · 감독자가 피보호 · 감독자를 위계 · 위력을 수단으로 간음하는 경우 및 감호자가 피구금자를 간음하는 경우를 처벌하고 있다. 감호자의 피구금자 간음의 경우에는 위계 · 위력의 수단을 필요로 하지 않는다.

형법상으로 폭행협박을 수반하는 강간 및 강제추행을 처벌하였을 뿐, 단순강간에 대하여는 처벌하지 않았으나 성폭력처벌법에서 업무상 위력 등에 의한 추행죄(법 제10조 제1항)와, 대중교통수단, 공연 · 집회 장소, 그 밖에 공중(공중)이 밀집하는 장소에서 사람을 추행하는 공중밀집장소추행죄(법 제11조) 등 폭행협박이 없는 행위유형을 규정하고 있다.

셋째, 장애인에 대한 간음죄와 유사성교행위에 대한 형법적 규율 등도 오랫동안 논의되어 왔는데, 형법에서는 장애인에 대한 규정을 두고 있지 않다. 장애인에 대한 간음 · 추행죄는 성폭력처벌법에서 규정하고 있을 뿐이다. 장애인에 대한 간음·추행죄를 형법으로 편입하는 형태로 기본적인 체계 변화가 필요한지 검토를 요한다.

또한 성폭력처벌법은 형법상의 업무상 위력등에 의한 간음죄와 피구금자 간음죄와 함께 업무상 위력 등에 추행 및 피구금자 추행죄 등을 규정하여 가벌성의 범위를 확대하였다.

넷째, 성폭력처벌법 제7조에서는 의제강간·의제강제추행죄에 대한 가중처벌조항을 두면서 13세 미만의 사람에 대한 강간·유사강간·강제추행죄의 처벌과 13세 미만의 사람에 대한 준강간·준강제추행죄 및 위계·위력에 의한 간음·추행죄를 동일한 형으로 처벌하고 있다. 13세 미만자에 대하여는 폭행협박이 의미를 갖지는 않으며, 13세 미만자에 대한 성폭력은 항거불능자에 대한 그것과 다름없다는 점에서 준강간강제추행죄와 동일하게 처벌하는 것은 이해된다. 장애인의 보호·교육 등을 목적으로 하는 시설의 장 또는 종사자의 피보호·감독 장애인에 대한 강간·유사강간·강제추행, 준강간·준강제추행 및 위계·위력에 의한 간음·추행행위를 가중처벌하고 있음도 같은 취지이다(동법 제6조 제7항). 다만, 위계는 성적자기결정권의 침해수단으로 충분한가에 대하여 의문을 제기하는 견해도 있다. 성적자기결정권에서 특별한 보호가 필요한 자에 대한 보호의무자의 간음·추행은 위계·위력의 행사와 관계없이 간음·추행죄의 성립을 인정하는 것이 타당하다.

다섯째 현행법상 13세미만의 자에 대한 추행은 성폭력처벌법이, 13세 이상 19세미만에 대해서는 청소년성보호법이 적용되는 체계를 취하고 있다. 청소년성보호법이 성폭력처벌법의 특별법으로 성격을 가지므로 13세 미만에 대한 강간 및 추행에 대하여는 청소년성보호법에 규정하는 것이 체계상 부합하는 것으로 보인다.[11]

여섯째 아동대상 강제추행의 경우 그 범죄특성 및 피해특성을 합리적으로 고려해야 하는데도 불구하고, 아동에 대하여 위계위력을 사용한 경우를 폭행협박을 가한 행위와 구분하여 법정형에서 차이를 두고 있다. 아동에 대한 강제추행의

11) 강영혜 외, 26면.

경우 위계위력을 사용한 경우와 폭행협박을 사용한 경우를 구분하여 달리 규정할 필요가 있을까? 위력에 의한 강제추행과 폭행협박에 의한 강제추행을 구별하는 것은 쉽지 않다.[12] 따라서 위력의 의미를 명확히 하고 강제적인 경우와 구별하는 것이 필요하다.

마지막으로 성폭력처벌법은 제11조 내지 제14조에서 공중밀집장소추행죄, 성적 목적의 공공장소침입죄, 통신매체이용음란죄, 카메라등이용촬영죄를 성폭력범죄로 규정하고 있다. 이로써 성폭력처벌법은 "성적으로 관련된 모든 가능한 직·간접적인 공격 내지 괴롭힘이라는 특징을 갖는다[13]고 보며, 동시에 성폭력범죄는 그것이 본질적인 성폭력범죄라는 의미가 아니라, 성폭력범죄와 동등한 처벌특례와 절차에 의한 취급이 필요한 범죄라는 의미로 이해되고 있다.[14]

III. 강제추행죄의 보호법익과 의미

1. 성적 자기결정권의 보호

1995년 형법 개정을 통해, 강간과 추행의 죄는 기본적으로 개인의 성적 자기결정의 자유를 침해하는 범죄로 구성되어 있다. 이러한 성범죄영역에서 보호법익을 성적 자기결정권으로 체계지운 것은 1995년 형법개정에서의 가장 큰 성과라고 하겠다.[15] 따라서 성적 자기결정권은 성폭력범죄의 판단기준으로서 준거점이 되어야 한다.[16]

---

12) 안경옥, 위력에 의한 간음 추행죄의 판단기준 및 형법상 성범죄규정의 개선방안, 경희법학 제50권 제4호, 2015, 207면.

13) 이정원, 현행법의 체계에서 성폭력범죄의 구조와 문제점, 103면

14) 이정원, 105면

15) 그때까지의 논의를 보면 종전의 '정조에 관한 죄'에서 규정하다 보니 여성의 정조를 보호법익으로 하는 죄로서 정조관념 없는 자에 대한 강간 등에 대하여는 보호법익의 침해가 없어 범죄가 되지 않는다는 불합리가 있었다. 김성돈, 형법각칙, 2009, 154면 ; 김한균, 개정형법상 강간죄 및 유사강간죄 해석·입법론, 형사법연구 통권 25호, 2013, 81면 이하 참조.

16) 김혜림, 강제추행죄의 위헌성에 관한 고찰, 국가법연구, 제12권 제1호, 2016, 5면 ; 박혜진, 현행 형법상 강제추행죄의 체계적 지위, 해석 및 적용에 대한 비판적 검토, 형사정책 제28권 제2호, 2016. 8, 183-184면 참조.

현행법에서 개인의 성적자기결정권에 대한 직접적인 침해는 강제적(폭행·협박) 또는 비강제적(위계·위력) 간음·추행이다. 또한 이와 동일시 할 수 있는 행위, 예컨대 준강간·준강제추행, 의제강간·의제강제추행, 피구금자 간음·추행, 업무상 위력에 의한 추행 등이 이에 포함된다.

따라서 강제추행죄의 경우 범죄의 구성요건을 충족하는 행위가 성적 수치심이나 혐오감정을 불러일으키는 것이라는 객관적 요건과 더불어 성적 자기결정권이라는 보호법익을 침해하여 성적 자유에 반하는 행위로서 성격을 갖는다.

2. 추행의 의미

형법상 추행의 개념에 대하여는 일반인의 성적 수치심이나 혐오감을 일으키는 행위여야 한다. 따라서 추행이 되기 위해서는 적어도 객관적 기준으로서 그 행위의 정도 내지 수위가 '일반인의 성적 수치심이나 혐오감을 일으키는 정도'는 되어야 한다. 그리고 추행행위는 – 일련의 최근의 행위에서 보는 바와 같이 – 주관적 목적을 요구하게 되면 혐오나 복수심 호기심 등으로 성적 수치심을 주는 행위는 추행에 해당할 수 없고, 무엇보다 성적 자기결정권의 침해가 개인의 주관적 경향이나 목적의 유무에 따라서 좌우된다는 문제점이 있다.[17] 결국 추행이 되기 위해서는 성적 수치심이나 혐오감을 주는 일체의 행위면 충분하게 된다.

이러한 판례의 입장에 대하여는 피해자의 의사에 의하지 않는 직·간접적인 신체접촉행위가 모두 강제추행으로 인정될 수 있어 처벌의 범위가 지나치게 넓어질 수 있다는 비판이 제기된다.[18] 강제추행죄의 폭행 또는 협박이 힘의 대소강약을 불문한다고 해석할 경우 준강제추행죄에서도 항거불능상태에서의 추행만을 요건으로 할 필요가 없게 된다.[19] 그리고 폭행이 추행이 되는 경우에는 그 힘의 대소강약을 불문한다고 함으로써 위력과의 차이점을 찾아내기가 쉽지 않다. 단지 위력이 폭행이나 협박과 다른 점은 행위자의 사회적·경제적 지위 등 행위

---

17) 김성돈, 164면 ; 이재상 외, 형법각칙, 2015, 168면

18) 강영혜, 성범죄법령에 대한 제 문제점 연구 및 개선방안 모색에 관한 연구, 15면 ; 조현욱, 기습추행의 의미와 그 판단기준, 일감법학 제33권, 2016, 665면 재인용

19) 오영근, 2012년도 형법판례회고, 형사판례연구 21, 2013

자가 가지는 일련의 세력이나 영향력을 행사할 수 있는 우월적 지위에 있다는 의미 정도이다.[20)]

그리고 다만 성욕을 자극 · 만족할 목적이라는 주관적 요소를 필요로 하는가에 대하여는 학설상으로는 견해가 나누어지고 있다.

강제추행죄의 고의는 폭행 또는 협박에 의하여 사람을 추행한다는 사실에 대한 인식을 그 내용으로 하고 있다.[21)] 성욕을 자극 · 흥분 · 만족시키려는 목적은 필요로 하지 않는다는 것이 다수설과 판례의 입장이다. 즉 대법원판례는 객관적인 면에 중점을 두어서 추행은 성적수치심이나 혐오감을 일으키게 하는 것으로 객관적인 판단과 선량한 도덕관념을 기준으로 해야 하고 주관적 동기나 목적은 추행의 개념에서 필요로 하지 않는다고 판시하고 있다.[22)] 판례는 소위 기습추행의 경우에도 별다른 설시 없이 범의를 인정하고 있다. 기습추행의 경우는 행위자가 처음부터 피해자의 저항을 예상하고 이를 극복한 뒤 추행을 하겠다는 의사 또는 미필적 의사가 있는 경우에만 강제추행의 고의를 인정할 수 있기 때문에 기습추행의 경우까지 강제추행에 포함함으로써 폭행이 성립할 여지를 매우 넓혀놓고 있다고 반론한다.[23)] 피해자의 의사는 단순히 잠재적인 의사로는 부족하고, 추행이 개시되는 시점에 현실적으로 존재하는 의사이어야 한다는 것이다.

추행의 주관적 요소로서 목적을 요구하지 않는다 하더라도 성적 수치심을 주는 행위가 추행죄의 구성요건으로 포섭되기 위해서는 어느 정도의 객관적 기준이 필요하다. 이에 대하여 성적 수치감 내지 성적 도덕감정을 현저히 침해하는 것[24)]으로서 객관적 기준을 제시하는 입장도 있다.

---

20) 안경옥, 225면

21) 김혁돈, 강제추행죄에 있어서의 강제추행의 개념, 형사법연구 제21권, 2009, 504면.

22) 대법원 1992. 2. 28. 선고 91도3182 판결; 대법원 1994. 8. 23. 선고 94도630 판결; 대법원 2002. 4. 26. 선고2001도2417, 2001도2417 판결의 원심인 대전지방법원 본원 합의부는 피고인에게 추행의 범의가 없다고 하여 무죄를 선고하였으나, 대법원은 범의에 대한 별다른 설시 없이 가슴을 만지는 행위에 대하여 추행의 범의가 없다고 본 것은 잘못이라고 하여 파기환송하였다.

23) 서보학, 강제추행죄에 있어서 폭행의 정도와 기습추행의 문제-대상판결 : 대법원 1994. 8. 23. 선고 94도630 판결, JURIST 2001.11, 28면.

24) 이재상 외, 168면.

3. 폭행 · 협박의 의미 및 정도

강간 및 유사강간죄의 실행행위는 삽입행위를 공통의 내용으로 하며, 삽입 이외의 폭행 · 협박에 의한 신체적 접촉의 경우는 강제추행죄(형법 제298조)가 적용된다. 따라서 폭행협박은 강제추행죄의 구성요소이지만, 그 정도에 대하여는 견해가 대립한다.

가. 학설의 입장

강제추행죄에서의 폭행도 강간죄의 그것과 마찬가지로 상대방의 반항을 불가능하게하거나 현저히 곤란하게 할 정도에 이를 것을 요한다고 보는 강간죄동일정도설이 다수설의 입장이다. 그 외에 강제추행죄의 폭행은 강간죄의 그것보다는 낮은 정도라고 하거나, 강간죄의 폭행과 폭행죄의 그것의 중간정도로서 일반인으로 하여금 항거에 곤란을 느끼게 할 정도의 폭행협박이면 족하다는 입장, 상대방의 의사의 임의성을 잃게 할 정도면 족하다는 입장, 상대방의 의사에 반하는 유형력의 행사만 있으면 족하다는 입장, 그리고 폭행죄와 동일한 정도의 최광의의 폭행이면 족하다는 입장등 다양한 견해가 제시되고 있다.

이러한 학설의 입장에 따르면 개별적인 입장에서의 차이가 있지만, 적어도 강제추행죄의 폭행협박은 추행행위와는 구분되는, 또는 강제적인 추행으로 평가되기 위한 요건 내지 수단으로 이해하고 있음을 알 수 있으며, 나아가 상대방의 의사의 자유를 침해하는 정도의 것이어야 한다는 것으로 이해된다. 따라서 강제추행의 추행이 되기 위해서는 단지 성적 수치심이나 혐오감을 경미하게 야기하는 행위로서는 충분하지 않고 적어도 내용적으로 현저하게 성적 수치심이나 혐오감을 야기하는 행위로 보는 것이 타당하다.

나. 판례의 입장

판례는 강제추행죄에 있어서 추행은 상대방에 대하여 폭행 또는 협박을 가하여 항거를 곤란하게 한 뒤에 추행행위를 하는 경우 뿐만 아니라 폭행행위 자체가 추행행위라고 인정되는 경우도 포함되는 것이므로, 이 경우에 있어서의 폭행은 상대방의 의사를 억압할 정도의 것임을 요하지 않고, 항거를 곤란하게 할 정도이며, 상대방의 의사에 반하는 유형력의 행사가 있는 이상 그 힘의 대소강약을 불문한다고 본다.[25)]

이처럼 판례가 강제추행죄에서의 폭행은 상대방의 의사에 반하는 유형력의 행사가 있는 이상 그 힘의 대소강약을 불문한다는 의미는 추행의 내용적인 측면에서 현저성이나 중대성을 요구하는 것은 아니다. 강제추행죄에 대한 판례에서 그 어디에도 추행개념의 성립에 현저성이나 중대성을 요구하고 있지 않은 것으로 보인다. 다만 상대방에 대하여 폭행협박을 가하여 추행행위를 하는 경우에 강제추행죄가 성립하려면 그 폭행협박이 항거를 곤란하게 할 정도일 것을 요한다[26)]고 하면서, 그 폭행협박이 피해자의 항거를 곤란하게 할 정도의 것이었는지 여부는 그 폭행협박의 내용과 정도, 유형력을 행사하게 된 경위, 피해자와의 관계, 추행당시와 그 후의 정황 등 모든 사정을 종합하여 판단하여야 한다고 본다.

4. 검토

위에서 본 바와 같이 추행은 상대방의 의사의 자유를 침해하는 정도의 것으로서 성적 자기결정권에 대한 침해의 성격을 갖는 것이다. 즉 추행이 성립하기 위해서는 폭행협박과 상관없이 상대방의 의사자유를 침해할만한 성적 행동이어야 하는데, 상대방의 의사자유를 침해하는 모든 유형력의 행사를 모두 폭행협박으로 보게 되면 신체에 대하여 유형력을 행사하는 추행은 바로 그 자체가 폭행이 될 수 있다. 이 경우 추행은 이미 개념적으로 폭행을 포함하게 되며, 단지 비접촉적 성적 행위 예컨대 성기노출의 경우 등에만 추행에 해당하지 않게 될 것이다.

이런 의미에서 강제추행에서의 폭행협박은 반드시 추행 전에 행할 필요가 없으며, 상대방에 대하여 폭행협박으로 항거를 곤란하게 한 뒤에 추행행위를 하는 경우뿐만 아니라 폭행행위 자체가 추행이라고 인정되는 경우도 포함하는 것

---

25) 대법원 1983. 6. 28. 선고 83도399 판결; 대법원 1992. 2. 28. 선고 91도3182 판결; 대법원 1994. 8. 23. 선고94도630 판결; 대법원 2002. 4. 26. 선고 2001도2417 판결.

26) 대법원 2007. 1. 25. 선고 2006도5979 판결과 대법원 2008. 3. 13. 선고 2007도10050 판결.

으로 이해된다. 이미 위 대법원의 이분설의 입장에 의하면 폭행협박을 가하여 피해자의 항거곤란을 야기하게 하는 행위를 강제추행으로 기술하고 있다는 점에서 폭행협박은 적어도 피해자의 항거곤란을 야기하게 하는 정도의 행위로 이해된다. 따라서 강제추행죄에서의 폭행협박의 요건은 추행개념 그 자체와는 구분되는 행위이다. 또한 강제추행에서의 폭행협박 구성요건은 성적 자유를 침해하는 결과에 대하여 영향을 미칠 수 있을 정도의 폭행이어야 하고, 동시에 상대방의 의사를 억압할 수 있을 정도를 의미하는 것이라고 보는 것이 타당하다. '강제 추행'의 개념에서 상대방의 의사를 억압할 정도의 행위였냐 여부를 고려하지 않는 것은 강제력의 의미를 잃어버리게 됨으로써 '강제'추행의 성격을 반쪽자리 추행죄로만 자리매김하게 하는 결과가 되기 때문이다.

IV. 강제추행죄 처벌규정과 추행죄 체계방향

1. 법정형 규정 방식에서 본 성폭력처벌법의 문제

형법상 법정형 규정을 보면 3년 이하, 500만 원, 5년 이하 700만 원, 7년 이하에는 1천만원, 10년 이하의 징역에는 1,500만 원 이하 벌금형이 선택형으로 과해지고 있다. 징역형의 상한을 두면서 벌금형을 선택형으로 한 것은 불법성의 정도에 따라서 징역형과 벌금형을 선택적으로 조정하여 불법에 비례하는 책임을 부과하도록 한 것이다.[27] 형법각칙에서 징역형과 벌금형을 선택적으로 규정하는 방식의 처벌조문들을 보면 양자의 관계를 엿볼 수 있다. 10년 이하의 징역형이 규정되어 있는 조문의 벌금형의 상한은 3,000만 원, 2,000만 원, 1,500만 원이다. 7년 이하의 징역형에는 1,500만 원, 1,000만 원이며, 6년 이하의 징역형에는 1,000만 원 이하의 벌금형이 규정되어 있다. 5년 이하의 징역에 대한 벌금형의 상한은 2,000만 원, 1,500만 원, 1,000만 원, 700만 원 이다. 3년 이하의 징역에는 1,000만 원, 700만 원, 500만 원의 벌금이 규정되어 있고 1년 이하의

---

27) 김혜경, 법정형 체계의 정비방안, 2006, 94면

징역에서의 벌금형의 상한은 500만 원, 300만 원, 200만 원이다.[28)]

가. 징역형 하한 규정과 그 문제점

성폭력처벌법의 특징은 형벌가중의 범위가 확장되거나 법정형의 범위가 넓어지고 있다는 점이다. 1년 이상, 또는 2년 이상의 징역형 하한규정방식 조차도 이러한 비난에서 자유롭지 못하다. 그런데 성폭력처벌법은 특수강도강제추행에 대하여 징역형 하한을 5년, 7년 이상으로 규정함으로써 아예 집행유예가 불가능하도록 하는 처벌규정을 두고 있다.[29)] 그런데 실제 피해자에 대하여 아무런 상해가 없이 특수강도강제추행을 범할 수도 있고, 상해가 발생하더라도 경미한 정도의 상해가 발생할 수 있다. 실제 판례상 인정하는 상해의 범위도 광범위하다.[30)] 그런데 이 모든 다양한 형태와 범위의 행위 모두에 대하여 징역형을 선고해야 한다면 과도한 처벌의 우려가 있다. 실무에서는 이런 어려움 때문에 수사 및 재판과정에서 해당구성요건을 축소해석하거나, 흉기 기타 위험한 물건을 휴대의 증거가 없다고 하거나, 음주의 심신미약상태에서 범행을 하였다고 하여 법률상 감경을 하는 등 피고인에게 적정한 형을 선고하기 위해 편법을 사용할 수밖에 없게 된다.[31)]

성폭력처벌법상 특수강도강제추행죄의 경우 징역형의 실형을 선고하더라도 5년 이상 최대 50년까지에 해당하는 중한 강제추행 행위가 무엇인지 의문이고, 일반적이고 통상적인 추행행위까지 집행유예가 불가능하도록 10년 이상의 형으로 정한 것은 과중한 처벌이라는 비판을 고려할 필요가 있다.[32)]

그 다음으로 13세 미만 사람에 대하여 강제추행이 5년 이상 유기징역으로

---

28) 최준혁, 벌금형과 보호관찰의 쟁점 : 벌금형의 합리적 산정가능성- 형법 제70조 제2항에 대한 검토를 중심으로, 형사정책 제26권 제3호, 2014, 17면.

29) 오영근, 56면. 이에 대하여 헌법재판소는 2010. 7. 29. 선고 2009헌바350 결정과 2001. 11. 29. 선고 2001헌가16 결정에서 '성폭력범죄의 처벌 및 피해자보호 등에 관한 법률' 제5조 제2항에서 특수강도강제추행죄의 법정형을 특수강도강간죄의 그것과 동일하게 사형 · 무기 또는 10년 이상의 징역에 처하도록 규정하고 있더라도 책임과 형벌 간의 비례원칙을 위반하거나 형벌체계상의 균형을 상실하여 평등원칙에 위반되지 않으며, 작량감경을 하여도 집행유예를 선고할 수 없도록 법정형을 정한 것이 법관의 양형재량권을 침해하지 않는다고 판시하고 있다.

30) 오영근, 56-57면 참조 ; 강영혜 외, 27면.

31) 오영근, 58-59면.

32) 강영혜 외, 23면.

무거운 법정형을 예정하고 있는 점도 강제추행을 넓게 해석할 수 있는 여지를 남겨 명확성의 원칙과 법적용상 형평성 문제를 야기할 수 있으며, 더 나아가 이 경우에도 벌금형을 선택적으로 부과하도록 하고 있다. 아동의제강제추행죄, 장애인대상강제추행죄의 경우에 벌금형을 규정하고 있는 입법취지는 무엇인가에 대하여 명확한 이유를 찾기 어렵다. 다만 그 이유를 굳이 찾는다면, 성폭력처벌법으로 아동 및 장애인에 대한 중대한 강제추행을 형량강화로 엄중하게 다스리면서 다른 한편으로는 여전히 경미한 형태의 추행에 대한 대응도 필요하지 않겠냐는 고민을 담은 것으로 이해할 수 있다.

나. 벌금형 선택 및 액수의 입법재량사항

징역형과 벌금형의 선택 또는 병과에 대하여 헌법재판소는, 법정형의 종류와 범위의 선택은 그 범죄의 죄질과 보호법익에 대한 고려뿐만 아니라 우리의 역사와 문화, 입법 당시의 시대적 상황, 국민 일반의 가치관 내지 법감정 그리고 범죄예방을 위한 형사정책적 측면 등여러가지 요소를 종합적으로 고려하여 입법자가 결정할 사항으로서 광범위한 입법재량 내지 형성의 자유가 인정되어야 할 분야이므로, 어느 범죄에 대한 법정형이 그 범죄의 죄질 및 이에 따른 행위자의 책임에 비하여 지나치게 가혹한 것이어서 현저히 형벌체계상의 균형을 잃고 있다거나 그 범죄에 대한 형벌 본래의 목적과 기능을 달성함에 있어 필요한 정도를 일탈하였다는 등 헌법상의 평등의 원칙 및 비례의 원칙 등에 명백히 위배되는 경우가 아닌 한, 쉽사리 헌법에 위반된다고 단정하여서는 아니된다고 판단하고 있다.[33] 결국 벌금형의 가액을 정하는 것은 입법형성권자의 재량사항[34]이고 이런 점에서 본다면 징역형기의 상한을 10년으로 두고 있는 강제추행죄의 경우 벌금형을 선택형으로 규정하고 있는 것 또한 이 범주로 이해된다. 다만 통상 형법에서 벌금을 정함에 있어서는 자유형의 형기와 벌금의 액수가 서로 상응하는 기준

---

33) 헌법재판소 1995. 4. 20. 93헌바40 전원재판부 결정

34) 이 경우에도 벌금형규정이 헌법상 비례의 원칙을 벗어났다고 하기 위해서는 동일한 징역형기를 정한 범죄들 간에 선택형으로 정해진 벌금형의 가액이 현저히 차이가 나거나 서로 다를 때 균형성에 의문이 있을 수 있다. 김혜경, 94면.

이 마련될 필요는 있다.[35] 현행법은 총액벌금제를 채택하고 있고, 벌금형과 자유형을 상호 환산하는 기준을 정하는 것은 쉽지 않을 것으로 예상되지만, 어느 정도 액수의 벌금형이 어느 정도의 자유형에 해당하는지를 계산할 수 있는 어떠한 합리적 기준에 대한 고민이 필요하다.[36]

2. 징역형 하한과 벌금형 선택규정

법정형에서 하한을 규정하는 경우에는 1년 이상, 2년 이상, 3년이상, 5년 이상, 7년 이상, 그리고 10년 이상 등으로 규정한다. 1년 이상의 징역은 1년 이상 최대 50년까지이다. 이처럼 하한을 규정하는 방식은 법정형의 폭을 지나치게 넓게 측정하는 것으로서 비례의 원칙에 반하고 일반인으로 하여금 예측가능성을 감소시키고 무엇보다 명확성의 원칙도 반한다.[37]

그런데 성폭력처벌법에서도 최소한 5년 이상의 징역형에 처하도록 하여 동일한 형량으로 처벌하는 특수강도강간과 강제추행죄의 경우 이외에는 추행죄의 경우 벌금형과 유기징역형이 혼재되어 있으며, 13세 미만의 아동에 대한 강제추행에 대하여도 벌금형이 선택적으로 부과되도록 하고 있다. 더욱이 성폭력처벌법으로 성폭력범죄를 엄중히 처벌하기 위해 징역형의 하한을 규정하는 방식을 택하고 있다. 장애인에 대한 강제추행의 경우(제6조 제3항)와 13세미만의 의제강제추행의 경우처럼(제7조 제3항) 3년 이상의 징역형 또는 2천만 원 이상 5천만 원 이하, 그리고 5년 이상의 징역형 또는 3천만 원 이상 5천만 원 이하로 규정하여 징역형의 하한 또는 벌금형을 선택적으로 규정하는 방식을 취하고 있다. 징역형 하한규정방식을 취하면서 동시에 벌금형을 선택형으로 하고 있는 예는 위에서 보는 바와 같이 통상적인 법정형 방식이 아니다. 자유형에 선택형으로 과해지는 벌금형도 현행법상 규정방식으로 보면 대체로 300만 원, 500만 원, 700만 원 또는 1,000만 원, 1,500만 원 등으로 상한을 제한하는 방식을 취하는 것이

35) 김혜경, 94면.
36) 최준혁, 19면
37) 김혜경, 93면.

일반적이다.[38] 다만 이 경우에도 벌금형의 가액을 결정하는 것은 입법형성권자의 재량에 속한다. 벌금형에 대하여 입법권자의 재량권 일탈로 헌법 위반으로 판단할 수는 없다. 그럼에도 불구하고 성폭력처벌법상 장애인 및 의제강제추행등에 대하여 징역형 하한 규정과 동시에 벌금형을 선택형으로 하고 있는 것은 균형성에 의문을 가질 수 밖에 없다.[39] 성폭력처벌법상 징역형 하한규정 및 벌금형 선택규정 방식에서는 징역형과 벌금형 상호간에 전혀 비례를 찾아볼 수 없다. 즉 성폭력처벌법 제6조 3항, 6항, 제7조 2항 등의 경우 특히 통상의 경우인 징역형과 벌금형을 선택형으로 하는 법정형에서 징역형의 상한과 벌금형의 상한과의 비례관계를 완전히 벗어나고 있다.[40]

3. 법정형 규정방식을 통해본 강제추행의 재정비

기본적으로 강제추행죄에 대하여 자유형과 벌금형을 선택적으로 부과하도록 한 것은 입법자의 재량으로 보아야 한다. 다만 징역형 하한 규정은 개정형법으로 유사강간죄가 신설된 점과 맞물려 형량 조정이 필요하다. 징역형 하한 규정은 1년 이상 10년 이하 등으로 제한하고, 벌금형의 산정도 행위와 비례관계를 고려하여 규정되어야 한다. 강제추행에 대한 광범위한 법정형 범위는 성폭력범죄에 대한 친고죄 폐지로 인한 합의가능성을 확대하고 이를 양형에 참작하는 형태로 실무에서 이용하는 효과를 있을지 모르지만, 형벌이 갖는 예방효과 및 일반국민의 예측가능성 등을 감소시킬 뿐이다.

그 다음으로 폭행 또는 협박으로 사람을 성추행하는 자는 10년 이하 징역 또는 1,500만 원 이하의 벌금에 처해지지만 이 경우에도 벌금형에 대한 양형기준은 없다. 가령 벌금형에 대하여는 양형기준도 없다. 양형기준이 벌금형에 관한 기준을 별개로 또는 징역형과 병행하여 제시하거나, 벌금형 선택을 금지하는 명시적인 지침을 설정하지 않는 한, 형종으로 벌금형을 선택한 경우에는 양형기준

38) 김혜경, 94면.
39) 김혜경, 94면.
40) 같은 의미 : 최준혁, 19면

이 적용되지 않는다. 벌금형에서 벌금의 액수에 대한 공평한 산정이 벌금형의 집행을 수월하게 한다는 점을 고려한다면 적어도 이에 대한 명확한 기준을 한번 고민해보아야 할 것이다.[41]

V. 추행죄에 대한 형사정책적 고려

위에서 본 바와 같이 추행죄에 대한 하급심과 대법원의 판례 입장이 엇갈리고 있고, 유사강간죄의 도입이후 추행죄 체계의 재정비에 대한 고민 등이 아직 해결되지 않고 있는 것으로 보인다. 이러한 상황을 과연 해석론으로 감당해낼 수 있는가 하는 점이 문제되는데, 현행 체계로서는 추행의 의미와 범위를 확정하기가 쉽지 않을 것으로 보인다. 따라서 향후 법제도 및 정책의 새로운 변화와 방향을 고민해볼 여지도 있다.

여기서는 먼저 위에서 본 추행죄의 체계와 처벌을 둘러싼 논의를 토대로 하여 몇가지 가능한 형사정책적인 고민을 함께 나누어보고자 한다.

1. 판례와 법정형 검토에서 나타난 정책적 고려의 필요성

판례는 강제추행죄의 경우 상대방에 대하여 폭행협박을 가하여 항거를 곤란하게 하여 추행행위를 하는 경우뿐만 아니라, 폭행행위가 추행행위라고 인정되는 경우도 포함하고, 이 경우 폭행협박 반드시 상대방의 의사를 억압할 정도의 것임을 요하지 않고 상대방의 의사에 반하는 유형력의 행사가 있는 이상 그 힘의 대소강약을 불문한다. 이처럼 대법원이 폭행의 의미를 폭넓게 인정하는 것은 예상하지 못한 기습추행이나 단발성 추행사례들을 염두에 두고, 가해자에게 면죄부를 줄 수 없다는 형사정책적 고려가 작용한 것으로서, 이렇게 되면 불가벌적 영역에 있는 단순추행과의 구별을 어렵게 하여 강제추행의 한계를 모호하게 만드는 문제가 발생할 수 있다.[42] 피해자가 여성인 경우 기습추행을 강제추행으로 보지

41) 최준혁, 11면.

않고 민사불법으로만 처리하게 되면 피해여성이 법익보호의 틀 밖에 놓이게 되어 여성의 정당한 권익이 침해될 위험이 크다는 문제 등의 사회정책적 배경도 고려된 것이라고 볼 수 있다.[43)]

문제는 판례가 이런 정책적 고려 때문에 강제추행으로 포섭되는 행위유형을 두 가지로 보는 것은 아닌가 하는 의문을 낳고 있다. 즉 폭행협박 선행형으로서 상대방에 대하여 폭행협박을 가하여 항거를 곤란하게 한 뒤에 추행행위를 하는 유형과 폭행추행동시형 즉 폭행협박 자체가 추행행위인 소위 기습추행까지 모두 폭행협박의 성격을 가지는 것으로 보는 것이다.[44)] 이러한 판례의 입장에 대하여 강제추행죄의 적용범위가 확대적용되고 있는 것으로 이해하는 입장이 있는 반면,[45)] 기존의 추행 개념의 불명확성과 그 범위의 광범위성으로 말미암은 것이라고 보는 입장[46)]도 있지만, 일률적으로 평가하기는 쉽지 않다.

그리고 성폭력처벌법에서 장애인 및 아동대상 강제추행죄에 대하여 징역형 하한규정과 벌금형 선택 규정을 두고 있는데, 이는 과도한 처벌, 법정형에 대한 입법재량권의 일탈이라는 측면도 부정하기 어렵다. 성폭력처벌법 제정 및 개정자료에서도 이러한 법정형 방식에 대하여는 큰 고민을 담지 못한 것 같은데, 이 점은 앞에서 본 판례의 입장처럼 추행의 범위를 대단히 넓게 보고 그 스펙트럼을 모두 담기 위한 하나의 고육책이 아니었을까 생각해본다. 이런 점을 고려하더라도 기본적으로 법정형의 범위가 지나치게 넓어 강제추행죄에 대한 예방이나 국민의 예측가능성을 담보하지 못하게 되는 문제가 있다.

무엇보다 유사강간죄의 도입으로 강간과 강제추행의 이분법하에서는 강제추행죄의 범위는 제한되고 보다 엄격하게 대응할 필요가 있다. 성폭력처벌법은 유사강간죄의 도입 이후에 강제추행죄의 성격과 의미를 어떻게 볼 것인지에 대한 논의를 시작한 것 같지 않다. 일반적인 형량강화를 통한 강제추행죄 예방은 법체계와 실무상으로 혼선만 빚을 뿐이다.

---

42) 서보학, 29-30면.
43) 조현욱, 665면.
44) 강영혜 외, 15면.
45) 이원상, 강제추행행죄 적용범위에 대한 문제점 고찰, 법학논집, 제40권 제1호, 104-107면.
46) 박혜진, 179면 주38).

2. 일반 추행행위의 구성요건화

현행법상 추행죄는 기본적으로는 '강제' 추행죄이다. 강제추행죄의 행위수단으로서 폭행협박을 적어도 강제력을 갖는 폭행협박으로 구성해야 할 것이며, 강제력을 수반하지 않는 폭행협박, 비접촉적 성행위 등에 대하여도 성적 자기결정권의 침해라는 추행죄의 본질적 측면을 고려하여 가벌성의 범위내로 포섭할 방안을 고민해보아야 한다. 현행법의 개정으로 가능한 방안으로서 성폭력처벌법 제11조에서 장소적 특성이외에 일반장소에서의 추행행위를 처벌하는 추행죄 일반규정을 두는 방법도 고려해볼 수 있다.

3. 비동의간음죄 도입 여하

비동의간음죄는 간음죄의 주요지표를 피해자의 동의와의 연관성하에서 보는 것으로서, 성적 자기결정권을 보호법익으로 한다는 성범죄의 본질에 비추어본다면 피해자의 동의는 범죄성립의 주요한 판단요소로 고려되어야 한다[47]는 데에서 출발한다.

성폭력 범죄의 특성상 명백한 폭행, 협박이 있음을 밝히지 못하는 한 언제나 피해사실의 입증에 어려움이 있고, 피해자의 입장에서는 성폭력이 벌어지는 상황 자체가 주는 공포감이 너무 큰 나머지 물리적인 폭행, 협박 없이도 저항하지 못한 채 성교에 응할 수 밖에 없는 경우가 많다는 점 등을 고려하여 본다면, "여성의 동의가 없음이 명백한 상황에서 이루어진 간음"에 대하여는 처벌규정을 마련할 필요는 없는지 고민이 필요하다.[48]

이에 따르면 위력이나 위계에 의한 경우는 아니지만 명백하게 동의하지 않은 경우 그럼에도 불구하고 간음이나 추행을 하는 경우는 소위 비동의 성범죄라고 할 수 있다. 성폭력범죄가 궁극적으로 개인의 성적 자유나 성적 자기결정권을

---

47) 안경옥, 228면; 김슬기, 성폭력범죄의 행위태양에 관한 연구 : 미국과의 비교를 중심으로, 형사법의 신동향, 제38권, 2013, 24-25면; 이유정 '비동의간음죄의 신설에 대한 논의', 성폭력, 법정에 서다, 2007.

48) 임선숙, 2006. 3.

보호한다면, 동의 없이 행해지는, 그러나 현행 규정상의 여러 요건에 해당하지 않는 소위 비동의 간음죄를 성범죄로 포섭이 가능하고, 이로써 가벌성의 흠결을 메울 수 있을 것으로 기대된다. 또한 피해자가 무방비상태에서 행위자의 영향력하에 있어서 행위자의 성적 요구에 응할 수밖에 없는 의미에서의 비동의간음 및 추행죄는 성적 수치심을 유발하는 행위로서 미성년자나 심신미약자 혹은 장애인을 포함한 성인 모두에게 해당될 수 있다.[49]

VI. 결론

1994년 성폭력범죄에 대한 대응을 위해 법 · 정책마련을 촉구하면서 성폭력처벌법이 제정되고, 관련 제도들이 마련되었지만, 법의 운용과정에서 담당자들의 의식에 따라 판이한 해석과 판단이 내려지고 있는데, 이는 추행죄의 경우에도 예외가 아니다.

현행법상 추행을 경한 정도의 불법행위로 이해하는 한 추행의 법체계에 계속하여 혼란이 올 수 밖에 없으며, 그 정책방향도 혼선을 빚을 수 밖에 없을 것이다. 이를 단지 경한 정도의 희롱이나 접촉으로 볼 것이 아니라, 성적 자기결정권을 침해하는 성적 침해행위로 바라보는 관점의 전환이 필요하다. 추행죄의 법체계와 정책방향에 있어서는 유사강간죄를 도입함으로서 기존에 강제추행죄로 처벌되던 행위가 상당히 유사강간죄로 처벌될 것으로 보이므로 유사강간죄의 지위를 강간죄 및 강제추행죄와의 관계에서 좀 더 명확히 함으로써 추행죄의 체계와 내용적 명확성을 담보하는 것이 필요하다. 구체적으로는 강제추행죄를 기본적 구성요건으로 설정하고, 강제추행죄의 가중 구성요건으로 강간죄나 유사강간죄를 규정하고, 폭행 또는 협박의 정도를 나누어서 구성요건을 좀 더 세분화하여 입법하는 방안을 고민해보아야 할 것이다.[50]

강제추행의 법정형이 지나치게 높다는 점에 대하여 그다지 이의가 없는 것

49) 임선숙, 2006. 3.

50) 같은 취지 : 강영혜 외, 49-50면 참조.

으로 보인다. 분명 강간죄보다는 행위가 다양하고 불법의 정도가 약한 것으로 보이는데, 법정형은 매우 높아 오히려 법원이 행위의 불법성에 부합하는 적정한 형벌을 정하는 것이 쉽지 않아 보인다. 예컨대 5년 이상의 징역형 또는 3000만원 이하의 벌금형에 처한다고 할 때 과연 적정한 선고형을 정하기를 기대할 수 있는가? 오직 한가지 방법은 판사에게 - 이러한 입법에도 불구하고 - 다른 범죄와의 균형성을 잃지 않기를, 적정한 형량을 찾아내주기를 기대할 수 밖에 없다. 특히 경미한 강제추행에 대하여까지 징역형의 실형이나 1,500만원 이상의 벌금형을 선고할 수 밖에 없다면 이는 거꾸로 책임주의에 반하는 결과를 가져올 것이다. 위에서 본 것처럼 최근의 경향은 처벌강화와 맞물려 양형에서도 집행유예 비율이 감소하기는 하지만, 이것이 벌금형으로 선고되는 비율이 높아지는 방향으로 조정되고 있다면, 현재의 강제추행죄의 법정형은 다양한 형태의 강제추행 행위를 반영하지 못하게 되고, 이로써 아무런 예방적 효과를 기대하지 못하게 될 것이다.

모해위증죄에서 '모해할 목적'의 의의와 판단기준

- 대법원 2014도16862 사건과 관련하여 -

- 김 태 명* -

목 차

Ⅰ. 사건의 개요와 쟁점

1. 공소사실의 요지

부동산개발업 등을 하는 D회사는 토목공사를 전문으로 하는 S회사에 공장부지 조성공사를 도급 주어 S회사가 공사에 착공하였는데, D회사의 부사장인 이 사건 피고인 甲은 2010. 4.경부터 6.경 사이에 S회사의 공사현장 사무실에서 여러 차례 A와 만난 사실이 있고 2010. 6. 8. S회사 사무실에서 S회사의 대표이사인 乙에게 "A(이 사건 공사의 현장소장)가 나한테 어음을 할인해다 준다고 갖

---

* 전북대학교 법학전문대학원 교수

고 나가서 행불된 거야."라고 말한 사실이 있음에도 불구하고, 2012. 10. 15. 乙의 A에 대한 명예훼손사건의 제1심 재판의 증인으로 출석하여 증인으로 선서하고 "2010년 4월부터 6월 사이에 증인이 공사현장에 방문하여 A를 만난 사실이 없나요?"라는 乙의 변호인의 질문에 "3월에는 A를 한번 씩 보았는데, 4월말 이후부터는 현장에 잘 안 나타났습니다."라고 증언하고, "증인은 피고인(乙)에게 A가 행불됐다. 연락이 안 된다. 이런 취지의 말을 한 적이 있나요?"라는 질문에 "없습니다. 증인은 당연히 연락이 잘 안 되니까 乙에게 가서 A가 연락이 안 되는데 이거 어떻게 해야 되느냐고 했습니다."라고 증언하였으며, 2013. 3. 13. 같은 사건의 제2심 재판의 증인으로 출석하여 증인으로 선서하고 위와 같은 취지의 증언을 함으로써, 모두 2회에 걸쳐 乙을 모해할 목적으로 자신의 기억에 반하는 허위의 진술을 하였다.

2. 사실관계

2010. 2. 12. 위 공장부지 조성공사의 현장소장인 A는 甲의 소개로 작업반장인 B와 "B가 S회사에 월 2%의 이자로 8,000만원을 대여하되, 대여금은 B가 액면금 8,180만원의 약속어음을 S회사에 양도하는 것으로 갈음한다"는 내용의 소비대차계약을 체결하고, B는 A에게 약속어음을 교부하였다. 그런데 2010.3. 및 4.경 A는 S회사의 대리인으로 위 소비대차계약을 체결하였으므로 S회사가 차용금 채무를 부담해야 한다고 주장하는 반면 S회사의 대표이사인 乙은 A가 차용금 채무를 부담해야 한다고 주장하면서 서로 갈등을 빚었다.[1] 이에 B는 S회사를 상대로 대여금청구소송을 제기하였고, 乙은 "A가 S회사의 현장소장으로서 소비대차계약을 체결할 권한이 없음에도 대표이사 직인을 위조하여 계약을 체결한 것이므로 S회사가 채무를 부담할 이유가 없다."는 취지도 다투었고, 그와는 별도로 A가 업무상 보관하던 공사대금을 임의로 소비하였다며 A를 고소하였다. 이에 A는 乙을 상대로 "乙이 甲과 B에게 'A가 회사 돈을 횡령하고 행불되었다'라는 말

1) 2012. 2. 9. 법원은 A의 소비대차계약 체결은 무권대리행위이지만 S회사가 이를 추인하였거나 표현대리에 해당하여 유효하다는 이유로 원고의 청구를 인용하였고, 이 판결은 상고기각으로 확정되었다.

을 하여 자신의 명예를 훼손하였다"는 취지로 乙을 고소하였다.

S회사는 D회사로부터 합계 5억 8,000만 원의 공사대금을 지급받고 2010. 6. 14. 약 70%의 공정만을 완료한 채 공사현장에서 철수하였고, 이에 D회사는 그로부터 1억 1,000여만 원을 투입하여 직접 부실부분의 재공사 및 마무리공사를 하였다. 한편 S회사가 D회사를 상대로 공사대금청구소송을 제기하였는데 D회사는 손해배상을 구하는 반소를 제기하였고, 제1심에서 본소청구 기각 및 반소청구 일부인용 판결이 선고되었으나 S회사의 항소로 당시 소송 계속 중이었다. 이와 같이 乙과 반복하고 있던 甲은 乙을 명예훼손으로 고소한 A의 부탁을 받고 A에게 "乙이 자신에게 'A가 회사공금을 횡령하고 잠적했다'는 말을 하였다"라는 취지의 사실확인서를 작성해 주었다.

2012. 10. 31. A에 대한 명예훼손사건에서 乙은 200만 원의 벌금형을 선고받고 항소하였으나 2014. 5. 16. 항소가 기각되고 그 무렵 판결이 확정되었다. 이에 乙은 甲과 B가 법정에 증인으로 출석하여 선서한 후 자신들의 기억에 반하는 진술을 하였다고 고소하였고, 이 중 B는 위증혐의로 약식기소되어 벌금 100만 원을 선고받고 2013. 7. 13. 약식명령이 확정되었다.

한편 공사현장 사무실에는 CCTV가 설치되어 있었는데 CCTV의 영상에는 2010년 4월부터 6월 사이에 수차례 甲과 A가 공사현장 사무실에서 서로 만나는 장면이 촬영되어 있었고, 乙이 2010. 6.경에 한 것으로 보이는 甲과의 대화를 녹음한 자료에는 甲이 乙을 찾아와 "A가 어음을 할인해 준다고 갖고 나가서 행불된 거야"라며 乙을 심하게 비난하며 A의 주소지와 연락처 등을 달라고 추궁하는 내용이 포함되어 있었다.

3. 제1심 재판의 요지

제1심에서 피고인 및 변호인은 피고인의 증언내용이 객관적 사실에 부합하고 설령 사실에 부합하지 않는다고 하더라도 2년 6개월 전 사실을 기억나는 대로 진술한 것으로서 기억에 반하지 않으며, 피고인이 A를 모해할 이유나 목적이 없으므로 무죄라고 주장하였으나, 제1심 법원은 다음과 같은 취지의 판결을 하였다.

가. 법리

모해위증에 있어서 '모해할 목적'이란 피고인 · 피의자 또는 징계혐의자를 불리하게 할 목적을 말하고, 허위진술의 대상이 되는 사실에는 공소범죄사실을 직접 · 간접으로 뒷받침하는 사실은 물론 이와 밀접한 관련이 있는 것으로서 만일 그것이 사실로 받아들여진다면 피고인이 불리한 상황에 처하게 되는 사실도 포함된다. 이러한 모해의 목적은 허위의 진술을 함으로서 피고인에게 불리하게 될 것이라는 인식이 있으면 충분하고 그 결과의 발생까지 희망할 필요는 없다.

나. 판단

① 乙의 A에 대한 명예훼손사건에서 乙은 "A가 행방불명되었다는 말을 자신이 아니라 甲이 하였다"고 변소하였기 때문에 A가 공금을 갖고 행방불명되었다는 말을 乙이 하였는지 여부가 쟁점이 되었고, 이와 관련하여 2010. 4. 이후에 A가 현장 사무실에 출근하였는지 여부가 증인신문과정에서 비중 있게 다루어진 점, ② 甲과 변호인은 증언 시점으로부터 2년 6개월 전의 일이라 정확히 기억할 수 없다는 취지로 주장하나, 2010년경부터 이미 甲과 乙, A, B 등 이 사건 관련자들 사이에 민형사분쟁이 지속적으로 이어져 여러 건이 진행 중인 상태이고, 甲이 위 관련 사건에서 A를 위하여 사실확인서를 작성해 주기도 한 점 등의 정황으로 볼 때 甲이 당시 상황을 정확히 기억하지 못하여 객관적 사실과 다른 증언을 한 것으로 보기는 어려운 점, ③ 甲은 위 명예훼손사건이 쟁점 및 질문의 취지를 정확히 인식하고 증언하였던 것으로 보이는 점, ④ 甲은 A를 강하게 비난하는 상황이었으나 그 이후 乙과 A, B 등 관련자들의 민형사분쟁에서는 甲이 A의 주장에 부합하는 사실확인서를 작성하여 주었고, 甲과 B 등이 S회사를 상대로 민사소송을 제기하는 등 A와 甲은 이해관계가 일치한 반면 乙은 甲 및 A의 반대편에서 이들과 반복하는 입장이었던 점, ⑤ 乙의 A에 대한 명예훼손사건의 증인으로 출석한 甲으로서는 자신이 A에게 작성해 준 사실확인서의 내용에 반하는 취지로 증언하기가 쉽지 않았을 것으로 보이는 점 등의 제반 사정을 종합하여, 앞의 법리에 비추어 보면 甲은 乙의 명예훼손사건에서 자신의 증언으로 乙이

불리한 상황에 처하게 된다는 사실을 인식하면서도 기억에 반하는 진술을 하였다고 봄이 상당하다.

4. 제2심 판결요지

피고인(甲)은 (1) 법정에서 공소사실 기재와 같은 내용의 증언을 한 사실은 있으나 위 증언은 객관적 사실에 부합하거나 피고인의 기억에 반하지 않아 허위의 진술이 아니고, (2) 피고인의 진술로 인해 乙의 명예훼손사건의 공소사실이 증명되는 것도 아니며, (3) 피고인이 乙의 처벌을 의도한 바 없음에도 피고인에 대하여 모해위증죄를 유죄로 인정한 원심판결에는 사실을 오인하여 판결에 영향을 미친 위법이 있다고 주장하였으나, 항소심은 다음과 같이 피고인의 주장을 배척하였다.

> 피고인(甲)은 ① 수사기관에서 乙의 녹취파일에 수록된 대화의 목소리가 자신의 것임을 인정한 바 있는 점, ② 피고인과 마찬가지로 乙의 명예훼손사건에서 증인으로 출석하여 증언한 B에 대한 약식명령은 그에 대한 불복 없이 확정된 점, ③ 피고인은 당시 변호인이 보여주는 CCTV 녹화영상을 시청하였음에도 불구하고 변호인의 반복되는 질문에 일관되게 CCTV 녹화영상에 반하는 답변을 계속한 점 등을 고려해 볼 때 원심이 이 사건 공소사실을 유죄로 판단한 조처는 정당한 것으로 수긍이 가고, 피고인이 지적한 바와 같이 원심판결에 사실을 오인하여 판결에 영향을 미친 위법이 있다고 보이지 아니한다.

5. 쟁점 정리

본 사건의 항소심에서는 (1) 피고인의 기억에 반하지 않는 진술을 하였는가의 여부, (2) 피고인의 진술이 乙의 명예훼손사건의 공소사실의 증명과 관련되는가의 여부 그리고 (3) 피고인이 乙의 처벌을 의도하였는가의 여부가 쟁점이 되고 있다.

우선 (1)의 점과 관련해서 판례는 "위증죄는 법률에 의하여 선서한 증인이 자기의 기억에 반하는 사실을 진술함으로써 성립하는 것이므로 그 진술이 객관적 사실과 부합하지 않는다고 하여 그 증언이 곧바로 위증이라고 단정할 수는 없다"

는 입장을 취한다(대법원 1989. 1. 17. 선고 88도580 판결; 대법원 1996. 8. 23. 선고 95도192 판결 등 참조). 이 사건에서 피고인(甲)이 S회사의 공사현장 사무실에서 A와 만난 때(2010. 4. 하순경) 및 乙에게 "A가 나한테 어음을 할인해다 준다고 갖고 나가서 행불된 거야."라고 말한 때(2010. 6. 8.경)와 乙의 A에 대한 명예훼손사건의 증인으로 출석하여 증언한 때(2012. 10. 15. 및 2013. 3. 13.) 사이에는 2년 6개월 이상의 시간적 간격이 있기는 하나, 제1심 판결요지의 ②와 ③의 사실을 고려해 보면, 甲이 자신의 기억에 반하는 허위의 사실을 진술하지 아니하였다고 보기는 힘들다.

다음으로 (2)의 점과 관련해서 판례는 "허위진술의 대상이 되는 사실에는 공소 범죄사실을 직접, 간접적으로 뒷받침하는 사실은 물론 이와 밀접한 관련이 있는 것으로서 만일 그것이 사실로 받아들여진다면 피고인이 불리한 상황에 처하게 되는 사실도 포함된다고 본다(대법원 2007. 12. 27. 선고 2006도3575 판결 참조). 이 사건에서 甲이 乙에게 "A가 나한테 어음을 할인해다 준다고 갖고 나가서 행불된 거야."라고 말한 사실이 있는가의 여부는 A에 대한 乙의 명예훼손사건의 범죄사실이 아니다. A에 대한 乙의 명예훼손사건의 공소사실은 乙이 甲에게 "A가 회사 돈을 횡령하고 행불되었다"라는 말을 하였는가의 여부이기 때문이다. 그러나 위 사건에서 乙은 위와 같은 말은 자신이 甲에게 한 것이 아니라 오히려 甲이 자신에게 하였다고 변소하였기 때문에 위와 같은 말을 乙이 甲에게 하였는가 아니면 甲이 乙에게 하였는가는 乙의 공소사실의 입증과 직결되어 있기 때문에, 甲이 乙의 명예훼손사건에 증인으로 출석하여 위와 같이 자신의 기억에 반하는 증언을 하였다면 이는 위증죄의 보호법익인 국가의 재판 또는 징계절차에서 실체진실의 발견을 위한 심리를 해치며 정당한 판단을 위태롭게 하는 것으로서 마땅히 처벌되어야 할 것이다.

끝으로 이 사건에서는 피고인은 乙의 처벌을 의도하지 않았으므로 모해위증죄를 유죄로 인정한 원심판결에는 위법이 있다고 주장하였으나, 법원은 "모해위증에 있어서 '모해할 목적'이란 피고인 · 피의자 또는 징계혐의자를 불리하게 할 목적으로서 허위의 진술을 함으로서 피고인에게 불리하게 될 것이라는 인식이 있으면 충분하고 그 결과의 발생까지 희망할 필요는 없다."는 법리를 적용하여 피고인의 주장을 배척하였다.

본 발제문은 바로 이 점을 주제로 하여 위 판례 법리(法理)의 당부 및 본 사건의 바람직한 판단방향에 대해 논하고자 한다. 이를 위해 이하에서는 우선 목적범의 의의와 유형을 살펴본 다음, 모해위증죄에서 모해목적의 구체적 의미와 판단기준을 제시하고, 끝으로 발표자의 견해를 제시하고자 한다.

II. 목적범의 의의와 유형

1. 목적범의 의의와 유형에 관한 견해

(1) 일반적으로 목적범에서 목적이란 구성요건의 객관적 요소에 대한 인식과 의사, 즉 고의를 초과하는 일정한 주관적 요소를 말한다고 설명된다.[2] 판례도 이른바 실천연대 자료집 사건에서 "목적범에서의 목적은 범죄성립을 위한 초과주관적 위법요소로서 고의 외에 별도로 요구되는 것"이라고 한다(대법원 2010. 7. 23. 선고 2010도1189 판결 참조). 이러한 설명에 따르면 목적범에서 목적은 (특별한) 주관적 구성요건요소로서 일정한 사실에 대한 인식과 의사를 내용으로 한다는 점에서 (일반적) 주관적 구성요건요소인 고의와 같으나, 고의는 구성요건에 해당하는 사실을 대상으로 하는데 반하여 목적은 구성요건을 초과하는 사실을 그 대상으로 한다는 점에서 양자는 서로 다르다.

한편 목적범은 일반적으로 단절된 결과범(Kupierte Erfolgsdelikte)과 단축된 이행위범(Unvollkommen zweiaktige Delikte)으로 나뉘는데 각각 '본래의 구성요건적 결과를 초과하는 목적실현이라는 부가적 결과가 행위자의 구성요건행위 자체에 의해 직접 야기되고 목적을 실현하기 위해 다른 별개의 행위를 필요로 하지 않는 범죄' 그리고 '본래의 구성요건 결과를 초과하는 목적실현이라는 부가적 결과가 행위자의 구성요건적 행위만으로 야기될 수 없고 행위자나 제3자의

2) 임웅, 형법총론(제8정판), 2016, 124면. 같은 취지로는 김성돈, 형법총론(제2판), 2009, 230면; 김일수, 새로 쓴 형법총론(제11판), 2006, 234면; 신동운, 형법총론(제9판), 2015, 184면; 정성근 · 박광민, 형법총론(전정판), 2012, 151면; 오영근, 형법총론(제2판 보정판), 2012, 95면.

별개의 행위를 통해서만 야기될 수 있는 범죄'를 뜻한다. 일반적으로 단절된 결과범의 예로는 내란죄(제87조), 내란목적살인죄(제88조), 출판물 등에 의한 명예훼손죄(제309조), 준강도죄(제335조) 등을 그리고 단축된 이행위범의 예로는 외교상기밀탐지 · 수집죄(제113조 제2항), 무고죄(제156조), 각종 위조 · 변조죄(제207조 이하), 도박장소개설죄(제247조), 추행 · 간음 · 결혼 · 영리등 목적 약취 · 유인죄(제288조 제1항~제4항), 추행 · 간음 · 결혼 · 영리등 목적 인신매매죄(제289조 제2항~제4항) 및 각종 예비 · 음모죄를 들고 있다.[3)]

(2) 목적범에서의 목적은 일반적 · 주관적 구성요건요소인 고의와 마찬가지로 어떤 사실에 대한 인식과 의사를 내용으로 하나, 고의의 대상은 구성요건 요소인 반면에 목적의 대상은 구성요건을 초과하는 요소라는 점에서 구성요건요소를 대상으로 하는 고의와 구분된다는 점에 대해서 견해가 일치한다. 그러나 목적에서 요구되는 인식과 의사의 정도에 대해서는 견해가 일치하지 않는다.

법원은 그 동안 다수의 판결(대법원 1992. 3. 31. 선고 90도2033 판결; 대법원 2009. 5. 28. 선고 2009도1146 판결; 대법원 2010. 7. 23. 선고 2010도11899 판결 등)에서 '목적에 대한 인식의 정도는 적극적 의욕이니 확정적 인식임을 요하지 아니하며 미필적 인식이 있으면 족하다'는 입장을 취해 왔다(이하에서는 이를 '미필적 의사설'이라고 한다). 이에 대해 학계에서는 단절된 결과범에서는 확정적 인식 또는 의사를 요하나 불완전한 이행위범에서는 미필적 인식 또는 의사로 족하다고 설명하는 견해(흔히 이를 '이원설'이라고 한다), 목적은 고의보다는 의지적 요소가 강한 개념이라고 해야 하므로 미필적 목적이란 모순개념이고, 어떤 유형이건 목적범이 성립하기 위해서는 확정적 인식과 의사가 필요하다고 보는 견해,[4)] 목적범은 인식의 정도에 관한 한 가능성의 인식만 있으면 족하나 의지적 요소에서는 확정적 의사, 즉 의도가 있어야 한다고 보는 견해[5)]가 주장

---

3) 김일수, 앞의 책, 235면. 같은 취지로는 임웅, 앞의 책, 125면; 정성근 · 박광민, 앞의 책, 151면.

4) 오영근, 앞의 책, 95면.

5) 김성돈, 앞의 책, 232면. 김성돈 교수는 인간의 행위에 결정적인 추동력을 부여하는 것은 어떤 사실에 대한 인식보다는 어떤 결과를 실현하려는 의지라고 지적하고, 고의와 목적의 차이는 지적 요소(인)가 아니라 의지적 요소(의사)에서 찾는 것이 바람직하다고 주장한다. 결과발생의 가능성이

되고 있다(이하에서는 이를 '확정적 의사설'이라고 한다).

2. 기존의 견해에 대한 검토

가. 목적범에서 목적의 대상

(1) 일반적으로 목적범에서 목적은 그 자체가 주관적 구성요건이기는 하나, 목적의 대상이 되는 사실은 구성요건의 범위를 벗어나는 것으로 목적의 실현 여부는 목적범의 성립에 영향을 미치지 않는다고 설명된다. 아래는 형법각칙상 목적범을 정리한 것인데, 대체적으로 볼 때 이러한 전통적인 설명에는 별다른 문제가 없어 보인다.

죄명(조항)	목적의 대상
내란죄(제87조) 및 내란목적살인(제88조)	국헌문란 또는 국토참절
국기 · 국장모독(제105조) 및 국기 · 국장비방(제105조)	대한민국 모욕
외국국기 · 국장모독(제109조)	외국 모욕
다중불해산죄(제116조)에서 다중의 집합	폭행, 협박 또는 손괴
제3자뇌물교부 · 취득(제133조 제2항)	뇌물을 공여하는데 공함
공무집행방해(제136조 제2항)	공무원에 대한 직무 또는 사직강요
모해위증(제152조 제2항)	피고인, 피의자, 징계혐의자의 모해
무고(제156조)	형사처분 또는 징계처분을 받게 함
통화위조 · 변조 등(제207조, 제208조)	행사
통화유사물제조 등(제211조)	판매
유가증권위조 · 변조 등(제214조, 제215조, 제216조)	행사
인지 · 우표위조 · 변조 등(제218조, 제219조, 제221조)	행사

낮음에도 불구하고 그것을 적극적으로 의욕하는 때에도 목적이 있음을 부인할 수 없다는 점에서 타당한 설명이라고 본다.

죄명(조항)	목적의 대상
인지 · 우표유사물제조 등(제222조)	판매
공문서위조 · 변조 등(제225조, 제226조, 제227조)	행사
공전자기록위작 · 변작(제227조의2)	사무처리를 그르치게 함
사문서위조 · 변조 등(제2315조, 제232조)	행사
사전자기록위작 · 변작(제232조의2)	사무처리를 그르치게 함
공인 등 위조 · 부정사용(제238조) 및 사인 등 위조 · 부정사용(제239조)	행사
음행매개(제242조)	영리
음란물제조 등(제244조)	음란물 반포 등
도박장소개설(제247조)	영리
약취 · 유인등(제288조 제1항 내지 제4항) 및 인신매매(제289조 제2항 내지 제4항)	추행, 간음, 결혼, 영리, 노동력착취, 성매매, 성적착취, 장기적출, 국외이송
출판물 등에 의한 명예훼손(제309조)	사람의 비방
강제집행면탈(제327조)	강제집행면탈
준점유강취(제325조) 및 준강도(제335조)	체포면탈, 죄적인멸, 탈환항거

위에서 볼 수 있듯이 대부분의 목적범에서는 목적의 대상이 무엇인지를 이해하는 데에 큰 어려움이 없다. 본 사건에서 논란이 되고 있는 모해위증죄에서 모해(謀害) 그리고 출판물 등에 의한 명예훼손죄(제309조)에서의 사람의 비방(誹謗)이 과연 무엇을 의미하는지, 특히 비방은 명예훼손의 고의와는 어떤 차이가 있는지가 불명확하다. 본 사건의 쟁점인 모해의 구체적 의미는 뒤에서 논하기로 하고, 아래에서는 먼저 출판물 등에 의한 명예훼손죄의 목적인 비방의 구체적 의미에 대해서 논하기로 한다.

(2) 비방의 사전적 의미는 '남을 헐뜯어 말하는 것'인데, 판례는 형법상 출판물 등에 의한 명예훼손죄와 동일하게 비방의 목적을 요건으로 하는 정보통신망 이용촉진 및 정보보호 등에 관한 법률위반(명예훼손)죄에서 "'고의'는 타인의 사

회적 평가를 저하시킬 사실의 인식과 그 의사를 말하고 '비방의 목적'은 가해의 의사 내지 목적을 요한다"고 하여(대법원 2006. 9. 28. 선고 2004도6371 판결 참조), 실질적으로 그 내용이 다른 것으로 파악하고 있다. 이에 대해 일부학자는 "사람의 명예를 훼손시키기 위해서 인격적 평가를 저하시키려는 목적"이라고 설명하기도 하는데,[6] 이러한 설명에 따르면 명예훼손과 비방은 실질적으로 차이가 없다. 게다가 비방의 목적은 사실을 적시하여 사람의 명예를 훼손한다는 사실에 대한 인식과 의사를 부각시킨 표현에 지나지 않는다고 주장하는 견해도 있다.[7]

발표자는 판례가 말하는 '가해의 의사 내지 목적'은 목적범에서 목적과 고의를 서로 다른 것으로 파악하면서 명예훼손과 실질적인 차이가 없는 비방을 정의하는 과정에서 나온 궁여지책으로 보인다. 모해라고 하면 그나마 명예훼손이 머릿속에 떠오르기라도 하나 '가해의 의사 내지 목적'이라고 하면 그것이 명예훼손과 무슨 관련이 있는지조차도 의심스럽다. 먼저 결론부터 말하면 출판물 등에 의한 명예훼손죄에서 말하는 모해와 단순명예훼손죄에서 말하는 명예훼손과 본질적으로 다르지 않으며, 모해의 목적과 명예훼손의 고의는 인식과 의욕의 정도에 있어서 차이가 있을 따름이다. 구체적으로 그 이유를 살펴보면 다음과 같다.

첫째, 판례는 "출판물에 의한 명예훼손죄는 타인을 비방할 목적으로 신문, 잡지 또는 라디오 기타 출판물에 의하여 허위의 사실을 적시하여 타인의 명예를 훼손할 경우에 성립되는 범죄로서, 피고인이 범의를 부인하고 있는 경우에는 사물의 성질상 고의와 상당한 관련성이 있는 간접 사실을 증명하는 방법에 의하여 입증할 수밖에 없고,… 사람을 비방할 목적이 있는지 여부는 당해 적시 사실의 내용과 성질, 당해 사실의 공표가 이루어진 상대방의 범위, 그 표현의 방법 등 그 표현 자체에 관한 제반 사정을 감안함과 동시에 그 표현에 의하여 훼손되거나 훼손될 수 있는 명예의 침해 정도 등을 비교, 고려하여 결정하여야 한다."고 하여(대법원 2002. 08. 23. 선고 2000도329 판결), 실질적으로 명예훼손의 고의와 비방의 목

---

6) 김성돈, 형법각론(제2판), 2009, 201면; 정성근 · 박광민, 형법각론(전정2판), 2015, 225면

7) 같은 지적으로는 주승희, "현행 사이버 명예훼손죄 법리의 문제점 및 개선방안 관련 최근 논의 검토", 형사정책연구 20권 1호(2009 봄호), 600면; 최정일, "사이버명예훼손죄의 구성요건 분석 및 형사법적 규제 방안에 대한 소고", 법학연구 23권 2호(2015), 218면.

적을 구분하지 아니하고 명예훼손죄의 '범의'로 포괄하여 판단하고 있다.

둘째로, 판례는 "출판물에 의한 명예훼손죄에서 '비방할 목적'이란 가해의 의사 내지 목적을 요하는 것으로서 공공의 이익을 위한 것과는 행위자의 주관적 의도의 방향에 있어 서로 상반되는 관계에 있다고 할 것이므로, 적시한 사실이 공공의 이익에 관한 것인 경우에는 특별한 사정이 없는 한 비방할 목적은 부인된다."고 본다(대법원 2005. 4. 29. 선고 2003도2137 판결 참조). 만약 비방의 목적이 사람의 명예를 훼손한다는데 대한 미필적 인식과 용인 정도의 의사로 족하다고 한다면, 굳이 공공의 이익을 위한다는 의사가 있다고 하여 명예훼손의 미필적 고의를 부인할 이유가 없다. 그러나 '비방의 목적' 을 출판물 등에 의해 사실을 적시하는 행위에 의해 사람의 명예가 훼손될 수 있다는 사실을 인식하고 용인하는 정도를 넘어 이를 목적으로 삼는 것을 말한다고 이해한다면,[8] 비방의 목적과 공공의 이익을 위한다는 의사는 길항(拮抗)관계에 있다고 보지 않을 수 없다.

이 외에도 비방의 실질적 의미가 명예훼손과 본질적으로 다르지 않음은 다른 법규정에서도 찾아볼 수 있다.

우선 공직선거법은 "누구든지 … 후보자(후보자가 되려는 사람을 포함한다), 그의 배우자 또는 직계존·비속이나 형제자매에 관하여 허위의 사실을 유포하여서는 아니 되며, 공연히 사실을 적시하여 이들을 비방하여서는 아니 된다. 다만, 진실한 사실로서 공공의 이익에 관한 때에는 그러하지 아니하다."고 규정하고(제82조의4 제2항; 제110조 제1항), "당선되거나 되게 하거나 되지 못하게 할 목적으로 연설·방송·신문·통신·잡지·벽보·선전문서 기타의 방법으로 공연히 사실을 적시하여 후보자(후보자가 되고자 하는 자를 포함한다), 그의 배우자 또는 직계존·비속이나 형제자매를 비방하는 행위"를 처벌하는 규정을 두고 있다(제251조). 공직선거법상 '공연히 사실을 적시하여 후보자 등을 비방하는 행위'는 형법상 '공연히 사실을 적시하여 사람의 명예를 훼손하는 행위'와 본질적으로 다를 바 없다.

그리고 지난 1975. 3. 25. 형법개정으로 신설되었다가 1988. 12. 31. 형법

8) 배종대, 형법각론(제7전정판), 2010, 297면.

개정으로 삭제된 국가모독죄(제104조의2)는 '내국인이 국외에서 대한민국 또는 헌법에 의하여 설치된 국가기관을 모욕 또는 비방…한 때에는 7년 이하의 징역이나 금고에 처한다'고 규정하고 있었는데, 이 조항은 모욕과 비방을 실행행위의 한 유형으로 규정하고 있었다. 주자하다시피 모욕(侮辱)은 사실을 적시하지 아니하고 사람의 사회적 평가를 저하시킬 만한 추상적 판단이나 경멸적 감정을 표현함으로써 사람의 명예를 훼손하는 행위인데 반하여(대법원 2016. 10. 13. 선고 2016도9674 판결), 비방은 사실을 적시하는 방법에 의한 명예를 훼손하는 행위를 말한다.

셋째로, 판례 중에는 목적의 내용이 실질적으로 고의와 다르지 않음을 인정한 것이 있다. 이른바 '곽노현 교육감 공직선거법위반 사건'에서 제2심은 다음과 같이 판시한 바 있다.

> 공직선거법 제232조 제1항 제2호는 후보자를 사퇴한 데 대한 대가를 '목적'으로 후보자였던 자에게 금전 등을 제공하거나, 금전 등을 제공받는 행위를 한 자를 처벌한다고 규정하고 있다. 형사법에서 특별한 주관적 불법요소의 한 유형으로서 목적범이란 행위자의 주관적 목적이 고의의 대상인 객관적 구성요건요소를 넘어 보다 광범위한 효과를 미치도록 되어 있는 범죄구성요건을 말한다. 즉 목적범에서 목적은 고의와는 달리 범죄사실인 구성요건의 객관적 요소에 대한 인식 범위를 초과하는 주관적 심리상태이다. 그런데 공직선거법 제232조 제1항 제2호의 목적의 내용인 '대가'란 사퇴행위와 금전 등 제공 사이의 대가를 의미하는 것이고, 이는 객관적 구성요건의 영역 내에 위치하는 것이지 그 영역을 초과하는 것이 아니다. 따라서 공직선거법 제232조 제1항 제2호는 특별한 주관적 불법요소의 한 유형인 목적범을 규정하고 있는 것이 아니라고 보아야 하며, 법문에서 '대가를 목적으로' 금전 등을 제공한다는 것은 '대가의 의미로' 내지는 '대가로' 금전 등을 제공한다는 뜻에 지나지 않는다고 해석함이 타당하다.

위 판례는 목적범에서 목적은 고의와는 달리 범죄사실인 구성요건의 객관적 요소에 대한 인식 범위를 초과하는 주관적 심리상태라고 전제하고, 공직선거법 제232조 제1항 제2호의 목적의 내용인 '대가'란 사퇴행위와 금전 등 제공 사이의 대가를 의미하는 것이고, 이는 객관적 구성요건의 영역 내에 위치하는 것이지 그 영역을 초과하는 것이 아니므로, 공직선거법 제232조 제1항 제2호는 목적범을 규정한 것이 아니라고 본다. 그러나 이러한 해석방법은 목적의 대상을 범죄사실인 구성요건의 객관적 요소를 초과하는 것으로 정의한데 따른 궁여지책으로 보인다. '대가를 목적으로' 할 것을 규정한 이상 공직선거법 제232조 제1항 제2호 위반죄는 목적범에 해당하지만, 금전 등을 제공하거나 제공받는 행위를 함에 있어 대가라는 사실에 대한 확정적 인식과 의사를 요한다는 해석이 훨씬 더 법문언 및 입법취지에 부합한다고 하겠다.

출판물 등에 의한 명예훼손죄와 공직선거법 제232조 제1항 제2호 위반죄의 사례에서 볼 수 있듯이 '~을(를) 목적으로'라는 문언이 포함된 범죄에서 그 목적의 내용은 반드시 범죄의 성립요소를 초과하는 사실일 필요가 없다. 그리고 다른 한편으로 그 입법취지가 어떠한 사실을 인식하고 실현할 의도로 일정한 행위를 한 자를 (가중)처벌하는 데 있는 이상, 반드시 그 취지가 '~을(를) 목적으로'라는 문언으로 표현되어 있을 것을 요하지 않는다. 형법 각칙 제2장 '외환의 죄'에는 '적국을 위하여' 한 모병이적(제94조), 시설파괴이적(제96조), 간첩(제98조) 행위를 처벌하는 규정을 두고 있다. 이들 죄는 주관적 구성요건요소로서 고의와 함께 적국을 이롭게 한다는 이적의사가 요구되는 목적범이다.[9] 나아가 '~을(를) 목적으로' 또는 '~을(를) 위하여'라는 문언이 명시적으로 포함되어 있지 아니한 경우에도, 예컨대 불법영득(이득)의사를 요건으로 하는 각종 재산범죄에서처럼 목적범으로 파악해야 하는 경우도 있다.[10]

나. 목적범에서 목적의 정도

(1) 목적범에서 목적은 일반적으로 고의의 대상인 범죄성립요소와 구별되는 다른 사실을 그 대상으로 하지만 경우에 따라서는 고의와 그 대상이 동일할 수 있다고 한다면, 굳이 법조항에 '~을(를) 목적으로' 문언을 명시한 이유가 무엇인지 의문이 아닐 수 없다. 앞에서 일반적인 명예훼손과 비방의 실질적 내용에 차

---

9) 같은 지적으로는 배종대, 앞의 책, 794면.

10) 불법영득의사와 고의의 관계, 불법영득의사에서 요구되는 인식과 의사의 내용이나 정도에 대해서는 견해가 대립하나, 여기에서는 '~을(를) 목적으로' 또는 '~을(를) 위하여'라는 문언이 명시적으로 포함되어 있지 아니한 경우에도 목적범으로 해석할 수 있음을 지적하고자 한다.

이가 없다고 설명하였는데, 명예훼손에 대한 미필적 인식과 의사로도 족한 명예훼손죄(제307조)와는 달리 출판물 등에 의한 명예훼손죄에서 굳이 '비방의 목적'을 규정한 이유는 어디에 있는가?

그것은 출판물 등 언론매체가 갖는 사실공개적 성격과 공익성에서 찾을 수 있다.[11] 즉, 출판물 등의 언론매체는 그 성격상 타인의 명예에 관한 사실을 보도하는 것이 일반적인데, 이러한 언론보도의 특성에도 불구하고 언론보도에 의해 타인이 명예를 훼손되었고 그에 대한 미필적 고의가 인정된다고 하여 이를 형사처벌의 대상으로 한다면 헌법이 보장하고 있는 언론·출판의 자유는 사문화될 수밖에 없다. 여기에 언론매체가 자신에게 부여된 권리를 벗어난 언론활동을 규제하면서도 다른 한편으로 국가형벌권으로부터 정당한 언론활동 보장하기 위한 장치가 필요하다. 이에 형법은 언론보도에 의한 명예훼손행위를 처벌하기 위한 요건으로 '명예훼손의 (미필적) 고의'를 명예훼손의 의도, 즉 '비방의 목적'을 규정하기에 이른 것이다. 따라서 비방의 목적을 가지고 출판물 등을 이용하여 명예를 훼손하는 행위를 가중처벌하는 근거가 되는 동시에, 출판물 등에 의한 명예훼손죄의 성립범위를 축소함으로써 언론활동을 보장하는 기능을 수행한다.

(2) 이러한 논리는 다른 목적범에도 적용할 수 있다. 대표적인 목적범으로 일컬어지는 무고죄(제156조)를 예로 들어보자. 무고죄는 '타인으로 하여금 형사처분 또는 징계처분을 받게 할 목적으로 공무소 또는 공무원에 대하여 허위의 사실을 신고'함으로써 성립하며 10년 이하의 징역 또는 1,500만원 이하의 벌금에 처한다. 그런데 다른 한편으로 생각해 보면 '공무원에 대하여 허위의 사실을 신고'하는 행위는 위계로서 공무원의 직무집행을 방해하는 행위에 해당하여 위계공무집행방해죄(제137조)로서 5년 이하의 징역 또는 1,000만원 이하의 벌금에 처해질 수 있다. 만약 공무원의 직무집행을 방해하는 것을 주된 목적으로 하고 부수적으로 그것이 타인으로 하여금 형사처분 또는 징계처분을 받게 하는 결과를 초래할 수 있음을 예견·용인하면서 공무원에 대하여 허위사실을 신고하는 행위

11) 이하의 설명은 박상기, 형법각론(제8판), 211면 참조.

를 무고죄로 처벌할 수 있을까? 판례는 "무고죄에서 형사처분 또는 징계처분을 받게 할 목적은 허위신고를 함에 있어서 다른 사람이 그로 인하여 형사 또는 징계처분을 받게 될 것이라는 인식이 있으면 족하고 그 결과발생을 희망하는 것까지를 요하는 것은 아니다."고 본다(대법원 2014. 3. 13. 선고 2012도2468 판결 참조). 따라서 판례의 입장에 따르면 앞에서 예로 든 사례는 무고죄로 처벌이 가능하다. 그러나 이는 굳이 무고죄의 성립요건으로 '타인으로 하여금 형사처분 또는 징계처분을 받게 할 목적'을 명시한 법문언에 반할 뿐만 아니라,[12] 위계공무집행방해죄 등으로 처벌해야 할 행위를 무고죄로 가중처벌하는 결과가 된다.

이 외에도 목적을 인정하기 위해서는 일정한 결과에 대한 인식이 있으면 족하고 그 결과발생을 희망하는 것까지 요하지 않는다고 볼 경우, 그 처벌범위가 확대되거나 가중처벌하는 결과를 가져올 수 있다는 점은 다른 범죄에서도 충분히 확인할 수 있다. 예컨대 국기나 국장을 손상, 제거 또는 오욕하는 행위는 그 자체가 대한민국의 모욕하는 속성을 가지고 있는데, 사적인 감정에 못 이겨 국기를 손상 또는 제거하는 행위를 한 자가 그와 같은 행위를 함에 있어 대한민국을 모욕할 가능할 가능성이 있음에 대한 미필적 인식과 용인의 의사가 있음을 이유로 처벌한다면, 결과적으로 국기나 국장을 손상 또는 제거하는 거의 모든 행위가 국기 · 국장모독죄(제105조)로 처벌되는 결과가 초래된다.

(3) 목적의 정도를 완화하여 해석하는 것은 곧 형벌권의 확장을 초래하게 되는데, 이것은 앞에서 목적범의 예로 든 모병이적(제94조), 시설제공이적(제96조), 간첩(제98조)의 죄에서도 확인할 수 있다. 주지하다시피 이들 범죄는 그 법정형이 '사형 또는 무기징역'이거나 '사형, 무기 또는 7년 이상의 징역'에 이를 정도로 형이 가혹하다.[13] 이들 규정은 북한과의 이념적 대치, 동족상잔을 겪으면서 독재 · 군사정권이 자신들의 권력을 유지 · 확장하는데 법적 수단으로 이용되기도 하였는데, '적국을 위하여'라는 요건이 이들 규정을 악용한 형벌권남용을 견

12) 정영일, "목적범에 관한 판례연구", 형사판례연구 7호, 20001, 241면; 임광주, "형법에 있어서 목적의 개념과 유형", 한양대학교 법학연구소, 법학논고 21집(2004), 46면).

13) 이 점에 관해서는 오영근, 형법각론(제2판), 2009, 853면.

제하기 위한 유효적절한 수단으로 활용될 수 있었음에도 불구하고 이에 대한 구체적인 논의는 찾아보기 힘들다는 것은 안타까운 일이 아닐 수 없다.

3. 목적범 규정의 해석방향

(1) "법의 해석은 언어의 일상적인 사용례와 법률상의 전문적 용법에 따라 법률에 기술된 문언의 의미를 밝히는 작업에서 시작된다.",[14] "법문언은 형법해석의 출발점이며 동시에 해석의 한계이다.",[15] "죄형법정주의 원칙은 형법규범이 성문으로 명시될 것을 요구한다. 이와 같이 성문으로 명시된 것이 조문이므로 형법해석학은 그 대상인 형법규범을 인식하는 데 있어서 조문을 무시하거나 초월할 수 없다."[16]

판례와 학설이 일치하여 수용하는 자명한 이 원칙이 과연 우리나라만큼 무시되고 외면당한 나라가 있을지 의문이다. 형법 교과서의 논문은 대개 어떤 쟁점을 논하기에 앞서 형법조문을 내세우고 있지만 언제 그랬냐는 듯이 온갖 이론들을 나열하기 일쑤이다. 쟁점에 대한 분석이나 해법으로 제시되는 이론들은 우리나라의 법현실, 즉 우리나라의 법조문과 우리나라의 사례에 기초를 생성 · 발전된 것이 아니라 우리나라와는 법현실이 상당히 다른 외국(주로 독일과 일본)에서 수입된 것이다. 오죽하면 우리나라의 법학을 '모방법학', '수입법학'으로 자조(自嘲)하겠는가?[17]

목적범이라고 해서 예외가 아니다. 목적의 의미와 내용은 목적범의 본질에 관한 수입이론이 아니라 목적을 규정하고 있는 규정의 문언에서 출발해야 하고, 목적론적 해석이 필요하다면 그것은 우리나라 형법의 법문언과 법체계 안에서 이루어져야 한다. 일반적으로 목적이란 '실현하려고 하는 일이나 나아가는 방향'을 뜻하는데, 심리학적으로는 '실현하고자 하는 목표의 관념. 또는 목표로 향하

---

14) 임웅, 형법총론(제8정판), 2017, 28면.
15) 이재상 · 장영민 · 강동범, 형법총론(제8판), 2016, 27면.
16) 정성근 · 박광민, 형법총론(전정판), 2012, 50면.
17) 한국 형법학에 대한 비판적 글로는 배종대, "우리나라 법학에 대한 반성과 전망 : 형법학을 중심으로", 현상과 인식 11권 1호(1987), 92면 이하 참조.

는 긴장'으로 이해된다.[18] 따라서 "모해의 목적은 허위의 진술을 함으로써 피고인에게 불리하게 될 것이라는 인식이 있으면 충분하고 그 결과의 발생까지 희망할 필요는 없다."고 보는 판례의 태도는 일단 법문언의 일상적 의미에 부합하지 않는다.

우리나라의 일부학자들은 목적범을 단축된 결과범과 불완전한 이행위범으로 구분하고 전자의 경우에는 확정적 의도가 요구되나 후자의 경우에는 의도한 결과에 대한 확정적 의사까지 요구되지 않고 미필적 의사로도 족하다고 보는 독일 이론을 따르고 있다. 본 사건에서 논란이 되고 있는 '모해의 목적'은 위증 행위 자체가 아니라 별도의 행위에 의해 달성될 수 있으므로 불완전한 이행위범으로 분류되는데, 이러한 주장에 따르면 모해에 대한 미필적 인식과 의사만으로도 모해위증죄가 성립한다.

그러나 목적이 실행행위 자체에 의해 실현될 수 있는가 또는 자기나 제3자의 별도의 행위가 있어야 하는가의 여부는 목적(인식과 의사)의 정도에 있어 차등을 두어야 할 근거가 되지 못한다.[19] 재판절차 또는 징계절차에서 법률에 의하여 선서한 증인이 허위의 진술을 할 당시 피고인 또는 징계혐의자에게 불리한 결과가 발생할 수 있음을 예상하고 이를 용인한 것만으로 모해위증죄로 처벌되는데, 그 이유가 증인이 의도한 결과가 위증행위 자체가 아니라 제3자(법관 또는 징계권자)에 의해 달성될 수 있기 때문이라는 것은 상식적으로도 납득이 되지 않는다.[20]

(2) 앞에서 출판물 등에 의한 명예훼손죄를 예로 들어 설명하였지만, 목적범에서 목적의 구체적 의미를 이해하기 위해서는 일정한 목적을 가지고 한 행위를 (가중)처벌하는 근거 내지는 입법취지를 고려하여야 한다.

일반적으로 목적범에서 목적은 그러한 행위의 가벌성의 근거가 된다. 예컨

18) 국립국어원 표준국어대사전(http://stdweb2.korean.go.kr/) 2017. 5. 22. 검색

19) 같은 지적으로는 정영일, 앞의 논문, 241면.

20) 이 점을 지적한 글로는 박지현, "목적만 불법한 목적범의 목적 요건의 엄격해석론 및 불법 없는 예상 경계론", 충남대학교 법학연구소, 법학연구 23권2호(2012), 427면.

대 문서에 관한 죄는 문서에 대한 공공의 신용을 보호법익으로 하는데(대법원 2011. 9. 29. 선고 2011도6223 판결 참조), 문서에 대한 공공의 신용이 침해되거나 침해될 위험이 발생하기 위해서는 최소한 문서가 법적 교류에서 그 문서의 내용이 진정한 것으로 사용되거나 사용될 가능성이 있는 상태에 놓여야 한다. 타인의 명의를 모용하여 문서를 작성한 경우라도 법적 교류에서 진정한 문서로 사용될 가능성이 없거나 그렇게 할 의도가 없는 행위는 가벌성이 없다고 해야 한다. 따라서 '행사할 목적'은 문서에 관한 죄의 본질적 구성요건 중의 하나이다. 타인으로 하여금 형사처분 또는 징계처분을 받게 할 목적으로 공무소 또는 공무원에 대하여 허위의 사실을 신고함으로써 성립하는 무고죄(제156조)에서 '타인으로 하여금 형사처분 또는 징계처분을 받게 할 목적'에 대해서도 마찬가지의 설명이 가능하다. 공무소 또는 공무원에 대하여 허위의 사실을 신고하는 목적이 공무원의 직무집행을 방해하는데 있거나 공정증서에 허위사실을 기재하는데 있다면 위계공무집행방해죄(제137조) 또는 공정증서원본불실기재죄(제228조)는 별론으로 하더라도 무고죄로는 처벌할 수 없다.

그리고 목적이 있음으로 해서 형이 가중되는 유형의 목적범에서 목적은 일정한 행위를 가중처벌하는 근거가 된다. 앞에서 설명한 출판물 등에 의한 명예훼손죄(제309조)에서 '비방할 목적'이 그 대표적인 사례이다. 미필적 고의만으로도 성립하는 명예훼손죄(제307조)에서는 사실을 적시하는 행위가 사람의 명예를 훼손하는 결과를 초래할 수 있다는 데 대한 인식과 용인의 의사로도 족하다. 그런데 출판물 등에 사실을 적시하는 방법으로 명예를 훼손하는 때에는 단지 자신의 행위로 인해 야기되는 명예훼손의 결과를 인식 · 용인하는 것으로는 부족하고 이를 적극적으로 의욕해야 한다. 따라서 적시된 사실이 타인의 명예를 훼손할 수 있음을 인식 · 용인하면서 공공의 이익을 위하여 출판물 등에 사실을 적시한 때에는 비방의 목적이 인정되지 않고, 단지 제307조의 명예훼손죄의 성립여부만이 문제될 따름이다.[21)]

---

21) 형법 입법자들도 이 점을 분명하게 인식하고 있었다. 형법 제정과정에서 당시 법제사법위원장(윤길중)은 국회본회의에서 "제332조는 타인을 비방할 목적이라는 문구가 있기 때문에 오로지 공공의 이익에 관한 때에는 처벌마저 하지 않는다는 이 조문(제333조-필자)의 취지는 서로 상반되는 것입니다.…그러나 신문, 잡지에다 타인의 명예를 훼손하는 사실을 적시해서 공표를 했다 할지라

(3) 이처럼 목적범의 목적의 의미와 정도를 해석함에 있어서는 당해 구성요건뿐만 아니라 그와 유사한 다른 구성요건을 함께 고려해야 하는데, 함께 고려해야 할 다른 구성요건은 비단 같은 장(章)에 규정된 것에 한정되지 않는다.

예를 들어 살인죄에 대한 가중적 구성요건이라고 할 수 있는 내란목적살인죄는 국토참절 또는 국헌문란(헌법 또는 법률이 정한 절차에 의하지 아니하고 헌법 또는 법률의 기능을 소멸시키거나 헌법에 의해 설치된 국가기관을 강압에 의하여 전복 또는 권능행사를 불가능하게 하는 것)을 목적으로 살상, 파괴, 약탈 등 폭동을 함으로써 성립하는데, 대통령, 국무총리 등 헌법에 의해 설치된 국가기관을 살해함으로써 그 권능행사를 불가능하게 하는 것도 국헌문란 목적의 살인에 포함된다.[22] 일반적으로 헌법에 의해 설치된 국가기관을 살해하는 행위는 필연적으로 그 권능행사를 불가능하게 하는 결과를 초래하기 마련인데, 그러한 결과에 대한 인식과 용인의 의사만으로도 국헌문란의 목적이 인정된다고 한다면 사실상 국가기관을 살해하는 모든 행위가 내란목적살인죄로 처벌되는 결과가 초래된다.[23] 따라서 내란목적살인죄에서 국헌문란의 목적은 엄격히 해석되어야 한다.

그리고 직무상 행위를 강요 또는 저지하거나 그 직을 사퇴하게 할 목적으로 공무원을 폭행 또는 협박함으로써 성립하는 직무강요죄(제136조 제1항)에서 직무강요 등의 목적 또한 엄격히 해석되어야 한다. 만약 출근 중인 공무원을 사적인 감정에서 폭행 · 협박하면서 그 일로 인해 그 공무원이 직무를 제대로 수행하지 못하거나 사직할 수 있음을 예상하고 이를 용인하였다고 하여 직무강요죄로 처벌한다면, 사실상 공무원에 대한 폭행 · 협박의 상당수가 직무강요죄로 처벌될 수 있다. 따라서 직무강요죄와 공무원에 대한 폭행 · 협박죄를 구별하기 위해서는 '직무상 행위를 강요 또는 저지하거나 그 직을 사퇴하게 것을' 주된 목적으로 공무원을 폭행 또는 협박한 경우에만 직무강요죄가 성립한다고 보아야 한다.

도 원칙적인 제330조로 돌아가서 사실을 오로지 공익에 관한 이유로서 그것을 적시했을 적에는 처벌되지…아니할 것입니다."고 설명한 바 있다(신동운 편, 형법제정자료집, 1990, 482-483면).

22) 국헌문란의 개념요소로서 헌법 · 법률기능의 소멸 및 국가기관의 전복의 의미와 사례에 대한 설명은 신동운, 형법각론, 2017, 10-12면 참조.

23) 판례는 내란죄 및 내란목적살인죄에서 국헌문란의 목적은 결과발생의 희망 또는 의욕함을 요하지 아니하고 또 확정적 인식임을 요하지 아니하고 미필적 인식이 있으면 족하다고 본다(대법원 1980. 5. 20. 선고 80도306 판결 참조).

이처럼 목적범의 성립요소로 규정된 목적이 없는 경우에 성립가능한 별개의 범죄유형은 목적의 범위를 제한적으로 해석해야 할 근거가 될 수 있다.

III. 모해목적의 구체적 의미와 판단기준

이상의 논의를 바탕으로 본 사건에서 논란의 대상이 되고 있는 모해목적의 구체적 의미와 그 판단기준에 대해 살펴보면 다음과 같다.

1. 모해목적의 의미

(1) 모해(謀害)의 사전적 의미는 꾀를 써서 남을 해치는 것인데,[24] 사전적 의미만으로는 모해목적의 법적 의미를 이해하기는 곤란하다. 판례는 ‘모해할 목적’이란 피고인 · 피의자 또는 징계혐의자를 불리하게 할 목적을 말한다고 본다. 그런데 여기서 불리하다는 것은 구체적으로 무엇을 말하는지가 분명하지 않다. 형사처분 또는 징계처분을 받거나 또는 중한 형사처분이나 징계처분을 받는 것을 의미하는가 아니면 (형사처분 또는 징계처분을 받지 아니하더라도) 형사처분 또는 징계처분이 사유가 드러남으로써 명예훼손, 파혼, 사생활노출 등 사회적으로 받는 불이익도 포함되는가?

(2) 구 형법(1953. 10. 3. 현행형법이 제정 · 시행되기 전까지 의용되었던 일본형법을 말한다) 제169조는 “법률에 의하여 선서한 증인이 허위의 진술을 한 때에는 10년 이하의 징역에 처한다. 허위의 진술을 한 후에 선서한 때에도 또한 같다.”라고 규정하고 있었는데, 우리나라는 1953년 형법을 제정하면서 위증죄(제152조 제1항)와 모해위증죄(같은 조 제2항)를 구별하고 전자는 ‘5년 이하의 징역 또는 2만5천원 이하의 벌금’에 그리고 후자는 ‘10년 이하의 징역’에 처하도

24) 국립국어원 표준국어대사전(http://stdweb2.korean.go.kr/) 2017. 5. 22. 검색. 일상적으로 사용하는 용어 중 모해와 유사한 것으로는 모함(謀陷)이 있는데, 이 또한 나쁜 꾀를 써서 남을 어려운 처지에 빠지게 하는 것을 의미한다.

록 규정하였다. 입법자료에는 모해위증죄를 별도로 규정한 취지나 모해의 의미에 대한 논의를 찾아볼 수 없으나, 우리나라 제정형법의 기초가 된 일본의 改正刑法假案 제192조는 위증의 죄를 법률에 의하여 선서한 자의 위증, 법률에 의하여 선서하지 아니한 자의 위증 그리고 모해목적의 위증으로 구분하고 각각 그 법정형을 '5년 이하의 징역', '2년 이하의 징역' 그리고 '10년 이하의 징역'으로 정하였고, 이와 관련하여 다음과 같은 설명이 있다.

> 제192조는 현행법의 제196조에 해당하는 규정입니다만, 방금 설명 드렸던 것과 같이 현행법의 취지와 다른 점은 특히 선서를 범죄성립의 요건으로 인정하고 있지 않다는 것입니다. 제92조의 제1항은 선서를 한 자, 제2항은 선서를 하지 않은 자에 관한 처벌규정입니다. 이외에 한 가지 더 현행법과 현저하게 다른 점이 있습니다. 그것은 현행법은 범인이 피의자를 함해(陷害)할 목적으로 진술하였는가의 여부를 구별하지 아니하고 동일하게 10년 이하의 징역에 처하도록 규정하고 있습니다만, 이법안에서는 함해할 목적으로 위증을 한 경우에는 10년 이하의 징역에 처하고 이러한 목적없이 위증을 한 때에는 선서를 하였는지 여부에 따라 5년 이하의 징역 또는 2년 이하의 징역에 처하도록 그 형을 가볍게 함으로써 재판장이 행사하는 재량의 기준을 제시해 놓은 것입니다.[25)]

일본 개정형법가안의 입법자료에는 단순위증죄와 모해위증죄를 구분하여 규정한 취지만 설명되어 있을 뿐, 본 사건에서 논란이 되고 있는 모해목적의 의미에 대해서는 별다른 설명이 없다. 결국 모해위증죄의 모해목적은 위증에 관한 죄 및 유사한 다른 범죄와의 관계에서 찾을 수밖에 없다.

판례는 모해를 일상적 의미로 이해하여 피고인 · 피의자 또는 징계혐의자를 불리하게 하는 것을 의미한다고 보고, 허위의 진술을 함으로써 피고인에게 불리하게 될 것이라는 인식만 있으면 충분하고 그 결과의 발생을 희망할 필요가 없다고 본다. 이러한 해석방법에 의하면 이 사건에서 볼 수 있듯이 피의자, 피고인 또는 징계혐의자와 이해관계를 달리하는 증인이 이들에게 불리할 수 있음을 인식 · 용인하면서 자신의 이익을 위해 허위사실을 진술하면 곧바로 모해위증죄가

---

25) 法務大臣官房調査課, 刑法並びに監獄法改正調査委員會議事速記錄, 法務資料 別冊 32号(1952), 285-286면.

성립한다고 보아야 한다. 이러한 해석론은 모해의 '목적'을 요건으로 규정하고 있는 법문언에 반할 뿐만 아니라, 형사절차 또는 징계절차에서 허위진술을 하는 행위를 특별히 가중처벌하려는 입법취지에도 반한다.[26]

(3) 법해석은 법문언에서 출발해야 하고 법문언의 한계를 벗어날 수 없지만 결코 문언의 일상적 의미를 확인하는데 그쳐서는 아니 되고 법체계 내에서 그 법규정이 추구하는 궁극적인 목적을 드러내는 작업이어야 한다.[27] 따라서 모해위증죄의 성립요건인 모해목적의 의미는 법문언의 일상적인 의미나 당해 규정 안에서만 이해해서는 아니 되고, 위증의 죄 전체 나아가 위증의 죄와 유사하거나 관련이 있는 다른 법규정을 함께 고려하여 이해해야 한다.

우선 모해위증죄의 기본적 구성요건인 위증죄(제152조 제1항)에 대해 살펴보자. 위증죄는 '법률에 의하여 선서한 자'만이 그 주체가 될 수 있다. 위증죄에서 선서의 근거가 되는 법률로는 형사소송법(제157조), 민사소송법(제319조), 비송사건절차법(제10조), 법관징계법(제22조), 검사징계법(제26조), 특허법(제227조), 실용신안법(제47조 제1항), 디자인보호법(제83조 제1항), 국회에서의 증언 및 감정에 관한 법률(제14조 제1항) 등이 있다. 따라서 위증죄는 비단 형사소송절차나 징계절차뿐만 아니라 민사소송절차, 비송사건절차, 국회의 감정 · 청문절차에서도 성립할 수 있는데, 이 점에서 형사사건 또는 징계사건과 관련하여 성립하는 증거인멸죄(제155조 제1항 · 제2항) 및 무고죄(제156조)와 구별된다. 그런데 본 사건의 쟁점이 되고 있는 모해위증죄는 '형사사건 또는 징계사건'에 관하여 피의자, 피고인 또는 징계혐의자를 모해할 목적으로 위증을 한 경우에 한정되는데, 이런 점에서 모해위증죄의 성립범위는 증거인멸죄 및 무고죄의 성립범위

---

26) 모해목적을 일체의 불이익으로 넓게 볼 경우 모해위증죄의 성립범위를 형사절차 또는 징계절차로 제한하지 아니하고 법률에 의하여 선서하고 증언을 하는 모든 절차로 확대하는 것이 바람직할 것이다.

27) 이른바 과수원실화사건에서 판례는 형벌법규의 해석은 문언해석으로부터 출발하여야 하고 문언상 해석가능한 범위를 넘어서는 것은 죄형법정주의 원칙상 허용되어서는 안 된다고 하면서도, 해석에서는 문언의 일상적 의미에 국한되지 아니하고 관련조문을 전체적 · 종합적으로 해석해야 한다고 판시한 바 있다(대법원 1994. 12. 20. 선고 94모32 판결 참조). 이에 관한 자세한 내용은 신동운, "형벌법규의 흠결과 해석에 의한 보정의 한계", 법률해석의 한계, 2000, 6면 이하 참조.

에 근접한다.

법률에 의하여 선서한 증인이 형사재판절차 또는 징계절차에서 허위의 진술을 하는 동기는 미리 계획하고 위증을 한 것이 아니라 법정에서 상대방이나 재판장 등으로부터 예상하지 못했던 질문을 받고 순간적으로 위증을 한 경우, 위증으로 인해 형사사건에서 당사자가 구속되거나 유무죄 또는 양형판단에 영향을 미치는 경우, 민사사건에서 소송의 승패 또는 부분적 쟁점사실의 판단에 영향을 미칠 우려가 있어 위증을 한 경우 등 다양하다.[28] 한편 증인신문사항을 제대로 파악하지 못하였거나 신문사항에 관한 기억이 분명하지 않음에도 단정적으로 답변하는 등 그 진술이 자신의 기억에 반할 수 있음을 인식하면서 위증한 경우도 위증죄가 성립한다. 따라서 자기나 자기의 친족 등이 공소제기를 당하거나 유죄판결을 받을 사실이 발각될 우려가 있어 이를 회피하기 위하여(형사소송법 제148조 참조) 피의자, 피고인 또는 징계혐의자에게 불이익한 진술을 한 때에도 위증죄의 죄책을 면할 수 없다.

그런데 모해위증죄는 법률에 의하여 선서한 증인이 형사사건 또는 징계사건에 관하여 '피의자, 피고인 또는 징계혐의자를 모해할 목적으로' 허위진술을 하는 행위를 가중처벌하는 범죄유형이다. 즉, 모해위증죄는 피의자, 피고인 또는 징계혐의자에게 불리한 일체의 허위진술이 아니라 그들로 하여금 형사절차 또는 징계절차에서 궁극적으로 불이익을 받도록 하는 것을 목적으로 한 허위진술을 가중처벌하는데 그 입법취지가 있다고 보아야 한다. 따라서 모해위증죄에서 '모해'란 형사절차 또는 징계절차에서 '피의자, 피고인 또는 징계혐의자를 불리하게 하는 일체의 것'이 아니라 형사절차 또는 징계절차에서 피의자, 피고인 또는 징계혐의자에게 내려지는 불이익한 처분, 즉 '형사처분 또는 징계처분'을 받게 할 목적으로 이해하여야 한다.[29] 그리고 허위진술을 한 증인에게 모해할 '목적'이 있다고 하기 위해서는 피의자, 피고인 또는 징계혐의자가 자신의 진술로 인해 형사

---

28) 대법원 양형위원회, 위증 · 증거인멸범죄 양형기준(2017.4.10. 의결 2017. 5. 15. 시행) 양형인자의 정의 참조(http://sc.scourt.go.kr/sc/krsc/criterion/criterion_42/perjury_destroyEvidence_01.jsp).

29) 형사처분은 반드시 형벌이나 보안처분에 국한되는 것이 아니라 구속, 압수 · 수색, 감정유치 등 형사절차상 강제처분도 포함된다(정영일, 앞의 논문, 255면).

처분 또는 징계처분을 받을 수 있음을 예상하거나 용인하는 정도로는 부족하고 이를 적극적으로 의욕하거나 적어도 허위진술의 주된 의도가 피의자, 피고인 또는 징계혐의자로 하여금 형사처분 또는 징계처분을 받게 하는 데 있음이 인정되어야 할 것이다.

2. 모해목적의 판단기준과 방법

(1) 목적범에서 목적은 고의와 더불어 범죄구성요건의 주관적 요소이지만 그 정도의 면에서 엄연히 차이가 있다. 즉 특별히 목적을 범죄의 성립요건 또는 가중처벌의 요건으로 규정한 이유는 법률이 금지하는 결과의 발생을 적극적으로 인식 · 의욕하였다는 데 있다. 따라서 목적의 정도는 미필적인 인식 · 의사로는 부족하고 법적으로 금지되는 일정한 결과의 야기를 주된 목표로 삼아야 한다.[30] 그리고 목적범의 대상이 고의와 구별되는 별개의 사실인 경우 고의와는 별도로 검사가 이를 입증하여야 하고, 고의가 인정된다고 하여 목적이 있었다고 추정해서는 안 된다(대법원 2010. 7. 23. 선고 2010도1189 전원합의체 판결 참조).

고의가 인정되는 경우 목적이 추정된다고 보거나, 목적의 정도는 미필적 인식 · 의사만으로도 족하다고 보거나, 고의와 목적은 별개의 주관적 요건임을 인정하면서고 목적의 판단자료를 고의의 판단자료와 구분하지 아니하고 종합적으로 판단한다면 목적범에서 목적의 요건은 유명무실해지고 만다. 이른바 '실천연대 자료집 사건'에 대한 대법원 판결(대법원 2010. 7. 23. 선고 2010도1189 전원합의체 판결)에서 제시된 반대의견은 목적범에서 목적은 고의와 구별된다는 점을 인정하더라도 그 정도에서 고의와 구별되는 구체적인 의사 내지 의도를 요구하지 않는다면 실질적으로 차이가 없음을 분명히 인식하고 있었다.[31]

> [다수의견] 국가보안법 제7조 제5항의 죄는 제1, 3, 4항에 규정된 이적행위를 할 목적으로 문서 · 도화 기타의 표현물을 제작 · 수입 · 복사 · 소지 · 운반 · 반포 · 판매 또는 취

---

30) 같은 취지의 주장으로는 박지현, 앞의 논문, 431면.

31) 이에 관해서는 신현범, "이적단체, 이적표현물의 판단 기준과 이적행위 목적의 증명방법", 형사재판의 제문제(제7권), 762면 이하 참조.

득하는 것으로서 이른바 목적범임이 명백하다. 목적범에서의 목적은 범죄 성립을 위한 초과주관적 위법요소로서 고의 외에 별도로 요구되는 것이므로, 행위자가 표현물의 이적성을 인식하고 제5항의 행위를 하였다고 하더라도 이적행위를 할 목적이 인정되지 아니하면 그 구성요건은 충족되지 아니한다. 그리고 형사재판에서 공소가 제기된 범죄의 구성요건을 이루는 사실에 대한 증명책임은 검사에게 있으므로 행위자에게 이적행위를 할 목적이 있었다는 점은 검사가 증명하여야 하며, 행위자가 이적표현물임을 인식하고 제5항의 행위를 하였다는 사실만으로 그에게 이적행위를 할 목적이 있었다고 추정해서는 아니된다. 이 경우 행위자에게 이적행위 목적이 있음을 증명할 직접증거가 없는 때에는 표현물의 이적성의 징표가 되는 여러 사정들에 더하여 피고인의 경력과 지위, 피고인이 이적표현물과 관련하여 제5항의 행위를 하게 된 경위, 피고인의 이적단체 가입 여부 및 이적표현물과 피고인이 소속한 이적단체의 실질적인 목표 및 활동과의 연관성 등 간접사실을 종합적으로 고려하여 판단할 수 있다.

[대법관 박시환, 대법관 김지형, 대법관 이홍훈, 대법관 전수안의 반대의견] 국가보안법 제7조 제5항이 규정하는 각종 행위는 모두 사상의 표현행위에 해당하므로 이를 금지하고 처벌하기 위해서는 명백 · 현존하는 위험을 구체적으로 유발시킬 목적이나 의도를 가지고 있다는 점을 엄격한 증명에 의하여 입증하여야 한다. 따라서 이적표현물에 관한 죄에는 종전 대법원판례 중 이적행위가 될지도 모른다는 (미필적) 인식이 있기만 하면 바로 이적행위 목적을 인정할 수 있다는 부분도 마저 변경되어야 한다.

[대법관 김영란의 반대의견] 이적표현물 소지죄에서 이적행위 목적이 지니는 특수한 성질에 비추어 이적표현물 소지자에게 이적행위를 할 목적이 있었다는 점은 향후 그 표현물을 가지고 어떠한 이적행위를 할 계획이나 의사를 가지고 있는지가 구체적으로 드러나고 증명이 되는 경우에만 인정될 수 있다. 따라서 이적표현물 소지자가 향후 그 표현물 또는 그 표현물의 내용을 사용하여 어떻게 반국가단체 등의 활동을 찬양 · 고무 · 선전 또는 이에 동조하려 하는 것인지 등이 구체적으로 밝혀져야 한다.

(2) 다만 목적은 고의와 더불어 범죄구성요건의 주관적 요소이므로 그 판단방법은 고의와 본질적으로 다르지 아니한다. 피고인이 목적을 인정하는 때에는 피고인의 진술만으로도 증명할 수 있으나, 법원은 행위자의 진술에 의존하지 않고 외부에 나타난 행위의 형태와 행위의 상황 등 구체적인 사정을 기초로 일반인이라면 범죄사실이 발생할 가능성을 어떻게 평가할 것인지를 고려하면서 행위자의 입장에서 그 심리상태를 추인하여야 한다. 그리고 피고인이 목적을 부인하는 경우 그 자체를 객관적으로 증명할 수는 없으므로 사물의 성질상 목적과 관련성

이 있는 간접사실 또는 정황사실을 증명하는 방법으로 이를 증명할 수밖에 없다. 이때 무엇이 관련성이 있는 간접사실 또는 정황사실에 해당하는지는 정상적인 경험칙에 바탕을 두고 치밀한 관찰력이나 분석력으로 사실의 연결상태를 합리적으로 판단하는 방법에 의하여 판단하여야 한다(대법원 2017. 1. 12. 선고 2016도15470 판결 참조).

Ⅳ. 맺음말

(1) 이상에서 모해위증죄에서 모해목적의 구체적 의미와 판단기준에 대해 살펴보았다. 위에서 서술한 내용을 요약하면 법문언의 일상적 의미와 입법취지 그리고 법조문을 전체적 · 종합적으로 고찰해 볼 때, '모해'란 '피고인 · 피의자 또는 징계혐의자를 불리하게 하는 일체의 것'이 아니라 '형사절차 또는 징계절차에서 피의자, 피고인 또는 징계혐의자로 하여금 형사처분 또는 징계처분을 받게 하는 것'으로 제한하여 해석해야 한다. 그리고 모해를 '목적'으로 허위진술을 하였다고 하기 위해서는 단순히 자신의 허위진술로 인해 피의자, 피고인 또는 징계혐의자가 형사처분 또는 징계처분을 받을 수 있음을 인식 · 예견하는 것만으로는 부족하고 그러한 결과를 적극적으로 의욕하면서 허위진술을 하였을 것을 요한다고 보아야 한다. 또한 모해의 목적은 위증의 고의와 구별되어야 하므로 위증의 고의가 인정된다고 하여 모해의 목적이 추정된다고 보아서는 안 되고, 나아가 위증 고의와 모해 목적의 판단자료를 서로 구별되어야 한다.

(2) 이를 바탕으로 앞에서 소개한 제2심 판결의 당부를 살펴보면 다음과 같다.

우선 제1심 판결이 피고인의 주장을 배척하는 근거로 들고 있는 ① 내지 ③은 각각 허위진술의 대상이 되는 사실에 해당하는지 여부(①), 허위진술에 대한 고의가 인정되는지 여부(②와 ③)에 대한 근거이고, ④와 ⑤는 모해목적에 대한 근거가 된다. 그러나 앞에서 지적한 바와 같이 모해의 목적이 있다고 하기 위해서는 피고인(乙) 로 하여금 형사처분을 받게 한다는데 대한 인식과 의도가 요구되는데, ④와 ⑤는 허위진술을 하게 된 동기에 불과하고 이를 근거로 모해의 목적이 있다고 보기는 곤란하다.

그리고 제2심 판결이 피고인의 주장을 배척하는 근거로 들고 있는 ① 내지 ③은 진술의 허위성 내지 허위진술에 대한 고의를 인정할 수 있는 근거일 뿐 모해의 목적을 인정할 수 있는 근거가 되지 못한다.

사기죄의 처분행위와 처분의사에 관한 대법원 2016도13362 전원합의체 판결의 의미*

– 최 준 혁**–

목 차

사실관계

(1) 피고인과 공소외 1 등은 2010. 11. 29.경 및 2010. 12. 3. 토지거래허가 등에 필요한 서류라고 속여서 원심 판시 각 토지의 매도인인 피해자 공소외 2로 하여금 근저당권설정계약서 등에 서명 · 날인하게 하고, 피해자의 인감증명서를 교부받은 다음, 이를 이용하여 위 피해자 소유의 위 각 토지에 관하여 피고인을 채무자로 하여 채권최고액 합계 10억 5,000만 원인 근저당권을 공소외 3 등에게 설정하여 주고, 7억 원을 차용하였다.

---

* 이 논문은 2017. 7. 17. 대법원 형사실무연구회 연구발표회에서 발표한 내용을 발전시켜 2018년도 인하대학교 교내연구비의 지원을 받아 이미 인하대학교 법학연구 제21집 제3호(2018. 9. 30.)에 게재한 것임을 밝힌다. 제21집 제3호는 대법관으로 재직하셨던 박시환 교수님의 정년기념 논문집이다.
** 인하대학교 법학전문대학원 교수

(2) 피고인과 공소외 1 등은 2010. 12. 29. 원심 판시 각 토지의 매도인인 피해자 공소외 2, 공소외 4에게 토지거래허가 등에 필요한 서류라고 속여서 피해자들로 하여금 위 토지를 담보로 제공하는 취지가 기재된 차용지불약정서 등에 서명 또는 날인하게 하고, 피해자들의 인감증명서를 교부받은 다음, 이를 이용하여 피해자들 소유의 위 각 토지에 관하여 피고인을 채무자로 하여 채권최고액 1억 8,000만 원인 근저당권을 공소외 5에게 설정하여 주고, 1억 2,000만 원을 차용하였다.

(3) 피고인과 공소외 1은 ① 피해자 공소외 6, 7 소유의 원심 판시 토지를 담보로 제공하여 1억 원을 빌린 후 계약금 3,000만 원을 제외한 나머지 돈을 자신들이 사용하기로 모의한 다음, 2011. 4. 5.경 피해자에게 위 토지를 3억 원에 매도할 것을 제안하며 그 계약금 3,000만 원의 차용에 관하여 근저당권을 설정해 줄 것을 요구하여 피해자의 승낙을 얻었고, ② 2011. 4. 7. 위 토지에 대한 매매계약을 체결하는 자리에서 위 3,000만 원 차용에 대한 근저당권설정에 필요한 서류라고 잘못 알고 있는 피해자로부터 채권최고액 3,000만 원, 채무자 피고인, 근저당권자 공소외 8을 내용으로 하는 근저당권설정계약서와 채권최고액 1억 2,000만 원, 채무자 피고인, 근저당권자 공소외 9를 내용으로 하는 근저당권설정계약서에 서명 · 날인을 받고, 각 근저당권설정등기신청서 및 위임장 등에 날인을 받는 한편, 피해자의 인감증명서를 교부받았으며, ③ 이를 이용해 위 근저당권자들에게 근저당권을 설정하여 주고, 합계 1억 원을 차용하였다.

대법원의 판단(판결요지)

[1] **[다수의견]** 사기죄에서 처분행위는 행위자의 기망행위에 의한 피기망자의 착오와 행위자 등의 재물 또는 재산상 이익의 취득이라는 최종적 결과를 중간에서 매개 · 연결하는 한편, 착오에 빠진 피해자의 행위를 이용하여 재산을 취득하는 것을 본질적 특성으로 하는 사기죄와 피해자의 행위에 의하지 아니하고 행위자가 탈취의 방법으로 재물을 취득하는 절도죄를 구분하는 역할을 한다. 처분행위가 갖는 이러한 역할과 기능을 고려하면, 피기망자의 의사에 기초한 어떤 행위를 통해 행위자 등이 재물 또는 재산상의 이익을 취득하였다고 평가할 수 있는 경우라면 사기죄에서 말하는 처분행위가 인정된다.

사기죄에서 피기망자의 처분의사는 기망행위로 착오에 빠진 상태에서 형성된 하자있는 의사이므로 불완전하거나 결함이 있을 수밖에 없다. 처분행위의 법적 의미나 경제적 효과 등에 대한 피기망자의 주관적 인식과 실제로 초래되는 결과가 일치하지 않는 것이 오히려 당연하고, 이 점이 사기죄의 본질적 속성이다. 따라서 처분의사는 착오에 빠진 피기망자가 어떤 행위를 한다는 인식이 있으면 충분하고, 그 행위가 가져오는 결과에 대한 인식까지 필요하다고 볼 것은 아니다.

사기죄의 성립요소로서 기망행위는 널리 거래관계에서 지켜야 할 신의칙에 반하는 행위로서 사람으로 하여금 착오를 일으키게 하는 것을 말하고, 착오는 사실과 일치하지 않는 인식을 의미하는 것으로, 사실에 관한 것이든, 법률관계에 관한 것이든, 법률효과에 관한 것이든 상관없다. 또한 사실과 일치하지 않는 하자 있는 피기망자의 인식은 처분행위의 동기, 의도, 목적에 관한 것이든, 처분행위 자체에 관한 것이든 제한이 없다 따라서 피기망자가 기망당한 결과 자신의 작위 또는 부작위가 갖는 의미를 제대로 인식하지 못하여 그러한 행위가 초래하는 결과를 인식하지 못하였다고 하더라도 그와 같은 착오 상태에서 재산상 손해를 초래하는 행위를 하기에 이르렀다면 피기망자의 처분행위와 그에 상응하는 처분의사가 있다고 보아야 한다.

피해자의 처분행위에 처분의사가 필요하다고 보는 근거는 처분행위를 피해자가 인식하고 한 것이라는 점이 인정될 때 그 처분행위를 피해자가 한 행위라고 볼 수 있기 때문이다. 다시 말하여 사기죄에서 피해자의 처분의사가 갖는 기능은 피해자의 처분행위가 존재한다는 객관적 측면에 상응하여 이를 주관적 측면에서 확인하는 역할을 하는 것일 뿐이다. 따라서 처분행위라고 평가되는 어떤 행위를 피해자가 인식하고 한 것이라면 피해자의 처분의사가 있다고 할 수 있다. 결국 피해자가 처분행위로 인한 결과까지 인식할 필요가 있는 것은 아니다.

결론적으로 사기죄의 본질과 그 구조, 처분행위와 그 의사적 요소로서 처분의사의 기능과 역할, 기망행위와 착오의 의미 등에 비추어 보면, 비록 피기망자가 처분행위의 의미나 내용을 인식하지 못하였다고 하더라도, 피기망자의 작위 또는 부작위가 직접 재산상 손해를 초래하는 재산적 처분행위로 평가되고, 이러한 작위 또는 부작위를 피기망자가 인식하고 한 것이라면 처분행위에 상응하는 처분의사는 인정된다. 다시 말하면 피기망자가 자신의 작위 또는 부작위에 따른 결과까지 인식하여야 처분의사를 인정할 수 있는 것은 아니다.

[대법관 이상훈, 대법관 김용덕, 대법관 김소영, 대법관 조희대, 대법관 박상옥, 대법관 이기택의 반대의견] 절도는 범죄행위자의 탈취행위에 의하여 재물을 취득하는 것이고, 사기는 피해자의 처분행위에 의하여 재산을 취득하는 것으로, 양자는 처분행위를 기준으로 하여 구분된다. 이러한 의미에서 사기죄는 자기손상범죄, 절도죄는 타인손상범죄라고 설명된다. 사기죄에서 이러한 자기손상행위로서 처분행위의 본질이 충족되기 위해서는 피해자에게 자기 재산 처분에 대한 결정의사가 필수적이라고 할 것이다. 다시 말하면 피해자의 행위가 자신의 재산권과 관련되어 있다는 인식에 기초하여 형성된 의사에 지배된 작위 또는 부작위만이 사기죄에서 말하는 처분행위에 해당한다고 규범적으로 평가할 수 있다. 처분결과에 대한 아무런 인식 또는 의사가 없는 처분행위는 그 자체로서 모순이라고 하지 않을 수 없다. 요컨대 피해자가 자신의 재산과 관련하여 무엇을 하였는지조차 전혀 인식하지 못하는 모습의 사기죄는 자기손상범죄로서의 본질에 반한다.

사기죄의 구성요건은 사기죄의 본질에 따라 해석되어야 하고, 이러한 본질에 반하는 구성요건 해석론은 그 정당성을 인정받기 어렵다. 자기손상범죄로서 사기죄를 특징짓고 절도죄와 구분 짓는 처분행위의 해석상 피기망자에게 처분결과에 대한 인식은 당연히 요청되는 것으로, 사기죄의 다른 구성요건인 착오와 기망행위를 해석함에 있어서도 이에 반하는 해석론을 전개할 수는 없다. 즉, 사기죄의 본질 및 이를 통해 도출되는 처분의사의 의미에 의하면, 착오에 빠진 피기망자가 자신의 행위의 의미와 결과에 대한 인식을 가진 채 처분행위를 한 경우에만 사기죄가 성립될 수 있는 것이므로, 구성요건요소로서 피기망자의 착오 역시 처분행위의 동기, 의도, 목적에 관한 것에 한정되고, 처분결과에 대한 인식조차 없는 처분행위 자체에 관한 착오는 해석론상 사기죄에서 말하는 착오에 포섭될 수 없음이 분명하다. 구성요건으로서 기망행위에 대한 적정한 해석론 역시 이와 다르지 않다. 결국 사기죄의 본질과 특수성을 고려하지 않은 채 이루어진 착오 및 기망행위에 대한 부적절한 구성요건 해석을 들어 피기망자의 처분결과에 대한 인식이 반드시 필요한 것은 아니라는 다수의견의 논증은 선후가 바뀐 해석론에 불과하여 그대로 받아들이기 어렵다.

사기죄의 처분의사 판단에서 피기망자에게 처분결과에 대한 인식이 필요 없는 것으로 해석하는 다수의견에 의하면 사기죄 성립 여부가 불분명해지고, 그 결과 처벌범위 역시 확대될 우려가 있다. 행위자의 기망적 행위가 개입한 다수의 범행에서 피기망자의 인식을 전혀 고려하지 않은 채 사기범행과 사기 아닌 범행을 명확히 구분해 낼 수 있을지 의문이다. 피기망자로 하여금 자신의 행위로 인한 결과를 미처 인식하지 못하도록 하는 위법한 기망행위를 통해 재산상의 이익을 취득한 행위자를 형사 처벌하고자 한다면, 다수의견과 같이 사기죄에 관한 확립된 법리의 근간을 함부로 변경할 것이 아니라 별도의 입법을 하는 것이 올바른 해결책이라고 할 것이다.

[2] **[다수의견]** 이른바 '서명사취' 사기는 기망행위에 의해 유발된 착오로 인하여 피기망자가 내심의 의사와 다른 처분문서에 서명 또는 날인함으로써 재산상 손해를 초래한 경우이다. 여기서는 행위자의 기망행위 태양 자체가 피기망자가 자신의 처분행위의 의미나 내용을 제대로 인식할 수 없는 상황을 이용하거나 피기망자로 하여금 자신의 행위로 인한 결과를 인식하지 못하게 하는 것을 핵심적인 내용으로 하고, 이로 말미암아 피기망자는 착오에 빠져 처분문서에 대한 자신의 서명 또는 날인행위가 초래하는 결과를 인식하지 못하는 특수성이 있다. 피기망자의 하자 있는 처분행위를 이용하는 것이 사기죄의 본질인데, 서명사취 사안에서는 그 하자가 의사표시 자체의 성립과정에 존재하는 것이다.

이러한 서명사취 사안에서 피기망자가 처분문서의 내용을 제대로 인식하지 못하고 처분문서에 서명 또는 날인함으로써 내심의 의사와 처분문서를 통하여 객관적 · 외부적으로 인식되는 의사가 일치하지 않게 되었다고 하더라도, 피기망자의 행위에 의하여 행위자 등이 재물이나 재산상 이익을 취득하는 결과가 초래되었다고 할 수 있는 것은 그러한 재산의 이전을 내용으로 하는 처분문서가 피기망자에 의하여 작성되었다고 볼 수 있기 때문이다 이처럼 피기망자가 행위자의 기망행위로 인하여 착오에 빠진 결과 내심의 의사와 다른 효과를 발생시키는 내용의 처분문서에 서명 또는 날인함으로써 처분문서의 내용에 따른 재산상 손해가 초래되었다면 그와 같은 처분문서에 서명 또는 날인을 한 피기망자의 행위는 사기죄에서 말하는 처분행위에 해당한다. 아울러 비록 피기망자가 처분결과, 즉 문서의 구체적 내용과 그 법적 효과를 미처 인식하지 못하였다고 하더라도, 어떤 문서에 스스로 서명 또는 날인함으로써 그 처분문서에 서명 또는 날인하는 행위에 관한 인식이 있었던 이상 피기망자의 처분의사 역시 인정된다.

[대법관 이상훈, 대법관 김용덕, 대법관 김소영, 대법관 조희대, 대법관 박상옥, 대법관 이기택의

반대의견] 사기죄의 본질 및 그 구조에 비추어 사기죄에서 말하는 처분행위란 어디까지나 처분의사에 지배된 행위이어야 하고, 이러한 처분의사는 자신의 행위로 인한 결과에 대한 인식을 당연히 전제한다. 그 결과 피기망자가 기망행위로 인하여 문서의 내용을 오신한 채 내심의 의사와는 다른 효과를 발생시키는 문서에 서명 · 날인하여 행위자 등에게 교부함으로써 행위자 등이 그 문서의 내용에 따른 재산상의 이익을 취득하게 되는 이른바 서명사취 사안의 경우에는, 비록 피기망자에게 그 문서에 서명 또는 날인한다는 인식이 있었다고 하더라도, 처분결과에 대해 아무런 인식이 없었으므로 처분의사와 처분행위를 인정할 수 없음이 명백하다.
재산적 처분행위나 그 요소로서의 처분의사가 존재하는지는 처분행위자인 피기망자의 입장에서 파악할 수밖에 없고, 피기망자가 문서의 내용에 관하여 기망당하여 그에 대한 아무런 인식 없이 행위자에 의해 제시된 서면에 서명 · 날인하였다면, 오히려 작성명의인인 피기망자의 의사에 반하는 문서가 작성된 것으로서 문서의 의미를 알지 못한 피기망자로서는 그 명의의 문서를 위조하는 범행에 이용당한 것일 뿐, 그 의사에 기한 처분행위가 있었다고 평가할 수는 없다.
서명사취 사안의 행위자가 위조된 서면을 이용하여 그 정을 모르는 금전 대여자로부터 금전을 차용하기에 이르렀다면 금전 대여자에 대한 금전편취의 사기죄가 성립될 여지도 충분함을 아울러 고려하여 볼 때, 토지 소유자에 대한 사기죄가 성립되지 아니한다고 하여 적정한 형벌권 행사에 장애가 초래된다거나 처벌의 불균형이 발생한다고 단정하기도 어렵다. 더욱이 이러한 경우에 금전 대여자에 대한 사기죄와 별개로 토지 소유자를 피해자로 한 사기죄가 성립한다고 보아 처벌하는 것이 타당한지도 의문이다. 행위자가 최초부터 금전을 편취할 의도 아래 토지 소유자 명의의 문서를 위조하였다면, 서명사취 범행에 따른 문서 위조는 금전 대여자에 대한 기망을 통하여 금전을 편취하는 일련의 사기 범행을 위한 수단이거나 그 실행행위에 포함되는 행위로 보아야 한다.
이러한 사정을 종합하여 보면, 사기죄에서 말하는 처분행위가 인정되기 위해서는 처분결과에 대한 피기망자의 주관적인 인식이 필요하다고 할 것이고, 서명사취 사안의 경우 피기망자에게는 자신이 서명 또는 날인하는 처분문서의 내용과 그 법적 효과에 대하여 아무런 인식이 없으므로 처분의사와 그에 기한 처분행위를 부정함이 옳다.

I. 들어가며

사기죄는 교과서와 주석서의 설명에서 많은 부분을 차지하고 있는데, 한편으로 이 조문이 실질적으로 중요하기 때문이며 다른 한편으로는 사기죄의 개별 구성요건요소들이 복잡한 상호작용을 하고 있기 때문이 그 이유이다.[1)]

---

1) Kindhäuser/Nikolaus, Der Tatbestand des Betrugs (§ 263 StGB), JuS 2006, 193.

사기죄에 대한 대법원 2017. 2. 16. 선고 2016도13362 전원합의체 판결(이하 대상판결)은 그 내용과 분량, 판결에 대하여 쏟아진 관심사[2] 등 여러 측면에서 주목할 만하다. 이 판결은 한국형사법학회 창립 60주년 기념 학술행사에서 형법각론분야를 회고하는 평석에서 "지난 60년간 … 대법원이 선고한 엄청난 수의 판례 중 어느 것이 중요한"가에 관하여 "주관적 관점에 입각"하여 사기죄 분야에서 선정된 두 판결 중 하나이다.[3] 이 평석은 사기죄에서 처분의사가 필요한지에 대해서 대상판결이 취하고 있는 불요설이 타당하다는 입장[4]을 취하였다. 처분행위가 필요하다는 것과 처분행위를 인식하여야 한다는 것은 다르다는 점, 사기죄와 절도죄는 처분의사의 유무가 아니라 처분행위의 유무로 구별된다는 점, 사기죄는 착오에 의한 처분행위를 하면 성립하고 그 처분행위 자체에 대한 인식이 있어야 하는 것은 아니라는 점, 처분행위의 내용이나 결과까지 인식할 필요는 없다는 이유에서이다. 이 견해는 착오에 빠져 청구권의 존재 자체를 알지 못함으로써 이를 행사하지 아니한 것도 처분행위라는 대법원판결[5]을 원용한다. 반면,

---

2) 이 판결에 대한 보도로 "피해자가 처분결과 인식 못해도 사기죄 인정"(법률신문, 2017. 2. 20.). 평석으로 강동범, "한국형사법학 60년의 회고와 전망 – 형법각론분야: 개인적 법익에 대한 죄–", 「형사법연구」 제29권 제3호, 한국형사법학회, 2017, 77-114쪽; 김일연, "사기죄와 피기망자의 처분의사", 법률신문, 2017. 4. 3.; 서보학, "사기죄에 있어서 처분의사의 필요성 여부와 처분의사의 내용", 「경희법학」 제52권 제4호, 경희대학교 법학연구소, 2017, 205-239쪽; 원형식, "사기죄에서 처분의사 및 재산상 손해", 「일감법학」 제38호, 건국대학교 법학연구소, 2017, 507-531쪽; 이창섭, "사기죄와 처분행위", 「부산대학교 법학연구」 제58권 제3호, 부산대학교 법학연구소, 2017, 25-50쪽; 황태정, "사기죄의 처분행위와 처분의사", 「법조」 별책최신판례분석 통권 제723호, 법조협회, 2017, 809-845쪽.

3) 다른 판결은 불법원인급여라고 하더라도 사기죄가 성립한다는 대법원 2006. 11. 23. 선고 2006도6795 판결.

4) 강동범, 앞의 논문, 100쪽; 이상돈, 『형법강론(제2판)』, 박영사, 2017, 821쪽. 김일연, 앞의 글도 대상판결의 취지에 찬동하면서도, 서명사취로 인한 피해자의 처분문서 작성행위는 민사법적으로는 법률효과를 발생케 하는 법률행위가 아니면서, 형사법적으로는 사기죄에서의 처분행위에 해당하게 되었다는 문제를 지적한다.
실제로 대상판결의 다수의견은 처분의사 불요설의 개별논거(그에 관한 설명으로 김재봉, "사기죄와 처분의사", 한국형사판례연구회 편, 『형사판례연구(제11권)』, 박영사, 2003, 171쪽)를 거의 그대로 제시한다(판례공보 679쪽 이하).

5) 출판사 경영자가 출고현황표를 조작하는 방법으로 실제 출판부수를 속여 작가에게 인세의 일부만을 지급한 사건에서 대법원은, 작가가 나머지 인세에 대한 청구권의 존재 자체를 알지 못하는 착오에 빠져 이를 행사하지 아니한 것이 부작위에 의한 처분행위라고 판단하였다(대법원 2007. 7. 12. 선고 2005도9221 판결). 처분행위 인식설에 따르면 이 판결에서도 처분의사를 인정할 수 있다는 설명으로 김재봉, "사기죄와 처분의사", 『형법판례 150선』, 박영사, 2016, 255쪽.

이 발표에 대한 토론문[6]은 처분행위에 대한 인식, 즉 어떠한 행위를 한다는 인식만 있으면 사기죄 성립에 족하다고 본다면 사기죄의 성립범위가 지금보다 더 확장되며, 형사사법의 고질적인 부담으로 작용하는 형사사건의 민사화를 조장·방치하는 결과를 초래할 것이라고 지적한다.

살펴보았듯이 대상판결에서의 주된 논점은 사기죄에서 처분행위와 처분의사는 어떠한 관계가 있으며 처분의사의 내용은 무엇인가이다. 처분의사를 처분행위의 요건으로 인정할 경우 처분행위의 내용을 어떻게 파악하는지에 따라 사기죄의 성립범위가 달라지는데, 처분행위를 처분의사로부터 분리시킬수록 처벌의 범위가 넓어지는 반면 처분행위를 처분의사와 밀접하게 관련시킬수록 처벌의 범위는 축소된다.[7] 전자는 당벌적 행위를 빠짐없이 처벌할 수 있게 되지만 처벌이 지나치게 확대될 우려가 있으며, 후자는 자기손상행위로서의 사기죄의 특성에 부합하지만 처벌의 흠결이 발생할 수 있다. 그 외에도 처분의사가 필요한가라는 질문은 절도죄와 사기죄의 구별과 관련되며, 처분행위의 문제는 삼각사기와도 관련된다.

하지만 엄청난 분량의 이 판결에서 다수의견과 소수의견은 7:6으로 나뉘었으며 다수의견, 소수의견, 별개의견, 보충의견 등은 주장을 근거지우기 위해 다양한 논거들을 제시한다. 그 내용은 처분행위와 처분의사를 벗어나 사기죄의 본질과 구조, 구성요건요소, 다른 죄와의 관계 등 다양한 쟁점들을 포괄하며, 민법과 형법의 관계를 어떻게 이해할 것인가라는 질문에도 미치고 있다.[8] 아래에서는 '사기죄에서의 다양한 쟁점들과의 관계에서 대상판결을 어떻게 이해할 것인가?'라는 문제의식에서 출발해서 각각의 쟁점들과 대상판결의 여러 논의를 연결해 보려고 한다. 대상판결은 논증을 위해 '사기죄의 본질과 그 구조, 처분행위와

---

6) 김성룡, "한국형사법학 60년의 회고와 전망 – 형법각론분야: 개인적 법익에 대한 죄 –" 토론문, 〈한국형사법학회 창립 60주년기념 학술행사〉 한양대학교 자료집, 2017, 79쪽. 이창섭, 앞의 글은 전기통신금융사기 피해 방지 및 피해금 환급에 관한 특별법(약칭: 통신사기피해환급법)의 처벌조문 등을 근거로 대상판결의 소수의견에 찬동한다.

7) 김재봉, 『형사판례연구(제11권)』, 169쪽; 권오걸, "사기죄와 처분행위 – 성행위에 대한 대가지급 불이행의 경우", 「법학연구」 제16권 제3호, 한국법학회, 2016, 235쪽; 손찬호, 사기죄에 관한 연구 – 객관적 구성요건을 중심으로 –, 성균관대학교 법학박사학위논문, 2003, 77쪽.

8) 반대의견에 대한 김용덕 대법관, 김소영 대법관, 박상옥 대법관의 보충의견(판례공보 706쪽)이 논의하는 대법원 2005. 5. 27. 선고 2004다43824 판결에 관하여 송덕수, "사기에 의한 의사표시와 착오의 관계", 「법조」 제644호, 법조협회, 2010, 300-348쪽.

그 의사적 요소로서의 처분의사의 기능과 역할, 기망행위와 착오의 의미' 등을 열거하면서 논거로 제시하고 있기 때문이다. 논의를 위해서 비교법적 방법도 적극적으로 활용하겠다.

II. 대상판결의 여러 논점

1. 사기죄의 보호법익과 구조

(1) 보호법익

사기죄는 개인적 법익을 보호하는 범죄 중 재산범죄이다. 우리 형법은 사기죄의 객체를 재물 또는 재산상 이익으로 규정하고 있으므로 사기죄의 보호법익은 전체로서의 재산권이라는 설명이 일반적이다. 다만 사기죄가 모든 형태의 재산침해가 아니라 기망을 통해 타인의 재산을 침해하는 행위를 금지하고 있으므로, 그러한 한도에서는 개인의 의사결정 및 의사활동의 자유, 거래의 진실성 또는 신의성실 등도 보호법익으로 볼 수 있다는 견해[9]도 존재한다.

다수설이 제시하는 논거가 설득력이 있다.[10] 재산거래의 진실이나 신의성실 또는 경제상 · 법률상 거래의 안전 등이 사기죄를 법전에 규정함에 따라 어느 정도 영향을 받기는 하나, 이는 사기죄의 처벌을 통해 반사적으로 보호받는 것에 불과하다.[11] 거래의 진실성도 사기죄의 보호법익으로 보면 사기죄는 문서위조죄와 같은 성질을 가지게 되어 재산죄로서의 성격도 부정될 위험이 있다는 지적[12]도 타당하다. 보호법익의 중점을 피기망자의 자유보호에 두면 사기죄의 성립범위

---

9) 배종대, 『형법각론(제7전정판)』, 홍문사, 2010, 70/5; 이상돈, 앞의 책, 809쪽; 임웅, 『형법각론(제6정판)』, 법문사, 2015, 383쪽; 오영근, "재산범죄의 체계에 대한 한 · 독형법의 비교연구", 「형사법연구」 제11호, 한국형사법학회, 1999, 199쪽.

10) 대상판결에서는 보충의견(김신 대법관)이 '형법이 사기죄에 의하여 보호하려는 것은 피해자의 의사결정의 자유가 아니라 전체로서의 피해자의 재산'이라고 분명히 밝힌다(판례공보 697쪽).

11) 김일수/서보학, 『새로쓴형법각론(제8판)』, 박영사, 2015, 333쪽; 신동운, 『형법각론』, 법문사, 2017, 957쪽.

12) 이재상/장영민/강동범, 『형법각론(제10판 보정판)』, 박영사, 2017, 18/3.

가 지나치게 넓어지기 때문에, 전체로서의 재산을 보호법익으로 보는 것이 사기죄의 성립을 제한하기 위한 가장 타당한 해석태도라는 것이다.[13]

(2) 사기죄의 구성요건요소

1) 개관

사기죄가 이론과 실무에서 불명확한 가장 큰 이유는, 형법 제347조가 너무 간단하게 규정되어 조문만으로는 사기죄의 취지와 내용이 명확하지 않다는 점에 있다.[14] 일반적으로 사기죄가 성립하기 위해서는 기망행위와 피기망자의 착오, 처분행위, 재물의 교부 또는 재산상의 이득 취득, 재산상 손해발생이 객관적 구성요건요소로서 필요하다고 설명한다. 이들 중 기망행위와 재물의 교부 또는 재산상의 이득 취득은 조문이 규정하고 있으나 피기망자의 착오와 처분행위는 그러하지 아니하다. 하지만 다수설은 사기죄의 본질이 상대방의 하자 있는 의사에 의하여 재물을 교부받거나 재산상의 이익을 취득하였다는 점을 들어서 착오와 처분행위도 구성요건요소라고 보며,[15] 각각의 요소 사이에 인과관계가 있어야 한다고 설명한다.

대상판결에서 대법원도 "사기죄는 타인을 기망하여 착오에 빠뜨리고 그로 인하여 피기망자가 처분행위를 하도록 유발하여 재물 또는 재산상의 이익을 얻음으로써 성립하는 범죄이다. 따라서 사기죄가 성립하려면 행위자의 기망행위, 피기망자의 착오와 그에 따른 처분행위, 그리고 행위자 등의 재물이나 재산상 이익의 취득이 있고, 그 사이에 순차적인 인과관계가 존재하여야 한다"고 판단한다.

2) 처분행위 또는 처분의사는 구성요건요소인가?

대상판결에서 김신 대법관의 보충의견은 '우리 형법이 문언상 피고인이 재물

13) 김성돈, 『형법각론(4판)』, 성균관대학교출판부, 2016, 339쪽.
14) 한정환, "사기죄에서의 기망과 재산상의 이익취득", 「형사법연구」 제12호, 한국형사법학회, 1999, 331쪽.
15) 김일수/서보학, 앞의 책, 343쪽; 이재상/장영민/강동범, 앞의 책, 18/8.

을 교부받거나 재산상 이익을 취득하는 행위를 구성요건으로 정하고 있을 뿐 피기망자가 처분결과를 인식하거나 처분행위를 하는 것을 구성요건으로 삼고 있지 않음이 명백하다'고 지적한다(판례공보 696쪽).

학설 중에서는 '교부받거나' '취득한'이라는 문언은 피기망자가 교부하거나 처분한 행위를 당연히 전제하므로 기술된 구성요건요소라고 이해해야 한다는 견해[16] 또는 '교부'를 규정하고 있으므로 재물사기죄에서의 처분행위는 기술된 구성요건요소이며 이익사기죄에서는 기술되지 않은 구성요건요소라는 설명[17]이 있기는 하나, 구성요건요소가 아니라는 설명은 찾기 어렵다.

사기죄의 구성요건요소가 무엇인지 해석할 때 조문이 어떠한 의미를 갖는지를 확인하는데 비교법적 연구방법이 도움을 준다. 대륙법계의 입법태도를 살펴보면 기망행위에 대하여 단순한 기망으로 족하다는 입법례(독일,[18] 오스트리아[19] 등)와 가중된 기망이 필요하다는 입법례(스위스,[20] 프랑스[21]) 등으로 구별된

---

16) 임웅, 앞의 책, 394쪽.

17) 김재봉, 『형사판례연구(제11권)』, 170쪽.

18) 독일형법 제263조 (사기) ① 위법한 재산상의 이익을 자신이 취득하거나 타인으로 하여금 취득하게 할 의사로 허위의 사실로 기망하거나 진실을 왜곡 또는 은폐하여 착오를 야기 또는 유지시킴으로써 타인의 재산에 손해를 가한 자는 5년 이하의 자유형 또는 벌금형에 처한다.
② 미수범은 처벌한다. (후략)

19) 오스트리아형법 제146조 (사기) 피기망자의 행위를 통하여 자신 또는 제3자가 불법하게 이득할 고의로 사실에 대하여 기망함으로써 피기망자 또는 제3자의 재산을 침해할 작위, 수인 또는 부작위를 타인에게 하게 한 자는 6월 이하의 자유형 또는 360일수 이하의 벌금형에 처한다.

20) 스위스형법 제146조 (사기) ① 자기 또는 타인으로 하여금 재산적 이익을 얻게 할 의도로, 기망 또는 사실의 은닉을 통하여 타인을 간교하게 오도하거나 또는 그의 착오를 간교하게 확고하게 함으로써 착오에 빠진 자로 하여금 자기 또는 타인에게 재산적 손해를 입힐 행동을 하도록 한 자는 5년 이하의 자유형 또는 벌금에 처한다.
② 행위자가 영업으로 행위한 때에는 10년 이하의 자유형 또는 90일수 이상의 벌금에 처한다.
③ 친족 또는 가족구성원에 대하여 범한 사기는 고소에 의해서만 형사소추된다.

21) 프랑스형법 제313-1조 (사기) ① 사기라 함은 허위의 성명 또는 자격을 이용하거나 진실한 자격을 남용하거나 기타 부정한 사술을 동원하여 자연인 또는 법인을 기망하여 그 자 또는 제3자의 손해로 금전, 유가증권 또는 기타의 재산을 교부하게 하거나, 서비스를 제공하게 하거나 또는 채무이행 또는 채무의 면제를 승낙하게 하는 행위를 말한다.
② 사기는 5년의 구금형 및 375,000유로의 벌금에 처한다.
제313-2조 (가중사기) ① 다음 각 호의 경우 사기는 7년의 구금형 및 750,000유로의 벌금으로 가중한다.
1. 공공사무취급자가 직무수행 중 또는 이를 기화로 죄를 범하는 경우
2. 공공사무취급자의 자격을 사칭하는 자가 죄를 범하는 경우
3. 증권의 발행 또는 인도적 · 사회적 구호를 목적으로 자금모집을 담당하는 자가 실행하는

다.[22] 사기죄의 객관적 구성요건요소를 빠짐없이 법전에 명시한 입법례는 찾기 어렵고 이러한 구성요건요소 모두의 존재가 사기죄의 해석에서 자명한 것은 아니지만 각국의 해석론은 모두 기망행위와 착오, 처분행위와 재물 또는 재산상 이득의 취득을 구성요건요소로 보고 있다.[23] 하나의 예로 독일형법 제263조는 처분행위를 적시하고 있지 않으나 처분행위는 독자적인 구성요건요소로 일반적으로 인정되고 있다.[24] 일본[25]은 1995년의 형법개정을 통해 제246조 제1항의 재물사기죄에 대한 문언을 '사람을 기망하여 재물을 편취한 자'에서 '사람을 기망하여 재물을 교부받은 자'로 개정하였는데, 형법개정 전에는 명문규정이 없기 때문에 처분행위는 기술되지 않은 구성요건요소로 파악하는 입장이 일반적이었으며 현행 형법에서는 교부와 처분이 같은 의미라고 이해하고 있다.[26] 그러나 조문이 개정된 이후에도 해석론이 달라졌다고 보기는 어려우며 처분행위는 객관적 구성요건요소로 인정되고 있다는 점도 이러한 생각을 뒷받침한다.

경우

4. 연령, 질병, 신체나 정신적 장애 또는 임신으로 인한 자활능력이 미약하거나 행위자가 그 정을 알고 있는 피해자의 이익에 반하여 죄를 범하는 경우

② 사기가 범죄조직에 의해 범해진 경우 10년의 구금형 및 1,000,000유로의 벌금으로 가중한다.
제313-3조 (미수, 친족간의 범행) ① 본절의 죄의 미수범은 기수범과 동일한 형에 처한다.
② 제311-12조의 규정(친족간의 범행)은 사기죄에 적용한다.

22) Niggli/Wiprächtiger (Hrsg.), Basler Kommentar Strafrecht, Art. 148 N 7 (Arzt). 기망을 통한 간교한(arglistisch) 오도를 요구하는 스위스형법의 입법례는 프랑스구형법을 따른 것인데, 이러한 입법례에서는 피해자의 책임이 사기죄의 성립에 어떠한 영향을 미치는지가 중요한 문제가 된다. 안경옥, "사기죄에 있어서의 기망행위", 205쪽도 참조.
피해자의 책임이 문제되는 사안을 투기적 거래, 비현실적인 기대(미신, 금융투자), 과장광고(발모제 등), 무료관광을 미끼로 한 물건강매, 행위자가 적시한 사실에 대하여 피해자가 의심한 경우 등으로 유형화해서 설명하는 Schwarz, Die Mitverantwortung des Opfers beim Betrug, Duncker & Humblot, 2013, S. 18 이하; 이상돈, 앞의 책, 818쪽.

23) 같은 지적으로 권오걸, 앞의 글, 233쪽.

24) Münchener Kommentar zum StGB, 2. Aufl., 2014, § 263 Rn. 273 (Hefendehl); Rönnau, Grundwissen - Strafrecht: Der Verfügungsbegriff beim Betrug, JuS 2011, 982.

25) 일본형법 제246조 ① 사람을 속여 재물을 교부하게 한 자는 10년 이하의 징역에 한다.
② 전항의 방법에 의하여 재산상 불법의 이익을 얻거나 타인에게 이를 얻게 한 자도 동항과 같다.

26) 김재봉, 『형사판례연구(제11권)』, 170쪽; 淺田和茂/井田 良 編, 『新基本法コメンタール刑法』, 日本評論社, 2012, 549頁. 일본의 대심원도 재산적 처분행위가 필요하다고 이해하고 있었다. 前田 雅英 編, 『條解刑法(第3版)』, 弘文堂, 2013, 766頁.

2. 다른 법률과의 체계적 해석을 통한 사기죄의 이해

(1) 사기를 규율하는 특별법

1) 보험사기방지 특별법

2016년 9월 30일부터 시행중인 보험사기방지 특별법은 제3조에서 "보험사기행위의 조사 · 방지 및 보험사기행위자의 처벌에 관하여는 다른 법률에 우선하여 이 법을 적용한다"고 규정한다.[27] 다만 처벌조문인 제8조(보험사기죄)는 "보험사기행위로 보험금을 취득하거나 제3자에게 보험금을 취득하게 한 자는 10년 이하의 징역 또는 5천만원 이하의 벌금에 처한다"고 하여, 사기죄의 구성요건요소에 대하여는 형법전과 다르게 규정하고 있지 않으며 제11조는 이득액에 기한 가중처벌규정이다. 재산범죄의 이득액에 의한 가중처벌을 하고 있는 특정경제범죄 가중처벌 등에 관한 법률 제3조과 같은 취지이므로, 이 법률은 이득액의 계산문제를 제외하면 사기죄의 해석론에 특별히 영향을 미치지 않는다고 보인다.

2) 전기통신금융사기 피해 방지 및 피해금 환급에 관한 특별법

이 법률(이하 통신사기피해환급법) 제2조 제2호가 규정하고 있는 전기통신금융사기란 전기통신기본법 제2조 제1호에 따른 전기통신을 이용하여 타인을 기망 · 공갈함으로써 재산상의 이익을 취하거나 제3자에게 재산상의 이익을 취하게 하는 행위를 말한다. 제15조의2 제1항에서 처벌행위를 규정하고 있는데(전기통신사기죄), 사기죄나 컴퓨터등사용사기죄, 공갈죄에서는 객관적 구성요건요소인 재산상 이득을 취득하거나 제3자로 하여금 취득하게 하는 것을 초과주관적 구성요건요소인 목적으로 규정하고 있다. 이러한 구성요건의 형태로 인해서, 정보 또는 명령을 입력케 하거나 입력하는 행위가 있으면 재산상 이익의 취득이 없어도 제15조의2 제1항은 기수가 된다.

---

27) 이 법률에 대하여 유정은, "국민건강보험공단에 대한 허위 · 부당청구에 관한 형사법적 연구", 고려대학교 법학박사학위논문, 2016, 155쪽 이하.

(2) 통신사기피해환급법과 사기죄의 관계

통신사기피해환급법은 제2조에서 형법에는 규정되어 있지 않은 사기죄나 공갈죄의 처분행위인 '자금을 송금 · 이체하도록 하는 행위'를 전기통신사기행위의 일부로 명문화하고, 제15조 제1항에서 전기통신사기를 목적으로 자금을 송금하거나 이체하는 행위를 처벌한다. 이러한 규정을 둔 이유는 변종 보이스피싱을 처벌하기 위해서이다.[28)]

대상판결의 소수의견은 바로 이 점을 지적한다(판례공보 685쪽). 즉, "세금환급을 해 준다고 속이고 피해자를 현금인출기로 유인해 피해자로 하여금 자신의 계좌에서 보이스피싱 계좌로 돈을 송금 또는 이체하도록 하는 변종 보이스피싱의 경우, 기망당한 피해자가 자신의 재산을 처분한다는 인식을 가지고 송금 또는 이체한 것이 아니어서 사기죄 적용여부가 불분명"하였기 때문에 처벌을 위해 이 조문이 신설되었으므로 자신의 행위가 초래하는 결과에 대한 피해자의 인식이 없었다면 사기죄가 아니라 이 조문으로 처벌된다는 것이다.[29)]

이 주장에 대하여 김창석 대법관, 권순일 대법관의 보충의견(판례공보 686쪽)은 입법과정에 대한 소수의견의 설명은 타당하나 그로 인해 처분결과를 인식해야 처분의사라고 볼 수 있다는 해석론이 도출되는 것은 아니라고 반박한다. 나아가, 현행법의 해석으로 충분히 사기죄로 처벌할 수 있음에도 사기죄의 성립범위를 축소하는 해석을 한 다음 그 공백을 메우기 위해 다시 입법적인 해결이 필요하다고 주장하는 것은 바람직하지 않다고 지적한다. 보충의견의 지적 중 처분의사에 관한 첫 번째 부분은 다시 살펴보겠으며, 대상판결이 나왔으니 앞으로 세금환급을 가장한 보이스피싱은 사기죄로 문제없이 포섭된다는 것인가에 대한 의문이 있다.[30)]

피싱에 대해서는 피해자를 속여서 계좌번호와 비밀번호 등을 취득하더라도

---

28) 대법원 2016. 2. 19. 선고 2015도15101 전원합의체 판결.

29) 오영근, "대포통장에서의 현금인출과 전기통신금융사기죄의 성립여부 – 대법원 2016. 2. 19. 선고 2015도15101 전원합의체 판결 –", 「법조」 별책최신판례분석 제722호, 법조협회, 2017, 680쪽도 이 사안에서 사기죄는 성립하지 않으나 전기통신금융사기에는 해당할 수 있다고 지적한다.

30) 이를 긍정하는 입장으로 김일연, 앞의 글.

행위자의 추가적인 행위가 있어야 재산상 손해가 발생하기 때문에 처분행위의 직접성이 없다는 설명[31]과 침해가 아닌 구체적 위험의 관점에서 볼 때 계좌정보 등을 취득하면 별다른 어려움 없이 계좌에 접근할 수 있으므로 사기죄가 성립한다는 설명도 독일에는 있다는 점을 해석에 참고할 수 있다.[32]

(3) 다른 죄와의 관계

1) 문서위조와의 관계

대상판결에서 문제인 서명사취에 관하여 다수의견은 처분의사를 인정할 수 있어 사기죄가 성립한다고 한다. 소수의견은 다수의견에 반대하며 문서위조에 대한 두 가지 논거를 제시한다.

먼저 "피기망자가 문서의 내용에 관하여 기망당하여 그에 대한 아무런 인식 없이 행위자에 의해 제시된 서면에 서명 · 날인하였다면, 오히려 작성명의인인 피기망자의 의사에 반하는 문서가 작성된 것으로서 문서의 의미를 알지 못한 피기망자로서는 그 문서를 위조하는 범행에 이용당한 것일 뿐, 그 의사에 기한 처분행위가 있었다고는 볼 수 없다"고 하면서(판례공보 685쪽) 대법원 2000. 6. 13. 선고 2000도778 판결을 원용한다. 이 판결의 피고인은 정기문중총회 회의록을 임의로 작성하고는 종중원들을 찾아다니면서 서명, 날인을 받았는데, 종중원들에게 이 사건 임야의 등기, 매도권한을 피고인에게 일임하고 매도금액 3분의 1을 문중에 반납하고 나머지를 피고인에게 소송대행비용으로 준다는 회의록의 내용 등에 관하여 제대로 알려 주지 아니한 채 단지 이 사건 임야에 관하여 문중 명의로 소유권이전등기를 하는 데 필요하다는 정도로만 얘기하면서 서명, 날인을 받았다. 이 사건에서 대법원은, 문서명의자인 문중원들이 자신의 의사로 직접 서명, 날인을 한 이상 피고인의 묵비나 기망으로 인하여 종중원들이 총회록의 내용

31) Graf, 'Phishing' derzeit nicht generell strafbar! NStZ 2007, 130; Kindhäuser/Neumann/Paeffgen (Hrsg.), Nomos Kommentar StGB, 3. Aufl., 2010, § 263 Rn. 203 (Kindhäuser).

32) Fischer, StGB, 64. Aufl., 2017, § 263 Rn. 173; Münchener Kommentar zum StGB, 2. Aufl., 2014, § 263 Rn. 666 (Hefendehl). 신용카드범죄와 연결하여 구체적 위험이 사기죄의 손해에 해당한다는 설명으로 원형식, 앞의 글, 516쪽.

을 오해하였다고 하여 위조가 되는 것은 아니며 피고인이 문중원들을 생명있는 도구로 이용하여 범행을 한 것이라고 볼 수도 없다는 이유로 무죄를 선고한 2심 판결[33]을 '명의인을 기망하여 문서를 작성케 하는 경우는 서명, 날인이 정당히 성립된 경우에도 기망자는 명의인을 이용하여 서명 날인자의 의사에 반하는 문서를 작성케 하는 것이므로 사문서위조죄가 성립한다'는 이유로 파기환송하였으나 사기죄의 유죄를 인정한 2심법원의 판단은 유지하였다.

토지소유자를 기망하여 문서의 내용에 대한 인식 없는 토지소유자로 하여금 근저당권설정계약서에 서명 · 날인하도록 한 서명사취 사안 또는 행위자가 토지 일부만을 분할이전하겠다고 토지소유자를 속여 인감도장을 교부받은 후 토지 전부에 대하여 소유권이전등기를 마친 인장사취 사안은 모두 문서위조의 다양한 범행 태양 중 하나에 지나지 않는다고 소수의견은 설명한다(판례공보 686쪽). 그런데 문서위조를 수단으로 하여 재산상 이득을 취득하여 사기죄가 성립하는 때에는 문서위조와 사기는 수단과 목적의 관계이므로 구형법상의 견련범으로 볼 수 있다.[34] 비록 우리 형법은 더 이상 견련범 개념을 인정하고 있지 않으나, 하나의 행위로 여러 개의 죄를 저지른 경우는 상상적 경합에 해당한다. 처분행위의 기능 중 하나인 사기죄와 절도죄의 구별 문제에서도 양자가 서로 배제하는 관계인지 여부가 쟁점이 되는데, 보호법익이 동일하지도 않은 사기죄와 문서위조죄 중 어느 하나의 죄가 성립한다는 점이 다른 하나의 죄를 자동적으로 배제할 이유가 될 수는 없다.[35] 즉, 사기죄와 문서위조죄의 관계를 따질 때에는 각각의 죄가 그 성립요건을 충족시켰는지, 그다음 두 죄가 자연적 의미에서 하나의 행위에 기인하였는지를 다시 살펴야 한다.[36]

---

33) 부산지방법원 1999. 12. 16. 선고 99노1241 판결.

34) 사기죄와 다른 죄의 죄수론에 관한 설명으로 최준혁, "효과없는 악성 프로그램 배포에 관한 형법의 쟁점", 「법학연구」 제42집, 전북대학교 법학연구소, 2014, 121쪽.

35) 서명사취의 방법으로 처분문서를 작성케 하고 이를 이용하여 타인의 재산을 취득하는 경우 사문서위조죄, 동 행사죄와 사기죄가 함께 성립할 수 있다는 지적으로 김일연, 앞의 글.

36) 반대의견에 대한 김용덕 대법관, 김소영 대법관, 박상옥 대법관의 보충의견이 적시(판례공보 707쪽)하고 있는 행위의 구별(근저당권설정계약서 서명 · 날인자에 대한 첫 번째 기망행위와 차용금 교부자에 대한 두 번째 기망행위)은 충분히 의미가 있다고 생각한다. 다만 대법원이 앞으로 구체적인 사안에서 이를 구별하여 판단할지는 분명하지 않다.

2) 사기죄의 미수범 성립 여부

행위자가 사기죄를 저지르겠다는 범행계획에 따라 그 실행행위인 기망행위에 착수했다면, 기존의 대법원판결에서처럼 처분의사가 필요하다고 보아도 문서위조죄뿐만 아니라 사기죄의 미수범도 성립한다고 보거나, 그렇지 않다면 사기죄가 성립하지 않는 이유를 제시해야 한다.

그러므로, "다수의견이 피기망자의 처분행위를 인정한다면 처분행위는 피기망자의 문서 작성 자체가 될 수밖에 없는데, 과연 기망행위자가 서명을 사취한 후에 문서를 제3자에게 전달하지 아니한 경우에도 피기망자의 처분행위를 인정하여 바로 사기죄가 성립된다는 것인지, 문서가 제3자에게 전달된 경우에 비로소 처분행위를 인정하여 사기죄가 성립된다는 것인지, 아니면 문서 작성 시에는 사기죄를 착수함에 그치고 제3자와 근저당권설정계약을 체결하고 금전을 차용하거나 근저당권설정등기를 마쳐야 사기죄가 기수에 이른다는 것인지도 명확하지 아니하다. 이러한 문제는 문서 작성 외에 피기망자가 한 행위는 없기 때문이고, 문서 작성 후에 기망행위자가 임의로 한 행위를 피기망자의 행위라 할 수도 없기 때문"이라는 반대의견에 대한 보충의견의 지적(판례공보 705쪽)은 그동안 간과되었던 사기죄의 미수범 성립 여부를 판단해야 한다는 점을 분명히 했다는 점에서 주목할 만하다.

보충의견을 조금 더 살펴보면 "기망을 해서 근저당권설정계약서 명의자의 서명 · 날인을 받으려 하였으나 명의자가 이를 눈치채고 서명을 하지 않은 경우, 다수설에 의하면 사기미수가 될 것이다. 그런데 앞서 본 것처럼 행위자가 근저당권설정계약서 명의자를 통해 얻으려 했던 것은 재물이나 재산상 이익이 아니라 근저당권설정계약서 명의자의 서명 · 날인에 불과하고, 이를 얻으려다 실패한 것이다. 행위자는 이를 사기의 수단으로 이용해서 차용금 보유자로부터 돈을 받아내려 한 것이고 이 부분에 대한 인식이 재산을 얻는다는 사기의 구성요소인 사실을 인식한 범의라고 할 수 있다. 따라서 행위자는 문서위조의 실행에 착수하였다가 미수에 이른 것에 불과하고, 앞서 살핀 문서위조 관련 대법원의 태도에 부합하는 것"이라고 설명한다(판례공보 708쪽). 그런데, 행위자의 전체 범행계획에 따르면 근저당권 설정계약서 명의자의 서명 · 날인의 확보는 실행행위에 해당하므로 그에 착수한 행위자에게 사기죄의 미수범이 성립한다고 보아야 한다. 공범관계에서는 차용금 취득이라는 결과에 대한 인식이 없는 공범은 사기죄의 고의가 없기 때문에 사기미수의 공범이 될 수 없으며, 이는 사기죄와 문서위조죄가 서로 배제하는 관계라는 점에서 도출되는 결론이 아니다. 소수의견의 문제점은 여기에서도 드러난다.

III. 사기죄의 처분행위와 처분의사

1. 처분행위

(1) 처분행위의 의미

처분행위는 직접적으로 재산감소의 효과를 발생시키는 작위, 수인, 부작위 등의 일체의 행위를 말한다고 설명한다. 피기망자의 의사에 따른 처분행위에 의해 재물을 교부받거나 재산상의 이익을 취득한다는 점에서 절도죄 또는 강도죄와 구별되는 사기죄의 특성이 있으며, 그러한 의미에서 처분행위는 사기죄의 기술되지 아니한 구성요건요소라고 보는 설명[37]이 일반적이다. 처분행위는 착오와 마찬가지로 행위자의 기망으로 인한 중간결과이며, 착오와 재산상 손해 사이의 필수적인 연결요소이다.[38] 다시 말하면, 처분행위는 재산침해행위의 객체가 재물인 경우에는 사기죄와 절도죄를 구별하는 역할을 하고, 재산침해행위의 객체가 재산상 이익인 경우에는 가벌적인 사기죄와 불가벌인 이익절도를 구별하는 기능을 한다.

처분행위는 재산의 처분행위이므로 '재산'과 '처분'이라는 두 요소로 구성된다. 재산과 관련해서는 형법에서 말하는 재산개념이 무엇인가가 문제가 되는데,

37) 이재상/장영민/강동범, 앞의 책, 18/30; 원형식, 앞의 논문, 511쪽; 천진호, "사기죄에 있어서 재산처분행위와 소취하", 한국형사판례연구회 편, 『형사판례연구(제12권)』, 박영사, 2004, 293쪽; 황태정, 앞의 글, 825쪽.

38) Rönnau, JuS 2011, 982; Wessels/Hillenkamp, Strafrecht Besonderer Teil II, 29. Aufl., 2006, Rn. 490.

재산범죄에서의 재산 개념은 세 가지로 나누어 생각할 수 있다.[39] 재산의 처분행위와 관련하여 처분의 객체가 되는 재산으로서, 이때에는 재산의 구성요소로 볼 수 있는 어떠한 위치 또는 지위가 형법적으로 존재하는지가 문제가 된다. 다음으로 사기죄에서 재산상 손해가 필요하다고 본다면, 손해란 전체적으로 판단할 때 바로 그 재산에 대한 침해여야 하며 이를 손해와 이익의 소재동일성이라고 한다. 마지막으로 재산은 그 증가를 목적으로 하는 특별한 주관적 구성요건요소인 불법이득의사의 대상이다. 재산의 개념과 관련하여 논의되는 경제적 재산개념이나 법률적 재산개념, 경제적·법률적 재산개념의 대립에서 문제가 되는 부분은 처분의 객체와 손해의 대상으로서 형법의 보호대상이 되는 것이 무엇인가의 문제이며, 이득의사의 대상이 되는 재산상 손해는 어느 재산 개념을 따르는지와 무관하게 경제적으로 산정해야 한다.

다수설과 판례는 경제적 재산설을 따르고 있다.[40] 우리 형법이 독일형법과 다르다는 점에 주목하는 해석론에서도 사기죄의 구성요건요소로서 재산상 손해가 필요한지를 다툴뿐, 사기죄의 보호법익이 전체로서의 재산이라는 점에 대해서는 이견을 제시하지 않는다.[41] 그리고 사기죄의 처분행위를 통해서는 재산을 구성하는 개별적인 부분이 침해될 뿐 전체재산이 침해되는 것은 아니다.

‘처분’과 관련해서는 민법에서도 처분행위 또는 처분의사를 논의하고 있기 때문에 형법에서의 개념이 민법과 어떻게 다른지가 문제가 되는데, 형법의 독자적인 개념이라는 점이 강조된다.[42] 즉, 처분행위는 순수한 사실적 성격을 지니고 있기 때문에, 처분행위를 위하여 재산권에 대한 처분이나 의사표시가 필요한 것은 아니며 법률행위가 유효한 경우는 물론 무효이거나 취소할 수 있는 경우에도 처분행위는 인정된다.[43][44]

---

39) Küper, Strafrecht Besonderer Teil, 7. Aufl., 2008, S. 366.

40) 김성돈, 앞의 책, 308쪽.

41) 신동운, 앞의 책, 827쪽 이하; 오영근, 앞의 글, 196쪽.

42) Kindhäuser/Nikolaus, JuS 2006, 197.

43) 김재봉, 『형사판례연구(제11권)』, 170쪽. 처분행위의 법적 성격에 대하여 논의하지 않는 이유는 모든 견해가 경제적 재산설 또는 법률적·경제적 재산개념을 따르고 있기 때문이라는 설명으로 이경철, “사기죄의 구성요건으로서의 처분행위”, 「법학논고」 제38집, 경북대학교 법학연구원, 2012, 112쪽.

(2) 처분행위의 기능

첫째, 자기손상기능은 사기죄의 본질에 기반한 설명이다. 사기죄 피해자의 재산상 손해는 행위자 스스로가 발생시키는 것이 아니라 허위사실에 의해 속아 넘어간 피기망자의 행위에 의해 발생된다. 그러므로 절도죄는 타인을 해하는 범죄인 반면 사기죄는 피해자가 스스로를 훼손하는 범죄이고, 사기죄가 성립하기 위해서는 피해자의 의사에 기반한 교부행위(Gebeakt)가 있어야 하는 반면에 절도죄에서는 피해자의 의사에 반하거나 의사에 기반하지 않는 취거행위(Nehmeakt)가 있어야 한다. 따라서 행위자에게 추가적인 자신의 행위를 통해 손해를 발생시킬 가능성만이 주어진 경우에는 피해자의 교부행위가 없으므로 사기죄가 아니라는 것이다.[45)]

둘째, 연결기능(Verbindungfunktion)과 관련하여 다수설은 사기죄에서의 착오와 재산상 손해를 연결하는 요소로서 처분행위가 필요하다고 설명한다. 착오는 내적인 과정에 불과하기 때문에 그 자체만으로는 재산상 손해라는 외부세계의 변화를 발생시킬 수 없으며 재산상 손해가 발생하기 위해서는 중간행위로서 피해자의 처분행위가 필요하며 이들 사이에 인과관계도 있어야 한다는 것이다.[46)]

셋째, 한계기능(Abgrenzungsfunktion)으로서 착오에 기반한 처분행위를 사기죄에서 요구하면 책략절도와 사기죄를 구별할 수 있게 되며, 삼각사기와 간접정범에 의한 절도죄의 구별도 가능하다.[47)] 즉, 자기손상행위로서의 사기죄와 타인손상행위로서의 절도죄는 이미 구성요건영역에서 구분된다. 나아가 침해행위의 객체가 재산상 이익인 경우에는 가벌적인 사기죄와 불가벌적인 이익절도를 구별하는 기능도 한다.[48)]

---

44) 권리사기에서, 예를 들어 피기망자가 기념사인을 해 준다고 생각하면서 매매계약서에 서명한 경우 피기망자는 재산처분행위를 하지 않았으므로 매매계약은 무효이고 재산상의 이익 또는 손해는 발생하지 않는다는 설명으로 김선복, “사기죄에 있어서 처분의사의 필요성”, 「형사법연구」 제13호, 한국형사법학회, 2000, 168쪽.

45) 처분행위는 사기죄와 절도죄의 상호배제관계를 확실하게 해 준다는 설명으로 Küper, Strafrecht Besonderer Teil, S. 396.

46) Wessels/Hillenkamp, Strafrecht Besonderer Teil II, Rn. 514.

47) Fischer, StGB, § 263 Rn. 70; Rönnau, JuS 2011, 982; 원형식, 앞의 글, 512쪽.

대상판결도 그 기능에 기대어 처분행위를 설명한다. 즉, "사기죄에서 처분행위는 행위자의 기망행위에 의한 피기망자의 착오와 행위자 등의 재물 또는 재산상 이익의 취득이라는 최종적 결과를 중간에서 매개 · 연결하는 한편, 착오에 빠진 피해자의 행위를 이용하여 재산을 취득하는 것을 본질적 특성으로 하는 사기죄와 피해자의 행위에 의하지 아니하고 행위자가 탈취의 방법으로 재물을 취득하는 절도죄를 구분하는 역할을 한다. 처분행위가 갖는 이러한 역할과 기능을 고려하면, 피기망자의 의사에 기초한 어떤 행위를 통해 행위자 등이 재물 또는 재산상의 이익을 취득하였다고 평가할 수 있는 경우라면 사기죄에서 말하는 처분행위가 인정된다."

(3) 비판

사기죄는 자기손상범죄인 반면에 절도죄는 타인손상범죄라는 설명[49)]은 소수의견의 주요한 논거로서, 소수의견은 이러한 전제에서 처분의사가 자기손상행위로서의 처분행위의 본질적 요소라고 설명한다(판례공보 683쪽).

그러나 자기손상범죄라는 점에서 출발하여 사기죄를 설명할 필요성은 많지 않다고 생각한다. 법익의 보유자가 자신이 행사할 수 있는 법익을 자발적으로 처분하였다면 이는 처음부터 범죄가 아니다. 가령 어떤 사람이 자신의 재물을 훼손하거나 다른 사람에게 선물로 준 경우가 그러한데 이는 자신의 재산을 감소시킨 행위이기는 하지만 형법의 판단대상이 될 아무런 이유가 없다. 그러므로 사기죄는 다른 범죄와 마찬가지로 타인손상범죄라고 정의하여야 재산을 감소시키는 처분행위가 재산의 보유자가 아니라 제3자인 행위자에게 귀속되어야 한다는 점을 분명히 할 수 있다. 다음으로 교부행위와 취거행위로서 사기죄와 절도죄는 구별된다고 하지만, 피기망자가 행위자의 취거를 수인했을 뿐이나 그 수인이 재산처분에 대한 피기망자의 종국적인 양해로 이해될 경우에는 취거로 보이나 사기죄가 성립한다고 할 것이며, 가장압수사례에서 보는 것처럼 피해자가 자신의 재물

48) 김재봉, 『형사판례연구(제11권)』, 171쪽.

49) 서보학, 앞의 글, 210쪽은 자력범죄와 타력범죄라는 용어를 사용한다.

을 의식적으로 타인에게 교부하였으나 사기가 아니라 절도로 판단해야 하는 사안들도 존재한다.

다음으로 처분행위는 단순히 착오와 손해발생을 연결하는 기능을 할 뿐이며 양자가 인과관계로 연결되기만 하면 사기죄가 성립한다고 보기는 어렵다. 오히려 처분행위는 규범적 관점에서 판단하여야 하며 처분행위에 직접성을 요구하는 다수설과 판례도 이러한 입장이라고 이해할 수 있다. 사기죄의 객관적 구성요건요소인 기망, 착오, 처분행위, 재산상 손해는 순서대로 실현된다고 보이나, 규범적 관점에서의 귀속은 이와는 반대의 순서로서 각각의 구성요건요소는 그 전단계의 구성요건요소의 위험이 실현된 결과로 볼 수 있어야 하며, 그러한 의미에서 처분행위는 기망을 규범적으로 제한하는 구성요건요소이다.[50]

한계기능과 관련하여, 사기죄는 자기손상범죄이고 절도죄는 타인손상범죄이므로 양자는 상호 배제하는 관계라고 설명한다. 두 개의 구성요건이 서로 대립적인 요소를 포함하고 있어 서로 배척한다는 설명이다.[51] 양자가 택일관계이므로 한계영역에서 기망에 기한 재산감소가 자기손상적 성격과 타인손상적 성격을 모두 가지고 있어 불법의 내용을 구별하기 어려운 상황에서도 법조경합이나 상상적 경합을 인정할 수 없다고 하는데, 사기죄와 절도죄의 상상적 경합을 인정할 경우에는 단일한 범죄에 대하여 두 개의 유죄주문을 써야 하므로 적절하지 않다는 점이 주된 이유이다.[52] 그러나 행위객체가 이익인 경우 사기죄는 절도죄로 처벌할 수 없는 흠결을 메우는 역할을 하는데, 형법의 단편적 성격에 비추어 볼 때 처벌의 흠결을 메워야 할 필요성이 사기죄 해석의 기준이 된다고 보기는 어렵다.[53] 나아가, 자기손상범죄와 타인손상범죄이기 때문에 사기죄와 절도죄가 서로 택일관계라는 설명은 순환논법이다.

50) Wang, Die Vermögensverfügung als Tatbestandsmerkmal des Betrugs, S. 148f.

51) 택일관계에 관한 설명으로 김성돈, 『형법총론(제5판)』, 성균관대학교출판부, 2017, 721쪽; 김일수, 한국형법 II(개정판), 박영사, 1997, 539쪽. 절도죄와 사기죄의 관계에 대한 설명으로 김선복, 앞의 글, 171쪽.

52) Küper, Strafrecht Besonderer Teil, S. 395.

53) Miehe, Unbewußte Verfügungen, S. 7.

2. 사기죄와 절도죄의 구별: 처분행위의 직접성

비록 여러 문제점이 있으나 한계기능에 관한 고찰은 사기죄와 절도죄의 구별이 실제로 중요한 의미가 있다는 점을 보여주며, 대상판결도 여러 곳에서 그 논거를 제시한다. 그런데, 사기죄의 구성요건요소인 처분행위에서 사기죄와 절도죄의 구별에 도움을 주는 하위요소는 처분의사 이외에 처분행위의 직접성도 있다. 처분행위의 직접성이란 처분행위가 피해자에게 재산상의 손해를 발생시키는 직접적 원인이 되어야 한다는 것이다. 따라서 재산처분행위와 재산상의 손해발생 사이에 다른 추가적 행위가 개입하여 그 처분행위가 간접적 원인에 지나지 않으면 사기죄의 성립을 인정할 수 없다.[54] 피기망자와 피해자가 동일한 사안에서는 재산상 손해가 행위자가 아니라 피해자의 행위에 기해야 한다는 의미로서, 직접성은 손해 개념을 제한하는 요소로 작용한다.[55]

독일의 학설에서 처분의사를 요구하는 근거는 우선 사기죄의 본질이 자기손상범죄라는 점에 있다. 피기망자의 행위와 재산상 손해 사이의 직접적인 연관관계가 있어야만 사기죄의 자기손상범죄로서의 성격이 확보될 수 있다는 것이다. 사기죄와 절도죄를 구성요건 단계에서 분명히 구분하기 위해서도 처분의사의 존재가 필요하다고 한다.[56]

처분행위의 직접성이 문제되는 사안으로 처분행위가 다행위적(mehraktig) 성격을 가지고 있는 경우가 있다. 일반적으로 처분행위란 물건값의 지불에서 보듯이 직접 손해와 연결되는 단일한 행위로 구성된다. 그러나 처분행위에 여러 사람이 개입하며 마지막 사람의 행위를 통해 비로소 재산상 손해가 발생하는 사안이 있을 수 있다. 예를 들어 재산의 소유자는 기망행위를 인식하고 있었으나 보조자인 피기망자는 착오에 빠져 이를 인식하지 못한 경우, 또는 그 반대의 경우가 그러하다.[57] 또는 피해자가 자신이 거래하는 은행에 가서 일정한 금액을 찾

---

54) 김성돈, 『형법각론(제4판), 351쪽; Kindhäuser/Neumann/Paeffgen (Hrsg.), Nomos Kommentar StGB, § 263 Rn. 201 (Kindhäuser); Rönnau, JuS 2011, 982.

55) Fischer, StGB, § 263 Rn. 76.

56) Wang, Die Vermögensverfügung als Tatbestandsmerkmal des Betrugs, S. 195.

57) 전자의 경우 소유자가 피기망자에게 재산을 처분하라고 지시한 경우에는 보조자의 처분행위는 지시의 결과일 뿐 지시와 구별되는 결정이 중간에 개입하지 않으므로 사기죄는 성립하지 않는다.

을 수 있도록 기망행위자에게 은행환을 교부하는 경우를 생각할 수 있다.[58] 이 때에는 재산상 손해를 발생시키는 부분행위가 피기망자에게 귀속시킬 수 있다면 직접성 요건을 충족한 것이다.[59]

3. 처분의사의 문제

(1) 필요성

1) 처분의사의 정의

처분의사에 관하여 정의하고 있는 설명은 '자신의 행위로 인하여 재물 또는 권리가 타인에게 이전되거나 채무부담 등이 자신에게 옮겨진다는 데에 대한 인식'[60]을 제외하면 많지 않다. 대상판결이 나오기 전, 교과서에서는 일반적으로 재산처분행위의 주관적 요소로 처분의사가 필요하다고 설명하면서도 그 내용으로는 '주관적으로 피기망자가 처분의사 즉 처분결과를 인식하고'라는 판시하는 과거의 대법원 판결[61]을 그대로 원용하고 있을 뿐이었다.[62]

이러한 처분의사는 재산상 손해에 대한 인식과 구별된다. 독일에서는 이익사기에서는 처분의사가 필요없지만, 재물사기에서는 처분의사 이외에 자발성도 필요하다는 설명이 일반적이다. 자신의 행위가 재산의 처분과 관련된다는 점에 대한 인식이 처분의사라고 하면 처분행위에 대한 의욕을 자발성으로 볼 수 있고, 두 가지 측면이 자발적인 의사결정을 구성하며 각각은 구성요건고의에서의 인식

Eisele, Wissenszurechnung im Strafrecht – dargestellt am Straftatbestand des Betrugs, ZStW 116 (2004), 20f.

58) Schönke/Schröder, StGB, 27. Aufl., 2006, § 263 Rn. 62 (Cramer/Perron).

59) Kindhäuser/Neumann/Paeffgen (Hrsg.), Nomos Kommentar StGB, § 263 Rn. 202 (Kindhäuser). 이때 재산상 손해와 동일시할 수 있는 구체적 위험이 존재하는지가 기준이 된다는 설명으로 Schönke/Schröder, StGB, § 263 Rn. 62 (Cramer/Perron). 행위자가 피해자의 계좌 비밀번호를 이미 알고 있는 상황에서 피해자를 기망하여 현금카드를 취득한 경우에 독일의 판례가 동일한 기준을 사용한다는 설명으로 Küper, Strafrecht Besonderer Teil, S. 396.

60) 김성돈, 『형법각론(제4판)』, 351쪽; 이경철, 앞의 글, 110쪽.

61) 대상판결이 언급하고 있는 대법원 1999. 7. 9. 선고 99도1326 판결.

62) 신동운, 앞의 책, 987쪽; '사실상의 처분의사'는 필요하다고 하나 그 내용을 설명하지 않는 임웅, 앞의 책, 394쪽도 참조. 일본도 비슷한 상황이었다. 前田 雅英 編, 『條解刑法(第3版)』, 弘文堂, 2013, 766頁.

과 의욕에 상응한다고 설명할 수 있기 때문이다.[63] 자발성 요건이 논의되는 사안은 가장압수사례인데,[64] 행위자가 경찰관을 가장하여 피해자의 물건을 압수하는 것처럼 취득한 경우에는 사기죄가 아니라 절도죄가 성립한다는 것이다. 하지만 자발성이라는 요건을 따로 설정해야 할 필요성이 있는지는 의문이다. 착오에 기반한 처분행위에서는 진정한 자발성이 존재한다고 볼 수 없기 때문이며 대상판결의 다수의견이 처분의사에 관해 제시하는 논변도 이것이다. 이 사례 이외에 자발성 요건으로 해결해야 하는 사안이 많지 않다는 점도 그 이유이다.

대법원도 처분의사가 없다면 처분행위의 본질성이 상실될 뿐만 아니라, 처분행위의 성립을 엄격하게 하여 사기죄의 성립범위를 제한하려는 점에서 피기망자의 외형상 처분행위를 통하여 조성된 사태를 기망자가 악용하더라도 이를 피기망자가 원하는 바가 아닌 이상 처분행위가 없으므로 사기죄는 성립할 수 없다고 판결하고 있었다.[65]

2) 처분의사의 필요성에 관한 설명

(가) 처분의사 필요설

다수설과 기존의 판례의 입장은 처분의사 필요설이다.[66] 처분행위가 인정되기 위하여는 처분의사와 같은 주관적 요건이 필요하며 이는 재물사기와 이익사기에 공통적으로 요구된다는 것이다. 논거로는 자기손상행위로서의 처분행위의 본질을 충족시키기 위해서 일정한 자기재산에 대한 결정의사가 필요하다는 점, 무의식적 처분행위는 그 자체로 형용모순이며 주관적 의사가 없는 행위는 행위라고 할 수 없으므로 처분의사가 필요하다는 점, 절도죄와의 구별을 위해 처분의

---

63) Rönnau, JuS 2011, 983. 우리 학계에서는 배종대, 앞의 책, 71/47.

64) 설명으로 김선복, 앞의 글, 174쪽.

65) 안동준, "사기죄상의 처분행위", 지송이재상교수 화갑기념논문집 간행위원회 편, 『형사판례의 연구 I』, 박영사, 2003, 805쪽; 천진호, 앞의 글, 296쪽.

66) 아래의 각 학설에 대한 설명은 김재봉, 『형사판례연구(제11권)』, 171쪽 이하를 정리하였다. 일본에서도 의식적 처분행위설과 무의식적 처분행위설이 대립하나 구체적 사례의 해결에서는 양자가 접근하는 모습을 보인다. 只木 誠, "2項詐欺における處分行爲と利得との關係", 別冊ジュリスト 刑法判例百選 II 各論(第6版), 2008/3, 有斐閣, 111頁.

사가 필요하다는 점, 피기망자의 하자 있는 '의사에 기한' 처분행위가 있어야 하므로 처분의사가 필요하다는 점 등이 제시되었다. 그러나, 처분의사필요설은 처분의사에 의하여 처분행위의 범위를 좁힘으로써 당벌적 행위를 처벌하지 못한다는 비판을 받았다.

(나) 처분의사 불요설

처분의사가 불필요하다고 보는 입장에서는 처분행위가 객관적으로 손해를 초래할 수 있는 행위이면 족하고 처분의사를 요하지는 않기 때문에, 처분행위는 의식적인가 아닌가를 묻지 않는다고 설명하고 있었다.[67] 논거로 처분행위에 처분의사를 요구할 경우 명백히 당벌적인 행위에 대해 사기죄를 적용하지 못하게 되어 처벌의 흠결이 발생한다는 점, 처분자에게 자신의 행위에 착오를 일으키게 하는 것이 바로 기망행위의 본질이므로 처분의사를 요구할 수 없다는 점, 처분의사를 요구할 경우 교묘한 기망행위일수록 사기죄로 처벌할 수 없다는 점 등이 제시되었다. 부작위에 의하여 처분행위가 행해진 경우에 피기망자에게 처분의사를 기대하기 어려우며 이러한 상태는 기망에 의해 초래되므로 절도죄로 해결하기도 어렵다는 문제도 지적되었다.[68] 처분의사는 착오에 기한 의사이므로 애초부터 하자 없는 의사표시는 아니며, 하자 없는 처분의사란 애초에 존재하지 않는다는 주장도 있었다.[69] 피기망자가 착오를 일으킨 부분이란 그가 처분하려는 대상이나 종류, 즉 인장이나 인감증명, 백지매도증서, 위임장 등의 교부에 대해서가 아니라 기망자가 이를 어떻게 사용할까 이므로 처분가치의 의미나 목적에 대한 착오일 뿐인데, 이러한 동기의 착오를 유발하고 이용한 자를 대법원이 95도907 판결 등에서 이미 사기죄로 처벌하고 있었다는 논거도 제시되었다.

처분의사 불요설에 의하면 처벌흠결이라는 문제는 발생하지 않지만 처분행위의 범위를 지나치게 넓히게 된다. 재산이전에 객관적으로 기여하는 피기망자의 모든 행위, 즉 재산이전과 조건적 인과관계가 있는 피기망자의 행위는 모두 처분

67) 이재상/장영민/강동범, 앞의 책, 18/32; 권오걸, 앞의 글, 237쪽.
68) 안동준, 앞의 글, 805쪽.
69) 안동준, 앞의 글, 819쪽.

행위가 된다. 이렇게 보면 처분행위의 직접성을 통해서도 문제를 해결하기는 어려운데, 가령 상대방을 속여 주위를 다른 곳으로 돌리게 한 후 몰래 재물을 취득한 사안도 사기죄로 인정하게 된다는 것이다. 즉 이익사기에서는 처벌의 지나친 확대가, 재물사기에서는 사기죄와 절도죄의 법정형을 고려할 때 처벌의 지나친 강화를 초래하게 된다는 문제점이 있다.

(다) 이원설

처분행위에는 원칙적으로 처분의사가 필요없으나 예외적으로 재물사기에서는 처분행위가 필요하다는 입장이다. 처분행위는 의식적이든 무의식적이든 무관하며 객관적으로 재산감소의 작용을 하면 족하나 재물사기죄에서는 재물의 점유이전에 대한 인식이 있어야 처분행위를 인정할 수 있는데, 재물의 점유자가 점유상실을 인식하지 못하는 상태에서 재물을 가져가게 하거나 넘겨준 경우 교부행위를 인정할 수 없기 때문이다. 즉, 이원설을 따르는 주된 이유는 재물에 대한 사기와 절도를 구별할 필요성 때문이며, 기망을 수단으로 하는 타인의 재물침해가 있었을 때의 절도와 사기를 구별하는 기준을 처분의사에서 구하려고 하기 때문이다.[70]

이원설은 재물사기죄와 이익사기죄에서의 처분행위의 내용을 서로 다르게 이해한다는 문제점이 있으며 재물사기죄에서 단순히 재물의 점유이전에 대한 인식으로 족하다고 보는 이유에 대한 설명도 부족하다는 문제가 있다.

3) 처분의사의 내용에 관한 설명

처분의사를 요구하는 입장[71]에서도 그 내용에 관하여는 피기망자가 재물이 상대방의 소유에 속하는 것을 인식한 경우 처분의사가 인정된다는 엄격인식설, 사실상 이익에 대한 인식이면 족하다고 보거나 재산이전에 대한 묵인을 요구하

---

70) 서보학, 앞의 글, 217쪽; 원형식, 앞의 글, 527쪽.

71) 아래의 설명은 김재봉, 『형사판례연구(제11권)』, 178쪽 이하를 요약하였다. 이 글은 대법원의 기존의 입장은 처분결과에 대한 사실상 인식설을 따른 것으로 판단한다(188쪽).

는 완화된 인식설, 손해발생과 관련한 의사결정을 요구하는 견해, 재산의 경제적 활용의사를 요구하는 견해, 사태를 완전히 인식할 필요는 없고 점유이전의 순수한 사실적 과정을 승인하거나 재물에 대한 사실상 지배가능성의 이전이 있으면 인식이 있다고 보는 입장 등으로 구별할 수 있다.

이를 처분행위와 처분결과의 관계에서 다시 살펴보면, 엄격인식설(완전인식설)은 처분행위 자체는 물론 처분행위의 결과까지 인식할 것을 요구하며 완화된 인식설(불완전인식설)은 처분행위 자체에 대한 인식이 있으면 족하고 처분결과에 대한 인식까지는 필요없다고 본다.[72]

(2) 대법원의 판단

1) 일반론에 대한 대상판결의 입장

가. 대상판결은 불요설의 입장이라고 이해되나 불요설이 처분의사 자체가 필요하지 않다는 의미는 아니다. 대상판결은 "사기죄는 피기망자의 하자 있는 의사에 따른 처분행위로 재산이 이전되는 경우에 성립한다. 따라서 처분행위는 피기망자의 행위에 의한 것이어야 할 뿐만 아니라 하자가 있다고 하더라도 피기망자의 의사에 의하여야 하므로, 의사무능력자의 행위나 무의식상태에서 이루어진 행위는 처분행위가 될 수 없다. 이 점에서 처분의사는 처분행위의 주관적 요소라고 할 수 있다"고 판단(판례공보 679쪽)하여 처분의사의 존재 자체는 인정한다는 점에서는 소수의견과 다르지 않다. 다만 소수의견의 관점에서는 이러한 의사는 피기망자의 일반적 행위의사이지 사기죄에서의 처분의사가 아니다. 이 관점에서 보면, 다수의견은 "처분의사가 필요하다고 하면서도 처분의사의 의미를 처분의사 개념에 전혀 부합하지 않는 내용으로 독자적으로 해석함으로써 스스로 모순에 빠져있다(판례공보 684쪽)."

나. 다수의견은 피기망자가 기망당한 결과 자신의 작위 또는 부작위가 갖는

---

72) 황태정, 앞의 글, 828쪽. 처분결과 인식설(손실 인식설)과 처분행위 인식설(상황 인식설)로 구분할 수도 있다. 김재봉, 『형법판례 150선』, 255쪽. 대상판결이 불완전인식설이라는 입장으로 서보학, 앞의 글, 221쪽.

의미를 제대로 인식하지 못하여 결과를 인식하지 못하였다고 하더라도 착오 상태에서 재산상 손해를 초래하는 행위를 하기에 이르렀다면 처분행위와 그에 상응하는 처분의사가 있다고 보아야 한다고 판단한다. '피기망자에게 자신의 행위로 인한 결과에 대한 인식이 있는 경우'라는 반례를 들고 있는 다수의견의 견해는, 처분의사가 필요하다는 입장 중에서 '처분결과에 대한 인식'이 필요하다는 견해에 대한 비판이다. 그러므로 소수의견은 처분의사라는 개념 자체가 이미 처분행위 내용에 상응하는 피기망자의 인식과 의사를 전제하고 있으며, 처분행위로 인한 결과에 아무런 인식이 없는 처분의사는 처분행위의 주관적 의사가 될 수 없다고 반박한다(판례공보 684쪽). 처분결과에 대한 인식은 사기죄를 절도죄와 구분하기 위한 중요한 개념으로서 포기할 수 없으며, 다수의견에 따르면 사기죄의 성립여부가 불분명해지고 처벌의 범위가 확대된다고 지적한다.

다. 다수의견은 처분의사의 요건을 판단할 때 고의에 대한 해석론을 그대로 끌어올 수는 없다고 본다. "피해자의 처분의사의 인식 대상은 처분행위 자체에 국한되며, 처분의사는 책임주의와 아무런 관련이 없"고 "사기죄에서 피해자의 처분의사가 갖는 기능은 피해자의 처분행위가 존재한다는 객관적 측면에 상응하여 이를 주관적 측면에서 확인하는 역할을 할 뿐이다."[73)]

2) 인장사취와 서명사취의 구별문제

가. 대상판결에서 문제가 되는 '서명사취' 사안은 기망행위에 의하여 유발된 착오로 인하여 피기망자가 내심의 의사와 다른 처분문서에 서명 또는 날인함으로써 재산상 손해를 초래한 경우이다. 이러한 사안에서 피기망자의 행위에 의해 행위자 등이 재물이나 재산상 이익을 취득하는 결과가 초래되었다고 할 수 있는 이유는 그러한 재산의 이전을 내용으로 하는 처분문서가 피기망자에 의하여 작성되었기 때문이라고 다수의견은 설명한다. 처분문서에 서명 또는 날인한 행위가 사기죄에서의 처분행위이며, 피기망자가 처분결과, 즉 문서의 구체적 내용과 그

73) 김창석 대법관, 권순일 대법관의 보충의견은 다수의견은 처분의사의 인정에 필요한 피해자의 인식 대상은 처분행위로 평가될 수 있는 행위 그 자체에 대한 것으로 충분하고 그로 인한 결과에까지 확장될 필요는 없다는 견해가 다수의견이라고 정리한다(판례공보 692쪽).

법적 효과를 인식하지 못하였다고 해도 어떤 문서에 스스로 서명 또는 날인하였다면 처분행위에 대한 인식이 있었으므로 처분의사도 인정된다는 것이다(판례공보 681쪽).[74]

이에 대하여 소수의견은 다수의견에 따라도 피기망자가 문서에 서명날인할 당시 그 내용이 어느 정도 특정되어 있어야 하는지 명확하지 않으며, 서명사취와 서명대행권을 피기망자로부터 부여받은 사안의 구별이 어려워 사기죄의 성립범위가 확대될 수 있다고 지적한다(판례공보 687쪽).[75]

나. 소수의견은 '인장사취' 사안, 즉 토지 일부만을 매수한 자가 그 부분만을 분할이전하겠다고 거짓말하여 소유자로부터 인감도장을 교부받은 다음 토지 전부에 관하여 소유권이전등기를 마친 사안에서 매수하지 아니한 부분에 대한 등기에 대해서는 처분행위가 없다는 이유로 사기죄를 인정하지 않는 대법원 1982. 3. 9. 선고 81도1732 판결 등이 존재함을 지적한다. 그리고 인장사취와 서명사취의 실질이 사기 범행이 아니라 토지 소유자 명의의 문서를 위조한 행위로서 본질적인 차이가 있다고 보기 어렵다고 지적한다.

다. 소수의견은 그 외에도 서명사취 사안의 행위자가 위조된 서면을 이용하여 그 정을 모르는 금전 대여자로부터 금전을 차용하면 금전편취의 사기죄가 성립될 수 있기 때문에 토지 소유자에 대한 사기죄가 성립하지 않는다는 점이 처벌의 불균형으로 보기 어려우며, 금전 대여자에 대한 사기죄와 별개로 토지 소유자를 피해자로 한 사기죄를 처벌하는 것이 타당한지도 의문이라고 지적한다.

(3) 판단

1) 처분의사의 필요성 및 내용에 관한 판단

처분의사의 필요성과 관련하여 대상판결의 다수의견과 소수의견이 공통된 부분, 즉 처분행위라고 볼 외적인 행위가 발생하는 근거로서의 처분의사의 존재

74) 김창석 대법관, 권순일 대법관의 보충의견의 반박으로 판례공보 695쪽.

75) 김창석 대법관, 권순일 대법관의 보충의견은 이는 개별구성요건의 포섭 문제라고 재반박한다(판례공보 696쪽).

란 이 개념을 독자적으로 인정하기 위한 필요조건이다.[76] 다만 처분의사는 사기죄의 성립을 위해 피해자에게 요구되는 요소이므로 구성요건적 고의와 같은 정도의 인식이 필요하지는 않으며, 처분행위의 결과에 대해서 피기망자가 구체적으로 인식하고 있어야만 처분의사가 인정된다고 볼 수는 없다. 어떠한 처분행위를 하고 있다는 '사실적'인 인식만 있으면 족하며 그러한 점에서 사실상 이익 인식설을 따를 수 있다. 이때의 사실상 인식이란 손해가 발생할 것이라는 점에 대한 인식이 아니라, 자신의 행위로 인하여 재물의 점유(이원설에서 말하는 재물점유이전에 대한 인식)나 권리가 타인에게 이전되거나 채무와 같은 재산상 부담이 자신에게 넘어온다는 점에 대한 인식을 의미한다.

우리 형법에서 절도죄와 사기죄의 형량이 다르기 때문에 절도죄와 사기죄의 구별은 충분히 의미가 있으나 그러한 기능을 수행하는 사기죄의 구성요건요소는 처분의사에 한정되지 않으며, 사기죄에서의 보호법익을 포함하여 개별적 구성요건요소를 해석할 때에는 절도죄 등 다른 죄와의 구별 또는 관계가 아니라 사기죄에서의 규범의 보호목적이 무엇인가를 출발점으로 삼아야 한다.

사기죄는 타인을 기망하여 재물 또는 재산상 이익을 스스로 취득하거나 제3자에게 취득하게 하는 행위를 금지함으로서 재산권을 보호하려고 한다. 사기죄에서 기망행위, 착오, 처분행위, 재산상 손해라는 구성요건요소들도 보호법익의 관점에서 해석되어야 하는데, 이때의 법익은 어떤 고정된 실체가 미리 주어져있다기보다는 개별 구성요건요소들에 대한 해석과 설명을 통해서 그 형태가 드러나게 된다는 점[77]을 비교법적 검토는 보여준다. 가령 스위스연방대법원이 다룬 한 사건(BGE 100 IV 273)에서 연령이 낮은 피해자들은 생명보험에 대한 정보제공을 요청하는 서식이라는 설명에 속아서 생명보험계약서에 서명하였다. 피해자들의 재산권은 그들이 원하지 않는 형태로 행사되었으나 서명 전후의 재산상태를 비교하였을 때 손해가 존재하지는 않았는데 스위스연방대법원은 계약이 구속력

76) 행위론에서 말하는 '유의성'(有意性)으로 설명하는 입장으로 원형식, 앞의 글, 524쪽. 서보학, 앞의 글, 223쪽도 처분의사 불요설에 따르더라도 무의식적 행위나 심신상실 상태에서의 행위는 처분행위가 아니라고 지적한다.

77) Niggli/Wiprächtiger (Hrsg.), Basler Kommentar Strafrecht, 2. Aufl., 2007, Art. 148 N 10 (Arzt).

이 없다는 점은 문제가 되지 않으며 계약체결로 인하여 '주관적 관점에서' 피해자에게 장기간 보험료 납부의 부담을 주었으므로 손해가 발생하였다고 보아 사기죄를 인정하였다. 이 사건에서 사기죄의 성립을 인정하기 위해서는 피해자의 처분권한도 사기죄의 보호법익이라고 보거나 손해의 개념을 수정할 필요가 있는데 스위스연방대법원은 후자의 방향을 택하였다.[78][79] 재산상의 손해가 사기죄의 성립에 불필요하다고 보는 입장은, 기망에 의해 재산상의 손해와는 구별되는 재산감소적인 재산처분행위가 있고 그로 인해 행위자나 제3자가 재물이나 재산상의 이익을 얻기만 하면 사기죄가 성립하기 때문에 재산과 함께 재산처분의 자유도 사기죄의 보호법익이 된다는 견해라고 해석하게 될 것이다.[80]

대법원이 사기죄에서 재산상 손해발생이 필요없다고 해석하면서 처분행위에서는 처분결과 발생에 관한 인식이 처분의사로서 존재하여야 사기죄가 성립할 수 있다고 보면 보호법익에 대한 스스로의 이해와 충돌하는 측면이 있기 때문에, 그러한 한도에서 대상판결의 입장변화는 수긍할 수 있다. 지금까지의 이론과 실무가 처분의사를 처분의사 필요설에 따라 설명하고 있었으나, 설명의 구체적 내용이 없으며 '처분의사가 필요'하다는 근거로 특정한 사례에서 사기죄의 성립을 부정하는데 그쳤기 때문에, 처벌의 필요성은 판례변경의 근거가 될 수 있다. 그러나 대상판결처럼 "피해자의 처분의사가 갖는 기능은 피해자의 처분행위가 존재한다는 객관적 측면에 상응하여 이를 주관적 측면에서 확인하는 역할"만 부여하면 처분행위에 대한 인식만으로 처분의사가 존재하므로 책략절도로 설명하던 기존의 사례들이 모두 사기죄로 포섭되므로, 기존의 이론과 판례와의 충돌은 새롭게 다시 발생한다.[81]

---

78) Niggli/Wiprächtiger (Hrsg.), Basler Kommentar Strafrecht, Art. 148 N 15, 103 (Arzt). 프랑스법의 해석론이 전자를 택하고 있다는 설명으로 Tiedemann, Kein Liebesvervot für Brüssel und Straßburg - oder Gedanken zur europarechtsfreundlichen Auslegung im Strafrecht, Festschrift für Schünemann, 2014, S. 1112.

79) 배종대, 앞의 책, 70/6은 재산상 손해에서 전체재산의 감소를 필요로 하지 않는다는 대법원의 판결(1984. 12. 26. 선고 84도1936 판결 등)은 거래의 진실성을 재산권과 동일한 보호법익으로 간주하고 있다고 지적한다.

80) 적절한 지적으로 안경옥, "사기죄에 있어서의 기망행위", 「형사판례연구」 제5권, 박영사, 1997, 201쪽.

81) 정확한 지적으로 서보학, 앞의 글, 224쪽.

다른 한편으로 사기죄가 전체로서의 재산권을 보호하는 범죄라면 그 개별구성요건요소에 대한 설명도 통일적으로 이루어질 필요가 있다. 즉, 이익사기와 재물사기에서 처분의사의 내용을 구분하자는 이원설은 사기행위의 대상이 다르다는 점에서 생각해 볼 수는 있으나, 재산권이 재물을 포함한다는 일반적인 이해와 맞지 않으며 우리 형법은 재물사기와 이익사기를 한 조문에 규정하고 있다. 재산범죄의 구성요건들이 보호법익이 아니라 행위유형을 중심으로 규정되어 있기 때문에 어느 범죄에 해당하는 것처럼 보이는 행위유형을 그 범죄가 아닌 다른 범죄에 해당한다고 설명해야 하는 경우가 존재한다. 가령 상대방의 의사에 반하는 점유의 취득인 절도죄의 구체적인 행위방법을 형법이 규정하고 있지 않기 때문에 점유의 탈취방법으로 피해자에 대한 실력행사가 사용된 경우 강도죄와 어떻게 구별하는지의 문제이며, 이때에는 법정형이 중한 범죄인 강도죄의 성립에 요구되는 정도의 폭행이 있었는지가 기준이 된다. 사기죄와 절도죄의 관계에서도 사기죄와 절도죄의 상상적 경합을 적극적으로 인정[82]하지 않겠다면 양자를 구별하기 위해서 사기죄의 구성요건요소에 기반한 판단을 할 필요가 있는데, 그러한 판단이 필요한 영역은 바로 재물사기이다. 즉, 사기죄의 고유한 특성으로 처분행위 및 처분의사가 필요하다면 그 내용도 모든 사기죄에서 동일하다고 보아야 한다. 사기죄와 절도죄의 구별을 위해서는 이원설이 아니라 사기죄의 성립범위를 제한하는 다른 요소로서 객관적 구성요건요소인 처분행위의 직접성이나 그와 연결되는 객관적 귀속의 기준 등을 도입하여 문제를 해결하는 편이 체계정합적이다.

2) 서명사취와 인장사취의 구분에 관한 비교법적 검토

독일에서는 행위자의 독립적인 범죄행위 없이도 서명을 부정하게 획득한 사안(백지서명: Blankounterschrift)에서의 서명이 처분행위로 작용할 수 있다면 피기망자가 그 내용을 완전히 인식하지 못하고 있다고 하더라도 사기죄는 성립한다고 설명하면서, 문제상황을 세 가지로 구분한다.[83] 먼저 백지인수는 후에

82) 이러한 입장으로 Wang, Die Vermögensverfügung als Tatbestandsmerkmal des Betrugs, S. 312.

83) Miehe, Unbewußte Verfügungen, S. 91ff. 김재봉, 『형사판례연구(제11권)』, 182쪽 이하; 이

보충할 것을 전제로 백지어음이나 백지 처분증서를 교부하는 경우인데, 그 자체로 재산상의 위험을 인정할 수 있으므로 처분의사도 인정할 수 있다. 반면에 행위자가 범행계획에 따라 피해자가 미리 서명한 주문서에 물건의 양을 늘려서 매매대금을 더 받겠다는 의도로 그 주문서를 위조한 경우 피해자의 서명은 직접 재산상 손해를 야기할 수 없으므로 사기죄가 성립하지 않는다.[84] 뒤셀도르프 상급법원도 서명 그 자체는 의사표시가 아니며 백지문서가 채워져야만 의사표시가 될 수 있기 때문에 피해자의 백지서명 그 자체는 처분행위로서의 효과가 없다고 판단하였다. 만약 백지서명 그 자체를 처분행위로 본다면 그에 이어지는 행위자의 가벌적 행위가 처분행위와 재산상 손해 사이에 요구되는 직접성을 깨뜨린다는 것이다. 즉, 사후적인 위조 등의 목적으로 백지서명을 취득한 행위 자체는 사기죄로 볼 수 없다.[85] 이미 내용이 완성된 문서를 다른 내용으로 속여 서명을 받아내는 경우에도 피기망자에게는 처분의사가 없다. 일본의 학설과 판례도 사기죄에서의 처분의사를 요구하기 때문에 뒤의 두 사안에서 사기죄의 성립을 부정한다.[86]

서명사취의 방법으로 작성하든 인장사취의 방법으로 작성하든 그 문서는 모두 명의자의 의사에 반하여 작성된 위조문서이므로, 설령 피해자 명의의 처분문서가 존재한다고 하더라도 서명사취 또는 인장사취에 의한 위조문서임이 밝혀진 경우에는 그 처분문서 내용과 같은 법률행위가 있었다고 볼 수 없고, 처분문서의 내용과 같은 법률효과가 발생할 수도 없다. 실제로 대상판결 사안에서 피해자 소유 토지에 설정된 근저당권설정등기는 민사소송을 통하여 근저당권 설정에 관한 의사 합치를 인정할 수 없다는 이유로 말소된 것으로 보인다.[87]

결국 대상판결에 따르면, 서명사취로 인한 피해자의 처분문서 작성행위는

창섭, 앞의 논문, 38쪽 이하도 참조.

84) 다만 1959년의 비슷한 사안에서 첼레(Celle) 상급법원은 피해자가 행위자의 진의를 알았다면 서명하지 않았을 것이며 이미 피해자의 재산에 대한 위험이 발생했다는 이유로 사기죄의 성립을 인정했으나 이 판결은 많은 비판을 받았다.

85) 이때에도 재산상 손해와 동일시할 수 있는 구체적 위험이 존재할 때는 사기죄로 볼 수 있다는 설명으로 Schönke/Schröder, StGB, § 263 Rn. 61 (Cramer/Perron).

86) 前田 雅英 編, 條解刑法(第3版), 弘文堂, 2013, 766頁.

87) 김일연, 앞의 글.

민사법적으로는 법률효과를 발생케 하는 법률행위가 아니지만 형사법적으로는 사기죄에서의 처분행위에 해당하게 되는데 이에 대해 사기죄의 기수범 성립을 인정해야 하는지 의문이다.

3) 다른 문제점

다수의견과 반대의견이 처벌 여부를 달리 보는 행위는 서명사취 사안과 변종 보이스피싱 행위가 대표적이라고 한다.[88] 이들에 대해서는 이미 논의하였고, 남는 의문은 대상판결이 이 두 가지 사안에 한정되어 적용되는지이다.

대상판결은 변경판결로 대법원 1987. 10. 26. 선고 87도1042 판결, 대법원 1999. 7. 9. 선고 99도1326 판결, 대법원 2011. 4. 14. 선고 2011도769 판결을 적시한다. 이들중 서명사취라고 볼 수 있는 사안은 87도1042 판결 이외에서는 찾을 수 없다. 만약 대법원이 과거에 판단한 사건 중 처분의사의 부존재를 이유로 사기죄의 성립을 부정한 사안들을 다시 판단하게 되면 모두 사기죄의 성립을 인정하게 될 것인지 의문이다. 소수의견이 적시하고 있는 81도1732 판결은 인장사취에 해당하지만 처분의사가 없는 예로 드는 대표적인 사안이었다. 그렇다면 인장사취라는 이유만으로 사기죄를 부정할 것인가?

처분의사가 쟁점이라고 보았던 사안을 처분의사로 해결할 것인지를 다시 검토할 필요가 있다는 점을 이러한 검토는 보여준다. 가령 87도1042 판결의 사안에서는 자필서명과 무인만으로는 재산상 손해 발생이나 손해발생의 구체적 위험이 존재하지 않기 때문에 직접성이 부정된다고 판단할 수 있으며, 99도1326 판결에서는 기망자에게 손해 및 이익에 관한 인식이 결여되어 있기 때문에 단순한 기망행위만으로는 사기죄의 고의를 인정할 수 없다고 설명할 수 있다.[89] 만약 이미 직접성이 부정된다면, 처분의사가 필요한지, 필요하다면 그 내용이 무엇인지에 대해 설명하고 그를 통해 문제를 해결하려는 대상판결의 시도는 그 대상을 잃어버리게 된다.

---

88) 김일연, 앞의 글.

89) 김재봉, 『형사판례연구(제11권)』, 188쪽.

IV. 맺으며

역사적으로 볼 때 로마법에서 위조범죄(falsum)를 처벌하기 시작한 이후 재산범죄로서 19세기가 되어서야 지금의 모습을 갖추게 된 사기죄에서는 그 처벌의 정당화와 관련하여 크게 세 가지가 쟁점이 되었는데, 첫째로는 민법과의 관계에서 형법의 보충성을 어떻게 이해할 것인가, 둘째는 기대가능한 피해자보호라는 관점에서 사기죄의 피해자의 책임과 형법의 보충성의 관계, 셋째로는 형법과 경제윤리와의 관계였다.[90] 역사적 고찰은 사기죄를 올바르게 이해하기 위해 얼마나 많은 요소들을 함께 생각해야 하는지를 잘 보여주며, 그러한 적절한 예가 대상판결이다.

대상판결은 사기죄의 구성요건요소 중 많이 논의되지 않았던 처분의사에 대해 사기죄의 다른 요소들과 연결하여 자세히 설명하려고 하였던 점에서 높이 평가할 수 있으며, 이는 사기죄에 대하여 전체적으로 고찰하게 하는 계기 또는 출발점은 마련해 주었음을 살펴보았다. 그러나 처분의사 불요설을 취하는 대상판결의 다수설에 의하더라도 사기죄의 성립 여부가 문제되는 개별사안들이 의문의 여지없이 해결되지도 않으며, 이론에서의 체계적 완결성도 확보하지 못하였다고 보인다. 그렇다면 대상판결이 시도한 '판례'의 '변경'은 과연 얼마나 실천적인 의미가 있는지 다시 생각할 필요가 있다.

---

90) Vogel, Legitimationsprobleme beim Betrug, Eine entstechungszeitliche Analyze, in: Schünemann (Hrsg.), Strafrechtssystem und Betrug, 2002, S. 93.

참고문헌

1. 국내문헌

1) 저서

김성돈, 『형법총론(제5판)』, 성균관대학교출판부, 2017.
_____, 『형법각론(4판)』, 성균관대학교출판부, 2016.
김일수, 『한국형법 II(개정판)』, 박영사, 1997.
김일수/서보학, 『새로쓴 형법각론(제8판)』, 박영사, 2015.
배종대, 『형법각론(제7전정판)』, 홍문사, 2010.
신동운, 『형법각론』, 법문사, 2017.
이상돈, 『형법강론(제2판)』, 박영사, 2017.
이재상/장영민/강동범, 『형법각론(제10판 보정판)』, 박영사, 2017.
임웅, 『형법각론(제6정판)』, 법문사, 2015.

2) 논문

강동범, "한국형사법학 60년의 회고와 전망 -형법각론분야: 개인적 법익에 대한 죄-", 「형사법연구」 제29권 제3호, 한국형사법학회, 2017.
권오걸, "사기죄와 처분행위 - 성행위에 대한 대가지급 불이행의 경우", 「법학연구」 제16권 제3호, 한국법학회, 2016.
김선복, "사기죄에 있어서 처분의사의 필요성", 「형사법연구」 제13호, 한국형사법학회, 2000.
김성룡, "한국형사법학 60년의 회고와 전망 -형법각론분야: 개인적 법익에 대한 죄-" 토론문, 〈한국형사법학회 창립 60주년기념 학술행사〉, 한양대학교 자료집, 2017.
김일연, "사기죄와 피기망자의 처분의사", 법률신문 2017. 4. 3.
김재봉, "사기죄와 처분의사", 한국형사판례연구회 편, 『형사판례연구(제11권)』, 박영사, 2003.
_____, "사기죄와 처분의사", 한국형사판례연구회 편, 『형법판례 150선』, 박영사, 2016.
서보학, "사기죄에 있어서 처분의사의 필요성 여부와 처분의사의 내용", 「경희법학」 제52권 제4호, 경희대학교 법학연구소, 2017.
손찬호, 사기죄에 관한 연구 - 객관적 구성요건을 중심으로 -, 성균관대학교 법학박사학위논문, 2003.
송덕수, "사기에 의한 의사표시와 착오의 관계", 「법조」 제644호, 법조협회, 2010. 5.
안경옥, "사기죄에 있어서의 기망행위", 한국형사판례연구회 편, 『형사판례연구(제5권)』, 박영사, 1997.

안동준, "사기죄상의 처분행위", 지송이재상교수 화갑기념논문집 간행위원회 편, 『형사판례의 연구 I』, 박영사, 2003.

오영근, "재산범죄의 체계에 대한 한·독형법의 비교연구", 「형사법연구」 제11호, 한국형사법학회, 1999.

______, "대포통장에서의 현금인출과 전기통신금융사기죄의 성립여부 - 대법원 2016. 2. 19. 선고 2015도15101 전원합의체 판결 -", 「법조」 별책최신판례분석 통권 제722호, 법조협회, 2017.

유정은, "국민건강보험공단에 대한 허위·부당청구에 관한 형사법적 연구", 고려대학교 법학박사학위논문, 2016.

원형식, "사기죄에서 처분의사 및 재산상 손해", 「일감법학」 제38호, 건국대학교 법학연구소, 2017.

이경철, "사기죄의 구성요건으로서의 처분행위", 「법학논고」 제38집, 경북대학교 법학연구원, 2012.

이창섭, "사기죄와 처분행위", 「법학연구」 제58권 제3호, 부산대학교 법학연구소, 2017.

천진호, "사기죄에 있어서 재산처분행위와 소취하", 한국형사판례연구회 편, 『형사판례연구(제12권)』, 박영사, 2004.

최준혁, "효과없는 악성 프로그램 배포에 관한 형법의 쟁점", 「법학연구」 제42집, 전북대학교 법학연구소, 2014.

한정환, "사기죄에서의 기망과 재산상의 이익취득", 「형사법연구」 제12호, 한국형사법학회, 1999.

황태정, "사기죄의 처분행위와 처분의사", 법조 별책최신판례분석 통권 제723호, 법조협회, 2017.

2. 국외문헌

1) 독일어문헌

Eisele, Wissenszurechnung im Strafrecht – dargestellt am Straftatbestand des Betrugs, ZStW 116 (2004), 15-34.

Fischer, StGB, 64. Aufl., C.H.Beck 2017.

Graf, 'Phishing' derzeit nicht generell strafbar! NStZ 2007, 129.

Harbort, Die Bedeutung der objektiven Zurechnung beim Betrug, Duncker & Humblot, 2010.

Kindhäuser/Neumann/Paeffgen (Hrsg.), Nomos Kommentar StGB, 3. Aufl., 2010.

Kindhäuser/Nikolaus, Der Tatbestand des Betrugs (§ 263 StGB), JuS 2006, 193, 293.

Küper, Strafrecht Besonderer Teil, 7. Aufl., 2008.

Miehe, Unbewußte Verfügungen, Heidelberg 1987.

Münchener Kommentar zum StGB, 2. Auflage 2014.
Niggli/Wiprächtiger (Hrsg.), Basler Kommentar Strafrecht, 2. Aufl., 2007.
Rönnau, Grundwissen – Strafrecht: Der Verfügungsbegriff beim Betrug, JuS 2011, 982.
Schönke/Schröder, StGB, 27. Aufl., 2006.
Schwarz, Die Mitverantwortung des Opfers beim Betrug, Duncker & Humblot, 2013.
Tiedemann, Kein Liebesvervot für Brüssel und Straßburg – oder Gedanken zur europarechtsfreundlichen Auslegung im Strafrecht, Festschrift für Schünemann, 2014, S. 1107-1118.
Vogel, Legitimationsprobleme beim Betrug, Eine entstechungszeitliche Analyze, in: Schünemann (Hrsg.), Strafrechtssystem und Betrug, 2002, S. 89-114.
Wang, Die Vermögensverfügung als Tatbestandsmerkmal des Betrugs, Nomos 2016.
Wessels/Hillenkamp, Strafrecht Besonderer Teil II, 29. Aufl., 2006.

2) 일본어문헌

只木 誠, “2項詐欺における處分行爲と利得との關係”, 『別冊ジュリスト 刑法判例百選 II 各論(第6版)』, 2008/3, 有斐閣, 110－111頁.
淺田和茂/井田 良 編, 『新基本法コンメンタール刑法』, 日本評論社, 2012.
前田 雅英 編, 『條解刑法(第3版), 弘文堂』, 2013.

[국문초록]

최근의 대법원 2017. 2. 16. 선고 2016도13362 전원합의체 판결은 사기죄의 처분행위와 처분의사라는 쟁점을 정면으로 다루었다. 엄청난 분량의 이 판결에서 대법원은 처분의사가 없다면 처분행위의 본질성이 상실될 뿐만 아니라, 처분행위의 성립을 엄격하게 하여 사기죄의 성립범위를 제한하려는 점에서 피기망자의 외형상 처분행위를 통하여 조성된 사태를 기망자가 악용하더라도 이를 피기망자가 원하는 바가 아닌 이상 처분행위가 없으므로 사기죄는 성립할 수 없다는 기존의 입장을 변경하여 처분의사 불요설을 취하였다.

그러나 처분의사 불요설을 취하는 대상판결에 의하더라도 사기죄의 성립 여부가 문제되는 개별사안들이 의문의 여지 없이 해결되지도 않으며, 이론에서의 체계적 완결성도 확보하지 못하였다는 문제점이 있다. 이 글에서는 비교법적, 이론적 고찰을 통하여 다음의 결론을 도출하였다. 즉, 처분의사의 필요성과 관련하여 대상판결의 다수의견과 소수의견이 공통된 부분은 처분의사를 인정하기 위한 필요조건이다. 다만 처분의사는 구성요건적 고의와 구분되기 때문에 처분행위의 결과에 대해서 피기망자가 구체적으로 인식하고 있어야만 처분의사가 인정된다고 볼 수는 없다. 어떠한 처분행위를 하고 있다는 '사실적'인 인식만 있으면 족하며 그러한 점에서 사실상 이익 인식설을 따를 수 있다. 우리 형법에서 절도죄와 사기죄의 형량이 다르기 때문에 절도죄와 사기죄의 구별은 충분히 의미가 있으나 그러한 기능을 수행하는 사기죄의 구성요건요소는 처분의사에 한정되지 않으며, 사기죄에서의 보호법익을 포함하여 개별적 구성요건요소를 해석할 때에는 사기죄의 다른 구성요건요소의 기능을 함께 고려할 필요가 있다.

주제어 : 사기, 절도, 처분행위, 처분의사

[Abstract]

Vermögensverfügung und Verfügungsbewusstsein des Betrugs[91)]

Choi Jun-Hyouk[92)]

In Bezug auf das Wesen des Betrugs kann man entweder dessen selbstschädigen oder willensdefizitären Charakter erblicken. Unabhägig von der unterschiedlichen Formulierung ist davon ausgehen, dass der immanente Charakter dieses Delikts vor allem durch das Merkmal der Vermögensverfügung zum Ausdruck gebracht wird.

Vermögensfverfügung ist als ein ungeschriebenes Tatbestandsmerkmal des Betrugs zu berücksichtigen, obwohl man das Wort Vermögensverfügung im Wortlaut der Vorschrift im koreanischen StGB nicht findet. Aber dessen Inhalt und Gegenstand sind nicht isoliert, sondern in Beziehung mit anderen Merkmalen zu suchen und finden. Mit dieser Basis analysiert und kritisiert der Verfasser eine neue Rechtsprechung von koreanischen Oberstgerichtshof.

Keyword : Betrug, Vermögensverfügung, Verfügungsbewusstsein, Diebstahl, Funktionen der Vermögensverfügung

---

91) This Work ist suportted be INHA UNIVERSITY Research Grant.

92) Professor in INHA University Law School.

[지정토론]

사기죄에서의 처분행위와 처분의사

– 김 재 봉*–

I. 시작글

최근 대법원은 연구대상판결인 전원합의체 판결을 통하여 사기죄의 처분의사와 관련하여 피기망자에게 처분결과에 대한 인식이 필요하다는 기존의 입장을 폐기하고 피기망자가 처분결과가 아닌 처분행위에 대한 인식이 있으면 처분의사는 인정될 수 있다고 판례의 입장을 변경하였습니다.[1] 본 판결에서 다수의견과 반대의견이 7:6으로 대립하였고, 다수의견에 대한 보충의견이 3개, 반대의견에 대한 보충의견이 2개가 제시되는 등 보충의견의 수도 다른 판결에 비하여 많이 제시되었으며, 판결문도 상당히 길고 많은 내용을 담고 있다는 점에서 매우 치열한 법리 다툼이 전개되었음을 알 수 있습니다.

처분의사의 필요 여부와 그 내용을 어떻게 보느냐에 따라 사기죄의 성립범위가 달라지게 되고 실제로 최근 논란이 되는 사건들 중 그에 의해 영향을 받는 사건도 많을 것이라는 점에서 연구대상판결은 매우 중요한 것이라고 할 수 있고 따라서 그에 대한 면밀한 분석과 검토가 요청된다고 할 수 있습니다.

오늘 발제를 맡으신 최준혁 교수님은 본 판결의 다수의견과 반대의견 그리고 보충의견에서 다루어진 주요 쟁점에 대하여 상세하게 분석을 하고 있습니다.

---

* 한양대학교 법학전문대학원 교수

1) 대법원 2017. 2. 16. 선고 2016도13362 전원합의체 판결. 대법원은 본 판결에서 처음으로 처분결과인식설에서 처분행위인식설로의 입장 변경을 공식적으로 확인하였지만, 이미 그 전에 인세편취사건(대법원 2007. 7. 12. 선고 2005도9221 판결)에서 처분결과에 대한 인식이 없는 경우에도 부작위에 의한 처분행위를 인정함으로써 처분행위인식설 내지 처분의사 불요설의 입장을 취한 바 있다.

판결의 주요 쟁점을 조목조목 지적하고 개별 쟁점에 대한 독일의 학설과 판례를 소개하면서 최종적으로 본인의 의견을 제시함으로써 판결을 입체적으로 이해하는데 많은 도움을 받을 수 있었습니다.

토론자는 발제문에 대한 토론을 하면서 우선 발제문에 언급된 내용 중 좀 더 논의가 필요한 사항이나 의문사항을 발제문의 서술순서에 따라 말씀드리고, 다음으로 연구대상 판결의 가장 핵심적인 주제인 처분행위와 처분의사에 대한 다수의견과 반대의견에 대한 검토를 한 후 그에 대한 저의 개인적인 의견을 말씀드리는 것으로 토론을 끝맺고자 합니다(아래에서는 서술의 편의상 경어체 생략).

Ⅱ. 사기죄의 보호법익과 구조

1. 사기죄의 보호법익

사기죄의 보호법익에 대하여 현재 (전체로서의) 재산이라는 것에 대하여는 대체로 견해가 일치하나 그밖에 거래의 진실 내지 신의칙이나 의사결정(활동)의 자유도 보호법익에 포함시킬 것인지에 대하여 논란이 있고, 발제자는 부정적인 입장이다. 그러나 사견으로는 의사결정의 자유 즉 재산처분의 자유도 사기죄의 부차적인 보호법익으로 인정하는 것이 타당하다고 생각한다. 기망에 의해 피기망자가 진심으로는 '하기 싫은' 처분행위를 한 경우 처분의 자유를 침해당한 것이고 이 점을 반영하여 사기죄는 절도죄보다 법정형을 높게 설정한 것이라 할 수 있다. 또한 공갈죄의 경우 하자있는 의사에 의하여 재산을 처분하는 편취죄라는 점에서 사기죄와 동일한 성격을 갖고 있는데, 공갈죄의 경우 의사의 자유를 보호법익으로 인정하고 있다는 점을 고려해도 처분의 자유를 사기죄의 보호법익으로 인정하는 것이 타당하다. 이처럼 재산처분의 자유를 사기죄의 보호법익으로 이해할 경우 처분행위는 처분의 자유를 침해하는 행위로서 사기죄의 중요한 요소로 자리잡게 된다.[2]

---

2) 대상판결에서 다수의견에 대한 보충의견(대법관 김신)은 의사결정의 자유를 사기죄의 보호법익으로 보고 있지 않으나, 또다른 다수의견에 대한 보충의견(대법관 김창석, 대법관 권순일)에서는 의사결정의 자유를 사기죄의 침해대상으로 보고 있고, 반대의견에 대한 보충의견(대법관 김용덕, 대법관 김소영, 대법관 박상옥)에서도 의사결정의 자유를 사기죄의 중요한 요소로 파악하고 있다.

2. 처분행위 또는 처분의사는 사기죄의 구성요건요소인가?

처분행위가 사기죄의 구성요건요소라는 점에 대하여는 학설이나 판례의 입장이 일치하고 있다. 다만 기술된 구성요건요소인지에 대하여는 논란이 있다. 이에 대하여 기술되지 않은 구성요건요소로 파악하는 견해,[3] 제347조 제1항에서 '교부받거나' 또는 '취득한'이라는 표현은 피기망자가 교부하거나 또는 처분한 행위를 당연히 전제하므로 불문(不文)의 구성요건요소라기 보다는 기술된 구성요건요소라고 해석하여야 한다는 견해,[4] 제347조에서 재물의 '교부'를 규정하고 있으므로 재물사기죄의 경우 기술된 구성요건요소이고 이에 대한 별도의 규정이 없는 이익사기죄의 경우에는 기술되지 않은 구성요건요소로 파악하는 견해.[5] 등이 대립한다. 형법 제347조가 처분행위를 명문으로 규정한 것은 아니므로 기술되지 않은 것으로 보는 것이 타당할 것이다. 어느 견해에 의하든 처분행위는 사기죄의 핵심적인 구성요건요소로 파악하는 점에서는 차이가 없고 발제자도 이 점을 분명히 하고 있다. 반면 처분의사의 경우는 이에 대한 명문의 규정이 없기 때문에 구성요건요소로 파악할 것인지에 대하여는 논란이 되고 있고 본 판결의 핵심적인 논의대상이 되고 있다.

III. 죄수론

1. 통신사기피해환급법[6]과 사기죄의 관계

발제자의 지적대로 통신사기피해환급법의 제정이 사기죄의 처분의사에 대한 해석에 영향을 미치는지에 대하여 연구대상판결에서 논란이 되었다. 연구대상판결의 반대의견에 의하면 세금환급을 가장하여 보이스피싱 계좌로 이체하게 하는 변종 보이스피싱 범죄의 경우, 피해자가 재산처분결과에 대한 인식이 없기 때문에 사기죄의 적용 여부가 불분명한 상황에서 이를 처벌하기 위해 통신사기피해환급법이

3) 김일수, 「한국형법 III」, 1997, 718면.
4) 임웅, 「형법각론」, 2018, 408면.
5) 오영근, 「형법각론」, 2005, 467면.
6) '전기통신금융사기 피해 방지 및 피해금 환급에 관한 특별법'의 약칭.

제정된 것이기 때문에 이를 반대해석하면 재산처분결과에 대한 인식이 없는 처분행위가 이루어진 경우 사기죄로 처벌할 수 없고 통신사기 외의 영역에서 처벌하기 위해서는 별도의 입법이 필요하다고 한다. 그러나 다수의견에 대한 보충의견(대법관 김창석, 대법관 권순일)에 의하면 신종 · 변종 수법의 보이스피싱 범죄를 처벌하기 위한 입법이 신설되었다고 하여, 처분의사의 인정에 처분결과에 대한 인식이 필요하다는 해석론이 도출되는 것은 아니고, 처분결과에 대한 인식이 없는 경우에도 별도의 입법 없이 현행법의 해석으로도 사기죄로 처벌할 수 있다고 한다.

이와 관련하여 발제자는 세금환급을 가장한 보이스피싱범죄가 사기죄로 포섭될 수있는지에 대하여 의문을 제기하면서, 그 근거로 피싱에 의해 피해자를 속여 계좌번호와 비밀번호를 취득하더라도 추가적인 행위가 있어야 재산상 손해가 발생하기 때문에 처분행위의 직접성이 없다는 독일의 학설[7]을 제시한다. 그러나 본 판결에서 논란이 되는 것은 처분결과에 대한 인식이 없는 재산처분 내지 재산변동을 처분행위로 인정할 수 있는지 여부이고, 재산처분이 이루어지기 전 단계에서 계좌번호나 비밀번호를 취득한 경우 사기죄로 처벌할 수 있는지 여부가 아니기 때문에 발제자가 제기하는 의문은 본 판결과는 직접적인 관련성이 없는 것으로 보인다.

2. 문서위조죄와 사기죄의 관계

연구대상판결의 반대의견은 서명사취 사안의 경우 '작성명의인인 피기망자의 의사에 반하는 문서가 작성된 것으로서 문서의 의미를 알지 못한 피기망자로서는 그 명의의 문서를 위조하는 범행에 이용당한 것일 뿐, 그 의사에 기한 처분행위가 있었다고 평가할 수는 없다'거나 서명사취와 인장사취는 모두 문서위조의 다양한 범행 중의 하나에 지나지 않는다고 한다. 결국 피기망자를 속여 서명을 받은 행위는 문서위조에는 해당하나 사기죄의 처분행위로 인정할 수 없다는 입장이다. 이에 대하여 발제자는 문서위조와 사기죄는 견련범 관계에 있고 문서위조가 성립한다고 해서 사기죄가 성립을 배제하지는 않는다고 설명한다. 문서위조

---

7) 발제문 각주 34) 참조.

와 사기죄는 별개의 범죄라는 점에서 발제자의 지적은 적절한 것이라 할 수 있다. 다만 문서위조와 사기죄가 견련범 관계에 있다는 설명은 서명사취 사안에서 제3자인 금전대여자에 대한 사기죄의 경우에 해당하는 것이고 서명날인행위자인 피기망자에 대한 사기죄에 대하여는 해당하지 않는다고 할 수 있다. 다수의견에 대한 보충의견(대법관 김창석, 대법관 권순일)이 지적하는 바와 같이 서명사취 사안의 경우 피기망자의 서명날인에 의해 재산상 손해를 초래하는 외부적 의사표시가 존재한다고 볼 수 있다. 이로 인해 제3자인 금전대여자와는 별도로 서명날인자에 대한 사기죄의 성립을 인정할 여지가 있고, 이 점은 인장사취와 구별되는 것이라고 할 수 있다.

3. 사기죄의 미수범 성립 여부

연구대상판결의 반대의견에서는 피기망자의 서명을 받아내는 외에 금전 대여자에게 문서의 전달, 금전 차용이나 근저당권 설정등기까지 하여야 사기죄가 성립하는 것인지가 불분명하다고 하고, 또한 기망을 통해 서명을 받아내려다 실패한 경우 문서위조의 미수에 불과하고 사기의 미수는 아니라는 입장을 취하고 있다. 그러나 발제자는 행위자의 전체범행계획에 의하면 근저당권설정계약서 명의자의 서명날인의 확보는 사기죄의 실행행위에 해당하므로 이 경우 사기죄의 미수범이 성립한다고 한다. 그러나 제3자인 금전대여자에 대한 사기죄에 대하여는 이러한 설명이 적절하다고 할 수 있으나 서명날인행위자인 근저당권설정계약서의 명의자에 대한 사기죄와 관련해서는 별도의 검토가 필요하다. 다수의견에 대한 보충의견(대법관 김창석, 대법관 권순일)에서 적절히 지적하는 바와 같이 금전대여자에 대한 차용금 사기죄가 성립할 수 있다는 사정이 토지 소유자에 대한 사기죄의 성립을 부정할 논거가 되지는 않는다. 양자는 피해자와 기망행위의 내용이 다르고, 영득 재산도 재물인 금전과 담보권이라는 재산상 이익이라는 점에서 차이가 있기 때문에 양자는 배척관계에 있는 것이 아니다. 또한 서명사취가 금전대여자에 대한 사기범행에 일반적 · 전형적으로 수반하는 것이 아니며, 행위자나 제3자에 대한 증여나 채무면제의 의사표시가 기재된 처분문서에 서명날인하는 경우 피기망자인 서명날인자에 대하여만 사기죄가 성립할 수 있다. 결국 서명사취 사안의 경우 제3자인 금전 대여자에 대한 사기죄 또는 그 미수범이 성립하는 외에 피기망자인 서명날인자에 대한 사기죄도 성립할 수 있음을 염두에 두고 행위자의 죄책을 논해야 할 것이다.

Ⅳ. 사기죄의 처분행위과 처분의사

1. 처분행위의 기능

발제자는 처분행위의 기능으로서 자기손상기능, 연결기능, 한계기능을 제시하고 있다. 연구대상판결의 다수의견이나 반대의견 모두 이러한 기능에 대하여 긍정하는 입장이다. 그러나 발제자는 자기손상범죄라는 점에서 출발하여 사기죄를 설명할 필요는 없다고 하며, 그 근거로 법익의 보유자가 자신이 처분할 수 있는 법익을 자발적으로 처분하였다면 이는 처음부터 범죄가 아니라는 점을 들고 있다. 그리고 사기죄의 경우도 재산을 감소시키는 처분행위가 재산의 보유자가 아니라 행위자에게 귀속되어야 하기 때문에 다른 범죄와 마찬가지로 타인손상범죄로 정의하여야 한다고 한다. 그러나 이러한 문제제기는 자기손상범죄에 대한 이해의 차이에서 비롯되는 것으로 볼 수 있다. 다수설과 판례가 이해하는 자기손상은 행위자의 기망이 원인이 되어 피해자가 재산이전행위를 하여야 한다는 의미이지 행위자의 기망과 무관하게 오로지 피해자 혼자 자기재산에 손실을 가하는 것을 말하는 것이 아니다.

또한 발제자는 사기죄는 자기손상범죄이고 절도죄는 타인손상범죄로서 양자는 배척관계에 있고, 행위객체가 이익인 경우 사기죄는 절도죄로 처벌할 수 없는 흠결을 메우는 역할을 하는데 형법의 단편적 성격에 비추어 볼 때 처벌의 흠결을 메워야 할 필요성이 사기죄의 해석의 기준이 되어서는 안된다고 한다. 또한 자기손상범죄와 타인손상범죄이기 때문에 사기죄와 절도죄는 택일관계라는 설명은 순환논법이라고 한다. 재산상 이익이 객체인 경우 처벌의 필요성 때문에 무리한 해석을 통하여 사기죄의 성립을 인정하려는 시도는 항상 경계하여야 한다는 점에서 발제자의 지적은 타당하다고 할 수 있다. 그러나 정당한 해석에 의존하는 한 당벌적인 행위를 처벌하는 해석론의 전개는 오히려 바람직한 것일 수 있다.

그리고 자기손상범죄와 타인손상범죄는 각각 고유한 개념와 한계를 갖고 있고 이로부터 양자는 양립할 수 없는 관계가 도출되는 것이기 때문에 순환논법의 설명이라는 지적에는 의문이 든다.

2. 처분의사의 정의

처분행위에는 처분의사 외에 자발성이 요구되며, 소위 가장압수 사례의 경우 자발성 요건이 결여되어 절도죄가 성립한다는 일반적인 학설의 입장에 대하여, 발제자는 자발성을 처분행위의 요건으로 인정할 필요가 없다고 한다. 그 근거로 착오에 기반한 처분행위에서는 진정한 자발성이 존재하지 않으며 가장압수 사례 외에 자발성이 문제되는 사례가 없다는 점을 논거로 제시한다. 그러나 처분행위의 자발성은 재산이전행위 자체의 자발적 측면을 말하는 것이고 그 배후의 동기, 의도, 목적에 대한 착오를 포함한 전체 행위가 완전히 하자 없이 이루어져야 하는 것을 요구하는 것이 아니며, 해당 사례가 많지는 않아도 가장압수사례 외에도 비자발적 처분사례는 있을 수 있으며 이 경우 자발성은 사기죄를 제한하는 요소로서 필요한 개념이라고 할 수 있다.

3. 처분의사의 필요성 및 내용에 대한 판단

발제자는 종래의 판례가 재산상 손해발생이 사기죄의 요건이 아니라고 하면서 처분행위에서는 처분결과 발생에 관한 인식이 처분의사로서 존재하여야 사기죄가 성립한다고 하는 것은 타당하지 않다고 한다. 그러나 사기죄의 성립요건으로서 재산상 손해는 전체로서의 재산상 손해를 말하는 것이고 처분의사의 대상으로서 처분결과 즉 손해는 개별적인 재물이나 이익에 대한 손해라는 점에서 양자는 서로 다른 개념이여 서로 모순관계에 있다고 할 수는 없다.

또한 발제자는 사기죄의 성립범위를 제한하는 요소로는 처분행위의 직접성이나 그와 연결되는 객관적 귀속의 기준이 되어야 한다고 한다. 후술하는 바와 같이 처분행위와 처분의사의 판단기준으로서 객관적 귀속의 기준이 원용될 필요가 있다는 점에서 적절한 설명이라고 할 수 있다. 다만 발제자가 객관적 귀속의 기준에 대하여 보다 구체적인 설명을 하지 않고 있지 않은 점은 아쉽다고 할 수 있다.

4. 서명사취와 인장사취의 구분에 대한 판단

발제자는 서명사취에서 후에 보충이 예정된 백지인수의 경우 처분의사가 인정되고 후에 보충이 전제되지 않는 서명사취의 경우는 처분의사가 부정되며, 이미 내용이 완성된 문서의 내용을 속여 서명을 받아내는 경우는 처분의사가 부정된다는 독일의 학설을 인용하고 있다. 그러나 이는 처분결과에 대한 인식을 처분의사의 내용으로 이해하는 입장에 따른 것이기 때문에 연구대상판결 특히 다수의견의 검토에는 큰 도움이 되지는 않는다고 할 수 있다.

5. 다수의견에 대한 의문점

연구대상판결의 다수의견에 의하면 처분의사의 내용을 처분행위에 대한 인식으로 변경함으로써 행위자를 처벌할 수 있는 사례로 서명사취 사례와 변종 보이스피싱 사례가 대표적이라고 한다. 그리고 사기죄에서 말하는 처분행위가 인정되려면 피기망자에게 처분결과에 대한 인식이 있어야 한다는 종래의 판결들(대법원 1987. 10. 26. 선고 87도1042 판결, 대법원 1999. 7. 9. 선고 99도1326 판결, 대법원 2011. 4. 14. 선고 2011도769 판결 등)은 변경된 판결과 배치되는 범위에서 변경되어야 한다고 한다. 그러나 99도1326판결과 2011도769판결의 경우 객관적인 처분행위나 기망의 고의가 부정되는 경우로서 처분의사의 인정 여부가 직접 문제되는 사안이 아니다. 그리고 87도1042판결에서는 피기망자가 근저당권 설정계약을 체결할 의사 없는 상태에서 행위자에 속아 계약서에 서명과 무인을 한 경우이다. 이는 전형적인 서명사취 사례인데 이 경우 발제자는 자필서명과 무인만으로는 재산상 손해발생이나 그 구체적 위험이 존재하지 않기 때문에 직접성이 부정되어 사기죄가 성립하지 않으며 처분의사가 논의될 여지가 없다고 한다. 그러나 연구대상판결의 다수의견처럼 이 경우 서명과 무인으로 사실상 재산상 이익과 손실을 인정하는 것이 타당하고, 그 다음으로 행위자에게 처분의사를 인정할 수 있는지의 문제가 따라오게 되며 여기서 다수의견과 반대의견은 결론을 달리하게 된다. 다수의견에 의하면 서명과 무인행위에 대한 인식이 있기 때문에 처분의사를 인정하게 될 것이고, 반대의견은 처분결과에 대한 인식이 없기 때문에 처분의사를 부정하게 될 것이다.

V. 연구대상판결의 다수의견과 반대의견에 대한 검토

1. 다수의견과 반대의견의 공통점

연구대상판결의 다수의견과 반대의견은 표현상의 차이는 있지만 사기죄는 재산의 변동에 피기망자의 행위가 개입되어야 하는 자기손상범죄로서 절도죄 등과 같이 오로지 행위자가 재산변동을 초래하는 타인손상범죄와 구별된다고 한다. 그리고 자기손상범죄로서 사기죄에서는 자기손상행위인 처분행위가 필요하다고 한다. 그리고 처분행위의 주관적 요건으로서 처분의사가 필요하다는 점은 모두 인정하지만 처분의사의 내용에 대하여는 입장을 달리한다.

2. 다수의견의 내용과 검토

다수의견에 의하면 사기죄에서 피기망자에게 처분결과에 대한 인식이 없더라도 처분행위로 평가되는 행위 자체에 대한 인식이 있는 이상, 처분의사를 인정할 수 있다고 한다. 그리고 서명사취 사안에서 비록 피기망자가 처분결과, 즉 문서의 구체적 내용과 그 법적 효과를 미처 인식하지 못하였다고 하더라도, 어떤 문서에 스스로 서명·날인함으로써 그 처분문서에 서명 또는 날인하는 행위에 관한 인식이 있었던 이상 피기망자의 처분의사를 인정할 수 있다고 한다.

이러한 설명에 대하여 다음과 같은 근거를 제시한다. 피해자의 처분행위에 처분의사가 필요하다고 보는 근거는 처분행위를 피해자가 인식하고 한 것이라는 점이 인정될 때 피해자가 한 행위라고 볼 수 있고, 사기죄에서 피해자의 처분의사가 갖는 기능은 피해자의 처분행위가 존재한다는 객관적 측면에 상응하여 이를 주관적 측면에서 확인하는 역할을 하는 것일 뿐이라고 한다. 따라서 처분행위라고 평가되는 어떤 행위를 피해자가 인식하고 한 것이라면 그 처분행위를 피해자가 한 행위라고 할 수 있고 이 때 피해자의 처분의사가 인정된다고 한다.

그러나 이러한 입장에 대하여는 다음과 같은 의문이 제기될 수 있다. 우선 다수의견은 객관적인 처분행위에 상응하여 주관적으로 이를 인식하여야 처분의사가 인정된다고 한다. 그러나 어느 경우에 처분행위에 상응한 인식이 있는지에 대한 구체적 설명이 없어 혼란을 초래할 여지가 많다. 이와 관련하여 '처분문서 작성행위를 처분행위로 본다고 하더라도 적어도 처분문서의 내용에 상응하는 인식은 있어야 처분의사가 있다고 할 것인데, 다수의견은 처분문서의 내용에 상응하는 의사가 없고 단순히 어떤 문서에 서명·날인한다는 인식만 있으면 처분의사가 있다는 것이어서 논리적으로 납득하기 어렵다'는 반대의견에 대한 보충의견(대법관 조희대)은 적절한 지적이라고 할 수 있다. 같은 맥락에서 귀중품이 든 가방을 빈가방으로 속여 건네 받는 경우 또는 고액수표가 든 봉투를 빈봉투로 속여 건네받는 경우 처분행위에 대한 인식이 있다고 할 수 있는지가 불명확하다.

다수의견이 행위객체에 대한 인식은 필요 없고 피기망자가 단지 움직인다는 것에 대한 인식만 있으면 처분의사를 인정하는 것이라면 처분행위가 객관적으로 인정되는 상황에서 처분의사가 부정되는 경우는 거의 없을 것이다. 마찬가지로 부작위 처분행위 사례의 경우 행위자는 아무것도 하지 않는다는 인식만 있으면 처분의사는 인정되게 되며, 객관적으로 부작위 처분행위가 인정되는 경우 처분의사가 부정되는 경우는 없다고 할 수 있다. 이는 마치 인과적 행위론에서 모종의 의사에 의한 거동이 있으면 행위를 인정하는 것과 같다고 할 수 있다. 이 경우 인과적 행위론과 인과관계에 있어서 조건설에 대한 비판이 다수의견에도 타당하다고 할 수 있다. 결국 다수의견은 처분의사 불요설과 같은 입장이라고 할 수 있다. 처분의사 불요설도 사기죄의 요건으로서 처분행위는 필요하다고 하는데, 객관적 처분행위가 인정되는 경우 행위자가 행위에 대해 인식을 하지 못하는 경우는 상정하기 힘들기 때문이다. 다수의견은 의사무능력자의 행위나 무의식적 행위의 경우 처분의사가 부정된다고 하여 처분의사의 역할을 인정하고자 한다. 그러나 의사무능력자의 행위에서 행위에 대한 인식이 없다고 할 것인지는 논란이 여지가 있다. 무의식적 행위의 경우 행위에 대한 인식은 부정되지만 이는 행위 자체가 부정되는 경우이지 행위가 인정되는 것을 전제로 처분의사가 부정되는 경우는 아니라고 할 수 있다.

다수의견은 피해자가 행위를 인식하면 그 행위를 피해자가 한 행위라고 볼 수 있다고 한다. 즉 행위에 대한 인식이 있으면 그 행위를 행위자에게 귀속시킬 수 있다는 것이다. 그러나 재산처분과 단절하여 단지 행위만을 인식하면 이를 행위자에게 귀속시키는 것이 처분행위와 관련하여 무슨 의미가 있는지 의문이다. 처분행위에서 문제가 되는 것은 피해자의 행위에 의하여 재산의 변동이 있다는 것이고 이를 행위자에게 귀속시킬 수 있는지 여부이다. 실제 문제가 되는 대부분의 사례에서 행위자는 그것이 재산과 관련된다고 인식하면서 행위하기 때문에 그 행위는 재산적 행위로서 행위자에게 귀속시키더라도 문제가 없다. 그러나 만일 지문의 모습을 확인한다고 하기에 무언가 적혀 있는 종이에 무인을 찍었는데 그것이 매매계약서인 경우, 또한 용도를 모르면서 버튼을 눌렀는데 그에 의해 매매계약서에 인장이 찍히는 경우 이를 재산적 행위로서 행위자에게 귀속시키는 것이 타당한 것인지 의문이다. 결국 이러한 문제는 처분결과와 무관하게 처분의사를 인정하는데서 비롯되는 것으로 볼 수 있다.

3. 반대의견의 내용과 검토

연구대상판결의 반대의견은 절도죄와 구분되는 사기죄의 본질에 비추어 처분의사가 인정되기 위해서는 피기망자에게 처분결과에 대한 인식이 있어야 한다고 한다. 서명사취 사안의 경우 피기망자에게 그와 같은 내용의 처분문서를 작성한다는 내심의 의사가 전혀 없어 처분결과에 대한 인식이 없으므로 처분의사를 인정할 수 없다고 한다. 그 근거를 다음과 같이 제시한다. 자기손상행위로서 사기죄에서 처분행위의 본질이 충족되기 위해서는 피해자에게 자기 재산 처분에 대한 결정의사가 필수적이며, 피해자의 행위가 자신의 재산권과 관련되어 있다는 인식에 기초하여 형성된 의사에 지배된 작위 또는 부작위만이 사기죄에서 말하는 처분행위에 해당한다고 규범적으로 평가할 수 있다고 한다. 피해자가 자신의 재산과 관련하여 무엇을 하였는지조차 전혀 인식하지 못하는 모습의 사기죄는 자기손상범죄로서의 본질에 반한다는 것이다.

이처럼 반대의견이 처분행위로서 인정받기 위한 피해자의 주관적 의사 즉 처분의사를 처분결과와 연관지워 설명하는 것은 타당하다고 할 수 있다. 앞서 언급한 바와 같이 처분행위는 재산의 변동을 초래하는 행위로서 의미가 있는 것이고 행위자의 주관적 태도도 이와 연관되어야 그 의사나 행위를 처분행위로서 평가할 수 있기 때문이다. 다만 반대의견이 피해자의 주관적 의사를 처분결과를 '인식'한 경우로 한정하는 것은 처분의사의 범위를 너무 좁게 파악한 것으로 볼 수 있다. 후술하는 바와 같이 처분결과를 인식한 경우뿐만 인식가능한 경우도 재산적 처분행위로서 행위자에게 귀속시킬 수 있기 때문이다.

Ⅵ. 처분의사의 내용과 귀속이론

연구대상판결의 다수의견과 소수의견은 처분행위나 처분의사의 본질이나 내용 중에서 일부분만을 파악한 것으로 볼 수 있다. 다수의견은 처분의사의 범위를 지나치게 넓게 파악함으로써 처분행위와 처분의사에 재산적 행위로서의 의미를 부여하지 못하고 있다. 반면에 반대의견은 처분의사를 처분결과와 연관시킴으로써 재산적 행위로서 처분행위의 의미는 살리고 있으나 그 범위를 지나치게 좁게 파악하여 사기죄의 성립범위를 부당하게 좁히고 있다. 결국 처분행위를 재산적 행위로서 파악하는 동시에 그 범위를 적절히 파악할 수 있는 방법이 모색될 필요가 있다. 여기서 필자는 객관적 귀속론에서 제시하는 귀속의 기준을 원용하여 이를 해결할 필요가 있다고 생각한다.

객관적 귀속론의 과제는 객관적 행위와 결과를 어떠한 기준에 의하여 행위자에게 귀속시킬 수 있는지 여부이다. 처분행위의 경우에도 객관적 처분행위가 어떠한 경우에 행위자에게 귀속될 수 있는지가 문제된다. 즉 어느 경우에 행위자 스스로 손해를 초래하는 자기손상행위로 파악할 수 있는지의 문제이다. 여기서 말하는 귀속은 구성요건이론에서 논의되는 반가치적 행위 및 결과의 귀속, 즉 행위 및 결과에 대한 비난 또는 비난가능성을 말하는 것이 아니다. 단지 재산변동을 초래하는 행위와 결과를 피해자에게 귀속시킬 수 있는지에 대하여 객관적 귀속이론의 기준을 원용하고자 하는 것이다. 귀속은 결과가 반가치적이든 가치적이든 또는 중립적이든 어느 경우에나 문제될 수 있다. 객관적 귀속론에서 제시하는 귀속의 일반적인 기준은 결과에 대한 예견과 예견가능성이다. 이를 처분행위에 원용하면 피기망자가 처분결과를 인식한 경우뿐만 아니라 인식가능한 경우 처분행위를 행위자에게 귀속시킬 수 있다고 할 수 있다.[8] 이러한 기준에 따를 때 재산적 행위로서 처분행위의 의미를 살릴 수 있고 또한 처분행위의 범위가 지나치게 축소되는 것을 방지할 수 있다. 필자의 입장에 의하면 다수의견의 경우와 실제 결론에 있어서 많이 접근하게 될 것이다. 행위에 대한 인식이 있는 경우 처분결과에 대한 인식은 없을 수 있지만 그에 대한 인식가능성은 인정되는 경우가 많을 것이기 때문이다.[9] 그러나 객관적으로 손실을 초래하는 처분행위가 인정되는 경우라도 그에 대한 인식이나 인식가능성이 부정되는 경우가 있을 수 있기 때문에 항상 동일한 결론이 나오는 것은 아니다.[10]

Ⅶ. 마침글

연구대상판결은 처분의사의 인정 여부에 대한 새로운 기준을 제시함으로써 종래 처벌할 수 없던 행위를 처벌가능하게 하여 처벌흠결의 문제는 어느 정도 해소할 수 있게 되었다. 그러나 처벌필요성에 매몰되어 처벌의 근거를 합리적으로 제시하지 못하는 것은 죄형법정주의의 관점에서 바람직하지 않다. 반면 기망을 통해 재산을 취득하고 이를 처벌할 필요성이 있는 행위를 사기죄 규정을 합리적으로 해석하여 처벌하는 한 이러한 문제는 발생하지 않는다. 변경된 판례의 입장이 새로운 문제의 시작이 아니라 종래의 문제를 해결하는 역할을 충실히 하려면 그에 대한 합리적 설명이 뒷받침되어야 할 것이다. 필자는 객관적 귀속이론을 원용하여 처분행위와 처분의사의 판단기준을 제시하였다. 앞으로 처분행위와 처분의사에서 귀속에 대한 판단기준을 보다 유형화, 세분화하는 작업을 통하여 개별사례에서 타당한 결론을 도출하는 것이 과제로 남아 있다.

---

8) 김재봉, “사기죄와 처분의사”, 「형사판례연구 11」, 2003, 190면.

9) 김재봉 외, “사기죄와 처분의사”, 「형사판례 150선」, 2016, 255면. 서명사취 사례의 경우 처분결과에 대한 인식은 없더라도 인식가능성은 대부분 인정될 것이다.

10) 피기망자가 보유하는 광석이 귀중한 가치가 있다는 것을 행위자만 알고 피기망자나 일반인들은 알 수 없는 상태에서 행위자에게 넘겨준 경우 처분의사는 부정될 것이다. 반면 다수의견에 의하면 이 경우 처분의사를 인정하게 될 것이다.

명예훼손죄와 모욕죄에 있어서 공연성의 의미와 전파가능성이론

- 조 현 욱*-

목 차

Ⅰ. 들어가는 말

명예훼손죄가 성립하려면 객관적 구성요건인 공연성과 (허위)사실의 적시 그리고 주관적 구성요건인 고의가 인정되어야 한다.

모욕죄가 성립하려면 객관적 구성요건인 공연성과 모욕행위 그리고 주관적 구성요건인 고의가 인정되어야 한다.

모욕죄는 사실의 적시를 요하지 않으며, 고소가 있어야 공소를 제기할 수 있는 친고죄인 반면 명예훼손죄는 사실의 적시를 요하며, 반의사불벌죄인 점에서 구별된다.

---

* 건국대학교 법학연구소 교수

명예훼손죄와 모욕죄에서 구성요건 해석상 가장 논란이 되는 부분이 바로 공연성의 의미와 관련된 것이다. 왜냐하면 바로 이 공연성의 의미해석에 따라 그 적용범위가 달라지는 불합리가 발생하기 때문이다. 특히 판례가 취하고 있는 전파가능성이론이 문제가 된다.

본 논문에서는 먼저 공연성의 판단기준인 전파가능성이론을 중심으로 공연성이 어떻게 해석되는가를 살펴보았다.

그동안 불특정이면 수의 다소를 불문하고, 다수인인 경우에는 특정되어도 상관이 없다고 설명되어 온 불특정 또는 다수인의 범위 중 '불특정 소수'와 '특정 소수(1인)'는 전파가능성 여부와 상관없이 공연성 인정범위에서 제외하는 것이 바람직하다는 논지를 전개함으로써, 명예범죄에 공연성을 규정하고 있는 우리 형법의 입법취지에도 부합하면서 공연성의 본래적 의미에 충실한 해석론을 제시해 보고자 한다.

II. 공연성의 개념

1. 명예훼손죄에서의 공연성

명예훼손죄에서 공연성을 요구하는 이유는 직접적으로 사회에 유포시킨 유해행위만을 처벌하고, 공연성이 없는 개인적인 정보전달을 제외함으로써 표현의 자유에 대한 지나친 제한을 억제하려는 것이다.[1]

(1) 공연성의 의미

국립국어원 표준국어대사전에 따르면, '공연히'는 '세상에서 다 알 만큼 뚜렷하고 떳떳하게'라는 의미로 정의하고 있다. 또한 정보통신망 이용촉진 및 정보보호 등에 관한 법률(이하 정보통신망법이라고 한다) 제70조에서 규정하고 있는 '공

1) 권순민, "명예훼손죄의 비범죄화에 대한 논의와 그 대안에 대한 연구 – 형법 제307조 제1항의 사실 적시 명예훼손죄를 중심으로 –", 법학논총 제40권 제2호, 2016, 145면.

공연(公公然)하다'는 '숨김이나 거리낌이 없이 그대로 드러나 있다.' 또는 '지극히 공변되고 떳떳하다.'라는 의미로 정의하고 있어, 양자의 의미차이는 거의 없다.[2)]

다수설[3)]과 판례[4)]는 공연성을 '불특정 또는 다수인이 인식할 수 있는 상태'[5)]로 이해하고 있으며, 소수설은 '적어도 다수인이 직접 인식할 수 있는 상태'또는 '불특정 다수가 직접 인식할 수 있는 상태'로 이해하고 있다.

(2) 불특정 다수의 의미

(가) 불특정

불특정이란 행위시에 상대방이 누구인가가 구체적으로 특정되어 있지 않다는 의미가 아니라, 특수한 관계에 의해서 한정된 범위에 속하는 사람이 아니라는 의미이다.[6)] 따라서 '특수한 관계에 의해서 한정된 범위에 속하는 사람'은 특정인(가족관계, 애인관계, 긴밀한 친구사이, 긴밀한 사제관계, 동업관계, 사교관계)이

---

2) 류화진, "스마트폰 단체대화방내의 형법상 공연성의 인정문제", 법학연구 제25권 제2호, 2017, 124면.

3) 김성천 외, 「형법각론 제3판」, 소진, 2012, 250면; 배종대, 「제9전정판 형법각론, 홍문사, 2015, 268면; 손동권 · 김재윤, 「새로운 형법각론」, 율곡출판사, 2013, 186면; 오영근, 「제2판 형법각론」, 박영사, 2009, 202면 및 207면; 유기천, 「형법각론(상)」, 일조각, 1982, 138면 및 143면; 이재상, 「제7판 형법각론」, 박영사, 2010, 189면; 임웅, 「형법각론[제7정판]」, 법문사, 2016, 230면; 정대관, "사이버 공간에서의 명예훼손죄", 성균관법학 제17집 제1호, 2005, 199면.

4) 대법원 1984. 2. 28. 선고 83도3124 판결; 대법원 1989. 7. 11. 선고 89도886 판결; 대법원 1994.9.30. 선고 94도1880 판결; 대법원 1996. 7. 12. 선고 96도1007 판결; 대법원 1998. 9. 8. 선고 98도1949 판결; 대법원 2000. 2. 11. 선고 99도4579 판결; 대법원 2000. 5. 16. 선고 99도5622 판결; 대법원 2007. 3. 30. 선고 2007도914 판결; 대법원 2008. 2. 14. 선고 2007도8155 판결; 대법원 2011. 9. 8. 선고 2010도7497 판결(명예훼손죄에서 '공연성'은 불특정 또는 다수인이 인식할 수 있는 상태를 의미하므로 비록 개별적으로 한 사람에 대하여 사실을 유포하더라도 이로부터 불특정 또는 다수인에게 전파될 가능성이 있다면 공연성의 요건을 충족하지만, 이와 달리 전파될 가능성이 없다면 특정한 한 사람에 대한 사실의 유포는 공연성이 없다) 참조.

5) 독일형법은 공연성의 의미를 '불특정 또는 개인적 관계로 내적으로 결합된 다수인이 직접 인식할 수 있는 상태'라고 해석하고 있다(RGSt 38, 207; RGSt 42, 112; RGSt 63, 431; Herdegen, *Leipziger Kommentar*, 10. Aufl., Walter de Gruyter Verlag Berlin · New York, 1989, § 186 Rn. 13; W. Joecks, *Strafgesetzbuch : Studienkommentar*, 5.Aufl., C.H. Beck München, 2005, § 186 Rn. 1ff.

6) 이재상, 앞의 책, 187면; 대법원은 명예훼손이나 모욕죄 사건에서 뿐만 아니라 다른 사건에서도 불특정의 의미를 동일하게 사용하고 있다[2017. 8. 18. 선고 2017도7134 판결 : 구 의료법(2016. 12. 20. 법률 제14438호로 개정되기 전의 것) 제27조 제3항 본문상 '불특정'은 행위 시에 상대방이 구체적으로 특정되어 있지 않다는 의미가 아니라 상대방이 특수한 관계로 한정된 범위에 속하는 사람이 아니라는 것을 의미한다].

되고, 그러하지 않으면 불특정인(거리의 통행인, 광장의 사람들)이 된다.

(나) 다수인

다수인은 단순히 2-3명으로 족하지 않고, 명예가 사회적으로 훼손되었다고 평가될 수 있을 정도의 상당한 다수임을 요한다고 보는 것이 다수설과 판례의 입장[7]이다.

(다) 소결

다수설과 판례는 불특정이면 수의 다소를 불문하고, 다수인인 경우에는 특정되어도 상관이 없다고 설명한다. 다수설에 따르면 공연성이 인정되는 경우는 '불특정 다수', '불특정 소수', '특정 다수'다. 여기에 판례의 전파가능성이론을 적용하면 '특정 소수(1인)'의 경우도 공연성이 인정된다.[8]

(3) 인식할 수 있는 상태

학설은 직접인식설을 취하고 있고, 판례는 전파가능성이론을 취함으로써 그 판단기준을 달리하고 있다.[9]

(가) 학설의 태도(직접인식설)

(가) 다수설

---

7) 정대관, 앞의 논문, 199면; 판례는 비록 2~3명이 있는 자리에서 허위사실을 유포하였다고 하더라도 그 사람들에 의하여 외부에 전파될 가능성이 있다면 명예훼손죄의 성립에 아무런 영향이 없다고 판단(대법원 1994. 9. 30. 선고 94도1880 판결)하고 있는데, 만약 2-3명을 다수인이라고 인정하였다면 전파가능성을 언급할 필요가 없으므로 2-3명은 다수인이 아니라는 취지로 새기는 견해도 있다(오영근, 앞의 책, 207면). 따라서 적어도 10여명 이상(대법원 1955. 4. 22. 선고 4287형상36 판결)인 경우(대법원 1981. 8. 25. 선고 81도149 판결(71명); 대법원 1984. 2. 28. 선고 83도3124 판결(15명); 대법원 1984. 2. 28. 선고 83도3292 판결(200여명); 대법원 1990. 12. 26. 선고 90도2473 판결(10여명 또는 30여명); 대법원 1991. 6. 25. 선고 91도347 판결(19명, 193명))에는 판례도 무리 없이 다수인으로 새기고 있다.

8) 류화진, 앞의 논문, 124면.

9) 배종대, 앞의 책, 272면.

불특정 또는 다수인이 직접 인식할 수 있는 상태이어야 한다는 견해를 말한다. 따라서 사적인 대화나 정보교환 등은 공연성의 범주에서 제외된다.

(나) 소수설

i) 적어도 다수인이 직접 인식할 수 있는 상태라는 견해

특정이든 불특정이든 적어도 다수인이 직접 인식할 수 있는 상태로 해석하는 것이 타당하다는 견해(이하 소수설1이라 한다)를 말한다.[10] 이 견해에 의하면 행위자가 사실적시 행위를 할 당시에 여럿이 함께 이를 직접 인식할 수 있는 상태에 있어야 한다. 따라서 행위자가 한 사람을 붙잡고 이야기하고, 장소를 이동해서 또 다른 사람에게 이야기하고, 그 다음 날 또 다른 사람에게 이야기하는 방식으로 개별적으로는 공연성이 전혀 없는 행위를 여러 번 함으로써 결국은 많은 사람들에게 말을 퍼뜨린 경우, 공연성이 인정될 수 없다.[11]

ii) 불특정 다수인이 직접 인식할 수 있는 상태라는 견해

불특정 다수인이 직접 인식할 수 있는 상태로 해석하는 것이 타당하다는 견해(이하 소수설2라 한다)를 말한다.[12] 소수설1은 공연성을 '특정이든 불특정이든 적어도 다수인'이라고 하면서도 다수의 정도에 대해 "적어도 공공연하게 타인의 명예를 훼손시킬 수 있는 사실을 적시한 경우"라고 답함으로써 결국 순환논리에 빠지고 있다는 것이다. 따라서 공연성의 개념을 보다 제한적으로 해석하여 가벌성의 범위를 조정하기 위해서는 불특정 다수를 공연성 해석의 기준으로 삼아야 한다는 것이다.

이런 방향에서 소수의 인식 상태하에서 행해진 명예훼손이나 모욕행위는 어떤 경우에도 공연성이 인정될 수 없다고 주장한다. 또한 특정 다수인 경우에는 그 대화의 환경을 고려하여, 비공개적이거나 폐쇄적인 경우 그리고 피해자의 반론권 행사가 가능한 경우에는 공연성이 부정되는 방향으로 제한적으로 해석해야 한다고 본다.

---

10) 안경옥, "명예훼손죄의 '공연성' 해석의 재검토", 법조 제575호, 2004, 99면.

11) 김성천 외, 앞의 책, 251면.

12) 류화진, 앞의 논문, 128면.

(나) 판례의 태도(전파가능성이론)

우리 대법원이 "개별적으로 한 사람에 대하여 사실을 적시하였다 하더라도 그로부터 불특정 또는 다수인에게 전파될 가능성이 있다면 공연성의 요건을 충족한다."고 판시[13)]한 이래 현재까지 일관되게 적시된 사실 또는 허위의 사실의 '전파가능성'을 기준으로 그 적시 행위의 공연성을 유무를 판단하고 있다. 여기서 한 걸음 더 나아가 "명예훼손죄의 구성요건인 '공연성'은 불특정 또는 다수인이 인식할 수 있는 상태를 의미하므로, 비록 개별적으로 한 사람에 대하여 사실을 유포하였다고 하여도 이로부터 불특정 또는 다수인에게 전파될 가능성이 있다면 공연성의 요건을 충족하는 것이나, 이와 반대의 경우라면 특정한 한 사람에 대한 사실의 유포는 공연성을 결여한 것이다"라고 판시하고 있다.[14)] 또한 "명예훼손죄의 요건인 공연성은 불특정 또는 다수인이 인식할 수 있는 상태를 말하고, 그 내용이 현실로 불특정 또는 다수인에게 알려져야만 하는 것은 아니다"라고 판시[15)]함으로써 적시된 사실이 실제로 불특정 또는 다수인에게 전파되었는지 여부는 전파가능성 판단에 영향을 미치지 않는다는 태도를 취하고 있다.[16)] 따라서 현실로 지각되었음을 요하지 않고 그 가능성이 있으면 족하며, 명예훼손적 (허위)사실의 적시행위 또는 모욕 발언이 행해질 당시 그 면전에 피해자가 있을 것을 요하는지에 대해서도[17)] 피해자의 면전성은 구성요건이 아니므로 당연히 요구되지 않는다고 본다.[18)]

전파가능성개념은 단순한 가능성을 넘어선 고도의 가능성, 즉 전파개연성을

---

13) 대법원 1968. 12. 24. 선고 68도1569 판결(약혼 전에 피고인과 가까운 사이였고, 원주에 놀러가자면 따라 오고 또 밤이나 낮이나 언제나 만나자고 하면 만나는 가까운 사이였다는 말을 하고, 이어서 결혼 전에 원주에 데리고 가서 동침하여 돌아온 일이 있다는 사실을 적시 유포한 경우, 비밀이 잘 보장되어 외부에 전파될 염려가 없는 경우가 아니면 <u>비록 개별적으로 한사람에 대하여 사실을 유포하였더라도 연속하여 수인에게 사실을 유포하여 그 유포한 사실이 외부에 전파될 가능성이 있는 이상 공연성이 있다</u> 할 것이다).

14) 대법원 1981. 10. 27. 선고 81도1023 판결.

15) 대법원 2007. 3. 30. 선고 2007도914 판결.

16) 정진수 · 강태경 · 김형길, 명예훼손죄 · 모욕죄에 대한 판례의 판단 기준 연구 : 최근 10년간(2005~2015)의 판례를 중심으로, 형사정책연구원 연구총서 15-AB-07, 한국형사정책연구원, 2015, 16면.

17) 정정원, "이른바 '사이버모욕죄'의 입법적 신설 논의에 관한 검토", 한양법학 제24권 제3집, 2013, 354면.

18) 윤해성, "형법 체계상의 공연성", 형사정책연구 제20권 제1호, 2009, 418면.

의미한다.[19]

(다) 전파가능성이론 수용설

전파가능성이론은 최초 전문자의 후속행위 여하에 따라 공연성 여부가 결정되는 우연성과 불확정성의 문제가 있어 결국 공연성 요건을 무용화할 가능성이 있고, 개인의 명예보호와 표현의 자유와의 상충상황에서 개인의 표현의 자유를 지나치게 제한한다는 점에서 비판받고 있다. 그러나 공연성을 명예훼손죄의 성립요건으로 하고 있는 현행 형법의 규정은 궁극적으로 사람의 사회적 가치 내지 평가를 저하시키는 결과를 염두에 두고 있으므로, 명예훼손적 (허위)사실의 적시행위가 결국은 불특정 또는 다수인에게 전파될 가능성이 있다면 본죄의 공연성 요건은 충족되었다고 보는 것이 타당하다는 비판적 입장에서의 전파가능성이론 수용설도 판례의 입장과 그 궤를 같이 한다고 볼 수 있다. 이 견해는 특정한 1인 또는 특정한 소수의 사람에게 말한 것으로 확정된 경우에는 공연성이 부정되나, 2-3명 등 여러 사람에게 말한 경우에 그것이 공연성의 개념에 들어가는 불특정 또는 다수인에 해당할 것인가의 해석에 있어서 전파성이론은 고려될 수 있으며 반드시 이를 문언의 가능한 의미를 벗어난 해석이라고 볼 수 없다는 입장이다.[20] 이러한 방법으로 전파성이론을 적용하면 공연성의 개념을 그대로 유지하면서 동 이론의 취지는 살아난다고 주장한다.

2. 모욕죄에서의 공연성

(1) 공연성의 의미

“모욕죄 구성요건은 명예에 관한 죄 전체의 일반적 포괄규정에 해당하므로, 공연성의 의미도 명예훼손죄의 그것보다 넓게 이해해야 한다.”고 보는 견해도 있으나,[21] 다수설과 판례[22]에 따르면 명예훼손죄와 모욕죄의 구별점은 사실의 적시

---

19) 대법원 1982. 3. 23. 선고 81도2491 판결; 대법원 1989. 7. 11. 선고 89도2886 판결.
20) 김태명, 「판례형법각론」, pnc미디어, 2016, 145면.
21) 윤해성, 앞의 논문, 423면.

유무이므로 공연성의 의미는 명예훼손죄의 그것과 동일하다고 말할 수 있다.[23)]

'공연히'란 다수인이 견문할 수 있는 상태를 말하고, 다수인은 2인 이상의 불특정인을 말한다는 판례도 있으나,[24)] 현재는 모욕죄에 있어서 공연성도 명예훼손죄와 마찬가지로"불특정 또는 다수인이 인식할 수 있는 상태 또는 전파될 가능성이 있는 상태에서 이루어진 것을 말한다."고 판시[25)]하고 있다.

(2) 공연성이라는 구성요건의 필요성에 대한 논의

(가) 불필요설

모욕죄의 보호법익을 명예감정이라고 한다면 모욕죄의 구성요건에 공연성을 요구할 이유가 없다고 보는 견해, 특정한 소수의 사람 앞에서의 모욕이 공연한 모욕보다 더 강한 굴욕감을 유발할 수도 있고, 형법 제107조 제2항의 외국원수에 대한 모욕죄와 제108조 제2항의 외국사절에 대한 모욕죄는 공연성을 요구하고 있지 않기 때문이라는 견해와 모욕죄에는 공연성과 관련하여 전파가능성이론은 적용되지 않는다고 보아야 한다는 견해[26)]가 이에 속한다. 모욕죄에는 사실의 적시라는 구성요건이 없으므로 전파가능성을 논할 필요가 없다.[27)]

(나) 필요설

모욕죄에서의 공연성은 명예훼손에서의 그것보다 넓게 해석해야 한다고 보

---

22) 대법원 1987. 5. 12. 선고 87도739 판결(명예훼손죄와 모욕죄의 보호법익은 다 같이 사람의 가치에 대한 사회적 평가인 이른바 외부적 명예인 점에서는 차이가 없으나 다만 명예훼손은 사람의 사회적 평가를 저하시킬 만한 구체적 사실의 적시를 하여 명예를 침해함을 요하는 것으로서 구체적 사실이 아닌 단순한 추상적 판단이나 경멸적 감정의 표현으로서 사회적 평가를 저하시키는 모욕죄와 다르다).

23) 류화진, 앞의 논문, 122면.

24) 대법원 1956. 12. 7. 선고 4289형상280 판결.

25) 대법원 1981. 10. 27 선고 81도1023 판결; 대법원 1984. 4. 10. 선고 83도49 판결(명예훼손죄나 모욕죄에 있어서의 "공연성"은 불특정 또는 다수인이 인식할 수 있는 상태를 의미하므로 비록 특정의 사람에 대하여 어떤 사실을 이야기하였어도 이로부터 불특정 또는 다수인에게 전파될 가능성이 있다면 공연성의 요건을 충족하는 것이나 이와 달리 전파될 가능성이 없다면 공연성을 결여한 것으로 보아야 할 것이다).

26) 윤해성, 앞의 논문, 427면 및 431면.

27) 오영근, 앞의 책, 228면.

면서, 예컨대 국무회의나 이사회 석상이라도 한 사람이 다른 사람에게 그 형식이나 행위상황으로 보아 순전히 모욕적인 언사를 농하였을 때에는 공연성이 인정되어 모욕죄 성립이 가능하다고 보는 견해이다.

(다) 판례 검토

모욕이 문제되는 대표적인 사안은 경찰관의 공무집행에 대항하여 경찰관에게 욕설을 하는 경우이다. 이런 경우 법원은 대체로 공연성을 인정한다. 예컨대 피고인이 '노상에서' 경찰관에게 욕설을 하는 경우[28]나 여러 사람이 모인 장소에서 공무집행을 하는 경찰관에게 욕설을 하는 경우[29]에는 모욕의 공연성을 인정하기에 충분하다고 판시하고 있다.

그러나 여러 명의 경찰관이 모인 장소에서 경찰관에게 욕설과 경멸의 언사를 하는 경우[30] 등에서는 전파가능성을 부정하고 있다. 이러한 판단은 명예훼손죄에서 전파가능성을 판단하는 데 있어서 명예훼손적 (허위)사실적시의 상대방과 행위자 그리고 피해자의 관계를 고려하는 것과 크게 다르지 않다.[31]

III. 전파가능성이론 고찰

1. 전파가능성이론의 문제점 검토

(1) 판례가 전파가능성이론을 취하는 이유

불특정 또는 다수인의 직접적인 인식가능성만을 고집한다면, 전파에 의한 간접적인 인식가능성을 부인하게 되어 타인의 명예보호에 심각한 법적 흠결상태

---

28) 대법원 2014. 5. 29. 선고 2013도5686 판결. 여기서 행위자(피고인)는 현행범으로 체포당한 자, 피해자는 경찰관이다.

29) 대전지방법원 2013. 3. 13. 선고 2012노303,2012노476(병합),2012노1684(병합), 2012노1811(병합) 판결. 여기서 행위자(피고인)는 학부모, 피해자는 교사와 경찰관이다.

30) 청주지방법원 2014. 5. 23. 선고 2013노941 판결. 여기서 행위자(피고인)는 민원인, 피해자는 경찰관이다.

31) 대법원 2006. 9. 22. 선고 2006도4407 판결, 대법원 2011. 9. 8. 선고 2010도7497 판결 등 참조.

를 야기할 수도 있다.[32] 왜냐하면 직접적인 사실적시의 현장에 다수가 있지는 않았지만, 소문이나 추문은 전파될 가능성이 높기 때문이다. 또한 이러한 해석이 추상적 위험범인 명예훼손죄의 성격과도 일치한다고 본다. 법조문이 단순히 '공연히'라고 규정하고 있을 뿐, 불특정 또는 다수인이라고 규정하고 있지 않은 현행 법제하에서 직접적으로 불특정 또는 다수인이 인식할 수 있는 상태를 초래하든, 간접적으로 불특정 또는 다수인이 인식할 수 있는 상태를 초래하든 종국적으로 사람의 사회적 가치 내지 평가의 저하라는 동일한 결과가 발생하는 행위를 동일하게 취급하기 위해 전파가능성이론을 취할 수 밖에 없다는 것이다.[33]

(2) 문제점

전파가능성을 공연성과 동치시키는 판례의 태도는 전파가능성만 있으면 불특정 또는 다수인이 인식할 수 있는 상태가 된다고 하여 공연성의 범위를 확대하고 있으므로 결코 타당하다고 볼 수 없다는 점[34]에서 다음과 같은 비판이 제기되고 있다.

첫째, 적시사실이 결과면에서 전파될 가능성이 있는가를 공연성의 기준으로 삼음으로써 수범자(受範者)의 법치국가적 예견가능성을 벗어나고 있다. 왜냐하면 행위자는 행위 당시에 자기의 사실적시행위가 시간적으로 나중에 뒤따르게 될 불특정 또는 다수인에게 전파될 수 있는 가능성 유무를 판단할 수 없기 때문이다. 한사람에 대한 사실적시가 결과적으로 전파되었으면 공연성이 인정되고, 전파되지 않았으면 공연성이 부정된다는 결론을 도출하는 결과책임 또는 우연책임을 요구함으로써 공연성요건을 통해 보장하고자 하는 표현의 자유의 본질적 내용을 침해할 수 있다.[35]

둘째, 전파가능성이론에 의하면 명예훼손죄의 성립여부가 상대방의 의사에

---

32) 박충훈, 출판물 등에 의한 명예훼손죄에 관한 연구, 조선대학교 박사학위논문, 조선대학교 대학원, 2007, 22면.

33) 한제희, "모바일 단체대화방에서의 대화와 공연성", 형사판례연구[25], 한국형사판례연구회, 2017, 272-274면.

34) 이재상, 앞의 책, 189면.

35) 배종대, 앞의 책, 278-279면; 손동권 · 김재윤, 앞의 책, 191면; 오영근, 앞의 책, 210면; 이경재, "모욕죄의 쟁점사항과 관련 판례 고찰 - 대법원 2015. 12. 24. 선고 2015도6622 판결 -", 법조 제719호, 2016, 641-642면; 이재상, 앞의 책, 189면.

좌우될 수 있다. 즉, 범죄의 성립여부가 상대방에 의해 결정되므로 법적 안정성의 문제가 발생한다. 이와 같이 전파가능성 여부를 판단할 객관적인 기준이 존재하지 않기 때문에 그 구체적인 적용에 있어 법관의 자의가 개입할 소지가 있다.[36)]

셋째, 전파가능성이론은 거의 모든 (허위)사실적시행위를 명예훼손의 구성요건에 해당하는 것으로 파악함으로써 1인에게 이야기한 경우도 처벌하게 되므로 형법의 보충성원칙에 반하는 문제가 발생한다. 나아가 사적인 정보전달[37)]도 처벌할 가능성이 상존한다.[38)] 즉 '공연히'를 범죄구성요건으로 규정함으로써 가벌적 행위의 범위를 축소시키고자 하는 형법의 근본취지를 무시하고 있으며, 문리해석에 의하여도 문제가 발생하지 않음에도 불구하고 전파가능성이라는 해석기준을 추가함으로써 유추해석금지의 원칙에 반할 위험성을 내포하고 있다.[39)]

넷째, 명예훼손죄의 법적 성격을 추상적 위험범[40)]으로 파악하고 있기 때문에 그 행위태양이 구성요건을 해석하는데 중요한 요소가 된다는 점을 간과하고 있다. 즉, 전파가능성이론은 행위태양으로 요구되는 공연성을 전파가능성으로 대체하고자 하는데 이는 명예훼손죄의 외부적 명예가 현실적으로 침해되지 않아도 발생될 위험만으로도 성립하는 추상적 위험범이라는 명예훼손죄의 보호정도를 행위태양과 혼동한 것이다.[41)]

공연히 타인의 명예를 훼손한 자를 처벌하는 근거는 적시된 사실을 타인이 전파함으로써 발생할 명예훼손의 위험성에 있는 것이 아니라, 사실의 적시가 있음으로써 직접 발생할 명예훼손의 위험성에 있기 때문에 전파가능성 기준에 따

---

36) 김신규, 「형법각론」, 청목출판사, 2015, 229면; 오영근, 앞의 책, 210면; 이재상, 앞의 책, 189면.
37) 대법원 1989. 7. 11. 선고 89도2886 판결에서 '사적인 정보전달행위는 공연성이 없다'는 점을 밝히고 있으므로, 이러한 비판이 여전히 타당하다고는 볼 수 없다.
38) 김신규, 앞의 책, 229면; 박상기, 「제8판 형법각론」, 박영사, 2011, 176면.
39) 오영근, "명예훼손죄의 공연성", 형사판례연구[1], 한국형사판례연구회, 1993, 141면.
40) 전파가능성이론은 명예훼손죄의 효율성을 위해 명예훼손죄의 전단계(명예훼손위험성)까지 범죄화하는 수단이며, 이러한 효율성지향의 형법에 가장 적합한 도구가 '적시사실의 전파가능성 곧 명예훼손의 일반적 위험성을 의미'하는 추상적 위험범이다. 따라서 공연성은 '불특정 또는 다수인에게 직접 사실적시를 하였는가 하는 명예훼손에 대한 구체적 위험여부로 판단해야 한다. 즉 결과가 아닌 행위의 관점에서 파악하여, 적시사실이 불특정 또는 다수인에게 직접 인식할 수 있는 상태가 됨으로써 명예훼손의 구체적 위험이 발생하는 것으로 파악하는 견해로 배종대, 앞의 책, 279면.
41) 윤해성, 앞의 논문, 426면; 이재상, 앞의 책, 189면.

른 판단은 부당하다.[42]

다섯째, 모욕죄도 논리적으로 전파가능성을 기준으로 공연성 여부를 파악해야 하나, 욕설 등으로 인하여 전파가 된다고 하더라도 명예훼손죄의 사실 또는 허위사실의 적시가 전파된 것과는 차원이 다르기 때문에 공연성의 개념을 통일적으로 파악할 수 없다.[43]

(3) 검토

살펴본바와 같이 전파가능성이론은 특정한 한 사람에 대한 사실의 적시도 비밀이 보장되거나 전파가능성이 없는 특수한 경우가 아니면 공연성이 인정되어 공연성 규정이 사실상 무의미하게 되고, 표현의 자유를 지나치게 제한하게 되는 문제점을 안고 있다.

대법원은 형법 제307조(명예훼손) 및 제311조(모욕)에 규정된 "공연히"라는 문언의 해석에 관해 일관되게 '전파가능성'을 기준으로 판단한다. 그리고 전파가능성 여부의 판단에는 피고인(사실적시를 한 행위자)과 그 상대방 그리고 피해자 간의 관계가 중요한 고려요소로 작동한다. 그렇다면 전파가능성은 최초 전문자(들은 자)의 미래행위에 좌우된다고 할 수 있다. 이와 같은 법원의 판단기준은 범죄 성립 여부를 명백하지 못하게 만든다는 점에서 옳다고 할 수 없다. 또한 이와 같은 확대 해석은 '공연히'라는 문언의 통상적인 어법에도 부합하지 않으므로 수범자의 예측가능성을 저해할 수 있다.

2. 전파가능성 판단기준으로써의 인적 범위 검토

대법원은 전파가능성의 유무를 판단함에 있어 피고인(사실적시를 한 행위자)과 그 상대방 그리고 피해자 간의 관계를 매우 중요한 고려 요소로 삼고 있다. 즉 가족이거나 친척관계인 경우, 행위자와 사실적시의 상대방이 피해자와 밀접한 결합관계 또는 특별관계인 경우, 동업이나 직장상사 등 직무상의 관계로 인

---

42) 임 웅, 앞의 책, 231면.
43) 오영근, 앞의 책, 210면.

해 비밀이 보장될 수 있는 사정이 있는 경우 그리고 경찰관에게 비밀준수의무가 있는 경우 등을 고려하여 판단하고 있다.

(1) 전파가능성을 긍정한 경우[44)]

블로그에 연재중인 꽃뱀이란 소설의 주인공이 누군지 귓말로 물어보면 알려주겠다고 한 뒤 실제로 독자에게 알려준 경우에 대법원은 전파가능성을 인정하고 있다.[45)]

그러나 대법원이 전파가능성이론으로 공연성 여부를 판단하고자 했다면, 적어도 피고인과 피해자 사이의 관계에 기한 전파가능성 유무에 대한 판단을 했어야만 했다. 만약 누군가가 고의로 상대방에게 접근하여 대화를 시도하고, 그 대화내용 중에 명예훼손적 발언을 해서 이를 명예훼손죄로 처벌한다면 이 또한 부당하다고 보아야 할 것이다.[46)]

(2) 전파가능성을 부정한 경우[47)]

경찰관에게 비밀준수의무가 있는 경우,[48)] (허위)사실적시의 상대방이 피해

---

44) 대법원 1968. 12. 24. 선고 68도1569 판결; 대법원 1979. 8. 14. 선고 79도1517 판결; 대법원 1983. 10. 11. 선고 83도2222 판결; 대법원 1984. 2. 28. 선고 83도3124 판결(피고인들이 이 사건 출판물 15부를 피고인들이 소속된 교회의 교인 15인에게 배부한 이상 공연성의 요건은 충족된 것이라고 보겠으며, 배부 받은 사람 중 일부가 위 출판물작성에 가담한 사람들이라고 하여도 결론에는 아무런 소장이 없다); 대법원 1993. 3. 23. 선고 92도455 판결; 대법원 1996. 7. 12. 선고 96도1007 판결.

45) 대법원 2008. 2. 14. 선고 2007도8155 판결; 이 대법원판례와 대법원 1990. 7. 24. 선고 90도1167 판결이 전파가능성이론이 가장 위험하게 적용되어 가장 강한 비판을 받는 사례라는 견해로 류화진, 앞의 논문, 132면.

46) 조현욱, "명예훼손죄에 있어서 공연성의 의미와 판단기준 – 대법원 2008.2.14. 선고 2007도8155 판결 –", 법학연구 제32집, 2008, 369-370면.

47) 대법원 1981. 10. 27. 선고 81도1023 판결; 대법원 1982. 2. 9. 선고 81도2152 판결; 대법원 1982. 4. 27. 선고 82도371 판결; 대법원 1983. 10. 25. 선고 83도2190 판결; 대법원 1984. 2. 28. 선고 83도891 판결; 대법원 1984. 3. 27. 선고 84도86 판결; 대법원 1985. 11. 26. 선고 85도2037 판결; 대법원 1989. 7. 11. 선고 89도886 판결; 대법원 1990. 4. 27. 선고 89도1467 판결; 대법원 1992. 5. 26. 선고 92도445 판결; 대법원 1996. 4. 12. 선고 94도3309 판결; 대법원 1998. 9. 8. 선고 98도1949 판결; 대법원 2000. 2. 11. 선고 99도4579 판결; 대법원 2000. 5. 16. 선고 99도5622 판결; 대법원 2010. 11. 11. 선고 2010도8265 판결.

48) 대법원 1966. 4. 19. 선고 66도179 판결; 서울중앙지방법원 2015. 7. 23. 선고 2015노2025 판결.

자의 부모와 친분이 있는 경우[49]나 피고인이 평소 피해자의 소개로 친하게 지내던 A와 B에게 피해자의 명예를 훼손하는 취지의 말을 하였고, A와 B는 피고인으로부터 위와 같은 말을 듣고도 10개월여가 지날 때까지는 그 사실을 피해자에게 알리거나 제3자에게 전파하지 않고 있던 중 피고인과 A 사이의 분쟁으로 인해 관계가 악화되자 A가 피해자에게 위와 같은 사실을 알린 경우[50]에는 전파가능성을 부정하였다.

(3) 소결

판례를 검토해 본 결과, 명예범죄는 특정 표현행위가 불특정 또는 다수인에게 알려질 가능성이 있어야 성립한다는 전파가능성이론에 따르면 이러한 가능성은 단 한명에게 발언한 경우에도 인정될 수 있다. 단 그 발언을 접한 상대방이 피해자와 가족, 친구 등 친밀한 관계, 경찰관 등 비밀유지의무가 있거나 기타 사정으로 입을 다물 이유가 있을 때는 전파가능성이 부정된다.

대법원은 피고인(사실적시를 한 행위자)과 그 상대방 그리고 피해자 간의 관계를 중심으로 전파가능성 유무를 판단하고 있으므로, 전파가능성은 결국 '최초 전문자(들은 자)'의 미래 행위에 좌우된다고 할 수 있다. 이와 같은 판단기준은 범죄성립 여부를 명백하게 확정하지 못한다는 점에서 문제가 있다.[51]

결국 전파가능성이론을 취하게 되면, 특정한 한 사람에 대한 사실의 적시도 비밀이 보장되거나 전파될 가능성이 없는 특수한 경우가 아니면 공연성을 인정하게 되어 공연성규정이 사실상 무의미하게 되고 표현의 자유를 지나치게 제한하는 결과를 초래할 우려가 크다. 특히 사실(진실)을 밝히는 경우에도 자신이 한

49) 행위자(피고인)는 폭행 사건 가해자의 부모, 피해자는 자신의 아들 등에게 폭행을 당하여 입원한 피해자이고 사건 현장에는 피고인과 피해자의 어머니 A 외에 A의 이웃 B와 피고인의 일행 C가 있었다. 대법원은 어머니 친구는 모친과의 친분이 두터웠고 실제로 위 발언을 밖에 떠들고 다니지도 않았다는 점을 주목했고 그리고 또 다른 가해자 부모는 합의를 하려고 찾아온 상황인 점에서 이를 밖에서 떠들고 다니지 않을 개연성이 크다고 판단했다(대법원 2011. 9. 8. 선고 2010도7497 판결).

50) 이 사건에서 사실적시의 상대방인 A와 B는 실제로 피고인으로부터 들은 피해자에 관한 사실을 제3자에게 알리지 않았다(대법원 2006. 9. 22. 선고 2006도4407 판결).

51) 정진수 · 강태경 · 김형길, 앞의 책, 19-20면.

말의 결과에 대한 예견가능성이 사라져, 그저 입을 닫고 침묵하게 될 것이다.[52]

공연히 타인의 명예를 훼손한 자를 처벌하는 근거는 적시된 사실을 타인이 전파함으로써 발생할 명예훼손의 위험성에 있는 것이 아니라, 사실의 적시가 있음으로써 직접 발생할 명예훼손의 위험성에 있기 때문에 판례가 직접적으로 인식할 수 있는 상태에 놓여 있는가를 우선적으로 해석하지 않고 전파가능성 여부를 중심으로 판단한 것은 부당하다.[53]

소위 '비밀대화방' 판결에서처럼 비밀대화조차도 전파가능성 여부를 기준으로 처벌하게 되면 그 가벌성이 무한하게 확장될 우려가 상존한다. 따라서 사실적시라는 행위상황에 따라 그것이 불특정 또는 다수인에 대한 것인가를 판단하여 공연성 인정여부를 결정해야 죄형법정주의 위반이라는 비판에서 벗어날 수 있을 것이다.[54]

추상적 위험범인 명예훼손죄에서 현실적인 전파 여부는 본죄의 성립여부와 무관하다고 보아야 할 것이다.[55]

대법원은 피해자와 별다른 인간관계가 없을법한 여러 사람들이 등장한 사안에서는 전파가능성을 부정하기도 하고,[56] 긍정하기도 함으로써[57] '인적 범위'라는 판단기준도 제대로 작동하지 못하고 있는 것은 아닌가 하는 의문이 든다.

IV. 하급심판결에 나타난 공연성 판단기준 검토

1. 서울중앙지방법원 2015. 4. 9. 선고 2015노424 판결에의 적용과 검토[58]

---

52) 권순민, 앞의 논문, 156면.

53) 조현욱, 앞의 논문, 372면.

54) 윤해성, 앞의 논문, 428면; 조현욱, 위의 논문, 370-371면.

55) 안경옥, 앞의 논문, 93면.

56) 대법원 1967. 5. 16. 선고 66도787 판결.

57) 대법원 1968. 12. 24. 선고 68도1569 판결; 대법원 1985. 4. 23. 선고 85도431 판결.

58) 제1심(서울중앙지방법원 2015. 1. 16. 선고 2014고정2787 판결)도 벌금 70만원의 유죄를 선고했으며, 현재 대법원에 상고 중이다(대법원 2015도5508).

피고인 신△범은 피해자 홍○원의 소개로 알게 된 이○옥으로부터 사기 피해를 입게 되었고, 또 다른 사기 피해자인 도○순을 알게 되자 2012. 4.경 서울 서초구 서초동에 있는 피고인 운영의 주식회사 ○○○건설 사무실 옆 빈 사무실에서 『사기피해사실확인서및진술서』라는 제목 하에 '홍○원은 이○옥이 사기꾼이라는 사실을 알면서도 소개를 시켜주었고, 사기꾼과 동조하여 피고인 및 수많은 사람들에게 막대한 손해를 입힌 것을 도저히 용서할 수 없다'라는 취지로 작성된 내용증명 1부를 도○순에게 교부하였고, 도○순이 내용증명을 인용해 경찰청 앞에서 피켓 시위를 하고 보도자료를 배포함으로써 공연히 허위의 사실을 적시하여 피해자의 명예를 훼손하였다는 공소사실로 기소되었다.

본 판례의 쟁점은 피고인 신△범이 도○순에게 이○옥, 홍○원(경찰공무원)이 사기의 공범이라는 취지의 내용증명을 건넸고, 도○순이 내용증명을 인용해 경찰청 앞에서 피켓 시위를 하고 보도자료를 배포한 경우면에 있어서 공연성(전파가능성) 인정여부이다.

공소사실 기재와 같이 피고인이 내용증명을 도○순에게 교부하였다고 하더라도, 피고인은 같은 사기 피해자인 특정인 도○순에게 해결책을 강구하기 위하여 준 것일 뿐이고, 도○순이 이를 가지고 1인 시위를 할 것은 알 수도 없었으므로, 피고인의 행위는 공연성이 없어 무죄라고 주장하면서 피고인이 항소하였다.

1) 적용

행위자가 사실적시 행위를 할 당시에 [불특정 또는 다수인/ 적어도 여럿 사람/ 불특정 다수인]이 함께 이를 직접 인식할 수 있는 상태에 있어야 한다는 다수설과 소수설에 따르면 대상판례의 사안은 공연성이 인정될 수 있다.

직접적으로 불특정 또는 다수인이 인식할 수 있는 상태를 초래하든, 간접적으로 불특정 또는 다수인이 인식할 수 있는 상태를 초래하든 종국적으로 사람의 사회적 가치 내지 평가의 저하라는 동일한 결과가 발생하는 행위를 동일하게 취급하는 전파가능성이론에 따르면 대상판례의 사안은 당연히 전파가능성(공연성)이 인정된다.

2) 검토

앞서 살펴본바와 같이 법원은 전파가능성 인정 여부를 인적 범위에서 찾고자 한 것으로 보인다. 피고인 신△범과 다른 사기피해자인 도○순은 사기피해자들이어서 당연히 사기죄의 공범인 홍○원(경찰공무원)과 이○옥에 대항하여 항의 내지 시위를 할 것이 예상된다고 할 것이다. 이 항의 내지 집회 및 시위에 관한 법률의 적용을 받지 않아 신고의무 등의 절차가 따로 없는 1인 시위[59]를 통하여 그 내용이 불특정 또는 다수인에게 전파될 가능성도 충분히 있다고 할 것이다. 그러나 이런 경우를 전파가능성으로 판단해야 하는지 의문이 든다.

판례도 공연성을 불특정 또는 다수가 인식할 수 있는 상태로 새기고 있으므로, 대상판례의 경우 전파가능성 여부와 상관없이 공연성을 인정할 수 있을 것이다.

전파가능성이론과 관련하여 의문이 드는 부분은 행위자의 특정 문제이다.

명예훼손죄의 행위는 공연히 사실을 적시하여 사람의 명예를 훼손하는 것이다. 따라서 피고인이 되는 행위자는 피해자의 명예를 훼손하는 사람이어야 할 것이다. 대상판례에서 피고인 신△범이 허위의 사실을 적시하여 피해자의 명예를 훼손한 행위자인지 의문이 든다. 실제로 1인 시위와 내용증명의 기재내용이 담긴 보도자료를 배포함으로써 피해자의 명예를 훼손하는 행위를 한 사람은 도○순이기 때문이다. 학설에 따르면 행위자가 직접 [불특정 또는 다수인/ 적어도 여럿 사람/ 불특정 다수인]이 인식할 수 있는 (허위)사실적시를 해야 하므로 피고인은 신△범이 아니라 도○순이 되어야 한다.

전파가능성이론에 따르면 사람의 명예를 훼손한 자(말한 자)의 형사책임은 최초 전문자(들은 자)의 예측할 수 없는 미래 행위에 좌우된다.[60] 즉, 도○순의 행위를 보고, 피고인 신△범의 전파가능성 여부를 판단하고 있다. 이는 행위자를 신△범으로 전하고 판단한 것으로, 명예훼손죄의 구성요건을 벗어난 이해하기 어

---

59) 집회 및 시위에 관한 법률 제2조 (정의) 이 법에서 사용하는 용어의 뜻은 다음과 같다. 2. "시위"란 여러 사람이 공동의 목적을 가지고 도로, 광장, 공원 등 일반인이 자유로이 통행할 수 있는 장소를 행진하거나 위력(威力) 또는 기세(氣勢)를 보여, 불특정한 여러 사람의 의견에 영향을 주거나 제압(制壓)을 가하는 행위를 말한다.

60) 권순민, 앞의 논문, 156면.

려운 해석이라고 생각한다.[61)]

2. 서울중앙지방법원 2015. 7. 23. 선고 2015노2025 판결에의 적용과 검토[62)]

피고인은 서울 강남구 논현동 소재 건물 ○○○호의 임차인인 박○주의 남편이고, 피해자 채○창은 위 박○주가 거주하는 건물의 임대인이다.

피고인은 2013. 12. 13. 08:00경 서울 강남구 논현동 소재 건물 ○○○호에 있는 피고인의 집 앞에서 신고를 받고 출동한 경찰관이 있는 가운데 피해자에게 "개새끼, 호로자식"이라고 큰 소리로 말하고, 불특정 다수의 사람들이 지나다니는 위 피고인의 집 인근 길거리에서 "강동에 집 5채 있는 놈이 세입자들 피를 빨아먹는다."고 큰 소리로 말하여 공연히 피해자를 모욕하였다는 공소사실로 기소되었다.

본 판례의 쟁점은 피고인이 경찰관들이 있는 자리에서 피해자에게 모욕 행위를 한 경우, 공연성(전파가능성)을 인정할 수 있는지 여부이다.

검사는 이 사건 당시 출동 경찰관이 6~7명 정도(피해자 진술) 또는 적어도 3명 이상 현장에 있었던 바, 피고인의 욕설은 이미 다수의 경찰관들에게 전파되었으므로 그 자체로 공연성이 인정되는 것이지, 경찰관들에 의하여 다른 제3자들에게 전파될 가능성이 인정되어야 하는 것은 아니다. 또한 '피고인 집 인근 길거리에서의 모욕' 부분도 당시 피고인이 길거리에서 욕설을 한 이상, 경찰차가 출동한 상태에서 아침 시간에 골목길에서 소음이 들릴 경우 충분히 불특정 다수의 사람들이 욕설을 들을 수 있었다는 논거로 항소하였다.

---

61) 피고인이 또 다른 사기피해자에게 사실을 적시한 것 자체를 명예훼손행위로 본 것으로 이를 공범의 문제로 본 것은 사안에 대한 정확한 이해라고 보기 어려우며, 명예훼손죄 관련 부분에서 공동정범 또는 교사범의 가능성 유무를 논함으로써 주요 논지인 "공연성의 의미와 전파가능성"을 벗어날 수 있다는 점에서 이에 대한 문제제기에 그치기로 한다.

62) 제1심(서울중앙지방법원 2015. 5. 7. 선고 2014고정3929 판결)도 무죄를 선고했으며, 현재 대법원에 상고 중이다(대법원 2015도12346).

1) 적용

행위자가 사실적시 행위를 할 당시에 [불특정 또는 다수인/ 적어도 여럿 사람/ 불특정 다수인]이 함께 이를 직접 인식할 수 있는 상태에 있어야 한다는 다수설과 소수설에 따르면 대상판례의 사안은 '상당다수'요건을 충족하지 못하므로 당연히 전파가능성(공연성)이 부정된다.

전파가능성 인정 여부를 인적 범위에서 찾는 전파가능성이론에 따르면, 사건에 관련 사람들이 피해자와 그 아들 그리고 피고인과 그 딸의 관계이므로 특별한 사정이 없는 한 아버지에 대한 위와 같은 모욕 내용을 불특정 다수인에게 전파할 가능성은 없다.

2) 검토

검사는 "피고인의 욕설은 이미 다수의 경찰관들에게 전파되었으므로 그 자체로 공연성이 인정되는 것"이며, 출동 경찰관의 수도 3명 이상이어서 다수인에 해당한다고 보아 항소하였다.

특수관계로 인하여 비밀보장이 기대되지 않는 사람을 의미하는 불특정인의 경우, 소수라도 사실을 적시한 행위이므로 당연히 다른 사람에게 전파할 가능성이 높다. 판례의 전파가능성이론은 이런 경우에 적용될 수 있다.

이에 반해 특정 다수인인 경우에는 전파가능성이 낮다고 볼 수 있으므로, 공연성의 범위가 축소된다.

이 사건 당시 경찰관들은 주민간의 다툼에 관하여 신고를 받고 현장에 출동한 사람들로 특정인이라고 할 수 있다. 또한 검사의 주장대로 3명 이상인 경우에는 특정다수인이라고 할 수 있으나, 그 전파가능성은 낮아진다고 볼 수 있다.

항소심은 출동 경찰관들은 민원처리와 수사 등 경찰사무에 종사하는 공무원으로서 직무상 비밀유지의무[63]가 있어 전파가능성이 없다고 판시하였다. 행위자와 그 상대방 그리고 피해자의 관계를 고려하여 전파가능성 여부를 판단하는 기

---

63) 국가공무원법 제60조 (비밀 엄수의 의무) 공무원은 재직 중은 물론 퇴직 후에도 직무상 알게 된 비밀을 엄수(嚴守)하여야 한다.

준에 따르면, 피해자 채○창과 그 아들 그리고 피고인과 그 딸은 특별한 사정이 없는 한 아버지에 대한 모욕 내용을 불특정 또는 다수인에게 전파할 가능성도 없으므로 공연성이 부정된다. 대법원이 '특별한 사정이 없는 한'이라는 단서를 붙이고 판단하는 이유도 전파가능성개념을 단순한 가능성을 넘어선 고도의 가능성, 즉 전파개연성[64]으로 파악하는 것과 동일한 맥락이라고 생각한다.

다수의 정도와 관련하여 3명은 판례의 기준에 따르면 다수인에 해당하지 않을 수도 있다.[65] 학설의 입장에서도 다수를 단순다수라고 이해하면 3명을 다수라고 볼 수 있으나, 상당다수라고 이해하면 3명은 다수인에 해당하지 않을 수도 있다. 따라서 항소심이 "피고인의 말이 불특정 다수인에게 전파될 가능성이 있었다고 볼 수 없어 공연성 요건을 갖추었다고 보기에 부족하다"고 판시한 부분은 결론적으로는 타당하나, 본 대상판례의 사안은 '상당다수'의 요건을 충족하지 못하고 있으므로 전파가능성 여부와 상관없이 공연성을 인정할 여지가 없다고 보는 것이 타당하다고 생각한다.

V. 나오는 말

대법원은 형법 제307조(명예훼손) 및 제311조(모욕)에 규정된 "공연히"라는 문언의 해석에 관해 일관되게 '전파가능성'을 기준으로 판단한다. 그리고 전파가능성 여부의 판단에 (허위)사실적시를 한 행위자, 그 상대방 그리고 피해자 간의 관계가 중요한 기준으로 작동하고 있다.

생각건대 모욕죄에는 공연성과 관련하여 전파가능성이론은 적용되지 않는다고 보아야 한다. 왜냐하면 모욕죄는 경멸이나 추상적 가치판단이 피해법익이므

64) 윤해성, 앞의 논문, 418면.

65) 이재상, 앞의 책, 187면; 대법원은 명예훼손이나 모욕죄 사건에서 뿐만 아니라 다른 사건에서도 불특정의 의미를 동일하게 사용하고 있다(2017. 8. 18. 선고 2017도7134 판결 : 구 의료법(2016. 12. 20. 법률 제14438호로 개정되기 전의 것) 제27조 제3항 본문상 '불특정'은 행위 시에 상대방이 구체적으로 특정되어 있지 않다는 의미가 아니라 상대방이 특수한 관계로 한정된 범위에 속하는 사람이 아니라는 것을 의미한다).

로, 욕설 등으로 인하여 전파가 된다고 하더라도 명예훼손죄의 사실 또는 허위사실의 적시가 전파된 것과는 차원이 다르기 때문이다. 또한 모욕죄에는 사실의 적시라는 구성요건이 없으므로 전파가능성을 논할 필요가 없다.

나아가 모욕죄의 경우도 보호법익과의 관계에 비추어 이러한 '모욕'의 개념을 엄격하게 해석한다면 전파가능성 이론을 적용하더라도 모욕죄가 부당하게 확대해석되는 것을 방지하고 그 범위를 합리적으로 제한할 수 있을 것이라는 견해[66]가 있다. 그러나 모욕의 개념을 축소하여 그 성립범위를 제한하는 문제와 모욕죄에서 공연성 요건을 요하느냐 아니냐의 문제는 그 차원이 다른 문제라고 보아야 한다. 이러한 견해는 결국 모욕죄에서도 공연성(전파가능성) 요건이 존재해야 한다는 당위의 사실만 강조할 뿐, 공연성 요건이 어떻게 성립함으로써 모욕죄의 구성요건을 충족하게 되는지에 대한 논증은 생략되어 있다고 보아야 한다.

명예훼손죄는 물론 모욕죄도 전파가능성 이론의 적용이 가능하다고 봄이 상당하다는 견해[67]는 결국 결과형법 내지 우연형법을 인정하는 결과밖에 되지 않는다. 따라서 전파가능성이론을 지지하는 입장은 전파가능성이론을 유지하기 위한 근거를 아주 드물게 발생할 수 있는 가능성을 가지고 설명하고 있을 뿐, 근본적으로 공연성이 왜 전파가능성이론으로 대체되어 적용되어야 하는지에 대한 근거는 제시하지 못하고 있다고 판단된다.

생각건대 그동안 불특정이면 수의 다소를 불문하고, 다수인인 경우에는 특정되어도 상관이 없다고 설명되어 온 불특정 또는 다수인의 범위 중 '불특정 소수'와 '특정 소수(1인)'는 전파가능성 여부와 상관없이 공연성 인정범위에서 제외하는 것이 바람직하다. 특정한 소수에 대한 사실의 적시와 같이 개인적이고 사적인 정보의 전달은 명예훼손죄의 처벌범위에 속하지 않기 때문이며, '세상에서 다 알 만큼 뚜렷하고 떳떳하게'라는 '공연히'의 사전적 의미에 비추어 봐도 1명의 특정 소수에게 어떤 사실을 이야기한 것을 공연성이 있다고 말할 수 없기 때문이다. 따라서 다수인을 기준으로 공연성 개념을 제한적으로 해석할 필요가 있다. 다수인의 기준을 '2명 이상의 단순다수'로 할 것이냐 아니면 '상당다수'로 할 것이

66) 한제희, 앞의 논문, 272면.
67) 한제희, 위의 논문, 276면.

냐가 논란이 될 수 있다. 필자는 '상당다수'로 파악하는 것이 공연성의 본래적 의미에 부합한다고 생각한다. 그러나 '단순다수'로 파악하더라도 제반 상황을 고려하여 공연성요건을 충족할 수 있는 다수인으로 판단할 수 있으리라 생각되며, 양형단계에서도 이러한 부분을 참작하여 처벌의 범위를 정할 수도 있을 것이다. 이와 같이 불특정 다수를 기준으로 공연성을 판단하게 되면 가벌성범위가 축소되어 명예범죄에 공연성을 규정하고 있는 우리 형법의 입법취지에도 부합하게 될 것이다.

[국문초록]

대법원은 형법 제307조(명예훼손) 및 제311조(모욕)에 규정된 "공연히"라는 문언의 해석에 관해 일관되게 '전파가능성'을 기준으로 판단한다. 그리고 전파가능성 여부의 판단에 (허위)사실적시를 한 행위자, 그 상대방 그리고 피해자 간의 관계가 중요한 기준으로 작동하고 있다.

생각건대 모욕죄에는 공연성과 관련하여 전파가능성이론은 적용되지 않는다고 보아야 한다. 왜냐하면 모욕죄는 경멸이나 추상적 가치판단이 피해법익이므로, 욕설 등으로 인하여 전파가 된다고 하더라도 명예훼손죄의 사실 또는 허위사실의 적시가 전파된 것과는 차원이 다르기 때문이다. 또한 모욕죄에는 사실의 적시라는 구성요건이 없으므로 전파가능성을 논할 필요가 없다.

명예훼손죄는 물론 모욕죄도 전파가능성 이론의 적용이 가능하다고 봄이 상당하다는 견해는 결국 결과형법 내지 우연형법을 인정하는 결과밖에 되지 않는다. 따라서 전파가능성이론을 지지하는 입장은 전파가능성이론을 유지하기 위한 근거를 아주 드물게 발생할 수 있는 가능성을 가지고 설명하고 있을 뿐, 근본적으로 공연성이 왜 전파가능성이론으로 대체되어 적용되어야 하는지에 대한 근거는 제시하지 못하고 있다고 판단된다.

생각건대 그동안 불특정이면 수의 다소를 불문하고, 다수인인 경우에는 특정되어도 상관이 없다고 설명되어 온 불특정 또는 다수인의 범위 중 '불특정 소수'와 '특정 소수(1인)'는 전파가능성 여부와 상관없이 공연성 인정범위에서 제외하는 것이 바람직하다. 특정한 소수에 대한 사실의 적시와 같이 개인적이고 사적인 정보의 전달은 명예훼손죄의 처벌범위에 속하지 않기 때문이며, '세상에서 다 알 만큼 뚜렷하고 떳떳하게'라는 '공연히'의 사전적 의미에 비추어 봐도 1-2명의 특정 소수에게 어떤 사실을 이야기한 것을 공연성이 있다고 말할 수 없기 때문이다. 따라서 다수인을 기준으로 공연성 개념을 제한적으로 해석할 필요가 있다. 불특정 다수를 기준으로 공연성을 판단하게 되면 가벌성범위가 축소되어 명예범죄에 공연성을 규정하고 있는 우리 형법의 입법취지에도 부합하게 될 것이다.

주제어 : 명예훼손, 모욕, 공연성, 직접인식설, 전파가능성이론

[지정토론]

명예훼손죄와 모욕죄에 있어서 공연성의 의미와 전파가능성이론

- 민 철 기* -

1. 서론

먼저 명예훼손죄와 모욕죄에 있어서의 공연성에 관하여 심도 있는 주제발표를 해 주신 조현욱 교수님께 깊이 감사드립니다. 실무가로서 평소 대법원이 채택하고 있는 전파가능성이론을 당연한 것으로 생각하고 이를 별다른 문제의식 없이 적용하여 왔고, 다만 전파가능성이 언제 인정되고 언제 부정되는지에 관한 기준이 모호하다는 정도로만 막연하게 생각하였는데, 이번 발표를 통하여 전파가능성이론이 학계로부터 많은 비판을 받고 있다는 것과 그러한 비판이 상당 부분 타당하다는 것을 새삼 깨닫게 되었습니다.

다만 제가 교수님의 발표문을 읽으면서 의문이 들었던 것은 전파가능성이론이 장점은 거의 없고 단점만 많은 이론이라면 왜 대법원이 전파가능성이론을 아직까지 폐기하지 않고 유지하고 있는지 여부였습니다.

이에 따라 저는 전파가능성이론의 연혁과 도입배경 등을 간략히 소개하고, 전파가능성이론에 대한 비판의 타당성을 검토한 후 저의 견해를 간략히 밝히는 것으로 지정토론을 갈음하고자 합니다.[1)]

* 대법원 재판연구관

1) 주석 형법 각칙(4)(박홍우 변호사 집필 부분), 김우진, "명예훼손죄에 있어서의 공연성", 형사판례연구 제9호(2001) 참조하였음

2. 전파가능성이론의 연혁, 도입배경

전파가능성이론은 일본 대심원이 1919. 4. 18. '공연히는 반드시 사실을 적시한 장소에 있던 인원이 다중일 것을 요하는 것이 아니고 관계없는 두세 사람에 대하여 사실을 고지한 경우라도 다른 다수인에게 전파될 사정이 있으면 이를 공연이라고 칭하는데 방해가 되지 않는다'고 판시한 이래 일본 최고재판소가 채택하고 있다고 합니다.

대법원은 68도1569 판결에서 "형법 제307조에서 '공연히'라 함은 불특정 또는 다수인이 인식할 수 있는 상태라고 풀이함이 상당하며, 비밀이 잘 보장되어 외부에 전파될 염려가 없는 경우가 아니면 비록 개별적으로 한 사람에게 유포하였다고 하더라도 본건과 같이 연속하여 수인에게 사실을 유포하여 그 유포한 사실이 외부에 전파될 가능성이 있는 이상 공연성이 있다"고 판시함으로써 전파가능성이론을 받아들인 이후 최근까지도 전파가능성이론을 유지하고 있습니다.

다만 최근에는 "명예훼손죄의 구성요건인 공연성은 불특정 또는 다수인이 인식할 수 있는 상태를 말하므로, 비록 개별적으로 한 사람에게 사실을 유포하였다고 하더라도 그로부터 불특정 또는 다수인에게 전파될 가능성이 있다면 공연성의 요건을 충족한다 할 것이지만, 이와 달리 전파될 가능성이 없다면 특정한 한 사람에 대한 사실의 유포는 공연성을 결한다"라고 판시하고 있습니다(99도4579 판결, 2007도8155 판결, 2004도340 판결 등).

대법원이 전파가능성이론을 채택·유지하고 있는 것은 타인의 명예와 관련된 소문·추문의 전파가능성 또는 전파잠재력을 고려한 것이라고 설명하는 것이 일반적입니다. 즉 '불특정 또는 다수인이 직접 인식할 수 있는 상태'가 되어야 한다는 다수설에 따라 전파에 의한 간접적인 전파가능성을 부정할 경우 타인의 명예보호에 흠결이 생길 수 있으므로 보호법익인 타인의 명예를 두텁게 보호하기 위하여 공연성을 넓은 범위에서 인정해야 한다는 것입니다.

예컨대, A 대학교에 다니는 甲에 대한 명예훼손적인 사실을 乙이 丙, 丁, 戊 3인이 있는 자리에서만 말하였으나 그 소문이 여러 단계를 거쳐 전파되어 A 대학교 내에 있는 대부분의 학생들이 그러한 사실을 알게 된 경우 甲의 명예를 훼손하는 내용을 학교 구성원 대부분이 인식하고 있고, 그 발언의 근원은 乙임에도 乙이 당해 발언을 불특정 또는 다수인에게 하지 않았다는 이유로 무죄로 판단하는 것은 타당하지 않다는 것입니다.

피해자가 최초 유포자와 적대적인 관계에 있거나 최초 유포자가 명예훼손적인 사실을 처음으로 알게 된 경위에 관한 정보를 가지고 있는 경우 피해자가 최초 유포자를 특정할 수는 있으나, 대부분의 경우 그 이후의 구체적인 전파과정을 구체적으로 파악하거나 입증하는 것이 사실상 불가능한 경우가 많은데, 최초 유포자가 소문이 전파될 가능성이 있음을 알면서 이를 유포하였고 결과적으로 불특정 또는 다수인이 이를 알게 되었다면 그에게 형사책임을 부담시키는 것이 타당한 것이 아닌가 하는 것이 전파가능성이론의 문제의식일 것입니다.

실제로 '언어(말)'로 전파되는 명예훼손에 있어, 피해자는 원래 1인 또는 특정한 소수만 알고 있는 명예훼손적 사실이 여러 단계를 거쳐 전파되어 결과적으로 자신의 주변에 있는 다수의 사람이 알게 된 경우 그 사실을 처음에 알고 있는 1인 또는 특정 소수를 고소하게 되는데, 최초 유포 당시에 현장에 있던 사람이 불특정 또는 다수인이 되지 않는다고 하여 이들을 처벌하지 않는 것은 불합리한 측면이 있습니다.

나아가 조금 더 극단적인 예를 들자면, 최초 유포자가 (불특정 또는 다수인이라고 할 수 없는) 3인(a 그룹) 앞에서 명예훼손적인 사실의 유포를 하고, 이후 시간을 달리하여 순차적으로 각 3인으로 구성된 b 그룹, c 그룹, d 그룹, e 그룹 등 앞에서 명예훼손적인 사실을 유포하여 결과적으로 수십 명이 그 사실을 알게 된 경우 최초 유포자가 수십 명 앞에서 한 번에 명예훼손적인 사실을 유포한 것과 달리 취급하는 것은 경험칙상 받아들이기 어려운 면이 있습니다. 그런데 전파가능성이론을 부정하는 다수설에 의하면 최초 유포자의 각 행위는 모두 공연성을 충족하지 못하므로 이것이 반복된다고 하더라도 최초 유포자에게 명예훼손죄가 성립할 수는 없습니다.

다른 예를 들자면 객관적으로 전파가능성이 일반인보다 높다고 할 수 있는 기자 등에게 타인의 명예를 훼손하는 내용의 제보를 하였는데 기자가 이를 진실로 믿고 이를 보도한 경우에 기자가 허위임을 인식하지 못한 상태에서 공공의 이익을 위하여 보도하는 등 기자와 제보자를 공범으로 구성할 수 없지만 결과적으로 피해자의 명예는 훼손된 경우 등에 있어서도 제보자를 처벌할 필요성은 있으나 다수설이 지지하는 직접인식가능성설에 의하면 제보자를 처벌하는 것은 쉽지 않습니다.

3. 전파가능성이론에 대한 비판에 대하여

가. 상대방이 문제의 발언을 전파하면 공연성이 인정되고, 전파하지 않으면 공연성이 부정되게 되어 결과책임을 인정하는 결과가 된다는 비판에 대하여

이러한 비판은 전파가능성이론을 다소 오해한 것에서 비롯된 것으로 보입니다. 전파가능성이론은 사실적시의 상대방인 1인에게 전파가능성이 있고, 행위자가 이러한 전파가능성을 인식하였다면 1인에게 전파하여도 공연성을 충족한다는 취지이지, 결과적으로 불특정 또는 다수의 사람에게 전파되어야 공연성의 요건이 충족된다는 취지가 아닙니다. 즉 전파가능성이론에서 전파가능성의 판단 시점은 상대방에게 사실을 적시한 때이고 전파가능성은 사실적시자와 상대방의 관계 등 제반 사정을 참작하여 규범적 · 객관적으로 판단하는 것이므로 사후 사정에 불과한 상대방의 실제 전파 여부에 따라 유무죄가 달라진다는 비판은 적절하지 못한 측면이 있습니다.

물론 현실적으로 당해 사실이 널리 전파되지 않은 경우 피해자가 자신의 명예가 훼손되었다는 사실 자체를 알 수 없기 때문에 실제 사건에서 문제되는 것은 당해 사실이 불특정 또는 다수인에게 전파된 사안인 경우가 대부분일 것이나 이는 현실의 문제일 뿐 전파가능성이론 자체의 문제는 아닙니다.

물론 전파가능성이 있는지를 판단함에 있어 대법원은 실제로 전파되었는지 여부도 고려하는 것으로 보이나, 이는 상대방에게 사실을 적시한 당시 전파가능성이 있었는지 여부를 판단함에 있어 실제 전파되었는지를 사후적인 정황으로 보아 고려하는 것일 뿐 상대방이 실제로 전파하면 공연성이 있고, 상대방이 실제로 전파하지 않으면 공연성이 없다는 의미는 아닐 것입니다.

나. 전파가능성 여부를 판단할 객관적인 기준이 존재하지 않기 때문에 구체적인 적용에 있어 법관의 자의가 개입할 소지가 있다는 비판에 대하여

전파가능성이론은 다수설이 지지하고 있는 직접인식가능성설에 비하여 법관의 자의가 개입할 소지가 많은 것은 부인하기 어렵습니다. '불특정 또는 다수인' 자체가 불확정 개념인데 '불특정 또는 다수인에게 전파될 가능성'은 불확정 개념에 불확정 개념을 하나 더 추가하는 셈이기 때문입니다.

나아가 구체적인 사안에서 전파가능성이 인정된 사례와 인정되지 않은 사례를 보더라도 법원이 전파가능성 인정 여부와 관련하여 합리적이고 객관적인 기준설정을 하지 못하는 측면도 분명 있습니다. 특히 친척관계나 직무상 관계(☞ 일반적으로 전파가능성 부정)가 아닌 일반적인 직장동료, 친구, 선배, 지인에게 말한 경우에 특별히 비밀을 유지할 관계라고 볼 수 없다는 이유로 전파가능성을 인정한 선례(학교 동창, 같은 교회 교인)가 있는 반면 친분관계를 강조하여 전파가능성을 부정한 선례(친한 선배, 직장 동료, 같은 건물의 옆 점포 임차인)도 있는 등 그 기준이 명확하지 않습니다. 다만 최근의 선례는 과거에 비하여 전파가능성을 다소 엄격하게 인정하는 추세라고 할 수는 있습니다.

그러나 이는 상당 부분 전파가능성이론 그 자체의 문제라기보다는 그 적용의 문제이고, 특히 과거에 전파가능성을 너무 넓게 인정한 데서 비롯된 문제가 아닐까 합니다.

전파가능성을 단순한 '개연성'이 아닌 고도의 '개연성'으로 이해하고, 전파가능성에 대한 구체적인 입증책임을 검사에게 부담시키는 방향으로 전파가능성을 엄격히 인정한다면 법관의 자의가 개입한다는 비판은 상당 부분 희석될 수 있을 것입니다.

다. 형법의 보충성 및 유추해석금지의 원칙에 반한다는 비판에 대하여

이에 대하여 전파가능성이론을 옹호하는 입장에서는, ① 발언 당시 상대방은 1인이지만 객관적으로 전파가능성이 있고 실제로 몇 단계를 거쳐 불특정 또는 다수인이 알게 된 경우(이하 '사례 1')와 ② 발언 당시 이미 불특정 또는 다수의 상대방에게 말한 경우 결과적으로 불특정 또는 다수인이 인식할 수 있는 상태가 된 결과는 동일하므로 이러한 상태를 직접적으로 야기한 ① 사안뿐만 아니라 간접적으로 야기한 ② 사안의 경우에도 행위자를 동일하게 처벌할 수 있어야 한다고 설명하고 있는데, 이러한 논리는 일응 가능해 보입니다.

그러나 발언 당시 상대방은 1인이고 객관적으로 전파가능성(개연성)이 인정되는데, 실제로 그 상대방이 불특정 또는 다수인에게 전파하지 않은 경우(이하 '사례 2'. 예컨대, 기자에게 명예훼손적인 사실을 제보하였는데 기자가 사실확인 후 실제 보도하지 않은 경우)에는 전파되지 않은 것을 전파가능성을 이유로 처벌하는 결과가 되어 '공연히'라는 문언의 가능한 범위를 넘어선다고 볼 여지가 큽니다. 이러한 사안에서 대법원은 '**통상 기자가 아닌 보통 사람에게 사실을 적시할 경우에는 그 자체로서 적시된 사실이 외부에 공표되는 것이므로 그 때부터 곧 전파가능성을 따져 공연성 여부를 판단하여야 할 것이지만, 그와는 달리 기자를 통해 사실을 적시하는 경우에는 기사화되어 보도되어야만 적시된 사실이 외부에 공표된다고 보아야 할 것이므로 기자가 취재를 한 상태에서 아직 기사화하여 보도하지 아니한 경우에는 전파가능성이 없다고 할 것이어서 공연성이 없다고 봄이 상당하다.**'고 판시하고 있는데(99도5622 판결 등), 전파가능성이 객관적으로 크다고 할 수 있는 기자에 대하여 위와 같은 예외를 인정하는 합리적인 이유를 찾기 어려운데다가 위 판시가 그 반대해석상 '전파가능성이 객관적으로 인정되는 (기자가 아닌) 일반인에게 적시한 경우에는 그 당시에 전파가능성이 인정되는 이상 설령 후에 실제로 전파되지 않았더라도 전파가능성이 인정된다'는 취지라면, 이는 '공연히'라는 요건이 충족되지 않았음에도 유죄로 인정할 수 있다는 의미여서 납득하기 어렵습니다. 다만 앞서 본 바와 같이 객관적으로 전파가능성은 있으나 실제로 전파되지 않은 사례 2와 같은 사안이 실제로 기소되는 경우는 드물 것입니다.

이러한 경우를 제외한 일반적인 경우(사례 1 사안)에는 결국 피고인에게 불리한 방향의 확장해석 또는 유추해석으로서 금지되는 것인지 아니면 법률의 입법취지와 목적, 입법연혁 등을 고려한 목적론적 해석으로서 허용되는 것인지의 문제로 귀결된다고 할 수 있을 것입니다.

라. 형법의 보충성과 관련하여 사적인 대화까지 처벌될 가능성이 있는 등 처벌범위가 불필요하게 확대된다는 비판에 대하여

전파가능성이론을 적용하게 되면 공연성의 인정 범위가 확대되는 것은 사실이지만, 전파가능성이론이 등장한 이유가 타인의 명예를 보다 충실히 보호하기 위한 데에 있는 만큼 공연성의 인정범위가 어느 정도 확대되는 것은 부득이한 것이고 명예보호와 표현의 자유의 조화점이 어디에서 찾아져야 할 것인지에 대해서는 비교형량의 문제로서 이에 관한 사회적 합의가 필요한 부분으로 생각됩니다.

다만 이러한 비판도 상당 부분 전파가능성이론 그 자체의 문제라기보다는 전파가능성을 넓게 인정하여 사적인 대화까지 전파가능성이 있다고 보는 전파가능성의 범위에 관한 포섭 및 적용 문제라고 볼 수 있습니다.

마. 명예훼손죄에서의 공연성과 모욕죄에서의 공연성의 해석기준을 달리한다는 비판에 대하여

이에 관하여 전파가능성이론을 지지하는 견해에서는 판례가 모욕죄에서도 전파가능성이론을 수용하고 있으므로 명예훼손죄와의 불균형은 발생하지 않는다고 하고 있으나 교수님께서 적절하게 지적하신 바와 같이 구체적 사실의 적시가 없는 모욕적 발언의 경우에는 구체적 사실이 적시된 경우와 비교하여 볼 때 상대적으로 전파가능성이 거의 없거나 현저하게 낮다고 보는 것이 타당할 것입니다. 욕설 등 모욕적 발언이 그 표현의 독창성 때문에 표현 자체가 널리 전파될 수는 있어도 특정한 피해자와 결부되어 널리 전파된다는 것은 쉽게 상상하기 어렵기 때문입니다.

판례가 모욕죄와 관련하여서도 전파가능성이라는 설시를 하고는 있으나 대부분 이를 부정하거나(83도49 판결), '공연성 및 전파가능성도 있었다'과 같이 부가적으로 설시하고 있는 것도 이와 무관하지 않다고 하겠습니다.

즉 명예훼손죄의 공연성과 모욕죄의 공연성을 대법원이 달리 해석한다기보다는 대상 발언의 특성상 전파가능성의 정도에 차이가 있는 것으로 이해하면 족할 것으로 보입니다.

4. 결론

교수님의 주제발표를 통하여 전파가능성이론의 장단점을 생각해 볼 수 있는 계기가 되었습니다.

결론적으로 저는 현재 대법원이 취하고 있는 전파가능성이론이 비판받을 부분이 많다는 점과 전파가능성이론을 전면적으로 폐기하는 것도 충분히 가능하고 그것이 법문에 보다 충실한 해석론이라는 데 동의합니다.

다만 지적하고 싶은 것은 전파가능성이론은 타인의 명예를 두텁게 보호하기 위하여 나온 이론으로서 이것이 폐기될 경우 기존에 (전파가능성을 이유로) 유죄로 판단되었던 사안이 (공연성이 부정됨으로써) 무죄로 판단되는 경우가 생각보다 많아지게 되어 처벌의 공백이 발생할 수 있다는 점과 전파가능성에 대한 비판 중에서는 다소 과장되거나 이론 자체가 아닌 적용의 문제점에 불과한 것도 상당 부분 있다는 점입니다.

앞서 전파가능성이론의 도입배경과 관련하여 예로 든 몇 가지 사례에서 모두 처벌의 필요성이나 처벌가치가 없다는데 사회적 합의가 이루어진다면 모르겠으나 그러한 사안에서 최초 유포자를 명예훼손으로 처벌해야 한다는 것이 일반인의 법감정이라면 구성요건의 엄격해석 원칙을 일부 포기해서라도 공연성을 넓게 해석하는 것이 반드시 부당하다고 할 수는 없을 것입니다.

깊이 생각해 본 것은 아닙니다만, 전파가능성이론을 전면적으로 폐기하는 것도 고려할 수 있으나 그것보다는 이를 다소 수정하여 전파'가능성'을 전파될 고도의 '개연성' 정도로 제한해석하고, 이는 검사가 합리적인 의심을 배제할 정도로 증명하여야 하며, 그러한 증명이 없는 경우 전파가능성은 부정되는 것으로 엄격하게 해석(즉 default는 전파가능성 부정으로 해석)하는 것도 전파가능성이론에 대한 비판을 상당 부분 피해가면서도 합리적인 결론을 도출할 수 있는 방법이 되지 않을까 하는 생각이 듭니다.

깊이 있는 주제발표를 해 주신 조현욱 교수님께 다시 한 번 감사드리며, 교수님의 발표가 현재 대법원에 계속 중인 연구대상사건의 해결에도 큰 도움이 될 것으로 확신합니다.

이상으로 두서없는 지정토론을 마치겠습니다. 감사합니다.

양자 간 명의신탁과 횡령죄*

- 조 현 욱**-

목 차

I. 들어가는 말

부동산 실권리자명의 등기에 관한 법률(이하 '부동산실명법'이라 한다)은 "부동산에 관한 소유권과 그 밖의 물권을 실체적 권리관계와 일치하도록 실권리자 명의(名義)로 등기하게 함으로써 부동산등기제도를 악용한 투기 · 탈세 · 탈법행위 등 반사회적 행위를 방지하고 부동산 거래의 정상화와 부동산 가격의 안정을 도모하여 국민경제의 건전한 발전에 이바지함"을 목적으로 1995년 3월 30일 법률 제4944호로 제정되어, 그동안 14차례에 걸쳐 개정되어 현재에 이르고 있다.

부동산실명법 제3조 제1항은 다른 사람의 부동산을 자신의 명의로 등기하는

---

* 본 발표문은 비교형사법연구 제20권 제3호(한국비교형사법학회, 2018. 10. 31., 111~132면)에 게재되었음을 밝혀둔다.
** 건국대학교 법학연구소 교수

이른바 등기명의신탁을 금지하고 있으며, 명의신탁금지규정에 위반한 부동산명의신탁자(이하 '신탁자'라 한다)와 부동산명의수탁자(이하 '수탁자'라 한다)는 부동산실명법 제7조에 의해 처벌된다. 따라서 부동산 매수인은 타인의 이름으로 명의신탁을 할 수 없으므로 원칙적으로 무효이며, 명의신탁약정을 법률상 원인으로 하여 이루어진 부동산물권행위 역시 무효이므로 신탁자는 수탁자에게 그 무효를 이유로 소유권이전등기청구권을 갖는다(동법 제4조). 그러나 부동산에 대한 소유권귀속[1]에 대해서는 아무런 규정이 없어 수탁자의 명의신탁부동산 임의처분행위에 대한 형사 책임과 관련하여 다양한 해석이 제시되고 있다. 학설상으로는 횡령죄 등 재산범죄의 성립을 긍정하는 입장과 부정하는 입장이 대립하고 있으나, 최근 대법원은 이러한 소유권귀속이론에서 한 걸음 더 나아가 "형법상 보호할 가치 있는 신뢰관계 이론(이하 '보호가치 신뢰관계 이론'이라고 한다)"을 명의신탁부동산 임의처분 행위에 대한 재산범죄 성립 여부의 판단근거로 제시한 바 있다.

대법원은 중간생략형 등기명의신탁에서 수탁자가 신탁부동산을 임의로 처분한 경우 신탁자에 대한 관계에서 횡령죄가 성립하지 않는다고 판시하여 종래의 견해를 변경[2]하면서 ① 횡령죄 주체는 타인의 재물을 보관하는 자라야 하는데 신탁자는 신탁부동산의 소유권을 갖지 아니하는 점 ② 횡령죄의 본질에 비추어 볼 때 그 위탁신임관계는 횡령죄로 보호할만한 가치 있는 신임에 의한 것으로 한정함이 타당한데 부동산실명법의 입법취지 및 부동산실명법의 명의신탁관계에 대한 규율내용과 태도 등을 고려하면 신탁자와 수탁자 사이에 횡령죄성립을 위한 위탁신임관계가 있다고 할 수는 없으며, 사실상 위탁관계라는 것도 부동산실명법에 반하여 범죄를 구성하는 불법적인 관계에 지나지 아니할 뿐 이를 형법상 보호할만한 가치 있는 신임에 의한 것이라고 할 수 없다는 점을 근거로 제시하고 있다.[3]

---

1) 명의신탁 당사자 또는 매도인 중 누구에게 있는지 즉, 행위자에게 소유권이 이전되었는가의 문제가 발생하는 것이다.

2) 대법원 2016. 5. 19. 선고 2014도6992 전원합의체 판결.

3) 이에 더해 부동산실명법 제3조부터 제8조까지를 근거로 부동산 명의신탁에 대한 규범적 평가가 원칙적 합법 · 예외적 불법에서 원칙적 불법 · 예외적 합법으로 변화되었다는 점 및 명의신탁에서 명

대법원은 계약명의신탁 사안에 대해서도 원소유자(매도인)의 선의 · 악의를 불문하고 횡령죄[4)]나 배임죄[5)] 등 재산범죄의 성립을 배제하는 판결을 내고 있다. 이러한 대법원판례의 입장변화는 민법과 형법의 교착영역인 부동산명의신탁이 공 · 사법적으로 무효가 되는 경우에도 부동산명의신탁을 형법적으로 보호해야 할 필요가 있는지에 대한 학설의 문제제기[6)]에 대한 답변임과 동시에 부동산실명법의 입법취지 및 법리측면에서도 바람직한 방향이라고 생각한다. 반면에 명의신탁의 전형적인 유형이라 할 수 있는 양자 간 명의신탁에 대해서는 여전히 횡령죄의 성립을 긍정하는 입장을 유지하고 있으나, 2016년 전원합의체 판결 이후 위 사안에 대해 입장을 낼 기회가 없었던 것으로 이해할 수도 있다.

본 논문에서는 먼저 부동산명의신탁과 재산범죄 성립 여부에 대한 학설과 판례의 입장을 살펴본 다음, 판례에서 제시하고 있는 횡령죄의 성립여부 판단기준인 수탁자와 신탁자 사이의 '형법상 보호할 만한 가치가 있는 신뢰관계'의 존재 여부를 검토하고자 한다. 만약 이러한 신뢰관계가 부정된다면 민법상 소유권인정 여부에 대한 논의필요성이 사라질 것이고, 모든 형태의 명의신탁에서 동일하게 적용될 수 있는 법리를 제공할 수 있을 것이다.[7)]

신탁자와 수탁자 사이의 위탁신임관계 존재 여부를 중심으로, 이른바 양자 간 명의신탁에서 수탁자가 명의신탁부동산을 제3자에게 임의로 처분한 경우 신

의수탁부동산을 임의로 처분한 수탁자를 재산범죄로써 처벌하는 것은 수탁자에게 재산범죄(횡령죄 또는 배임죄)와 불법명의신탁상태유지 중 하나를 강요하여 명의신탁죄를 범한 신탁자를 오히려 보호하는 모양새가 되어 정의에 현저히 반하고 형사정책 측면에서도 바람직하지 않은 결과가 된다는 점도 근거로 제시하는 견해로 강동범, "등기명의신탁에서 신탁부동산의 임의처분과 횡령죄의 성부 - 대법원 2016. 5. 19. 선고 2014도6992 전원합의체 판결 -", 법조 제718호, 법조협회, 2016, 614-615면.

4) 대법원 2000. 3. 24. 선고 98도4347 판결(선의); 대법원 2012. 12. 13. 선고 2010도10515 판결; 대법원 2012. 11. 29. 선고 2011도7361 판결(악의).

5) 대법원 2004. 4. 27. 선고 2003도6994 판결(선의); 대법원 2012. 11. 29. 선고 2011도7361 판결(악의).

6) 박광현, "형사법의 독자성과 민사법과의 법질서 통일성 관점에서 바라 본 학제 간 고찰", 서울法學 제20권 제1호, 서울시립대학교 법학연구소, 2012, 283-284면; 양천수, "부동산 명의신탁 : 민법과 형법의 관점에 중점을 둔 통합과학적 접근", 영남대학교 출판부, 2010, 65면; 조기영, "재산범죄와 '보호할 가치 있는 신뢰관계'", 형사법연구 제26권 제1호, 한국형사법학회, 2014, 91-119면.

7) 오영근, "2016년도 형법판례 회고", 형사판례연구[25], 한국형사판례연구회, 2017, 645면.

탁자에 대한 횡령죄 성립 여부를 검토하고자 한다.

II. 부동산명의신탁과 형법상 보호할 가치 있는 신뢰관계 이론

1. 부동산명의신탁의 의의와 유형

부동산 명의신탁이란 해당 부동산에 관하여 소유권 등기를 실소유자가 아닌 다른 사람 이름으로 해놓는 것을 말한다.

이 경우 해당 부동산 실소유자는 신탁자가 되고, 공부상 소유자로 등재되어 있는 사람이 수탁자가 되며, 양자 사이에서 공증을 거친 등기권리증이나 소유권 확인증서를 따로 만들어 놓음으로써 부동산 명의신탁이 이루어진다.

양자 간 명의신탁[8]이란 신탁자 소유명의를 수탁자에게로 옮겨 놓는 명의신탁을 말하며,[9] 전형적인 명의신탁[10] 또는 이전형 명의신탁이라고도 한다. 즉, A가 자신 명의의 부동산을 다른 사람 B의 이름을 빌려 부동산등기를 이전하는 구조이며,[11] 이 경우의 명의신탁은 무효이다.

중간생략등기형 명의신탁은 A가 매도인과 계약을 체결한 후 명의를 B에게 넘기는 구조이다.

계약명의신탁은 B가 A의 자금으로 부동산을 매수한 후 B명의로 등기하되, 내부적으로는 A소유로 하기로 계약하는 구조이다. 매도인이 명의신탁 사실을 몰

8) 명의신탁을 2자간 등기명의신탁과 3자간 등기명의신탁 그리고 계약명의신탁으로 나누는 방식보다 전형적인 명의신탁, 중간생략 명의신탁, 계약명의신탁이라는 표현이 낫다는 견해로 송덕수, "명의신탁된 부동산을 명의수탁자가 처분한 경우의 법률관계 – 명의신탁의 유형에 관한 논의를 포함하여 –", 이화여자대학교 법학논집 제19권 제1호, 이화여자대학교 법학연구소, 2014, 16-17면 및 41면.

9) 문영식, "명의신탁 부동산의 처분행위에 관한 형법정책", 형사법의 신동향 제51호, 대검찰청, 2016, 284면.

10) 송덕수, 앞의 논문, 41면.

11) 이상태, "부동산명의신탁에 관한 민 · 형법의 통합적 연구", 일감법학 제30호, 건국대학교 법학연구소, 2015, 148면.

랐다면 수탁자 앞으로 된 이전등기는 유효하고, 수탁자가 실소유자가 된다.

중간생략형 등기명의신탁은 신탁자가 매매의 거래당사자임에 반해, 계약명의신탁은 신탁자는 돈만 대고 거래의 당사자로 전면에 나서지 않고 수탁자인 B를 시켜 매도인과 거래를 하게하고 B 명의로 이전하는 구조인 점에서 차이가 있다.

2. '보호가치 신뢰관계 이론'의 의의와 논거

가. 의의

대법원은 부동산명의신탁에서 횡령죄의 성립을 부정하는 논거로 '형법상 보호할 가치 없는 신뢰관계'를 들고 있으나, 이에 대한 자세한 설시는 하지 않고 있다.

'보호가치 신뢰관계 이론'이란 일정한 신뢰관계를 구성요건요소로 하고 있거나 또는 범죄학적 특성으로 범행수행과정에 신뢰관계의 존재를 필요로 하는 재산범죄에서 피해자가 자신의 행위로 인한 재산상 손해를 가져오고, 자신의 재물 또는 재산상 이익에의 보호가치가 없음을 알았다면 당해 구성요건에 의한 보호를 부정하여야 한다는 견해를 말한다.[12]

'보호가치 신뢰관계 이론'은 불법원인급여에 대한 횡령죄 성립 부정근거로 내세운 대법원판결[13]에 대한 비판적 관점에서 처음 제기되었고, 불법원인급여와 관련된 횡령죄와 부동산명의신탁 사안 등에 대한 대법원해석에서 내재적 논리가 발견될 수 있다는 점을 근거로 전개된 이론이다. 예컨대 횡령죄의 보호법익인 소유권 침해는 일반적인 소유권 침해가 아니라, 형법상 보호할 가치 있는 신뢰관계가 전제되는 소유권 침해라는 것이다.[14]

이 이론은 그 형법적 논거로 전체 법질서 입장에서 위법하게 판단되는 행위 중 일부만을 형법의 구성요건으로 보호한다는 형법의 단편적 성격과 형벌은 최후수단으로 사용되어야 한다는 형법의 보충성 원칙과 이에서 도출된 자기책임의

12) 조기영, 앞의 논문, 101면.

13) 대법원 1988. 9. 20. 선고 86도628 판결.

14) 우인성, "명의신탁 부동산의 처분과 재산범죄의 성립 여부", 형사판례연구[24], 한국형사판례연구회, 2016, 369면(배임죄의 보호법익인 전체로서의 재산권도 보호할 가치 있는 신뢰관계가 전제되는 재산권의 침해이다).

원칙[15]을 들고 있다.[16]

나. '보호가치 신뢰관계 이론'의 판단기준

형법상 보호할만한 가치가 있는 것이 무엇인지에 대한 판단은 '가치'가 내포하고 있는 평가성으로 인하여 매우 어려울 뿐만 아니라, 다양한 형태로 나타날 수 있기 때문에 결국 결단의 문제[17]로 귀결될 수밖에 없어 보인다.

상정해 볼 수 있는 판단기준으로 ① 당사자 사이의 관계가 범죄로 연결되어 있는 경우는 보호할 가치 있는 신뢰관계가 존재하지 않는다고 판단하는 방법[18] ② 불법원인급여와 중간생략형 등기명의신탁[19]의 사례처럼 위반의 정도가 중한 경우만 보호할 가치가 없다고 평가하는 방법 ③ 민사법적 청구가능성과 연결하여 판단하는 방법[20] 등을 들 수 있다.[21]

다. 검토

민사법적 청구가능성과 연결하여 판단하는 방법은 법질서의 통일성 입장에서 약정이 무효가 되더라도 건네진 재산을 반환 받을 수 있도록 법률구성이 가능한 관계에 있다면 형법상 보호할 만한 보관위탁관계가 존재한다고 파악한다. 그러나 법질서의 통일성(Einheit der Rechtsordnung)을 본질적인 관점이 아닌 법체계 분화과정에서 다양한 문제들을 해결하기 위한 실천적 관점에서 파악한다

---

15) 법익 주체는 자신의 법익보호에 대하여 스스로 책임이 있으며, 국가의 원조 없이도 가능하고 기대되는 자기보호를 위한 조치를 취하여 손해로부터 자기 자신의 법익을 보호하여야 한다는 원칙을 말한다.

16) 이에 대한 자세한 내용은 조기영, 앞의 논문, 102-107면 참조.

17) 우인성, 앞의 논문, 383면.

18) 대법원 2018. 7. 19. 선고 2017도17494 전원합의체 판결(형법상 보호할 만한 가치가 있는 위탁관계 여부에 따라 사기피해자에 대해서는 횡령죄 성립을 긍정하고, 전기통신사기 범인에 대해서는 횡령죄 성립을 부정한 사례) 참조.

19) 대법원 2016. 5. 19. 선고 2014도6992 전원합의체 판결.

20) 이상철, "명의신탁 부동산의 처분행위와 횡령죄 - 3자간 명의신탁에 관한 대법원 2010. 6. 24. 선고 2009도9242 판결을 중심으로 -", 일감법학 제24호, 건국대학교 법학연구소, 2013, 102면.

21) 최성진, "대포통장 명의인의 보이스피싱 피해금 인출행위에 대한 죄책", 제206회 영남형사판례연구회 발표문, 2018, 16면.

면 동등하게 취급하는 적극적 개념이 아니라, 가능한 한 모순을 피하라는 소극적 개념일 수밖에 없다.[22] 따라서 타법영역에서의 금지는 형법에 있어서 필요조건으로 작용하지만 충분조건으로는 작용하지 않는다고 보는 입장에서는 민사법적 청구가능성을 형법의 보충성 원칙에 부합하지 않는 것으로 파악하며,[23] 민사법적 청구가능성을 형법상 횡령죄로 보호할 가치 있는 신뢰관계로 치환하는 오류를 범하고 있다는 비판[24]에서 자유로울 수 없다.

법질서의 통일성 원리와 형법의 독자성 원리는 이와 같이 서로 상반되는 지향점을 지닌 원리들인데, 이들 원리 중 어느 하나가 특정한 사안의 해결을 위한 근거로 차용되었다고 하여 그 원리가 다른 사안의 해결에서도 언제나 우위를 점하는 것은 아니므로 형법해석에 있어 법질서의 통일성 요청을 원용할 수도 있으며, 형법의 독자성 요청을 원용할 수도 있다. 또한 모든 문제사안에 이들 요청을 일관되게 또는 획일적으로 활용해야 할 필연성도 없다. 다만 두 가지 요청이나 논증방법 중 왜 그 하나를 취하여 특정한 해석론을 전개하였는가를 해석자가 논증해야 한다는 견해[25]를 취해도, 민사법적 청구가능성을 형법상 횡령죄로 보호할 가치 있는 신뢰관계로 치환하여 부동산명의신탁사안을 해결하고자 하는 방법은 타당하지 않다. 왜냐하면 이미 대법원에서 제시한 횡령죄에서 보호할만한 위탁관계에 의해서도 얼마든지 횡령죄 성립여부에 대한 논증이 가능하기 때문이다. 따라서 민사법적 청구가능성은 형법의 독자성 관점에서 받아들이기 힘든 결론을 도출하고 있다.

---

22) '법질서의 통일성'이란 법률 간에 어떤 경우에도 다른 점이 있어서는 안된다는 것을 의미하는 것이 아니라, 개별 법률은 헌법합치적으로 해석되어야 한다는 것으로 이해하여야 하고 이를 벗어나지 않는 범위 내에서는 '형법의 독자성'이 우선된다고 보는 견해로 박달현, "법질서의 통일성과 형법의 독자성에 관한 연구", 비교형사법연구 제19권 제1호, 한국비교형사법학회, 2017, 23면.

23) 박광현, 앞의 논문, 257-309면; 최성진, "형법상 독자적 개념형성권의 인정여부", 형사법연구 제27권 제1호, 한국형사법학회, 2015, 164-165면.

24) 조기영, 앞의 논문, 99면.

25) 변종필, "해석근거로서의 '법질서의 통일성'과 '형법의 독자성'", 비교형사법연구 제13권 제2호, 한국비교형사법학회, 2011, 15-16면.

III. 명의신탁부동산을 제3자에게 임의로 처분한 수탁자의 형사 책임

〈표1〉에서 보듯이 중간생략형 등기명의신탁과 계약명의신탁에서 위탁부동산을 수탁자가 임의로 처분한 경우 횡령죄가 성립하지 않는다는 것이 대법원판례의 입장이다. 이에 반해 대법원은 양자 간 명의신탁의 경우 신탁자와 수탁자 사이의 신뢰관계의 보호필요성을 전제로, 신탁자가 소유자이므로 위탁부동산을 수탁자가 임의로 처분한 경우에는 신탁자에 대한 횡령죄가 성립한다는 입장이다.[26] 그러나 횡령죄 인정에 대한 법리적 근거에 대해서는 구체적인 논거를 찾아보기 어렵다.[27]

〈표1〉 금지된 명의신탁에서 위탁부동산을 임의처분한 수탁자에 대한 형사 책임

유형 / 범죄	양자 간 명의신탁	중간생략형 등기명의신탁	계약명의신탁	
			선의	악의
횡령죄	성립(대법원 1996. 11. 29. 선고 96도1755 판결; 대법원 2013. 5. 9. 선고 2013도2857 판결 등)	신탁자에 대한 관계에서 불성립(대법원 2016. 5. 19 선고 2014도6992 전원 합의체 판결)	불성립(대법원 2000. 3. 24. 선고 98도4347 판결)	불성립(대법원 2012. 12. 13. 선고 2010도10515 판결; 대법원 2012. 11. 29. 선고 2011도7361 판결)
배임죄			신탁자에 대한 관계에서 불성립(대법원 2004. 4. 27. 선고 2003도6994 판결)	불성립(대법원 2012. 11. 29. 선고 2011도7361 판결)

1. 횡령죄 성립 여부

가. 신탁자에 대한 횡령죄 긍정설

26) 대법원 1996. 11. 29. 선고 96도1755 판결; 대법원 1999. 10. 12. 선고 99도3170 판결; 대법원 2000. 2. 22. 선고 99도5227 판결; 대법원 2001. 11. 27. 선고 2000도3463 판결; 대법원 2013. 5. 9. 선고 2013도2857 판결.

27) 문영식, 앞의 논문, 284면.

부동산실명법이 명의신탁을 반사회적 행위로 규정하면서까지 불법·무효로 선언하면서도 사유재산권의 본질적 침해라는 위헌 논란을 피하기 위하여 불법의 보관위탁물에 대한 수탁자의 소유 귀속과 위탁자에 대한 반환불가를 천명하지 않고 반환청구의 여지를 열어 두었고 판례도 민사적 반환청구를 부정하지 않는 이상 명의신탁부동산을 불법원인급여 법리로만 해결할 수 없으며, 일정한 경우에는 수탁자의 반환거부 및 처분에 대하여 형법의 독자적인 제재가능성을 열어두어야 한다는 점 등을 논거로 횡령죄 성립을 긍정[28]하는 견해[29]를 말한다.

부동산실명법상 명의신탁에 관한 물권변동은 무효이므로(동법 제4조), 수탁자가 대내외적으로 유효하게 소유권을 취득할 수 없지만 소유권등기는 수탁자명의로 되어 있기 때문에 수탁자는 타인의 부동산을 보관하는 자의 지위에 있고, 만일 부동산실명법상의 무효화규정을 수탁자의 소유권을 인정하는 취지로 해석한다면 그 무효를 제3자에게 대항하지 못한다고 한 동법 제4조 제3항과 실명전환을 강제하기 위하여 이행강제금을 부과하도록 한 동법 제6조를 특별히 규정하고 있는 이유를 설명할 수가 없다. 따라서 수탁자가 명의신탁부동산을 임의로 처분한 행위는 부동산실명법 제4조 제3항, 제6조에 비추어 볼 때, 자신이 보관하는 타인소유 부동산을 처분한 것이므로 횡령죄를 구성한다.[30] 명의신탁은 행정법적 불법성을 지니는데 불과하므로 불법원인급여라고 할 수 없어서 불법원인급여와 횡령죄에 관한 법리가 이 경우에 적용될 수 없고, 수탁자가 임의처분하면 양수인의 선의·악의를 불문하고 횡령죄가 성립하고, 양수인이 악의인 경우에는 수탁자와 양수인이 횡령죄의 공동정범이 된다.

신탁자는 소유권에 기한 방해배제청구권과 부당이득반환청구권을 행사하여

---

28) 권오걸, 형법각론[이론·판례], 형설출판사, 2009, 666면; 배종대, 제10전정판 형법각론, 홍문사, 2018, 388면; 백재명, "부동산명의신탁과 횡령죄", 형사판례연구[7], 한국형사판례연구회, 1999, 381면 및 383면; 원혜욱, 형법각론, fides, 2017, 296면; 이상철, 앞의 논문, 101-102면; 이재상·장영민·강동범, 형법각론(제10판 보정판), 박영사, 2018, 401면.

29) 신탁자와 수탁자간의 관계는 형법상 보호할 만한 가치가 있는 신뢰관계에 기초한 것이 아니기 때문에 횡령죄의 기수범은 될 수 없지만, 횡령죄의 행위반가치는 존재하므로 횡령죄의 미수가 문제된다. 이 경우 결과반가치는 법익평온상태를 교란시킬 정도의 아주 낮은 결과반가치에 해당한다고 볼 수 있으므로 횡령죄의 불능미수가 된다는 견해(김일수·서보학, 새로 쓴 형법각론(제8판 증보판), 박영사, 2016, 291면)도 횡령죄 긍정설로 분류할 수 있다.

30) 이재상·장영민·강동범, 앞의 책, 401면; 임웅, 형법각론[제9전정판], 법문사, 2018, 479-480면.

등기말소나 이전등기를 요구할 수 있다는 점에서 여전히 소유권자이고, 따라서 대내적 신뢰관계의 배신을 통해 신탁자의 소유권을 침해하는 행위에 대해서는 횡령죄로 처벌할 필요성이 인정된다.

횡령죄부정설은 명의신탁의 사법상 무효화 내지 형법상 범죄화로 인하여 신탁자의 수탁자에 대한 반환청구권을 인정할 수 없기 때문에 불법원인급여와 동일하게 취급해야 한다고 주장하나, 부동산명의신탁은 불법원인급여와 같은 전면적 불법이 아니라 일정한 경제정책을 수행하기 위한 제한적인 행정법적 불법성을 갖는 데 지나지 않는다. 수탁자는 비록 사법상 무효인 등기명의자이지만, 대외적으로 얼마든지 그 부동산을 유효하게 처분할 수 있기 때문에 횡령죄의 보관자지위에 있다고 할 수 있다. 따라서 수탁자가 명의신탁부동산을 사실상 불법적으로 영득하는 행위를 횡령죄에서 배제해야 할 이유가 없다. 즉 형법이 이를 비범죄화함으로써 "명의신탁의 악용방지라는 사회적 목적 달성"내지 "부동산실명법의 정신"에 부합해야 할 이유는 없는 것이다. 만일 그렇게 되면 형사불법을 사법이 규정해 주는 결과밖에 되지 않기 때문이다. 또한 횡령죄성립 긍정설을 사법상 무효인 명의신탁약정과 배치되거나 또는 신탁자를 보호하는 것으로 이해할 필요도 없다. 정책적 무효불법에 대한 처벌규정은 신탁자와 수탁자를 포괄하여 자체적으로 구비하고 있기 때문이다.[31]

나. 신탁자에 대한 횡령죄 부정설

무효인 명의신탁에 기한 수탁자는 더 이상 명의신탁부동산의 보관자가 될 수 없어서 횡령죄가 성립하지 않고, 또한 부동산실명법에 의해 무효인 명의신탁은 민법 제103조의 불법원인급여물이 되므로 이를 임의로 처분하더라도 횡령죄가 성립하지 않으므로 단지 부동산실명법 제7조의 벌칙규정에 의해 처벌될 뿐이라는 견해[32]를 말한다.

---

31) 배종대, 앞의 책, 388-389면.

32) 천진호, "부동산실명법상 부동산명의수탁자의 형사책임", 형사재판의 제 문제[제5권], 박영사, 2005, 284면; 횡령죄 성립을 부정하면서 부동산실명법에 구체적인 처벌조항을 두는 것이 바람직하다는 견해로 이주일, "명의신탁과 형사처벌에 대한 비판적 재검토", 법학연구 제29집, 한국법학회, 2008, 284면.

명의신탁약정과 그에 기한 등기 및 물권변동이 무효이므로 수탁자는 부동산의 보관자라고 할 수 없고 명의신탁 및 부동산물권변동의 무효는 제3자에 대항하지 못하므로(제3조 제3항) 등기는 무효이지만, 제3자에 대한 관계에서는 유효하므로 수탁자의 처분행위 역시 유효하다. 부동산실명법이 명의신탁에 의한 탈세 등을 반사회적 행위로 규정하고 있기 때문에(제1조), 양자 간 명의신탁은 불법원인급여가 되어 횡령죄가 성립할 수 없다.[33]

부정설에 따르면 신탁자는 과징금과 형벌에 처해지고 부동산까지 반환받지 못하게 되어 너무 가혹한 반면, 수탁자는 부당한 이익을 얻는 문제점이 있다고 한다.[34] 그러나 범죄에 의한 법률관계를 형법이 보호해 주어야 할 이유가 없고, 수탁자의 이익은 몰수나 추징으로 해결하면 될 것이다.

대법원 2016. 5. 19 선고 2014도 6992 전원 합의체 판결에서 제시된 "사실상의 위탁관계라는 것도 부동산실명법에 반하여 범죄를 구성하는 불법적 관계에 지나지 아니할 뿐 이를 형법상 보호할 만한 가치 있는 신임에 의한 것이라고 할 수 없다."는 새로운 법리는 양자 간 명의신탁의 사안에도 그대로 적용될 것이다. 그러므로 수탁자는 신탁자에 대해 보관자의 지위에 서지 않게 되고, 결국 수탁자의 명의신탁부동산 임의처분행위는 횡령죄를 구성하지 않게 된다.[35]

부동산명의신탁은 공·사법적 무효로 취급되고 있으므로 형법이 이러한 관계를 보호하는 것은 형사정책적 측면에서도 바람직하지 않다.[36] 또한 명의신탁행위를 금지하면서 수탁자의 부동산임의처분행위를 처벌하는 것은 형법상으로는 신탁자를 보호하는 것이 되어 법질서의 모순을 초래하게 되므로, 횡령죄 성립을 부정함이 타당하다는 것이다.

다. 매도인에 대한 횡령죄 성립 여부

대법원 2016. 5. 19. 선고 2014도6992 전원합의체 판결에서 횡령죄를 부

---

33) 오영근, 제4판 형법각론, 박영사, 2017, 355-356면.
34) 김성돈, 형법각론 제5판, SKKUP, 2018, 430면.
35) 신동운, 형법각론[제2판], 법문사, 2018, 1186면 및 1191면.
36) 이상태, 앞의 논문, 175면.

정한 논거로 소유권유무와 더불어 횡령죄의 위탁신임관계는 횡령죄로 보호할 만한 가치있는 신임에 의한 것으로 한정하여야 한다고 적시한 점에 비추어, 매도인에 대한 횡령죄도 부정되어야 할 것이다.

2. 배임죄 또는 점유이탈물횡령죄 성립 여부

현재까지 이에 대해 판단한 대법원판례는 찾아볼 수 없다. 학설상 배임죄 또는 점유이탈물횡령죄가 성립한다는 주장은 존재한다. 그러나 배임죄의 신임관계 역시 형벌로써 보호할 가치가 있어야 하고,[37] 명의수탁자가 명의신탁자에 대하여 매매대금 등을 부당이득으로 반환할 의무를 부담한다고 하더라도 이는 민사상의 의무에 불과할 뿐, 이를 두고 배임죄에서 '타인의 사무를 처리하는 자'의 지위에 있다고 보기도 어렵다고 할 것이므로, 배임죄가 성립하지 않는다고 보아야 할 것이다.

등기명의수탁부동산을 점유이탈물이라고 할 수는 없으므로 점유이탈물횡령죄도 성립할 수 없다고 보아야 할 것이다.[38]

3. 부동산실명법위반죄 여부

그동안 명의신탁부동산을 수탁자가 임의로 처분한 경우에는 형법상 횡령 · 배임죄로 의율하지 말고, 부동산실명법위반죄를 적용하자는 주장이 제기되어 왔다.[39]

앞서 살펴본 바와 같이 양자 간 명의신탁에서 위탁부동산을 수탁자가 임의로 처분한 경우에 신탁자 및 매도인에 대해서 횡령죄는 물론 배임죄 또는 점유이탈물횡령죄도 성립하지 않는다고 보는 것이 타당하다는 결론을 도출할 수 있으므로 신탁자와 수탁자 모두를 부동산실명법위반죄로 의율할 수 밖에 없다고 생각한다.

---

37) 강동범, 앞의 논문, 616면.

38) 강동범, 위의 논문, 616면.

39) 조현욱, "명의수탁자의 신탁부동산 임의처분행위에 대한 민 · 형사적 해결방안", 아주법학 제9권 제3호, 아주대학교 법학연구소, 2015; 조현욱 · 김영철, "판례에 나타난 부동산 명의수탁자의 처분행위에 대한 형사책임의 법리", 홍익법학 제15권 제3호, 홍익대학교 법학연구소, 2014 등.

4. 양자 간 명의신탁과 횡령죄 성립 여부

가. '보호가치 신뢰관계 이론'에 따른 검토

불법한 명의신탁은 형법으로 보호할 만한 가치 있는 신임에 기한 위탁관계가 존재하지 않고 위탁관계의 전제가 되는 원인행위 또는 위탁행위 자체가 불법을 구성하므로 형법상 법익보호의 필요성이 충족되지 않는다. 재산권보호라는 민사법적 해석과는 별개로 횡령죄 주체요건인 신뢰에 기한 위탁관계가 성립되지 않으므로, 신뢰관계에 기한 위탁이 형법상 불법을 구성하는 경우에는 보호될 수 없다고 보는 것이 타당하다. 따라서 부동산실명법은 위의 명의신탁을 금지하면서 이를 위반한 경우 신탁자와 수탁자 모두를 형사처벌(5년 이하의 징역 또는 2억원 이하의 벌금)의 대상으로 삼고 있다. 따라서 수탁자의 처분행위에 대해 횡령죄를 인정하는 것은 명의신탁에 대해 위탁관계를 인정하는 것이므로 법해석논리상으로도 모순이다.[40]

자기 책임의 구체화라는 관점에서 신뢰관계의 보호가치성에 대한 판단은 ① 피해자가 자기 자신의 이익에 반할 수 있으며, 자신의 행위가 보호가치가 없는 것임을 인식하였고 ② 자신에게 발생할 수 있는 손해로부터 스스로를 보호할 수 있는 가능성이 있었다면 그 형법적 보호가능성은 부정된다는 기준으로 충분하다.[41]

부동산명의신탁의 경우를 위 판단기준에 대입시켜 보면 ① 신탁자는 부동산실명법에 의해 사법상 효력이 무효라는 점을 알고 있었고 ② 부동산을 신탁하지 않을 가능성이 있었음에도 불구하고 명의신탁을 한 경우이므로 보호할 가치 있는 신뢰관계라고 할 수 없을 것이다.[42]

생각건대 횡령죄의 본질이 신뢰관계에 기초하여 위탁된 타인 소유의 재물을 위법하게 영득하는데 있고, 이때의 위탁이나 신뢰관계는 형법상 횡령죄로 보호할

---

40) 박광현, 앞의 논문, 284-285면.

41) 조기영, 앞의 논문, 109면.

42) 신탁자와 수탁자 간에 기본적으로 신뢰관계가 있기 때문에 부동산명의신탁약정을 한 것이고, 위탁은 소유자에 의해서만 이루어져야 하는 것은 아니라는 반론(강동범, 앞의 논문, 614면)도 가능하나, 이는 명의신탁약정 당시의 신뢰관계일 뿐이고, 수탁자가 신탁부동산을 임의로 처분하는 경우도 양자 사이에 신뢰관계가 여전히 존재한다고는 보기 어렵다. 대법원이 굳이 '형법상(횡령죄로) 보호할 만한 가치 있는 신뢰관계'라고 한 점에 주목할 필요가 있다.

만한 가치 있는 신뢰관계에 한한다고 보는 것이 타당하다.

나. 관련 하급심판례 검토

아래 2개의 하급심판례는 수탁자가 이른바 '양자 간 명의신탁'으로 명의신탁 받은 부동산을 제3자에게 임의로 처분한 경우 신탁자에 대한 횡령죄 성립을 인정할 것인지 여부가 문제된 사안이다. 이 사안에서도 '보호가치 신뢰관계 이론'이 적용될 수 있는지를 유효인 양자 간 명의신탁과 무효인 양자 간 명의신탁으로 나누어 살펴보고자 한다.

(1) 종중 명의 부동산 횡령사건

(가) 범죄사실 및 재판 경과

피고인은 피해자 종중 명의로 등기되어 있던 경남 창녕군 이방면 안리 13**-4 624㎡ 토지가 창녕군으로부터 우포늪 습지보호지역으로 지정되어 보상협의에 관한 요청을 받게 되자, 2011. 12. 18. 피해자 종중회의를 통하여 이 토지를 창녕군청에 협의수용 절차를 통하여 매도하기로 하고 그 과정에서 양도소득세를 적게 부담하기 위하여 이 사건 토지 위에 주택을 보유하고 있던 피고인 명의로 2012. 3. 5. 소유권이전등기를 경료하여 피해자 종중을 위하여 이 사건 토지를 보관하게 되었다.

그러던 중 피고인은 2012. 6. 20.경 경남 창녕군 대합면 377에 있는 피고인의 집에서 이 사건 토지를 강○국에게 26,000,000원에 매도하고 2012. 6. 26. 이 사건 토지에 관하여 위 강○국 명의로 소유권이전등기를 경료하여 이를 횡령한 사안에서 제1심법원은 횡령죄를 인정하여 피고인에게 징역 6월에 집행유예 2년, 벌금 2백만 원을 선고하였다.[43]

제2심법원은 피고인의 항소를 기각하였으며,[44] 현재 상고심에 계류 중이다.[45]

---

43) 창원지방법원 밀양지원 2014. 2. 13. 선고 2013고단515, 2013고정112(병합) 판결.

44) 창원지방법원 2014. 7. 3. 선고 2014노517 판결.

(나) 검토

제1심과 제2심 모두 횡령죄를 인정하고 있으나, 이에 대한 구체적인 설시를 하고 있지 않다. 다만 항소심에서 피고인측이 "피고인은 이 사건 토지를 피해자 종중으로부터 명의신탁 받은 것이 아니라 매매대금 1,100만 원을 피해자 종중에 지급하고 적법하게 매수한 것으로 피고인에게 이 사건 토지에 관하여 보관자의 지위를 인정할 수 없고, 피해자 종중의 돈 98만 원을 8대조 **공의 묘소 벌목에 사용하기 위하여 보관하고 있었을 뿐 임의로 소비한 사실이 없다."고 주장하였으나 항소심은 이를 배척하였다. 제1심과 제2심의 입장은 대법원 1971. 6. 22. 선고 71도740 판결(종중소유의 부동산을 명의신탁 받아 소유권등기를 마친 사람이 이를 임의로 처분하면 횡령죄가 성립한다)과 그 궤를 같이 하고 있다.

이 사안은 양자 간 명의신탁과 횡령이 주된 상고이유 쟁점은 아니나, 횡령죄 성립을 논함에 있어 신임관계의 존재 여부에 따라 보관자 지위를 판단하고 있음을 알 수 있다.

생각건대 피고인은 종중 명의의 토지를 자신의 이름으로 등기경료하였으므로, 종중 토지의 보관자의 지위를 가진다고 봄이 타당하다. 따라서 횡령죄의 성립을 인정한 제1심과 제2심법원의 판단은 타당하다. 이렇듯 종중명의신탁의 경우에만 명의신탁약정이 유효하므로, 이를 위반한 사안에 대해서만 횡령죄의 성립 여부를 논하는 것이 위 2016년 전원합의체 판결에 부합하는 해석이 될 것이다.

(2) 피해자소유 아파트 명의신탁 사건

(가) 범죄사실 및 재판 경과

피고인은 2013. 12.경 부산 부산진구 서****로 2*(부전동)에 있는 피해자 오○자가 운영하던 '*** 라이브 7080' 주점에서 피해자로부터 피해자 소유인 부산 수영구 광안동 5**에 있는 ****아파트 10*동 *03호를 명의신탁 받아 이를 보관하여 달라는 취지의 부탁을 받고 2014. 1. 13.경 위 아파트를 피고인의 명의로 이전등기하고 그 무렵부터 피해자를 위하여 위 아파트를 보관하게 되었다.

45) 대법원 2014도9403 사건.

피고인은 2015. 8. 6.경 피고인이 친구인 김○곤에 대하여 부담하고 있던 개인적인채무 변제 등에 사용하기 위하여 약 2억 원 상당인 위 아파트를 위 김○곤의 아들인 김○규에게 1억 7,000만 원에 매도하고, 2015. 8. 7.경 위 아파트에 대하여 김○규에게 매매를 원인으로 한 소유권이전등기를 경료해 주었다.

이로써 피고인은 위 아파트를 임의로 처분하여 이를 횡령한 사안에서 제1심법원은 횡령죄를 인정하여 징역 2년을 선고하였다.[46]

제2심법원은 형법 제355조 제1항이 정한 횡령죄의 주체는 타인의 재물을 보관하는 자라야 하고, 타인의 재물인지 아닌지는 민법, 상법, 그 밖의 실체법에 따라 결정하여야 한다. 횡령죄에서 보관이란 위탁관계에 의하여 재물을 점유하는 것을 뜻하므로 횡령죄가 성립하기 위하여는 그 재물의 보관자와 재물의 소유자(또는 기타의 본권자) 사이에 법률상 또는 사실상의 위탁신임관계가 존재하여야 한다. 이러한 위탁신임관계는 사용대차 · 임대차 · 위임 등의 계약에 의하여서 뿐만 아니라 사무관리 · 관습 · 조리 · 신의칙 등에 의하여도 성립될 수 있으나, 횡령죄의 본질이 신임관계에 기초하여 위탁된 타인의 물건을 위법하게 영득하는 데 있음에 비추어 볼 때 그 위탁신임관계는 횡령죄로 보호할 만한 가치 있는 신임에 의한 것으로 한정함이 타당하다.

그리고 부동산에 관한 소유권과 그 밖의 물권을 실체적 권리관계와 일치하도록 실권리자 명의로 등기하게 함으로써 부동산등기제도를 악용한 투기 · 탈세 · 탈법행위 등 반사회적 행위를 방지하고 부동산 거래의 정상화와 부동산 가격의 안정을 도모하여 국민경제의 건전한 발전에 이바지함을 목적으로 하고 있는 부동산실명법의 입법 취지와 아울러, 명의신탁약정에 따른 명의수탁자 명의의 등기를 금지하고 이를 위반한 명의신탁자와 명의수탁자 쌍방을 형사처벌까지 하고 있는 부동산실명법의 명의신탁관계에 대한 규율 내용 및 태도 등에 비추어 볼 때, 명의신탁자와 명의수탁자 사이에 위탁신임관계를 근거 지우는 계약인 명의신탁약정 또는 이에 부수한 위임약정이 무효임에도 불구하고 횡령죄 성립을 위한 사무관리 · 관습 · 조리 · 신의칙에 기초한 위탁신임관계가 있다고 할 수는 없다.

---

46) 부산지방법원 2016. 8. 12. 선고 2016고단1955 판결.

또한 명의신탁자와 명의수탁자 사이에 존재한다고 주장될 수 있는 사실상의 위탁관계라는 것도 부동산실명법에 반하여 범죄를 구성하는 불법적인 관계에 지나지 아니할 뿐 이를 형법상 보호할 만한 가치 있는 신임에 의한 것이라고 할 수 없다.

그런데 이 사건 공소사실 중 횡령의 점은 피고인이 피해자로부터 피해자 소유인****아파트 10*동 *03호를 명의신탁 받아 이를 보관하여 달라는 부탁을 받고 위 아파트를 피고인 명의로 이전등기하여 보관하던 중 피고인이 위 아파트를 임의로 처분하였다는 것인바, 이 사건과 같은 양자 간 명의신탁의 경우에도 명의신탁자와 명의수탁자의 위탁신임관계를 형법상 보호할 가치 있는 신임에 의한 것이라고 할 수는 없으므로 위 법리에 따라 명의수탁자인 피고인은 명의신탁자인 피해자에 대하여 횡령죄에서 말하는'타인의 재물을 보관하는 자'의 지위에 있다고 볼 수 없다고 판단하여 횡령 부분은 무죄를 선고하였으며,[47] 현재 상고심에 계류 중이다.[48]

(나) 검토

제1심법원은 횡령죄를 긍정했으나, 제2심법원은 양자 간 명의신탁의 경우에도 명의신탁자와 명의수탁자의 위탁신임관계를 형법상 보호할 가치 있는 신임에 의한 것이라고 할 수는 없으므로 위 법리에 따라 수탁자인 피고인은 신탁자인 피해자에 대하여 횡령죄에서 말하는 '타인의 재물을 보관하는 자'의 지위에 있다고 볼 수 없다고 판단함으로써 횡령죄 성립을 부정하였다.

생각건대 ① 신탁자는 부동산실명법에 의해 사법상 효력이 무효라는 점을 알고 있었고 ② 부동산을 신탁하지 않을 가능성이 있었음에도 불구하고 명의신탁을 한 경우이므로 보호할 가치 있는 신뢰관계라고 할 수 없어 횡령죄의 보관자 지위를 부정한 제2심법원의 판단이 타당하며, 앞으로는 부동산실명법의 입법취지 및 목적에 맞게 부동산실명법위반죄로 의율함이 바람직할 것이다.[49]

---

47) 부산지방법원 2016. 10. 27. 선고 2016노3127 판결.

48) 대법원 2016도18761 사건.

49) 검찰이 부동산실명법위반죄로도 기소하였는지는 확실하지 않으나, 향후 부동산명의신탁사안에서

(3) 소결

위 2개의 하급심판결에서도 위 2016년 전원합의체 판결에서 내세우는 논거를 그대로 받아들이고 있는 것으로 생각한다. 즉, 부동산명의신탁약정이 무효인 경우에는 재산범죄가 아닌 부동산실명법위반죄로 판단하고, 부동산명의신탁약정이 유효인 경우에만 재산범죄의 성립여부를 다툰다는 점을 분명히 한 것으로 보인다.

Ⅳ. 나오는 말

1. 지금까지 논의에 대한 정리

대법원 2016. 5. 19. 선고 2014도6992 전원합의체 판결에서 제시한 '보호가치 신뢰관계 이론'의 논거에 따라 합법적인 명의신탁이 아닌 경우, 수탁자의 명의신탁부동산 임의처분행위에 대해서는 그 유형을 불문하고 어느 정도 통일적인 해석이 가능해졌다는 점에서 그 의미를 부여할 수 있으며,[50] 횡령죄성립을 긍정하고 있는 양자 간 명의신탁 사안에서도 횡령죄불성립의 가능성을 열어 놓았다고 할 수 있다.[51] 나아가 부동산실명법에 위반해 다른 사람의 명의를 빌려 부동산을 취득하는 것은 신탁자 역시 처벌될 뿐만 아니라, 수탁자가 임의로 처분해도 횡령죄로 처벌되지 않으므로 부동산을 실권리자 명의로 등기할 필요성이 더욱 커졌다는 점에서도 부동산실명법의 입법취지에 부합하는 긍정적인 방향이라고 평가할 수 있다.

양자 간 명의신탁에서 수탁자의 명의신탁부동산 임의처분행위에 대해 대법원은 현재까지 횡령죄 성립을 긍정하고 있으나, 앞서 살펴 본 일부 하급심판결에

는 재산범죄로 의율하기 보다는 부동산실명법위반죄로 기소함이 바람직하다고 생각한다.

50) 정다희, "부동산의 임의처분과 형사책임에 관한 연구", 성균관법학 제29권 제1호, 성균관대학교 법학연구소, 2017, 471면.

51) 홍봉주, "중간생략등기형 명의신탁과 수탁자의 형사책임", 법학연구 제28권 제1호, 충남대학교 법학연구소, 2017, 249면.

서는 ‘보호가치 신뢰관계 이론’에 입각하여 양자 간 명의신탁의 경우에도 횡령죄 성립을 부정하고 있다. 무효인 명의신탁에서 수탁자의 신탁부동산 임의처분행위에 대해 횡령죄 성립을 긍정하는 판례의 입장은, 민사판결에서 확립된 수탁자의 법적 지위에 관한 기본법리를 뒤로 물리고 부동산을 은닉하는 신탁자의 재산권 보호를 위하여 형법의 개입을 용인하는 정책사법에 불과하다.[52] 위 2016년 전원합의체 판결에서 ‘보호가치 신뢰관계 이론’을 통해 대법원이 더 이상 불법적인 신탁자를 보호하지 않겠다는 확고한 의지로 횡령죄를 부정하고 있는 이상, 양자 간 명의신탁 역시 횡령죄를 인정할 근거를 상실한 셈이라고 할 수 있다.

양자 간 명의신탁의 경우도 형법상 보호할 만한 신임관계가 인정된다고 보기 어렵고, 수탁자를 타인의 재물을 보관하는 자라고 인정할 수 없으므로 횡령죄가 성립하지 않는다는 견해로 판례를 변경하는 것이 타당하다고 생각한다.[53] 결국 부부간의 명의신탁, 종중이나 종교단체의 명의신탁 등 유효한 명의신탁에서 수탁자가 명의신탁부동산을 임의로 처분한 경우에만 횡령죄가 인정되고, 무효인 명의신탁의 경우는 횡령죄가 성립하지 않는다고 보는 것이 부동산실명법의 입법취지에도 부합할 것이다. 다만, 부부간 명의신탁의 경우는 부부관계 상태에서 임의로 처분해도 배우자간 재산범죄에 해당되어 친족상도례로 처벌할 수 없으므로,[54] 이혼 후 처분한 경우에만 횡령죄가 성립될 수 있을 것이다.

나아가 수탁자가 신탁자에 대하여 매매대금 등을 부당이득으로 반환할 의무를 부담한다고 하더라도 이는 민사상의 의무에 불과할 뿐이므로, 이를 배임죄에서 ‘타인의 사무를 처리하는 자’의 지위에 있다고 보기도 어렵고, 형법상 보호할 만한 신임관계를 인정하기도 어려우므로, 배임죄 성립도 부정하는 것이 타당하다고 생각한다.

---

52) 문영식, 앞의 논문, 291-292면; 박광현, 앞의 논문, 284-285면.

53) 강동범, 앞의 논문, 615-616면; 강수진, 중간생략등기형 명의신탁과 횡령죄, 형법판례 150선, 박영사, 2016, 265면; 안경옥, “최근 5년간의 주요 재산범죄 판례의 동향”, 형사판례연구[25], 한국형사판례연구회, 2017, 349면; 오영근, 앞의 논문, 645면; 이재학, “법질서의 통일성 및 명의신탁의 반사회성에 따른 부동산실명법의 입법적 개선방안에 관한 연구”, 일감부동산법학 제14호, 건국대학교 법학연구소, 2017, 133면.

54) 횡령죄의 경우 범인과 소유자 · 위탁자 모두와 친족관계에 있을 때, 배임죄의 경우는 소유자와 위임사 모두와 친족관계에 있어야만 친족상도례가 적용된다(형법 제328조 제1항).

2. 개선방안으로서의 부동산실명법 개정

수탁자의 신탁부동산 임의처분행위에 대한 민법상 그리고 부동산실명법상 해결방안은 발견하기가 쉽지 않기 때문에 형법상 재산죄를 적용할 수 밖에 없다는 주장도 일면 타당한 측면이 존재한다. 그러나 민법 등 타 법률로 해결할 수 있는 방안이 있으면 형법의 적용을 자제해야 한다는 겸억성 내지 보충성 원칙을 다시 생각해 볼 필요가 있다. 따라서 부동산실명법의 입법취지를 제대로 반영하고, 형법의 적용을 자제하기 위해서는 제정된 지 20년이 지난 부동산실명법을 다시 검토하여 수탁자에게 완전한 소유권을 인정하는 방법 등으로 현실에 맞게 개정하는 것이 가장 바람직한 문제 해결방향이라고 할 것이다.

참고문헌

권오걸, 형법각론[이론 · 판례], 형설출판사, 2009.
강동범, 등기명의신탁에서 신탁부동산의 임의처분과 횡령죄의 성부 – 대법원 2016. 5. 19. 선고 2014도6992 전원합의체 판결 –, 법조 제718호, 법조협회, 2016.
강수진, 중간생략등기형 명의신탁과 횡령죄, 형법판례 150선, 박영사, 2016.
김성돈, 형법각론 제5판, SKKUP, 2018.
김일수 · 서보학, 새로 쓴 형법각론(제8판 증보판), 박영사, 2016.
문영식, 명의신탁 부동산의 처분행위에 관한 형법정책, 형사법의 신동향 제51호, 대검찰청, 2016.
박광현, 형사법의 독자성과 민사법과의 법질서 통일성 관점에서 바라 본 학제 간 고찰, 서울法學 제20권 제1호, 서울시립대학교 법학연구소, 2012.
박달현, 법질서의 통일성과 형법의 독자성에 관한 연구, 비교형사법연구 제19권 제1호, 한국비교형사법학회, 2017.
변종필, 해석근거로서의 '법질서의 통일성'과 '형법의 독자성', 비교형사법연구 제13권 제2호, 한국비교형사법학회, 2011.
배종대, 제10전정판 형법각론, 홍문사, 2018.
백재명, 부동산명의신탁과 횡령죄, 형사판례연구[7], 한국형사판례연구회, 1999.
송덕수, 명의신탁된 부동산을 명의수탁자가 처분한 경우의 법률관계 – 명의신탁의 유형에 관한 논의를 포함하여 –, 이화여자대학교 법학논집 제19권 제1호, 이화여자대학교 법학연구소, 2014.
신동운, 형법각론[제2판], 법문사, 2018.
안경옥, 최근 5년간의 주요 재산범죄 판례의 동향, 형사판례연구[25], 한국형사판례연구회, 2017.
양천수, 부동산 명의신탁 : 민법과 형법의 관점에서 바라본 통합과학적 접근, 영남대학교출판부, 2010.
오영근, 2016년도 형법판례 회고, 형사판례연구[25], 한국형사판례연구회, 2017.
______, 제4판 형법각론, 박영사, 2017.
우인성, 명의신탁 부동산의 처분과 재산범죄의 성립 여부, 형사판례연구[24], 한국형사판례연구회, 2016.
원혜욱, 형법각론, fides, 2017.
이상철, 명의신탁 부동산의 처분행위와 횡령죄 – 3자간 명의신탁에 관한 대법원 2010. 6. 24. 선고 2009도9242 판결을 중심으로 –, 일감법학 제24호, 건국대학교 법학연구소, 2013.

이상태, 부동산명의신탁에 관한 민 · 형법의 통합적 연구, 일감법학 제30호, 건국대학교 법학연구소, 2015.

이재상 · 장영민 · 강동범, 형법각론(제10판 보정판), 박영사, 2018.

이재학, 법질서의 통일성 및 명의신탁의 반사회성에 따른 부동산실명법의 입법적 개선방안에 관한 연구, 일감부동산법학 제14호, 건국대학교 법학연구소, 2017.

이주일, 명의신탁과 형사처벌에 대한 비판적 재검토, 법학연구 제29집, 한국법학회, 2008.

임 웅, 형법각론[제9전정판], 법문사, 2018.

정다희, 부동산의 임의처분과 형사책임에 관한 연구, 성균관법학 제29권 제1호, 성균관대학교 법학연구소, 2017.

조기영, 재산범죄와 '보호할 가치 있는 신뢰관계', 형사법연구 제26권 제1호, 한국형사법학회, 2014.

조현욱, 명의수탁자의 신탁부동산 임의처분행위에 대한 민 · 형사적 해결방안, 아주법학 제9권 제3호, 아주대학교 법학연구소, 2015.

조현욱 · 김영철, 판례에 나타난 부동산 명의수탁자의 처분행위에 대한 형사책임의 법리, 홍익법학 제15권 제3호, 홍익대학교 법학연구소, 2014.

천진호, 부동산실명법상 부동산명의수탁자의 형사책임, 형사재판의 제 문제[제5권], 박영사, 2005.

최성진, 형법상 독자적 개념형성권의 인정여부, 형사법연구 제27권 제1호, 한국형사법학회, 2015.

______, 대포통장 명의인의 보이스피싱 피해금 인출행위에 대한 죄책, 제206회 영남형사판례연구회 발표문, 2018.

홍봉주, 중간생략등기형 명의신탁과 수탁자의 형사책임 – 대법원 2016. 5. 19. 선고 2014도6992 전원합의체 판결 –, 법학연구 제28권 제1호, 충남대학교 법학연구소, 2017.

[국문초록]

양자 간 명의신탁에서 수탁자의 명의신탁부동산 임의처분행위에 대해 대법원은 현재까지 횡령죄 성립을 긍정하고 있으나, 일부 하급심판결에서는 '보호가치 신뢰관계 이론'에 입각하여 양자 간 명의신탁의 경우에도 횡령죄 성립을 부정하고 있다. 무효인 명의신탁에서 수탁자의 신탁부동산 임의처분행위에 대해 횡령죄 성립을 긍정하는 판례의 입장은, 민사판결에서 확립된 수탁자의 법적 지위에 관한 기본법리를 뒤로 물리고 부동산을 은닉하는 신탁자의 재산권 보호를 위하여 형법의 개입을 용인하는 정책사법에 불과하다. 위 2016년 전원합의체 판결에서 '보호가치 신뢰관계 이론'을 통해 대법원이 더 이상 불법적인 신탁자를 보호하지 않겠다는 확고한 의지로 횡령죄를 부정하고 있는 이상, 양자 간 명의신탁 역시 횡령죄를 인정할 근거를 상실한 셈이라고 할 수 있다.

양자 간 명의신탁의 경우도 형법상 보호할 만한 신임관계가 인정된다고 보기 어렵고, 수탁자를 타인의 재물을 보관하는 자라고 인정할 수 없으므로 횡령죄가 성립하지 않는다는 견해로 판례를 변경하는 것이 타당하다고 생각한다.

나아가 수탁자가 신탁자에 대하여 매매대금 등을 부당이득으로 반환할 의무를 부담한다고 하더라도 이는 민사상의 의무에 불과할 뿐이므로, 이를 배임죄에서 '타인의 사무를 처리하는 자'의 지위에 있다고 보기도 어렵고, 형법상 보호할 만한 신임관계를 인정하기도 어려우므로, 배임죄 성립도 부정하는 것이 타당하다고 생각한다.

수탁자의 신탁부동산 임의처분행위에 대한 민법상 그리고 부동산실명법상 해결방안은 발견하기가 쉽지 않기 때문에 형법상 재산죄를 적용할 수 밖에 없다는 주장도 일면 타당한 측면이 존재한다. 그러나 민법 등 타 법률로 해결할 수 있는 방안이 있으면 형법의 적용을 자제해야 한다는 겸억성 내지 보충성 원칙을 다시 생각해 볼 필요가 있다. 따라서 부동산실명법의 입법취지를 제대로 반영하고, 형법의 적용을 자제하기 위해서는 제정된 지 20년이 지난 부동산실명법을 다시 검토하여 수탁자에게 완전한 소유권을 인정하는 방법 등으로 현실에 맞게 개정하는 것이 가장 바람직한 문제해결방향이라고 할 것이다.

주제어 : 양자 간 명의신탁, 신탁부동산 임의처분, 횡령죄, 부동산실명법위반죄, 형법상 보호할 가치 있는 신뢰관계, 자기책임의 원칙

[Abstract]

2-Party Registry Title Trust and Embezzlement

Hyun-Wook Cho[55)]

This article goes on Embezzlement for a title trustee who acts on arbitrary disposal of trust real estate in the case of so called 2-party registry title trust.

According to Supreme Court en banc Decision, title trustee is not punishable as embezzlement or as breach of trust in the case of 3-party registry title trust and furthermore 3-party contract title trust also.

But according to Supreme Court Decision, so called 2-party registry title trust is still punishable as embezzlement.

In the legal Scholar, there are many various opinions on the criminal liability for a title trustee who acts on arbitrary disposal of real estate in the case of so called 2-party registry title trust.

It is desirable to apply Act on the Registration of Real Estate under Actual Titleholder's Name or to promote civil legal solution rather than to apply embezzlement.

It is plausible that the Supreme Court presented theory of protect-worthy fiduciary relationship by Criminal Act as a solution.

I think that considering supplementary principle of Criminal Act, all kinds of acts on arbitrary disposal of trust real estate should be punished by the violation of Act on the Registration of Real Estate under Actual Titleholder's Name.

So fundamentally to solve the problem, Act on the Registration of Real Estate under Actual Titleholder's Name shall be amended. Therefore, in order to carry out

55) Professor, Konkuk University Institute of Legal Studies, Ph.D. in Law

Act on the Registration of Real Estate under Actual Titleholder's Name, it is also possible to recognize full ownership of the trustee.

Key words : 2-party registry title trust, arbitrary disposal of trust real estate, embezzlement, violation of Act on the Registration of Real Estate under Actual Titleholder's Name, protect-worthy fiduciary relationship by Criminal Act, principle of self-responsibility

2. 형사특별법 분야

외국환거래법상 필요적 몰수 · 추징 규정에 관한 몇 가지 고찰

- 노 수 환* -

목 차

연구대상 사건

서울중앙지법 2012노4404 사건[1)]

1. 공소사실 요지

피고인은 거주자인 재단법인 ○○○ 선교회의 이사이자 사무총장으로서 위 재단법인의 자금관리 업무를 총괄하고 있다. 비영리법인인 거주자가 비거주자로부터 외화자금을 차입하고자 하는 경우

* 성균관대학교 법학전문대학원 교수, 변호사
1) 이 사건은 대법원 2013도8389 사건에서 2017. 5. 31. 파기환송되었음.

지정거래 외국환은행을 경유하여 한국은행 총재에게 신고하여야 하고, 거주자가 비거주자로부터 원화자금을 차입하고자 하는 경우에는 지정거래 외국환은행을 경유하여 기획재정부장관에게 신고하여야 한다. 그럼에도 불구하고, 피고인은 2009. 11. 9.경 위 재단법인이 비거주자인 워싱턴 타임스(Washington Times Aviation USA LLC)로부터 원화자금 및 외화자금을 차입함에 있어 위와 같은 신고를 하지 아니하고 워싱턴 타임스로부터 원화 160억 원 및 미화 700만 달러를 차입하였다.

2. 외국환거래법 관련 규정

第18조【자본거래의 신고 등】① 자본거래를 하려는 자는 대통령령으로 정하는 바에 따라 기획재정부장관에게 신고하여야 한다. 다만, 경미하거나 정형화된 자본거래로서 대통령령으로 정하는 자본거래는 사후에 보고하거나 신고하지 아니할 수 있다. 제29조【벌칙】① 다음 각 호의 어느 하나에 해당하는 자는 1년 이하의 징역 또는 1억원 이하의 벌금에 처한다. 다만, 위반행위의 목적물 가액의 3배가 1억원을 초과하는 경우에는 그 벌금을 목적물 가액의 3배 이하로 한다. 6. 제16조 또는 제18조에 따른 신고의무를 위반한 금액이 5억원 이상의 범위에서 대통령령으로 정하는 금액을 초과하는 자 제30조【몰수 · 추징】제27조제1항 각 호 또는 제29조제1항 각 호의 어느 하나에 해당하는 자가 해당 행위를 하여 취득한 외국환이나 그 밖에 증권, 귀금속, 부동산 및 내국지급수단은 몰수하며, 몰수할 수 없는 경우에는 그 가액을 추징한다.

3. 1심 및 2심의 판단

1심(서울중앙지법 2011고정7114): 벌금 3,000만 원, 추징 235억 3,200만 원
2심(서울중앙지법 2012노4404): 피고인 항소 기각

I. 들어가며

대법원은 다수의 특별법상의 필요적 몰수 · 추징 규정을 징벌적 몰수 · 추징이라고 하면서 일반 형법상의 몰수 · 추징과 달리 해석하여 왔다. 외국환거래법상 몰수 · 추징의 성격에 대한 대법원 전원합의체 판결도 그 일환으로 위 판결이 나온 지 어느덧 이십여 년이 되어간다. 그 동안 세계경제의 흐름이 격변하여 현재 국제 기업 간 외환거래는 필수적이고 대규모화 되었고 개인에게도 외환거래의 규모는 천문학적인 수치로 증대하였다. 그런데 우리 외국환거래법은 신고의무 위

반과 같은 비교적 경미한 사안에 대하여도 필요적 몰수 · 추징 규정을 두어 개인의 사유재산권을 심하게 제한하고 있는데, 대법원은 여기서 더 나아가 이를 징벌적 몰수 · 추징이라고 해석하면서 모든 공범자에게까지 공동연대추징을 인정하고 있다. 그러나 대법원이 몰수 · 추징의 적용에 있어서 일반 형법상의 몰수 · 추징과 특별법상의 몰수 · 추징을 다르게 보고, 특별법상의 필요적 몰수 · 추징을 징벌적 몰수 · 추징으로 해석하면서 추징의 범위를 확장하고 있는 판시는 심각하게 재고되어야 한다. 한편 헌법재판소는 이 사건 사안과 유사한 외국환거래법상 필요적 몰수 · 추징 조항에 대하여 합헌 결정 한 바가 있는데 이와 관련하여 위헌 여부에 관하여도 돌이켜 볼 필요가 있다. 이 사건 사안은 외국환거래법과 관련된 기존의 헌법재판소 결정과 대법원의 징벌적 몰수 · 추징에 관한 판결을 되돌아 보게 하는 아주 훌륭한 케이스이다. 이 사건과 같은 사안에서 적용되는 외국환거래법상의 필요적 몰수 · 추징 규정이 합헌이라고 할 수 있는지 일본, 미국, 독일의 입법례를 살펴보고 기존의 헌법재판소 결정례를 중심으로 검토해 보기로 한다. 또한 징벌적 몰수 · 추징의 개념을 인정하고 공범자 사이의 공동연대추징 등 몰수 · 추징의 범위를 확장하고 있는 판례의 타당성을 살펴본다. 그 과정에서 외국환거래법과 그 외 관세법, 마약류 관리에 관한 법률, 특정경제범죄 가중처벌 등에 관한 법률 등도 같이 살펴볼 필요가 있다. 위 법률들이 정하고 있는 몰수 · 추징에 관하여 대법원이 모두 징벌적 성질의 제재임을 인정하고 있기 때문이다.

마지막으로 대상 사건의 경우와 같이 법인의 종업원이 업무로 위반행위에 이른 경우에는 양벌 규정을 검토하여야 하는바 양벌규정에 의하여 처벌받는 법인에게도 몰수 · 추징을 적용할 수 있는지를 살펴본다.

II. 외국환거래법상 필요적 몰수 · 추징 규정은 합헌인가?

1. 이 사건에서 문제되는 필요적 몰수 · 추징 조항

외국환거래법은 제30조(몰수 · 추징)를 통해 “제27조제1항 각 호 또는 제29

조제1항 각 호의 어느 하나에 해당하는 자가 해당 행위를 하여 취득한 외국환이나 그 밖에 증권, 귀금속, 부동산 및 내국지급수단은 몰수하며, 몰수할 수 없는 경우에는 그 가액을 추징한다."고 규정하고 있는데, 이 사건에서 문제되는 조항은 제29조 제1항 제6호 '제16조[2] 또는 제18조[3]에 따른 신고의무를 위반한 금액이 5억 원 이상의 범위에서 대통령령으로 정하는 금액[4]을 초과하는 자'이다.

2. 구 외국환거래법 제30조에 대한 헌법재판소의 합헌 결정 내용

2) 제16조(지급 또는 수령의 방법의 신고) 거주자 간, 거주자와 비거주자 간 또는 비거주자 상호 간의 거래나 행위에 따른 채권·채무를 결제할 때 거주자가 다음 각 호의 어느 하나에 해당하면(제18조에 따라 신고를 한 자가 그 신고된 방법으로 지급 또는 수령을 하는 경우는 제외한다) 대통령령으로 정하는 바에 따라 그 지급 또는 수령의 방법을 기획재정부장관에게 미리 신고하여야 한다. 다만, 금액이 소액이거나 통상적인 거래로서 대통령령으로 정하는 경우에는 사후에 보고하거나 신고하지 아니할 수 있다.
   1. 상계 등의 방법으로 채권·채무를 소멸시키거나 상쇄시키는 방법으로 결제하는 경우
   2. 기획재정부장관이 정하는 기간을 넘겨 결제하는 경우
   3. 거주자가 해당 거래의 당사자가 아닌 자와 지급 또는 수령을 하거나 해당 거래의 당사자가 아닌 거주자가 그 거래의 당사자인 비거주자와 지급 또는 수령을 하는 경우
   4. 외국환업무취급기관을 통하지 아니하고 지급 또는 수령을 하는 경우.

3) 제18조(자본거래의 신고 등) ① 자본거래를 하려는 자는 대통령령으로 정하는 바에 따라 기획재정부장관에게 신고하여야 한다. 다만, 경미하거나 정형화된 자본거래로서 대통령령으로 정하는 자본거래는 사후에 보고하거나 신고하지 아니할 수 있다. ② 제1항의 신고와 제3항의 신고수리(申告受理)는 제15조제1항에 따른 절차 이전에 완료하여야 한다. ③ 기획재정부장관은 제1항에 따라 신고하도록 정한 사항 중 거주자의 해외직접투자와 해외부동산 또는 이에 관한 권리의 취득의 경우에는 투자자 적격성 여부, 투자가격 적정성 여부 등의 타당성을 검토하여 신고수리 여부를 결정할 수 있다. ④ 기획재정부장관은 제3항에 따른 신고에 대하여 대통령령으로 정하는 처리기간에 다음 각 호의 어느 하나에 해당하는 결정을 하여 신고인에게 통지하여야 한다.
   1. 신고의 수리
   2. 신고의 수리 거부
   3. 거래 내용의 변경 권고

   ⑤ 기획재정부장관이 제4항제2호의 결정을 한 경우 그 신고를 한 거주자는 해당 거래를 하여서는 아니 된다.

   ⑥ 제4항제3호에 해당하는 통지를 받은 자가 해당 권고를 수락한 경우에는 그 수락한 바에 따라 그 거래를 할 수 있으며, 수락하지 아니한 경우에는 그 거래를 하여서는 아니 된다.

   ⑦ 제4항에 따른 처리기간에 기획재정부장관의 통지가 없으면 그 기간이 지난날에 해당 신고가 수리된 것으로 본다.

   제3조제1항 19호 "자본거래"란 다음 각 목의 어느 하나에 해당하는 거래 또는 행위를 말한다. 가. 예금계약, 신탁계약, 금전대차계약, 채무보증계약, 대외지급수단·채권 등의 매매 계약(다목에 해당하는 경우는 제외한다)에 따른 채권의 발생·변경 또는 소멸에 관한 거래(거주자 간 거래는 외국환과 관련된 경우로 한정한다)

4) 외국환거래법 시행령 제40조 제1항에서 위 금액을 구체화하여 법 제16조 위반의 경우는 25억 원, 법 제18조 위반의 경우는 10억 원으로 규정하고 있다.

헌법재판소는 거주자가 대통령령이 정하는 바에 의하여 기획재정부장관에게 신고를 하지 아니하고 취득한 해외부동산을 필요적으로 몰수 · 추징하도록 규정한 구 외국환거래법(1998. 9. 16. 법률 제5550호로 제정되고, 2009. 1. 30. 법률 제9351호로 개정되기 전의 것) 제30조[5] 중 '제28조 제1항 제4호[6] 가운데 제18조 제1항[7]의 규정에 의한 신고를 하지 아니하고 자본거래를 한 자가 당해 행위로 인하여 취득한 부동산에 관하여 적용되는 부분'이 과잉금지원칙에 위배되지 않는다고 판시한 바 있다.[8] 결정요지는 다음과 같다.

"해외부동산 취득시 대규모의 자금이동 내지 비정상적인 거래가 이루어질 가능성이 있음에도 그 적발이 쉽지 않은 점, 대외적 요인에 취약한 우리나라의 경제규모나 구조, 자본의 불법적 유출입에 대한 감시의 필요성, 외국환거래법상의 몰수 · 추징의 징벌적 특성 및 부가형적인 성질 등에 비추어 볼 때, 거주자가 해외부동산을 신고하지 아니하고 취득한 경우 이를 형사처벌하는 외에 취득한 해외부동산을 필요적으로 몰수 · 추징하도록 하는 것은 신고제도의 실효성을 확보함과 동시에 미신고 해외부동산 취득에 관한 경제적 유인을 억제함으로써 국제수지의 균형과 통화가치의 안정을 달성하기 위한 것으로 그 입법목적이 정당

---

5) [심판대상조항] 구 외국환거래법(1998. 9. 16. 법률 제5550호로 제정되고, 2009. 1. 30. 법률 제9351호로 개정되기 전의 것) 제30조(몰수 · 추징) 제27조 제1항 · 제28조 제1항 및 제29조 제1항의 각 호의 1에 해당하는 자가 당해 행위로 인하여 취득한 외국환 기타 증권 · 귀금속 · 부동산 및 내국지급수단은 이를 몰수하며, 몰수할 수 없는 때에는 그 가액을 추징한다.

6) [관련조항] 구 외국환거래법(2009. 1. 30. 법률 제9351호로 개정되기 전의 것) 제28조(벌칙) ① 다음 각 호의 1에 해당하는 자는 2년 이하의 징역 또는 1억 원 이하의 벌금에 처한다. 다만, 위반행위의 목적물의 가액의 3배가 1억 원을 초과하는 경우에는 그 벌금을 목적물의 가액의 3배 이하로 한다.
 4. 제18조 제1항 또는 제3항의 규정에 의한 신고를 하지 아니하거나 허위로 신고(동조 제6항 또는 제7항의 규정에 위반한 경우를 포함한다)하고 자본거래를 한 자

7) 제18조(자본거래의 신고 등) ① 자본거래를 하고자 하는 자는 대통령령이 정하는 바에 의하여 기획재정부장관에게 신고하여야 한다. 다만, 경미하거나 정형화된 자본거래로서 기획재정부장관이 대통령령이 정하는 바에 의하여 지정한 자본거래는 그러하지 아니하다.
 제3조(정의) ① 이 법에서 사용하는 용어의 정의는 다음과 같다.
 12. "거주자"라 함은 대한민국 안에 주소 또는 거소를 둔 개인과 대한민국 안에 주된 사무소를 둔 법인을 말한다.
 18. "자본거래"라 함은 다음 각 목의 1에 해당하는 거래 또는 행위를 말한다.
 사. 거주자에 의한 외국에 있는 부동산이나 이에 관한 권리의 취득 또는 비거주자에 의한 국내에 있는 부동산이나 이에 관한 권리의 취득.

8) 헌재 2012. 5. 31. 2010헌가97.

하고, 이를 달성하기 위한 적절한 수단이다.

신고를 요건으로 하는 거주자의 해외부동산 취득절차에서 취득하려는 해외부동산에 대한 자발적 신고는 국제수지의 균형과 통화가치의 안정을 확보하기 위하여 가장 기본적으로 요구되는 사항이므로, 그 이행을 위해서는 신고의무에 정면으로 배치되는 미신고 해외부동산 취득행위를 방지하고 그 취득에 관한 경제적 유인을 금지하여 엄격하게 처벌할 필요가 있다. 그러므로 신고의무를 해태하는 경우 일반 행정법규상의 단순한 신고 미이행 등과 같은 질서벌이 아닌 형사범으로 다루는 것 외에 신고하지 아니하고 취득한 해외부동산을 반드시 몰수·추징할 필요성이 있고 이를 임의적 규정으로 하여서는 위와 같은 입법 목적을 달성하기에 부족하다. 한편, 주형의 구체적인 양형과정에서 필요적 몰수·추징의 부가형을 참작하여 구체적 형평성을 기할 수 있으며, 법관은 주형에 대하여 선고를 유예하는 경우에는 부가형인 몰수·추징에 대하여 선고를 유예할 수 있어 사안에 따라 필요적 몰수·추징이 가혹할 경우에는 선고유예를 통하여 구체적 형평성을 기할 수 있다. 나아가 외국환거래법이 거주자의 해외부동산 취득과 관련하여 기획재정부장관에게 수리 여부를 결정하거나 거래 내용의 변경을 권고할 수 있는 권한을 부여하고 있으므로, 거주자의 해외부동산 취득이 단순히 신고라는 절차적인 요건을 갖추기만 하면 완전히 자유롭게 허용되는 행위라고 볼 수도 없다. 따라서 이 사건 법률조항은 침해최소성원칙에 반하지 아니한다.

거주자의 미신고 해외부동산 취득행위는 곤궁범이 아닌 이욕범이자 재정범으로 국가경제에 미치는 부정적 영향이 지대하다는 점을 고려할 때, 이 사건 법률조항에 의해 제한되는 재산권 등 사익이 국제수지의 균형과 통화가치의 안정을 통한 건전한 외국환거래질서 확립이라는 공익보다 더 크다고 할 수 없다. 따라서 이 사건 법률조항은 과잉금지원칙에 위배되지 아니한다."

3. 입법례

가. 일본

우리나라 외국환거래법과 유사한 법률로 '외국환거래 및 외국무역법'이 존재하며 이는 우리나라의 외국환거래법과 대외무역법이 혼합되어 있는 법률이다. 위 법률상 거주자와 비거주자와의 사이의 금전 소비대차계약에 대하여 2011년 5월 이전에는 사후 신고를 필요로 하였으나 2011년 5월 '외환의 거래 등의 보고에 관한 성령'이 개정 시행되어 신고가 불필요해졌다.

다만 위 법률상 몰수 및 추징에 관한 규정은 없고 일본 형법 제19조의 몰수·추징에 관한 일반규정이 준용된다. 결국 외국환거래에 대한 일본의 입법례는 우리나라와 달리 '보고를 하지 않아도 법의 목적을 달성하기 위해 특히 지장이 없는 것으로 재무 성령으로 정하는 자본 거래'에 관하여는 신고의무를 부과하고 있지 않다. 나아가 신고를 요하는 경우라 할지라도 그 신고의무를 위반한 자에 대하여 필요적 몰수·추징을 규정하지 않고 있으며 일반 형법상 임의적 몰수·추징을 준용하고 있을 뿐이다. 그 외에 '조직적인 범죄의 처벌 및 범죄수익의 규제 등에 관한 법률'에서 '외국환거래 및 외국무역법' 제69조의6(국제적인 평화 및 안전의 유지를 방해하게 될 무허가거래 등)의 죄에 대하여 임의적 몰수를 할 수 있도록 규정하고 있을 뿐이다.[9]

나. 미국

일명 Bank Secrecy Act에 있는 31 U.S.C. 5316조가 우리나라 외국환거래법상의 신고의무와 유사한 내용을 다루고 있다.[10] 이와 관련하여 31 U.S.C.

---

9) 組織的な犯罪の処罰及び犯罪収益の規制等に関する法律 別表 二十 外国為替及び外国貿易法（昭和二十四年法律第二百二十八号）第六十九条の六（国際的な平和及び安全の維持を妨げることとなる無許可取引等）の 罪.

10) 31 U.S.C. 5316(a) (Reports on exporting and importing monetary instruments) (a) Except as provided in subsection (c) of this section, a person or an agent or bailee of the person shall file a report under subsection (b) of this section when the person, agent, or bailee knowingly— (1) transports, is about to transport, or has transported, monetary instruments of more than $10,000 at one time— (A) from a place in the United States to or through a place outside the United States; or (B) to a place in the United States from or through a place outside the United States; or (2) receives monetary instruments of more than $10,000 at one time transported into the United States from or through a place outside the United States. (a) 본 조 제(c)항에 따른 경우를 제외하고, 人 또는 그의 대리인 또는 수탁자는 그 人, 대리인 또는 수탁자가 고의로 다음의 경우에 해당하는 경우 본 조 제(b)항에 따른 보고를 하여야 한다. (1) 일시에 미화1만 달러 이상의 화폐수단(monetary instruments)을 다음과 같이 이송하거나, 이송할 예정이거나, 이송한 경

5317(c)조는 몰수(Forfeiture)라는 표제 하에 31 U.S.C. 5316조 위반의 경우 몰수규정이 적용됨을 명시하고 있다. 하지만 위 조항은 현금의 이동 즉, 개인이 현금을 소지한 채 출·입국하는 경우를 규제하고 있는 것이며 대상 사건의 경우와 같이 송금·이체가 이뤄진 경우에 관한 규정은 아니다.

그 이외에 31 U.S.C. 5315조[11]가 외국환 거래에 대한 신고(Reports on foreign currency transactions)를 규정하고 있으나 몰수를 정하고 있는 5317(c)조는 5313조(Reports on domestic coins and currency transactions), 5316조(Reports on exporting and importing monetary instruments), 5324(Structuring transactions to evade reporting requirement prohibited)조의 위반에만 적용된다고 명시하고 있어 5315조의 신고의무를 위반하였을 경우에 몰수하는 규정이 아니다. 참고로 위 31 U.S.C. 5317(c)조의 몰수는 형사몰수[12]와 민사몰수[13]로 나눠지며 형사몰수는 필요적인 것으로 민사몰

우: (A) 미국 내 지역으로부터 미국 외 지역으로 또는 미국 외 지역을 통하여 이송; 또는 (B) 미국 외 지역으로부터 또는 미국 외 지역을 통하여 미국 내 지역으로 이송; 또는 (2) 일시에 미국 외 지역으로부터 또는 미국 외 지역을 통하여 미국 내로 이송된 미화1만 달러 이상의 화폐수단(monetary instruments)을 수령한 경우.

11) (a) Congress finds that—

(1) moving mobile capital can have a significant impact on the proper functioning of the international monetary system;

(2) it is important to have the most feasible current and complete information on the kind and source of capital flows, including transactions by large United States businesses and their foreign affiliates; and

(3) additional authority should be provided to collect information on capital flows under section 5(b) of the Trading With the Enemy Act (50 App. U.S.C. 5(b)) [1] and section 8 of the Bretton Woods Agreement Act (22 U.S.C. 286f).

(b) In this section, "United States person" and "foreign person controlled by a United States person" have the same meanings given those terms in section 7(f)(2)(A) and (C), respectively, of the Securities and Exchange Act of 1934 (15 U.S.C. 78g(f)(2)(A), (C)).

(c) The Secretary of the Treasury shall prescribe regulations consistent with subsection (a) of this section requiring reports on foreign currency transactions conducted by a United States person or a foreign person controlled by a United States person. The regulations shall require that a report contain information and be submitted at the time and in the way, with reasonable exceptions and classifications, necessary to carry out this section.

12) (1) Criminal forfeiture.— (A) In general.— The court in imposing sentence for any violation of section 5313, 5316, or 5324 of this title, or any conspiracy to commit such violation, shall order the defendant to forfeit all property, real or personal, involved in the offense and any property traceable thereto. (1) 형사몰수. (A) 일반. 법원이 제5313

수는 임의적인 것으로 규정되어 있다. 특히 형사몰수의 경우 피고인의 작위나 부작위에 의하여 몰수대상물의 소재가 판명되지 않거나 제3자에게 양도되거나 가치가 현저하게 감소된 경우에는 당해 재산의 가치 한도 내에서 피고인의 다른 재산을 대체 몰수할 수 있을 뿐 추징이라는 개념이 별도로 사용되고 있지는 않다는 점이 특징이다. 결국 미국법상 외국환 거래에 대한 신고의무를 위반한 자를 상대로 필요적으로 몰수 · 추징하도록 하는 규정은 없는 것으로 판단된다.

다. 독일

독일 대외거래법(Aussenwirtschaftsgesetz; AWG) 제11조 제2항 및 동법 시행령(Aussenwirtschaftsverordnung; AWV) 제67조에 의하면 외국인이 독일 내국 거주자에게 12,500 유로화를 초과하는 금액을 송금할 경우 수령인은 독일 중앙은행(Deutsche Bundesbank)에 신고를 하여야 한다. 위 신고의무를 위반할 경우 대외거래법 제19조 제3항 제1(b)호 및 동법 시행령 제81조 제2항 제19호에 따라 행정법규 위반범죄(Ordnungswidrigkeit)를 구성하게 된다. 이 경우 대외거래법 제20조에 따라 행정법규 위반범죄의 대상이 된 금전이 몰수될 수 있으며 몰수의 요건은 독일 형법 제74조에 규정되어 있고, 필요적 몰수 · 추징 규정은 적용되지 않는다.

이상에서 본 바와 같이 우리의 외국환거래법 위반 행위와 같은 유형에 있어

조, 제5316조, 또는 제5324조 위반 또는 그러한 위반의 공모에 대하여 刑을 부과할 때에는 범칙행위에 관계된, 또는 범칙행위로 추적 가능한, 모든 동산 부동산의 몰수를 피고인에게 명하여야 한다.

13) (2) Civil forfeiture.— Any property involved in a violation of section 5313, 5316, or 5324 of this title, or any conspiracy to commit any such violation, and any property traceable to any such violation or conspiracy, may be seized and forfeited to the United States in accordance with the procedures governing civil forfeitures in money laundering cases pursuant to section 981(a)(1)(A) of title 18, United States Code. (2) 민사몰수. 제5313조, 제5316조, 또는 제5324조 위반 또는 그러한 위반의 공모에 관련된, 또는 그러한 위반 또는 공모로 추적가능(traceable)한, 어떠한 재산도 United States Code Title 18의 제981조 제(a)항 제(1)목 제(A)호에 따른 자금세탁사건의 민사몰수 절차에 따라 미국정부로 추징 및 몰수될 수 있다.

서 일본, 미국, 독일에서는 필요적 몰수·추징 규정은 적용되지 않는다.

4. 이 사건 외국환거래법상 필요적 몰수·추징 규정의 위헌성

몰수·추징은 전적으로 법관의 재량에 맡겨져 있는 임의적 몰수·추징이 있고, 요건이 충족되는 한 반드시 몰수·추징을 선고하여야 하는 필요적 몰수·추징이 있는데, 몰수·추징을 임의적으로 할지 아니면 필요적으로 할지는 입법자가 우리의 역사와 문화, 입법 당시의 시대적 상황과 국민일반의 가치관 내지 법감정, 범죄의 실태와 죄질 및 보호법익 그리고 범죄예방효과 등을 종합적으로 고려하여 결정하여야 할 입법정책에 관한 사항이다. 한편 법정형의 종류와 범위를 정할 때에는 형벌위협으로부터 인간의 존엄과 가치를 존중하고 보호하여야 한다는 헌법 제10조의 요구에 따라야 하고, 형벌개별화의 원칙이 적용될 수 있는 범위의 법정형을 설정하여 실질적 법치국가의 원리를 구현하도록 하여야 하며, 형벌이 죄질과 책임에 상응하도록 적절한 비례성을 지켜야 한다. 이러한 요구는 특별형법의 경우도 마찬가지여서 입법취지에서 보아 중벌(重罰)주의로 대처할 필요성이 인정되는 경우라 하더라도 그 가중의 정도가 통상의 형벌과 비교하여 현저히 형벌체계상의 정당성과 균형성을 잃은 것이 명백하다면, 그러한 입법의 정당성은 부인되고, 인간의 존엄성과 가치를 보장하는 헌법의 기본원리에 반하여 위헌적인 법률이 될 것이다.[14] 즉, 어느 범죄에 대한 법정형이 그 범죄의 실태와 죄질의 경중, 이에 대한 행위자의 책임, 처벌규정의 보호법익 및 형벌의 범죄예방효과 등에 비추어 지나치게 가혹한 것이어서 전체 형벌체계상 현저히 균형을 잃음으로써 다른 범죄자와의 관계에 있어서 헌법상 평등의 원리에 반하게 된다거나, 그러한 유형의 범죄에 대한 형벌 본래의 기능과 목적을 달성함에 있어 필요한 정도를 현저히 일탈함으로써 헌법 제37조 제2항의 과잉입법금지원칙에 반하는 등 입법재량권이 헌법규정이나 헌법상의 제원리에 반하여 자의적으로 행사된 것으로 평가되는 경우에는 이와 같은 법정형을 규정한 법률조항은 헌법에 반한다고 보아야 한다.[15]

---

14) 헌재 2001. 11. 29. 2001헌가16.

현재 외국환거래법은 위반 유형별로 그 불법의 경중을 달리 평가하지 않고 제27조 제1항 각 호, 제29조 제1항 각 호의 모든 경우에 대하여 일률적으로 필요적 몰수·추징 조항을 적용하고 있다. 그러나 예컨대 제5조 제2항을 위반하여 기준 환율 등에 따르지 아니하고 거래한 자[16]의 경우에는 통화가치의 안정을 도모하기 위하여 일응 형사 처벌할 필요가 있을 것이나, 제7조에 따른 회수명령을 위반하여 채권을 국내로 회수하지 아니한 자[17]의 경우는 시장질서에 대한 국가의 지나친 개입으로 볼 여지가 상당하다. 이에 따라 2017. 1. 17. 개정되고 2017. 7. 18. 시행이 예정되어 있는 외국환거래법 개정안 역시 위 제7조는 삭제하고 제29조 제1항 제1호도 삭제하였다. 기획재정부는 위 개정안의 입법 배경을 공고하여 i) 1999년 외국환관리법이 외국환거래법으로 대체되면서 외환거래의 자유화가 진전되었고, ii) 2006년 자본거래 허가제가 폐지되고 신고제로 전환되었으며, iii) 이후에도 지속적으로 개별 사안별 개정을 이어와 외환거래의 자유화를 추진해왔다고 밝힌 바 있다. 한편, 기획재정부 스스로도 그 동안의 자유화 조치에도 불구하고 현행법은 대외거래 증가, 금융업 성장 등의 여건 변화를 근본적으로 반영하지 못하는 상태임을 자인하고 있다. 즉, 지급·수령시 은행의 확인절차와 자본거래 신고제 등이 사실상의 규제로 인식되어 자유화를 체감하기 어렵고 금융회사 등만이 외국환업무를 취급할 수 있게 되어 있어 경쟁체제에도 큰 제약이 따르고 있다는 것이다. 이에 따라 기획재정부는 2015년 3월 '외환제도 개혁방안'을 발표한데 이어 2016년 3월에는 비금융회사의 외국환 업무 범위 확대 등을 주요내용으로 외국환거래법 및 시행령을 한 차례 개정한 바 있다. 위와 같은 일련의 과정을 볼 때 현재 우리나라의 외국환거래법은 여전히 대내외 여건 변화와 국경간 경상·자본거래 및 지급·수령 등 외국환거래의 규모를 온전히 반영하고 있지 못함을 알 수 있다. 따라서 근본적으로 외환거래의 자율성을 제고하고 국민과 기업의 대외거래 원활화를 촉진하는 방향으로 관련 법령의 대대적 개선이 필요한 시점이다.

---

15) 헌재 2004. 3. 25. 2001헌바89.

16) 제27조 제1항 제1호.

17) 세29조 제1항 제1호.

한편 제29조 제1항 제6호는 '신고의무를 위반한 금액이 5억 원 이상의 범위에서 대통령령으로 정하는 금액을 초과하는 자'라고 정하고 있고 대통령령에서는 18조 위반의 경우에는 10억 원으로 정하고 있는데 이를 일률적으로 적용하게 되면 10억 100원에 관한 신고의무를 위반한 자의 경우에는 위반 금액 전부를 필요적 몰수 · 추징하게 되는 반면 10억 원에 관한 신고의무를 위반한 자에 대하여는 위 조항 위반을 인정할 수 없게 되고 제32조의 적용을 받아 단순 과태료만 부과하게 되므로 한 푼도 몰수 · 추징하지 않게 되는데, 구체적인 사안의 내용을 따져 신고의무를 위반하게 된 경위나 이유 등 불법의 정도를 가리지도 않고 필요적 몰수 · 추징 규정을 일률적으로 적용하게 되면 천양지차가 나게 되는데 이러한 결과는 헌법상 평등의 원칙을 실질적으로 위반하는 것이라고 보아야 한다. 나아가 외국환거래법은 외국환거래와 그 밖의 대외거래의 자유를 보장하고 시장기능을 활성화하여 대외거래의 원활화 및 국제수지의 균형과 통화가치의 안정을 도모함으로써 국민경제의 건전한 발전에 이바지함을 목적으로 함을 선언하고 있다.[18] 위 입법 목적에 비추어 볼 때 일정금액 이상의 대외거래를 단순히 신고하지 않았다는 이유만으로 전부에 대하여 필요적으로 몰수 · 추징하는 것이 과연 '거래의 자유를 보장'하고 '국민경제의 건전한 발전에 이바지'하는 것이라고 할 수 있을지 의문이다. 금융기관을 통하여 비거주자로부터 거주자에게 국내로 송금되는 돈은 신고가 없다고 하더라도 사후적인 추적이 매우 용이하다고 할 수 있으므로 몰수 · 추징을 필요적으로 하지 아니하고 임의적으로 한다고 하더라도 외국환거래법의 입법목적을 달성하기에 부족함이 없다.

헌법재판소는 위 결정에서 "외국환거래법상의 몰수 · 추징은 재산상 이익을 환수하는 데 그치는 것이 아니고 징벌적인 성격을 가지며, 행위자의 책임과 형벌의 비례관계는 주형과 부가형을 통산하여 인정되는 것이므로 주형의 구체적인 양형과정에서 필요적 몰수 · 추징의 부가형을 참작하여 구체적 형평성을 기할 수 있다. 또한 법관은 주형에 대하여 선고를 유예하지 아니하면서 그에 부가할 추징

18) 제1조.

에 대하여서만 선고를 유예할 수는 없으나, 주형에 대하여 선고를 유예하는 경우에는 부가형인 몰수 · 추징에 대하여 선고를 유예할 수 있어, 사안에 따라 필요적 몰수 · 추징이 가혹할 경우에는 선고유예를 통하여 구체적 형평성을 기할 수 있다. 따라서 부가형이 주형보다 중할 수 있다는 점만으로 법관의 양형재량이 과도하게 제한된다거나 책임과 형벌의 비례원칙에 반한다고 볼 수 없다."라고 판시한다. 하지만 행위자의 책임이 무겁지 않아 경한 벌금형을 주형으로 선고할 경우에 있어서까지 필요적으로 당해 금전을 몰수 · 추징하도록 한 결과 행위의 불법성이 크지 않은 경우에도 법관은 주형에 비하여 과도하게 높은 부가형을 선고하여야 하고, 이를 피하기 위하여는 주형마저도 선고를 유예할 수밖에 없는바, 이와 같은 구조는 법관의 양형선택과 판단권을 극도로 제한하여 범죄자의 귀책사유에 알맞은 형벌을 선고할 수 없게 하므로 법관의 양형결정권을 원천적으로 제한하고 있다고 보아야 한다. 헌법재판소가 극히 예외적인 주형과 부수형의 선고유예를 가정하여 구체적 형평성을 기할 수 있다고 판시하는 것은 궁색한 논리라고 하지 않을 수 없다. 이는 법관으로 하여금 부수형의 선고를 유예하기 위하여 주형의 선고유예를 강제하고 있는 꼴이다.

이 사건 사안에서 문제되는 외국환거래법 규정과 헌법재판소의 대상사건과 다른 부분도 살펴보아야겠다. 헌법재판소는 "나아가 외국환거래법이 거주자의 해외부동산 취득과 관련하여 형식적으로는 신고를 하도록 규정하고 있지만 그 내용 면에서는 여전히 기획재정부장관에게 수리 여부를 결정하거나 거래 내용의 변경을 권고할 수 있는 권한을 부여하고 있으므로(법 제18조 제4항 내지 제7항 참조), 거주자의 해외부동산 취득이 단순히 신고라는 절차적인 요건을 갖추기만 하면 완전히 자유롭게 허용되는 행위라고 볼 수도 없다. 즉 거주자가 신고를 하지 아니하고 취득한 해외부동산 중에는 신고만 하면 취득할 수 있었던 경우만 존재하는 것이 아니라 신고를 하더라도 수리거부 등으로 취득하지 못하였을 경우도 얼마든지 존재할 수 있다. 청구인은, 거주자가 외국에서 발생한 수입으로 해외부동산을 취득한 경우에는 국제수지의 균형과 통화가치의 안정에 하등의 영향을 미치지 아니하므로 이러한 경우까지 이 사건 법률조항을 적용하여 해외부동산을 몰수 · 추징하는 것은 과도한 제한이라고 주장하나, 대한민국에 주소 또는 거소를 둔 개인 등이 외국에서 얻은 수입으로 해외부동산을 취득하였다 하여도 국가가 외환에 관한 일련의 자금흐름을 유기적으로 파악하여 감독하기 위하여는 이에 대한 신고의무를 부과하고 이를 위반한 경우 해외부동산을 몰수 · 추징할 필요가 있으므로, 이를 지나친 제한이라고 할 수 없다. 결국 위 법률조항은 침해최소성 원칙에 반하지 아니한다."라고 판시한다.

현행 외국환거래법 제18조 제3항은 "기획재정부장관은 제1항에 따라 신고하도록 정한 사항 중 거주자의 해외직접투자와 해외부동산 또는 이에 관한 권리의 취득의 경우에는 투자자 적격성 여부, 투자가격 적정성 여부 등의 타당성을 검토하여 신고수리 여부를 결정할 수 있다."라고 규정하고 있다. 즉, 기획재정부장관이 수리 여부를 결정하거나 거래 내용의 변경을 권고할 수 있는 권한을 가지는 것은 거주자의 해외직접투자와 해외부동산 또는 이에 관한 권리의 취득의 경우에만 적용되는 것으로서 그 이외의 자본거래에 관하여는 기획재정부장관에게 수리 여부를 결정할 권한이 부여되어 있지 않다. 결국 이 사건 사안의 경우에는 거주자의 비거주자로부터의 금전대차거래에 의한 자금송금은 단순히 신고라는 절차적인 요건을 갖추기만 하면 완전히 자유롭게 허용되는 행위라고 하지 않을 수 없다. 게다가 외국환거래법시행령에 의하면 신고의 수리 여부 기간을 무려 30일이나 허여하고 있는데, 급변하는 세계경제에서 개인과 기업의 외화의 자본거래에 관하여 사후 일정기간 내의 신고의무를 부과하는 것으로도 충분히 입법목적을 달성할 수 있다고 할 것임에도 이 사건 사안과 같이 기획재정부장관에게 수리 여부와 변경권고의 권한이 부여되어 있지 않은 경우여서 단순히 신고를 수리하는 외에 중요한 후속절차나 규제도 없는 경우, 신고와 관련한 단순한 업무상 착오나 과실로 해태하여 신고의무를 이행하지 못한 경우, 개별적 사안에 있어서 범죄와 관련된 불법적인 사정이 전혀 없고 다른 급박한 사정 등으로 인하여 신고절차를 취할 시간적 여유가 없는 경우여서 신고의무를 이행하지 못하고 송금하게 된 경우 등과 같이 행위자에게 비난가능성이 매우 낮은 경우에도 일률적으로 사전 신고를 하지 않았다는 이유만으로 자본거래의 대상이 된 돈 전액의 몰수 · 추징을 명하는 것은 형벌 본래의 기능과 목적을 달성함에 있어서 필요한 정도를 현저히 일탈함으로써 최소침해성의 원칙에 위배되고 헌법 제37조 제2항의 과잉금지원칙에 반한다고 보아야 한다.

해외 비거주자와 국내 거주자 사이의 금전대차 등으로 인한 자본거래에 관하여 불법적인 거래를 사전에 방지하고 자본거래 관련 통계의 적정을 도모하기 위하여 신고를 확보할 필요가 있다고 할 수 있지만, 그러한 목적만으로는 사전 미신고 거래행위를 형사처벌하고 나아가 범죄와 아무런 관련도 없는 외환을 필요적으로 몰수 · 추징하게 하는 것을 정당화할 수 있는 사유라고 보기 어렵다. 불법적인 거래라고 한다면 어차피 사전이든 사후든 신고를 하지 않고 자금을 반입, 반출할 것이나, 불법적인 거래와 아무런 관련이 없는 사람의 행위에 대해서까지 신고의무위반으로 대상 금액을 전액 몰수할 근거가 부족하다. 또한 단순히 통계자료를 확보하기 위하여 신고의무를 위반한 사람에 대하여 대상 금액을 전액 몰수한다는 것은 국민을 납득시킬 만한 근거가 되지 못한다. 따라서 설사 그것이 헌법 제37조 제2항이 요구하는 기본권 제한사유(국가안전보장 · 질서유지 또는 공공복리)에 해당된다고 하더라도 필요적 몰수 규정은 그러한 목적을 달성하기 위하여 필요한 범위를 넘어서 거래의 자유와 재산권을 과도하게 제한하는 것이라고 보지 않을 수 없다. 따라서 미신고 자본거래 외환을 필요적으로 몰수 · 추징하도록 하는 법률규정은 기본권을 제한할 필요성이 없거나 그러한 필요성의 한도를 넘어서 자본거래의 자유와 재산권을 제한하는 것으로서 헌법 제15조, 제23조 제1항 본문 및 제37조 제2항에 위반된다고 할 것이다.[19]

거주자가 비거주자로부터 외환을 국내로 송금받는 행위가 국가경제에 미치는 부정적인 영향이 지대하다고 할 수 있는가? 이것도 전혀 근거가 없는 막연한 추측에 불과할 뿐이다.[20] 현재 세계는 지구촌화 되어 어느 한 국가에서의 사건

19) 헌법재판소 2008. 12. 26. 2005헌바30 사건의 조대현 재판관의 소수의견 참조.

20) 이는 마치 헌법재판소가 과거 재벌 등의 부정축재자들이 국내의 돈을 해외로 빼돌려 신고하지 아니하고 해외부동산을 취득하는 행위로 국민적 비난을 심대하게 받아온 사안과 동일하게 생각하고 있는 듯하다.

이 전세계에 파급효과를 미치고 그 영향은 경제적인 측면에서도 지대한 영향을 미친다. 따라서 개인이든 기업이든 국가 경제주체는 시시각각으로 변하는 세계경제에 즉각적으로 대응할 수 있게 하여야 할 필요가 있다. 예컨대 환율이 과도하게 상승하는 경우에 개인과 기업은 해외로부터 외화를 들여오려고 하므로, 해외의 비거주자로부터 외화를 차입하거나 해외 투자 부동산이 있는 경우에는 그 부동산을 매각하여 회수된 투자금을 국내에 반입하게 된다. 그러면 외화의 공급으로 인하여 환율은 하락하게 되므로 이는 환율상승을 저지하는 역할을 하게 된다. 반대로 환율이 지나치게 하락하는 경우에는 개인과 기업은 보유하는 원화를 외화로 바꾸어 해외에 투자를 하려 하고 그 결과 이는 환율의 하락을 저지하는 역할을 하게 된다. 어느 경우이든지 외환의 자유로운 유입, 유출을 보장하는 것이 수익의 최대화를 추구하는 개인과 기업의 경제활동으로 국가경제의 안정을 추구하는 방향으로 나아갈 수 있게 하는 것이다. 따라서 범죄와 관련되지 않은 개인과 기업의 해외로의 자금의 투자 또는 해외 투자금의 유치 등은 오히려 국가경제에 미치는 영향이 긍정적인 측면이 많다고 보아야 하므로 그 자금이 불법적인 것임을 전제로 하여 무조건 처벌하려고 해서는 안된다.

외국환거래법과 다른 법률과의 불법의 경중이나 처벌의 필요성을 비교해볼 필요도 있다. 마약류 관리에 관한 법률, 관세법, 특정경제범죄 가중처벌 등에 관한 법률, 범죄수익은닉의 규제 및 처벌 등에 관한 법률 등의 경우에는 위반행위의 불법의 정도가 강하지만 외국환거래법상 위반행위의 불법의 정도는 단순 신고의무의 불이행에 불과하여 행정형벌적 성격에 불과하다고 하지 않을 수 없다. 범죄 혹은 범죄수익과 연관되지 않는 한 외환거래는 자율적으로 운용되어야 마땅하고 자유 시장경제질서 및 자본주의의 특성상 국민 개개인의 자산관리는 자유로이 보장되어야 한다.

5. 소결

이 사건 사안과 같은 경우에 필요적 몰수 · 추징을 규정하고 있는 외환거래법의 규정은 과잉입법금지의 원칙에 위반된 것으로, 국민의 사유재산권을 과도하게 제한하는 것이어서 위헌이라고 하지 않을 수 없다[21]. 재산형성에 어떠한 불법도 개입된 바가 없고 자본거래의 원인도 자유로운 시장경제의 주체로서 합법적임에도 불구하고 단지 그 유입과 유출을 사전에 신고하지 않았다는 사유만으로 개인의 사유재산을 다른 어떠한 사정도 고려함이 없이 국가가 침탈해 간다면 이러한 국가는 전체주의 국가라고 하지 않을 수 없다.

따라서 외국환거래법은 위반 행위별 불법의 경중을 고려하여 처벌 여부를 결정하여야 하고, 이에 관한 필요적 몰수 · 추징 규정은 삭제하여야 마땅하다. 국부유출, 통화가치의 안정을 해하는 중대한 법 위반, 범죄의 수익과 연루된 외국환 등 제한적인 경우에만 몰수 · 추징할 수 있도록 하여야 진정한 대외거래의 자유 및 세계 시장경제질서에서의 경쟁력 구축이 가능할 것이다.

III. 징벌적 몰수 · 추징 이론과 그에 의한 공동연대추징은 정당한가?

1. 몰수 · 추징의 의의

몰수는 범죄행위와 관련된 재산권을 보상 없이 박탈하여 국고에 귀속시키는 국가의 처분이다. 형법은 몰수를 다른 형에 부가하여 과하는 부가형으로 규정하고 있으나, 행위자에게 유죄의 재판을 하지 아니할 때에도 예외적으로 몰수의 요건이 있는 경우에는 몰수만을 선고할 수도 있다(형법 제49조).

몰수의 법적 성격에 관하여는, 형법이 몰수를 형벌의 일종으로 규정하고 있으므로 몰수는 재산형으로 주형에 부가하여 과하여지는 부가적 형벌이라고 하는 견해(부가적 형벌설), 몰수는 형식적으로는 형벌이지만 실질적으로는 대물적 보

21) 필요적 몰수 · 추징 규정이 위헌이라고 한 결정에 대하여는 1995. 11. 30. 94헌가3, 2004. 3. 25. 2001헌바89 참조.

안처분이라는 견해, 범인 소유의 물건의 몰수는 재산형으로서의 성질을 띠지만 제3자 소유의 물건의 몰수는 대물적 보안처분의 성질을 가진다고 보는 견해, 형벌과 보안처분의 중간영역에 위치한 독립된 형사제재라는 견해 등이 주장되고 있다. 요컨대 몰수의 법적 성격에 관한 논의는 그것이 형벌인가 보안처분인가에 집중되어 있다고 할 수 있다.

그렇다면 몰수의 법적 성격이 형벌인가 보안처분인가에 따라서 확연한 차이를 보이는 것이 있는가. 몰수를 형벌이 아닌 보안처분으로 보는 경우에는 몰수판결의 제3자에 대한 효력을 설명하기에 용이한 부분이 있지만 몰수의 법적성격과 몰수판결의 대세효 여부는 별개의 문제라고 보아야 한다. 몰수를 형벌로 보기 때문에 불이익변경금지의 원칙이 적용된다고 설명하는 견해도 있지만 불이익변경금지의 원칙은 몰수를 형벌이 아닌 보안처분으로 보는 경우에도 적용된다. 또한 몰수를 형벌로 보든 보안처분으로 보든 죄형법정주의는 적용되어야 한다.[22]

추징은 몰수 대상물의 전부 또는 일부가 몰수하기 불가능한 때에 몰수에 갈음하여 그 가액 상당의 납부를 명하는 사법처분이다. 형법 제48조 제2항에서 규정하는 추징은 본래 의미의 임의적 추징으로서 일반적 추징 또는 이익박탈적 추징이라고 한다.

일반적 추징의 법적 성격에 관하여는, 이득박탈을 통한 범죄반복의 위험성을 예방하는 측면에서 보안처분적 성격이 중시되는 반면 범인의 범죄에 대한 재산형으로서의 성격은 약하게 평가받고 있다는 견해가 있으나,[23] 다수 학설은 추징은 몰수의 취지를 관철하기 위한 사법처분이면서 실질적으로는 부가형의 성질을 띠고 있다고 한다. 판례 역시 추징을 형벌적 성격을 보유하는 것으로 보고 있으며[24] 재판실무상 추징은 실질적으로 형에 준하여 평가되고 있다.[25]

---

22) 이상원, "몰수의 법적성격", 비교형사법연구 제6권 제2호, 한국비교형사법학회, 2004. 255, 256면.

23) 김대휘, "징벌적 추징에 관하여", 형사판례연구 제8호, 2000, 166면; 이영한, "징벌적 개념의 몰수·추징에 대한 몇 가지 문제", 재판실무연구, 2004, 126면.

24) 형법 제41조에 의하여 추징이 형이 아님은 명백하나 실질적으로 볼 때 몰수와 차이가 없으며 특히 보안처분적 의미를 가지지 아니하는 점에 있어서는 오히려 순수한 형벌적 성격을 보유하는 것이라 할 것이므로 피고인이 항소한 원심에서 주형은 1심판결과 동일하게 하였으나 새로이 피고인으로부터 금 구천환을 추징하는 선고를 하였음은 불이익변경금지의 법원칙에 위배된다 할 것이다

2. 징벌적 몰수 · 추징과 공동연대추징

한편 징벌적 몰수 · 추징은 형사법 문언상의 용어가 아니라 대법원 판례에 의하여 생성된 것으로서 특별법상의 특수한 입법목적과 취지에 따라 인정되고 있으며 단순한 불법이익의 박탈을 목적으로 하는 본래 의미의 몰수 · 추징과는 구별되고 있다.[26]

대법원은 마약류 관리에 관한 법률, 관세법, 특정경제범죄 가중처벌 등에 관한 법률, 밀항단속법 등에서 규정하는 필요적 몰수 · 추징을 징벌적이라고 해석하면서 여러 사람이 공모하여 위반행위를 한 경우 대상물을 몰수할 수 없을 때에는 각 공범자 전원에 대하여 그 가액 전부의 추징을 명하는 공동연대추징을 적용하여야 한다고 판시하고 있다.

대법원은 징벌적 몰수 · 추징에서의 '징벌'이란 범죄이익의 환수와 관련하여 범죄수익이 없어도 부과되는 불리한 형사제재의 개념으로 사용하면서 실질적으로 책임주의의 통제에서 벗어나는 통로를 창설하는 듯하는 판시를 하고 있으나, 이른바 징벌적 몰수 · 추징도 범죄의 철저한 억제를 도모하려는 재산형을 의미하는 형사제재를 일컫는 것으로 보아야 하므로 책임주의의 통제에서 벗어날 수는 없다고 보아야 한다.[27]

일반적 추징은 금품 기타 이익을 받은 범인 또는 제3자로부터 이를 박탈하여 그로 하여금 불법적인 이득을 보유하지 못하게 하는 것이 목적이다. 따라서 이익의 귀속자로부터 개별적으로 추징하게 되며 추징의 액수는 받은 이익의 한

(대법원 1961. 11. 9. 선고 4294형상572 판결).

25) 다만, 대법원이 몰수 · 추징에 대하여 범죄행위로 인한 이득을 박탈하여 부정한 이익을 보유하지 못하게 하는 보안처분의 성격도 인정하고 있다는 견해가 있으나(이승현, "특별법상 추징의 법적 성격", 한국형사판례연구회, 형사판례연구 18, 2010, 650면.), 위 논문이 인용하고 있는 판례는 형법 제134조의 필요적 몰수 · 추징에 관한 것으로서 형법 제48조의 임의적 추징과는 다른 경우로 보인다.

26) "외국환관리법상의 몰수와 추징은 일반 형사법의 경우와 달리 범죄사실에 대한 징벌적 제재의 성격을 띠고 있다고 할 것이므로"(대법원 1998. 5. 21. 선고 95도2002 전원합의체 판결).

27) 홍찬기, "징벌적 추징의 문제점과 개선방향", 법학논총 제37권 제4호, 단국대학교 법학연구소, 2013, 710면.

도를 넘어설 수 없다. 또한 추징의 방법도 분할추징의 원칙이 적용되어 수인이 공동하여 뇌물을 수수한 경우 각자로부터 각자 실제 분배받은 금품만을 개별적으로 몰수 혹은 추징하게 되며 개별액수를 알 수 없는 경우에는 균분하여 추징하여야 한다는 것이 판례이다.

이에 반해 대법원은 공동연대추징에 해당하는 경우에는 수인의 공범자 중 이익을 얻은 자에 대하여만 추징하는 것이 아니라 공범자 각자에 대하여 가액 전부의 추징을 명하여야 한다고 하면서 위 공범자에 공동정범뿐 아니라 교사범, 종범이 포함되는 것으로 보고 있다.[28] 또한 공범자 중 일인이 추징금 전액을 납부하게 되면 다른 사람 역시 추징의 집행을 면하고 일부라도 납입이 되지 않았을 경우에는 그 범위 내에서 공범자 모두가 추징의 집행을 면할 수 없게 된다는 점이 일반적 추징의 해석과 다르다.

대법원과 같이 공동연대추징을 인정할 것인지에 대하여, 대법원이 공동연대추징을 인정하는 경우는 관세법, 외국환거래법, 마약류관리에 관한 법률 등 극히 예외적인 경우인 점, 위 법 위반행위들은 사회적 영향이 심대하고 범죄도 빈발하고 있어 이를 막기 위한 일반예방적인 조치가 필요한 점, 특히 범죄의 특성상 적발이 어려워 공범간의 역할분담이나 이득분배내용을 밝히는 것이 쉽지 않아 징벌적인 제재의 강화가 필요하다는 점을 들어 긍정하는 견해가 있다.[29] 반면 불법의 공동귀속은 가능하더라도 책임만큼은 개별 귀속되어야 한다는 형사법의 기본원칙인 책임 개별화 원칙에 위배된다고 보아 이를 부정하는 견해가 있다.[30]

3. 외국환거래법상 필요적 몰수 · 추징에 관한 대법원 전원합의체 판결의 태도[31]

가. 다수의견

28) 대법원 1985. 6. 25. 선고 85도652 판결.

29) 이영한, 앞의 논문, 133면; 김대휘, 앞의 논문, 174면; 이승현, 앞의 논문, 688면.

30) 서보학, "공범간에 취득한 이익이 다른 경우의 추징방법 – 외국환관리법 및 관세법상의 몰수 · 추징의 법적성격과 추징방법을 중심으로", 형사판례연구 제8권, 2000, 10면.

31) 대법원 1998. 5. 21. 선고 95도2002 전원합의체 판결.

외국환관리법상의 몰수와 추징은 일반 형사법의 경우와 달리 범죄사실에 대한 징벌적 제재의 성격을 띠고 있다고 할 것이므로, 여러 사람이 공모하여 범칙행위를 한 경우 몰수대상인 외국환 등을 몰수할 수 없을 때에는 각 범칙자 전원에 대하여 그 취득한 외국환 등의 가액 전부의 추징을 명하여야 하고, 그 중 한 사람이 추징금 전액을 납부하였을 때에는 다른 사람은 추징의 집행을 면할 것이나, 그 일부라도 납부되지 아니하였을 때에는 그 범위 내에서 각 범칙자는 추징의 집행을 면할 수 없다.

나. 반대의견

형벌법규는 죄형법정주의의 내용인 유추해석의 금지나 명확성의 원칙상 문리에 따라 해석하여야 한다. 외국환관리법상의 추징의 성격이 징벌적인가 아니면 이익박탈적인가의 여부는 먼저 외국환관리법상의 추징에 관한 규정을 문리해석하여 그 결과에 따라 판단해야 할 것이다. 다수의견이 외국환관리법의 입법목적까지를 고려하여 그 추징에 징벌적 제재의 성격을 강조하는 이유는, 외국환관리법위반 사범의 단속과 일반 예방의 철저를 기하기 위한 것으로 보여 타당한 면이 없지 아니하다. 그러나 외국환관리법위반 사범의 단속과 일반예방의 철저를 기할 필요가 있다면 그것은 주형을 엄하게 하여 그 목적을 달성해야 할 것이지, 부가형인 몰수에 대한 환형처분에 불과한 추징으로 이를 달성하려고 할 것은 아니라고 생각될 뿐만 아니라, 이는 추징의 본질이나 보충성에 비추어 보더라도 그 한계를 벗어나는 것이라고 하지 않을 수 없다. 다수의견에 따르면 여러 가지 논리상 모순이 생기고 따라서 외국환관리법상의 추징을 공동연대 추징으로 보는 것은 타당하지 아니하므로, 몰수의 대상이 된 외국환 등을 '취득한 사람'만이 추징의 대상자가 되는 것으로 해석함이 마땅하다.

외국환관리법상의 추징은 관세법상의 추징과는 그 조문의 규정내용과 형식이 모두 다르다. 다만 외국환관리법상의 추징이 외국환 등의 취득에 소요된 비용 내지 대가의 유무 · 다과를 고려함이 없이 그 가액 전부를 추징한다는 점에서 그 성격이 이익박탈적이기보다는 징벌적이라고 볼 여지가 없지 아니하나, 그렇다고 하여 관련 규정의 문언과 공동연대 추징의 문제점 등에도 불구하고 굳이 외국환관리법위반의 경우에까지 공동연대 추징의 유추해석을 도출하는 것은 죄형법정주의 원칙에 위배된다고 하지 않을 수 없다.

4. 검토

그러나 판례와 같이 징벌적 몰수 · 추징 개념과 공동연대추징을 인정하여 추징의 대상과 범위를 넓히는 것은 타당하지 못하다.

(1) 먼저 형법상의 몰수 · 추징의 규정과 대부분의 특별법상의 몰수 · 추징 규정의 형식과 내용이 다르지 않으므로 특별법상의 몰수 · 추징 규정을 징벌적이므로 일반 형법상의 몰수 · 추징과는 다른 법리를 적용하여 공동연대추징해야 한다는 해석이 도출되지 않는다.

형법 총칙 제48조의 몰수 · 추징 규정과 형법 각칙, 관세법을 제외한 다른 특별법상의 몰수 · 추징 규정은 그것이 임의적인지 필요적인지에 차이가 있을 뿐 법률 규정의 형식과 내용이 다르지 않다.[32] 따라서 특별법상의 몰수 · 추징 규정에서 이를 징벌적 몰수 · 추징 규정으로 해석하면서 일괄적인 공동연대추징의 해석을 끌어낼 수는 없다. 판례는 여기에 특별법의 입법목적에서 징벌적 몰수 · 추징의 근거를 찾고 있으나, 일반, 추상적인 문구로 이루어진 특별법의 입법목적만으로 형법상의 몰수 · 추징과 특별법상의 몰수 · 추징을 구별하는 기준의 근거로 삼기는 어렵다. 입법목적을 원용하면서 곧바로 "몰수와 추징은 일반 형사범의 경우와는 달리 범죄사실에 대한 징벌적 제재의 성격을 띄고 있다"라는 결론을 도출하고 있는 해석은 특별법 위반사범의 단속과 일반예방에 철저를 기한다는 처벌효과만을 염두에 둔 것으로서, 이른바 결과지향적 해석의 전형적 모습을 보여주는 것 같다. 일련의 합리적인 논거를 수반하지 않는 목적론적 해석은 극단적으로 말해 해석이라고 보기 어려운 면이 없지 않다.[33] 게다가 예컨대 외국환거래법의

---

32) 그런데 대법원은, 마약류법률위반죄, 관세법위반죄, 외국환거래법위반죄, 특정경제범죄등가중처벌위반죄 중 재산국외도피죄, 밀항단속법위반죄 등은 징벌적 몰수 · 추징이므로 일반 형법상의 몰수 · 추징과 다른 법리가 적용되어야 한다고 하고, 뇌물죄, 배임수증재죄, 변호사법위반죄 등은 일반 형법상의 몰수 · 추징 법리가 적용되어야 한다고 한다.

입법목적은 "외국환거래와 그 밖의 대외거래의 자유를 보장하고 시장기능을 활성화하여 대외거래의 원활화 및 국제수지의 균형과 통화가치의 안정을 도모함으로써 국민경제의 건전한 발전에 이바지함을 목적으로 한다."라는 것이고, 특정범죄 가중처벌 등에 관한 법률의 입법목적은 "건전한 사회질서의 유지와 국민경제의 발전에 이바지함을 목적으로 한다."라는 것이어서 두 법의 입법목적이 매우 유사한데 대법원은 외국환거래법의 추징규정은 징벌적이고, 특가법상의 추징규정은 징벌적이 아니라고 다른 해석을 하고 있다. 이는 범죄에 대한 엄격한 처벌이라는 목적을 우선시하여 본질적으로 같은 것을 다르게 판단한 것이라고 하지 않을 수 없다.[34] 외국환관리법위반죄, 특경법위반죄 등 범죄에 대한 단속과 일반예방을 철저히 할 필요가 있다면 주형을 엄하게 하여 그 목적을 달성하면 충분하며 부가형인 몰수나 그에 대한 환형처분인 추징을 모든 공범자에게 확대하여 적용하는 방법으로 할 것은 아니다.

(2) 그럼에도 불구하고 대부분의 특별법상의 필요적 몰수·추징 규정을 징벌적이라고 해석하면서 추징의 대상과 범위를 확대하는 것은 죄형법정주의에 어긋난다. 각각의 몰수의 성격상 형벌의 성격이 강하게 드러나는 경우가 있고, 형벌과 보안처분의 성격을 겸유하는 경우도 있으며, 보안처분의 성격이 강하게 드러나는 경우가 있지만 어느 경우이든 몰수와 추징은 형벌의 성격을 항상 보유하고 있다. 추징도 부가형으로서 일종의 형벌이고 특히 몰수의 환형처분으로 해석하는 이상 특별규정이나 명확한 근거 없이 피고인에게 불이익한 선고를 할 수 없는 것이다. 죄형법정주의는 국가형벌권의 자의적인 행사로부터 개인의 자유와 권리를 보호하기 위하여 범죄와 형벌을 법률로 정할 것을 요구한다. 그러한 취지에 비추어 보면 형벌법규의 해석은 엄격하여야 하고, 명문의 형벌법규의 의미를 피고인에게 불리한 방향으로 지나치게 확장해석하거나 유추해석하는 것은 죄형법정주의의 원칙에 어긋나는 것으로서 허용되지 아니한다.[35] 대법원은 이미 일반

---

33) 변종필, "대법원의 형법해석론에 대한 비판적 고찰", 비교형사법연구 제4권 제2호, 한국비교형사법학회, 2005.

34) 홍찬기, 앞의 논문, 726쪽.

형법상 몰수·추징에 관하여 개별추징의 원칙을 선언하면서 몰수대상물의 취득자로부터 몰수할 수 없는 경우에 그 몰수대상물건의 취득자였던 사람으로부터 환형처분으로 추징을 할 수 있다고 하고 있다. 그런데 형사정책적인 필요나 처벌의 필요성만을 고려하여 몰수대상 물건을 취득한 바가 전혀 없는 공범자로부터 몰수대상물건의 가액 전부를 공동연대추징할 수 있다고 해석하는 것은 형벌법규의 명확성의 원칙을 저버리고 문리와 다르게 확장해석한 것이라고 하지 않을 수 없다. 공범자가 범행에 가담한 경우에 몰수와 추징은 각자가 받은 이득을 몰수·추징하는 것이 추징의 본질에 적합한 것이므로 형법상 추징과 관련한 일반적인 추징에 관한 대법원의 해석은 적합한 것이다. 외국환관리법위반죄의 본 사안의 경우, 이를 일반적인 추징의 원리를 적용하게 되면 신고의무를 위반하여 국내로 들어온 돈을 취득한 것은 피고인이 근무하는 법인이고 피고인은 그 돈을 취득한 바가 전혀 없으므로 몰수는 양벌규정에 의하여 처벌받는 법인으로부터 하여야 한다. 그리고 그 법인으로부터 몰수할 수 없는 경우에는 당해 법인이 그 돈을 취득, 사용하였으므로 그 법인으로부터 추징을 하게 된다. 그런데 이를 징벌적 추징이어서 공동연대추징을 할 수 있다고 하게 되면 애초에 추징의 대상이 아니었던 피고인에게 200억 원이 넘는 금전의 전액을 추징할 수 있게 되는데 이는 피고인의 입장에서는 자신의 인생을 파탄내는 결과임은 명백하다. 몰수대상 물건을 취득한 바도 없고, 이를 처분한 자도 아닌 자로부터 추징을 한다면 그러한 판결에 누가 합리적이라고 승복할 것인가. 형법 총칙상의 규정과 특별법상의 규정의 내용이 다를 바가 없는데 전혀 다르게 해석하여 적용한다면 일반 시민을 쉽게 납득시킬 수는 없다고 하겠다. 따라서 특별법상의 명문의 규정의 없다면 이는 그 규정의 취지가 무엇이든 상관없이 개별추징의 원칙을 적용하여야 한다고 본다.

그렇다면 개별추징이 아닌 공동연대추징은 언제나 할 수 없는 것인가? 범죄행위에 다수인이 관여된 경우에 그 다수인의 관여 정도, 몰수대상물이나 그 이익의 불가분적인 취득에 따라 –예컨대 갑과 을이 공동정범으로 행동하였고 그에 따라 취득한 몰수대상물을 공동으로 취득하여 불가분적으로 사용한 경우– 공동

35) 대법원 2013. 11. 28. 선고 2012도4230 판결.

연대추징을 인정할 수 있을 것이다.[36] 요컨대 형법상 일반적인 추징이든 특별법상의 필요적인 추징이든 개별추징의 원칙을 적용하되 공범자의 관여 정도와 몰수대상물 또는 그 이익의 불가분적 취득, 사용이 인정되는 경우에는 공동연대추징을 인정하여야 한다.[37]

(3) 이와 같이 특별법상의 몰수 · 추징 규정이 징벌적 제재의 성질을 가지고 있는가, 아니면 이익박탈의 성격을 가지고 있는가의 여부에 따라 공동연대추징의 인정 여부가 달라지는 것은 아니며, 특별법상 일반적인 공동연대추징을 인정할 것인지는 형사정책적인 문제이므로 만일 이를 인정하려면 법률에 이에 관한 입법자의 명백한 의사가 표시되어야 한다. 외국환거래법상 신고의무를 위반하여 국내로 들여온 돈을 필요적으로 몰수하는 법률은 사실 몰수 자체를 형사처벌의 방편으로 사용하는 성격이 매우 강하다. 피고인이 신고의무를 위반하고 국내로 들여온 돈은 신고의무를 위반한 행위 자체를 직접적 원인으로 하여 취득한 것은 아니고, 금전 취득의 직접적 원인은 외국의 비거주자로부터의 차용행위로 보아야 할 것이다. 따라서 그러한 미신고행위의 행정법규 위반에 대하여 반드시 해당 돈을 몰수할 필요성이 있다고 단정하기는 어렵다. 그럼에도 불구하고 그 돈을 필요적으로 몰수하는 법률 규정은 당해 금전을 취득하는 당사자에게 강력한 형사제재를 가하는 점에 있어서 매우 '징벌적'이라고 할 수 있다. 이러한 의미에서 '징벌적' 몰수이고, 몰수의 환형처분인 추징도 '징벌적'이라고 할 수 있으나 그 당연한 결과로 몰수 대상물의 취득과 아무런 관련이 없는 모든 공범들에 대하여 공동연

---

36) Leipziger Komm., 73 Rn. 20, : 공범자가 취득한 몰수대상물이 공범자를 위하여 공동으로 사용된 경우에는 공동연대추징을 선고할 수 있다고 보아야 한다고 한다. 징벌적 추징에 관하여 김대휘, 앞의 논문, 170쪽에서 재인용.

37) 김대휘 부장판사도 "당해 물건이 공범자들 전원을 위하여 사용되었거나 각자 받은 이익을 나눌 수 없는 때에는 공동불법행위자의 부진정 연대책임의 규정에 의하여 공동연대의 추징을 명하는 것이 타당한 해석"이라고 하면서 이는 "민법상 분할채무에 관한 규정은 다수당사자의 채권관계를 규율하는 것이고 당사자간에 계약이 없는 경우에 권리내용을 정하는 원칙적 규정일 뿐이므로 형사법의 영역에 곧바로 적용될 수 없는 것이며, 오히려 민법 제760조의 공동불법행위자의 책임에 관한 규정이 그 성질상 더 가까운 것이라고 보이기 때문이"고 따라서 "이러한 공범자들간의 부진정연대의 규정은 형법상의 원칙적 추징 뿐만 아니라 다른 특별규정이 없는 한 특별법상의 모든 추징의 경우에도 적용되어야 할 것이다"라고 하고 있는데, 타당한 해석이다. 김대휘, 앞의 논문, 173쪽.

대추징에 복종할 의무가 있다고 볼 수는 없다. 오히려 법률이 이와 같이 강력한 형사제재를 하겠다는 의사를 표시하면서 그 방편으로 몰수나 추징을 '징벌적'으로 하려고 한다면 그에 관한 해석은 더욱 엄격하게 이루어져야 하고 적용범위를 함부로 확장하는 해석을 하여서는 아니되고 국민의 기본권을 보호하기 위하여 제한적으로 해석하여야 할 것이다. 판례는 '징벌'이란 말을 범죄로 인한 수익이 없음에도 불구하고 그 범죄의 예방을 위한 특별한 형사정책적 관점에서 추징을 가능하게 해주는 개념으로 사용하고 있는데 징벌성이 인정되는 추징과 부정되는 추징의 경계가 모호하기 그지 없다.[38]

(4) 실무상 관세법위반범죄,[39] 마약류범죄 등의 경우에는 다수의 공범이 관여하는 경우가 많고 공범자들 사이의 역할의 분담과 이득의 분배내용을 밝히는 것이 쉽지 않다. 그런 점에서 위와 같은 범죄의 특성상 징벌적인 제재의 강화가 필요하고 또한 추징 집행의 확보를 위하여 공동연대의 추징이 필요한 측면이 있다. 그러나 특별법상의 일부 범죄에 대하여 범죄의 적발이 쉽지 아니하고 공범자간의 역할의 분담내용과 이득의 분배내역을 밝히는 것이 쉽지 아니하다는 실무상의 필요만으로 공동연대추징을 인정할 근거가 될 수는 없다. 공범의 관여 정도, 몰수대상 물건이나 이득의 취득자는 범죄사실과 관련하여 매우 중요한 부분이므로 합리적인 의심의 여지 없이 증명되어야 하는데, 이러한 검사의 입증의 곤란을 해소시켜주기 위한 방편으로 법원이 명확한 근거 없이 징벌적 몰수·추징이라는 개념을 도입하여 공동연대추징을 인정한다는 것은 올바른 태도가 아니다.

(5) 판례와 같이 징벌적 추징에 의한 공동연대추징을 인정하는 경우에는 추징의 대상이 몰수대상물을 취득한 적도 없는 공범자가 추징을 당하게 되고, 공범자간의 우연한 사정인 추징의 집행 여부에 따라 결과가 달라지기도 하는데, 이는

---

38) 윤동호, "몰수추징의 대상과 한계 및 문제점", 비교형사법연구 제17권 제1호, 78쪽, 한국비교형사법학회, 2015.

39) 관세법의 규정의 형식과 내용을 종합하면 다른 특별법과 다른 해석을 할 수 있는 여지가 다분하지만 여기에서는 이 부분의 논의는 제외하기로 한다.

형벌개별화의 원칙에 반하는 것으로 부당하다. 하나의 범죄에 가공한 공범의 경우에 그 가담의 정도는 매우 다양하게 나타날 수 있다. 공범은 범죄의 가담 정도에 따라 불법의 정도가 다르다. 다음과 같은 경우를 상정해 보자.

> 거주자인 갑은 북한의 핵실험 사태로 주가가 3일 연속 폭락하여 자신이 가진 주식 담보가치의 하락으로 보유주식이 반대매매로 처분되어 깡통계좌가 될 위기에 처하자 미국에 거주하는 비거주자인 을로부터 200만 달러를 급히 차용, 송금받아 차용금을 변제하기로 하였다. 상황이 급박하자 갑은 신고 없이 위와 같이 을로부터 돈을 송금받았고, 병은 이러한 사정을 잘 알면서 송금 절차 등의 업무를 도와 주었다. 갑은 송금받은 돈으로 차용금을 변제한 후 미신고 사실이 적발되기에 이르자 자신의 아들이 거주하는 브라질로 출국하여 귀국하지 아니하고 있다. 검사는 갑에 대하여는 기소중지처분을 하고 병에 대하여는 외국환거래법위반범죄의 방조범으로 기소하였다. 병은 평생 모은 재산으로 200만 달러 상당의 재산을 보유하고 있다.

위의 사례에서 공동연대추징을 인정하는 이론에 따르면, 법원은 방조범인 병에 대하여 200만 달러에 대하여 추징의 선고를 하여야 한다. 검사는 병의 전 재산에 추징의 집행을 하게 되고, 그 결과 병은 빈털터리가 되어 그와 그의 가족의 인생은 파탄날 것이다. 추징은 환형유치도 불가능하므로 병이 노역장유치에 의하여 추징금을 변제하는 효과를 누릴 수도 없다. 벌금형은 집행유예가 가능해졌으나 추징은 집행유예를 선고하는 경우에도 추징의 집행유예는 불가능하므로 같은 금액 상당의 벌금형의 선고보다 더 중한 결과를 초래한다. 방조범은 형을 정하는데 있어서 필요적 감경 사유에 해당하고, 공범의 경우 법률상 감경 사유가 있는 경우에 주형은 법률상 감경 대상이지만 부가형인 몰수·추징의 경우에는 법률상 감경 사유와 무관하여 전액을 추징당한다. 그러나 갑은 향후 귀국하여 재판을 받는 경우에 추징의 선고를 받지 않게 되어 형사상 추징으로 인한 손해는 보지 않게 된다. 몰수 대상 물건을 취득한 바가 없고 범죄행위에 있어서 가담 정도가 경미한 방조범에 불과한 병은 전재산을 추징당하는 처지에 놓이게 되고, 오히려 정범인 갑이 몰수대상 금전을 보유하여 그 이익을 향유한 주범임에도 우연한 사정에 의하여 추징의 집행을 면하게 되는 결과가 되는바, 이는 형벌개별화의 원칙에 반하는 결과를 초래하여 부당하다고 하지 않을 수 없다.

(6) 특별법상의 필요적 몰수 · 추징 규정은 법관의 합리적인 양형을 제한하는 규정이기도 하다. 필요적 몰수 · 추징 규정은 부수적 형벌인 몰수 · 추징이 주위적 형벌을 강화하는 차원에서 이루어지는 것을 막을 수 없고, 이는 피고인에게 매우 가혹한 것이 되어서 책임원칙에 어긋날 수 있다. 이에 필요적 몰수 · 추징 규정이 헌법 37조 2항의 과잉입법금지원칙에 어긋난다는 이유로 위헌판결을 받은 경우도 있다.[40)]

따라서 특별법상의 필요적 몰수 · 추징 규정은 이익박탈적인지 이른바 '징벌적'인지의 여부와 상관없이 형법상의 일반적인 몰수 · 추징과 다르게 해석할 필요가 없으므로, 특별한 사정이 없는 한 개별적으로 몰수 · 추징하여야 한다. 판례와 같이 필요적 몰수 · 추징 규정을 해석, 적용하는데 있어서 '징벌적'이라는 개념을 사용할 필요는 없으며, 각각의 개별 법률의 구체적인 규정 내용에 따라서 일반 형법상의 몰수 · 추징과 동일한 견지에서 해석하여도 전혀 불합리한 점이 없는 것이다.

IV. 양벌규정에 의하여 법인으로부터 몰수 · 추징할 수 있는가?

외국환거래법 제31조(양벌규정)는 "법인의 대표자나 법인 또는 개인의 대리인, 사용인, 그 밖의 종업원이 그 법인 또는 개인의 재산 또는 업무에 관하여 제27조부터 제29조까지의 어느 하나에 해당하는 위반행위를 하면 그 행위자를 벌하는 외에 그 법인 또는 개인에게도 해당 조문의 벌금형을 과(科)한다. 다만, 법인 또는 개인이 그 위반행위를 방지하기 위하여 해당 재산 또는 업무에 관하여

40) 헌법재판소 1995. 11. 30. 94헌가3 결정은 폐지된 음반 및 비디오물에 관한 법률의 필요적 몰수 · 추징 규정의 위헌 판결이고, 헌법재판소 2004. 3. 25. 2001헌바89 결정은 구 관세법 제198조 2항(타소장치 허가 받은 반입물품의 수입신고 없는 반출)의 필요적 몰수 · 추징 규정의 위헌 판결임.

상당한 주의와 감독을 게을리 하지 아니한 경우에는 그러하지 아니하다."라고 규정하고 있다. 따라서 이 사건과 같이 법인의 직원인 피고인이 법인의 업무에 관하여 외국환거래법위반행위를 하고 법인이 외국환 등을 취득한 경우에는 피고인을 처벌하는 외에 법인도 양벌규정에 의하여 벌금형으로 처벌받게 되는데, 이 경우에 법인에게 외국환거래법 제30조의 몰수·추징 규정도 적용되어 법인으로부터 당해 외국환 등을 몰수·추징할 수 있는지가 문제된다.

관세법에서는 제279조에서 양벌규정을 정하고 있고, 제282조(몰수·추징) 제4항에서 "제279조의 개인 및 법인은 제1항부터 제3항까지의 규정을 적용할 때에는 이를 범인으로 본다."라고 명시하고 있어 법인이 양벌규정으로 처벌받는 경우에 법인으로부터 몰수·추징하는데 문제가 없다. 판례도 위와 같은 규정이 있는 상태에서 "관세법 제196조에 의하여 법인에게 형사책임을 문책하여 처벌하는 이상 그 법인에게 부가형인 몰수나 추징도 과하여야 할 것이므로 양벌 규정에 의한 법인의 처벌의 경우에는 행위자가 아닌 법인에게 따로 추징을 과하는 판결을 할 수 없다는 논지는 독자적인 견해로서 채용할 수 없다."라고 판시한 바 있다.[41]

그렇다면 관세법과 같은 간주규정이 없는 경우에는 어떠한가? 관세법 제282조 제4항과 같이 몰수·추징을 적용함에 있어서 법인을 범인으로 본다는 규정이 없는 경우에는 그 반대해석으로 법인에게 몰수·추징은 부과할 수 없다고 해석할 것은 아니라고 생각된다. 통설과 판례에 따라 범죄능력이 부정되는 '법인'이 형법전의 범죄와 관련해서는 형벌부과의 대상이 될 수 없지만, 양벌규정을 통해서 수형능력이 인정됨으로써 예외적으로 형벌이 부과되는 경우라면 부가형인 몰수·추징도 마땅히 법인에게 부과할 수 있다고 보아야 할 것이다. 판례도 "법인에 대한 추징문제에 관하여 심안컨대 관세법 제210조에 의하면「법인의 사원 혹은 직원 사용인 기타 종업원이 법인의 업무에 관하여 본법에 규정한 벌칙에 저촉하는 행위를 한 때에는 당해 행위자를 처벌하는 외에 법인도 처벌한다」규정하였으므로 우 처벌에 부수하여 처단할 부가형인 몰수 또는 추징에 있어서도 그 적

41) 대법원 1980. 12. 9. 선고 80도584 판결.

용을 배제하는 특별명문이 없는한 이를 부가 처단하여야할 것이라고 해석되는 바 동법 제212조 제1호에 의하면「제197조 제198조 제198조의2 또는 제200조의 규정에 의하여 몰수할 물품의 전부 또는 일부를 몰수할 수 없는 때에는 그 몰수할 수 없는 물품의 원가에 상당한 금액을 범인으로부터 추징한다」규정하였고 또 동 제2호에 의하면「제209조의 설영인 영업자 또는 세관 화물취급인은 전항의 규정의 적용에 있어서는 범인으로 간주한다」규정하였을 뿐이고 제210조 소정의 법인에 대하여는 범인으로 간주한다는 규정이 결여되어 있으므로 일견 법인에 대하여는 처벌하나 몰수추징은 과하지 아니하는 취지로 해석할 수있는 감이 없지 아니하나 이것만으로는 곧 법인에 대한 몰수추징의 적용을 배제하는 특별규정으로 볼 수 없다고 해석함이 타당하다 할 것이다. 왜냐하면 원래 세법상의 범칙처벌은 범칙발생을 방지하는 동시에 동 범칙으로 인하여 침해된 국가재정을 보전확보함에있다 할 것인바 만일 소론과 같이 범인인 종업원등 개인에게만 몰수 또는 추징을 과하고 법인에게는 이를 과하는 취지가 아니라면 이는 우 국가재정의 전보확보의 목적에 배치되는 것이기 때문이다. 즉 법인의 사원 직원 사용인 종업원 등은 법인에 비하여 일반적으로 그 자력에 있어서 열등하고 따라서 거액의 범칙에 대하여 무자력자인 여사한 개인에게 추징을 과한다 하여도 그 실효를 걷을 수없고 결국은 국가손실에 귀착할 것이오 그 반면 법인은 추징을 면하므로 인하여 범죄에 의하여 불법 이익을 보유함에 이르르게 됨에 비추어 유자력자인 법인에게 추징을 과하여야 할 것임은 당연한 귀결이기 때문이다. 그러므로 관세법 제210조에 의하여 법인에게 형사책임을 문책하여 처벌하는 이상 부가형인 몰수추징도 이를 과하여야 할 것이며 또 그 처벌되는 행위에 의한 법인의 불법이익보유의 폐를 제거하여야 할 것이다."라고 판시하여[42] 양벌규정으로 처벌받는 법인에 대한 몰수 · 추징을 인정하였다.

따라서 이 사건에서 법인인 재단법인의 직원인 피고인이 업무로 행위를 하고 재단법인이 외국환 등을 취득하여 사용하였으므로 그 몰수대상물의 취득자인

42) 대법원 1961. 6. 7. 선고 4293형상923 판결.

재단법인으로부터 외환거래법에 의한 몰수·추징을 하는 것은 가능하다고 하겠다. 다만 이 경우에도 대표자의 행위가 법인의 행위로 귀속되어 직접 책임을 지는 경우나 법인이 종업원의 위반행위에 대하여 이를 교사하거나 알면서도 방치하는 등의 경우 외에 법인이 종업원의 위반행위에 상당한 주의와 감독의무를 해태하여 알지 못한 경우(일응 과실이 있을 뿐인 경우)까지 몰수·추징 규정을 적용할 수 있는지 의문은 남는다.

V. 나오며

거주자가 비거주자와 대통령령으로 정한 금액 이상의 자본거래를 하면서 신고 없이 비거주자로부터 국내로 돈을 송금받은 위반행위에 대하여 그 송금된 돈을 필요적으로 몰수·추징하여야 한다는 외국환거래법의 규정은 형벌 본래의 기능과 목적을 달성함에 있어 필요한 정도를 현저히 일탈함으로써 최소침해의 원칙에 위배된다. 위 규정은 헌법 제37조 제2항의 과잉금지원칙에 반하고, 헌법상 보장된 사유재산권을 합리적 근거 없이 과도하게 침해하는 것이며, 법관의 양형결정권을 과도하게 제한하고 있어 위헌이라고 할 것이다. 따라서 위 규정은 몰수·추징 규정을 삭제하거나 임의적 몰수·추징으로 조속히 개정되어야 한다.

대법원이 특별법상의 필요적 몰수·추징 규정을 '징벌적'이라고 해석하면서 몰수대상물을 취득하지도 아니한 모든 공범에 대하여 공동연대추징하도록 인정하고 있는 것은 법률상 근거 없는 해석의 한계를 벗어난 것으로서 죄형법정주의에 어긋난다. 이와 같은 추징 집행방식은 형법의 개인책임원칙에 어긋나며 일정한 경우에는 추징의 징벌적 성격을 부여하는 의미를 퇴색시키고 있다. 따라서 적어도 외국환거래법의 필요적 몰수·추징 규정을 징벌적 추징이라고 해석하면서 공동연대추징을 인정하는 대법원의 태도는 즉시 시정되어야 한다. 이에 관하여 형성된 대법원 판결이 확고하다고 하여도 판례 변경을 두려워 하지 말고 하루 속히 새로운 판례의 법리를 정리해 주어야 한다.

법인이 양벌규정에 의하여 처벌받는 경우에 별도의 규정이 없더라도 법인에게 벌금형을 선고하면서 부가형인 몰수 · 추징의 형을 선고하는 것은 가능하므로, 법인에게 몰수 · 추징 규정을 적용하여 몰수 · 추징을 선고할 수 있다.

돌이켜 이 사건에 와서 보건대, 이 사건에서 적용되는 법률의 규정은 전체주의 국가에서나 가능한 위헌적인 법률이나 위 규정이 합헌임을 전제로 한다면, 피고인은 재단법인의 종업원으로서 재단법인의 업무로 신고 없이 자금을 재단법인 명의의 계좌로 송금받았는데, 그 자금의 취득자 및 사용자[43]는 재단법인이고, 피고인은 송금된 자금을 취득한 바가 없으므로 외국환거래법에 의하여 필요적 몰수 · 추징의 대상은 재단법인이고 피고인이 아니다. 따라서 법원은 재단법인에 대하여 추징의 선고를 할 수 있어도 피고인에 대하여 추징의 선고를 할 수는 없다. 이 점에서 피고인에게 235억 3200만 원의 추징을 선고한 원심판결은 파기되어야 마땅하다.

43) 재단법인은 송금자인 워싱턴 타임스에게 위 금액 상당의 돈을 반환공탁하였다.

참고문헌

I. 단행본

김성돈, 『형법총론』, 성균관대출판부, 2015.

김일수, 서보학, 『새로쓴 형법총론』, 박영사, 2014.

배종대, 『형법총론』, 홍문사, 2016.

신동운, 『형법총론』, 법문사, 2015.

오영근, 『형법총론』, 박영사, 2015.

이재상, 장영민, 강동범, 『형법총론』, 박영사, 2017.

임웅, 『형법총론』, 법문사, 2016.

II. 논문

김대휘, "징벌적 추징에 관하여", 형사판례연구 제8호, 2000.

변종필, "대법원의 형법해석론에 대한 비판적 고찰", 비교형사법연구 제4권 제2호, 한국비교형사법학회, 2005.

서보학, "공범간에 취득한 이익이 다른 경우의 추징방법 – 외국환관리법 및 관세법상의 몰수 · 추징의 법적성격과 추징방법을 중심으로", 형사판례연구 제8권, 2000.

신영호, "몰수의 법적성격에 관하여", 부산대학교 법학연구 제41권 제1호, 부산대학교, 2000.

윤동호, "몰수추징의 대상과 한계 및 문제점", 비교형사법연구 제17권 제1호, 한국비교형사법학회, 2015.

이상원, "몰수의 법적성격", 비교형사법연구 제6권 제2호, 한국비교형사법학회, 2004.

이승현, "특별법상 추징의 법적 성격", 한국형사판례연구회, 형사판례연구 18, 2010.

이영한, "징벌적 개념의 몰수 · 추징에 대한 몇 가지 문제", 재판실무연구, 2004.

홍찬기, "징벌적 추징의 문제점과 개선방향", 법학논총 제37권 제4호, 단국대학교 법학연구소, 2013.

황일호, "징벌적 몰수 · 추징의 법적 문제", 중앙법학 제10집 제2호, 중앙법학회, 2008.

III. 기타

김열매, "외국인의 한국 부동산 투자 동향", KB금융지주 경영연구소, 2017.

일본 外国為替及び外国貿易法

組織的な犯罪の処罰及び犯罪収益の規制等に関する法律

미국 Bank Secrecy Act 31 U.S.C. 5315, 5316, 5317

독일 Aussenwirtschaftsgesetz

Aussenwirtschaftsverordnung

OLG Düsseldorf 3 RVs 154/13

[국문요약]

거주자가 비거주자와 대통령령으로 정한 금액 이상의 자본거래를 하면서 신고 없이 비거주자로부터 국내로 돈을 송금받은 위반행위에 대하여 그 송금된 돈을 필요적으로 몰수 · 추징하여야 한다는 외국환거래법의 규정은 형벌 본래의 기능과 목적을 달성함에 있어 필요한 정도를 현저히 일탈함으로써 최소침해의 원칙에 위배된다. 위 규정은 헌법 제37조 제2항의 과잉금지원칙에 반하고, 헌법상 보장된 사유재산권을 합리적 근거 없이 과도하게 침해하는 것이며, 법관의 양형결정권을 과도하게 제한하고 있어 위헌이라고 할 것이다. 따라서 위 규정은 몰수 · 추징 규정을 삭제하거나 임의적 몰수 · 추징으로 조속히 개정되어야 한다.

대법원이 특별법상의 필요적 몰수 · 추징 규정을 '징벌적'이라고 해석하면서 몰수대상물을 취득하지도 아니한 모든 공범에 대하여 공동연대추징하도록 인정하고 있는 것은 법률상 근거 없는 해석의 한계를 벗어난 것으로서 죄형법정주의에 어긋난다. 이와 같은 추징 집행방식은 형법의 개인책임원칙에 어긋나며 일정한 경우에는 추징의 징벌적 성격을 부여하는 의미를 퇴색시키고 있다. 따라서 적어도 외국환거래법의 필요적 몰수 · 추징 규정을 징벌적 추징이라고 해석하면서 공동연대추징을 인정하는 대법원의 태도는 즉시 시정되어야 한다. 이에 관하여 형성된 대법원 판결이 확고하다고 하여도 판례 변경을 두려워 하지 말고 하루 속히 새로운 판례의 법리를 정리해 주어야 한다.

의사 치료 행위에 대한 형법적 고찰

– 승 재 현* –

목 차

Ⅰ. 들어가는 말

– "먼저 귀중한 기회를 허락해주신 박상옥 대법관님에게 깊은 감사의 마음을 올려 드리며, 2018년 황금 개띠 경인대운에 형사실무연구회의 무궁한 발전과 이 자리에 참석하신 모든 분들의 소망하시고 소원하시는 모든 일들이 성취되시길 기원합니다." –

의사 치료행위는 형법적으로 많은 문제점을 안고 있다. 구체적으로는 의사 치료행위의 구성요건 판단, 구성요건이 인정되는 경우 치료행위의 위법성 조각 사유, 그리고 위법성 조각을 인식하고 치료행위로 나아간 의사의 책임, 이에 가담한 공범의 처벌 등이 문제되고 있다.

논자는 사실 하나의 세부적 주제에 대한 완결된 결론을 도출하는 논문을 지

* 한국형사정책연구원

향하고 파노라마식 논문은 지양되어야 한다는 입장이다. 그러나 이번 논문에서는 이러한 생각을 버리고 구성요건, 위법성, 책임의 관점에서 의사 치료행위에서 문제될 수 있는 모든 부문을 종합적이고 통일적으로 분석하고자 한다.

성공한 치료행위에 대한 형법적 평가, 실패한 치료행위 중 현대의료 법칙에 맞게 진단하고 수술하였지만 종국적으로 환자에게 필요 없는 신체의 침습행위가 발생한 치료행위에 대한 형법적 평가, 그리고 현대 의료법칙에 반할 뿐만 아니라 환자의 건강을 증진 또는 회복하지 못한 의사 치료행위에 대한 형법적 평가를 통하여 법 이론적 측면에서 논리적 일관성을 기하고, 의사 치료행위에 대한 실질적인 해결방법을 도출하고자 한다. 마지막으로 현대 의료법칙에 반할 뿐만 아니라 환자의 건강을 증진 회복하지 못한 의사의 치료행위에 가담한 제3자가 있는 경우 형법적으로 공범이 성립할 수 있는지 살펴보기로 하겠다.

본 논문은 의사 치료행위에 대한 평가를 통해 종래 일반적으로 인정되어 오던 형법적 테제에 대해 새로운 생각과 자리매김을 시도하고자 한다. 이러한 논의가 한편으로는 다소 어리고 거칠 수 있다고 할지라도 조심스러운 용기를 내어 논증의 장으로 불러내고자 한다. 토론자 분들과 플로어에 계신 분들의 기탄없는 지도 편달을 희망한다.

II. 의사치료행위와 구성요건해당성

1. 의사의 치료행위의 의의

치료행위에 대하여 의료법 제12조 제1항에는 '의료인이 하는 의료 · 조산 · 간호 등 의료기술의 시행'으로 규정하고 있고, 형법학자의 경우에는 '주관적으로 치료의 목적을 가지고 객관적으로는 의술의 법칙에 맞추어 행하는 신체 침해행위'[1] 혹은 '치료의 목적으로 의술의 법칙에 따라 행하는 신체침해행위'[2] 등으로 개념정의하고 있다.

대법원 판례는 '의료행위라 함은 의학적 전문지식을 기초로 하는 경험과 기능으로 진찰, 검안, 처방, 투약 또는 외과적 시술을 시행하여 하는 질병의 예방 또는 치료행위 및 그 밖에 의료인이 행하지 아니하면 보건위생상 위해가 생길 우려가 있는 행위를 의미한다.'라고 하고 있다.[3]

본 논문에서는 의사가 통상적으로 행하는 의료행위에 대한 형법적 고찰을 하는 것이므로 '병이나 상처 등을 다스려서 낫게하기 위한 목적으로 의사에 의하여 의학적 방법에 따라 행하는 신체침습행위'를[4] 고찰의 대상으로 한다.[5]

2. 의사의 치료행위에 대한 대법원 판례[6]

(1) 소위 '샤숀' 사건 판례 평석

---

1) 이재상, 형법총론, 박영사, 2011, 281면.

2) 임웅, 형법총론, 법문사, 2009, 206면.

3) 대법원 2004. 1. 15. 선고 2001도298 판결 : 대법원 판례에 문제가 되는 부문은 치료행위에 방점이 있는 것이 아니라 의료행위 즉 의료인이 행하지 아니하면 보건위생상 위해가 생길 우려가 있는 행위로 의사 등 일정한 자격을 갖춘 의료인이 행하여야 하는 행위를 의료인이 아닌자 혹은 한의학, 치과의사가 레이저 혹은 필러 시술 등과 같이 일응 전공이외의 영역에서 행하는 의료행위의 적법성에 대한 것이다.

4) 박홍식, "의사의 치료행위에 대한 형법적 이해", 이화여자대학교 법학논집(제17권 제3호), 2013, 132면.

5) 본 논문에서는 의사의 치료행위 중 발생한 부가적인 침해 예를 들면 위암을 치료하는 과정에서 의사의 주의의무 위반으로 다른 장기에 침습이 발생된 경우는 부가적인 침해 행위는 전형적인 과실행위라는 점에서 논증의 대상에서 제외하기로 한다.

6) 의사의 치료행위를 신체의 증진을 위하여 행하여지는 신체침습행위라고 본다고 할지라도 이에 대한 범죄체계의 논증 위치에 대하여는 견해가 대립하고 있다. 치료행위란 기본적으로 신체의 기능이 저하 또는 불능이 되어가고 있는 것은 정상적인 기능으로 회복시키는 것이므로 비록 신체침습행위가 있었다고 할지라도 이를 처벌할 수 없다는 점에는 의견이 일치되고 있으나 이론적 구성에 있어서 상해죄의 구성요건에는 해당하나 위법성이 조각된다는 입장과 처음부터 상해죄의 구성요건에 해당하지 않는다고 보는 입장이 대립하고 있다. 위법성이 조각된다는 입장에서는 정당행위로 인하여 위법성이 조각된다는 입장과 피해자의 승낙에 의하여 위법성이 조각된다는 견해가 있으며, 구성요건 해당성이 없다는 입장에서는 의사에게 상해의 고의가 없기 때문에 구성요건해당성이 없다는 입장과 성공한 치료행위이던지 실패한 치료행위이던지 위법성의 논의가 아니라 구성요건해당성의 문제로 보아야 한다는 입장이 있다.

'피고인은 개업의사로서 임부 소외인을 진찰하고 동녀로 하여금 태아를 분만케하려 하였으나 동녀는 골반간격이 좁아 자연분만을 할 수 없게 되자 부득이 인공분만기인 '샤숀'을 3회 반복사용하여 동녀에게 전치 1주간의 회음부 및 질내염상을, 동 태아에게 전치 9일간의 두혈종상을 각 입혔는 바 이는 피고인이 의사로서의 정상의 주의의무를 해태한 나머지 '샤숀'을 거칠고 험하게 사용한 탓으로 산부 및 태아에 위 상해를 입혔음이 인정되는 바이므로 **피고인의 판시 소위가 비록 의료행위를 시행함에 인한 행위라 하더라도 정당업무의 범위를 넘은 위법행위라고 판시**하고 있다. 원심의 판결요지는 본건에서 피고인의 인공분만기 '샤숀'사용은 의사로서 정상적인 의료행위의 시행에 속함을 인정하면서도 **다만 '샤숀'을 거칠고 험하게 사용한 것이 의사로서의 정상의 주의의무를 해태한 것**이 되고 **그 결과 위와 상해를 입힌 것이고 이는 의사의 정당업무의 범위를 넘는 위법행위**라는 취지임을 알 수 있다. 그러나 원심이 인정한 '샤숀' 사용에 있어서 피고인이 거칠고 험하게 사용하였다는 점에 관하여 살펴보건대 일건기록을 정사하여 보아도 그를 인정할만한 증거 있음을 찾아 볼 수 없고 다만 산부와 태아에게 판시 상해가 있기는 하나 서울대학교 의과대학 부속병원장의 사실조회의뢰 회신기재 및 증인 박노경, 동 이호성의 각 진술기재에 의하면 위 '샤숀'을 사용하면 통상 판시 상해정도가 있을 수 있다는 것임을 규지할 수 있으므로 그 상해가 있다하여 피고인이 '샤숀'을 거칠고 험하게 사용한 결과라고는 보기 어렵다 할 것인데도 불구하고 원심은 아무런 증거 없이 사실을 인정한 채증법칙 위반의 위법이 아니면 **형법 제20조의 정당행위의 법리를 오해한 위법**이 있다 할 것 이고 이점을 논란하는 논지는 이유 있어 원판결은 파기를 면치 못할 것이다.'고 판시하였다.[7]

상기 대법원 판례는 먼저 자연분만을 할 수 없는 경우에 인공분만기인 '샤숀'을 사용하는 것은 정상적인 의료행위라는 점을 확인하고 있다. 즉 분만과정에 상해가 발생하지 않았다면 '삭숀'의 사용은 형법상 문제가 없는 것이다. 그런데 본 사안에서는 '샤숀'의 사용으로 인하여 태아와 임부에 상해가 유발되어 문제가

---

7) 대법원 1978. 11. 14. 선고 78도2388 판결

된 사안이다. 원심의 경우에는 이러한 상해가 의사의 정상의 주의의무를 해태하였기 때문에 발행한 것으로 정당업무 범위를 넘어 업무상 과실치상죄가 성립한다고 보았다. 이에 대하여 대법원은 '샤숀'의 사용으로 인하여 정상의 주의의무를 다하였다고 할지라도 이 정도의 상해는 발행할 수 있다는 점을 확인하고 정당업무의 범위를 넘지 않았기 때문에 형법 제20조의 정당행위에 해당한다고 보았다.

상기 사례는 처음부터 신체 일부에 대한 침습을 예정하고 있는 것이 아니기 때문에 본질적으로 과실범의 문제로 접근하면 된다. 그러므로 본 사안에서 가장 중요한 것은 의사에게 주의의무 위반 여부에 대한 확정이고 주의의무 위반이 없다면 무죄, 주의의무 위반이 있다면 과실범으로 처벌하면 되는 것이다. **대법원 판례는 위법성 조각사유인 형법 제20조를 살펴본 것을 고려한다면 과실의 주의의무 위반을 인정하고 난 뒤 형법 제20조를 적용하여 정당행위로 위법성이 조각된다는 이론구성을 하고 있는데** 의문이다. 과실 즉 주의의무 위반이 있는데 그 행위가 다시 정당행위가 되어 위법성이 조각되는 사례가 있을까? 정당행위가 되어 위법성이 조각되는 경우는 처음부터 주의의무 위반이 부정되는 경우로 보는 것이 타당하다.[8)]

(2) 소위 '자궁근종' 오진 판례

'기록에 의하여 원심이 유지한 제1심 판결이 채용한 증거들을 살펴보면 피고인이 조선대학교 의과대학 산부인과 전문의 수련과정 2년차의 의사로서 광주적십자병원에 파견근무중 환자인 피해자(여 38세)의 복부에서 만져지는 혹을 제거하기 위한 개복수술을 하려고 하였으면 진료경험이나 산부인과적 전문지식이 비교적 부족한 상태이므로 산부인과 전문의 지도를 받는다든지 자문을 구하고, 위 환자의 진료에 필요한 모든 검사를 면밀히 실시하여 병명을 확인하고 수술에 착수하여야 하고 개복 후에도 개복 전의 진단병명은 정확하며 혹시 다른 질환은 아

---

8) 대부분의 교과서에서는 과실범을 설명하면서 위법성 조각사유로 정당행위를 들고 있는데 그 구체적인 예가 없어 아쉬움을 남긴다.

닌지를 세밀히 검토하여 필요한 범위 내에서 수술을 시행하여야 할 업무상 주의 의무가 있음에도 불구하고 당초 위 환자를 진찰한 결과 복부에 혹이 만져지고 하혈을 하고 있어 자궁외 임신일 가능성도 생각하였으나 피해자가 10년 간 임신경험이 없고 경유병원에서의 진단소견이 자궁근종 또는 자궁체부암으로 되어 있자 자궁외 임신인지를 판별하기 위한 수술전 검사법인 특수호르몬검사, 초음파검사, 복강경검사, 소변임신반응검사 등을 전혀 실시하지 않고 자궁근종을 확인하는 의미에서의 촉진 및 시진을 통하여 자궁외 임신환자인 피해자의 병명을 자궁근종으로 오진하였고 수술단계에서도 냉동절편에 의한 조직검사 등을 거치지 아니한 상태에서 자궁근종으로 속단하고 일반외과 전문의인 공소외 이남재과 함께 병명조차 정확히 확인하지 못한 채 자궁적출술을 시행하여 현대의학상 자궁적출술을 반드시 필요로 하는 환자가 아닌 위 피해자의 자궁을 적출함으로써 동인을 상해에 이르게 한 사실을 인정하기에 넉넉하므로 원심이 피고인을 업무상 과실치상죄를 적용하여 처벌한 제1심 판결을 유지한 조치에 수긍이 가고 거기에 소론과 같은 채증법칙위반, 심리미진 또는 법리오해의 위법이 없다. 소론은 위 자궁적출술의 시행에 앞서 위 피해자로부터 그에 대한 승낙을 받았으므로 위법성이 조각된다는 취지이나, 기록에 의하면 피고인은 자신의 시진, 촉진결과 등을 과신한 나머지 초음파검사 등 피해자의 병증이 자궁외 임신인지, 자궁근종인지를 판별하기 위한 정밀한 진단방법을 실시하지 아니한 채 위 피해자의 병명을 자궁근종으로 오진하고 이에 근거하여 의학에 대한 전문지식이 없는 위 피해자에게 자궁적출술의 불가피성만을 강조하였을 뿐 위와 같은 진단상의 과오가 없었다면 당연히 설명받았을 자궁외 임신에 관한 내용을 설명받지 못한 피해자로부터 수술승낙을 받은 사실을 인정할 수 있으므로 위 승낙은 피고인의 부정확 또는 불충분한 설명을 근거로 이루어진 것으로서 이 사건 수술의 위법성을 조각할 유효한 승낙이라고 볼 수 없다 할 것이다. 또 소론은 위 피해자가 난소의 제거로 이미 임신불능 상태에 있어 자궁을 적출했다 하더라도 이는 업무상 과실치상죄 소정의 상해에 해당하지 않는다는 것이나, 그와 같은 사유만으로 자궁을 제거한 것이 신체의 완전성을 해한 것이 아니라거나 생활기능에 아무런 장애를 주는 것이 아니라거나 건강상태를 불량하게 변경한 것이 아니라고 할 수 없고 이는 업무상 과실치

상죄에 있어서의 상해에 해당한다 할 것이다.'라고 판시하였다.[9]

본 사안은 업무상과실치상죄의 성부에 대하여 먼저 의사의 과실이 있다는 점을 확인하고, 피고인측 변호인이 업무상과실치상죄가 성립한다고 할지라도 피해자의 승낙이 있었기 때문에 위법성이 조각된다는 주장에 대하여 그 위법성을 조각할 수 있는 유효한 승낙이 아니라는 점을 확인한 판례이다.

현대의료법칙에 어긋나 의사에게 주의의무 위반이 있는데 그 행위가 다시 피해자의 승낙에 의하여 위법성이 조각되는 사례가 있을까? 주의의무 위반이 있는 경우 환자의 승낙은 부정확 또는 불충분한 설명을 근거로 이루어진 것이므로 위법성을 조각할 유효한 승낙이 될 수 있는 경우는 존재하지 않기 때문이다.[10]

3. 의사의 치료행위와 구성요건해당성

구성요건해당성을 판단함에는 먼저 객관적 구성요건을 판단하고 이후 주관적 구성요건을 판단하면 된다.[11] 이러한 검토 순서에 따라 의사 치료행위를 검토해 보겠다.

(1) 의사의 치료행위의 유형

의사의 치료행위에 대한 유형을 살펴보면 먼저 성공한 치료행위와 실패한 치료행위로 나누어 볼 수 있다. 본 논자 입장에서는 성공한 치료행위란 '현대 의료법칙에서 근거하여 비록 신체에 대한 침습이라는 결과가 있지만 종국적으로 환자의 건강이 회복되고 증진된 경우'를 상정하고, 실패한 치료행위란 '현대 의료법칙에서 요구되는 모든 법칙을 따랐지만 결과적으로 환자에게 필요 없는 신체

---

9) 대법원 1993. 7. 27. 선고 92도2345 판결

10) 그러므로 학설이 의사의 치료행위에 대하여 대법원은 피해자의 승낙을 위법성 조각사유로 보고 있다고 설명하고 있는데 치료행위를 과실로 접근하고 있는 판례의 입장에 의하면 과연 그러한 경우가 있을까?

11) 예외적으로 미수범의 경우에는 결과발생이 없다는 점에서 주관적 구성요건을 먼저 검토한다.

의 침습이 야기된 경우'와 '현대 의료법칙에서 요구되는 법칙에 어긋나게 판단하였을 뿐만 아니라 이로 인하여 필요 없는 신체의 침습이 발생하고 종국적으로 건강이 회복되지 못해 치료의 목적을 달성할 수 없었던 경우'를 예로 하겠다.

(2) 성공한 치료행위

1) 객관적 구성요건 검토

의사 치료행위가 어떠한 구성요건에 해당할지 논의하기 위해서는 먼저 결과가 발생하였을 것,[12] 의사의 행위와 결과 사이에 인과관계와 객관적 귀속이 인정되어야 한다.

성공한 치료행위를 살펴보면 의사 치료행위가 신체 침습이라는 결과를 발생하였고, 행위와 결과사이에 인과관계는 인정된다.[13] 다만 치료가 없었더라면 환자의 생명과 신체에 더 큰 위험이 발생이 충분히 예견되고, 치료를 통하여 환자의 생명과 신체에 대한 완전성이 증진되었다는 점에서 의사의 치료행위는 환자의 위험을 증대한 것이 아니라 위험을 감소시켰기 때문에 객관적 귀속이 부정될 수 있다.

여기서 논자는 객관적 귀속의 자리매김을 다시 하고자 한다. 현재 객관적 귀속이론은 인과관계의 문제를 대체하는 것이 아니라 인과관계를 객관적 귀속의 필요조건으로 이해하고 있다. 즉 합법칙적 조건설에 따라 인과관계가 인정되는 경우, 다시 그 결과를 행위자에게 귀속할 수 있는지에 대한 법적, 규범적 척도로 객관적 귀속이론을 적용하고 있다. 이를 가벌성 측면에서 평가한다면 인과관계가 인정되었다는 점에서 기수로 처벌되어야 하지만 다시 객관적 귀속 판단에 따라

12) 판례는 상당인과관계설의 입장에 서 있으나 결국 상당성이라는 주관적 평가에서 요구되는 객관적이고 합리적인 판단의 척도가 결국 객관적 귀속이라는 규범적 평가와 동일하다는 점에서 구별의 실익은 없다. 상당인과관계가 부정되면 객관적 귀속도 부정되어야 하고, 객관적 귀속이 부정되는 경우에는 상당인과관계도 부정되어야 한다. 형사사법의 정의는 방법의 문제를 통하여 달라질 수 없기 때문이다.

13) 합법칙적 조건설에 의하면 인과관계는 당연히 인정될 수 있기 때문이다.

결과를 행위자에게 귀속할 수 없는 경우 미수로 처벌하는 것이다. 대부분의 학자들은 인과관계와 객관적 귀속을 설명하는 부분에서 위험이 감소되는 사례는 행위반가치가 부정되어 가벌성이 탈락된다고 한다.

논자는 객관적 귀속은 단순히 인과관계를 전제로 하여 행위자에게 결과를 귀속 여부를 결정하는 영역에 국한된 기준이 아니라 객관적 구성요건 해당성을 판단함에 적용되는 기준으로 확대하여야 한다는 입장이다. 이렇게 본다면 결과에 대한 위험을 증대하거나 창출하지 않고 위험을 감소시킨 경우에는 구성요건 해당성이 탈락되는 것이다.[14][15]

(3) 실패한 치료행위

1) 객관적 구성요건 검토

실패한 치료행위를 살펴보면 의사 치료행위로 인하여 신체 침습이라는 결과가 야기되었고, 합법칙적 조건설에 따라 인과관계가 인정될 뿐 만 아니라 객관적 귀속 관점에서도 환자의 건강이 증진된 것이 아니라 오히려 필요 없는 신체의 침습을 통하여 환자의 건강이 악화되었다는 점에서 위험이 창출 혹은 증대되었다고 볼 수 있기 때문에 객관적 귀속을 인정할 수 있다.

---

14) 객관적 구성요건이 탈락되는 경우 사실 주관적 구성요건을 검토할 필요성이 없다(환자의 건강을 침해하는 것이 아니라 개선 · 회복시키는 행위라는 점에서 의사의 치료행위 뿐 만 아니라 무면허 의사에 의한 치료행위라 하더라도 그것이 통상적인 치료행위에 해당하는 경우 상해의 고의를 인정할 수 없다는 견해도 있다;김일수/서보학, 형법 총론, 박영사, 2008, 346면)

15) 사실 성공한 치료행위에 대하여 위험감소로 구성요건을 탈락시키면, 피해자의 승낙에 의하여 위법성이 조각되는 사례는 매우 협소해지고, 의사의 전단적 치료행위에 대한 정당성 부여 및 환자의 자기결정권이 몰각되는 위험을 지적할 수 있다. 그러나 위험감소로 구성요건이 조각되는 것은 형법상의 형벌부과의 영역이고, 민사영역에서 의사의 설명의무는 의료법 제24조의 2 제1항에 의하여 "의사, 치과의사 또는 한의사는 사람의 생명 또는 신체에 중대한 위해를 발생하게 할 우려가 있는 수술, 수혈, 전신마취를 하는 경우 제2항에 따른 사항을 환자에게 설명하고 서면으로 그 동의를 받아야 한다." 라고 규정하고 있어 전단적 치료행위는 현실적으로 어려울 뿐 만 아니라 환자의 자기결정권을 보장하고 있다. 또한 피해자의 승낙에 의하여 위법성이 조각되는 영역이 협소해지는 것 역시 구성요건해당성 판단이 위법성 조각 판단에 앞서기 때문에 나타나는 당연한 현상이며, 위법성 조각 사유 판단을 넓게 하기 위해서 구성요건해당성을 좁게 보는 것 역시 문제가 있다고 생각한다.

2) 주관적 구성요건 검토

형법 제13조에서 "죄의 성립요소인 사실을 인식하지 못한 행위는 벌하지 아니한다."라고 규정하고 있으며, 여기서 주관적 구성요건으로서 '고의'란 객관적 구성요건 사실에 대한 인식하고 이를 실현하고자 하는 의사이다.[16]

실패한 치료행위를 검토하면 의사는 환자의 신체에 대한 침습 즉 환자의 생리적 기능을 훼손한다는 명백한 인식을 하고, 이를 용인하는 의사도 가졌다고 볼 수 있다.[17]

실패한 치료행위의 가장 대표적인 예인 자궁외 임신을 자궁근종을 오진하고 수술한 경우 현대의학상 자궁적출술을 반드시 필요로 하는 환자가 아닌 위 피해자의 자궁을 적출함으로써 동인을 상해에 이르게 한 사실을 인정하기에 넉넉하다고 하여 우리 대법원도 명백히 상해의 결과를 발생을 인정하고 있다.[18] 그렇다면 자궁적출이 상해라는 생리적 기능 훼손이라면 의사의 인식과 의사는 누가 무엇이라 해도 자궁을 적출한다는 것을 인식하고, 이를 용인했기 때문에 상해의 고의가 인정된다.

형법 체계적 판단 순서에 입각하여 본다면 선행적으로 고의범 성립을 검토하고, 고의범이 성립되지 않는 경우 과실범을 검토하는 것이 논리적이다. 그러므로 자궁적출술을 행한 사례의 경우, 의사의 치료행위는 실패한 치료행위로 기존의 피해자의 건강상태와 비교하여 볼 때 피해자에게 생활상의 장애와 건강상태 불량이라는 생리적 기능훼손이 일어났고(위험감소가 아니라 위험증대), 자궁을 적출한다는 인식과 이를 실현한다는 의사가 명백하기 때문에 고의범인 상해죄의

---

16) 구성요건실현의 인식과 의사(이재상, 앞의책, 160면), 구성요건을 인식하고 이를 실현하려는 의사(박상기, 형법총론, 박영사, 2009, 160면), 구성요건의 객관적 요소에 해당하는 사실을 인식하고 구성요건의 실현을 의욕내지 인용하는 것(임웅, 앞의책, 137면)등으로 설명하고 있음

17) 송성룡, "유형분석에 기초한 과실범 이론의 재구성", 안암법학, 2012, 238면.

18) 대법원 1993. 7. 27. 선고 92도2345 판결(다만 판례가 과실시상죄에 필요한 결과로서의 상해를 인정한 것이지 상해의 고의를 인정한 것은 아니다).

구성요건을 검토하는 것이 필요함에도 불구하고 판례가 고의범 성립에 대한 검토 없이 바로 주의의무 위반이라는 업무상 과실치상죄 검토를 하였다는 점은 아쉬움이 남는다.

III. 의사치료행위와 위법성

앞서 설명한 바와 같이 성공한 치료행위의 경우에는 위험감소라는 객관적 귀속에 따라 구성요건해당성이 탈락된다는 점에서 위법성에 대한 검토가 필요 없다.

1. 실패한 치료행위

실패한 치료행위는 구성요건 해당성이 충족된다는 점에서 위법성 문제를 거론할 필요가 있다.[19] 실패한 치료행위에 대하여 위법성이 조각되는 사유로는 정당행위에 의한 위법성 조각 사유와[20] 피해자의 승낙에 의한 위법성 조각 사유[21]가 논의되고 있다.

판례는 "피고인이 태반의 일부를 떼어낸 행위는 그 의도, 수단, 절단부위 및 그 정도 등에 비추어 볼 때 의사로서의 정상적인 진찰행위의 일환이라고 볼 수 있으므로 형법 제20조 소정의 정당행위에 해당한다." 라고 판시하여 의사의 치료행위를 형법 제20조 정당행위에 해당한다고 판시한바 있다.[22][23]

---

19) 합일태적 범죄체계론 및 이원적 인적 불법론에 따라 구성요건해당성이 인정되는 경우 위법성은 징표되기 때문에, 위법성 문제의 거론은 위법성 자체의 문제가 아니라 추정된 위법성을 조각시키는 위법성 조각 사유를 다루기로 한다.

20) 유기천, 개정 형법학(총론강의), 일조각, 1984,193면, 배종대, 형법총론(제10판), 홍문사, 2011, 321면.

21) 박상기, 앞의책, 160면, 오영근, 형법총론, 대명출판사, 2002, 340면, 임웅, 앞의책, 207면, 정성근/박광민, 형법총론, 성균관대학교출판부, 2012, 229면

22) 1976. 6. 8. 선고 76도144 판결(사실 현재 병원에서 일어나는 가장 빈번한 진단 방법 중 하나가 바로 생체검사(biopsy)이다. 이러한 생체검사는 당연히 신체의 침습을 유발하지만 정확한 진단을

구성요건해당성이 조각되는 경우에는 위법성 조각사유를 직접적으로 논증할 필요가 없지만 구성요건이 상해죄에 해당하는 경우는 위법성 조각사유를 검토하는 것이 필요하다. 이 경우 어떠한 위법성 조각사유가 가장 합리적인지 논증할 필요가 있다. 먼저 의사 치료행위에 대하여 업무로 인한 정당행위를 근거로 위법성을 조각하는 경우 침해행위의 원인이 되는 의사의 진단의 과실 문제를 제대로 논증할 수 없을 뿐 만 아니라 환자 개인의 자기결정권이라는 인격권이 존중되지 않는다는 문제점이 있다. 즉 환자가 치료의 주체가 아니라 객체로 전락할 수 있다.[24] 그러므로 의사의 전단적인 치료행위를 방지하고 환자의 자기결정권을 보장하기 위해서는 의사는 환자에게 병명과 이에 대한 가장 최선의 치료법 및 발생이 예상되는 위험 등에 대하여 충분한 설명을 한 후 환자로부터 승낙을 받은 경우에 한하여 위법성이 조각된다고 보아야 할 것이다.

의료법 제24조의2에 의하면 "의사 · 치과의사 또는 한의사는 사람의 생명 또는 신체에 중대한 위해를 발생하게 할 우려가 있는 수술, 수혈, 전신마취(이하 이 조에서 "수술등"이라 한다)를 하는 경우 제2항에 따른 사항을 환자(환자가 의사결정능력이 없는 경우 환자의 법정대리인을 말한다. 이하 이 조에서 같다)에게 설명하고 서면(전자문서를 포함한다. 이하 이 조에서 같다)으로 그 동의를 받아야 한다. 다만, 설명 및 동의 절차로 인하여 수술등이 지체되면 환자의 생명이 위험하여지거나 심신상의 중대한 장애를 가져오는 경우에는 그러하지 아니하다." 라고 규정하고 환자에게 설명하고 동의를 받아야 하는 사항으로 1. 환자에게 발생하거나 발생 가능한 증상의 진단명, 2. 수술등의 필요성, 방법 및 내용, 3. 환자에게

위한 필요불가결한 행위이다. 그러므로 이러한 진단행위에 대하여는 전형적으로 환자의 승낙에 의하여 위법성이 조각된다고 보는 것이 타당하다).

23) 다만 이 판례를 가지고 의사의 치료행위에 대하여 정당행위에 대하여 위법성이 조각된다고 보는 것은 다소 무리가 있다. 왜냐하면 의사의 치료행위에 대하여 형법 제20조에 의하여 정당행위에 해당한다는 것이 사회적 상당성이 인정되는 행위라는 점에서 구성요건 해당성이 없다는 의미인지 아니면 사회상규에 어긋나지 않기 때문에 위법성이 조각된다는 것인지 명확하지 않다. 오히려 판례의 전취지를 고려하면 사회적 상당성이 인정되기 때문에 해당 진료행위는 주의의무 위반이 없다는 점에서 구성요건해당성이 탈락된다는 의미로 보인다.

24) 김혁돈, 의료행위의 형사법적 의의, 법학논고, 2009, 175면.

설명을 하는 의사, 치과의사 또는 한의사 및 수술등에 참여하는 주된 의사, 치과의사 또는 한의사의 성명, 4. 수술등에 따라 전형적으로 발생이 예상되는 후유증 또는 부작용, 5. 수술등 전후 환자가 준수하여야 할 사항을 들고 있다.

판례도 "일반적으로 의사는 환자에게 수술 등 침습을 가하는 과정 및 그 후에 나쁜 결과 발생의 개연성이 있는 의료행위를 하는 경우 또는 사망 등의 중대한 결과 발생이 예측되는 의료행위를 하는 경우에 있어서 응급환자의 경우나 그 밖에 특단의 사정이 없는 한 진료계약상의 의무 내지 침습 등에 대한 승낙을 얻기 위한 전제로서 당해 환자나 그 법정대리인에게 질병의 증상, 치료방법의 내용 및 필요성, 발생이 예상되는 위험 등에 관하여 당시의 의료수준에 비추어 상당하다고 생각되는 사항을 설명하여 당해 환자가 그 필요성이나 위험성을 충분히 비교해 보고 그 의료행위를 받을 것인가의 여부를 선택할 수 있도록 할 의무가 있고, 이와 같은 의사의 설명의무는 의료행위에 따르는 후유증이나 부작용 등의 위험발생 가증성이 희소하다는 사정만으로 면제될 수 없으며, 그 후유증이나 부작용이 당해 치료행위에 전형적으로 발생하는 위험이거나 회복할 수 없는 중대한 것인 경우에는 그 발생가능성의 희소성에도 불구하고 설명의 대상이 된다고 할 것이다." 라고 하여 설명의무를 인정하고 있다.[25)]

여기서 의사의 치료행위가 피해자의 승낙에 의하여 위법성이 조각되기 위해서는 피해자의 승낙은 자유로운 의사에 의하여 이루어져야 하며, 기망이나 착오에 의하여 이루어진 승낙, 불충분한 설명에 의한 승낙은 유효한 승낙이 될 수 없다.[26)]

판례도 그러므로 자신의 시진, 촉진결과 등을 과신한 나머지 초음파검사 등 피해자의 병증이 자궁 외 임신인지, 자궁근종인지를 판별하기 위한 정밀한 진단

---

25) 대법원 2007. 5. 31., 2005다5867(사실 의사의 설명의무가 강제되는 이유는 의사윤리지침 제23조에 규정되어 있으며, 이를 해태한 경우에는 민사책임이 부여된다. 자세한 민사책임에 대하여는 박종원, 의사의 설명의무의 범위와 그 위반의 효과, 민사법 연구, 2002. 참고).

26) 신양균, 의사의 치료행위와 가정적 승낙, 비교형사법연구, 2010, 83면.

방법을 실시하지 아니한 채 위 피해자의 병명을 자궁근종으로 오진하고 이에 근거하여 의학에 대한 전문지식이 없는 위 피해자에게 자궁 적출술의 불가피성만을 강조하였을 뿐 위와 같은 진단상의 과오가 없었다면 당연히 설명 받았을 자궁외 임신에 관한 내용을 설명 받지 못한 피해자로부터 수술승낙을 받은 경우 이러한 승낙은 피고인의 부정확 또는 불충분한 설명을 근거로 이루어진 것으로서 위법성을 조각할 유효한 승낙이라고 볼 수 없다고 판시하였다.[27]

피해자의 승낙에 의하여 위법성을 조각할 수 있는 경우로는 현대 의료법칙에서 요구되는 모든 법칙을 따랐지만 결과적으로 환자에게 필요 없는 신체의 침습이 야기된 경우 혹은 병명을 진단하기 위하여 생체검사를 하는 경우이다. 이 경우 앞서 설명한 바와 같이 상해죄의 구성요건에 해당하나, 당시의 의료수준에 비추어 상당하다고 생각되는 사항을 설명의무를 이행하고 피해자의 승낙을 받은 경우이므로 위법성이 조각된다고 볼 수 있다.

Ⅳ. 의사치료행위와 책임

성공한 치료행위는 앞서 설명한 바와 같이 위험감소로 객관적 구성요건이 부정되며, 실패한 치료행위 중 현대 의료법칙에서 요구되는 모든 법칙을 따랐지만 결과적으로 환자에게 필요 없는 신체의 침습이 야기된 경우에는 환자의 승낙에 의하여 위법성이 조각된다.

의사의 치료행위가 책임과 관련성이 있는 부분은 어디인가? 자궁근종 사례에서 보듯이 의사의 시진 촉진 결과 등을 과신하여 초음파 검사 등을 하지 않고 자궁근종으로 오진하고, 이에 근거하여 설명의무를 이행하고 난 뒤 피해자로부터 승낙을 받은 경우, 이러한 승낙은 유효한 승낙이 아니기 때문에 위법성을 조각할

27) 대법원 1993. 7. 27. 선고 92도2345 판결

수 없음에도 불구하고 의사는 승낙을 받았다고 오인하고 자궁을 적출하는 수술을 하는 경우 의사에게는 위법성의 인식에 착오가 발생한다. 위법성의 인식이 책임의 요소라는 점에서 위법성 인식의 착오문제는 책임과 관련성을 가진다.

고전적 범죄체계론에 의하면 책임에 고의가 위치하고 있고, 당해 고의에 위법성의 인식이 포함되어 있게 된다. 반면에 목적론적 범죄체계론에 따르면 책임에 소속되어 있던 고의가 목적적 행위론에 영향을 받아 구성요건으로 올라가고 책임에 별개의 요소로 위법성의 인식이 자리매김을 하게 된다. 합일태적 범죄체계론에 따르면 구성요건에 구성요건적 고의가, 책임에는 위법성 인식과 함께 책임형식으로서의 고의를 인정하게 되어 종국적으로 고의는 하나지만 구성요건과 책임에서 2중적으로 위치하게 된다.

여기서 위법성 인식을 고의의 요소로 보는 입장을 고의설이라 하고, 고의설은 인과적 행위론을 바탕으로 구성요건은 순수한 객관적 사실판단이며, 책임은 주관적 가치판단이라는 점을 강조하고 하고 있다. 이에 반하여 위법성 인식을 책임의 독자적 요소로 보는 입장을 책임설이라고 한다.

위법성 인식의 전제사실에 대한 착오는 일반적 위법성 인식의 착오와 비교하여 보면 좀 독특한 측면이 있다. 위법성 인식은 규범에 대한 평가의 문제로 자신의 행위가 구성요건에 해당하지만 위법성 조각사유가 존재하기 때문에 정당한 행위라는 점에서 위법성 인식이 없는 것이다. 그러나 위법성 조각사유 전제사실의 착오는 위법성의 인식의 착오가 규범의 측면에서 나온 것이 아니라 위법성 인식의 근거가 된 전제사실에 대한 착오에서 비롯되었다는 점에서 사실의 착오와 비슷한 면도 있는 반면, 종국적으로는 위법성 인식이 없다는 점에서 금지의 착오와도 유사한 측면이 있다.

앞서 본 고의설에 의하면 위법성 전제사실의 착오도 사실의 착오로 보아 착오에 정당한 이유를 묻지 않고 인식이 없는 경우에는 고의를 조각하고 과실범의 문제만 남게 된다. 그러나 목적론적 행위론에 의하여 구성요건적 고의가 발견되고 이러한 구성요건적 고의를 일반적으로 인정하고 있는 현재의 범죄체계론에 의하면 고의설은 타당하다고 볼 수 없다.

책임설에 의하면 위법성인식을 책임의 독자적인 요소로 파악하여 위법성 인식에 대한 착오를 구성요건적 착오와 별개로 평가하고 있다. 여기에는 위법성 인식에 대한 착오에 대하여 그 형태를 막론하고 형법 제16조에 의하여 그 오인에 정당한 이유가 있는 경우만 위법성 인식이 없어 책임이 조각되고 이 외에는 책임이 존재하므로 고의범이 성립된다는 엄격책임설이 있다. 이 견해에 구성요건적 고의는 확정되어 인정되었다는 점에서 과실범의 문제는 발생하지 않는다. 엄격책임설에 의하면 사실의 착오는 형법 제13조에 의하여 해결하고, 위법성 인식에 대한 착오는 형법 제16조에 의하여 해결하면 된다는 명쾌한 결론을 도출할 수 있다. 그러나 앞서 설명한 바와 같이 위법성 조각사유 전제사실의 착오의 특수성을 간과한 문제점이 있다. 위법성 인식은 사실에 대한 인식이 아니라 법적으로 금지되어 있다는 인식 즉 규범에 대한 인식을 말한다. 그러므로 금지의 착오가 되기 위해서는 규범에 대한 착오가 있어야 하는데 위법성 조각사유 전제사실에 대한 착오는 행위자는 위법성을 조각하는 규범에 대한 착오가 있는 것이 아니라 그 전제가 되는 사실에 대한 착오를 하고 있다는 점에서 금지의 착오와 다르기 때문이다.

이러한 점을 해결하기 위하여 나타난 이론이 바로 구성요건착오 유추적용설과 법효과제한적 책임설이 있다. 이들 견해는 고의설과 달리 위법성 인식을 책임의 독자적인 요소로 인정한다는 점에서 엄격책임설과 궤를 같이 하지만 위법성 조각사유 전제사실의 착오의 특수성을 인정하고 전제사실의 착오로 인하여 위법성 인식이 없다는 점에 착안하여 구성요건 착오는 아니지만 구성요건착오 규정을 유추적용하자는 입장과 합일태적 범죄체계론에 기초하여 고의는 하나지만 그 구성은 구성요건고의와 심정반가치로서의 책임고의가 있고, 양자 모두가 있는 경우에 고의를 인정할 수 있는데, 위법성 조각사유 전제사실의 착오 경우에는 전제사실의 착오에 의하여 위법성 인식이 없기 때문에 심정반가치로서의 책임고의가 탈락되므로 이에 의하여 구성요건 고의 탈락되는 효과가 발생한다는 입장이 있다. 양자 모두 위법성 조각사유의 전제사실에 착오가 발생한 경우에 과실범이 성립된다.[28)]

위법성 조각사유 전제사실의 특수성을 인정하고 있다는 점에서 엄격책임설보다 제한적 책임설이 타당하다. 다만 구성요건착오 유추적용설은 행위자가 명확하게 구성요건적 사실에 대한 인식이 있었음에도 불구하고 이에 대한 인식이 없을 때 적용하는 사실의 착오를 유추적용하여 구성요건 고의를 직접 조각하는 것은 다소 무리가 있으며, 이에 의하면 구성요건적 고의가 탈락되어 공범성립에 있어서 제한적 종속형식을 취하는 경우 이에 가공한자에 대한 공범 성립이 부정되어 처벌의 흠결이 발생한다는 점에서 법효과제한적 책임설을 따르기로 한다.

그렇다면 위법성 조각사유 전제사실의 착오를 이용하는 제3자가 있는 경우 법효과제한적 책임설에 따르면 형사처벌이 가능한지 살펴볼 필요가 있다. 법효과제한적 책임설에 의하면 정범의 경우에는 책임고의가 탈락되어 과실범으로 처벌받게 된다. 그렇다면 이를 이용한 제3자에게 교사범이나 방조범이 성립될 수 있는가? 왜냐하면 과실범을 교사하거나 방조할 수 없기 때문이다. 결국 구성요건착오 유추적용설과 동일하게 공범에 대한 처벌이 불가능하게 되어 처벌의 흠결이 발생하는 것이 아닌지 의구심이 들 수 있다.

법효과제한적 책임설에 의하여 정범이 과실범으로 처벌 받는 것은 구성요건적 고의가 탈락되는 것이 아니라 위법성의 인식이 결여되어 심정반가치로서의 책임고의가 탈락되는 것이다. 즉 행위자는 자신의 행위가 어떠한 구성요건에 해당되는지에 대한 명확한 인식이 있다는 점에서 제3자는 이러한 범죄에 대하여

28) 범죄자의 인지 경로를 살펴보면 사람을 폭행하는 경우 사람 폭행한다는 인식과 의욕 有(구성요건적 고의)→ 위법성 조각사유가 있는 경우(주관적 정당화 사유에 의하여 구성요건적 고의 상쇄)→ 책임에서의 위법성 인식 無→심정반가치로서의 책임고의 無

구체적으로 교사 또는 방조를 할 수 있고, 행위자도 제3자의 교사행위에 의하여 범의를 유발함에 있어서 아무런 문제가 없다. 정범이 과실로 처벌받는다는 의미가 구성요건적 고의가 탈락된다는 것이 아니라 과실범과 같이 처벌한다는 것이기 때문에 교사범 성립에는 아무런 지장이 없다.

V. 나가며

지금까지 의사 치료행위에 관련된 형법상의 문제점에 대하여 고찰하여 보았다. 의사의 치료행위 중 성공한 치료행위는 위험감소로 보아 객관적 구성요건을 탈락시켜 종래 문제가 되었던 의사 치료행위의 주관적 구성요건에 대한 논쟁을 근본적으로 차단하여 보고자 하였다.

실패한 치료행위 중 현대의학에 비추어 의료법칙에서 요구되는 모든 법칙을 따랐지만 결과적으로 환자에게 필요 없는 신체의 침습이 야기된 경우에는 의사가 환자에게 설명의무를 이행하고 난 뒤 승낙을 받았다면 위법성이 조각된다고 보았다.

마지막으로 실패한 치료행위 중 현대 의료법칙에서 요구되는 법칙에 어긋나게 판단하였을 뿐 만 아니라 이로 인하여 필요 없는 신체의 침습이 발생하고 종국적으로 건강이 회복되지 못해 치료의 목적을 달성할 수 없었던 경우는 오상승낙의 문제 즉 위법성 조각사유 전제사실의 착오로 보아 법효과제한적 책임설에 따라 과실범 책임을 지웠으며, 다만 이 경우 과실범으로 처벌한 다는 것이 구성요건적 고의가 탈락되어 과실범이 되는 것과는 달리 책임고의가 탈락되어 과실범처럼 처벌하는 것이므로 공범이 성립됨에는 지장이 없다는 점을 논증하였다.

[지정토론]

의료적 침습과 형법

– 김 성 규* –

I. 의료적 침습과 상해

의료적 침습의 형법적 성격에 관한 논의는 그것을 정당화하는 근거에 관한 것이라고 할 수 있다. 대체로는 상해(죄)와의 관계에서, 한편으로는 건강을 해하는 행위로서의 상해와 건강을 회복시키는 행위로서의 치료를 개념적으로 구별함으로써 의료적 침습을 정당화하는 사고방식과, 다른 한편으로는 의료행위가 신체에 대한 직접적이고 물리적인 침해인 한에서는 상해에 해당된다는 사고방식으로 대별된다.

의료행위가 신체를 침해하거나 건강을 해하는 행위가 아닌 점에서 의료적 침습을 상해의 개념에 포섭시키지 않는 입장에서는 의료적 침습이 건강을 회복시키는 행위인 한에서는 상해죄의 구성요건을 충족하지 않는 것으로 보게 된다. 예컨대, 의사(醫師)의 치료행위를 실질적 · 전체적으로 파악한다면 치료행위는 그 성공 여부와 상관없이 이미 상해의 고의를 결할뿐더러 결과적으로 환자의 건강을 개선 · 회복시킨 경우에는 상해의 결과를 초래한 것도 아니므로 환자의 동의 유무나 의술적 정당성 여부와 상관없이 상해죄의 구성요건해당성이 부정된다고 보는 것이다.[1] 그와는 달리, 의료행위가 기술적으로 부적절한 것이 아니었거나 결과적으로 치료에 실패한 경우가 아니더라도 신체에 대한 직접적이고 물리적인 침해인 한에서는 상해에 해당된다고 보는 입장은 의료적 침습이 그 자체로서 상

---

* Dr. jur. 한국외국어대학교 법학전문대학원 교수

1) Benedikt Edlbauer, Die hypothetische Einwilligung als arztstrafrechtliches Haftungskorrektiv, 2009, p.14.

해죄의 (객관적) 구성요건을 충족하는 것으로 보게 된다. 그와 같은 입장에서는 치료의 목적으로 의술적으로 적절한 방법에 의해 행해진 의료적 침습의 경우는 정당한 업무로 인한 행위로서(「형법」 제20조 참조) 혹은 환자의 동의, 즉 피해자의 승낙에 의해(「형법」 제24조 참조) 위법성을 결하게 된다고 한다.[2)]

판례는 일찍이 인공분만기의 사용에 수반하는 상해에 관해 정당업무성을 근거로 해서 그 위법성을 부정한 바가 있었는데,[3)] 그 후에는 자궁적출과 같은 수술이 "신체의 완전성을 해한 것이 아니라거나 생활기능에 아무런 장애를 주는 것이 아니라거나 건강상태를 불량하게 변경한 것이 아니라고 할 수 없"는 점에서 상해에 해당된다고 본 한편, 환자의 유효한 동의에 의해 그와 같은 의료적 침습의 위법성이 조각되는 점을 제시했다.[4)] 그 점에서, 의료적 침습을 상해로 보는 것이 판례의 입장이라고 이해할 수도 있겠지만, 법원의 판단이 어디까지나 구체적인 사안, 즉 인공분만기의 사용 또는 자궁적출수술에 관한 것인 한에서는, 판례가 모든 의료적 침습을 상해로 보고 있다고 단언할 수는 없을 것이다.

의료적 침습은 그 자체로서 상해죄의 (객관적) 구성요건을 충족한다고 보는 것이 독일의 판례가 일관되게 견지하고 있는 입장이라고 설명되기도 한다. 그 점과 관련해서는 상해를 범죄구성요건으로 하는 독일 「형법전Strafgesetzbuch」 제223조의 규정형식을 살펴볼 필요가 있다. 독일 「형법전Strafgesetzbuch」 제223조는 그 표제를 직역하면 신체침해Körperverletzung에 관한 규정으로서, 그 점에서는 대체로 상해에 관한 규정으로 볼 수 있다. 그런데 그 규정은 "타인의 신체를 거칠게 다루거나misshandeln 건강을 해하는" 것을 범죄구성요건으로 하고 있고, 신체를 거칠게 다루는 것이란 신체의 건재 내지 신체의 완전성을 무시할 수 없을 정도로 해하는 것이라고 해석된다. 그 점에서 독일 「형법전Strafgesetzbuch」 제223조의 범죄구성요건적 행위는 상해와 더불어 폭행도 포함하는 것이라고 볼 수 있다. 게다가 'misshandeln'

2) 의료적 침습의 종류에 따라 상해에 해당되는 경우와 그렇지 않은 경우를 구별하는 견해도 있다. 즉, 의료행위가 원칙적으로는 상해에 해당되지 않는데, 예컨대 장기적출 · 자궁적출 · 신체절단 · 성형수술 등의 경우에는 상해죄의 구성요건해당성이 인정되지만 환자의 동의에 의해 위법성이 조각된다고 보는 것이다.

3) 대법원판결 1978. 11. 14. 78도2388.

4) 대법원판결 1993. 7. 27. 92도2345.

의 개념적 외연은 상당이 넓은 것이어서 구타뿐만 아니라 고통 또는 불쾌감을 주는 물리적 행위도 그것에 속한다. 따라서 의료적 침습이 환자의 건강상태를 결과적으로는 회복시키는 것이라고 하더라도 그 자체로서 신체의 완전성을 해하는 것일뿐더러 그것에 수반되는 통증 또는 불쾌는 그와 같은 의미에서의 행위에 해당되는 것이다. 독일의 판례는 의료적 침습이 그와 같은 의미에서의 신체침해에 해당된다고 보는 것이고,[5] 따라서 우리 형법의 관점에서 말하면 그것을 상해 또는 (넓은 의미에서의) 폭행으로 본다는 것이므로, 독일의 판례가 의료적 침습을 상해로 본다고 이해하는 것이 반드시 정확한 것은 아니라고 생각된다.

II. 의료적 침습에 대한 단편적(斷片的) 평가 혹은 전체적 평가?

의료적 침습을 상해로 볼 것인지의 문제는 상해의 개념을 사실적인 측면에서 단편적(斷片的)으로 파악할 것인지 혹은 규범적인 측면에서 전체적으로 파악할 것인지의 문제라고 생각된다.

상해의 개념을 사실적인 측면에서 단편적(斷片的)으로 파악하는 때에는, 의료적 침습이 환자의 치료를 위한 것이라고 하더라도 그것이 행해지는 시점(時點)에서 그 자체로서는 신체의 외형 내지 생리적 기능의 현상(現狀)을 불량하게 변경하는 것이므로 그 한에서는 상해에 해당된다. 다만, 의료적 침습이 그와 같은 관점에서 상해죄를 구성하는 경우에도 그것이 치료의 목적으로 적당한 수단에 의해 행해지거나 환자의 동의를 얻어 행해지는 경우에는 그 위법성이 조각된다고 보는 것이 가능하다.

상해의 개념을 규범적인 측면에서 전체적으로 파악하는 때에는, 의료적 침습이 환자의 치료를 위해 혹은 그 건강의 회복으로 위해 적당한 수단에 의해 행해지는 경우는 건강상태를 불량하게 만드는 행위로서의 상해로 평가될 수 없는 점에서, 또한 신체의 일부에 대한 침습은 환자를 치료하는 연속적 과정의 부분적 단계에 속하고 그러한 행위가 궁극적으로는 환자의 신체를 전체로서는 양호하게 만드는 것으로 볼 수 있는 점에서, 치료의 목적으로 적정한 수단에 의해 행해지

---

5) Klaus Ulsenheimer, Arztstrafrecht in der Praxis, 4. Auflage, 2008, p.88 이하 참조.

는 의료적 침습은 사회적 내지 법적 의미에서의 상해에는 해당되지 않는다고 보아야 할 것이다.

III. 형법의 행위규범적 기능과 범죄구성요건적 행위로서의 상해의 개념

범죄구성요건이 예정하고 있는 실행행위, 따라서 형벌법규에 의해 금지되는 행위는 그것이 보호의 대상으로 삼고 있는 법익과의 관계에서 구체화된다. 그 점은 범죄를 구성하는 요소가 기술적(記述的)인 것인 경우에도 다르지 않다. 바꾸어 말하면 형벌법규를 해석하는 데에 있어서는 당해 형벌법규가 상정(想定)하고 있는 행위규범의 사정범위가 고려된다.

사회공동생활에 불가결한 여건을 확보하기 위해 개개의 시민에게 그 어떤 의무를 과하는 행위규범은 생명 · 신체 · 재산과 같은 법익의 보호를 지향하는 것으로서, 그 점에서 행위규범위반 여부를 판단하는 데에 있어서도 법익관련적 판단이 필요하다. 즉, 범죄를 구성하는 행위로서의 실행행위는 당해 형벌법규가 보호하는 법익에 대한 일반적 · 추상적 위험성을 지니는 것에 한정될 필요가 있다. 그와 같은 관점에서, 상해죄의 구성요건이 예정하고 있는 실행행위로서의 상해는 일반적 · 추상적으로 신체의 건강에 대해 허용되지 않는 위험을 창출하는 행위를 가리킨다고 보아야 할 것이고, 따라서 의료행위 내지 의료적 침습이 치료의 목적으로 의학상 승인되고 있는 적당한 수단에 의해 행해지는 한에서는 일반적 · 추상적으로 허용되지 않는 위험을 창출하는 행위로 인식되지는 않는 점에서 상해를 처벌하는 규정이 상정(想定)하고 있는 행위규범에 위배되는 것이라고 보기는 어렵다. 요컨대, 치료의 목적으로 적당한 수단에 의해 행해지는 의료행위의 일부를 이루는 침습이 상해죄를 구성하는 행위로서의 상해에는 해당되지 않는다고 보아야 할 것이다.

판례 가운데에는 의료행위의 개념을 "의학적 전문지식을 기초로 하는 경험과 기능으로 진료, 검안, 처방, 투약 또는 외과적 시술을 시행하여 하는 질병의 예방 또는 치료행위 및 그 밖에 의료인이 행하지 아니하면 보건위생상 위해가 생길 우려가 있는 행위"로 정의하고 있는 것이 있다.[6] 그와 같은 개념정의는, 의학적 전문지식을 기초로 하는 경험과 기능에 따라 의료인 행함으로써 건강이 유지 · 회복되고 보건위생상의 위해가 배제되거나 최소화되는 경우를 의료행위로 보는 것이고, 그 점에서 판례도 의학적 적응성 내지 의술적 정당성을 갖춘 의료행위를 건강에 대한 일반적 · 추상적 위험성을 지니는 행위로서의 상해와는 개념적으로 구분하고 있는 것으로 보인다.

Ⅳ. 의료적 침습에 있어서의 환자의 동의

의료적 침습이 그 자체로서는 상해에 해당되지 않는다고 보는 입장은 대체로 의료적 침습을 포함하는 의료행위의 개념을 의학적 적응성 내지 의술적 정당성을 구비한 행위로 한정해서 파악하는 것이다. 그와 같은 입장에서는 의학적 적응성 내지 의술적 정당성이 의료적 침습의 상해로서의 구성요건해당성을 판단하는 단계에서 의미를 가지게 되는 점에서 상해로서의 그 가벌성을 판단하는 데에 있어서는 결정적인 기준이 된다. 그렇게 보면, 의료적 침습이 의학적 적응성 내지 의술적 정당성을 구비하고 있는 한에서는 상해로서는 불가벌이 되는 한편, 의료적 침습에 대한 환자의 동의 유무가 그 점에 영향을 미치지는 않는다. 따라서 환자의 동의 없이 이루어진 의료적 침습을 가벌적인 것을 보기 위해서는 별도의 처벌규정이 필요하게 된다.

의료적 침습에 대한 환자의 동의 유무와 상관없이 그것을 이미 상해로 보지 않는 입장에서는 환자의 동의 없이 이루어진 의료적 침습은 상해가 아니라 환자의 자기결정권을 침해하는 죄, 요컨대 자유에 대한 죄의 일종으로 이해되기도 한다.[7] 그 예로서, 일찍이 독일에서는 이른바 전단적 치료행위를 처벌하는 규정을 두는 입법이 시도되었는데, 그와 같은 규정이 자유에 대한 죄에 위치하고 있었던 것을 들 수 있다. 그와 같은 사고방식은 이른바 전단적 치료행위는 신체라고 하

6) 대법원판결 2004. 10. 28. 2004도3405.

7) Hans Joachim Hirsch, in: Leipziger Kommentar zum Strafgesetzbuch, 10. Auflage, 1989, Vorbem. zu §223 Rdn.4.

는 법익과는 독립된 법익으로서의 신체에 관한 처분권이라는 법익을 침해하는 것이라고 보는 것이다.[8]

수술과 같은 의료적 침습을 사실적 측면에서 보면, 그것이 일시적이라고 해도 신체의 본래적 기능을 의도적으로 배제하는 것인 점에서는 신체에 대한 공격으로서의 상해에 해당된다고 볼 수 있다. 그런데 그와 같이 의료적 침습을 상해로 보는 입장에서도, 그것이 환자의 건강을 유지 · 회복하기 위해 의학상 일반적으로 승인된 의학준칙에 따라 행해진 것인 때에는 그 위법성이 조각된다고 한다. 의학적 적응성 내지 의술적 정당성 여부가 의료적 침습의 상해로서의 구성요건해당성에 영향을 미치지는 않지만 그 위법성에 영향을 미친다고 보는 것이다. 그런데 의료에 있어서의 환자의 자기결정권이 자각되면서, 의료적 침습의 정당성을 그것에 대한 환자의 의사(意思) 여하와는 상관없이, 의료적 지식이 (상대적으로) 부족한 환자로서는 판단하기 어려운 의학적 적응성 내지 의술적 정당성 유무에(만) 좌우되게 하는 것이 개인의 존엄 내지 행복추구권을 해하는 것으로 인식되었다.[9] 그와 같은 관점에서, 환자의 동의 없이 의료적 침습을 행하는 경우로서의 이른바 전단적 치료행위는 환자의 자기결정권을 침해하는 것인 점에서 의학적 적응성 내지 의술적 정당성이 인정되는 경우에도 정당화되지 않는 것으로 생각되기에 이른 것이다.[10]

수술과 같은 의료적 침습은 상해죄를 구성하는 행위로서의 상해에 해당되지만, 의학적 적응성 내지 의술적 정당성이 인정될 뿐만 아니라 환자의 동의가 있는 한에서 정당화된다고 보는 입장에 따르면, 의료행위가 의술준칙에 따라 이루어지고 나아가 치료의 목적을 달성한 경우에도 환자의 동의 없이 이루어진 때에

---

8) Thomas Rönnau, Willensmängel bei der Einwilligung im Strafrecht, 2001, p.14 참조.

9) Jan C. Joerden: Das Versprechen der Menschenwürde - Konsequenzen für das Medizinrecht, in: Mitteilungen des Zentrums für interdisziplinäre Forschung, 2010, p.10 이하.

10) Gunnar Duttge & Carsten Dochow, Rechtliche Problemfelder einer „Personalisierten Medizin", in: Wolfgang Niederlag, Heinz U. Lemke & Otto Rienhoff (Hrsg.), Personalisierte Medizin und Informationstechnologie. Innovative Konzepte, realisierte Anwendungen, gesellschaftliche Aspekte, Health Acdemy, Bd.15, 2010, pp.251 이하 참조.

는 정당화되지 않으므로 적어도 이론적으로는 그 자체로서 상해죄를 성립시키게 된다. 또한, 신체침습을 수반하는 의료행위는 상해죄를 구성하는 행위로서의 상해에 해당되고 그 점은 의료행위가 의학적 적응성 내지 의술적 정당성을 갖추고 있는 경우에도 다르지 않다고 보면서 그와 같은 경우에 해당되는 의료적 침습이 정당화되기 위해서는 환자의 동의가 필요하다고 보는 입장에 따르더라도, 환자의 동의 없이 행해진 의료적 침습은 그 자체로서 상해죄를 성립시키게 된다. 그와 같이 보면, 가령 환자의 동의 없이 행해지 의료적 침습에 의해 환자를 불구에 이르게 하거나 그 생명에 대한 위험을 발생케 하거나 혹은 사망의 결과를 초래한 경우에는 의료적 침습과 악결과 사이의 인과관계 및 악결과의 발생에 대한 예견가능성이 인정되는 한에서는 이론적으로는 중상해 또는 상해치사죄의 성립을 인정하는 것이 가능하다.

V. 의료적 침습에 있어서의 의료인의 설명의무와 그 위반

의사(醫師)의 설명의무는 환자에게 진단의 결과와 처치방법 · 효과를 설명하는 것을 내용으로 하는 고지의무(조언의무), 환자가 준수해야할 사항을 알려주는 것을 내용으로 하는 지도의무 및 의료행위의 개시에 관한 환자의 자기결정을 위해 환자에게 적절한 판단자료를 제공하는 것을 내용으로 하는 기여적 설명의무로 구별되기도 하고,[11] 구두에 의한 치료행위로서의 진료상의 설명의무와 환자의 자기결정을 위한 진단 · 경과 · 위험에 관한 설명의 의무로 구분되기도 한다.[12] 그와 같은 구분은 의료행위를 정당화하는 동의의 전제가 되는 설명을 중심으로 해서 의료현장에서 요구되는 다양한 설명을 시계열적으로 세분화하고 있는 것이라고 볼 수 있다. 의료행위에 관해 환자의 의사결정이 지니는 의미에 비추어보면, 의사(醫師)의 설명의무는 환자의 자기결정을 위한, 즉 환자의 동의를 얻기 위한 설명의 의무와 그 밖의 것으로 구분된다.[13] 요컨대, 의사(醫師)의 설

11) 예컨대 석희태, "의료과오 민사책임에 관한 연구", 연세대학교 박사학위논문, 1988, p.35.

12) 예컨대 김민중, 의료분쟁의 법률지식, 2000, p.233.

13) 김민중, 의료분쟁의 법률지식, 2000, p.227 이하는 환자의 '자기결정과는 관계가 없는' 조언 · 안내 · 경고 · 지시 · 지도의 의무를 진료상의 설명의무에 포함시키고 있다.

명의무는 환자의 동의를 요하는 의료행위에 관한 것과 그렇지 않은 것으로 구분된다.[14)]

설명의무의 근거를 어떻게 볼 것인지는 그 위반의 형법적 효과에 있어서도 의의를 가지게 된다. 치료를 위한 설명의 의무, 말하자면 의료행위의 일부로서의 설명의무는 의료행위에 기인하는 사상(死傷)의 결과발생을 방지하기 위한 주의의무, 요컨대 결과발생회피의무의 일종으로 파악된다. 그 점에서 그 위반은 (업무상)과실을 근거지우는 것으로서, 그 결과에 따라 업무상과실치사상죄를 구성할 수 있는 것이다. 한편, 환자의 자기결정을 위한 설명은 의료행위, 특히 의료적 침습에 대한 환자의 동의를 유효하게 하기 위한 것이다. 즉, 그와 같은 설명에 기하지 않은 동의의 경우에는 그 유효성이 부정된다. 그와 같이 보면, 환자의 자기결정에 관한 설명의무위반의 형법적 효과는 의료적 침습에 있어서의 환자의 동의를 어떻게 볼 것인지에 따라 달리 이해된다. 의료적 침습을 상해로 보면서 그것에 대한 환자의 동의가 그 위법성을 조각하는 것으로 보는 입장에서는 환자의 자기결정에 관한 설명의무위반은 의료적 침습에 대한 환자의 동의를 무효화 함으로써 상해로서의 의료적 침습을 정당화하지 못하게 된다. 그렇게 되면 이론적으로는 의료적 침습 그 자체에 대해 상해의 책임을 물을 수 있겠지만, 의료적 침습에 의해 치료 또는 건강회복의 목적이 달성된 경우에는 설사 의사(醫師)의 설명이 불충분했더라도 그것이 문제로 되는 경우는 없을 것이다. 그것이 문제로 되는 경우는 의료적 침습에 따른 후유증이 발생하거나 환자가 사망에 이른 경우인데, 환자의 동의가 의료적 침습을 정당화하고 그 동의를 유효하게 하는 것이 의사(醫師)의 설명이라고 보는 입장에서는, 설명의무를 다하지 않은 의료적 침습의 결과로서 중상해 또는 사망의 결과가 발생한 때에는 그 악결과에 관해 결과적 가중범의 요건이 충족되는 한에서는 중상해죄 또는 상해치사죄의 책임을 물을

14) 일본에서는 예컨대 町野朔, 患者の自己決定権と法, 1986, p.239 이하; 金川琢雄, 医事法の構想, 2006, p.4; 土井文美, '医師の説明義務', 判例タイムズ, 1260号 (2008), p.18; 山中敬一, '医師の説明義務 (1)', 関西大学法学論集, 第61巻 第6号 (2012), p.11 이하 등. 독일에서는 예컨대 Klaus Ulsenheimer, Arztstrafrecht in der Praxis, 4. Auflage, 2008, §1 Rdn.61 이하; Heinz Schöch, in: Claus Roxin & Ulrich Schroth (Ed.), Handbuch des Medizinstrafrechts, 4. Auflage, 2010, p.57; Albin Eser & Detlev Sternberg-Lieben, in: Schönke/Schröder, Strafgesetzbuch, 28. Auflage, 2010, §223 Rdn.40 이하 등.

수 있게 된다. 그와는 달리 의료적 침습을 그 자체로서는 상해로 보지 않는 입장에 따르면, 환자의 동의 유무가 의료적 침습 그 자체의 가벌성에는 영향을 미치지 않으므로 환자의 자기결정에 관한 설명의무위반도 의료적 침습 그 자체의 가벌성에는 영향을 미치지 않는다. 다만, 의료적 침습에 따른 중상해 또는 사망의 결과에 대해서는 업무상과실 유무에 따라 업무상과실치상 또는 업무상과실치사의 죄책을 물을 수 있게 된다.

형사판례 가운데에 환자의 동의를 얻기 위한 설명의 위무를 위반한 것을 쟁점으로 하는 것은 찾아보기 어렵다. 의사(醫師)의 설명의무위반에 대한 형사책임을 다루고 있는 판례는 대부분 업무상과실의 인정 여부에 관한 것이다. 예컨대, 한의사가 봉침시술을 하기 전에 그 부작용에 대한 충분한 설명 없이 그와 같은 의료행위를 함으로써 환자에게 그 부작용으로서의 상해가 발생한 경우 설명의무위반과 상해 사이에 상당인과관계가 인정되는 한에서 업무상과실치상의 죄책을 물을 수 있다는 취지의 판결[15]은, 의료행위의 부작용에 관한 설명의무를 의료행위에 기인하는 사상결과의 발생을 방지하기 위한 주의의무, 요컨대 결과발생회피의무의 일종으로 파악한 것이라고 볼 수 있다.[16] 또한, 하급심판례 가운데에서도, 한의사가 환자에게 한약의 복용으로 인한 부작용 발생의 가능성을 사전에 고지하지 않은 채 계속 한약을 복용하게 한 결과 그 부작용으로서의 간기능 손상 등에 의해 환자를 사망에 이르게 한 사안에 대해 설명의무위반을 업무상과실치사의 죄책을 묻기 위한 전제로서 논한 것이 있다.[17] 나아가, 화상 치료를 위한 가피절제술과 피부이식수술에 있어서 의사(醫師)가 환자 내지 그 보호자에게 수술의 위험성에 관한 설명을 하지 않은 채 수술을 실시한 결과 그 위험성이 현실화되어 환자가 사망에 이른 사안에 관해서도 법원은 설명의무위반을 (업무상)과

15) 대법원판결 2011. 4. 14. 2010도10104.

16) 다만, 대법원판결 2011. 4. 14. 2010도10104는 "제반 사정에 비추어 피고인이 봉침시술에 앞서 설명의무를 다하였더라도 피해자가 반드시 봉침시술을 거부하였을 것이라고 볼 수 없어, 피고인의 설명의무 위반과 피해자의 상해 사이에 상당인과관계를 인정하기 어렵다"고 보았다.

17) 청주지방법원판결 2011. 2. 22. 2010고단1681. 다만, 법원은 "피고인에게 한약 복용으로 인한 간기능 손상의 가능성을 사전에 고지하지 않은 설명의무 위반은 인정되지만, 피해자가 사전에 이를 고지받았더라면 다른 치료방법을 선택하였을 것이라고 단정할 수 없다"고 보아 설명의무위반과 사망 사이의 인과관계를 부정했다.

실로 이해하고 있다.[18] 그와 같이 판례는 의료행위에 따르는 부작용뿐만 아니라 수술과 같은 의료적 침습행위에 따르는 위험성에 관해서도 설명의무위반을 (업무상)과실을 근거지우는 주의의무위반으로 파악하고 있다. 요컨대, 의사(醫師)의 설명의무를 치료행위에 부수하는 주의의무의 일종으로 보고 있는 것이다.

18) 대전지방법원판결 2014. 8. 12. 2014노658은 "피고인이 고령의 간경변증 환자인 피해자 공소외 1에게 화상 치료를 위한 가피절제술과 피부이식수술을 실시하기 전에 출혈과 혈액량 감소로 신부전이 발생하여 생명이 위험할 수 있다는 점에 대해 피해자와 피해자의 보호자에게 설명을 하지 아니한 채 수술을 실시한 과실로 인하여 피해자로 하여금 신부전으로 사망에 이르게 하였다"는 공소사실을 유죄로 판단했다. 이에 대해 대법원판결 2015. 6. 24. 2014도11315는 "의사가 설명의무를 위반한 채 의료행위를 하였다가 환자에게 상해 또는 사망의 결과가 발생한 경우 의사에게 업무상 과실로 인한 형사책임을 지우기 위해서는 의사의 설명의무 위반과 환자의 상해 또는 사망 사이에 상당인과관계가 존재하여야 한다"는 점을 원용하면서, "피해자의 남편 공소외 2는 피해자가 화상을 입기 전 다른 의사로부터 피해자가 간경변증을 앓고 있기 때문에 어떠한 수술이라도 받으면 사망할 수 있다는 말을 들었고, 이러한 이유로 피해자와 공소외 2는 피고인의 거듭된 수술 권유에도 불구하고 계속 수술을 받기를 거부하였던 사실을 알 수 있다. 이로 보건대, 피해자와 공소외 2는 피고인이 수술의 위험성에 관하여 설명하였는지 여부에 관계없이 간경변증을 앓고 있는 피해자에게 이 사건 수술이 위험할 수 있다는 점을 이미 충분히 인식하고 있었던 것으로 보인다. 그렇다면 피고인이 피해자나 공소외 2에게 공소사실 기재와 같은 내용으로 수술의 위험성에 관하여 설명하였다고 하더라도 피해자나 공소외 2가 수술을 거부하였을 것이라고 단정하기 어렵다. 원심이 유지한 제1심이 적법하게 채택한 증거를 종합하여 보더라도 피고인의 설명의무 위반과 피해자의 사망 사이에 상당인과관계가 있다는 사실이 합리적 의심의 여지가 없이 증명되었다고 보기 어렵다"고 설시했다.

의료법 해석과 관련한 원격진료의 허용 여부와 그 범위에 관한 고찰*

- 의료법 제17조 제1항과 제34조를 중심으로 -

- 정 규 원**-

목 차

Ⅰ. 들어가며

"인간이 육체를 지닌 개인들로 인식되는 곳, 추상적인 커뮤니케이션보다는 대면 접촉을 우선하며, 자동화된 분류보다는 정의(正義)를, 기술적인 필요보다는 공동의 참여를 우선하는 곳에 우리의 희망이 있다."[1)]

과학의 발전 및 변화는 우리가 예측하던 속도나 방향과는 다른 형태로 이루어지는 경우가 드물지 않게 발견된다. 특히 개별 과학 분야가 세분화되어 독립적

---

* 본 논문은 2017년 12월 대법원 형사실무연구회에서 발표한 내용을 보완한 것이다. 토론과정에서 좋은 의견을 주신 여러 참석자분들께 감사드립니다.

** 한양대학교 법학전문대학원 교수

1) 데이비드 라이언/이광조 옮김, 감시사회로의 유혹, 후마니타스, 2014, 289면.

으로 발전하던 중 어느 순간에 서로 다른 분야들이 융합되어 새로운 비전을 제시하는 경우도 드물지 않은데 이러한 시점에서는 인간이 기존에 가지고 있던 세상이나 객체들에 대한 인식의 변화가 요구되기도 한다. 과학적 성과는 기술의 형태로 나타나기도 한다. 최근에는 인간의 삶이 어느 정도 안정되고 경제적 빈곤으로부터 자유로워짐에 따라,[2] 건강 및 생명에 대한 관심이 과학기술의 최종 목표가 되어 가는 현상이 자주 나타난다. 즉, 과학기술의 발전은 의료행위의 형태에도 변화를 주고 있는 것이다.

전통적으로 의료행위는 의사가 환자를 대면하여 문진, 촉진, 타진, 청진 등과 기본적인 검사를 통하여 환자의 상태를 검토한 후 앞으로 어떠한 검사 및 치료를 할 것인가를 대략적으로 계획하고 이를 시행하면서 환자의 상태를 지속적으로 검토하여 의료행위의 방향을 수정하여 나가는 것이었다. 따라서 의사가 환자를 직접 대면하여 관찰하는 것은 의료행위에 있어서 매우 중요한 부분이다. 그런데 과학기술, 특히 IT기술과 데이터 활용기술의 발달로 의료행위의 형태가 변화하고 있다. 최근에는 대형병원의 의사들이 환자를 직접 진료하기 보다는 모니터에 나타난 혈액검사 등 결과와 화상검사 등을 토대로 진료를 하는 것을 그리 드물지 않게 볼 수 있다. 환자를 직접 대면하여 관찰한 후 진료방향을 결정하는 것 보다 객관적 데이터를 선호하는 것은 의료행위나 의학이 과학적 활동의 일부분이라는 측면을 고려할 때 바람직하다고 볼 수도 있겠지만 의료행위의 여러 가지 특성[3]을 고려할 때는 매우 조심스러운 측면이 있는 것도 사실이다.

〈의료법〉은 여러 차례의 논의과정을 거쳐 원격의료에 대하여 규정하였으며, 이후에도 개정을 통하여 원격의료의 범위를 점차 구체화[4]하고 있는 것으로 생각된다. 현행 〈의료법〉은 제34조에 원격진료에 대한 규정을 두고 있다. 〈의료법〉 제34조의 규정은 의사가 환자를 직접 대면하여 진료를 하는 경우에 대한 예외

---

2) 지구 모든 곳에서 절대적 빈곤이 사라졌다거나 삶이 안정되었다는 의미는 아니다. 오히려 경제적 불균형은 더 심화되는 경향을 보이는 것 같다. 하지만 전지구적으로 볼 때 절대적 빈곤은 해결되어 가는 방향으로 가고 있으며 인간의 삶을 위협하는 요소들도 과거에 비하여는 관리 가능한 영역으로 여겨지는 것으로 생각된다. 물론 자연재해나 환경의 문제는 여전히 극복하기 어려운 문제들이다.

3) 특히 의료행위의 개별성.

4) 혹은 확대.

규정으로 파악되고 있으며,[5] 〈의료법〉 제17조 제1항의 규정과의 통일적 해석에 관하여 의견이 나뉘고 있다. 특히 헌법재판소와 대법원이 양 규정의 해석에 관하여 의견이 다르다고 해석되고 있다. 본 논문에서는 의료행위의 본질적 특성으로부터 출발하여 원격진료의 의미를 파악하고 이를 통하여 〈의료법〉 제17조 제1항과 제34조의 조화로운 해석을 시도하여 보고자 한다.

II. 의료행위의 특성

의학은 수학이나 물리학과 같은 소위 엄격한 의미의 과학(hard science)은 아니다. 특히 의학을 임상적으로 적용하는 분야인 임상적 의료행위의 경우에는 특정한 의료인의 행위가 모든 환자에게 동일한 결과를 발생시키는 것이 아니다. 이러한 점에서 의료행위는 순수하게 객관적인 과학적 행위라고 할 수는 없다. 물론 의학이 여러 자연과학적 성과에 근거하여 발전하고 있으며, 최근에는 IT기술 등 공학적 발전에도 많은 영향을 받고 있다는 것 또한 분명한 사실이다. 그럼에도 아직 의학적 지식과 경험은 개별적인 인간을 완전하게 파악할 수 있는 수준은 아니다.

일반적으로 의료행위에 대해서는 다음과 같은 특성이 있다고 설명되고 있다.[6] 의료행위는 본질적으로 인체에 대하여 침습적인 특성을 가지고 있다. 또한 사람의 건강을 증진시키거나 생명을 구호하려는 목적을 가지고 있다. 또 다른 의료행위의 특성은 전문성이다. 의료행위는 그 행위가 시행하는 전문적 지식과 경험을 가진 의료인의 지식과 경험 및 그 의료행위가 시행되는 시·공간적 제약 등에 따라 어느 정도의 재량성이라는 특성을 가지고 있다. 또한 의료행위는 환자의 사생활의 비밀 보장 및 의료행위의 유효성 등을 고려할 때 밀실성이라는 특성을

5) 예외규정이라고 파악하는 것은 사실은 명확하지 않다고 생각한다. 의사가 환자를 직접 보면서 진료를 하는 전통적인 의료행위를 대체할 정도의 기술적 보완을 요구하기 때문이다. 실제로는 "직접 보면서"의 방법이 과학기술에 의하여 확대된 것으로 파악하여야 하지 않을까라는 생각이다.

6) 신현호, 의료소송총론, 육법사, 1997, 112-120면, 이외에도 다양한 문헌들이 의료행위의 특성에 대해서 설명하고 있는데, 대개 그 내용은 유사하다.

가지고 있다. 최근에는 그 격차가 줄어든 것으로 보이지만[7] 정보의 편중성이라는 특성도 존재한다. 의료행위를 하는 의료인은 자신들이 전문적인 집단이라는 의식이 있을 뿐만 아니라 오랜 기간 동질적인 교육을 받고 제한된 환경에서 의료행위를 수행하였기 때문에 폐쇄성(집단이기성)이라는 특성을 보이기도 한다. 또한 의료행위는 의료면허를 가진 자만이 수행할 수 있기 때문에 독점성을 가지고 있다.

일반적으로 서술되고 있는 의료행위의 특성들에 더하여 필자가 더욱 주목하고 있는 의료행위의 특성은 의료지식과 경험의 불완전성과 개별성이다. 일반인들이 기대하는 것과는 달리, 의료인들이 개별적인 환자와 구체적인 질병에 대한 지식과 경험을 완벽하게 보유하고 있다고 할 수 없다.[8] 이는 현대의학이 가진 한계이기도 하다. 의학은 앞에서 언급한 것처럼 아직은 소위 엄격한 의미의 과학(hard science)이라고 할 수 없으며 지속적으로 변화·발전하고 있는 분야이다.[9] 의료행위의 또 다른 특성은 개별성이다. 개별적인 인간은 그 해부학적 구조나 생리학적 기능이 모두 동일한 것이 아니고 어느 정도 차이를 보이고 있다. 이러한 점은 동일한 이름으로 명명되고 있는 질병의 양상이 환자 마다 다르게 나타나며 동일한 질병에 대한 동일한 치료에 대해서도 환자 마다 다른 효과와 부작용이 나타난다는 점에서도 알 수 있다. 이러한 인간의 개별성 및 의학적 지식의 불완전성을 고려하여 개인에 대한 맞춤의학이 주목을 받고 있는 것이다. 앞으로 의학적 지식이 더욱 발전하여 질병의 본질이 보다 통일적으로 파악되고 인간 개체에 대한 지식이 보다 완벽하고 정밀해진다면 이러한 의료행위의 개별성이 극복될 수 있을지는 모르겠으나,[10] 현재의 의학적 지식과 경험을 고려할 때 개별성

---

7) 오히려 환자 측이 잘못된 혹은 일반적으로 인정되지 않는 의료정보들을 인터넷이나 대중매체를 통하여 중립적이지 않게 습득하는 것이 더 문제일 수도 있다고 생각한다.

8) 의료분쟁의 경우 환자 측은 의료인이 모든 질병을 다 치료할 수 있다는 착오에 빠져 있는 경우를 종 종 보게 된다. 특정 의료행위를 사후적으로 검토하여 문제를 발견하는 것과 행위 시점에 어떠한 판단을 할 수 있는가 하는 것은 많은 차이가 있다. 또한 의료인이 인간에 대하여 모든 것을 알고 관리할 수 있는 신적 존재는 아니다. 의료행위 당시의 의료지식과 경험을 토대로 최선을 다한다면 그 의사는 좋은 의사(good doctor)라고 할 수 있다.

9) 따라서 의료행위의 과실여부를 판단할 때에는 당해 의료행위가 시행된 시점을 기준으로 판단하여야지 당해 사건 이후에 시행되는 의학지식이나 의료행위를 기준으로 하여서는 안 된다.

10) 필자는 이러한 전망에 대하여 아직은 회의적이지만 의학의 발전은 그러한 방향으로 나아가야 한

은 매우 중요한 의료행위의 특성이라고 생각되며 의사가 환자에 대한 의료행위를 함에 있어서뿐만 아니라 의료행위의 과실 여부를 판단함에 있어서도 매우 중요한 고려사항이라고 생각한다. 원격진료의 허용범위와 원격진료에서의 주의의무 판단에 있어서도 의료행위의 개별성이라는 특성은 매우 중요한 고려사항이 되어야 할 것이다.

한편 의료행위의 허용범위와 관련하여 고려하여야 할 또 하나의 중요한 요소는 의료행위의 목적이다. 의료행위는 인간의 건강증진 및 생명보호를 그 최종적인 목적으로 하고 있다. 〈의료법〉은 제1조에서 의료법이 "모든 국민이 수준 높은 의료 혜택을 받을 수 있도록 국민의료에 필요한 사항을 규정함으로써 국민의 건강을 보호하고 증진하는 데에 목적이 있다."라고 규정하고 있다. 이러한 〈의료법〉의 목적 규정에 의하면 〈의료법〉에 의하여 규율되는 의료인은 국민의 건강보호와 증진에 대한 의무가 있다고 할 것이다. 국가에 의하여 면허가 부여된 의료인에게 의료행위를 할 수 있는 독점적 지위를 인정하고 의료행위를 통상적인 업무에 비하여 보다 강하게 사회적으로 보호하는 것[11]은 의료인이 국민의 건강을 증진시키고 생명을 보호할 것이라는 믿음에 근거하고 있는 것으로 생각한다. 의료행위가 본질적으로 인간의 생명 · 신체에 대한 위험을 내포하고 있음에도 환자가 의료인에게 자신의 신체와 생명을 받기는 것은 그러한 믿음이 있기 때문일 것이다. 따라서 의료행위의 허용 여부를 고려할 때 당해 의료행위가 인간의 생명 · 신체에 대한 위험을 어느 정도 발생시킬 수 있는지를 미리 판단하여야 하며, 당해 의료행위의 이익과 불이익을 비교 · 형량 하여야 할 것이다.[12]

다고 생각한다.

11) 최근에는 피해자의 승낙에 의하여 의료행위를 정당화하는 이론이 더 많은 지지를 받고 있지만 형법이론에서는 전통적으로 의료행위를 업무로 인한 행위로 위법성을 조각된다고 해석하여 왔다. 필자는 의료행위는 다양한 층위를 가지고 있으며, 어떤 유형의 의료행위는 구성요건을 조각하고, 어떤 유형은 법령에 의한 행위로, 어떤 유형은 피해자의 승낙 혹은 긴급피난, 또 다른 유형은 업무로 인한 행위나 사회상규에 위배되지 아니하는 행위에 해당한다고 생각한다.

12) 새로운 의료기술이나 신약이 개발되었을 때 동물실험, 전임상실험, 임상실험 등 많은 시간과 비용을 요하는 절차를 거쳐서 임상에 사용할 수 있도록 하는 이유도 의료행위의 위험성과 불확실한 지식을 고려한 것이다.

III. 원격의료행위 - 〈의료법〉 제34조

1. 원격의료행위

IT기술의 발전과 데이터 분석 및 활용에 대한 지식이 축적됨에 따라 의료행위의 형태에도 변화가 일어나고 있다. 눈으로 직접 확인하고 귀로 듣는 등 인간의 오감을 활용하여 진단 및 치료를 하던 것이 전부였던 시절에서 현미경이나 혈액 등 체액 분석, X-ray의 활용 등의 방법들이 의료행위에 도입되었고, 최근에는 3차원 영상을 활용한 진단기법이 일반화되고 있다. 이러한 기술의 발전은 의료행위의 정확성을 높일 뿐만 아니라 보다 정밀하고 효과적인 진단 및 치료방법의 적용에도 큰 기여를 하고 있다. 하지만 그에 따른 부작용도 있는데 예를 들어 정밀한 검사와 영상촬영에는 시간과 비용이 필요하게 된다. 특히 응급환자의 경우 경험이 풍부한 의사가 눈으로 확인하고 촉진, 타진, 청진, 촉진 등의 방법을 통하여 당장 환자의 생명을 구한 이후에 진단과 치료를 보다 정확하게 수행하기 위하여 시간이 걸리는 검사 등을 시행하여야 한다. 그런데 최신 기술에만 의존하여 기본적인 의료행위를 충실히 시행하지 아니하여 치료할 수 있는 시간을 놓치는 경우도 종종 있는 것으로 생각된다.

원격의료행위는 과학기술의 발전과정에서 여러 과학기술들, 특히 IT기술이 의료행위에 적용된 경우이다. 의료행위의 역사를 볼 때 새로운 방법이지만 그 흐름은 그리 특별한 것은 아니라고 생각한다.

원격의료행위의 의미가 무엇인가에 대해서는 여러 가지 정의가 있다. 하지만 어떠한 정의에 의하더라도 의료행위에 IT기술을 접목한다는 점에 있어서는 본질적인 차이가 없다. 다만 IT기술의 발전에 따라 의료행위에 접목되는 기술의 범위가 달라지는 것이다. 세계의사회(WMA)는 원격의료를 "원거리로부터 원격통신체계를 통하여 전달된 임상자료, 기록, 기타 정보를 토대로 질병에 대한 중재, 진단, 치료를 결정하고 추천하는 행위"[13]라고 정의하고 있으며, 유럽실행위원회

---

13) "Telemedicine is the practice of medicine, from distance, in which intervention, diagnostic and treatment decisions and recommendations are based on clinical data, documents and other information transmitted through telecommunication

(EC)는 원격의료를 "정보통신기술(information and communication technologies)을 이용하여 원거리에 보건의료서비스를 전달하는 것"이라고 정의하고 있다.[14] 〈의료법〉은 제34조에서 원격의료에 대하여 규정하고 있는데, 이 규정에 의하면 원격의료는 "의료인(의료업에 종사하는 의사 · 치과의사 · 한의사만 해당한다)이 컴퓨터 · 화상통신 등 정보통신기술을 활용하여 먼 곳에 있는 의료인에게 의료지식이나 기술을 지원하는 의료행위"라고 정의할 수 있다. 이러한 〈의료법〉의 규정에 의하면 원격의료는 의료인(의료업에 종사하는 의사 · 치과의사 · 한의사만 해당한다)과 의료인간에 이루어지는 것이며, 의사와 환자간의 원격의료는 〈의료법〉 제34조에 의하여 허용되는 원격의료가 아니다.[15] 또한 〈의료법〉 제34조에 의하여 규율되는 원격의료는 컴퓨터 · 화상통신 등의 정보통신을 활용하여야 한다. 그리고 그 행위는 의료지식이나 기술을 지원하는 의료행위이다.

---

system."(World Medical Association Statement on Accountability, Responsibilities and Ethical Guidelines in the Practice of Telemedicine, Adopted by the 51st World Medical Assembly, Tel Aviv, Israel, Oct. 1999.)

14) 원격의료내지 원격진료에 대한 보다 다양한 정의는 박윤형 외, "환자-의사간 원격의료 제도 도입에 대한 법적 사회적 적합성 고찰," 한국의료법학회지 제21권 제2호, 한국의료법학회, 2012, 203-204면; 정순형 · 박종렬, "의료법상의 원격의료 제도에 대한 고찰," 한국컴퓨터정보학회지 논문지 제17권 제12호, 한국컴퓨터정보학회, 2012, 243면을 참고하기 바란다.

15) 원격의료는 개념상으로는 몇 가지 유형으로 구분될 수 있다. 첫째, 의사 등 의료인(의료기관)과 의사 등 의료인(의료기관) 사이의 원격의료, 의사 등 의료인(의료기관)과 기타 의료인 및 보건의료인(의사 없는 의료기관)간의 원격의료, 의사 등 의료인(의료기관) 또는 기타 의료인 및 보건의료인(의사 없는 의료기관)과 환자간의 원격의료, 사이버병원 또는 보건의료포털사이트 형태의 원격의료 등으로 나눌 수 있다고 한다.(정용엽, 원격의료의 민사책임 및 법제개선에 관한 연구, 경희대학교 법학박사, 2005, 38면) 필자는 이에 더하여 의료인과 환자간의 원격의료라는 유형도 설정할 수 있다고 생각한다. 또한 〈의료법〉의 규정을 고려하면 의사 등 의료인(의료기관)과 기타 의료인 및 보건의료인(의사 없는 기관)이라는 구분 보다는 의사 · 치과의사 · 한의사(혹은 그/그녀가 속한 의료기관)와 〈의료법〉상의 기타 의료인으로 구분하는 것이 더 타당할 것이다. 또한 원격의료를 ① 대형병원 내의 PACS(Picture Archiving Communications System) 통신망을 통하여 원격화상회의를 통해 환자의 치료에 대해 방향을 논의하는 원격자문, ② 무선전화기 · 무선통신 등을 이용한 화상 및 데이터 전송, 응급환자관리를 위한 치료지침을 제공하는 등의 원격의료, ③ 원격의료시스템을 활용하여 환자가 집안에서 의료기관의 진료를 받는 재택진료, ④ 의료인 및 환자에 대한 원격교육, ⑤ 인터넷을 통한 의료상담 및 의료정보의 제공 등으로 구분하기도 한다(백경희 · 장연화, "대면진료와 원격의료의 관계에 대한 법적 고찰," 서울법학 제21권 제3호, 2014, 455면; 윤영한, "우리나라 원격의료산업의 글로벌 경쟁력 강화를 위한 정책과제," 통상정보연구 제13권 제3호, 한국통상정보학회, 2011, 329면; 이우정 등, "의료법상의 원격의료에 대한 법적 쟁점," 한국의료법학회지 제11권 제1호, 한국의료법학회, 2003, 51-53면 등). 첫 번째 유형 분류는 행위자를 중심으로 한 분류로 생각되고 두 번째 유형 분류는 행위를 중심으로 분류한 것으로 생각된다. 하지만 이러한 유형들 모두가 의학적으로 정당화된다는 의미는 아니라고 생각한다.

원격의료는 IT기술의 발달에 따라 점차 그 유형 및 범위가 확대되는 경향을 보이고 있지만 컴퓨터 · 화상통신 등의 기술에 의하여 지원받는 모든 의료행위가 다 정당화되는 원격의료행위인 것은 아니다. 어떠한 유형의 의료행위를 수행하건 환자는 의사를 믿을 수 있어야 하며 환자의 복지는 그 어떠한 이익보다도 우선하여야 하는 것이다.[16] 원격의료가 전통적인 의미에서의 의료행위, 즉 의사의 오감에 의존하던 의료행위의 범위를 확장하는 것이라면 컴퓨터 · 화상통신 등의 기술에 의한 환자 상태의 인지는 직접 대면하여 의사가 확인하는 정도의 수준에 이르러야 한다.

원격의료행위를 허용하는 근거는 다음과 같은 것들이 주장되고 있다. 첫째, 거동이 불편하여 의료기관을 방문하기가 어렵거나 도서 · 벽지 등 외딴 곳에 거주하고 있어서 의료의 혜택을 받기가 용이하지 아니한 경우에 의료접근성을 높이는 장점이 있다. 두 번째 보건의료산업 발전의 일환으로서 추진될 수 있다. 원격의료행위를 반대하는 입장은 다음과 같은 주장을 한다. 첫째, 원격진료는 의학적으로 안전성이 검증되지 않았다. 둘째, 우리나라의 경우 원격진료를 할 정도로 외딴 곳이 많지 않아서 의료접근성을 높이기 위한 목적으로 원격진료를 시행할 필요성이 매우 낮다. 셋째, 원격진료를 도입할 경우 대형병원으로의 환자 쏠림 현상이 더 심화될 것이다. 넷째, 원격진료가 의료의 민영화를 촉진하게 될 것이다. 다섯째, 원격진료의 경제성도 확인되지 않았다.[17] 원격진료를 허용할 것인가 여부 및 허용한다면 그 범위는 어느 정도까지인가를 결정하는 데에 가장 중요한 고려사항은 환자의 생명 보호 및 건강 증진, 그리고 안전과 복지이다. 현재의 IT기술로는 의사가 직접 환자를 진료하는 것을 능가할 수 있는 원격진료의 방법은 없는 것으로 생각된다.[18] 의사는 환자의 피부색, 걸음걸이나 앉은 자세 등 거동, 목소리 등도 고려하여 환자를 진료하게 된다. 현미경적 검사나 화학적 검사가 매우 발달하고 3차원 영상이 도입되었지만 그 모든 진단 방법은 의사가 환자를 직

---

16) American Medical Association, Code of Medical Ethics, 2017, 1.2.12.

17) 원격진료의 허용과 관련된 찬반론의 요약은 이얼, "의료법상 직접진료의 원칙과 그 예외에 관한 소고," 법학연구 제22권 제2호, 경상대학교, 2014. 2, 186-187면을 참고하기 바란다.

18) 이와 같은 판단은 현재의 IT기술과 AI기술을 전제로 이루어진 것이다. IT기술과 AI기술의 발달이 더 진행될 경우 이러한 판단은 달라질 수 있다.

접 진찰하여 진단하는 것을 도와주는 방법이고 결국 모든 결정은 환자를 진료하고 있는 의사가 하는 것이다. 이렇게 볼 때 원격진료의 도입은 보다 신중할 필요가 있다. 필자는 다음과 같은 조건 하에서 원격진료가 허용될 수 있다고 생각한다. 첫째, 환자가 의사를 직접 만날 수 없을 정도의 중대한 사정이 존재하여야 한다. 둘째, 원격진료에 사용되는 컴퓨터 · 화상통신 등의 정보통신기술은 의사가 환자를 직접 대면하여 환자의 상태를 관찰하고 진료할 수 있을 정도의 수준이 되어야 한다. 이러한 점을 고려할 때 기술의 발전에 따라 원격의료의 허용범위가 변화하게 될 것이다. 셋째, 원격진료를 하는 의사는 적어도 환자의 얼굴이나 상태를 화상을 통해서라도 관찰할 수 있어야 한다. 넷째, 환자가 직접 원격진료를 하는 의사와 화상으로 대화하기 보다는 원격지의사와 현지의사의 의사소통을 통하여 환자의 상태가 전달되어야 한다. 이는 곧 원격지의사는 아닐지라도 현지의사가 환자를 직접 대면하여 진료하는 형태를 취하여야 함을 의미한다.

2. 〈의료법〉 제34조

여러 차례의 논의와 개정을 거쳐 현재의 〈의료법〉은 제34조에서 원격진료를 규정하고 있다. 이 규정에 의하면 의료인(의료업에 종사하는 의사 · 치과의사 · 한의사만 해당한다)이 컴퓨터 · 화상통신 등 정보통신기술을 활용하여 먼 곳에 있는 의료인에게 의료지식이나 기술을 지원하는 형태의 원격진료만이 허용된다. 또한 원격의료를 행하거나 받으려는 자는 보건복지부령으로 정하는 시설과 장비를 갖추도록 하고 있다(동법 제34조 제2항). 한편 원격의료를 하는 자(원격지의사)는 환자를 직접 대면하여 진료하는 경우와 같은 책임을 지도록 하고 있다(동법 제34조 제3항). 이 규정은 좀 더 면밀한 검토를 요한다고 생각하는데 특히 원격의료의 주의의무 위반 여부의 판단에 있어서 고려할 점이 있다고 생각한다. 의료행위의 주의의무 위반 여부, 즉 과실 여부를 판단함에 있어서는 당해 의사가 어떠한 환경에서 의료행위를 하는가가 매우 중요한 요소 중 하나이다.[19] 따라서

19) 따라서 의료과실 여부에 대한 감정을 할 때에는 의료행위를 한 의사가 속한 의료기관의 규모나 시설 등을 고려하여야 한다. 개인 의원에서 의료행위를 하는 의사에게 대형 대학병원에서 시행되는 의료행위의 수준을 요구할 수는 없다.

원격의사의 주의의무 위반 여부를 판단함에 있어서 당해 의사가 환자를 직접 대면하여 진료를 하는 경우와 동일하게 판단할 수는 없다고 생각된다.[20] 원격의료에 사용되는 정보통신기술의 정확성 및 한계를 고려하여 주의의무 위반 여부를 판단하여야 할 것이다. 동법 제4항은 현지의사의 경우에는 당해 의료행위에 대하여 원격지의사의 과실을 인정할 만한 명백한 근거가 없는 경우에 의료과실의 책임을 지도록 하고 있다. 현지의사는 당해 환자를 직접 대면하여 진료를 하는 의사이므로 당해 현지의사가 처한 의료적 상황과 원격지의사가 지시한 상황, 그리고 양자 간의 의사소통 수단이 된 정보통신기술의 수준 등을 고려하여 의료과실 여부를 판단하여야 할 것이다. 한편 의사가 아닌 원격지의 의료인의 과실은 그 행위자에게 요구되는 의료지식과 경험에 따라 판단되게 될 것이다.[21]

Ⅳ. 〈의료법〉 제17조 제1항

1. 진찰과 진료의 의미

대법원 2010도1388 판결은 진찰과 진단을 동일한 개념으로 파악하고 있는 것으로 해석되는 태도를 보이고 있다. 이 판결에서 대법원은 "개정 후 조항에서는 '직접 진찰'이라는 용어를 사용하고 있는데 반하여, 같은 의료법 제33조 제3항에서는 '직접 대면하여 진료'라는 용어를 사용하고 있어서 의료법 내에서도 '직접 진찰'과 '직접 대면 진찰'을 구별하여 사용하고 있고"[22]라고 하고 있다. 하지만 이러한 대법원의 해석은 진찰과 진료의 의미를 혼동한 데에서 기인하는 것으로 생각된다.

대법원은 "진찰이라 함은, 환자의 용태를 듣고 관찰하여 병상 및 병명을 규

---

20) 양자를 동일한 기준으로 판단하려면 원격의료에 사용되는 기술이 직접 대면하여 진료할 때와 동일한 정도의 정확성을 가져야 할 것이다.

21) 현재의 대법원의 태도는 거의 모든 분야에서 의사와 간호사의 관계를 수직적 분업관계로 보고 있다. 의사가 아닌 의료인이 원격지에서 의사에게 보고하는 것의 책임의 분배는 어떻게 하여야 하는지 의문이다.

22) 대법원 2013. 4. 11. 선고 2010도1388 판결.

명 · 판단하는 작용으로써 문진, 시진, 청진, 타진, 촉진 기타 각종 과학적 방법을 써서 검사하는 등의 여러 가지가 있다."[23] 한편 대법원은 "진단은 문진 · 시진 · 촉진 · 청진 및 각종 임상검사 등의 결과에 터 잡아 질병여부를 감별하고 그 종류, 성질 및 진행정도 등을 밝혀내는 임상의학의 출발점으로서 이에 따라 치료법이 선택되는 중요한 의료행위"[24]라고 정의하고 있다.

대법원의 진찰에 대한 정의를 고려할 때에 진찰은 질병의 진단을 전제로써 이루어지는 행위이기도 하고 질병의 치료의 과정을 추적하기 위하여 이루어지는 행위이기도 하다. 대법원도 분명히 밝히고 있듯이 진찰은 "환자의 용태를 듣고 관찰하는 행위"를 포함하고 있다. 한편 진료는 질병을 진단하고 치료하는 행위라고 정의할 수 있을 것이다. 따라서 진찰을 전제로 하는 그 다음의 행위인 것이다. 예를 들어 의사가 환자를 진찰하여 잠정적인 진단을 한 후 자신의 진료에 협조를 하고 있는 의사를 통하여 치료약을 투여하는 것은 직접 진찰 후 제3자가 치료를 하는 것이다. 다만 이 경우에 치료의 효과나 부작용을 추적하여 선택한 치료방법을 지속할 것인가 아니면 변경할 것인가, 부작용에 대한 대처는 어떻게 할 것인가 등은 또 다른 진찰행위를 전제로 하여 이루어지게 된다. 이렇게 볼 때 진찰과 진단을 동일한 용어로 해석하여서는 안 된다. 한편 최근에는 질병의 예방이라는 측면이 의료행위 개념에 포함된다는 것을 고려할 때 의료행위는 질병의 예방, 진단 및 치료라고 정의할 수 있을 것이다. 이렇게 볼 때 진료를 진단 및 치료행위라고 파악한다면 의료행위는 진료 보다는 좀 더 넓은 범위를 포섭하는 개념이라고 할 것이다.[25]

2. 제17조 제1항의 "직접 진찰"의 의미

〈의료법〉 제17조가 포섭하고 있는 내용이 무엇인가에 대해서 대법원과 헌법재판소는 서로 다른 해석을 하고 있다. 대법원은 구 〈의료법〉 제18조 제1항

---

23) 대법원 1993. 8. 27, 93도153; 대법원 2012. 7. 5, 2007도8924 등.

24) 대법원 1995. 4. 14, 94다29218; 대법원 1998. 2. 27, 97다38442 등.

25) 만일 진료를 예방까지 포함하는 개념으로 파악한다면 진료와 의료행위는 동일한 개념이라고 할 것이다.

(현재 〈의료법〉 제17조 제1항) 위반 여부에 대한 사안에서 "개정 전의 위 조항은 어느 것이나 스스로 진찰을 하지 않고 처방전을 발급하는 행위를 금지하는 규정일 뿐 대면진찰을 하지 않았거나 충분한 진찰을 하지 않은 상태에서 처방전을 발급하는 행위 일반을 금지하는 조항이 아니다."[26]라고 하여 〈의료법〉 제17조 제1항이 대면 진찰을 요구하는 것은 아니라고 하고 있다. 한편 헌법재판소는 〈의료법〉 제89조 등 위헌소송에서 제17조 제1항의 "'직접 진찰한'은 의료인이 '대면하여 진료를 한'으로 해석되는 이외에 달리 해석될 여지가 없고, 결국 이 사건 법률조항은 의료인의 '대면진료의무'와 '진단서 등의 발급 주체' 양자를 모두 규율하고 있다."[27]라고 하고 있다. 대법원이나 헌법재판소는 모두 진찰과 진료를 동일한 내용으로 파악하고 있음은 앞에서 언급한 듯이 잘못된 것이라고 생각한다. 대법원과 헌법재판소는 모두 직접진찰이 요구된다는 점에는 동의하고 있지만 그 내용이 대면을 포함되는가에 대하여 의견이 다른 것으로 생각한다.

〈의료법〉 제17조 제1항은 그 문언대로 해석하면 "직접진찰 · 검안의 원칙"[28]과 진단서 등 의료문서의 발행주체를 규정한 것이라고 할 것이다. 진단서 등의 발행을 위해서는 진료행위가 필요하다. 환자에 대한 정확한 정보를 가지고 있지 아니한 의사가 진단서 등을 발행할 경우 그 내용이 객관적 사실에 합치하는지에 대한 의문이 발생할 수 있다. 따라서 진단서 등의 발행은 그 전제로서 직접 진찰 및 검안이 필수적이라고 할 것이다. 〈의료법〉 제17조 제1항 단서는 진료 중이던 환자가 최종 진료 시부터 48시간 이내에 사망한 경우에는 다시 진료하지 아니하여도 진단서나 증명서를 내줄 수 있게 하고 있는데, 이는 최종 진료 시부터 48시간이 지나면 진단서나 증명서를 내줄 수 없도록 한 것이다. 앞에서도 언급한 의료행위의 개별성이라는 특성을 고려할 때 환자의 상태는 의료인이 예측하지 못한 방향으로 혹은 예측하였어도 그 정도가 다르게 변화할 수 있으므로 지속적인 관찰이 필요하다. 즉 48시간이 지나면 자신이 본 환자의 상태와 다른 상태 혹은 예측하지

---

26) 대법원 2013. 4. 11, 2010도1388.

27) 헌법재판소 전원합의부 2012. 3. 29, 2010헌바83.

28) 직접진료의 원칙이라고 기술하기도 하지만(이얼, 앞의 논문, 173면.) 의료법의 규정을 고려할 때 직접진찰 · 검안의 원칙이라고 하는 것이 타당할 것이다.

못한 상태로 환자가 변화할 수 있는 것을 예상하고 있는 조문이라고 할 것이다. 단서 후문의 경우에는 진단서 등의 직접발급에 대한 예외 규정인데 이 경우에도 발급하는 의사 등은 직접 환자를 진찰 · 검안한 의사의 환자기록부 등에 따라 진단서 등을 발급할 수 있는 것이지 자신이 직접 진찰 · 검안한 것처럼 진단서 등을 발급할 수 있는 것은 아니라고 할 것이다. 이렇게 본다면 〈의료법〉 제17조 제1항이 진단서 등의 발행 주체만을 규정한 것이라고 보는 견해는 직접진찰 · 검안과 진단서 등의 작성 · 발급간의 관계를 고려하지 못한 해석이라고 생각한다.

앞에서 언급하였듯이 진찰의 개념 속에는 대면이 포함되어 있다.[29] 가장 기본적인 진찰이 환자를 보고(시진), 환자에게 듣고(문진), 환자를 만지고(촉진), 환자를 두드려 보고(타진), 환자의 내면의 소리를 들어보는 행위(청진)이라고 할 때 이러한 행위들은 당연히 의사 앞에 환자가 있어야만 이루어질 수 있는 행위이다. 물론 원격진료의 형태로 이러한 행위가 이루어질 수는 있지만 그것이 직접 대면하는 경우를 완전히 대체할 수는 없기 때문에 굳이 원격진료에 대한 조문을 규정한 것이다.

진찰이라는 행위가 언제나 위의 모든 형태의 행위들을 빠짐없이 행하여야만 유효한가에 대해서는 의문이 있을 수 있다. 경우에 따라서는 보다 자세한 검사나 영상검사를 선택적으로 할 수도 있다. 하지만 위에 언급한 시진, 문진, 촉진, 타진, 청진은 진찰의 가장 기본적인 요소이며 이러한 기본적인 요소는 진찰의 필수적이라고 여겨지고 있다.[30] 따라서 "직접 진찰"이라는 문언의 해석 시 대면이 포함하는가에 대해서는 "직접"이라는 문언이 아니라 "진찰"이라는 문언이 이미 대면을 포함하고 있다고 해석되어야 할 것이다. 이렇게 본다면 〈의료법〉 제17조 제1항이 "처방전 등의 발급주체를 제한한 규정이지 진찰방식의 한계나 범위를 규정한 것은 아님이 분명하다."[31]라는 대법원의 판단은 "직접"이라는 용어에 집착함으로써 "진찰"이라는 용어가 의학적으로 가지는 의미에 대하여 간과한 해석

29) 백경희 · 장연화, 앞의 논문, 453면도 같은 의견이다.

30) 의사면허를 취득하기 위하여 혹은 인턴과정에 들어가기 위한 시험에서 physical exam은 필수적이다.

31) 대법원 2013. 4. 11, 2010도1388.

이라고 생각한다. 대법원은 동판결에서 "문언이 가지는 가능한 의미의 범위 안에서 규정의 입법 취지와 목적 등을 고려하여 문언의 논리적 의미를 분명히 밝히는 체계적 해석을 하는 것은 죄형법정주의 원칙에 어긋나지 않는다."[32]라고 하고 있는데 이러한 대법원의 태도에 의하면 "진찰"의 의료적 의미 내에 대면이 포함되어 있다고 해석하는 것은 옳다고 생각한다. 특히 〈의료법〉 제17조 제1항의 수범자가 의료인이고 의료인들이 통상적으로 가지고 있는 "진찰"이라는 용어가 포섭하는 행위를 고려할 때 진찰이 대면을 전제하고 있다는 해석은 더욱 근거가 있다고 생각한다. 헌법재판소는 "사전적 의미로 '직접'은 '중간에 제3자나 매개물이 없이 바로 연결되는 관계' 또는 '중간에 아무 것도 게재시키지 아니하고 바로'를 의미하는 바, 이 사건 법률조항에서의 '직접 진찰한'은 '의료인과 환자 사이에 인적 물적 매개물이 없이 바로 연결되어 진찰한' 즉, '대면하여 진료한'을 의미한다 할 것이다."[33]라고 하고 있는데 이러한 해석 또한 진찰과 진료를 혼동하고 있으며 '직접'이라는 문언에 주목하여 '진찰'의 의미를 분명하게 하지 못한 문제가 있다고 생각한다.

3. 제17조 제1항과 제34조의 관계

일반적으로 〈의료법〉 제17조 제1항과 〈의료법〉 제34조의 관계는 직접진료에 있어서의 원칙과 예외관계라고 해석하고 있다. 그런데 앞에서도 살펴보았듯이 〈의료법〉 제17조 제1항은 진찰과 검안이라는 용어를 사용하고 있음에 반하여 〈의료법〉 제34조는 원격의료라는 용어를 사용하고 있지 원격진찰이라는 용어를 사용하고 있지는 않다. 따라서 엄밀하게 본다면 〈의료법〉 제34조가 포섭하는 범위는 〈의료법〉 제17조 제1항이 포섭하는 범위 보다 넓다고 할 수 있다. 즉 〈의료법〉 제17조 제1항은 의료행위 중 진찰 · 검안은 환자를 담당한 의사가 직접하고 그에 대한 진단서 등을 발급하라는 의미이고 〈의료법〉 제34조 제1항과 제34조 제3항에 의하면 원격진료의 직접대면과 동일한 정도가 되어야 한다는 의미라

---

32) 대법원 2013. 4. 11, 2010도1388.

33) 헌법재판소 전원합의부 2012. 3. 29, 2010헌바83.

고 해석할 수 있다. 한편 〈의료법〉 제17조 제1항이 진단서와 검안서, 증명서, 처방전을 직접 발급대상으로 하고 있는데 진단서나 처방전의 경우를 생각해 보면 직접 진단하고 치료방법을 결정하지 아니하면 발행할 수 없는 것이므로 결국은 직접진료도 전제되어 있다고 할 수 있다. 이렇게 본다면 〈의료법〉 제17조 제1항의 진찰의 의미 속에는 최초 진단 시의 진찰뿐만 아니라 환자의 지속적인 추적에 필요한 진찰도 당연히 포함되는 것이다. 전통적인 의료행위가 의사가 환자를 직접 대면하여 이루어지던 것인데 원격진료는 예외적인 상황에서 허용되는 것이라는 점을 고려할 때 〈의료법〉 제17조 제1항과 제34조를 원칙과 예외의 관계로 해석하는 것이 가능할 것이다. 양자를 원칙-예외관계로 본다면 예외 규정을 근거로 원칙에 대한 규정 전체를 부정하는 대법원의 위 판결은 더욱 근거가 박약하다고 생각한다.

앞에서도 언급하였듯이 의료행위는 대면진료가 원칙이고 원격진료는 변화하는 의료 환경을 고려하여 예외적으로 인정되는 것이다. 환자를 직접 진료하지 아니하는 경우에는 정확한 진료가 이루어지기 어려운 상황이므로,[34] 원격진료의 경우에는 컴퓨터나 화상통신 등 보조적 수단이 필요한 것이다 또한 원격진료가 인정되는 경우에도 의사가 의료인과 같이 있는 환자에 대하여 원격진료를 하고 의료인이 환자의 여러 가지 상황을 보고하는 형식으로 이루어지게 된다.[35] 이렇게 볼 때 원격진료는 매우 예외적인 상황에서 허용되는 것이며, 의료행위의 허용범위를 해석함에 있어서도 직접진찰이라는 원칙과 원격진료라는 예외상황을 고려하여야 한다. 따라서 원격진료가 허용되는 범위는 모든 의료행위가 아니라 원격진료를 하여도 환자에 대한 신체적 위험이나 질병의 진행에 크게 영향을 주지 아니하는 반복적이고 중대하지 아니한 의료행위이거나 환자를 대면하여 직접진찰을 하기에는 시간적 · 공간적 제약이 너무 커서 직접진찰이 오히려 환자의 건강 및 생명에 위험을 야기할 수 있는 상황에 국한하여야 할 것이다. 그리고 환자

34) 아무리 과학기술이 발달한다고 하여도 대면하고 직접 관찰하고 의료행위를 완전히 대체하기는 어려울 것으로 생각된다.

35) 중개의료인 없이 환자가 직접 원격지 의사에게 진료를 요청하거나 원격지 의사가 환자에게 처방전을 발행하는 행위는 금지된다고 보는 견해(이얼, 앞의 논문, 185면.)도 있다.

의 상태가 원격진료의 허용범위에 속한다고 할지라도 원격진료를 할 수 있을 정도의 기계적 · 기술적 지원이 가능하여야 할 것이다.

전화를 통하여 문진을 하고 이를 토대로 진단서 등을 발급하는 것이 〈의료법〉 제34조에서 규정한 원격진료에 해당하는가에 대해서는 매우 부정적이다. 전화를 통한 문진은 〈의료법〉 제34조에 규정한 원격진료에서 사용하는 컴퓨터 · 화상통신 등 정보통신기술을 이용한 진료와는 전혀 다른 차원이라고 생각한다. 전화를 통하여 할 수 있는 진찰은 일반적으로는 문진뿐인데 이 경우 진찰의 정확성이 매우 낮을 뿐만 아니라 환자로부터 얻어지는 정보의 진정성에도 의문이 있다. 문진을 통하여 얻을 수 있는 정보는 환자의 주관적 증상의 호소뿐이기 때문에 객관적 정보는 얻을 수 없는 것이 통상적이다. 게다가 의사가 통화하고 있는 사람이 주장하고 있는 인격의 동일성(identity)을 확인하기도 어렵다.[36] 또한 〈의료법〉 제34조 제1항은 의사 · 치과의사 · 한의사와 의료인간의 원격진료를 허용하고 있기 때문에 의사 · 치과의사 · 한의사와 환자의 원격진료는 허용되지 않는다. 한편 다른 의료인이 환자를 지켜보면서 의사에게 전화를 하여 진찰을 하는 경우에도 정확성이 떨어지기는 마찬가지이다. 전화를 통하여 진찰을 하는 의사는 여전히 문진에만 의존하고 있으며 환자 옆에 있는 의료인의 정보 제공도 직접 눈으로 확인 불가능한 간접적 정보이기 때에 이를 기초로 진찰을 하는 것은 쉬운 일이 아니다. 게다가 환자 옆에 있는 의료인의 본인 여부 또한 확인이 불가능하다. 즉, 전화 진찰의 경우에는 진찰의 내용 중 문진만이 진행되는 경우로써 의사가 환자의 상황을 파악하기에는 매우 부족한 상황이다. 게다가 문진의 경우에도 환자를 대면하지 아니하면 언어적 문진 이외의 태도나 반응 등을 고려한 문진은 이루어지지 않는 불완전한 문진이다. 의료행위에서 진찰을 하는 경우에는 주관적으로 호소하는 증상과 객관적인 징후(sign)를 모두 고려하여야 하는데 전화문진은 매우 불완전한 형태의 주관적 증상만을 정보로 취득할 수 있을 뿐이다. 게다가 그 정보는 환자를 대면하지 아니하기 때문에 환자 자신의 증상인지도 확인 불가능할 뿐만 아니라 환자 자신이 진실하게 경험하는 정보인지도 확인 불가능하다. 따라서

36) 타인의 명의를 도용하여 의사에게 전화를 하여 진료를 받는 경우를 생각할 수 있을 것이다.

전화만으로 진찰을 하는 것은 〈의료법〉 제17조 제1항에 위반되는 행위라고 생각한다. 영국의 경우 의사가 이전에 진찰한 적이 없거나 어떠한 검사결과도 알지 없는 경우 적절한 추적 관찰이 이루어지지 않은 경우 전화나 이메일을 통한 상담이나 처방은 적절하지 않은 것으로 금지한다고 의학협회가 결정한 바 있다.[37)]

V. 결론

의료현실의 변화는 원격진료를 제한적이나마 허용하여야 할 필요성을 제기하고 있다. 의료법은 그러한 현실을 반영하여 원격진료를 제한적으로 허용하고 있다. 과학기술의 발달로 미래의 어느 순간에는 모든 의료행위에서 원격진료가 가능한 상황이 올 수도 있을 것이다.[38)] 하지만 지금의 과학기술은 직접 대면하여 진찰하는 의사-환자간 행위를 대체할 정도에 이르지는 못하였다.

환자의 개별성, 질병의 개별성을 고려할 때 환자나 질병의 상황은 동일한 치료에도 불구하고 시시각각 변화하는 것이며 환자의 상태는 주기적으로 직접 관찰하여 확인하여야 하는 것이다. 또한 환자의 주관적 증상의 호소와 객관적 징후(sign)를 종합하여 수행하여야 할 의료행위가 결정되어야 하는 것이다. 아직까지는 원격진료가 의료행위에서 요구되는 요건들을 직접 대면하여 진료하는 경우와 마찬가지 정도로 충족시키고 있지는 못하다고 생각한다. 따라서 원격진료의 허용범위는 매우 조심스럽게 확장하여야 할 것으로 생각한다. 의료행위의 허용 범위를 정하는 가장 중요한 고려사항은 환자의 생명보호와 건강증진이다.

의료행위와 관련된 법규정들을 해석할 때에는, 적어도 그 규정이 의료인이 수범자인 한에서는 전문가집단인 의료인이 사용하는 용어의 용법을 고려하여야 할 것이다. 의료행위는 매우 오랜 역사를 가진 행위이며 긴 시간 속에서 발전·

---

37) 김병일, "유비쿼터스 시대를 위한 의료법 개정방안: 원격의료를 중심으로," 법학논총 제27권 제2호, 전남대학교 법학연구소, 2007, 62면. 하지만 IT기술이 보다 더 발전한 지금도 이러한 입장이 유지되고 있는지는 확인이 필요한 사항이다.

38) 필자는 이것이 가능할 것인지에 대해서는 어느 정도 회의를 가지고 있다. 하지만 지금까지의 과학기술의 발전은 인간의 예측 범위를 넘어서는 경우가 많았다.

변화하여 왔다. 따라서 의료인들이 공유하고 있는 행위의 기준이나 정의는 존중되어야 한다. 의학은 수학이나 물리학과 같은 소위 엄격한 의미의 과학(hard science)은 아니지만 과학의 한 분야이며 사실을 추구하는 학문 분야이다. 하지만 의학이 사회에서 적용될 때에는 과학적 사실뿐만 아니라 가치를 동반한 규범적 고려도 필요하다. 특히 의학은 그 적용대상이 인간이라는 점에서 사회적 고려는 매우 중요하다고 할 것이다. 하지만 그 규범적 고려 또한 사실의 한계를 벗어날 수는 없다. 사실의 틀은 규범의 범위를 설정하는 역할을 하는 것이다.

참고문헌

김병일, "유비쿼터스 시대를 위한 의료법 개정방안: 원격의료를 중심으로," 법학논총 제27권 제2호, 전남대학교 법학연구소, 2007, 55-76면.

박윤형 외, "환자-의사간 원격의료 제도 도입에 대한 법적 사회적 적합성 고찰," 한국의료법학회지 제21권 제2호, 한국의료법학회, 2012, 201-219면.

백경희 · 장연화, "대면진료와 원격의료의 관계에 대한 법적 고찰," 서울법학 제21권 제3호, 2014, 449~482면.

신현호, 의료소송총론, 육법사, 1997.

윤영한, "우리나라 원격의료산업의 글로벌 경쟁력 강화를 위한 정책과제," 통상정보연구 제13권 제3호, 한국통상정보학회, 2011, 325-351면.

이 얼, "의료법상 직접진료의 원칙과 그 예외에 관한 소고," 법학연구 제22권 제2호, 경상대학교, 2014. 2, 173-196면.

이우정 등, "의료법상의 원격의료에 대한 법적 쟁점," 한국의료법학회지 제11권 제1호, 한국의료법학회, 2003, 49-64면.

정순형 · 박종렬, "의료법상의 원격의료 제도에 대한 고찰," 한국컴퓨터정보학회지논문지 제17권 제12호, 한국컴퓨터정보학회, 2012, 241-249면.

정용엽, 원격의료의 민사책임 및 법제개선에 관한 연구, 경희대학교 법학박사, 2005.

American Medical Association, Code of Medical Ethics, 2017.

World Medical Association Statement on Accountability, Responsibilities and Ethical Guidelines in the Practice of Telemedicine, Adopted by the 51st World Medical Assembly, Tel Aviv, Israel, Oct. 1999.

[국문초록]

과학기술의 발달에 따라 의료행위의 형태도 변화하고 있다. 많은 의료인들이 IT기술이나 새로운 영상기술을 활용하여 환자를 진료하고 있다. 또한 원격진료를 도입함으로써 의료인을 직접 대면하여 의료행위를 받는 것이 불편한 환자들에게 양질의 의료를 제공하고 산업적 효과도 얻을 수 있다는 주장은 끊임없이 제기되고 있다. 실제로 최근의 IT기술이나 AI기술의 발전은 환자를 대면하여 진료하는 의료인이 필요 없는 시대가 올 것이라는 주장까지 제기되게 하고 있다.

〈의료법〉 제34조는 이러한 추세에 맞추어 원격의료에 대하여 규정을 하고 있다. 그런데 원격의료에 대한 〈의료법〉의 규정이 직접 환자를 진찰하는 것을 원칙으로 하고 있는 〈의료법〉 제17조 제1항의 규정과 어떠한 관계를 가지는가에 대하여 논의가 있으며 대법원과 헌법재판소는 이러한 규정들에 대하여 다른 판단을 하고 있는 것으로 생각된다.

의료행위는 개별적 환자의 개별적 질병을 전제로 하는 행위이며 우리가 가지고 있는 의학적 지식과 경험은 아직 완벽하다고 할 수 없다. 현재의 IT기술과 AI기술로는 경험이 풍부한 의사가 환자를 직접 대면하여 의료행위를 하는 것 보다 더 좋은 결과를 얻을 수 있다는 것을 확실하게 보장을 할 수는 없는 것으로 생각된다. 의료행위의 목적 중 가장 중요한 것이 인간의 건장증진 및 생명보호라는 측면을 고려할 때 의료인이 직접 환자를 대면하여 의료행위를 하는 것을 기술적 발전이 상당한 신뢰를 얻을 수 있는 때까지는 유지되어야 할 것이라고 생각한다.

주제어 : 원격의료행위, 의료행위, 의료법, 진단, 진찰.

[Abstract]

Telemedicine and Medical Act in Korea

Kyu Won Jung[39]

The Medical practices are changing as the development of IT technology and AI technology. Many doctors use new technology when they treat patients. Many pay attention to telemedicine because of these changing. Some even say that there will be no need to doctors some day. In Korea, introduction of telemedicine has been hotly debated for a long time because IT technology has been developing rapidly.

Article 34 of Medical Act in Korea defines telemedicine. It allows telemedicine when it fulfills some conditions. Also, Article 17 of Medical Act in Korea defines medical examination should be done directly to patient. The Supreme court and the constitutional court made different explains of these two Articles.

The main purpose of medical practice is to enhance human health and to protect human life. Considering the purposes including this one, medical doctors should practice medicine by examining, diagnosing, and treating patients directly until the new technology will develop more to satisfy these purposes.

Kye Words : Telemedicine, Medical Practice, Medical Act, Diagnosis, Medical Examination

---

39) Professor, School of Law, Hanyang University; dike1@hanyang.ac.kr

법인의 형사책임과 양벌규정의 해석과 적용*

- 김 성 돈**-

목 차

Ⅰ. 들어가는 말

양벌규정은 형법의 해석으로는 범죄능력이 부정되는 법인에 대해 형사책임을 인정하는 특별규정이다. 이 때문에 법인에 대한 형사책임은 오직 양벌규정에 의해서만 근거지워질 수 있고, 자연인을 겨냥하여 일반적인 범죄성립요건과 법효

* 이 글은 2018년 7월 9일 한국형사법학회와 대법원 형사실무연구회(제129차) 공동학술세미나에서 발표된 것으로 저스티스 통권 제168호에 게재된 것임.
** 성균관대학교 법학전문대학원 교수

과를 규정하고 있는 형법총칙 규정의 적용은 배제된다.[1] 따라서 법인에 대해 형사책임을 지우는 일이 헌법상 평등원칙에 위배되지 않으려면 그 형벌부과요건이 자연인에 대한 형벌부과요건(예컨대 범죄성립요건)과 동일할 것까지 요구할 수는 없지만, 적어도 그와 상응한 수준이 되어야 할 것이 요구된다. 그러나 양벌규정은 법인에 대한 형벌부과요건에 관해 최소한의 정보만을 고도의 압축된 언어로 표현하고 있을 뿐이다. 이 때문에 법인처벌을 둘러싼 제기되는 수많은 쟁점들을 해결하기 위해서는 양벌규정의 태도에 대해 높은 수준의 해석론이 전개가 필요 불가결하게 요구된다.

그럼에도 불구하고 그동안 형사법학은 형사실무에서 필요로 하는 양벌규정에 대한 본격적인 해석론을 거의 공급해주지 못했다고 해도 과언이 아니다.[2] 양벌규정의 개선방안과 법인처벌을 위한 새로운 입법론이 즐비하게 나와있는 것과는 대조적으로, 양벌규정에 내재되어 있는 입법구상이나 양벌규정의 법적 성격에 관한 규명, 그리고 양벌규정의 적용메카니즘은 오리무중의 상태에 있다. 양벌규정의 해석에 관한 한 형사실무의 태도도 이와 크게 다를 바 없다. 대법원 판시내용을 보면 법인에 대한 형사책임을 인정하기 위해 양벌규정의 문언에 대한 해석이 필요한 부분임에도 막연히 '양벌규정에 따르면'이라는 식의 표현으로 그치고 마는 경우가 허다하다. 양벌규정이 법적 근거라고 밝히고는 있지만, 양벌규정의

---

1) 범죄능력이 부정되고 법률이 목적을 달성하기 위하여 특별히 규정하고 있는 경우에만 행위자에 의한 법률효과가 법인에게 귀속되어 벌금형을 부과하는 것이라는 대법원 판례{대판 1984. 10. 10, 82도2595(전원합의체); 대판 1994. 2. 8, 93도1483}의 태도에 따르면 양벌규정은 형법총칙 제8조에서 형법총칙의 규정이 적용되지 않는 "예외"에 해당하는 "특별한 규정"이다.

2) 김유근, "양벌규정에 정한 개별적인 범죄방지(선임감독)의무의 위반행위의 범죄유형에 대하여", 형사법연구 제23권 제2호, 한국형사법연구(2011), 53면 이하가 법인에게 인정될 불법유형(내지 책임형식)과 관련하여 양벌규정에 대한 해석론을 정면으로 전개하고 있는 대표적인 문헌으로 꼽을 수 있다. 그러나 김유근, "기업의 형사법적 책임 – 책임귀속상의 문제점", 한양법학 제43권, 한양법학회(2013), 59면 이하 및 김재봉, "양벌규정과 기업처벌의 근거 · 구조", 법학논총 제24권 제3호, 한양대학교 법학연구소(2007. 8.), 31면 이하는 양벌규정의 문제점을 지적하는 데서 시작하여 결국 중점은 입법론적 모델을 소개하는데 중점을 두고 있고, 박기석, "판례와 사례 분석을 통한 기업범죄 처벌의 개선방안", 형사정책 제20권 제2호, 한국형사정책학회(2008), 11면 이하에서도 양벌규정의 해석에 관한 종래의 판례소개를 포괄적으로 하고 있지만 양벌규정의 낙후성에 대한 비판론과 입법론으로 귀결되고 있다. 입법론적 제안에 초점을 맞추고 있는 수많은 문헌들의 목록은 여기에서 별도로 제시하지 않기로 한다.

어떤 부분을 어떻게 해석해서 결론을 이끌어내고 있는지를 구체적으로 밝히는데까지 나아가고 있지 못한 경우가 많다.

그동안 형법이론학의 사각지대속에 있었던 양벌규정에 대한 해석론의 수요는 – 양벌규정의 체계에 관한 근본적인 입법적인 변화가 이루어지지 전까지는 – 나날이 커지고 있다. 법인(기업)의 사회적 기능과 역할을 볼 때 오늘날 법인은 많은 분야에서 이미 사람 못지 않게 자주 행위주체로 거론되고 있거나 직접적 행위주체인 사람의 배후세력으로 등장하고 있다. 이 때문에 법인에 대한 형사책임을 근거지우는 일에 유일무이한 법적 근거인 양벌규정에 대한 체계적 해석 및 적용 수준을 높여야 하는 것은 더 이상 미루어 둘 수 없게 되었다.[3] 이에 이 글은 법인의 형사책임을 인정함에 있어서 형사실무에서 실제로 제기되었거나 이론적으로 제기될 수 있는 다양한 쟁점들을 일정하게 분류하여 그 쟁점들을 해결하기 위해 양벌규정의 해석론을 전개해 본다. 그 가운데 특히 양벌규정에 대한 해석태도를 정확하게 가늠하기 어려운 대표적인 대법원 판결들을 대상판결로 삼아 – 마치 블랙박스를 해독하는 경우처럼 – 판시문 행간에 있는 법적 추론의 궤적을 '해독'하고 비판하는 일을 시도해 본다. 물론 이러한 해독과 비판이 대법원 판시의 행간에 대한 오독일 수도 있고, 대법원에 의해 의도되지 않았던 내용을 전제한 뒤 그에 대한 비판으로 이어질 수도 있다. 그러나 이러한 무리수들은 지금껏 학계나 실무가 하지 않았던 바, 양벌규정의 정면 응시하기와 종심 뚫기를 시도를 함에 있어 마땅히 감수해야 할 일로 보인다. 하물며 이러한 시도가 더 나은 판결과 더 개선된 법률을 지향점으로 삼고 있는 것이라면 더욱더 그러해야 할 것으로 생각된다.

---

3) 양벌규정의 해석에 대한 수요증가는 최근 양벌규정의 위반행위와 형법의 범죄행위 간에는 경계선이 점점 더 허물어져가고 있는 점에서도 예측할 수 있다. 법인과 관련하여 반복적으로 행해지는 위반행위가 있고 그 위반행위를 처벌하는 벌칙조항이 실효성을 가지도록 하려면 법인을 처벌해야 한다는 기능적 생각을 할 수 있는 바, 바로 이러한 생각은 입법자로 하여금 지속적으로 그러한 위반행위를 양벌규정과 연계시키도록 자극할 것이기 때문이다. 최근 개인정보를 침해하는 다양한 위반행위를 위시하여 아동의 성적 자기결정권을 침해하는 행위를 거쳐 청탁금지법에서도 부정청탁과 금전제공(뇌물)행위와 관련하여 법인을 처벌하는 양벌규정이 만들어졌다. 법인(기업)이 그 업무추진과정에서 사람의 생명침해가 반복적으로 행해진다면 시대정신은 '기업살인법'의 탄생도 막을 수 없게 만들 것이다.

II. 양벌규정상의 법인처벌을 위한 요건

양벌규정은 자연인의 법인 업무관련적 위반행위를 전제로 법인을 처벌한다. 대법원은 양벌규정의 해석상 위반행위를 하는 자연인이 법인의 대표자인 경우(이하 '대표자가 위반행위를 하는 경우'라 한다)와 법인의 대리인, 사용인 및 그 밖의 종업원인 경우(이하 '종업원 등이 위반행위를 하는 경우'라 한다)를 구분하여 각각의 경우 법인처벌의 요건을 다르게 요구하고 있다. 즉 대표자가 위반행위를 하는 경우에는 대표자의 업무관련적 위반행위만으로 더 이상의 추가적 요건없이 법인을 처벌할 수 있지만, 종업원 등이 위반행위를 하는 경우에는 법인처벌을 위해 법인에 대해 추가적 처벌근거가 필요하다고 한다. 이 경우 추가적 요건은 단서조항에서 법인이 종업원 등의 위반행위를 방지하기 위한 상당한 주의와 감독을 게을리 할 것이라는 요건을 말한다.[4] 이하에서는 대법원이 법인처벌을 위해 요구하고 있는 추가적 요건을 둘러싸고 제기될 수 있는 쟁점들을 책임주의원칙과의 조화여부라는 관점에서 대법원이 어떻게 해석하고 있는지에 초점을 맞추어 대상판결들을 분석해 보기로 한다.

1. 대표자가 위반행위를 한 경우 책임주의원칙

【대상판결 1】 대법원 2010. 9. 30. 선고 2009도3876 판결

"법인은 기관을 통하여 행위하므로 법인이 대표자를 선임한 이상 그의 행위로 인한 법률효과는 법인에게 귀속되어야 하고, 법인 대표자의 범죄행위에 대하여는 법인 자신이 책임을 져야 하는바, 법인 대표자의 법규위반행위에 대한 법인의 책임은 법인 자신의 법규위반행위로 평가될 수 있는 행위에 대한 법인의 직접책임으로서, 대표자의 고의에 의한 위반행위에 대하여는 법인 자신의 고의에 의한 책임을, 대표자의 과실에 의한 위반행위에 대하여는 법인 자신의 과실에 의한 책임을 지는 것이다(헌법재판소 2010. 7. 29. 선고 2009헌가25 전원재판부 결정 참조). 따라서 이 사건 법률조항 중 법인의 대표자

4) 이 때문에 단서조항은 대표자가 위반행위를 한 경우에는 적용이 없고 오직 종업원 등이 위반행위를 하는 경우에만 적용되는 것으로 해석될 수 있다. 같은 맥락에서 헌법재판소도 단서조항을 두고 있지 않은 양벌규정이 책임주의에 반하여 위헌임을 결정하면서도 대표자 관련부분은 위헌이 아님을 밝히고 있다(헌법재판소 2013. 10. 24. 2013헌가18). 그러나 대상판결 1에 대한 평석에서 보듯이 이러한 태도에 대해서는 의문이 없지 않다.

<u>관련 부분은 대표자의 책임을 요건으로 하여 법인을 처벌하는 것이므로 위 양벌규정에 근거한 형사처벌이 형벌의 자기책임원칙에 반하여 헌법에 위배된다고 볼 수 없다</u>."

대상판결은 귀속컨셉을 채용하여 법인에 대한 처벌을 근거지우고 있다. 독자적인 행위능력이 없는 법인이 기관을 통하여 행위하고 대표자의 행위로 인한 법률효과도 법인에게 '귀속'된다고 하고 있기 때문이다. 문제는 대상판결에서 대표자의 '범죄'행위에 대해서도 법인 자신이 책임을 져야 한다는 것을 선언하고 있는 점에 있다. 불법귀속은 몰라도 책임까지 귀속의 대상이 될 수 있는지가 의문이기 때문이다. 위 판시에서 '고의에 의한 책임과 과실에 의한 책임'을 운운하고 있음이 바로 고의불법 또는 과실불법을 지칭하는 것으로 볼 수 있다. 결정적인 문제는 이러한 의미의 책임 – 사실은 불법 – 의 귀속이 형벌의 '자기'책임원칙에 반하여 헌법에 위배되지 않는가 하는 점이다. 대법원은 종업원이 위반행위를 하는 경우 법인의 독자적 잘못(귀책)을 추가적 요건으로 요구하는 것과는 대조적으로, 대표자가 위반한 경우에는 법인 자신의 독자적 잘못을 요구하지 않고 있기 때문이다. 여기서 대법원의 논리를 정당화하기 위해 필요한 것이 바로 '귀속'컨셉인 것이다. 여기서 귀속은 할당(평가)의 의미를 가지고 있지만, 그 진정한 의미는 – 법기술상 – '의제'이다. 대상판결은 이러한 문제점을 의식한 탓인지는 몰라도 귀속(의제)되는 것임에 불과한 책임(사실은 불법)을 법인 자신의 고의 또는 과실에 의한 '직접' 책임이라고 표현하고 있는데, 이는 책임개별화라는 '자기'책임원칙 원칙에 반한다는 비판을 피해가기 위한 레토릭을 사용하고 있음에 불과하다고 볼 수 있다.[5)]

뿐만 아니라 대상판결에서 법인의 '자기'책임이라고 하는 대목이 책임비난의 대상인 불법이 아니라 형벌근거책임인 '책임'비난 그 자체라고 보기도 어렵다. 주지하다시피 책임없이 형벌없다는 의미의 책임주의원칙은 두 가지 다른 층위를

---

5) 김유근, 앞의 논문(주 2, 2011), 62면에서는 법인의 이러한 형사책임을 "행위책임"이라는 새로운 귀속방식이라고 하면서 과실책임, 부진정 부작위책임, 또는 공범이나 간접정범으로서 책임으로는 설명할 수 없고, 형법 각칙의 개별형벌구성요건과 같은 의미를 가지는 것이라고 분석하고 있다.

가진다. 하나는 누구든지 자기 자신의 잘못에 대해서만 책임을 질 수 있을 뿐 타인의 책임에 대해 책임을 질 수 없다는 의미를 가진 이른바 '책임개별화원칙'의 다른 표현이다. 다른 하나는 스스로 잘못을 범하여 자기책임이 인정되는 자라도 사회윤리적 비난을 속성으로 하는 형벌을 통해 책임비난을 받을 가능성 내지 능력이 있는 경우에만 형사책임을 진다는 의미로서, 이를 '진정한 의미의 책임주의 원칙'이라고 할 수 있다. 전자가 죄형법정주의에서 나오는 책임주의원칙이라면, 후자는 인간의 존엄과 가치에서 나오는 책임주의원칙이라고 할 수 있다.

따라서 법인에 대한 책임귀속이 – 책임개별화원칙이라는 의미의 책임주의 원칙을 넘어서 – 진정한 의미의 책임주의원칙과도 조화를 이루려면 법인에게도 책임비난을 가할 가능성, 즉 '책임능력'이 있어야 한다. 그러나 주지하다시피 대법원은 법인의 책임능력(및 범죄능력)을 부정하는 것을 전제로 하고 있다. 이에 따르면 헌법재판소나 대법원이 법인의 형사책임을 인정하는 양벌규정이 책임주의원칙에 위배되지 않는다는 태도를 표방함은 법인의 책임능력을 전제하고 법인에게 형벌근거책임을 인정하는 것이 아니라, 법인 자신의 잘못(귀책), 즉 법인에게도 독자적 불법을 인정되는 것을 전제로 책임을 부과하는 것은 책임개별화원칙에 반하지 않는다는 정도를 의미하는 것에 지나지 않는다.

이러한 맥락에서 보면 대법원은 – 헌법재판소의 태도와 마찬가지로 – 진정한 의미의 책임주의원칙에 관해서는 아무런 언급을 하고 있지 않다. 대상판결에서도 '형벌의 자기책임원칙에 반하지 않는다'는 점을 내세우고 있을 뿐이다.[6] 대법원은 의사자유를 가진 인간과 본질적으로 다른 법인에게는 자유의사를 전제로 한 진정한 의미의 책임주의원칙은 애당초 고려할 필요가 없다는 생각을 출발점으로 삼고 있는지도 모른다. 그렇다고 하더라도 의문은 여전히 가시지 않는다. 사회윤리적 비난을 내용으로 하는 책임형벌에 기초되어 있는 형사책임은 엄격한 책임능력을 요구하기 때문에, 불법의 귀속과는 달리 책임의 귀속은 어렵기 때문이다. 형사책임의 일신전속적 성격을 감안하더라도 마찬가지이다. 이 때문에 양

6) 형사판결은 아니지만 양벌규정을 "형사법상 자기책임주의 원칙에 대한 예외"라고 판시한 판결도 보인다(대판 2008. 5. 29. 2007두26568). 이에 관해서는 후술한다.

벌규정의 귀속컨셉을 동일시이론으로 근거지운다고 하더라도 책임능력이 부정되는 법인에게 형사책임을 귀속시키는 태도는 보다 정밀한 근거를 필요로 한다. 행위의 의미를 규범적으로 평가하였듯이, 책임도 순수 규범주의적 관점에서 재해석하여 사회적 법적 요구의 위반에 대한 비난으로 보더라도 법인이 사회적으로 법적으로 기대되는 어떤 요구를 위반했는지가 분명하지 않다. 더 나아가 법인에게 인간과 동등한 차원의 책임능력을 요구하지 않더라도 자연인과 마찬가지로 독립된 법인격이 요구되는 법인에게 형사책임을 부과하는 일이 법앞의 평등원칙에 반하지 않으려면 적어도 자연인에 대한 형벌부과요건에 상응한 법인에 대한 맞춤형 요건을 요구해야 한다. 대상판결은 '귀속'에서 시작하여 법인의 '직접'책임으로 미끄럼타기 논증을 하면서 법인에 대한 형사책임을 모두 근거지우고 있다. 법인의 '직접'책임이라는 한마디 말은 위의 모든 의문을 해결하는데 아무런 실마리를 제공해주지 못하고 있는 듯하다.

2. 법인처벌을 위한 추가적 요건(단서조항의 의의)

【대상판결 2】 대법원 2011. 3. 10. 선고 2009도13080 판결

"원심은, 피고인 1의 위와 같은 위반행위에 대하여 그 사업주인 피고인 2 주식회사(이하 '피고인 회사'라고 한다)에 구 대외무역법(2008. 12. 19. 법률 제9154호로 개정되기 전의 것, 이하 '구 대외무역법'이라고 한다) 제57조 제1항의 양벌규정을 적용하여 유죄[7]로 인정하였다. 구 대외무역법 제57조 제1항은 2008. 12. 26. 법률 제9221호로 개정되면서 사업주인 법인이 직원의 업무에 관한 관리감독의무를 게을리하지 아니한 경우에는 양벌규정에 의하여 처벌하지 않는다는 내용의 단서 규정이 추가되었다. 이는 범죄 후 법률의 변경에 의하여 그 행위가 범죄를 구성하지 아니하거나 형이 구법보다 경한 경우에 해당한다고 할 것이어서 형법 제1조 제2항에 따라 피고인 회사에는 위와 같이 개정된 대외무역법의 양벌규정을 적용하여야 할 것이므로(대법원 2010. 12. 9. 선고 2010도12069 판결 참조), 원심이 구 대외무역법 제57조 제1항을 그대로 적용한 것은 잘못이라고 할 것이다. 그러나 한편 형벌의 자기책임원칙에 비추어 볼 때, 위반행위가

7) 법인 직원이 중대한 과실로 원산지를 거짓으로 표시한 의류를 수입한 데 대하여 원심이 구 대외무역법 제56조를 적용하여 유죄를 인정하면서 사업주인 법인에도 같은 법 제57조 제1항의 양벌규정을 적용하여 유죄를 인정한 사안임.

> 발생한 그 업무와 관련하여 사업주인 법인이 상당한 주의 또는 관리감독의무를 게을리 한 때에 한하여 위 양벌규정이 적용된다고 봄이 상당하고, 구체적인 사안에서 법인이 상당한 주의 또는 관리감독의무를 게을리하였는지 여부는 당해 위반행위와 관련된 모든 사정, 즉 당해 법률의 입법 취지, 처벌조항 위반으로 예상되는 법익 침해의 정도, 위반행위에 관하여 양벌규정을 마련한 취지 등은 물론 위반행위의 구체적인 모습과 그로 인하여 실제 야기된 피해 또는 결과의 정도, 법인의 영업 규모 및 행위자에 대한 감독 가능성이나 구체적인 지휘감독 관계, 법인이 위반행위 방지를 위하여 실제 행한 조치 등을 전체적으로 종합하여 판단하여야 한다(대법원 2010. 4. 29. 선고 2009도7017 판결 참조).
> 위와 같은 법리와 원심이 적법하게 확정한 사실관계 및 그 채택 증거에 의하여 알 수 있는 여러 사정을 종합하여 보면, 피고인 회사에는 피고인 1이 위와 같은 위반행위를 함에 있어 이를 방지하기 위해 필요한 상당한 주의 또는 관리감독의무를 다하지 아니한 과실이 있음을 인정할 수 있고, 따라서 피고인 회사는 위와 같이 개정된 대외무역법의 양벌규정에 의하더라도 유죄라고 할 것이므로 원심의 앞서 본 잘못은 판결 결과에는 영향이 없다. 결국 피고인 회사의 이 부분 상고이유의 주장은 받아들일 수 없다."

양벌규정은 종업원이 위반행위를 한 경우 – 대표자가 위반행위를 한 경우와는 달리 – 법인처벌을 위해 법인이 상당한 주의와 감독의무(이하에서는 '주의감독의무위반'이라 부른다)를 게을리할 것이라는 요건을 추가적으로 요구하고 있다. 주지하다시피 이 요건은 2007년 헌법재판소가 양벌규정이 책임주의원칙과 조화를 이루기 위해 법인의 독자적 잘못을 법인의 처벌근거로서 요구한 것의 입법적 반영이다.[8] 대법원도 위 대상판결에서 개정된 양벌규정의 태도가 – 진정한 의미의 책임주의원칙과 조화를 이룬다고 하는 대신에 – "형벌의 자기책임원칙"에 부합하는 것임을 인정하는 전제하에, 이 요건의 의의 및 판단방법 및 범죄체계론상의 지위에 관한 해석론을 전개하고 있다.

1) 단서조항의 의의와 주의감독의무위반의 의의

법인처벌을 위해 추가적으로 법인의 잘못을 요구하고 있는 단서조항 때문에

8) 종업원 등이 위반행위를 한 경우 법인의 형사책임을 인정함에 있어 법인의 책임능력을 전제하고 있는지에 관해서는 대표자가 위반행위를 한 경우와 마찬가지로 대법원은 여전히 함구하고 있다.

해석론상 '과실책임설'에 기반하여 법인처벌을 근거지우는 태도를 취한 것으로 의견이 수렴되고 있다. 대법원도 이 주의감독의무위반여부는 검사가 직접 입증해야 하는 것임을 인정하면서 단서조항이 적극적 처벌요건임을 규정한 것임을 분명히 한 바 있고,[9] 최근 헌법재판소도 단서조항이 법인의 법인처벌을 위한 적극적 근거임을 밝히고 있다.[10]

문제는 이러한 주의감독의무위반을 그 자체 '과실'로 이해하여 법인의 형사책임을 고의책임이 아닌 과실책임으로만 인정할 수 있는지에 있다. 대상판결의 태도는 양벌규정의 단서조항이 법인을 과실불법에 근거한 과실책임을 말하고 있는 것으로 해석할 계기를 제공하고 있다. "상당한 주의와 감독의무를 다하지 아니한 과실"이라고 표현하고 있기 때문이다. 헌법재판소도 법인의 불법이 과실불법이라고 분명히 밝히고 있는 경우도 있고,[11] 하급심 판결중에도 그러한 경우가 있다.[12] 그러나 이러한 해석론을 취하기는 어렵다. 그러면 양벌규정의 단서조항은 종업원 등의 위반행위와 관련하여 법인에게 어떤 종류의 형사책임을 근거지우는 근거로 해석되는 것이 타당한가?

이에 답하기 위해서는 먼저, 주의감독의무위반을 범죄체계론상 범죄성립요건의 용어로 치환해 볼 때 법인의 불법요소(에 상응한 요소)라고 해야 할지 책임요소(에 상응한 요소)라고 해야 할지를 결정해야 한다. 결론만 말하면 주의감독의무위반은 책임비난 그 자체가 아니라 책임비난의 대상이므로 불법요소로 이해하는 것이 타당하다. 주의감독의무위반이라는 요소가 책임비난을 근거지우는 요소

---

9) 대판 2010. 7. 8. 2009도6968.

10) 헌재 2017. 10. 26. 2017헌바166. "단서 중 '해당업무에 관한 상당한 주의와 감독'은 불법의 결과 발생을 방지하기 위한 법인 자신의 의무이다. 이 사건 양벌규정조항 단서에 의해 불법의 결과 발생에 관하여 독자적인 책임이 없는 법인은 형사처벌의 대상에서 제외된다."

11) 헌재 2010. 12. 28. 2010헌가73 · 92(병합). "가사 이 사건 구 자동차손해배상 보장법 조항 등을 종업원 등에 대한 선임 · 감독상의 과실 있는 법인을 처벌하는 규정으로 보는 경우라 해도 과실밖에 없는 법인을 고의의 본범과 동일한 법정형으로 처벌하는 것은 책임과 형벌의 비례성 원칙에 위반된다."(재판관 이공현의 별개 위헌의견임).

12) 서울중앙지판 2010. 11. 3. 2010노639.

로 인정되려면, 행위주체가 위반행위의 사회규범적 의미를 이해하고 그에 기초하여 그 위반행위를 스스로의 자유로운 결정에 의해 방지할 수 있는 가능성(=능력), 즉 책임능력을 전제로 해야 하는데, 조직화된 단체인 법인이 이러한 요건을 갖추고 있다고 말할 수는 없기 때문이다. 법인의 범죄능력이 부정된다는 것은 책임능력도 부정된다는 의미이므로 대법원이 출발점으로 삼는 법인의 본질에 기초해 보더라도 대법원도 주의감독의무위반은 책임요소가 아니라 불법요소로 이해하는 태도를 견지하고 있다고 보아야 할 것이다. 다음으로 이를 불법요소라고 한다고 하더라도, – 그 결과 과실불법인지 여부에 대해 결론을 내리기 전에 – 분명히 해두어야 할 점이 있다. 단서조항의 형식속에서 이 추가적 불법이 법인처벌과 관련하여 수행하는 기능이 무엇인지를 확인해두어야 한다. 때론 형식이 내용을 결정하기 때문이다. 단서조항은 법인이 '주의감독의무위반을 하면 처벌된다'라는 형식으로 되어 있지 않고, '주의감독의무위반이 없으면 처벌되지 아니한다'라는 형식을 취하고 있다. 이러한 '소극적' 형식의 규율방식은 주의감독의무위반으로 표현되어 있는 법인의 불법은 – 종업원 등의 위반행위의 '방지'와 관련하여 법인이 그 '주의감독의무위반'을 하였을 경우 – 법인처벌의 근거로 작용하지만, 법인을 구체적으로 어떤 불법내용으로(즉 고의불법인지 과실불법인지를 결정) 처벌할 것인지를 판가름하는 판단의 척도까지는 제공하고 있지 않다.[13] 헌법재판소의 표현을 빌리면 "종업원의 범죄행위에 대해 영업주가 비난받을 만한 행위가 있었는지 여부, 가령 종업원의 범죄행위에 실질적으로 가담하였거나 지시 또는 도움을 주었는지, 아니면 영업주의 업무와 관련한 종업원의 행위를 지도하고 감독하는 노력을 게을리 하였는지 여부와는 전혀 관계없이 종업원의 범죄행위가 있으면 자동적으로 영업주도 처벌"(헌법재판소 2007. 11. 29. 2005헌가10)하여 형벌의 자기

---

13) 이는 마치 형법 제10조 제3항의 위험발생의 예견과 자의에 의한 장애의 야기라는 요소가 행위자에게 고의책임 또는 과실책임을 근거지우는 일과 무관하게 장애상태하에서 행위한 행위자의 책임비난을 감경 또는 탈락시키는 효과를 막아 완전책임을 근거지우는 기능을 하는 것과 유사하다. 종래 형법이론학에서 우리 형법 제10조 제3항에 이 두가지 요소의 독자적인 기능에 초점을 맞추지 않고 이 두 가지 요소가 행위자에게 인정될 책임의 종류(고의책임 또는 과실책임)을 근거지우는 요소로 보려는 해석론의 전개한 결과 극도로 무익한 원자행 유형론을 전개하였다. 마찬가지로 양벌규정의 주의감독의무위반이라는 법인의 불법요소의 이러한 기능에 초점을 맞추지 않으면 양벌규정의 해석론에서 법인에게 인정될 형사책임의 종류와 관련하여 형법도그마틱상의 (고의/과실/작위/부작위)불법유형을 복잡하게 조합하는 일에 골몰하게 되는 부작용이 일어날지 모른다.

책임원칙에 반하지 않도록 하기 위해 법인을 처벌하기 위한 '최소한의 마지노선'을 제공하고 있는 것이다.[14] 즉 주의감독의무위반은 법인을 처벌하기 위한 근거로서 법인의 잘못을 근거지울 수 있는 위의 다양한 불법유형 가운데 마지막에 제시된 잘못을 지칭하는데 불과하다. 이렇게 볼 때, 단서조항은 법인이 처벌되기 위해서는 최소한 법인에게 주의감독의무위반이 있을 것을 요구하고, 그 보다 더 중한 다른 불법(즉 고의에 상응한 불법)을 보여주고 있어도 법인에 대한 형사책임 인정에는 변함이 없는 것임을 확인해 주는 역할을 하는 것이다.

법인처벌의 근거로서의 단서조항의 의의를 이렇게 이해하면, 종업원등의 위반행위를 방지하지 아니한 법인에게 부과될 수 있는 책임의 종류가 고의범인지, 과실범인지, 혹은 진정 부작위범인지 부진정부 작위범인지를 판단하는 것은 무의미하다. 이러한 판단은 모두 형법총칙의 규정에서 자연인의 행위에 대한 불법유형 및 그에 대한 도그마틱을 기초로 한다. 양벌규정이 형법총칙규정의 적용을 배제한 채, 자연인의 불법을 법인에게 귀속시킨다는 독자적 귀속컨셉에 기초하고 있다는 점을 출발점으로 삼는다면,[15] 형법의 해석론으로 도출된 그러한 불법유형들을 직접 법인의 책임을 근거지우는 영역으로 가져와서는 안된다. 자연인이 아니라 '법인'에 대한 책임의 종류를 결정하기 위해 형법총칙의 도그마틱을 전개하는 것은 양벌규정을 해석하는 것이 아니라 양벌규정과 무관한 형법이론이나 다른 입법례 또는 상상의 형벌법규에 대한 해석론을 전개하고 있는 태도라고 볼 수 밖에 없다.[16] 이러한 관점에서 보면, 단서조항이 법인의 과실책임 또는 부작

---

14) 물론 이 마지노선은 법인처벌을 위해 추가적으로 요구되는 법인의 독자적 불법요소이기도 하다.

15) 양벌규정의 귀속컨셉 및 '강한 의미의 귀속'(대표자가 위반행위를 한 경우)과 '약한 의미의 귀속'(종업원 등이 위반행위를 한 경우)에 관한 설명은 김성돈, 기업처벌과 미래의 형법, 성균관대학교 출판부, 2018. 3. 94면 이하 참조.

16) 이러한 차원에서 보면, 법인이 져야 할 책임의 종류와 관련하여 예컨대 "영업주가 선임감독상의 과실로 인하여 종업원의 고의범죄를 저지하지 아니한 경우 영업주의 행위유형은 부진정부작위범과 공범의 일반이론에 따르면 실질적으로 '종업원의 고의작위범에 대한, 과실로 인한, 부작위에 의한 방조'" 또는 "종업원이 과실범죄를 저지른 경우 영업주의 범죄유형은 '종업원의 과실범죄에 대하여, 과실로 인하여, 부작위에 의하여 가담하는 형태'{과실범인 본범에 대한 부작위에 의한(혹은 과실에 의한 부작위에 의한 과실범의 방조범)}"가 문제될 수 있다고 하는 분석{김유근, 앞의 논문(주 2, 2011), 66면}도 사실은 양벌규정의 해석범주에 들어올 수 있을지 의문이다. 비록 결론에 있어서는 형법이론적 문제점 또는 논리적 모순성 등을 지적하면서 부정하는 태도를 취하고

위책임이라고 근거지운다고 해서는 안되고, 오히려 귀속컨셉을 정면으로 인정한 대상판결 1의 태도와 유사하게 '종업원 등의 위반행위의 불법이 고의불법이면 법인도 동일한 구성요건에 따른 고의불법으로, 종업원 등의 위반행위의 불법이 과실불법이면 법인도 동일한 구성요건에 따른 과실불법이 된다'고 해석하는 것이 타당하다. 자연인이 신분범인 경우 법인의 형사책임은 어떻게 되는지, 자연인이 공범인 경우 법인은 어떤 형사책임을 지는 것인지의 문제 등 수많은 쟁점들은 형법의 이론을 통해서 해결되는 것이 아니라 양벌규정에 내장되어 있는 귀속컨셉을 통해서 해석하고 해결해야 하는 것이다.[17] 그렇지 않다면 실무상 법인에게 적용될 적용법조(구성요건적 불법)를 확정할 수도 없을 뿐 아니라, 종업원에게 적용될 법정형과 법인에게 적용될 법정형이 원칙적으로 동일한 양벌규정의 태도도 설명할 수 없게 된다. 만약 법인의 불법이 과실불법에 불과한 것으로 본다면, 법인에 대해 적용될 법정형은 종업원등에 대해 적용될 법정형에 비해 현격하게 낮아야 하기 때문이다. 더구나 단서조항의 주의감독의무위반을 법인에 대한 과실책임을 인정하는 근거로 본다면, 결국 양벌규정이 종업원의 위반행위의 불법과 무관하게 법인의 불법을 독자적으로 창설하는 기능을 하는 것으로 해석해야 할 것이다. 그러나 대법원이 실제로 이러한 해석태도를 유지하고 있는지 그리고 장차 이러한 태도를 계속 유지할 것인지는 의문이다. 이에 관해서는 양벌규정의 법적 성격에 관한 부분에서 다시 논하기로 한다.

2) 단서조항이 생긴 이후 구 양벌규정의 해석론

대상판결은 시간적으로 볼 때 양벌규정이 개정 전 단서조항이 없을 경우에 전개된 사안에 대해 단서조항이 추가된 후의 판시이다. 즉 대상판결의 판시내용은

는 있지만, 결국 법인처벌을 양벌규정만으로 규율하지 않고 형법총칙의 규정을 적용할 수 있다고 하는 점을 출발점으로 삼고 있는 점에서 진정한 의미에서 양벌규정의 해석론이라고 보기 어렵다. 귀속방식에 따라 법인에게 형사책임을 지우는 양벌규정만의 고유한 형사책임 메카니즘을 간과하고 있기 때문이다.

17) 자연인과 법인의 관계가 정범과 공범 간의 관계와 유사하다고 해서 법인에게 공범이론을 적용할 수는 없고, 종업원에 대한 법인의 지위가 부작위범의 보증인적 지위와 유사하다고 해서 부진정부작위범의 이론을 법인에게 적용하려 해서는 안되는 것이다.

구 양벌규정을 적용한 원심법원에 대해 사후적으로 법률적용의 당부를 판단하고 있는 것이다. 대상판결이 우선 양벌규정에서 단서조항이 추가된 것에 관해 "범죄 후 법률의 변경에 의해 범죄를 구성하지 아니한 경우"에 해당하는 것으로 보는 것은 타당한 해석이다. 구 양벌규정에 의하면 법인은 추가적인 잘못이 없어도 종업원의 위반행위만으로 – 무과실책임 또는 과실추정설 등에 근거하여 – 처벌될 수 있었지만, 개정된 양벌규정에 따르면 추가적인 불법이 없는 한 처벌되지 않도록 되었기 때문이다. 문제는 사안에서 어차피 법인에게 추가적 불법(대상판결에서 이를 과실로 표현하고 있는 부분은 논외로 하자)이 인정되는 경우라면, 개정된 양벌규정이 적용되지 않고 구 양벌규정이 적용되어도 무방한가 하는 점에 있다.

대상판결은 "개정된 양벌규정에 의하더라도 유죄라고 할 것이므로 원심의 앞서 본 잘못은 판결 결과에는 영향이 없다"고 한다. 이러한 태도는 양벌규정의 개정이 단행된 이후 처음있는 일이 아니다. 대법원 2010. 4. 29. 선고 2009도7017 판결에 따르면 "규정의 문언상 '법인의 종업원에 대한 선임 · 감독상의 과실 기타 귀책사유'가 명시되어 있지 않더라도 그와 같은 귀책사유가 있는 경우에만 처벌하는 것으로 제한하여 해석하는 이상, 위 조항이 헌법상 책임주의 원칙에 위반되어 무효라는 주장은 받아들일 수 없다."고 한다. 이 판결 역시 결론에 있어서 '어차피' 법인은 추가적 불법(종업원에 대한 선임감독상의 과실 기타 귀책사유)이 인정되는 것이므로 구 양벌규정에 의하든 개정된 양벌규정에 의하든 형사처벌을 받게 된다는 점에 차이가 없음에 근거한다.[18)]

그러나 '결론상 형사처벌을 받을 대상인 이상 헌법재판소에 의해 위헌결정된 법률을 적용하더라도 법리오해의 위법이 없다'는 내용의 판시에는 진정 법리오해의 위법이 없는가? 주지하다시피 대법원이 적용하고 있는 – 법인에 대한 추가적 불법을 요구하는 단서조항을 두고 있지 않은 – 구 양벌규정에 대해서는 '잘못이

18) 판결의 전제가 된 상호저축은행법 제39조의 2 양벌규정의 단서가 개정된 것은 2010.3.22.이고, 시행일은 2010.9.23. 이다. 대법원 판결선고일은 2010.4.29.이다. 1심판결도 당연히 개정전 구 양벌규정을 전제로 하였다.

없으면 책임도 없다'는 의미의 책임주의원칙과 조화를 이루지 못하다는 헌법재판소의 판단에 의해 위헌결정이 내려졌다. 법인의 독자적 귀책을 법인처벌을 위해 요구한다는 보충적 해석태도를 취하는 한 양벌규정은 위헌은 아니라는 대상판결의 판시내용은 헌법재판소의 다수의견에 의해 배척된 반대의견[19]에 불과하다. 만약 대상판결에서 문제된 당해 양벌규정에 대해 하급심이 판사가 위헌제청을 했더라면 100퍼센트 위헌결정이 내려졌을 것이다. 그럼에도 불구하고 대법원이 그러한 구 양벌규정이라도 해석론을 통해 법인의 추가적 귀책사유를 보충할 수 있다면 구 양벌규정을 적용하더라도 법리오해의 위법이 없다는 태도를 취한 것은 '구체적 타당성'을 고려한 것으로 이해할 수는 있다. 당해 법인은 해석을 통해 보충될 양벌규정에 따르든, 개정된 양벌규정을 따르든 어차피 처벌될 것이기 때문이다. 뿐만 아니라 하급심에서 위헌제청되어 위헌결정을 받아 당해 사건에 대해 재심이 청구되더라도 개정된 양벌규정의 적용상 법인에게 의무위반이 인정되어 여전히 유죄가 될 것이라는 점도 고려하고 있는 듯하다.

그러나 양벌규정의 단서조항을 보충하는 것을 내용으로 하는 대법원의 '해석 그 자체'는 헌법재판소의 입장에서 볼 때에는 문리적 해석에 반하므로 여전히 위헌적이다.[20] 특히 재판이라도 법률에 대한 위헌적 해석을 근거로 하는 것은 여전히 위헌이라는 취지의 헌법재판소 결정[21]에 따르면, 이 대상판결은 헌법재판

19) "이 사건 법률조항의 문언상 '법인의 종업원에 대한 선임 · 감독상의 과실'이 명시되어 있지 않더라도 그와 같은 과실이 있는 경우에만 처벌하는 것으로 해석하는 것은 문언 해석의 범위 내에 있는 것으로서 합헌적 법률해석의 원칙에도 부합되고, 이러한 해석을 전제로 할 때 이 사건 법률조항은 형벌에 관한 책임주의원칙에 위배된다고 볼 수 없다"(헌재 2010. 7. 29, 2009헌가18 등 결정 중 재판관 이동흡의 반대의견 참조).

20) 헌재 2007. 11. 29, 2005헌가10. "이 사건 법률조항이 종업원의 업무 관련 무면허의료행위가 있으면 이에 대해 영업주가 비난받을 만한 행위가 있었는지 여부와는 관계없이 자동적으로 영업주도 처벌하도록 규정하고 있고, 그 문언상 명백한 의미와 달리 "종업원의 범죄행위에 대해 영업주의 선임감독상의 과실(기타 영업주의 귀책사유)이 인정되는 경우"라는 요건을 추가하여 해석하는 것은 문리해석의 범위를 넘어서는 것으로서 허용될 수 없으므로, 결국 위 법률조항은 다른 사람의 범죄에 대해 그 책임 유무를 묻지 않고 형벌을 부과함으로써, 법정형에 나아가 판단할 것 없이, 형사법의 기본원리인 '책임없는 자에게 형벌을 부과할 수 없다'는 책임주의에 반한다.

21) 헌재 2012. 12. 27, 2011헌바117. "법률의 의미는 결국 개별 · 구체화된 법률해석에 의해 확인되는 것이므로 법률과 법률의 해석을 구분할 수는 없고, 재판의 전제가 된 법률에 대한 규범통제는 해석에 의해 구체화된 법률의 의미와 내용에 대한 헌법적 통제로서 헌법재판소의 고유권한이

소와 대법원의 권한다툼마저도 야기할 수 있을 법하다. 사실심이 아닌 법률심인 대법원이 견지해야 할 '법률에 대한 합헌적 해석'이라는 가치와 '구체적 타당성'이라는 이익 간에 어디에 우위를 두어야 할 것인지에 대해 진지한 고민을 촉구하는 의미를 가진다.

더욱이 대상판결의 위와 같은 '어차피 처벌'이라는 결론은 법인의 처벌근거인 법인의 주의감독의무위반여부를 판단하는 해석론 그 자체에도 문제가 있다면 구체적 타당성이라는 이익의 유지는 바람앞의 등잔불처럼 위태롭고 유동적일 수 있다. 이 쟁점은 이어질 '주의감독의무위반' 판단의 불명확성에 관한 문제제기에서 다룬다.

3) 주의감독의무위반의 판단기준

대상판결은 법인의 독자적 내지 추가적 불법인 주의감독의무위반여부를 판단하는 기초자료와 판단방법을 제시하고 있다. 겉보기에 대상판결의 답은 명료한 듯 보인다. "위반행위와 관련한 모든 사정"(판단자료)을 "전체적으로 종합하여 판단"(판단방법)할 것을 요구하고 있기 때문이다. 그러나 판단기준과 판단방법 모두에 대해 의문이 꼬리를 문다.

먼저 법인의 주의감독의무위반이라는 독자적 '불법'을 판단함에 있어 종업원의 위반행위와 관련한 모든 사정을 판단자료로 삼을 수 있는지부터가 문제이다. 불법은 행위반가치와 결과반가치로 구성되는 것이지만, 양벌규정의 주의감독의무위반이라는 불법은 행위반가치적 측면을 가리킨다. 헌법재판소의 결정에도 이러한 취지가 담겨져 있다.[22] 그런데 대상판결이 법인의 주의감독의무위반여부를 판

며, 헌법합치적 법률해석의 원칙상 법률조항 중 위헌성이 있는 부분에 한정하여 위헌결정을 하는 것은 입법권에 대한 자제와 존중으로서 당연하고 불가피한 결론이므로, 이러한 한정위헌결정을 구하는 한정위헌청구는 원칙적으로 적법하다고 보아야 한다."

22) 헌재 2007. 11. 29. 2005헌가10. "일반적으로 범죄는 법질서에 의해 부정적으로 평가되는 행위(행위반가치)와 그로 인한 부정적인 결과의 발생(결과반가치)이라고 말할 수 있으나, 여기서 범죄를 구성하는 핵심적 징표이자 형벌을 통해 비난의 대상으로 삼는 것은 '법질서가 부정적으로 평가

단하기 위해 판단자료로 제시하고 있는 사정 가운데, "당해 법률의 입법취지, 위반행위에 관하여 양벌규정을 마련한 취지, 법인의 영업규모"는 사실상 행위반가치는 물론이고 결과반가치와도 무관하다. 예컨대 법인의 영업규모가 크다면 그것은 법인의 주의감독의무위반여부를 판단하는데 불리한 사정인지 유리한 사정인지도 판시내용에는 제시되어 있지 않다. 뿐만 아니라 "처벌조항 위반으로 예상되는 법익 침해의 정도, 위반행위로 인하여 실제 야기된 피해 또는 결과의 정도"는 순수 결과반가치적 요소이므로 법인에게 요구되는 주의감독의무위반의 판단과 직접적인 관련성을 인정하기도 어렵다. 따라서 실제로 유효한 기초자료는 "위반행위의 구체적인 모습, 행위자에 대한 감독가능성이나 구체적인 지휘감독 관계, 법인이 위반행위 방지를 위하여 실제 행한 조치" 뿐이다. 그럼에도 대법원은 많은 판단자료를 가지고 판단하는 것과 같은 외관을 보이면서 판결의 신뢰성을 담보하려고 하고 있다. 질적으로 핵심적인 자료일지라도 그것이 양적으로 부족해 보일 경우 외부포장을 하는 방법은 장광설에 불과할 뿐 법리의 공식화라고 말하기 어렵다.

더 큰 문제는 대상판결이 법인의 주의감독의무위반여부를 판단하는 일과 비교적 무관한 위의 모든 사정들을 "전체적으로 종합하여" 법인의 – 행위반가치적 – 의무위반성을 판단한다는 점에 있다. 이와 같은 전체적 종합판단의 경우 대법원이 구체적인 사안의 경우 어느 사정이 더 중요한 사정인지, 실제로 어느 사정을 반영하였는지 여러 사정들 중 어느 사정에 우선 순위를 두었는지는 철저하게 베일에 가려져 있기 때문이다. 그 고려된 사정들은 법관의 머릿속에만 존재하고, 판시내용에는 오직 결론만 내려져 있다. 이와 같은 방식의 '전체적 종합판단'은 – 비단 양벌규정의 해석에서만 보여지는 것이 아니지만 – 양벌규정 속에 규범화된 법인의 불법요소를 구체화한 해석과 적용이라고 보기 어렵다.

한 행위에 나아간 것', 즉 행위반가치에 있다. 만약 법질서가 부정적으로 평가한 결과가 발생하였다고 하더라도 그러한 결과의 발생이 어느 누구의 잘못에 의한 것도 아니라면, 부정적인 결과가 발생하였다는 이유만으로 누군가에게 형벌을 가할 수는 없다. (중략) 왜냐하면 형벌의 본질은 비난가능성인데, 비난받을 만한 행위를 하지 않은 자에 대한 비난이 정당화될 수 없음은 자명한 이치이기 때문이다."

요컨대, 전체적 종합판단은 종래 양형판단에서 수개의 요소들을 종합적으로 고찰하는 방식으로 선호되었지만 최근 양형기준표가 규범화된 이후에는 양형단계에서도 후퇴되고 있다. 양형기준에는 수개의 척도 간의 우위성과 상호간에 서로 다른 비중이 매겨져 있기 때문이다. 다수의 요소들을 종합적으로 고려하는 평가방식에 의한 판결은 원래의 사례유형과 유사성에 초점을 맞추는 커먼로상의 판례실무에서 전형적인 것이라고 할 수 있다. 특히 전체적인 종합판단은 그 존부에 따라 가벌성을 근거지우는 개별 법률요소들 간의 상호관계가 법률 속에서 충분히 고려되어 있지 않은 경우에 불가피하게 사용될 수 있다. 따라서 대법원이 대상판결에서 가벌성여부를 판단하는 실체요건을 실제로는 직관적으로 하면서도 이른바 '전체적 종합판단'의 형식을 빌어서 하고 있음은 법률명확성 요구에 반하는 태도라고 할 수 있다. 추상적이고 규범적인 법률의 개념을 보충하여 구체적 사안에 적용할 수 있는 수준으로 구체화하는 것이 해석이라는 관점에서 볼 때 법률명확성의 원칙은 입법자에게만 요구되는 것이 아니라 해석자에게도 요구되어야 하기 때문이다.

III. 양벌규정의 법적 성격

양벌규정은 법인처벌의 요건으로 자연인의 위반행위에 관한 요건과 법인에 관한 요건을 각기 규정하고 있다. 여기서 법인처벌을 자연인의 위반행위에 어느 정도로 의존(종속)시키고 있다고 해석할 것인지에 따라 양벌규정이 수행하는 기능이 달라진다. 만약 양벌규정이 법인처벌을 자연인 위반행위에만 전적으로 의존시키고 있다면, 양벌규정이 법인처벌을 위한 아무런 추가적 요건을 요구할 필요가 없다. 이러한 경우 양벌규정이 수행하는 기능은 법인처벌을 위해 자연인의 위반행위 및 그 법적 효과를 모두 법인에게 귀속시킨다. 반면에 양벌규정이 법인에 대해 독자적으로 일정한 요건의 충족을 요구하고 있고, 요구하는 그 요건이 법인처벌, 특히 법인의 불법을 독자적으로 근거지울 수 있을 정도로 의미가 있는 것이라면 사정이 달라진다. 법인처벌을 위해 자연인의 위반행위에 전적으로 종속할 필요가 없기 때문이다. 이렇게 되면 양벌규정 자체가 법인에 대해 적용될 독자적 불법을 창설하는 기능을 한다고 해석할 수 있다.

이와 같이 양벌규정이 법인처벌을 위해 수행하는 기능은 양벌규정의 법적 성격을 규정 지운다. 양벌규정의 자연인의 위반행위와 그 법적 효과를 법인에게 귀속시키는 기능을 한다면, 양벌규정의 법적 성격은 예컨대, 형법총칙의 기능적 역할 분담 전부책임을 근거지우는 기능을 하는 공동정범의 규정과 같은 맥락에서 '귀속규범적 성격'을 가진다. 반면에 양벌규정이 자연인의 위반행위의 불법과 구별되는 법인의 독자적 불법을 근거지우는 기능을 하는 것이라면, 양벌규정의 법인에게 적용될 독자적 구성요건적 불법을 창설하는 이른바 '구성요건창설규범적 성격'을 가진다.

양벌규정의 법적 성격 규명은 단순한 형법이론적 차원의 문제를 넘어서 실무상 법인처벌과 관련한 많은 도그마틱적 쟁점들의 해결에 실마리를 제공해 줄 수 있다. 양벌규정의 법적 성격을 어떻게 이해할 것인지에 따라 법인처벌에 기준점이 되는 행위규범(즉 불법구성요건)이 달라지게 된다. 만약 양벌규정의 법적 성격이 귀속규범적 성격을 가진 것으로 해석된다면, 법인처벌에 있어 자연인의 위반행위를 기준으로 삼을 수 있게 된다. 반면에 양벌규정의 법적 성격이 구성요건창설규범적 성격을 가진 것으로 해석된다면, 양벌규정상의 독자적 행위규범을 찾아내어 그것을 기준으로 삼아 법인을 처벌해야 할 것이다. 예컨대, 양벌규정의 법적 성격이 귀속규범적 성격이라면 법인에 대해 적용될 구성요건과 법인에 대해 적용될 구성요건은 동일한 것이므로 법인에 대해 적용될 공소시효도 위반행위자의 그것과 같다고 할 수 있지만, 구성요건창설규범적 성격이라면, 법인에 대해 적용될 공소시효는 법인에게 적용될 독자적 구성요건에 따라 결정되어야 할 것이다. 이하에서는 법인처벌과 관련된 다양한 실체법적 쟁점과 절차법적 쟁점을 해결하고 있는 대상판결들을 대상으로 삼아 대법원이 양벌규정의 법적 성격을 어떻게 해석하고 있는지를 '해독'해 보기로 한다.

1. 법인 간의 공동정범 성립여부

【대상판결 3】 대법원 1983. 3. 22. 선고 81도2545 판결

"양벌규정에 의하여 법인이 처벌받는 경우에 법인의 사용인들이 범죄행위를 공모한 후 일방법인의 사용인이 그 실행행위에 직접 가담하지 아니하고 다른 공모자인 타법인의 사용인만이 분담실행한 경우에도 그 법인은 공동정범의 죄책을 면할 수 없다."

대상판결을 얼핏보면 공동정범의 본질에 관한 기능적 행위지배설에 입각한 대법원 태도를 그대로 이어가고 있는 듯 보여 그 판시내용에 문제삼을 것이 없어 보인다. 그러나 대상판결은 공모만 있고 실행분담은 없는 자연인간의 공동정범의 성립을 인정하는 표지가 기능적 행위지배라는 입장을 확인하고 있는 취지가 아니다. 자세히 보면 대상판결은 각기 다른 법인의 사용인(갑, 을이라고 하자)간에 공동정범이 인정되면 법인(A, B라고 하자) 간에도 공동정범의 형사책임을 지는 것임을 인정함으로써 법인간에도 공동정범의 성립을 인정하고 있다. 물론 대상판결에는 그 근거가 제시되어 있지는 않다. 법인이 "양벌규정에 의해" 처벌되는 경우라고 전제하고 있음을 적극적으로 해석하면, 법인의 공동정범성을 근거지우는 법적 근거도 양벌규정으로 보고 있는 듯하다. 양벌규정에 따르면 그 소속된 구성원의 위반행위를 기초로 삼아 A법인과 B법인 '각각의' 형사책임을 인정하는 데에는 아무런 어려움이 없다. 갑의 위반행위에 대해 A법인과의 업무관련성이 인정되면 – A법인이 그 위반행위의 방지와 관련한 상당한 주의와 감독을 게을리 한 이상[23] – 양벌규정에 따라 A법인을 처벌할 수 있기 때문이다. 양벌규정은 B법인에 대한 처벌도 마찬가지로 인정할 수 있다. 그러나 양벌규정이 역할을 하는 것은 바로 여기까지이다.

양벌규정은 자연인의 갑과 을의 공동정범성 인정이 A법인과 B법인 간에 공동정범을 인정으로 이어질 수 있다는 아무런 정보를 주고 있지 않다. 자연인 갑과 을의 위반행위를 처벌하는 것은 각 본조의 벌칙조항이고, 이들의 공동정범성

23) 물론 대상판결 3은 구 양벌규정을 전제로 하므로 이와 같은 현행 양벌규정의 단서조항 조차 적용될 필요가 없다.

을 근거지우는 것은 형법 제30조이다. 여기서 법인처벌을 위한 양벌규정은 형법 총칙의 적용이 배제되는 예외규정이므로 형법 제30조는 법인에 대한 공동정범성을 인정하는 근거규정이 될 수 없다. 따라서 법인간의 공동정범성을 근거지우려면 양벌규정을 통하는 길 외에는 없다. 양벌규정의 해석상 법인의 본질에 관한 대법원의 태도는 법인의 독자적 행위능력조차 부정된다. 이에 따르면 법인은 특정범죄를 하기 위해 주관적으로 혼연일체가 되어 '공모' 또는 '공동가공의 의사'를 가질 수 없을 뿐 아니라 분업적인 역할분담이라는 의미의 '기능적 행위지배'는 더더욱 할 수가 없다. 그러면 양벌규정을 어떻게 해석하면 법인사이에 이와 같은 의미의 공동정범 요건이 인정된다고 말할 수 있는가? 이에 대한 답을 하기 위해서는 양벌규정의 법적 성격에 관한 해석론을 전개하지 않으면 안된다.

이와 같은 차원에서 양벌규정의 법적 성격이 어떠한지에 대해 적극적으로 규명하려는 시도는 그동안 학계에서는 없었다.[24] 그러나 실무는 양벌규정의 법적 성격 규명 차원에서 해석을 한 것은 아니지만, 그 법적 성격을 간접적으로 추론할 수 있을 정도의 의미있는 해석론을 전개한 적이 있다. 즉 양벌규정의 해석상 '법인이 범한 범죄와 자연인이 범한 범죄가 동일한 것임을 인정한 판시'[25]도 그렇고, '법인처벌을 위해 자연인의 위반행위와 그 효과까지 법인에게 귀속시킨다는 판시'[26]에서도 그러하다. 이러한 판시내용에 따르면 대법원은 양벌규정에 대해 귀속규범적 성격을 부여하고 있음을 알 수 있다.

이와 같은 관점에서 보면 자연인간의 행위가 공동정범이 되면, 법인 간에도 공동정범이 성립한다는 대상판결의 판시도 양벌규정의 법적 성격을 귀속규범적 성격으로 해석하는 태도를 기초로 삼고 있는 것이라고 해독해 줄 수 있다. 일방 법인의 대표자가 타방 법인의 대표자와 공모한 점, 즉 공모 내지 공동가담의 의

24) 양벌규정의 법적 성격이라는 제목이 포함된 문헌{조국, "법인의 형사책임과 양벌규정의 법적 성격", 법학 제48권 제3호, 서울대학교 법학연구소(2007), 60면 이하}이 있지만, 양벌규정이 택하고 있는 법인처벌의 근거(예컨대 과실책임설)를 양벌규정의 법적 성격으로 명명하고 있을 뿐이다.

25) 대판 1996. 3. 12, 94도2423(대상판결 11).

26) 대판 2010. 9. 30, 2009도3876(대상판결 1).

사의 쌍방성을 고려한다면 각 법인에게도 대표자의 주관적 요건이 각 법인에게 귀속된다고 말할 수 있기 때문이다. 법인처벌에 대해서는 비록 형법총칙규정의 적용이 배제되지만, 양벌규정이 - 그 법적 성격이 귀속규범임을 인정하는 전제 하에서 보면 - 자연인에게 적용되는 형법총칙상의 일체의 범죄성립요건을 법인에게도 귀속시키는 기능을 하는 것이다.[27]

생각건대, 양벌규정의 법적 성격 문제는 법인처벌을 위해 어떤 이론적 기초 위에서 법인을 처벌하고 있다고 해석할 것인지와도 밀접한 관련성을 가진다. 양벌규정의 이론적 기초와 관련해서도 대표자가 위반행위를 하는 경우와 종업원 등이 위반행위를 하는 경우를 각기 다르게 볼 수 있다. 즉 전자의 경우에는 동일시이론을 기초로 삼고 있고, 후자의 경우에는 - 종래의 사용자책임 내지 대위책임이론을 극복 내지 수정하여 - 독자적 조직책임이론을 기초로 삼고 있다고 볼 수 있다. 법인의 대표자(또는 기관)의 행위는 곧 법인의 행위로 보는 동일시이론에 따르면 대표자의 위반행위의 효과까지 법인의 책임으로 보는 것이므로 책임귀속의 이론적 근거로 삼을 수 있고, 이는 다시 양벌규정의 법적 성격을 귀속규범으로 해석하는 근거로 삼을 수 있다. 이에 반해 독자적 조직책임이론은 법인처벌을 위해서는 종업원등의 위반행위만으로는 부족하므로 단서조항에서와 같이 조직적인 의미에서 법인이 그 위반행위를 방지하지 못한 독자적인 잘못(귀책)이 있음을 요구하는 것이고, 이는 다시 양벌규정의 법적 성격을 구성요건창설규범적 성격으로 볼 수 있는 여지를 제공할 수 있다.

이에 따르면 대표자가 위반행위를 하고 있는 양벌규정의 전단('대표자 관련 부분')부분의 법적 성격을 귀속규범적 성격으로 해석하는 데에는 무리가 없어 보인다. 문제는 양벌규정의 법적성격을 추단케 해 주는 대법원의 예시판시는 위반행위를 한 자연인이 대표자가 아니라, 종업원 등에 해당한다는 점이다. 물론 대상판결에서 문제된 양벌규정이 단서조항을 두고 있지 않았던 구 양벌규정이었으므로 양벌규정의 법적 성격을 위반행위의 주체가 누구인지와 상관없이 귀속규범

27) 이에 따르면 A법인의 대표자 갑이 B법인의 대표자 을의 교사범이 된다면 A법인도 양벌규정에 따라 교사범으로 처벌할 수 있다고 할 수 있을 것이다.

적 성격으로 해석할 여지도 있다. 그러나 모든 양벌규정에 단서조항이 추가된 현행 양벌규정하에서 단서조항에 규정된 법인에 대한 독자적 처벌근거(법인의 의무위반)는 법인의 과실책임을 근거지우는 요소로 본다면 사정이 달라진다. 이에 따르면 양벌규정의 후단부분('종업원 등 관련부분')의 법적 성격은 귀속규범이 아니라고 할 수 있는 여지가 크게 생긴다. 실제로 대법원은 구 양벌규정 하에서는 물론이고 현행 양벌규정 하에서도 법인처벌의 근거를 법인의 과실이라고 말하면서 법인에게 인정되는 형사책임을 과실책임으로 인정하고 있는 것으로 보이게 만드는 판시를 하고 있다.[28] 이러한 판시내용에 따르면 대법원은 최소한 양벌규정의 후단부분의 법적 성격을 법인에 대해 적용될 과실범의 구성요건을 창설하는 규범으로 해석하고 있다고 '해독'될 빌미를 주고 있다.

이러한 관점에서 보면, 위 대상판결은 위반행위의 자연인 주체가 대표자가 아니라 단서조항이 적용될 '사용자'(종업원등)인 사안이므로 양벌규정의 귀속규범성을 전제로 한 판시의 결론을 논리적으로 수용하기 어렵게 된다. 물론 대상판결은 구 양벌규정을 전제로 하여 해석론을 전개하고 있기 때문에 구 양벌규정의 경우는 후단의 법적 성격도 귀속규범성을 인정하는 태도를 취하지 아니할 수 없고, 따라서 이에 근거하여 법인 간 공동정범성을 인정한 것이라고 평가할 수도 있을 것이다.

그럼에도 불구하고 구 양벌규정 하에서도 대법원의 이러한 해석이 타당한 것인지에 대해서 여전히 의문이 가시지 않는다. 앞에서 언급했듯이 양벌규정의 전단부분과는 달리 후단부분은 동일시이론을 기초로 하고 있다고 볼 수 없기 때문이다. 더구나 구 양벌규정 하에서도 만약, – 문제되고 있는 양벌규정이 현행

28) 헌법재판소에서는 단서조항의 해석상 대법원의 태도를 다음과 같이 이해하기도 한다. "'법인의 종업원 등에 대한 선임 · 감독상의 과실'이란 것이 법인의 '업무'와 종업원 등의 '위반행위'를 연결해 주는 주관적 구성요건 요소로서 추단될 수 있다. 대법원도 일관되게 법인의 종업원 등에 대한 선임 · 감독상의 주의의무위반 즉 과실책임을 근거로 법인의 책임을 묻되 다만 종업원 등의 위반행위에 대한 법인의 선임 · 감독상의 과실이 추정된다는 입장이라고 봄이 상당하다."(헌재 2011. 11. 24, 2011헌가30).

양벌규정의 단서조항과 유사한 면책조항을 포함하고 있고 – 법인의 불법을 과실불법으로 이해함으로써 자연인의 위반행위의 불법과 구성요건이 달라지는 것으로 해석한다면 자연인간의 공동정범성을 기준으로 삼아 법인간의 공동정범성을 긍정하는 결론에 귀결되기는 더욱 어려울 것이다.[29] 더 나아가 면책조항 또는 단서조항이 없는 양벌규정이라도 법인처벌을 위해서는 법인 자신의 독자적 잘못을 요구하는 것으로 보충적으로 해석한다면,[30] 종업원등이 위반행위를 한 양벌규정의 후단부분의 법적 성격 문제는 더욱 오리무중에 빠지게 되기 때문이다.

뿐만 아니라 구 양벌규정 하에서도 양벌규정에 대해 귀속규범적 성격을 부여하더라도 대법원이 두 개의 법인을 ‘동시범 처럼’ 처벌하지 않고 굳이 ‘공동정범’으로 처벌하는 실익이 무엇인지도 분명하지 않다. 법인에 대한 형사책임을 과실범의 책임으로 볼 경우 위반행위와 결과사이의 인과관계의 입증이 어려울 경우에는 동시범이 아니라 공동정범으로 보아야 할 현실적인 필요성이 있을 수 있다. 공동정범성을 인정하게 되면 동시범의 경우 요구되는 인과관계의 입증문제를 생략할 수 있을 것이기 때문이다. 하지만 대상판결의 사실관계를 볼 때 인과관계의 문제를 쟁점사항으로 포함하고 있지도 않은 것으로 보인다. 요컨대 대법원은 그럴 실익도 없이 그리고 납득할 만한 근거제시도 없이 법인간의 공동정범성을 인정하고 있는 듯하다. 대상판결의 블랙박스를 해독해 보았지만 각기 다른 법인에 속한 – 대표자가 아니라 – 종업원 등의 위반행위에 대해 공동정범의 성립이 인정될 경우 법인 간에도 공동정범의 형사책임이 인정된다는 위 대상판결의 결론을 대법원이 현행 양벌규정 하에서도 유지하게 될지 가늠하기는 더욱 어렵다.

앞에서 설명하였듯이 귀속규범적 성격으로 자리매김할 수 있는 양벌규정의 전단부분과는 달리 양벌규정의 후단부분의 법적 성격에 관한 해석론상의 편차가

29) 이와 같은 어려움은 현행 양벌규정 하에서도 여전히 해소되지 않는다는 점에 관해서는 앞서 살펴보았다.

30) 실제로 이러한 보충적 해석론을 전개하는 판시에 관해서는 대상판결 2(대판 2011. 3. 10, 2009도13080)와 관련하여 이미 평석을 하였다.

줄어들기 어려운 것은 양벌규정 자체에 법인처벌을 위한 실체법적 요건을 체계적으로 규정하고 있지 않은 탓 때문이다. 양벌규정에 정해진 법인에 대한 법정형을 보면, 양벌규정의 법적 성격규명을 위한 해석학적 노력이 더욱 어려워지게 됨을 알 수 있다. 예컨대, 법인의 불법을 과실불법으로 보는 태도를 취하면, 법인에게 적용될 법정형은 종업원에게 적용될 그것에 비해 훨씬 낮아야 할 것이다. 하지만 현행 양벌규정은 양자에게 적용될 법정형의 동등성 원칙에 입각하고 있다.[31] 이와 같은 동등성 원칙은 양벌규정의 귀속규범적 성격과 조화될 수 있지만, 최근에는 다시 법인에게 적용될 법정형이 위반행위자에 대한 그것에 비해 높게 만들어지고 있는 양벌규정이 증가추세[32]에 있다. 이와 같은 자연인에 대한 법정형과 법인에 대한 법정형 간에 보여지는 편차는 양벌규정의 법적 성격 규명에 더욱 혼선을 가져오고 있다.

2. 상습성의 효과와 양벌규정

【대상판결 4】 대법원 2011. 9. 8. 선고 2010도14475 판결[33]

"저작권법 제140조 본문에서는 저작재산권 침해로 인한 같은 법 제136조 제1항의 죄를 친고죄로 규정하면서, 같은 법 제140조 단서 제1호에서 영리를 위하여 상습적으로 위와 같은 범행을 한 경우에는 고소가 없어도 공소를 제기할 수 있다고 규정하고 있는데, 같은 법 제140조 단서 제1호가 규정한 '상습적으로'라고 함은 반복하여 저작권 침해행위를 하는 습벽으로서 행위자의 속성을 말하고, 이러한 습벽 유무를 판단할 때에는 동종 전과가 중요한 판단자료가 되나 범행의 횟수, 수단과 방법, 동기 등 제반 사정을 참작하여 저작권 침해행위를 하는 습벽이 인정되는 경우에는 상습성을 인정하여야 한다. <u>한편 같은 법 제141조의 양벌규정을 적용할 때에는 행위자인 법인의 대표자나 법</u>

---

31) 자연인 위반행위자와 법인의 법정형을 동일하게 벌금형으로 규정하는 방식이 90% 이상을 차지하고 있다.

32) 예컨대 건설기술관리법의 벌칙조항에서는 자연인에게 10년 이하의 징역 또는 1억원 이하의 벌금형과 무기 또는 3년 이상의 징역형을 부과하고 있지만, 양벌규정에서는 법인 또는 개인에게 10억원 이하의 벌금의 법정형을 부과하고 있다

33) 피고인 갑 주식회사의 대표이사 피고인 을이, 디지털콘텐츠 거래가 이루어지는 웹사이트를 운영하면서 영리를 위해 상습적으로 다른 사람의 저작재산권을 침해하였다는 내용으로 기소된 사안에서, 피고인 을에게 반복하여 저작권 침해행위를 하는 습벽이 있다고 보이므로, 피고인들에게 저작권법 제140조 단서 제1호가 적용되어 고소가 소추조건에 해당하지 않는다고 본 원심판단을 수긍한 사례

인 또는 개인의 대리인 · 사용인 그 밖의 종업원의 위와 같은 습벽 유무에 따라 친고죄 해당 여부를 판단하여야 한다."

대상판결은 친고죄의 경우 자연인에게 상습성이 인정되어 비친고죄가 적용될 경우 법인에게도 비친고죄의 구성요건이 적용되는 것임을 인정하고 있다. 친고죄를 비친고죄로 만드는 상습성의 – 구성요건변환적 – 법적 효력이 법인에게도 그대로 인정될 수 있음을 선언한 위 판결은 그 법적 근거를 어디에서 구하고 있는가? 법인처벌과 관련해서는 양벌규정 외에는 다른 법적 근거가 없으므로 대법원도 당연히 양벌규정을 근거로 삼지 않을 수 없을 것이다. "같은 법 제141조의 양벌규정을 적용할 때에는 행위자인 법인의 대표자나 법인 또는 개인의 대리인 · 사용인 그 밖의 종업원의 위와 같은 습벽 유무에 따라 친고죄 해당 여부를 판단하여야 한다."는 판시내용도 양벌규정의 적용에 따른 결론임을 인정하고 있다.

외관상으로만 보면, 위 결론은 대표자가 비친고죄로 인정되면, 법인도 비친고죄가 되어 고소가 별도로 필요없다고 함으로써 소추조건에 관련된 문제인 듯 보인다.[34] 그러나 위 대상판결의 판시에서는 법인에게 별도의 고소가 요구되는지의 문제를 '선결문제'의 결론에 따라 자동적으로 해결되고 있다. 그 선결문제의 결론은 위 대상판결의 판시내용을 통해 다음과 같이 공식화해 볼 수 있다. '양벌규정은 자연인에게 적용되는 구성요건을 법인에게도 그대로 적용된다.' 이 공식에 따르면 대상판결에서와 같이 자연인에게 적용되는 구성요건이 그 자연인의 상습성을 요구할 경우에도 본질상 상습성이라는 속성을 가질 수 없는 법인에게 그대로 적용된다고 하게 된다.

여기서 양벌규정의 해석상 자연인에게 적용되는 구성요건을 법인에게 그대로 적용하도록 하고 있는 결론을 도출하고 있는 판시내용의 공식은 어떻게 근거지워질 수 있는가? 이 물음에 대한 답도 양벌규정의 법적 성격여하에 따라 달라

---

34) 친고죄의 경우 고소라는 소추조건을 법인이 독자적으로 충족시킬 것을 요구할 수 있는지에 관해서는 뒤에서 별도의 대상판결에서 다루기로 한다.

진다. 양벌규정의 법적 성격이 귀속규범적 성격을 가지는 것으로 해석된다면 대상판결의 공식은 규범논리적으로 아무런 문제가 없다. 그러나 양벌규정의 법적 성격을 구성요건창설규범으로 해석한다면, 대상판결의 공식에 대해서는 수긍하기가 어려운 점이 있다. 법인에게 상습성을 전제한 비친고죄 구성요건을 적용하는 것은 애당초 불가능하게 되기 때문이다. 대상판결의 판시내용을 근거지우기 위해 양벌규정의 법적 성격에 관한 태도를 확정해 두지 않으면 안되는 이유도 바로 여기에 있다.

앞서 살펴보았듯이 대표자가 위반행위를 하는 양벌규정의 전단부분에 대해서는 대법원이 귀속규범적 성격을 부여하고 있다고 보는데 이견이 없을 것이다. 반면에 양벌규정의 후단 부분에 관한 대법원의 해석태도는 분명하지 않다. 종업원 등이 위반행위를 한 경우는 불법단계부터 법인의 행위반가치성(의무위반)을 독자적으로 요구하고 있기 때문에 불법귀속 부터도 인정되지 않고, 후단부분은 전단부분과는 달리 동일시이론에 기초되어 있지 않으므로 책임귀속은 더 더욱 인정하고 있다고 보기 어렵기 때문이다.

따라서 만약 양벌규정의 후단부분의 법적 성격을 귀속규범으로 인정하지 않는다면, 대상판결의 위 결론 및 공식은 절반만 맞고 절반은 틀리다. 위 판시에는 위반행위를 한 자연인이 대표자가 아니라 종업원 등인 경우에도 종업원의 습벽 여부가 법인에게 결정적이고 따라서 종업원에게 상습성이 인정되어 비친고죄가 적용되면 법인에게도 비친고죄가 적용된다고 하기 때문이다. 위 대상판결의 결론을 역추론하면 대법원은 양벌규정의 전단부분 뿐 아니라 후단부분에 대해서도 그 법적 성격을 귀속규범으로 해석하고 있다고 해야 하는 바, 실제로 대법원이 그러한 태도를 취하는지는 알기 어렵다. 어쨌든 위 대상판결의 사안은 위반행위자가 대표자이기 때문에 더 이상 논의를 전개해 볼 필요는 없지만, 판시내용에는 위반행위자가 종업원 등인 경우까지 포함되어 있어 논란의 불씨는 여전히 잠재되어 있다.

문제는 위 대상판결의 결론에 대해서는 양벌규정 전체에 대해 귀속규범적 성격을 인정하는 전제하에서도 혹은 양벌규정의 전단부분의 해석과 관련해서도 여전히 의문이 제기될 여지는 있다. 양벌규정의 귀속규범성을 인정한다고 하더라도 불법귀속까지는 몰라도 '책임'귀속까지는 여전히 인정될 수 없다는 비판적인 견지에서 근본적인 문제제기를 할 수 있기 때문이다. 다시 말하면 대상판결에서는 자연인의 '상습성'이 문제되는 바, 상습성은 행위자의 일신전속적 '신분'이므로 신분요소가 귀속이 인정되는 불법요소인지도 의문이고, 만약 상습성을 책임요소로 본다면 책임귀속을 인정되지 않는 출발점에 서게 되면, 자연인의 상습성을 법인에게 '이전'된다는 결론 자체가 부정되어야 하기 때문이다.

형법상 신분적 요소를 이전(종속)시킬 수 있는 근거를 가진 규정은 공범과 신분에 관한 형법 제33조 뿐이다. 그런데 종업원과 법인은 서로 공범관계(공동정범 포함)에 있는 것도 아니고, 만약 양자가 공범관계에 있다고 하더라도 양벌규정은 형법 제33조의 적용을 배제하므로 종업원 등의 신분이 법인에게 이전(종속)시키는 것은 처음부터 불가능하다고 할 수 있다. 귀속규범성을 인정하면 이러한 이전(종속) 자체를 법률적으로 의제할 수 있지만, 상습성이라는 특수한 개념표지 때문에 양벌규정의 규범적 성격만으로 좌지우지할 수 없는 도그마틱적 문제가 생길 수 있는 것이다.

요컨대, 위 대상판결의 결론은 양벌규정의 전단과 후단 모두에 대해 귀속규범적 성격을 인정하는 전제하에서만 타당성을 인정받을 수 있을 뿐, 후단부분의 법적 성격과 관련한 해석론의 전개 양상에 따라 절반은 맞고 절반은 틀릴 수 있다. 뿐만 아니라 법인의 형사책임을 인정함에 있어 불법귀속과는 달리 책임능력이 부정되는 법인에게 책임귀속까지는 인정할 수 없다는 완고한 태도를 취하게 되면, 위 결론의 전부에 대해서도 타당성을 인정할 수 없게 될 수도 있다. 이와 같은 해석상의 난점은 행위통제능력 상실 및 그로 인해 일정한 습벽으로 이어지는 '상습성'이라는 표지가 인간만을 겨냥한 도그마틱적 개념임을 전제로 한 것임에 기인한다. 이러한 전제 의하면 조직화된 단체인 '법인'의 경우에는 상습성이 이물질(aluid)이다. 법인처벌을 근거지울 수 있는 양벌규정의 정보내용이 빈약한 만큼, 그 빈약성을 보충하려면 오랫동안 지속되면서 형사처벌의 법적 근거가 되어 온 형법총칙의 범죄성립요건 및 귀속원리를 법인의 형사책임을 인정하는 일에도 차용해오지 않을 수 없고, 그렇게 하려면 법인처벌에 관한 근거규정을 형법전 속으로 가져와 형법총칙의 규정을 받을 수 있도록 하는 것이 가장 효율적인 방법일 것으로 생각된다.

3. 양벌규정과 법인에 대한 죄수

【대상판결 5】 대법원 2015. 6. 24. 선고 2014도16273 판결

"이 사건 법률조항은 영리의 목적과 공급가액등의 합계액이 일정액 이상이라는 가중사유를 구성요건화 하여 조세범 처벌법 제10조 제3항 위반과 합쳐서 하나의 범죄유형으로 정하고 공급가액등의 합계액에 따라 구분하여 법정형을 정하고 있는 것이므로, 법인의 대표자가 수개의 조세범 처벌법 제10조 제3항 위반행위에 대하여 이 사건 법률조항 위반의 1죄로 처벌받는다고 하더라도 조세범 처벌법 제18조(또는 구 조세범 처벌법 제3조)의 양벌규정에 의하여 처벌되는 법인의 조세범 처벌법 위반죄는 무거래 세금계산서 수수행위 등으로 인한 조세범 처벌법 위반죄의 죄수에 관한 일반 법리가 적용되어 특별한 사정이 없는 한 각 세금계산서 등 문서마다 1개의 죄가 성립된다고 보아야 한다."

대상판결은 대표자가 범한 수개의 무거래 세금계산서 수수행위에 대해 대표자의 죄수와 법인의 죄수를 각각 다르게 판단하고 있다. 여기서도 물음은 예의 그 법적 근거에 맞추어진다. 주체별로 죄수판단을 달리하는 위와 같은 결론의 법적 근거도 '양벌규정'이라면 결론은 분명하다. 대표자가 위반행위를 한 경우에는 법인의 처벌을 대표자의 위반행위를 기준으로 한다는 귀속규범적 성격의 도그마틱적 결론에 따르면 대표자가 1죄이면, 법인도 1죄가 된다고 할 것이다. 그러나 이번에는 대법원이 결론의 법적 근거를 양벌규정에서 구하지 않고, "조세범 처벌법 위반죄의 죄수에 관한 일반 법리"에서 구하고 있다.

대상판결에서 대표자에 대한 죄수와 법인에 대한 죄수결정을 달리보는 이유는 충분한 근거를 가지고 있다. 대표자가 범한 수개의 조세범 처벌법 제10조 제

3항의 위반행위(무거래 세금계산서 수수행위)의 죄수를 1죄로 판단하는 것은 조세범 처벌법 제10조 제3항의 가중사유(영리목적+공급가액의 합계액이 일정액 이상)를 규정하고 있는 특가법 제8조의2 제1항의 규정 때문이다. 바로 이점은 대법원이 법인처벌 및 죄수판단을 위해 양벌규정 및 그에 기한 해석론을 근거로 삼을 수 없는 결정적인 이유가 된다. 즉 특가법에는 특가법상의 위반행위를 범한 자연인의 위반행위(특히 특가법 제8조의2 제1항에 규정된 가중사유로서의 위반행위)에 연계하여 법인을 처벌한다는 '양벌규정'이 처음부터 마련되어 있지 않은 것이다. 만약 특가법에도 양벌규정이 존재하고, 대상판결에서 문제되었던 위 특가법 조항이 양벌규정의 위반행위로 특정되었더라면, 대법원은 대표자에 대해서는 물론이고 법인에 대해서도 특가법 위반죄의 1죄를 인정할 수 있을 것이다. 그리고 이러한 결론의 법적 근거는 양벌규정이고, 양벌규정의 법적 성격을 귀속규범적 성격으로 해석하는 태도로 뒷받침될 수 있었을 것이다.

물론 특가법에 양벌규정이 없더라도 대표자가 특가법상의 위반행위를 한 것을 전제로 조세범처벌법상의 '양벌규정'을 법인의 처벌 및 죄수결정의 법적근거로 삼는 것이 전혀 불가능한 것은 아니다. 양벌규정을 두고 있지 않은 특가법에서 법인처벌을 배제한다는 명문의 규정도 두고 있지 않으므로 조세범처벌법상의 양벌규정을 '최종적인' 법인처벌 및 법인에 대한 결정의 근거로 삼을 수 있기 때문이다. 특가법과 일반법과의 관계상 특가법에서 일반법에 있는 어떤 규정의 적용배제를 명문화하고 있지 않는 한 그 일반법상의 규정이 여전히 적용된다는 해석태도를 취할 수 있다. 예컨대 형법의 친족상도례 규정을 특가법에서 적용배제하는 명문의 규정이 없다면, 특가법 위반행위자에 대해서도 여전히 친족상도례 규정을 적용할 수는 있다. 그러나 이러한 해석과 적용방식은 일반법상의 규정이 행위자에게 유리한 규정일 경우에 타당할 뿐, 불리한 규정일 경우에는 그 타당성을 인정받기 어렵다. 예컨대 형사소송법상의 고소불가분의 원칙의 경우는 특가법에서 적용을 배제한다는 명문의 규정이 없어도 그 규정을 적극적으로 준용한다는 명문의 규정이 없는 한, 특가법상의 위반행위자들 간에는 고소불가분의 원칙을 적용할 수 없는 것과 마찬가지이다. 이러한 취지에 따르면 법인을 처벌함에 있어 조세법위반죄의 수죄로 인정 것에 비해 특가법 1죄로 인정하는 것이 법인에게 더 불리한 이상, 대표자에 대해서와 마찬가지로 법인도 특가법 1죄로 처벌하려면 법인의 죄수 판단을 위해 양벌규정을 적용하는 명문의 규정을 특가법에 두어야 할 것이다. 따라서 특가법에 양벌규정을 두고 있지 않은 상황에서는 법인을 특가법 위반죄로 처벌하기 위해서는 조세범처벌법상의 양벌규정을 준용할 수는 없다고 해야 한다.

대법원은 대상판결에서 법인의 죄수를 조세범처벌법 위반죄의 수죄로 인정하는 근거로서 '죄수에 관한 일반이론'에 따른 것으로 판시하고 있음은 이와 같이 특가법도 하는 법적 근거가 될 수 없고, 조세범처벌법상의 양벌규정도 그 법적 근거로 될 수 없기 때문인 것으로 보인다. 그러나 여기에서 대상판결의 이러한 판시에 대해서는 다음과 같은 의문이 생긴다. 법인처벌의 법적 근거가 양벌규정밖에 없는 상황에서 법인의 죄수에 관한 판단을 양벌규정을 매개함이 없이 형법총칙의 이론인 죄수에 관한 일반이론에 따를 수 있는가? 독자적으로 행위할 수 없는 법인에 대해 – 자연인(대표자)의 행위 및 그 행위에 대한 구성요건적 평가와 무관하여 – 독립적으로 적용될 죄수에 관한 일반이론은 도대체 무엇을 말하는가?

앞에서 우리는 법인의 처벌에 관한 한 형법총칙의 적용이 배제된다는 기본적인 해석론을 유지한, 법인의 죄수에 관해서도 형법총칙의 죄수에 관한 일반이론은 적용할 수 없다고 보아야 한다. 이러한 출발점에서 보면 법인의 죄수도 결국은 법인처벌에 관한 명문의 규정을 두고 있는 조세범 처벌법상상의 양벌규정에 근거하지 않을 수 없다. 그러나 앞에서 살펴보았듯이 대상판결에서 대표자의 위반행위가 전제되어 있는 부분인 – 귀속규범적 성격을 가진 – 양벌규정을 적용하여 법인처벌을 하려면 법인에 대한 죄수가 – 명문의 규정이 없는 – 특가법 위반죄 1죄가 될 수는 없는 것임을 확인하였다.

여기서 조세범처벌법상의 양벌규정에 근거하면서도 결론적으로 대상판결과 같이 법인에 대한 죄수를 조세범 위반죄의 수죄로 인정하려면, 그에 전제될 대표자의 위반행위가 먼저 특가법 위반죄 1죄만이 아니라, 조세범처벌법 위반죄의 수죄로도 될 수 있어야 한다. 이것이 가능한지를 확인해 보기위해 대표자의 위반행위에 대한 죄수평가로 다시 돌아가 보자. 양벌규정의 적용대상이 아닌 대표자의 위반행위에 대한 죄수판단을 위해서는 형법총칙상의 죄수에 관한 일반이론이 적용되어야 함에는 의문이 없다. 이에 따르면 대표자는 수개의 조세범처벌법 위반죄와 한 개의 특가법 위반죄는 법조경합의 일종인 특별관계에 따라 특가법위반죄 1죄만 성립한다. 그런데 법조경합은 각자가 모두 실질적으로 성립하고 어느 것으로든 처벌될 수 있다고 보는 상상적 경합과는 달리 각 위반죄의 법조 중 하나만 적용되고 다른 하나는 배척되는 관계를 말한다.[35] 문제는 '대표자'의 처벌과 관련해서는 '배척'된 조세범처벌법 위반죄의 구성요건의 운명이다. 대표자 처벌과 관련해서만 그 적용만 '배척'될 뿐 '법인' 처벌과 관련해서는 구성요건은 여전히 '충족'될 수 있다는 사실에는 변함이 없다고 할 수 있는가?

대상판결에서 대법원이 법인을 조세범처벌법 위반죄의 수죄로 인정하는 결론을 취하려면 선결조건에 해당하는 물음으로서 법조경합의 본질에 관한 이 물음에 관해 긍정적으로 답해야 한다.[36] 뿐만 아니라, 대법원이 대표자의 행위에 대한 법적 평가와 관련한 이 물음에 대해 긍정적으로 답하고, 대상판결에서 말하는 '죄수에 관한 일반이론'(즉 법조경합의 경우라도 그 적용이 배척된 법규가 양형단계에서나 공범자에 대해는 여전히 살아서 적용가능!)이 바로 이점을 말하는 것으로 해독하더라도, 이것만으로 '법인'의 죄수결정에 관한 법적 근거를 '죄수에 관한 일반이론'이라고 말해서는 안된다. 죄수에 관한 일반이론은 자연인의 행위를 전제로

---

35) 상상적 경합을 진정 경합으로 분류하는 반면 법조경합은 부진정 경합으로 분류하는 것도 이 때문이다.

36) 대법원은 이에 관한 해석론을 전개한 적은 없다. 그러나 법조경합이 이중평가금지원칙에 따라 행위자를 불리하지 않게 하기 위해 인정되는 것이지만, 그 때문에 행위자를 유리하게 하게 해서도 안된다. 그렇게 되려면 적용이 배척된 형벌법규는 구성요건은 일단 충족되지만 적용만 배제되었다가 양형단계에서 예컨대, 그 배척된 형벌법규가 몰수를 법효과로 인정하고 있을 경우에는 몰수를 선고할 수 있도록 해야 하고, 배척된 형벌법규의 하한형에 차당효를 발휘시켜 그 하한향을 하회하는 양형을 허용해서도 안된다고 해야 할 것이다. 마찬가지로 배척되는 형벌법규가 구성요건조차 충족되지 않는 것이 아니라면 거기에 공범으로 가담한 제3자는 그 배척된 형벌법규 위반의 공범성립을 인정할 수도 있다{이에 관해서는 김성돈, 형법총론(제5판), 성균관대학교출판부, 2018, 724-725면}.

한 형법총칙의 해석태도이고, '법인'처벌에 관한 양벌규정은 형법총칙의 규정의 적용을 배제하는 것이기 때문이다. 이 때문에 위 대상판결은 '죄수에 관한 일반이론'에 따라 법인의 죄수결정을 한 것이라고 말하고 있지만, 실제로는 법인의 처벌과 관한 한, 대표자의 위반행위에 대한 죄수판단에 있어서 – 법조경합의 경우에도 배척된 구성요건은 거기에 관계된 제3자의 행위판단과 관련해서는 여전히 의미가 있다는 – '죄수에 관한 일반이론'을 '매개로' 삼아 결국 종국적으로는 '양벌규정'을 통해 법인의 죄수판단에 대한 결론을 내릴 수 밖에 없는 것이다.

이 때문에 대법원의 위 대상판결의 판시는 법인의 죄수에 관한 한 자연인의 위반행위에 대한 죄수판단과 전적으로 독립하여 그 자체를 죄수결정에 관한 모종의 일반이론에 따라 결정할 수 있는 듯한 오해를 낳는다. 이러한 오해를 불식시키려면, 대상판결에서 법인의 죄수문제도 법인에 대한 처벌을 근거지우는 조세범처벌법상의 '양벌규정'의 적용에 따라야 하는 것임을 분명히 해야 하고, '죄수에 관한 일반이론'에 따를 것이 아님을 분명히 해야 한다. 이를 위해서는 중간 논증을 생략한 채 결론만 제시할 것이 아니라 대표자에게도 조세범처벌법 위반죄의 수죄가 인정될 수 있다는 – '죄수에 관한 일반이론'(a)을 적용하는 – '중간결론'과정을 거쳐야 한다. 이러한 중간결론은 가중 구성요건인 특가법위반죄와 단순 구성요건인 조세범처벌법 위반죄가 법조경합에 있을 경우라도 그 적용이 배척되는 조세범 처벌법 위반죄의 수죄가 부활한다는 또 다른 '죄수결정에 관한 일반이론'(b)으로 논증되는 경우에만 타당하다. 요컨대, 대법원이 법인처벌에 관한 유일무이한 근거규정인 양벌규정의 위력을 무시하는 인상을 보이지 않으려면, 법인에 대한 죄수판단의 기준을 양벌규정에 따라 결정했다고 말해야 했을 것이다.

결론적으로 대법원의 판시내용은 법인에 대한 죄수판단의 법적 근거와 관련하여 두 가지 문제성 있는 태도를 노출시키고 있다. 첫째, 대법원이 말하는 죄수에 관한 일반법리가 형법총칙의 해석상 죄수에 관한 일반법리라고 한다면, 법인처벌의 법적 근거가 양벌규정이 아니라 형법총칙의 규정이라는 태도를 수용하는 것과 같은 오해를 낳는다. 둘째, 법인의 죄수판단 역시 양벌규정에 의거한다면,

그 양벌규정의 어느 부분을 어떻게 해석해서 법인에 대한 죄수결정에 관한 결론을 도출해야 하는 것인지를 판결문에서 보여줘야 하는데, 대법원은 법인에 대한 죄수판단에 이른 논증과정을 구체적으로 제시해야 할 의무를 저버리고 있다.

4. 법인에 대한 몰수 · 추징

【대상판결 6】 대법원 1961. 6. 7. 선고 4293형상923 판결

"법인에 대한 추징문제에 관하여 심안컨대 관세법 제210조에 의하면 「법인의 사원 혹은 직원 사용인 기타 종업원이 법인의 업무에 관하여 본법에 규정한 벌칙에 저촉하는 행위를 한 때에는 당해 행위자를 처벌하는 외에 법인도 처벌한다」 규정하였으므로 위 처벌에 부수하여 처단할 부가형인 몰수 또는 추징에 있어서도 그 적용을 배제하는 특별명문이 없는 한 이를 부가 처단하여야할 것이라고 해석되는 바 동법 제212조 제1호에 의하면 「제197조 제198조 제198조의2 또는 제200조의 규정에 의하여 몰수할 물품의 전부 또는 일부를 몰수할 수 없는 때에는 그 몰수할 수 없는 물품의 원가에 상당한 금액을 범인으로부터 추징한다」 규정하였고 또 동 제2호에 의하면 「제209조의 설영인 영업자 또는 세관 화물취급인은 전항의 규정의 적용에 있어서는 범인으로 간주한다」 규정하였을 뿐이고 제210조 소정의 <u>법인에 대하여는 범인으로 간주한다는 규정이 결여되어 있으므로 일견 법인에 대하여는 처벌하나 몰수추징은 과하지 아니하는 취지로 해석할 수 있는 감이 없지 아니하나 이것만으로는 곧 법인에 대한 몰수추징의 적용을 배제하는 특별규정으로 볼 수 없다고 해석함이 타당하다 할 것이다</u>. 왜냐하면 원래 세법상의 범칙처벌은 범칙발생을 방지하는 동시에 동 범칙으로 인하여 침해된 국가재정을 보전확보함에 있다 할 것인바 만일 소론과 같이 범인인 종업원등 개인에게만 몰수 또는 추징을 과하고 법인에게는 이를 과하는 취지가 아니라면 이는 위 국가재정의 전보확보의 목적에 배치되는 것이기 때문이다. 즉 법인의 사원 직원 사용인 종업원 등은 법인에 비하여 일반적으로 그 자력에 있어서 열등하고 따라서 거액의 범칙에 대하여 무자력자인 여사한 개인에게 추징을 과한다 하여도 그 실효를 걷을 수 없고 결국은 국가손실에 귀착할 것이오 그 반면 법인은 추징을 면하므로 인하여 범죄에 의하여 불법 이익을 보유함에 이르르게 됨에 비추어 유자력자인 법인에게 추징을 과하여야 할 것임은 당연한 귀결이기 때문이다. 그<u>러므로 관세법 제210조에 의하여 법인에게 형사책임을 문책하여 처벌하는 이상 부가형인 몰수추징도 이를 과하여야 할 것이며 또 그 처벌되는 행위에 의한 법인의 불법이익 보유의 폐를 제거하여야 할 것이다</u>."

대상판결은 법인에게 형사책임을 지우는 이상 부가형인 몰수 · 추징도 법인에게 (당연히) 부과한다는 태도를 취하고 있다. 이러한 취지의 판시는 양벌규정이 법인을 처벌하고 있으므로 부가형에 해당하는 몰수도 양벌규정을 통해 가능하다는 취지이다. 그러나 양벌규정에서 '법인'은 벌금형의 부과대상으로 형사책임을 지우기는 하지만, 행위능력과 책임능력이 인정되는 형법상의 행위자 또는 범인이 아닌 것으로 취급하는 해석론에 따르면 대상판결의 취지를 그대로 받아들이기에는 의문이 있다. 양벌규정이 원칙적으로 범죄능력이 부정되는 법인에게 형벌을 부과하는 규정으로서 형법총칙의 규정이 적용되지 않는 예외규정이라면, 법인에게는 형법 제48조의 몰수추징에 관한 규정이 적용될 수 없기 때문이다.[37) 법인에 대한 몰수추징을 자연인의 위반행위를 기준으로 삼아 결정하려는 대상판결의 태도는 양벌규정의 법적 성격을 귀속규범으로 해석하는 도그마틱적 결론으로부터 얻어낼 수 있는가? 이것도 불가능하다고 하지 않을 수 없다. 양벌규정의 법적 성격을 귀속규범으로 보는 것은 법인에 대해 적용될 구성요건적 불법을 자연인의 위반행위와 그것과 일치시킬 수 있는 근거로 삼을 수는 있지만, 각 주체에 대해 적용될 구체적인 제재의 종류와 내용까지 자연인에게 적용될 제재와 일치시키는 일과 무관하기 때문이다.

이러한 관점에서 본다면, 양벌규정을 두고 있는 각본조의 벌칙조항에 별도의 몰수추징규정이 있더라도 그 몰수추징의 대상에 법인도 포함한다고 하거나 법인도 범인으로 본다는 특별규정이 없는 한 법인에 대한 몰수추징은 불가능하다고 해야 한다. 이 판결이 나온 후, 1975. 12. 22. 관세법이 개정되어 이와 같은 내용의 특별규정이 관세법 제198조 제2항[38)]으로 들어오게 된 것도 입법자가

37) 법인에게 형법 제48조에 의하여 몰수(또는 추징)의 부과 가능성이 열려있다고 하는 견해{조국, 앞의 논문(주 24), 60면, 각주5; 이천현 · 송효종, 기업의 경제활동에 관한 형사법제연구(Ⅱ) - 기업범죄에 대한 제재체계의 현황과 개선방향 -, 한국형사정책연구원, 2010, 32면}가 있지만, 양벌규정에 의해 처벌되는 법인에 대해서는 형법총칙의 규정의 적용될 수 없을 뿐 아니라, 형법상 범죄능력이 인정되지 않는 법인을 '범인'으로 해석하기는 더 더욱 어렵기 때문에 몰수추징과 관련하여 법인을 범인으로 간주하는 특별조항이 없는 한 법인에 대한 몰수추징은 불가능하다고 해야 한다. 이에 관해서는 후술한다.

38) "제195조의 본인 및 제196조의 법인은 제1항의 규정의 적용에 있어서는 이를 범인으로 본다"

이러한 한계를 보완하기 위한 취지로 보인다. 이러한 특별규정의 태도는 현행 관세법 제282조 제4항[39] 에서도 그대로 유지되고 있다. 이러한 명문의 규정이 새로 생기게 된 것은 원칙적으로 법인은 범죄능력이 없어 '범인'이 될 수 없으므로 몰수추징도 불가능한 것임을 전제하고 있음을 말해준다. 형벌법규는 행위자가 범인인 경우를 전제하고 주형 뿐 아니라 부가형도 원칙적으로 범인에게만 적용할 수 있는 것이다.

그러나 대법원은 특별규정이 만들어진 이후 대법원 1980. 12. 9. 선고 80도584 판결에서도 "관세법 제196조에 의하여 법인에게 형사책임을 문책하여 처벌하는 이상 그 법인에게 부가형인 몰수나 추징도 과하여야 할 것이므로 (당원 1961. 5. 31. 선고 4293형상923 판결 참조) 양벌 규정에 의한 법인의 처벌의 경우에는 행위자가 아닌 법인에게 따로 추징을 과하는 판결을 할 수 없다는 논지는 독자적인 견해로서 채용할 수 없다."라고 함으로써, 법인에 대한 몰수추징이 그것을 가능하게 하는 특별규정에 근거해서만 가능한 것이 아니라는 취지를 여전히 포기하지 않고 있다. 이점은 이때 나온 판시에서 1961년 대상판결의 취지가 그대로 원용되고 있음에서 읽을 수 있다. 이 때문에 대법원은 - 물론 그 후속 판결은 없지만 - 장차 '법인을 범인으로 본다'는 특별규정의 존부와 무관하게 '법인에 대한 몰수추징을 배제한다는 특별규정이 없는 한', 법인에 대한 몰수추징이 얼마든지 가능하는 태도를 이어갈 것이라는 오해를 불러일으키고 있다. 이러한 점은 "제210조 소정의 법인에 대하여는 범인으로 간주한다는 규정이 결여되어 있으므로 일견 법인에 대하여는 처벌하나 몰수추징은 과하지 아니하는 취지로 해석할 수 있는 감이 없지 아니하나 이것만으로는 곧 법인에 대한 몰수추징의 적용을 배제하는 특별규정으로 볼 수 없다고 해석함이 타당하다"는 대상판결의 판시내용에서 확인되고 있다.

이러한 태도에 따르면 각본조의 벌칙조항에 위반행위에 대한 처벌규정 및

---

39) "제279조의 개인 및 법인은 제1항부터 제3항까지의 규정을 적용할 때에는 이를 범인으로 본다."

몰수추징규정이 있고 법인을 처벌하는 양벌규정이 존재할 경우, 그 양벌규정을 '행위자를 벌하는 외에 법인도 처벌하고 또 법인에 대한 몰수추징도 가능하다'고 보충적으로 해석하는 결과가 될 것이다. 따라서 예컨대 법인의 직원인 피고인이 법인의 업무에 관하여 외국환거래법위반행위를 하고 법인이 외국환 등을 취득한 경우에는 행위자를 처벌하는 외에 법인도 처벌하는 외국환거래법의 양벌규정(제31조)과 몰수 · 추징 규정(제30조)이 적용되어 법인으로부터도 당해 외국환 등을 몰수 · 추징할 수 있게 된다. 학설상 이 쟁점을 최초로 다루면서 이를 긍정하는 견해는 "양벌규정을 통해서 수형능력이 인정됨으로써 예외적으로 형벌이 부과되는 경우라면 부가형인 몰수 · 추징도 마땅히 법인에게 부과할 수 있다고 보아야 할 것이다"[40]고 한다. 그러나 이러한 해석은 형법해석상 피고인인 법인에게 불리한 해석으로 수용되기 어렵다. 만약 대법원이 이러한 입장과 같이 수범자를 불리하게 하는 일반법의 특정 조항의 적용을 특별법에서 배제한다는 명문의 규정이 없는 한, 특별법에서도 그대로 적용하는 태도를 취한다면, 형법의 해석적용상 묵과하기 어려운 태도라고 하지 않을 수 없다. 부가형도 형사제재이고 그것은 당사자에게 불이익 내지 해악을 수반하는 한, 적용을 위한 별도의 명문의 규정을 필요로 하고 그에 대한 엄격한 해석이 요구되기 때문이다.

위 대상판결에서 대법원이 관세법의 취지 내지 목적을 전면에 내세워 법인에게 몰수추징을 가능하게 하는 해석론을 전개하고 있음도 설득력을 얻기 어렵다. 대법원은 세법상의 처벌조항이 침해된 국가재정을 전보확보함에 있음을 전제로 개인은 '법인에 비하여 그 자력이 열등하고 거액의 범칙에 대해 무자력자와 다름없는 개인에게만 추징을 하고 법인에게 추징을 하지 않는 것은 실효를 거둘 수도 없고, 결국 국가재정에서 손실에 이를 것'임을 역설하고 있다. 그러나 관세법상의 목적과 양벌규정의 취지는 차원을 달리한다. 전자는 세법상 범칙행위를 처벌하는 규정을 예고함으로써 국가손실을 예방하는 것을 목적으로 하는데 반해, 후자는 그 관세법상의 취지를 법인에게도 타당하게 하려는데 있기 때문이다. 양

40) 노수환, "외국환 거래법상 필요적 몰수 · 추징에 관한 몇가지 고찰", 성균관법학 제29권 제2호, 성균관대학교 법학연구원(2017. 6), 171면.

벌규정의 취지는 관세법상의 벌칙조항의 실효성을 얻기 위함에 있는 것이고, 관세법상의 몰수추징 규정은 범죄로 인한 불법수익을 박탈하기 위한 취지의 것이기 때문에 그 불법수익의 박탈 대상자를 몰수추징규정에서 별도로 특정하지 않으면 안된다. 그럼에도 불구하고 양벌규정을 통해 불법수익의 박탈까지 도모하려는 해석론은 양벌규정에게 과부하를 거는 일이라고 하지 않을 수 없다.

5. 양벌규정과 자수감경

【대상판결 7】 대법원 1995. 7. 25. 선고 95도391 판결

> "법인의 직원 또는 사용인이 위반행위를 하여 양벌규정에 의하여 법인이 처벌받는 경우, <u>법인에게 자수감경에 관한 형법 제52조 제1항의 규정을 적용하기 위하여는 법인의 이사 기타 대표자가 수사책임이 있는 관서에 자수한 경우에 한하고, 그 위반행위를 한 직원 또는 사용인이 자수한 것만으로는 위 규정에 의하여 형을 감경할 수 없다 고 할 것이다.</u> 같은 취지의 원심의 판단은 옳고, 거기에 소론과 같은 법리오해의 위법이 없다."

대상판결은 대표자의 자수로 인한 형벌감경의 효과는 법인에게도 적용할 수 있지만, 종업원 등의 자수로 인한 형벌감경의 효과는 법인에게 인정할 수 없다고 한다. 여기서 대상판결은 과감하게도 그리고 이례적으로 법인에게 적용될 규정을 양벌규정이 아니라 형법총칙의 규정을 직접 제시하고 있기도 하다. 법인에게도 자수에 관한 형법총칙의 규정을 적용할 수만 있다면 법인에게 자수감경의 법효과는 확실하게 인정할 수 있다. 그러나 범죄능력있는 자연인을 겨냥한 형벌부과요건 및 그 법적효과인 형벌에 관한 규정인 형법총칙을 법인에게 적용하는 것은 애시당초 가능하지 않은 일이다. 법인처벌은 법인처벌의 유일한 근거규정인 양벌규정을 통해서만 가능하기 때문이다. 그렇다면 여기에서 형법총칙이 아니라 '양벌규정'을 통해서 대표자에 대한 자수감경의 효과를 법인에게도 미친다고 할 수 있는 가능성을 모색해 볼 필요가 있다.

먼저 양벌규정의 법적 성격에 대한 해석학적 결론이 대상판결의 결론과 같을 수 있는지를 살펴보자. 위 대상판결에서 위반행위자가 대표자인 경우이다. 양벌규정의 대표자 관련부분은 귀속규범적 성격을 가진 것이라는 점에 이견이 없으므로 귀속규범적 성격은 어떤 도그마틱적 결론으로 귀결되는가? 귀속규범으로서의 양벌규정은 법인을 대표자의 '위반행위'를 기준으로 처벌하게 한다. 이에 따르면 법인은 대표자의 위반행위에 대해 적용될 법정형에 따라 처벌된다. 그러나 대표자의 '자수'는 위반행위가 아니다. 따라서 아무리 귀속규범적 성격 가진 양벌규정이라도 대표자의 자수(행위)감경의 효과까지도 법인에게 귀속시킬 정도로 그 귀속의 견인력을 인정할 수는 없다. 귀속규범은 범죄행위를 기초 단위로 삼아 그 범죄행위 자체의 법효과까지 귀속력을 인정하는 것이지 범죄행위자가 추가적으로 한 범행 이후의 행동 단위까지 귀속의 범주 속으로 가져올 정도로 견인력을 가질 수는 없기 때문이다. 심지어 대법원은 "수개의 범죄사실 중 일부에 관하여만 자수한 경우에는 그 부분 범죄사실에 대하여만 자수의 효력이 있다"[41]고 함으로써 자수감경의 효과를 동일 사건 내에서도 확장시키고 있지 않다. 이 때문에 공범 간에도 자수감경의 효과는 공유될 수 없는 것이라고 해야 한다. 마찬가지로 법인과 독립된 법인격을 가진 대표자가 자수를 하였다고 해서 그 자수의 법효과가 법인에 대해서도 인정된다고 하기는 어렵다. 이러한 관점에서 보면 대상판결의 앞부분은 잘못이고, 종업원등이 자수를 한 경우 그에 대한 자수감경의 효과가 법인에게 미치지 않는다는 뒷부분만 타당하다.

그러나 이와 같이 양벌규정의 법적 성격에 대한 해석론으로는 근거지울 수 없는 결론을 형법총칙의 규정으로 근거지운 대상판결의 결론을 받아들여야 하는 것은 별개의 문제이다. 법인에게 형법총칙을 적용할 수 있는 근거가 없기 때문이다. 자수의 성격상 법인에게 따로 자수를 하도록 요구하여 자수감경의 효과를 부여할 수도 없다. 자수는 "범인이 수사기관에 의사표시를 함으로써 성립하는 것이므로 내심적 의사만으로는 부족하고 외부로 표시"[42]될 것을 요구하고 있고, 특히 "자수를 형의 감경사유로 하는 첫째 이유는 범인이 그 죄를 뉘우침에 있는 것이므로 죄를 뉘우침이 없는 자수는 그 외형은 자수일지라도 법률상 형의 감경사유가

41) 대판 1994. 10. 14, 94도2130.
42) 대판 2011. 12. 22, 2011도12042.

되는 진정한 자수라 할 수 없다."[43]라고 하는 바, 법인이 스스로 이러한 내심의 의사표시를 통한 뉘우침으로 나아가기는 불가능하기 때문이다. 따라서 이 문제는 양벌규정을 개정하여 예컨대, 자연인이 자수하면 법인도 자수한 것으로 본다라는 식의 명문의 규정을 두지 않고는 해결이 요원하다. 그렇지 않고서는 대표자가 위반행위를 한 경우이든 종업원 등이 위반행위를 한 경우이든 자수감경의 효과는 자수한 자연인에게만 미치고 법인에게는 미치지 않는다고 할 수 밖에 없다.

만약 자수감경의 효과를 법인에게도 줄 필요성이 있다면, 부득히 형법총칙 규정을 법인에게도 적용할 수 있는 법적 기반을 갖추어야 한다. 그러기 위해서는 형법전과 양벌규정을 양립시키는 이원적 체계를 버리고 양벌규정과 같은 방식의 형벌법규를 형법전속에 편입시키면서 경우에 따라서는 귀속컨셉을 통해 법인을 처벌하고 형법총칙의 적용이 필요한 부분은 형법총칙의 규정을 준용한다는 플랫폼 규정 형식이 별도로 필요할지도 모른다. 법인처벌을 위한 규정을 형법전속으로 편입시키기 위해서는 법인에게도 이론적으로 – 구성주의적 방법을 통해 – 행위능력과 책임능력을 근거지울 수 있어야 할 것이다.

IV. 양벌규정의 수범자

양벌규정은 원칙적으로는 독립된 법인격을 부여한 법인을 수범자로 삼아 자연인을 수범자로 하는 형법에 비해 현격하게 완화된 형벌부과요건을 서로 이질적인 다양한 수범자들(개인업무주/단체/법인격없는 단체/정당/조합)에게 동일하게 요구하고 있다. 이로써 양벌규정은 자연인 개인을 형법의 임의적 공범규정을 통한 처벌방식에 맡기지 않고 법인처벌을 겨냥한 양벌규정의 '손쉬운 처벌' 트랙 속에 넣어 두고 있어 – 헌법상의 자의금지(평등원칙)에 반할 수 있음은 차치하고라도 – 각본조의 벌칙조항속에서 형법총칙의 적용을 받게 되는 자연인 위반행위

---

43) 대판 1994.10.14, 94도2130.

자인 개인 업무주와의 관계설정을 어렵게 만드는 경우도 있다. 양벌규정의 수범자의 이질성과 관련한 쟁점들에 대해 대법원이 어떤 태도를 취하고 있는지를 살펴보자.

1. 양벌규정의 수범자 확대와 양벌규정의 취지

【대상판결 8】 대법원 2017. 12. 5. 선고 2017도11564 판결

"건설산업기본법 제98조 제2항은 "법인의 대표자나 법인 또는 개인의 대리인, 사용인, 그 밖의 종업원이 그 법인 또는 개인의 업무에 관하여 제94조, 제95조, 제95조의2, 제96조 또는 제97조 제1호 · 제2호 · 제3호의 위반행위를 하면 그 행위자를 벌하는 외에 그 법인 또는 개인에게도 해당 조문의 벌금형을 과한다."라고 정하고 있다. 위 규정의 취지는 제96조 제5호 등 벌칙규정의 적용대상인 건설공사 시공자가 아니면서 그러한 업무를 실제로 집행하는 자가 있을 때 벌칙규정의 실효성을 확보하기 위하여 적용대상자를 해당 업무를 실제로 집행하는 자까지 확장하여 그 행위자도 아울러 처벌하려는 데 있다. 이러한 양벌규정은 해당 업무를 실제로 집행하는 자에 대한 처벌의 근거 규정이 된다. 결국 위 규정은 해당 법조의 위반행위를 건설시공자인 법인이나 개인이 직접 하지 않는 경우에 그 행위자나 건설시공자 쌍방을 모두 처벌하려는 것이므로, 이 양벌규정에 따라 건설시공자가 아닌 행위자도 업무주인 건설시공자에 대한 벌칙규정의 적용대상이 된다."

대상판결에서 대법원은 업무주라는 신분적 지위에 있는 주체의 위반행위를 처벌하는 각 본조의 벌칙조항을 그러한 신분적 지위를 결여한 자가 실제로 위반행위를 한 경우 그 행위자의 처벌여부 및 처벌근거로 제시하고 있다. 대상판결은 단호하게 그 신분없는 행위자도 처벌할 수 있다고 하면서 그 처벌근거를 '양벌규정'에서 찾고 있다. 그런데 원래 양벌규정은 직접 위반행위를 한 자를 처벌하기 위해 만들어진 것이 아니라 위반행위를 하지 않은 법인 등을 수범자로 삼고 있는 규정이다. 이러한 점은 대법원이 반복적으로 선언하고 있는 양벌규정의 취지 관련 판시에서 분명히 드러나 있다. 즉 양벌규정의 취지는 위반행위를 직접 하지 않은 법인 업무주(사업주) 또는 개인 업무주(사업주)을 처벌하기 위해 일정한 위반행위를 하는 행위자를 처벌하는 각 본조의 벌칙조항과 그 벌칙조항을 위반한 자연인의 위반행위를 전제로 삼아 각 본조의 벌칙조항의 실효성을 확보하는데 있다고 한다. 법인의 종업원 등에 의해 계속·반복적으로 행해지는 위반행위를 통해 법인 업무주나 개인 업무주도 처벌함으로써 결국은 각 본조의 벌칙조항의 위반행위를 억제 내지 예방하려는 취지라는 것이다.[44] 양벌규정을 통한 처벌여부가 문제될 경우 그 초점이 위반행위를 하지 않은 법인 업무주나 개인 업무주에 대해 맞추어지는 것도 이 때문이다.

그런데 위 대상판결에서의 사안에서는 위반행위를 하지 않은 업무주가 아니라 위반행위를 직접한 행위자의 처벌여부가 문제되고 있다. 여기서 의문의 초점은 직접 위반행위를 하지 '않은' 개인 업무주 또는 스스로 위반행위를 할 수 '없는' 법인 업무주를 처벌하기 위한 취지에서 만들어졌다고 하는 양벌규정을 어떻게 해석하면 해당 업무를 실제로 행한 행위자에 대한 처벌근거로 삼을 수 있는가 하는 점에 모아진다.

대상판결은 이러한 의문에 답하기 위해 종래 대법원이 수많은 판시에서 반복적으로 설시해 온 양벌규정의 취지와는 사뭇 다른 취지의 판시를 하고 있다. 대상판결에서 대법원은 건설산업기본법 제98조 제2항이라는 양벌규정의 취지가 "제96조 제5호 등 벌칙규정의 적용대상인 건설공사 시공자가 아니면서 그러한 업무를 실제로 집행하는 자가 있을 때 벌칙규정의 실효성을 확보하기 위하여 적용대상자를 해당 업무를 실제로 집행하는 자까지 확장하여 그 행위자도 아울러 처벌하려는 데 있다."고 하고 있는 바, 여기서 대법원은 벌칙조항의 실효성을 담보하는 전혀 다른 전략을 구사하고 있다. 앞에서 통상적인 양벌규정의 취지를 설명하기 위해서는 "위반행위를 직접하지 않은 법인 또는 개인을 처벌하기 위(함)"이라고 하였다가, 이번에는 "해당 업무를 직접 실행하는 자에 대한 처벌"을 하기

---

44) 대판 2010. 9. 30, 2009도3876. "폐기물관리법에서 위와 같이 양벌규정을 따로 둔 취지는, 이 사건 법률조항이 적용되는 위반행위는 통상 개인적인 차원보다는 법인의 업무와 관련하여 반복적·계속적으로 이루어질 가능성이 크다는 점을 감안하여, 법인의 대표자가 그 업무와 관련하여 위반행위를 저지른 경우에는 그 법인도 형사처벌 대상으로 삼음으로써 위와 같은 위반행위 발생을 방지하고 위 조항의 규범력을 확보하려는 데 있다."

위(함)"이라고 양벌규정의 취지를 전복시키는 방법을 구사하고 있다.

양벌규정의 취지와 그 취지를 담보하기 위한 전략을 이렇게 바꾸어 버리고 있는 위 공식을 만든 이상 양벌규정은 이제 위반행위를 직접 행한 (개인 또는 법인) 업무주 아닌 자를 처벌하는 법적 근거로 활용될 수 있게 된다. 이 공식 뒤에 따라나오는 판시내용, 즉 "이러한 양벌규정은 해당 업무를 실제로 집행하는 자에 대한 처벌의 근거 규정이 된다."라는 부분은 위 양벌규정의 새로운 취지를 등에 업고 만들어진 위 공식의 동어반복에 다름 아니다.

양벌규정이 그 수범자를 (법인 또는 개인) 업무주에서 업무주 아닌 행위자로 확대한다는 취지를 담고 있는 대상판결은 1999년 전원합의체 판결[45]이래 지금까지 수많이 복제되어 온 판결들[46] 중의 하나이다. 양벌규정은 기준을 무엇으로 삼는지에 따라 다양하게 분류될 수 있겠지만, 양벌규정의 취지를 기준으로 삼으면 두 가지 유형으로 대별될 수 있다. 첫 번째 유형의 양벌규정은 자연인 행위자의 직접적 위반행위(및 그 위반행위에 대한 각 본조의 벌칙조항)를 전제로 삼아 위반행위를 직접 하지 않은 법인 또는 개인을 처벌하는 것을 내용으로 하는 양벌규정이고(이를 '전형적 양벌규정'이라고 하자), 두 번째 유형의 양벌규정은 업무주만을 처벌하는 각 본조의 벌칙조항의 위반행위를 업무주의 지위에 있지 않은 자가 직접 행한 경우 그 행위자를 처벌하는 것을 내용으로 하는 양벌규정이다(이

45) 대판 1999. 7. 15, 95도2870(전원합의체). "구 건축법(1991. 5. 31. 법률 제4381호로 개정되어 1992. 6. 1. 시행되기 전의 것, 이하 같다) 제54조 내지 제56조의 벌칙규정에서 그 적용대상자를 건축주, 공사감리자, 공사시공자 등 일정한 업무주(업무주)로 한정한 경우에 있어서, 같은 법 제57조의 양벌규정은 업무주가 아니면서 당해 업무를 실제로 집행하는 자가 있는 때에 위 벌칙규정의 실효성을 확보하기 위하여 그 적용대상자를 당해 업무를 실제로 집행하는 자에게까지 확장함으로써 그러한 자가 당해 업무집행과 관련하여 위 벌칙규정의 위반행위를 한 경우 위 양벌규정에 의하여 처벌할 수 있도록 한 행위자의 처벌규정임과 동시에 그 위반행위의 이익귀속주체인 업무주에 대한 처벌규정이라고 할 것이다. 이와 일부 달리 구 건축법 제57조의 양벌규정은 행위자 처벌규정이라고 해석할 수 없는 것이므로 위 규정을 근거로 실제의 행위자를 처벌할 수 없다고 한 대법원 1990. 10. 12. 선고 90도1219 판결, 1992. 7. 28. 선고 92도1163 판결 및 1993. 2. 9. 선고 92도3207 판결의 견해는 이와 저촉되는 한도에서 변경하기로 한다."

46) 대판 2017. 12. 5, 2017도11564; 대판 2017. 11. 14, 2017도7492; 대판 2010. 9. 9, 2008도7834판결; 대판 2009. 2. 12, 2008도9476; 대판 2005. 12. 22, 2003도3984 등.

를 '비전형적 양벌규정'이라고 하자). 전형적 양벌규정에서 지시되고 있는 벌칙조항들은 자연인 행위자의 직접적 위반행위라는 동질의 벌칙조항으로만 되어 있는 반면, 비전형적 양벌규정에서 지시되고 있는 벌칙조항들은 자연인 행위자의 직접적 위반행위를 처벌하는 벌칙조항과 업무주 등 신분자만을 처벌하는 벌칙조항이라는 이질적 벌칙조항의 조합으로 되어 있는 특징을 보여주고 있다.

대상판결을 - 비전형적 양벌규정에 국한해서인지는 모르지만 - 지지하는 견해는 양벌규정으로 업무주를 처벌하면서도 실제로 그 업무주를 위해 범죄행위를 저지른 자를 처벌하지 않는 것은 이론상 모순이라고 한다. 뿐만 아니라 양벌규정의 문언이 "행위자를 벌하는 외"에 법인 또는 개인도 처벌한다고 되어 있기 때문에 직접 행위자를 양벌규정에 의해 처벌하는 것도 얼마든지 가능하다고 한다.[47] 그러나 양벌규정상의 "행위자를 벌하는 외"에라는 문구는 업무주인 법인 또는 개인처벌은 행위자 처벌과 별개로 이루어질 수 있다는 의미이고, 반드시 행위자 처벌을 전제조건으로도 하는 것은 아니다.[48] 이 점은 양벌규정의 해석상 업무주 처벌을 위해 행위자 처벌이 반드시 전제되는 것은 아니라고 하는 대법원의 태도에서도 이미 드러나 있다.[49] 이 때문에 업무주 처벌을 위해 종업원인 '행위자'의 위반행위가 반드시 범죄성립의 모든 요건을 갖출 필요도 없다.[50] 양벌규정의 '처벌'은 위반행위를 하지 않은 업무주의 처벌에 맞추어져 있기 때문에, 업무주 처벌의 첫단추는 직접 위반행위를 한 행위자의 '처벌'여부가 아니라, 그 행위자의 '위반행위'의 존재인 것이다.[51]

---

47) 김대휘, "양벌규정의 해석", 형사판례의 연구 I, 지송 이재상 교수 화갑기념논문집(1999), 116면.

48) 김혜경, "양벌규정상 처벌되는 행위와 행위자간의 불일치, 그리고 법인의 범죄능력 인정", 형사정책연구 제29권 제1호, 한국형사정책연구원(2018), 227면에서는 "양벌규정의 '그 행위자를 처벌하는 외에'라는 법문은 그 앞에 숨은 뜻으로 '(벌칙조항에 의하여) 그 행위자를 처벌하는 외에'라는 의미이지, 판례가 해설하는 바와 같이 '(벌칙 조항에 의하여는 처벌될 수 없는) 그 행위자를 (양벌규정으로) 처벌하는 외에 법인도 처벌'하는 것이 아니라고 보아야 할 것"이라고 하면서 판례의 태도를 '유추'라고 평가한다.

49) 대판 1987. 11. 10, 87도1213.

50) 법인처벌과 위반행위의 범죄성립요건 충족의 관계에 관해서는 대상판결 12에서 후술한다.

51) 물론 '업무주의 처벌은 종업원의 처벌을 전제로 하는 것이 아니다'는 취지의 1987년 대법원 판결의 논지는 위 대상판결의 논지와 그 지평을 전적으로 달리한다. 즉 1987년 판결은 직접 행위자인 종업원의 처벌에 초점을 맞추고 있는 것이 아니라, 양벌규정의 적용을 통한 업무주의 처벌에 초점을 맞추고 있는 것인 반면, 위 대상판결은 직접 위반행위를 한 '행위자' 처벌에 초점이 맞추어져

문제는 더 있다. 대상판결의 판시내용 중에는 업무주 아닌 행위자가 '양벌규정'에 의해 처벌되는지 '벌칙조항'에 의해 처벌되는지가 분명하지 않은 대목도 있기 때문이다. 대상판결은 "결국 (중략) 이 양벌규정에 따라 건설시공자가 아닌 행위자도 업무주인 건설시공자에 대한 벌칙규정의 적용대상이 된다."라고 판시하고 있다. 이러한 판시만을 통해서는 위반행위를 한 행위자가 양벌규정의 적용대상이라는 말인지, 아니면 양벌규정을 경유하여 결국 벌칙조항의 적용을 받는 것인지도 분명하게 알기 어렵다.[52] 문자적으로 '해독'하면 위반행위를 직접 한 행위자는 양벌규정을 매개하여 결국 각본조의 벌칙조항의 적용을 받는다고 말할 수 있을 것이다.

여기서 양벌규정의 속성과 벌칙조항의 속성을 평가해 보면, 위반행위에 대해 형벌을 부과하고 있는 '벌칙조항'은 행위규범적 속성을 전면에 가지고 있는 반면, 위반행위를 하지 않은 업무주에 대해 형벌을 부과하고 있는 '양벌규정'은 제재규범적 속성을 전면에 가지고 있다. 행위규범인 벌칙조항은 수범자를 '업무주'로 제한해 두고 있고, 제재규범인 양벌규정도 수범자를 업무주로 예정해 두고 있다. 이러한 규범현실에서 대법원은 양벌규정의 수범자도 아니고 벌칙조항의 수범자에서도 배제되어 있는 행위자에 대한 처벌의 공백[53]을 확인했다. 이에 대법원은 행위자를 처벌할 필요성에 부응하기 위해 양벌규정의 취지확장이라는 목적론적 해석을 동원함으로써 수범자 확장을 '공식화'하고 있다. 여기에서 가벌성 확장의 결론에 이르는 한 목적론적 축소해석 뿐 아니라 목적론적 확대해석 역시 죄형법정주의 위반이라는 점은 차치하고라도, 그리고 백걸음 양보하여 대법원이 문언의 가능한 범위내에서 이루어져야 할 목적론적 확장해석을 했다고 인정하더라도, 업무주라는 신분적 요소를 비신분자인 행위자에게 이전(종속)시켜 주는 '문언'[54]은 양벌규정 어디에도 없다.

있다.

52) 양벌규정'이' 행위자 처벌의 근거규정이 된다고 하는 판결(대판 2017. 11. 14, 2017도7492)도 있고, 양벌규정에 '따라' 행위자도 벌칙조항의 적용대상이 된다고 하는 판결(대판 2017. 12. 5, 2017도11564)도 있으며, 양벌규정에 '의하여' 행위자도 벌칙규정의 적용 대상이 된다는 판결(대판 2010. 9. 9, 2008도7834)도 있다.

53) 양벌규정에 대해 이러한 공백을 메우는 충전물의 역할을 기대할 수 있다는 견해는 조병선, "양벌규정과 법인의 형사책임", 형사판례연구 3, 한국형사판례연구회(1995), 16면.

54) 양벌규정상의 '행위자를 벌하는 외'라는 '문언'은 그 근거가 될 수 없음은 앞서 밝혔다.

양벌규정은 행위하지 않은 업무주에게 행위를 빌어오는 행위귀속의 컨셉(경우에 따라 책임귀속까지)으로 되어 있을 뿐, 양벌규정에 있는 신분적 지위를 직접 행위한 자에게도 귀속(또는 종속)시킬 수 있는 신분귀속의 컨셉이 아니기 때문이다. 뿐만 아니라 벌칙조항의 어디에도 업무주라는 신분적 요소를 가지고 있지 않은 행위자에게 그 신분을 이전(또는 종속)될 수 있음을 근거지워주는 단서를 찾을 수 없다.

이러한 상황에서 대법원의 태도를 대변하기 위해 동원할 수 있는 가능한 방법은 양자를 종합적으로 결합시키는 방법 뿐이다. 가벌성의 요건상 각기 결함을 가지고 있어 어느 하나에 의거해서는 처벌될 수 없는 두 개의 규범이 서로의 결함을 메우기 위해서는 두 개의 규범을 합집합적으로 결합시키는 방안이 대안이 될 수 있기 때문이다. 이러한 결합방식을 형법해석상 체계적 해석의 일종으로 볼 수 있는지와 별개로 이러한 방식이 형벌법규의 해석으로 가능한지도 의문이다. 각본조의 벌칙조항(행위규범+제재규범)의 실효성을 보충하기 위해 수범자를 달리하는 차원에서 만들어진 양벌규정(귀속규범+제재규범)을 서로 합집합적으로 결합시켜 나가 가벌성을 확장한다면 구성요건을 편의에 따라 변신시켜 걷잡을 수 없는 가벌성의 확장에 이를 수 있기 때문이다.

다른 한편 개인 업무주와 종업원 행위자 간에 업무주의 묵인 또는 지시에 의해 벌칙조항의 위반행위가 이루어진 경우에 국한해서 본다면, 양자가 모두 자연인이므로 형법 제33조의 적용을 통해 신분의 종속이 가능하다고 할 수 있을지 모른다. 그러나 형법 제33조의 본문은 신분자의 행위에 비신분자가 가담한 것을 전제로 만들어진 것이므로 종업원(비신분자)의 행위에 업무주(신분자)가 가담하는 경우에는 적용할 수 없는 한계가 있다.

생각건대 형법의 해석상 업무주라는 신분의 이전(종속)효과를 근거지울 수는 없는 근본적 한계는 입법자가 벌칙조항의 주체를 업무주라는 신분자로 제한하면서도 그 주체를 확장할 수 있는 연결고리를 만들어놓지 않은 탓에 있다. 따라서 입법론적으로 업무주 아니면서 위반행위를 한 행위자 처벌의 근거는 양벌규정에서가 아니라 원래 행위규범인 벌칙조항에서 마련하는 것이 바람직하다. 즉 양벌규정이 아닌 벌칙조항에 업무주가 아니더라도 신분없는 업무주를 위해 행위한 경우에는 처벌한다는 규정을 추가하는 것이 타당한 해법인 것이다. 결론적으로 입법을 통해서 해야 할 일을 해석을 통해 수행한 대법원의 해석은 법발전이 아니라 법형성에 해당한다.[55] 죄형법정주의 위반[56]이라고 평가할 수 밖에 없다.[57]

2. 지방자치 단체와 국가(기관)

【대상판결 9】 대법원 2009. 6. 11. 선고 2008도6530 판결[58]

"국가가 본래 그의 사무의 일부를 지방자치단체의 장에게 위임하여 처리하게 하는 기관위임사무의 경우 지방자치단체는 국가기관의 일부로 볼 수 있고, 지방자치단체가 그 고유의 자치사무를 처리하는 경우 지방자치단체는 국가기관의 일부가 아니라 국가기관과는 별도의 독립한 공법인으로서 양벌규정에 의한 처벌대상이 되는 법인에 해당한다. 또한, 법령상 지방자치단체의 장이 처리하도록 하고 있는 사무가 자치사무인지, 기관위임사무에 해당하는지 여부를 판단하는 때에는 그에 관한 법령의 규정 형식과 취지를 우선 고려하여야 하며, 그 외에도 그 사무의 성질이 전국적으로 통일적인 처리가 요구되는 사무인지 여부나 그에 관한 경비부담과 최종적인 책임귀속의 주체 등도 아울러 고려하

55) 대법원의 태도를 "법창조"라고 반대하면서도 그 반대를 위한 다른 논거로 양벌규정이 선임감독상의 과실범처벌규정인데 양벌규정에 따라 행위자를 처벌하면 고의범인 행위자를 과실범으로 처벌할 수 있게 되어 모순이 된다는 견해{이재상, 형법기본판례 : 총론, 박영사(2011. 6), 48면}도 있지만, 양벌규정이 과실범처벌을 근거지우고 있는 것이 아니라 법인처벌을 위해 최소한 과실을 요하는 것으로 해석하고 따라서 법인을 고의범으로 처벌하는 것도 가능하다고 보는 이상 두 번째 논거에 대해서는 동의할 수 없다.

56) 박강우, "양벌규정과 업무주 및 행위자의 처벌", 형사판례연구 8, 한국형사판례연구회(2000), 146면.

57) 박기석, "양벌규정의 문제점과 법인범죄의 새로운 구성", 형사정책, 제10권 제0호, 형사정책학회(1998)에서는 양벌규정을 자연인 행위자 처벌조항도 되는 것임을 인정하면서도(109면), 업무주만을 처벌하는 벌칙조항을 양벌규정을 경유하여 처벌하는 대법원의 태도에 대해서는 비판적인 태도(110면)를 취하고 있다.

58) 지방자치단체 소속 공무원이 지정항만순찰 등의 업무를 위해 관할관청의 승인 없이 개조한 승합차를 운행함으로써 구 자동차관리법(2007. 10. 17. 법률 제8658호로 개정되기 전의 것)을 위반한 사안에서, 지방자치법, 구 항만법(2007. 8. 3. 법률 제8628호로 개정되기 전의 것), 구 항만법 시행령(2007. 12. 31. 대통령령 20506호로 개정되기 전의 것) 등에 비추어 위 항만순찰 등의 업무가 지방자치단체의 장이 국가로부터 위임받은 기관위임사무에 해당하여, 해당 지방자치단체가 구 자동차관리법 제83조의 양벌규정에 따른 처벌대상이 될 수 없다고 한 사례임.

여 판단하여야 한다."

대상판결은 지방자치단체도 양벌규정의 수범자인 법인에 포함시키고 있다. 그러면서 지방자치단체가 공법인으로서 양벌규정의 법인에 해당하기 위해서는, 국가기관 위임사무가 아니라 자치단체의 고유의 자치사무를 처리하는 경우로 제한하고 있다. 이러한 제한적 해석태도를 견지함에 있어 대법원은 – 묵시적으로 – 국가기관 또는 국가기관의 일부는 형사처벌의 대상이 될 수 없다는 점을 못박고 있다.

이러한 판시의 취지에 대해서는 몇 가지 의문이 떠오른다. 동일한 지방자치단체가 어떤 업무 내지 기능을 수행하느냐에 따라 형사처벌의 대상이 되기도 하고 형사처벌의 대상이 되지 않기도 하다는 대상판결이 근거로 삼고 있는 법리는 무엇인가? 공법인은 형사처벌이 될 수 있다고 하면서도 국가 또는 국가기관 또는 국가기관의 일부는 형사처벌의 대상이 될 수 없다고 하는 근거는 어디에 있는가? 국가기관 고유의 기능 내지 사무를 수행하는 경우가 아니라면, 외관상 국가기관이라도 기능주의적 관점에서 관할 내지 책무가 국가기관 고유의 사무관할 내지 책무범위 바깥에 있으므로 형사처벌의 대상이 될 수 있는 여지는 없는가?

생각건대 국가가 형사처벌의 대상이 될 수 없는 근거가 국가는 형벌권의 주체이지 형벌권의 객체가 아니라는 사고에 기초하고 있다면, 이는 국가주의적 사고의 변형형태라고 할 수 있다. 오늘날 민주주의 이념은 형벌권의 국가독점주의에 반대한다. 형벌권에 있어서 민주주의 원칙은 – 조직화된 단체인 법인이 형벌권의 대상이 된 것과 마찬가지로 – 고도로 조직화된 단체에 해당하는 국가기관은 공법인으로서 국가형벌권의 대상이 될 수 있다는 것이다. 현대 민주주의 헌법을 가진 국가에서 모든 국가권력의 주체는 국민이고, 국가는 국민으로부터 위임받은 사무를 처리하고 있다. 이러한 국민이 주권자이면 형벌권의 주체도 국민이라고 하거나, 아니면 적어도 국민을 주권자로 삼는 민주국가가 형벌권의 주체이고, 스스로 형벌법규를 위반한 국가 또는 국가기관이 국가라는 이유만으로는 민주국가의 형벌권에 의해 형사처벌의 대상에서 배제될 수는 없다.[59] 특히 국가가 단순히 형벌법규를 위반한 것이 아니라 형벌법규 위반에 더하여 국민의 자유권적 기본권을 제한하는 '국가폭력'의 형태를 띨 경우는 국가에 대한 형사책임을 인정할 정당성은 더욱 커진다. 물론 국가를 공법인으로서 지방자치단체와 마찬가지로 형사처벌을 한다고 하더라도 현행법제하에서는 자연인이 아닌 이상 '법인'처벌을 가능하게 하는 양벌규정을 통해서 밖에 할 수 없다. 따라서 입법론적으로는 이러한 국가폭력이 국가기능 수행자를 통해 반복적으로 행해질 경우 그 기능수행자에 의해 위반되는 형벌법규를 위반행위로 삼는 양벌규정이 만들어질 수도 있을 것이다. 이러한 방식의 국가책임은 – 비록 형사책임은 아니지만 – 이미 헌법에서 인정되어 있다. 헌법 해석론으로도 국가책임은 기본적으로 기능수행자인 공무원의 행위를 전제로 하지만 그 공무원의 불법에 대해 국가는 대위책임을 지는 것이 아니라 국가 자체의 행위책임을 지는 것으로 해석되고 있다. 국가기관을 과태료 처분의 대상으로 삼고 있는 행정법규도 이미 존재한다.[60]

이러한 맥락에서 보면, 국가는 형사책임의 대상이 될 수 없고, 이러한 국가형사책임불가론을 전제로 삼아 지방자치단체 역시 국가의 위임사무를 행하는 경우에는 형사책임을지지 않고 자치사무를 행하는 경우에만 형사책임을 진다는 논리는 다분히 작위적이다. 국가가 어떤 사무이든 그 기능수행상 기능수행자인 행위자의 불법행위가 있으면 그것의 법적 책임을 국가에 귀속시키는 것이 가능하다면, 지방자치단체의 경우에도 자치사무를 넘어 국가위임사무의 일환으로 행해지는 불법행위에 대해서 형사책임을 인정하지 말아야 할 이유가 필연적인 이유는 없기 때문이다. 오히려 법앞의 평등과 법치주의원칙 그리고 국민주권의 헌법

59) 유사한 취지로는 박기석 · 허순철, "지방자지단체에 대한 양벌규정의 적용가능성," 형사정책연구 통권 제77호, 한국형사정책연구원(2012), 753면.

60) 개인정보보호법 제3조 제5호에서 '개인정보처리자'에는 업무를 목적으로 개인정보파일을 운용하기 위하여 스스로 또는 다른 사람을 통하여 개인정보를 처리하는 공공기관, 법인, 단체 및 개인 등을 말하고, 제6호의 '공공기관'에는 국회, 법원, 헌법재판소, 중앙선거관리위원회의 행정사무를 처리하는 기관, 중앙행정기관(대통령 소속기관과 국무총리 소속기관을 포함한다) 및 그 소속기관, 지방자치단체, 그 밖의 국가기관 및 공공단체 중 대통령령으로 정하는 기관을 말하며, 제75조(과태료)에는 제15조 제1항을 위반하여 개인정보를 수집한 자에게 5천만원 이하의 과태료를 부과하고 있다.

적 이념에 비추어 보면 국가기능수행자를 통해 불법을 행하는 국가도 형벌권의 객체가 될 수 있다고 보는 것이 더 자연스럽다.

3. 합병법인과 수범자 승계

【대상판결 10】 대법원 2015. 12. 24. 선고 2015도13946 판결

"회사합병이 있는 경우 피합병회사의 권리 · 의무는 사법상의 관계나 공법상의 관계를 불문하고 모두 합병으로 인하여 존속하는 회사에 승계되는 것이 원칙이지만, 그 성질상 이전을 허용하지 않는 것은 승계의 대상에서 제외되어야 한다. 양벌규정에 의한 법인의 처벌은 어디까지나 형벌의 일종으로서 행정적 제재처분이나 민사상 불법행위책임과는 성격을 달리하는 점, 형사소송법 제328조가 '피고인인 법인이 존속하지 아니하게 되었을 때'를 공소기각결정의 사유로 규정하고 있는 것은 형사책임이 승계되지 않음을 전제로 한 것이라고 볼 수 있는 점 등에 비추어 보면, 법인이 형사처벌을 면탈하기 위한 방편으로 합병제도 등을 남용하는 경우 이를 처벌하거나 형사책임을 승계시킬 수 있는 근거규정을 특별히 두고 있지 않은 현행법하에서는 합병으로 인하여 소멸한 법인이 그 종업원 등의 위법행위에 대해 양벌규정에 따라 부담하던 형사책임은 그 성질상 이전을 허용하지 않는 것으로서 합병으로 인하여 존속하는 법인에 승계되지 않는다(대법원 2009. 12. 24. 선고 2008도7012 판결 등 참조)."

대상판결에서 대법원은 양벌규정에 따라 형사책임을 부담해야 할 법인이 합병되어 있을 경우 그 합병으로 인하여 존속하는 법인에게까지 형사책임이 승계되는 것이 아님을 인정하고 있다. 형벌의 일신전속적 성격을 기초로 했을 때 그리고 피합병법인과 합병법인은 다른 별개의 법인격을 가진 존재라는 점을 고려한다면, 이견없이 인정되어야 할 법리로 보인다.

그러나 양벌규정을 통한 법인의 처벌이 형법을 통해 자연인에 대해 형벌을 부과하는 경우와 본질을 달리한다는 점을 고려하면 위 대상판결의 법리를 재음미해 볼 여지가 없지 않다. 무엇보다 대상판결이 합병으로 소멸한 법인에 대한 형사책임은 그 성질상 이전을 허용하지 않는다고 하면서도 "법인이 형사처벌을 면탈하기 위한 방편으로 합병제도 등을 남용하는 경우 이를 처벌하거나 형사책임을 승계시킬 수 있는 근거규정을 특별히 두고 있지 않은 현행법"을 운운하고 있는 대목에서는 합병된 법인 형사처벌불가론은 절대적인 법원칙이 아님을 자인하고 있는 것처럼 보이기도 한다. 성질상 이전을 허용하지 않는 형사책임이라도 입법의 형성의 자유를 통해 이전을 허용할 수 있도록 만들 수 있다는 취지로 해독될 수 있기 때문이다.[61]

다른 한편 대상판결이 그 성질상 이전을 허용하지 않기 위해 활용하고 있는 두가지 논거도 사실상 그 근거가 취약하다. 첫째 대법원은 대상판결에서 "양벌규정에 의한 법인의 처벌은 어디까지나 형벌의 일종으로서 행정적 제재처분이나 민사상 불법행위책임과는 성격을 달리한다."라고 한다. 그러나 대법원은 다른 판결에서 이미 양벌규정을 통한 법인처벌이 진정한 의미의 형벌부과를 의미하는 것이 아님을 인정한 적이 있다. 즉 대법원의 양벌규정의 취지가 종업원등의 반복적 위반행위를 예방하기 위한 차원에서 마련된 것이고, 따라서 양벌규정에 따른 법인처벌이 – 그렇지 않고 일반 형법규정을 통한 형사처벌의 경우와는 달리 – "행정처분의 부과를 위한 전제조건으로 볼 수 없다."라는 판시[62]가 그것이다. 둘째 대법원은 형사책임 승계불가론의 근거를 형사소송법 제328조가 '피고인인 법인이 존속하지 아니하게 되었을 때'를 공소기각결정의 사유로 규정하고 있음을 근거로 삼고 있다. 하지만 형사소송법 제328조의 공소기각은 형식적 요건의 결여를 통한 공소기각결정사유로서 법인이 존속하지 아니하게 된 일반적인 경우를 지칭한다. 따라서 피합병된 법인이 존속합병속에서 여전히 존속하는 경우에도 제328조의 "존속하지 아니하게 된 때"로 해석할 것인지도 의문이다. 형사소송법은 부가형의 일종인 몰수를 법인에게 부과할 경우, 이보다 더 큰 예외를 인정하고 있기까지 하다. 예컨대 합병으로 인해 존속하는 법인에게도 몰수가 가능한 것임

---

61) 2015년 개정된 몽골형법(9.1)에는 승계에 의해 존속하거나 합병으로 인해 존속하는 법인에 대해서도 형사처벌할 수 있다는 규정도 있다.

62) 이 판결은 형사판결이 아니지만, 심지어 양벌규정이 "형사법상 자기책임주의원칙의 예외"라고 까지 판시하고 있다(대판 2008. 5. 29, 2007두26568). 물론 이 판결과 마찬가지로 형사판결이 아닌 다른 판결에서 대법원은 "양벌규정에 의한 법인에 대한 벌금형부과가 그 위반행위를 한 종업원등의 불법과 구별되는 독자적인 법인의 불법"임에 기초하여 법인이 위반행위를 한 종업원 등에게 납부 벌금액을 구상할 수 없다는 취지의 판시도 하고 있다(대판 2007. 11. 16, 2005다3229).

을 인정하고 있는 규정이 그것이다.[63] 이 규정은 존속법인에 대한 벌금형부과를 근거지울 수 있는 - 해석상의 단서는 아니지만 - 입법론상 합병으로 인해 존속하는 법인에게 벌금형의 승계를 허용하는 입법을 뒷받침하는 근거가 될 수도 있다. 뿐만 아니라 입법론으로 가지 않더라도 적어도 피합병회사와 합병회사가 법인격적으로 동일성을 유지한다면, 벌금형의 승계도 인정될 수 있는 전향적인 해석론을 전개할 수도 있을지도 모르겠다.

V. 형사절차와 양벌규정

양벌규정은 법인처벌에 관한 실체요건을 정하고 있을 뿐, 절차적인 측면에 관한 규율내용은 가지고 있지 않다. 양벌규정에 의해 지시되는 위반행위를 한 자연인 행위자에 대한 공소제기를 하는 경우 법인에 대한 공소제기가 없어도 되는지 아니면 별도의 공소제기가 있어야 하는지, 별도의 공소제기를 할 경우 형사소송법에서와 마찬가지로 기소편의주의에 따라 검사는 공소제기를 하지 않을 수도 있는 것인지, 자연인 위반행위자에 대한 고소가 있으면 법인에 대한 별도의 고소는 필요없는 것인지, 법인에 대한 형사재판에서 법정에 출석하는 피고인은 누구인지 등의 물음에 대해 양벌규정은 하나도 답하고 있지 않다. 형사소송법에는 피고인 또는 피의자가 법인인 때에는 그 대표자가 소송행위를 대표한다고 하고 있을 뿐이다(법 제27조 제1항).

1. 친고죄의 경우 법인에 대한 고소

【대상판결 11】 대법원 1996. 3. 12. 선고 94도2423 판결

“고소는 범죄의 피해자 또는 그와 일정한 관계가 있는 고소권자가 수사기관에 대하여 범죄사실을 신고하여 범인의 처벌을 구하는 의사표시이므로, 고소인은 범죄사실을 특정

63) 법인에 대하여 벌금, 과료, 몰수, 추징, 소송비용 또는 비용배상을 명한 경우에 법인이 그 재판확정 후 합병에 의하여 소멸한 때에는 합병 후 존속한 법인 또는 합병에 의하여 설립된 법인에 대하여도 집행할 수 있다(법 제479조).

하여 신고하면 족하고 범인이 누구인지 나아가 범인 중 처벌을 구하는 자가 누구인지를 적시할 필요도 없는 바, 저작권법 제103조의 양벌규정은 직접 위법행위를 한 자 이외에 아무런 조건이나 면책조항 없이 그 업무의 주체 등을 당연하게 처벌하도록 되어 있는 규정으로서 당해 위법행위와 별개의 범죄를 규정한 것이라고는 할 수 없으므로, 친고죄의 경우에 있어서도 행위자의 범죄에 대한 고소가 있으면 족하고, 나아가 양벌규정에 의하여 처벌받는 자에 대하여 별도의 고소를 요한다고 할 수는 없다."

대상판결은 대법원이 양벌규정의 후단부분의 법적 성격을 귀속규범으로 보고 있음을 가시적으로 드러내고 있는 판결중의 하나이다. 자연인의 위반행위와 법인의 범죄가 별개의 것이 아니라는 대목에서 양자의 위반행위가 구성요건적으로 일치되는 것으로 보고 있기 때문이다. 그러나 대상판결은 양벌규정에 단서조항이 추가되어 있지 않았던 구 양벌규정을 대상으로 한 해석이어서 대법원이 현행 양벌규정의 후단부분의 법적 성격을 어떻게 해석할지에 대해서는 여전히 알기 어렵다. 앞서 언급했듯이 대법원이 단서조항의 해석상 법인의 과실불법을 근거지우는 것으로 보고 있음에 초점을 맞추면 대법원이 양벌규정을 법인에 대해 적용될 구성요건 창설규범으로 보는 태도를 취하고 있다고 해석할 수도 있기 때문이다.

어쨌든 '법인에 대한 고소라는 소추조건까지도 자연인의 고소를 기준으로 삼아야 한다'는 대상판결의 결론은 양벌규정의 법적 성격으로부터 도출될 성질의 것이 아니다. 양벌규정은 법인을 어떤 요건에 따라 어떻게 처벌할 것인지에 대한 규정이지, 법인에 대한 처벌을 위해 어떤 절차에 따라야 할 것인지에 대해서까지 정보를 주고 있지는 않기 때문이다.

물론 양벌규정의 귀속규범적 성격을 인정하는 해석론이 자연인의 위반행위를 기준으로 삼아 법인을 처벌하게 되는 논리적인 결론을 수반하면, 이렇게 수반된 결론은 실체법적 요건 뿐 아니라 절차법적 요건에도 영향을 미친다고 볼 수도 있다. 예컨대, 법인에게 적용될 구성요건을 자연인에게 적용될 구성요건과 일치되는 것으로 해석되는 바, 공소시효와 관련한 내용들도 양자에게 모두 공유된다. 그러나 공소시효와 관련된 내용은 적용될 구성요건의 법정형에서부터 나오는 규범논리적 결론이고, 친고죄의 고소와 같은 소추조건은 각 주체에게 적용될 구성요건이 일치성과는 무관하다. 자연인과 법인이 법적으로 독자적인 인격적 주체인 이상 절차상의 소송행위인 고소도 인격체 별로 별도로 제기되어야 할 것이다.

물론 대상판결에서 친고죄의 경우 고소불가분의 원칙을 자연인과 법인간에도 적용한 취지라고 이해해 볼 수도 있다. 그러나 자연인과 법인은 공범관계에 있지도 않다. 따라서 법인에게 별도의 고소제기가 요구되지 않는다고 하려면 공범자 중 일인에 대한 고소의 효력이 다른 공범자에게도 미친다는 것과 유사한 소송법적인 규정(주관적 고소불가분원칙)이 자연인과 법인 간에도 인정된다는 별도의 규정이 존재해야 할 것이다. 실체법적 요건이 아닌 절차법적인 요건까지 법인에게 귀속적 효과를 부여한다는 점을 양벌규정은 규정하고 있지 않기 때문이다.

이러한 점에서 보면, 대상판결이 소송법적 요건까지 법인에게 귀속시키는 태도는 양벌규정으로 커버될 수 있는 범위를 넘어서서까지 귀속규범적 성격의 논리적 귀결을 적용하고 있는 무리한 해석이라고 할 수 있다. 주관적 고소불가분의 원칙이 자연인과 법인간에도 인정된다는 별도의 규정이 없는 한, 친고죄의 경우 자연인에 대해 고소가 있더라도 법인에 대한 별도의 고소가 있어야 할 것이다.

2. '기관 고발사건'의 경우 대표자에 대한 고발

【대상판결 12】 대법원 2004. 9. 24. 선고 2004도4066 판결[64)]

"조세범처벌법 제6조는 조세에 관한 범칙행위에 대하여는 원칙적으로 국세청장 등의 고발을 기다려 논하도록 규정하고 있는바, 같은 법에 의하여 하는 고발에 있어서는 이른바 고소 · 고발 불가분의 원칙이 적용되지 아니하므로, 고발의 구비 여부는 양벌규정에 의하여 처벌받는 자연인인 행위자와 법인에 대하여 개별적으로 논하여야 한다."

대상판결은 이른바 '기관 고발사건'의 경우에는 법인에 대해 고발이 있더라

64) 피고발인을 법인으로 명시한 다음, 이어서 법인의 등록번호와 대표자의 인적 사항을 기재한 고발장의 표시를 자연인인 개인까지를 피고발자로 표시한 것이라고 볼 수는 없다고 한 사례.

도 대표자인 자연인을 처벌하기 위해서는 자연인에 대한 별도의 고발이 있을 것을 요구하고 있다. '기관 고발사건'의 경우에는 고소고발불가분의 원칙이 적용된다는 명문의 규정이 없음을 근거로 한다. 대상판결의 그 자체의 논리는 타당하다. 그러나 대상판결의 법리는 친고죄의 경우(앞의 대상판결)의 법리와 180도 다르다. 대상판결의 판시는 친고죄의 경우는 대표자의 고소가 있으면 법인에 대해 별도의 고소가 필요없다고 하면서 기관 고발사건의 경우는 대표자와 법인에 대한 별도의 고발이 필요하다고 하고 있기 때문이다. 대상판결 이후에도 같은 취지의 판결이 이어지고 있다.65)

대법원이 친고죄의 경우와는 정반대로 '기관 고발사건'의 경우는 자연인과 법인간에 고소불가분의 원칙이 적용되지 않는다는 태도를 취한 근거는 어디에 있는가? 차이라고는 친고죄의 경우는 고소권이 피해자 등이고, 기관 고발사건의 경우는 고발권이 특정 국가기관의 기관장에 있는 것 뿐이다. 고소불가분의 원칙의 적용여부를 따지만 이 차이는 문제되지 않는다. 기관 고발사건의 경우는 물론이고 친고죄사건의 경우에도 자연인과 법인 사이에는 명문의 규정이 없음은 공통되기 때문이다. 그럼에도 불구하고 후자의 경우는 적용가능론을 취하는 듯한 결론을 내리고, 전자의 경우는 적용불가론을 분명히 밝히고 있는 근거는 무엇인가? 친고죄사건의 경우는 자연인에 대해서 먼저 고소가 이루어진 반면, 기관 고발사건의 경우는 법인에 대해서만 고소가 이루어졌다는 차이가 의미있는 차이인가?

형사절차 속에서 이러한 차이에 의미를 부여하려면 다음과 같은 물음에 답할 수 있어야 한다. 만약 공정거래위원장이 위반행위를 한 대표자에 대해서만 고발을 하고 법인에 대해서는 별도의 고발이 없었을 경우에 대법원이 어떤 결론을 내렸을 것인가? 바꾸어 말하면 동일시이론이 적용되는 양벌규정의 전단부분은 귀속규범적 성격을 가지기 때문에 법인의 처벌을 자연인의 위반행위를 기준으로 할 수 있

---

65) 대판 2011. 7. 28, 2008도5757. "공정거래법 제70조의 양벌규정에 따라 처벌되는 법인이나 개인에 대한 고발의 효력이 그 대표자나 대리인, 사용인 등으로서 행위자인 사람에게까지 미친다고 볼 수도 없다."

는 바, 이 경우 앞의 친고죄 사건에 관한 대상판결과 유사하게 위반행위의 동일성을 근거로 삼아 자연인의 위반행위에 대한 고소가 있으면 법인에 대한 별도의 고소제기가 필요없다고 했을 것인가? 물론 소추조건과 관련한 소송법적 효력에 까지 양벌규정의 법적 성격에 따른 논리적 귀결을 인정할 수 없다는 필자의 태도에 의하면 이 경우에도 여전히 별도의 고소제기가 있어야 하는 것으로 보인다. 즉 '법인 → 자연인'이라는 역방향 뿐 아니라 '자연인 → 법인'이라는 순방향의 경우에도 고소 또는 고발이 어느 한쪽만으로 족하다고 말할 수 없는 것이다.

그러므로 대상판결이 '기관 고발사건'에 대해 고소불가분원칙을 적용할 수 있는 명문의 규정이 없음에 근거하여 법인과 자연인에 대해 별도의 고발이 있어야 한다는 태도를 취한 것과 마찬가지로, 앞의 친고죄 사건의 경우에도 법인과 자연인 간에 고소불가분의 원칙을 적용할 수 있는 명문의 규정이 없는 한, 고소제기는 누구에 대해 먼저 이루어졌던 법인격이 독립된 주체별로 별도로 이루어져야 한다는 태도를 취하는 것이 서로 모순되는 판결로 보일 소지를 없앨 수 있을 것으로 보인다.

3. 영업주에 대한 공소제기만 있는 경우

【대상판결 13】 대법원 2006. 2. 24. 선고 2005도7673 판결

"양벌규정에 의한 영업주의 처벌은 금지위반행위자인 종업원의 처벌에 종속하는 것이 아니라 독립하여 그 자신의 종업원에 대한 선임감독상의 과실로 인하여 처벌되는 것이므로 종업원의 범죄성립이나 처벌이 영업주 처벌의 전제조건이 될 필요는 없다(대법원 1987.11.10., 선고87도1213). 따라서 영업주인 피고인에 대하여만 공소가 제기된 이 사건 공소사실을 유죄로 인정한 원심판결에는 양벌규정에 관한 법리를 오해하는 등의 위법이 없다."

대상판결은 자연인 위반행위자에 대해서는 공소제기조차 되지 않은 경우에도 영업주에 대한 공소제기가 유효하고 그에 따라 영업주에 대한 유죄판결을 하더라도 양벌규정의 법리에 부합한다고 한다. 여기에서 양벌규정의 법리는 위 대상판결이 따르고 있는 '1987년 대법원 판결'의 판시내용에 정리되어 있다. 이 판시내용과 대상판결의 결론을 다시 결합하면 다음과 같이 말할 수 있다. 자연인 위반행위자가 위반행위의 불법이나 책임요건을 충족시키지 못한 경우라도 업무주만 공소제기하여 처벌할 수 있고, 자연인 위반행위자가 완전한 범죄성립을 모두 충족시키고 있어도 그에 대한 공소제기 없이 영업주만 공소제기하여 처벌할 수 있다는 것이다. 위 대상판결이나 1987년 대법원 판결의 사안에서 영업주는 법인이 아니라 개인 영업주이다.

여기에서 양벌규정의 해석론상 세 가지 물음이 제기될 수 있다. 첫째, 위와 같은 양벌규정의 법리는 영업주가 개인일 경우 뿐 아니라 법인인 경우에도 여전히 타당한가? 둘째, 위 판시내용을 근거로 양벌규정을 통한 법인처벌모델을 종속모델이 아니라 독립모델로 이해할 수 있는가? 셋째, 대상판결의 태도는 대표자(1987년 대법원 판결에서 위반행위의 주체는 종업원임)가 위반행위의 주체인 경우에도 그대로 유지될 수 있는가?

첫 번째 물음에 대해서는 - 양벌규정의 수범자로 개인 영업주와 법인 영업주를 병렬시키고 있는 한 - 개인과 법인에 대한 처벌근거를 별도로 요구하는 해석론을 전개하기는 어렵다. 물론 독자적 행위능력과 책임능력이 인정되는 자연인인 개인을 행위능력과 책임능력이 부정되는 법인과 동일한 처벌요건을 통해 처벌하는 것은 평등원칙상 위헌적일 수도 있다. 이 때문에 개인 영업주를 처벌함에 있어 위반행위를 한 종업원 등과 형법상 요구되는 공범성립요건을 적용하지 않고(만약 공범성립요건을 요구한다면, 제한종속형식에 따르더라도 영업주를 처벌하려면 종업원의 행위가 적어도 위법성이 인정되어야 할 것이다), 그보다 훨씬 처벌의 문턱을 낮춘 양벌규정의 법인처벌요건으로 처벌하는 양벌규정의 태도는 입법론상 재고되어야 할 것이다. 해석론으로 이러한 차등취급의 문제를 해결하기 위해서는 개인 영업주의 경우이든 법인 영업주이든 종업원의 행위가 책임요건까지 충족시킬 필요는 없지만 적어도 위법성은 인정되어야 한다는 태도를 견지해야 할 것이다. 이러한 태도를 취한다면 그 논리적 귀결상 두 번째 물음에 대해서는 '그렇지 않다'고 말할 수 밖에 없게 된다. 개인 업무주의 처벌은 공범의 법리와 같이 종업원의 위반행위의 불법에 종속되어 처벌되는 것이기 때문에 양벌규정을 독립모델이라고 할 수 없게 된다. 물론 실제로 대법원은 양벌규정의 수범자인 개인 영업주의 처벌조건과 법인 영업주의 처벌조건이 다르다고 보고 있지는 않은 것 같다.

이러한 전제하에서는 두 번째 물음에 대해서는 일단 양벌규정이 독립모델에 기초하고 있다고 답할 수 있다. 위반행위를 한 종업원이 처벌이 개인 영업주 또는 법인 영업주의 처벌의 전제조건이 아니라는 대목을 종업원의 위반행위가 범죄성립을 충족시키지 않더라도 영업주를 처벌할 수 있다고 해석할 수 있기 때문이다. 현행 양벌규정 영업주에 대해 종업원 등의 위반행위의 방지와 관련한 상당한 주의와 감독의무위반이라는 독자적 처벌근거를 요구하고 있는 것도 이러한 경우를 대비한 것이라고 할 수 있다. 그렇더라도 양벌규정의 법인처벌모델을 독립모델로 속단하기에는 이르다. 먼저 영업주를 처벌하려면 그에 대해 적용될 구성요건(적용법조)을 확정할 수 있어야 한다. 따라서 종업원 등의 위반행위가 그 자체 범죄성립을 위한 모든 요건을 충족할 필요는 없지만, 적어도 구성요건을 확정할 정도의 위반행위의 실체가 존재하여야 할 것을 요구해야 한다. 이렇게 되면 영업주의 처벌은 위반행위자의 위반행위의 구성요건적 불법에 일정부분 종속된다고 말하지 않을 수 없다. 이는 결국 양벌규정의 후단부분, 즉 종업원 등이 위반행위를 하는 경우에도 영업주(법인)의 처벌이 순수 독립모델이 아니라 종업원의 위반행위가 법인에게 귀속된다고 하는 귀속컨셉을 근간으로 하고 있고, 귀속컨셉은 종속모델의 입법형식으로 나타나기 때문이다. 물론 여기서 영업주(법인)가 종업원의 위반행위에 어느 정도로 종속되어 처벌되는지는 그 위반행위에 대해 요구되는 형법적 평가에 따라 달라질 수 있다. 양벌규정의 종속모델성을 부정하고 극단적인 독립모델성을 주장하려면, 종업원의 위반행위 자체가 없어도 법인의 독자적 불법만을 근거로 법인을 처벌할 수 있어야 할 것이다. 양벌규정이 이러한 의미의 독립모델에 따라 법인을 처벌하고 있는 것은 아님은 분명하다. 가장 낮은 정도의 종속은 위반행위가 구성요건요소 조차 충족하지 못하였더라도 외관상 위반행위 그 자체는 존재할 것을 요구하는 태도이다. 이에 따르면 법인처벌은 법인에 대해 요구되는 독자적인 처벌근거에 의해 이루어지므로 종업원의 위반행위는 법인처벌을 위한 '객관적 처벌조건'으로 자리매김할 수 있을 것이다.[66] 가장 높은 정도의 종속은 종업원의 위반행위가 – 마치 극단종속형식설의 태도와 유사하게 – 범죄성립의 요건 중 책임요건까지 갖출 것을 요구하는 바, 대상판결이 이러한 태도를 취하고 있지는 않은 것으로 보인다. 중간 정도의 종속은 위반행위가 범죄성립 요건 중 책임까지 불법요소까지는 인정되어야 할 것을 요구하는 태도이다. 대상판결에서도 종업원의 저작권법 위반행위가 저작권자의 저작권을 침해한 사실을 인정하고 있음[67]에 비추어 볼 때 대법원은 그 판시의 표현강도와는 달리 '구성요건적 불법'까지는 인정되어야 거기에 종속하여 법인 또는 영업주를 처벌할 수 있는 것으로 보고 있는 듯하다.[68] 만약 이렇게 보지 않는다면, 영업주에 대해 적용될 적용법조(구성요건)조차 확정하기 곤란한 지경이 될 수도 있을 것이다. 따라서 종업원이 위반행위를 한 경우 법인을 처벌하려면 적어도 그 종업원의 위반행위가 불법요소까지는 인정되어야 한다고 할 수 있다.[69] 이에 따르면 양벌규정은 종업원 등이 위반행위를 한 경우에도 기본적으로는 종속모델에 입각하여 법인을 처벌하고 있는 것이지, 순수 독립모델에 입각하여 법인을 처벌

---

66) 이러한 해석태도는 양벌규정의 후단부분을 구성요건창설규범으로 해석하는 태도와 조화될 수도 있다.

67) "(생략) 원심이 채택 증거에 의하여 판시와 같은 사실을 인정한 다음 피고인의 종업원인 공소외인이 이 사건 사진을 피고인 운영의 여행사 홈페이지에 게시할 당시 이 사건 사진의 저작권자가 누구인지 몰랐다고 하더라도 <u>타인의 저작물을 영리를 위하여 임의로 게시한다는 인식이 있었으므로 이 사건 사진에 대한 저작권자의 저작권을 침해하였다고 인정한 조치는 옳고</u>, 거기에 채증법칙을 위반하여 사실을 오인하거나 저작권에 관한 법리를 오해하는 등의 위법이 없다."

68) 그러나 위 참조판결(1987)에서 "금지위반 행위자인 종업원에게 구성요건상의 자격이 없다고 하더라도 영업주인 피고인의 범죄성립에는 아무런 지장이 없다."고 판시하고 있는 부분을 볼 때 종업원 등이 신분자적 요소 내지 의무주체적 지위를 갖추지 못하여 구성요건해당성이 없더라도 그에 근거하여 영업주를 처벌할 수 있다고 함은 위반행위 자체만 있으면 족하고 이 경우 위반행위는 객관적 처벌조건으로 볼 수 밖에 없는 점도 존재한다. 그렇지만 위 참조판결의 판시도 결론적으로 영업주를 양벌규정을 통해 처벌하고 있으므로 위반행위를 직접적으로 행한 종업원 등이 영업주가 아니어도 양벌규정을 근거로 하여 처벌할 수 있다는 이른바 수범자 확대기능까지 인정하는 대상판결류의 많은 다른 판결과는 그 취지가 다르다.

69) 종업원 등이 위반행위를 한 경우 처벌되는 법인에게 인정되는 불법의 구조는 공범처벌근거에서 혼합적 야기설과 같이 종속적 불법(결과반가치)과 단서조항에 규정되어 있는 독자적 불법(행위반가치)으로 이루어져 있다고 이론구성을 할 수 있을 것이다.

하고 있다고 평가할 수 없다.

세 번째 물음에 대해서는 분명히 '그렇지 않다'고 답해야 한다. 왜냐하면 양벌규정의 해석상 대표자가 위반행위를 한 경우 '법인'처벌을 위해서는 대표자의 위반행위 뿐 아니라 책임까지 법인에게 귀속되어야 할 정도로 법인처벌이 대표자의 위반행위에 극단적으로 종속되어 있다. 바로 이 때문에 대표자가 위반행위를 한 경우 양벌규정은 종속모델에 입각하여 법인을 처벌한다고 할 수 있는 것이다. 그러나 이 경우의 종속모델은 종업원 등이 위반행위를 한 경우의 종속모델과는 그 종속의 정도에서 차이가 있는 것으로 보아야 한다. 종업원 등이 위반행위의 주체일 경우 그의 위반행위의 불법까지만 법인에게 귀속되는 약한 의미의 귀속만 인정되는 것과는 달리, 대표자가 위반행위의 주체일 경우에는 책임까지 귀속되는 강한 의미의 귀속이 인정되기 때문이다. 따라서 대표자의 위반행위의 주체일 경우에는 법인처벌을 위해 추가적인 처벌근거를 요하지 않는다는 점에서는 법인처벌을 위한 문턱이 낮다고 말할 수 있지만, 대표자의 위반행위가 범죄성립요건을 모두 충족시키지 못하면 법인을 처벌할 수 없다는 점에서는 법인처벌을 위해 걸림돌이 될 수 있는 측면이 있다. 양벌규정을 이렇게 해석할 수 밖에 없다면 그것은 곧 순수 종속모델의 한계를 의미하는 것이므로 이 한계는 양벌규정에 대해 장차 독립모델로의 입법론적 보완 또는 변신이 요구되는 이유가 된다.

VI. 나오는 말

법인의 형사책임을 인정함에 있어서 제기되는 다양한 쟁점들을 해결하기 위해 대법원은 – 두가지 예외적 쟁점[70]을 제외하고는 – 해석론의 불모지와 다를 바 없는 양벌규정을 마치 개척자와 같은 차원에서 적용해 왔다. 2007년 이후 양벌규정의 개선입법이 이루어진 이후에도 사정이 크게 달라지지 않고 있어 학계

70) 하나는 '양벌규정의 수범자 확대기능'을 인정여부에 관한 찬반논의이고, 다른 하나는 법인처벌의 근거에 관한 논의이다.

로부터 실무가 참고할 만한 해석론의 조달이 원활하게 이루어지지 못하는 상태가 계속되어 오고 있다.71) 이 점은 형법상 착오나 인과관계에 관한 규정과 같이 학설들이 차고 넘쳐 가히 포화상태라고 할 만한 다른 형법규정들에 관한 형법이론학의 태도와는 대조적이다.

양벌규정의 해석론 앞에서 한국의 형법이론학은 왜 이리 작아져 있는가? 사법시험이건 변호사시험이건 '수험법학'의 관심사와 거리가 있다는 점이나 형법전의 중심이 아닌 주변부에 위치한 부수형법의 문제에 불과한 것이라는 점은 결정적인 이유가 될 수 없을 것 같다. 예컨대, 수험법학과는 거리가 먼 '인공지능 로봇의 형사책임'과 같은 쟁점에는 쏠림현상이 눈에 띄고 있고, 부수형법의 규율대상인 의료사고나 교통사고의 형사책임을 둘러싼 해석론도 결코 홀대되고 있는 수준이라고 말하기 어렵기 때문이다.

순수 해석학적 주제가 형사정책적 주제에 비해 연구용역 적합도에서 밀려나기 때문이라는 등 다른 이유들도 귀담아 들을 만하다. 그러나 가장 유력한 원인으로 짐작되는 한 가지는 '전거의 결핍'을 꼽을 수 있을 것 같다. 법인의 형사책임과 관련하여 제기되는 해석학적 쟁점에 관한 한 마땅히 기댈만한 언덕을 찾지 못하고 있다는 말이다. 한국형법학은 지난 반세기 이상 동안 형법이론적 주제 설정이나 쟁점발굴과 관련하여 세계에서 손꼽을 정도로 독일형법학에 대한 의존도가 높았다. 총칙분야에 국한해서 보자면 설정된 주제는 물론이고 개별 쟁점들의 논거들을 따라가 보면 대부분 독일학자들의 교과서, 논문, 주석서 등을 그 전거로 삼아왔다. 필자도 예외는 아니었다. 그러나 법인의 형사책임에 관한 한, 독일형법학이 참고할만한 전거로 삼기가 어려웠다. 독일은 법인에 대해 형사책임을 묻지 않고 질서위반법에서 행정질서벌을 부과하고 있을 뿐이다. 더구나 위반행위의 주체가 대표자인 경우와 종업원 등인 경우를 나누어 서로 다른 귀속정도를 인

71) 한성훈, "법인의 감독책임의 명확화에 관한 소고", 한양법학 제40권, 한양법학회(2012. 11), 37면 이하에서도 법인처벌의 근거에 관한 논의가 주류를 이루고 있고, 단서조항의 의무위반 요건과 관련해서는 외국입법례와 외국의 학설소개에 그치고 있다.

정하는 이른바 하이브리드식 귀속모델을 가지고 있는 한국의 양벌규정과는 달리 독일의 질서위반법은 대표자모델(내지 동일시이론에 기초한 귀속모델)에만 기초하고 있다. 독일에서 법인에 대한 형사처벌긍정론을 지향하는 문헌들은 모두가 입법론인 점은 우리나라에서 빚어지고 있는 법인처벌에 관한 빈약한 양벌규정의 해석론과 풍부한 입법론과 맞아떨어지고 있다. 그나마 일찍부터 법인의 형사책임을 인정해온 미국의 실무나 학계에서 나오는 관련 문헌들도 우리나라의 양벌규정에 대한 해석론의 전거로 삼기에는 접점을 발견하기 어려울 정도로 그 간극이 크다. 우리나라와 같은 양벌규정체계를 가지고 있는 것은 일본이 거의 유일하지만, 언제부터인지 그리고 왜 그런지도 모르겠지만 일본 형법이론학에 대해서는 그다지 비중을 두고 있지 않은 분위기가 형성되어 있는 듯하다. 일본판례에 대한 의존성을 여전히 가지고 있을지 모를 법원실무가 오히려 양벌규정의 해석론에서 극심한 왜소성을 보여주고 있는 학계보다는 오히려 선도적인 모습을 보여주고 있는 것이 아닌가 추측해 볼 수도 있다.

그러나 양벌규정의 해석론이 원활하게 전개되지 못하고 있는 결정적인 원인은 학계와 실무 보다는 양벌규정 자신이 가장 크게 제공하고 있다. 앞에서 살펴본 대상판결들의 판시문을 통해 대법원이 법인의 형사책임을 근거지우는 구체적인 논거들을 압축적으로나 포괄적으로 표현할 수 밖에 없거나 경우에 따라 그 논거를 처음부터 생략해 버리고 있음도 결국은 양벌규정이 제공하고 있는 정보량의 빈약함 때문이다. 이러한 견지에서 보면 장차 양벌규정의 해석론의 수준이 어떻게 발전해 갈 것인지는 양벌규정이 법인처벌에 관한 실체요건에 관해 주는 정보가 어느 정도인지, 양벌규정상 등장하는 개념들이 얼마나 명확한지에 따라 달라질 수 있음을 알 수 있다.

양벌규정을 통해서는 법인처벌을 근거지우는 논증을 멈출 수 밖에 없는 몇몇 사례들에서 확인했듯이 법인처벌에 관한 입법적 개선은 이제 더 이상 미룰 수 없는 과제가 되었다. 이를 위해서는 앞에서 여러 번 암시했듯이 양벌규정체계를 벗어나 법인의 형사책임을 인정하는 형벌법규를 형법전에 편입시키는 방법이 보다 근본적인 해법일 수도 있다. 그러나 어떤 개선방향으로 나아가든 그 입법적 개선을 위해서는, 그리고 최소한 더 나은 형사판결을 위해서라도 선행되어야 과제가 있다. 현재 상태의 양벌규정에 대한 해석론을 극한지점까지 밀어붙여 보는 일이다. 우리 것을 가지고 우리가 독자적인 해석론을 시도해야 하는 것이다. 마치 결함과 좌표가 제대로 파악되지 못한 항공기가 바다 속으로 곤두박질 하듯, 양벌규정의 현재 수준에 대한 해석론이 제대로 정리되지 않으면 그 개선입법이 개악이 되지 않으리라는 보장은 없고, 판결도 더 나아지리라는 기대도 할 수 없다.

대법원에서도 아직 다루어지지 않았고, 대법원이 이미 다루었지만 여기에는 분석해보지 못한 양벌규정의 해석과제는 여전히 남아 있다. 법인의 본질론에 관한 일반론이 아니라 우리 입법자에 의해 양벌규정의 단서조항에 갑자기 독자적으로 행위할 수 있는 존재인 양 표현되어 있는 '법인'의 본질을 어떻게 파악해야 할 것인지, 최근 새로운 수범자로 편입되고 있는 '단체'의 경우는 어느 정도의 복잡성(즉 집단적 조직구조와 의사결정구조)을 가져야만 적어도 수형능력이나마 인정될 수 있는 단체가 될 수 있는지 등 다루어야 할 해석론적 쟁점들이 그 해결의 손길을 기다리고 있다. 형법해석학(도그마틱)의 비판적 기능은 입법을 '향도'하고, 입법은 다시 비판적 해석학을 '창출'한다. 우리가 양벌규정을 치열하게 해석해야 하는 이유도 바로 여기에 있다.

참고문헌

1. 단행본

김성돈, 기업처벌과 미래의 형법, 성균관대학교 출판부, 2018. 3.

_____, 형법총론(제5판), 성균관대학교출판부, 2018.

이천현 · 송효종, 기업의 경제활동에 관한 형사법제연구(Ⅱ)-기업범죄에 대한 제재체계의 현황과 개선방향 -, 한국형사정책연구원, 2010.

2. 논문

김대휘, "양벌규정의 해석", 형사판례의 연구 I, 지송 이재상 교수 화갑기념논문집(1999).

김유근, "양벌규정에 정한 개별적인 범죄방지(선임감독)의무의 위반행위의 범죄유형에 대하여," 형사법연구 제23권 제2호, 한국형사법연구(2011).

_____, "기업의 형사법적 책임 – 책임귀속상의 문제점", 한양법학 제43권, 한양법학회(2013).

김재봉, "양벌규정과 기업처벌의 근거 · 구조", 법학논총 제24권 제3호, 한양대학교 법학연구소(2007. 8).

김혜경, "양벌규정상 처벌되는 행위와 행위자간의 불일치, 그리고 법인의 범죄능력 인정", 형사정책연구 제29권 제1호, 한국형사정책연구원(2018).

노수환, "외국환 거래법상 필요적 몰수 · 추징에 관한 몇가지 고찰", 성균관법학 제29권 제2호, 성균관대학교 법학연구원(2017. 6).

박강우, "양벌규정과 업무주 및 행위자의 처벌", 형사판례연구 8, 한국형사판례연구회(2000).

박기석, "판례와 사례 분석을 통한 기업범죄 처벌의 개선방안", 형사정책 제20권 제2호, 한국형사정책학회(2008).

_____, "양벌규정의 문제점과 법인범죄의 새로운 구성", 형사정책 제10권 제0호, 형사정책학회(1998).

박기석 · 허순철, "지방자지단체에 대한 양벌규정의 적용가능성," 형사정책연구 통권 제77호, 한국형사정책연구원(2012).

이재상, 형법기본판례 : 총론, 박영사(2011. 6).

조　국, "법인의 형사책임과 양벌규정의 법적 성격", 법학 제48권 제3호, 서울대학교 법학연구소(2007).

조병선, "양벌규정과 법인의 형사책임", 형사판례연구 3, 한국형사판례연구회(1995).

한성훈, "법인의 감독책임의 명확화에 관한 소고", 한양법학 제40권, 한양법학회(2012. 11).

[논문요지]

Ⅰ. 양벌규정은 법인처벌을 위한 유일한 법적 근거로서 형법총칙규정의 적용을 배제한다. 이 때문에 법인의 형사책임을 인정함에 있어서 제기될 수 있는 수많은 형법이론적 쟁점들도 오직 양벌규정의 해석을 통해서만 해결될 수 있다. 그러나 대법원 판결의 판시문에는 "양벌규정에 따르면" 또는 "양벌규정을 적용함으로써" 라는 말은 있지만, 양벌규정의 어느 부분을 그리고 어느 개념요소를 어떻게 해석한 것인지는 드러나 있지 않은 경우가 많다.

Ⅱ. 이글은 장차 형사실무가 양벌규정을 체계적으로 해석하고 적용할 수 있는 토대를 마련하는데 목적이 있다. 이를 위해 이 글은 대법원이 양벌규정을 적용하면서도 양벌규정에 대한 구체적인 해석까지 나아가지 못한 13개의 대법원 판결을 대상판결로 삼아 대법원이 출발점으로 삼고 있는 태도를 추론해 보는 동시에 대법원이 판결문 속에서 생략하고 있는 논증이 무엇인지를 찾아보았다. 그리고 나서 대법원이 견지했어야 할 해석태도나 제시했었어야 할 논거들을 지적하였다. 무엇보다도 대법원이 양벌규정의 법적 성격을 어떻게 해석하고 있는지를 적극적으로 밝히지 않고 있는 문제점을 부각시켰다. 이를 통해 예컨대 형사책임이 귀속되는 법인에게 적용될 구성요건적 불법(적용법조)이 무엇인지 또는 자연인 간 뿐 아니라 법인 간에도 공동정범의 성립이 인정될 수 있는지 등 법인에게 형사책임을 지움에 있어 해결되어야 다양한 쟁점들에 대해 일관성 있는 태도를 보여주고 있지 못한 점을 비판하였다.

Ⅲ. 마지막으로 이 글은 대상판결들이 불명확성과 불충분성 등을 보이고 있는 가장 주된 원인은 양벌규정 자체가 주는 정보내용의 빈약성에 있음을 지적하였다. 이 때문에 현행 양벌규정의 행간이나 그 배후의 이론들을 끝까지 해석해내지 않으면 법인을 형사책임을 인정하는 일의 문제점과 한계들이 제대로 드러나지 않는다. 따라서 장차 양벌규정을 개정하는 체계내적인 개선방안이나 양벌규정의 체계를 뛰어넘어 새로운 법인처벌모델을 지향하는 입법론의 전개가 성공적으로 이루어지기

위한 첫걸음도 현행 양벌규정에 대한 철저한 해석론이 먼저 전개되어야 한다는 점을 강조하였다.

주제어 : 양벌규정, 법인의 형사책임, 책임주의원칙, 양벌규정의 법적 성격

[Abstract]

Criminal Responsibility of Juristic Person and Interpretation of "Joint Penal Provisions"

Kim, Seong Don[72)]

Ⅰ. Joint penal provisions are the only legal basis for corporate penalties and exclude the application of the provisions of the General Criminal Law. For this reason, a number of criminal theoretical issues that can arise in recognizing corporate criminal responsibility can be solved only through interpreting joint penal provisions. However, in the Supreme Court's judgment, there is a saying, that "according to joint penal provisions" or "by applying joint penal provisions", but there are many cases in which it is not clear which part and how to interpret the conceptual elements of joint penal provisions.

Ⅱ. The purpose of this article is to lay the basis for the systematic interpretation and application of joint penal provisions. To this end, this article adopts the Supreme Court's ruling on 13 cases where the Supreme Court has failed to improve its interpretation while adopting joint penal provisions. Through analyzing and evaluating the ruling of the object judgment, I try to infer the attitude of the Supreme Court as a starting point and look at what the Supreme Court has omitted in the judgment. Then I pointed out specifically what were the theoretical background and reasoning the Supreme Court should have shown for interpreting joint penal provisions. First of all, the Supreme Court does not obviously interpret the legal nature of joint penal provisions, which is a prerequisite for determining

72) Professor, Sungkyunkwan University Law School

the norm(Tatbestand) to be applied to juristic person for allocating criminal liability to juristic person. For this reason, the Supreme Court does not show a consistent attitude toward various issues that may be raised in the imposing the criminal liability to juristic person, such as the complicity among juristic person.

Ⅲ. The main reason for the uncertainty and insufficiency of the judgments is the poorness of the contents of information of joint penal provisions themselves. It is diffcult for us to understand the problems and limitations of current joint penal provisions unless they are interpreted persistently and thoroughly till the end. Therefore, the first step toward successful implementation of the legislation that aims at a new corporate punishment model, whether it goes beyond the system of internal improvement measures or it means just the amendment of joint penal provisions for the future, should be based on thorough interpretation of the current joint penal provisions.

Keywords : Joint penal provisions, Criminal responsibility of juristic person, Principle of liability with fault, Legal nature of joint penal provisions

[지정토론]

법인의 형사책임과 양벌규정의 해석과 적용

- 김 유 근* -

먼저 이렇게 지정토론을 맡게 되어 영광으로 생각하며 또한 감사드립니다.

발표자께서 양벌규정의 해석론상의 문제점에 대하여 광범위하면서도 분석적으로 검토한 후 독자적인 해석론을 전개하고 있다는 점에서 매우 놀라운 발표문이라고 생각합니다. 더욱이 반박하기 어려울 만큼 논리구성이 치밀하여 제가 제대로 된 토론을 할 수 있을지도 의문입니다.

우선 - 제가 잘못 이해하지 않았다면 - 발표자께서는 자연인의 책임능력을 전제하는 형법총칙은, 자연인의 책임능력개념으로는 설명될 수 없는 법인의 책임을 전제로 한 양벌규정의 해석에 적용될 수 없다는 전제에서, 양벌규정을 둘러싼 다양한 해석문제를 분석하고 있습니다.

그러나 양벌규정의 해석에도 당연히 형법총칙을 적용하여야 한다는 입장에서는 발표자께서 문제제기하신 다양한 대상판례들에 대한 평가는 달라질 것으로 보입니다. 여기에서는 개별 대상판례에 대한 상세한 토론보다는 원칙적인 측면에 초점을 맞추어 토론을 진행하고자 합니다.

I. 법인처벌의 요건과 책임주의원칙

1. 법인의 책임능력과 양벌규정

---

* 한국형사정책연구원 연구위원

양벌규정은 전통적인 형벌이론으로도 그리고 자연인에 대한 책임원칙으로도 설명될 수 없다는 발표자의 지적은 적절하다고 생각합니다.[1)]

그렇다고 하여 양벌규정의 근거를 형법 제8조(총칙의 적용)[2)]에서 찾을 수 있는 것은 아니라고 생각합니다. 왜냐하면 책임원칙은 형법의 기본원칙이기 때문에 설령 형법전에서건 아니면 다른 법률에 의해서건 명시적으로 책임원칙을 폐기할 수 없기 때문입니다(형법 제8조를 근거로 소급효금지의 원칙을 폐기할 수 없는 것과 마찬가지이다).

법인의 형사책임과 관련한 책임원칙은 자연인에 대한 책임원칙과 다른 의미를 가질 수밖에 없으며, 이러한 의미에서 법인에 대해서도 어떻게 책임원칙이 관철될 수 있도록 양벌규정을 해석할 것인가가 관건이 됩니다.[3)] 따라서 양벌규정의 해석에서도 자연인에게만 적용될 수 있는 규정들을 제외하고는 형법총칙의 규정들이 적용되어야 한다고 해석할 때에만 비로소 양벌규정을 제한적으로 적용할 수 있게 됩니다(실질적 형법개념). 만약 법인의 책임은 형법전이 전제하는 자연인의 책임과 동일시할 수 있는 책임이 아니기 때문에 형법총칙도 적용되지 않는다고 본다면 양벌규정에 의한 자연인의 고의 · 과실의 법인으로의 귀속은 물론 양벌규정의 해석 자체가 차단될 뿐만 아니라 형법의 일반원칙에 반하는 해석도 언제나 형법 제8조에 의하여 정당화될 우려가 있습니다.

그렇다면 양벌규정은 어떻게 근거지울 수 있는가가 문제가 되는데 현행법상 양벌규정의 전제가 되는 법인의 책임을 형법이론적으로 '자연인의 책임의 기준에 따라' 근거지울 수 있는 방법은 전혀 없습니다.[4)] 그러나 '어떻든 존재하고 있고

---

1) 김유근, "기업형벌과 형벌이론간의 괴리", 『비교형사법연구』, 제9권 제1호(2007), 307면 이하; 김유근, "기업의 형사법적 책임 – 책임귀속상의 문제점", 『한양법학』, 제43권(2013), 한양법학회, 59면 이하.

2) 형법 제8조(형법의 적용) "본법 총칙은 타법령에 정한 죄에 적용한다. 단, 그 법령에 특별한 규정이 있는 때에는 예외로 한다".

3) 그러나 발표문 3면: "법인에 대한 책임귀속이 – 책임개별화원칙이라는 의미의 책임주의원칙을 넘어서 – 진정한 의미의 책임주의원칙과도 조화를 이루려면 법인에게도 책임비난을 가할 가능성, 즉 '책임능력'이 있어야 한다".

4) 대상판례들은 판시내용에서 자주 법인의 '책임'에 관하여 언급하고 있는데 이것이 과연 발표자가 말하는 바와 같이 자연인의 책임과 혼동하여 사용된 것인지는 의문이다. 책임개념과 관련하여 예컨대 독일어에서 ⑴ "*Schuld(Zurechnungsfühigkeit; capacity; imputability)*", ⑵ "*Verschulden*", ⑶ "*Verantwortlichkeit*", ⑷ "*Verantwortung(responsibility; liability)*"이

헌법재판소가 양벌규정 자체에 대하여 자연인의 책임의 기준에 따라 위헌적인 것이라고 판단하지 않는 한' 문제는 양벌규정을 어떻게 형법의 일반이론에 따라 해석할 것인가라는 문제입니다.

양벌규정이든 아니면 외국 입법례에서의 법인의 형사처벌이든 법인의 책임은 불가피하게 자연인을 매개로 판단할 수밖에 없고 이러한 의미에서 법인의 책임을 근거지울 수밖에 없습니다. 즉 법인의 대표의 행위에 대한 법인의 직접책임은 법인의 행위를 결정하는 의사결정자 또는 집단의 행위를 매개로 그리고 종업원 등의 행위에 대한 법인의 간접책임, 즉 선임 · 관리 · 감독책임은 종업원의 행위에 대한 의사결정자의 선임 · 관리 · 감독책임을 매개로 판단될 수밖에 없습니다. 그리고 법인에게 자연인의 행위에 대한 책임이 귀속되는 형식(단독정범인지 공범인지, 과실범을 정한 것인지 아니면 부작위범을 정한 것인지 등)이 무엇이냐에 따라 구체적인 사안에 대한 해석이 달라집니다. 예컨대 법인에게 직접책임을 인정하기 위해서는 의사결정자(대표)의 행위가 구성요건에 해당하기만 하면 되는 것인지 아니면 위법성, 또는 심지어는 책임까지 입증되어야 하는 것인지, 법인에게 관리 · 감독책임을 인정하기 위해서는 종업원의 행위가 책임까지 입증될 정도로 확정되어야 하는 것인지 아니면 위법성까지만 입증되면 되는 것인지[5] 그리고 이때의 관리 · 감독책임은 고의 · 단독정범 또는 공범인지, 아니면 과실범의 단독정범인지, 양벌규정은 법인의 (공모)공동정범을 긍정하는 근거가 되는지, 법인의 책임과 관련하여 상습범이 성립될 수 있는지, 죄수의 문제, 법인에 대한 몰수 · 추징의 문제 그리고 자수감경 등의 문제들이 바로 그것입니다.

구별되어 사용되고 있는 것과 비교하면 우리나라에서의 책임개념은 반드시 명확히 구별되는 것은 아니다. 예컨대 자연인의 책임능력에 대해서는 (1)이 사용되고 있으며 자연인의 책임과의 구별을 위해서 법인의 책임능력에 대해서는 (2)와 (3)(스위스와 오스트리아)을 사용하고 있고 (4)는 일반적으로 책임을 부담한다라는 통상적인 의미에서 사용된다.

5) 오스트리아 단체책임법[*Bundesgesetz über die Verantwortlichkeit von Verbänden für Straftaten (Verbandsverantwortlichkeitsgesetz - VbVG)*] 제3조 제2항은 명시적으로 법인의 직접책임에 관하여 규정하면서 의사결정자(대표)의 행위는 구성요건에 해당하고 위법성이 있고 그리고 책임까지 입증된 때에 비로소 법인에게 자연인의 책임이 귀속되도록 정하고 있으며(왜냐하면 자연인의 행위가 직접 법인에게 귀속되기 때문에), 동조 제3항 제1호는 종업원의 행위는 (공범이론에 상응하여) 구성요건에 해당하고 위법성만 입증되면 충분한 것으로 규정하고 있다. 이것은 스위스 형법 제102조(기업의 형사책임) 제1항[직접책임] 및 제2항[선임 · 관리 · 감독책임]의 해석에서도 크게 다르지 않다. 이것은 양벌규성의 해석에서도 참고가 될 것으로 생각한다.

[참고]

영미법체계에서 발전되어 온 법인처벌을 대륙법계체계에 도입하는데 가장 큰 장애요인으로 지목되고 있는 것은 무엇보다 법인의 책임(*Schuld*)의 존재라고 할 수 있는데,[6] 그러한 의미에서 한편으로는 법인의 책임능력을 인정할 수 없다는 이유에서 법인의 형사책임의 도입을 주저하거나(독일, 이탈리아[7]) 또는 이론구성보다는 입법자의 결단이라는 형사정책적 필요성과 당위성에 의존하여 법인의 형사처벌을 도입하기도 합니다(오스트리아, 스위스, 스페인 등).[8]

그런데 보다 자세히 살펴보면 영미법체계의 보통법(영국 · 미국)이나 법률체계(영국)에서 이론적으로 별다른 어려움없이 법인처벌을 인정하고 있는 것은 법인의 책임능력을 이론적으로 근거지우는 데 '성공했기' 때문이기 보다는 오히려 영미법체계가 대륙법체계보다 법인을 처벌하는데 보다 수월한 범죄체계를 가지고 있다는 사실에 기인하는 바가 큰데 그것이 바로 주관적 구성요건체계의 차이입니다.[9]

대륙법체계의 주관적 구성요건은 고의(*Vorstz*)와 과실(*Fahrlässigkeit* - 인식있는 과실, 인식없는 과실)의 두 가지로 구성되지만, 영미법체계의 경우(*mens rea*) '*intention*', '*recklessness*' 그리고 '*negligence*'의 세 가지로 구성됩니다. 그런데 일반적으로 대륙법체계의 주관적 구성요건에 비추어 *intention*은 대륙법계의 고의(그러나 '악의'에 가깝다)로 그리고 *recklessness*와 *negligence*는 과실로 설명되지만 이것은 정확한 설명이라고 보기는 어렵습니다. 왜냐하면 *recklessness*는 미필적 고의 또는 인식있는 과실 정도에 상응하지만(따라서 *intention*정도에 이르는 것은 아니지만 심정적인 악의를 전제로 한다) *negligence*에 상응하는 대륙법계 주관적 구성요건은 찾을 수 없기 때문입니다. 즉 *negligence*는 단순히 "준칙(의무)위반"만을 문제삼을 뿐[10] 행위주체의 주관적인 동기나 악의라는 심정적 · 심리적 요소는 불문하며 그렇다고 하여 행위자가 대륙법체계의 의미에서의 책임능력(이성적 행위능력 또는 타행위가능성 등)을 가지고 있는지의 여부도 크게 문제되지 않습니다.[11] 따라서 *negligence*는 의도적으로도 그리고 의도적이지

6) 실제로도 특히 독일의 경우 법인의 책임능력을 둘러싼 논의들만이 있다.

7) 행정제재도 부과하지 않았던 이탈리아는 2001년에 처음으로 법인에 대한 행정제재를 도입하였다.

8) 유럽에서 법인처벌을 도입한 대부분의 입법례가 그렇다. 구체적인 주요 외국의 입법례에 관해서는 김유근, "법인의 형사책임: 독일 Nordrhein-Westfalen주의 기업 및 기타 단체의 형사책임의 도입을 위한 법률안을 중심으로", 『형사정책연구』, 제25권 제3호(2014), 11면.

9) 이하의 설명은 김유근, "양벌규정에 정한 개별적인 범죄방지(선임감독)의무의 위반행위의 범죄유형에 대하여", 『형사법연구』, 제23권 제2호(2011 여름), 88면 주 87), 89면 이하.

10) 그래서 영미법의 학설 중에는 *negligence*는 모든 범죄의 가장 기본적인 최소한이라고 설명하기도 한다. 즉 *intention*, *recklessness* 그리고 *negligence*는 모두 행위준칙 또는 의무위반이라는 요소를 공통분모로 가지고 있지만 심리적인 악의의 정도에 따라 서로 구별된다고 한다.

11) 대륙법계의 위법성조각사유에 상응하는 것은 영미법체계에서는 "*defence*"라고 설명되지만 그렇

않게도 범할 수 있습니다(*voluntary or involuntary*).[12] 이러한 의미에서 대륙법계의 "정상의 주의의무위반(objektive *Aufsichtspflichtsverletzung*)"과 영미법계의 *negligence*는 구별됩니다.

따라서 영미법계에서는 법인이 심정적 · 심리적 요소를 갖지 않는다고 하더라도 법인이 법정된 준칙을 위반할 수 있는 한 법인은 *negligence*를 범할 수 있으며, 실제로 법인을 처벌하는 영국과 미국은 법인을 *negligence*로 처벌하고 있을 뿐 법인이 *intention*이나 *recklessness*를 가지고 구성요건적 결과를 발생시킬 수 있다고 생각하지 않습니다.[13] 이러한 의미에서 법인처벌을 도입한 입법례에서는 더 이상 자연인의 책임(*Schuld*)에 상응하는 법인의 책임을 근거지우는 문제보다는 오히려 자연인의 고의 또는 과실을 어떻게 법인에게 귀속시킬 것인가라는 귀속형식의 문제,[14] 즉 전통적인 의미에서의 책임원칙이 아니라 자연인의 고의와 과실에 소급할 수 있는 법인의 책임(*Verschulden*)이라는 의미에서의 책임원칙을 어떻게 관철시킬 것인가라는 문제가 관건이 됩니다(그런 만큼 책임귀속형식[15]을 둘러싼 입법론과 해석론이 제기된다).

2. 헌법합치적 법률해석과 관련하여

발표자께서는 대상판결 2와 관련하여 판례가 문리해석의 한계를 벗어나 합헌적 법률해석을 했기 때문에 위헌적인 것이라고 밝히고 있습니다.

물론 면책조항이 없는 양벌규정에 대하여 헌법재판소는 – 합헌적 법률해석이 가능하기 때문에 위헌결정을 내릴 필요가 없다는 반대의견에도 불구하고 –

다고 하여 정확히 일치하는 것은 아니며 책임조각사유에 해당한다고 설명되는 "*excuse*"에 대해서도 마찬가지이다.

12) 대륙법계에서의 객관적 주의의무를 의도적으로도 또는 의도적이지 않게도 위반할 수 있는가라는 문제는 많이 다루어지지 않는다. 즉 (구성요건적 결과에 대한) 인식있는 과실인지 아니면 인식없는 과실인지만이 문제될 뿐이다. 그런데 문제는 과실범의 객관적 주의의무의 내용은 각 분야에서 통용되는 준칙을 의미하는데 대체적으로 각종 행정법에 규정되어 있는 의무들을 지칭한다. 그렇다면 객관적 주의의무의 내용이 되는 행정법의 해당 의무준칙을 의도적으로 위반한 경우 그것은 여전히 과실범인지 아니면 고의범인지가 문제된다. 물론 행정법 규정을 의도적으로(고의로) 위반한 경우 벌칙규정에 의하여 고의범으로 처벌된다는 것은 당연하게 받아들여지고 있으나 이론적으로 볼 때 주의의무의 내용을 구성하는 행위준칙을 고의적으로 위반한 경우 고의범이라고 말하게 되면 '고의로 객관적 주의의무'를 위반한 것이 되는데 '적어도 이론적으로는' 모순적인 결과가 발생한다. 이에 관한 상세한 것은 김유근, "선임감독자의 '일반적인' 범죄방지(선임감독)의무 위반행위의 범죄유형 – 부진정부작위범과 업무상과실범을 중심으로 –", 『형사법연구』, 제22권 제2호(2010 여름), 209면 이하.

13) 다만 미국의 경우 법인도 *intention*을 가질 수 있다는 판결이 있기는 하다.

14) 이러한 의미에서 자연인에 대한 형벌의 의미와 법인에 대한 형벌의 의미는 상이할 수밖에 없다.

15) 책임귀속형식은 형법총칙에 규정한 고의 · 과실범, 공범, 부작위범 등의 책임귀속형식을 의미한다.

단순위헌결정을 내리기는 하였으나 이 결정이 내려지기 전이라도 그리고 내려진 후에 구법을 해석할 때에도 대법원이 '피고인에게 유리하게' 양벌규정을 제한적으로 해석하는 것이 과연 헌법에 반할 정도로 허용되지 않는 해석인가에 대해서는 의문입니다.

또한 종래 면책조항이 규정되어 있지 않았던 양벌규정과 관련하여 그것이 무과실책임을 규정한 것인지 아니면 책임원칙에 맞게 해석하여야 하는가를 둘러싸고 논란이 있었으나(무과실책임설, 과실책임설, 관리 · 감독책임설 등) 양벌규정을 책임원칙에 상응하여 제한적으로 해석하는 – 그러나 귀속방식은 상이한 – 과실책임설이나 관리 · 감독책임설 등이 다수설을 차지하고 있었는데 그렇다면 이들 다수설은 위헌적인 학설인가가 문제됩니다.

II. 양벌규정의 법적 성격

1. 귀속형식

양벌규정에 의한 법인처벌의 '근거'는 직접책임의 경우 대표의 행위가 법인의 행위와 동일시될 수 있기 때문이라는 데에 있으며, 간접책임의 경우 법인은 종업원에 대하여 선임 · 관리 · 감독책임이 있다는 것입니다. 즉 실제로 법인을 어떤 죄명으로 처벌할 것인가와 양벌규정에 의하여 법인을 처벌하는 근거를 어디에서 찾을 것인가는 별개의 문제이며, 대표나 종업원의 범죄는 법인에게 책임을 귀속시키기 위한 전제범죄(*Anschlusstaten*)에 불과합니다.

따라서 법인이 대표의 범죄에 대하여 직접책임을 부담하는 경우에도 법인은 대표의 범죄를 범했다는 것이 아니라 법인은 대표의 범죄에 대하여 양벌규정에 의하여 책임을 부담한다는 의미입니다. 이것은 간접책임의 경우에도 마찬가지입니다. 즉 법인은 종업원의 범죄의 과실범으로 처벌되는 것이 아니라 종업원에 대한 선임 · 관리 · 감독책임 때문에 양벌규정 위반으로 처벌될 뿐입니다(그렇지 않으면 종업원의 범죄에 과실범 처벌규정이 없는 경우 양벌규정이 적용될 수 없게 되는 결과가 됩니다).

물론 판결문에는 대표나 종업원의 범죄와 함께 양벌규정 위반이 적시되기는 하지만 앞서 언급한 바와 같이 대표나 종업원의 범죄는 전제범죄에 불과하고 법인의 처벌규정은 어디까지나 양벌규정입니다. 그리고 이렇게 해석할 때 이하의 사안들의 해석도 보다 용이하리라고 생각합니다.

그리고 양벌규정의 직접책임이든 간접책임이든 전제범죄가 어느 정도까지 입증되었을 때, 즉 구성요건해당성, 위법성, 책임이 입증되었을 때 법인에게 이를 귀속시킬 수 있도록 할 것인가의 문제도 관건이 됩니다(예컨대 명시적인 규정으로는 오스트리아 단체책임법 제3조 참조).

2. 법인 간의 공모공동정범의 성립여부

대상판결 3과 관련하여 발표자께서 적절하게 지적하신 바와 같이 사용인은 종업원인 이상, 각 법인은 공모공동정범에 의하여 자신의 종업원에게 인정된 전체 범죄에 대하여 단독으로 선임 · 관리 · 감독책임을 부담하는 것이지, 법인 간의 공동정범이 성립하기 때문에 법인이 처벌되는 것은 아니라고 해석하는 것이 타당할 것입니다.

그러나 이것은 발표자께서 말씀하신 바와 같이 법인에 대하여 형법 제30조가 적용되지 않기 때문(형법 제8조)이 아니라 양벌규정이 종업원에 대한 법인의 책임을 선임 · 관리 · 감독책임으로 구성하고 있다고 해석하는 한 필연적인 귀결이기 때문입니다. 이 때 법인의 책임을 업무상 과실범으로 보느냐 단순과실범의 단독정범으로 보느냐 아니면 부작위범의 과실범 혹은 심지어는 고의범으로 보느냐에 따라 그 해석은 달라질 수 있습니다. 그리고 과실범의 공동정범을 인정하느냐에 따라서도 공동정범의 성립여부가 다투어질 수도 있습니다.

설령 각 법인의 대표가 공모하여 범죄를 저지른 경우에도 법인 간의 (공모)공동정범은 성립하지 않는다고 보는 것이 타당할 것입니다. 왜냐하면 양벌규정의 법인의 직접책임은 법인이 자연인으로 의제되어 처벌된다는 것이 아니라 자연인의 범죄는 직접 법인에게 귀속된다는 의미에 불과하기 때문입니다. 따라서 자연인의 공동정범성이 법인으로 이전되지 않으며, 법인은 공동정범에 의하여 자신의 자연인에게 인정된 전체 범죄로 인하여 양벌규정에 의하여 처벌될 뿐입니다.

다만 발표자께서는 양벌규정이 법인의 법정형을 자연인의 것과 동일하게 규정하고 있는 사실이 종업원의 범죄에 대한 법인의 책임을 정한 양벌규정은 과실범을 규정한 것은 아니라고 밝히고 있으나 과연 반드시 그러한가에 대해서는 의문입니다. 물론 법정형은 책임의 경중을 나타내는 중요한 지표가 되기 때문에 이에 따라 고의범과 과실범의 법정형에도 경중을 두어야 하는 것은 당연하지만 양벌규정의 법정형은 언제나 자연인의 것과 동일하게 규정되어 있는 것은 아니기 때문입니다.[16)]

3. 기타

앞서 1.에서 언급한 것을 대표나 종업원의 상습범죄에 대하여 적용하면 다음과 같습니다. 즉 전제범죄의 행위자의 상습성이 법인에게 이전되기 때문에 친고죄 · 비친고죄에 따라 고소의 필요성 여부가 결정되는 것이 아니라 전제범죄인 상습범이 성립하느냐에 따라 법인에 대한 고소의 필요성 여부를 판단하여야 한다고 생각합니다. 따라서 형법총칙도 양벌규정에 적용되어야 한다는 입장에서는 공범규정과 고소의 주관적 불가분의 원칙을 준용하여 양벌규정을 제한적으로 해석하는 것이 타당할 것으로 생각합니다.

또한 죄수, 몰수 · 추징, 자수감경 규정의 해석과 관련해서도 양벌규정 외에 형법총칙이나 개별법률의 법리의 적용을 전적으로 배제하는 한 양벌규정의 적용은 위법하게 될 우려가 있습니다.

Ⅲ. 양벌규정의 수범자

특히 대상판결 8과 관련한 문제는 양벌규정을 둘러싼 문제라기보다는 오히려 법률해석방법론과 관련한 근본적인 문제라고 생각합니다. 즉 직접 행위자에 대한 처벌규정의 공백이라는 법률의 흠결을 당벌성이라는 관점에서 물론해석

16) 참고로 외국 입법례에서도 종업원의 행위에 대한 법인의 책임의 귀속형식을 선임 · 관리 · 감독책임으로 구성하면서도 법인에 대한 법정형을 반드시 자연인의 것보다 경하게 정하고 있지 않다. 이렇게 본다면 법인에 대한 법정형은 순전히 형사정책적 고려에 기인하는 것으로 추측해 볼 수도 있다. 그러나 과연 이러한 법정형의 경중을 정하는 방식이 형법이론적으로 타당한가의 문제는 또 다른 문제이다.

(*Erst-Recht-Schluss*) 중에서도 대에서 소로의 추론(*argumentum a maiore ad minus*)을 행하여 피고인에게 불리하게 가벌성을 확장하는 것이 과연 허용되지 않는 유추에 해당하는 것은 아닌가에 대한 근본적인 고민이 필요하리라고 생각합니다.

Ⅳ. 결론

발표자는 일관된 논리구성으로 대상판례들을 분석하면서 양벌규정의 해석론을 전개하고 계신 만큼 제가 토론하면서 잘못 이해한 부분들도 있을 것으로 생각합니다. 이 점 많은 양해 부탁드리며 저의 토론을 마치도록 하겠습니다. 감사합니다.

[지정토론]

법인의 형사책임과 양벌규정의 해석과 적용

- 박 기 석*-

Ⅰ. 법인의 형사책임에 관한 현행 형법의 문제점

1. 법인의 형사책임과 양벌규정

법인의 범죄능력 **부인** – 법인의 형사책임 부인 – 양벌규정 – **무과실책임** – **사회적 기금 갹출**
법인의 범죄능력 **인정** – 법인의 형사책임 인정 – 양벌규정 – **과실 책임** – **형벌 부과**

법원은 법을 제정하거나 발의하는 기관이 아니다. 주어진 법을 해석하고 적용하는 기관이다. 법인의 형사책임과 관련하여 법원은 고민에 빠져있을 법하다. 전통적인 견해에 따라 범죄는 자연인만이 범하는 것이고 법인은 범죄를 범할 능력이 없다고 본다(대법원 1984. 10. 10. 선고 82도2595 전원합의체 판결). 그럼에도 행정형법을 중심으로 광범위하게 산재되어 있는 실정법 양벌규정을 해석하고 적용해야 하기 때문이다.

입법기관에서 논리가 일관된 한쪽으로 법을 정리해 주면 좋은데 그렇지 못하다. 즉 법인의 범죄능력을 인정하여 형법전에서부터 법인의 범죄구성요건이나 형벌의 내용을 두거나, 아니면 법인의 범죄능력을 아예 부정하고 양벌규정같은 애매한 규정을 삭제하는 것이다. 현실은 형법전에서는 법인의 범죄능력에 대해서

* 대구대학교 경찰행정학과 교수

는 전혀 규정이 없는 가운데, 광의의 형법 중에서도 그 법적 성질에 대해 논란이 많은 행정형법 내에 법인을 처벌하는(그것도 소액의 벌금형만으로) 규정을 끼워 넣어 놓음으로서 해석의 어려움을 낳는 것이다.

그 해석의 어려움이란 무엇인가? 이 질문에는 많은 문제점을 포함하고 있다. ① 양벌규정의 성격이 무엇인가? 즉 법인을 명확하고 적극적으로 처벌하자는 것인가, 아니면 일정액의 사회적 부담금을 갹출하라는 정도에 그치는 것인가? ② 법인의 처벌 조건은 무엇인가? ③ 행위자 자연인과 법인처벌은 어떤 관계인가? ④ 법인처벌은 벌금형으로 충분한가? ⑤ 행정법상의 제재인 과태료, 영업정지, 조업정지, 단수단전, 공표 등과는 어떤 관련성을 갖는가? ⑥ 법인의 범죄란 어떤 경우에 성립되는가? ⑦ 법인처벌이라고 했을 때 그 법인은 과연 무엇인가? 등등.

위의 질문은 사실 양벌규정에 대한 질문이라기보다 법인의 형사책임 전부에 대한 물음이다. 법인을 처벌하는 실정법이 양벌규정밖에 없다 보니 그 해석 속에서 법인 처벌의 모든 것을 그려 넣으려 하는 것이다. 결국 양벌규정 속에서 이 많은 질문을 포함시켜 해석하려 한다는 것은 입법의 미비, 무대책에 대한 비판이기도 하다. 즉 '호랑이를 썩은 새끼줄로 묶으려는 것'과 같은 상황인 것이다. 법인의 형사책임과 같이 현대사회에서 가장 중요하고 큰 문제에 대한 답으로 100여년 전에 일본에서 규정된 양벌규정(이미 박물관에 들어갔어야 할 역사적 규정)에 모여 이론과 판례가 전개된다는 것이 기이하기까지 하다.

이러한 점에서 법원의 고민이 이해된다. 법인 범죄는 거스를 수 없는 대세가 되었고 그 규모나 수법의 면에서 개인의 범죄와는 비교할 수 없는 지경에 이르렀음에도, 가내 수공업 시대의 사회적 책임 비용 갹출이라는 취지로 시작한 소박한 규정을 아직도 부여잡고 여기서 문제를 해결하라고 요구하고 있으니 말이다.

2. 대법원판례의 문제점

굳이 법원의 과실을 말하라고 하면 '법인의 범죄능력' 인정 여부에 관한 판례이다. 이미 30여년전에 전원합의체 판결로 법인의 범죄능력을 부인한 이래 그 기조를 유지하고 있다. 독단적으로 추측하자면 대법원은 이 판례가 옳아서 계속 유지하고 있는 것 같지는 않다. 법인의 범죄능력을 인정하는 순간 봇물 터지듯 많은 문제점들이 터져 나오기 때문은 아닐까?

법인의 범죄능력을 인정하면 ① 어떤 요건하에 법인의 범죄능력이 인정되는가? ② 법인의 범죄능력을 인정할 수 있는 범죄에는 어떤 것들이 있는가? ③ 자연인처벌과 법인처벌은 어떠한 관계를 가질 것인가? ④ 양자의 처벌이 책임주의에 위배되지는 않는가? ⑤ 양벌규정은 또 어떻게 새롭게 해석할 것인가? 등이다.

그러나 결론부터 말하자면 '봇물을 터뜨려야'한다. 법인의 범죄능력, 법인의 형사책임은 더 이상 거스를 수 없는 대세가 되었다. 이 말은 법인의 구성원(부속품, 퍼즐의 한 조각)인 자연인의 처벌에만 의존해서는 법인범죄를 조화롭게 설명할 수도, 효율적으로 대처할 수도, 정확하게 대응할 수도 없게 된 것이다.

해결해야 할 어려움이 봇물 터지듯 터진다고 해서 손가락으로 둑을 계속 막고 있을 수는 없다. 그러기에는 법인의 탈세, 환경오염, 주가조작, 사기, 뇌물 심지어 살인행위까지 광범위한 범죄행위가 번성해 가고 있는 것이다. 지금이라도 법인의 인적 구성인 자연인의 행위, 물적 구성(기계, 기술, 물질 등), 법인 운영체계 등이 종합적으로 어우러져 이루어지는 법인의 범죄행태가 분명히 사회에서 살아 작동하고 있음을 인정해야 한다.

법인의 구조와 행태에 대한 솔직하고 정면 대응이 이루어지지 않는 이상, '썩은 새끼줄' 양벌규정만 가지고 미봉책(? 사실 미봉책도 아닌 극미한 처벌)으로 일관할 수밖에 없다. 대법원은 기업에서 발생한 범죄에 해당하는 사례들에 대해 종합적이고 정확한 시각을 가지고 다시 한번 검토할 필요가 있다.

지난 정권에서 일어났던 사례 중 가장 큰 사건을 하나 보자. 세계적 대기업인 S사가 정치권력자에게 부정한 재물을 제공한 사건이다. 대기업이 권력자에게 부정한 재물 준 행위가 기업 총수 한사람 혹은 그 주위의 굵직한 CEO만의 범죄행위인가? 국민들은 상징적 의미가 큰 총수 L씨의 구속과 처벌 여부에 초미의 관심을 가지는 것은 당연하지만, 한두 사람이 아닌 그 기업이 뇌물을 주었다고 보는 것은 어떨까?

법인의 형사책임을 인정하고 이 사례가 법인의 범죄행위라고 이해한다면 다음과 같은 이론구성도 가능하지 않을까?

“S사는 대표이사를 비롯한 이사들의 모임에서 부정한 재물을 제공하기로 결정하고 회사 자금으로 직원들을 시켜 현금 및 말 등의 물건을 주었다. 그 처벌로 자연인 ○○○, ○○○, ○○○ 등에게 징역 0년, 벌금 0000억원, 지금부터 3년간 S사 이사회에 보호관찰관 배석 및 감독, 범죄사실의 인터넷에의 공개, 3년간 국가입찰에의 참여불가 등을 선고한다”.

3. 입법기관의 문제점

그러나 사실 가장 큰 문제는 우리나라 입법부 및 입법에 책임이 있는 기관(법무부 등)의 문제이다. 학계도 이에 자유로울 수 없다. 우리나라 형법의 입법상황을 보면 비판을 넘어 실소를 자아낸다. 필요 없는 –아니 해서는 안되는– 입법은 열심히, 정작 해야 할 입법은 손도 대지 못하는 상황이다.

불필요한 법을 덕지덕지 만드는 대표적인 분야가 성폭력특별법, 특가법, 특경법 등으로 불리는 형사특별법 영역이다. 형법전에서 이미 면밀한 검토 끝에 구성요건화 해 놓은 범죄들에 대해 시간, 장소, 행위자의 수, 피해자 특성, 수단과 방법 등만을 약간 바꾸어 가중처벌하고 있는 형사특별법은 손쉽게 개정하고 있다. 그 결과 유사처벌 규정이 양산되고 법원으로 하여금 불필요한 해석의 노고만을 더하게 하고 있다.

그런가 하면 정작 심혈을 기울여 시의에 맞게 개정해야 할 형법전의 경우에는 거의 방치되다시피 한다. 형법개정 작업은 마치 역사적 사건처럼 여기는지,

형법개정심의위원회(가칭)다 뭐다 하여 판을 벌이고는 시간만 끌면서 정작 필요한 입법은 진전을 보지 못하고 있다. 그 대표적인 것이 법인에 대한 형사책임 규정이다.

물론 이 작업이 쉽지만은 않은 것이 사실이지만, 용기를 가지고 이 문제에 대면하여야 한다. 기업범죄는 날로 횡행하고 있는데, 이론과 현실적 입법이 어렵다 하여 미룰 일만은 아닌 것이다. 그 진전 상황이 어떤지는 잘 모르겠지만 시의의 변화에 따른 형법전의 개정(인조인간 및 인간복제에 관련된 범죄, 컴퓨터 혹은 인터넷 범죄, 환경범죄, 우주시대에 따른 범죄 등)에 진지하고 신속하게 대응하여 특별법이 아닌 형법전을 잘 정비할 필요가 있다.

Ⅱ. 명확성의 원칙

1. 법인범죄의 내용

법인범죄(혹은 기업범죄, 단체범죄, 회사범죄 등으로 불릴 수 있음)에 관한 유일한 형식의 양벌규정이 명확성의 원칙에 위반되는지를 파악하기 위해서는 법인범죄의 성격, 내용, 요건 등을 먼저 알아야 한다. 법인범죄는 그야말로 법인이 주체가 되어 범하는 범죄이다. 이 말의 전제는 법인이라는 존재가 현실적으로 있고, 활동하며, 사회에 영향을 미치고 있다는 점이다.

즉 법인의제설이니 법인실제설이니 하는 민법상의 이론을 떠나, 형법적으로 범죄의 주체가 된다는 것은 법인이라는 자연인과는 구분되는 독자적인 행위 주체가 존재하고 있다는 점을 명확하게 인식할 필요가 있다. 이 말을 좀 더 진전시켜 보면 법인의 존재를 자연인의 존재와 대비시켜 이해하지 말아야 한다는 뜻도 된다. 즉 법인은 그 나름 독자적인 형법적 행위 주체로서, 그 존재의 구조를 독자적이고 새로운 시각으로 이해하여 법적으로 대응하여야 한다는 것이다. 이러한 인식은 곧 나타날 인조인간의 이해에서도 동일할 것이다.

법인은 인적 구성원인 특정 자연인의 고의와 행위에 의해 그 행위가 결정되고 파악될 수 있는 단순한 존재가 아니다. 회사 밖에서의 A씨와 회사 직원으로서의 A씨의 사고와 행위는 전혀 다를 수 있다. 회사 밖에서는 그렇게 선한 사람이 회사 내에서는 탈세와 환경오염의 주역이 될 수도 있다. 그 A씨의 행위를 낳게 하는 것은 대표이사를 비롯한 이사들 및 이사회의 정책결정, 물적 장비의 동원, 직간접적으로 관련된 인적 구성원인 자연인들의 관여 등이 어우러져 법인의 행위로 나타난다.

그렇다면 법인의 형사책임에 관한 범죄 구성요건도 이와 같은 독자적이고, 종합적이며, 입체적인 시각에서 접근하여 규정되어야 한다. 이러한 측면에서 현재의 양벌규정은 엄밀한 의미에서 법인범죄에 대한 규정이라고 보기 어렵다. 그야말로 법인 구성원인 자연인이 회사일로 범죄를 범했을 때 법인도 소정의 책임을 느끼고 소액의 벌금을 내라는 것일 뿐이다.

2. 판례의 해석

그러나 판례는 양벌규정을 이와 같은 차원에 머무르게 하지 않는 것 같다. 충분히 이해가 된다. 빈번하고 대규모로 사회에 해를 끼치는 법인범죄에 대응할 필요가 있는데, 존재하는 규정은 양벌규정 뿐이므로 여기에 입법자가 기대하지 않았던 많은 의미를 부여하여 법인범죄에 대처해 보려는 노력으로 말이다.

그러나 양벌규정은 자연인 행위자의 일탈행위에 대해 법인이 감독책임을 다하지 못한 과실이 있을 때 그만한 처벌(자연인 행위자에게 법정된 벌금; 물론 최근의 규정은 배액 혹은 독자적 벌금 등이 있지만)을 받으라는 것일 뿐이다. 즉 법인이 스스로 고의 과실로 범죄를 범한 법인범죄가 아닌 자연인 행위자의 감독과실 행위만에 국한하여 처벌하려는 규정일 뿐이다.

그렇다면 법인범죄 전반에 걸친 규정으로서 작동한다는 의미로 해석하려는 차원에서는 불분명한 규정이라 할 수 있다. 따라서 양벌규정을 ‘그렇게 확대해석

말라'고 말한다면 현재의 판례 중 몇몇(법인 간 공범성립, 법인에 대한 상습범 인정 여부, 법인에 대한 죄수론 등)은 과잉금지 규정에 위반되는 해석일 것이고, 법인범죄 전반을 커버해야 하는 규정이라고 이해한다면 명확성의 원칙에 위반되는 규정일 것이다.

Ⅲ. 공범

1. 법인간의 공범

법인 간 공범이 성립하기 위해서는 그야말로 법인 차원에서 공동정범, 교사범, 방조범 등이 성립할 수 있어야 한다. 법인 내의 인적 구성원인 자연인, 물적 구성, 운영 체계 등이 작동하여 법인 간 공범에 해당하는 행위로 파악될 수 있는 행위와 고의(정책, 이사회의 결정 등)가 인정될 때 공범성립을 인정할 수 있을 것이다.

2. 판례의 태도

각 법인의 인적 구성인 자연인 간의 공범관계가 성립되면 법인 간 공범도 성립된다고 판례는 이해하고 있다. 판례도 단순히 자연인 구성원의 공범관계만 단순히 파악한 것은 아닐테고 그 자연인의 행위 성격이 개인적인 행위가 아닌 법인의 구성원으로서의 행위, 법인을 위한 행위일 경우 공범을 성립시킬 것이다.

또한 판례는 양벌규정이라는 애매하고 원시적인 규정을 해석의 대상으로 삼다보니 정치한 이론 구성이 어려웠으리라 짐작은 된다. 어쨌든 법원은 현재의 양벌규정이 매우 단순하고 미온적인 규정이라는 점을 늘 염두에 두고 법인범죄를 생각하고 해석하고 판단해야 할 것이다. 이와 같은 조그만 노력들이 법인범죄를 입법하는데 큰 밑거름이 되리라 생각된다.

IV. 상습성

1. 법인범죄의 상습성에 대한 판례의 태도

판례는 행위자의 상습성 인정 여부가 바로 법인의 상습성 여부로 이어진다고 본다. 문제는 자연인 행위자가 대표자이든 말단 종업원이든 상관없이 이 도식을 적용하고 있다는 점이다. 이 역시 법인범죄의 독자적 성립요건을 생각지 않고 손쉽게 양벌규정의 단순 도식을 적용하고 있다는 점이다.

행위자 자연인이 상습적으로 범죄행위를 했더라도 법인에게는 상습성이 인정되지 않을 수도 있고, 반대로 자연인 행위자의 1회의 행위라도 법인에게는 상습성이 인정될 수 있다.

사례 1 : 종업원 갑은 오염물질 정화를 담당하고 있었던 바, 귀찮은 나머지 비올 때마다 5회에 걸쳐 오염물질을 강에 무단으로 방류하였다. 이 행위를 뒤늦게 발견한 공장장은 이사에게 보고하였고 갑을 징계 처분하였다. – 이 사례는 행위자에게 오염물질 배출 범죄의 상습성이 인정되어도 법인에게는 상습성이 인정되지 않을 수 있다. 사례 2 : 종업원이 갑, 을, 병, 정으로 교체되면서 각각은 회사의 방만함과 공장장이나 감독관의 무관심 속에 각각 1회씩 4번에 걸쳐 오염물질을 강에 무단 배출하였다. – 이 사례는 행위자들에게는 상습성이 인정되지 않더라도 법인에게는 상습성이 인정될 수 있다.

2. 문제의 해결

이 문제 역시 답은 법인범죄의 구조와 특성에 맞는 규정을 두는 것이 근원적인 해결이다. 현 양벌규정의 해석을 통해 이 문제를 해결하기는 쉽지 않지만 판례가 일관하고 있는 감독과실의 상습성을 별도로 고려하여 법인의 상습성 인정 여부를 결정하는 것이 옳을 것이다.

질문

1. ‘양벌규정의 기능이 양벌규정의 법적 성격을 규정 지운다’라고 되어 있는데 이 말 자체만을 가지고 논한다면 거꾸로 되어야 하지 않을까 싶습니다. 즉 양벌규정의 법적 성격을 먼저 논하여 판단하고 그 결과에 따라 양벌규정의 기능이 파악될 수 있는 것으로 보는 것이 타당하지 않을까 하는 것입니다.

그러한 점에서 양벌규정은 발표문의 표현을 빌자면 귀속규범의 성격이 강한 것이 아닌가 생각되는데, 여기서의 귀속규범이란 그야말로 자연행위자의 범죄행위에 대해 법인이 일정액의 벌금형을 무는 단순도식이라고 판단됩니다. 이 단순한 귀속규범의 내용을 법인간 공범인정 여부, 상습성 인정여부 등으로 확대하는 해석의 기초로 삼는 것은 양벌규정의 단순 도식 내용으로 볼 때 과한 것이 아닌가 하는 생각이 듭니다.

사견으로는 판례가 주먹구구식으로 갈 수밖에 없는 현 입법상황에서 판례의 내용에 대해 깊은 형법적 이론을 적용하여 양벌규정에 일종의 화관을 씌어주는 것은 법인범죄에 대한 대응이라는 사회적 기능을 너무 생각한 나머지 양벌규정의 법적 성격을 확대해석하는 것은 아닐까요?

2. 법인에게는 상습성이란 이물질로서 적용될 수 없는 표지라고 합니다. 그러나 표현이 달라질지는 몰라도 법인에게도 범죄를 반복하는 행위자 특성으로서의 상습성이 인정될 수 없다는 것은 다시 한번 생각해 볼 일입니다. 법인도 법인운용의 방만함 속에서 상습적인 범죄 행위로 향한 정책 결정이 있을 수 있지 않을까요? 결국 이 문제도 자연인을 전제로 자연인의 성격에 입각하여 법인을 바라볼 것이 아니라, 법인의 독자적인 구조와 행위 특성을 고려하면 법인범죄만의 상습성이란 표지도 있을 수 있다는 것입니다. 발표자께서는 법인의 범죄성립 요건을 자연인 범죄성립 요건에 맞추어 전개해야 한다고 보시는 건지 아니면 법인의 독자적 구조 하에 새로운 성립요건이 필요

하다고 보시는 건지 듣고 싶습니다.

3. 양벌규정의 해석을 극한으로 밀어붙여 법인의 형사책임 문제를 해결하는 것이 옳을까요? 새로운 입법이 옳을까요? 이 질문은 이미 삭아 끊어질 듯 말 듯한 새끼줄로 그래도 호랑이를 엮어보는 것이 옳을까 아닐까의 질문과 같다고 생각됩니다. 물론 발표자께서도 양벌규정의 해석에 최선을 다하자는 말씀은 형법학의 연구와 입법의 미비를 전제로 한 것이지만, 양벌규정의 해석으로 법인범죄에 대응하는 것 자체가 무리 중 무리라고 생각됩니다. 다른 것을 다 떠나서 법인에 대한 처벌의 내용으로 소액의 벌금형만 존재한다는 것 자체가 호랑이를 잡아도 제압하는 것이 아니라 꼬리만 잡고 흔드는 수준에 불과한 것이기 때문입니다. 조업정지나 허가취소 등의 행정제재가 형벌인 벌금보다 무거운 제재로 작용하는 역행 사태를 몇 십년간 방치하고 있는 현재의 상황을, 입법에 책임 있는 국가기관과 학회는 지금이라도 진지하고 적극적인 자세로 이 문제를 되돌아보아야겠습니다.

[지정토론]

법인의 형사책임과 양벌규정의 해석과 적용

– 박 진 수* –

1. 양벌규정[1]을 둘러싼 다양한 쟁점을 잘 정리해 주시고 대법원 판례에 대해서도 날카로운 지적과 함께 깊은 통찰력을 보여주신 김성돈 교수님께 깊이 감사드립니다. 교수님께서 발표하신 내용들은 큰 길잡이가 될 것 같습니다.

지정토론자로서 교수님 논문을 읽고 들었던 개인적인 생각이나 의문들을 몇 가지 말씀드립니다. 이로써 양벌 규정에 관한 쟁점이 보다 명확하게 부각되어 더욱 심도 있는 논의가 진행되기를 희망합니다.

2. 토론사항

가. 양벌규정의 수범자 관련

교수님께서는 대상판결 8(대법원 2017. 12. 5. 선고 2017도11564 판결)을 비롯하여 일련의 판결들에 대해서 결론적으로 법원이 '입법'을 통해서 해결할 일을 '해석'을 통해서 수행한, 일종의 법형성으로서 죄형법정주의 위반으로 보고 계십니다. 업무주가 아니면서 위반행위를 한 행위자의 처벌근거는 처벌조항에서 마련해야 한다고도 하십니다. 그렇다면, 교수님께서는 현재의 법 상황에서는 '행위자'에 대해서 '무죄'라고 판단해야 한다는 입장이신 것인지요?

---

* 대법원 재판연구관

1) 종합법률정보를 통해서 '양벌규정'을 검색해 보았더니 약 500개 법령이 검색되었습니다.

나. '과연 누구의 행위로 볼 것인가?'의 문제가 있다고 생각합니다.

업무주 등 신분자만을 처벌하는 벌칙조항에 대한 양벌규정은 독립적 유형으로 볼 수 있다고 생각합니다.

예를 들어, 대법원 2017. 11. 14. 선고 2017도7492 판결 사안은 폐기물처리시설 설치·운영업체인 A 주식회사가 운영하는 폐기물 매립장에서 침출수가 유출되어 오염을 발생시켜 대표이사(a), 전무이사(b), A회사가 함께 기소된 사안입니다. 주로 b가 매립장을 관리하여 왔습니다.[2]

폐기물관리법을 보면, 폐기물처리시설의 설치·운영자에게 일정한 관리기준에 따른 시설 유지·관리의무를 부과하고(제31조 제1항), 이를 위반해서 주변환경을 오염시킨 경우를 처벌합니다(제66조 제13호). 위반행위의 주체는 '폐기물처리시설 설치·운영자'로 한정됩니다.

이때 대표이사 a의 행위만 법인의 행위로 볼 수 있다는 이유로, b의 침출수 유출로 인한 오염행위[3]를 A 회사(법인)의 행위로 볼 수 없다고 하는 것은 이상한 것 아닐까요. 일반인들은 침출수 유출로 인한 오염행위를 'A 회사(법인)의 행위'로 보고 있고, 그렇게 보아야 하는 것은 아닐까요?

다른 예로, **독점규제 및 공정거래에 관한 법률**(약칭 '공정거래법')에서 정하고 있는 벌칙조항들(제66조~제68조) 역시 전형적으로 법인이 그 주체가 될 수 있음을 전제로 하고 있다고 생각합니다. 예를 들어 시장지배적사업자[4]가 새로운

---

2) 원심의 사실인정에 따릅니다.
여기에는 (1) 대표이사(a)가 명목상 대표이사였던 경우, (2) a가 대표이사로 취임한지 얼마 안 되어 상황을 몰랐던 경우, (3) 회사에서 맡고 있는 여러 매립장 중에서 b가 맡고 있는 매립장에서 사고가 난 경우, (4) 수사기관에 조사를 받을 때 a가 아닌 b가 조사를 받았기 때문인 경우 등이 있을 수 있습니다.
조사과정에서 (1)~(4) 중 어떠한 것인지 밝혀지지 않는 경우도 많이 있습니다.

3) b가 직접 한 행위의 결과가 아닐 수도 있습니다. 정확히 말하면 b의 관리·지시 하에 움직였던 직원들의 행위들이 결합된 결과로서의 오염행위라고 말할 수 있을 것 같습니다.

4) 공정거래법 제2조(정의) 제7호: "시장지배적사업자"라 함은 일정한 거래분야의 공급자나 수요자로서 단독으로 또는 다른 사업자와 함께 상품이나 용역의 가격·수량·품질 기타의 거래조건을 결정·유지 또는 변경할 수 있는 시장지위를 가진 사업자를 말한다.

경쟁사업자의 참가를 부당하게 방해하는 행위를 금지하고(제3조의2 제4호), 이를 위반한 경우 처벌하는 규정(제66조 제1항 제1호)을 두고 있는데, 시장지배적 사업자로 볼 수 있는 전형은 '주식회사'와 같은 법인으로 보입니다.[5]

즉, 적어도 업무주 등 신분자만을 처벌하는 벌칙조항에 대해서는, 그 주체인 법인에 대해서 독자적인 책임비난 가능성(책임능력), 더 나아가서는 범죄능력을 인정할 수 있는 것 아닐까요? 관련, 법인의 범죄능력 인정 여부에 관해서 교수님께서는 어떠한 입장에 계신지도 궁금합니다.

다. 법인처벌의 요건과 책임주의 원칙 관련

교수님께서 인용하신 대상판결 1(대법원 2009도3876)도 역시 폐기물관리법 위반이 문제되었고, 업무주에 한정해서 처벌하는 규정을 둔 사안[6]입니다. 그 판시 앞부분은 다음과 같습니다(발표문 379면 각주 44에도 인용됨).

> 폐기물관리법에서 위와 같이 양벌규정을 따로 둔 취지는, 이 사건 법률조항이 적용되는 위반행위는 **통상 개인적인 차원보다는 법인의 업무와 관련하여 반복적 · 계속적으로 이루어질 가능성이 크다는 점을 감안**하여, 법인의 대표자가 그 업무와 관련하여 위반행위를 저지른 경우에는 그 법인도 형사처벌 대상으로 삼음으로써 위와 같은 위반행위 발생을 방지하고 위 조항의 규범력을 확보하려는 데 있다.

개인적으로는, 대법원이 이러한 사건 유형에서는 적어도 법인의 독자적인 책임능력을 전제로 책임을 인정하고 있다는 생각이 듭니다.

라. 법원(사법부)에 대한 비판이 타당한 것인가?

---

5) 공정거래법 제2조(정의) 제1호: "'사업자'를 제조업, 서비스업, 기타 사업을 행하는 자를 말한다. 사업자의 이익을 위한 행위를 하는 임원 · 종업원 · 대리인 기타의 자는 사업자단체에 관한 규정의 적용에 있어서는 이를 사업자로 본다."라고 의제하고 있음.

6) 폐기물관리법 제66조 제11호, 제29조 제2항(미신고 폐기물처리시설 설치한 점, 위반은 '폐기물처리업의 허가를 받았거나 받으려는 자'에 한정됨) 제65조 제7호, 제30조 제3항(미검사 폐기물처리시설을 사용한 점, 폐기물처리시설 설치자에 한정됨) 위반이 문제된 사례임

위와 같이 본다면, 이러한 유형의 범죄에 대해서는 업무주가 '법인'인 경우에는 '법인'이 벌칙조항에서 정한 위반행위를 한 것이고(사실상 독자적인 범죄능력을 인정하는 것과 같은 결과이긴 합니다), 위반행위를 한 행위자는 이러한 법인(신분자, 업무주)의 행위에 가담한 것으로 볼 수는 없는지요.

입법의 방식에 관해서도 행위자 처벌의 근거를 양벌규정이 아닌 행위규범인 벌칙조항에 규정하는 것이 쉽지 않다고 생각합니다.

보통 벌칙조항은 다음과 같은 간략히 준수해야 할 규범을 기재하고 이를 위반한 경우 법정형을 규정하는 형태인 것이 많습니다.

벌칙조항에 같은 내용을 규정한다고 할 때 생각해 볼 수 있는 위치는 다음과 같은 것들이 있을 수 있는데, 그 주체를 어떻게 표현할지, 규정의 위치 등이 애매할 것으로 보입니다.

제○○조(벌칙) 다음 각호의 어느 하나에 해당하는 자(**업무주, 주체가 법인인 경우에는 위반행위를 한 행위자도 포함한다**)는 ○년 이하의 징역이나 ○만 원이하의 벌금에 처한다. **다만, 업무주, 주체가 법인인 경우에는 위반행위를 한 행위자를 처벌한다**. 1. 제△△조를 위반하여 사업장 폐기물을 처리한 자(**업무주, 주체가 법인인 경우에는 행위자를 처벌한다**)

오히려, 법인에 관한 양벌규정에 포함하는 방식을 개선하는 것이 더욱 바람직한 것일 수도 있다고 생각합니다. 교수님 말씀대로 전형적 양벌규정과 비전형적 양벌규정은 그 성격이나 내용이 다르므로, 필요한 경우 양벌규정 조항 내에 별도의 항으로 구성할 수도 있을 것 같습니다.

법인의 대표자나 법인 또는 개인의 대리인, 사용인, 그 밖의 종업원이 그 법인 또는 개인의 업무에 관하여 제○조부터 제○조까지의 어느 하나에 해당하는 위반행위를 하면 **그 행위자를 해당 벌칙조항에 따라** 벌하는 외에 그 법인 또는 개인에게도 해당 조문의 벌금형을 과(과)한다.

이러한 입법형태를 띄지 않았기 때문에 현재와 같은 양벌규정으로 처벌할

수 없다고 볼 수 있을까요? 양벌규정에 규정된 것을 보아서는 행위자가 자신이 처벌의 대상인지 알 수 없어 명확성, 예측가능성의 원칙에 반한다고 볼 수 있을지도 의문입니다. 만일 법원이 '위반행위를 한 행위자'를 무죄로 판단한다면 일반인들이 이를 상식적이라고 받아들일까요.

그렇다면, 그 비판은 법원이 받아야 하는 것인가요? 정부(정부입법이 대부분이므로)나 국회에 대한 것이어야 하지 않을까요. 법원이 모든 것을 해결할 수는 없다고 생각합니다.

마. 양벌규정으로 처벌되는지, 벌칙조항으로 처벌되는지

대법원 2017. 11. 14. 선고 2017도7492 판결은, 원심이 양벌규정(폐기물관리법 제67조)을 누락하고 벌칙조항(제66조 제13호, 제31조 제1항)만 적용한 것은 잘못이라고 판단하였습니다. 저도 교수님 말씀대로 행위자에 대하여 '양벌규정을 통해서(매개로) 각 본조의 벌칙조항으로' 처벌하는 것이 법원의 입장이라고 생각합니다.

3. 맺음말 – 유형화와 이에 따른 이론 구성의 필요성?

헌법재판소 2010. 7. 29. 선고 2009헌가25 등 결정에서 나타난 법인을 바라보는 다양한 관점[7]은 양벌규정에 대한 접근이나 해석에서 여전히 유용하다고

7) ① (법인과 개인을 엄격 구별하는 입장) 대표자의 의사와 행위를 일률적으로 당해 법인의 의사와 행위라고 보는 것은 대표자의 '자연인으로서의 지위'와 '법인의 기관으로서의 지위'를 혼동하는 것임. 법인을 실질적으로 경영하는 대표자로 포함되는데, 오로지 사적인 이익을 추구하는 대표자의 행위를 법인의 행위로 볼 수는 없음. 법인에게 대표자에 대한 선임 · 감독상의 과실이 있는지에 따라 책임을 물어야 한다는 입장
② (현재) 법인은 기관을 통해서 행위하고, 대표자를 선임한 이상 그의 행위로 인한 법률효과는 법인의 행위로서 법인에게 귀속된다는 입장(교수님께서 '귀속 컨셉'이라고 하시는 것). 그 외 다른 임직원에 대해서는 선임 · 감독상 책임을 지우는 방안
③ 법인은 현실적으로는 임직원을 통하여 행위함. 법인의 행위로 동일시할 수 있는 행위를 하는 자가 법인의 업무에 관해서 한 행위는 법인에게 형사책임을 귀속시키고, 나머지 직원들에 대해서는 선임 · 감독상 과실이 있는 경우에만 책임을 지도록 하는 방안
④ (법인에게 자율적 활동주체로서 강한 책임을 부과하는 입장) 법인은 다수인의 능력을 조직적으로 활용하기 때문에 그 활동 영역과 규모와 영향력이 계속 확대됨. 법인의 업무에 관한 위법행위가 법인의 업무지침에 기한 것이면 법인 자체를 위법행위자로 보아 처벌할 필요가 있고, 임원 · 직원

생각합니다. 어느 하나의 입장만이 법인을 둘러싼 다양한 법 현실을 설명할 수는 없기 때문입니다.

교수님께서 양벌규정의 유형을 전체적으로 3가지[8]로 분류하고 계신 듯한데, 유형화에 따른 독자적인 이론구성에 관해서는 어떻게 생각하시는지요?

감사합니다.

에 대한 감독의무를 소홀히 한 경우에도 그에 상응한 제재를 할 필요가 있다는 입장

8) 전형적 양벌규정, 비전형적 양벌규정, 직원들에 대한 주의 · 감독의무위반을 전제로 한 양벌규정

블록체인과 가상화폐의 형사법적 문제와 전망

– 대법원 2018. 5. 30. 선고 2018도3619 판결을 중심으로 –*

– 이 정 훈** –

목 차

I. 들어가는 말

바야흐로 블록체인, 가상화폐의 시대가 법학 영역에서 주목을 받고 있다. 세

* 이 논문은 2018. 9. 17. 대법원 형사실무연구회에서 발표한 글을 수정, 보완한 것으로서, 2019. 2. 28. 홍익법학 제20권 제1호에 게재된 글임.
** 중앙대학교 법학전문대학원 교수

계는 이미 인터넷의 세상에서 더 고도화된 네트워크 시스템을 열망하기 시작했고, 그 결과 블록체인이라는 새로운 기술 혹은 시스템을 일상의 영역으로 받아들여 가상의 경제시스템을 창출하고 있다. 그 과정에서 비트코인으로 대표되는 가상화폐(암호화폐)의 경제적 가치나 그 이용과정에서의 현행법과의 충돌문제 등을 고민하기 시작했다. 이러한 새로운 변화는 너무도 갑작스레 다가왔고 이에 따라 법률상 많은 법적 문제점들이 대두되고 있다.

최근 대법원 2018. 5. 30. 선고 2018도3619 판결은 이러한 현재의 블록체인, 가상화폐에 대한 관심이 고조되고 있는 상황에서 비트코인이라는 가상화폐의 몰수가능성에 대하여 해당 '비트코인'이 재산적 가치가 있는 무형의 재산이며, 범죄수익은닉규제법에 정한 중대범죄에 의하여 취득한 것이라면 몰수할 수 있다고 판시하였다. 물론 해당 판결의 주요 쟁점은 비트코인의 몰수가능성 그 자체라기보다는 몰수할 수 있는 비트코인의 가치의 산정 시점과 추징액 산정이라고 할 수도 있지만, 현행 정부에서 비트코인 등과 같은 가상화폐 거래에 대하여 어떻게 규제해야 하는지에 대하여 정확한 입장을 내놓지 못하고 있는 상황에서 대법원은 비트코인의 재산적 가치를 인정하고 범죄의 수단이 된 경우 이를 몰수 또는 추징할 수 있다고 선언한 것만으로도 엄청한 파급효과가 있을 것이라고 예상할 수 있다.

특히 1심과 항소심의 대립된 판시사항은 그 자체로 향후 블록체인과 가상화폐에 대한 수많은 법적 논쟁을 불러일으킬 수 있다고 생각되며, 이러한 논쟁이 어느 정도 정리되거나 입법화가 되는 순간 우리는 새로운 법적 한계상황에서 고민하는 상황을 맞이하게 될 것이라고 생각된다. 이하에서는 본 대상판결의 사실관계와 판시내용을 살펴보고, 이러한 대법원의 판단에 따라 발생할 수 있는 형사법적 쟁점과 그 파급효과 등을 미리 간략히 소개해 보고자 한다.

II. 사실관계와 판결의 내용

1. 사실관계 및 제1심 판결

가. 범죄사실

피고인은 2013. 12. 4.경부터 미국에 서버를 둔 '○○○○○○○.com'라는 성인사이트를 개설하여 운영하며 1,227,313명의 회원들을 모집하고, 모집한 회원들을 무료회원이나 유료회원으로 구분하여 관리하며 회원등급에 따라 게시글 열람 권한을 달리 부여하고, 위 사이트 내 '성인토렌트' 게시판에 '한국Fdstish', '한국BJ', '한국cam', '한국 고전', '일본유모', '일본노모' 등의 하위 게시판을 두어 음란동영상을 유형별로 분류하여 게시 및 검색, 다운로드 등이 가능하게 관리하고, 유료회원들로 하여금 미리 컬쳐랜드 상품권이나 비트코인 등으로 결제하여 위 ○○○○○○○.com 사이트 내 포인트를 적립케 한 다음 유료회원들이 원하는 영상이나 사진 등을 내려받기 하는 경우 위와 같이 미리 적립하여 둔 포인트를 차감시키는 방법으로 회원들로부터 대가를 지급받으며 위 ○○○○○○○.com 사이트를 운영하였다.

나. 적용 법조

피고인은 정보통신망 이용촉진 및 정보보호 등에 관한 법률 위반(음란물유포) 및 아동 청소년의 성보호에 관한 법률 위반(음란물제작 배포등)으로 기소되었고, 아울러 해당 사이트에 접속하는 자들에게 광고 내용이 자동으로 전송되고 광고 내용을 클릭하면 광고 대상 사이트로 바로 연결되는 배너를 이용하여 광고를 하며 광고주로부터 광고 대가를 받는 수익사업을 영위하던 중, 2016. 12.경 *******에서 성명불상자로부터 스포츠토토 형식의 불법 인터넷도박 사이트인 ○○○사이트를 광고하여 달라는 연락을 받고 월 100만 원에서 400만 원까지 광고비를 받기로 하고 위 요청을 수락하여 그 무렵부터 2017. 4. 13.경까지 위 ○○○○○○○.com 사이트에 접속하는 불특정 다수인들로 하여금 위 불법 인터넷도박 사이트 광고 배너를 볼 수 있도록 하여 그들이 배너 광고를 통해 성명불상자가 개설한 비타임 사이트에 접속하여 도박을 하도록 한 것을 비롯하여 그 무렵 범죄일람표Ⅲ 기재와 같이 5회에 걸쳐 위 ○○○○○○○.com 사이트에 접속하는 불특정 다수인들을 상대로 5개의 스포츠토토 형식의 불법 인터넷도박 사이트를 광고하였다는 혐의로 도박개장방조 및 국민체육진흥법위반으로도 기소되었다. 나아가 피고인은 해당 수익금을 이체받는 용도로 사용하기 위해 타인으로부터 타인 명의의 체크카드, 비밀번호, 공인인증서, 보안카드를 양수하여 그 대가로 100만원을 지급하였다는 이유로 전자금융거래법 위반으로도 기소되었다.[1)]

다. 제1심 판결

제1심법원에서는 위 기소 내용에 대하여 전부 유죄를 인정하였고, 다만 범죄수익 그중 비트코인에 대한 몰수와 추징과 관련하여서는 '비트코인은 현금과는 달리 물리적 실체 없이 전자화된 파일의 형태로 되어 있는 몰수하는 것이 적절하지 아니한다'고 판시하였고, 추징과 관련하여서는 피고인이 인정한 금액만을 추징하였다(수원지방법원 2017. 9. 7. 선고 2017고단2884 판결).

2. 항소심의 판결(수원지방법원 2018. 1. 30. 선고 2017노7120 판결)

항소심에서는 원심판결 중 몰수 및 추징 부분을 파기하고 나머지 부분에 대한 검사와 피고인의 항소를 모두 기각하였는데, 이 중 항소심이 판단한 비트코인의 몰수 및 추징 부분이 아래 대법원에서 판단한 상고이유가 된다. 자세한 내용은 III. 이하 본문에서 다루기로 한다.

3. 대법원 판결

가. 피고인으로부터 압수한 비트코인(Bitcoin)을 몰수할 수 없다는 주장에 관한 판단

1) 범죄수익은닉의 규제 및 처벌 등에 관한 법률(이하 '범죄수익은닉규제법'이라 한다)은 국제적 기준에 맞는 자금세탁방지 제도를 마련하고 범죄수익의 몰

---

1) 전자금융거래법위반 등의 사실관계 및 적용법조의 소개 및 검토 등은 논의 진행상 생략하기로 한다.

수 · 추징에 관한 특례를 규정함으로써 특정범죄를 조장하는 경제적 요인을 근원적으로 제거하여 건전한 사회질서의 유지에 이바지함을 목적으로 제정된 법률이다. 특정범죄를 직접 처벌하는 형법 등을 보충함으로써 중대범죄를 억제하기 위한 형사법 질서의 중요한 일부를 이루고 있다.

2) 범죄수익은닉규제법은 "중대범죄에 해당하는 범죄행위에 의하여 생긴 재산 또는 그 범죄행위의 보수로 얻은 재산"을 범죄수익으로 규정하고(제2조 제2호 가목), 범죄수익을 몰수할 수 있다고 규정한다(제8조 제1항 제1호). 그리고 범죄수익은닉규제법시행령은 "은닉재산이란 몰수 · 추징의 판결이 확정된 자가 은닉한 현금, 예금, 주식, 그 밖에 재산적 가치가 있는 유형 · 무형의 재산을 말한다." 라고 규정하고 있다(제2조 제2항 본문).

3) 위와 같은 범죄수익은닉규제법의 입법취지 및 법률 규정의 내용을 종합하여 보면, 범죄수익은닉규제법에 정한 중대범죄에 해당하는 범죄행위에 의하여 취득한 것으로 재산적 가치가 인정되는 무형재산도 몰수할 수 있다.

4) 한편, 범죄수익은닉규제법 별표 제1호 사목에서는 형법 제247조의 죄를, 별표 제24호에서는 정보통신망 이용촉진 및 정보보호 등에 관한 법률(이하 '정보통신망법'이라 한다) 제74조 제1항 제2호의 죄를 중대범죄로 규정하고 있다. 따라서 피고인의 정보통신망법 위반 음란물유포 죄와 도박개장방조죄는 범죄수익은닉규제법에 정한 중대범죄에 해당한다.

5) 피고인이 범죄수익은닉규제법에 정한 중대범죄에 해당하는 정보통신망법 위반(음란물유포)죄와 도박개장방조죄에 의하여 취득한 비트코인은 재산적 가치가 있는 무형의 재산이라고 보아야 한다. 그 이유는 다음과 같다. ① 비트코인은 경제적인 가치를 디지털로 표상하여 전자적으로 이전, 저장 및 거래가 가능하도록 한, 이른바 '가상화폐'의 일종이다. ② 피고인은 음란물유포 인터넷사이트인 "○○○○○○○.com"(이하 '이 사건 음란사이트'라 한다)을 운영하면서 사진과 영상을 이용하는 이용자 및 이 사건 음란사이트에 광고를 원하는 광고주들로부터 비트코인을 대가로 지급받아 재산적 가치가 있는 것으로 취급하였다.

6) 이 사건 몰수의 대상인 비트코인은 특정되어 있다.

7) 따라서 피고인이 범죄수익은닉규제법에 정한 중대범죄에 의하여 취득한

비트코인을 몰수할 수 있다고 본 원심의 판단은 앞서 본 법리에 따른 것으로서 정당하고, 원심의 판단에 상고이유 주장과 같이 몰수의 대상에 관한 법리를 오해한 잘못이 없다.

나. 원심의 몰수 및 추징액 판단이 부당하다는 주장에 관한 판단

범죄수익은닉규제법 제8조 제2항은 "제1항에 따라 몰수할 수 있는 재산(이하 '몰수대상재산'이라 한다)이 몰수대상재산 외의 재산과 합쳐진 경우 그 몰수대상재산을 몰수하여야 할 때에는 합쳐짐으로써 생긴 재산 중 몰수대상재산(합쳐지는 데에 관련된 부분만 해당한다)의 금액 또는 수량에 상당하는 부분을 몰수할 수 있다."라고 규정하고 있다. 피고인이 보유하고 있던 비트코인 중 중대범죄에 의하여 취득한 금액에 상당하는 부분만 몰수하는 것이 가능하다.

원심은 몰수 및 추징액에 관하여 다음과 같이 판단하였다. ① 피고인으로부터 임의제출받아 압수한 216.1249474비트코인(BTC) 중 191.32333418비트코인(BTC)은 범죄수익은닉규제법에 정한 중대범죄인 이 사건 음란사이트의 운영과 관련한 범죄행위에 의하여 취득한 것이므로, 범죄수익에 해당하여 이를 몰수한다. ② 피고인 및 피고인의 친지 명의의 예금계좌에 현금 또는 수표로 입금된 금액 중 695,871,960원도 같은 범죄행위로 취득한 범죄수익인데 몰수할 수 없는 때에 해당하므로, 이를 추징한다.

III. 가상화폐의 의미 및 법적 성격

1. 가상화폐의 의미

디지털화폐, 가상화폐, 가상통화, 암호화폐, 전자화폐 등은 모두 유사하게 사용되고 있지만 엄밀하게 말하면 조금씩 의미가 다르다. 가상이라는 용어는 화폐의 실물이 존재하지 않는 측면을 강조한 것이고 디지털화폐는 가치 표시와 저장이 디지털화되어 있음을 강조한다. 암호화폐는 화폐의 발행, 기래, 저장에 암호와 기법을 사용해서 보호한다는 측면에서 사용되고 있다. 본 사안에서 사용되는 비트코인은 디지털화폐이자 가상화폐이고 암호화폐이기도 하다.[2]

한편 기존에 사용되는 전자화폐는 전자금융거래법 제2조 제15호에 의하여 법적 정의를 가지고 있는데, 이에 따르면 “이전 가능한 금전적 가치가 전자적 방법으로 저장되어 발행된 증표 또는 그 증표에 관한 정보로서 다음 각 목의 요건을 모두 갖춘 것을 말한다”고 하면서 전자적 지급수단의 하나로 국가가 최종적으로 책임지고 보증하는 법정화폐로서의 지위를 갖게 되었다. 이러한 의미에서는 비트코인은 아직 ‘전자화폐’의 지위를 갖지 못하고 블록체인 기술을 바탕으로 분산형으로 발행되는 화폐라는 점에서 전자화폐와는 구별된다.[3] 나아가 법정통화도 디지털화하면 디지털화된 법정통화가 되므로 디지털화폐가 반드시 가상화폐는 아니다. 따라서 이러한 용어들은 화폐 체계의 성격을 서로 다른 측면에서 표현한 것이라고 볼 수 있다.

다만 가상화폐는 전자화폐와 유사한 개념으로 출발하였지만 주로 게임 내의 통화를 지칭하기도 하다가 2009년 개발된 비트코인의 통용 이후로 빈번하게 쓰이게 된 용어로서,[4] 정부나 중앙은행이 발행하는 일반 화폐와는 달리 처음 고안한 사람이 정한 규칙에 따라 가치가 매겨지고, 실제 화폐와 교환될 수 있음을 전제로 유통되는 특징이 있다는 점, 그리고 이러한 가상화폐는 블록체인이라는 기술기반으로 분산형으로 발행되는 것이라는 점 등을 고려하여 기존의 전자화폐, 가상화폐와는 그 특징이 다르다는 점을 생각해보면 비트코인과 같은 현재의 가상화폐는 암호화폐라는 용어로 사용하는 것이 더욱 정확한 표현이라고 여겨진다. 다만 현재로는 암호화폐를 가상화폐와 거의 동일시하는 경향이 있으므로[5] 이하에서는 암호화폐의 경우도 ‘가상화폐’라는 용어와 함께 사용하고자 한다.

---

2) 이병욱, 비트코인과 블록체인, 에이콘, 2018, 56면.

3) 정경영/백명훈, “디지털사회 법제연구(II) – 블록체인 기반의 스마트계약 관련 법제 연구 –”, 한국법제연구원, 2017, 119면 참조.

4) 이정훈/김두원, 가상화폐 관련 형사법적 문제에 관한 고찰, 형사정책연구 제28권 제2호, 2017, 26면.

5) 본 대상판결의 대법원도 비트코인을 ‘가상화폐’의 일종이다 라고 표현하고 있다.

2. 가상화폐 시스템의 특징[6)]

가상화폐 시스템은 크게 탈중앙성, 익명성, 불가역성이라는 3가지 특징을 가지고 있다고 한다.

탈중앙성(Decentralization)이란 정부나 중앙은행과 같이 신뢰있는 제3의 기관(중앙당국)에 의존함이 없이 순수하게 기술적인 방식으로 운영되며, 가상화폐의 거래의 유효성이나 검증이 오로지 블록체인 네트워크 참여자의 동의나 작업증명 등의 절차를 통해 이루어진다는 것을 의미한다.

익명성(pseudonymity)은 가상화폐 시스템이 참여자의 실명을 사용하지 않고 공개키의 해시값에 해당하는 주소(address)를 사용하므로 거래 당사자를 특정할 수 없어 실명 거래를 원칙으로 하는 금융거래와는 다른 특징을 가진다는 것이다.

불가역성(irreveribility)이란 가상화폐 시스템에서는 일방 당사자가 상대방에게 가상화폐에 대한 권리를 양도하고 디지털 서명을 하여 체인을 형성하면 거래를 되돌릴 수 없으며, 가상화폐를 통한 결제를 무효화하기 위해서는 다시 양 당사자가 거래를 되돌리는 새로운 가상화폐 거래를 하여 분산원장에 기록하고 작업증명을 완료해야 한다는 것을 의미한다.

이러한 가상화폐 시스템의 특징은 기존의 전자금융거래 및 디지털 거래와는 완전히 다른 거래시스템을 창출하고 있으며, 기존의 법률로서는 규제가 어려운 영역으로 간주되고 있다.

3. 가상화폐의 법적 성격

가상화폐를 어떻게 규율해야 하는가 라는 물음에 답하기 전에 가상화폐의 법적 성격이 무엇인가를 논의할 필요는 있다. 우선 몇몇 논문에서 가상화폐를 기존의 법정화폐와 비교하거나 전자화폐, 금융투자상품 등과의 비교를 통하여 가상화폐를 '금융상품성 전자지급수단'으로 정리하거나 이러한 법리를 참조하여 가상

---

6) 자세히는 이나래, "가상통화의 법적 성격에 대한 연구 - 가상통화 보유자가 가지는 권리를 중심으로 -", 서울대학교 석사학위논문, 2018, 16면 이하 참조.

통화의 성격에 부합하는 새로운 법리를 정립해 나가야 한다는 주장이 존재한다.[7] 나아가 가상통화가 소유권의 객체가 될 수 있는지, 물권적 성격을 가지고 있는지 채권적 권리인지, 사원권의 성격을 가지는지 등의 대한 논의도 있다. 이러한 주장은 가상화폐에 대한 규제에 있어서 특별법의 적용이나 계약법의 적용과 관련하여 의미있는 논의라고 생각되지만 가상화폐를 범죄의 수단으로 이용하거나 범죄의 결과에 따라 취득하는 경우에 있어서는 이를 형법상 어떻게 해석해야 하는지가 문제될 수 있다.

물론 가상화폐를 둘러싼 범죄양상이 매우 다양하게 나타날 수 있기 때문에 이에 대한 문제는 아래에서 좀 더 살펴보기로 하고, 일단 가상화폐를 범죄의 수단으로 하는 경우에 형법상 재산죄의 성립이 가능한지, 그리고 범죄의 결과 해당 가상화폐를 몰수할 수 있는지가 핵심 쟁점이 될 수 있다. 이 경우 가상화폐는 형법상 재물 혹은 재산상 이익에 해당하는지가 검토되어야 할 것이다.

앞에서도 서술했듯이 가상화폐는 다른 재화와 교환가능한 경제적 가치를 지니고 있음을 부인할 수 없다. 다만 디지털화, 전자화되어 있다는 점에서 일종의 재산적 가치가 있는 '정보'에 해당한다. 이러한 전자정보에 대한 기존의 학설과 판례는 형법상 '재물'에 해당한다고 보고 있지는 않다. 왜냐하면 현행 학설과 판례는 재물 개념과 관련하여 유체성설과 관리가능성설의 대립이 존재하기는 하지만 재산적 가치가 있는 정보에 대하여는 유체물도 아니고 관리가능한 동력에 해당하지도 않기 때문에 재물로 인정하지 않는 것이 일반적이다. 따라서 현재 학설과 판례[8]의 입장에서 볼 때 전자정보는 형법상 '재산상 이익'에 해당한다고 볼 수밖에 없다. 이러한 관점에서는 본 대상판결에서 대법원이 "비트코인은 재산적 가치가 있는 무형의 재산이라고 보아야 한다"고 표현한 것은 해당 가상화폐를 재물로서가 아니라 재산상 이익으로 파악한 것으로 볼 수 있다.

제2심판결에서는 "이 사건에서 압수된 비트코인의 경우, ① 예정된 발행량이 정해져 있고 P2P 네트워크 및 블록체인 기술에 의하여 그 생성, 보관, 거래가

---

7) 앞의 이나래, 32면 및 정경영/백명훈, 126면 참조.

8) 대법원 2002. 7. 12. 선고 2002도745 판결.

공인되는 가상화폐로서, 무한정 생성 복제 거래될 수 있는 디지털 · · 데이터와는 차별화되는 점, ② 온라인 게임업체가 발급하는 것으로 온라인 게임상에서 게임 아이템을 거래하는 데 사용하는 '게임머니'도 '재산적 가치가 있는 모든 유체물과 무체물'을 의미하는 구 부가가치세법상의 '재화'에 해당한다고 할 것이므로 (대법원 2012. 4. 13. 선고 2011두30281 판결 참조), 물리적 실체가 없이 전자화된 파일의 형태로 되어있다는 사정만으로 재산적 가치가 인정되지 않는다고 단정할 수 없는 점, ③ 수사기관은 피고인이 진술한 전자지갑의 주소 및 '비밀키'를 근거로 피고인이 보유하고 있던 비트코인을 특정한 다음, 위 비트코인을 수사기관이 생성한 전자지갑에 이체하여 보관하는 방법으로 압수하였고, 위와 같은 이체기록이 블록체인을 통해 공시되어 있으므로, 비트코인의 블록체인 정보가 10분마다 갱신된다는 점만으로는 압수된 비트코인의 동일성이 상실되었다고 보기 어려운 점, ④ 현재 비트코인은 거래소를 통해 일정한 교환비율에 따라 법정화폐로 환전하는 것이 가능하고, 법정화폐 대신 비트코인을 지급수단으로 인정하는 비트코인 가맹점이 존재하는 등 현실적으로 비트코인에 일정한 경제적 가치를 부여하는 것을 전제로 하는 다양한 경제활동이 이루어지고 있는 점, ⑤ 미국 뉴욕지방법원이 2014.경 마약 밀거래 사이트인 '실크로드'의 서버에서 위 사이트의 운영을 통해 취득한 것으로 확인된 144,000 비트코인을 몰수하여 경매를 통해 환가 처분한 다음 국고로 귀속하였던 사례가 있고,[9] 그 밖에 독일, 호주, 프랑스 등 여러 나라에서 비트코인을 몰수한 사례가 보고되고 있는 점, ⑥ 피고인도 이 사건 음란사이트를 운영하면서 회원들부터 비트코인을 지급받는 대신 회원들에게 해당 비트코인의 가치에 상응하는 포인트를 지급함으로써 이 사건 음란사이트를 이용할 수 있도록 하고, 회원들로부터 취득한 비트코인 중 일부를 현금으로 환전하여 상당한 수익을 얻었던 점, ⑦ 압수된 비트코인을 몰수하지 않은 채 피고인에게 환부하는 것은, 사실상 피고인으로 하여금 이 사건 음란사이트 운영을 통해 얻은 이익을 그대로 보유하게 하는 것인바, 이는 앞서 살펴 본 범죄수익은닉의 규제 및 처벌 등에 관한 법률의 제정취지에 비추어 보더라도 매우 불합

9) United States of America v. Ross William Ulbricht

리한 점 등을 종합하면, 이 사건에서 압수된 비트코인은 '범죄수익은닉의 규제 및 처벌 등에 관한 법률'에서 규정하고 있는 '재산'에 해당하여 몰수의 대상이 된다고 봄이 상당하다."고 판시하고 있다.

4. 소결론

그러나 재산적 가치가 있는 정보를 단순히 재산상 이익으로만 파악할 경우, 형법상 재물죄가 성립할 여지는 없어지며, 특히 이러한 정보를 취득하여 보관하는 경우에도 장물죄의 성립을 인정할 수 없는 결과 형법상 몰수도 불가능하게 된다. 이와 관련하여 형법상 재물간주규정에 게임내의 아이템을 추가하거나 관리가능한 무체물을 포함한다고 규정하여 입법적으로 해결하는 방식도 주장된 바가 있다.[10)]

본 대상판결의 1심 판결은 "비트코인은 현금과는 달리 물리적 실체 없이 전자화된 파일의 형태로 되어 있어 몰수하는 것이 적절하지 아니하므로 위 범죄수익을 추징함이 타당하다."라고 판시하고 있는데 반하여, 제2심판결은 비트코인은 범죄수익 은익의 규제 및 처벌에 관한 법률에 따른 '재산(재산상 이익)'에 해당한다고 보아 이를 몰수할 수 있다고 보았다. 하지만 만약 본 사안이 범죄수익은닉규제법상 '중대범죄'에 해당하지 않는다면 해당 비트코인은 몰수할 수 없는 결과가 될 것이므로, 향후 입법상 흠결을 보완할 수 있는 조치가 필요할 것이다.[11)]

생각건대, 일정한 물리적 공간의 점유나 지배를 전제로 하고 있는 전통적인 '물'의 개념은 사이버공간, 가상공간에서는 관리가능성 내지 배타적 지배가능성의 의미에서 수정할 필요가 있다고 생각된다. 이미 특정한 경제적 교환가치를 가지는 정보들은 그 생성 주체를 확인하기 위한 시스템들이 충분히 작동하고 있으며, 그 정보의 교환 내지 거래 또는 이러한 인증 관리 시스템하에서 이루어지기

10) 하태영, "한국 형법에 있어서 "재물개념"의 논쟁사", 비교형사법연구 제5권 제2호, 2003, 279면 및 김현숙, "사이버공간과 형법상 재물의 개념 재구성 - 대법원 2009. 12. 24. 선고 2009도7238 판결을 중심으로 -", 2010년도 한국비교형사법학회 춘계학술회의 자료집, 2010, 65면.

11) 예컨대, 형법상 몰수 규정을 개정하여 가상통화와 관련된 범죄의 경우에는 이를 몰수 할 수 있도록 하는 방안이나 가상통화 관련 특별법의 제정이 그것이다. 이나래, 165면.

때문에 해당 정보의 배타적 지배는 충분히 기술적으로 구현가능하며, 이를 관리가능하다고 평가하더라도 무리는 없다고 생각된다. 위에서 대법원이 컴퓨터에 저장되어 있는 '정보'를 유체물이 아니고 동력에 해당한다고 볼 수 없고, 이를 복사하거나 출력하였다고 하더라도 그 정보 자체가 감소하거나 피해자의 점유 및 이용가능성을 감소시키는 것이 아니기 때문에 재물로 볼 수 없다는 취지는 관리가능성설의 입장에서 보면, 해당 비트코인 정보는 이미 블록체인 시스템에 의하여 시스템에 참여하는 자의 작업증명 절차를 통해 타인에게 이전되었음을 확인할 수 있으며, 암호화된 공개키와 비밀키를 통해 해당 정보가 일치하게 되면 자동적으로 해당 비트코인의 거래 확인과 더불어 상대방에게 소유권이 이전되므로, 기존 비트코인 소지자의 점유와 이용가능성은 완전히 차단되고 배타적으로 상대방이 이를 획득하게 되는 결과, 이는 물리적 관리가능하다는 것이 확인된다고 볼 수 있을 것이다. 이러한 관점에서 보면 모든 전자적 정보가 재물에 해당된다고 할 수는 없겠지만 기술적으로 구현가능한 범위 내에서는 재산적 가치가 있는 전자 정보도 '재물'에 해당된다고 볼 여지는 있다고 생각된다. 이러한 해석이 받아들여 진다면 형법상 몰수의 대상에 비트코인과 같은 가상화폐도 포함된다고 볼 수도 있다.

IV. 가상화폐를 둘러싼 형사법적 쟁점[12)]

1. 가상화폐에 대한 몰수 여부 및 추징의 가액산정

본 사건에서 피고인은, ① 압수된 비트코인의 25% 이상인 약 55.16비트코인은 출처 불명인데다가, 피고인이 합법적으로 취득한 토렌트위즈 사이트 광고비 약 14.25비트코인이 포함되어 있어 이 사건 음란사이트의 운영에 따른 수익으로 보기 어렵고, ② 피고인이 후원금으로 받은 비트코인은 대부분 10,000원 내지

12) 가상화폐거래소를 둘러싼 ICO의 불법성 여부, 실명제, 자금세탁 규제 등과 같은 쟁점은 별도의 입법이나 논의가 필요한 부분이어서 논의의 전개상 본 연구에서는 생략하기로 한다.

30,000원 상당의 비트코인(약 0.005 내지 0.04비트코인)으로 소액에 불과하므로, 하나의 주소에서 1비트코인 이상이 이체된 경우 위와 같은 후원금이 아니라 합법적인 광고비 수익을 취득한 것으로 보아야 하는데, 이러한 합법적인 수익으로 추정되는 것이 약 114.73비트코인으로 압수된 비트코인의 53%가 넘으며, ③ 압수된 비트코인에서 범죄수익으로 볼 수 있는 비트코인만을 따로 분리하여 특정하는 것이 불가능하므로 압수된 비트코인이 몰수될 수 없다고 주장하였다.

이에 대하여 제2심판결과 대법원은 범죄수익으로 볼 수 있는 비트코인을 특정할 수 있다고 보았고, 이에 대하여 몰수할 수 있다고 판단하였다.

일반적으로 재산적 가치가 있는 전자정보의 경우, 그 전자정보를 사기나 횡령, 배임 등의 범죄로 취득한 경우 발생하는 재산상 이득액이나 피해자의 손해액 산정은 해당 범죄의 형량이나 특정경제범죄가중처벌등에관한법률 위반에 있어서 중요한 요소가 된다. 특히 비트코인을 '물건'으로 보지 않게 되면 형법상 추징액의 산정에도 영향을 미치게 된다.

현재 판례상으로는 재산상 손해 유무의 판단은 법률적 판단에 의하지 아니하고 경제적 관점에서 파악해야 하고,[13] 반면 배임 또는 업무상배임으로 인한 특정경제범죄 가중처벌 등에 관한 법률 제3조 위반죄는 취득한 재산상 이익의 가액(이하 '이득액'이라 한다)이 5억 원 이상 또는 50억 원 이상이라는 것이 범죄구성요건의 일부로 되어 있고 이득액에 따라 형벌도 매우 가중되어 있으므로, 특정경제범죄법 제3조를 적용할 때에는 취득한 이득액을 엄격하고 신중하게 산정함으로써, 범죄와 형벌 사이에 적정한 균형이 이루어져야 한다는 죄형균형 원칙이나, 형벌은 책임에 기초하고 책임에 비례하여야 한다는 책임주의 원칙이 훼손되지 않도록 유의하여야 하므로, 업무상배임으로 취득한 재산상 이익이 있더라도 가액을 구체적으로 산정할 수 없는 경우에는, 재산상 이익의 가액을 기준으로 가중 처벌하는 특정경제범죄법 제3조를 적용할 수 없다[14]고 판시하고 있다.

본 사건에서 피고인은 압수된 비트코인에서 범죄수익으로 볼 수 있는 비트

13) 대법원 2007. 3. 15. 선고 2004도5742 판결.
14) 대법원 2015. 9. 10. 선고 2014도12619 판결.

코인만을 따로 분리하여 특정할 수 없다고 주장하고 있으나, 비트코인의 거래방식과 블록체인이라는 공공원장의 특성을 고려해 보면 해당 범죄로부터 얻는 비트코인만을 따로 분리하는 것이 불가능한 것이 아니라 오히려 선명하게 거래내역을 확인할 수 있다.[15] 왜냐하면 현금의 경우 범죄자가 보유하고 있던 현금과 합쳐질 경우, 이 중 일부를 사용할 때 누구의 현금인지가 혼동될 수 있지만 블록체인의 경우 특정한 거래 내역이 이미 공개되어 검증되고 있고, 비트코인 시스템에 의하여 상대방이 지급한 비트코인과 자신이 보유한 비트코인이 혼동될 여지는 발생하지 않는다.[16]

따라서 피고인이 특정 범죄로부터 얻은 수익으로서의 비트코인과 본인이 정상적인 영업으로서 보유하고 있는 비트코인이 합쳐진 전체 재산으로서의 비트코인에서 범죄수익으로서의 비트코인만을 따로 분리하여 특정할 수 없다는 주장은 인정할 수 없고 이러한 의미에서 원심과 대법원판결의 결론은 타당하다고 생각된다.

나아가 추징의 경우에도 행위 당시 취득한 비트코인을 몰수할 수 있다면 추징의 문제는 발생하지 않으나, 행위자가 비트코인을 이후에 환전한 경우에 있어서는 그 환전액을 추징하여야 할 것이다. 그런데 그 환전액의 경우 범죄 당시의 시점에서의 비트코인의 거래가액과 환전시의 거래가액, 그리고 재판 선고시의 거래가액에서 차이가 발생하는 경우, 어느 시점을 기준으로 가액을 추징해야 하는지가 문제될 수 있다. 범죄당시의 비트코인 시세로 가액을 산정하는 경우, 만약 비트코인의 거래 시세가 상승한 경우에는 형사정책적으로 타당하지 않는 반면에 거래 시세가 하락한 경우에는 오히려 범죄자에게 불리하게 작용하게 된다. 판례는 "몰수의 취지가 범죄에 의한 이득의 박탈을 목적으로 하는 것이고 추징도 이러한 몰수의 취지를 관철하기 위한 것이라는 점을 고려하면 몰수하기 불능한 때에 추징하여야 할 가액은 범인이 그 물건을 보유하고 있다가 몰수의 선고를 받았더라면 잃게 될 이득상당액을 의미하므로, 추징하여야 할 가액이 몰수의 선고를 받았더라면 잃게 될 이득상당액을 초과하여서는 아니 된다"[17]고 판시하고 있는데, 이러한

---

15) 돈 탭스콧/알렉스 탭스콧, 블록체인혁명, 을유문화사, 2016, 493면.

16) 비트코인의 거래 방식에 대하여는 이병욱, 비트코인과 블록체인, 에이콘, 2018, 28~29면 참조.

판례의 태도를 고려해 보면 비트코인을 환전한 경우, 그 추징액은 몰수의 선고를 받을 시점(판결선고시)을 기준으로 판단하여야 한다고 보고 있다.[18] 이를 도표로 설명하면 다음과 같다.

〈표 1〉

범행시		환전시		몰수 선고시	
비트코인	거래시세	비트코인	거래시세	비트코인	거래시세
1BTC	10,000,000	1BTC	7,000,000	1BTC	12,000,000
300BTC	3,000,000,000	100BTC	700,000,000	200BTC	2,400,000,000
		200BTC	1,400,000,000	100BTC	1,200,000,000

위 표의 경우, 몰수의 선고를 받을 시점에 추징해야 할 비트코인은 100BTC이고 이를 거래시세로 환산하면 1,200,000,000원이 된다. 환전 당시를 기준으로 하면 700,000,000원 이므로 이는 몰수 선고 당시의 이득상당액을 초과하지 않으므로, 최종 1,200,000,000원이 될 것이다.

〈표 2〉

범행시		환전시		몰수 선고시	
비트코인	거래시세	비트코인	거래시세	비트코인	거래시세
1BTC	10,000,000	1BTC	12,000,000	1BTC	7,000,000
300BTC	3,000,000,000	100BTC	1,200,000,000	200BTC	1,400,000,000
		200BTC	2,400,000,000	100BTC	700,000,000

위 표의 경우 몰수의 선고를 받을 시점에 추징해야 할 비트코인은 100BTC이고 이를 거래시세로 환산하면 700,000,000원이 된다. 환전 당시를 기준으로 하면 1,200,000,000원 이므로 이는 몰수 선고 당시의 이득상당액을 초과하므

17) 대법원 2017. 9. 21. 선고 2017도8611 판결.
18) 대법원 1991. 5. 28. 선고 91도352 판결.

로, 최종 700,000,000원이 될 것이다.

그러나 범죄자가 환전을 통해 실제 취득한 액수를 기준으로 하면 〈표 1〉은 몰수 선고시보다 500,000,000원 정도를 더 추징받아야 하고, 〈표 2〉의 경우에는 500,000,000원 정도 이익을 얻은 것이 된다. 이는 몰수와 추징의 취지를 살펴 볼 때 범죄에 의한 이득의 박탈을 목적으로 하는 것이라면 실제 취득한 액수를 기준으로 판단하는 것이 타당하지 않을까 생각된다. 즉 몰수를 선고할 시점에 추징하여야 할 범죄수익의 가액은 환전시를 기준으로 하는 것이다. 본 대상판결에서는 실제 현금으로 환전한 2억 원(추정)을 범죄수익으로 인정하여 추징하고 있는데, 원심판결 및 대법원 판결에서도 구체적 설명은 보이지 않으나 몰수 선고시라고 보았던 기존의 판례와는 차이점이 나는 점이라 할 수 있다. 그렇지만 본 사건에서만 이렇게 본 것일 뿐 기존의 판례를 수정한 것이라고 볼 수 있을지는 앞으로 좀 더 검토가 필요할 것으로 보인다. 본 대상판결을 위 표에 대비해 보면 결국 〈표 1〉에서는 700,000,000원을 추징할 것이고, 〈표 2〉에서는 1,200,000,000원을 추징하게 될 것이다.

한편, 범죄수익은닉규제법 제10조 소정의 추징은 임의적인 것이므로 그 추징의 요건에 해당하는 재산이라도 이를 추징할 것인지의 여부는 법원의 재량에 맡겨져 있다.[19] 나아가 추징은 부정한 이익을 박탈하여 이를 보유하지 못하게 함에 그 목적이 있으므로, 수인이 공모하여 도박개장을 하여 이익을 얻은 경우에도 실질적으로 귀속된 이익이 없는 피고인에 대하여는 추징을 할 수 없다[20]는 입장에서 살펴보면, 실질적으로 피고인에게 귀속된 이익금을 기준으로 추징액을 산정하면 결국 해당 비트코인의 환전시의 금액을 기준으로 추징액을 선정하는 것이 타당하다고 생각된다.

19) 대법원 2007. 6. 14. 선고 2007도2451 판결.
20) 대법원 2007. 10. 12. 선고 2007도6019 판결.

2. 가상화폐를 둘러싼 범죄 및 형법 적용상의 한계

비트코인과 같은 가상화폐를 범죄수익의 대상이 되는 무형의 재산으로 파악하고 있는 본 대상판결은 그 자체로서 의미뿐만 아니라 향후 가상화폐를 둘러싼 수많은 범죄영역에도 형법이 적용될 여지를 가져다 준다.

즉 가상화폐를 취득할 목적으로 저지르는 범죄 즉 사기나 횡령, 배임 등과 같은 재산범죄의 영역에서 검토될 수 있을 것이고, 가상화폐를 거래하는 시스템을 약용하는 범죄 즉 해킹이나 정보유출 등 정보통신망법이나 개인정보보호법 위반의 가능성도 배제할 수 없다. 나아가 테러나 조직범죄, 마약범죄와 같은 다른 범죄를 저지르기 위하여 블록체인 시스템이나 가상화폐를 활용하거나 탈세의 수단으로도 이용될 수도 있을 것이다.[21]

앞에서도 잠시 언급한 바 있는 게임아이템 내지 게임머니의 경우에도 이를 취득하기 위한 다양한 범죄행위들이 나타났고 이에 대한 판례들도 상당히 축적되어 있는데, 이러한 게임 아이템이나 게임머니가 현실에서의 교환가능성(환전가능성)을 전제로 형법상 '재산상 이익'에 해당하며 이를 취득하기 위하여 공갈, 사기, 컴퓨터등사용사기, 업무방해, 컴퓨터등장애업무방해죄, 정보통신망법위반과 같은 형사법의 적용이 이루어져왔다. 이는 가상화폐의 경우도 동일하게 적용될 것으로 보이지만, 다만 기존의 게임아이템이나 게임머니가 게임제공업자 내지 게임서비스제공자의 명시적 거래 또는 양도 금지라는 의사에도 불구하고 불법취득한 경우라면 가상화폐의 경우는 블록체인의 특성상 이 시스템에 참여하는 모든 사람들의 동의에 의하여 거래가 이루어지며 그 거래는 다시 되돌릴 수 없는 완결성을 지니며 익명성이라는 요소에 따라 거래 당사자에 대한 특정의 문제 등으로 인하여 그 법적용과 관련한 해석에 있어서 기존의 재산범죄와는 다른 논리들이 제시될 필요성이 있을 것이다.

예컨대 Peer to Peer 라는 블록체인의 기본 구조에 비추어 볼 때 전통적인 PC나 서버 컴퓨터에 허위의 정보나 부정한 명령, 권한없이 정보를 입력하는 등의 컴퓨터등사용사기죄에 있어서의 행위구성요건의 구조는 블록체인에 있어서

---

21) 가상화폐를 이용한 관련범죄의 문제에 대하여 자세히는 이정훈/김두원 39면 이하 참조.

노드로 참가하는 모든 이용자들의 동의에 의하여 정보가 전파되고 암호키의 비대칭적 구조에서 실제 거래를 승낙하는 자가 비밀키나 공개키를 입력하는 순간 가상화폐의 이전(사실상 점유의 이전이 아니라 공공원장에 기록됨)이 이루어지게 되는 경우, 비록 기망의 요소가 있었다고 하나 본인의 의사에 의하여 거래를 완료하였다는 점에서 피해자 승낙의 법리나 그 실행의 착수 시점 내지 기수 시점을 언제로 보아야 하는지, 수많은 노드들의 정보 전달행위는 어떻게 평가해야 하는지 등에 대하여 논쟁의 여지는 남을 것이라 생각된다.

또 다른 예로서 윤락업소 영업주가 온라인사이트를 통해 성매매를 알선하고 그 화대로 가상화폐를 받는 경우, 해당 사이트의 운영자이자 윤락업소 영업자가 그 가상화폐를 윤락업소 종업원에게 주지 아니하고 임의로 사용한 경우, 어떤 범죄가 성립할 것인가이다. 현행 판례는 윤락업소의 종업원이 맡겨놓은 화대를 업주가 임의로 사용한 경우, 수익자의 불법성이 급여자의 그것보다 현저히 큰 경우가 아닌가를 판단하여 이 경우 횡령죄가 성립한다고 판시한 바 있다.[22]

그런데 본 사안에서는 가상화폐가 횡령죄의 객체인 '재물'에 해당하지 않는다고 한다면 횡령죄의 성립을 인정할 수 없고, 배임죄 적용 여부를 검토하더라도 윤락업소 영업주와 종업원 사이에 '신임관계'가 존재해야 하는데, 양 당사자 사이에 영업주가 종업원에게 위임이나 계약상 신임관계가 있다고 볼 여지는 있지만 그 신임관계는 법질서가 인정하는 것이어야 하고 선량한 풍속과 사회 질서에 반하지 않는 것이라는 것이 학설과 판례의 입장[23]에서 보면, 본 사안에서 배임죄가 성립한다고 볼 수도 없게 된다. 이는 가상화폐와 관련한 다양한 범죄 현상에서 현행 판례 해석상 해결이 곤란하고 입법적 불비를 가져오는 결과를 가져오게 되므로 향후 정비가 필요한 부분이라 생각된다.[24]

22) 대법원 1999. 9. 17. 선고 98도2036 판결.

23) 신동운, 형법각론, 법문사, 2017. 1158면; 대법원 1986. 9. 9. 선고 86도1382 판결.

24) 성매매알선 행위 등 처벌에 관한 법률 제10조의 불법원인으로 인한 채권무효 규정도 민사상 특례를 규정한 것으로 보이고 수사시 참작 사항에 불과하여 본 사안에 적용되기는 무리라 판단된다.

3. 가상화폐와 사행성 이슈

블록체인과 가상화폐라는 새로운 기술의 등장과 함께 주목받고 있는 산업이 바로 게임산업이다. 특히 온라인게임, 모바일게임은 아이템 거래라는 시장이 이미 수 조원에 이를 정도로 그 규모가 크며, 비록 아이템 거래를 게임사 약관에서는 금지하고 있지만 중개사이트 등을 통해 실제 이용자들이 매우 활발히 이용하고 있는 실정이다. 하지만 아이템 거래가 가져오는 과소비와 과몰입, 그리고 사행성 조장이라는 부정적 인식하에 현재 게임법상 법적 규제 및 자율규제가 이루어지고 있다.

현재 게임 아이템(게임머니 포함) 거래와 관련하여 게임산업진흥에 관한 법률 제32조 제7호는 환전업 금지조항을 통해 "누구든지 게임물의 이용을 통하여 획득한 유·무형의 결과물(점수, 경품, 게임 내에서 사용되는 가상의 화폐로서 대통령령이 정하는 게임머니 및 대통령령이 정하는 이와 유사한 것을 말한다[25])을 환전 또는 환전 알선하거나 재매입을 업으로 하는 행위"를 금지하고 이에 위반한 경우 형사처벌을 가하고 있다.

대법원은 본 규정의 적용대상인 게임아이템, 게임머니에는 온라인 RPG게임상 이용자들이 중개사이트를 통해 현금으로 거래한 아이템이나 게임머니는 포함되지 않는다고 보았고, 이에 따라 해당 게임머니와 아이템이 현금과의 교환가치를 지니는 것이라고 하더라도 시행령상 규정된 게임아이템, 게임머니에 해당하지

---

25) 제18조의3(게임머니 등) 법 제32조제1항제7호에서 "대통령령이 정하는 게임머니 및 대통령령이 정하는 이와 유사한 것"이란 다음 각 호의 어느 하나에 해당하는 것을 말한다.
1. 게임물을 이용할 때 베팅 또는 배당의 수단이 되거나 우연적인 방법으로 획득된 게임머니
2. 제1호에서 정하는 게임머니의 대체 교환 대상이 된 게임머니 또는 게임아이템(게임의 진행을 위하여 게임 내에서 사용되는 도구를 말한다. 이하 같다) 등의 데이터
3. 다음 각 목의 어느 하나에 해당하는 게임머니 또는 게임아이템 등의 데이터
가. 게임제작업자의 컴퓨터프로그램을 복제, 개작, 해킹 등을 하여 생산·획득한 게임머니 또는 게임아이템 등의 데이터
나. 법 제32조제1항제8호에 따른 컴퓨터프로그램이나 기기 또는 장치를 이용하여 생산·획득한 게임머니 또는 게임아이템 등의 데이터
다. 다른 사람의 개인정보로 게임물을 이용하여 생산·획득한 게임머니 또는 게임아이템 등의 데이터
라. 게임물을 이용하여 업으로 게임머니 또는 게임아이템 등을 생산·획득하는 등 게임물의 비정상적인 이용을 통하여 생산·획득한 게임머니 또는 게임아이템 등의 데이터

않는다면 본 조문을 적용할 수 없다고 보았다.[26] 이에 따라 현재 고스톱이나 포커 등 배팅이나 배당을 모사하는 웹보드 게임의 경우를 제외하고는 이러한 게임상 아이템을 환전하는 것이 허용되어 있다. 따라서 만약 게임회사에서 게임의 이용의 결과 가상화폐를 지급하더라도 그 가상화폐가 본 조문에 정한 '게임아이템, 게임머니'에 해당하지 않는다면 환전업금지 조항의 적용이 어려울 것이다.

한편 게임산업진흥에 관한 법률 제28조 제3호는 "경품 등을 제공하여 사행성을 조장하지 아니할 것"이라고 규정하고 이에 위반한 경우에도 형사처벌을 가하고 있는데, 가상화폐가 경품에 해당하는지가 문제될 수 있다. 지금은 폐지되었지만(2016년 폐지) 공정거래위원회 경품고시 제2조에서는 경품을 "사업자가 자기 또는 자기와 거래관계에 있는 다른 사업자의 상품이나 용역의 거래에 부수하여 일반소비자에게 제공하는 경제상의 이익을 말한다."라고 정의하고 있다. 이러한 정의에 따르면 가상화폐를 게임의 이용에 부수하여 게임제공업자가 제공하였다면 경품에 해당할 여지가 있다. 그러나 대법원은 2009. 6. 11. 선고 2008도10565 판결을 통하여 "한편, 국민의 문화적 삶의 질을 높이기 위하여 게임제공업자의 영업수행방식을 적절하게 규제함으로써 게임물이 사행성화하는 것을 차단하고자 하는 게임법 제28조 제3호의 입법취지 및 위 법률조항의 문언에 비추어 볼 때 위 법률조항에 의하여 금지되는 대상은 경품 등을 제공함으로써 '사행성을 조장하는 행위'라고 할 것이어서, 게임제공업자가 위 법률조항의 위임에 따라 허용되는 경품의 종류 · 지급기준 · 제공방법 등을 정하고 있는 이 사건 고시 중 경품제공행위의 사행성 조장 여부에 직접적인 관련이 있는 규정을 위반하여 경품을 제공하였다면 이는 위 법률규정에 의하여 금지된 사행성을 조장하는 경품제공행위에 해당하여 게임법 제45조 제3호에 의하여 처벌된다고 할 것이지만, 이와 달리 경품제공행위의 사행성 조장 여부와 직접적인 관련이 없는 규정을 위반하여 경품을 제공하였다고 하더라도 그러한 사정만으로 곧바로 위 행위를 위 법률규정에 의한 사행성을 조장하는 행위에 해당한다고 하여 위 규정에 의하여 처벌할 수는 없을 것이다."라고 판시하였고, 이 판례의 취지를 볼 때 해당 가상화폐가 사행

---

26) 대법원 2009. 12. 24. 선고 2009도7237/7238 판결.

성 조장, 즉 가상화폐를 게임서비스 외부에서 환전할 수 있도록 제공하는 것이 아니라면 본 경품제공금지 조항도 적용될 수 없다고 볼 것이다.

그럼에도 불구하고 현재 '크립토키티', '디그랜드', '유나의 옷장'과 같이 블록체인을 이용한 게임서비스의 경우 가상화폐를 게임서비스에 적용하였다는 이유로 게임물관리위원회에서 시정요구를 받거나 아직 심의 보류 중이 경우가 많다.[27] 그 이유로서 게임법시행규칙 제8조 제3항에서 게임물의 사행성 확인기준으로 제2호에 "게임물 이용을 통하여 획득한 유, 무형의 결과물이 환전되거나 환전이 용이한지 여부"를 규정하고 이를 등급분류에서 고려하고 있기 때문인 것으로 보인다. 하지만 현재까지 '가상화폐'를 이러한 규정 적용상이 대상이 되는지가 불분명한 경우에는 사후 입법이나 사후관리를 통해 환전 여부를 판단하면 족하며, 가상화폐와 게임서비스의 접목이 반드시 환전만을 위해 존재하는 것이 아니라 게임이용자들 사이의 네트워크 강화, 서비스의 질적 향상, 부가 서비스의 창출, 아이템 거래시장의 투명화 등의 긍정적 요소도 고려해야 한다는 점에서 향후 합리적 규제를 위한 충분한 논의의 장이 더 요구된다고 여겨진다.

4. 가상화폐의 압수 문제

본 사건에서 몰수의 대상이 된 비트코인의 경우 몰수 이전에 압수가 이루어졌는데, 이러한 비트코인의 압수는 비트코인 블록체인에 있어서 피고인이 자신이 디지털 공간에 구현한 전자지갑을 통해 보관한 비트코인이며, 수사기관은 피고인이 진술한 전자지갑의 주소 및 '비밀키'를 근거로 그 비트코인을 특정한 다음, 그 비트코인을 수사기관이 생성한 전자지갑에 이체하여 보관하는 방법으로 압수하였다고 제2심판결에 기재되어 있다.[28]

기본적으로 형법상 몰수와 형사소송법상 압수의 대상은 '물건' 또는 '유체물' 이어야 하지만 압수의 목적물이 디지털 증거인 경우에는 형사소송법 제106조 제

---

27) 관련기사로는 아이뉴스, 2018. 5. 17.자 기사 참조. 원문은 아래 참조.
〈http://news.inews24.com/php/news_view.php?g_serial=1095248&g_menu=020500&rrf=nv〉

28) 제2심판결문 8면 참조.

3항에 따라 범위를 정하여 출력 또는 복제하거나 이러한 방법이 불가능하거나 압수의 목적을 달성하기에 현저히 곤란하다고 인정되는 때에는 '정보저장매체 등'을 압수할 수 있다고 규정하고 있다.

그러나 사이버공간에서 디지털 증거는 반드시 컴퓨터나 저장매체에만 존재하는 것이 아니라 인터넷으로 연결된 웹메일이나 웹서버, 기타 클라우드와 같은 제3의 저장매체에 존재하기도 한다. 이때 제3의 서버나 저장매체의 압수의 경우에는 제107조 내지 제109조에 따라 수색이나 제출 명령 등을 통해 압수의 가능성이 있고, 우리 대법원은 "압수 · 수색은 대상물의 소유자 또는 소지자를 상대로 할 수 있고, 이는 해당 소유자 또는 소지자가 피고인이나 피의자인 경우에도 마찬가지이다(형사소송법 제106조 제1항, 제2항, 제107조 제1항, 제108조, 제109조 제1항, 제219조 참조). 또한 정보저장매체에 저장된 전자정보에 대한 압수 · 수색은 영장 발부의 사유로 된 범죄 혐의사실과 관련된 부분만을 출력하거나 복제하는 방법으로 하여야 하고, 다만 범위를 정하여 출력 또는 복제하는 방법이 불가능하거나 압수의 목적을 달성하기에 현저히 곤란하다고 인정되는 때에는 정보저장매체 자체를 압수할 수 있다(형사소송법 제106조 제3항, 제219조 참조).

인터넷서비스이용자는 인터넷서비스제공자와 체결한 서비스이용계약에 따라 인터넷서비스를 이용하여 개설한 이메일 계정과 관련 서버에 대한 접속권한을 가지고, 해당 이메일 계정에서 생성한 이메일 등 전자정보에 관한 작성 · 수정 · 열람 · 관리 등의 처분권한을 가지며, 전자정보의 내용에 관하여 사생활의 비밀과 자유 등의 권리보호이익을 가지는 주체로서 해당 전자정보의 소유자 내지 소지자라고 할 수 있다. 또한 인터넷서비스제공자는 서비스이용약관에 따라 전자정보가 저장된 서버의 유지 · 관리책임을 부담하고, 해당 서버 접속을 위해 입력된 아이디와 비밀번호 등이 인터넷서비스이용자가 등록한 것과 일치하면 접속하려는 자가 인터넷서비스이용자인지를 확인하지 아니하고 접속을 허용하여 해당 전자정보를 정보통신망으로 연결되어 있는 컴퓨터 등 다른 정보처리장치로 이전, 복제 등을 할 수 있도록 하는 것이 일반적이다.

따라서 수사기관이 인터넷서비스이용자인 피의자를 상대로 피의자의 컴퓨터 등 정보처리장치 내에 저장되어 있는 이메일 등 전자정보를 압수 · 수색하는 것은 전자정보의 소유자 내지 소지자를 상대로 해당 전자정보를 압수·수색하는 대물적 강제처분으로 형사소송법의 해석상 허용된다.

나아가 압수·수색할 전자정보가 압수·수색영장에 기재된 수색장소에 있는 컴퓨터 등 정보처리장치 내에 있지 아니하고 그 정보처리장치와 정보통신망으로 연결되어 제3자가 관리하는 원격지의 서버 등 저장매체에 저장되어 있는 경우에도, 수사기관이 피의자의 이메일 계정에 대한 접근권한에 갈음하여 발부받은 영장에 따라 영장 기재 수색장소에 있는 컴퓨터 등 정보처리장치를 이용하여 적법하게 취득한 피의자의 이메일 계정 아이디와 비밀번호를 입력하는 등 피의자가 접근하는 통상적인 방법에 따라 원격지의 저장매체에 접속하고 그곳에 저장되어 있는 피의자의 이메일 관련 전자정보를 수색장소의 정보처리장치로 내려받거나 그 화면에 현출시키는 것 역시 피의자의 소유에 속하거나 소지하는 전자정보를 대상으로 이루어지는 것이므로 그 전자정보에 대한 압수·수색을 위와 달리 볼 필요가 없다.

비록 수사기관이 위와 같이 원격지의 저장매체에 접속하여 그 저장된 전자정보를 수색장소의 정보처리장치로 내려받거나 그 화면에 현출시킨다 하더라도, 이는 인터넷서비스제공자가 허용한 피의자의 전자정보에 대한 접근 및 처분권한과 일반적 접속 절차에 기초한 것으로서, 특별한 사정이 없는 한 인터넷서비스제공자의 의사에 반하는 것이라고 단정할 수 없다.

또한 형사소송법 제109조 제1항, 제114조 제1항에서 영장에 수색할 장소를 특정하도록 한 취지와 정보통신망으로 연결되어 있는 한 정보처리장치 또는 저장매체 간 이전, 복제가 용이한 전자정보의 특성 등에 비추어 보면, 수색장소에 있는 정보처리장치를 이용하여 정보통신망으로 연결된 원격지의 저장매체에 접속하는 것이 위와 같은 형사소송법의 규정에 위반하여 압수·수색영장에서 허용한 집행의 장소적 범위를 확대하는 것이라고 볼 수 없다. 수색행위는 정보통신망을 통해 원격지의 저장매체에서 수색장소에 있는 정보처리장치로 내려받거나 현출된 전자정보에 대하여 위 정보처리장치를 이용하여 이루어지고, 압수행위는 위 정보처리장치에 존재하는 전자정보를 대상으로 그 범위를 정하여 이를 출력 또는 복제하는 방법으로 이루어지므로, 수색에서 압수에 이르는 일련의 과정이 모두 압수 · 수색영장에 기재된 장소에서 행해지기 때문이다.

위와 같은 사정들을 종합하여 보면, 피의자의 이메일 계정에 대한 접근권한에 갈음하여 발부받은 압수 · 수색영장에 따라 원격지의 저장매체에 적법하게 접속하여 내려받거나 현출된 전자정보를 대상으로 하여 범죄 혐의사실과 관련된 부분에 대하여 압수 · 수색하는 것은, 압수 · 수색영장의 집행을 원활하고 적정하게 행하기 위하여 필요한 최소한도의 범위 내에서 이루어지며 그 수단과 목적에 비추어 사회통념상 타당하다고 인정되는 대물적 강제처분 행위로서 허용되며, 형사소송법 제120조 제1항에서 정한 압수 · 수색영장의 집행에 필요한 처분에 해당한다. 그리고 이러한 법리는 원격지의 저장매체가 국외에 있는 경우라 하더라도 그 사정만으로 달리 볼 것은 아니다"라고 하여 사이버공간 내에 존재하는 디지털 증거에 대한 압수가 가능하다는 입장을 밝힌 바 있다.[29][30]

그러나 위의 판결도 역시 역외의 서버에 압수 대상이 되는 디지털 증거가 존재하는 경우를 말하는 것일 뿐, 비트코인과 같은 가상화폐의 경우에는 특정한 서버에 존재하는 것이 아니라 사이버공간의 전자지갑에 수치화되어 있을 뿐, 그 거래 내역은 블록체인이라는 분산화방식으로 모든 거래자들이 공유하고 있기 때문에 기술적으로는 수사기관의 전자지갑으로 피고인의 비트코인을 이체한다는 거래 내역을 블록체인 시스템에 입력하는 것이며, 이를 위해서 피고인이 가지고 있는 암호화키를 복호화하여 그 내역을 확인할 수밖에 없다. 이러한 방식은 기존의 디지털 증거의 압수방식과는 차이가 나기 때문에 문제가 발생할 수 있다.[31]

즉, 가상화폐의 성격상 디지털 지갑을 생성하여 해당 지갑으로 가상화폐를 이전하는 방법으로 압수를 해야 하는데, 국가는 디지털 지갑을 가지고 있지 않다. 따라서 결국 수사관 개인 이름으로 디지털 지갑을 만들고 해당 지갑으로 가상화폐를 이전해야 하는데 그와 같은 절차가 과연 적절한지 여부는 논란이 될 수 있으며,

29) 대법원 2017. 11. 29. 선고 2017도9747 판결.

30) 본 판례의 평석으로 이순옥, 디지털 증거의 역외 압수, 수색, 중앙법학 제20집 제1호, 2018, 117면 이하 참조.

31) 이원상, 현행 디지털증거 수집 관련 법률의 한계, 디지털포렌식연구 11 (3), 2017, 33면.

또 가상화폐는 그 가치의 등락폭에 초단위로 바뀌기 때문에 그 가치를 확정하기도 쉽지 않다. 이처럼 해당 정보가 가지고 있는 성격들로 인해 디지털 증거의 수집이 매우 어렵게 되는 경우들도 발생하고 있는 상황이다. 나아가 피압수자가 암호화된 키정보를 알려주어야만 압수절차가 완료될 수 있는데, 피압수자에게 이러한 정보를 알려주어야 할 의무가 있는지 의문이다.[32] 이러한 의미에서 가상화폐에 대한 몰수와 더불어 압수, 수색에 대한 논의가 더 검토될 필요성이 있다.

V. 스마트계약의 등장과 형사 입법적 과제

사이버범죄 혹은 인터넷 범죄라는 용어가 등장한 것은 그다지 오래되지 않았지만 시기적으로 보면 1994년 우리 나라에서 인터넷 서비스가 개시된 이후부터 이러한 범죄가 발생하였다고 추측해 볼 수 있을 것이다. 하지만 그 이전에는 일반적으로 컴퓨터 범죄라는 용어를 사용하고 있었는데, 컴퓨터범죄는 컴퓨터를 대상으로 혹은 이를 이용한 각종의 범죄를 통칭하는 것으로서, 현금자동지급기에서 타인의 신용카드 등을 이용하여 현금을 인출하거나 은행의 컴퓨터를 조작하여 타인의 계좌를 예금을 이체하거나, 컴퓨터프로그램을 조작하여 재산상 이익을 취득하거나 업무를 방해하는 행위 등을 그 예로 들 수 있다. 이에 대처하기 위해 우리 형법은 1995년 형법개정을 통해 컴퓨터범죄에 대처할 수 있는 규정을 마련하였다. 하지만 그 당시 형법규정은 은행의 대형컴퓨터나 PC와 같은 컴퓨터 환경을 전제로 한 것이었고, 인터넷의 발전과 그 확산으로 인한 네트워크 환경에 대처하는 데는 일정한 한계를 가지고 있었다. 이러한 이유로 2000년대에 들어서 정보통신망 관련 법률들을 개정하거나 제정하여 이러한 사이버범죄에 대응해 나가기 시작하였다. 하지만 이러한 입법적 대응에도 불구하고 사이버상의 범죄는 더욱 진화된 기술로서 새로운 범죄영역을 개척해 나아가고 있으며 이에 대응하기 위한 조치들은 현실을 쫓아가기에도 바쁜 실정이라고 할 수 있다.[33] 예컨대

32) 이원상, 37면.

33) 이정훈, "사이버범죄에 관한 입법동향과 전망", 사이버커뮤니케이션학보 통권 제20호, 2006,

새로이 등장하고 있는 신종 해킹툴이나 금융사기, AI와 IOT, 자율주행 기술, 그리고 비트코인 혹은 암호화폐로 대표되는 블록체인 혁명이 그것이다. 특히 블록체인은 비트코인과 같은 1세대를 넘어 스마트 계약으로 통칭되는 블록체인 2.0 시대를 맞이하고 있다. 이하에서는 이러한 블록체인 기반의 새로운 기술발전과 더불어 등장할 수 있는 가상의 범죄를 상정하고 이에 대한 입법적 과제에 대하여 논의해 보고자 한다.

1. 법과 기술의 관계 및 형법 규정의 변화

법과 기술을 다양한 방식으로 서로 영향을 줄 수 있는데, 현대의 정보 통신 기술의 발전과 더불어 양자는 여러 단계를 거쳐서 입법에 영향을 미쳐왔다.

첫 번째는 정보의 디지털화 과정이다. 예컨대 기존의 종이 등의 문서를 전자화된 문서로 바꾸는 과정이 필요하다. 이를 위해서 우리 형법은 기존의 문서 개념에 복사문서의 문서성을 인정한 이래, 전자 기록이라는 용어를 형법전에 포섭하였고, 그 외 기록성이 인정되지 않은 전자문서의 경우에도 문서로서의 효력을 가질 수 있도록 입법적으로 해결하였다.

두 번째 단계는 의사결정과정에서의 자동화이다. 첫 번째 단계에서 승인된 디지털화된 정보가 각종의 프로그램을 통해 자동화된 의사결정 구조로 처리되는 과정이 이루어져야 한다. 예컨대 디지털 정보를 입력하게 되면 이미 인간의 의사결정이 반영되어 있는 프로그램을 통해 자동적으로 정보처리가 이루어지는 과정을 의미한다. 그러한 의사결정은 세금이나 회계, 신용평가를 위한 소프트웨어 툴 뿐만 아니라 예금인출이나 계좌이체 등 재산변동에 관한 사항, 정보입력에 따라 제공되는 재화나 급부 모두를 포함한다. 이러한 두 번째 단계는 이미 1995년 형법개정에 따라 자동화된 정보처리에 대한 법적 승인이 이루어진 것으로 볼 수 있다. 왜냐하면 컴퓨터는 사람의 통제를 받지 않고 사람에 의한 기망도 인정할 수 없으며, 주어진 정보 그 자체를 진정한 것으로 인정된다면 자동적으로 정보처리가 이루어지기 때문에 이에 대한 대처로서 컴퓨터등사용사기죄나 컴퓨터등장애

234면 이하 참조.

업무방해죄가 신설된 것이다.

세 번째 단계는 법률이 정한 규칙을 코드로 편입시키는 것, 즉 코드에 의한 규제의 등장이다. 현재 인터넷의 발전과 더불어 새로운 형태의 규제가 나타나고 있는데, 이는 우리의 의사결정과정에서 인간에 의한 통제보다는 기술이나 코드에 의한 통제가 더 효율적 수단이 될 수 있다는 판단에서, 소프트웨어가 종국적으로 온라인 공간에서 법률보다 더 인간의 행위를 잘 규제할 수 있다는 의미로 받아들여진다. 이것이 Joel Reidenberg가 1992년에 Lex informatica라고 명명한 개념, 그 이후에 Lawrence Lessig이 1999년에 "Code is law"라고 해서 유명해진 말이 된 그 단계이다. 가장 극적인 예로, Digital Rights Management(DRM) 제도인데, 이것은 저작권법 규정을 기술적 보호수단으로 옮겨놓아서, 저작권 제한이 있는 작품의 사용을 사전에 제한하는 것이다. 이를 통해 사람들로 하여금 처음부터 저작권법을 위반하는 것을 어렵게 만들고 법원이나 경찰 등의 사후 통제 방식에 의한 법의 자의적 적용을 처음부터 배제할 수 있는 장점을 지니게 된다.[34](Code of Law)

그리고 네 번째 단계는 법을 적용하고 집행하는 단계를 넘어 그러한 법을 입안하고 정교하게 만드는 과정에서 코드에 최적화된 조문으로 만드는 것, 즉 법을 코드로 바꾸는 것을 의미한다. 이러한 단계는 아직 현실화되어 있지 못하지만 우리가 점점 기술적 수단을 법적 통제의 도구로 활용하기 시작하면서 단순한 사전 예방적 성격보다는 실제 집행에 있어서도 코드의 특성에 맞게 규칙을 만들어가게 되면 결국은 법률 조항이 가지고 있는 해석상의 모호성이나 자의성 등이 제거되어 결국 코드가 법의 지위를 갖게 되는 상황으로 갈 수 있다는 것을 의미한다.[35] (Code as Law)

---

34) Primavera De Filippi & Samer Hassan, Blockchain Technology as a Regulatory Technology :From Code is Law to Law is Code, CERSA/CNRS & Berkman Center for Internet and Society, Harvard University, 인터넷주소로는 〈http://arxiv.org/abs/1801.02507〉.

35) 이에 대한 자세한 아이디어는 De Filippi /Wright, Blockchain and the Law – The Rule of Code, Harvard University Press, 2018, 193면 이하 참조.

2. 스마트계약의 등장과 법적 인식의 변화

소위 블록체인 2.0이라고 불리는 스마트계약이란 블록체인 기술을 기반으로 계약의 자동실행이 보장된 컴퓨터 프로그램(코드)를 의미한다. 이러한 스마트계약에 따르면 전통적인 계약과는 다르게 코드가 상대방의 의사표시와 합치한 경우에 그 코드가 합의의 조건을 실행하고 집행할 수 있다는 아이디어에 근거하고 있다. 따라서 스마트계약을 소프트웨어가 당사자의 입력없이 그 조건을 실행하는 경우 '자기집행성(self-enforcing)'을 가진다고 한다.

즉 블록체인에 계약과 관련된 정보를 기록하면 제3자 증명 기관 없이도 위변조 걱정없이 계약을 관리하고 실행할 수 있는 시스템을 만들 수 있는데, 보통 계약 성립 여부를 객관적으로 증명하기 위해서는 공증인이나 변호사와 같은 제3자를 통해 증거를 남겨야 하지만 블록체인 기술은 본질적으로 제3자의 증명 없이 거래의 정당성을 증명할 수 있다. 그리고 계약 당사자는 계약 내용을 디지털해 블록체인에 기록하고 계약 조건을 만족한 경우 블록체인에 기록된 계약 내용을 참고해 해당 계약을 자동으로 실행할 수 있다. 그리고 그 대표적인 스마트계약 플랫폼으로 이더리움이 있다.[36)]

이러한 스마트계약은 다양한 분야에서 활용될 수 있는데, 단순히 자금결제를 위한 이체의 자동화뿐만 아니라 차량금융계약 등의 계약관계를 넘어 인터넷투표, 사물인터넷과 연계, 각종 법률 서식 및 증명의 자동화, 에너지 산업, 기업 내부의 의사결정 구조 등 수많은 생활영역으로 확대될 수 있다. 이 과정에서 코드에 의한 자기 집행성은 정부나 은행, 권위있는 제3의 중개자의 존재 없이도 계약의 당사자 사이에 시간적, 비용적 효율성을 극대화하고 참여자의 의사결정에 의하여 자동 집행되는 특징을 가지게 되므로, 코드가 법을 대체하는 지위를 획득할 수 있게 된다. 즉 위에서 말한 네 번째 단계의 영역에 발을 디디는 것이다. 예컨대 자동차의 운전과 IOT, 스마트 계약을 연결하게 되면 일정한 속도를 초과하거나 신호를 위반한 경우, 지금까지는 경찰관의 단속이나 카메라에 의하여 인식된 사정을 기초로 해당 경찰 관서에서 발부된 과태료나 과징금 등의 행정벌의 징

36) 스마트계약에 관한 자세한 설명으로 정경영/백명훈, 25면 이하 참조.

수과정이 자동차나 스마트폰에 내장된 프로그램에 따라 자동적으로 자신의 계좌에서 규제당국의 계좌로 이체가 이루어지고, 보험관련 벌점이나 보험금 산정도 자동화되며 경우에 따라 자동차가 자동적으로 정지되는 등의 집행이 이루어지게 될 수 있다.

하지만 이러한 과정에서도 어떠한 경우에 이러한 집행이 이루어질 수 있는지가 그 계약 규정 내지 법률 규정이 코드화되는 과정에서 완전하게 이루어질 수 있는지에 대해서는 의문의 여지가 있다. 왜냐하면 수많은 법률 조항들은 통상 서로 다른 상황에 적용될 수 있도록 일반적이고 포괄적으로 규정되는데, 이는 그 법률 조항을 입안할 당시에는 예측할 수 없는 상황에 대비하기 위함이다. 따라서 그러한 조항을 컴퓨터가 이해하고 처리할 수 있도록 코드화하는 데 정교하게 만들 수 없다면 자동적인 실행을 보장하는 법적 계약은 이루어질 수 없다. 즉 법률 조항에 담겨질 텍스트 언어, 즉 자연어를 컴퓨터가 이해할 수 있는 언어로 옮기는 것은 매우 복잡한 작업이 될 것이고 만약 편의를 위해 이러한 예외 사항을 코드화하는 것을 생략한다면 법의 일반성을 잃어버리게 하는 결과를 가져오게 될 것이다. 우리가 법률상 흔히 사용하는 '허위', '부정', '음란', '정당' 등과 같은 규범적 용어들은 시간이나 문화, 다양한 상황에서 서로 다르게 평가될 수 있지만 이것을 코드화할 수 있을지에 대해서는 회의적이며 결국은 법원이나 판사의 해석에 따라 이해될 수밖에 없지 않는가 하는 과제를 던져주고 있다.

3. 형사규정의 재검토

블록체인, 그리고 비트코인과 같은 가상화폐에 대한 법적 정의와 규제의 방향성이 아직까지 제대로 마련되어 있지 않은 현재, 위와 같이 스마트계약과 같은 진보된 기술에 대응한 형사규제에 대하여 논의하는 것이 자칫 시기상조가 아닌가 라고 보일 수 있다. 특히 형법의 최후 수단성이라는 기본 원리에 비추어 볼 때, 이러한 기술이 실제 현실에서 어떻게 적용되고 부정하게 사용되는지, 그 피해는 어떻게 되고 구제는 어떻게 하여야 하는지에 대하여 뚜렷한 해결책이 아직 없는 상황에서는 미리 예측가능한 범죄유형을 상정하고 입법적으로 대응하는 것이 지나치게 앞서나가는 일면이 없지 않다.

그러나 새로운 정보통신기술의 발전과 현실에서의 적용은 우리의 상상보다 앞서 있으며 그 과정에서 입법적 불비에 대응하기 위한 노력이 지나치게 늦어지는 경우, 그 과정에서 발생하는 수많은 범죄와 그 피해에 대하여 제대로 대처하지 못하는 결과를 가져오게 될 것이다.

아직까지 어떠한 형태의 블록체인이 운영되고 암호화폐가 발행되어 서비스가 될 지는 알 수 없으나, 이러한 기술 기반의 서비스는 곧 상용화될 것으로 예상된다. 다양한 응용 어플리케이션이 개발되고 또 이것이 일상화될 시점에는 각종 서비스를 악용한 범죄가 발생하리라는 것은 충분히 예상가능하다. 이러한 서비스에 특화된 규제 법률들도 이 시점에는 마련되리라는 것을 전제로 할 때, 형법이나 형사소송법에 규정된 조항들도 새로운 기술환경에 맞게 재검토될 필요가 있을 것이다.

가장 먼저 논의될 수 있는 쟁점으로는 본 사건 판결에서와 같이 비트코인과 같은 가상화폐의 법적 성격에 대한 명확한 정의가 필요하다. 해석상 '재산상 이익'에 해당한다고 보고 있어서 어느 정도 이를 악용한 재산범죄에 대처할 수 있으나 현행 형법의 구조가 '재물'과 '재산상 이익'을 엄격하게 구분하고 있는 이상, 여전히 재물죄로서의 법적 구조를 지니고 있음에도 불구하고 관련 조문을 적용할 수 없는 한계가 있다. 향후 해석으로 이를 보완하든지 아니면 입법적 해결이 필요할 것으로 보인다.

둘째, 탈중앙화, 분산형 정보처리의 특성을 가지는 블록체인의 성격상 개인 PC나 중앙 컴퓨터, 서버의 존재를 염두에 두고 만들어진 현행 형법 규정 등을 현재 정보처리 시스템의 특성에 맞게 개정될 필요가 있다. 단적인 예로서 '컴퓨터등 정보처리장치', '전자기록'과 같은 용어가 대표적이다. 이는 현재 네트워크과 전자문서, 전자계약으로 대표되는 인터넷 환경에 잘 맞지 않는다. 특히 전자기록이라는 용어는 '정보가 일정한 매체에 화체된 상태'라는 의미로 해석되는데, 이는 '물'의 개념을 벗어나 것이 아니어서 전송중인 정보에 대한 범죄에 대처할 수 없다. 아울러 클라우딩 컴퓨팅, Peer to Peer 시스템의 구조상 해당 정보가 어디에 존재하는지를 특징하기도 이렵다. 나아가 블록체인의 특성과 분산원장,

암호화폐는 그 자체 특정한 서버에 존재하는 것이 아니라 가상의 공간, 참여자의 개별 계정에 동시에 기록되고 자동적으로 전파되는 특성을 가지므로 범죄의 실행의 착수 시점이나 참여자의 범행 동기 등을 밝히기가 매우 어렵다. 이러한 의미에서 전통적인 의미에서 '손괴'의 개념을 상정하기 어렵고, 위변조의 가능성이 거의 없는 블록체인의 특성상 전자기록 위작변작죄의 성립을 인정할 수 없다. 같은 의미에서 허위의 정보나 부정한 명령의 입력과 같은 행위 구성요건도 스마트계약의 성격에 비추어 보면 참여자의 동의나 합의에 의하여 그 계약이 자동적으로 집행되는 결과, 특정한 정보처리자의 관점에서 파악되는 해석은 적용될 수 없다. 왜냐하면 그 블록체인 시스템에 참여하는 모든 개인이 정보의 주체이기도 하지만 정보처리자이기도 하기 때문이다. 따라서 이러한 블록체인 시스템을 고려한 형법 조문의 개정 내지 해석상 난점을 극복할 과제가 놓여 있다.

마지막으로, 이러한 기술 기반의 새로운 범죄 가능성에 대한 심도 깊은 논의를 통해 궁극적으로 형법 조문의 기술적 정교화가 필요하다. 예컨대 현재 '권한 없이 정보를 입력'한다는 것은 해당 정보처리시스템에 접근할 권한이 없는 자가 해당 시스템에 진정한 권한자인 것처럼 비밀번호를 입력하거나 주어진 권한을 남용하여 정보를 입력하는 것을 의미한다.[37] 그러나 향후에는 시스템상 이러한 권한 여부의 판단이 암호화기법에 의하여 자신이 소유하지 아니한 공개키나 비밀키를 입력하는 것 자체가 권한 없는 것으로 표준화되어 판단될 수 있을 것이다. 이 경우에 있어서는 해당 조문은 '타인의 비밀키를 입력하여'라는 요건으로 변경하더라도 해당 시스템의 인증절차에 따라 자동적으로 본 법률조항이 추구하는 목적을 달성할 수 있을 것이다.

물론 이러한 형법 조문의 기술적 정교화과정은 매우 어려운 작업이며 법의 해석을 통한 입법적 흠결의 보완이라는 기본적 원리를 해할 가능성이 존재한다. 그럼에도 불구하고 현행 인터넷 네트워크의 발전과 정보처리 플랫폼의 변화에 대응하기 위해서는 보다 기술친화적, 코드친화적 법률 규정의 마련을 통해 보다

37) 학자에 따라서는 사실관계와 일치하는 정보를 권한 없는 자가 입력하는 것(신동운, 1026면)이라고 하거나 권리자의 의사에 반하는 경우(이재상, 형법각론 제9판, 박영사, 2013, 357면), 타인의 진정한 정보를 사용할 수 있는 법적 자격이나 권한 없이 정보처리장치에 입력시키는 것(정성근/박광민, 형법각론 전정2판, SKKUP, 2015, 399면) 이라고 하고 있다.

신속한 법적용과 대응이 필요하다고 생각된다.

VI. 나오면서

이상으로 비트코인의 몰수 및 추징가능성에 관한 최근 대법원 판결의 해석을 통해 블록체인 기반의 새로운 정보기술환경에서 나타날 수 있는 형사적 쟁점과 전망에 대하여 간단히 검토해 보았다.

먼저 판례의 태도를 비추어 볼 때 비트코인과 같은 가상화폐, 암호화폐는 현행 범죄수익은닉규제법상 중대범죄에 해당하는 범죄의 대상이 되는 경우에는 몰수할 수 있는 무형의 재산에 해당한다고 볼 수 있다. 다만 이러한 중대범죄에 해당되지 않는 경우에는 형법상 몰수 대상인 '물건', '유체물'로 볼 수 없으며 향후 입법상 해결할 필요가 있다고 생각된다. 다만 현행 해석으로도 재물의 관리가능성설의 입장에서 볼 때 재산적 가치있는 무체물도 배타적 이용이 가능하고 이를 정보처리시스템상 물리적 관리가능하다고 볼 여지가 있다면 이를 통해 입법적 불비를 어느 정도 해결할 수 있으리라 생각된다.

둘째, 비트코인과 같은 암호화폐의 추징과 관련하여는 몰수가 불가능할 경우 추징해야할 액수의 산정 시점이 문제가 될 수 있다. 현해 판례 해석상으로는 몰수 선고시(재판시)라고 보고 있지만, 본 대상판결은 특별한 설시 없이 환전 당시의 시세를 기준으로 판단하고 있는 것으로 보인다. 이는 대법원이 판례를 변경한 것인지 아니면 비트코인과 같은 시세변동성이 있는 가상화폐의 특성을 고려한 것에 불과한 것인지에 대한 향후 심도 깊은 논의가 더 필요한 부분이라 생각되지만, 실제 피고인에게 실질적으로 귀속된 이익금인 환전당시의 금액을 기준으로 추징액을 정하는 것이 타당하다고 생각된다.

셋째, 이러한 새로운 기술기반의 환경에서 발생하는 형사법적 문제들에 대하여 간단히 소개하였다. 그 중 가장 논의가 필요한 부분은 블록체인 시스템의 탈중앙화 특성과 스마트 계약의 자기집행성 등을 고려할 때 기존의 형법 규정으로 해결할 수 없는 난제들이 있으며, 이를 해결하기 위한 해석이나 입법적 보완이 필요함을 서술하였다.

향후 본 대상판결 이후 블록체인 기반의 새로운 서비스환경이 구축되고 일상화되는[38] 시점에서는 가상화폐, 암호화폐 등을 둘러싼 다양한 범죄 유형이 등장할 것이고 이러한 범죄에 대처하기 위하여 학계나 정부, 법원, 국회 등의 심도 깊은 연구와 지속적인 협력이 충분히 이루어지기를 기대해 본다.

---

38) 암호화폐, 스마트계약 등 금융이나 재화의 거래를 넘어서 블록체인 기술이 공공분야, 건강, 과학, 교육 등과 같은 것을 포함할 때, 이를 블록체인 3.0 이라고 부른다. Valentina Gatteschi/Fabrizio Lamberti/Claudio Demartini/Chiara Pranteda/Victor Santamaria, To Blockchain or Not to Blockcahin : That is the Question, IT Professional Vol. 20, Issue:2, 65면. 원문은 〈https://ieeexplore.ieee.org/stamp/stamp.jsp?tp=&arnumber=8338007〉 참조.

3. 형사절차법 분야

재심제도의 본질론에 근거한 관련 쟁점의 새로운 이해*

- 불이익재심과 관할 · 제척사유를 중심으로 -

- 김 성 룡**-

목 차

I. 글머리

형사재심절차와 관련한 대법원의 판결례와 학계의 해석론적 관심은 이미 적지 않은 쟁점들에 대해 상당한 깊이의 접근들을 보여주고 있다. 그럼에도 불구하

* 이 글은 2016년 5월 30일 대법원에서 개최된 대법원 형사실무연구회와 한국형사소송법학회의 공동학술대회('비상구제절차에 관한 고찰')에서 발표되었으며, 한국형사소송법학회 「형사소송 이론과 실무」 제8권 제1호(2016. 6.)에 게재된 것이다.
** 경북대학교 법학전문대학원 법학과 교수, 법학박사

고 재심 절차에서 등장하는 몇몇 중요 쟁점들에 대한 의견 차이는 여전히 좁혀지지 않고 있고, 지배적인 다수의 견해와 다른 주장에 대해서는 (추상적인) '원칙에 대한 위반이므로 재고의 가치 없는 것'으로 백안시 하는 모습도 크게 바뀌지 않고 있다.

다양한 관련 쟁점들 중에서 여기서는 재심제도의 본질과 가장 밀접한 문제로 등장하는 이른바 피고인(무죄판결을 받거나 경한 범죄로 처벌받은 자)에게 불리한 재심은 현행 헌법질서 아래에서 위헌적 발상일 뿐인지, 구체적 정의의 실현을 위해서는 제한된 범위에서만이라도 도입되어야 하는 것은 아닌지를 비교법적 검토와 아울러 살펴보기로 한다. 혹시 이미 현행 헌법과 형사소송법의 해석으로는 불가능한 얘기를 왜 다시 끄집어내는 것인가라는 물음에 대해서 미리 짧게 답한다면, 최근까지 이러한 이른바 '불이익재심'의 도입을 주장한 경우는 찾아볼 수 없었지만 국내에서도 그런 목소리가 나오기 시작했고,[1] 지금까지 우리에게 알려진 비교법적 사실을 현재 상황에 맞도록 정확하게 정리할 필요가 있고,[2] 재심과는 친하지 않았던 영국과 웨일즈도 이미 2003년 불이익재심을 도입했으며, 애초부터 불이익재심을 운용하고 있는 독일의 몇몇 주들이 왜 지속적으로 불이익재심의 범위를 확장하려하는지를 살펴볼 필요가 있다는 생각 때문이다. 어떻게 우리는 불이익재심을 운영하지 않고도 '사법에 대한 신뢰'와 '실질적 정의의 실현'이라는 법치국가의 한 축이 흔들리지 않고 유지될 수 있는지도 확인해볼 필요가 있을 것이다.

또한 재심제도를 둘러싼 여러 쟁점들 중 상대적으로 해석론의 관심에서 밀려나 있는 또 하나의 문제, 즉 재심 관할 법원과 법관의 제척 · 기피 문제에 대한 현행 형사소송법의 태도가 적정한 것인지도 살펴보기로 한다. 재심은 새로운 공판이며, 명문의 제척 · 기피규정이 없다는 이유만으로 제17조 제7호나 제18조의

1) 박찬운, "이중처벌금지원칙과 불이익재심의 가능성", 법조, 통권 제701호(2015), 176쪽 이하.
2) Swoboda, Das Recht der Wiederaufnahme in Europa. Bestandsaufnahme und Ausblick, HRRS 2009, S. 188ff.

제척과 기피 규정이 적용되지 않는다는 형식논리가 재심의 본질과 부합할 수 있는지를 비교법적 검토를 통해 반성적으로 접근해 보면서 관련 규정의 개정필요성은 없는지 살펴보기로 한다.[3)]

II. 재심제도의 본질론

1. 개요

국내 학계와 실무에서 재심이란 단지 유죄확정판결에 중대한 사실인정의 오류가 있을 때 유죄판결을 받은 자의 이익을 위하여 판결의 부당함을 시정하는 제도라고 보는데 예외는 없어 보인다. 즉, 국내 논의에서 재심제도의 본질에 관한 이해는 이익재심(Retrial, Review, Wiederaufnahme)에 한정하고 있는 현행법제도의 특성에 맞게 불이익재심은 단지 입법론에 불과할 뿐이라는 전제를 갖고 시작한다. 그런 이유로 입법정책설은 인권보호를 고려하지 않거나 혹은 단지 부차적으로 고려할 뿐이기 때문에 실질적 정의의 구현을 내세워 불이익재심도 도입하자고 주장할 위험이 있다고 진단하기도 한다.

하지만 구형사소송법이나 현행 독일, 오스트리아, 영국, 러시아 등에서의 재심은 불이익재심을 포함하고 있고, 그렇다면 그러한 국가들에서 재심의 본질과 내용에 대한 이해는 현재 국내의 지배적인 이해와는 사뭇 달라질 수밖에 없을 것이다. 그들에게서 재심은 '확정력이 생긴 판결에 대한 사법의 오류를 제거하기 위해 기능하는 비상구제절차'인 것이다.[4)] 확정판결을 받은 자에게 유리한 변경만이 재심의 본질 · 기능은 아닌 것이 된다.

또한 재심은 일사부재리원칙 · 이중처벌금지 원칙(prohibition against dou-

---

3) 이외에도 중요하고 깊이 있는 접근이 필요한 여러 쟁점들에 대해서는 지면과 시간상의 관계로 여기서 다루지 못한다.

4) Roxin/Schünemann, Strafverfahrensrecht, 26. Aufl., S. 444.

ble jeopardy; Strafklageverbrauch)과 불가분의 관계가 있는 것으로 이해되고 있다.[5] 이에 대해서도 국내 해석론에서 지배적 입장들은 유죄판결을 받은 자 혹은 중하게 처벌받은 자를 무죄로 변경하거나 경하게 처벌하기 위한 재심은 피고인(확정판결을 받은 자)에게 유리하기 때문에 허용되지만, 그와 반대의 경우, 즉 무죄를 유죄로 하거나 경하게 처벌받은 자를 중하게 처벌하는 것은 있을 수 없다고 한다.

'동일한 범죄'가 무엇인가를 밝히는 것도 중요하겠으나, 과연 헌법 제13조 제1항 후단의 일사부재리의 원칙이 불이익재심은 배제하는 논리필연적인 전제가 될 수 있는지가 우선 의문이다. 헨켈(Henkel)이[6] 적절히 정의하고 있듯이 재심은 통상의 절차에서 상소 등 가능한 모든 수정의 기회를 놓쳐 버리고 이미 확정되어 버린 판결의 참을 수 없는 오류, 즉 정의의 관점에서 도저히 용인할 수 없는 오류를 시정하기 위해 동일한 범죄를 다시 심리하는 제도이기 때문이다. 달리 말해 '공소사실이 동일한' 사건을 다시 심판하는 것이다.

하지만 국내의 일반적인 이해에 따르면, 동일한 범죄에 대해 다시 재판하는 것을 전제로 한 제도가 재심제도라고 하더라도, 피고인에게 유리하게 다시 재판하는 경우라면 당연히 일사부재리의 내용을 침해하는 것이 아닐 것이지만, 이미 1회의 소송절차를 거친 피고인에 대해 다시 기본권을 제약 · 침해하는 형사절차를 감내하게 하고, 무죄를 유죄로, 경한 죄를 중한 죄로 변경하는 것은 강한 공권력을 가진 국가가 해서는 안 될 일이라는 것이다. 그렇다면 불이익재심을 인정하는 국가들은 모두 위헌적인 제도를 운영하는 것이라는 말인지 의아하다. 과연 그렇게 볼 수 있을 것인지 그들의 생각을 확인해 보는 것도 의미 있을 것이다.

---

5) 배종대/이상돈/정승환/이주원, 형사소송법(2015), 849쪽; 정웅석/백승민, 형사소송법 제6판(2014), 904쪽.

6) Henkel, Strafverfahrensrecht, 2. Aufl.(1968), S. 394.

2. 헌법재판소 · 대법원의 이해

가. 헌법재판소

민주적 다수자의 의사에 따라 만들어진 것으로 보자고 약속된 대한민국의 기본질서를 담은 헌법의 의미를 분명히 하는 권한과 의무를 지닌 헌법재판소가 재심의 본질을 어떻게 이해하고 있는가는 최근 형사소송법 제420조 제1항 제5호의 재심이유에 대한 결정에서 재차 확인할 수 있다.

"재심은 확정된 종국판결에 재심사유에 해당하는 중대한 하자가 있는 경우 그 판결의 취소와 이미 종결되었던 사건의 재심판을 구하는 비상의 불복신청방법으로서 그와 같은 중대한 하자가 있는 예외적인 경우에 한하여 법적 안정성을 후퇴시키고 구체적 정의를 실현하기 위하여 마련된 것이므로, 판결에 대한 불복방법의 하나인 점에서는 상소와 마찬가지라고 할 수 있지만, 상소와는 달리 재심은 확정판결에 대한 불복방법이고, 확정판결에 대한 법적 안정성의 요청은 미확정판결에 대한 그것보다 훨씬 크기 때문에, 상소보다 더 예외적으로 인정되어야 한다는 점에서 차이가 있다.[7]"

확정된 판결의 법적 안정성을 후퇴시키고, 구체적 정의를 실현하기 위한 예외적 절차라는 것이다. 예외이므로 엄격히 운영(허가)해야 한다는 것이다.

나아가 형사소송법 제420조와 관련한 또 다른 사건에서는 "형사소송에 있어서 재심은 유죄의 확정판결에 대하여 중대한 사실오인이나 그 오인의 의심이 있는 경우에 판결을 받은 자의 이익을 위하여 판결의 부당함을 시정하는 비상구제절차로서, 법적 안정성과 정의의 이념이 충돌하는 경우에 정의를 위하여 판결의 확정력을 제거하는 가장 중요한 경우라고 할 수 있다."[8]라고 하여, 이익재심만을 인정하는 현행법에 특별한 문제가 없다는 것을 간접적으로 표현하고 있다. 왜냐

---

7) 헌재 2014. 7. 24. 2012헌바277, 판례집 26-2상, 45 [합헌]; 민사재심과 관련하여 동일한 논지로 헌재 2009. 10. 29. 2008헌바101 등.

8) 헌재 2011. 6. 30. 2009헌바430, 판례집 23-1하, 377 [합헌, 각하].

하면 불이익재심을 도입할 필요가 있다고 생각했다면 방론(Obiter Dictum)으로라도 그 생각을 밝힐 수 있었을 것이기 때문이다.

또한 헌법재판소는 형사재심제도와 관련하여 입법자는 법치주의에 내재된 두 가지의 대립적 이념, 즉 민사소송에 있어서와 마찬가지로, 법적 안정성과 정의의 실현이라는 상반된 요청을 어떻게 조화시키느냐의 문제로 돌아가므로, 결국 이는 불가피하게 입법자의 형성적 자유가 넓게 인정되는 영역이[9] 될 수밖에 없다고 강조하고 있다.

앞서의 이익배심에 대한 언급과 달리 입법형성의 자유를 언급한 부분을 정확하게 읽는다면, 입법자가 형성적 자유를 어떻게 행사하는가에 따라 현행 헌법 아래에서도 불이익재심이 불가능한 것은 아니라는 추론도 가능해 보인다.

나. 대법원

한편 대법원의 판결·결정례 중에서는 재심제도의 본질에 대한 의사표현을 발견할 수 없다.[10] 단지 현행법의 취지를 명확하게 하는 정도의 입장만이 표현되어있다. 즉, "재심은 당해 심급에서 또는 상소를 통한 신중한 사실심리를 거쳐 확정된 사실관계를 재심사하는 예외적인 비상구제절차이므로, 피고인이 판결확정 전 소송절차에서 제출할 수 있었던 증거까지 거기에 포함된다고 보게 되면, 판결의 확정력이 피고인이 선택한 증거제출시기에 따라 손쉽게 부인될 수 있게 되어 형사재판의 법적 안정성을 해치고, 헌법이 대법원을 최종심으로 규정한 취지에 반하여 제4심으로서의 재심을 허용하는 결과를 초래할 수 있다."라고 하여 법적 안정성이 원칙이며, 재심은 예외인 만큼 엄격하게 운영되어야 하며, 3심이자 최종심인 대법원의 상고심 이후에 이루어지는 제4심이 아니라는 것을 확인하

---

9) 헌재 2011. 6. 30. 2009헌바430, 판례집 23-1하, 377 [합헌,각하]. 이창현, 형사소송법 제2판(입추출판사, 2015), 1298-1299쪽에서는 이러한 헌법재판소의 입장을 '입법정책설'로 이해하고 있다.

10) 시간적인 이유로 법고을(LX) 등 가용한 모든 자료를 검토하지 못했고, 대법원홈페이지의 종합법률정보(http://glaw.scourt.go.kr/wsjo/intesrch/sjo022.do; 2016.5.22. 최종검색)에서 '형사'영역에서 '재심'을 색인어로 검색하여 간추려진 185건의 관련 판결례를 확인한 결과이다.

고 있다.[11)]

또한 이른바 이익 · 불이익재심과 관련해서는 공범증인의 증언거부권을 다룬 사안에서, "자신에 대한 유죄판결이 확정된 증인이 재심을 청구한다 하더라도, 이미 유죄의 확정판결이 있는 사실에 대해서는 일사부재리의 원칙에 의하여 거듭 처벌받지 않는다는 점에는 변함이 없고, 형사소송법상 피고인의 불이익을 위한 재심청구는 허용되지 아니하며(형사소송법 제420조), 재심사건에는 불이익변경의 금지 원칙이 적용되어 원판결의 형보다 중한 형을 선고하지 못하므로(형사소송법 제439조), 자신의 유죄 확정판결에 대하여 재심을 청구한 증인에게 증언의무를 부과하는 것이 형사소추 또는 공소제기를 당하거나 유죄판결을 받을 사실이 발로될 염려 있는 증언을 강제하는 것이라고 볼 수는 없다."라는 식으로[12)] 현행법의 의미를 확인하고 있는 것을 보면 이익재심과 불이익변경금지원칙에 대해서 특별한 입법론적 의문을 가지고 있는 것으로 보이지는 않는다.

이처럼 지금까지 헌법재판소와 대법원이 불이익재심의 도입여부에 대한 직접적인 물음에 답할 기회를 가질 수 없었다는 것이 이유인지는 모르겠으나, 현행법이 이익재심만을 인정하고 있음을 확인하고 있는 것 외에 불이익재심에 대해 구체적으로 어떠한 입장을 취하고 있는지는 알 수 없다. 무엇보다 헌법재판소가 형사재심제도는 법치주의에 내재된 '법적 안정성'과 '정의의 실현'이라는 상반된 요청을 어떻게 조화시키느냐의 문제이며, 이에 대해서는 불가피하게 입법자의 형성적 자유가 넓게 인정되는 영역이라고 보고 있다는 것은, 적어도 헌법재판관들이 보기에, 이미 헌법 차원에서 재심의 유형과 내용에 대한 구체적인 기준이 주어져 있지는 않다는 것을 반증하는 것으로 읽을 수 있을 것이다. 과연 그렇게 읽을 수 있는지에 대한 도움이 될 만한 답을 찾는 것은 독일 연방헌법재판소의 결정문을 참고하는 것이 하나의 방법이 될 것으로 보인다.

---

11) 대법원 2009.07.16. 자 2005모472 전원합의체 결성.

12) 대법원 2011.11.24. 선고 2011도11994 판결.

3. 독일 연방헌법재판소의 이중처벌금지 · 일사부재리의 의미 이해

헌법 제13조 제1항 후단에서는 모든 국민은 "동일한 범죄에 대하여 거듭 처벌받지 아니한다."라고 하여 이중처벌금지원칙을 선언하고 있고, 독일의 경우 기본법 제103조 제3항에서 "누구라도 동일한 범죄를 이유로 일반 형법에 근거하여 거듭 처벌되지 않는다."라고[13] 하여 형법이 아닌 행정벌 등으로는 처벌될 수 있는 가능성은 열어두고 있다는 점에서 차이가 있다. 여하튼 형법을 근거로 동일한 범죄(dieselbe Tat)에 대한 이중처벌이 금지되는 것은 같다고 볼 수 있다. 이러한 헌법적 원리는 법치국가원리에서 도출되는 법적 안정성과 구체적 · 실질적 정의라는 두 가치간의 긴장관계가 조성되었을 때는 법적 안정성에 우선순위를 둔다는 원칙을 선언한 것이다.

독일 기본법 제103조 제3항에 대해 연방헌법재판소(Bundesverfassungsgericht)도 '법적 안정성이 법치국가에 대해 가지는 핵심적인 의미를 위해서는 개별사례에서 법원의 오판 가능성은 감수되어야만 하고'[14] 형사절차의 재심은 '실질적 정의를 위해 법적 안정성의 원리를 파기함으로써 (양자 모두 동일하게 법치국가원리로부터 도출되는) 정의와 법적 안정성 사이의 충돌을 해소하는 기능을 수행한다'고 본다.[15] 나아가 재판소는 법치국가원리를 근본적인 결단이자 결정, 혹은 지도원리로 이해하고 있다. 달리 말해 예견가능성, 법적 안정성 그리고 실질적 정의 · 정당성이라는 추상적인 기준을 넘어서는 개별 사례들에 대해 명확하게 정해진 헌법적 차원의 요구나 금지를 포함하고 있지는 않으며, 항상 '주어진 사안에 따라서 구체화되어야할 필요'가 있다고 보고 있는 것이다. 이런 관점에서 독일 연방헌법재판소는 언급한 제103조 제3항의 이중처벌금지의 구체적인 내용은 입법과 해석론의 발전적 논의에 열려 있다고 보는 것이다.[16] 1981년 1월 8일, 범죄단일 · 동일성

---

13) GG Art. 103 (3) Niemand darf wegen derselben Tat auf Grund der allgemeinen Strafgesetze mehrmals bestraft werden.

14) BVerfGE 2, 380 (403); 15, 313 (319).

15) BVerfGE 22, 322 (328f.).

16) 구체적인 내용은 BVerfGE 56, 22 (34f.); Kunig, in Münch/Kunig, GG-Kommentar, Bd. 3, 5. Aufl.(2003), Rn. 37 zur Artikel 103: Rüping, BK, Rn. 21, 22 zur Artikel 103 Abs. 3; BR-Drucksache 222/10, S. 3.

(Tateinheit)을 주장하며 이중처벌금지 저촉이라는 헌법소원에 대한 결정문의 한 부분에는 다음과 같은 논지가 표현되어있다.[17]

"사실 제103조 제3항은 기본법의 시행시에 효력이 있었던 당시 형사소송법 상태에 관련성을 가지고 있기는 하다. 하지만 이것이 일사부재리(ne bis idem) 원칙에 대한 종래의 이해가 판결을 통해 문제되는 모든 개별적인 의심사례에 대해 이미 구속적인 해결책을 제공하고 있다는 의미도 아니고, 특히 소송법학과 판결에서 지금까지 제시된 바 없는 새로이 등장한 관점에 대해 헌법적으로 그 당부를 확인해 준다는 의미는 더욱 아니다.… 입법과 지배적인 해석이 모든 개별적인 것들에까지 판례와 기본법이 시행될 당시의 소송법이론의 상태에 맞추어 확정될 수도 없고, 소송법적인 절차의 대상에 대한 이해와 기판력의 효력에 대한 이해의 추가적인 변경이 배제될 수도 없는 것이다. 기본법 제103조 제3항은 그 한계를 수정(Grenzkorrektur)하는데 반대하거나 저항하는 것이 아니다. 동 규정은 ne bis in idem이라는 원칙의 내용으로서 판결에서 도출되는 것의 단지 그 핵심(Kern)만을 보장하는 것이다."[18]

이러한 해석이 불이익재심을 허용하고 있는 나라이기 때문에 도출되는 결론인지, 이익재심과 불이익재심의 병존여부를 불문하고 헌법 제13조 제1항이나 독일기본법 제103조 제3항의 해석으로 가능한 것인지를 자문해 볼 필요가 있다.

한편, 노르트라인 베스트팔렌주(NW)와 함부르크주(Hamburg)에서 제출하고 연방상원을 통과했으나 임기 만료로 폐기된 '형사재심개혁법률안'(Entwurf eines Gesetzes zur Reform des strafrechtlichen Wiederaufnahmerechts)과 2010년 NW에 의해 다시 제출된 '형사재심개혁법률안'에서는 다음과 같은 주장이 등장한다. 기본법 제13조 제3항의 기본내용을 우선적으로 결정하는 것은 '기본권에 대한 헌법적 결단, 비례성의 원칙과 신뢰의 원칙 및 법치국가적으로

---

17) 전문은 http://www.servat.unibe.ch/dfr/bv056022.html. 2016.5.22. 최종검색.

18) BVerfGE 56, 22 (34 f.).

근거 지워진 형법적인 법익보호의 요구'이며, 그런 이유로 '편면적인 범죄인 친화적인 일사부재리원칙의 형성 · 적용(해석)은 헌법적으로 요구되는 것도 아니며, 법치국가원칙의 다양한 요구조건들의 관점에서도 허용될 수 없다'는 것이다. 언급한 다양한 개념규정 요소들(기본권, 비례성, 신뢰원칙, 법익보호 등)의 무게가 비교형량 되어야 하며 법적 안정성을 한편으로 실질적 정의를 다른 한편으로 하는 제103조 제3항의 제약에 주목해야만 한다고 강변하는 것이다.[19)]

4. 이중처벌금지 · 불이익재심 금지의 근거

최근 국내에서도 이중처벌금지원칙의 역사적 연원, 국제인권법적 근거 및 비교법적 검토를 통해 피고인에게 불리한 불이익재심은 인권침해이며 위헌이라는 기존의 피상적인 이해의 오류들을 지적하는 연구가 등장했다.[20)] 그 핵심내용을 간추리자면, 이중처벌(위험)금지 원칙은 보편적인 인권선언들 속에서 발견되지 않으며, 절대적 인권이라기보다는 해당 국가의 특성이 반영된 상대적 원리일 뿐 보편적 원리라고 보기 어렵고, 주요 국가의 헌법규정을 보더라도 이익재심만이 허용된다는 근거를 찾을 수 없으며, 영국마저도 일정 범위에서 불이익재심을 허용하는 입법이 이미 이루어졌다는 것이다. 나아가 현행 헌법질서 아래에서도 불이익재심의 도입은 위헌이라 할 수 없고, 우리가 가입한 국제인권규약 위반이라고 할 수 없다는 것이다.

물론 '인간과 시민의 권리선언'(1789), '세계인권선언'(1948)에서 뿐만 아니라,[21)] '시민적 · 정치적 권리를 위한 국제규약(협약)'과 '유엔인권협약(조약)' 등에서도 유죄판결을 받은 자에게 유리한 재심권이 한 번도 언급된 적은 없다. 단지 시민적 · 정치적 권리에 관한 국제규약 제14조 제6항과 유럽인권협약 제7부속합의서

19) BR-Drucks 222/10, S. 3. 물론 이러한 입법안에 대해서 관련 원칙들의 비교형량하고 제103조 제3항의 한계를 수정할 필요가 있다는 논거만으로 개인의 법적 안정성 우위라는 지금까지의 입법적 태도에 대한 근본적인 관점 변화를 정당화할 수 없다는 반론도 강하다(예를 들어 Swoboda, aaO., S. 194).

20) 박찬운, 앞의 논문 참조.

21) 박찬운, 앞의 논문, 200-204쪽 참조.

3조(Art. 3)에서, 간접적으로, 가벌적인 행위로 인한 기판력이 있는 유죄판결도 나중에 새로운 혹은 새롭게 알려진 사실이 오판이 있었다는 것을 설득력 있게 증명하는 경우라면, 그 판결은 폐지되어야 한다는 것을 추론할 수 있는 정도이다.[22)]

유럽연합(EU) 차원에서 이해한다면 이 국제적 규약·협약의 이중처벌금지의 보호범위는 그리 광범위하지 않다. 우선 이 금지는 한 국가의 국내법적 관점에서 이중처벌을 금지한다. 다른 국가의 법질서에 의해 다시 소추되는 것은 허용된다.[23)] 나아가 동일한 행위를 형사절차, 이어서 행정절차 혹은 징계절차의 방식으로 중복제재하는 것도 허용된다. 또한 유럽인권협약 제4조 제2항은[24)] 해당 국가의 법률과 형사소송절차에 따라 재심의 방법으로 기판력을 파괴하는 것을, 피고인에게 유리한 경우는 물론 불리한 경우에도, 배제하지 않고 있다. 즉 제7부속합의서 제4조 제2항에서 "새로운 증거가 있거나, 새로이 알려진 사실이 있는 경우 혹은 이전 절차가 그 소송절차의 결과물에 중대한 영향을 미친 흠결을 보이는 경우"에는 불리한 배심(Wiederaufnahme or Reopening in malam partem)이 가능하다.[25)]

한편, 유럽인권재판소(ECHR)는 최근 Zolotukhin v. Russia[26)] 사건에서

---

22) Swoboda, Das Recht der Wiederaufnahme in Europa. Bestandsaufnahme und Ausblick, HRRS 2009, S. 188-189 및 그곳에 인용된 문헌 참조.

23) Swoboda, aaO., S. 189; Vogel, in: Vogel/Grotz (Hrsg.), Perspektiven des internationalen Strafprozessrechts (2002), S. 14.

24) Article 4 - Right not to be tried or punished twice

1. No one shall be liable to be tried or punished again in criminal proceedings under the jurisdiction of the same State for an offence for which he has already been finally acquitted or convicted in accordance with the law and penal procedure of that State.
2. The provisions of the preceding paragraph shall not prevent the reopening of the case in accordance with the law and penal procedure of the State concerned, if there is evidence of new or newly discovered facts, or if there has been a fundamental defect in the previous proceedings, which could affect the outcome of the case.
3. No derogation from this article shall be made under Article 15 of the Convention.

25) 이러한 분석으로는 대표적으로 Swoboda, aaO., S. 189.

26) http://hudoc.echr.coe.int/eng?i=001-91222#{"itemid":["001-91222"]}; 2016. 5. 21. 최종방문.

이중처벌의 비난을 피해가기 위한 종래의 그들이 사용해 온 해결방법을 포기했다. 즉 기존에 동 재판소가 재심(Erneuerung)문제에 효율적(?)으로 대처하기 위해서 이중처벌금지의 대상이 되는 '동일 범행'의 의미를 좁게 보던 관점을 포기한 것이다. 말하자면 독일 기본법 제13조 제3항에서의 '동일한 범행'이라는 개념과 같이 이를 넓게 이해하지 않고, 세부적으로 행위를 쪼개고 나누어 기소할 수 있도록 하여 이중처벌문제를 피해갈 수 있도록 해석해 온 관행을 폐지했다는 것이다. 2009년 2월 10일 동 판결 이전까지는 제7부속합의서 제4조 제2항이 위와 같은 편법을 통한 이중처벌을 막지 못했던 것이다. 그런데 이러한 입장변화로 이제는 동일 범죄의 개념이 넓게 이해되게 되었고, 그런 이유로 향후 불이익재심에 대한 요구가 더욱 거세질 것이라는 예측이 나오기도 한다.[27]

5. 소결

정리하면, 헌법 제13조 제1항의 이중처벌금지원칙은 그 논리필연적인 결과로 불이익재심을 금지하는 규정으로 읽을 수는 없다. 현재 형사소송법의 입법자가 불이익재심을 도입한다면, 그 위헌여부를 심사해야할 헌법재판소는 이익형량이라는 잣대로, 즉 비례원칙을 근거로 그 합헌성 여부를 결정할 것이고, 단지 불이익재심의 도입이라는 이유만으로 인권침해의 위헌적 법률이라고 결정하기는 어려울 것이다.

끝으로 유럽연합 회원국가들 중에서 불이익재심을 운영하는 나라는 어느 정도인지, 이익·불이익 재심에 등장하는 몇 가지 논쟁에서 등장하는 핵심내용은 무엇인지를 살펴보면서 불이익재심을 둘러싼 우리의 향후 과제가 무엇인지 간추려 보기로 한다.

27) 이런 예측은 Swoboda, aaO., S. 189.

III. 불이익재심

1. 개요

무죄판결을 받은 자 혹은 경한 범죄로 유죄판결을 받은 자에 대한 이른바 '불이익재심'이 허용될 수 있는가에 대해 여하튼 현행 형사소송법의 입법자는 부정적인 태도를 보이고 있다. 따라서 대법원의 기존의 입장도 역시 불이익재심은 현행법상 불가능하다는 것을 전제하고 있다.[28] 학계에서도 불이익재심에 대하여 명시적으로 찬성입장을 제시하는 경우는 지금까지 보기 어려웠다.[29] 최근의 도입주장도 독일의 제도를 그 예로 들고 있다. 영국이 이를 도입했다는 것도 이미 국내에 알려져 있다. 아래에서는 2010년 현재 EU의 대표적인 회원국들이 인정하는 재심제도의 유형과 그 논거를 발췌해서 살펴보기로 한다.

2. 입법례

유럽연합의 주요 국가들 중 해당 국내법에서 불이익재심을 허용하는 국가와

---

28) 대법원 2015. 10. 29. 선고 2012도2938 판결; 임동규, 형사소송법 제4판(법문사, 2006), 752쪽.

29) 입법정책설(조화설)과 헌법적 근거설(적법절차설 · 인권보장설)로 나눌 때, 전자에 속하는 입장들 {정웅석/백승민, 형사소송법 제6판(대명출판사, 2014), 904-906쪽; 노명선/이완규, 형사소송법 제3판(성균관대학교, 2013), 871쪽; 이창현, 형사소송법 제2판(입추출판사, 2015), 1299쪽; 이재상, 신형사소송법 제2판(박영사, 2008), 753쪽}에는 원론적으로 불이익재심이 불가능한 것은 아니라고 언급하는 경우와 불이익재심에 대해 특별한 의견표명이 없는 경우가 혼재한다. 후자의 입장을 취하는 경우{신동운, 간추린 형사소송법 제2판(법문사, 2008), 497쪽; 배종대/이상돈/정승환/이주원, 형사소송법(2015), 840쪽; 민영성, "오판구제수단으로서의 형사재심의 재인식", 성균관법학 제21권제1호(2009), 97쪽 이하; 이기헌/김성은, 형사재심제도에 관한 연구, 한국형사정책연구원(1996), 30쪽 등; 권오걸, "재심개시사유로서의 증거의 신규성과 명백성의 의미와 판단기준", 형사법연구 제22권 제1호(2010), 125쪽 이하, 특히 140-141쪽; 차용석, 형사소송법(세영출판사, 1997), 1078쪽; 최영승, 형사소송법 제2판(피앤씨미디어, 2013), 762쪽}는 전자의 입장을 취하면 불이익재심을 인정하게 된다고 지적하기도 하고, 이중위험금지원칙에 비추어 이익재심만이 허용되어야 한다고 주장하기도 한다. 한편 조화설의 입장에서도 이익재심만이 가능하다고 설명할 수 있다는 입장에 대해서는 이용식, "형사재심제도의 한계와 구조에 관한 재조명", 형사법연구 제19권제3호(2007), 755쪽 이하를 볼 것. 최근 이중위험금지원칙을 사적으로 그리고 현행 국제 · 국내법적 관점에서 검토한 글{박찬운, "이중처벌금지원칙과 불이익재심의 가능성", 법조 통권 701호(2015), 176쪽 이하}에서는 이중처벌금지원칙과 이익재심이 논리필연적인 관계가 아님을 타당하게 지적하고 있다. 양 설을 절충하는 입장이 가능하다고 보는 김정한, 실무형사소송법(준커뮤니케이션즈, 2015), 833-834쪽에서도 이익재심만을 인정하는 것이 옳다고 보고 있다.

이익재심만을 유지하는 나라를 구분해서 정리하면 다음과 같다.

[EU 국가들의 허용되는 재심유형에 따른 구분]

이익재심만 허용하는 국가	이익 · 불이익재심을 모두 허용하는 국가
벨기에, 프랑스, 이태리, 포르투갈, 스페인	불가리아,[30] 덴마크,[31] 독일, 영국과 웨일즈,[32] 에스토니아,[33] 핀란드,[34] 그리스,[35] 노르웨이,[36] 오스트리아, 폴란드,[37] 루마니아,[38] 러시아,[39] 스웨덴,[40] 슬로바키아,[41] 헝가리,[42] 스위스(제네바를 제외한 대다수의 주)[43] (아일랜드, 네덜란드, 스코틀랜드)[44]

30) 형사소송법 제421조 Art. 421. (1) The request of revival of the penal case, finalized by an acquittal verdict or by a determination or a ruling for discontinuation, as well as a request by which increasing of the punishment or to apply a low for more heavily punishable crime, may be filed not later than six months from the respective act under Art. 422, Para. 1, Item 5 or Para. 2 enters into force or from the detection of the new circumstances.

31) 법원절차법 제976조.

32) 2003년까지는 보통법에 따라 재심이 규율되었다. Venire de novo라고 하여 이익재심만 허용되고 있었다. 2003년 Criminal Justice Act의 Part 10에서 재심(retrial)을 규정하고, 불이익재심도 포함시키고 있다(Section 75 이하 참조).

33) 형사소송법 제365조 이하.

34) 법원절차법 제31장 8-9섹션.

35) 형사소송법 제526조 이하.

36) 형사소송법 제393조.

37) 형사소송법 제540조 제1항 제1호, 543(5)조.

38) 형사소송법 제393조 이하.

39) 형사소송법 413조 이하. 특히 414조(3).

40) 법원절차법 제58장 2-3 섹션.

41) 형사소송법 제277섹션 이하.

42) 형사소송법 제392조.

43) Hauser/Schweri/Hartmann, Schweizerisches Strafprozessrecht, 6. Aufl. (Helbing & Lichtenhahn, 2005), S. 517. Waadt 칸톤이나 Tessin 칸톤 등에서는 정치적 성격의 범죄에서는 불이익재심을 금지하거나, 피고인 또는 제3자가 절차에 영향을 미쳐 무죄방면된 경우에는 법의 보호를 누릴 자격이 없다거나, 최하 징역 6년 이상의 형벌이 기대되는 중죄라거나, 자백 등 다양한 요건으로 불이익재심을 구성하고 있다.

44) 2009년 당시 불이익재심도 허용하고 있는 국가들이나 당시 의회입법안이나 보고서 등에서 불이익재심을 폐지하는 방향으로 논의가 진행되고 있었거나(예를 들어 스코틀랜드의 경우는 http://www.scotlawcom.gov.uk/search-results?cx=016763244782809811531%3Aivkcmtw7iiw&cof=FORID%3A10&ie=UTF-8&q=double+jeopardy 의 자료 참조), DNA 증거의 새로운 발견이나 범죄에 대한 자백의 경우로 제한하는 방향 등이 논의되던 국가들이다(예를 들어 아일랜드 Balance in the criminal law review group, final report(2007), pp. 203; http://www.justice.ie/en/JELR/BalanceRpt.pdf/Files/BalanceRpt.pdf. 2016.5.21. 최종방문).

수적으로 다수의 국가가 채택하고 있다고 해서 그 제도의 존치가 이성적 · 합리적이고 정당한 이유가 있다는 추론이 자연스런 것은 아니지만, 적절한 이유는 가지고 있을 것이라고 추정해보는 것은 가능할 것이다. 우선 대표적인 몇몇 국가의 관련 내용을 간략히 정리해 보기로 한다.

가. 프랑스의 이익재심

프랑스 형사소송법(Code de procédure pénale) 제622조 이하에서는 비상구제절차로 재심(révision)과 재고절차(réexamen)를[45] 두고 있는데, 후자는 EU의 인권선언과 기본적 권리에 관한 협약을 위반하여 부과된 판결에 대한 재심절차를 말한다. 국내법에서의 이중처벌금지 · 재심과 관련된 제622조는 "형사최고법원의 판결 · 결정(decision)에 대한 재심은, 만약 판결 이후에 유죄판결을 받은 자의 무고함을 증명하거나 혹은 그의 유죄에 관한 의심을 낳는 새로운 사실이 발생했거나 소송 당시 법원에 알려지지 않은 사실이 있음이 증명된 경우, 중죄 혹은 경죄로 유죄판결을 받은 사람이면 누구나 그의 이익을 위하여 청구될 수 있다."[46]고 하여 이익재심을 전제하고 있다.[47] 익히 알려져 있듯이 제623조에서

---

45) Article 622-1 Le réexamen d'une décision pénale définitive peut être demandé au bénéfice de toute personne reconnue coupable d'une infraction lorsqu'il résulte d'un arrêt rendu par la Cour européenne des droits de l'homme que la condamnation a été prononcée en violation de la convention européenne de sauvegarde des droits de l'homme et des libertés fondamentales ou de ses protocoles additionnels, dès lors que, par sa nature et sa gravité, la violation constatée entraîne, pour le condamné, des conséquences dommageables auxquelles la satisfaction équitable accordée en application de l'article 41 de la convention précitée ne pourrait mettre unterme. Le réexamen peut être demandé dans un délai d'un an à compter de la décision de la Cour européenne des droits de l'homme. Le réexamen d'un pourvoi en cassation peut être demandé dans les mêmes conditions.

46) Article 622 La révision d'une décision pénale définitive peut être demandée au bénéfice de toute personne reconnue coupable d'un crime ou d'un délit lorsque, après une condamnation, vient à se produire un fait nouveau ou à se révéler un élément inconnu de la juridiction au jour du procès de nature à établir l'innocence du condamné ou à faire naître un doute sur sa culpabilité.

47) 프랑스가 이익재심을 취하게 되면 공소사실의 동일성, 동일 범죄, 이중처벌의 범위 등이 상대적으로 좁아지는 경향이 있을 것이라고 추정할 수 있을 것으로 보인다. 과연 그러한 지는 아래의 3, 3)을 참고할 것.

는 18인의 법관으로 구성되는 재심관할 법원(la cour de révision et de ré-examen)을 별도로 두도록 하고 있다.

나. 오스트리아의 이익 · 불이익재심

오스트리아 형사소송법[48] 제352조 제1항에서[49] 법원의 결정 혹은 검찰의 기소중지(공소취소)를 통해 절차가 중단된 사건에 대해서는, 범행의 가벌성에 대한 공소시효가 만료되지 않은 경우에, 검사의 피고인에 대한 불이익 재심청구가 가능하도록 하고 있다. 그 사유는 피고인이나 제3자의 문서위조, 위증, 수뢰 등의 범죄행위, 피고인의 자백, 혹은 다른 유죄입증에 적합한 것으로 보이는 증거나 사실의 발견이다. 제355조에서는 검사 혹은 사인기소권자가 이미 그 행위로 인해 무죄 판결이 확정된 자에 대한 (위의 제352조 제1항의 사유를 근거로 한) 불이익한 재심청구를 예정하고 있다. 제356조에서는 경한 죄의 형으로 처벌된 유죄판결을 받은 자에게 불리한 재심을 인정하고 있다.[50] 예를 들어 법정형 10

48) 제352조부터 제364조까지 절차의 재심과 갱신(Erneuerung)을 규정하고 있다. 후자(의 용어)는 유럽인권법원과 관련한 재심을 말한다.

49) (1) Abgesehen von den Bestimmungen über die Fortführung des Ermittlungsverfahrens (§§ 193, 195 und 196), kann dem Antrag der Staatsanwaltschaft auf Wiederaufnahme eines Verfahrens gegen einen Beschuldigten, das durch gerichtlichen Beschluss oder einen nicht bloß vorläufigen Rücktritt der Staatsanwaltschaft von der Verfolgung nach den im 11. Hauptstück enthaltenen Bestimmungen eingestellt wurde, nur dann stattgegeben werden, wenn die Strafbarkeit der Tat noch nicht durch Verjährung erloschen ist, und

1. die Einstellung durch Urkundenfälschung oder durch falsche Beweissaussage, Bestechung oder eine sonstige Straftat des Beschuldigten oder einer dritten Person herbeigeführt worden ist, oder
2. der Beschuldigte später ein Geständnis der ihm angelasteten Tat ablegt oder sich andere neue Tatsachen oder Beweismittel ergeben, die geeignet scheinen, die Verurteilung des Beschuldigten nahe zu legen (§ 210 Abs. 1); Hans-Heiner Kühne, Strafprozessrecht, 8. Aufl.(C.F.Müller, 2010), S. 741.

50) Die Staatsanwaltschaft kann die Wiederaufnahme des Verfahrens, um zu bewirken, daß eine Handlung, wegen der der Angeklagte verurteilt worden ist, nach einem strengeren Strafgesetz beurteilt werde, nur unter den im § 352 Abs. 1 erwähnten Voraussetzungen und überdies nur dann beantragen, wenn die wirklich verübte Tat

1. mit mindestens zehnjähriger Freiheitsstrafe bedroht ist, während der Angeklagte nur wegen einer mit nicht mehr als zehnjähriger Freiheitsstrafe bedrohten Handlung verurteilt wurde, oder

년 이하의 범죄로 처벌되었는데 실은 형벌 하한이 10년 이상인 범죄인 경우라거나, 경죄로 처벌되었는데, 실은 5년 이상의 징역으로 위하되는 죄를 범한 경우 등으로 제한하고 있다.

제353조에서는 기판력 있는 유죄판결을 받은 자의 유리한 재심청구를 규정하고 있는데, 위변조, 수뢰, 기타 범죄행위로 인해 유죄판결을 받은 경우, 자신의 무죄 혹은 보다 경한 범죄를 증명하는데 적합하게 보이는 새로운 사실이나 증거를 제출하는 경우, 그리고 동일한 범행에 대해 2인 혹은 다수인이 상이한 인식(사실인정)을 통해 유죄판결이 이루어졌고, 사실과 인식을 비교할 때 결국 그 중에 누군가는 무죄가 되어야 하는 경우 등이 그것이다. 제354조에서는 특히 검사에게 피고인에게 재심에 유리한 증거를 확보한 경우 이를 알려주도록 하고, 검사 스스로 피고인에게 유리한 재심을 청구할 의무를 부과하고 있다.

오스트리아의 재심법률은 이익재심과 불이익재심의 이유를 거의 동일하게 설정하고 있는 유형이다. 국내의 지배적 입장에 따르면 가장 위험하고 반인권적인 위헌적 법제로 비칠 수도 있겠다.

다. 독일의 이익 · 불이익재심

독일 현행 재심제도의 탄생은 무엇보다 19세기 규문절차(Inquisitorisches Verfahren)에서 탄핵절차(Akkusatorisches Verfahren)로의 체제변화가 그 배경이 되었다.[51] 즉 당시 입법자는 기존의 재심제도를 새로운 탄핵절차에 맞게 짜야하는 과제에 직면했었다. 이전의 규문절차 시기 소송에서 재심은 단순히 새로운 진술만으로 쉽게 허용되는 구조였다. 달리 말해 서면으로 수행되는 절차에

---

2. mit mehr als fünfjähriger Freiheitsstrafe bedroht ist, während der Angeklagte nur wegen eines Vergehens verurteilt wurde, oder
3. sich als ein Verbrechen darstellt, während der Angeklagte nur wegen eines mit nicht mehr als einjähriger Freiheitsstrafe bedrohten Vergehens verurteilt wurde.

51) H. Meyer, Der Gerichtssaal [1930], S. 299 ff.; KK-Rolf Hannich, StPO, 7. Aufl.(2013), Vor § 359 ff., Rn. 6.

서 피의자 · 피고인과 증인의 진술은 아주 세부적으로 확정될 수 있었고, 그것이 바로 판결의 근거가 되었기 때문에 전혀 재심절차 운영에 특별한 어려움이 없었다는 것을 의미한다.

하지만 탄핵절차에서는 이미 수사와 공판절차의 분리와 구술주의 원칙으로 인해서 그러한 가능성은 존재할 수 없었다. 따라서 몇몇 독일 연방들의 법률에서는 먼저 프랑스법을 모범으로 하여, 재심을 단지 아주 중요한 절차적 흠결(예를 들어 법률왜곡, 위증, 위 · 변조된 문서의 제출 등)이 있는 경우에만 허용하는 것으로 했다. 이러한 법률들에서는 결국 단순한 착오의 개연성만으로는 재심개시에 충분한 근거가 될 수 없었던 것이다.[52]

이러한 규정들에 행해진 비판을 근거로 독일 현행 형사소송법의 입법자는 중도를 걷기로 결정했고, 그 길은 이미 다른 독일 연방 국가들이 걸었던 길이기도 하고, 타협책을 찾는 것이었다.[53] 물론 새로운 재심제도는 문제된 종래의 판결이 새로운 사실을 기초로 심사되는 것이 아니라, 종래의 판결은 버린 상태에서 사건을 전적으로 새로이 다룬다는 특징이 있다.[54]

1877년[55] 형사소송법(StPO) 제399조부터 제413조까지 규정되었던 재심관련 규정은 1933년부터 1945년까지 제3제국 당시 여러 차례 개정되었다. 제2차 세계대전 이후에는 단일화법에 의해서 1933년 이전상태로 본질적인 내용을 환원했다. 그 이후에도 현행 제359조 이하의 재심관련 규정들은 여러 차례 개정되었다. 특히 강조할만한 것으로는 (변호인과 관련한) 제364조의a, 제364조의b를 도입한 것과, 제367조를 새롭게 개정한 것을 들 수 있다.

현행 독일형사소송법은 제359조에 유죄판결이 확정된 자에게 유리한 재심을, 제362조에서 불리한 재심을 규정하고 있다. 불리한 재심의 특징은 제1호에

52) H. Meyer, S. 310, Rn. 6.

53) vgl Hanack JZ 1973, 393, 394; Rn. 7.

54) Rn. 7; Einleitung Rn. 487ff.

55) RGBl S. 253, 324 ff.

서 제3호까지는 증거의 위 · 변조, 증인 · 감정인의 위증 · 허위진술, 법관과 명예법관(참심)의 직무위반 등을 이유로 한 것이고, 제4호는 무죄판결을 받은 자가 자신의 범행을 법정내 · 외에서 자백한 경우이다.

이러한 법 상태에 대하여 앞서 오스트리아 법에서 본 것과 같이 새로운 사실, 혹은 증거의 발견으로 인한 불이익재심이 허용되지 않음으로 인해 정의로운 법 실현에 장애가 있다고 생각하는 입장에서는 지속적으로 개정안을 제출하고 있는 상태이다. 제373조에서는 단지 이익재심청구인 경우에만 불이익변경금지원칙이 적용됨을 명시하고 있고, 제373조의a에서는 경죄에 대한 형사명령에 대해서도 불이익재심을 허용하고 있다.

독일 내에서도 예를 들어 이미 1971년 연방변호사협회의 형사법분과위원회가 발간한 자료에는 상소제도의 개정과 형사절차에서의 재심제도의 개혁에 대한 여러 가지 제안이 담겨 있었고, 그 중에서는 재심절차를 단지 유죄판결을 받은 자에게 유리한 경우만으로 제한하는 것으로 개정을 하자는 주장도 있었다.

한편 법원조직법 제140조의a(§ 140a GVG)의[56] 관할규정을 통해 입법자는 이전의 사실인정 절차를 관할한 법관을 재심결정에서 배제시키려고 한 사람들의 바람을 충족시켜주었다. 그 외에도 입법자는 광범위한 재심제도의 개혁이 필요하다고 생각해왔었다.[57]

1993년 사민당 교섭단체에서 주장된 '재심개정법률안'에서는[58] 법적용의 오류(Rechtsanwendungsfehler)를 이유로 한 재심근거를 확장하는 제안이 담겨 있었다. 한편으로는 피고인에게 불리한 재심의 가능성을 축소하자는 주장도 있었다. 법사위원회의 논의 후에[59] 유럽인권법원과 관련한 현행 재심사유 제6호가 신설되었다.

2007년 9월 25일 노르트라인 베스트팔렌주와 함부르크주가 제출한 법률안

56) 9a. Titel Zuständigkeit für Wiederaufnahmeverfahren in Strafsachen § 140a (아래의 관할 · 제척사유 해당 부분의 번역을 참고할 것).
57) BT-Drucks 7/2600 S. 7.
58) BT-Drucks 12/6219.
59) vgl BT-Drucks 13/10 333.

은 무죄방면된 피고인에게 불리한 재심을 확장해야한다는 주장을 담고 있었다.[60] 이 법률안에 따르면 무죄선고 당시에는 존재하지 않던 기술적인 새로운 수사방법(예를 들어 DNA 분석)이 사후에 무죄판결은 오류였다는 것을 증명하는 경우에는 불이익재심을 허용하자는 것이다. 물론 모살, 민족모살 혹은 전쟁 범죄 등과 같이 중요한 범죄로 제한한다는 것이다.[61] 이 법안은[62] 연방의회 제16대 회기마감으로 폐기되었고, 2010년 4월 21일 노르트라인 베스트팔렌주에서 다시 제출한 법안은[63] 법사위에 회부된 후 아직 소위 심사도 이루어지지 못했지만, 그 주요 내용도 이전 법안과 동일하게 피고인에게 불리한 재심의 사유를 확장하는 것이다. 모살, 종신형으로 위하되는 국제형법에 따른 살인범죄, 혹은 종신형으로 위하되는 이러한 범행에 대한 교사의 기소사실에 대해 무죄방면된 자에게 확대하는 것을 주요 내용으로 한다.[64]

라. 일본의 불이익재심 폐지

일본의 경우에도 종래 재심은 두 종류가 있었고, 1922년 제정된 구형사소송법에 따르면[65] 유죄판결을 받은 자에 대해서는 이익재심, 무죄판결을 받은 자에

60) 2008년 1월 30일 독일 연방의회에 제출된 상원의 법안(형사재심법률의 개혁을 위한 법률안)에서는 피고인에 대한 불이익재심의 범위를 확장하는 방안이 제안되었다. 즉 유일한 불이익재심의 이유로 인정되는 '무죄선고를 받은 자가 법정에서 혹은 법정 외에서 자백하는 경우'외에 새로운 사실이나 새로운 증거방법이 일반적인 재심사유로 인정되지 않고 있는 현행법의 태도를 변경하자는 것이었다. 예를 들어 종신형으로 처벌되는 모살이나 민족모살과 같은 경우 피고인에 대한 무죄판결이 이루어진 후에 그 당시의 과학적 인식수준에서는 고려될 수 없었던 DNA 분석과 같은 새로운 증거방법이 그 자의 정범성을 명확하게 증명가능하게 되었다고 하더라도, 자백이 없는 한, 처벌할 방법이 없다는 것이었다. 즉 DNA 수사기법의 발전과 같은 새로운 수사기법의 발견은 미해결의 살인과 같은 중범죄의 해명에 신뢰할만한 증거를 제공하게 되었으므로 지금까지 미제로 남겨진 극악범죄에 대해 재심을 가능하게 하자는 것이다. 새로이 과학적으로 승인된 조사방법을 근거로 범행의 증명이 아주 확실하여, 무죄판결의 기판력을 유지하는 것이, 실질적 정의의 기준으로, 결코 수인하기 어려운 결과에 이르게 되는 경우에는 피고인에게 불리한 재심을 허용하자는 것이다. 그 대상으로는 모살(제211조), 종신형으로 위하되는 국제형법에 따른 살인범죄, 혹은 이러한 범죄행위들에 대해 종신형으로 위하되는 교사범을 들고 있다. 2010년 4월 21일 연방상원에 제출된 Nordrhein-Westfalen주의 법률안도 앞서의 법률이 기한 만료 폐기된 후 제17대 회기에 다시 제출된 것이다.

61) BR-Drucks 665/07.

62) BT-Drucks 16/7959.

63) BR-Drucks 222/10.

64) Rn. 9.

대해서는 불이익재심이 모두 가능했고,[66] 재심은 법적 안정성(확정력)과 실체적 진실(정의)이라는 추상적 이념이 대립하는 것으로 파악되었다고 한다.[67]

1946년 재정된 일본 헌법 제39조에서는[68] "누구라도 실행시에 적법하였던 행위 또는 이미 무죄로 된 행위에 대하여 형사상의 책임을 묻지 않는다. 또한 동일한 범죄에 대하여 이중으로 형사상의 책임을 묻지 않는다."라고 규정했다. 이러한 헌법 제39조는 본인의 의사에 반하여 다시 심판하는 것을 금지(本人の意思に反してふたたび審判することを禁止)하는 것이라고 이해되었고, 이에 기초하여 구형사소송법의 불이익재심을 폐지했다고 한다.[69] 헌법 제39조가 이중위험금지의 원칙에 기초하여, 일사부재리효력을 정하고 있기 때문에, 피고인에게 불이익한 재심은 인정되지 않고, 이익이 되는 재심만 인정된다는 것이다.[70]

특히 재심의 대표적인 결정으로 언급되는 시라토리(白鳥) 사건을 다룬 최고재판소는 동 결정에서 일본 형사소송법 제435조 제6호와[71] 관련하여 '무죄를 선고할 명백한 증거'(無罪を言い渡すべき明らかな證據)라는 말은 재심개시의 대상인 확정판결의 사실인정에 합리적인 의심이 생기게 하는 것으로 족하다는 의미로, '의심스러울 때는 피고인의 이익으로'라는 형사재판에 있어서 철칙을 적용하는 것으로 해석하는 것이 옳다고 했다.[72] 종래의 고도의 개연성이 단순한 개연성 정도로 완화된 것이다.[73] 물론 언급한 EU 회원국들도 가능성, 개연성, 충분

---

65) 이에 대해서는 박찬운, 이중처벌금지원칙과 불이익재심의 가능성, 법조 통권 제701호(2015), 194쪽 이하 참조.

66) 上口 裕, 刑事訴訟法(成文堂, 2011), 536頁.

67) 上口 裕, 刑事訴訟法(成文堂, 2011), 536頁.

68) 何人も、実行の時に適法であつた行為又は既に無罪とされた行為については、刑事上の責任を問はれない。又、同一の犯罪について、重ねて刑事上の責任を問はれない。

69) 上口 裕, 刑事訴訟法(成文堂, 2011), 536頁.

70) 渡辺直行, 刑事訴訟法, 補訂版(成文堂, 2011), 577頁; 庭山英雄/岡部泰昌, 刑事訴訟法 第3版(青林書院, 2007), 334頁.

71) 有罪の言渡を受けた者に対して無罪若しくは免訴を言い渡し、刑の言渡を受けた者に対して刑の免除を言い渡し、又は原判決において認めた罪より軽い罪を認めるべき明らかな証拠をあらたに発見したとき

72) 이에 대해서는 三井 誠(編) 判例教材 刑事訴訟法 第4版(東京大學出版部, 2011), 710頁 以下; 신동운 역, 입문 일본형사수속법(법문사, 2003), 358쪽.

한 개연성 등 다양한 정도를 그 기준으로 선택하고 있다.

무엇보다 일본 현행 형사소송법의 재심사유 및 관련 규정은 현행 형사소송법과 동일하다고 할 정도로 매우 흡사하고, 일본 구형사소송법과 현행 헌법 및 형사소송법의 개정과정을 이유로 우리나라도 불이익재심을 의식적으로 폐지했다고 이해하는 것이 일반적인 것으로 보이지만,[74] 우리 제헌헌법의 입법자는 이중처벌금지원칙이 곧바로 불이익재심금지라고 이해하지는 않았다는 주장도 있다.[75]

마. 영국의 1996년 '형사소송 · 수사법'(Criminal Procedure and Investigations Act 1996)과 2003년 형사사법법(Criminal Justice Act 2003)

영국은 1996년 Criminal Procedure and Investigations Act, Sections 53-57에서 이른바 오염된 석방의 예외(tainted acquittal exception)를 채택하고, 2003년 Criminal Justice Act, Sections 75-83에서 '새롭고 강력한 증거의 예외'(new and compelling evidence exception)를 불이익재심의 이유로 도입하였다.[76]

불이익재심의 대상은 Section 75 (8)에 규정된 바와 같이 Criminal Justice Act 2003 (c. 44), Schedule 5 Part 1에 기재된 총 29개의 범죄이다. 모살, 모살미수, 고살, 납치와 같은 인간에 대한 범죄, 강간, 미수, 13세미만의 여성과 간

73) 渡辺直行, 刑事訴訟法, 補訂版(成文堂, 2011), 581頁.

74) 차용석, 앞의 책, 1977쪽; 권오걸, 앞의 논문, 140-141쪽.

75) 최근 연구(박찬운, 앞의 논문, 196-197쪽; 유진호, 헌법해의(1953), 92쪽)에 따르면 구형사소송법에서 인정되던 불이익재심이 일본 현행 형사소송법이 제정될 당시 폐지되고 우리 제정 형사소송법에서도 이익재심만이 규정되었지만, 당시의 제헌헌법의 기초한 자들 중에서는 일사부재리나 이중처벌금지원칙 하에서도 면소의 결정이 있은 후, 신 사실 또는 신 증거를 발견하였을 때, 취조한 판 · 검사에게 독직사실이 있어서 면소되었을 경우, 또는 유죄판결을 받은 자에 관하여 위와 같은 사실이 발생하여 재심을 요구할 수 있을 때에는 재심을 통해 처벌하거나 중벌하는 것이 가능하다고 보았다고 한다. 달리 말해 일사부재리원칙이란 국민의 신체의 자유를 보장하기 위한 것이므로 결코 범죄자가 당연히 받아야 할 형사책임을 면하게 하고자 하는 것은 아니며, 위와 같은 재심사유가 발생하여 재심절차를 통해 처벌 또는 중하게 벌하는 것은 새로운 사실에 기초하는 것인 만큼 일사부재리원칙을 파괴하는 것도 아니라고 보았다는 것이다.

76) 이에 대해서는 Swoboda, aaO., S. 194ff.

음 등과 같은 성범죄, 약물범죄, 방화죄나 폭발물파열죄와 같은 공공위험범죄, 전쟁범죄와 테러범죄, 그리고 이러한 범죄에 대한 예비 · 음모 등이다.

이러한 영국의 변화는 형식적 진실개념에서 실질적인 진실개념으로 무게 중심이 이동하는 하나의 현상으로 지적되기도 하지만, 무엇보다 지금까지 재심이 필요 없을 정도로 범행을 좁게 이해하는 이중처벌금지(rule against double jeopardy) 마저도 장애가 된다는 생각이 깔려 있다는 것이다. 상해죄로 처벌받은 자가 그 이후 피해자가 사망한 경우 모살 혹은 고살로 다시 처벌될 수 있고, 이러한 처벌은 이중처벌금지원칙에 전혀 저촉되지 않는다고 보는 국가였다는 점에서 불이익재심을 도입한 것은 향후 유럽연합 전반에 걸쳐 불이익재심의 확대가 유행처럼 번질 것이라는 전망까지 낳고 있다.

이제 이러한 EU 회원국들이 불이익재심을 도입하거나 운영하는 과정에서 등장한 다양한 지지논거나 반대논거들 중에서 몇 가지를 선별해서 그 내용을 잠시 들여다보기로 한다.

3. 불이익재심 부인의 몇 가지 논거와 불이익재심의 실질적 해결 방법

가. 당사자주의 소송구조와 불이익재심

불이익재심(Wiederaufnahme in malam partem)을 부인하는 국가들은 어떤 원리에 기대고 있는지를 찾다보면 가장 근본적인 구조적 혹은 본질적 논거로 등장하는 것이 영미의 당사자주의적 소송구조이다. 국내의 형사소송법학계나 대법원의 형사소송법 해석에서도 당사자주의라는 용어는 이미 익숙한 용어가 되어 있고, 따라서 이 논거는 국내의 부인론의 배경이기도 하다.

이러한 이해의 골자는, 영국, 스코틀랜드 그리고 아일랜드 등은 형사절차에서 대립당사자주의를 택하고 있고, 이러한 구조는 우선 진실발견이 아니라 분쟁

해결에 기여하는 것으로 구성되어 있다는 것이다. '대화이론'이며 '합의이론'의 골자, 즉 공정한 절차를 통해 도출된 합의는 인간의 법정에서 발견된 진실이고, 이를 넘어서는 진실을 추구하는 것이 형사소송의 목적이 아니라는 것이다. 따라서 공정한 스포츠 경기와 같은 형상으로 구성된 영미의 형사절차에서는 '국가는 단지 한 번만 국가의 형벌(요구)권을 관철할 기회를 가지는 것'이라는 결론이 자연스레 도출된다는 것이다. 법원 앞에서의 이러한 국가의 시도가 수포로 돌아가면 법치국가성(Rechtsstaatlichkeit), 즉 영미의 법의 지배(Rule of Law) 원리는 국가로 하여금 이러한 실패를 겸허히 받아들이고 당해 시민을 최종적으로 무죄방면 하는 것을 감수할 것을 요구한다는 것이다. 이러한 원리는 설령 형사절차가 아주 심각한 흠결을 가지고 있었다고 해도 다를 바 없다는 것이다.[77] 이러한 논거는 비록 영국과[78] 스코틀랜드가[79] 불이익배심을 도입할 당시에 흥분한 여론의 요구를 받아들일 수밖에 없었던 사정이 있었다고 하더라도 결국 불이익배심을 명문으로 도입한 것에 비추어 볼 때, 적정한 논거가 될 수 없어 보인다.

나. 법치국가원리의 구성요소로 법적 안정성과 절차의 공정성

불이익재심은 법치국가원리와 부합하지 않는다는 비판에 대해서는 불이익재심을 가진 여러 법질서들에서도 법치국가원리는 당연히 인정되고 있다는 반론도 있다.[80] 법치국가원리가 기판력에 절대적으로 우선순위를 두라는 것도 아니며, 피고인에게 유리한 경우만 구체적 정의 · 실체적 진실을 구현하라고 요구하는 것

---

77) Hörnle, Unterschiede zwischen Strafverfahrensordnungen und ihre kulturellen Hintergründe, ZStW 117 (2006), 801, 823f.

78) 1993.4.22. 런던에서 인종차별적 이유로 살해된 18세 스테판 로렌스 사건은 경찰의 무능을 보여주는 대표적인 사례로 이해되며, 불이익재심 도입의 계기로 소개되고 있다. 이에 대한 자료는 영국 정부의 Independent report Stephen Lawrence Inquiry, 24, February 1999(https://www.gov.uk/government/publications/the-stephen-lawrence-inquiry; 2016.5.21. 최종검색)을 볼 것.

79) 영국 BBC 2007년 9월 10일 기사 "Judge throws out World's End case (http://news.bbc.co.uk/2/hi/uk_news/scotland/edinburgh_and_east/6986995.stm; 2016.5.21. 최종방문)를 참고할 것. 1977년 Helen Scott와 Christine Eadie라는 두 명의 17세 소녀가 강간살해었는데, 약 25년 뒤 DNA 분석을 통해 진범이 누구인지 밝혀진 사건으로 불이익배심 도입에 중요한 동인이 되었다.

80) Swoboda, aaO., S. 191.

은 아니라는 말이다.

특히 프랑스의 경우 이익재심만을 인정하는 배후에는 무엇보다 '한번 판결난 것은 진실로 간주된다'(Res iudicata pro veritate habetur)라고 하는 형식적 기판력의 원칙에 아주 높은 가치를 부여하는 그들의 전통이 자리 잡고 있다. 하지만 이러한 형식적 기판력에 실체적 진실에 비해 상대적으로 높은 사상적 가치를 인정하는 것은 오늘날의 형사절차에서는 여러 측면에서 유지되기 어려운 입장이라는 지적도 있다.[81] 형식적 기판력이 자의(恣意)에 따른 이중처벌에 대한 보호 장치로 정당성을 갖고 있다는 것은 당연한 것이지만 이것만으로 판결의 정당성 · 옳은 판결임을 근거지울 수는 없다는 것이다. 기판력이 가져오는 법적 평화는 나중에 그 판결이 심각한 오류의 결과라는 것이 밝혀진 경우라면, 부당한 석방이건 부당한 처벌이건 양자 모두에서 더 이상 유지될 수 없다는 주장이다. 이런 시각에서 보면 이익(in bonam)재심뿐만 아니라 불이익(in malam partem)재심을 완전히 배제하고 형사절차의 미래를 말하는 것은 어불성설로 들릴 수 있다.

다. 소송법적 범죄개념, 공소사실의 동일성의 조작을 통한 이중기소문제의 우회

불이익재심을 금지하고 있는 국가들은 대부분 일정한 경향 혹은 실무적 특징을 보이고 있는데, 그것은 다름 아닌 형사소송법상 '범행개념을 축소'하는 방식으로 이중기소의 문제를 피해가면서 처벌의 필요성이 있는 경우를 불이익재심이라는 이름을 사용하지 않고도 해결해 가는 것이다. 이러한 조치가 필요한 것은 당연히 사법적 오류를 제거해야 할 필요성 때문일 것이다.

대법원도 공소사실의 동일성을 판단하는 기준에 '규범적 요소'의 고려, 즉 규범적 판단을 추가하는 방식으로 위와 유사한 해결방법을 선택하고 있다. 즉 "공소사실의 동일성은 그 사실의 기초가 되는 사회적 사실관계가 기본적인 점에서 동일

81) 예를 들어 Swoboda, S. 191.

하면 그대로 유지된다 할 것이고, 이러한 기본적 사실관계의 동일성을 판단함에 있어서는 그 사실의 동일성이 갖는 기능을 염두에 두고 피고인의 행위와 그 사회적인 사실관계를 기본으로 하되 규범적 요소도 아울러 고려하여야 한다."[82]라는 기준이 그러한 작용을 하고 있는 것이다. 법적 안정성이라는 피고인의 이익과 구체적 타당성·정의의 실현이라는 공익이 충돌하는 경우에 후자의 손을 들어주겠다는 것이 공소사실의 동일성의 범위를 축소하는 관심의 핵심배경인 것이다.[83]

국내의 문헌에서 이익재심만을 유지하는 대표적인 국가로 소개되는 프랑스의 경우 형사소송법 제368조는 "적법하게 석방된 자는 누구라도, 비록 그 법적 평가가 달라지더라도 동일한 사실을 이유로 다시 처벌받거나 기소되지 않는다."라고 한다.[84] 따라서 살인죄의 기소사실에 대해 무죄판결을 받은 자는 사후적으로 더 이상 동일한 사실을 이유로 과실치사로 기소되지는 않는다. 하지만 그 반대로 (나중에 새로운 수사를 거쳐 살인죄나 모살죄와 같은 구성요건들이 항소법원에 의해 유죄로 판결되었을 것임이 밝혀진 경우에는) 이미 과실치사로 유죄판결을 받은 자는 두 번째의 기소로 살인죄나 모살죄로 처벌하는 것은 충분히 가능하다는 것이다. 또한 사실 거의 동일한 사실임에도 불구하고, 배임죄의 공소사실에 대해 무죄를 받은 후에 다시 사기죄로 재차 기소하는 것이 허용되고, 파산죄에 대한 무죄판결 이후에 다시 조세사기로 기소하는 것이 허용된다는 것이다.[85]

이렇게 동일한 사실·사건(mêmes faits)이라는 개념을 축소하는 방법으로 실체적 정의와 법 감정을 충족시킨다면 불이익재심이라는 불필요한 논쟁을 피해가는 실질적 해결책으로 안성맞춤일 수 있을 것이다. 그렇다고 한다면 프랑스를

82) 대법원 2013. 9. 12. 선고 2012도14097 판결; 대법원 1994. 3. 22. 선고 93도2080 전원합의체 판결이후 이른바 '규범적 요소 고려설'이 대법원의 기준으로 20여 년간 지속되고 있다.

83) 이에 대해서는 예를 들어 김성룡, 강도상해죄와 장물취득죄 사이에 공소사실의 동일성이 있는지 여부, 지송 이재상 교수 화갑기념논문집 형사판례의 연구 II (박영사, 2003), 276쪽 이하, 특히 289쪽 이하.

84) "Aucune personne acquittée légalement ne peut plus être reprise ou accusée à raison des mêmes faits, même sous une qualification différente." 제368조의 보호는 단지 프랑스 항소법원 즉, la Cour d'Assises을 통해 무죄선고를 받은 경우만이다.

85) 이에 대해서는 Swoboda, aaO., S. 191 참조.

이익재심을 고집하는 인권친화적 국가라고 보기는 어려울 것이다.

문제의 해결책은 형사소추 1회성의 원칙, 피고인의 신뢰보호, 법적 평화 또는 법적 안정성, 실패한 증명의 국가책임이라는 원리가 지배하는 공소사실 동일성의 원리를 규범적 요소를 고려해야 한다는 근거로 축소하여 해결하거나, 아니면 불이익한 재심을 인정하는 두 개의 선택지로 나타난다.

4. 소결

앞서 영국과 스코틀랜드의 예처럼 1993년 독일 NW에서 일어난 살인사건도 당시 증거부족으로 1997년 피고인에 대해 무죄가 선고되었으나, 2006년 DNA 분석으로 다시 그 자가 정범인 것으로 밝혀졌다. 이 사건을 계기로 촉발된 독일의 불이익재심 범위확장을 위한 입법제안과 그에 대한 학계와 실무계의 찬반논쟁을 보면, 현재 독일형사소송법의 규정이 적절하다는 입장, 이를 줄여 피고인의 유죄자백만으로 제한하자는 입장, 이익재심과 같이 일반적인 새로운 사실이나 증거 발견은 물론 향후 발전하는 과학기술로 새로운 증명이 가능해지는 경우까지도 포함시키자는 입장으로 다양하다는 것을 알 수 있다.

극도로 제한된 예외만을 허용하고 있는 현행법의 불이익재심 인정 범위를 넘어 피고인의 책임도 아닌 새로운 수사기법을 들고 나오는 것은 이중처벌금지 위반이라고 강변하는 연방변호사회의 목소리는,86) 2002년 독일 법관과 검사의 연합체인 독일법관연합의 형사법위원회(die Große Strafrechtskommission des Deutschen Richter- bundes)에서 제출한 의견서에서 "모살(강간살인 등 포함)이나 민족모살 등의 죄로 기소되어 무죄 방면된 자가 그 후 그 죄의 정범임이 의문의 여지없이 확정되었는데도 더 이상 그 무죄선고를 수정할 수 없다고 하는 것은 감내하기에는 너무나 힘든 것으로 보인다."라는87) 내용과 정면으로 충

---

86) Bundesrechtsanwaltskammer, Stellungnahme der Bundesrechtsanwaltskammer zum Gesetzesentwurf einer Reform des strafrechtlichen Wiederaufnahmerechts (BT-Drucks, 16/7957), März 2009, S. 3, 4.

87) BR-Drucks. 222/10, S. 4.

돌한다. 그런 이유로 조금 논의를 미루어두자는 타협책도 제시되었다.[88)]

살펴본 대부분의 국가들은, 오스트리아를 제외하고는, 대체로 제한적이고 겸억적인 자세로 불이익재심을 받아들이고 있다.[89)] 헨켈의 말처럼[90)] '무죄인 자를 유죄로 처벌하는 오류보다 유죄인 자를 무죄로 방면하는 오류에 대해 일반의 법 감정은 좀 더 너그럽다'는 점, '유죄를 무죄로 만들어줄 증거를 내놓는 것은 새로이 유죄로 만들어 줄 증거를 제시하는 것보다 어렵다'는 것을 고려하였기에 피고인(유죄판결을 받은 자 혹은 중한 벌을 받은 자)에게 유리한 재심을 보다 폭넓게 인정하는 것이라고 할 수 있다. 달리 말해 헌법적으로 법치국가원리를 선택한 대가로써 피고인에게 유리한 오판은 수인할 수밖에 없다는 것은[91)] 분명히 이익재심의 논거이다.

그렇다고 하여 시효 없는 극악하고 반인륜적 범죄나 피해자단체의 강력한 처벌요구의 대상이 되는 범죄(그로 인해 정치인들의 민감성을 자극되고, 임기응변 · 즉흥적이고 이익영합적인 입법의 대상이 되는 범죄)들에 있어서 피고인의 인권이나 피고인에게 유리한 실체적 진실의 발견만을 헌법적 요구로 국한하는 것이 앞으로도 가능할 것인지도 생각해 보아야 한다.

페터스(Peters)의 지적처럼[92)] 재심절차에서 허용되는 재심의 범위는 법의 변천과정에서 부침을 거듭했다. 기판력의 가치는 시간의 흐름 속에서 다양하게 평가되었다. 법적 안정성과 구체적 타당성 중 어느 것에 더욱 무게를 실어 줄 것인가는 역사적으로 전혀 일관된 기준이 있었다고 볼 수 없는 것이다.

---

88) 예를 들어 Pabst, Wider die Erweiterung der Wiederaufnahme zuungunsten des Angeklagten. Eine zu Recht unterbliebenen Reform, ZIS 2010, S. 126ff. 133.

89) 공소시효와 관련해서도 공소시효가 만료되면 재심이 불가능하다고 보는 경우, 새로운 증거나 사실을 알게 된 후 6개월 혹은 1년의 시효기간을 정하는 경우, 불이익한 재심이 허용되는 범죄도 형벌 하한이 징역 1년, 2년 혹은 3년 등으로 다양하다. 어떤 식으로건 제한하겠다는 생각에서 나온 결과일 것이다.

90) Heinrich Henkel, Strafverfahrensrecht, 2. Aufl.(W.Kohlmammer, 1968), S. 395.

91) Scherzberg, Die Wiederaufnahme zu Ungunsten des Angeklagten - Ein Plädoyer für Rechtssicherheit und gegen rechtsfreie Räume, ZRP 2008, S. 83.

92) Karl Peters, Strafprozeß, 4. Aufl.(C.F.Müller, 1985), S. 668ff.

정의를 위하여 판결의 확정력을 제거한다고 하는데, 그 정의는 "누구를 위한 정의인가?"라는 물음에 '억울하게 처벌받은 자의 이익'이라는 것이 현행 형사소송법의 태도이고, 범죄인을 지켜보는 피해자 · 일반 국민의 정당한 요구는 구체적 정의의 고려범위 속에 포함되지 못하고 있다는 말이다.

본질적이고 직접적인 물음으로, "이중처벌금지원칙은 왜 범죄인에게 유리하게만 해석되고 적용되어야 하는가?, 그에 대한 헌법적 혹은 법률적 근거는 무엇인가?, 범인이 제대로 처벌되는 것이 피해자는 물론 국민 일반의 정의감에 부합하는 것은 아닌가?, 국가권력은 어디에서 정당화되는가?"에 대해 단지 '인권보호가 최고의 가치이기 때문'이라는 진공청소기와 같은 언어로 답하는 것은 대화의 단절을 선언하는 것이거나 논의의 차원을 바꾸어 버리는 것이다. 피해자와 국민을 설득할 수 있는 이유를 제시할 수 없다면 이익재심에 편향된 현행법의 태도 변화를 고려해야 할 것으로 보인다.

Ⅳ. 관할 · 법관제척 등

1. 개요

형사소송법 제423조에서는 재심의 청구는 원판결의 법원이 관할하고, 제431조에서는 재심의 청구를 받은 법원은 필요하다고 인정한 때에는 합의부원에게 재심청구의 이유에 대한 사실조사를 명하거나 다른 판사에게 이를 촉탁할 수 있다고 하고, 법원 또는 재판장과 수명법관 또는 수탁판사는 재판장과 동일한 권한이 있다고 한다. 여기서 등장하는 법원이 모두 국법상의 법원을 말하는지 소송법상 의미의 법원을 말하는지 명확하지 않다. 나아가 이러한 재심의 청구에 대한 인부결정을 하는 법원이 아니라 제438조의 재심의 심판을 하는 법원은 앞서의 법원과 동일한 법원을 말하는 것인지도 분명하지 않다. 또한 재심의 청구결정은 물론 재심의 심판을 담당하는 법관은 형법 제17조 제7호의 제척사유와 관련하여 어떤 제한을 받아야 하는 것은 아닌지에 대해서도 현행법은 함구하고 있다.

이런 이유로 대법원과 해석론의 일부 입장은 서로 다른 결론에 이르고 있는데, 여기서는 대법원의 선례와 해석론의 이해, 그리고 비교할만한 가치가 있다고 생각되는 몇몇 국가들의 관련 규정을 살펴보면서, 향후 해석론과 입법에 참고할 만한 내용은 없는지 검토해 보기로 한다.

2. 대법원의 입장과 해석론의 지적

재심청구는 재심청구인이 제1심 유죄판결을 재심청구의 대상으로 하는 경우에는 제1심 법원이 관할법원이 되고, 상소심의 상소기각판결이나 파기자판판결을 대상으로 하는 경우에는 해당 상소심 법원이 관할법원이 된다.[93] 재심 관할과 관련한 국내 해석론 중에서는, 아주 소수의 경우이지만, 재심 관할법원의 담당 법관이 재심 청구의 대상인 원판결에 관여한 법관인 경우라면 형사소송법 제17조 제7호의 제척사유에 해당되는 것은 아닌가, 혹은 제18조 제2항의 불공정한 재판을 할 염려가 있는 경우는 아닌가라는 의문을 제기하고 있다.[94] 재심제도 자체가 실체적 정의의 실현을 위해 법적 안정성을 깨는 의미라는 것을 고려하여 이러한 원판결 유지에 이해관계를 가지는 원판결의 법관은 재심청구의 심리에서 배제되어야 한다는 주장도 있다.[95] 또한 배심재판의 결과에 대해 재심청구가 받아들여진 경우에 또 다시 배심제로 할 것인지, 직업법관의 판단에 맡길 것인지에 대한 명문의 기준이 없다는 것도 지적되었다.[96]

대법원이[97] "형사소송법 제18조 제1항 제1호 및 동법 제17조 제7호의 규정

---

93) 대법원 1976. 5. 3.자 76모19 결정; 대법원 1986. 6. 12.자 86모17 결정; 대법원 1984. 7. 27.자 84모48 결정 등.

94) 예를 들어 차용석, 앞의 책, 1099쪽; 이창현, 앞의 책, 1322쪽.

95) 이용식, 앞의 논문, 773쪽; 이기헌/김성은, 앞의 연구보고서, 97쪽.

96) 이용식, 앞의 논문, 774쪽.

97) 대법원 1982. 12. 15.자 82모11 결정. 같은 취지로 임동규, 앞의 책, 763쪽 이하; 신동운, 앞의 책, 505쪽.

에 의하여 법관이 기피 또는 제척의 원인이 되는 '법관이 사건에 관하여 전심재판 또는 그 기초되는 조사심리에 관여한 때'의 사건에 관한 전심이라 함은 불복신청을 한 당해 사건의 전심을 말하는 것으로서 재심청구사건에 있어서 재심대상이 되는 사건은 이에 해당하지 않으므로 원심재판장 판사 (갑)이 재심대상판결의 제1심에 관여했다 하더라도 이 사건 재심청구사건에서 제척 또는 기피의 원인이 되는 것이 아니다."라고 한 것은 현행법의 형식논리적 관점에서는 탓할 바가 되지 못하겠지만,[98] 재심의 본질과 그 실질에 부합하는 것인지는 검토가 필요해 보인다.

3. 독일 법원조직법 제140조의a와 형사소송법 제23조

언급된 여러 국가들 중 비교법적 자료로 검토할 가치가 있다고 보이는 독일 현행 법률들(형사소송법 및 법원조직법)의 관련 조항의 내용을 원문과 함께 보기로 한다.

우선 법원조직법 제140조의a 제1항에서는 형사재심절차 관할의 원칙으로 재심청구의 대상이 된 판결을 행한 법원과 동일 심급의 다른 법원이 재심사건의 재판관할이 있다고 선언하고 있다.

9a. Titel Zuständigkeit für Wiederaufnahmeverfahren in Strafsachen (형사 재심절차의 관할)

98) 현행 민사소송법 제436조 제3항과 동일한 내용이 제정 민사소송법(1960.7.1. 시행) 제406조 제3항에 규정되어 파기환송 혹은 파기이송 법원의 재판에 원심판결에 관여한 판사는 관여하지 못하도록 하였으나, 형사소송법 제397조는 원심판결에 관여한 판사의 파기환송재판의 관여 허용여부에 대해서도 함구 하고 있다. 민사재심에 관해서도 대법원은 재심을 전심으로 보지 않는 일관된 태도를 보이고 있다(예를 들어 대법원 2000. 8. 18. 선고 2000재다87 판결 등). 무엇보다 필자의 이해로는 형사절차는 직권주의적 요소를 한 축으로 하고 있고, 법원의 실체진실탐지의무와 권한이 명문으로 인정되고 있다는 점에서 파기환송재판에 원심관여 판사의 심리를 배척하는 것은 오히려 형사절차에서 관철되어야 할 것임에도 현행법의 전도된 태도는 어디에서 기인한 것인지 궁금하다. 민사소송과 형사소송을 아우르는 제도적 검토가 필요해 보인다.

§ 140a

(1) Im Wiederaufnahmeverfahren entscheidet ein anderes Gericht mit gleicher sachlicher Zuständigkeit als das Gericht, gegen dessen Entscheidung sich der Antrag auf Wiederaufnahme des Verfahrens richtet. Über einen Antrag gegen ein im Revisionsverfahren erlassenes Urteil entscheidet ein anderes Gericht der Ordnung des Gerichts, gegen dessen Urteil die Revision eingelegt war.

재심절차에서는 그 판결에 대해 재심 청구가 행해진 법원과 동일 심급의 다른 법원이 판결(결정)한다. 상고절차에서 선고된 판결에 대한 (재심)청구에 관해서는 그 판결에 대해 상고가 제기되었던 법원의 (동일) 등급의 다른 법원이 결정한다.

동조 제2항에서는 주최고법원(Oberlandesgericht)의 장이 매 연도 초에 당해 연도의 배심 관할법원을 지정하도록 하고, 제3항에서는 주최고법원 산하에 단지 1개의 주법원의 배치되어 있는 경우에는 법원이 아니라 형사부 단위로 재심법원을 정하고, 재심 대상이 된 형사부는 관할에서 배제되도록 하고 있다.

또한 주최고법원의 장이 매년 초에 재심 관할법원 · 재판부를 지정하는 권한을 때에 따라서는 인근하는 동일 심급의 주최고법원의 장에게 위임하도록 하여 그 공정성을 확보할 수 있도록 하고 있다.

(2) Das Präsidium des Oberlandesgerichts bestimmt vor Beginn des Geschäftsjahres die Gerichte, die innerhalb seines Bezirks für die Entscheidungen in Wiederaufnahmeverfahren örtlich zuständig sind.

주최고법원의 장은 매 사업연도의 초에 자신의 관할구역 내에서 재심절차의 결정에 장소적인 관할(토지관할)을 가지는 법원을 정한다.

(3) Ist im Bezirk eines Oberlandesgerichts nur ein Landgericht eingerichtet, so entscheidet über den Antrag, für den nach Absatz 1 das Landgericht zuständig ist, eine andere Strafkammer des Landgerichts, die vom Präsidium des Oberlandesgerichts vor Beginn des Geschäftsjahres bestimmt wird.

주최고법원의 구역 내에 단지 1개의 주법원이 설치되어 있는 경우에는 제1항에 따라 주법원이 관할하는 청구에 대해서는, 최고법원에 의해 사업년도 초에 결정된 주법원의 형사합의부와 다른 형사합의부가 결정한다.

Die Landesregierungen werden ermächtigt, durch Rechtsverordnung die nach Absatz 2 zu

> treffende Entscheidung des Präsidiums eines Oberlandesgerichts, in dessen Bezirk nur ein Landgericht eingerichtet ist, dem Präsidium eines benachbarten Oberlandesgerichts für solche Anträge zuzuweisen, für die nach Absatz 1 das Landgericht zuständig ist.
>
> 주정부는 규정(명령)을 통해, 그 관할구역 내에는 단지 1개의 주법원만 설치되어 있는 주최고법원의 장의 제2항에 따른 결정을, 제1항에 따를 때 주법원이 관할권이 있는 청구들에 대해서는 인근 주최고법원의 장에게 할당하도록 하는 권한을 가진다.
>
> Die Landesregierungen können die Ermächtigung durch Rechtsverordnung auf die Landesjustizverwaltungen übertragen.
>
> 주정부는 그 권한을 규정을 통해 주사법행정부에 위임할 수 있다.
>
> (4) In den Ländern, in denen nur ein Oberlandesgericht und nur ein Landgericht eingerichtet sind, gilt Absatz 3 Satz 1 entsprechend. Die Landesregierungen dieser Länder werden ermächtigt, mit einem benachbarten Land zu vereinbaren, daß die Aufgaben des Präsidiums des Oberlandesgerichts nach Absatz 2 einem benachbarten, zu einem anderen Land gehörenden Oberlandesgericht für Anträge übertragen werden, für die nach Absatz 1 das Landgericht zuständig ist.
>
> 단지 하나의 주최고법원과 단지 하나의 주법원만이 설치되어 있는 연방주들에서는 제3항 제1문을 준용한다. 이러한 주들의 주정부는 인근 주와, 제2항에 따른 최고법원의 장의 과제를, 제1항에 따라 주법원이 관할하는 청구들에 대해 이웃하는, 하나의 다른 주에 속하는 최고법원에 위임할 것을 합의할 권한이 있다.
>
> (5) In den Ländern, in denen nur ein Landgericht eingerichtet ist und einem Amtsgericht die Strafsachen für die Bezirke der anderen Amtsgerichte zugewiesen sind, gelten Absatz 3 Satz 1 und Absatz 4 Satz 2 entsprechend.
>
> 단지 하나의 주법원만이 설치되어 있고 하나의 구법원(Amtgericht, 지원)에 다른 구법원들의 관할에 대한 형사사건이 할당되어 있는 주들에서는 제3항 제1문과 제4항 제2문을 준용한다.

제6항에서는 주최고법원의 기존 판결이 재심의 대상이 된 경우에는 해당 재판부가 아닌 다른 재판부에서 심리하도록 하여 전심법관의 관여를 배제할 수 있도록 하고 있다.

> (6) Wird die Wiederaufnahme des Verfahrens beantragt, das von einem Oberlandesgericht im ersten Rechtszug entschieden worden war, so ist ein anderer Senat dieses Oberlandesgerichts zuständig. § 120 Abs. 5 Satz 2 gilt entsprechend.

주최고법원이 제1심으로 판결한 절차의 재심이 청구된 경우에는 그 주최고법원의 다른 합의부가 이를 관할한다. 제120조 제5항 제2문을 준용한다.

(7) Für Entscheidungen über Anträge zur Vorbereitung eines Wiederaufnahmeverfahrens gelten die Absätze 1 bis 6 entsprechend.

재심절차의 준비를 위한 청구들에 관한 결정은 제1항부터 제6항까지를 준용한다.

형사소송법 제23조 제2항에서는 재심 준비절차와 재심 본안절차를 막론하고 이전 재판에 관여한 법관은 제척사유로 규정하고 있다.

§ 23 Ausschließung eines Richters wegen Mitwirkung an der gefochtenen Entscheidung
형사소송법 제23조 (이의 제기된 판결 · 결정에 참여로 인한 법관의 제척)

(1) Ein Richter, der bei einer durch ein Rechtsmittel angefochtenen Entscheidung mitgewirkt hat, ist von der Mitwirkung bei der Entscheidung in einem höheren Rechtszug kraft Gesetzes ausgeschlossen.

상소를 통해 이의제기(불복)된 판결(· 결정)에 관여한 법관은 보다 상위의 심급에서의 판결에 관여하는 것이 법률에 의해 배제(제척)된다.

(2) Ein Richter, der bei einer durch einen Antrag auf Wiederaufnahme des Verfahrens angefochtenen Entscheidung mitgewirkt hat, ist von der Mitwirkung bei Entscheidungen im Wiederaufnahmeverfahren kraft Gesetzes ausgeschlossen. Ist die angefochtene Entscheidung in einem höheren Rechtszug ergangen, so ist auch der Richter ausgeschlossen, der an der ihr zugrunde liegenden Entscheidung in einem unteren Rechtszug mitgewirkt hat. Die Sätze 1 und 2 gelten entsprechend für die Mitwirkung bei Entscheidungen zur Vorbereitung eines Wiederaufnahmeverfahrens.

절차의 재심청구를 통해 이의제기된 판결에 관여한 법관은 재심절차에서의 판결에 관여하는 것이 법률에 의해 배제된다. 불복된 판결이 한 단계 높은 심급에서 계속되는 경우에도 그보다 낮은 심급에서 그의 기초된 판단에 관여한 법관도 배제된다. 제1항과 제2항은 재심절차의 준비를 위한 결정에 관여하는 경우에도 준용한다.

결론적으로 독일 형사소송법과 법원조직법에서는 재심청구가 허용될 수 있는 형식적인 요건을 갖추었는지, 그 이유로 주장된 사실이나 증거가 근거 지워질 수 있는 것인지, 종국적으로 새로운 공판심리를 시작할 것인지의 판단에 종전 판결이나 결정에 관여한 법관이 참여하는 것은 그 공정성에 의심을 야기하는 것임을 전제하고 있다. 재심의 본안심리를 주제하는 법원과 법관은 물론, 이보다 앞서 재심 청구를 받아들일 것인지 여부를 판단하는 법원과 법관도 기존의 확정판결과 무관한 구성을 전제하고 있는 것이다.

프랑스와 같이 별도의 법원을 구성하건, 기존의 법원을 활용하건 공통의 출발점은 새로운 절차는 선입견 없는 새로운 재판부가 관할한다는 것이다. 국내의 현행법과 법원운영의 실무가 과연 이러한 우려를 불식할 수 있는 특단의 대책을 마련하고 있지 않다면 입법자는 외국의 법제와 실무를 주의 깊게 살펴보고 타산지석으로 삼아야 할 것이다. 재심에서 기존의 종국판결에 관여한 법원과 법관을 배척하는 것은 그들이 선입견을 가지고 실제 편파적인 결정과 판결을 내린다는 실증적 경험이 중요한 것이 아니라, 제도부터 공정한 구조로 만든다는 의미가 더욱 큰 것이기 때문이다.

독일의 경우에는 법원조직법에서는 재심사건의 관할을 정하고, 형사소송법의 법관 제척 · 기피 관련 규정에서는 새로이 공판을 담당할 법관의 제척 사유를 규정하는 이원적 방식을 취하고 있으나, 우리의 경우에는 형사소송법에 모두 담는 것이 바람직할 것이다. 재심청구와 재심심판을 담당하는 법원과 법관이 동일해도 되는지, 이마저도 달리 하는 것이 바람직할 것인지도, 이른바 '당사자주의'에 충실하고 '선입견 없는 판사'에게 재판받게 한다는 이념에 충실한 방법은 무엇인지를 기준으로 논의되어야 할 것이다.

법관인력의 부족, 상소사건의 범람으로 인한 상고법원의 설치 필요성, 사법운용비용의 증대 등 산재한 문제를 생각하면, 재심법원을 꾸리고, 재심재판부를 구성하고, 선행사건에 관련된 법관을 배제한 상태에서 넘쳐나는 재심사건을 해결한다는 것은 생각하기조차 어려울 수 있을 것이다. 하지만 지금의 문제점을 개선하려는 의지는 현실의 문제점을 인식하는 것에서 시작될 수밖에 없듯이 재심법원과 재판부의 구성에 대한 현행 법률의 태도가 과연 적정한 것인지에 대한 제대로 된 한 번의 논의는 있어야 할 것이다.

V. 맺는말

"형사절차가 무엇을 위해 존재하는가?"라는 물음에 대해 실체적 진실발견과 정의의 실현이라고 대답하려면 상당히 조심해야 하는 것이 현실이다. 공정한 재판제도와 소송절차를 가지고 당사자에게 충분한 공박의 기회를 제공한 후 절차 참여자들의 합의가 도출된다면 그것이 바로 형사소송에서의 진실이라는 입장이 이미 오래 전에, 대화라는 이름으로, 혹은 인권이라는 이름으로 형사소송의 이론과 실무에 깊이 뿌리내리기 시작했기 때문이다.

하지만, 현행 형사소송법의 수많은 조항들은 무당무파한 법관과 어울리기도 하지만, 한정된 인식능력을 가진 인간인 법관이 인간의 법정에서 가능한 실체적 진실에 가까운 인식을 획득할 수 있게 하는 다양한 방법과 도구들을 인정하고 있다는 것도 부정할 수 없는 사실이다.

당사자주의적 합의모델을 전제하건, 직권탐지적 요소를 부인하지 않는 탄핵적 구조를 받아들이건 간에, 인간인 법관이 제한된 자료와 한정된 인식능력의 테두리 내에서 발견한 진실을, 그 이후 새로운 사실이나 증거의 발견으로 잘못된 것이라고 말하는 것 자체가 모순일 수도 있을 것이다. 전 판단과 후 판단은 모두 오류로부터 자유로울 수 없는 인간의 판단이기 때문이다. 이렇게 본다면 기판력이 발생한 판결에 우선 순위를 주는 것이 법적 안정성, 소송경제, 피고인의 권리침해의 최소화 등에 보다 부합하는 것일 것이다. 즉, 객관적 진실이란 단지 사고적으로만 생각할 수 있는 것이고, 인간의 탐구와 인식을 통해서 그 진실을 증명하는 것은 개념적으로 불가능하다고 한다면, 인간의 탐구와 인식은 인식주체에 구속되어 필연적으로 주관적이고 단지 상대적인 것일 뿐이다. 그렇다면 법관에게도 절대적인 진실을 발견하는 것은 불가능한 것이고, 단지 그의 법관으로서의 양심에 맞는, 달리 말해 주관적인 혹은 상대적인 진실, 이른바 '법관의 확신'에 만족할 수밖에 없는 것이다.[99] 그런 이유로 '이것 보다는 저것이 진실에 부합하다.'라는 판단자체가 이미 주관적이고 상대적인 진실일 뿐이라는 것이고, 굳이 재심이 왜 필요한 것인가라는 본질적인 회의를 던질 수도 있을 것이다.[100]

그럼에도 재심을 둔 이유는 '어차피 불완전한 판단이니 이정도로 덮자!'라는 것이 아니라, 가능하면 조금 더 옳다고 생각되는, 혹은 조금 더 과거의 역사적 진실에 부합하는 것으로 보인다면 그것을 취하자는 것일 것이다. 이것이 정의라는 것이다. 이를 두고 재심은 진실, 정의 그리고 법 수호라는 이유에서 수인할 수 없는 오판, 즉 기판력이 발생한 오판을 제거하는데 기여한다고 하면 틀린 말은 아닐 것이다.

그런 재심제도가 제헌 헌법에서부터 명문화되어있는 이중처벌금지원칙 등과 결합되어 '불이익재심은 헌법적으로 허용되지 않는다'는 말과 동의어로 읽혀 왔다. 지금까지의 검토에서 충분히 표현되었듯이 불이익재심의 도입 없이, 지금까지 그렇게 했던 것처럼, 공소사실의 동일성의 광협을 규범적으로 조정하면서 과연 국민들의 사법정의의 요구에 부응할 수 있을지 돌아보아야 할 것이다.

재심은 새로 다시 하는 재판이다. 이전의 판단이 오류가 있었더라도 이를 법관의 책임이었다고 할 수 없다면, 새로이 시작하는 재심재판에서 법관의 불편부당성을 의심하는 사회는 건전하지 못하다. 위증과 브로커가 넘쳐나는 공간에서도 깨어있는 정신과 명철한 판단력으로 진실을 가려내는 것이 객관적이고 공정한 법관의 직업적 의무이며 능력이라고 해도 될 듯하다. 하지만 이전 판결의 오류가 참을 수 없을 정도로 정의감에 어긋난다고 판단하고, 실체적 진실에 어긋난다고

99) RGSt 61, 202, 206; 66, 163, 164.

100) 아마도 소송절차의 공정한 구성과 대화를 통합 합의도출이라는 시각에서 보면 재심은 그것이 피고인에게 유리하건 불리하건 허용될 수 없는 자기부정이라고 해야 할 것처럼 보인다. 물론 재심의 사유는 단지 절차의 공정성이 침해된 경우만으로 제한해야한다고 하는 것은 일관성 있는 주장이라 할 수 있을 것이다.

받아들이고, 그런 이유로 법관 스스로 '처음부터 다시 하자!'고 결정하고서도 '구관이 명관'임을 인정하는 법제를 계속 끌고 간다는 것은 국민의 눈에는 표리부동으로 비춰질 수 있다.

입법자에게 무언가를 기대하는 것은 아주(!) 어리석은 일이라는 인식이 확산되고 있다. 여기서 간략하게 다루어 본 불이익재심과 관할 법원 및 법관의 제척 · 기피 문제에 대해 입법적 개선이 필요하지는 않은지, 필요하다면 어떤 내용이 가장 합리적일 것인지에 관한 논의를 기대할 수 있는 곳은 법조실무와 학계뿐일 것이다. 그런 의미에서 이 글을 계기로 조금 더 열린 자세로 활발한 관련 논의가 시작되기를 기대하며, 심도 있는 검토를 통해 입법자가 일할 수 있는 기회가 제공되기를 바란다.

피고인의 사망과 관련한 소송법상 문제 소고

- 이를 간과한 법원의 조치에 대한 시정 내지 구제방법 고찰 -

- 우 인 성* -

목 차

I. 서설

얼마 전 이세돌과 알파고(AlphaGo) 사이에 대국이 있었다. 미국 굴지의 로펌이 인공지능 로봇(Ross)을 고용했다는 기사도 있었다. 알파고로 대표되는 인공지능은 여러 반향을 불러 일으켰다. 인간을 창조한 신을 인간의 과학이 유월하

* 수원지방법원 여주지원 부장판사

려는 것처럼, 인공지능을 만든 인간도 인간의 과학, 인공지능이 유월하려 한다. '판단'은 더 이상 인간의 전유물이 아니다.

뜬금없이 이런 화두를 던지는 이유는, 인공지능의 확대가 법률제도에도 지대한 영향을 미칠 수 있다고 생각되기 때문이다. 공상과학영화에 나오는 것이지만, 몇해 전 맷 데이먼 주연의 영화 '엘리시움'에도 잠깐 나왔듯, 인간의 법률위반행위에 대한 판단을 인공지능을 가진 로봇이 대체할 수도 있다. 극단적으로는 로봇에 의해 대부분의 직업을 상실하게 될 인간은 필수 노동력(주로 바이러스 제어를 위한) 창출을 위한 생식기구로 전락할 수도 있다. 하지만 이것은 너무나 먼 이야기일 듯 싶다.

돌아와서 가까운 이야기로, 소송절차에 빅데이터가 연계될 경우 재판을 받는 피고인의 사망 여부라는 소송조건은, 클릭 한번으로 확인이 가능해질 수 있는 시대가 올 수도 있다. 더 나아가, 인공지능을 가진 컴퓨터가 피고인의 사망을 미리 알려줄 수도 있다.[1] 지금부터 기술하려는 글은, 각 소송단계별로 피고인이 사망하였을 경우 법원이 어떠한 조치를 취해야 할 것인지, 나아가 법원이 피고인의 사망을 간과하고 내린 조치에 대하여 어떠한 시정 내지 구제방법을 강구할 수 있는지에 관한 글이다. 만약 피고인의 사망 여부가 자동적으로 쉽게 확인될 수 있는 시대가 온다면, 이 글에서 주로 논의하려는 부분은 더 이상 의미가 없게 될

---

1) "소송조건은 소송계속이 유지되고 있는 한 계속적으로 심사를 요하는 사항이다. 따라서 소송조건의 존부는 공소제기의 시점뿐만 아니라 피고사건의 심리와 재판 그리고 상소심의 심판단계에 있어서도 계속적으로 검토되어야 한다.", "소송조건은 전체로서의 소송이 생성 · 유지 · 발전하기 위한 기본조건이다. 그러므로 소송조건이 흠결되는 경우 법원은 피고사건에 대하여 심리와 재판을 행할 수 없게 된다. 그렇기 때문에 법원은 소송계속이 진행되는 전과정을 통하여 소송조건의 존부를 지속적으로 점검하여야 한다." 신동운, 간추린 신형사소송법, 법문사(2015), 225에서 인용: 같은 취지로 권오걸, 형사소송법, 형설출판사(2010), 181; 김재환, 형사소송법, 법문사(2013), 411; 노명선 · 이완규, 형사소송법, SKKUP(2015), 333; 배종대 · 이상돈 · 정승환 · 이주원, 홍문사(2015), 394~6; 백형구, 알기쉬운 형사소송법, 박영사(2007), 418; 손동권 · 신이철, 새로운 형사소송법, 세창출판사(2013), 147; 송광섭, 형사소송법, 유스티니아누스(1997), 101; 신양균, 형사소송법, 법문사(2004), 427; 신현주, 형사소송법, 박영사(2002), 162; 이은모, 형사소송법, 박영사(2015), 157; 이재상 · 조균석, 형사소송법, 박영사(2015), 181~3; 이창현, 형사소송법, 입추출판사(2015), 181~4; 임동규, 형사소송법, 법문사2015) 97~8; 정웅석 · 백승민, 형사소송법, 대명출판사(2011), 455; 조기영, "소송조건에 관한 연구", 서울대학교 박사학위논문(2006), 117~8; 최영승, 형사소송법 개론, 피앤씨미디어(2013), 157; 大コンメンタール　刑事訴訟法 第8巻, 青林書院(2011), 248; 條解 刑事訴訟法, 弘文堂(2010), 951~2; 다만 당사자주의 소송구조에서는 '기소의 적법 · 유효조건'이라고 보는 견해로 심희기 · 양동철, 쟁점강의 형사소송법, 삼영사(2009), 467.

지도 모른다.

하지만 현재의 재판, 특히 형사재판은 아날로그가 지배하고 있다. 민사재판에서는 전자재판이 시행되고 있으나, 일부 약식명령을 제외한 대부분의 형사재판은 아직까지 종이재판에 의하여 진행된다. 따라서 아래의 논의는 아직 유용하다고 생각된다.

이하 법원이 피고인의 사망을 간과하여 재판하였을 경우 소송절차 단계별로 어떠한 문제를 발생시키는지, 그러한 조치에 대하여 시정 내지 구제방법은 없는지에 관하여 살펴보기로 한다.

II. 공소제기 전 사망

1. 공소기각

공소제기 이전에 피고인이 사망하였음에도 공소제기된 경우 이는 공소기각 사유가 된다는 점에 이론이 없는 듯하다. 다만 공소기각 결정 사유인지, 공소기각 판결 사유인지에 관하여 견해의 대립이 있다.

공소기각 판결을 내려야 한다는 입장은, 이러한 공소제기는 법률의 규정에 위반하여 무효인 경우이므로 형사소송법 제327조 제2항에 따라 공소기각의 판결을 내려야 한다는 본다. 형사소송법 제254조 제3항 제1호는 공소장에 "피고인의 성명 기타 피고인을 특정할 수 있는 사항"을 기재하도록 하고 있고, 이러한 '피고인 특정'의 전제는 피고인이 생존하였을 것을 조건으로 하는 것이라는 이유에서이다.[2] 즉 피고인이 살아 있어야 소송법상 권리와 의무의 주체가 되므로, 피고인이 사망하였을 경우에는 형사소송에 있어서의 당사자능력과 소송능력이라는 소송조건의 전제가 갖추어지지 않은 것이기 때문에, 사망한 피고인에 대한 공소제기는 적법한 공소제기로 취급될 수 없다는 것이다.[3]

---

2) 송진경, "사망한 피고인에 대한 재판과 비상상고의 이유", 형사법연구 20권 4호(2008), 12~3.
3) 백형구, "공소기각의 재판", 월간고시 제21권 제2호(1994), 191~2; 송진경(주 2), 13.

공소기각 결정을 내려야 한다는 입장은, 형사소송법 제328조 제2호의 피고인 사망은 공소제기 전·후를 불문한다는 것이다.[4)]

어떤 견해에 의하더라도 공소기각의 재판을 하여야 한다.[5)] 그럼에도 법원이 이를 간과하여 유죄판결이 확정된 경우, 그 판결은 효력이 있는 것인가?

2. 망인에 대한 유죄판결의 효력

가. 무효의 판결

소송행위로서의 성립을 전제로 하여 그것에 그 본래적 효력이 인정되지 않는 경우를 무효라고 보는바, 무효는 당연무효인 경우와 무효선언을 필요로 하는 두 가

---

4) 김재환(주 1), 842; 신동운(주 1), 520; 이창현(주 1), 1114; 임동규(주 1), 696; 형사소송법 제328조 제1항 제2호 "피고인이 사망하거나 피고인인 법인이 존속하지 아니하게 되었을 때"의 해석에 관하여, "피고인이 사망한 때"라고 해석하는 입장이다. 그러나 후단의 '피고인인 법인이 존속하지 아니하게 되었을 때'와 같은 구조로 보아 "피고인이 사망하게 되었을 때"라고 해석한다면, 이는 공소제기 이후 사망하게 되었을 때로 한정하여야 할 것이다. 같은 구조의 일본 형사소송법 제339조 제1항 제4호의 해석에 관하여도 견해 대립이 있는바, 공소제기 전 피고인이 사망하였을 경우, 제339조 제1항 제1호 규정에 따라 공소장등본이 송달되지 아니하여 공소가 실효되는 공소기각결정 사유가 된다고 봄이 다수설인 듯하다{大コンメンタール　刑事訴訟法 第8巻(주 1), 323~4}.

5) 일본 大阪地裁 1974(昭和49). 5. 2. 判決은 피고인이 사망진단서를 위조하여 자신이 사망한 것처럼 위장하여 공소기각결정을 받았다고 하더라도 공소기각결정은 이른바 형식재판이기 때문에 그 재판이 확정되어도 재기소가 원칙적으로 방해되는 것은 아니므로 재기소가 허용되는데, 피고인사망의 사실인정이 허위의 증거에 의하여 이루어진 경우 공소기각결정에서 내린 피고인사망이라는 판단에는 구속력이 생기지 않는다고 보았다{横山晃一郎, "僞裝死亡による公訴棄却決定確定後の再訴", ジュリスト 增刊 刑事訴訟法の爭點, 有斐閣(1979), 246; 그 논거에 관하여, 내용적 구속력은 인정되지만 피고인이 구속력을 요구할 자격을 상실한다고 보아야 한다는 견해로 大コンメンタール　刑事訴訟法 第8巻(주 1), 324}; 공소기각 판결 사유로 보든, 공소기각 결정 사유로 보든, 차후 피고인의 생존이 확인될 경우 재기소가 허용된다고 보아야 한다{平野龍一, 訴因と證據 －刑事法研究 第4巻－, 有斐閣(1981), 48-49; 이에 대하여 입법적으로 해결할 문제라는 입장으로 이은모, "공소기각재판의 효력", 고시연구(2003. 1.), 209}. 공소기각 판결설과 공소기각 결정설의 실질적인 차이는 없다고 생각된다. 판결과 결정 사이에는 상소권자의 범위에 관하여 차이가 있으나(제338조 내지 제341조 참조), 공소기각 판결이나 공소기각 결정의 경우 무죄판결을 구하는 피고인에게 상소의 이익이 인정되지 않는다고 보아야 하므로{신동운(주 1), 552; 이재상·조균석(주 1), 745~6; 임동규(주 1), 733 등; 이에 반하여 사회적 평판의 측면에서 이익이 있을 뿐만 아니라 일사부재리의 효과, 형사보상사유 발생 등의 이유로 상소의 이익이 있다는 견해로는 배종대·이상돈·정승환·이주원(주 1), 784}, 결국 피고인의 입장에서 보면 불복이 허용되지 않는다는 측면에서 같다고 생각된다. 대법원도 공소기각의 재판에 대해 무죄판결을 구하는 상소에 대하여 상소의 이익이 없다고 본다. 대법원 2008. 5. 15. 선고 2007도6793 판결 {사안의 구체적인 내용은 신동운, (판례분석) 신형사소송법 II, 법문사(2012), 156~7 참조. 위 대법원 판결의 구체적 사안은 공소기각 판결에 관한 것임에도 판결 요지에는 '공소기각의 재판'이라고 되어 있다.}

지의 태양을 함축하며, 후자의 경우에는 법원의 무효선언을 필요로 한다고 한다.[6)]

판결로 성립은 하였으나 중대하고 명백한 하자로 인하여 상소 기타의 불복 신청을 하지 않더라도 판결의 본래적 효력이 생기지 않는 판결을 당연무효의 판결이라 한다.[7)] 이는 판결의 성립을 전제로 하는 것으로, 불성립된 판결과는 구별된다고 한다.[8)] 일반적으로 당연무효 판결의 예로 드는 것은, 실체재판이 확정되었음에도 불구하고 다시 실체재판이 선고된 경우, 사망자에 대하여 유죄의 실체판결을 선고하거나[9)] 형사미성년자에 대하여 형을 선고한 경우, 형법 제41조가 규정하고 있지 않는 형벌을 선고한 경우, 항소취하 후 항소심에서 판결을 내린 경우[10)] 등이 있다.[11)] 즉 일반적인 견해는 사망자에 대한 유죄판결의 선고는 당연무효의 판결로 본다. 하지만, 그것이 당연무효인지에 관하여는 다소 의문이 있는바, 후술한다.

나. 비상상고의 대상 여부

집행의 가능성이 없는 당연무효의 판결은, 그로 인하여 피고인이 불안한 지

---

6) 허형구 · 차용석 · 백형구 · 강구진, 주석 형사소송법 (상), 한국사법행정학회(1983), 188(강구진 집필부분)

7) 신동운, 신형사소송법, 법문사(2012), 1400; 이창현(주 1), 1134; 임동규(주 1), 712; 大コンメンタール 刑事訴訟法 第8巻(주 1), 28.

8) 이창현(주 1), 1134; 임동규(주 1), 713; 재판은 법원 또는 법관이 행하는 공권적 의사표시로 재판의 성립은 그 의사의 결정, 그리고 결정된 의사의 외부적 표시라는 두가지 단계를 거쳐서 이루어지는 것이다. 재판은 외부적 성립이라 할 재판의 선고 또는 고지에 의하여 대외적 효력이 발생하게 된다. 신동운(주 1), 503~4.

9) 독일의 경우 피고인의 생존 및 소송능력은 소송조건으로, 구 판례(BGH NStZ 83, 179)에 따르면 피고인의 사망은 소송장애사유(Prozesshindernis)로서 절차중지결정(Einstellungsbeschluss) 없이도 절차가 끝나게 된다고 보았으나, 새로운 판례에 따르면 소송비용 부담이 가능한 절차중지결정이 가능하다고 하며, 피고인의 사망 후 내려진 실체 판결은 무효로 본다(OLG Schleswig NJW 1978, 1016; i.e.s. Kühl, NJW 78, 977)고 한다. Roxin/Schünemann, Strafverfahrensrecht, 27. Aufl., C.H.Beck(2012), S. 147, 443; 디텔름 클레스제브스키(김성돈 옮김), 독일 형사소송법, SKKU(2012), 256.

10) 이에 대하여 일본 最高裁 1952(昭和 27). 11. 19. 判決은, 비상상고는 유효한 확정판결을 대상으로 하지 당연무효의 판결은 비상상고의 대상이 될 수 없기 때문에 항소취하 후 내려진 판결에 대한 비상상고를 부정한다.

11) 배종대 · 이상돈 · 정승환 · 이주원(주 1), 762; 이창현(주 1), 1134; 임동규(주 1), 712; 大コンメンタール 刑事訴訟法 第8巻(주 1), 28~9.

위에 빠질 위험이 없다는 전제에서 비상상고의 대상이 되지 않는다는 견해를 생각할 수 있다.[12)]

대법원은 사망한 피고인에 대한 유죄판결에 대하여 비상상고의 대상이 되지 않는다고 판시하였다.[13)] 즉 "형사소송법 제441조는 '검찰총장은 판결이 확정한 후 그 사건의 심판이 법령에 위반한 것을 발견한 때에는 대법원에 비상상고를 할 수 있다.'고 규정하고 있는바, 이러한 비상상고 제도는 법령 적용의 오류를 시정함으로써 법령의 해석 · 적용의 통일을 도모하려는 데에 주된 목적이 있는 것이므로, '그 사건의 심판이 법령에 위반한 것'이라고 함은 확정판결에서 인정한 사실을 변경하지 아니하고 이를 전제로 한 실체법의 적용에 관한 위법 또는 그 사건에 있어서의 절차법상의 위배가 있음을 뜻하는 것이므로, 단순히 그 법령 적용의 전제사실을 오인함에 따라 법령위반의 결과를 초래한 것과 같은 경우는 법령의 해석 · 적용을 통일한다는 목적에 유용하지 않으므로 '그 사건의 심판이 법령에 위반한 것'에 해당하지 않는다고 해석함이 상당하다."고 하면서 "법원이 원판결의 선고 전에 피고인이 이미 사망한 사실을 알지 못하여 공소기각의 결정을 하지 않고 실체판결에 나아감으로써 법령위반의 결과를 초래하였다고 하더라도, 이는 형사소송법 제441조에 정한 '그 심판이 법령에 위반한 것'에 해당한다고 볼 수 없다."고 하였다. 즉 피고인의 사망을 간과한 유죄의 실체판결은 "확정판결에서 인정한 사실을 변경하지 아니하고 이를 전제로 한 실체법의 적용에 관한 위법 또는 그 사건에 있어서의 절차법상의 위배가 있음"에 해당하지 않는다는 것이다. 어떠한 사실

---

12) 일본 판례의 태도가 그러한 것으로 보인다{大コンメンタール 刑事訴訟法 第8巻(주 1), 30}; 이광만, "비상상고의 요건인 '그 사건의 심판이 법령에 위반한 것'의 의미", 형사재판의 제문제 제6권, 박영사(2009), 568은 대법원 1962. 9. 27. 선고 62오1 판결에 대하여 "원판결은 사자에 대한 판결이므로 당연무효의 판결에 해당한다고 할 것인데, 피고인이 이미 사망하였으므로 원판결이 집행될 염려도 전혀 없다"라고 적고 있다. 그러나 우리나라의 다수설은 집행가능성 유무에 관계없이 당연무효의 판결도 비상상고의 대상이 된다는 입장으로 보인다{이규호, "재심과 비상상고", 사법행정 제56권 제4호, 한국사법행정학회(2015. 4.), 31 각주 13}. 일본에서도 다수의 학설은 당연무효의 판결도 비상상고의 대상이 된다고 본다{大コンメンタール 刑事訴訟法 第10巻, 青林書院(2013), 197~8}. 후술하겠지만, 피고인이 사망한다고 하더라도 그 상속재산에 대한 집행가능성이 남는 경우가 있을 수 있기 때문에, 피고인의 사망으로 판결의 집행가능성이 소멸한다고 단정할 수 없다.

13) 대법원 2005. 3. 11. 선고 2004오2 판결; 일본의 最高裁 1953(昭和 28). 7. 18. 判決도 "확정된 제2심판결에 대해서, 그 판결 전에 피고인이 이미 사망하여 있었다는 점을 주장하여 비상상고를 하는 것은 허용되지 않는다"고 판시하였다{條解 刑事訴訟法(주 1), 1153에서 인용}.

을 오인하여 결과적으로 법령을 위반하는 오류가 발생한 경우, 즉 판결 자체만으로는 피고인의 사망 여부가 나타나지 않기 때문에 판결 자체에 법령 위반이 있다고 볼 수 없는 경우 '심판에 법령 위반이 없다'고 본 것으로 생각된다.

'심판'이 법령을 위반한다고 할 때 '심판'이라 함은 '심리와 판결'을 의미한다.[14] 따라서 판결 자체로 보아 법령 위반이 존재하는 경우뿐만 아니라 판결에 이르는 심리에 법령 위반이 존재하는 경우에도 비상상고의 사유가 될 수 있다고 봄이 타당하다. 다만 사실 오인 관련하여, '실체법적 측면에서의 사실이나 소송법적 측면에서의 사실 모두에 대하여 가능하다고 보아야 하는가'에 관하여 모든 사실 오인에 대하여 전면 허용된다는 견해(전면허용설), 전면 부정된다는 견해(전면부정설), 일부 사실에 대하여 허용하는 견해(절충설)로 나뉜다.[15] 판례가 전면부정설을 취한 것인지, 아니면 절충설을 취한 것인지는 명확하지 않다.[16]

어떠한 사실을 오인하여 결과적으로 법령 위반의 잘못을 저지르는 경우, 모든 사실 오인에 대하여 비상상고의 대상이 된다거나, 모두 되지 않는다고 보는 것은 타당하지 않다고 생각된다. 입법자는 비상구제절차로 재심제도와 비상상고제도 양자를 두고 있는바, 전자는 범죄라는 실체법적 사실 인정에 대한 오인을 바로잡는 제도이고, 후자는 판결 자체로 알 수 있는 법령 위반[17]뿐만 아니라 판결의 전제가 된 소송법적 사실에 대한 오인을 바로잡는 제도로 이해할 수 있기

---

14) 條解 刑事訴訟法(주 1), 1153.

15) 전면부정설은 비상상고가 법령의 해석·적용에 있어서의 불일치를 제거하려는 목적을 가진 제도라는 점을 중시하여 사실오인의 위법이 없었다면 법령위반의 오류도 없었을 것이라고 판단되는 경우 법령위반의 외관을 취하고 있더라도 비상상고에 의한 구제를 생각할 필요가 없고 재심제도의 활용으로 시정하여야 한다는 입장이다. 전면허용설은 사실오인이 법령적용의 위법을 초래한 경우 모두 비상상고의 대상이 될 수 있다고 보지만 그 범위에 관하여 비상상고를 담당하는 대법원은 사실심이 아니므로 기록의 조사에 의해 사실오인이 용이하게 인정될 수 있는 경우에 한한다고 새긴다. 절충설은 실체적 측면에서의 사실오인은 재심으로, 절차적 측면에서의 사실오인은 비상상고로 구제되어야 한다고 본다. 이상 신동운(주 7), 1604~5 및 이광만(주 12), 557~8 요약

16) 김재환(주 1), 1020; 비상상고를 허용한 예로 사면된 사실을 간과한 경우(대법원 1963. 1. 10. 선고 62오4 판결)는 소송법적 전제사실을 오인한 경우이다. 누범가중의 전과가 없음에도 이를 간과하여 누범가중을 한 경우에는 실체법적 전제사실을 오인한 경우로 비상상고를 불허하였다(대법원 1962. 9. 27. 선고 62오1 판결).

17) 가령 법정형을 초과하는 형이 선고된 경우(대법원 2002. 8. 23. 선고 2000오1 판결), 법률에 정하여져 있지 아니한 부수형이 부과된 경우(대법원 2011. 2. 24. 선고 2010오1, 2010전오1 판결), 보호감호 대상범죄를 저지르지 않았음에도 보호감호가 선고된 경우(대법원 2004. 4. 27. 선고 2004오1 판결) 등

때문이다.[18] 형사소송법 제444조 제2항은 "법원의 관할, 공소의 수리와 소송절차에 관하여 사실조사를 할 수 있다."고 규정하고, 제3항은 "전항의 경우에는 제431조[19]의 규정을 준용한다."라고 규정하고 있는바, 이는 비상상고에 있어서 소송법적 사실의 심리를 규정한 것으로 보아야 한다.[20] 대법원도 반의사불벌죄에서 피해자의 처벌불원의사가 있는 것을 없다고 오인하여 실체판결을 선고한 경우[21]에 비상상고를 허용하였다. 소년의 나이를 성인의 나이로 오인하여 정기형을 선고하는 경우에도 재판절차에 관한 법령 적용의 차이(형사소송법이 적용되는가, 소년법이 적용되는가)를 가져오며 정기형 · 부정기형을 선고하는 기준이 된다는 점에서 실체법적 사실인 동시에 소송법적 사실의 성격을 동시에 갖는다.[22] 따라서 그에 관한 위반도 비상상고의 사유가 된다.[23] 인적 재판관할 위반의 경우에도 비상상고의 사유가 된다.[24][25]

그렇다면 피고인의 사망이라는 사실이 범죄사실 인정에 관한 실체법적 사실로 볼 것인지, 아니면 소송법적 사실로 볼 것인지가 문제로 된다고 할 것이다. 피고인의 생존 자체는 소송조건의 가장 기본적인 전제가 되는 것으로, 피고인이 생존하지 않는다면 더 이상 소송절차를 진행할 수 없다. 즉 피고인의 생존은 가장 기본적인 소송법적 사실이라고 보아야 한다. 물론 오로지 소송법적 사실이라

---

18) 김재환(주 1), 1021; 송진경(주 2), 10; 신동운(주 7), 1605; 정웅석 · 백승민(주 1), 949.

19) 제431조(사실조사) ① 재심의 청구를 받은 법원은 필요하다고 인정한 때에는 합의부원에게 재심청구의 이유에 대한 사실조사를 명하거나 다른 법원판사에게 이를 촉탁할 수 있다. ② 전항의 경우에는 수명법관 또는 수탁판사는 법원 또는 재판장과 동일한 권한이 있다.

20) 신동운(주 7), 1605; 平野龍一, 裁判と上訴 -刑事法研究 第5巻-, 有斐閣(1982), 248~9.

21) 대법원 2010. 1. 28. 선고 2009오1 판결

22) 임동규(주 1), 832.

23) 대법원 1963. 4. 4. 선고 63오1 판결

24) 제444조 제2항은 법원의 관할을 비상상고에 있어 사실조사의 대상으로 삼고 있으므로, 인적 재판관할 위반은 비상상고의 사유로 보아야 한다. 이에 관하여 판례는 일관되지 않은 태도를 취하고 있다. 군인을 일반인으로 오인하여 재판한 일반법원 판결에 대하여는 비상상고를 인정하고(대법원 1976. 4. 27. 선고 76오1 판결), 군사법원에 관할권이 없는 일반인을 군인으로 오인하여 재판한 군사법원 판결에 대하여는 비상상고를 인정하지 않았기 때문이다(대법원 1965. 2. 24. 선고 64오4 판결).

25) 물론 비상상고의 기능을 무엇으로 이해하는가와 관련하여, 비상상고가 '공익을 위한 상고(recours dans interêt public)'에서 유래하므로 피고인의 구제 기능에 중점을 둔다면 전면허용설도 취하지 못할 견해는 아니라고 생각된다. 비상상고의 연혁에 관하여는, 平野龍一(주 20), 228~32 참조

고 볼 수도 없다. 형법상의 범죄행위능력의 전제가 된다는 점에서 범죄사실 인정에 관한 사실적인 측면도 있기 때문이다. 가령 범죄행위 당시에 이미 사망한 것이 밝혀져 피고인이 행위자가 아님이 밝혀지는 경우이다. 결국 피고인의 사망이라는 사실은, 범죄사실 인정에 관한 실체법적 측면과 소송법적 사실에 관한 측면 양자의 성질을 함께 갖는다고 봄이 타당하다. 그렇다면 그에 관한 사실오인이 문제되었을 경우에는, 비상상고뿐만 아니라, 경우에 따라서는 재심도 허용된다고 보는 것이 타당하다.[26]

대법원이 피고인의 사망을 간과한 판결에 대하여 비상상고를 허용하지 않는 이유는 그 판결이 당연무효라는 전제에서 그와 같이 접근한 것일 수도 있다. 그러나 다음과 같은 사례를 서로 비교하여 보면, 피고인의 사망이라는 사유가 판결을 당연무효화시키는, 절대적으로 명백한 사유가 아니라 다분히 상대적인 것임을 알 수 있다.[27] 가령 ① 피고인이 재판 중 사망한 사실이 쉽게 확인될 수 있는 경우,[28] ② 피고인에 대한 판결이 선고된 후 실종선고에 의하여 소급적으로 소송계속 중 피고인의 사망이 간주되게 되는 경우,[29] ③ 피고인에 대한 판결이 선고된 후, 피고인이 범죄행위시에 생존하여 있지 않았음이 입증된 경우[30]를 비교해

26) 소송법상의 전제사실의 오인에 의하여 초래된 법령위반을 방치하는 것이 현저히 정의에 반하여 국민의 법감정에도 부합하지 않는 경우 피고인의 불이익을 시정하기 위하여 비상상고를 인정하여야 한다고 보는 견해도 있다. 條解 刑事訴訟法(주 1), 1153.

27) 행정행위에 있어서 무효의 판단기준에 관하여 중대명백설이 판례, 통설의 입장으로, 거기서 말하는 하자의 '명백성' 여부는 일반인을 기준으로 판단한다고 한다{홍정선, 행정법판례특강, 박영사(2012), 106}. 일반인을 기준으로 한다고 함은 '불편부당하고 판단력이 있고 특별히 전문적 · 법적 지식이 있지는 않지만 그러나 편견 없이 사고가 개방되어 있는 평균적인 관찰자에게 있어, 당해 행정행위가 적법할 수도 있다는 진지한 가능성이 존재하여서는 안 된다'는 것을 의미한다{황치연, "위헌결정의 시간적 효력", 헌법재판의 새로운 지평: 이강국 헌법재판소장 퇴임기념 논문집, 박영사(2013), 556}. 소송행위에 있어서도 하자의 '명백성'은 일반인 차원에서의 통상적 가치판단(Parallelwertung in der Laiensphäre)을 통해, 당해 소송행위가 적법할 수도 있다는 진지한 가능성이 없다는 평가를 내릴 수 있어야 함을 의미한다고 생각한다.

28) 가령 재판 중 사망하여 사망신고된 경우로, 2016. 3. 18. 판결 선고가 있었는데, 2016. 3. 1. 사망신고된 경우; 사망하여 공적 장부에 등재되었으나 비교적 용이하게 확인될 수 없는 경우로는 국내에서 범죄를 저지른 외국인이 출국하여(형사소송법 제253조 제3항이 적용되지 않는 경우) 본국에서 사망신고된 경우를 들 수 있다.

29) 가령 피고인의 2009. 범죄행위에 대하여 2010. 기소되어 재판이 진행되었고, 2016. 3. 18. 판결 선고가 있었는데, 2009. 이후 피고인의 생사가 불분명하다는 이유로 이해관계인 또는 검사가 실종선고를 청구하여(민법 제27조), 2016. 3. 18. 실종선고가 있었고 2014.경 사망간주된 경우(민법 제28조).

본다. ①이 ②보다 명백하고, 증거관계상 ②가 ③보다 명백하다. 그러나 법원에 ②나 ③을 근거로 하여 비상상고나 재심을 청구한다고 할 경우, 법원이 기존의 유죄판결은 피고인의 사망 이후 선고된 것이므로 당연무효라는 이유로 심리를 거부할 수 있을까? 아마도 법원은 심리를 개시한 후 피고인의 사망을 인정할 수 있을 것인지 심리한 다음 종국판결을 다시 하게 될 것이다. 재판에 대한 불복제도가 재판의 오류 가능성 때문이라고 한다면, 불복을 허용해야 할 필요성은 오류의 정도에 비례하여야 할 것이다. 즉 ②③에 대하여 불복을 허용한다면, ①에 대하여도 불복을 허용하는 것이 타당하다. 학설도 당연무효의 판결이라 하더라도 비상상고의 대상이 된다고 보는 것이 통설적 입장인바, 판결이 당연무효라고 하여도 판결이 확정되어 존재하고 있다면 법적 안정성을 위하여 비상상고를 통해 무효의 확인을 할 필요가 있기 때문이다.[31]

대법원이 피고인의 사망을 간과한 판결에 대하여는 비상상고를 허용하지 않는 이유는, 그 판결이 당연무효일 뿐만 아니라 사망한 피고인에게 집행의 위험을 발생시킬 수 없다는 점에서 찾아볼 수도 있다.[32] 그러나 사망자의 상속재산에 대한 집행이 가능한 유죄의 실체판결이 존재할 경우, 사망자의 상속재산에 대하여 집행이 이루어질 수 있고[33] 이에 대하여 집행단계에서 이해관계인은 다시 불복절차를 거쳐야 하는 경우가 발생할 수 있다.[34] 집행 당시 이해관계인이 부존

---

30) 가령 피고인의 2009. 범죄행위에 대하여 2016. 3. 18. 판결 선고가 있었는데, 피고인이 2008.경 이미 사망하였음이 증거에 의하여 밝혀진 경우

31) 권오걸(주 1), 1067; 김재환(주 1), 1017; 손동권 · 신이철(주 1), 797; 신동운(주 7), 1602; 신양균(주 1), 1048; 이은모(주 1), 932; 이창현(주 1), 1337; 임동규(주 1), 714, 883; 독일 판례는 구속력을 갖지 않는 무효 판결에 대한 이의신청은 허용된다고 보는바, 그 이유는 사후적 종국처리가 선언적 의미를 갖게 되기 때문이라고 한다. Löwe-Rosenberg (Björn Jesse), StPO, Band 7, 26. Aufl., De Gruyter(2014), S. 32(Vor § 296 Rdn 82); 일본에서도 학설상 당연무효의 판결에 대한 비상상고를 허용하여야 한다는 견해가 유력하지만, 판례는 이를 부정한다고 한다{條解 刑事訴訟法(주 1), 1151}

32) 이광만(주 12), 568.

33) 제478조(상속재산에 대한 집행)는 “몰수 또는 조세, 전매 기타 공과에 관한 법령에 의하여 재판한 벌금 또는 추징은 그 재판을 받은 자가 재판확정 후 사망한 경우에는 그 상속재산에 대하여 집행할 수 있다.”고 규정하고 있다. 반대해석상 재판확정 전에 사망한 경우에는 그 상속재산에 대하여 집행할 수 없게 된다.

34) 제489조(이의신청) 재판의 집행을 받은 자 또는 그 법정대리인이나 배우자는 집행에 관한 검사의 처분이 부당함을 이유로 재판을 선고한 법원에 이의신청을 할 수 있다.

재하게 된다면 그러한 시정은 불가능해질 수도 있다. 이러한 위험을 미연에 방지하기 위하여 사망한 피고인에 대한 유죄판결에 대하여 비상상고를 허용하는 것이 타당하다고 생각한다.[35)]

다. 판결의 정정 내지 재판서의 경정 가능성

만약 비상상고가 허용되지 않는다고 본다면, 다른 시정장치는 없을까?

형사소송법 제400조 제1항[36)]은 상고심 판결에 오류가 있을 경우 그에 대한 정정제도를 두고 있다. 상고심 판결에 오류가 있음에도 이를 방치한다면 판결의 적정이라는 관점에서 불합리하므로, 이를 자체적으로 시정할 길을 마련한 것이다.[37)] 형사소송규칙 제25조 제1항은 상고심 판결 외에 하급심 재판서에 오류나 오기가 있을 경우 이를 시정할 수 있는 제도를 두고 있는바, "재판서에 잘못된 계산이나 기재, 그 밖에 이와 비슷한 잘못이 있음이 분명한 때에는 법원은 직권으로 또는 당사자의 신청에 따라 경정결정(更正決定)을 할 수 있다."라고 규정하고 있다. 상고심 판결의 정정제도나 재판서 경정제도는 실질적으로 같은 취지의 제도로 생각된다.[38)] 즉 판결에 분명한[39)] 오류가 있을 경우에 이를 당해 판결을

---

35) 백형구, "2005년도 학계와 판례의 동향", 고시계 50권 1호(2006. 1.), 115는 이 경우 원판결을 파기하는 것에 그치고, 나아가 공소기각 결정을 하여서는 아니된다고 하나, 공소기각을 선고하는 것이 타당하다고 생각된다.

36) 제400조(판결정정의 신청) ① 상고법원은 그 판결의 내용에 오류가 있음을 발견한 때에는 직권 또는 검사, 상고인이나 변호인의 신청에 의하여 판결로써 정정할 수 있다.

37) 김재환(주 1), 978; 신양균(주 1), 1000; 신동운(주 1), 592; 대법원 1979. 11. 30. 선고 79도952 판결

38) 대법원 1979. 9. 11. 선고 79초54 판결은 "형사소송법 제400조에 규정된 판결 정정제도는 상고법원의 판결은 최종적 재판으로 선고와 동시에 확정되고 법률이 허용하는 재심, 비상상고의 방법에 의하지 아니하고는 일반적으로 불복을 할 수 없기 때문에 상고법원의 판결내용에 오류가 있는 것을 발견한 때에 직권 또는 신청에 의하여 정정할 수 있도록 한 취지이므로 상고법원의 판결이 아닌 항소심인 원심판결의 정정을 구함은 부적법하여 각하를 면할 수 없다."라고 판시하고 있으나, 위 판결은 형사소송규칙이 제정되기 전의 판결이다. 최길수, "형사판결의 정정", 형사판례연구 13권, 박영사(2005), 549는 정정의 사유와 경정의 사유는 다르지 않지만, 정정을 상고심에서만 인정하고 있음에도 경정을 심급의 제한없이 허용한 형사소송규칙은 위임입법의 한계를 벗어난 것이라고 주장한다. 판결 정정과 판결 경정의 관계에 관한 우리나라 학설의 내용 및 외국의 판결정정제도에 관하여, 박이규, "상고법원 판결 정정 제도", 민사재판의 제문제 15권, 한국사법행정학회(2006), 486~91.

39) 따라서 유죄판결을 무죄판결로 바꾸는 판결 정정은 허용될 수 없다. 대법원 1967. 6. 20.자 67초25 결정, 대법원 1981. 10. 5.자 81초60 결정, 대법원 1987. 7. 31.자 87초40 결정 등; 미결구

한 법원이 시정할 수 있는 방법을 둔 것이다.

그렇다면 피고인 사망을 간과한 재판에 대하여도 위와 같은 제도에 의한 시정이 가능할까? 무효의 판결이라면, 그 자체로 잘못이 있음이 분명하다는 의미이기 때문에, 정정 내지 경정이 허용되어야 할 것으로 생각된다. 우리나라 판례에서 이에 관한 선례를 찾아보기는 어렵다. 통상적으로 계산상의 오기나 오탈자 등에 대한 시정을 경정이나 정정 대상으로 생각하는 것이 일반적이고, 피고인 사망에도 불구하고 유죄의 실체판결이 내려지는 경우는 매우 드물기 때문이다. 하지만 생사(生死)보다 더 분명하게 판단될 수 있는 것이 있을까?[40] 즉 사망한 사람을 살아 있다고 판단하는 것은 분명한 오류가 아닐까 생각된다.[41] 일본과 달리 우리나라의 경우 검사나 이해관계인의 신청에 의하여만 판결 정정이나 재판서 경정이 가능한 것이 아니고 직권에 의하여도 가능하기 때문에,[42] 이러한 오류가 발견된 이상 직권으로 경정 내지 정정을 하여야 할 것으로 생각된다. 비상상고는 피고인측의 신청이 아니라 검찰총장의 청구에 의하여 이루어진다는 점에서, 시정방법으로서 판결의 정정 내지 경정은 피고인측에 중요한 의미를 가질 수 있다.

3. 망인에 대한 유죄판결 불복방법으로써 재심

금일수가 없음에도 이를 산입한 것은 경정이 허용되지만, 미결구금일수를 초과산입한 경우 경정이 허용되지 않는다. 대법원 1987. 3. 31.자 84모17 결정, 대법원 2008. 4. 14.자 2007모726 결정 등

40) 물론 과학기술이 더 진척된다면, 사망도 되돌릴 수 있는 날이 올 수도 있을 것이고 그렇다면 생사가 분명한 것이 아니게 될 수도 있을 것이나, 극히 요원한 이야기 같다.

41) 가령 상고심 재판 전에 피고인이 사망하였음에도 불구하고 상고기각결정이 난 경우도 정정판결의 대상이 될 수 있다는 견해로, 이창구, “판결 정정에 관하여”, 대법원 판례해설 8호, 법원도서관(1988), 496; 일본 最高裁 1953(昭和 28). 3. 10. 判決, 1958(昭和 33). 12. 26. 判決도 피고인의 사망을 간과하고 상고기각결정을 한 경우 상고기각결정을 공소기각결정으로 정정할 수 있다고 보았다. 다만 상고기각결정 고지 후 확정 전에 피고인이 사망한 경우에 관하여는 판결정정 사유가 아니라고 한다. 最高裁 1956(昭和 31). 4. 17. 決定(상고기각의 결정이 고지되었을 당시에 있어서는 아직 피고인은 사망하지 않고 생존중이었기 때문에 본건 공소를 기각하지 않고 상고를 기각한 결정은 상당하고 그 결정이 현재, 미확정인가 아닌가에 관계없이 동 결정을 정정하여야 할 이유는 없다)

42) 일본은 직권에 의한 판결 정정이 불가능하기 때문에(일본 형소법 제415조), 불복기간이 도과한 경우에는 신청을 기각하여야 한다고 한다. 最高裁 1955(昭和 30). 7. 18. 決定; 大コンメンタール 刑事訴訟法 第9巻, 青林書院(2011), 519.

가. 형사소송법상 재심

(1) 청구권자

형사소송법 제424조는 검사, 유죄 선고를 받은 자, 그 법정대리인, 유죄 선고를 받은 자가 사망하거나 심신장애가 있는 경우 그 배우자, 직계친족 또는 형제자매에 대하여 재심을 청구할 수 있도록 규정하고 있다.

(2) 재심사유

형사소송법 제420조는 재심사유를 규정하고 있다.[43] 그 재심사유 중 피고인의 사망을 간과하고 유죄의 실체판결을 내렸을 경우와 관련되는 것은, 제420조 제5호에 규정된 "유죄의 선고를 받은 자에 대하여 무죄 또는 면소를 인정할 명백한 증거가 새로 발견된 때"이다.

유죄의 선고를 받은 피고인에 대하여 공소기각 판결이나 공소기각 결정을 하였어야 하는 경우에도 재심사유로 볼 수 있는가에 대하여 견해의 대립이 있다. 공소기각 판결 사유를 간과한 재판에 대하여 재심을 인정할 것인지에 관하여 일부 학설[44]과 판례[45]는 부정한다. 그러나 재심사유로 인정하는 것이 타당한바,

---

43) 제420조(재심이유) 재심은 다음 각 호의 1에 해당하는 이유가 있는 경우에 유죄의 확정판결에 대하여 그 선고를 받은 자의 이익을 위하여 청구할 수 있다.
  1. 원판결의 증거된 서류 또는 증거물이 확정판결에 의하여 위조 또는 변조인 것이 증명된 때
  2. 원판결의 증거된 증언, 감정, 통역 또는 번역이 확정판결에 의하여 허위인 것이 증명된 때
  3. 무고로 인하여 유죄의 선고를 받은 경우에 그 무고의 죄가 확정판결에 의하여 증명된 때
  4. 원판결의 증거된 재판이 확정재판에 의하여 변경된 때
  5. 유죄의 선고를 받은 자에 대하여 무죄 또는 면소를, 형의 선고를 받은 자에 대하여 형의 면제 또는 원판결이 인정한 죄보다 경한 죄를 인정할 명백한 증거가 새로 발견된 때
  6. 저작권, 특허권, 실용신안권, 의장권 또는 상표권을 침해한 죄로 유죄의 선고를 받은 사건에 관하여 그 권리에 대한 무효의 심결 또는 무효의 판결이 확정된 때
  7. 원판결, 전심판결 또는 그 판결의 기초 된 조사에 관여한 법관, 공소의 제기 또는 그 공소의 기초 된 수사에 관여한 검사나 사법경찰관이 그 직무에 관한 죄를 범한 것이 확정판결에 의하여 증명된 때 단, 원판결의 선고 전에 법관, 검사 또는 사법경찰관에 대하여 공소의 제기가 있는 경우에는 원판결의 법원이 그 사유를 알지 못한 때에 한한다.

44) 노명선 · 이완규(주 1), 643; 임동규(주 1), 812; 정웅석 · 백승민(주 1), 927; 다만 입법론적으로는 재심사유로 인정하여야 한다는 입장으로 손동권 · 신이철(주 1), 784; 이재상 · 조균석(주 1), 807; 이창현(주 1), 1307.

45) 대법원 1986. 8. 28.자 86모15 결정, 1997. 1. 13.자 96모51 결정(간통죄의 고소 취소를 간과한 유죄판결에 대한 재심 사안)

이익재심의 근본적인 취지가 피고인에게 이익되는 재판을 받을 수 있게 하기 위함이므로, 피고인에게 유리한 유추적용은 금지되지 않는다고 보아야 할 것이기 때문이다.[46] 공소기각 결정을 받을 수 있었을 경우에도 마찬가지로 보아야 할 것으로 생각된다.

다만 부정설에 따를 경우에도 문제될 수 있는 것은, 피고인의 사망이 공소기각 사유이면서 동시에 무죄 사유로 주장될 수 있는 경우, 즉 범죄행위 당시에 피고인은 이미 사망하여 있었기 때문에 범죄행위가 피고인에 의하여 이루어진 것이 아니라는 것을 재심사유로 주장하는 경우이다.[47] 이러한 경우, 단지 공소기각 사유가 실체판단 사유보다 먼저 판단되어야 한다는 이유에서 재심사유가 아니라고 보는 것은 타당하지 않다고 생각된다. 공소사실에 기재된 범죄일시에 피고인이 사망한 사실이 명백하다면, 소송조건 흠결이 있더라도[48] 실체판단이 가능하다고 보아야 하기 때문이다.[49]

나. 소송촉진 등에 관한 특례법(이하 '소촉법'이라 함)상 재심

(1) 청구권자

형사소송법 제424조에 규정된 자는 소촉법상 재심을 청구할 수 있다(소촉법 제23조의2 제1항).

(2) 재심사유

소촉법 제23조의2 제1항은 "제23조[50] 본문에 따라 유죄판결을 받고 그 판

---

46) 권오걸(주 1), 1041; 배종대 · 이상돈 · 정승환 · 이주원(주 1), 856; 신동운(주 7), 1576; 신양균(주 1), 1023; 이은모(주 1), 914; 이존걸, "형사소송법상 재심의 특별사유에 관한 연구", 법학연구 27집, 한국법학회(2007. 8.), 379.

47) 가령 피고인이 사망하였고(국내 오지에서 사망한 후 사망신고가 이루어지지 않거나 외국으로 밀항하여 외국에서 사망한 경우), 그러한 사망사실이 유죄판결 당시에는 공적인 기록으로 드러나지 않는 경우이다.

48) 공소사실의 범죄일시가 공소제기일시보다는 언제나 앞서기 때문이다.

49) 주 52~58 본문 참조

50) 제23조(제1심 공판의 특례) 제1심 공판절차에서 피고인에 대한 송달불능보고서가 접수된 때부터 6개월이 지나도록 피고인의 소재를 확인할 수 없는 경우에는 대법원규칙으로 정하는 바에 따라

결이 확정된 자가 책임을 질 수 없는 사유로 공판절차에 출석할 수 없었던 경우 형사소송법 제424조에 규정된 자는 그 판결이 있었던 사실을 안 날부터 14일 이내[재심청구인이 책임을 질 수 없는 사유로 위 기간에 재심청구를 하지 못한 경우에는 그 사유가 없어진 날부터 14일 이내]에 제1심 법원에 재심을 청구할 수 있다."라고 규정하고 있다. 즉 피고인이 책임을 질 수 없는 사유로 공판절차에 출석할 수 없었던 경우, 소촉법상 재심을 청구할 수 있다.

따라서 소촉법 제23조에 따라서 불출석 재판을 받은 피고인이, 그 판결 선고 전 사망한 사실이 확인될 경우, 피고인의 유족 등은 재심을 청구할 수 있다. 형사소송법과 달리 소촉법상 재심사유는 '책임을 질 수 없는 사유로 공판절차에 출석할 수 없었던 경우'이기 때문에 피고인이 사망으로 인하여 출석할 수 없었던 사실도 재심사유가 될 수 있다고 생각된다.

그러나 소촉법이 적용되지 않는 불출석 재판의 경우[51]에는 여전히 형사소송법상의 재심사유에 해당하는지 여부가 문제될 것이다.

III. 1심 재판 중 사망

1. 법원이 사망사실을 안 경우 – 공소기각결정

피고인이 재판을 받던 중 사망하였다면, 형사소송법 제328조 제2호에 따라 공소기각 결정을 하여야 한다.

피고인의 진술 없이 재판할 수 있다. 다만, 사형, 무기 또는 장기 10년이 넘는 징역이나 금고에 해당하는 사건의 경우에는 그러하지 아니하다.

51) 제277조(경미사건 등과 피고인의 불출석) 다음 각 호의 어느 하나에 해당하는 사건에 관하여는 피고인의 출석을 요하지 아니한다. 이 경우 피고인은 대리인을 출석하게 할 수 있다.

1. 다액 500만원 이하의 벌금 또는 과료에 해당하는 사건

3. 장기 3년 이하의 징역 또는 금고, 다액 500만원을 초과하는 벌금 또는 구류에 해당하는 사건에서 피고인의 불출석허가신청이 있고 법원이 피고인의 불출석이 그의 권리를 보호함에 지장이 없다고 인정하여 이를 허가한 사건. 다만, 제284조에 따른 절차를 진행하거나 판결을 선고하는 공판기일에는 출석하여야 한다.

4. 제453조 제1항에 따라 피고인만이 정식재판의 청구를 하여 판결을 선고하는 사건

2. 법원이 사망사실을 간과한 경우 – 유죄판결을 한 경우

위 Ⅱ.에서 논의한 것과 같다.

3. 법원이 사망사실을 간과한 경우 – 무죄판결을 한 경우

법원이 피고인의 사망사실을 간과하고 무죄판결을 한 경우, 이도 무효의 판결로 보아야 하는가?

소송조건의 흠결이 있음에도 무죄판결을 선고하는 것이 가능한가에 관하여 논의가 있다. 즉 형식재판(내지 절차중지)에 대한 무죄판결 우선의 원칙(Grundsatz des Vorrangs des Freispruchs vor der Einstellung)에 관한 논의이다.[52] 범죄 혐의로 개시된 절차를 피고인에게 유리한 방식으로 종결시켜 달라고 할 권리, 즉 절차중지가 아닌 무죄추정의 효력이 생기도록 종결시켜 달라고 할 권리가 피고인에게 인정되는 것은 아니라고 한다.[53] 다만 절차장애사유(Verfahrenshinderniss)가 존재할 경우에도 무죄의 선고가 가능한가 여부에 관하여, 독일의 판례와 다수의 학설은, 법원이 무죄판결을 어렵지 않게 선고할 수 있다면 절차의 중지 선언(독일 형사소송법 제260조 제3항)을 할 것이 아니라 무죄판결을 선고하여야 한다고 한다.[54]

피고인이 사망한 경우는 아니지만, 교통사고처리 특례법과 관련하여 공소기각 사유가 있음에도 무죄의 실체판결을 선고한 것이 위법한지 여부에 관하여 대법원 2015. 5. 14. 선고 2012도11431 판결이 있다. 그 판결요지는 "교통사고처리 특례법 제3조 제1항, 제2항 단서, 형법 제268조를 적용하여 공소가 제기된 사건에서, 심리 결과 교통사고처리 특례법 제3조 제2항 단서에서 정한 사유가 없고

---

52) Roxin/Schünemann(주 9), S. 424~5.

53) Walter Gollwitzer, Menschenrechte im Strafverfahren, De Gruyter(2005), S. 363.

54) 조기영(주 1), 133; Löwe-Rosenberg, StPO, Band 11, 26. Aufl., De Gruyter(2012), S. 515; 고의 행위는 증명되지 않고 과실 행위는 공소시효가 완성되었을 경우에도 무죄판결이 선고되어야 한다. BGHSt 36, 340; Roxin/Schünemann(주 9), S. 425; Jan Steinmetz, Sachentscheidungskompetenzen des Revisionsgerichts in Strafsachen, Duncker & Humblot · Berlin(1997), S. 74.

같은 법 제3조 제2항 본문이나 제4조 제1항 본문의 사유로 공소를 제기할 수 없는 경우에 해당하면 공소기각의 판결을 하는 것이 원칙이다. 그런데 사건의 실체에 관한 심리가 이미 완료되어 교통사고처리 특례법 제3조 제2항 단서에서 정한 사유가 없는 것으로 판명되고 달리 피고인이 같은 법 제3조 제1항의 죄를 범하였다고 인정되지 않는 경우, 같은 법 제3조 제2항 본문이나 제4조 제1항 본문의 사유가 있더라도, 사실심법원이 피고인의 이익을 위하여 교통사고처리특례법 위반의 공소사실에 대하여 무죄의 실체판결을 선고하였다면, 이를 위법이라고 볼 수는 없다."라는 것으로, 공소기각 사유가 있더라도 이미 실체에 관한 심리를 통해 무죄를 선고할 수 있다면, 무죄를 선고하더라도 위법이 아니라는 취지이다. 이 판결은 무죄판결이 형식판결에 반드시 우선하여야 한다는 취지는 아니지만, 소송조건 흠결의 경우에도 법원은 실체 심리의 정도에 비추어 무죄판결을 선고할 수 있다고 밝힌 점에 의의가 있다.[55]

그렇다면 사건에 대한 실체 심리가 이루어져, 피고인에게 무죄를 선고할 수 있을 정도로 실체 심리가 성숙되었다면, 가사 피고인이 재판 중 사망하였다고 하더라도 무죄를 선고하는 것이 불가능하지는 않다고 생각된다.[56] 즉 사망 사실을 간과하고 무죄를 선고하였다고 하여 위법하다고 볼 것은 아니라고 생각된다.[57] 다만 이 경우 검사의 유죄 내지 공소기각을 구하는 상소를 허용할 수 있을 것인지 문제될 수 있을 것이지만 이는 불허되어야 할 것으로 생각된다. 검사의 상소를 받아들인다고 하더라도 유죄의 실체판결 선고는 아예 불가능하고,[58] 형식재

55) 위 판결에 관한 평석으로 민철기, "사건의 실체에 관한 심리가 이미 완료되어 교통사고처리 특례법 제3조 제2항 단서에서 정한 사유가 없는 것으로 판명되고, 달리 피고인이 같은 법 제3조 제1항의 죄를 범하였다고 인정되지 않는 경우 공소기각 사유가 있더라도 무죄판결을 선고할 수 있는지 여부", 대법원 판례해설 104호(2015년 상), 427 이하 참조; 같은 취지로 박길성, "형사재판에서 형식재판우선의 원칙은 언제나 타당한가?", 저스티스 제126호(2011. 10.), 223~4.

56) 가령 변론종결 이후 무죄로 판결의 내적 성립이 이루어졌는데, 선고 직전 피고인에 대한 사망사실 보고가 법원에 이루어진 경우를 생각해 볼 수 있다.

57) 독일 판례는, 경우에 따라서는 상고심에서도 마찬가지로 무죄판결이 선고될 수 있다고 본다. BGH GA 59, 17{Roxin/Schünemann(주 9), S. 425 Fn. 4에서 재인용}.

58) 영미와 같은 당사자주의 형사소송법 체계 하에서는 피고인이 사망하더라도 당사자 지위를 승계시키는 경우가 있을 수 있지만(주 71 참조), 우리 법제에서는 재심과 같은 특수한 경우를 제외하고는 피고인의 당사자 지위를 승계시킬 수 없을 것이다. 물론 사망한 피고인의 당사자 지위를 승계시킬 수 있는가 여부는 반드시 영미법 체계라고 인정되고 대륙법 체계라고 부정될 것은 아니라고

판 우선설이 반드시 유지되어야 하는 입론이 아니라서 무죄의 실체판결 선고가 위법이 아니라면 형식재판의 선고를 구하는 검사의 상소는 이익이 없다고 보아야 하기 때문이다.[59] 마찬가지 이유에서 사망한 자에 대한 무죄판결에 대하여는 비상상고 등의 불복방법도 불허함이 상당하다고 생각된다. 비상상고의 이익이 있는지 여부도 검토하여야 할 것이지만, 사망한 피고인에 대한 무죄의 실체판결이 가능하다고 해석한다면 비상상고는 불가하다고 보아야 할 것이다.

Ⅳ. 1심 판결 선고 후 사망

1. 피고인이 상소를 제기하지 않고 상소기간 중 사망한 경우

피고인이나 그 대리인, 검사가 상소를 제기하지 않은 채 상소기간이 도과하면 판결이 확정된다. 그 후 피고인이 사망하면, 가사 그 판결에 실체적 오류가 존재한다고 하더라도 재심에 의하지 않는 이상은 이를 시정할 수 없다고 봄이 상당하다.

다만 피고인이 상소를 제기하지 않은 채 상소기간 중에 사망한 경우, 피고인의 대리인이 상소를 제기할 수 있을까? 피고인이 상소기간 내에 사망하고, 피고인을 위하여 상소할 수 있는 사람[60]이 상소를 제기한 경우이다. 피고인이나 검사는 고유의 상소권자이다.[61] 이들을 제외한 나머지 자들, 즉 피고인의 법정대

생각된다. 최병조, "형사피고인의 자살의 효과: 로마법의 경우", 법사학연구 제40호, 한국법사학회(2009. 10.), 301에 의하면 로마법 제정기에 자살한 피고인의 상속인은 피고인의 유죄를 다툴 수 있었다.

59) 대법원은 무죄판결에 대하여 공소기각을 주장하는 검사의 상소에 대하여 상소의 이익이 있다고 본다(대법원 2002. 7. 12. 선고 2001도6777 판결). 2001도6777 판결의 기본적인 태도는 형식재판 우선설에 입각한 것이다. 무죄판결에 대하여 실체판단이 잘못되었으므로(즉 무죄가 아닌 유죄라는 전제에서) 무죄가 아닌 공소기각이 선고되어야 한다는 취지의 검사 상소는 허용될 수 있는 것이라는 견해도 가능할 수 있다.

60) 제340조(당사자 이외의 상소권자) 피고인의 법정대리인은 피고인을 위하여 상소할 수 있다.
제341조(동전) ① 피고인의 배우자, 직계친족, 형제자매 또는 원심의 대리인이나 변호인은 피고인을 위하여 상소할 수 있다. ② 전항의 상소는 피고인의 명시한 의사에 반하여 하지 못한다.

61) 제338조(상소권자) ① 검사 또는 피고인은 상소를 할 수 있다.

리인, 배우자, 직계친족, 형제자매, 원심의 대리인이나 변호인도 피고인을 위하여 상소할 수 있다. 이들의 상소권이 독립한 권한인가(고유권), 아니면 대리권(독립대리권)인가에 관하여 견해의 대립이 있다. 법정대리인 이외의 자들의 상소권은 대리권(독립대리권)으로 보는 것이 통설적 견해이다.[62] 따라서 피고인의 상소권이 소멸하면 그들의 상소권도 소멸한다고 봄이 일반적이다.

피고인이 상소를 제기한 후 사망하였다면, 이는 공소기각결정 사유가 될 것이다. 이는 피고인이 자연사한 경우뿐만 아니라 스스로 유죄판결을 피하기 위하여 자살한 경우에도 마찬가지로 보아야 할 것이다.[63] 그렇다면 상소기간 중 피고인이 사망하였을 경우, 피고인 이외의 자들의 상소권이 소멸하여 다툴 수 없는 상태가 된다고 보아야 하는가? 가령 피고인이 상소장을 우편으로 발송한 후 법원에 상소장이 도달하기 전에 사망하는 등으로, 송달의 효과가 발생하기 전에 사망한 경우도 이러한 예에 포섭될 것이다. 이에 관하여는 견해의 대립이 가능할 수 있다. 논리적으로는 피고인이 상소할 권리가 소멸한 이상 대리권도 소멸한다고 보아야 하는 것 아닌가라는 견해[64]도 있으나, 죽음에 임박한 피고인이라면 자신의 상소에 의하여 유죄의 실체판결보다는 형식판결을 받기를 원할 것이므로, 피고인이 그 명시한 의사에 기하여 권리를 상실한 경우가 아닌 한 피고인의 사망 후에도 변호인 등의 상소권은 존속한다고 해석하여야 할 것이다.[65] 형사소송법 제478조[66]가 상속재산에 대한 집행에 관하여 '재판확정 후 사망한 경우'에 한하

62) 다만 법정대리인의 상소권 성질에 관하여, 백형구(주 1), 227; 신동운(주 7), 1420; 신양균(주 1), 914; 신현주(주 1), 731; 이은모(주 1), 831; 이재상 · 조균석(주 1), 737; 정웅석 · 백승민(주 1), 858 등은 독립대리권으로 보고, 김재환(주 1), 831; 권오걸(주 1), 852; 배종대 · 이상돈 · 정승환 · 이주원(주 1), 776은 고유권으로 본다.

63) 로마법상으로는 제정기 이전(공화정기)까지는 피고인의 죽음으로 모든 형사절차가 종료된다고 보았으나, 제정기 이후로는 피고인의 자살과 관련하여 그것이 도피성 자살인가, 아닌가(염세자살)에 따라 자살자의 재산 몰수 여부가 달라졌다고 한다{최병조(주 58), 300~1}. 하지만 우리 현행법상 자연사와 자살(그것이 어떤 의도에서 이루어졌건)을 구별하여 검토할 필요는 없다고 생각된다.

64) 大コンメンタール 刑事訴訟法 第9巻(주 42), 518 및 注釋 刑事訴訟法 第7巻, 立花書房(2012), 446에서 中武 靖夫의 견해

65) 註釋 刑事訴訟法 (IV), 한국사법행정학회(2009), 178(백형구 집필부분); 大コンメンタール 刑事訴訟法 第9巻(주 42), 518; 注釋 刑事訴訟法 第7巻, 446.

66) 몰수 또는 조세, 전매 기타 공과에 관한 법령에 의하여 재판한 벌금 또는 추징은 그 재판을 받은 자가 재판확정 후 사망한 경우에는 그 상속재산에 대하여 집행할 수 있다.

여 상속재산에 대하여 몰수나 추징을 집행할 수 있도록 한 것도 재판확정 전 사망한 경우에는 유죄판결의 집행력이 배제된다는 취지로 읽히고, 이는 피고인이 아닌 다른 자에 의한 상소도 가능할 수 있다는 해석 여지를 남기는 것으로 생각된다. 따라서 피고인이 상소를 포기하였다는 등의 특별한 사정이 없는 한 피고인이 상소제기기간 내에 사망한 경우 피고인을 위한 상소 제기는 허용되어야 하고, 이에 대하여 법원은 공소기각결정을 내려야 할 것이다.

그리고 문제로 되는 것은, 피고인이 변호인 등 자신을 위하여 상소할 자 없이 상소를 제기하지 않은 채 상소제기기간 중 사망하는 경우이다. 변호인 등 자신을 위하여 상소할 자가 있는 경우와 실질적 차이가 없음에도 상소할 자가 없다는 이유로 유죄의 실체판결이 확정되어야 하는가의 문제가 있다. 이에 관하여는 보다 면밀한 검토가 필요하다고 생각되지만, 일응은 유죄의 실체판결이 확정된다고 보아야 하지 않을까 생각된다. 다만 형사소송법 제478조 규정상, 이와 같은 경우 판결의 집행은 불가능할 것이다.[67)]

2. 상소를 제기한 경우

가. 상소기간을 도과하여 상소를 제기한 경우

피고인이 상소제기기간을 도과하여 상소를 제기한 후 사망한 경우 상소를 기각해야 하는지 아니면 공소기각 결정을 해야 하는지가 문제된다.

형사소송법 제361조의4 제1항은 "항소인이나 변호인이 전조 제1항[68)]의 기간 내에 항소이유서를 제출하지 아니한 때에는 결정으로 항소를 기각하여야 한다. 단, 직권조사사유가 있거나 항소장에 항소이유의 기재가 있는 때에는 예외로

---

67) 그 경우에도 상속재산에 집행이 이루어지고 불복이 이루어지지 않을 경우에는 문제가 생긴다.

68) 제361조의3 (항소이유서와 답변서) ① 항소인 또는 변호인은 전조의 통지를 받은 날로부터 20일 이내에 항소이유서를 항소법원에 제출하여야 한다. 이 경우 제344조를 준용한다.
제361조의2(소송기록접수와 통지) ① 항소법원이 기록의 송부를 받은 때에는 즉시 항소인과 상대방에게 그 사유를 통지하여야 한다. ② 전항의 통지 전에 변호인의 선임이 있는 때에는 변호인에게도 전항의 통지를 하여야 한다. ③ 피고인이 교도소 또는 구치소에 있는 경우에는 원심법원에 대응한 검찰청검사는 제1항의 통지를 받은 날부터 14일이내에 피고인을 항소법원소재지의 교도소 또는 구치소에 이송하여야 한다.

한다."라고 규정하고 있다.[69] 직권조사사유는 당사자가 주장하지 아니하더라도 법원이 직권으로 조사하여야 한다.[70] 다만 위 규정은 항소인이 적법한 항소를 한 것을 전제로 한다고 보아야 할 것이므로, 상소기간을 도과하여 상소를 제기한 경우에는 피고인이 상소제기 후 사망하였다고 하더라도 상소심 법원은 상소기각 결정으로 종결하여야 할 것이다.

나. 상소기간 내에 상소를 제기한 경우

이 경우 법원은 공소기각결정을 선고하여야 할 것이다.

비교법적으로 미국의 경우 피고인이 1심의 유죄판결에 대하여 항소를 제기한 후 항소심 계속 중 사망한 경우 대략 3가지 접근방식을 취하는바, (1) 처음부터 판결을 무효로 하는 것으로 보는 방식(abatement ab initio), (2) 항소심이 계속 심리하게 하는 방식,[71] (3) 항소를 기각하고 유죄가 유지되도록 하는 방식이다.[72] 절대 다수의 방식은 (1)과 같은 것으로, 미국 연방법원은 사실심의 유죄판결에 대하여 항소가 계속되어 있는 상태에서의 사망은 항소뿐만 아니라 기소와 관련된 모든 절차들을 처음부터 무효화시킨다(ab initio)고 일관되게 판시해

---

69) 이에 비하여 상고이유서 부제출에 관하여 제380조 제1항은 "① 상고인이나 변호인이 전조 제1항의 기간 내에 상고이유서를 제출하지 아니한 때에는 결정으로 상고를 기각하여야 한다. 단, 상고장에 이유의 기재가 있는 때에는 예외로 한다."라고 규정하고 있어서, 항소이유서 부제출에 관한 제361조의4 제1항 단서와 같이 "직권조사사유가 있거나"라는 문구가 빠져 있다. 따라서 상고심에서는 직권조사사유가 있다고 하더라도 예외에 해당하지 않는다고 볼 것인지 문제될 수도 있겠으나 피고인의 사망과 같은 소송조건 흠결에 관한 직권조사사유가 있을 경우에도 예외에 포함된다고 봄이 타당하다.

70) 대법원 2006. 3. 30.자 2005모564 결정

71) 피고인의 유족이 피고인의 대리인(personal representative)으로서 판결을 받는 사례도 있다. 가령 Brass v. State (http://law.justia.com/cases/nevada/supreme-court/2014/56146.html 참조, 2016. 4. 1. 방문) 판결은, 피고인에 대한 1심 배심원 선정 절차에 오류가 있었고, 이는 형사소송절차에 있어서의 헌법적합성 이익(interest in the constitutionality of the criminal process) 때문에 피고인의 모친을 대리인으로 선정하여 소송을 진행시킨 다음 유죄 판결을 파기한 예이다.

72) Tim A. Thomas, Annotation, Abatement of State Criminal Case by Accused's Death Pending Appeal of Conviction-Modern Cases, 80 A.L.R. 4th 189(1990) § 2. Summary and comment (https://1.next.westlaw.com/Document/Ic9af644fea6d11d9a636ebd31500554b/View/FullText.html?transitionType=UniqueDocItem&contextData=(sc.Default)&userEnteredCitation=80+a.l.r+4th+189 참조, 2016. 4. 4. 방문); 위 Brass v. State 판결, 4~6(Discussion) 참조

왔는데, 항소심이 계속된 상태에서 피고인이 사망하는 경우, 항소는 기각되고, 그 사건 판결을 무효화하고 공소를 기각하라는 지시를 담아 1심 법원에 환송(remand)하여야 한다고 한다.[73] 이는, 사망은 피고인에게서 항소심 판단을 받을 수 있는 권리를 빼앗아가므로 피고인의 본안에 관한 항소를 법원이 판단하지 않고 피고인을 유죄로 남길 수 없다는 것에 근거한다.[74] 다만 피고인이 연방대법원에 상고허가 신청 후 사망한 경우 판결은 무효로 되지 않고 유죄판결은 확정된다고는 하는바,[75] 왜 1심에 대한 항소와 연방대법원에 대한 상고를 달리 취급하는지에 대하여는 연방대법원 판결 자체에는 별다른 언급이 없으나, 아마도 1심 판결에 대한 항소는 피고인의 권리로 인정되지만 연방대법원에의 상고는 피고인의 권리가 아니라 연방대법원의 상고허가 여부가 재량적인 것이기 때문으로 풀이된다.[76]

---

73) "The federal courts have consistently held that death pending appeal of a criminal conviction from the trial court abates not only the appeal, but also all proceedings in the prosecution from its inception. Annotation, Abatement Effects of Accused's Death Before Appellate Review of Federal Criminal Conviction, 80 A.L.R. Fed. 446 (1986). Where a defendant dies pending appeal, the appeal is dismissed and the cause remanded to the trial court with instructions to vacate the judgment and dismiss the indictment." State v. Makaila, 897 P.2d 967 (1995)
(http://law.justia.com/cases/hawaii/supreme-court/1995/18553-2.html 참조, 2016. 3. 20. 방문)
다만 위 판시 내용과 달리 각 주마다 사건에 따라서 다른 태도를 보임은 상술하였다. 위 State v. Makaila 판결도 위와 같은 일반론을 설시하였으나, 본안 판단을 하는 것이 개인 및 사회적 이익을 위하여 필요하다고 보아 본안 판단으로 나아갔다.

74) Tim A. Thomas(주 72), 80 A.L.R. 4th 191; 그러나 이에 대하여 Enron 사건 피고인 사망에 대한 법원의 조치(ab initio) 관련하여 비판의 목소리도 있다. Alexander F. Mindlin, "Abatement Means What It Says: The Quiet Recasting Of Abatement", 67 N.Y.U. Ann. Surv. Am. L. 198~199 (2011).
(http://www.law.nyu.edu/sites/default/files/upload_documents/NYU-Annual-Survey-67-2-Mindlin.pdf 참조, 2016. 4. 3. 방문)

75) "When, however, a criminal defendant dies pending a discretionary petition for writ of certiorari to the United States Supreme Court, the petition has been dismissed and the conviction stands." State v. Makaila, 897 P.2d 967 (1995); "Petitioner's death pending review by certiorari requires dismissal of petition." Dove v. United States, 423 U.S. 325 (1976).
(http://law.justia.com/cases/hawaii/supreme-court/1995/18553-2.html 및 https://supreme.justia.com/cases/federal/us/423/325/ 참조, 2016. 3. 20. 방문)

76) Alexander F. Mindlin(주 74), 224; United States v. Moehlenkamp, 557 F.2d 126, 128 (7th Cir. 1977).

다. 상소기간 내에 상소를 제기하였으나 사망사실이 간과된 경우

법원은 피고인이 사망하였음을 발견하였을 경우 항소이유서 제출 여부를 불문하고 공소기각결정을 내려야 할 것이지만, 사망사실을 알지 못하여 항소이유서 부제출을 이유로 항소기각결정을 내렸을 경우 어떠한 시정 내지 구제방법이 가능할 것인지 다음 항에서 살펴본다.

3. 항소기각결정에 대한 불복의 가부[77)]

가. 항고권자 유무

(1) 부존재설

항소기각결정에 대한 항고권은 원칙적으로 피고인에게 있고, 피고인 이외의 자들의 상소권은 대리권(독립대리권)이므로, 피고인의 항고권이 소멸하면 법정대리인 이외의 자들의 항고권도 소멸한다는 전제에서이다. 상소권의 해석에 관하여 독립대리권설을 취하는 입장[78)]에서는 피고인의 사망에 의한 피고인의 항고권 소멸로 피고인 이외의 자들의 항고는 가능하지 않다고 볼 것이다.

만약 피고인이 사망하였는데도, 그 유족 등에게 항고권을 인정해 주어야 한다면, 피고인이 유죄판결을 선고받은 후 상소를 제기하지 아니한 상태에서 상소기간 내에 사망한 피고인의 유족에게도 상소권을 인정해 주어야 하게 될 것이다. 왜냐하면 상소제기 후 사망한 경우나, 상소기간 내에 사망한 경우나 실질에 있어서는 상소를 제기하였다면 모두 공소기각이라는 형식판결을 받는 것으로 종결되었을 것이기 때문이다. 즉 그러한 경우에도 피고인의 유족 등은, 실질적으로는 피고인이 상소를 제기한 후 사망한 경우와 동일한 지위에 있게 된다. 그러나 그러한 경우에 유족에게 상소권을 인정하는 것은 불필요할 뿐만 아니라 무용한 일이다. 판결이 집행될 가능성이 없기 때문이다.

---

77) 이하의 견해는 필자가 가능한 견해를 구성하여 본 것이다.
78) 주 62 참조

(2) 존재설

① 피고인 이외의 자의 상소권도 고유권으로 해석되는 경우가 있을 수 있다.

재판 중 피고인이 사망할 경우, 재판 결과의 수령인은 피고인이 아니라 피고인의 유족 등이 될 것이므로, 공소기각결정을 받아야 하는 상황에서 공소기각결정이 이루어지지 않았다면 항고권자는 피고인이 될 수 없고 피고인의 유족 등이 되어야 할 것이다.

형사소송법 제42조(재판의 선고, 고지의 방식)는 "재판의 선고 또는 고지는 공판정에서는 재판서에 의하여야 하고 기타의 경우에는 재판서등본의 송달 또는 다른 적당한 방법으로 하여야 한다. 단, 법률에 다른 규정이 있는 때에는 예외로 한다."라고 규정하고 있는바, 공소기각결정의 경우 공판정에서 이루어지지 아니하면 재판서 등본의 송달의 방법에 의하여 재판의 선고 또는 고지가 이루어져야 한다. 그런데 피고인이 사망한 경우 고지의 상대방은 피고인의 배우자 등 유족이 될 수밖에 없다.

즉 공소기각결정의 고지는 피고인이 아니라 그 배우자 등 유족이 수령 주체가 될 수밖에 없는 것이다. 그렇다면 공소기각결정에 관하여는 그 불복의 주체도 배우자 등 유족이 될 수밖에 없다. 따라서 공소기각결정이 내려져야 하는 경우에 공소기각결정 이외의 재판이 이루어졌다면 그에 관한 시정을 요구하는 것도 피고인의 배우자 등 유족이 될 수밖에 없다고 해석해야 한다.

형사소송법 제339조에서 항고권자에 관하여 "검사 또는 피고인 아닌 자가 결정을 받은 때에는 항고할 수 있다."라고 규정하고 있다. 이 규정의 해석에 관하여 일반적으로 그 항고권자의 예로, 과태료, 비용배상의 재판을 받은 증인 · 감정인 등(제151조, 제161조, 제177조), 소송비용부담의 재판을 받은 제3자(제190조), 보석보증금몰수결정(제103조 제1항)이 있는 경우 보증금 납부자(보석청구인) 등이 설명되고 있다.[79] 그러나 피고인 사망 이후에는 피고인에 대한 결정을 피고인이 받을 수는 없고, 피고인 이외의 자(법정대리인이나 유족 등)가 받을 수밖에 없으므로, 그러한 경우에는 형사소송법 제339조를 적용하는 것도 생각해

79) 법원실무제요 형사 [II], 2014(법원행정처), 550.

볼 수 있다.

또한 대법원은 변호인의 상소권이 대리권이라고 본다.[80] 그러나 변호사가 아닌 배우자의 상소권이 대리권인지 여부는 명백하지 아니하다. 대법원 1970. 8. 13.자 70도1592 결정에서 "피고인의 호주도 피고인을 위하여 상소할 수 있으나 피고인의 명시한 의사에 반하여 상소할 수 없다고 규정하고 있는바 (중략) 피고인의 호주인 안○○은 위 피고인의 상소권포기서 제출 후인 1970. 7. 6. 본건 상고장을 제출하였으므로 이는 피고인의 명시한 의사에 반하는 것으로서 상고의 효력이 발생할 수 없다 할 것이다."라고 하여 변호인의 상소권처럼 대리권이라는 취지를 명시하고 있지는 아니하다.[81]

② 모든 원칙에는 예외가 있다.

가사 배우자의 상소권도 대리권으로 보아야 한다고 하더라도 예외적인 경우 고유권으로 해석되어야 하는 경우가 있을 수 있다. 수많은 판례에서 '특별한 사정이 없는 한'이라는 문구를 찾아볼 수 있는 이유는, 원칙에는 예외가 따르기 때문으로, 원칙만을 관철할 경우 불합리한 상황이 초래될 위험 때문에 본질을 해하지 아니하는 한도에서 '예외'를 허용하는 것이다. 아래의 사정이 그 근거가 될 수 있다.

③ 유죄 판결 확정의 외관을 갖게 하는 것은 헌법상 무죄추정원칙에 반하는 것이다.

당사자가 재판 중 사망하였음에도 1심 유죄 판결이 확정되는 외관을 갖는 것은 피고인의 배우자, 형제자매 등에게 매우 큰 불이익으로 작용할 수 있다. 이와 같은 경우 재심제도를 통하여 해결할 수도 없다. 판례상 이러한 경우는 재심사유로 인정되지 않기 때문이다.[82] 결국 무죄추정을 받아야 하는 상황에서도 피

---

80) 대법원 1976. 3. 22. 선고 76도193 판결 "변호인은 피고인을 위하여 상소할 수 있다는 형사소송법 341조 1항의 규정은 변호인에게 고유의 상소권을 인정한 것이 아니고 피고인의 상소권을 대리하여 행사케 한 것에 불과하므로 피고인이 상고권을 포기하여 상고권이 소멸된 후에 제기된 변호인의 상고는 부적법하다."

81) 대법원 1966. 12. 22.자 66모78 결정도 마찬가지이다.

고인은 유죄판결이 확정된 외관을 갖고 영면하게 된다. 물론 법리적으로 그 재판이 무효로 취급될 여지가 있다고 하나, 법리를 잘 아는 자 외에는 알 수도 없는 것이다. 이러한 불합리함을 시정할 수 있는 기회를 피고인의 배우자, 형제자매 등에게 부여하는 것이 부당하다고 볼 수 없다. 즉 예외적으로 피고인의 유족에게 상소권을 인정하는 것이 타당하다. 사망 여부는 직권조사사유라서 피고인은 공소기각결정을 받을 수 있었는데, 법원이 제대로 조사하지 않아서 발생한 불이익을 피고인의 책임으로 전가시키는 것은 부당하다.

(3) 판례

대법원 2013. 11. 28.자 2011모217 결정은 부존재설의 입장을 취하였다. 그 사안의 내용을 살펴보면 다음과 같다.

① 사안의 개요

피고인은 2011. 9. 7. 1심 법원에서 징역 1년 6월에 집행유예 2년, 추징 105,400,000원을 선고받았고, 피고인의 변호인이 같은 달 14. 항소장을 제출하였다. 항소장에는 항소이유 기재가 없었다. 피고인은 같은 달 22. 사망하였고, 그 후인 2011. 10. 11. 피고인의 배우자가 소송기록접수통지서를 송달받았다. 항소심은 2011. 11. 14. 항소기각결정[83]을 하였고, 피고인의 배우자는 2011. 11. 23. 항소기각결정을 송달받은 후 2011. 11. 25. 즉시항고장을 제출하였다. 항소심은 2011. 12. 14. 피고인의 배우자는 독립한 항고권자가 아니고 대리권을 가질 따름이므로 피고인의 항고권 소멸 후에는 항고를 제기할 수 없다는 이유로 형사소송법 제407조 제1항[84]에 따라 즉시항고를 기각하였다. 피고인의 배우자

82) 물론 이러한 경우에도 재심이 인정되어야 한다는 견해가 있음은 앞서 살펴보았다(주 44, 45).

83) 제361조의2(소송기록접수와 통지) ① 항소법원이 기록의 송부를 받은 때에는 즉시 항소인과 상대방에게 그 사유를 통지하여야 한다.
제361조의3(항소이유서와 답변서) ① 항소인 또는 변호인은 전조의 통지를 받은 날로부터 20일 이내에 항소이유서를 항소법원에 제출하여야 한다. 이 경우 제344조를 준용한다.
제361조의4(항소기각의 결정) ① 항소인이나 변호인이 전조 제1항의 기간 내에 항소이유서를 제출하지 아니한 때에는 결정으로 항소를 기각하여야 한다. 단, 직권조사사유가 있거나 항소장에 항소이유의 기재가 있는 때에는 예외로 한다. ② 전항의 결정에 대하여는 즉시항고를 할 수 있다.

는 2011. 12. 20. 위 기각결정을 송달받은 다음날 재항고하였다.

② 재항고사유

공소기각결정 사유는 피고인이 사망한 2011. 9. 22. 발생하였고, 항소기각결정 사유는 소송기록접수통지서를 송달받은 2011. 10. 11.로부터 20일이 지난 후에 발생하였으므로, 공소기각결정을 하였어야 한다. 피고인에 대한 유죄의 판결이 확정될 때까지 무죄로 추정되므로(헌법 제27조 제4항), 항소한 상태에 있던 피고인은 무죄추정이 되며 그 상태에서 사망하였으므로 법원은 공소기각결정을 하였어야 한다. 그럼에도 항소기각결정을 내린 것은 잘못이다.

③ 대법원의 결정 내용 (재항고기각)

피고인의 배우자는 피고인의 상소권을 대리행사할 수 있을 따름이므로, 피고인이 사망한 때에는 상소권이 소멸하여 그 대리권자인 피고인의 배우자는 독립하여 상소를 제기할 권한이 없다.

원심결정의 이유를 기록에 비추어 살펴보면, 원심이 사망한 피고인의 배우자인 재항고인이 제기한 이 사건 즉시항고는 항고권소멸 후에 한 항고라는 이유로 이를 기각한 조치는 정당하고, 거기에 재판에 영향을 미친 헌법·법률·명령 또는 규칙의 위반이 있다고 할 수 없다.

(4) 검토

위 대법원 사안에서 항소심법원은 피고인의 배우자에게 항고권이 없다는 이유에서 항고를 기각하고, 대법원도 같은 취지에서 재항고를 기각하였다.

그러나 위 사안에서 피고인 사망 이후에 피고인의 배우자에게 이루어진 소송기록접수통지는 그 효력이 있다고 볼 수 없다. 피고인 사망 이후에는 항소이유서를 제출할 수 있는 사람이 없기 때문에 항소이유서 제출을 전제로 하는 항소이

---

84) 제407조(원심법원의 항고기각 결정) ① 항고의 제기가 법률상의 방식에 위반하거나 항고권소멸 후인 것이 명백한 때에는 원심법원은 결정으로 항고를 기각하여야 한다.

유서 제출기간의 진행은 이루어질 수 없기 때문이다. 따라서 항소이유서 제출기간 도과를 전제로 하는 항소기각결정은 잘못된 것이다.

그렇다면 위 항소기각결정은 당연무효라고 보아야 하는가? 위 결정 자체만으로는 무효임을 알 수 없고, 차후 추징 판결에 기하여 피고인의 상속재산에 집행이 이루어질 경우 피고인의 배우자가 그에 대하여 이의를 신청하면서 추징 판결의 확정 전에 피고인이 사망하였음을 확인할 수 있는 자료를 제출하여 집행을 저지할 수 있을 따름이다(제478조, 제489조). 즉 무효임은 피고인의 사망 자료가 제출되어야 확인될 수 있는 것이다. 따라서 그러한 경우는 당연무효라기보다는 법원의 선언이 필요한 무효라고 봄이 타당하다. 즉 집행에 대한 이의신청에 의하여 불복을 할 수 있게 하는 것보다는, 위 항소기각결정에 대하여 바로 항고를 제기할 수 있도록 함이 상당하며, 그러한 해석이 불가능하다고 볼 수 없다.

가사 피고인의 배우자에게 항고권이 없어 제407조 제1항에 따라 즉시항고를 기각할 수밖에 없다고 하더라도, 항소심법원으로서는 위 항소기각결정이 잘못된 것임을 인지하였으므로, 형사소송규칙 제25조 제1항에 의하여 직권으로 항소기각결정에 대하여 경정결정을 하였어야 한다고 생각된다(이에 대해 재판서 경정의 대상이 아니라는 견해도 있을 수 있다).

나. 불복대상의 존재 여부

(1) 부존재설 (항소기각결정 무효설)

사망한 피고인에 대한 실체판결은 당연무효라고 보아야 한다. 1심의 유죄판결에 대한 항소기각결정의 실질은 사망한 피고인에 대한 실체판결인바, 이러한 재판은 당연무효로 보아야 할 것이다. 집행 가능성도 없다. 따라서 이에 대하여 불복을 허용할 필요가 없는 것이다.

(2) 존재설 (항소기각결정은 무효이지만 불복대상이 된다는 견해)

① 형집행 조문의 해석에 있어서 발생할 수 있는 문제 및 집행 여부의 '불명확성'

형소법 제478조는 '몰수 또는 조세, 전매 기타 공과에 관한 법령에 의하여 재판한 벌금 또는 추징은 그 재판을 받은 자가 재판확정 후 사망한 경우에는 그 상속재산에 대하여 집행할 수 있다'고 규정하고 있다. 여기서 '몰수' 판결을 받았을 경우에는 판결이 확정되었을 경우 피고인의 사망 여부를 불문하고 집행이 될 수 있음은 법규정상 명백하다. 추징의 경우에 관하여는 견해가 나뉠 수 있을 것이지만,[85] 당사자가 사망하더라도 몰수와 마찬가지로 집행이 가능하다는 견해가 타당할 것으로 생각된다.[86] 실무에서는 명확하지 않은 것으로 보인다.[87]

무효라고 하더라도 외관상으로 확정된 유죄판결에 있는 몰수, 추징에 기하여 피상속인인 피고인의 상속재산에 대하여 집행이 이루어질 수 있다.[88]

② 법적 불안을 초래하는 외관을 미연에 제거시켜 줄 필요성이 있다.

벌금, 과료, 몰수, 추징, 과태료 등의 집행은 검사의 명령에 의하는데(제477조 제1항), 이에는 민사집행법의 집행에 관한 규정을 준용하지만 집행 전에 재판

---

85) 제478조가 '몰수 또는 추징 또는 조세…'으로 되어 있지 않다는 점을 근거로, 일반 형법상의 추징은 당사자의 사망으로 집행이 불능으로 된다는 견해를 생각할 수 있다. 즉 형의 일신전속적 성격상 피고인 사망으로 형은 소멸한다고 보아야 한다는 견해이다.

86) 몰수와 추징의 성질은 본질적으로 같고 구분하기 어려운 경우도 많으며, 압수되지 아니한 물건에 대한 몰수에 대하여도 피고인 사후 강제집행이 가능하다고 해석되기 때문이다. 條解 刑事訴訟法(주 1), 1187.

87) 필자가 아는 검사에게 개인적으로 물어본 바에 의하면 당사자가 사망한 경우에는 집행을 하지 않는 것 같지만, 피고인의 유족이 피고인 사망 후에 추징금을 자진 납부하러 왔을 때 이를 수령한 바는 있다고 하며, 추징은 몰수와 그 성질이 거의 같기 때문에 몰수에 대하여 허용하면서 추징에 대하여는 허용하지 않는다고 단정할 것은 아니라고 하였다. 그러한 검찰 실무에서 추징의 집행에 그리 신경을 쓰지 않기 때문에 피고인 본인을 찾지 못할 경우에는 3년의 시효가 지나면 불능처리할 것으로 사료된다고 말하였다. 즉 아직 확립된 검찰 실무례는 없다고 한다.

88) 법무부, 형법개정법률안 제안이유서, 1992, 95는, 범인의 사망 기타 소재불명으로 공소를 제기할 수 없는 경우에도 유죄의 재판 없이 몰수, 추징을 할 수 있도록 형법을 개정해야 한다고 하며, 이러한 견해를 전제하면, 사망한 피고인에 대한 잘못된 유죄판결에 기한 것이라 하더라도 몰수나 추징에 기한 강제집행이 가능하다는 주장도 있을 수 있다. 그러나 현행 형법에 대한 입법자의 의견이나 대법원의 입장은 형법 제49조 단서의 '유죄의 재판을 하지 않는 경우'의 의미는 선고유예의 판결을 하는 경우를 의미하는 것으로 보는 듯하다. 대법원 1973. 12. 11. 선고 73도1133 전원합의체 판결; 한국형사정책연구원, 형사법령제정자료집 (1) 刑法, 1990, 235~6(1953. 6. 27. 제16회 제11차 국회임시회의속기록 중 법제사법위원장대리 엄상섭의 설명); 유기천 형법학 총론강의, 1980, 354; 독일 형법에서도 범인의 사망시 몰수는 원칙적으로 불가능하다고 해석된다. Schöke/Schröder, Strafgesetzbuch, 29. Aufl., C.H.Beck(2014), §76a Rdn. 5; 우리나라와 동일 조문을 둔 일본의 경우 입법 기초자는 책임무능력에 의한 무죄의 경우를 염두에 둔 입안이라는 취지로 설명하고 있다고 한다. 松本一郎, "沒收", 法律時報臨時增刊 47卷 5号(1975), 90.

의 송달을 요하지 아니하며(제3항), 국세징수법에 따른 국세체납처분의 예에 따라 집행할 수도 있는 것이다(제4항). 이 경우 검사는 피고인의 사망 여부를 확인하여야 할 것이나 사망 여부가 확인되지 아니한 상태에서 집행에 착수하는 경우도 발생할 수 있다.

즉 피고인의 사망 후에는 추징은 집행 불가하다는 견해에 따르더라도, 집행기관이 그 사망 사실을 간과할 경우에는 집행의 위험이 발생하게 되는 것이다.[89]

또한 피고인이 사망한다고 하여 그의 재산관계가 바로 정리되는 것도 아니므로(가령 부동산을 소유하고 있는 상태에서 사망한다 하더라도 1년 넘게 상속등기가 이루어지지 않는 경우도 발생한다), 집행기관이 상속재산에 바로 집행할 위험도 있다.

나아가 상속재산에 대하여 집행이 이루어질 경우 배우자 등 상속인이 집행에 대해 이의신청 등을 통하여 법적 불안을 제거하여야 하는데, 그와 같이 사후적으로 처리하는 것보다는 사전적으로 법적 불안을 제거시키는 것이 낫다.

③ 집행가능성이 없다는 것과 심판 대상이 존재하지 않는다는 것은 달리 보아야 한다.

가령 특별사면된 경우, 판결의 집행가능성이 없음에도 재심이 허용된다고 보는 것은 재심의 대상이 존재한다고 보기 때문이다. 이에 관하여 특별사면된 피고인에 대한 유죄판결에 대하여 재심을 허용하는 최근 대법원 판례[90]가 선고되

89) 가령 전자화된 가족관계등록부 등이 전자기록의 소멸로 인하여 망실될 경우, 국가라 하더라도 사망사실을 확인할 수 없는 경우가 있을 수 있다. 오류의 시정에 가장 이해관계가 큰 사람이 오류의 시정에 대한 자료를 더 오래 보관할 수 있다. 따라서 이해관계인이 판결 오류의 시정을 요구하는 조치에 응할 필요성이 있다.

90) 대법원 2015. 5. 21. 선고 2011도1932 전원합의체 판결은 “유죄판결 확정 후에 형 선고의 효력을 상실케 하는 특별사면이 있었다고 하더라도, 형 선고의 법률적 효과만 장래를 향하여 소멸될 뿐이고 확정된 유죄판결에서 이루어진 사실인정과 그에 따른 유죄 판단까지 없어지는 것은 아니므로, 유죄판결은 형 선고의 효력만 상실된 채로 여전히 존재하는 것으로 보아야 하고, 한편 형사소송법 제420조 각 호의 재심사유가 있는 피고인으로서는 재심을 통하여 특별사면에도 불구하고 여전히 남아 있는 불이익, 즉 유죄의 선고는 물론 형 선고가 있었다는 기왕의 경력 자체 등을 제거할 필요가 있다. 그리고 형사소송법 제420조가 유죄의 확정판결에 대하여 선고를 받은 자의 이익을 위하여 재심을 청구할 수 있다고 규정하고 있는 것은 유죄의 확정판결에 중대한 사실인정의 오류가 있는 경우 이를 바로잡아 무고하고 죄 없는 피고인의 인권침해를 구제하기 위한 것인데, 만일 특별사면으로 형 선고의 효력이 상실된 유죄판결이 재심청구의 대상이 될 수 없다고 한다면,

었다. 즉 형의 집행가능성이 없다고 하더라도 판결에 내재한 오류를 시정할 필요가 있을 경우 재심대상은 긍정된다는 취지이다. 공소기각결정되었어야 할 피고인으로서도 사망 후 여전히 남아 있는 불이익, 즉 유죄의 선고와 형 선고가 있었다는 기왕의 경력 자체 등이 제거될 필요가 있다. 즉 무효의 판결이라는 이유만으로 심판 자체가 거부될 수는 없다.

V. 항소심 재판 중 사망 및 항소심 선고 후 사망

위 Ⅲ. 및 Ⅳ.에서의 논의와 같다.

VI. 상고심 재판 중 사망 및 상고심 선고 후 사망

상고심 재판 중 사망의 경우는 위 III.에서의 논의와 같다.

상고심 재판은 불복이 되지 아니하여 선고 또는 고지와 동시에 원칙적으로 확정된다고 할 것이다. 다만 공판정에서의 선고 또는 고지 후 그 재판서의 송달 전에 피고인이 사망한 경우에는 견해가 나뉠 수 있다. 상고심 재판 선고 또는 고지 당시 피고인이 생존하여 있었다면 그 재판에 위법이 있다고 볼 수 없으므로, 그 재판은 유효하게 취급되어야 할 것으로 생각된다.[91]

이는 특별사면이 있었다는 사정만으로 재심청구권을 박탈하여 명예를 회복하고 형사보상을 받을 기회 등을 원천적으로 봉쇄하는 것과 다를 바 없어서 재심제도의 취지에 반하게 된다. 따라서 특별사면으로 형 선고의 효력이 상실된 유죄의 확정판결도 형사소송법 제420조의 '유죄의 확정판결'에 해당하여 재심청구의 대상이 될 수 있다."라고 판단하였다.

91) 주 41 참조

VII. 재심절차에서의 사망

재심청구 전 또는 재심개시 후 피고인이 사망하더라도 공소기각 사유가 되지 않는다(형사소송법 제438조).

문제는 재심청구 후 재심개시결정 확정 전에 사망하는 경우이다. 형사소송법 제438조 제2항 제1호의 "재심의 청구가 있는 때" 및 제2호의 "재심의 판결 전에 사망"의 해석을 어떻게 할 것인가와 관련하여 문제된다. 제438조 자체가 재심의 심판에 관한 규정이고 공판절차 정지는 재심개시 이후에 문제된다는 점에서 위 "재심의 청구가 있는 때"는 재심개시결정이 확정된 때로 새겨야 하고, 따라서 제2호의 "재심의 판결 전에 사망"한 경우는 재심개시결정 확정 후 재심 판결 전에 사망한 때로 새겨야 한다는 견해가 있다.[92] 그러나 제1호를 '사망자를 위하여 재심의 청구를 하여 재심개시결정이 확정되었다고 하더라도 사망자라는 이유로 공판절차를 정지하거나 공소기각결정을 하지 말라'는 취지로 해석한다면 반드시 그와 같이 새길 것은 아니고, 제2호에서 "재심의 판결 전"이라고 규정하면서 별다른 제한을 두고 있지 아니하므로 재심청구 후 재심개시결정 확정 전에 사망한 경우도 이에 포섭되는 것으로 해석할 수 있는 것 아닌가 생각된다. 대법원은 이에 대하여 "형사소송법이나 형사소송규칙에는 재심청구인이 재심의 청구를 한 후 청구에 대한 결정이 확정되기 전에 사망한 경우에 재심청구인의 배우자나 친족 등에 의한 재심청구인 지위의 승계를 인정하거나 형사소송법 제438조와 같이 재심청구인이 사망한 경우에도 절차를 속행할 수 있는 규정이 없으므로, 재심청구절차는 재심청구인의 사망으로 당연히 종료하게 된다."[93]라고 판단하였다.[94]

---

92) 주석 형사소송법 (IV), 한국사법행정학회(2009), 484~9. (최완주 집필부분)

93) 대법원 2014. 5. 30.자 2014모739 결정. 이 결정에 대한 해설로 오민석, "재심청구인이 재심의 청구를 한 후 청구에 대한 결정이 확정되기 전에 사망한 경우 재심청구절차가 종료하는지 여부", 대법원판례해설 제100호(2014), 429 이하

94) 재심절차가 종료되더라도 배우자 등에 의하여 재심청구가 가능하므로, 절차가 종료되는 것으로 본다고 하여도 실질적으로 피고인 등에게 불이익을 주는 경우는 많지 않겠지만, 피고인에게 유족 등이 없는 경우에는 피고인에게 불이익이 생길 수도 있다. 가령 국립묘지의 설치 및 운영에 관한 법률 시행령 규정상 징역형을 선고받아 형 집행 받은 사실이 있을 경우 안장결격 사유가 될 수 있다(위 시행령 제13조 제1항). 또한 유족 등에 의하여 재심청구가 다시 이루어질 것이 분명한 경우에는 무용한 절차의 반복이 될 수 있다.

VIII. 결어

이상 소송단계별로 피고인이 사망하였을 경우 법원이 취하여야 할 조치, 법원이 사망사실을 간과하였을 경우 이에 대한 시정 내지 불복방법에 관하여 살펴보았다.

현재까지의 대법원 판례는 피고인의 사망을 간과한 법원의 재판에 대한 불복방법(재심이나 비상상고)에 대하여 상당히 소극적인 태도를 취하는 것으로 보인다. 아마도 피고인의 사망을 간과한 판결은 무효이고 피고인이 실재하지 않기 때문에 피고인에게 집행의 위험을 가져올 수 없다는 전제에서 그렇게 보는 것 아닐까 추측된다.

그러나 피고인 사망의 경우, 피고인에 대한 판결이 피고인 자신에게 당연히 아무런 위험을 초래하지 않는 것이 아니다. 피고인 사망 후 피고인의 명예와 관련된 부분에서 불이익이 초래될 수 있고, 몰수나 추징 등이 선고되어 있을 경우 상속재산에 대한 집행 관련하여 피고인의 상속인에게도 위험을 초래할 수 있다. 이와 같은 위험을 초래하느니, 애당초 피고인의 사망을 간과한 판결에 대하여 시정 내지 불복을 허용하는 것이 타당하다고 생각된다.

대법원 2015. 6. 25. 선고 2014도17252 전원합의체 판결[95]은 피고인의 권

95) 귀책사유 없이 불출석한 상태에서 1심과 항소심에서 유죄판결을 받은 피고인이 상소권회복청구를 한 사안에 관하여 위 전원합의체 판결 다수의견은 다음과 같이 판단하였다. "소송촉진 등에 관한 특례법(이하 '소송촉진법'이라 한다) 제23조(이하 '특례 규정'이라 한다)와 소송촉진법 제23조의2 제1항(이하 '재심 규정'이라 한다)의 내용 및 입법 취지, 헌법 및 형사소송법에서 정한 피고인의 공정한 재판을 받을 권리 및 방어권의 내용, 적법절차를 선언한 헌법 정신, 귀책사유 없이 불출석한 상태에서 제1심과 항소심에서 유죄판결을 받은 피고인의 공정한 재판을 받을 권리를 실질적으로 보호할 필요성 등의 여러 사정들을 종합하여 보면, 특례 규정에 따라 진행된 제1심의 불출석 재판에 대하여 검사만 항소하고 항소심도 불출석 재판으로 진행한 후에 제1심판결을 파기하고 새로 또는 다시 유죄판결을 선고하여 유죄판결이 확정된 경우에도, 재심 규정을 유추 적용하여 귀책사유 없이 제1심과 항소심의 공판절차에 출석할 수 없었던 피고인은 재심 규정이 정한 기간 내에 항소심 법원에 유죄판결에 대한 재심을 청구할 수 있다. 그리고 피고인이 재심을 청구하지 않고 상고권회복에 의한 상고를 제기하여 위 사유를 상고이유로 주장한다면, 이는 형사소송법 제383조 제3호에서 상고이유로 정한 원심판결에 '재심청구의 사유가 있는 때'에 해당한다고 볼 수 있으므로 원심판결에 대한 파기사유가 될 수 있다. 나아가 위 사유로 파기되는 사건을 환송받아 다시 항소심 절차를 진행하는 원심으로서는 피고인의 귀책사유 없이 특례 규정에 의하여 제1심이 진행되었다는 파기환송 판결 취지에 따라, 제1심판결에 형사소송법 제361조의5 제13호의 항소이유에 해당하는 재심 규정에 의한 재심청구의 사유가 있어 직권 파기 사유에 해당한다고 보고, 다시 공소장 부본 등을 송달하는 등 새로 소송절차를 진행한 다음 새로운 심리 결과에 따라 다시 판결을

리구제를 위하여 법규정을 상당히 유연하게 해석하였다. 물론 이 글에서 다루는 사례는 위 전원합의체 판결의 사안보다 발생하는 빈도수가 작기는 하다. 그렇다고 하더라도 피고인이나 그 유족에게 발생할 수 있는 불이익을 예방하기 위하여 이 글에서 다룬 것과 같은 시정방법을 인정하는 것이 법적 안정성을 특별히 해한다고 생각되지는 않는다.

하여야 한다."

양벌규정의 개인 사업주와의 관계에서 종업원에 대한 피의자신문조서의 증거능력*

- 김 성 룡**-

목 차

대상판결

[제1심] 인천지방법원 2015. 9. 24. 선고 2014고정1205 판결(의료법위반)

범죄사실

---

* 이 글은 2017년 9월 18일 대법원에서 개최된 한국형사소송법학회와 대법원 형사실무연구회의 공동학술세미나에서 발표되었으며, 한국형사소송법학회 「형사소송 이론과 실무」 제9권 제2호(2017. 12.)에 게재된 것이다.

** 경북대학교 법학전문대학원 법학과 교수, 법학박사

누구든지 「국민건강보험법」이나 「의료급여법」에 따른 본인부담금을 면제하거나 할인하는 행위, 금품 등을 제공하거나 불특정 다수인에게 교통편의를 제공하는 행위 등 영리를 목적으로 환자를 의료기관이나 의료인에게 소개 · 알선 · 유인하는 행위 및 이를 사주하는 행위를 하여서는 아니 된다.

지○항은 2011. 8. 17.경부터 2013. 3. 30.경까지 의사인 피고인이 경영하는 인천 계양구 장제로 *** 소재 한○병원에서 사무국장으로 근무하며 환자를 유치하는 업무를 담당하였다.

지○항은 한○병원에 환자를 유치하기 위해 민간 이송업체인 응급환자이송단 직원이나 다른 병원의 사무국장 등에게 알콜중독 등 정신질환 환자를 소개하거나 유인 · 알선해 주면 국민건강보험가입 환자는 400,000원씩, 기초생활수급대상 환자는 300,000원씩 지급하겠다고 사주하여, 환자 소개 대가 명목으로 금품을 교부하고 입원환자를 유치하거나, 환자나 그 보호자들이 부담하여야 할 이송료를 대신 부담하여 교통 편의를 제공하여 환자를 유치하고, 다른 병원에서 환자 유치를 원할 경우 환자를 소개해 주고 소개비 명목으로 금원을 제공받기로 마음먹었다.

지○항은 2011. 8. 23. 한○병원에서 엠티케어이송단 이○규로부터 성명불상의 환자를 소개받고, 그 대가로 30만 원을 교부하는 등 별지 범죄일람표 기재와 같이 43회에 걸쳐 합계 23,490,000원을 환자 소개의 대가 등 명목으로 교부하여 환자를 소개 · 알선 · 유인하는 행위를 하였다.

피고인은 그 종업원인 위 지○항이 피고인의 업무에 관하여 위와 같이 영리를 목적으로 환자를 의료기관이나 의료인에게 소개 · 알선 · 유인하는 행위 및 이를 사주하는 행위를 하였다.

증거의 요지

1. 지○항에 대한 경찰 피의자신문조서
1. 금융거래내역
1. 신한은행에 대한 각 금융거래정보 제출명령결과

법령의 적용

1. 범죄사실에 대한 해당법조 및 형의 선택
   의료법 제91조, 제88조, 제27조 제3항, 벌금형 선택
1. 경합범가중
   형법 제37조 전단, 제38조 제1항 제2호, 제50조
1. 노역장유치
   구 형법(2014. 5. 14. 법률 제12575호로 개정되기 전의 것) 제70조, 제69조 제2항
1. 가납명령
   형사소송법 제334조 제1항

피고인 및 변호인의 주장에 관한 판단

1. 주장의 요지

피고인 및 변호인은, 피고인이 지○항에게 환자를 유치하라고 돈을 지급한 사실이 없고 위와 같은 지시를 한 사실도 없으며, 지○항에 대한 관리 · 감독의무를 다하였으므로, 피고인에게 이 사건 의료법위반의 책임을 물을 수 없다는 취지로 주장한다.

2. 판단

가. 사안의 쟁점에 관하여

이 사건에서, 피고인이 운영하던 한○병원의 사무국장인 지○항의 의료법 제88조,제27조 제3항의 위반행위에 대하여 위반행위자인 지○항을 처벌하는 것 이외에 의료법 제91조의 양벌규정에 의하여 지○항의 사용자로서 피고인이 이에 대한 책임을 지는지 여부가 문제가 된다.

나. 관련 증거의 증거능력에 관하여

1) 피고인 및 변호인은, 이 사건 공소사실에 부합하는 증거인 '지○항에 대한 경찰 피의자신문조서'는 '공범에 대한 경찰 피의자신문조서'로서 피고인이 부동의하는 이상 그 증거능력이 없다고 주장하고 있으므로, 먼저 이에 관하여 살펴본다.

2) 피고인의 이 사건 행위는 위 가.항에서 본 바와 같이 의료법 제91조의 양벌규정에 의하여 종업원인 지○항에 대한 피고인 자신의 선임감독상의 과실로 처벌되는 것으로 지○항의 위반행위에 대하여 공범관계에 있다고 볼 수 없다. 따라서 위 지○항에 대한 경찰 피의자신문조서는 형사소송법 제312조 제4항에 해당하는 '사법경찰관이 피고인이 아닌 자의 진술을 기재한 조서'에 해당한다고 할 것이다.

3) 위와 같은 조서의 경우에는 형사소송법 제314조에 의하여 공판기일에서 진술을 요하는 자가 사망 등의 사유로 진술을 할 수 없는 때에는 그 조서를 증거로 할 수 있고, 다만, 그 진술 또는 작성이 특히 신빙할 수 있는 상태에서 행하여졌음이 증명되어야 하는데, 지○항은 2013. 10. 20. 사망하여 위 조서의 원진술자가 공판기일에 진술을 할 수 없는 경우에 해당한다.
나아가 이 법원이 적법하게 채택 · 조사한 증거들에 의하여 인정되는 다음과 같은 사정, ① 지○항은 이 사건 위반행위의 방식 및 관련자들에 대하여 구체적으로 진술하고 있는 점, ② 지○항이 당시 경찰에서 금융거래내역 중 일부 개인 간의 거래부분에 대하여는 수정을 하여 최종적으로 별지 범죄일람표의 기재와 같이 환자 소개 · 알선 · 유인행위가 특정된 점, ③ 지○항은 2011. 8. 23.부터 2012. 2. 21.까지 본인의 처인 홍○월의 신한은행 계좌(110-3*3-297***)를 이용하여 위반행위를 하였다고 진술하고 있는데, 홍○월의 위 신한은행 계좌의 입 · 출금내역을 살펴보면, 지○

항의 위 진술과 일치하는 점 등에 비추어 보면, 위 조서는 그 진술내용이나 조서의 작성에 허위개입의 여지가 거의 없고, 그 진술내용의 신빙성이나 임의성을 담보할 구체적이고 외부적인 정황이 있는 경우에 해당하여 그 진술 또는 작성이 특히 신빙할 수 있는 상태에서 행하여졌다고 봄이 상당하다. 따라서 위 지○항에 대한 경찰 피의자신문조서는 형사소송법 제314조에 의하여 그 증거능력이 있다고 할 것이다.

다. 판단

이 사건에 관하여 살피건대, 이 법원이 적법하게 조사 · 채택한 증거들에 의하여 인정되는 다음과 같은 사정, ① 피고인은 한○병원의 운영자이고, 지○항은 위 한○병원의 사무국장으로 2011. 8. 17.부터 2013. 3. 30.까지 근무한 점, ② 지○항은 경찰에서 처인 홍○월의 신한은행 계좌(110-3*3-297***)를 이용하여 2011. 8. 23.부터 2012. 2. 21.까지 별지 범죄일람표 기재와 같이 환자 소개의 대가 명목 등으로 돈을 교부하고 환자를 소개 · 알선 · 유인하였음을 인정하고 있는 점 ③ 또한 지○항은 경찰에서 민간 이송업체인 응급환자이송단이나 다른 병원에서 환자를 소개하여 입원시킬 경우 피고인에게 보고하였고, 피고인이 그에 대한 사례비를 주었다고 진술하고 있는 점, ④ 홍○월의 위 신한은행 계좌의 입 · 출금 내역을 보면, 피고인이 본인 명의 내지 본인 명의의 통장으로 지○항에게 판공비 명목 등으로 지급하였다고 인정하는 금액만을 보더라도, 돈이 입금 직후 지○항이 인정하고 있는 다른 병원의 사무국장 내지 민간 이송업체인 응급환자이송단 직원인 김○남, 양○훈 등에게 돈이 나뉘어져 이체된 것을 확인할 수 있는 점, ⑤ 지○항이 위 ④항과 같이 피고인으로부터 받은 돈을 김○남, 양○훈 등에게 지급할 당시는 지○항이 한○병원의 사무국장으로 근무하고 있던 시기로서 지○항이 개인적 이익만을 위한다거나, 다른 병원 등을 위하여 일을 하면서 위와 같이 돈을 이체해 주었다고 보기는 어려운 점, ⑥ 피고인은 위 ④항과 같이 홍○월의 계좌로 입금한 돈 중 일부는 지○항에게 한○병원의 공사비조로 입금한 것이라고 주장하나 이에 관한 자료를 제출하지 않고 있는 점, ⑦ 피고인은 지○항에게 급여 이외에 판공비 200만 원, 앰블런스 비용 300만 원을 지급해 준 사실이 있다고 진술하고 있고, 판공비는 지○항이 한○병원의 사무국장으로서 환자 유치를 위하여 홍보를 하고 영업비용으로 사용하라고 지급한 것이라고 진술하면서, 피고인은 전적으로 그 사용을 지○항에게 맡기고 이에 관하여 별도로 사용처를 확인하는 등의 방식으로 관리한 적이 없었던 점, ⑧ 한○병원의 2012. 7. 5.자 회의록에 의하면, 한○병원에서 당시 사설응급구조단 문제를 회의 안건으로 채택하고 응급구조단의 병원 내 출입을 금지하고, 앰블런스를 추가 구입을 하기로 하는 내용의 회의록이 작성되어 있으나, 위와 같은 사실만으로 피고인이 지○항의 사용자로서 관리, 감독의무를 다 하였다고 보기는 어렵고, 달리 지○항의 위반행위 기간에 피고인이 지○항의 위반행위를 방지하기 위하여 해당 업무에 관하여 상당한 주의와 감독을 게을리 하지 않았다고 볼 만한 자료가 없는 점, 그 밖에 이 사건의 경위, 관련 계좌의 출 · 입금내역, 범행 전 · 후의 정황 등을 종합하여 보면, 지○항은 한○병원의 사무국장으로 근무하면서 영리를 목적으로 환자를 한○병원에 소개 · 알선 · 유인행위 및 이를 사주하는 행위를 하였고, 피고인은 종업원인 지○항의 위와 같은 행위에 관하여 적절한 관리, 감독을 하지 아니하여 지○항의 사용자로서 이에 따른 책임을 진다고 할 것이다. 따라서 이에 반하는 피고인 및 변호인의 위 주장은 받아들이지 아니한다.

(항소이유의 요지)

원심이 유죄의 증거로 거시한 증거 중 '지○항에 대한 경찰 피의자신문조서'의 경우 피고인이 지○항과 형식상 공범이 아닌 지○항에 대한 사업주의 지위에서 양벌규정으로 기소되었으나 실질적 공범관계에 있다고 볼 수 있으므로, 피고인이 원심에서 그 조서의 내용을 부인한 이상 형사소송법 제314조의 적용이 되지 않으므로 이를 증거로 쓸 수 없다. 그럼에도 원심은 위 증거에 대하여 증거능력이 있는 것으로 보아 위 증거와 나머지 증거들을 근거로 이 사건 공소사실을 유죄로 인정하였는바, 원심판결에는 경찰 피의자신문조서의 증거능력에 관한 법리를 오해하여 판결에 영향을 미친 위법이 있다.

항소심의 판단

인천지방법원 2016. 6. 3. 선고 2015노3685 판결

항소심은 피고인의 항소를 기각하면서, 원심에서 이미 피고인이 항소이유와 같은 취지의 주장을 하였고, 원심의 판단이 정당하므로, 피고인의 주장은 이유 없다고 밝혔다.

※ 참고조문

의료법 제27조(무면허 의료행위 등 금지)

③ 누구든지 「국민건강보험법」이나 「의료급여법」에 따른 본인부담금을 면제하거나 할인하는 행위, 금품 등을 제공하거나 불특정 다수인에게 교통편의를 제공하는 행위 등 영리를 목적으로 환자를 의료기관이나 의료인에게 소개 · 알선 · 유인하는 행위 및 이를 사주하는 행위를 하여서는 아니 된다.

의료법 제88조(벌칙) 다음 각 호의 어느 하나에 해당하는 자는 3년 이하의 징역이나 3천만원 이하의 벌금에 처한다.

1. 제19조, 제21조제2항, 제22조제3항, 제27조제3항 · 제4항, 제33조제4항, 제35조제1항 단서, 제38조제3항, 제59조제3항, 제64조제2항(제82조제3항에서 준용하는 경우를 포함한다), 제69조제3항을 위반한 자. 다만, 제19조, 제21조제2항 또는 제69조제3항을 위반한 자에 대한 공소는 고소가 있어야 한다.

의료법 제91조(양벌규정) 법인의 대표자나 법인 또는 <u>개인의</u> 대리인, 사용인, <u>그 밖의 종업원이</u> 그 법인 또는 <u>개인의 업무에 관하여</u> 제87조, <u>제88조</u>, 제88조의2, 제89조 또는 제90조의 위반행위를 하면 <u>그 행위자를 벌하는 외에 그</u> 법인 또는 <u>개인에게도 해당 조문의 벌금형을 과(課)한다</u>. <u>다만</u>, 법인 또는 <u>개인이 그 위반행위를 방지하기 위하여 해당 업무에 관하여 상당한 주의와 감독을 게을리하지 아니한 경우에는 그러하지 아니하다</u>.

연 구

I. 개요

제1심 법원이 판결문에 적시한 범죄사실과 판결이유, 피고인의 항소이유 등을 보면 대상 판결의 선결과제는 사망한 병원의 사무국장과 그가 근무한 개인병원의 원장이 의료법 제27조 제3항 및 제88조 제1호(영리를 목적으로 환자를 의료기관이나 의료인에게 소개·알선·유인하는 행위 및 이를 사주하는 행위)를 공범형태로 범한 것인지, 아니면 병원장(피고인)은 단순히 사무국장의 위법행위에 대하여 상당한 주의와 감독을 하지 않은 것뿐인지, 그 사실관계를 명확하게 밝히는 것이다.

제1심 법원의 범죄사실 기재의 마지막 문단은 완성된 문장으로 보이지 않아[1] 무슨 의미인지 잘 알 수 없으나, 피고인은 사무국장에게 돈을 지급하지도 않았고, 그런 지시를 한 적도 없으며, 관리·감독의무도 다하였다고 피고인과 변호인이 주장한 것을 보면, 제27조 제3항의 공범도 아니며, 제91조 양벌규정의 개인사업주의 책임도 질 수 없다고 주장한 것이다. 그러나 제1심은 제91조의 양벌규정은 사망한 사무국장의 범죄와는 별개라는 입장을 밝히며, 사망한 사무국장에 대한 검사 이외 수사기관 작성의 피의자신문조서를 피고인의 유죄입증을 위한 증거로 받아들였다.

1) 몇 줄의 문장이 오류로 삭제된 듯 보인다. 마지막 줄 "행위를 하였다."의 행위 다음에 "에 관하여 적절한 관리, 감독을 하지 아니하여 지○항의 사용자로서 이에 따른 책임을 진다"는 취지의 내용이 삭제된 것으로 보인다.

항소심에서 피고인과 변호인은 제1심에서의 무죄 주장과 달리 피고인과 사무국장이 실질적 공범이라고 주장하면서, 언급한 피의자신문조서의 증거능력을 부인하려는 전략으로 방어방법을 수정했으나, 항소심은 제1심의 판단을 그대로 원용하며 항소를 기각했고, 사건은 상고심에 계류 중이다.[2]

위 하급심 법원들의 사실 확정이 주어진 증거관계에 비추어 역사적 사실과 가장 부합한다고 전제하고, 종업원의 범죄와 사용자의 범죄는 별개라는 이해를 받아들인다고 하더라도, 실체법적 관점에서는 양벌규정을 근거로 개인사용자를 처벌하기 위해서 그 전제가 되는 종업원의 위반행위 · 범죄는 어떤 범죄성립요소까지 충족해야 하는 것인지, 그에 대한 증명은 어떤 방법으로 어느 정도로 확정되어야 하는지 등의 의문이 제기될 수 있다. 물론 대법원은 이와 관련하여 이미 70년대부터 최근까지 양벌규정으로 처벌되는 영업주는 종업원이 처벌되는지 여부와 독립적으로 처벌되는 것이고, 종업원이 자신의 위반행위와 관련하여 심지어 구성요건상의 자격이 없거나, 범죄에 대한 검사의 공소제기가 없어도 영업주의 처벌은 가능하다는 입장을 유지해 오고 있다.

이러한 대법원의 판결 선례에 따른다면, 종업원의 사망으로 인해 피고인의 유죄인정을 위한 선결문제인 종업원의 위반행위 자체에 대한 공소제기가 불가능하더라도, 그 자의 위반행위가 있었는지 여부는 피고사건에 제출된 증거를 통해 판단하고, 이를 기초로 피고인의 양벌규정위반 여부를 결정할 수 있는 것이며, 대상판결에서 사망한 사무국장에 대한 사법경찰관 피의자신문조서는 공범이 아닌 피의자의 신문조서로서 제312조 제4항의 서류이며, 따라서 제314조의 적용을 통해 증거로 할 수 있는 것이다. 물론 의료법 제27조 제3항을 위반한 종업원과 그에 대한 주의 · 감독의무위반의 제91조 양벌규정으로 처벌되는 영업주는,

---

2) 제1심과 항소심은 피고인의 항소이유와 달리 피고인은 사망한 사무국장과 공범으로 의료법 해당규정을 위반한 것이 아니라, 단지 양벌규정의 개인 사용자 책임을 위반한 사실만 인정된다고 보았다. 즉 사망한 사무국장(지○항)은 병원의 사무국장으로 근무하면서 영리를 목적으로 환자를 그 병원에 소개 · 알선 · 유인행위 및 이를 사주하는 행위를 하였고, 피고인은 종업원인 사무국장의 위와 같은 행위에 관하여 적절한 관리, 감독을 하지 아니하여 의료법을 위반한 행위를 한 종업원의 사용자로서 이에 따른 책임을 진다고 한 것이다. 이에 반해 피고인 측은 최초 모두 무죄를 주장하다가, 항소심에서 사무국장과 피고인은 공범으로 의료법을 위반한 것이라고 주장하고 있는 것이다.

두 범죄가 서로 별개이므로, 서로 공범이 아니라는 이유로 제314조를 적용하는데 문제될 것이 없다는 대법원의 선례가 이 경우에도 적용될 수 있는 것인지, 나아가 전문법칙의 본질에 부합하는 것인지를 잠정적으로 논외로 한다면,[3] 대상판결인 하급심 판결들은 대법원의 선례들을 충실히 따른 것으로 보인다.[4] 따라서 무엇보다 제312조 제3항과 제4항 그리고 제314조의 적용여부가 형식적인 공범여부를 기준으로 결정되는 것이 타당한지에 대해 조금 더 세심한 검토가 필요해 보인다.

이에 반해 만약 판결에서 적시된 사실들을 종합할 때 사무국장의 의료법 제27조 제3항 위반에 대해서 피고인인 병원장도 애당초 공동정범으로 가담한 것으로 보인다거나, 혹은 교사 · 방조의 형태로 가담한 것으로 볼 수 있다면, 언급한 문제들과는 또 다른 문제들이 부각될 수 있다. 먼저 실체법적으로는 제27조 제3항 위반 범죄(공동정범 혹은 공범)와 양벌규정 위반 범행 간의 죄수문제, 즉 자신의 의료법 위반범죄와 종업원의 의료법 위반범죄에 대한 양벌규정에 따른 범죄 간의 죄수, 작위의 의료법 위반과 (양벌규정의 고의 · 과실로 인한) 선임감독의무의 부작위범의 성립여부가 쟁점이 될 수 있고, 절차법적 관점에서는 작위범과 부작위범이 모두 성립할 경우 검사의 선택적 기소가능성을 어떻게 이해하는가에 따라서 대상 판결들과는 다른 결론이 도출되는 것은 아닌지 등에 대해 검토가 필요해 보인다.

아래에서는 언급한 바와 같이 두 가지 경우를 나누어 검토해보고(Ⅱ, Ⅲ), 특히 양벌규정과 양벌규정 적용의 전제가 되는 위법행위 간의 죄수 문제와 공범인 피고인 · 피의자의 검사 이외 수사기관 작성 피의자신문조서를 당해 피고인의 사법경찰관 작성 피의자신문조서와 같이 취급하는 대법원의 구체적인 논거가 무엇인지를 살펴보면서 대상판결이 던진 문제들에 대한 지금까지의 접근법과 다른 이해가능성은 없는지도 검토해 보기로(Ⅳ) 한다.

---

3) 아래의 Ⅳ 참조.

4) 아래의 II 참조.

II. 대상판결의 사실 확정에 따른 검토

1. 의료법 제91조 위반죄

제1심과 항소심은 제1심 법원이 확정한 사실관계에 따라, 피고인은 자신의 병원 사무국장이 영리를 목적으로 환자를 자신의 병원에 소개·알선·유인하는 행위와 이를 사주하는 행위를 하고 있음에도 이러한 행위에 대해 적절한 관리, 감독을 하지 아니하였으므로 의료법 제91조의 양벌규정에 따라 개인 사업자로서 책임을 진다고 보았다. 그런데 양벌규정에 따른 처벌이 문제되는 만큼, (공범이건 공범이 아니건) 공동 피고인으로 기소되어 재판을 받았어야 할 사무국장이 기소 전에 사망함에 따라서[5] 병원장인 사업자만이 피고인으로 기소된 것으로 보인다.[6]

먼저, 피고인의 양벌규정 위반 범죄의 유죄인정에 그 범죄성립의 전제가 되는 종업원의 제27조 제3항 위반죄(제88조)의 성립여부가 어떤 영향을 미치게 되는지 등에 대한 관련 대법원 판결 선례를 보기로 한다.

2. 양벌규정으로 영업·사업주를 처벌함에 있어서 종업원 범죄의 의미

가. 종업원의 위반행위와는 별개인 영업주의 감독과실

대법원은 "양벌규정에 의한 영업주의 처벌은 금지위반행위자인 종업원의 처벌에 종속하는 것이 아니라 독립하여 그 자신의 종업원에 대한 선임감독상의 과실로 인하여 처벌되는 것이므로 종업원의 범죄성립이나 처벌이 영업주 처벌의 전제조건이 될 필요는 없다"[7]라고 하고,[8] "따라서 영업주인 피고인에 대하여만

---

5) 사법경찰관 작성의 피의자신문조서가 문제되고 있다는 점에서 기소 전에 사망한 것으로 추정된다.

6) 약식명령에 대한 정식재판청구사건으로 사망한 사무국장도 약식명령을 선고 받았는지는 확인하지 못했다.

7) 대법원 2006. 2. 24. 선고 2005도7673 판결; 대법원 1987. 11. 10. 선고 87도1213 판결; 대법원 1977. 5. 24. 선고 77도412 판결; 대법원 2007. 11. 29. 선고 2007도7920 판결.

8) 대법원은 민사상 손해배상과 관련해서도 대법원 2006. 2. 24. 선고 2005도7673 판결을 원용하면서 "양벌규정에 의한 사용자의 처벌은 금지위반행위사인 종업원의 처벌과는 독립하여 그 자신의 종업원에 대한 선임감독상의 과실로 인하여 처벌되는 것이고, 객관적 외관상으로 그 사용자의 업무에

공소가 제기된 이 사건 공소사실을 유죄로 인정한 원심판결에는 양벌규정에 관한 법리를 오해하는 등의 위법이 없다"[9]라고 하였다. 즉, 양벌규정으로 사용자를 처벌하기 위해서 그 처벌의 전제인 종업원의 위반행위가 유죄확정을 받거나, 처벌되거나, 기소될 필요도 없다는 것이다. 피용자의 범죄 성립과 처벌은 사용자의 양벌규정위반의 성립과 처벌에 전혀 영향을 미치지 못한다는 말이다. 이러한 대법원의 입장에 따른다면 대상판결에서 사무국장이 사망하여 그에 대한 공소제기가 불가능해졌더라도 피고인의 기소 · 공판에는 하등의 영향을 미치지 못한다고 볼 것이며,[10] 피고인의 범죄성립의 요소가 되는 종업원의 제27조 제3항 위반 사실은 피고인의 당해 범죄사실에 대한 증명과정에서 입증되면 족한 것이 된다. 개인책임원칙과 개인인 사업주의 양벌규정 위반의 범죄성립이 종업원의 위법행위에 종속된다는 것과 특별히 충돌하는 것은 없어 보인다.

나. 피고인의 감독의무 불이행 책임의 전제로서 종업원의 위반행위 존재와 그 증명

한편, 피고인이 종업원의 위반행위 방지를 위하여 상당한 주의 · 감독을 게

관한 행위이고 종업원이 그 사용자의 업무를 수행함에 있어서 위법행위를 한 것이라면 그 위법행위의 동기가 종업원 기타 제3자의 이익을 위한 것에 불과하고 사용자의 영업에 이로운 행위가 아니라 하여도 사용자는 그 감독해태에 대한 책임을 면할 수 없는 것이므로(대법원 2002. 1. 25. 선고 2001도5595 판결 참조), 그로 인한 벌금의 납부 역시 사용자 자신의 과실행위로 인한 손해에 해당하고 특별한 약정이 없는 한 위법행위를 한 종업원이나 그 종업원의 실질적인 사용자에게 그 배상을 구할 수는 없다."라고 한다(대법원 2007. 11. 16. 선고 2005다3229 판결).

9) 대법원 2006. 2. 24. 선고 2005도7673 판결.

10) 그런데 저작권법 위반관련 양벌규정을 다룬 사안에서 대법원은 "고소는 범죄의 피해자 또는 그와 일정한 관계가 있는 고소권자가 수사기관에 대하여 범죄사실을 신고하여 범인의 처벌을 구하는 의사표시이므로, 고소인은 범죄사실을 특정하여 신고하면 족하고 범인이 누구인지 나아가 범인 중 처벌을 구하는 자가 누구인지를 적시할 필요도 없는바, 위 법 제103조의 양벌규정은 직접 위법행위를 한 자 이외에 아무런 조건이나 면책조항 없이 그 업무의 주체 등을 당연하게 처벌하도록 되어 있는 규정으로서 당해 위법행위와 별개의 범죄를 규정한 것이라고는 할 수 없으므로, 친고죄의 경우에 있어서도 행위자의 범죄에 대한 고소가 있으면 족하고, 나아가 양벌규정에 의하여 처벌받는 자에 대하여 별도의 고소를 요한다고 할 수는 없다."(대법원 1996. 3. 12. 선고 94도2423 판결)라고 판시하였고, 이에 따르면 종업원의 위법행위와 양벌규정으로 처벌되는 사용자의 범죄는 별개의 범죄가 아니고 동일한 범죄라고 하고 있다. 물론 선임감독상의 과실을 요구할 경우에는 별도의 범죄이고, 그렇지 않고 무과실책임처럼 이해되는 경우에는 동일한 범죄로 본다는 의미일 수도 있을 것이다.

을리 한 (고의 또는 과실의) 부작위로 처벌되기[11] 위해서는 종업원(사무국장)의 의료법 제27조 제3항의 위반행위가 증명되어야 할 것인데, 그 증명은 어떤 방식으로 어느 정도의 증명이어야 하는지, 과연 대상판결의 증거상태로 그러한 위반행위의 존재가 증명되었다고 할 수 있을지도 검토가 필요해 보인다.

제91조의 규범구조를 선명하게 해보기 위해 해당 법문을 조금 단순화해보면, "종업원이 제88조의 위반 행위를 한 경우, 사업주인 개인이 그 위반행위를 방지하기 위한 상당한 주의와 감독을 게을리 하였다면 그 사업주는 제88조의 벌금형으로 처벌 된다."라는 내용의 양벌규정이 될 것이다. 이러한 범죄성립요건을 도식화해 보면 아래의 표와 같이 세분해 볼 수 있다. 물론 양벌규정이 어떤 유형의 범죄를 상정한 것인지에 대한 관점의 차이에 따라서 다양한 형태로 해석할 수 있는 가능성이 있지만,[12] 여기서는 부작위범의 형태로 풀어보기로 한다.

제91조의 양벌규정을 부작위범으로 이해하면, 종업원의 위반행위와 범죄결과 발생은 양벌규정의 구성요건적 상황과 결과발생으로 볼 수 있고, 상당한 주의와 감독에 해당하는 행위는 작위의무의 내용이 되는 행위, 즉 결과방지를 위해 요구되는 작위로 볼 수 있고, 이를 부작위한 결과 종업원의 범죄가 발생한 것이고, 가능하고 요구되던 그 주의 · 감독의 부작위로 인해 결과가 발생하였다는 것이 확정될 수 있다면 인과관계가 인정된다는 식의 구성이 가능할 것이다.

---

11) 대상판결에서는 감독 '과실'로 표현하고 있는데, 대상판결은 과실이 아니라 최소한 미필적 고의를 인정할 수 있는 고의범죄라고 보아야 할 것 같다. 양벌규정의 사용자책임은 고의범은 물론 과실범으로도 성립될 수 있고, 사용자에게 고의나 과실이 있음을 검사가 증명하는 것이 아니고, 결국은 피고인이 스스로 주의 · 감독의무를 게을리 한 과실이 없음을 입증하도록 하는 증명책임 전환규정인 것이다.

12) 여러 가지 분석이 가능하고, 그런 연구도 있으나, 여기서는 상론하지 못한다.

<table>
<tr><th colspan="2">구성요건</th><th rowspan="2">위법성</th><th rowspan="2">책임</th></tr>
<tr><th>객관적 구성요건</th><th>주관적 구성요건</th></tr>
<tr><td>1. 행위주체
– 개인 사용자
2. 구성요건적 상황
– 종업원의 위반행위(범죄)
(결과발생의 위험)
3. 요구되는 작위
– 일반적 가능성
– (가능한) 상당한 주의 · 감독에 해당하는 행위
4. 부작위
5. 결과발생
– 종업원의 범죄 결과 발생
6. 인과관계</td><td>(미필적 고의)
고의

(인식 있는/없는)
과실</td><td>–</td><td>–</td></tr>
</table>

이렇게 보면 피고인의 범죄가 성립되었다고 할 수 있는 전형적인 사례형상에서는 종업원의 위반행위와 결과, 즉 제27조 제3항의 범죄가 성립했다는 것이 양벌규정에 해당하는 사용자 범죄의 구성요건요소가 된다는 것을 알 수 있다. 그렇다면 절차법적 관점에서 볼 때 종업원의 범죄성립은 피고인의 범죄의 구성요건요소로서 엄격한 증명을 통한 적극적 증명의 대상이 되는 것이다.

대상판결에서는 종업원의 범죄가 기소된 것이 아니고, 피고인의 양벌규정 위반만이 기소된 것이므로 증거능력 판단은 당연히 피고인에 대한 기소범죄사실이 기준이 되어야 할 것이고, 피고인의 범죄 성립을 위해 대상판결에서 열거된 증거목록을 보면, 사망한 사무국장에 대한 사법경찰관 작성의 피의자신문조서의 자백진술과 그에 부합하는 것으로 보이는 은행의 거래내역이 전부이다. 따라서 사무국장에 대한 피의자신문조서는 그를 피고인에 대하여 공범인 피의자로 볼 것인지, 단순한 참고인으로 볼 것인지에 따라 증거능력인부에 차이가 발생하고, 결국 이것이 유무죄 판단에 결정적인 의미를 가진다는 것을 알 수 있다.

3. 사망한 피의자에 대한 사법경찰관 작성 피의자신문조서의 증거능력

따라서 피고인의 양벌규정위반 범죄의 유죄 인정을 위해 사무국장의 경찰에서의 신문조서를 증거로 사용할 수 있는가의 문제는 (두 사람이 공범이 아니라고 보면) 공범 아닌 자의 수사단계에서 사법경찰관 앞에서의 진술을 기재한 피의자신문조서가 제314조의 적용대상이 되는가 하는 절차법적 문제로 이어진다. 주지하다시피 이와 관련하여 대법원은 검사 이외의 수사기관 작성의 피의자신문조서는 당해 피고인과 공범인가 여부에 따라 제314조의 적용여부를 달리 판단하고 있기 때문이다.

만약 공범으로 기소되었다면, "형사소송법 제312조 제3항은 검사 이외의 수사기관이 작성한 당해 피고인에 대한 피의자신문조서를 유죄의 증거로 하는 경우뿐만 아니라 검사 이외의 수사기관이 작성한 당해 피고인과 공범관계에 있는 다른 피고인이나 피의자에 대한 피의자신문조서를 당해 피고인에 대한 유죄의 증거로 채택할 경우에도 적용된다. 따라서 당해 피고인과 공범관계가 있는 다른 피의자에 대하여 검사 이외의 수사기관이 작성한 피의자신문조서는 그 피의자의 법정진술에 의하여 그 성립의 진정이 인정되는 등 형사소송법 제312조 제4항의 요건을 갖춘 경우라고 하더라도 당해 피고인이 공판기일에서 그 조서의 내용을 부인한 이상 이를 유죄 인정의 증거로 사용할 수 없다."[13]라는 대법원의 기준에 따라 사무국장에 대한 사법경찰관의 피의자의 신문조서는 증거로 사용할 수 없는 것이다.

하지만 대상판결의 피고인은 종업원의 범죄와 별개의 양벌규정위반으로 기소되었고 사무국장은 단지 참고인에 불과하다고 본다면, 대법원은 이러한 사안에서는 "참고인 진술서 등 피고인 아닌 자의 진술을 기재한 서류가 그 진술자가 공판정에서 한 진술에 의하여 진정성립이 증명되지 않았음에도 형사소송법 제314조에 의하여 증거능력이 인정되려면, 그 진술자가 사망 · 질병 · 외국거주 · 소재불명, 그 밖에 이에 준하는 사유로 인하여 공판정에 출석하여 진술할 수 없는 때

---

13) 대법원 2010. 2. 25. 선고 2009도14409 판결; 대법원 2010. 1. 28. 선고 2009도10139 판결; 대법원 2009. 7. 9. 선고 2009도2865 판결; 대법원 2004. 7. 15. 선고 2003도7185 전원합의체 판결 등.

에 해당하고, 또 그 서류의 작성이 특히 신빙할 수 있는 상태에서 행하여졌음이 증명되어야 한다"[14]라고 한다. 따라서 대상판결에서 제1심 법원이 열거하고 있는 사실을 근거로 특신상황이 인정된다고 보았다면, 사망한 사무국장에 대한 사법경찰관의 피의자신문조서는 제314조의 적용을 통해 피고인의 유죄 증거가 될 수 있는 것이다.

4. 소결

만약 피고인이, 제1심 절차에서의 주장한 것처럼, 진정으로 무고한 사람이라고 한다면 대상판결의 논리구조를 보고 아마도 이런 생각을 할 수 있었을 것이다.

"나의 감독의무위반 범죄의 구성요건적 상황에 해당하는 내용을 나에게 불리하게 진술하고 사망한 사무장의 진술에 대해 한번 다투어볼 기회도 주지 않고, 사무장이 경찰 앞에서 했다는 진술을 기재한 서류의 내용만으로 내가 유죄선고를 받게 되는구나!, 그런데 그 이유가 단지 사무장의 의료법위반 범행과 그 범행을 방지했어야할 나의 주의·감독의무 불이행의 범죄가 서로 관련성이 없는 별개의 범죄이기 때문이라고 하니, 이제 항소심에서는 아예 사무장과 내가 공범이라고 다투어 보는 수밖에 없겠다! 공범의 검사 이외의 수사기관의 피의자신문조서는 내가 내용을 부인하면 증거가 되지 않는다고 하니 말이다."

종업원인 사무국장이, 그것도 근무를 시작하고 며칠이 지나지 않아서부터 시작한 합계 2,300여만 원, 43회의 위법행위를 사업주인 피고인이 전혀 몰랐다고 하는 주장을 사실심 법관이 신빙성이 있다고 받아들이기를 기대하기는 어렵다고 생각한 변호인이라면, 피고인에게 불리한 유일한 증거로 보이는 사무장의 사법경찰관 작성 피의자신문조서의 증거능력을 부정하기 위해서는 아예 공범이라고 주장하자고 조언하는 것이 상식일 것이다.

그런데, 위와 같은 논리가 판례의 태도를 정확하게 이해한 것이라고 하면, "종업원의 범죄를 함께 했다고 하면 무죄, 종업원의 범죄를 전혀 관리하지 않았

---

14) 대법원 2016. 2. 18. 선고 2015도17115 판결.

다고 하면 유죄가 된다."는 것이 단지 형사소송법의 증거법원리에 따른 결론이라는 논거만으로 설명될 수 있을까 하는 우둔한 물음이 떠오른다. 달리 표현하면, "말 한마디로 쉽게 공범 범죄도 되고 별개 범죄도 되는데 이런 경우는 증거능력이 있고, 저런 경우는 증거능력이 없다고 하는 것은 조금 이상하지 않은가?"라는 물음이다.

이 물음에 어떻게 답하는 것이 타당할 것인지, 대상판결과 피고인의 주장 등의 당부판단은 일단 미루어 두고,[15] 앞서 언급했듯이, 사실심의 사실 확정과 달리 공범상황을 가정했을 때의 실체법 · 절차법적 쟁점과 그 법적 효과를 간략히 검토해 보기로 한다.

III. 피고인이 사망한 피의자와 공범관계인 경우의 쟁점

1. 공범의 가능성

판시 사실관계를 보면 실제 피고인이 사망한 사무국장과 상호 합의 혹은 양해 하에 자신들(과 병원)의 이익을 위해서 의료법 제27조 제3항에서 금지하는 행위를 함께 하기로 공모하고, 피고인은 수고비 명목의 금원을 제공하고, 사무국장은 구체적으로 이를 집행하는 역할을 나누어 하였다고 보는 것이 상식적인 판단이라는 생각이 든다. 이러한 가정 하에서 만약 피고인을 사무국장과 공동정범이었다고 볼 경우와 피고인이 종업원에게 의료법 위반을 교사하였던 경우(혹은 금원을 제공하며 방조하였다고 볼 경우)에 논의될 수 있는 실체법 · 절차법적 쟁점은 무엇이며 어떤 결론이 설득력이 있을지 보기로 한다.

2. 제27조 제3항의 공동정범으로 볼 경우

피고인과 사무국장이 공동정범이라고 하면, 피고인은 의료법 제27조 제3항

15) 아래의 IV 참조.

의 (공동)정범이자 제91조의 양벌규정에 의해 자신의 종업원의 위반행위 · 범행을 방지하기 위해 필요한 상당한 주의와 감독을 게을리 한 책임도 져야 할 것이다. 종업원은 물론, 사업주인 개인(피고인)도 당연히 제27조 제3항을 위반할 수 있으므로 피고인은 제27조 제3항의 (공동)정범이며, (판례에 따른다면) 종업원의 제27조 제3항 위반행위에 대해서는 제91조에 규정한 주의 · 감독의무 불이행으로 인한 별도의 죄가 성립할 것이다.[16] 물론 제91조의 법문에 따를 때, 피고인 자신의 위반행위에 대해서는 별도의 주의 · 감독의무위반이 성립되지는 않을 것이기 때문에, 피고인 혼자서 제27조 제3항을 위반한 경우나 공동정범으로 범한 경우에도 자신의 범행에 대해서는 제91조는 성립하지 않는다.

가. 제27조 제3항 위반죄의 일죄 가능성

그런데 우선 "공동정범의 범행 전체를 피고인 자신의 범행으로 볼 수 있는 경우는 없는가?"하는 의문이 든다. 만약 피고인이 제27조 제3항의 범죄를 주도적으로 하면서 종업원을 끌어 들여 사실상 주모자의 역할을 한 공모공동정범 형태의 범행을 생각해 본다면, 이미 제27조 제3항의 범죄행위에는 제91조에서 예정하고 있는 의무위반의 평가가 포함되고도 남음이 있지 않는가 하는 생각 때문이다. 즉 이러한 사안은 종업원의 고의범행에 대해 사업주가 이를 제대로 관리하지 않고 소홀히 방치한 경우에 사업주를 처벌하기 위한 양벌규정 본래의 적용대상이 아니지 않는가 하는 말이다.

한편 제91조는 제27조 제3항에 이미 정범적으로 가담하거나, 범행을 주도한 경우(아래에서 볼 교사 · 방조범도 포함하여)에는 적용되지 않은 보충적 구성요건(법조경합의 보충관계) 혹은 저인망구성요건(Auffangstatbestand)으로 이해할 수도 있지 않는가 하는 생각이 든다. 그렇게 볼 수 있다면 피고인이 공모공동정범의 주모자 또는 공동정범(공범) 등의 형태로 가담했다면, 이미 제91조의 적용은 배제되고, 단지 제27조 제3항의 죄책만을 진다고 할 수 있을 것이기 때

16) 양벌규정과 관련한 이중처벌의 부담에 대해서는 예를 들면 김유근, 양벌규정에 정한 개별적인 범죄방지(선임감독)의무의 위반행위의 범죄유형에 대하여, 형사법연구 제23권 제2호(2011), 62쪽을 볼 것.

문이다. 그렇다면 대상판결의 쟁점이 된 조서는 당연히 공범인 피의자에 대한 검사 이외 수사기관이 작성한 신문조서가 되는 것이고, 대상판결에서 유죄라는 결과를 도출하기는 어려워 보인다.

나. 제27조 제3항의 공동정범과 제91조의 양벌규정 위반의 경합범

이와 달리 피고인에게는 제27조 제3항의 공동정범으로서 정범책임과 그 죄의 공동정범인 종업원의 제27조 제3항의 범행에 대한 사업자로서의 주의 · 감독의무위반을 처벌하는 제91조의 정범책임이 모두 성립한다고 보더라도, 양 죄의 관계, 즉 죄수가 어떻게 되는지도 문제될 수 있다.

이와 관련해서는 대법원의 불가벌적 수반행위에 대한 입장과 작위범과 부작위범이 모두 성립하는 경우 검사의 기소재량과 법원의 심판범위에 대한 입장을 간략히 살펴 볼 필요가 있을 것 같다.

(1) 불가분적 수반행위의 법조경합

먼저 불가분적 수반행위에 대한 대법원의 입장을 그대로 옮겨본다.

> "상상적 경합은 1개의 행위가 실질적으로 수개의 구성요건을 충족하는 경우를 말하고, 법조경합은 1개의 행위가 외관상 수개의 죄의 구성요건에 해당하는 것처럼 보이나 실질적으로 1죄만을 구성하는 경우를 말하며, 실질적으로 1죄인가 또는 수죄인가는 구성요건적 평가와 보호법익의 측면에서 고찰하여 판단하여야 한다. 그리고 이른바 '불가벌적 수반행위'란 법조경합의 한 형태인 흡수관계에 속하는 것으로서, 행위자가 특정한 죄를 범하면 비록 논리 필연적인 것은 아니지만 일반적 · 전형적으로 다른 구성요건을 충족하고 이때 그 구성요건의 불법이나 책임의 내용이 주된 범죄에 비하여 경미하기 때문에 처벌이 별도로 고려되지 않는 경우를 말한다."[17]

위의 개념정의에 대상판결에서 문제되는 범죄유형을 대입해 보면, "의료법

17) 대법원 2012. 10. 11. 선고 2012도1895 판결; 대법원 1997. 4. 17. 선고 96도3376 전원합의체 판결 참조.

제27조 제3항 위반죄를 (공동정범 혹은 공범으로) 범하면 (심지어 논리 필연적으로!) 제91조의 주의 · 감독의무불이행의 양벌규정 위반죄의 구성요건을 충족시키고, 이때 그 구성요건의 불법이나 책임의 내용이 의료법 제27조 제3항에 비해서 경미하기 때문에 처벌이 별도로 고려되지 않는다."라고 표현할 수 있을 듯하다. 상당한 주의로 위법행위를 감시해야할 자가 감독의 대상이 되는 종업원과 공동으로 감시해야할 위법행위를 범했다는 것은 결국 후자가 성립되는 경우 전자는 언급의 필요도 없는 것이고, 따라서 후자의 처벌에는 전자의 처벌이 충분히 흡수된다고 할 수도 있을 것이며, 제91조의 형벌은 제27조 제3항의 형벌 중 징역형은 배제되고 벌금형만 예정되어 있다는 것에서도 그런 해석을 지지하는 요소를 발견할 수 있는 것이다.

만약 이러한 해석이 가능하다면 실질적으로 제27조 제3항의 죄만 성립된다고 볼 수 있고, 그렇다면 검사로서는 피고인을 제27조 제3항의 공동정범으로 기소하는 것이 적법한 기소권 행사라고 할 수 있을 것이다. 이 경우에도 검사는 법조경합 관계에 있는 범죄들 중 흡수되는 범죄로 기소할 수 있는지에 대한 대법원의 선례는 아직까지 없는 것 같다.

이러한 전제하에서 검사가 피고인을 제27조 제3항의 (공동)정범으로 기소하였고, 그의 유죄증명을 위해 사무국장의 피의자신문조서가 증거로 신청된다면, 피고인과 공범관계이기 때문에 제314조를 적용할 수 없다는 것이 대법원의 입장이다. 따라서 정황증거만으로 유죄를 인정하지 않는 한 피고인은 결국 무죄 선고되어야 하는 것이다.

(2) 하나의 행위가 작위범과 부작위범 모두를 충족하는 경우 검사의 기소재량과 법원의 심판범위

만약 피고인의 제27조 제3항 위반과 제91조 위반의 범죄들은 서로 상상적 경합관계에 있다고 본다면, 법조경합으로 보는 경우와는 다른 결론이 도출될 수 있을 것이다. 피고인의 행위를 작위범(제27조 제3항)과 부작위범(제91조 주의감독의무 불이행)을 모두 충족하는 것으로 본다면, 대법원의 기존 입장에 따르면 양자 중 어느 것으로 기소하는지는 결국 검사의 기소재량의 대상이며, 경한 범죄로 기소하는 경우도 현행법의 해석상 적법한 기소가 될 수 있고, 그런 경우 법원은 제27조 제3항이 아니라 검사가 기소한 제91조의 위반만을 심사하면 된다.

물론 중한 죄로 처벌하라는 제40조 상상적 경합 규정의 취지를 생각한다면, 이런 경우 검사의 기소재량을 인정해서는 안 되고, 둘 중 중한 죄로 기소해야 한다고 주장하는 것도 현행법의 기소재량의 이해를 벗어나는 것이 아니라고 보면, 경한 죄로 기소하는 것은 정의감에 충돌하는 문제를 담고 있는 것으로 보인다. 물론 기소재량은 불기소처분을 포함하는 것이기 때문에 현재의 대법원의 해석이 잘못된 것이라고 하기는 어렵다.

여하튼, 언급한 기소재량과 심판범위에 대한 대법원의 해석론은 아래와 같다.

> "하나의 행위가 부작위범인 직무유기죄와 작위범인 범인도피죄의 구성요건을 동시에 충족하는 경우 공소제기권자는 재량에 의하여 작위범인 범인도피죄로 공소를 제기하지 않고 부작위범인 직무유기죄로만 공소를 제기할 수도 있으므로, … 원심이 그 공소범위 내에서 피고인을 직무유기죄로 인정하여 처벌한 조치는 수긍이 가고, 거기에 상고이유에서 지적하는 바와 같은 죄수에 관한 법리오해의 위법이 없다."[18]

언급했듯이 특기할 것은 부작위범인 직무유기보다도 작위범인 범인도피죄의 법정형이 중함에도[19] 불구하고 경한 범죄로 기소하는 것도 검사의 재량이라고 하고 있다는 것이다. 이러한 입장은 하나의 행위가 부작위범인 직무유기죄와 작위범인 허위공문서작성 · 행사죄의 구성요건을 동시에 충족하는 경우에도 동일하게 확인되고 있다. 즉 공소제기권자는 재량에 의하여 작위범인 허위공문서작성 · 행사죄로 공소를 제기하지 않고 부작위범인 직무유기죄로만 공소를 제기할 수도

---

18) 대법원 1999. 11. 26. 선고 99도1904 판결.

19) 법정형이 동일한 경우에도 검사의 기소재량을 인정하는 판결로는 대법원 2010. 1. 28. 선고 2008도7312 판결; 대법원 2008. 2. 14. 선고 2005도4202 판결 참조: "상급 경찰관이 직권을 남용하여 부하 경찰관들의 수사를 중단시키거나 사건을 다른 경찰관서로 이첩하게 한 경우, …, 권리행사를 방해함으로 인한 직권남용권리행사방해죄만 성립하고 의무 없는 일을 하게 함으로 인한 직권남용권리행사방해죄는 따로 성립하지 아니하는 것으로 봄이 상당하다(다만 공소제기권자인 검사는 위와 같은 사안에 있어 재량에 따라 의무 없는 일을 하게 함으로 인한 직권남용권리행사방해죄로 공소를 제기할 수도 있는 것이므로, 그 경우 법원이 그 공소범위 내에서 직권남용권리행사방해죄로 인정하여 처벌하는 것은 가능하다).

있다는 것이다.[20] 이 두 범죄 사이의 법정형도 상당한 차이를 보인다.

대상판결이 다룬 사안에 이러한 내용을 적용하면 설령 제27조 제3항 위반죄(제88조)와 제91조의 죄가 동시에 성립된다고 하더라도, 검사는 양 범죄 중에서 법정형이 경한 후자로 기소할 수 있는 것이고, 그렇다면 사무국장에 대한 사법경찰관의 피의자신문조서는 피고인의 유죄증명의 자료로 사용될 수 있는 것이다. 이렇게 보면 대상판결의 결론은 대법원의 선례에 부합한다. 물론 전자로 기소할 경우에는 위 신문조서는 공범인 피의자의 검사 아닌 수사기관이 작성한 신문조서가 되므로 비록 사무장이 사망으로 법정에 출석할 수 없다고 해도 제314조는 적용할 수 없는 것이다.

3. 교사범 · 방조범으로 볼 경우

피고인이 사무국장의 의료법 제27조 제3항의 행위를 교사 혹은 방조하였다고 보면, 피고인에게는 제27조 제3항의 교사 혹은 방조범과 제91조 위반죄가 성립할 것이다. 앞서 살펴본 죄수 문제에서 언급한 바와 같이, 위법행위를 교사 혹은 방조한 자에게는 제27조 제3항의 교사 혹은 방조범이 성립함은 물론, 상당한 주의와 감독을 게을리 한 양벌규정위반죄도 성립한다고 할 수 있고, 여기서도 불가벌적 수반행위의 해석을 적용하는데 문제될 것은 없어 보인다.[21] 나아가 위법행위를 교사하는 작위범과 부작위의 주의 · 감독부작위가 상상적 경합으로 성립된다고 보는 경우에도 앞서 언급한 기소재량의 문제가 그대로 적용될 수 있을 듯하다.

4. 소결

피고인이 사망한 사무국장과 의료법 제27조 제3항을 공동으로 범했거나, 피

20) 대법원 2008. 2. 14. 선고 2005도4202 판결.

21) 징역형이 법정된 제27조 제3항은 제91조와는 어떤 형태의 감경이 있더라도 중한 죄이고, 주의 · 감독의무의 해태(게으름)을 처벌하는 제91조는 제27조 제3항 위반에 어떠한 행태로건 고의로 가담하는 경우와 비교할 때 경한 죄이다.

고인이 주도적으로 위법행위를 실행한 경우, 혹은 사무국장의 범죄를 교사 혹은 방조하는 형태로 가담한 경우의 실체법적 · 절차법적 문제를 검토해 본 결과, 대부분의 경우 제27조 제3항으로 기소하는 것이 타당하고, 그렇게 되면 사망한 사무국장을 사법경찰관이 신문하며 작성한 피의자신문조서는 피고인의 유죄입증의 증거로 사용할 수 없다는 결론에 이르렀다.

이제 마지막으로 의료법 제27조 제3항 및 제88조와 제91조의 죄수 문제, 즉 모든 양벌규정에 공통적으로 등장할 수 있는 문제인 두 개의 범죄 사이의 죄수 문제, 피의자 · 피고인 사망이 공(동정)범의 수사와 기소 및 공판에 미치는 영향, 그리고 제312조 제3항과 동조 제4항 그리고 제314조의 적용여부와 관련하여 당해 피고인과 공범인 피고인 · 피의자인지 그렇지 않은 자인지를 기준으로 그 자에 대한 신문조서의 증거능력을 달리 판단하고 있는 대법원의 구체적인 논거를 살펴보면서 대상판례의 당부에 대한 필자의 생각을 정리하기로 한다.

Ⅳ. 기타 쟁점

1. 정범 사망의 효과(공범 종속성의 의미)

대상판결에 내재된 쟁점과는 직접적 관련성은 없다고 할 수도 있으나, 정범의 사망 혹은 자살이 공범에 대한 소송절차에 어떤 영향을 미치는지에 대해서만 간략하게 언급하기로 한다.

앞서 살펴본 공동정범의 경우에는 공동정범인 사무국장이 사망하더라도[22] 피고인인 병원장도 역시 (공동)정범인 피고인이므로 그에 대한 수사나 기소 그리고 재판에 특별한 영향을 미칠 수 없다. 하지만 만약 피고인이 교사나 방조범의

---

22) 공소제기후의 사망의 경우 공소기각의 결정이 필요한 것은 대체로 국내외의 법제에서 동일하다 {일본형사소송법 제339조 제4호; 독일 형사소송법 제206조의a; BGH NJW 83, 463; BGHSt 45, 108; Haller/Conzen, Das Strafverfahren, 6. Aufl.(2011), S. 428; Meyer-Goßner, StPO, 51. Aufl.(2008), § 206a, Rn. 8}.

형태로 가담하였는데 정범이 사망하였다면 그 정범의 사망이 피고인에 대한 수사와 공판에 어떤 영향을 미칠 것인가 하는 문제가 있다. 이에 대한 대답은, 앞에서 양벌규정과 그 전제인 범죄행위의 관계에서도 동일한 취지의 언급이 있었지만, 공범의 종속성에 관한 대법원의 이해를 표현하고 있는 판시내용으로 대신할 수 있을 것 같다.

공범의 종속성의 의미를 정범의 성립과 처벌에 따라 공범의 성립 여부와 처벌이 결정된다는 의미로 이해하는 경우도[23] 있지만, 통상 공범의 성립은 정범의 성립에 종속한다거나,[24] 교사범과 방조범은 위법한 행위의 존재에 의존(종속)한다[25]는 등으로 이해되고 있다.

대법원도 교사범의 정범종속성이라는 개념을 "대저, 정범의 성립은 교사범, 방조범의 구성요건의 일부를 형성하고 교사범, 방조범이 성립함에는 먼저 정범의 범죄행위가 인정되는 것이 그 전제요건이 되는 것은 공범의 종속성에 연유하는 당연한 귀결이며, 따라서 교사범, 방조범의 사실 적시에 있어서도 정범의 범죄구성요건이 되는 사실 전부를 적시하여야 하고, 이 기재가 없는 교사범, 방조범의 사실 적시는 죄가 되는 사실의 적시라고 할 수 없다."[26]라는 의미로 이해하거나, '정범의 성립은 교사범의 구성요건의 일부를 형성하고 교사범이 성립함에는 정범의 범죄행위가 인정되는 것이 그 전제요건이 되는 것'[27]이라고 하여 정범 성립이 교사범 성립의 전제조건이라는 식으로 이해하고 있다. 앞서 살펴본 양벌규정에서 종업원의 범행이 개인 사업주의 가벌성 요건(구성요건요소)이 된다는 것과 다르지 않다.

달리 말해 정범의 범죄가, 제한종속형식에 따른다면, 구성요건에 해당하고 위법하다는 것을 교사범 혹은 방조범의 소송절차에서 증명할 수 있으면 정범의

23) 오영근, 형법총론, 제2판(2012), 598쪽.
24) 배종대, 형법총론, 제10판(2011), 560쪽; 신동운, 형법총론, 제2판(2006), 603쪽.
25) Wessels/Beulke/Satzger, Strafrecht AT., 44. Aufl.(2014), Rn. 551.
26) 대법원 1981. 11. 24. 선고 81도2422 판결.
27) 대법원 1998. 2. 24. 선고 97도183 판결.

성립이나 처벌 혹은 기소여부와는 무관하게 교사범과 방조범의 처벌은 충분히 가능하다는 말이다. 물론 그 증명은 교사범과 방조범의 구성요건을 증명하는 방법, 엄격한 증명의 방법으로 행해져야 할 것이다.

2. 종업원 등의 위반행위와 개인 사업주의 양벌규정 위반 간의 죄수

현행 국내 형사법제에서 양벌규정의 형식은 종업원의 해당 법률 위반행위가 있으면 개인인 사업주에게도 (징역형은 배제하고) 그 법률규정의 벌금형을 과하고, 단지 위반행위 방지를 위한 상당한 주의 · 감독을 게을리 하지 않았다는 것이 증명되면 처벌하지 않는다는 구조이다. 상당한 주의와 감독을 게을리 하지 않았는데도 결과가 발생했다는 것은 인과성이 없거나(감독하지 않음이 결과발생의 원인이 아니라는 의미), 양벌규정에서 요구된 상당한 주의와 감독은 결과방지와 무관한 요구(결과 방지와 관계없이 일종의 거동범의 형식처럼 특정 행위를 하라는 의미)인 두 가지 경우로 나누어볼 수 있을 것이고, 이 경우 처벌하지 않는다는 것은 개인행위책임과 형벌의 최후수단성에 비추어 당연한 귀결로 보인다. 달리 말해 제91조와 같은 양벌규정은 상당한 주의와 감독의무를 이행하면 결과가 발생하지 않을 것임을 전제한 규정이라고 보는 것이 타당할 것이다. 따라서 만약 상당한 주의와 감독을 하였는데도 결과가 발생하는 일이 생겼다면, 그것은 사업주에게 과실이 없거나 인간의 힘으로 어찌할 수 없는 결과가 발생한 것(인과관계 부정)을 달리 표현하는 것이라고 하겠다. 환언하면, 제91조는 결과발생을 방지할 주의와 감독 의무를 다했다면, 즉 과실이 없다면 종업원의 행위로 범죄적 결과가 발생해도 처벌하지 않겠다는 것이다. 즉, 주의와 감독을 소홀히 함에 과실이 있다면 처벌한다는 것이다.

그런데 만약 과실을 넘어서 고의로 의무를 해태한 경우는 어떻게 할 것인가? 즉, 종업원의 위반행위의 가능성을 알면서도 고의로 주의와 감독을 하지 않은 경우는 양벌규정으로 처벌되어야 하는지, 아니면 그 종업원의 위반행위에 대한 편면적 방소범으로 그 보다 중하게 평가되어야 하는지를 묻는 것이다.

의료법의 해당 규정을 예로 들더라도, 제27조 제3항 위반은 3년 이하의 징역이나 3천만 원 이하의 벌금형이 법정되어있다. 제91조 위반은 개인사업자에 대해서도 3천만 원 이하의 벌금이 상한이다. 필자가 보기에는 이 경우 제27조 제3항의 방조범으로 처벌해야 할 것 같다. 왜냐하면 감독해야 할 종업원의 위법행위에 고의로 가담한 자까지도 제91조의 적용범위에 속한다고 하기는 어렵기 때문이다. 하물며 교사나 공동정범적으로 나아간 경우에는 당연히 제91조가 아니라 제27조 제3항이 적용된다고 보는 것이 법문의 문리적 · 체계적 해석에 부합하는 결과가 아닌가 한다.

따라서 이렇게 보면 현행법상 모든 양벌규정의 적용범위는 종업원의 범죄에 이미 공범형태로 가담한 자에게는 적용이 없는 것으로 보아야 하며, 이를 양 죄의 상상적 경합으로 보고, 기소 재량의 대상으로 이해하는 것은 적절하지 않아 보인다.

3. 공범인 공동피의자(피고인)의 경찰조서의 증거능력제한의 이유

검사 이외의 수사기관 작성의 피의자신문조서에 대한 증거능력의 제한규정(당시 제312조 제2항)은 당해 피의자였던 피고인에 대하여서 뿐만 아니라, 공동피의자였던 다른 피고인에 대한 관계에서도 다 같이 적용되는 것이라는 (온라인으로 확인가능한) 대법원의 최초판결은 1979년 판결이다.[28)]

이 판결을 원용한 1986년 판결에서는[29)] 피고인과 공범관계에 있는 다른 피고인 또는 피의자에 대한 검사 이외의 수사기관이 작성한 피의자신문조서라고 하여 종래보다 구체적으로 판시하고 있다. 이를 넘어서 이 판결은 그러한 차별취급의 이유가 무엇인지를 처음이자 유일하게 밝히고 있다는 점에서 상당히 중요한 의미가 있다. 그 후 지금까지 대법원 판결에서 다른 내용의 이유가 제시된 적이 없기 때문이다. 판시의 자구 그대로 옮겨본다.

---

28) 대법원 1979.4.10. 선고 79도287 판결.
29) 대법원 1986.11.1. 선고 86도1783 판결.

"당해 피고인과 공범관계에 있는 다른 공동피고인 또는 피의자에 대한 검사 이외의 수사기관이 작성한 피의자신문조서의 증거능력을 형사소송법 제312조 제2항의 규정에 의하여 피고인에 대한 그것과 마찬가지로 엄격히 제한하여야 할 이유는 그 내용이 당해 피고인에 대한 피의자신문조서의 내용과 다름없기 때문이므로, 그 증거능력은 진정성립이 인정되는 외에 당해 피고인 또는 변호인이 그 내용을 인정하여야만 부여할 수 있는 것이며, 원진술자인 피의자 또는 그의 변호인이 내용을 인정하였다 하여 증거능력을 부여할 수는 없는 것이라고 봄이 상당하다. 이와 같이 보지 아니하고 원진술자인 피의자가 피고인에 대한 형사 피고사건의 법정에 나와 그 내용을 인정하게 되면 증거능력이 부여된다고 보게 되면 형사재판이 각각 별도로 이루어진 경우 자기에 대한 형사 피고사건에서는 법정에서 그 내용을 부인하여 유죄의 증거가 되지 아니한 피의자신문조서도 공범관계에 있는 다른 피고인에 대한 관계에 있어서는 유죄의 증거가 될 수 있는 불합리하고 불공평한 결과가 생길 수 있고, 또 그 피의자에 대한 형사 피고사건에서 피고인이 되었던 그 피의자 또는 변호인이 내용을 인정한 바 있다 하여 이를 다른 피고인에 대한 형사 피고사건의 증거로 할 수 있다고 본다면 당해 피고인의 반대신문 기회도 없었던 진술만으로 증거능력을 인정하는 것이 될 것이 아니라('될 뿐만 아니라'의 오기인 듯), 만일 그 피의자에 대한 형사사건에서 유죄의 증거로 되었던 이유가 그의 변호인이 피의자신문조서의 내용을 인정하였기 때문인 경우라면 당해 피고인으로서는 자기의 변호인도 아닌 사람의 소송행위로 불이익을 받는 결과가 되어 부당하기 때문이다."[30]

결론적으로 '그 내용이 당해 피고인에 대한 피의자신문조서의 내용과 다름이 없기 때문'이라는 논거를 대상판결에 적용할 수 있을지, 적용한다면 어떤 결과가 될 것인지를 제대로 심사해 보는 것이 대상판결의 의미를 제대로 파악하기 위한 핵심으로 보인다. 그렇다면 위 대법원 판시 이유를 대상판결 사안에 적용해 보면 어떤 결과가 될 것인가?

필자가 보기에는, 대상판결에서 사망한 사무국장의 피의자신문조서에 자백과 같은 내용은 당해 피고인인 병원장에 대한 피의자신문조서의 내용과 다를 바 없는 것으로 볼 수 있다. 전자의 자백은 후자의 범죄의 자백과 다름없다는 말이다. 의료법 제27조 제3항의 공(동정)범이건 혹은 양벌규정위반만을 별개로 처벌

---

30) 대법원 1986. 11. 1. 선고 86도1783 판결.

한다고 하건 간에, 후자의 범죄의 구성요건에 해당하는 중요한 사실이자 피고인의 유죄인정을 위해 적극적 증명이 필요한 중요한 내용이 그 신문조서의 핵심 내용이기 때문이다.

이렇게 보면, 판시와 같이, 그 조서의 증거능력은 '진정성립이 인정되는 외에 당해 피고인인 병원장이나 변호인이 그 내용을 인정하여야만 하는 제312조 제3항의 조서가 되는 것이며, 제314조의 적용대상이 될 수 없는 것이다. 원진술자인 사망한 사무국장 또는 그의 변호인이 그 내용을 인정하였다고 하여 증거능력을 부여할 수 없다고 보는 것이 타당할 것이다.

또한 만약 사무국장이 살아서, 자신의 피고사건에서는 내용을 부인하고, 별개로 진행된 피고인 병원장에 대한 형사사건에 출석하여서는 그 내용을 인정하게 되면 증거능력이 있다고 본다면(즉 제312조 제4항의 조서로 본다면), 사무장은 자기 사건에서는 내용 부인하여 증거로 사용할 수 없는 조서를 피고인인 병원장 사건에서는 내용을 인정하여 피고인의 유죄증거로 사용할 수 있게 하는 것이 되고 이것인 불합리하고 불공평한 결과를 초래한다는 것은 굳이 근거지음이 필요하지 않아 보인다.

나아가 만약 사무국장이 살아서 자신의 피고사건의 공판에서 자신 또는 변호인이 그 내용을 인정하여 사경 신문조서가 증거로 되었다는 이유로 그 조서를 피고인의 사건에서도 증거로 할 수 있다고 한다면, 사무국장에 대한 경찰신문에서도 반대신문의 기회를 제공받지 못했을 뿐만 아니라, 그 이후 사망으로 인하여 더 이상 반대신문의 기회가 있을 수 없는 그 타인의 진술에 피고인에 대한 유죄인정의 증거로서 증거능력을 인정하는 것이 되어 부당하고, 만일 사무국장의 피고사건 공판에서 그에 대한 사경작성 피의자신문조서가 유죄증거로 사용된 이유가 변호인이 그 조서의 내용을 인정한 이유 때문이라면, 대상판결의 피고인인 병원장은 자기의 변호인도 아닌 사람(사무국장)의 변호인의 소송행위로 불이익을 받게 되는 결과가 되어 부당한 것이라고 하지 않을 수 없다.

따라서 종업원의 위반행위와 이를 근거로 한 사업주의 양벌규정위반죄의 처벌이 문제되는 경우, 설령 이들 범죄를 상호 별개의 범죄로서 독립된 것으로 본다고 하더라도, 종업원에 대한 사법경찰관의 피의자신문조서는, 공범의 조서를 제312조 제3항으로 분류하여 제314조의 적용을 배제한 대법원의 논거에 비추어 보더라도, 단순히 사법경찰관 작성의 참고인 진술조서와 같은 유형으로 분류할 수는 없어 보인다.

종합하자면, 대법원의 기존 판결례를 따르더라도, 대상판결에서 사망한 사무국장에 대한 사법경찰관의 신문내용을 기재한 피의자신문조서는 피고인인 사업주 병원장의 유죄인정을 위한 증거로 할 수 없다고 보는 것이 타당해 보인다.[31]

31) 일반인의 시각에서 분명히 유죄인 병원장이 무죄로 방면되는 것을 묵인하는 것은 건전한 국민적 법감정에 위반된다고 생각된다면, 사망한 피의자를 신문한 사법경찰관을 법정에서 신문하는, 현행 형사소송법이 명문으로 인정하고 있는 방법을 적극적으로 활용해야 할 것이다.

참고문헌

김유근, 양벌규정에 정한 개별적인 범죄방지(선임감독)의무의 위반행위의 범죄유형에 대하여, 형사법연구 제23권 제2호(2011), 53쪽 이하.

배종대, 형법총론, 제10판, 홍문사, 2011.

신동운, 형법총론, 제2판, 법문사, 2006.

오영근, 형법총론, 제2판, 박영사, 2012.

Haller, Klaus/Conzen, Klaus, Das Strafverfahren, 6. Aufl., C. F. Müller, 2011.

Meyer-Goßner, Lutz, StPO, 51. Aufl., C. H. Beck, 2008.

Wessels, Johannes/Beulke, Werner/Satzger, Helmut, Strafrecht AT., 44. Aufl., C. H. Beck, 2014.

대법원 1977. 5. 24. 선고 77도412 판결.

대법원 1979. 4. 10. 선고 79도287 판결.

대법원 1981. 11. 24. 선고 81도2422 판결.

대법원 1986. 11. 1. 선고 86도1783 판결.

대법원 1987. 11. 10. 선고 87도1213 판결.

대법원 1996. 3. 12. 선고 94도2423 판결.

대법원 1997. 4. 17. 선고 96도3376 전원합의체 판결.

대법원 1998. 2. 24. 선고 97도183 판결.

대법원 1999. 11. 26. 선고 99도1904 판결.

대법원 2002. 1. 25. 선고 2001도5595 판결.

대법원 2004. 7. 15. 선고 2003도7185 전원합의체 판결.

대법원 2006. 2. 24. 선고 2005도7673 판결.

대법원 2007. 11. 16. 선고 2005다3229 판결.

대법원 2007. 11. 29. 선고 2007도7920 판결.

대법원 2008. 2. 14. 선고 2005도4202 판결.

대법원 2009. 7. 9. 선고 2009도2865 판결.

대법원 2010. 1. 28. 선고 2008도7312 판결.

대법원 2010. 2. 25. 선고 2009도14409 판결.

대법원 2010. 1. 28. 선고 2009도10139 판결.

대법원 2012. 10. 11. 선고 2012도1895 판결.

대법원 2016. 2. 18. 선고 2015도17115 판결.

[국문초록]

양벌규정을 근거로 개인사용자를 처벌하기 위해서 그 전제가 되는 종업원의 위반행위·범죄는 어떤 범죄성립요소까지 갖추어야 하는지, 그에 대한 증명은 어떤 방법으로 어느 정도로 확정되어야 하는지 등의 의문이 제기될 수 있다. 대법원은 이미 70년대부터 최근까지 양벌규정으로 처벌되는 영업주는 종업원이 처벌되는지 여부와는 독립적으로 처벌되는 것이고, 종업원이 자신의 위반행위와 관련하여 심지어 구성요건상의 자격이 없거나, 그의 범죄에 대한 검사의 공소제기가 없어도 영업주의 처벌은 가능하다는 입장을 유지해 오고 있다. 이러한 대법원의 판결 선례에 따른다면, 종업원이 사망함으로써 피고인인 사업주의 유죄인정을 위한 선결문제인 종업원의 위반행위 자체에 대한 공소제기가 불가능하더라도, 그 자의 위반행위가 있었는지 여부는 피고사건에 제출된 증거를 통해 판단하면 족하고, 이를 기초로 피고인의 양벌규정위반 여부를 결정할 수 있는 것이다. 그렇다면 사망한 종업원에 대한 사법경찰관 작성 피의자신문조서는 사용자의 양벌규정위반죄의 증명에 있어서는 공범이 아닌 피의자의 신문조서로서 제312조 제4항의 서류이며, 따라서 제314조의 적용을 통해 증거로 할 수 있는 것이 된다. 이에 반해 만약 종업원의 의료법위반에 대해 사용자도 애당초 공동정범으로 가담한 것으로 보인다거나, 혹은 교사·방조의 형태로 가담한 것으로 볼 수 있다면, 종업원에 대한 신문조서는 공범인 피의자에 대한 사법경찰관 작성의 신문조서가 문제되고 그 증거능력판단은 달라진다.

이 글에서는 실체법적으로는 의료법 제27조 제3항 위반 범죄(공동정범 혹은 공범)와 양벌규정 위반 범행 간의 죄수문제, 즉 자신의 의료법 위반 범죄와 종업원의 의료법 위반범죄에 대해 상당한 주의·감독을 하지 않은 양벌규정 위반 범죄 간의 죄수, 작위의 의료법 위반과 (양벌규정의 고의·과실로 인한) 선임감독의무의 부작위범의 성립여부와 죄수, 작위범과 부작위범이 모두 성립할 경우 검사의 선택적 기소가능성과 법원의 심판범위를 어떻게 이해하는가에 따라서 대상 판결들의 결론이 유지될 수 있을 것인지를 검토해 보았다.

주제어 : 양벌규정, 선임감독의무, 공동정범, 신문조서, 증거능력

[Abstract]

The admissibility of protocols of examination of an employee with respect to the proof of guilty of an employer on the basis of the joint penal provision

Kim, Sung-Ryong[32)]

In this paper, we have examined the extent to which employees' crimes should be proven in order to punish employers on the basis of the joint penal provision. Especially according to the precedent of the Korean Supreme Court, we have reviewed whether the criminal responsibility of the employer is subject to the crime of the employee. Furthermore, we examined the relationship between employee's crime in violation of medical law and user's crime(corporate crime) in violation of supervision obligation.

Also, from the perspective of criminal procedure, we have analyzed whether the protocol of examination of a suspect(i.e. employee) is acceptable as a proof of criminal responsibility of users.

Above all, we have reviewed whether the acceptability of protocol of interrogation to employees varies depending on whether employees and users are co-principal or accomplice of medical law violations.

In conclusion, this paper asserts that the examination protocol by police officer to the employee can not be accepted as evidence for the proof of user's crime, if the employer and the employee can be seen as the accomplices of violation of the medical law.

Keyword : Criminal Liability of Corporation(Employer), Obligation of Supervision, Protocol of Examination, Co-Principal, Accomplice, Admissibility of Evidence

32) Prof. Dr. iur., Kyungpook National University Law School

전문법칙의 의의 및 변호인의 반대신문이 일부만 이루어진 조서의 증거능력에 관한 소고*

- 서울중앙지법 2016. 9. 29. 선고 2015노3170 판결을 중심으로 -

- 주 승 희**-

목 차

I. 서론

우리 형사소송법은 전문증거의 증거능력을 원칙적으로 부정하면서도 일정한

* 본 연구는 조선대학교 법학연구원 법학논총(제24권 3호 2017년 12월 373-412면)에 게재한 논문임.
** 덕성여자대학교 법학과 부교수, 법학박사(Dr. jur.), 미국변호사(District of Columbia)

경우 그 예외를 인정하고 있다. 전문법칙의 취지 및 이론적 근거와 관련하여 좁게는 반대신문권 보장이나 신용성 결여, 넓게는 당사자주의나 직권주의 소송구조의 차원에서 다양한 견해들이 제시되고 있는 가운데, 2007년 형사소송법 개정(법률 제8496호, 2007. 6. 1. 일부개정, 2008. 1. 1. 시행)은 조서의 증거능력 인정 요건으로 반대신문권 보장 요건을 추가함으로써 우리 형사소송법의 전문법칙에 있어서 반대신문권의 높은 위상과 그 중요성을 확인시켜준 바 있다. 그러나 피고인의 반대신문권 역시 절대적으로 보장되는 것은 아니며 일정한 경우 그 제한을 받을 수밖에 없는데, 그 구체적 보장 한도 및 제한 요건에 대해서는 전문법칙의 예외에 관한 제311조 이하의 관련 규정에도 불구하고 여전히 논의의 필요성이 커 보인다. 최근 피고인측 변호인의 반대신문이 일부만 이루어진 경우 그 조서의 증거능력이 다툼이 된 사건이 그 대표적 예이다.[1] 본 사안은 피고인이 공범과 필리핀 모처에서 피해자를 권총으로 협박 및 폭행하여 치료일수미상의 상해를 입혔다는 내용의 사건으로서, 제1심 제2회 공판기일에서 피해자 증인에 대하여 변호인이 준비해온 반대신문 중 일부(55문항 중 27문항)에 대해서만 신문이 이루어진 경우 그 조서의 증거능력 유무가 주된 쟁점이었다. 제1심은 변호인이 준비해온 반대신문 중 일부에 대해서만 신문이 이루어졌음에도 그 조서의 증거능력을 인정하여 유죄판결을 내렸지만, 항소심판결은 반대신문권의 불충분한 행사를 이유로 그 증거능력을 부정하여 무죄판결을 내렸고, 2017년 10월 현재 대법원 상고심에 계류중이라 그 귀추가 주목되고 있다. 또한 본 사건에서는 피해자증인의 증인불출석 사유가 피고인측의 보복위협이었고, 피고인과의 합의서가 법원에 제출되었는데, 비록 제1심 및 제2심 판결에서 쟁점으로 부각되지 않았지만, 피고인의 증인에 대한 보복위협은 반대신문권의 제한 요건으로서 중요하게 취급해야 할 사항으로 판단된다. 그 외에도 피해자증인신문시 퇴정당했다가 입정한 피고인이 피해자진술요지를 고지 받지 못한 점, 제1심 제3회 공판기일에서 피고인 및 변호인이 재판장의 제2회 공판심리 관련 주요사항의 요지에 관한 고지를 듣고 '변경할 점이나 이의할 점이 없다'고 진술한 점이 반대신문권 관련 하자의 치유로 인정할 수

---

1) 서울중앙지법 2016. 9. 29 선고 2015노3170 판결.

있는지도 주요 쟁점이었다는 점에서 전문법칙 관련 반대신문권의 의의 및 그 구체적 한계, 하자의 치유문제까지 함께 들여다 볼 수 있는 중요한 판례로 보인다. 따라서 본 논문은 대상사건의 개요 및 관련 하급심판례를 간략히 소개한 후 이를 중심으로 전문법칙에 있어서 반대신문권의 의의 및 그 제한의 문제를 차례로 검토하고자 한다.

II. 대상사건 및 관련 하급심 판결 소개

1. 공소사실 요지

피고인과 피고인의 지인 공소외1은, 피해자가 공소외1의 돈을 공소외2에게 빌려주었으나 공소외2가 이를 갚지 않고, 피해자도 변제에 관한 약속을 지키지 않는다는 등의 이유로 피해자를 폭행하기로 마음먹고, 2013. 1.말 내지 2013. 2. 중순 사이 일자 불상경 당시 피해자가 머물렀던 필리핀 앙○○○ 지역의 공소외3의 집에서 공소외1은 피해자가 돈을 갚지 않는다는 이유로 피해자의 고환을 붙잡아 당기고, 피고인은 '왜 돈을 갚지 않아 나까지 오게 하느냐'면서 휴대하고 있던 권총을 꺼내 들고 소음기를 부착한 후 피해자의 머리에 겨눠 옷을 모두 벗게 한 후, 권총 손잡이 부분 및 주먹과 발로 피해자의 안면부 등 전신을 수회 구타하고, 피해자의 성기 부분을 담뱃불로 지지는 등 약 3시간 동안 피해자에게 폭력을 행사함으로써 치료일수 미상의 성기 부위 화상 등을 가하였다.

2. 제1심 경과 및 판결

피고인은 상술한 공소사실에 근거하여 폭력행위등처벌에관한법률(이하 '폭처법') 등 위반(폭처법 제3조 제1항, 제2조 제1항 제3호, 형법 제257조 제1항, 제30조)으로 기소되었고, 제1회 공판기일에 피고인 및 변호인이 공소사실을 부인하였고, 관련 증거들에 관하여 부동의한다는 의견을 밝히자 검사가 피해자를 증인으로 신청하였다. 제2회 공판기일에 피해자가 증인으로 출석하였고, 재판장이 피해자가 피고인 면전에서 충분한 진술을 할 수 없다고 인정하여 피고인의 퇴정을 명하였고, 피해자에 대한 검사의 주신문이 마친 후, 피고인측 변호인이 준비해온 반대신문 55문항 중에서 27항까지만 반대신문이 이루지어고 나머지 반대신문은 제4회 공판기일에 하기로 하고 피해자에 대한 출석을 명하였다. 한편 재판장은 퇴정한 피고인을 입정하게 한 후 법원사무관 등으로 하여금 피해자 진술요지를 고지하게 한 바 없다. 제3회 공판기일에서 재판장이 제2회 공판심리 관련 주요사항의 요지를 공판조서에 의하여 고지하였고, 피고인 및 변호인은 '변경할 점이나 이의할 점이 없다'고 진술하였고, 피고인측 증인에 대한 신문이 있었다. 피해자는 제4회 공판기일 전에 피고인의 보복이 두렵다는 취지의 증인불출석사유서를 제출한 후, 제4회 공판기일에 출석하지 않았다. 이에 재판장은 검사에게 피해자주소의 보정을 명하고 관할 경찰서에 대하여 보정된 주소에 대한 피해자의 소재탐지를 촉탁한 후 보정된 주소로 피해자로 하여금 제5회 공판기일에 출석할 것을 명하는 증인소환장을 보냈으나 수취인 불명으로 송달불능되는 한편 피해자의 휴대전화전원이 꺼져 있어 소환통지가 이루어지지 않았다. 제5회 공판기일에 판사가 바뀌어 공판절차를 갱신하였고, 재판장이 피고인 및 변호인에게 갱신 전의 각 증거조사결과에 대한 중요사항의 요지를 공판조서에 의하여 알리고 이의 유무를 물으니 이의가 없다고 진술하였으며, 피해자가 증인으로 출석하지 않아 변론을 속행하였다. 피해자에 대한 제6회 공판기일에의 출석을 명하는 증인소환장이 폐문부재로 송달불능되는 한편 피해자 휴대전화가 착신정지번호가 되어 소환통지가 이루어지지 않았다. 제6회 공판기일에 피고인측 변호인이 제2회 공판기일에서의 피해자에 대한 증인신문은 피고인의 반대신문권이 실질적으로 보장되지 않았으므로 피해자에 대한 경찰 및 검찰 각 진술조서는 증거능력이 없다는 취지의 변호인의견서를 제출하였고, 피해자가 증인으로 출석하지 않았으며 검사의 증인신청 여부를 보기 위하여 변론을 속행하였다. 제7회, 제8회, 제9회 공판기일 모두 피해자에 대한 증인소환절차가 진행된 바 없었고, 제9회 공판기일에 변론이 종결되었다.

제1심 법원은 제10회 공판기일에 제2회 공판조서 중 피해자증인의 진술 기재 및 촬영사진에 의거하여 위 공소사실을 유죄로 인정, 피고인에게 징역 3년을

처하는 판결을 선고하였고, 검사 및 피고인 모두 이 판결에 불복하여 항소하였다.[2)]

3. 제2심 경과 및 판결

검사는 항소심 제4회 공판기일 이후에 피해자를 증인으로 신청하였으나, 피해자는 피고인으로부터 1,000만 원을 지급받고 피고인과 합의하였다는 취지의 합의서를 항소심 법원에 직접 제출하였다. 피해자에 대하여 항소심 제5회 공판기일에 출석할 것을 명하는 증인소환장이 그 주소지에 폐문부재로 송달불능되었고, 항소심 제5회 공판기일에 검사가 피해자와 전화통화를 한 결과 차회기일에는 출석할 것을 다짐받았다고 진술하였으며, 피해자를 재소환하기 위하여 변론이 속행되었다. 피해자에 대하여 항소심 제6회 공판기일에 출석할 것을 명하는 증인소환장이 피고인 주소지에 송달되었으나(피해자가 직접 수령함), 피해자는 피고인과 합의하였고, 병환중이라 거동이 불편하다는 이유로 증인불출석사유서를 제출하였다. 항소심 제6회 공판기일에 피해자는 증인으로 출석하지 않았고, 피해자를 재소환하기 위하여 변론이 속행되었다. 항소심 재판장은 이후 두 차례 피해자에 대한 구인영장을 발부하였으나, 피해자가 주소지에 거주하지 않아 각 구인영장이 집행되지 못하였다. 항소심 재판장은 피해자의 전입신고된 주소지에 구인영장을 발부하는 한편, 위 주소지에 대하여 피해자의 소재탐지촉탁을 하였고, 항소심 제8회 공판기일 이전 법원주사는 피해자를 소환하기 위하여 피해자의 휴대전화로 전화하였으나 정지되어 있어 소환통지가 이루어지지 않았다. 한편 검사는 항소심 제8회 공판기일 이후에 피해자의 주소를 위 주소로 보정하였고, 관할 경찰서 경위는 피해자가 위 주소지 식당을 약1개월 정도 운영하다가 불상지로 이사하여 피해자의 주소지를 알 수 없다는 내용의 결과보고를 하였고, 항소심 제9회 공판기일 이전 법원사무관은 피해자를 소환하기 위하여 피해자의 휴대전화로

---

2) 정확한 범행 일시가 특정되지 않아 공소사실이 불특정되었다는 피고인측 주장이 있었으나, 범행일시가 '2013. 1.말 내지 2013. 2. 중순 사이'로 특정되었고, 그 기간이 다른 사실과 식별할 수 없을 정도로 장기간이라고 볼 수 없으며 피고인의 방어권 행사에 지장이 있다고 보이지 않는다는 이유로 이 주장을 배척하였다.

전화하였으나 결번으로 소환통지가 이루어지지 않았다. 항소심 제9회 공판기일에 재판장은 피해자에 대한 증인채택 취소 결정을 하고 변론을 종결하였다.

항소심 법원은 제10회 공판기일에 피고인에 대하여 무죄를 선고하였는데 그 설시이유는 아래와 같다.

가. 제1심 제2회 공판조서 중 피해자의 진술기재의 증거능력

"형사소송법 제311조는 공판준비 또는 공판기일에 피고인이나 피고인 아닌 자의 진술을 기재한 조서와 법원 또는 법관의 검증의 결과를 기재한 조서는 증거로 할 수 있다고 규정하고 있다. 그러나 증인신문절차에서 피고인의 반대신문권이 실질적으로 보장되지 않는 등의 절차적 위법이 있는 경우 그 증인신문조서는 유죄인정의 증거로 사용할 수 없다."

피고인은 수사기관에서 제1심에 이르기까지 일관하여 이 사건 공소사실에 관하여 공소사실 기재 일시에 범행장소에 간 사실이 전혀 없고, 공범 및 피해자와는 모르는 사이며, 피해자를 공소사실 기재와 같이 폭행한 사실이 없다고 주장하는 등 공소사실을 극렬히 다투었는데, 피고인의 변호인이 제출한 피해자에 대한 반대신문사항에 의하면, 변호인은 피해자에게 폭행의 경위에 관하여는 반대신문을 하였으나, 폭행의 수단 내지 방법, 상해의 부위 및 정도 등에 관하여는 반대신문을 하지 못하였다. 한편, 재판장은 퇴정한 피고인을 입정하게 한 후 법원사무관 등으로 하여금 피해자의 진술의 요지를 고지하게 한 바 없다.

한편 제1심 제3회 공판기일에서 재판장이 전회 공판심리에 관한 주요사항의 요지를 공판조서에 의하여 고지하였는데 피고인 및 변호인은 '변경할 점이나 이의할 점이 없다'고 진술하였고, 제1심 제5회 공판기일에 판사가 바뀌어 공판절차를 갱신하였는데, 재판장이 피고인 및 변호인에게 갱신전의 각 증거조사결과에 대한 중요사항의 요지를 공판조서에 의하여 알리고 이의유무를 물으니 '이의가 없다'고 진술하였다. 그러나 "원심 제2회 공판기일에서의 피해자에 대한 증인신문절차가 종결되지 아니한 관계로 제4회 공판기일에 피고인의 피해자에 대한 나머지 반대신문이 예정되어 있었던 점, 원심 제5회 공판기일에 피해자가 증인으로 출석하지 않았음을 이유로 피해자 등에 대한 증인신문을 위하여 변론이 속행된 점, 원심 제6회 공판기일에 피고인의 변호인이 제2회 공판기일에서의 피해자에 대한 증인신문은 피고인의 반대신문권이 실질적으로 보장되지 않았으므로, 피해자에 대한 경찰 및 검찰 각 진술조서는 증거능력이 없다는 취지의 변호인의견서를 제출한 점 등에 비추어 보면 피고인 및 변호인의 원심 제2, 5회 각 공판기일에서의 '이의없다'는 취지의 진술이 피고인에게 실질적인 반대신문권의 기회를 부여하지 아니한 채 이루어진 제2회 공판기일에서의 피해자에 대한 증인 신문의 하자에 대한 책문권을 포기하는 의사를 명시한 것은 아니라고 할 것이다."

피해자가 원심 제4회 공판기일 전에 피고인의 보복이 두렵다는 취지의 증인불출석사유서를 제출한 이래 이후 증인소환장이 송달불능되는 등의 사유로 원심 제4, 5, 6회 각 공판기일에 증인으로 출석하지 않았고, 원심 제7, 8, 9회 각 공판기일에는 피해자에 대한 증인소환절차조차 진행된 바 없는 상황에서, 피고인측 증인들의 증언취지는 대체로 피고인이 공소사실 기재 일시경 필리핀 앙○○○에는 간 사실이 없다는 것이며, 피고인의 변호인은 필리핀에 가서 공소사실 기재 공범인 이○진과 대화를 나누는 장면을 촬영한 동영상 및 사실확인서를 원심에서 제출하였는데, 그 취지는 이○진은 피고인과 모르는 사이로 피고인과 공동하여 피해자를 폭행하여 상해를 가한 사실이 전혀 없다는 것인데, 위 법리 및 상기 사정들을 종합하여 보면, "피해자에 대한 원심 제2회 공판기일에서의 증인신문은 피고인의 반대신문권이 실질적으로 보장되었다고 볼 수 없을 뿐만 아니라, 원심 재판장은 증인신문을 마치고 퇴정한 피고인을 입정하게 한 후 법원사무관 등으로 하여금 피해자의 진술의 요지를 고지하게 한 바 없어 절차의 위법이 있다고 할 것이므로, 원심 제2회 공판조서 중 피해자의 진술기재는 증거능력이 없다".

나. 피해자에 대한 경찰 및 검찰 각 진술조서의 증거능력

"형사소송법 제312조 제4항은 검사 또는 사법경찰관이 피고인이 아닌 자의 진술을 기재한 조서는 적법한 절차와 방식에 따라 작성된 것으로서 그 조서가 검사 또는 사법경찰관 앞에서 진술한 내용과 동일하게 기재되어 있음이 원진술자의 공판준비 또는 공판기일에서의 진술이나 영상녹화물 또는 그 밖의 객관적인 방법에 의하여 증명되고, 피고인 또는 변호인이 공판준비 또는 공판기일에 그 기재내용에 관하여 원진술자를 신문할 수 있었던 때에는 증거로 할 수 있다고 규정하고 있다.”

이 사건 기록에 의하면 피해자가 원심 제2회 공판기일에 출석하여 피해자에 대한 경찰 및 검찰 각 진술조서에 관하여 검사 및 사법경찰관 앞에서 진술한 내용과 동일하게 기재되어 있음을 진술한 사실은 인정되나, 상술한 바와 같이 “피해자에 대한 원심 제2회 공판기일에서의 증인신문절차에서 피고인에게 위 각 진술조서의 기재내용에 관하여 피해자를 신문할 기회가 실질적으로 주어졌다고 볼 수 없으므로, 형사소송법 제312조 제4항의 ‘피고인 또는 변호인이 공판기일에 그 기재내용에 관하여 피해자를 신문할 수 있었던 때’의 요건을 갖추지 못하여, 피해자에 대한 경찰 및 검찰 각 진술조서는 그 증거능력이 없다”.

다. 피해자에 대한 경찰 및 검찰 각 진술조서가 형사소송법 제314조에 의하여 증거능력이 인정되는지 여부

(1) 피해자가 형사소송법 제314조에 정한 ‘소재불명으로 인하여 진술할 수 없는 때’에 해당하는지 여부

원심 및 항소심이 피해자를 증인으로 신문하기 위하여 검사에 대하여 주소보정을 명하고, 피해자에게 보정된 주소로 우편송달 및 휴대전화로 거듭 소환통지를 하였으나 소환불능되었으며, 관할 경찰서에 피해자에 대한 소재탐지 촉탁을 하여 각 ‘소재불명’이라는 취지의 결과를 회신받은 점, 항소심에서는 피해자에 대하여 과태료부과결정을 하고 피해자에 대한 구인영장을 수회 발부하였으나 집행되지 않은 점, 검사는 항소심에서 피해자에게 전화하여 출석을 독려하고 피해자로부터 출석다짐을 받았는데, 이후 피해자가 연락을 받지 않은 점 등을 종합하여 보면, 검사가 직접 또는 경찰을 통하여 피해자의 법정출석을 위하여 상당한 노력을 다하였음에도 부득이 동인의 법정출석이 불가능하게 되었다는 사정이 입증되었다고 할 것이므로, 형사소송법 제314조의 공판기일에 진술을 요하는 자가 ‘소재불명으로 인하여 진술할 수 없는 때’에 해당한다.

(2) 피해자의 진술이 형사소송법 제314조에 정한 '특히 신빙할 수 있는 상태에서 행하여졌음이 증명된 때'에 해당하는지 여부

형사소송법 제312조 제4항, 제314조는 형사소송에서 헌법이 요구하는 적법절차의 원칙을 구현하기 위하여 사건의 실체에 대한 심증형성은 법관의 면전에서 본래 증거에 대한 반대신문이 보장된 증거조사를 통하여 이루어져야 한다는 실질적 직접심리주의와 전문법칙을 기본원리로서 채택하면서도, 원진술자의 사망 등으로 위 원칙을 관철할 수 없는 특별한 사정이 있는 경우에는 '그 진술 또는 작성이 특히 신빙할 수 있는 상태하에서 행하여졌음이 증명된 때', 즉 그 진술의 내용이나 조서 또는 서류의 작성에 허위개입의 여지가 거의 없고 그 진술내용의 신빙성이나 임의성을 담보할 구체적이고 외부적인 정황이 증명된 때에 한하여 예외적으로 증거능력을 인정하고자 하는 취지이다. 그러므로 법원이 형사소송법 제314조에 따라 증거능력을 인정하기 위해서는 단순히 그 진술이나 조서의 작성과정에 뚜렷한 절차적 위법이 보이지 않는다거나 진술의 임의성을 의심할 만한 구체적 사정이 없다는 것만으로는 부족하고, 이를 넘어 법정에서의 반대신문 등을 통한 검증을 굳이 거치지 않더라도 진술의 신빙성과 임의성을 충분히 담보할 수 있는 구체적이고 외부적인 정황이 있어 그에 기초하여 법원이 유죄의 심증을 형성하더라도 증거재판주의의 원칙에 어긋나지 않는다고 평가할 수 있는 정도에 이르러야 한다. 이 법리에 비추어 이 사건에 관하여 살피건대, 앞의 인정사실 및 아래와 같은 사정들에 비추어 보면, 검사가 피해자의 수사기관에서의 각 진술이 법정에서의 반대신문 등을 통한 검증을 거치지 않더라도 진술의 신빙성과 임의성을 충분히 담보할 수 있는 구체적이고 외부적인 정황이 있음을 증명하였다고 볼 수 없다.

가) 피고인은 수사기관에서 항소심에 이르기까지 일관하여 피해자를 폭행한 사실이 없다는 취지로 공소사실을 극렬히 다투어 왔고, 피고인의 위와 같은 주장은 피해자에 대한 경찰 및 검찰 각 진술조서의 진술내용과 정면으로 배치되는 점, 피해자가 피고인으로부터 폭행당하였다는 점에 관한 경찰 및 검찰에서의 진술은 대체로 일관되나, 폭행일시, 폭행의 수단 및 방법, 상해부위 및 정도 등에 관하여는 그 진술이 다소 변경된 점 등에 비추어 보면 피고인으로서는 피해자에

대한 반대신문을 통해 위 각 진술조서의 내용을 탄핵할 필요성이 있다.

나) 피해자는 원심 제2회 공판기일에서 피고인의 변호인의 반대신문 중 증인신문이 중단되자 원심 제4회 공판기일에 출석하여 반대신문을 계속하기로 하였음에도 원심 제4회 공판기일 전에 증인불출석사유서를 제출하고 위 공판기일에 출석하지 않았다. 또한 항소심에서 검사가 피해자를 증인으로 신청한 이후 항소심 제5회 공판기일에서 검사가 피해자와 전화통화를 하여 차회 기일에 증인으로 출석할 것을 다짐받았다고 진술하였는데, 피해자는 항소심 제6회 공판기일에 출석할 것을 명하는 증인소환장을 직접 송달받고도 항소심 제6회 공판기일 전에 피고인과 합의하였고 병환중이라는 이유로 증인불출석사유서를 제출하고 위 공판기일에 출석하지 않았다. 위와 같은 피해자의 태도 등에 비추어 볼 때 피해자는 원심 제2회 공판기일 이후 증인신문을 의도적으로 회피한 것으로 보인다.

다) (검사는 피해자가 자진하여 이 사건 공소사실의 핵심에 관하여 구체적이고 일관된 진술을 하고 있고, 피해자가 거짓주장을 하는 것이라면 굳이 공범자등 관련자를 만들어 낼 이유가 없으며, 피고인 및 변호인이 피해자에 대한 나머지 반대신문을 하더라도 피해자는 공소사실에 부합하는 취지의 답변을 하였을 것임을 충분히 추단할 수 있으므로 피고인의 진술이 특히 신빙할 수 있는 상태에서 행하여졌음이 증명된 때에 해당한다고 주장하였으나,) 피고인의 주장과 피해자의 진술이 정면으로 배치되는 상황에서 폭행 방법과 상해 부위 및 정도, 공범을 비롯한 관련자에 관하여는 피고인 및 변호인이 반대신문을 통하여 탄핵하여야할 필요가 있는 점, 피고인의 반대신문권은 본질적으로 원진술자 진술의 비일관성, 진술태도 등을 법관 앞에 현출시켜 법관이 주신문에서 파악한 사실관계나 진실성 등을 재평가하게 하는 데 그 목적이 있으므로, 증인이 공소사실 또는 주신문에 부합하는 취지의 답변을 할 것으로 추단된다고 해서 진술의 신빙성과 임의성이 더해진다고 볼 수는 없는 점, 피고인의 변호인은 원심 제2회 공판기일에서 주로 폭행경위에 대한 반대신문을 하였을 뿐 폭행 방법과 피해정도에 대하여는 거의 반대신문권을 행사하지 못한 점, 이 사건의 경우는 반대신문의 기회를 충분히 주었음에도 실제로 반대신문을 하지 못한 신문사항이 나중에 생긴 경우가 아니라 애초에 예정된 반대신문을 마치지 못한 상태에서 더 이상의 반대신문의 기회

를 피해자측 사정으로 제공받지 못한 경우에 해당하는 점 등에 비추어 보면 검사가 든 정황만으로는 반대신문을 거치지 않더라도 피해자의 진술의 신빙성과 임의성이 충분히 담보된다는 점이 증명되었다고 볼 수 없다. 결국 피해자에 대한 경찰 및 검찰 각 진술조서는 형사소송법 제314조에 의하여 증거능력이 인정된다고 할 수 없다.[3)]

4. 요약 및 쟁점 정리

항소심 판결이 피고인 및 공소외1인이 피해자를 폭행했다는 내용의 공소사실에 대해 유죄를 인정한 제1심을 뒤집고 무죄판결을 내린 이유를 요약하면, 1) 제1심 제2회 공판조서중 피해자의 진술기재는 형사소송법(이하 '법'으로 약칭) 제311조에 의거하여 피고인의 반대신문권이 실질적으로 보장되지 못하여 증거능력이 없고, 2) 피해자에 대한 경찰 및 검찰의 각 진술조서 역시 법 제312조 제4항에 의거하여 피고인 또는 변호인이 공판기일에 그 기재 내용에 관하여 피해자를 신문할 수 없으므로 증거능력이 부정되며, 다만 양 진술조서는 3) 법 제314조에 정한 '소재불명으로 인하여 진술할 수 없는 때'에 해당함은 인정되지만, 동조에서 정한 '특히 신빙할 수 있는 상태에서 행하여졌음이 증명된 때'에 해당하지 않으므로 역시 증거능력이 없고, 4) 검사가 제출한 기타 다른 증거들 역시 피고인의 공소사실을 입증하기에 부족하므로 무죄라는 것이다. 쟁점을 구체적으로 정리하면, 우선 제1심 제2회 공판조서 중 피해자의 진술기재의 증거능력과 관련해서는 첫째, 피고인의 변호인이 준비하여 온 반대신문사항 55문항 중 27항까지 반대신문이 이루어진 후 나머지 사항에 대한 반대신문이 이루어지지 않은 경우, 즉 변호인의 반대신문이 일부만 이루어진 경우 증거능력을 인정할 수 있는가 여부, 둘째 반대신문권이 침해된 경우 그 하자의 치유가 가능한지 여부, 셋째 반대신문권 침해 하자의 치유가 가능하다고 보는 경우, 피고인 및 변호인의 제1심 제2, 5회 각 공판기일에서의 '이의없다'는 취지의 진술이 전술한 제2회 공판기일에서의 피해자에 대한 증인 신문의 하자에 대한 책문권의 포기의사로 볼 수 있는지 여부이다.

---

3) 검사가 제출한 나머지 증거들의 증거능력 또는 증명력이 모두 부정됨.

다음으로 피해자에 대한 경찰 및 검찰의 각 진술조서의 증거능력 유무는 제312조 제4항과 관련해서는 반대신문권의 행사가 그 요건이므로 앞의 쟁점을 공유하지만, 제314조상의 증거능력 인정 여부와 관련해서는, 첫째 제1심과 대상판결인 항소심에서 검사와 경찰이 피해자를 증인으로 소환하기 위해 피해자 주소보정 및 보정된 주소로의 우편송달, 전화통화 시도 등 수 차례 노력하였고, 항소심 법원 역시 피해자에 대해 소환장을 수회 발부하고 과태료를 부과하는 노력을 하였음에도 피해자가 법정에 출석하지 않은 것이 제314조의 공판기일에 진술을 요하는 자가 '소재불명으로 인하여 진술할 수 없는 때'에 해당하는지 여부, 둘째 소재불명으로 인하여 진술할 수 없는 때에 해당하더라도, 피고인의 범행부인 사실이나 피해자의 증인신문의 의도적 회피 등 여러 인정 사실들에 비추어 볼 때 동조에 정한 '특히 신빙할 수 있는 상태에서 행하여졌음이 증명된 때'에 해당하는지 여부가 구체적 쟁점으로 볼 수 있다. 앞서 서론에서도 언급했듯이 비록 당해 하급심판결에서는 쟁점으로 언급되지 않았지만, 필자의 사견으론 피해자증인의 증인불출석 사유가 피고인측의 보복위협이었음을 볼 때, 그와 같은 보복위협이 피고인의 반대신문권의 포기 또는 그 하자의 치유사유로 평가할 수 있는지도 중요하게 다루어야 할 쟁점으로 판단된다.

상술한 쟁점들은 모두 현행 형사소송법 제310조의2 이하의 전문법칙에 관한 제 규정들의 해석 및 적용에 관한 것이므로 현행법상 전문법칙을 어떻게 이해하느냐에 따라 그 적용 요건(반대신문권, 특신상황 등)에 대한 이해도 달라질 수 있다. 따라서 본 연구는 현행법상 전문법칙의 의의를 먼저 살핀 후에 각각의 쟁점들에 대한 대상판결의 타당성 유무를 차례로 검토하는 과정을 통해서 전문법칙에서 반대신문권의 의의 및 그 제한, 하자의 치유 문제에 대해 논의하고자 한다.

III. 현행법상 전문법칙 및 반대신문권의 의의

전문법칙(傳聞法則)은 타인의 진술을 내용으로 하는 서류나 진술, 즉 전문증거의 증거능력을 부정하는 원칙이다. 제310조의2는 '전문증거와 증거능력의 제한'이라는 제목하에 "제311조 내지 제316조에 규정한 것 이외에는 공판준비 또는 공판기일에서의 진술에 대신하여 진술을 기재한 서류나 공판준비 또는 공판기일 외에서의 타인의 진술을 내용으로 하는 진술은 이를 증거로 할 수 없다"고 규정함으로써 전문증거가 원칙적으로 증거능력이 없음을 규율하고 있고, 전문증거임에도 증거능력이 인정될 수 있는 대상 및 그 요건에 관해서 제311조 이하에서 규율하고 있다.

전문법칙의 의의에 대해서는 반대신문권의 보장에서 찾는 견해와 신용성의 결여에서 찾는 견해, 직접주의에서 찾는 견해, 이들 모두에서 찾는 견해로 나뉘는 것으로 소개되고 있는데,[4] 이 물음은 전문법칙에 관한 현행법이 주로 반대신문권을 중시하는 당사자주의 소송구조인 영미법의 영향을 받은 것인지 아니면 직권주의 소송구조인 독일의 영향을 받았느냐는 질문과 맥을 같이 하는 것으로 보인다.[5] 사실 전문법칙의 의의 및 나아갈 방향에 대해서는 2005년 사법제도개혁추진위원회가 발족한 후 공판중심주의의 실현을 위한 형사소송법 개정안을 만드는 작업 중에 이해당사자인 법원과 검찰, 변호사, 시민단체 그리고 학계의 의견을 수렴하고 조율하는 과정에서 활발하게 논의된 바 있다. 특히 검사작성 피의자신문조서의 증거능력(제312조) 및 조사자증언제도(제316조 제1항)를 둘러싸고 첨예한 입장 차이를 보였는데,[6] 이들 대립하는 여러 이해관계 및 학설이 절충적으로 수렴되어 2007년 형사소송법 개정에 반영되었고 큰 틀의 변화없이 현재에 이르고 있다.[7]

현행법상 전문법칙의 의의 및 반대신문권의 관계에 대한 필자의 사견을 미리 밝히자면, 이하에서 간략하게 소개하게 될 우리나라 전문법칙에 큰 영향을 미

---

4) 배종대/이상돈/정승환/이주원, 「형사소송법」, 홍문사, 2016, 620면.

5) 당사주주의 소송구조와 직권주의 소송구조의 차이에 관한 자세한 비교는 주승희, 「당사자주의와 직권주의 소송구조 비교연구」, 한국형사정책연구원, 2006을 참고할 것.

6) 관련 자세한 논의는 신동운, "사법개혁추진과 형사증거법의 개정", 「서울대학교 법학」 제47권 제1호(2006), 107면 이하; 차동언, 「공판중심주의 확립을 위한 전문법칙의 연구」, 동국대학교 대학원 박사학위청구논문, 2006, 249면 이하를 참고할 것.

7) 최근 제313조 및 제314조가 일부 개정되기는 하였으나(2016. 5. 29.개정, 법률 제14179호), 정보통신기술의 발달을 고려하여 전문증거인 '진술서' 및 그에 준하는 '디지털 증거'의 진정성립을 '과학적 분석결과에 기초한 디지털포렌식 자료, 감정 등 객관적 방법'으로도 인정할 수 있도록 진정성립의 인정방법을 다양화했을 뿐 전문법칙의 본질을 수정하는 내용은 아니었다.

친 영미법상의 전문법칙 및 독일 직권심리주의의 의의, 우리나라 형사소송 및 전문법칙의 구조 등을 고려할 때, 전문법칙의 주된 의의는 전문증거의 신용성의 결여이며, 다수학설이 주장하는 반대신문권의 보장은 전문법칙의 이론적 근거라기보다는 전문법칙의 구현에 있어서 가장 중요하게 다뤄야 할 실천적 과제로 보는 것이 타당하다는 주장이다.

1. 미국법상 전문법칙 및 반대신문권의 의의

전문법칙은 배심제와 당사자주의를 특징으로 하는 영미식 형사절차에서 오랜 역사를 거쳐 확립된 보통법(common law)의 산물로 이해되고 있다.[8] 타인이 체험한 사실을 듣고 옮기는 구술의 증언과 증인의 증언이 담긴 조서에 대한 신용성의 결여가 부각되면서 이들 전문증거의 증거사용에 대한 제한이 점차 강화된 결과로 전문법칙이 확립된 것이다.[9] 우리나라 형사소송법 전문법칙의 도입 및 발전과정에 특히 영향을 미친 미국의 전문법칙을 이해할 때 빼놓을 수 없는 것이 바로 미국 수정헌법 제6조에 보장된 피고인의 대면권,[10] 바로 반대신문권이다. 반대신문권이 포함된 수정헌법 제6조가 이른바 권리장전(Bill of Rights)의 일부분으로서 헌법에 편입된 것은 1791년이지만, 그 뿌리는 전문법칙과 마찬가지로 보통법에 기원을 두고 있는 것으로 파악되고 있다.[11] 반대신문권은 형사절차에서 피고인에게 불리한 진술을 하는 증인에 대하여 대질신문을 할 수 있는 피고인측의 권리로서, 타인이 체험한 사실을 전달하는 매체로서의 전문증인이나 전문서

---

8) 영미 전문법칙의 연혁 및 현황에 대해 자세히 소개한 국내 문헌으로는 주광일, 「전문법칙연구」, 법전출판사, 1979, 14면 이하; 차동언, 앞의 논문, 65면 이하.

9) 차동언, 앞의 논문, 68면 이하.

10) 헌법 조문에는 자기에게 불리한 진술을 하는 증인과의 '대면권(right … to be confronted with the witnessess against him)'으로 규정되어 있으나, 미국 형사절차에서 '반대신문권(cross-examination)'과 동일한 개념으로 이해되고 있다(Deborah Jones Merritt/Ric Simmons, Learning Evidence, 2nd Ed., West, 2012, pp 71). 우리나라 실무 및 학계에서는 '대면권' 개념이 증인에 대해서뿐만 아니라 법관 등 다른 소송관계자의 면전에서 진술할 수 있는 권리로도 쓰이므로 오로지 피고인의 증인에 대한 신문권을 뜻하는 '반대신문권'과 차이가 있다(홍영기, "반대신문권 보장: 전문법칙의 근거", 「고려법학」 제75호, 고려대학교 법학연구원, 2014, 4면).

11) Dutton v. Evans, 400 U.S. 74, 86 (1970); Giles v. California, 128 S. Ct. 2678, 2686 (2008).

류에 대해서는 피고인이 반대신문권 행사가 불가능하므로 실질적으로는 전문증거의 증거능력을 제한하는 막강한 원리로서 기능하고 있고, 따라서 전문법칙과 함께 성장해온 것으로 이해되고 있다. 이처럼 전문법칙과 반대신문권은 그 뿌리가 같고 상호간에 겹치는 부분이 많지만, 반대신문권이 여러 전문증거 가운데서도 형사피고인에 대한 '증언적 진술(testmonial statement)'만을 규율하고 그 법적 근거 역시 수정헌법 제6조에 있음에 반해, 전문법칙은 형사피고인에 대한 증언적 진술 외에도 비증언적 진술과 기타 다른 형태의 전문증거에도 영향을 미치는 원리로서 그 법적 근거가 역사적으로 축적되어 온 보통법에 있다는 점에서 차이가 있으며, 실제 형사재판실무에서도 피고인측 변호인이 증거조사에 대한 이의(objection)를 주장할 때, 수정헌법 제6조의 반대신문권 조항(Confrontation Clause)과 보통법상 전문법칙(hearsay rule)을 명확히 구별하여 주장하여 양자를 구별하고 있다.[12)]

미국 증거법상 전문법칙은 공판정외 진술(전문진술)의 증거사용을 금지하는데, 그 근본적 이유는 전문진술은 원본진술보다 신용성이 떨어지기 때문이다. 말하자면, i)전문진술자증인이 실수하거나 거짓말할 개연성이 원본진술자증인의 경우보다 높고, ii)원본진술자에 대해서는 반대신문권을 행사할 수 있으며(이로써 증인의 증언의 정확성과 신용성을 판단하는데 기여하며), iii) 사실심리자가 증인신문과정을 지켜보며 그 증언의 신뢰성과 진실성을 평가하기에 보다 수월하며, iv) 선서한 증인의 증언이므로 보다 신뢰할만하기 때문이다.[13)] 미국 연방증거규칙(Federal Rules of Evidence)[14)]은 제8장(제801조 내지 제807조)에서 전문법칙 및 그 예외를 규율하고 있다. "전문증거"란 '진술자가 현재 재판이나 준비기일

12) John C. O'brien, *The Hearsay within Confrontation*, 29 St. Louis U. Pub. L. Rev. 501, 503 (2010).

13) Deborah Jones Merritt/Ric Simmons, op. cit., pp 425.

14) 1975년 1월 제정, 동년 7월부터 시행되었으며, 가장 최근의 개정은 2014년 개정(2015년 발효)이다. 2014년 개정에서 기존 판례를 반영하여 전문법칙 관련 제규정(제801조 내지 제807조)이 부분적으로 개정되었는데, 예컨대 원진술자 증인의 종전 진술(a declarant-witness's prior statement)이 전문증거(hearsay)에서 배제되는 사유를 규정하고 있는 연방증거규칙 제801조 (d)(1)에서 증인의 종전 진술이 현재 증언과 일치하고 '다른 사유로 탄핵되었던 증인의 신용성(credibility)을 회복시키기 위한 경우'를 새롭게 추가하였다.

에서 증언을 하는 중에 말한 것이 아닌 진술로서, 당사자 중 일방이 그 진술 내용의 진위를 입증할 목적으로 제출한 진술'[15]을 의미하며(제801조(C)), 연방법률, 연방증거규칙 또는 대법원규칙이 달리 정한 경우를 제외하고는 증거능력이 부정되는 것이 전문법칙이다(제802조). 본 규칙상 전문법칙의 예외를 크게 4개의 범주로 나누면 i)증인의 종전 진술 및 반대당사자의 진술(제801조(d)), ii)증인의 출석이 불가능한 경우(제804조), iii) 고도의 신용성으로 인해 증인의 출석 가능성 여부가 문제시되지 않는 경우(제803조), iv) 앞의 세 가지 경우 중 어느 하나에 해당하지 않지만 유사한 정도의 신용성 보장이 있는 경우(제807조)로 분류된다.[16] 전문증거임에도 이들 4개의 범주 내에 속하여 증거능력을 인정받는 사항들이 30개가 넘어 보통법상 전문법칙의 발전은 전문법칙의 예외조항의 확대역사라는 평가가 있을 정도이다. 어떤 진술이 전문법칙의 예외에 해당하는지 여부는 증거능력의 전제사실에 관한 것으로 배심원이 아니라 법관이 이를 판단하며, 전문증거의 예외에 해당하는지 여부에 대한 입증은 제출당사자에게 있으며 입증정도는 '증거의 우위(Preponderance of the Evidence)'[17]이다.[18] 또한 전문증거의 증거능력 배제는 오로지 당사자가 이의를 제기했을 때 가능하고, 피고인측 변호인이 적절한 때에(timely) 이의를 제기하지 않은 이유로 피고인의 반대신문권의 행사 없는 가운데서도 배심원이 해당 전문증거를 근거로 하여 피고인의 유죄를 인정하였더라도 이는 위법이 아니다.[19]

15) 본 논문에서 연방증거규칙의 번역은 김희균 및 대검찰청 검찰미래기획단 번역, "2015년 미연방증거규칙", 「형사법의 신동향」 통권 제48호(2015/9), 351면 이하를 주로 참고하였으며, 필자가 부분적으로 표현을 수정하기도 하였음을 밝혀둔다.

16) Deborah Jones Merritt/Ric Simmons, op. cit., p.462.

17) 참고로 미국 소송절차에서 원고가 승소하기 위해 부담하는 입증책임을 'Standard of Proof'이라 하는데, 형사소송에서 검사가 부담하는 Standard of Proof은 'Beyond a reasonable doubt(합리적 의심의 여지가 없음)'이며, 민사소송에서는 'Clear and Convincing Evidence(명백하고 확실한 증거)'이다. 증거의 우위는 제출된 증거가 반대증거에 비해 상대적으로 우월함을 보여주는 정도의 완화된 입증정도이다.

18) Bourjaily v. United States, 483 U.S. 171(1987). United States v. Benavente Gomez, 921 F.2d 378.

19) 연방증거규칙상 법원이 증거를 채택하거나 배제하는 결정을 내린 데 대해서 이의제기를 하려면 그 결정이 당사자의 소송법상 권리를 침해하는 것일 것과 증거 채택 결정에 대해서는 당사자가 '적시에(timely)' 이의를 제기할 것이 요구된다(제103조(a)).

다음으로 반대신문권과의 관계에서 전문법칙을 들여다보면, 우리 학계에도 널리 소개된 2004년 미국 연방대법원의 Crawford 판결[20] 이전까지는 전문진술의 신용성이 인정된다면 피고인의 반대신문권이 미처 보장되지 못한 경우라도 그 증거능력을 인정하는 것이 주류였다. 그 대표적 판결이 1980년 Roberts 판결[21]인데, 전문진술이 충분히 "신용성(indicia of reliability)"을 갖고 있을 때, 즉 검사가 그 진술이 "확고하게 확립된 전문법칙 예외사항 중 어느 하나에 해당하거나" 또는 "신뢰할만한 특별한 정황이 있을 때"에 해당함을 입증하면 그 증거사용이 허용되고 그와 같은 해석이 반대신문권을 보장한 수정헌법 제6조에도 위배되지 않는다는 것이다.

그러나 Crawford 판결은 기존 판례의 신용성 개념이 너무 "모호(amorphous)"하다는 점과 수정헌법 제6조의 반대신문권이 실체적(substantive) 보장이 아닌 절차적(procedural) 보장이어야 한다는 점을 지적하면서,[22] 수정헌법 제6조에 의거하여 형사피고인은 자신에게 불리하게 증언적 진술(testimonial statement)[23]을 하는 증인에게 반대신문권을 행사할 권리가 있으므로 진술자가 증인으로 출석하지 않거나 피고인이 종전에 그 진술자에 대해 반대신문할 기회가 없었던 경우에는 증거능력이 부정된다고 판시함으로써 종래 신용성을 이유로 전문법칙의 예외를 넓게 인정하던 판례를 뒤집어 놓았다. 따라서 Crawford 판결 이후로는 미국 증거법상 전문증거가 증거능력을 얻기 위해서는 전문법칙의 예외규정에 해당해야

---

20) Crawford v. Washington, 541 U.S. 36 (2004). Crawford 판결의 내용 및 그 의의에 대해 상세히 소개한 국내 문헌은 김희균, "크로포드 사건: 형사피고인의 대질심문권의 재발견", 「법조」 2005/7, 145면 이하; 정웅석, "참고인진술의 증거능력을 인정하기 위한 대면권과 전문법칙과의 관계 -Crawford 판결과 Bryant 판결을 중심으로-", 「형사법의 신동향」, 대검찰청, 2012, 130면 이하.

21) Ohio v. Roberts, 448 U.S. 56 (1980).

22) Crawford v. Washington, 541 U.S. 36, 61 (2004).

23) 증언적 진술이란 '어떤 사실을 구성하거나 입증할 목적으로 행해진 진지한 진술 또는 확언(solemn declaration or affirmation made for the purpose of establishing or proving some fact)'으로서, "질문의 주된 목적이 향후 형사소추와 관련이 있을 가능성이 있는 지나간 일을 구성하거나 입증하기 위함임을 정황상 객관적으로 나타낼 때(when the circumstances objectively indicate … that the primary purpose of the interrogation is to establish or prove past events potentially relevant to later criminal prosecution)", 그에 대한 답변이 증언적 진술에 해당한다(Davis v. Washington, 547 U. S. 813, 822).

하며, 동시에 해당 전문증거가 형사피고인에게 불리한 증언적 진술인 경우에는 피고인의 반대신문권이 행사가능한 경우에만 증거능력을 인정받을 수 있게 된 것이다.[24] 물론 피고인의 반대신문권은 절대적으로 보장가능한 권리는 아니며, 피고인이 증인의 출석을 막기 위해 증인을 죽이는 경우와 같이 '진술자가 부당하게 출석하지 못하게 한 자에게 불리한 진술(Statement Offered Against a Party That Wrongfully Caused the Declarant's Unavailability)', 이른바 '불법행위에 의한 박탈(Forfeiture by Wrongdoing)'과 사망이 임박한 상태의 진술(Dying Declaration)의 경우에는 Crawford판결에서도 반대신문권 보장의 예외에 해당할 수 있음을 언급한 바 있다.[25] 참고로 피고인의 진술은 '증언적' 진술이 아니므로 반대신문권을 행사하지 않더라도 그 증거능력을 인정할 수 있다는 것이 일치된 판결이다. 피고인이 자신을 반대신문할 권리를 인정할 수 있느냐를 논증하기가 어렵고, 그 권리를 인정하더라도 피고인을 증인석에 세움으로써 만족시킬 수 있는 권리이기 때문에 피고인의 자백이나 기타 불리한 진술을 증거로 사용함에 반대신문권과 관련하여서는 아무런 제한이 없다.[26] 설사 피고인이 착오로 진술했거나 거짓진술을 했더라도 자신이 내뱉은 말에 책임을 부과하는 금반언이론(estoppel theory)에 의해 전문법칙을 적용하지 않는다.[27]

Crawford 판결이 수정헌법상 보장된 반대신문권의 중요성을 확인시키고, 전문법칙과의 관계, 즉 피고인에게 불리한 증언적 진술은 전문법칙의 예외에 해당하는 경우라고 하더라도 반대신문권이 보장된 경우에만 증거능력이 있다는 원칙을 명확히 세우긴 했지만, '증언적 진술' 개념의 불명확성으로 인해 Crawford 판결의 법리를 포기하거나 수정해야 한다는 견해가 있을 정도로 전문법칙과 여전히 긴장관계에 놓여 있으며, 수정헌법 제6조의 해석을 둘러싼 새로운 법리가 계속해서 형성될 여지가 크다.[28] 일례로 2011년 Bryant 판결에서 '증언적 진술' 개념을 둘러싸고 다수의견과 소수의견이 나뉘었는데, Crawford 판결에서 다수

---

24) Crawford v. Washington, 541 U.S. 36(2004), 56, 62.

25) Crawford v. Washington, 541 U.S. 36, 62, 56, n. 6 (2004).

26) Deborah Jones Merritt/Ric Simmons, Id. p.707.

27) Deborah Jones Merritt/Ric Simmons, op. cit., p. 640.

28) Deborah Jones Merritt/Ric Simmons, op. cit., p.700.

의견을 작성했던 Scalia대법관이 동 판결에서는 다수의견이 Crawford 법리를 명확히 한 것이 아니라 오히려 왜곡하였다는 취지의 반대의견(Dissent)을 작성한 바 있다.[29)]

이상의 논의를 종합해보면 미국 증거법상 전문법칙은 보통법상 확립된 원칙으로서 그 성격상 반대신문권의 보장과 밀접한 관련성을 갖기는 하지만, 전문법칙의 규율범위 및 법적 근거를 볼 때 반대신문권의 보장을 위해 전문법칙이 존재한다는 평가는 적절치 않아 보인다. 전문법칙은 반대신문권이 미치지 못하는 전문증거(비증언적 진술)도 규율하며, 전문증거의 신용성의 결여로 인해 원칙적으로 그 증거능력을 부정하지만, 전문법칙의 예외사항에 해당하는 여러 이유로 인해 그 신용성 및 필요성이 인정될 때는 폭넓게 그 예외적 증거능력을 인정해오고 있다. 다만 피고인의 유죄입증에 있어서 증언적 진술이 결정적 역할을 하는 경우가 많고, 피고인의 반대신문권 행사는 전문증거의 신용성을 심사할 수 있는 가장 효율적인 수단이므로 전문법칙 내에서 중요한 위상을 갖는 것으로 보아야 한다. 특히 수정헌법 제6조에 명문으로 규정되어 있는 권리로서, 주법이 수정헌법 제6조를 준수해야 할 의무가 있으므로 주법의 전문법칙상 증거능력이 인정되는 전문증거라도 수정헌법 제6조와 충돌할 때에는 그 증거능력을 부정해야 하는 막강한 힘을 가지고 있음을 부인할 수 없을 뿐이다.[30)] 참고로 반대신문권을 부활시킨 것으로 평가받는 Crawford 판결에서도 "확실히 하건대, 반대신문권조항(수정헌법 제6조)의 궁극적 목표가 증거의 신용성을 강화시키는 데에 있으며, 다만 이는 실체적 보장이 아닌 절차적 보장을 뜻하며, 특정 증거가 신용성이 있기 때문이 아니라 특정한 방식, 즉 교호신문이라는 호된 시험대에서 그 신용성을 측정

---

29) Michigan v. Bryant 판결(562 US 344 (2011))에서 2급살인죄 및 무기소지죄 등으로 기소된 피고인(Bryant)의 유죄를 입증하기 위한 유력한 증거자료는 바로 피해자가 사망직전에 경찰에게 'Bryant가 총으로 나를 쏘았다'는 내용의 진술이었는데, 피해자가 그 진술 후 곧 사망하여 법정에 출석할 수 없었으므로, 그 진술이 '증언적' 진술인지 여부가 쟁점이었다. 다수의견은 사격자의 이름과 묘사, 사격 장소에 관한 피해자 진술의 주된 목적이 현재의 위급상황에서 경찰의 도움을 받기 위한 것이었으므로 증언적 진술이 아니라고 보아 그 증거능력을 인정하더라도 수정헌법 제6조를 위배하지 않는다고 판시하였고, Scalia 대법관은 피해자의 진술은 피고인의 체포 및 기소를 목적으로 한 것으로서 피해자가 처한 응급상황에도 불구하고 증언적 진술에 해당한다고 보았다.

30) 1965년 Pointer 판결(Pointerv. Texas, 380 U.S. 400) 이후로 수정헌법 제6조는 수정헌법 제14조에 의거해서 주(州)에도 효력이 미치는 것으로 본다.

할 것을 명하고 있다."[31]라고 판시함으로써 반대신문권 보장의 목표가 전문증거의 신용성 강화임을 확인시켜 준 바 있다.

2. 독일의 직접주의, 반대신문권, 전문증거의 증거능력

연혁적으로 볼 때, 독일의 경우 중세 말 규문주의재판에서는 소송참여자의 교호신문보다는 법원이 주도하여 실체적 진실을 밝혀야 한다는 원리가 지배적이었지만, 계몽주의 시대를 거치면서 시민의 권리보장을 가능하게 하는 직접주의 요청이 강화되고, 법관의 자의적인 판단을 배제하기 위하여 피고인의 증인에 대한 반대신문권의 중요성이 부각되면서, 프랑스의 경우 1808년 공개재판주의, 구두변론주의, 직접주의, 자유심증주의에 입각한 형법전에 제정되었으며, 동법이 나폴레옹을 통해 독일에 전수된 결과 19세기 독일도 직접주의와 구두변론주의를 형사법에 규정하게 되었다고 한다.[32]

독일의 경우 직접주의(Unmittelbarkeitsgrundsatz)를 법관이 모든 증거방법들을 직접 인지한다는 의미의 '형식적 직접주의'와 법관이 입증되어야 할 사실에 보다 근접한 증거방법(ex. 증인의 증언)을 이보다 멀리 떨어진 증거방법(ex. 참고인 진술조서)보다 우위성을 인정해야 한다는 '실질적 직접주의'로 나누어 이해하고 있다.[33] 법원이 공판정에서 원진술자의 진술을 직접 증거조사할 때 그 진술내용의 청취와 진술태도(표정이나 행동 등)의 관찰을 통해 정확한 심증을 형성할 수 있다고 보기 때문에 공판정 외에서 피고인이나 참고인의 진술을 기록한 조서 자체만으로는 부득이한 사유가 없는 한 그 증거능력을 인정할 수 없는 것이다.[34] 형식적 직접주의는 독일 형사소송법 제244조 제2항("법원은 진실발견을

---

31) "To be sure, the Clause's ultimate goal is to ensure reliability of evidence, but it is a procedural rather than a substantive guarantee. It commands, not that evidence be reliable, but that reliability be assessed in a particular manner: by testing in the crucible of cross-examination." Crawford v. Washington, 541 U.S. 36, 61.

32) 홍영기, 앞의 논문, 6면 이하.

33) Diethelm Kleschzewski, 「독일 형사소송법」, 김성돈 역, 성균관대학교 출판부, 2012, 42면, 465면.

34) Hans-Heine Kühne, Strafprozeßrecht, 5 Auf., 1999, S.387.

위하여 판결에 있어 중요한 모든 사실과 증거방법에 관하여 증거조사를 수행하여야 한다")에, 실질적 직접주의는 동법 제250조("어떤 사실에 관한 증거가 개인의 지각에 근거하고 있는 경우 공판에서 그를 신문하여야 한다. 이 신문은 과거 신문시 작성된 조서의 낭독이나 서류상의 진술로써 그 신문을 대체할 수 없다")에 근거를 두고 있다. 이에 따라서 증인과 같은 인적 증거방법의 경우에는 공판정에서 직접 신문을 받아야 하고, 이전에 수사기관이 작성한 조서를 낭독하는 것으로 대체할 수 없는 것이다. 검사와 변호인, 피고인이 동의한 경우에만 증인이나 감정인 또는 공동피의자에 대한 신문 없이 이들의 진술을 포함한 기록이나 다른 신문조서의 낭독으로 대체할 수 있으며, 증인이나 감정인 등이 사망하였거나 기타 사유로 신문이 불가능한 경우 낭독을 허용함으로써(제251조 제2항), 전문증거의 예외적 사용을 규정하고 있다.

독일 형사절차에서도 증인에 대한 검사 및 피고인측 변호인의 교호신문(Kreuzverhör)이 행해지고(제239조 제1항), 소송참여자에 대한 책문권(Fragerecht)을 보장하기 위해서 피고인(변호인)이나 검사에게 증인에 대하여 질문하는 것을 허용하고 있다(제240조 제2항). 우선 교호신문은 재판장이 자신에게 부여된 증거조사권한(제238조 제1항)을 검사와 피고인에게 위임(überlassen)하는 제도라는 점에서 직권증거조사권한의 예외에 해당하고,[35] 재판장 역시 진실탐지를 위해 필요한 경우 증인에게 질문할 권한을 여전히 갖고 있다(제238조 제2항). 검사와 변호인의 일치된 신청(übereinstimmenden Auftrag)이 있는 경우에만 특정 증인에 대한 교호신문이 가능하다는 점에서 실무상 큰 의미가 없으며,[36] 검사와 변호인의 동의가 있다면 피고인이 동의하지 않는 경우에도 교호신문이 가능하고, 만약 피고인에게 변호인이 없다면 교호신문이 불가능하다.

반면 책문권은 독일 기본법상 적법절차원칙 및 법적 청문권에 기초하고 있으며, 피고인이 단순히 형사절차의 대상(Objekt)이 아니라 소송주체(Prozeßsubjekt)로서 능동적으로 참여할 권리가 있음을 보여준다.[37] 참고로 유럽인권협약

---

35) Gerd Pfeiffer, Strafprozeßordnung Kommentar, 5. Aufl. 2005, S. 611.

36) Gerd Pfeiffer, a.a.O., S. 611.

37) BVerfGE 9, 95; Gerd Pfeiffer, a.a.O., S. 612f.

역시 제6조 제3항에서 불리한 증언을 하는 증인에 대한 대면권(Das Recht auf konfrontative Befragung)을 피고인에게 인정하고 있다. 유럽연합의 회원국인 독일 역시 본 협약을 준수할 의무가 있으므로 독일형사절차에서는 책문권 조항을 통해 대면권이 보장되고 있다.[38] 독일의 전문증거 제한 규정은 본래적으로 직접 심리주의 원리에서 도출되었지만, 전문증거의 신용성 심사에 있어서 소송당사자의 책문권의 행사가 가능하고, 특히 피고인의 책문권은 유럽인권협약상의 대면권 보장을 위한 장치라는 관점에서도 더욱 중요시되고 있다.[39]

3. 우리나라 전문법칙 및 반대신문권의 의의

가. 전문법칙 관련 개정 형사소송법의 특징

우리나라 형사소송법상 전문법칙은 제310조의2에서 전문법칙의 원칙 및 예외에 대한 천명을, 제311조 이하에서 법원 및 수사기관의 조서 등 각종 전문증거의 예외적 증거능력 취득요건 등을 차례로 규정하고 있다. 2007년 개정 형사소송법(법률 제8496호)은 전문법칙과 관련하여 검사와 사법경찰관 작성 조서의 증거능력 인정 요건을 강화하고, 참고인진술조서의 증거능력과 관련하여 피고인 측의 반대신문권을 인정한 것에 특징이 있다. 검사작성 피의자 신문조서 및 참고인 진술조서에 대한 '특신상황("조서에 기재된 진술이 특히 신빙할 수 있는 상태하에서 행하여졌음")'을 증명하도록 하였고(제311조 제1항), 피고인이 실질적 진정성립을 부인할 경우 영상녹화물 등 객관적인 방법 및 특신상황의 증명에 의해 가능하도록 하였다(제312조 제2항). 사법경찰관이 작성한 피의자 신문조서는 기존의 내용인정 요건 외에 적법절차 준수 요건을 추가하였고(제312조 제3항), 참

---

38) 피고인의 대면권이 절대적 권리가 아니므로 피해자나 증인 보호를 위해 그 행사가 제한이 될 수 있는데, 그와 같은 정당화 사유없이 피고인의 대면권 행사를 제한한 경우 비로소 적법절차 위반을 문제삼을 수 있게 된다. 법원은 정당화사유가 존재하는 경우에도 비디오녹화중계장치(제247a조) 등 다른 조치를 통해 피고인의 대면권을 최대한 보장해주어야 할 책무가 있다(Kirchhoff, Guido, Das Recht auf konfrontative Befragung im Ermittlungsverfahren, HRRS, Heft12/2015, S. 510).

39) 독일 연방대법원 및 유럽연합법원의 반대신문권 해석론에 대한 자세한 소개는 이완규, "반대신문권과 수사기관 조서의 증거능력 및 증명력", 「형사판례연구 18권」, 2010, 397면 이하를 참고할 것.

고인에 대한 진술조서의 경우 적법절차 준수 및 영상녹화물 등 객관적 방법에 의한 증명, 피고인 또는 변호인에 의한 반대신문권 행사 요건이 추가된 것이다(제312조 제4항). 사법경찰관이 작성한 피의자신문조서는 피고인이 그 내용을 부인하는 경우 무용지물이 되는 문제점을 보완하기 위해서, 전문의 진술을 규정한 제316조에서 "피고인이 아닌 자"에 '공소제기 전에 피고인을 피의자로 조사하였거나 그 조사에 참여하였던 자를 포함한다'는 내용을 괄호로 추가하여 피의자신문에 참여했던 사법경찰관이 피고인의 진술(특히 자백)에 대해서 증언할 수 있는 길을 열어주었다는 것 역시 큰 특징이다(제316조 제1항).

나. 우리나라 전문법칙의 의의

전문법칙에 관한 이와 같은 입법형태는 독일의 직접심리주의를 수용하면서 반대신문권 보장을 중요시하는 미국의 전문법칙을 우리 형사사법실무의 현실에 맞추어 적절히 수용한 것으로 보인다(이원론).[40] 우리 형사소송법도 직권주의 원칙하에 실체적 진실발견을 위해 법원이 직권으로 피고인을 신문하도록 규정하고 있으며(제296조의2 제2항), 재판장의 증인신문 및 증거서류, 증거물에 대한 조사권한을 인정하고 있다(제291조, 제291조의2). 한편으론 전문법칙의 예외에 관한 우리나라 규정이 독일법 관련 규정(제250조 이하)의 문언 및 형식과 매우 유사하면서도,[41] 독일의 전문증거의 증거금지가 증거현출의 금지(Beweiserhebungsverbot)가 아니라 증명력 제한(Beweisverwertungsverbot)임에 반해 우리법은 증거능력을 배제한다는 점에서 차이를 갖고,[42] 피고인의 반대신문권 행사를 명문으로 보장한 점에서는 미국의 전문법칙과 유사한 측면이 있다. 피의자신문조서나 참고인진술조서의 증거능력을 인정함에 있어서 피고인의 반대신문권을 보장하는 것은 단순히 피고인의 절차참여권만을 인정하기 위한 것이 아니라 사실판단자인 법원 앞에서 그 전문진술의 신빙성을 다투게 함으로써 법원의 실체적 진실판단에 도움을 주기 위한 목적이 있다는 점에서 직접주의원리에도 부합하는 것으로 보인다. 헌법재

40) 같은 견해로는 배종대/이상돈/정승환/이주원, 앞의 책, 620면; 신동운, 앞의 책, 406면 이하.
41) 배종대/이상돈/정승환/이주원, 앞의 책, 620면.
42) 홍영기, 앞의 논문, 13면.

판소 역시 "제310조의2에서 법관의 면전에서 진술되지 아니하고 피고인에 대한 반대신문의 기회가 부여되지 아니한 진술에 대하여는 원칙적으로 증거능력을 부여하지 아니하는 내용을 규정하여, 모든 증거는 법관의 면전에서 진술 · 심리되어야 하는 직접주의와 피고인에게 불리한 증거에 대하여는 반대신문할 수 있는 권리를 원칙적으로 보장하였다"고 판시함으로써 전문법칙이 직접주의와 반대신문권을 동시에 보장하고 있는 것으로 보고 있다.[43]

이와 달리 우리나라 형사소송법상 전문법칙이 오로지 영미 전문법칙과 마찬가지로 반대신문권의 보장에 있다고 보는 견해(일원론)가 있는데, 직접주의 및 영미 전문법칙이 서로 연혁과 원리를 달리하는 구별되는 개념이기 때문이라고 한다.[44] 이원론은 직접주의와 영미 전문법칙 개념을 동일성을 전제로 주장하기보다는 우리나라 전문법칙 규정 자체가 한편으론 (반대신문권 행사에 의해 전문증거 신용성 결핍문제를 완화시킬 수 있다는 점에서) 직접주의에 기여하면서도 다른 한편으론 영미 전문법칙이 특히 중요시하는 반대신문권의 보장을 입법취지로 삼고 있음을 피력한다는 점에서 일원론의 비판은 타당하지 않다. 이와 같은 의견대립은 영미 전문법칙의 의의를 신용성의 결여가 아닌 반대신문권 보장을 위한 제도로 파악하기 때문에 나타나는 문제로 보인다. 앞서 언급한 바와 같이 영미 전문법칙은 본질적으로 신용성의 결여에서 전문증거의 증거능력을 배제하는 것이며, 반대신문권의 보장은 신용성 결여의 문제를 효과적으로 해결할 수 있는 장치일 뿐만 아니라 당사자주의 소송구조에서는 필수불가결한 요소이므로 직권주의 소송구조를 취하고 있는 나라에 비해 그 중요성이 더욱 중시될 수밖에 없는 것으로 이해하여야 한다. 이와 달리 우리나라 형사소송에서 반대신문권 행사를 통한 전문증거에 대한 신용성 강화는 법관의 실체적 진실 파악에 크게 기여하므로 직권주의 원리에서도 매우 중요한 의미를 갖게 되는 것이다. 따라서 전문증거 관련 현행법규를 해석함에 있어서 직접주의(직권주의)나 전문법칙(당사자주의)을 양자택일의 '대립적' 관점에서 볼 것이 아니라, 오히려 형사절차의 궁극적 목적, 즉 '실체적 진실의 발견' 및 '적법절차의 원칙'이 우리나라 고유의 형사사법

43) 헌법재판소 1998. 09. 30. 선고 97헌바51.

44) 이재상/조균석, 「형사소송법」, 박영사, 2017, 597면 이하.

역사 및 실무 속에서 최대한 실현될 수 있도록 '상호보완적' 원리로 받아들여야 할 것으로 보인다.[45]

다. 현행법상 반대신문권의 위상

우리나라 형사소송이 당사자주의 소송구조의 요소를 함께 갖고 있으며, 피고인의 반대신문권 보장을 강화하는 방향으로 나아가고 있음은 분명하지만, 우리법이 보장하고 있는 반대신문권을 영미 당사자주의 소송구조하에서의 반대신문권과 동일한 위상에 두고 인정할 것인지에 대해서는 별도의 검토가 필요할 것으로 보인다. 관련하여 미국 수정헌법 제6조의 연혁을 보면, 18세기 말 미국사회를 지배했던 미국혁명이념은 단순히 영국 식민지로부터의 독립에만 의의가 있는 것이 아니라 당시 지배층이던 귀족, 지식인층, 정부관리의 간섭으로부터의 독립을 뜻했고, 당시 시민들은 법관을 비롯한 정부관리가 공정하게 권한을 행사할 것을 신뢰하지 않아서 그들에게 있던 권한을 평범한 시민에게 돌리기를 원했다.[46] 당시 부패한 수사기관이 존재하지도 않는 증인의 진술을 수집하여 제출하거나 증인의 진술을 채집할 때 부당한 압력을 행사할 수 있다는 우려도 역시 높았다.[47] 따라서 평범한 시민으로 구성된 배심원이 사실판단자(factfinder)의 임무를 맡게 되었고, 피고인 역시 (당시 주로 귀족이었던) 법관이 공정한 심판자로서 피고인의 이익을 방어해줄 것으로 신뢰하지 않았으므로 자신의 이익을 스스로 지킬 수 있는 권리로서의 변호인조력권과 반대신문권이 핵심적 권리로 인정될 수밖에 없었던 것이다.[48] 그런 시각에서 전문법칙은 피고인 변호인의 방어권 강화 수단에서 큰 의의를 갖게 되고, 당시 미국 수정헌법 제6조의 제정은 영국의 보통법을 단순히 수용한 것이라기보다는 귀족 및 정부 관료의 지배에서 벗어나

---

45) 이와 달리 직접주의는 직권주의 소송구조의 원칙이고, 전문법칙은 당사자주의에서 파생된 것이므로 공판중심주의를 논하면서 직접주의, 구두주의와 같은 독일식 원칙과 함께 당사자주의를 함께 논하는 것은 모순되는 원칙으로서 부적절하다는 견해로는 이완규, 앞의 논문, 406면.

46) Randolph N. Jonakait, The Origins of th Confrontation Clause: An Alternative History, 27 Rutgers L.J. 77, 106

47) Pamela R. Metzter, Confrontation as a Rule of Production, 24 Wm. & Mary Bills Rts. J. 995, 1000-1001.

48) Randolph N. Jonakait, op. cit., pp. 106-107.

기 위한 미국개척정신의 표출로 평가되기도 한다.[49]

즉 미국 당사자주의 소송구조에서 피고인의 반대신문권은 법관이 공정한 심판자로서 실체적 진실의 발견에 기여를 하고 때로는 피고인의 방어권 행사에도 도움을 줄 수 있다는 후견적 사고를 배척하고, 오로지 피고인만이 변호인의 도움을 얻어 자신의 이익(무죄입증)을 실현할 수 있다는 사상이 배경이 되었기에 헌법조문에 명문으로 보장할 정도로 그 중요성이 클 수밖에 없다. 반면에 우리나라는 법전문가인 판사로 구성된 법원이 공정한 심판자로서 실체적 진실을 발견할 것으로 신뢰하여 사실판단의 중요 권한(증거조사, 유무죄판결)을 법원에 부여하고 있고, 다만 업무과중이나 편견, 기타 현실적인 이유들로 인해 실체적 진실 발견 및 피고인의 이익보호에 한계가 있을 수 있으므로 피고인이 변호인의 조력을 받아 충분히 방어할 수 있도록 하는 차원에서 반대신문권을 보장하고 있다는 점에 그 위상에 다소간의 차이가 있을 수 있다고 본다.

그와 같은 위상의 차이에도 불구하고 피고인의 반대신문권은 실체적 진실의 발견에 기여할 뿐만 아니라 무기대등원칙의 실현으로서 '충분히' 보장되어야 할 중요할 권리임이 분명하며, 비록 우리 헌법에 명문으로 규정되어 있지 않지만, 적법절차원칙 및 평등권으로 부터 도출할 수 있는 권리라는 점에서 헌법상 기본권의 지위를 갖고 있다고 보아야 하며,[50] 기존 전문법칙규정에 반대신문권을 추가한 개정 형사소송법은 그 의의가 높다고 본다. 따라서 반대신문권 보장의 강화를 위해 노력해야겠지만, 그 구체적 실현방안은 오로지 당사자주의만을 추구하는 미국 증거법만을 본보기로 삼을 것이 아니라, 당사자주의 및 직권주의 소송구조를 혼합하고 있는 우리나라 소송구조 및 사법현실을 고려하면서 모색해야 할 것으로 보인다. 전문법칙 및 반대신문권의 의의에 관한 이상의 논의를 바탕으로 하여, 이하에서는 대상사건의 항소심판결의 타당성 유무 관련 쟁점들을 차례로 살펴보고자 한다.

---

49) Randolph N. Jonakait, op. cit., p. 91, pp. 109-111.

50) 같은 견해로는 홍영기, 앞의 논문, 30면.

Ⅳ. 대상판결의 타당성 유무

1. 공판조서 중 증인신문조서의 증거 능력

본 사건에서 제1심 제2회 공판조서중 피해자의 진술기재 부분은 제311조의 '공판기일에 피고인 아닌 자의 진술을 기재한 조서'에 해당하는데, 피해자의 증인으로 증언한 것이기에 당사자의 참여권 및 반대신문권이 보장되어야 하며, 그와 같은 요건이 충족되지 못하는 경우 증거능력이 부정됨은 당연한 논리적 귀결이다.[51] 증인으로 출석한 피해자가 피고인 면전에서 충분히 진술할 수 없다고 인정되는 경우에는 피고인의 퇴정을 명하고 피해자에 대한 증인신문을 진행할 수 있지만(제297조 제1항), 이러한 경우에도 피고인의 반대신문권을 배제하는 것이 허용되지 않는다.[52] 증인신문을 실시하는 과정에 변호인을 참여시키고, 증인신문 후 피고인을 입정하게 하고 법원사무관 등으로 하여금 진술의 요지를 고지하게 한 다음 변호인을 통하여 반대신문의 기회를 부여한 경우에는 피고인의 반대신문권이 보장된 것으로서 절차의 위법이 없다고 본다(제297조 제2항).[53]

그런데 본 사건의 제1심 제2회 공판기일의 피해자에 대한 증인신문시 재판장은 피고인의 퇴정을 명한 후 피해자에 대한 증인신문을 진행하면서 피고인측 변호인의 증인신문이 일부 마친 후 나머지 반대신문은 제4회 공판기일에 하기로 하였고, 퇴정한 피고인을 다시 입정하게 한 후 법원사무관 등으로 하여금 피해자의 진술의 요지를 고지하게 하지 않았다는 점에서 대상판결이 인정한 바와 같이 절차의 위법이 인정된다. 이 경우 절차 위법의 효과 및 그 하자가 향후 법원 또는 소송당사자의 소송행위 등을 통해 치유될 수 있는가의 문제가 발생하는데, 본 사건에서는 변호인의 반대신문이 일부만 이루어진 채로 심리를 종결했다는 특수성이 있고, 이 역시 하자의 치유 가능성 문제를 동일하게 안고 있으므로 우선은 반대신문이 일부만 이루어진 경우 반대신문권의 침해로 볼 수 있는지 먼저 살펴

51) 배종대/이상돈/정승환/이주원, 앞의 책, 496면.
52) 대법원 2010. 01. 14. 선고 2009도9344 판결; 대법원 2012. 2. 23. 선고 2011도15608 판결.
53) 대법원 2012. 02. 23. 선고 2011도15608 판결.

보고자 한다.

가. 변호인의 반대신문이 일부만 이루어진 경우, 증인신문조서의 증거능력

본 사건과 같이 증인에 대한 피고인측 변호인의 반대신문이 일부만 이루어진 경우, 반대신문권의 침해를 이유로 그 증거능력을 부정할 수 있는가가 문제시 되는데, 그 답은 반대신문권 보장 및 직접심리주의를 근거로 하여 신용성이 결여된 전문증거의 증거능력을 제한하고자 하는 전문법칙의 의의에서 찾아야 할 것으로 보인다. 우선 반대신문권은 소송지연을 목적으로 사실판단과 무관한 질문을 던지지 않는 한, 신문대상인 증인의 진술의 허위와 부정확을 밝힐 수 있을 만큼 충분히 그 기회가 보장되어야 할 것으로 판단되며, 반대신문권의 충분한 보장은 법원으로 하여금 증거의 증명력에 대한 합리적 판단을 가능하게 한다는 점에서도 의의가 크다.

그런데 대상사건에서는 i) (애당초 반대신문의 기회를 충분히 주었음에도 실제로 반대신문을 하지 못한 신문사항이 나중에 생긴 경우가 아니라) 피고인측 변호인이 준비하여 온 반대신문사항 55문항 중 27항까지만 반대신문을 행하였고 나머지 반대신문은 차회 공판기일에 하기로 하였으나 피해자가 법정에 출석하지 않아 나머지 신문사항에 대해 반대신문을 하지 못한 점, ii) "피고인은 수사기관에서 항소심에 이르기까지 일관하여 피해자를 폭행한 사실이 없다는 취지로 공소사실을 극렬히 다투어 왔고, 피고인의 위와 같은 주장은 피해자에 대한 경찰 및 검찰 각 진술조서의 진술내용과 정면으로 배치되는 점, 피해자가 피고인으로부터 폭행당하였다는 점에 관한 경찰 및 검찰에서의 진술은 대체로 일관되나, 폭행일시, 폭행의 수단 및 방법, 상해부위 및 정도등에 관하여는 그 진술이 다소 변경된 점등에 비추어 보면 피고인으로서는 피해자에 대한 반대신문을 통해 위 각 진술조서의 내용을 탄핵할 필요성이 있"었던 점을 비추어 보면 피고인측 반대신문권이 충분히 행사되지 못하였으므로, 대상 사건에서 피해자에 대한 피고인측 반대신문권이 충분히 행사된 것으로 보기 어려우며, 반대신문권의 하자의 치유와 같은 특별한 경우가 아닌 한 그 증거능력이 부정된다고 보아야 할 것이다.

나. 반대신문권이 침해된 경우 피고인 동의에 의한 하자의 치유 가능성 여부

대상사건에서 피고인 및 변호인은 제1심 제3회 공판기일에서 재판장이 전회 공판심리에 관한 주요사항의 요지를 공판조서에 의하여 고지하였는데 피고인 및 변호인은 '변경할 점이나 이의할 점이 없다'고 진술하였고, 원심 제5회 공판기일에 판사가 바뀌어 공판절차를 갱신하였고, 재판장이 피고인 및 변호인에게 갱신 전의 각 증거조사결과에 대한 중요사항의 요지를 공판조서에 의하여 알리고 이의유무를 물으니 '이의가 없다'고 진술하였는데, 이를 피고인측의 반대신문권의 포기로 보아 상술한 반대신문권 침해라는 하자의 치유를 인정할 수 있을 것이냐의 문제이다.

피고인의 반대신문권은 증인을 상대로 반대신문권을 행사할 수 있는 기회의 보장이므로 스스로 그 권한의 불행사를 선택할 수 있으며, 따라서 반대신문권이 침해된 경우에도 피고인이 그 증거사용에 동의한다면 그 하자의 치유가 가능하다고 본다. 만약 피고인의 반대신문권의 불행사, 또는 불완전한 행사로 인해 증언의 신용성 판단에 어려움이 있을 경우, 법관이 직권으로 증인을 신문하여 문제를 해결할 수 있고, 대상 사건에서와 같이 증인이 법정에 불출석하여 법관에 의한 증인신문이 이루어지지 못했을 경우라도 법원은 자유심증주의에 의거하여 (피고인측의 동의로 증거능력이 회복된) 해당 증거의 증명력을 적절하게 판단하면 되므로 하자의 치유에 제한을 둘 필요가 없는 것이다.

문제는 당해 사건에서 피고인 및 변호인이 제1심 제3회, 제5회 공판기일에서 공판조서에 기록된 내용 및 갱신전의 각 증거조사결과에 대한 중요사항의 요지에 대하여, '이의가 없다'고 진술한 것을 반대신문권이 침해된 증거에 대한 반대신문권의 포기로서 그 하자의 치유가 가능하다고 볼 것인가 인데, i) 재판장이 반대신문이 중단된 증언에 대하여 반대신문권을 포기하느냐고 특정하여 질문한 것이 아닌 점, ii) 제1심 제6회 공판기일에 변호인이 피해자에 대한 경찰 및 검찰 각 진술조서는 증거능력이 없다는 취지의 변호인의견서를 제출한 점을 볼 때, "피고인 및 변호인의 원심 제2, 5회 각 공판기일에서의 '이의없다'는 취지의 진술이 피고인에게 실질적인 반대신문권의 기회를 부여하지 아니한 채 이루어진 제2

회 공판기일에서의 피해자에 대한 증인 신문의 하자에 대한 책문권을 포기하는 의사를 명시한 것은 아니라고 할 것이다."는 대상 판결의 판단은 타당하다고 보인다.

참고로 변호인이 없는 피고인을 일시 퇴정하게 하고 증인신문을 한 다음 피고인에게 실질적인 반대신문의 기회를 부여하지 아니한 채 이루어진 증인의 법정진술에 대해서, 원칙적으로 위법한 증거로서 증거능력이 없다고 볼 여지가 있지만 그 다음 공판기일에서 재판장이 증인신문 결과 등을 공판조서(증인신문조서)에 의하여 고지하였는데 피고인이 '변경할 점과 이의할 점이 없다'고 진술하였다면, 이는 명시적인 책문권 포기 의사로서 실질적인 반대신문의 기회를 부여받지 못한 하자가 치유되었다고 판결한 예[54]가 있다. 그런데 당해 사건에서는 증인신문이 모두 종료한 후에 피고인이 다시 입정했을 때 법원사무관 등이 진술의 요지를 고지하여 주었고, 그 다음 공판기일에서도 재판장이 증인신문 결과 등을 위 공판조서에 의하여 고지하였는데 피고인이 '변경할 점과 이의할 점이 없다'고 진술하였다는 점에서 증인신문에 대한 피고인의 반대신문권 행사의 포기 의도가 비교적 명확히 드러난 것으로 볼 수 있고, 대상판결에서는 변호인의 반대신문권이 일부만 행사되었고 나머지 질문사항에 대한 반대신문이 예정된 상황에서의 답변이었다는 점에서 앞의 판결과 서로 구분이 되고 따라서 양 판결이 상호간에 충돌하는 것으로 보기는 어렵다.

다. 기타 보복의 두려움, 합의서 제출과 반대신문권의 하자 치유

대상 사건에서 피해자 증인이 제1심 제4회 공판기일전에 피고인의 보복이 두렵다는 취지의 불출석 사유서를 제출하였고, 항소심 제4회 공판기일 이후에 피고인으로 부터 1,000만 원을 지급받고 피고인과 합의하였다는 취지의 합의서를 법원에 직접 제출하였는데, 대상 판결에서 쟁점으로 다루지는 않았지만, 반대신문권의 하자의 치유와 관련하여 이들 사실을 어떻게 평가할 것인가도 중요한 문제로 보인다.

---

54) 대법원 2010. 1. 14. 선고 2009도9344 판결.

앞서 소개한 바와 같이 미국 연방증거규칙(제804조(b)(6))은 피고인이 증인의 출석을 막기 위해 증인을 협박하거나 죽이는 경우와 같이 '진술자가 부당하게 출석하지 못하게 한 자에게 불리한 진술(Statement Offered Against a Party That Wrongfully Caused the Declarant's Unavailability)'을 전문법칙의 예외로 인정하고 있으며, Crawford 판결 역시 그 가능성을 인정하고 있다. 즉 피고인이 자신에게 불리한 증언의 염려가 있는 증인을 협박하거나 살해하여 법정에 출석하지 못하게 한 경우, 스스로 반대신문권을 포기한 것으로 평가하여 증인에 대한 반대신문이 결여되었음에도 해당 전문증거의 증거능력을 예외적으로 인정하는 것이다.

비록 우리나라 형사소송법은 위와 같은 사항을 명문으로 인정하고 있지는 않지만, 피고인이 피해자나 목격자 등 불리한 진술을 할 염려가 있는 증인을 법정에 불출석하게 할 목적으로 협박하거나 상해, 살해하는 등의 위해를 가하였고, 그로 인해 증인이 법정에 불출석하여 피고인의 반대신문권 행사가 이루어지지 않았다면, 반대신문권의 포기로 보아 그 하자의 치유를 인정하여야 할 것으로 보인다.[55] 다만 대상 사건에서는 증인으로 소환된 피해자가 보복이 두렵다는 취지의 불출석 사유서를 법원에 제출하기는 하였으나, 피고인이 실제로 피해자의 불출석을 이유로 협박하는 등의 위법행위를 가하였는지 입증이 되지 않았으므로 이를 이유로 하자의 치유를 인정하기 어렵다고 판단된다.

피해자가 제출한 피고인과의 합의서의 경우, 그 진정성이 확인되지 않았을 뿐만 아니라 설사 피고인이 피해자에게 합의금을 주고 합의서를 작성한 것이 진실한 사실로 인정되는 경우라도 이를 반대신문권의 하자의 치유사유로 볼 수 있을 것인가에 대해서는 별도의 고려가 필요하다고 보인다. 만약 범죄혐의가 살인죄와 같은 강력범죄이고, 피고인이 범행목격자의 법정출석을 막기 위해 상당한 돈을 주었다면 이는 위증을 교사하는 정도의 불법성,[56] 즉 국가의 사법기능을

55) 같은 취지의 견해로는 정웅석, "참고인진술의 증거능력을 인정하기 위한 대면권과 전문법칙과의 관계 -Crawford 판결과 Bryant 판결을 중심으로-", 「형사법의 신동향」, 대검찰청, 2012, 182면 이하.

56) 자기의 형사사건에 관해 타인을 교사하여 위증하게 한 경우 위증교사죄의 죄책을 물을 수 있는가에 대해 견해대립이 있지만, 판례는 방어권의 남용으로 보아 그 성립을 인정하고 있다(대법원

위태롭게 하였다는 점과 증인의 불출석을 스스로 초래하였다는 점에서 반대신문권의 포기로 해석할 여지가 있겠지만, 대상 사건에서와 같이 공소사실이 상해죄인 경우에는 피고인이 자신의 범죄를 부인하면서도 형사절차에서 속히 벗어나기 위한 목적으로 합의서를 작성하였을 수 있으므로 합의서 작성 사실 자체만으로 피고인에게 불리하게 판단해서는 안될 것으로 보이기 때문이다. 어쨌든 대상 사건에서는 피해자가 제출한 피고인과의 합의서가 진정한 것인지도 입증되지 않았으므로 이를 이유로 하자의 치유를 인정할 수 없다고 판단된다.

2. 피해자에 대한 경찰 및 검찰의 각 진술조서의 증거능력 유무

피해자에 대한 경찰 및 검찰의 각 진술조서는 적법 절차와 방식에 따라 작성되고, 검사 또는 사법경찰관 앞에서 진술한 내용과 동일하게 기재되어 있음이 원진술자의 공판준비 또는 공판기일에서의 진술이나 영상녹화물 또는 그 밖의 객관적인 방법에 의하여 증명되고, 피고인 또는 변호인이 공판준비 또는 공판기일에 그 기재 내용에 관하여 원진술자를 신문할 수 있었던 때에는 증거로 할 수 있다(제312조 제4항 본문).

대상사건에서 피해자는 제1심 제2회 공판기일에 출석하여 피해자에 대한 경찰 및 검찰이 각 진술조서에 관하여 검사 및 사법경찰관 앞에서 진술한 내용과 동일하게 기재되어 있음을 진술하였으므로 실질적 진정성립의 요건은 충족된 것으로 볼 수 있으나, 피해자증인이 법정에 불출석하여 피고인측 변호인의 반대신문권 행사가 불가능하였으므로 그 증거능력을 부정한 대상 판결의 판단 역시 타당하다고 할 것이다.

3. 피해자에 대한 경찰 및 검찰 각 진술조서가 제314조에 의하여 증거능력이 인정되는지 여부

2004. 1. 27. 선고 2003도5114 판결). 참고로 미국 캘리포니아주는 피고인이 증인의 불출석을 대가로 돈을 주는 행위를 ‘bribery of witnesses regarding trial attendance’에 포함시켜 중죄(felony)로 규율하고 있다(California Penal Code 138(a)pc).

가. 형사소송법 제314조의 의의

형사소송법 제314조는 “제312조 또는 제313조의 경우에 공판준비 또는 공판기일에 진술을 요하는 자가 사망 · 질병 · 외국거주 · 소재불명 그 밖에 이에 준하는 사유로 인하여 진술할 수 없는 때에는 그 조서 및 그 밖의 서류(피고인 또는 피고인 아닌 자가 작성하였거나 진술한 내용이 포함된 문자 · 사진 · 영상 등의 정보로서 컴퓨터용디스크, 그 밖에 이와 비슷한 정보저장매체에 저장된 것을 포함한다)를 증거로 할 수 있다. 다만, 그 진술 또는 작성이 특히 신빙할 수 있는 상태하에서 행하여졌음이 증명된 때에 한한다”라고 규정함으로써, 피해자가 동법에 규정한 사유로 출석이 불가능한 경우, 비록 증인의 불출석으로 인해 반대신문권의 행사가 불가능함에도 특신상태의 증명 요건으로 그 증거능력을 인정하고 있다.

대상 판결은 “형사소송법 제314조에 의하여 같은 법 제312조의 조서나 같은 법 제313조의 진술서, 서류 등을 증거로 하기 위하여는 공판기일에 진술을 요하는 자가 사망 · 질병 · 외국거주 · 소재불명 그 밖에 이에 준하는 사유로 인하여 공판정에 출석하여 진술을 할 수 없는 경우이어야 하고, 그 진술 또는 서류의 작성이 특히 신빙할 수 있는 상태하에서 행하여진 것이어야 한다는 두 가지 요건을 갖추어야 한다. 그리고 직접주의와 전문법칙의 예외를 정한 형사소송법 제314조의 요건 충족 여부는 엄격히 심사하여야 하고, 전문증거의 증거능력을 갖추기 위한 요건에 관한 증명책임은 검사에게 있으므로, 법원이 증인이 소재불명이거나 그 밖에 이에 준하는 사유로 인하여 진술할 수 없는 때에 해당한다고 인정할 수 있으려면, 증인의 법정 출석을 위한 가능하고도 충분한 노력을 다하였음에도 불구하고 부득이 증인의 법정 출석이 불가능하게 되었다는 사정을 검사가 증명한 경우여야 한다”는 종전 판례[57]를 그대로 원용하여, 피해자가 ‘소재불명으로 진술할 수 없는 때’에 해당하는지 여부와 피해자의 진술이 ‘특히 신빙할 수 있는 상태에서 행하여졌음이 증명된 때’에 해당하는지 여부에 대해 차례로 검토하였다.

---

57) 대법원 2013. 04. 11. 선고 2013도1435 판결.

나. 피해자가 '소재불명으로 진술할 수 없는 때'에 해당하는지 여부

개정 형사소송법은 제314조의 증거능력 부여 요건으로서의 원진술자의 진술불능과 관련하여 '소재불명'을 새롭게 추가하였다. 동법 개정 전에도 "소환장이 주소불명 등으로 송달불능이 되어 소재탐지촉탁까지 하여 소재수사를 하였어도 그 소재를 확인할 수 없는 경우"를 형사소송법 제314조의 진술불능사유에 포함되는 것으로 취급하였던 판례의 입장을 명문화한 것이다.[58]

대상 판결은 제1심 및 항소심이 "피해자를 증인으로 신문하기 위하여 검사에 대하여 주소보정을 명하고, 피해자에게 보정된 주소로 우편송달 및 휴대전화로 거듭 소환통지를 하였으나 소환불능되었으며, 관할 경찰서에 피해자에 대한 소재탐지촉탁을 하여 각 '소재불명'이라는 취지의 결과를 회신받은 점, 항소심에서는 피해자에 대하여 과태료부과결정을 하고 피해자에 대한 구인영장을 수회 발부하였으나 집행되지 않은 점, 검사는 항소심에서 피해자에게 전화하여 출석을 독려하고 피해자로부터 출석다짐을 받았는데, 이후 피해자가 연락을 받지 않은 점 등을 종합하여 보면, 검사가 직접 또는 경찰을 통하여 피해자의 법정출석을 위하여 상당한 노력을 다하였음에도 부득이 동인의 법정출석이 불가능하게 되었다는 사정이 입증되었다고 할 것이므로, 형사소송법 제314조의 공판기일에 진술을 요하는 자가 '소재불명으로 인하여 진술할 수 없는 때'에 해당한다"고 판시하였는데, 그 타당성이 인정된다고 본다.

다. 피해자의 진술이 '특히 신빙할 수 있는 상태에서 행하여졌음이 증명된 때'에 해당하는지 여부

'특히 신빙할 수 있는 상태에서 행하여졌음이 증명된 때', 이른바 '특신상태'는 제314조뿐만 아니라 검사와 피의자의 신문조서, 참고인 진술조서 등 전문증거의 증거능력 인정 요건으로 요구되고 있다. 특신상태의 의미에 대해서는 다수설과 판례 모두 '신용성의 정황적 보장'이라고 보고 있으며,[59] 특신상태를 '적법

---

58) 대법원 2004. 03. 11. 선고 2003도171 판결.

59) 배종대, 앞의 책, 637면; 신동운, 앞의 책, 450면; 이재상, 앞의 책, 611면.

절차의 준수'로 보는 견해는 '적법절차에 의한 작성'과 중복되는 해석이라는 비판을 받고 있다. 대상 판결 역시 제314조의 적용에 있어서 "원진술자의 사망 등으로 위 원칙을 관철할 수 없는 특별한 사정이 있는 경우에는 '그 진술 또는 작성이 특히 신빙할 수 있는 상태하에서 행하여졌음이 증명된 때', 즉 그 진술의 내용이나 조서 또는 서류의 작성에 허위 개입의 여지가 거의 없고 그 진술 내용의 신빙성이나 임의성을 담보할 구체적이고 외부적인 정황이 증명된 때에 한하여 예외적으로 증거능력을 인정하고자 하는 취지이다. 그러므로 법원이 법 제314조에 따라 증거능력을 인정하기 위하여는 단순히 그 진술이나 조서의 작성과정에 뚜렷한 절차적 위법이 보이지 않는다거나 진술의 임의성을 의심할 만한 구체적 사정이 없다는 것만으로는 부족하고, 이를 넘어 법정에서의 반대신문 등을 통한 검증을 굳이 거치지 않더라도 진술의 신빙성과 임의성을 충분히 담보할 수 있는 구체적이고 외부적인 정황이 있어 그에 기초하여 법원이 유죄의 심증을 형성하더라도 증거재판주의의 원칙에 어긋나지 않는다고 평가할 수 있는 정도에 이르러야 한다"[60]는 기존 판례의 입장을 그대로 원용하여, 대상 사건에서는 특신상태의 증명, 즉 "검사가 피해자의 수사기관에서의 각 진술이 법정에서의 반대신문 등을 통한 검증을 거치지 않더라도 진술의 신빙성과 임의성을 충분히 담보할 수 있는 구체적이고 외부적인 정황이 있음을 증명"이 충분히 이루어지지 않았다고 판단하여 제314조의 적용을 부정하였다. i)피고인의 주장과 피해자의 진술이 정면으로 배치되는 상황에서 폭행 방법과 상해 부위 및 정도, 공범을 비롯한 관련자에 관하여는 피고인 및 변호인이 반대신문을 통하여 탄핵하여야 할 필요가 있는 점, ii)피고인의 반대신문권은 본질적으로 원진술자 진술의 비일관성, 진술태도 등을 법관 앞에 현출시켜 법관이 주신문에서 파악한 사실관계나 진실성 등을 재평가하게 하는 데 그 목적이 있으므로, 증인이 공소사실 또는 주신문에 부합하는 취지의 답변을 할 것으로 추단된다고 해서 진술의 신빙성과 임의성이 더해진다

60) 대법원 2014. 08. 26. 선고 2011도6035 판결. 헌법재판소 역시 특신상태를 "그 진술내용이나 조서의 작성에 있어서 허위개입의 여지가 없고 그 진술내용의 신용성이나 임의성을 담보할 구체적이고 외부적인 정황이라고 법원의 판례가 오랜 세월을 통하여 개념 짓고 있으며, 이는 진실성이나 신용성에 있어 반대신문에 갈음할 만한 외부적 정황"으로 이해하고 있다(헌법재판소 1994. 04. 28. 선고 93헌바26).

고 볼 수는 없는 점, iii)피고인의 변호인은 제1심 제2회 공판기일에서 주로 폭행 경위에 대한 반대신문을 하였을 뿐 폭행 방법과 피해정도에 대하여는 거의 반대 신문권을 행사하지 못한 점 등을 비추어 볼 때, 검사가 든 정황만으로는 반대신문을 거치지 않더라도 피해자의 진술의 신빙성과 임의성이 충분히 담보된다는 점이 증명되었다고 볼 수 없다는 것이다.

4. 사견

그러나 필자의 사견으로 전문법칙의 예외요건으로서의 특신상태를 다수결과 판례의 태도와 같이 해석하는 것, 즉 검사에게 진술의 임의성 외에 그 신빙성을 담보할 구체적이고 외부적이 정황이 있는 경우를 증명하라고 요구하는 것은 증거의 증거능력과 증명력을 구분하여, 증거의 증명력을 법관의 자유판단에 의하도록 하고 있는 자유심증주의의 취지와 부합하지 않는 것으로 보인다. 진술의 임의성은 진술자의 진술을 채득할 당시 수사기관에 의한 협박이나 기망, 불법한 감금 등 절차적 위법이 있었는가를 묻는다는 점에서 증거능력의 문제이지만, 그와 달리 진술의 신빙성은 해당 진술의 신용력, 즉 요증사실의 인정에 대한 기여능력을 뜻하는 것으로 증명력의 문제로 양자를 구별해야 할 것으로 보인다. 이 견해에 대해서 특신상태를 진술이 이루어지는 상황이 특히 신빙할 만하다는 의미이고 진술자체의 신빙성을 요구하는 것은 아니므로 특신상태는 증명력을 다투는 것이 아니라 증거능력의 문제라는 주장으로 반박할 수 있겠으나,[61] 과연 판례가 요구하는 특신상태, 즉 "그 진술의 내용이나 조서 또는 서류의 작성에 허위 개입의 여지가 거의 없고 그 진술 내용의 신빙성이나 임의성을 담보할 구체적이고 외부적인 정황"이 증명력의 문제가 아닌 오로지 증거능력의 문제로 치부될 수 있는지 의문이 든다. 진술의 내용에 허위 개입의 여지가 거의 없고 진술 내용의 신빙성을 담보할 구체적이고 외부적이 정황이 언제인지 그 내용이 모호하며, 만약 그러한 정황이 여러 객관적인 사실들에 의해 증명되었다면 그 진술의 신용성 유무,

61) 신이철, "검사작성의 피고인이 된 피의자신문조서의 증거능력 인정요건", 「동아법학」 제49호, 동아대학교 법학연구소, 200면.

즉 증명력은 다시 어떤 기준으로 판단할 것인지 묻지 않을 수 없다.

대상 판결은 피해자에 대한 경찰 및 검찰 각 진술조서에 대하여 특신상태의 증명이 충분히 이루어지지 않았다고 판단하면서 세 가지 근거를 들고 있는데, 이를 요약하면 첫째, 피해자의 진술내용이 피고인의 주장과 다르므로 탄핵할 필요성이 있다는 점, 둘째 증인이 공소사실 또는 주신문에 부합하는 취지의 답변을 할 것으로 추단된다고 해서 진술의 신빙성과 임의성이 더해진다고 볼 수 없는 점, 셋째 폭행경위에 대한 반대신문을 하였을 뿐 폭행 방법과 피해정도에 대하여는 거의 반대신문권을 행사하지 못한 점이다. 그 핵심을 다시 요약해보면 피해자의 진술이 피고인의 주장과 달라 탄핵할 필요성이 있는데 피해자가 공판정에 출석하지 않아 반대신문권을 행사하지 못하여 탄핵하지 못했다는 점이다. 결국 대상판결은 반대신문권 행사 요건에 대한 예외규정인 제314조의 적용에 있어서 오로지 반대신문권 불행사를 이유로 피해자의 진술의 증거능력을 부정하고 있고 기타 진술의 임의성이나 신빙성을 담보할 외부적 정황의 결여에 대해서는 제시하고 있지 않다. 이와 같은 판례의 태도와 관련하여 "특신상태의 존부는 그 개념이나 판단기준이 모호하고 추상적이어서 판단하는 사람에 따라 그 인정 여부도 매우 유동적일 수 있다는 문제가 있다. 또한, 실무상 법관이 특신상태의 존부를 판단함에 있어 그 원진술의 내용까지 고려하는 경우가 대부분이고, 원진술이 이루어진 경위나 원진술이 행해질 당시의 상황을 판단하기 위해서는 그 원진술의 내용도 참고하는 것이 어쩌면 불가피할 것인데, 그렇다면 이는 증명력 단계에서 할 만한 판단과 유사한 방법의 판단을 증거능력에서 미리 해버리는 결과가 된다고 볼 수 있다. 그리고 특신상태가 인정된 증거에 대해 차후 증명력 단계에서 이를 다시 중복적으로 판단하게 되는 번거로움이 있는 것은 별론으로 하더라도, 과연 이미 원진술의 내용까지 고려하여 특신상태가 인정된 증거에 대해 추후 어떠한 이유를 들어 다시 그 신빙성을 배척할 수 있을지도 의문이다"라는 비판[62]이 매우 설득력 있게 다가온다.

---

62) 한제희, "특신상태의 의의와 판단기준", 「형사판례연구 21권」, 546면. 결론적으로 특신상태 판단에 있어서 원진술의 내용이나 원진술 자체의 신빙성 여부는 최소하는 참고사항 정도에만 그치고, 가급적 전적으로 원진술이 이루어진 경위나 원진술 당시의 상황에만 주안점을 두자고 주장하고 있음(한제희, 앞의 논문, 548면).

참고로 우리와 같은 직권주의 소송구조를 취하고 있는 독일의 경우 전문증거의 증거능력에 관한 규정에서 '특신상태'를 요건으로 규율하고 있지 않다. 다만 전문진술의 경우 그 증명력이 미약하므로, 정황증거에 의해 보강될 필요성이 있다는 것이 학설 및 판례의 태도인데,[63] 이는 전문진술의 증거능력 자체를 부정하는 것이 아니라 증명력 부족을 이유로 별도의 보강증거의 필요성을 요구하는 것이다. 즉, 증거능력의 제한이 아니라 자백보강법칙과 같이 증명력에 관한 법관의 자유심증주의의 제한의 문제로 취급하고 있다.

미국의 경우 연방증거규칙상 '신용성의 정황적 보장(circumstantial guarantees of trustworthiness)' 문구가 전문법칙의 포괄적 예외에 해당하는 제807조에만 등장하고, 전문법칙의 정의 및 예외사항을 규정하고 있는 제801조~제806조에는 별도로 요건화되어 있지 않는데, 그 자체로 신용성이 인정되거나 꼭 활용해야 할 필요성이 있기 때문이다. 제807조는 전문법칙의 예외조항에 해당하지 않음에도 어떤 전문진술이 "(예외조항에) 상응하는 신용의 정황적 보장이 있고(equivalent circumstantial guarantees of trustworthiness)", 기타 다른 요건들이 충족되었을 때 그 증거능력을 인정할 수 있다고 하고 있다. 우리 소송법 제314조에 해당하는 미국 연방증거규칙 규정은 제804조(a)(4)("증인이 사망, 질병, 무능력, 심신상실 등 사유로 법정에 출석할 수 없거나 증언할 수 없는 경우")이다. 진술자가 사망이나 질병 등 일정한 사유로 출석이 불가능한 경우, 그 자체로 증거능력이 인정되는 것은 아니며, -비록 명문으로 신용성의 정황적 보장을 요건으로 하고 있지 않지만- 진술자의 이익에 반하는 진술 등 신용성이 정황적으로 보장되거나 사법정의상 꼭 증거사용의 필요성이 있는 경우에만 증거능력을 인정한다는 점에서 특신상황을 요구하는 우리 형사소송법 제314조와 유사하다고 볼 것이다. 다만 미국 형사절차에서 사실심리자는 일반 시민으로 구성된 배심원이며, 배심원이나 판사 모두 전문증거의 신용성을 직접적으로 심사할 수 있는 증거조사권한이 없다는 점에서 신용성이 약한 전문증거가 배심원에게

---

63) BGH: Rechtliches Gehör bei ungenauer Fassung der Anklageschrift (NJW 1988, 3788); BGH: Beweiswürdigung bei "Aussage gegen Aussage"(NStZ 2002, 656); Klaus Volk, Klaus Volk의 독일형사소송법, 김환수/문성도/박노섭 역, 박영사, 333면.

노출되지 않도록 판사가 그 증거능력을 배제시켜줄 필요성이 크고, 따라서 낮은 단계의 신빙성 판단이 요구되는데,[64] 우리나라는 법률전문가인 판사가 사실심리자의 역할뿐 아니라 증거조사권한이 있고, 배심원과 신용성 판단의 권한을 나누지 않으므로 미국법과 같은 특신상태를 요구할 실익이 적다고 본다. 오히려 특신상태를 적법절차원칙의 준수로 파악하여, 증거수집에 위법이 없다면 그 증거능력을 원칙적으로 인정하는 것이 타당하고, 해당 증거가 신빙성이 없는 상황에서 기타 피고인의 유죄를 입증할 다른 증거가 없다면 –독일의 예와 같이– 법원은 증명력 부족을 이유로 무죄판결을 내리는 것이 우리 소송법이 보장하고 있는 직권주의 및 자유심증주의에 비추어 타당하고, 특신상태의 해석 및 적용을 둘러싼 혼란을 줄일 수 있다고 본다.[65]

결국 대상사건에서 피해자의 진술을 기록한 수사기관 작성 참고인진술조서는 형법 제314조에 의거하여 진술불능 및 특신상태의 요건을 취득하였으므로 그 증거능력이 인정되며, 다만 대상 판결이 설시한 이유 등을 고려할 때 그 신빙성, 즉 증명력이 부족하다고 판단되므로 달리 피고인의 범죄를 입증한 증거자료가 없는 상황에서 무죄판결을 내리는 것이 타당하다.

V. 요약 및 결론

지금까지 우리나라 형사소송법상 전문법칙 및 반대신문권의 의의를 살펴보고, 이를 기초로 대상판결의 타당성 여부를 살펴보았다. 요약하면, 우리나라 전문법칙은 독일의 직접심리주의를 기초로 하여 반대신문권 보장을 중요시하는 미

---

64) 이완규, 「형사소송법연구 I」, 탐구사, 2008, 333면.

65) 참고로 반대신문권이 보장된 경우 특신상태를 추정할 필요성이 있다고 보는 견해는 정웅석, 형사소송법상 '특신상태'의 필요성에 대한 비판적 고찰, 저스티스, 2013, 314면. 반대로 피고인의 대면권의 보장을 위해 대면권을 침해당한 조서의 증거능력을 제한하기 위해서 피고인이 충분하게 탄핵할 수 있는 보충적 증거규정이 필요하다고 보는 견해로는 이성기, "당사자주의의 원칙에 입각한 피의자 대면권의 헌법적 권리와 조서의 증거능력에 관한 논의", 「성신법학」 제12호, 223면. 비슷한 취지에서 제314조의 특신상태 요건을 더욱 엄격히 적용해야 할 필요성을 주장하는 견해로는 최병천, "미국의 전문법칙과 대면권에 비추어본 참고인진술조서의 증거능력", 「저스티스」 제131호(2012. 8.), 271면.

국의 전문법칙을 우리 형사사법실무의 현실에 맞추어 적절히 수용한 것으로 보인다. 전문법칙의 주된 의의는 전문증거의 신용성의 결여이며, 다수학설이 주장하는 반대신문권의 보장은 전문법칙의 이론적 근거라기보다는 전문법칙의 구현에 있어서 가장 중요하게 다뤄야 할 실천적 과제로 보는 것이 타당하다. 반대신문권은 헌법에 명문으로 규정되어 있지 않음에도 적법절차원칙 및 평등권으로부터 도출될 수 있는 헌법상 기본권의 지위를 가지므로 최대한 이를 보장할 필요성이 있지만, 직권심리주의를 배격하고 오로지 당사자주의 소송구조를 취하는 미국 증거법상의 반대신문권과 그 위상에 차이가 있다고 보아야 하며, 반대신문권 행사의 범위 및 내용은 당사자주의 및 직권주의 소송구조를 혼합하고 있는 우리날 소송법 구조 및 사법현실을 고려하여 정해야 할 것이다.

반대신문권은 신문대상인 증인의 진술의 허위와 부정확을 밝힐 수 있을 만큼 충분히 그 기회가 보장되어야 함에도 대상사건에서는 변호인의 반대신문이 일부만 이루어져 반대신문권이 충분히 행사되지 못한 하자가 있는데, 그 하자를 치유할 만한 사정을 인정하기 어려워 대상판결이 제1심 제2회 공판조서중 피해자의 진술기재의 증거능력을 부정한 것이 타당하다고 보이며, 피해자에 대한 경찰 및 검찰의 각 진술조서 역시 반대신문권 침해 이유로 그 증거능력을 부정한 것 역시 타당해 보인다.

다만 대상판결은 피해자에 대한 경찰 및 검찰 각 진술조서가 제314조에 의하여 증거능력이 인정될 수 있는지에 관하여 소재불명에 의한 출석불가능 요건은 충족되었으나 특신상태가 증명되지 않았다고 보아 그 증거능력을 부정하였는데, 다수설 및 판례의 특신상태 해석은 증명력문제를 증거능력단계에서 해결하고자 하는 것으로서 직권심리주의 및 자유심증주의를 취하는 현행법을 도외시하고 있고, 특별히 그 실익도 없다는 점에서 적법절차원칙의 준수 및 출석불능 요건이 충족된 경우 그 증거능력을 인정하되, 대상 사건의 경우 대상판결이 제시하고 있는 여러 정황상 그 증명력이 부족하므로 증명력 부족을 이유로 무죄판결을 내리는 것이 타당하다고 본다.

현행법상 전문증거의 증거능력 요건으로서 특신상태의 증명을 요구하고 다수설 및 판례가 이를 엄격한 잣대로 해석하는 것이 얼핏 보기에 전문증거의 증거능력을 제한하여 피고인의 반대신문권 보장을 강화하는 것으로 보이지만, 전문진술의 임의성은 적법절차준수 요건에 의해 담보된다고 볼 수 있고, 진술의 신빙성(신용성)의 정황적 보장 관련 판단기준은 고스란히 증명력 판단의 문제로 치환해도 될 만큼 실질적인 차이가 없어 보이는 점을 고려하면, 특신상태 요건이 피고인의 반대신문권 보장의 강화에 실질적인 기여를 하고 있는지 의문이다. 만약 전문법칙 관련 피고인의 반대신문권 보장의 강화가 꼭 필요하다고 판단된다면 특신상태가 아닌 다른 장치를 강구하는 것이 오히려 실효성이 높을 것으로 보인다.[66]

---

66) 예컨대 재판실무에서 피고인 또는 변호인이 반대신문권을 행사하지 않은 증인신문조서에 대해서 그 다음 공판기일에 재판장 '이의없느냐'라는 추상적인 질문을 던지는 것이 아니라, '피고인(또는 변호인)이 반대신문권을 행사하지 않았는데 이를 포기할 것이냐'라고 보다 구체적으로 의견을 묻는 것이 책문권행사 포기 관련 불필요한 다툼을 줄일 수 있고, 당사자주의뿐만 아니라 직권주의의 혼합형 소송구조하에서 법원의 후견적 역할을 인정하는 우리나라 형사소송구조에 더욱 부합한다고 보인다.

참고문헌

금태섭, “미국헌법상 증인대면권과 전문법칙의 관계 -Crawford 판결을 중심으로-”, 「형사법과 헌법이념 제2권」, 공법연구회, 2007, 63면 이하.

김희균, 크로포드 사건: “형사피고인의 대질심문권의 재발견”, 「법조」 2005/7, 145면 이하.

배종대/이상돈/정승환/이주원, 「형사소송법」, 홍문사, 2016.

신동운, “사법개혁추진과 형사증거법의 개정”, 「서울대학교 법학」 제47권 제1호(2006), 107면 이하.

신이철, “검사작성의 피고인이 된 피의자신문조서의 증거능력 인정요건”, 「동아법학」 제49호, 동아대학교 법학연구소, 171면 이하.

이성기, “당사자주의의 원칙에 입각한 피의자 대면권의 헌법적 권리와 조서의 증거능력에 관한 논의”, 「성신법학」 제12호, 197면 이하.

이완규, 「형사소송법연구 I」, 탐구사, 2008.

이완규, “반대신문권과 수사기관 조서의 증거능력 및 증명력”, 「형사판례연구 18권」, 2010,

이재상/조균석, 「형사소송법」, 박영사, 2017.

정웅석, “참고인진술의 증거능력을 인정하기 위한 대면권과 전문법칙과의 관계 -Crawford 판결과 Bryant 판결을 중심으로-”, 「형사법의 신동향」, 대검찰청, 2012, 130면 이하.

______, “형사소송법상 ‘특신상태’의 필요성에 대한 비판적 고찰”, 「저스티스」, 2013, 306면 이하.

주승희, 「당사자주의와 직권주의 소송구조 비교연구」, 한국형사정책연구원, 2006.

주광일, 「전문법칙연구」, 법전출판사, 1979.

차동언, 「공판중심주의 확립을 위한 전문법칙의 연구」, 동국대학교 대학원 박사학위청구논문, 2006.

최병천, “미국의 전문법칙과 대면권에 비추어본 참고인진술조서의 증거능력”, 「저스티스」 제131호(2012.8), 243면 이하.

한제희, “특신상태의 의의와 판단기준”, 「형사판례연구 21권」, 525면 이하.

홍영기, “반대신문권 보장: 전문법칙의 근거”, 「고려법학」 제75호, 고려대학교 법학연구원, 2014, 1면 이하.

Deborah Jones Merritt/Ric Simmons, Learning Evidence, 2nd Ed., West, 2012.

Diethelm Kleschzewski, 독일 형사소송법, 김성돈 역, 성균관대학교 출판부, 2012.

Gerd Pfeiffer, Strafprozeßordnung Kommentar, 5. Aufl. 2005.

Guido Kirchhoff, Das Recht auf konfrontative Befragung im Ermittlungsverfahren, HRRS, Heft12/2015.

Hans-Heine Kühne, Strafprozeßrecht, 5 Auf., 1999.

John C. O'brien, The Hearsay within Confrontation, 29 St. Louis U. Pub. L. Rev. 501 (2010).

Klaus Volk, Klaus Volk의 독일형사소송법, 김환수/문성도/박노섭 역, 박영사, 2009.

Pamela R. Metzter, Confrontation as a Rule of Production, 24 Wm. & Mary Bills Rts. J. 995(2016).

Randolph N. Jonakait, The Origins of th Confrontation Clause: An Alternative History, 27 Rutgers L.J. 77(1995).

상습범 등 포괄일죄의 재심사건과 일사부재리효가 미치는 범위

- 권 창 국* -

목 차

대상판례

서울중앙지법 제*형사부 2015. 12. 23. 선고 2015노4076판결(상고)[1]

절도죄로 수회의 범죄경력을 갖고 있는(① 2000. 11. 25 절도죄로 벌금 30만원의 약식명령을 받은 이래, ② 2004. 10. 28 징역 10월에 집행유예 2년, ③ 2006. 12. 12 징역 6월, ④ 2009. 5. 6 벌금 200만원의 약식명령, ⑤ 2009. 10. 8 징역 6월을 선고 받았고, 이후 ⑥ 2011. 9. 30 징역 10월을 선고받아 2012. 6. 9 형의 집행을 종료함) 피고인은 ⑦ 2012. 11. 10 및 ⑧ 2013.

---

* 전주대학교 사회과학대학 경찰학과 교수
1) 현재 대법원 2016도756 사건으로 상고심 계속 중.

3. 16 각기 지하철 승강장 내 의자에서 잠들어 있던 피해자의 가방, 지갑, 휴대전화 등 소지품을 절취하여, 특정범죄 가중처벌 등에 관한 법률위반죄(동법 제5조의4 1항)로 기소되었고, 2013. 5. 9 1심에서 징역 1년 6월을 선고받아 확정되었다.

그러나 2015. 2 특가법 5조의4 1항에 대한 헌법재판소의 위헌결정에 근거하여 이루어진 이 사건에 대한 재심절차에서, 1심 법원은[2] 이전 범죄사실을 그대로 인정하여 상습절도(형법 제332조 및 제329조)를 적용하여 2015. 10. 15 징역 1년 6월을 선고하였다. 피고인이 양형부당을 이유로 항소한 가운데, 항소심은 심리과정에서 피고인이 ⑨ 2015. 5. 15 상습절도죄로 징역 1년 2월을 선고받아 동년 5. 23에 확정된 사실을 확인하고, 「확정된 위 상습절도죄와 이 사건 죄는 형법 제37조 후단 경합범 관계에 있어 형법 제39조 제1항에 따라 동시에 판결할 경우와 형평을 고려하여 이 사건 죄에 대한 형을 정하여야」 함을 이유로 직권으로 원심을 파기하고 확정된 위 상습절도의 범죄경력을 피고인의 범죄사실에 추가하고, 형법 제37조 후단의 경합범으로 처리하여 1심 판결과 같은 징역 1년 6월을 선고하였다.

이에 피고인은 양형부당과 함께, 상습절도는 포괄일죄로 그 범죄사실의 일부에 대하여 확정판결이 있으면 그 확정판결 전에 범한 죄에도 기판력이 미치고, 확정판결의 사실심판결 선고 전의 범죄사실에 대하여 새로이 공소가 제기된 다면, 이는 확정판결이 있었던 사건에 대하여 다시 공소가 제기된 때에 해당하여 면소판결이 선고되어야 함에도 이를 형법 제37조 후단의 경합범으로 파악하여 형을 선고한 원심판결이 위법함을 이유로 상고하였다.

연구

I. 들어가는 말

각기 구성요건에 해당하는 행위나 결과가 복수로 존재하지만, 그 전체가 당해 처벌규정이 예정한 단일의 사태로 파악되는 점에서 죄수론 상 일죄로 파악되는 경우를 흔히 포괄일죄라고 한다.[3] 입법자는 일정한 사회적 사실로서의 이미지에 상응한 법정형을 상정하는데, 이렇게 상정된 사실의 범위에서는 이를 복수로 파악하여 형벌을 과하는 것은 허용되지 않는다. 집합범, 발전범, 접속범 내지 연속범, 부수범, 계속범 등이 이에 해당한다. 여기서 집합범은 당해 처벌규정이

---

2) 서울중앙지방법원 2015. 10. 15 선고 2015재고단112 판결.

3) 이재상 · 장영민 · 강동범, 형법총론 제8판(서울 : 박영사, 2015), 529면 이하; 임웅, 형법총론 개정판 보정(서울 : 법문사, 2005), 561면 이하.

동종행위의 반복을 예정하는 경우로 상습범, 영업범 및 직업범 등을 지칭한다. 집합범은 당해 처벌규정이 이미 반복하는 복수의 행위를 내포하는 것을 명시한 점에서 포괄일죄라고 할 것까지도 없다는 견해도 있지만, 각 개별행위만으로도 독립적으로 구성요건에 해당하기 때문에 포괄일죄로 분류함이 일반적이다.[4)]

죄수론 상 일죄로 구분되는 포괄일죄는 형사소송법에서도 하나의 사건으로 파악된다. 이로 인하여 간혹 난감한 사례가 등장하는데, 확정판결이 이루어진 포괄일죄 사건의 일사부재리효 또는 기판력으로 인하여, 뒤늦게 발각된(어쩌면 더 중대한 사안으로 보다 강력한 처벌이 필요한) 범죄행위가 처벌되지 못하는 경우다. 가령, 상습절도로 기소되어 확정판결이 이루어진 이후, 동 확정판결에 앞선 시점에서 다수의 다른 절도범행이 확인되어도(확정된 상습절도와 함께 포괄일죄에 해당한다면) 일사부재리효로 인하여 재소가 차단될 수밖에 없다. 어쩌면 시민의 법 감정과 정의감에 배치되는 이러한 현상은 이미 오래전부터 인식되어 왔다.

이에 대하여 기존 판례는 ① 일사부재리효에 시적 한계를 설정하고[5)] 확정판결 전, 후로 포괄일죄가 별개의 범죄로 분리되어 후소의 범죄사실에는 일사부재리효가 미치지 않는다고 하거나,[6)] ② 포괄일죄의 일부인 개별 범죄사실이 단순일죄로 기소, 확정된 경우, 동 확정판결에 선행한 범죄사실에 대하여 일사부재리효를 배제하는[7)] 등 일련의 해결방안을 제시한 바 있다.

---

4) 松原芳博, "罪數論 · 犯罪競合論", 法學セミナー no. 681, 2011. 10, 114頁 以下; 경합범으로 이해하는 견해로 이재상 · 장영민 · 강동범, 전게서, 536면; 박상기, 형법총론 제9판(서울 : 박영사, 2012), 510면.

5) 대법원 2006. 5. 11. 선고 2006도1252 판결, "포괄일죄의 관계에 있는 범행의 일부에 대하여 판결이 확정된 경우에는 사실심 판결선고시를 기준으로 그 이전에 이루어진 범행에 대하여는 확정판결의 기판력이 미쳐 면소의 판결을 선고하여야 할 것인데 …"

6) 대법원 2000. 2. 11. 선고 99도4797 판결, "피고인의 위 각 전과의 범행과 이 사건 범행이 모두 피고인의 사기습벽으로 인한 것으로서 원래 실체법상 상습사기의 일죄로 포괄될 수 있는 관계에 있었다고 하더라도, 위에서 본 바와 같이 일련의 사기범행의 중간에 동종의 죄에 관한 확정판결(광주지방법원 1996. 7. 9. 선고 96고단944 판결)이 있는 경우에는 그 확정판결에 의하여 원래 일죄로 포괄될 수 있었던 일련의 범행은 그 확정판결의 전후로 분리되고, 이와 같이 분리된 각 사건은 서로 동일성이 있다고 할 수 없어 이중으로 기소되더라도 각 사건에 대하여 각각의 주문을 선고하여야 할 것이다."

7) 대법원 2004. 9. 24. 선고 2004도3532 판결, "상습범으로서 포괄적 일죄의 관계에 있는 여러 개의 범죄사실 중 일부에 대하여 유죄판결이 확정된 경우에, 그 확정판결의 사실심판결 선고 전에 저질러진 나머지 범죄에 대하여 새로이 공소가 제기되었다면 그 새로운 공소는 확정판결이 있었던 사건과 동일한 사건에 대하여 다시 제기된 데 해당하므로 이에 대하여는 판결로써 면소의 선고를

대상판례는 수건의 절도범죄경력을 가진 피고인이 취객털이범인 2건의 절도 범행을 하여 특가법위반(동법 제5조의4 1항)으로 유죄판결이 확정된 후(㉠ 사건), 다시 절도를 범하여 상습절도로 재차 유죄판결이 확정된(㉡ 사건) 사안으로, 앞서 확정된 ㉠ 사건에 적용된 특가법 상 해당조문의 위헌결정으로 재심절차가 이어지면서 상습범 등 포괄일죄와 관련한 위 문제점이 부각된 예다. 재심사례를 제외하면 기존 상습범 사례와 큰 차이는 없는데, 원심은 확정된 ㉡ 사건에 선행한 범죄사실인 ㉠ 사건(상습절도)과 함께 사후적 경합범으로 처리하여 그대로 피고인을 유죄로 판단하였다. 반면, 피고인은 확정된 ㉡과 함께 ㉠은 포괄일죄는 구성하는 점에서 위 ② 판례(2004년 판례)를 고려할 때, ㉡ 사건의 일사부재리효에 기초하여 면소판결하여야 함을 주장하여 상고한 사례다. 대상판례에서 원심은 재심사건이 아닌 일반적 사례에서 예측될 수 있는 결론과 달리, ㉡ 사건의 일사부재리효를 배제한 결론을 제시하는데, 재심사건을 전제한 판단으로 추정되지만 그 논거를 명확히 확인하기 어렵다.

이처럼 대상판례는 재심으로 확정 이전상태로 환원된 사례에서 상습범 등 포괄일죄사건에서 일사부재리효가 미치는 범위를 쟁점으로 한 점에서 기존 사례들과 차별성을 갖는다. 이하에서는 먼저 상습범 등 포괄일죄사례와 관련한 문제점에 대하여 종래 다양한 논의를 거치면서 축적된 견해나 판례실무 등을 살펴보고 이를 토대로 대상판례가 제시한 결론의 타당성을 검토해보도록 한다.

II. 상습범 등 포괄일죄사건에서 일사부재리(기판력)의 효력

일사부재리효 또는 기판력은 (객관적으로) 공소사실과 동일성이 인정되는

하여야 하는 것인바(형사소송법 제326조 제1호), 다만 이러한 법리가 적용되기 위해서는 전의 확정판결에서 당해 피고인이 상습범으로 기소되어 처단되었을 것을 필요로 하는 것이고, 상습범 아닌 기본 구성요건의 범죄로 처단되는 데 그친 경우에는, 가사 뒤에 기소된 사건에서 비로소 드러났거나 새로 저질러진 범죄사실과 전의 판결에서 이미 유죄로 확정된 범죄사실 등을 종합하여 비로소 그 모두가 상습범으로서의 포괄적 일죄에 해당하는 것으로 판단된다 하더라도 뒤늦게 앞서의 확정판결을 상습범의 일부에 대한 확정판결이라고 보아 그 기판력이 그 사실심판결 선고 전의 나머지 범죄에 미친다고 보아서는 아니된다."

사실에 미친다는 점에 특별한 이견이 없다. 공소사실의 동일성(광의)은 협의의 동일성과 단일성으로 세분되는데, 협의의 동일성은 기본적 사실관계의 동일여부에 의하여 판단되고,[8] 단일성은 (일률적이라고 할 수는 없지만) 실체 형법 상 죄수론을 통해 결정됨이 일반적 이해로 판례도 동일하다.[9] 따라서 단순일죄는 물론 포괄일죄도 소송법 상 하나의 사건(일사부재리의 '一事')으로 파악되고 경합범 등 수죄는 수 개의 사건으로 파악된다.[10]

죄수판단과 소송법 상 사건단위의 연동은 단순일죄나 경합범과 같은 수죄 사례에서는 특별한 문제를 야기하지 않는다. 그러나 상습범 등 포괄일죄에서는 일사부재리효의 객관적 범위를 지나치게 확장시킴으로써, 자칫 형사처벌의 공백을 유발시키는 문제점이 노출된다. 만일 판결이 확정된 전소의 범죄사실과 후소의 공소사실이 포괄일죄를 구성하는 상태에서, 죄수론 상 일죄를 소송법 상 하나의 사건으로 그대로 포착한다면 확정된 전소의 일사부재리효가 갖는 재소 차단 효과로 인하여, 후소 공소사실은 검토조차 할 수 없게 된다.

포괄일죄에 관찰되는 일사부재리효의 지나친 확정효과로 인한 문제점을 해소하기 위한 방법으로, ① 상습범 등 포괄일죄의 요건을 엄격히 판단함으로써 상당수 사례를 수죄인 경합범 사건으로 해체시키거나[11] ② 입법론적으로 상습범

---

8) 대법원 2017. 12. 5. 선고 2013도7649 판결, "형사소송절차에서 두 죄 사이에 공소사실이나 범죄사실의 동일성이 있는지는 기본적 사실관계가 동일한지에 따라 판단하여야 한다. 이는 순수한 사실관계의 동일성이라는 관점에서만 파악할 수 없고, 피고인의 행위와 자연적 · 사회적 사실관계 이외에 규범적 요소를 고려하여 기본적 사실관계가 실질적으로 동일한지에 따라 결정해야 한다."

9) 신동운, 형사소송법 제3판(서울 : 법문사, 2005), 721면; 이재상 · 조균석, 형사소송법 제10판(서울 : 박영사, 2015), 439~440면; 安富潔, 刑事訴訟法 第4版(東京 : 慶應義塾 大學出版会, 2017), 204-205頁; 池田修 · 前田雅英, 刑事訴訟法講義 第4版(東京 : 東京大學 出版会, 2012), 305~306頁; 田口守一, 刑事訴訟法 第7版(東京 : 弘文堂, 2017), 351~352頁.

10) 대법원 2009. 2. 26. 선고 2009도39 판결, "이 사건 공소사실과 위 확정판결의 범죄사실이 포괄일죄에 해당하지 않는다는 전제 하에 위 확정판결의 판결선고시 이전에 이루어진 범행인 이 사건 공소사실에 대하여 위 확정판결의 범죄와 형법 제37조 후단의 경합범관계로 보아 유죄로 처단하였다. 이러한 원심판결에는 정보통신망이용및보호법위반죄에 있어서의 포괄일죄에 관한 법리를 오해한 위법이 있고 …"

11) 대법원 2016. 10. 27. 선고 2016도11318 판결, "사기죄 등 재산범죄에서 동일한 피해자에 대하여 단일하고 계속된 범의하에 동종의 범행을 일정기간 반복하여 행한 경우에는 그 각 범행은 통틀어 포괄일죄가 될 수 있다. 다만 각 범행이 포괄일죄가 되느냐 경합범이 되느냐는 그에 따라 피해액을 기준으로 가중처벌을 하도록 하는 특별법이 적용되는지 여부 등이 달라질 뿐 아니라 양형 판단 및 공소시효와 기판력에 이르기까지 피고인에게 중대한 영향을 미치게 되므로 매우 신중하게 판단하여야 한다. …(중략)… 이 사건 공소사실은 그 전부가 포괄일죄에 해당하는 것이 아니라

규정을 폐지하는 것과 같은 실체법적 접근 외에 ③ 일사부재리의 (객관적) 효력 범위를 축소하는 등 소송법적 접근이 고려될 수 있다.

1. 「시적 한계설정」을 통한 일사부재리효의 범위 제한

일사부재리의 객관적 효력범위의 재 설정(축소) 시도로 '일사부재리효의 시적 한계(시간적 범위)'가 있다. 상습도박으로 기소된 피고인이 불구속 상태로 재판을 받는 과정에서 계속 도박을 하여 확정판결이 이루어진 이후까지 이어진 예를 상정해보자. '포괄일죄(일죄) = 일 사건'으로 본다면 전소의 일사부재리효는 확정판결 이후의 행위에도 미치는 것으로 볼 수밖에 없고 이점이 불합리하다는 것은 극히 당연하다. 결국 특정 시점을 기점으로 일사부재리효를 차단할 필요성이 긍정된다.

일사부재리효의 시간적 한계에 대하여 학설에서는 종래 확정시설,[12] 판결선고시설(사실심 판결선고시설), 변론종결시설이 제기되어 왔는데, 이외에 기소시설 또는 기소시 · 판결선고시 · 확정시설이 언급된다.

먼저 확정시설은 상습성 등 포괄일죄를 정확히 파악하기 위해서는 가급적 다수의 동종행위를 축적, 평가할 필요성과 일사부재리효의 발생 시점을 근거로 한다. 피고인이 수 건의 절도범행으로 포괄하여 상습절도에 해당하는 경우, 그 일부에 대하여 확정판결이 있다면, 포괄일죄인 상습절도는 확정판결 전, 후로 양분되어 별개의 죄가 된다.[13] 다만 확정 전 범죄사실은 기소 후라도 확정된 범죄사실과 함께 포괄일죄가 된다. 확정시설에 대하여는, 판결선고 후 확정 시 사이에 동시심판 가능성이 없는 범죄사실에도 일사부재리효가 미치고, 왜 상습범 등

일부 각 죄가 성립하여 실체적 경합범 관계에 있어, 그 각 죄의 이득액이 특정경제범죄 가중처벌 등에 관한 법률 제3조 제1항 제2호가 정한 5억 원에 미치지 못하는 결과 형법상 사기죄만 성립할 여지를 배제할 수 없다."; 대법원 2013. 11. 28. 선고 2013도10467 판결 등.

12) 다만, 확정시설에 의하면 일사부재리효(기판력)의 객관적 범위 외에 시적 한계를 별도로 논의할 실익은 사실상 없다.

13) 마약류소지와 관련한 계속범 사례에서 확정판결 전후로 일죄인 범죄행위가 있었던 경우, 기판력(일사부재리효)에 의하여 일죄가 별개의 범죄로 분할된다는 취지로 판시한 예로, 最大判昭和24 · 5 · 15刑集3巻6号796頁.

포괄일죄에 한정하여 일사부재리효의 시간적 한계를 설정해야하는지 명확한 이유를 제시하지 못하며, 일죄와 공소제기, 일사부재리효의 범위를 일치시키는 기존 이해와 적절히 상응하기 어렵다는 문제점이 지적된다. 또한 확정판결 시점의 전, 후로 포괄일죄가 별개의 범죄로 죄수판단이 달라지는지 합리적인 이유를 설명하지 못하는 점도 지적된다.[14)]

확정시설의 난점(특히, 만족스러울 만큼 일사부재리효의 범위가 축소되지 못하는 점) 해소하기 위한 것이 변론종결시설 및 판결선고시설이다. 변론종결시설은 항소심은 원심의 구두변론종결 시점의 사실을 놓고 원판결의 당부를 다투는 점 등을 근거로 한다. 반면, 판결선고시설은 변론종결 후에도 재개를 통해 얼마든지 사실심리가 속행될 가능성을 근거로 제기되는데 현재 다수견해와[15)] 판례가 이를 지지한다.[16)] 그러나 확정시설과 비교할 때, 동시심판가능성에 기초하여

14) 栗原宏武, "常習犯の罪數と公訴の效力および旣判力の及ぶ範圍(下)", 判例タイムズ No. 651, 1988. 1. 15, 46~48頁.

15) 이재상 · 조균석, 전게서, 728면; 신동운, 전게서, 1033면; 정웅석 · 최창호, 형사소송법(서울 : 대명출판사, 2017), 753면.

16) 대법원 1983. 4. 26. 선고 82도2829,82감도612 판결, "제1심 판결선고시를 기준으로 하여야 한다는 논지의 주장에 대하여 살피건대, 무릇 공소의 효력과 판결의 확정력은 사실심리의 가능성이 있는 최후의 시점인 판결선고시를 기준으로 하여 가리게 되고 그때까지 행하여진 행위에 대해서만 공소의 효력과 판결의 확정력이 미친다고 함이 당원의 판례로 하는 입장이지만 (당원 1973.8.31 선고 73도1366; 1979.2.27 선고 79도82; 1980.5.27 선고 80도893; 1982.12.28 선고 82도2500 각 판결 참조), 제1심 판결에 대하여 항소가 제기된 경우 사실심리의 가능성이 있는 최후의 싯점이 제1심 판결선고시인가 항소심 판결선고시인가를 결정하기 위해서는 현행 형사항소심의 구조와 관련하여 형사소송의 이념은 물론 형사소송법의 규정, 종전 당원의 판례 및 소송실무상의 요청 등 여러사정을 고려하지 않을 수 없다. …(중략)… 여러 가지 점을 종합하여 본다면 형사판결의 기판력의 시적 범위를 정하는 사실심리의 가능성이 있는 최후의 싯점이란 항소심판결선고시라고 봄이 타당하고, 이 기준싯점은 항소심이 항소를 받아들여 파기자판한 경우든 항소를 기각한 경우든 달라질 수 없다고 할 것이므로 그렇다면 위 기준싯점내에 행하여진 모든 범죄행위는 그 단일성과 동일성이 인정되는 한 설사 그 일부만이 기소되었다 하더라도 그 모두에 공소의 효력과 판결의 확정력이 미친다고 보아야 타당할 것인바, 이 사건에서 피고인이 비록 앞서 본바와 같이 단순절도로 기소되었다 하더라도 그 공소의 효력은 상습절도로 기소된 이 사건 범죄사실에 대해서도 미침이 포괄일죄의 법리상 당연하다고 할 것이며, 그런 이유에서 원심이 위 단순절도로 벌금을 선고받아 확정된 피고인에 대한 별건판결의 기판력이 이 사건 공소사실에도 미친다고 하여 피고인에게 면소의 판결을 선고함과 동시에 검사의 보호감호청구를 기각한 조처는 정당하여 이와 다른 견해에서 원심판결을 탓하는 논지는 이유없고, …"; 대법원 1993. 5. 25. 선고 93도836 판결 등; 大阪高判昭和27 · 9 · 16高刑集5巻10号95頁, "위와 같이 계속범을 구성하는 사건에 대하여 판결이 이루어진 때는 그 판결의 기판력(실질적 확정력)이 미치는 범위는 사건이 단일하고 동일한 한 그 전부에 걸친다는 것은 물론이거니와, 만일 계속범이 그 판결의 전후에 걸쳐 행하여진 경우에는 그 기판력의 범위는 원칙적으로 사실심리의 가능성이 있는 최후의 시점 즉, 제1심판결언도 당시(예외적으로 상소심에서 파기자판의 판결언도 당시)를 한계로 하고, 그때까지

일사부재리효가 미치는 범위를 조금 더 축소시킬 수 있는 메리트는 있지만 여타 난점은 여전히 그대로다.

한편 기소시설에서는 기소 시점을 기준으로 포괄일죄가 전, 후의 별개 범죄로 분리된다. 이 견해는 공소제기는 피고인의 장래 행위를 대상으로 한 것이 아니고 과거에 행한 행위를 대상으로 하며, 기소 시점에서 아직 이루어지지 않고 앞으로 그 실행여부도 불분명한 행위를 과거의 사실과 함께 포괄일죄로 파악하여야 할 합리적 근거가 없다는 점, 기소 후 실체적 변동에 따라 일죄의 범위가 확대되는 예는 충분히 상정할 수 있으며(가령, 피고인이 상해죄로 기소된 후 피해자가 사망한 경우, 이를 기소 후의 행위가 일죄의 범위로 포착되는 것이 아니라 기소 당시의 행위에 따른 결과확대에 수반하여 일죄의 범위가 확대되는 예에 불과하다), 확정시설, 변론종결 또는 판결선고시설은 동시심판 가능성에 기초하여 기소 전, 후의 사실을 포괄하여 일죄로 파악하지만, 동시심판은 관념적으로 가능하거나 현실적이지 않은 경우가 많고, 공소제기를 통해 피고인에게 가해진 형사처벌의 위협에도 불구하고 이후 동종행위가 반복된 예라면, 그 반복시점에서 나타난 상습성 등은 별개의 평가대상으로 파악함이 보다 타당하다는 논리에 기초한다.[17]

그러나 기소사실에 대하여도, 공소장변경절차를 통해 기소 이후의 범죄사실로 추가할 수 있음에서 기소 시점을 기준으로 과거의 행위만을 판단대상으로 하여야 하는지는 의문이고 공소제기로 피고인에 대한 형사처벌 위협(경고) 효과도 일견 타당해보이지만 위협(경고)의 강도 면에서 본다면 공소제기보다 판결선고가 월등할 수 있으며, 기소 이후라면 판결선고나 확정시점 전후를 묻지 않고 일괄하여 포괄일죄로 평가하는 것은 넌센스(이러한 문제점을 극복하기 위한 것이 기소시 · 판결선고시 · 확정시설이다)라는 점이 지적될 수 있다.[18]

행하여진 행위에 대하여는 기판력이 미치지만, 그 시점 이후에 행하여진 행위에 대하여는 기판력이 미치지 않는 것으로 해석함이 소송법의 이념과 형사정책의 견지에 가장 합리적이라고 생각되고 따라서 그 판결 언도 후에 행하여진 행위에 대하여는 재차 새로운 공소제기가 허용되는 것만이 아니고, 그와 실체법적으로도 사회통념상 판결선고 전의 행위와는 별개의 독립적 범죄를 구성하는 것으로 해석함이 상당하다."; 상습누범절도와 관련하여 이중기소가 문제된 사례지만 유사한 취지의 판례로 札幌高判昭和28 · 11 · 9高刑集6巻12号1730頁.

17) 栗原宏武, 前揭論文, 49頁.

대체로 시적 한계 설정에 의하여 일사부재리효의 객관적 범위를 축소하는 방법, 그 중 특히 판결선고시설이 지지를 받으면서 현재 판례실무를 통해 거의 정착되었다고 볼 수 있다.

이러한 일사부재리효의 시간적 한계에 대하여, 포괄일죄 특히 상습범 사례와 같이 엄중한 처벌이 필요한 피고인에게 일사부재리효로 인한 부당한 혜택(특히, 피고인이 여죄를 적극적으로 은폐한 예는 이러한 부당성이 더욱 심각해진다)이 부여되는 결과를 방지하고자 한 시도임에서 가치가 있지만, 이하의 문제점을 지적할 수 있다. 첫째, 사례에 따라서는 공판절차가 불합리하게 지연될 수 있다. 아직 확인되지 않지만 포괄일죄를 구성하는 사실이 예상된다면 공판절차를 신속히 진행하기는 곤란할 수 있다. 확인된 후에는 변론재개나 항소가 필요할 수밖에 없다. 둘째, 만일 피고인만 항소한 상태에서 포괄일죄를 구성하는 추가적인 범죄사실이 발견된 경우, 공소장변경으로 해당 사실이 공소사실에 추가되어도 불이익변경금지원칙에 의하여 적극적인 양형 반영은 불가능하다. 이는 상습범죄자를 강력히 처벌하려는 취지와도 어울리지 않는 결과다. 이를 해결하려면 사태를 예상하여 검사가 항소하거나 불이익변경금지원칙 적용의 예외를 설정해야 하지만 이것은 더더욱 곤란하다.[19] 셋째, 관념적 가능성일 수도 있지만 일사부재리효의 시적 한계설정은 동시소추 및 심판가능성을 주된 논거로 한다. 그러나 동시소추 등의 가능성은 수사기관 측의 편향된 사정으로 이 문제가 공판절차에서 쟁점으로 부각되고, 이에 따라 일사부재리효의 범위가 유동적으로 결정되는 것은 (반드시 기준이 일률적일 필요는 없더라도) 어딘가 부자연스럽다.[20] 마지막으로, 견해

18) 木谷明 · 野鳥秀夫, "常習一罪等に関する既判力(一事不再理效)の時間的限界及び二重起訴の成否について", 判例タイムズ No. 627, 1987. 4. 15, 23頁.

19) 江碕太郎, "控訴審を中心とする刑事訴訟の実務 その六, 二重起訴と控訴審の審判 −包括一罪の公訴の効力又は既判力の及ぶ範囲に関連して−", 判例タイムズ No. 75, 1957. 12. 15, 31頁.

20) 상습도박죄로 기소된 불구속 기소된 피고인이 공판계속 중, 계속 도박행위를 하고 이로 인해 단순도박죄로 약식명령이 청구, 확정되자 검사가 확정된 약식명령의 일사부재리효를 회피하고자 상습도박을 단순도박으로 공소장변경 신청한 사안에서, 확정된 단순도박행위 역시 상습성에 의한 것으로 공소사실이 단순도박으로 변경되었더라도 양 사실은 포괄일죄를 구성한다고 보아, 면소판결을 한 사례로, 横浜地川崎支判昭和49 · 9 · 25判時768号128頁(피고인이 약식명령 대상이 된 단순도박행위와 관련한 수사 중, 상습도박죄로 기소된 사실을 숨기는 등으로 인하여 사실상 동시심판가능성이 없었던 본건 도박행위에 대하여 기판력을 인정하는 것은 부당하는 검사의 주장에 대하여, 피고인의 진술거부권, 기판력의 제도의 획일성 등을 이유로 배척한 점에 이 사건의 특징이

에 따라서는 (동종범죄행위로 인한) 확정판결의 개제에 의하여 (포괄)일죄가 별개의 죄로 분할된다는 기존 판례(양분설 또는 분리설[21])의 부자연성을 지적하기도 한다.[22] 개제된 확정판결에도 불구하고 여전히 (포괄)일죄이고 다만 일사부재리효의 시적 한계로 그 범위가 제한되는 문제로 이해한 충분함에도 실체법 상의 일죄와 소송법 상의 일 사건을 무리하게 일치시키려다 보니 오히려 죄수판단이 모호해지는 것 뿐만 아니라, 확정판결 이후의 범죄사실과 관련하여 고의의 갱신 내지[23] 또 다른 범행결의 등 지나치게 의제적 판단으로 확정 후의 범죄사실을

있다); 유사한 취지의 사례로, 東京地判昭和51・2・3判時819号108頁(확정판결을 받은 폭행사건과 이후 기소된 상습폭행이 문제된 사례), 高松高判昭和59・1・24判時1136号158頁(단순절도의 확정판결과 이후 기소된 34건의 절도사실이 문제된 사례).

21) 양분설(분리설)은 포괄일죄 중간에 확정판결이 개제된 경우, 일사부재리효가 미치는 범위의 전, 후로 별개의 죄로 분리된다는 견해다. 반면, 불가분설(비분리설)은 확정판결 개제에도 불구하고 그 전, 후의 범죄는 여전히 (포괄)일죄이며 단지 일사부재리효가 미치는 범위가 그 시적 한계설정에 따라 달라질 뿐이라고 하는데, 확정판결 이전의 범죄로 보는 행위개시시설(범죄개시시설), 확정판결 이후의 범죄로 보는 범행종료시설(범죄종료시설)로 세분된다. 원래, 양분설 또는 불가분설은 동일한 포괄일죄 문제라도 이종범죄의 확정판결이 개제된 경우에서 주로 논의되어 왔다. 예를 들어, 포괄일죄인 상습절도 중간에 도로교통법위반죄의 확정판결이 개제된 경우, 상습절도 사실을 확정된 도교법위반죄와 경합범으로 처리하는가(불가분설 중 행위개시설 입장), 아니면 경합범으로 동시처리를 포기하고 상습절도를 확정된 도교법위반죄 이후 별개로 처리할 것인가(불가분설 중 범행종료시설 입장), 또 아니면 도교법위반죄 확정 전 상습절도 사실은 경합범으로 처리하고 후의 사실은 별개의 죄로 처리하는가(양분설)의 차이를 가져온다. 행위개시설은 형법 상 경합범규정과 동시심판가능성에 근거한 견해로 볼 수 있는데, 공소시효기산이나 공범처리 문제 등의 난점으로 불가분설의 입장에서는 주로 범행종료시설을 지지한다. 반면, 양분설 경우, 불가분설의 범죄개시시설과 범행종료시설 각각의 난점을 해소하기 위한 일종의 절충적 견해로 볼 수 있는데, 양분의 근거가 불명확하고(양분설을 지지하는 견해는, ① 확정판결 개제로 인하여 새로운 범행결의가 있다고 보아 전, 후 범죄는 별개의 죄가 된다거나 ② 확전 전 사실은 동시심판이 가능하지만, 후의 사실은 불가능하는 점을 논거로 한다. 그러나 ①은 지나치게 의제적이며, ②는 단지 동시심판가능성이란 표지만으로 일죄가 수죄로 변경되는 이유가 명확하지 않다), 상습범 등의 사례에서 (동종범죄의) 확정판결에 따른 포괄일죄의 가분은 죄수판단의 변화가 아닌 일사부재리 내지 기판력의 한계문제일 간과한 점 등이 지적된다. 박채규, "상습범의 중간에 확정판결이 있을 때의 몇가지 문제", 사법논집 제10집, 법원행정처, 1979, 513~527면; 이종범죄의 확정판결이 개제된 사례에서 판례는 불가분설(특히, 범행종료시설)을 취하고 있다. 대법원 1986. 2. 25. 선고 85도2767 판결, "상습범과 같은 이른바 포괄적 일죄는 그 중간에 별종의 범죄에 대한 확정판결이 끼어 있어도 그 때문에 포괄적 범죄가 둘로 나뉘이는 것은 아니라고 할 것이고, 또 이 경우에는 그 확정판결후의 범죄로서 다루어야 할 것이다. 원심이 이와 달리 확정판결 전후에 있었던 그 판시 제2, 3의 죄를 나누어서 그 제2의 죄를 형법 제37조 후단의 경합범이라 하여 다시 제1의 죄와 같은조 전단의 경합범으로 다룬 조처는 결국 상습범과 경합범에 관한 법리를 오해하여 법률의 적용을 그르친 위법을 저질렀다할 것이고 이는 판결결과에 영향을 미쳤다 할 것이므로 논지는 이유 있다."; 동일취지의 판례로, 대법원 2002. 7. 12. 선고 2002도2029 판결 등

22) 김정한・김현조, "포괄일죄의 일부에 대한 확정판결의 기판력과 죄수문제', 형사소송 이론과 실무 제8권 제2호, 한국형사소송법학회, 2016. 12, 177~187면.

실체법적으로도 별개의 범죄로 파악하려는 무리를 한다는 것이다. 나아가 일사부재리효가 미치는 범위를 조금 앞으로 당기는 것만으로는 상습범 등의 사례에서 일반인의 법 감정을 충분히 만족시킬 수 있는 완전한 문제해결이 될 수 없고 상습범 제도의 존치여부에 대한 논의로 접근하는 것이 훨씬 타당하다고 한다.

2. 「동시소추 · 심판가능성론」에 의한 제한

일사부재리효의 제한과 관련한 시도 중, 피고인이 여죄사실에 대한 혐의부인, 은폐공작 등을 하거나 기타 수사기관이 전력을 다해 수사를 했음에도 여하한 이유로 피고인의 (현재 기소대상이 된 범죄사실과 포괄일죄를 구성하는) 여죄가 확인될 수 없어 동시기소 및 심판이 불가능한 때에는 일사부재리효가 미치지 않는다는 견해(동시소추 · 심판가능성론)가 있다.[24] 수사기관의 귀책사유 여부에 따라 일사부재리효의 범위를 제한하려는 논리다.

한국판례는 아니지만 이러한 사고에 기초하여 일사부재리효(기판력)를 제한한 사례도 있다. 피고인이 무면허로 음주운전을 한 사례에서 무면허 사실이 발각되지 않고 음주운전혐의로만 약식명령이 청구되어 벌금형에 처해지고 확정되었는데, 사후에 무면허사실이 확인되어 재차 기소된 사안이다. 포괄일죄사례는 아닌데, 이 사안에서 東京地方裁判所는 「본건 무면허운전의 죄와 위 음주운전의 죄는 그 실행행위가 시간적, 장소적으로 상당정도 이상 중복된다 할 수 있음에서, 관념적 경합의 관계에 있다고 해석할 수 있다. …(중략)… 그렇다면 위 음주운전죄의 공소(약식명령청구)절차에 있어서 공소사실 중에 잠재적으로 본건 무면허운전의 죄도 포함되는 것으로 해석할 수 있게 된다. 그러나 이와 같이 단일한 공소사실에 속하는 수죄 중의 일부의 죄에 대하여 확정재판의 기판력은 타 범죄에도 미치는 것을 원칙으로 하여야 하더라도, 절대적으로 예외를 허용하지 않는 것은

23) 더 나아가 1심판결 선고 후 항소심판결 선고 전까지의 범죄사실도 1심판결에서 선고받은 범죄사실과 분리, 별개의 범죄로 보아야 한다고 주장하기도 한다. 김성돈, "확정판결에 의한 포괄일죄의 분리 -대법원 2000. 2. 11. 선고 99도4797판결-", 비교형사법연구 제2권 제2호, 한국비교형사법학회, 2000, 319~321면.

24) 青柳文雄, 刑事訴訟法通論(下)(東京 : 立花書房, 1976), 489頁 以下.

상당하지 않고, 그 일부의 죄에 대하여 재판절차에서 타 범죄에 대하여 현실적으로 심판하는 것이 극히 곤란한 사정이 인정되는 경우에는 합리적인 예외로서, 그 일부의 죄에 대하여 확정재판의 기판력은 타 범죄에는 미치지 않는 것으로 해석할 수 있다 …(중략)… 피고인이 다른 범죄의 죄책을 면하기 위하여 성명을 사칭하는 등, 검찰관에 있어서 타 범죄를 탐지하여 동일절차에서 소추하는 것이 현저히 곤란하였다는 사실이 입증되고 있는 경우에는 일부의 죄에 대한 확정판결의 기판력은 타 죄에 대하여는 미치지 않는다고 해석하는 것이 상당하다」고 판시한 바 있다.[25]

물론, 상반된 판례도 있다. 단순절도로 유죄판결이 확정된 피고인이 동 판결 선고 이전에 행한 34건의 절도사실이 추가로 발각되어 기소된 사안이다. 확정된 사실과 새롭게 기소된 사실이 도범등방지법 제2조의 상습특수절도의 일죄를 구성하는 경우로, 高松高等裁判所는[26] 기소된 절도행위가 모두 확정판결 전의 행위로 일죄의 일부에 대하여 이미 확정판결을 거친 것으로 공소사실에 대하여 면소판결을 하였다. 동 판례에서 검찰관이 단순절도로 확정된 판결은 사후적으로 상습특수절도의 일부로 볼 수 있더라도 확정판결의 기판력은 타 부분에 미치지 않고(확정판결의 구속력), 사실상 동시심판의 가능성이 없었음에도 기판력이 미친다는 것은 소송의 실제에서 볼 때 인정할 수 없고, 범인을 부당히 유리하게 대하는 것임을 주장하였다. 그러나 판례는 「…소추가 사실상 불가능하였더라도, 동일한 일죄의 일부에 대하여 확정판결의 효력을 미치는 것은 부당하다는 주장에 대하여 살펴보면, 과연 그와 같은 경우까지 확정판결의 효력을 인정한다면, 때에 따라서는 범인을 부당히 유리하게 하는 경우도 있고, 정의감에 반하는 경우가 있는 것은 부정할 수 없다. … 그러나 반대로 검찰관의 주장과 같이 소추가 사실상 불가능한 경우에 기판력이 미치지 않는다고 한다면, 그 예외적 기준을 구체적으로 정립하는 것 자체가 심히 곤란할 뿐만 아니라, 가사 기준이 설정될 수 있더라도 이를 구체적으로 적용하는 것은 한층 더 곤란을 초래한다고 하겠다. … 종래 확정판결의 기판력은 공소사실의 단일성, 동일성의 범위 내에 있는 한 그 전부에

25) 東京地判昭和49・4・2判時739号131頁.
26) 高松高判昭和59・1・24判時1136号158頁.

미친다는 확립된 이론 …에 예외를 인정하기에 충분한 안정적인 기준과 적용의 합리성을 충족할 수 없다는 점에서 채용할 수 없다」고 하였다.

소송법적 기준설 또는 사실적 심판가능성설로 지칭되는 이 견해에 의하면(반대로 일사부재리효의 범위를 공소사실의 동일성을 기준으로 판단하는 견해를 실체법적 기준설 또는 공소사실동일설이라고 한다)[27] 공소사실의 동일성은 물론(사실상 죄수판단을 통해 결정되는) 단일성 범위와 일사부재리효를 이격시키게 됨으로써, 상습범 등 포괄일죄사건의 난점을 해소할 수 있게 된다. 역으로 공소사실의 동일성, 단일성 범위 밖이라도 사례에 따라서는 일사부재리효를 인정할 수 있기 때문에 반드시 피고인에게 불이익한 결과를 가져오는 것도 아니다(가령, 기소되지 않은 여죄사실이 양형요소 등으로 고려된 때에 동 사실에도 일사부재리효를 인정하거나,[28] 업무상과실치사죄와 도로교통법위반죄 등과 같이 경합범 관계의 수죄가 명백한 사례라도 충분히 하나의 절차에서 해결할 수 있는 즉, 동시소추 및 동시입증이 가능한 사례라면[29] 일사부재리효가 미칠 수 있다).

2004년 대법원은 소송법적 기준설에 따른 판례를 제시한 바 있다.[30] 사기죄로 유죄확정판결을 받은 피고인에 대하여, 동 확정판결의 사실심 선고 전에 저질러진 사기행위가 모두 포괄일죄인 상습사기에 해당한다고 하여, 면소판결한 원심판단에 대하여, 포괄일죄의 일부인 범죄사실에 대하여 유죄확정판결이 있는 경우, 그 판결의 사실심 판결선고시 전에 발생한 범죄사실에 대하여 공소가 제기된 때는 앞서 확정된 사건과 동일한 사건에 해당하여 면소판결을 하여야 한다는 종래의 태도를 그대로 유지하면서도, 「이러한 법리가 적용되기 위해서는 전의 확정판결에서 당해 피고인이 상습범으로 기소되어 처단되었을 것을 필요로 하는 것이고, 상습범 아닌 기본 구성요건의 범죄로 처단되는 데 그친 경우에는, 가사 뒤에 기소된 사건에서 비로소 드러났거나 새로 저질러진 범죄사실과 전의 판결에

27) 渡辺直行, 論点中心 刑事訴訟法講義(東京 : 成文堂, 2003), 277頁.

28) 일본판례는 여죄를 정상자료로 참작하는 것을 허용한다. 最大判昭和41 · 7 · 13刑集20卷6号609頁; 여죄가 양형자료로 사용되어 중형이 선고됨으로써 실질적으로 처벌되었다는 취지에서 일사부재리효가 미친다고 본 판례로, 大阪高判昭和50 · 8 · 27高刑集28卷3号321頁.

29) 田宮裕, 刑事訴訟法 新版(東京 : 有斐閣, 1996), 455頁; 渥美東洋, 全訂刑事訴訟法 第2版(東京 : 有斐閣, 2009), 512頁; 前口守一, 前揭書, 479頁.

30) 대법원 2004. 9. 16. 선고 2001도3206 전원합의체 판결.

서 이미 유죄로 확정된 범죄사실 등을 종합하여 비로소 그 모두가 상습범으로서의 포괄적 일죄에 해당하는 것으로 판단된다 하더라도 뒤늦게 앞서의 확정판결을 상습범의 일부에 대한 확정판결이라고 보아 그 기판력이 그 사실심판결 선고 전의 나머지 범죄에 미친다고 보아서는 아니된다」고 판시하였다. 대법원은 그 논거로 확정판결의 기판력(일사부재리효)이 미치는 범위는 확정된 사건 자체의 범죄사실과 죄명을 기준으로 함이 원칙임에서, 앞서 일죄인 사기죄로 유죄확정판결이 있는 이상, 후소의 상습사시사실과 함께 이를 포괄일죄를 구성하는 상습사기사실의 일부로 해석하는 것은 형사소송법의 기본원칙에 비추어 적절하지 않다고 하였다.

대법원의 이러한 태도는 조금 앞선 시점의 일본 最高裁判所 판례에서도 확인할 수 있다.[31] 22건에 달하는 절도 및 건조물침입 · 절도의 죄로 기소된 피고인에 대하여, 본건 기소 전에 행한 건조물침입 · 절도의 죄로 앞서 유죄확정판결을 받았는데, 이 사실과 본건 사실은 모두 상습적으로 행하여 일죄를 구성하는 점에서, 일죄의 일부에 대한 확정판결의 효력에 바탕하여 면소를 주장하였다. 1심은 본건 공소사실과 확정된 범죄사실 간 상습성이 인정되지 않는 별개의 죄임을 들어, 피고인의 주장을 배척하였다. 또한 항소심도 양 사실이 상습특수절도로 일죄를 부정할 수 없다고 하면서도, 검찰관이 상습특수절도의 사실 중 일부를 단순절도로 기소하는 것은 소추재량권에 비추어 허용될 수 있고, 단순절도의 범죄사실로 확정된 전소 판결의 일사부재리효는 본건 기소에 미치지 않는다고 원심판단을 유지하였다.

한편, 피고인의 상고에 대하여 最高裁判所는 상습특수절도를 구성하는 개별 사실들 간 상습성을 제외한다면 각각은 상호연관성이 없고, 입증의 난이도 등을 고려하여 그 일부에 대하여 검사가 당연히 단순절도로 기소할 수 있고, 무죄판결에 있어서 일사부재효가 미치는 범위와의 균형성, 그리고 소인제도를 채택한 현행 형소법제도를 고려할 때, 전, 후소가 각기 단순절도로 기소된 사안에서 그 단일성 판단은 기본적으로 소인만을 기준으로 비교 대조함에 의하는 것이 타당하

31) 最判平成15 · 10 · 7刑集57卷9号1002頁.

다고 하였다. 따라서 사안의 경우, 전, 후소의 양 소인이 모두 단순절도로 단일성을 검토함에 있어서 상습성의 발로라는 요소를 검토할 계기가 없기 때문에, 상습특수절도의 일죄를 구성한다는 관점을 투여하기에는 적절하지 않다고 하고, 결국 양 소인의 단일성이 결여되어 확정된 전소의 일사부재효는 미치지 않는 것으로 판단, 원심판단을 지지하였다. 다만, 전, 후소 중 상습성을 노출시킬 수 있는 소인으로 기소된 때에는 양 소인 간 공소사실의 단일성 유무를 판단할 수 있다는 예외를 두고 있다.

위 대법원 및 最高裁判所 판례는 앞서 일사부재리효의 시적 한계설정을 통한 방법에서 한 걸은 더 나아가 공소사실의 동일성, 단일성으로부터 일사부재리효의 범위를 이격시킬 수도 있다고 판시한 점에서 공통한다.[32] 나아가 확정판결의 범죄사실과 새롭게 기소된 공소사실 간, 비교에서 상습성 등 포괄성을 검토할 수 있는 요소가 포함되어 있지 않는 한, 공소사실 간 동일 · 단일성(일사부재리효의 범위) 판단에 이를 고려할 수 없다는 점에서도 동일하다(다만, 대법원 판례는 最高裁判所 판례와 같이 예외를 제시하지 않아 다소 불분명하지만, 그 취지는 다르지 않다고 추정된다). 이러한 판단은 다분히 동시소추, 심판가능성에 기초하는데, 일사부재리효의 시적한계 설정에서는 동시소추, 심판가능성을 추상적으로 이해하였다면(공소장변경절차 등을 통해서 심리가 가능한 최종시점), 위 판례 이후로는 현실적 의미로 파악함에서 차이가 있다.

3. 실체판결의 구속력론

일사부재리효의 범위를 제한하는 시도 외에 실체확정판결에 대하여 일사부

---

32) 2004년 대법원 판례 및 平成 15년 10월 일본 최고재판소판례에 대하여, 상당히 비판적이 시각이 강한데, 소송조건은 직권조사대상으로 이를 반드시 공소장에 기재된 사실에 한정시켜 판단할 필요는 없으며, 원래 일사부재리효는 검사의 공소권한(공소사실의 구성, 변경권한)의 범위를 넘어서 발생할 수밖에 없다. 또한 각기 일종의 불이익재심을 인정하는 것과 비슷한 사태를 유발하고 일률적이어야 할 일사부재리효의 범위판단이 불안정하게 되어 궁극적으로 피고인의 지위가 불안정해지는 점 등을 들 수 있다. 高倉新喜, "一事不再理の効力の客観的範囲— 最判平成15年10月7日を契機として", 山形大学紀要(社会科学) 第38巻 第2号, 2008, 72頁 以下; 박광민, "상습범죄의 죄수와 기판력이 미치는 범위", 형사판례연구 제14호, 2006, 42면; 김정한 · 김현조, 전게논문, 187면 등

재리효 외에 이른바 구속력을 통해 문제를 해결하려는 견해도 있다. 가령, 전소의 단순절도 판결 시, 이에 선행하는 (위 단순절도와 함께 포괄일죄를 구성하는) 또 다른 절도행위가 발각되지 않은 때는 단순절도로 확정된 판결의 판단내용이 후소를 구속하지 않기 때문에, 후소에서 확정된 단순절도와 함께 포괄하여 상습절도를 인정하여 면소판결을 할 수 있다고 한다. 극히 희소한 사례겠지만 역으로, 만일 상습절도로 기소되었으나 상습성이 부정되어 단순절도로 확정된 경우에는 후소의 공소사실과 확정된 전소의 사실(단순절도)를 함께 일죄로 판단할 수 없기 때문에, 후소에 대하여 면소판결을 하지 않고, 별개의 죄로 처벌할 수 있다고 한다.[33)]

III. 독일 형사소송법에서 상습범 등 포괄일죄와 일사부재리효

이하에서는 독일형사소송법이 포과일죄 중 상습범 등 소위 집합범 사례와 관련하여 일사부재리효 문제를 어떻게 해결하였지 간략히 살펴보겠다.

1. 상습범 등 집합범의 성격에 대한 학설

집합범(Kollektivdelikt, Sammelstraftat)은 상습성, 영업성, 직업성을 가중요건 또는 가벌성의 기초로 하는 구성요건을 지칭한다.[34)] 여기서 상습성

---

33) 田口守一, 前揭書, 480~481頁; 同人, 刑事裁判の拘束力(東京 : 成文堂, 1980), 305頁; 앞서 언급한 高松高判昭和59 · 1 · 24判時1136号158頁에서 검찰관이 앞서 확정판결이 단순절도로 인정한 점에서 후소에서 이를 상습특수절도로 파악하는 것은 선행 확정판결의 구속력에 위배된다는 주장을 하였으나, 高松고등재판소는 후소 사건에 대하여 확정판결이 있었는지 여부는 그 사건의 공소사실 전부 또는 일부에 대하여 이미 판결이 있었는가라는 문제로, 확정판결의 죄명 등 그 판단내용과는 관계가 없다고 하여 배척한 예가 있다. 한편, 2004년 대법원 판례에서도, "비상습범으로 기소되어 판결이 확정된 이상, 그 사건의 범죄사실이 상습범 아닌 기본 구성요건의 범죄라는 점에 관하여 이미 기판력이 발생하였다고 보아야 할 것이며, 뒤에 드러난 다른 범죄사실이나 그 밖의 사정을 부가하여 전의 확정판결의 효력을 검사의 기소내용보다 무거운 범죄유형인 상습범에 대한 판결로 바꾸어 적용하는 것은 형사소송의 기본원칙에 비추어 적절하지 않다."고 판시한 바 있다.

(Gewohnheitsmäigkeit)은 동종행위가 반복되고 그러한 행위를 하는 중에 당해 범죄를 행하는 습벽이 인정되는 경우를 말한다.[35] 집합범 개념은 프랑스 형법학에서 처음 논의되고 19세기에 독일형법에 계수되었는데, 다수의 행위가 발생하는 것이 범죄를 구성하는 불가결한 요소가 되고 이 경우 입법자가 각각의 행위를 별개로 처벌하는 것을 상정할 수도 있지만, 예외적으로 다수의 동종행위의 집합이 범죄인의 악습을 반영하는 범죄로 설정되고 사회적으로 진압효과가 발휘되는 입법의도가 관찰될 수 있다고 한다. 바로 이러한 유형의 범죄가 집합범(delits collectifs), 상습범(delits d'habitude)이고 각각의 단독행위가 범죄를 구성하는 단독범죄(delits simples)와 구별된다고 한다.[36] 이러한 프랑스 형법학의 영향을 받아 1851년 독일 프로이센형법전에 상습범 등이 규정되었고 독일제국형법전도 이를 그대로 계수하였다.

독일에서도 종래 상습범 등 집합범을 단일행위로 이해할 것인지(행위단일설, Handlungseinheit) 아니면 다수의 행위로 이해하여야 하는지(행위복수설, Handlungsmehrheit) 견해가 대립하였다.[37] 먼저 행위단일설은 집합범은 그 개별 행위(Betrieb)를 전체로서 처벌하는 입법자의 의도가 반영된 것으로 이를 구성하는 개별 행위가 가벌적 행위여도 무방하며, 단일한 의사방향(die einheitliche Willensrichtung) 즉, 상습범이라면 각각의 행위가 습벽으로 반복 실행되는 점에서 단일한 의사방향을 갖는다고 한다. 이러한 집합범을 통해 개별 행위가 각기 처벌됨으로써 나타날 수 있는 피고인에 대한 불합리한 부담가중의 해소될 수도 있지만, 동시에 공소시효의 연장, 사면대상에서의 제외효과 등을 통해 범죄자에게 반드시 유리한 효과만 가져오는 것은 아니라고 한다. 반면, 행위복수설은 집합범에 개별 행위를 전체로서 처벌하는 입법자의 의도가 관찰되는지 아울러 집합범에 있어서 행위자가 과연 단일한 의사방향을 갖고 있는지 의문이며, 이른바 부담경과

34) RGSt 6, 132; RGSt 55, 20.

35) RGSt 5, 369; RGSt 32, 394; RGSt 59, 142.

36) Lothar Buchholz, Die Selbständigkeit der Einzelakte beim fortgesetzten und Kollektivdelikt, Schletter'schen Buchhandlung, Heft 413, 1940, S. 31.

37) 倪潤, "罪数論と一事不再理効の関係の再構成(3 · 完) : 「かすがい」, 集合犯を中心として", 北大法学論集 第66巻 第2号, 北海道大學, 2015, 165頁 以下.

효과와 관련하여서도 각 개별행위를 단일행위로 뭉뚱그려 관찰함으로써, 법관은 개개의 범죄행위를 조사하지 않고 그 중에 증명되기 용이한 특별히 중한 부분이나 반대로 극히 경미한 부분만 확인할 가능성이 높고 확인되지 않은 유사한 범죄행위의 존재를 염려하여 증거를 통해 명확히 확인된 범죄행위에 한하지 않으며, 범죄행위를 반복하는 행위자의 인격적 요소만에 극히 가혹정도로 엄격한 형법적 평가를 가함으로써, 사실 상 허용되지 않는 혐의형(unzulässige Verdachtsstrafe)을 도출할 가능성만 높이게 된다고 한다.[38] 또한 다수의 개별 범죄행위에 대하여 각기 독립된 판단이 이루어지더라도 법관의 업무량이 지나치게 가중될 우려는 생각만큼 크지 않고, 항소심의 심리부담이 가중되는 등으로 오히려 집합범을 인정함으로써 업무가 가중될 수 있다. 또한 상습범 등 집합범을 단일행위로 파악한다면, 유죄판결과 무죄판결 간 기판력 즉 일사부재리효의 범위에 상이성이 발생하게 된다. 판례에 의하면 상습범 등을 단일행위로 파악하기 때문에 이에 대한 유죄판결은 공소사실에 포함되어 있지 않아도 판결 전에 행하여진 모든 개별 범죄행위에 기판력(일사부재리효) 미치고 재소가 차단된다.[39] 반면, 상습범 등에 대하여 무죄판결이 있다면, 그 판결의 기판력은 판결 전에 행하여진 모든 개별행위에 미치지 않는다. 상습범 등 집합범에 무죄판결이 있다면, 이를 구성하는 개별행위는 불가벌임을 의미한다. 그러나 집합범으로 가벌적 행위만으로 구성되는 것이기에 불가벌적 행위가 가벌적 행위와 함께 집합범을 구성하는 것은 불가능하기 때문이다.[40] 무죄판결을 받은 개별행위는 집합범을 구성하지 않고, 따라서 집합범의 무죄판결은 다른 개별 행위에 대한 재차의 소추를 방해하지 않는다.[41] 이러한 판례의 태도는 독일에서 다수견해에 의해 지지받고 있지만, 이러한 논리라면 상상적 경합을 포함하여 모든 일죄의 무죄판결에 대해서도 재소가 가능하다고 보아야 한다. 이외에 상습범 등 집합범을 구성하는 개별 행위 간 관련성이 희박하고, 개별

---

38) RG 72, 16.

39) RG 23, 230;24, 419;41, 108;47, 397;54, 333; BGH 15, 268.

40) RG47, 399.

41) RG 54, 334; RG JW 1921, S.846; Hermann Müller und Walter, Sax, KMR: Kommentar zur Strafprozeßordnung und zum Gerichtsverfassungs und Ordnungswidrigkeitengesetz, Band 1, Aufl. 6, Darmstadt, 1966, S. 85.

행위들에 있어서 단독범과 공범사례가 혼재하거나(모두 단독범?) 기수 및 미수사례가 혼재한 경우(모두 기수범?), 이를 어떻게 이해하여야 하는지 불분명한 점에서, 상습범 등 집합범은 단일행위가 아닌 복수의 행위로 파악하여야 한다는 것이다.

상습범 등 집합범의 성격과 관련한 위와 같은 이론적 논란은 소송법에서도 문제가 되고 있다. 상습범 등을 소송법 상 일 사건으로(단일사건설) 볼 것인지, 아니면 수개의 사건으로(복수사건설) 취급할 것인가인데, 대체로 독일의 다수견해는 집합범을 단일행위 내지 단일사건으로 파악하는 중요한 요소인 개별 행위들 간의 연관성은 하나의 의제에 불과하거나,[42] 단일사건으로 파악되기 위해서는 법익침해의 동일성과 침해행위의 동일성이 확인되어야 하지만, 상습범 등의 사례에서 침해행위의 동일성이 인정되지 않음에서[43] 복수사건설이 지지를 받고 있다.

2. 관련 판례 등

독일에서도 상습범 등의 사례에서 일사부재리효 내지 기판력과 관련하여, ① 확정된 전소판결의 기판력이 전소의 범죄사실에만 한정한다던가, 아니면 상습범 등을 단일행위(사건)으로 파악하면서도 전소판결의 확정 후에 새롭게 발견된 범죄사실의 성질 및 범위가 전소의 기판력과 극히 불균형적인 경우, 기판력의 예외를 인정하는 방식으로 확정판결의 기판력을 제한하거나 ② 앞서 일사부재리효의 시적 한계설정과 같이 확정판결을 기점으로 전, 후 별개의 범죄로 파악함으로써 일사부재리효가 미치는 범위를 제한하여 왔다.

먼저, ①에 해당하는 사례를 살펴본다.[44] 피고인이 내란목적으로 수회에 걸쳐 인쇄물을 받아 배포한 사실에 대하여 전소에서 유죄확정판결을 받아 형집행

42) Christian Bertel, Die Identität der Tat : Der Umfang von Prozeßgegenstand und Sperrwirkung im Strafverfahren (Forschungen Aus Staat Und Recht, Band 11) Aufl. 1, Springer Vienna, 1970, S. 140.

43) Christian Bertel, Die Identität der Tat Aufl. 1, Springer Vienna, 1970, S. 140.

44) 倪潤, 前揭論文, 176~182頁.

중, 확정판결 이전부터 수년 간 내란행위를 한 사실이 추가로 확인되어 기소된 사례에서 1937년 3월 15일 제국법원판결은 전, 후소의 사실이 집합범을 구성하는 것을 전제로, 전소에서 일부의 가벌적 행위가 발견되지 않고 그대로 판결이 이루어졌다면, 전소의 확정판결에 의하여 피고인의 단일한 전체행위가 속죄되지 않은 점에서 전소의 기판력은 전소에서 언급된 사실에만 한정되어야 하고 이를 피고인이 행한 범죄행위가 정당하고 충분히 속죄된 경우에만 사람들의 건전한 법 감정 및 실체적 정의에 응한 것으로 말할 수 있기 때문이라고 판시하였다. 따라서 전소 확정 후 발견된 범죄행위에 대하여 유죄판결은 허용되고 전소판결의 기판력의 범위는 전소에 언급된 사실에만 한정된다고 판시하였다. 이 외에, 피고인이 3건의 연속적 사기행위로 유죄판결을 받아 확정된 후, 이에 앞서 저지른 17건 사기행위로 재차 기소되어 유죄판결이 선고되자 이에 전, 후소의 사실이 집합범임을 이유로 전소의 기판력이 후소에 미침을 주장하여 항소한 사안에서, 1937년 7월 3일 뮌헨고등법원은 전소의 기판력은 그 판결대상인 집합범을 구성하는 개개의 사실에만 한정되는 것으로 판단하여 피고인의 항소를 기각한 예도 있다.

한편, 1937년 9월 27일 제국법원 제2형사부 판결의 경우,[45] 확정된 전소에서 4건의 절도행위에 대하여 집합범으로서 유죄판결이 확정된 후, 전소 사실에 앞서 범죄조직의 구성원으로서 행한 24건의 또 다른 절도행위로 피고인이 기소된 사안에서, 전, 후소의 범죄사실 간 극심한 불균형이 확인되는 점을 고려하여, 전소확정판결이 집합범으로 판단한 경우라도 후소법원은 이에 구속되지 않고, 전소판결의 기판력은 후소에 미치지 않는다고 판시하였다.[46] 이 외에, 피고인이 수 건의 무허가 가축판매행위(집합범)로 유죄판결을 받았는데, 이에 앞서 동일한 기간에 5건의 무허가 가축판매행위로 각기 약식명령을 받아 확정된 사실이 발견된 사안에서, 1920년 3월 25일 제국법원은[47] 앞서 확정된 약식명령에서 인정한 범죄사실을 사후에 집합범으로 인정할 수 없음에서 후소의 범죄사실에 대하여

45) RG 72, 211.
46) 이와 유사한 취지의 판례로 BGHSt 15, 268.
47) RG 54, 283; 유사한 취지의 판례로, BGH MDR 1953, 273.

판단하는 것은 허용된다고 판시한 바 있다.

다음으로, ②의 경우인데, 1909년 6월 23일 제국법원 제2형사부 판결로[48] 피고인이 영업적 도박행위로 유죄확정판결을 받은 후, 그 이후에 행한 또 다른 영업적 도박행위로 재차 기소된 사안이다. 이에 대하여 제국법원은 행위자가 전소판결의 기판력을 이용하여 가벌적 행위를 계속 행하더라도 처벌되지 않는다는 것은 법질서의 보호라는 관점에서 허용되지 않으며, 만일 피고인이 전소 후에도 범죄행위를 계속한다면, 전소 후에 행하여진 개개의 범죄행위가 또 하나의 집합범을 구성한다고 판시하였다.

과거 독일판례도 이처럼 상습범 등 사례에서 일사부재리효를 제한하는 시도를 하였는데, ②의 경우, 왜 기판력을 제한하기 위해 일죄를 분리하여 수죄로 판단하여야 하는지 명확한 논거가 부족하고 ①의 경우, 사례에 따라서는 결론적으로는 구체적 타당성을 확보할 수도 있지만, 일률적으로 판단되어야 할 일사부재리효가 극히 불명료한 기준에 의해 확정되는 점이 문제시되었다. 특히 대부분이 나치정권 하의 사례임에서 그 문제점이 더욱 크게 인식되었다.

결국 상습범 등 사례에서 관찰되는 이러한 문제점은 입법론 또는 해석론을 통해 상습범 등 집합범을 구성하는 개별 행위를 해체하여 수죄로 인식하는 실체법적 접근이 보다 적절함을 짐작할 수 있다. 1938년 4월 21일 제국법원은[49] 전소에서 3건의 낙태미수(영업적 낙태죄로서 집합범)로 유죄판결이 확정된 후, 이 판결 전에 또 다른 낙태행위가 발각되어 추가 기소된 사안에서, 확정된 전소판결의 일사부재리효를 이유로 공소기각결정을 한 원심을 파기하고, 후소가 적법한 것으로 판단한 바 있다. 이후 낙태죄 이외에 대하여도 집합범을 분리하여 개별 행위를 각기 일죄로 인정하는 판례가 이어지게 되는데, 독일연방법원도[50] 이를 따르게 되었다. 현재 독일에서는 실체법 상 집합범의 분리는 일치된 견해로 지지되고 있으며 소송법 상으로도 각기 일 사건으로 취급되기 때문에 당연히 일사부재리효는 미치지 않는 것으로 판단되고 있다.[51]

48) RG42, 372.

49) RGSt 72, 164.

50) BGH 1, 41 (42);26, 284; BGH NJW 1953, 955.

Ⅳ. 대상판례의 검토

논의대상을 대상판례로 돌려본다. 대상판례의 원심은 재심이 허용됨으로써 확정력이 배제되어 사실심 판결선고 전 상태 이전으로 환원된 ㉠ 사건(상습절도)과 재심전 확정판결을 기준으로 이후 범행(상습절도)에 ㉡ 사건(확정)을 사후적 경합범으로 처리하고 있다. 일단, 원심의 판단결과를 지지할 수 있는 논거를 추론해보고, 그 타당성을 살펴보도록 한다.

1. 실체법적 접근 : 상습범 등 포괄일죄를 수죄로 파악하는 방법

만일 대상판례의 사안인 상습절도행위를 포괄일죄가 아닌 수죄 즉, 경합범으로 파악한다면 동일한 결론을 유도하는 것은 가능하다.

상습성은 '일정한 행위를 반복하려는 행위자의 습벽'이라는 행위자적 요소를 의미하고 이를 가중처벌의 포인트로 삼고 있음이 일반적 이해임에 비추어 보면, 상습범이 반드시 수개의 행위를 전제로 이를 포괄하여 일죄로 파악하기 위한 구성요건은 아니라는 해석은 충분히 가능하며,52) 상습범 등 포괄일죄를 해체하여 수죄로 이해하거나53) 적어도 일죄로 취급되는 포괄일죄의 예를 제한적으로 파악

---

51) 倪潤, 前揭論文, 183頁.

52) 집합범의 죄수판단과 관련하여, ① 집합범을 일죄로 보게 되면 특수한 범죄에너지를 가진 범죄인에게 부당한 특혜를 주는 것으로 집합범 그 자체는 수죄(경합범)로 보아야 한다거나, ② 원칙적으로 수죄이지만 연속성 등 포괄일죄의 다른 요건을 갖춘 경우에 일죄로 파악할 수 있다는 견해, ③ 집합범은 일죄이지만 상습범의 경우는 상습성 외에 포괄일죄의 다른 요건을 갖춘 경우에만 일죄로 볼 수 있다는 견해 등이 제기되어 왔다. 김성돈, "집합범의 죄수", 법학논고 제12집, 경북대학교 출판부, 1996. 12., 222-223면; 한편, 특히 상습범의 죄수판단과 관련하여서는, ① 상습범은 구성요건 상 다수의 동종행위 반복을 당연히 예정하고 행위자의 상습성이 개별행위들을 하나로 통하는 기능을 가진 점에서 (포괄)일죄로 해석하는 견해, 이와 반대로 ② 일죄설은 부당하게 범죄자에게 특혜를 주는 것으로 수죄로 파악하여야 한다거나, ③ 원칙적으로 수죄지만, 포괄일죄로서의 요건을 갖춘 경우에 한하여 일죄로 파악할 수 있다는 견해가 대립한다. 신치재, "상습범 가중처벌의 타당성 및 죄수판단", 중앙법학 제10집 제4호, 중앙법학회, 2008, 109-110면.

53) 대법원 2004. 9. 16. 선고 2001도3206 전원합의체 판결, "(대법관 이용우 별개의견)상습사기죄가 포괄일죄라는 다수의견에 대하여는 다음과 같은 이유로 동의할 수 없고 이는 원칙으로 실체법상 수죄로 보아야 함을 여기에 밝히기로 한다. 원래 '상습성'이란 '행위자의 속성'이라는 점에는 학설 · 판례상 이론이 없고 다수의견도 이를 받아들이고 있는바, 이는 곧 단 한번 저질러진 범행이라도 그것이 상습성의 발현에 의한 것이라면 상습범이 된다는 것이다. 따라서 상습범이 성립하기 위하여는 반드시 수개의 범행이 반복될 것을 그 구성요건요소로 하거나 예정하고 있는 것은 아니

하고자 하는[54] 시도는 판례에서도 관찰할 수 있다.

상습성이 반드시 반복적인 수개의 행위를 전제하거나 각각의 행위를 하나로 통합하는 기능을 수행하는 것으로 볼 수 없음에서 상습성 판단과 죄수판단을 분리하여야 한다는 견해는 충분히 공감할 수 있다. 또한 대상판례에서 각 절도행위를 구성하는 사실관계는 자세히 들어나지 않지만, 모두 단순절도에 해당하는 사실로 각 절도행위가 상당기간 반복적으로 행하여진 점에서 피고인의 절도습벽(상습성)과 함께 보호법익의 동일성은 인정될 수 있지만, 주관적인 측면에서 각 행위 간 범의의 단일성이나 계속성 그리고 객관적 측면에서 시간적 · 장소적 접착성, 행위태양의 유사성 등 포괄일죄성을 인정하기 위한 여타 요건이 충족되었는

다. 그러므로 상습성이 발현된 수개의 범행이 있는 경우에 각개의 범행 상호간에 보호법익이나 행위의 태양과 방법, 의사의 단일 또는 갱신 여부, 시간적 · 장소적 근접성 등 일반의 포괄일죄 인정의 기준이 되는 요소들을 전혀 고려함이 없이(그러한 요소들의 고려에 의하여 일정범위내의 상습범행이 포괄일죄로 될 수 있음은 별문제이다) 오로지 '상습성'이라는 하나의 표지만으로 곧 모든 범행을 하나로 묶어 포괄하여 일죄라고 할 수는 없는 것이다. 이는 상습성이 행위자의 속성에 불과하다는 이치와도 부합하는 것이다."

54) 대법원 2016. 10. 27. 선고 2016도11318 판결, "사기죄 등 재산범죄에서 동일한 피해자에 대하여 단일하고 계속된 범의하에 동종의 범행을 일정기간 반복하여 행한 경우에는 그 각 범행은 통틀어 포괄일죄가 될 수 있다. 다만 각 범행이 포괄일죄가 되느냐 경합범이 되느냐는 그에 따라 피해액을 기준으로 가중처벌을 하도록 하는 특별법이 적용되는지 여부 등이 달라질 뿐 아니라 양형 판단 및 공소시효와 기판력에 이르기까지 피고인에게 중대한 영향을 미치게 되므로 매우 신중하게 판단하여야 한다. 특히 범의의 단일성과 계속성은 개별 범행의 방법과 태양, 범행의 동기, 각 범행 사이의 시간적 간격, 그리고 동일한 기회 내지 관계를 이용하는 상황이 지속되는 가운데 후속 범행이 있었는지 여부, 즉 범의의 단절이나 갱신이 있었다고 볼 만한 사정이 있는지 여부 등을 세밀하게 살펴 논리와 경험칙에 근거하여 합리적으로 판단하여야 한다."; 대법원 1971. 1. 26. 선고 판결, "설사그 각판매행위들이 원판시와 같이 동일한 사정하에 동일한 장소에서 피고인들의 계속적인 업무에 관련되어 이루어진 다같은 관세법위반의 행위였다 할지라도 그중 위 (1)에 관한 행위들과 (2) (3) (4)중에 설시한 매회통관을 판매함에있어 그 각 통관량을 초과한 량에 대한 판매행위를 각별히 단일한 범의에 의한 포괄죄로 볼 수는 있을지언정 전후 5개월에 걸쳐 위 설시와 같이 적법한통관 절차에 의한 영업행위(그 설시로서 적법한 영업행위가 전판 매량의 약4/5에 해당되었음을 알 수 있다)의 사이사이에 이루어진 위와같은 배합사료에 무면허판매 행위 전부를 일괄하여 단일한 범의에 의한 무면허통관행위였다고는 볼 수 없을 것이었음에도 불구하고 원판결이 그것을 포괄일죄였다고 단정하였음은 포괄일죄에 관한 법리를 오해한 위법을 면치 못할 것이니, 그 단정을 논란하는 본 논지를 이유있다 할 것이다."; 대법원 1985. 10. 22. 선고 85도1457 판결, "동일죄명에 해당하는 수개의 행위를 복수의 범죄로 처벌하지 않고 포괄하여 일죄로 처단하는 이유는 행위상호간에 인정되는 일시, 장소의 근접, 방법의 유사성, 기회의 동일, 범의의 계속 기타 밀접관계로 그 전체를 1개의 행위로 평가함이 상당하기 때문이므로 공소사실기재의 보건범죄단속에 관한 특별조치법 제5조, 의료법 제25조 위반의 무면허의료행위와 피고인이 이미 유죄의 확정판결을 받은 원심판시 의료법 제66조 제3호, 제25조 제1항 위반의 행위 상호간에 위와 같은 밀접관계가 인정되지 않는 이상 그 행위가 다같이 범죄구성요건의 성질상 동종행위의 반복이 예상되는 범죄라는 이유만으로는 포괄일죄에 해당한다고 단정할 수 없을 것 인 바…"

지는 단정할 수 없다.[55)]

그러나 상습범 등 소위 집합범 사례에서 포괄일죄요건을 제한적으로 이해하는 등의 방법으로 수죄로 파악, 대상판례의 사안에서 확정된 후소의 일사부재리효가 미치는 범위로부터 이탈하고자 하는 시도는 기존 판례가 확고히 일관하여 상습범을 포괄일죄로 파악하는 태도를 변경하거나 입법론적으로 상습범 규정을 축소, 폐지하는 경우가 아닌 한, 지금 당장의 해석론으로는 무리가 있지 않을까 한다.

2. 절차법적 접근 : 확정된 후소의 일사부재리효가 미치는 범위의 제한

재심사건임을 전제하지 않는다면, 상습절도의 확정판결(㉡ 사건)이 선행하고, ㉠ 사건의 공소사실은 그 사실심판결 선고 전으로, 동일한 상습성을 전제로 ㉠ 사건은 면소되어야 할 것이다. 전체를 상습절도의 포괄일죄라 할 때, 이를 가분하는 동종범죄에 대한 확정판결이 개제된 바 없음에서 ㉡ 사건을 두고 범의의 갱신에 의한 새로운 상습절도로도 포착하기도 어렵다. 또한 두 사건 사실관계 모두에서 상습성을 포착할 수 있는 단서가 있기 때문에 전체로서 포괄일죄로 파악하더라도 2004년 대법원판례와 상충하지도 않는다.

그러나 재심사건임이 고려되는 경우 달라질 수 있다. (1) 재심개시 결정이 확정되어도 재심재판의 확정이 있기 전까지는 ㉠ 사건에 대한 이전 확정판결이 아직 효력을 상실하는 것은 아니다(법 제435조 2항 참조).[56)] 따라서 전체로서

---

55) 김성돈, "상습범의 죄수–상습범이 일죄가 아닌 이유–", 법조 제545호, 2002. 2, 137면; 최호진, "상습범의 상습성 판단자료와 죄수판단", 비교형사법연구 제7권 제1호, 한국비교형사법학회, 2005. 7., 360-364면.

56) 이재상 · 조균석, 전게서, 819면; 신동운, 전게서, 1183면; 정웅석 · 최창호, 전게서, 845면; 재판판결의 확정에 의하여 원판결의 효력이 상실된다는 것이 일본의 통설이기도 하다. 安富潔, 前揭書, 435頁; 다만, 집행력은 확정판결의 효력에 기초한 점에서 재심개시 결정의 확정에 의하여 집행력도 그 기초가 상실되는 것으로, 법 제435조 2항은 재심개시 결정의 확정 전 취급을 정한 것으로 해석할 수도 있다는 견해로 田口守一, 前揭書, 501頁, 白取祐司, 刑事訴訟法 第8版(東京 : 日本評論社, 2015, 503頁; 대법원 2017. 9. 21. 선고 2017도4019 판결, "유죄의 확정판결에 대하여 재심개시결정이 확정되어 법원이 그 사건에 대하여 다시 심판을 한 후 재심의 판결을 선고하고 그 재심판결이 확정된 때에는 종전의 확정판결은 당연히 효력을 상실한다(대법원 2005.

포괄하여 일죄로 볼 수 있었던 ㉠ 및 ㉡ 사건은 재심대상이 된 기존 확정판결의 개제로 여전히 분할되어 ㉡ 사건은 별개의 상습절도로 볼 수도 있음에서 원심과 같은 결론은 가능하다. 나아가 재심공판의 판결이 확정된다면 재심대상으로서의 확정판결은 효력을 상실하지만, 앞서의 판결선고가 있었던 사실까지 없어진 것이 아니라면, 판결선고 시점 이후의 사실에 해당하는 ㉡ 사건은 역시 ㉠과 여전히 분리된 별개의 죄로 볼 수 있다(양분설 또는 분리설).

또한 (2) 양분설의 연장선 상의 논리이기는 하지만, 실체법적으로 이미 ㉠ 및 ㉡ 사건을 별개의 죄로 해석할 수도 있다. 즉, ㉠ 사건에 대하여 재심절차가 이어지고 있지만, 여하튼 확정판결이 있었고 ㉡의 범죄사실은 그 이후 새롭게 결의된 가운데 있었던 것 인만큼, 각각의 상습절도행위는 별개의 죄로 확정된 ㉡ 사건의 일사부재리효는 ㉠ 사건에 미치지 않는 것으로 해석할 여지도 있다.[57] 한편, 기존 다수견해와 판례가 일사부재리효의 시적 한계로 판결선고시설을 취하고 있지만, (3) 만일 기소시설에 의한다면, 재심재판 전으로 이전 확정판결의 효력이 여전히 유효하더라도 ㉠ 사건의 기소 후 사실인 ㉡ 사건에 대하여 ㉠ 사건의 확정판결에 따른 일사부재리효는 미치지 않는다고 해석할 여지도 있다(다만, 기소시설이 갖는 난점을 고려하면 이를 지지하기는 어렵다).

이 외에 (4) 동시소추 · 심판가능성론에 근거하여 대상판결의 결론을 지지하는 방법도 있다. 재심개시결정이 있었지만 ㉠ 사건에 대하여 이미 확정판결이 있었고, ㉡ 사건의 범죄사실은 그 이후 시점에 해당하여, 양 사건은 법률적이든 사실적이든 동시소추, 심판은 불가능하다. 따라서 ㉡ 사건의 확정판결에 따른 일사부재리효는 ㉠ 사건에 미치지 않게 되어 원심판결과 같이 사후적 경합범으로 처리할 수 있다.

이상의 절차법적 접근을 통한 문제해결에 대하여, (4)의 논거는 피고인의 적극적인 은폐행위 등으로 감추어진 중대한 범죄혐의에 대한 형사처벌의 누락을 방지하여 일반인의 법 감정과 정의감을 충족하고 구체적 타당성을 확보하는 메리트가 있을지는 모르지만 일사부재리효의 범위를 극히 불안정하게 판단할 수

---

9. 28.자 2004모453 결정 등 참조)."

57) 최호진, 전게논문, 366면.

있는 여지가 있어 지지하기 곤란하다. (3) 역시 일사부재리효의 시적 한계설정과 관련하여 기존 다수견해 및 판례가 지지하는 판결선고시설의 난점을 어느 정도 극복할 수 있음에서 이론적으로는 흥미를 유발할 수 있을지는 모르지만, 기소시설 역시 나름의 난점을 내포하고 있음은 물론 기존 판례의 태도와도 배치한다.

결국, 대상판결의 결론을 지지하고자 한다면, 위 (1) 내지 (2)의 논거를 들 수 있지 않을까? 다만 (2)의 경우, 앞서 지적한 것처럼, 확정판결의 개제 전, 후로 고의의 갱신 내지 범행결의를 인정할 수 있다는 설명은 지나치게 의제적이어서 적절하지는 않다고 생각한다. 결국 (1)과 같이, 아직 재심재판의 확정 전으로 기존 확정판결이 존재하고, 이에 따라 ㉠ 사건의 사실심 판결선고 후에 발생한 ㉡ 사건은 분리되어 별개의 죄로 볼 수 있는 만큼, 원심과 같이 양 사건을 사후적 경합범으로 처리하는 것은 불가피하다고 하겠다. 물론 (1)의 경우, 양분설의 난점 즉, 왜 확정판결의 개재로 포괄일죄가 수죄가 되는가 라는 질문에 설득력 있는 답변하기 어렵다는 점은 여전히 미해결의 문제다.

V. 맺음말

상습범 규정과 관련하여 현재 다수견해는 강력한 처벌이 필요한 범죄자가 사례에 따라서는 상식적으로 기대하기 어려운 특혜를 받는 경우가 발생하고, 본질적으로 행위가 아닌 단순히 행위자 속성만으로 가중처벌이 정당한가라는 의문에 바탕하여 부정적인 시각을 갖고 있다.

특히, 시민의 법감정과 상치하는 상습적 범죄자에 대한 특혜적 결과라는 문제점을 해소하기 위하여 기존 판례는 일사부재리효를 제한하는 방법론을 구사하고 학설은 그 이론적 논거를 뒷받침해왔다. 그러나 일사부재리효의 제한이라는 절차법적 방법론은 일률적이고 명확한 기준으로 결정되어야 할 일사부재리효를 유동적으로 판단하게 함으로써 자칫 절차적 안정성과 피고인의 인권을 극단적으로 침해하는 결과를 야기할 수 있음에서 부정적으로 인식되어 온 것이 사실이다. 상습범 등을 포괄일죄가 아닌 수죄로 파악하고자 하는 실체법적 접근은 이런 의미에서 괜찮은 대안이라고 생각된다.

다만, 실체법적 방법론 역시 입법론으로서는 몰라도 현재의 판례 등을 고려할 때, 당장의 해결책은 될 수 없다. 상당수 피의자나 피고인의 동종 유사범죄의 여죄를 갖는 예가 많지만 수사기관 등이 매번 적시적절하게 확인할 수 없는 반면 누적되는 업무량에 상반한 신속한 절차진행의 필요성 등 실무적 고민을 고려한다면, 학설의 다수 이견에도 불구하고 판례가 상습범 등의 포괄일죄성을 꾸준히 유지하는 점도 이해할 수 없는 바는 아니다.

[지정토론]

상습범 등 포괄일죄 사건에서 일사부재리효 또는 기판력이 미치는 범위

- 김 태 명* -

I. 대상판결의 사건개요와 쟁점

1. 사건의 개요

(1) 절도죄로 수회의 범죄경력을 갖고 있는 피고인은 2012. 11. 10.과 2013. 3. 16.에 지하철에서 승객의 소지품을 절취한 혐의로 2015. 5. 9. 제1심법원에서 특가법위반(절도)죄로 징역 1년 6월의 형을 선고받아 확정된 다음 특가법 제5조의4 제1항에 대한 헌법재판소의 위헌결정에 근거하여 재심이 개시되었으나 이전의 범죄사실이 그대로 인정되어 제1심법원 상습절도(A)로 징역 1년 6월의 형을 선고받고 양형부당을 이유로 항소함.

(2) 재심사건의 항소심에서 피고인이 2015. 5. 15. 상습절도(B)로 징역 1년 2월을 선고받아 확정된 사실이 밝혀졌고, 항소심은 재심의 대상이 된 상습절도의 범죄사실(A)을 형법 제37조 후단의 경합범(사후적 경합범)으로 처리하여 다시 징역 1년 6월을 선고함.

(3) 이에 피고인은 상습절도죄는 포괄일죄이고 그 일부에 대하여 확정판결이 있는 때에는 면소판결을 해야 하는데(형소법 제326조 제1호), 항소심의 심판대상이 된 A 상습절도(2012. 11. 10.과 2013. 3. 16.)는 그와 포괄일죄의 관계에 있는 B범죄사실에 대하여 확정판결이 있으므로 면소판결을 하여야 함에도 불

* 전북대학교 법학전문대학원 교수, 법학박사

구하고 사후적 경합범으로 보아 별개의 형을 선고한 데에는 면소판결의 법리를 오해하여 판결에 영향을 미친 위법이 있다고 주장하면서 상고함.

2. 쟁점

(1) 실체법적 관점에서 절도죄로 수회의 범죄경력을 갖고 있는 피고인이 범한 B 상습절도는 그 판결의 사실심종결 전에 범한 A 상습절도와 별개의 범죄로 보아 B 상습절도에 대하여 별개의 형을 선고할 수 있는지,

(2) 실체법적 관점에서 B 상습절도와 A 상습절도가 포괄일죄에 해당한다고 보아야 하지만, 절차법적 관점에서 B 상습절도에 대한 확정판결의 효력이 A 상습절도에 대하서는 미치지 아니하므로 A 상습절도에 대해서 별개의 형을 선고할 수 있는지

II. 실체법적 해결방안

1. 상습범의 죄수에 대한 판례의 입장

(1) 리딩케이스인 대법원 2004. 9. 16. 선고 2001도3206 전원합의체 판결에서 다수의견은 “상습성을 갖춘 자가 여러 개의 죄를 반복하여 저지른 경우에는 각 죄를 별죄로 보아 경합범으로 처단할 것이 아니라 그 모두를 포괄하여 상습범이라고 하는 하나의 죄로 처단하는 것이 상습범의 본질 또는 상습범 가중처벌규정의 입법취지에 부합한다.”라고 봄

(2) 이에 대하여 반대의견은 “상습성이 발현된 수개의 범행이 있는 경우에 각개의 범행 상호간에 보호법익이나 행위의 태양과 방법, 의사의 단일 또는 갱신 여부, 시간적 · 장소적 근접성 등 일반의 포괄일죄 인정의 기준이 되는 요소들을 전혀 고려함이 없이 오로지 '상습성'이라는 하나의 표지만으로 곧 모든 범행을 하나로 묶어 포괄하여 일죄라고 할 수는 없고 수개의 상습사기 범행은 원칙으로 수개의 죄로 보아야 한다.”고 주장함.

2. 상습범의 죄수에 대한 학계의 입장

(1) 상습범을 포괄일죄로 보는 것이 일반적이나 일찍이 김성돈 교수는 상습성은 행위의 속성이 아니라 행위자의 속성이므로 상습적으로 행한 수개의 행위가 행위자의 상습성으로 인해 하나의 범죄로 될 수 없음을 지적하고, 상습적으로 행한 수개의 행위가 일죄로 인정되기 위해서는 포괄일죄의 인정요건, 즉 범의의 단일성, 시간적 · 장소적 접착성, 행위태양의 동종성, 보호법익의 동일성 등의 요건이 갖추어져야 한다고 주장하였고,[1] 이후에도 많은 학자들이 상습범의 일죄성을 부정하는 주장을 함.[2]

(2) 상습범의 일죄성을 부정하는 견해는 상습범 가중처벌 규정은 그 자체로서 수개의 행위를 전제하고 있다고 볼 수 없고, 상습성은 행위자의 속성이므로 그 자체로서 수개의 행위를 하나로 묶는 역할을 한다고 볼 수 없으며, 상습으로 행한 수개의 행위를 하나의 범죄로 처벌하기 위해서는 포괄일죄의 요건을 충족하여야 한다고 주장함.

3. 상습범 가중처벌 조항이 상습범을 포괄일죄로 보는 근거가 될 수 있는지 여부

가. 상습범 가중처벌 조항의 규정형식

(1) 형법상 상습범 가중처벌 조항은 대부분 “상습으로 제000조 또는 제000조의 죄를 범한 자는 그 죄에 정한 형의 2분의 1을 가중한다”는 형식으로 규정되어 있음. 기본범죄와의 차이점은 상습성이 추가되었다는 것과 법정형이 기본형에서 2분의 1이 가중된다는 것임.

(2) 그런데 “~한 자(때에)는 그 죄에 정한 형의 ~을 가중한다”는 형식의 조

1) 김성돈, “상습범의 죄수-상습범이 일죄가 아닌 이유-”, 법조 545호(2002. 2.), 137면 이하.

2) 신치재‘, “상습범 가중처벌의 타당성 및 죄수판단에 대한 고찰”, 중앙법학 10권4호(2008. 12.), 97면 이하; 최호진,“상습범의 상습성 판단자료와 죄수판단”, 비교형사법연구 7권 1호(2008), 343면 이하; 양종모, “포괄일죄 법리의 문제점과 개선방안-소송법적 효과를 중심으로”, 저스티스 125호(2011. 8.), 125면 이하; 김혜경, “포괄일죄성 부정을 근거로 한 집합범 하위개념의 죄수판단”, 형사법연구 25권1호(2013. 3.), 35면 이하; 장윤순, “상습범의 상습성 인정기준과 죄수판단에 대한 연구”, 강원법학 38권(2013. 2.), 529면 이하;.

항은 누범(제35조 제2항), 공무원의 직무상 범죄에 대한 형의 가중(제135조), 특수체포 · 특수감금(제278조)이 있음. 특히 제135조와 제278조는 기본범죄가 선택적으로 규정되어 있어, 사실상 상습범 가중처벌 조항과 흡사한 형식으로 규정되어 있음.

(3) 따라서 형식적 측면에서 상습범 가중처벌 조항이 수 개의 행위를 전제하고 있다고 보기는 어려움.

나. 상습성이 포괄일죄의 근거가 될 수 있는지 여부

(1) 판례는 수개의 범죄행위를 포괄하여 하나의 죄로 인정하기 위해서는 "범의의 단일성과 각 범죄행위 사이에 시간적 · 장소적 연관성이 있고 범행의 방법 간에도 동일성이 인정되는 등 수개의 범죄행위를 하나의 범죄로 평가할 수 있는 경우에 해당하여야 한다"고 판시하고 있음(대법원 2005. 9. 15. 선고 2005도1952 판결 참조). 그리고 상습범은 어느 기본적 구성요건에 해당하는 행위를 한 자가 그 범죄행위를 반복하여 저지르는 습벽, 즉 상습성이라는 행위자적 속성을 갖추었다고 인정되는 경우에 이를 가중처벌 사유로 삼고 있는 범죄유형을 가리킨다고 봄(대법원 2004. 9. 16. 선고 2001도3206 전원합의체 판결).

(2) 상습범 가중처벌 조항의 "상습으로 제000조 또는 제000조의 죄를 범한 자"라는 문언이 상습으로 행한 수개의 행위를 포괄일죄로 보는 근거가 될 수 있는지를 판단함에 있어서는 '상습성'의 의미가 결정적인 의미를 가진다고 할 것임.

(3) 그런데 상습성은 수개의 행위를 포괄하는 행위의 속성이 아니라 – 판례가 스스로 밝히고 있듯이 – 이러한 수개의 행위를 하는 행위자의 속성에 불과한 상습성만으로는 판례가 제시하고 있는 포괄일죄의 인정요건, 즉 범의의 단일성, 범죄행위의 시간적 · 장소적 연관성, 범행방법의 동일성 등 수개의 범죄행위를 하나의 범죄로 평가할 수 있는 경우에 해당한다고 보기 어려움.

다. 구 폭처법상 상습폭행 등의 죄와 구 특가법상 상습절도 · 강도죄와의 비교

(1) 상습적으로 행해진 수개의 행위를 하나의 범죄로 포괄하는 경우로 볼 수

있는 사례가 구 폭처법상 상습폭행 등의 죄와 구 특가법상 상습절도 · 강도죄임.

(2) 우선 구 폭처법[2016. 1. 6. 법률 제13718호로 개정되기 전의 것] 제2조 제1항과 제3조 제3항은 “상습적으로 제000조 제0항 ~ 제000조 제0항 의 죄를 범한 자는 0년 이상의 유기징역에 처한다”는 방식으로 규정되어 있었고, 구 특가법[2016. 1. 6, 법률 제13717호로 개정되기 전의 것] 제5조의4 제1항과 제3항도 “상습적으로 제000조~제000조의 죄를 범한 사람은 · 사형), 무기 또는 00년 이상의 징역에 처한다”는 방식으로 규정되어 있었음.

(3) 판례가 특가법 제5조의4 제1항의 상습절도죄는 상습절도미수 행위 자체를 범죄의 구성요건으로 정하고 그에 관하여 무기 또는 3년 이상의 징역형을 법정하고 있는 점을 근거로 미수감경이 허용되지 아니한다고 보거나(대법원 2010. 11. 25. 선고 2010도11620 판결), “상습절도 등 죄를 범한 범인이 그 범행의 수단으로 주거침입을 한 경우에 주거침입행위는 상습절도 등 죄에 흡수되어 위 조문에 규정된 상습절도 등 죄의 1죄만이 성립하고 별개로 주거침입죄를 구성하지 않는다.”고 한 것(대법원 2017. 7. 11. 선고 2017도4044 판결)은 바로 이 때문이라고 할 것임.

(4) 상습범 가중처벌 조항의 “그 죄에 정한 형의 2분의 1을 가중한다”는 문언의 의미는 상습적으로 수개의 범죄를 범한 경우 각각의 형의 2분의 1을 가중한다는 의미로 새겨야 함. 예를 들어 형법 제264조는 상습특수상해죄를 범한 때에 형법 제258조의2 제1항에서 정한 법정형의 단기와 장기를 모두 가중하여 1년 6개월 이상 15년 이하의 징역에 처한다는 의미가 됨(대법원 2017. 6. 29. 선고 2016도18194 판결).

(5) 상습범 가중처벌 조항의 “그 죄에 정한 형의 2분의 1을 가중한다”는 문언이 아니라 구 폭처법 제2조 제1항, 제3조 제1항이나 구 특가법 제5조의4 제1항이나 제3항과 같이 별개의 형을 규정을 하거나, “가장 중한 죄에 정한 형으로 처벌한다”(제40조), “가장 중한 죄에 정한 형의 2분의 1까지 가중한다”(제38조 제1항 제2호)의 형식으로 규정하지 않는 한 수개의 행위를 하나의 죄로 처벌한다고 해석하기는 어려움.

라. 사기죄의 죄수판단과의 비교

(1) 판례는 사기죄에 있어 "동일한 피해자에 대하여 수회에 걸쳐 기망행위를 하여 금원을 편취한 경우 범의가 단일하고 범행방법이 동일하다면 사기죄의 포괄1죄만이 성립한다고 할 것이나, 범의의 단일성과 계속성이 인정되지 아니하거나 범행방법이 동일하지 않은 경우에는 각 범행은 실체적 경합범에 해당"하고, 수인의 피해자에 대하여 각 피해자별로 기망행위를 하여 각각 재물을 편취한 경우에 그 범의가 단일하고 범행방법이 동일하다고 하더라도 포괄1죄가 성립하는 것이 아니라 피해자별로 1개씩의 죄가 성립하는 것으로 보아야 한다."고 봄(대법원 1997. 6. 27. 선고 97도508 판결)

(2) 사기죄에서는 피해자가 수인인 경우에는 원칙적으로 실체적 경합범에 해당하고 피해자가 동일인인 경우에도 범의의 단일성과 계속성이 인정되지 아니하거나 범행방법이 동일하지 않은 경우에는 실체적 경합범에 해당한다고 하여, 포괄일죄의 요건을 엄격하게 해석하고 있는 보는 것에 비추어 보면

(3) 상습범에서는 상습성이라는 행위자의 성향 이외에 범의의 단일성, 범행방법이 동일, 피해법익의 단일성이 인정되지 않음에도 불구하고 수개의 행위를 포괄하여 하나의 범죄가 성립한다고 보는 것은 불합리함.

4. 소결

(1) 이상의 논의에 비추어 볼 때 형법상 상습범가중처벌조항은 규정형식, 상습성의 성질, 포괄일죄의 인정요건 등을 고려해 볼 때 상습으로 행한 수개의 범죄를 하나로 포괄하여 처벌하는 규정이라고 보기는 힘듬.

(2) 판례는 상습범에 관한 한 상습성 이외에 별도의 요건 없이도 수개의 행위를 포괄하여 하나의 범죄가 성립한다고 보고 있으나, 상습으로 행한 수개의 행위가 포괄일죄의 요건을 충족하고 있는 경우에 한하여 하나의 범죄로 처벌된다고 보아야 한다고 봄.

Ⅲ. 절차법적 해결방안

1. 상습범 중 일부의 범죄사실에 대한 기판력의 범위에 관한 판례의 입장

(1) 대법원 2004. 9. 16. 선고 2001도3206 전원합의체 판결에서 다수의견은 "상습범으로서 포괄적 일죄의 관계에 있는 여러 개의 범죄사실 중 일부에 대하여 유죄판결이 확정된 경우에, 그 확정판결의 사실심판결 선고 전에 저질러진 나머지 범죄에 대하여 새로이 공소가 제기되었다면 그 새로운 공소는 확정판결이 있었던 사건과 동일한 사건에 대하여 다시 제기된 데 해당하므로 이에 대하여는 판결로써 면소의 선고를 하는 것이 원칙이나, 전의 확정판결에서 피고인이 상습범 아닌 기본 구성요건의 범죄로 처단되는 데 그친 경우에는 그 기판력이 그 사실심판결 선고 전의 나머지 범죄에 미친다고 보아서는 아니 된다"고 판시하면서, 아래와 같은 이유를 제시함.

> 확정판결의 기판력이 미치는 범위를 정함에 있어서는 그 확정된 사건 자체의 범죄사실과 죄명을 기준으로 하는 것이 원칙이고 비상습범으로 기소되어 판결이 확정된 이상, 그 사건의 범죄사실이 상습범 아닌 기본 구성요건의 범죄라는 점에 관하여 이미 기판력이 발생하였다고 보아야 할 것이며, 뒤에 드러난 다른 범죄사실이나 그 밖의 사정을 부가하여 전의 확정판결의 효력을 검사의 기소내용보다 무거운 범죄유형인 상습범에 대한 판결로 바꾸어 적용하는 것은 형사소송의 기본원칙에 비추어 적절하지 않기 때문이다.

(2) 이에 대하여 반대의견은 "다수의견은 공소불가분의 원칙을 규정하고 있는 형사소송법 제247조 제2항과 일사부재리의 원칙을 규정하고 있는 헌법 제13조 제1항 후단 및 형사소송법 제326조 제1호에 반하고, 후에 공소제기된 사건에 관하여 확정판결이 있었는지 여부는 그 사건의 공소사실의 전부 또는 일부에 대하여 이미 판결이 있었는지 여부의 문제이고, 이는 전의 확정판결의 죄명이나 판단내용에 의하여 좌우되는 것이 아니"라고 주장하며, 다수의견에 반대함.

(3) 위 판례(다수의견)는 불고불리의 원칙상 확정판결의 효력(기판력)의 범위는 동시심판이 가능한 범위로 한정되어야 하고(즉, 기본범죄로 기소된 이상 – 상습범으로 공소장이 변경되지 않는 이상– 법원으로서는 기본범죄에 대해서만 심판

할 수 없고), 기본범죄로 기소되어 판결이 확정된 이상 기본범죄에 관하여만 기판력이 발생하고 상습범을 구성하는 범죄사실 전체에 대하여 발생하는 것은 적법절차의 원칙과 실체적 진실규명의 조화를 도모하여 형사사법의 정의를 실현하려고 하는 헌법과 형사소송법의 취지(대법원 2009. 3. 12. 선고 2008도11437 판결)에 부합하지 않는다는 취지로 이해됨.

(4) 이러한 판례의 취지에 비추어 볼 때, 동시심판의 가능성이 없었고 나아가 일부 범죄사실(B)에 대한 기판력을 나머지 범죄사실(A)에 대해서도 미친다고 보는 것이 법절차의 원칙과 실체적 진실규명의 조화를 도모하여 형사사법의 정의를 실현하려고 하는 헌법과 형사소송법의 취지에 반한다고 볼 수 있는 때에는, 상습범을 구성하는 일부의 범죄사실이 기본범죄로 처벌된 경우뿐만 아니라 이 사건처럼 상습범으로 처벌된 경우에도 별도의 형을 선고할 수 있을 것임.

2. 이 사건에서 B 상습절도에 대한 기판력을 제한할 수 있는지 여부

(1) 이 사건에서는 A 상습절도에 대한 재심절차의 항소심에서 비로소 피고인이 2015. 5. 15. B 상습절도로 징역 1년 2월을 선고받아 확정된 사실이 밝혀졌는데, B 상습절도에 대한 심판을 담당한 법원은 A 상습절도에 대한 확정판결이 있음을 간과하고 그와 포괄일죄의 관계에 있는 범죄사실에 대해 다시 유죄판결을 한 셈이 됨.

(2) 이 사건에서 B 상습절도에 대한 심판을 담당한 법원으로서는 이미 A 상습절도에 대해 유죄판결이 내려진 이상 A 상습절도의 범죄사실은 동시에 심판할 수 없었으므로, B 상습절도에 대한 확정판결의 효력은 그와 동시에 심판할 수 없었던 A 상습절도사실에 대해서는 미치지 않는다고 볼 수 있음

(3) 따라서 A상습절도에 대한 심판을 담당한 재심법원은, 비록 A상습절도가 그와 포괄일죄의 관계에 있는 B 상습절도에 대한 확정판결의 사실심판결 선고 전에 범한 것이라고 하더라도, A상습절도 사실에 대해 별개의 형을 선고할 수 있다고 볼 수 있음.

(4) 그러나 이러한 제한적 해석방법은 - 반대의견이 적절하게 지적하고 있듯이 - 공소불가분의 원칙을 규정하고 있는 형사소송법 제247조 제2항과 일사

부재리의 원칙을 규정하고 있는 헌법 제13조 제1항 후단 및 형사소송법 제326조 제1호에 비추어 무리한 해석이라는 비판을 면하기 힘들 것임.

3. 소결

(1) 대법원 2004. 9. 16. 선고 2001도3206 전원합의체 판결에 대한 숱한 비판에서 볼 수 있듯이, 실체법적 차원에서 상습범을 포괄일죄로 보는 입장을 견지하는 이상 소송법적으로 기판력의 범위를 줄이는 데에는 상당한 무리가 있을 것임.

(2) 실체법적 차원에서 상습범을 경합범으로 보는 것이 가장 효과적이고 설득력 있는 방안이라고 봄.

[지정토론]

상습범 등 포괄일죄의 재심사건과 일사부재리효가 미치는 범위

– 서 동 칠* –

상습범 등 포괄일죄 사건에서 일사부재리효 또는 기판력이 미치는 범위와 관련하여, 위와 같은 범위를 제한하는 이론적 · 실질적 근거를 설명하고 일본 및 독일에서의 관련 논의를 소개한 후, 대상사건에 대한 설득력 있는 해결방안까지 제시하여 주신 존경하는 권창국 교수님께 깊이 감사드립니다.

교수님께서 오늘 발표하신 주제와 관련하여 저 또한 실무를 처리하면서 일사부재리라는 헌법상 원칙과 형사처벌의 공백 최소화라는 현실적 필요성 사이에서 일응의 조화점을 찾아낸 것으로 보이는 기존의 학설과 판례의 결론에는 동의하면서도, 한편으로는 그에 대한 이론적 · 학문적인 뒷받침이 다소 부족한 것이 아닌가 하는 의문을 품어 왔던 것도 사실입니다.

마침 대상사건과 같이 이미 유죄가 확정된 범행에 대하여 재심절차가 개시되면서 뒤늦게 후행사건과의 관계에서 일사부재리효의 저촉 여부가 문제되는 사례가 등장하게 되어 기존의 이론이 갖고 있던 한계 내지 문제점이 보다 분명하게 드러나고, 활발한 논의의 장이 열린 것 같아 다행으로 생각합니다.

궁금한 점이 많지만, 이 자리에 참석하신 여러분들께서도 머릿속에 많은 질문거리가 떠오르셨을 것으로 생각되므로, 질의응답이라는 소중한 기회를 많은 분들과 공유하기 위해 사안의 해결책을 제시한 부분에 한정하여 2가지만 질문을 드리도록 하겠습니다.

---

* 대법원 재판연구관

대상사건에서 재심대상판결과 후행 확정판결의 범행은 모두 피고인의 절도의 습벽에 의하여 저질러진 것으로서 실체법상 포괄일죄에 해당한다고 보입니다. 하급심에서는 유사한 사안에서 재심대상판결을 전후하여 범의의 갱신이 있었다는 이유로 포괄일죄가 아니라고 보아 면소판결이 선고되어야 한다는 피고인의 주장을 배척한 사례도 일부 보이기는 하지만, 대법원 판례가 범의의 단일성, 계속성을 상습범의 성립요건으로 제시하고 있지 않다는 점에서 그러한 견해를 받아들이기는 쉽지 않아 보입니다. 따라서 기존의 판례이론을 그대로 따른다면 재심절차 진행 중에 후행사건의 판결이 확정됨으로써 위 후행사건의 사실심 판결선고 이전에 저질러진 범행인 재심절차에서의 상습절도에 후행사건의 기판력이 미치므로 면소판결이 선고되어야 한다는 결론에 이르게 될 가능성이 높아 보입니다.

그러나 재심대상판결의 선고 당시에는 동시 소추 · 심판의 가능성이 아예 없었던 후행범죄가 재심절차의 개시로 인하여 선행범죄와 포괄일죄로 취급됨으로써 이미 유죄판결이 선고, 확정되기까지 했던 선행범죄를 처벌할 수 없는 결과에 이른다는 것은 후행범죄를 저지른 사람을 그렇지 않은 사람보다 유리하게 대우하는 셈이 되어 법 감정에 반하는 측면이 있을 뿐만 아니라(예를 들어, 후행범죄를 저지르지 않은 사람은 재심절차에서 그대로 유죄가 선고될 것임이 분명한 경우에도 후행범죄를 저지른 사람은 재심절차에서 면소판결을 선고받게 됨), 일사부재리효의 객관적 범위를 지나치게 확장시켜 형사처벌의 공백을 가져온다는 비판을 피하기 어려워 보입니다.

다음과 같은 경우를 상정해보면 그와 같은 불합리가 더욱 분명하게 드러납니다. 즉, 포괄일죄에 해당하는 범죄를 저질러 재심개시결정이 이루어질 가능성이 있는 확정판결을 받아 놓은 피고인은 그 후 얼마든지 동종범죄를 다시 저질러도 후행사건의 판결이 확정되기 전에 종전 확정판결의 효력을 상실시키는 재심판결을 받기만 하면 그 선고시까지 저지른 후행범죄에 재심판결의 기판력이 미치게 되어 처벌을 면하게 될 것입니다. 그와 같은 결론의 부당함은 더 말할 필요가 없을 것입니다.

여기서 첫 번째 질문을 드리고자 합니다. 교수님께서는 일사부재리효의 범위를 축소, 제한하려는 일련의 시도들의 현실적인 필요성에 대해서는 공감하면서도 이는 본질적으로 피고인의 지위나 형사절차의 기초토대를 불안정하게 만들 수 있다는 이유를 들어 적극적으로 찬동하기는 어렵다는 견해를 밝히시는 한편, 원심판결의 결론을 소극적으로 긍정한다는 입장을 취하신 후, 원심판결의 결론을 뒷받침할 이론적 방안으로 4가지를 제시하셨습니다. 그중 교수님께서 지지하시는 것으로 보이는 (1)안(양분설 또는 분리설)은, 재심개시결정이 확정되어도 재심재판의 확정이 있기 전까지는 ㉠ 사건에 대한 이전 확정판결이 아직 효력을 상실하는 것은 아니므로, 전체로서 포괄하여 일죄로 볼 수 있었던 ㉠ 및 ㉡ 사건은 기존 확정판결로 분할되어 ㉡ 사건은 별개의 상습절도로 볼 수 있고, 나아가 재심재판의 확정으로 확정판결의 효력상실이 분명히 예정되어 있더라도 앞서 판결선고 사실까지 없어진 것이 아니라면, 판결선고 시점 이후의 사실에 해당하는 ㉡ 사건은 역시 ㉠과 분리된 별개의 죄로 볼 수 있다는 것입니다(발표문 17쪽). 일사부재리효의 한계와 관련하여 사실심 판결선고시설을 취하고 있는 기존의 다수설 및 판례와 충돌을 피하면서 재심판결의 효력에 관한 소송법상 이론에도 부합하는 탁월한 견해라고 생각합니다.

다만, 위 방안에 대해서는 교수님께서 스스로 밝히신 바와 같이 어째서 확정판결로 인하여 포괄일죄가 수죄가 되는가라는 질문에 설득력있는 답변을 하기 어렵다는 점 외에 다음과 같은 의문도 제기해 볼 수 있을 것 같습니다. 즉, 실체법상 포괄일죄가 확정판결의 선고시를 전후하여 두 죄로 분리된다는 다수설과 판례의 입장(사실심 판결선고시설)은 확정판결의 기판력에 그 근거를 두고 있는 견해로 이해되는데(사실심 판결선고시설이 정당한지에 관한 비판은 여기서 논외로 합니다), 재심판결이 확정되면 재심대상판결은 효력을 상실하게 되므로, 재심대상판결의 사실심 판결선고일을 기준으로 ㉠ 사건이 ㉡ 사건에서 분리된다고 해석하는 것은 그 효력이 이미 상실되었거나(재심판결이 먼저 확정된 경우) 상실될 예정인(후행사건의 판결이 먼저 확정된 경우) 확정판결에 기판력을 부여하는 셈이 되는 것은 아닌지 의문이 듭니다.

부연하면, 형사소송법 제435조 제1항은 “재심의 청구가 이유있다고 인정한 때에는 재심개시의 결정을 하여야 한다."고 규정함으로써 재심청구가 적법하고 재심청구인이 주장하는 재심사유의 존재가 인정되는 경우 재심개시의 결정을 하도록 하고 있습니다. 위와 같은 재심개시결정이 확정되면 그 효력에 대해서 더는 다툴 수도 없으므로, 설령 재심개시결정이 부당하더라도 법원은 재심사유의 존부에 대하여 살펴볼 필요 없이 다시 심판을 하여야 합니다. 나아가 이 사건과 같이 유죄 확정판결의 근거가 된 처벌조항이 위헌으로 결정된 때에는 헌법재판소법 제47조 제4항[1]에서 정한 재심사유가 당연히 인정되고 이때 재심이 청구되면 재심판결에 의해 종전의 재심대상판결은 효력을 상실하게 될 것이 분명해진다고 할 수 있습니다. 한편 형사소송법 제438조 제1항[2]에서 재심법원이 대상사건을 "다시 심판을 하여야 한다."라고 규정한 것은 재심절차의 성격이 종전의 소송절차의 후속절차가 아니라 종전의 소송절차에서 이루어진 모든 소송행위의 효력이 상실되었음을 전제로 이루어지는 완전히 새로운 소송절차임을 선언한 취지라고 설명됩니다.[3]

위와 같은 형사소송법 및 헌법재판소법의 규정을 종합해보면, 장차 재심대상판결의 효력이 소멸될 것이 분명함을 전제로 진행되는 재심절차에서 유독 기판력과 죄수의 문제에 있어서만은 기존의 재심대상판결이 유효함을 전제로 하여 판단하는 셈이 되어 다소 형식적이고 재심절차의 본질에 부합하지 않는 이론구성이라는 비판이 제기되지 않을까 염려됩니다. 이 점에 관한 교수님의 설명을 청하여 듣고 싶습니다.

본건에서 포괄일죄의 일사부재리효에 관한 기존 이론의 적용이 유난히 불합리하게 보이는 이유는 재심절차에 의해서 기왕에 한 재심대상판결이 무효로 돌아가게 됨으로써 선행범죄와 후행범죄 사이의 죄수관계를 사후적으로 다시 따져

---

1) 헌법재판소법 제47조
④ 제3항의 경우에 위헌으로 결정된 법률 또는 법률의 조항에 근거한 유죄의 확정판결에 대하여는 재심을 청구할 수 있다.

2) 형사소송법 제438조(재심의 심판)
① 재심개시의 결정이 확정한 사건에 대하여는 제436조의 경우 외에는 법원은 그 심급에 따라 다시 심판을 하여야 한다.

3) 주석 형사소송법 제5판 (Ⅳ), 438쪽

봐야 하는 재심절차의 특수성에 기인한 측면이 크다고 생각됩니다. 위와 같은 특수성에 주목할 경우 구태여 죄수론이나 일사부재리효의 제한에 관한 기존의 이론에 변경을 가하지 않더라도 재심절차에서 판단의 기준시기가 재심판결 선고시가 아니라 재심대상판결 선고시라고 해석할 수만 있다면, ㉠ 사건이 선고될 당시 존재하지도 않았던 ㉡ 사건은 고려할 필요가 없게 되므로 일사부재리효가 미치지 않는다는 해석이 가능할 것도 같습니다. 그러나 대법원은 1996. 6. 14. 선고 96도477 판결에서, "범죄사실에 관한 법령이 재심대상판결 후 개정 · 폐지된 경우에는 그 범죄사실에 관하여도 재심판결 당시의 법률을 적용하여야 하고 양형 조건에 관하여도 재심대상판결 후 재심판결시까지의 새로운 정상도 참작하여야 하며, 재심사유 있는 사실에 관하여 심리 결과 만일 다시 유죄로 인정되는 경우에는 재심사유 없는 범죄사실과 경합범으로 처리하여 한 개의 형을 선고하여야 한다"고 하여 재심절차에서 판단의 기준시기는 재심대상판결 선고시가 아닌 재심판결시임을 분명히 하였습니다. 이는 재심절차가 종전 확정판결의 당부에 관한 재판이 아니라 완전히 새로운 소송절차라는 점에서 일견 당연해 보이기도 합니다. 결국 현재로서는 재심절차의 성격을 법률상 달리 규정하지 않는 한 재심대상판결 선고시를 기준으로 하여 그때까지 형성된 실체법적 · 소송법적 사실관계를 기초로 판단하려는 시도는 설득력을 갖기가 어려울 것 같습니다.

그렇다면 차라리 근본적인 문제로 돌아가 상습범을 포괄일죄로 보는 기존의 견해에 대하여 의문을 제기하는 주장도 음미해볼 가치가 있다고 생각됩니다. 부끄럽게도 교수님의 발표를 통해서 비로소 알게 된 사실이기는 하지만, 발표문에 따르면 독일에서는 과거 상습범 등의 사례에서 일사부재리효를 제한하는 여러 시도를 거쳐 현재는 입법론 또는 해석론을 통해 집합범을 구성하는 개별행위를 해체하여 수죄로 인식하는 방법이 실체법적으로나 소송법적으로 지지되고 있는 것으로 보입니다.

우리나라에서 기존의 다수설과 판례가 채택하고 있는 입장과 어긋난다는 점에서 신중한 접근이 필요해 보이기는 하지만, 만일 상습범을 수죄로 볼 수만 있다면, 일사부재리효의 제한에 관한 기존 이론이 가지고 있던 문제점이 상당 부분 해소될 뿐만 아니라, 죄수론에 있어서 실체법적 측면과 소송법적 측면을 통일시킴으로써 이론적 정합성을 꾀할 수 있는 장점도 있을 것 같습니다. 우리나라에서도 상습범과 관련하여 일사부재리효를 제한한 판례인 대법원 2004. 9. 16. 선고 2001도3206 전원합의체 판결에서 주심 대법관(이용우 대법관)의 별개의견[4]이나 이재상 교수[5] 등의 교과서에서 이미 위와 같은 주장이 시도된 바 있습니다.

교수님께서는 상습범의 죄수에 관한 독일의 학설과 판례를 소개하시면서도 이에 대한 우리나라의 논의에 대해서 부연하시거나 교수님의 입장을 따로 밝히시지는 않았습니다. 실례가 되지 않는다면 상습범을 수죄로 이론구성하려는 위와 같은 시도가 학계에서 어떻게 받아들여지고 있는지와 교수님은 이에 대해 어떻게 생각하시는지, 그 이론의 장점과 한계는 무엇인지 등에 관하여 가능한 범위에서 알려주시길 부탁드립니다.

이상으로 부족하고 두서없는 질문을 마치고자 합니다. 감사합니다.

---

4) 이용우 대법관은 위 판결의 별개의견을 통하여 "원래 '상습성'이란 '행위자의 속성'이라는 점에는 학설 · 판례상 이론이 없고 다수의견도 이를 받아들이고 있는바, 이는 곧 단 한번 저질러진 범행이라도 그것이 상습성의 발현에 의한 것이라면 상습범이 된다는 것이다. 따라서 상습범이 성립하기 위하여는 반드시 수개의 범행이 반복될 것을 그 구성요건요소로 하거나 예정하고 있는 것은 아니다. 그러므로 상습성이 발현된 수개의 범행이 있는 경우에 각개의 범행 상호간에 보호법익이나 행위의 태양과 방법, 의사의 단일 또는 갱신 여부, 시간적 · 장소적 근접성 등 일반의 포괄일죄 인정의 기준이 되는 요소들을 전혀 고려함이 없이(그러한 요소들의 고려에 의하여 일정범위내의 상습범행이 포괄일죄로 될 수 있음은 별문제이다) 오로지 '상습성'이라는 하나의 표지만으로 곧 모든 범행을 하나로 묶어 포괄하여 일죄라고 할 수는 없는 것이다. 이는 상습성이 행위자의 속성에 불과하다는 이치와도 부합하는 것이다."라고 판시함

5) 이재상 교수도 "상습성 또는 영리성만으로 개별적인 행위가 포괄일죄로 된다는 것은 옳다고 할 수 없다. 그것은 행위자의 생활태도 내지 내심의 의사의 동일성을 근거로 수개의 독립된 행위를 포괄일죄로 인정하는 것이며, 특수한 범죄에너지를 가진 범죄인에게 부당한 특혜를 주는 것이라고 하지 않을 수 없다. 따라서 집합범은 그 자체만으로는 포괄일죄가 될 수 없고 경합범이 된다고 하는 것이 타당하다. 그것이 연속범 등 포괄일죄의 다른 요건에 해당할 때에 일죄가 될 수 있음은 별개의 문제이다"라고 하면서, 박상기, 안동준, 이정원, 이형근 교수도 같은 입장이라고 설명함(이재상, 형법총론 제9판, 551쪽)

디지털 증거 중 카카오톡 대화*의 압수·수색영장 집행에 대한 참여권

– 대법원 2016모587 사건을 통해 본『형사소송법』제122조 단서상 '급속을 요하는 때'의 의미 –**

– 박 용 철***–

목 차

* 필자는 대상판례의 카카오톡 대화내용 등의 정보 역시 저장되어 있는 형태 등에 비추어 본질적으로 여타의 디지털 증거와 다르게 볼 이유가 없으므로 수사기관이 카카오톡 대화내용 등을 증거수집 하는 과정 역시 여타의 디지털 증거 수집 과정에서 요구되는 절차가 그대로 준수되어야 한다고 본다.

** 졸고는 필자가 2018. 5. 28. 대법원 형사실무연구회에서 발표하고자 작성한 것이다. 대상판례인 대법원 2016모587 사건은 2019. 1. 25. 현재 아직 대법원에 계류중인 관계로 발표 당시 대법원 형사실무연구회에서 제기된 논점들을 포함하여 추후 사건이 확정된 후 보완하여 학술지에 게재하고자 하였으나, 대법원 형사실무연구회측의 동의하에 확정 전 2019년 1월 한국비교형사법학회에서 발행하는 비교형사법연구 제20권 제4호에 게재하였다.

*** 서강대학교 법학전문대학원 교수, 법학박사(J.S.D.), 미국 뉴욕주 변호사

I. 서울중앙지방법원 2016. 2. 18, 2015보6 판결개요[1)]

1. 사실관계

서울중앙지방검찰청 검사 이○○와 서울 은평경찰서 사법경찰관 김○○는 서울중앙지방법원이 2014. 5. 24. 발부한 압수·수색영장에 기하여 2014. 5. 26. 11:55경 별지 "압수할 물건"[2)]에 대한 압수·수색(이하 "이 사건 압수·수색")을 실시하였는데 그 과정에서 ① 피의자에게 압수·수색집행 일시와 장소를 통지하지 않는 등 참여권을 보장하지 않았고, ② 피압수·수색자인 주식회사 카카오 법무팀에 위 압수·수색영장 사본을 팩스로 전송하였을 뿐, 압수·수색영장 원본을 제시하지 않았으며, 압수물 목록도 교부하지 않았다. 게다가 이 압수·수색 과정에서 범죄혐의와 관련 없는 피의자의 사생활에 관한 카카오톡 대화 내용이나 "압수할 물건"에 포함되지 않는, 피의자가 대화방에 입장하기 전의 대화내용, 퇴장한 후의 대화내용까지 모두 압수하였다. 이에 피의자는 이 사건 압수·수색은 위법하여 취소되어야 한다며 준항고를 제기하였다.

2. 소송경과

가. 준항고의 적법성 여부 판단

1) 관할위반에 대한 검찰측 주장에 대하여

검사는 이 사건 준항고가 관할 법원이 아닌 곳에 제기되어 부적법하다는 취지로 주장하였으나 원심법원은 『형사소송법』 제417조 규정에 따라 원심법원인 서울중앙지방법원이 서울중앙지방검찰청에 대응한 법원이라는 이유로 검사의 이 부분 주장은 받아들일 수 없다고 판시하였다.[3)]

---

1) 원심인 서울중앙지방법원 2016. 2. 18, 2015보6의 소송경과를 정리하였다.

2) '압수할 물건'은 '준항고인의 카카오톡 아이디 및 대화명, 준항고인과 대화하였던 상대방 카카오톡 아이디의 계정정보(계정정보는 아이디, 닉네임, 가입일, 인증 휴대전화 번호, 휴대전화의 맥어드레스가 확인될 경우 해당 맥어드레스, 접속 아이피가 확인될 경우 접속 아이피), 2014. 5. 12.부터 2014. 5. 21. 까지 준항고인과 대화한 카카오톡 사용자들과 주고받은 대화내용 및 사진 정보, 동영상 정보 일체'이다. (서울중앙지방법원 2016. 2. 18, 2015보6의 별지 참조).

2) 압수 · 수색영장 집행을 통해 확보한 자료가 본안에 유죄입증을 위한 증거로 제출된 적이 없고 본안에서 이 사건 압수 · 수색의 위법 여부 주장을 충분히 할 수 있으므로 준항고가 법률상 이익이 없다는 검찰측 주장에 대하여

이에 대하여 원심법원은 수사기관의 압수 등에 관한 처분에 대한 준항고는 수사기관의 증거수집 과정에 있어서 영장주의 등 절차적 적법성을 확보하여 국민의 기본권을 보장하기 위한 제도로서 법률상 이익의 존부를 판단함에 있어서도 위와 같은 제도 취지를 충분히 고려하여야 하는데, 이 사건 압수 · 수색은 준항고인의 사생활의 비밀과 통신의 자유 등에 직접적인 제한 효과를 가져오는 것으로서 단지 압수 · 수색을 통해 확보한 자료가 형사 공판절차에 증거로 제출되지 않았다는 이유만으로 법률상 이익을 부정할 수는 없고, 더구나 준항고인에 대한 형사공판사건은 이 사건 결정일 현재까지도 제1심 공판절차가 진행 중인 상황에 불과하다는 이유로 검찰측 주장을 받아들이지 않았다.

나. 본안에 관한 판단

1) 이 사건 압수 · 수색 집행 과정에서 수사기관이 미리 집행의 일시와 장소를 피의자 또는 변호인 등에게 통지하지 않으므로 피의자 등의 참여권을 보장하지 않았다는 준항고인이 주장에 대하여

이에 대하여 원심법원은 ① 피의자 또는 변호인은 압수 · 수색영장의 집행에 참여할 수 있고, 압수 · 수색영장을 집행하는 경우 미리 집행의 일시와 장소를 피의자 또는 변호인 등에게 통지하여야 하나, 급속을 요하는 때에는 위와 같은 통지를 생략할 수 있는데(『형사소송법』 제219조, 제121조, 제122조 참조), ② 위와 같이 피의자 등에게 참여권을 보장한 것은 압수 · 수색 집행의 절차적 적법성을 확보하여 영장주의를 충실하게 구현하기 위한 것이므로 피의자 등의 참여권이 보장되지 아니하였다면, 피의자 등에게 참여권을 보장한 취지가 실질적으로

3) 수사기관의 처분에 대한 준항고는 그 직무집행지의 법원 또는 검사의 소속검찰청에 대응한 법원에서 관할하는데 명문 규정이 없으므로『형사소송법』 제416조 제2항의 반대해석상 단독판사가 관할한다(법원실무제요 형사[II] 631면).

침해되었다고 볼 수 없을 정도에 해당한다는 등의 특별한 사정이 없는 이상 압수·수색은 위법하다고 보아야 한다고 전제하였다.

검사는 이 사건 압수·수색 집행 과정에서 준항고인 또는 변호인의 참여권이 보장되지 않은 점은 다투지 아니하였으나 다만 "주식회사 카카오톡에서 대화내용 등을 5-7일 정도만 보관하고 있으므로 증거가 멸실될 위험이 있어 『형사소송법』 제122조 단서의 "급속을 요하는 때"에 해당"한다고 주장하였다. 이에 대하여 원심법원은 동조의 "급속을 요하는 때"라 함은 압수·수색영장 집행 사실을 미리 알려주면 증거물을 은닉할 염려 등이 있어 압수·수색의 실효를 거두기 어려울 경우를 의미[4]하는데, 이 사건 압수·수색 집행의 대상은 주식회사 카카오톡이 서버에 보관하고 있는 대화내용과 계정 정보 등으로서, 피의자인 준항고인이나 변호인이 접근하여 관련 정보를 은닉하거나 인멸할 수 있는 성질의 것이 아니고, 주식회사 카카오톡이 관련 정보를 5~7일 동안만 보관하고 있다고는 하나, 이 사건 압수·수색은 영장이 발부된 2014. 5. 24.로부터 이틀 뒤인 2014. 5. 26.에야 실시되었으므로, 실제로 검사의 주장과 같이 이 사건 압수·수색이 전격적으로 급박하게 이루어진 것도 아니므로 이 사건 압수·수색은 피의자인 준항고인이나 변호인의 참여권을 보장하지 않아 위법하다고 판시하였다. 이와 같이 원심법원이 준항고를 인용하였으므로 검사는 원심법원의 준항고 인용결정에 대하여 불복하여 대법원에 재항고하였다.

II. 해설

1. 쟁점

대상판례에 대하여 필자는 디지털 증거의 압수·수색은 여타 증거의 압수·수색과는 달리 특칙이 필요할 수 있다는 점에서 많은 논란이 있을 수 있다는 점을 명확히 보여줄 수 있는 사례라 할 수 있다고 생각한다.[5] 또한 대상판례에서

4) 대법원 2012. 10. 11, 2012도7455 판결 등.

다루고 있는 수사기관의 압수 · 수색 집행 과정을 전체적으로 보았을 때 원심법원이 준항고인의 주장을 인용하여 압수 · 수색을 취소한 결정은 적법한 것으로 보인다. 하지만 그러면서도 필자는 원심법원의 수사기관의 압수 · 수색영장 집행 과정의 위법성 판단에 대한 세부적인 이유에 있어서는 다소 다른 입장을 갖고 있기에 본문에서 이를 보다 자세하게 밝히고자 한다.

영장집행 절차에 당사자 등[6]의 참여를 규정하는 것은 당사자 등의 수사절차상의 참여권 보장과 함께 수사절차의 공정성을 확보하기 위한 것이다.[7] 문제는 그와 같은 참여권 보장의 정도가 압수 · 수색 대상물의 종류에 따라서 다를 수 있느냐는 점이다.[8] 우선 대상판례에의 핵심적인 논점은 수사기관의 압수 · 수색영장 집행에 있어 과연 어떠한 경우가 『형사소송법』 제122조 후단의 "급속을 요하는 때"에 해당한다고 인정되는지, 또한 "압수 · 수색영장을 집행함에 미리 집행의 일시와 장소를 전조에 규정한 자에게 통지"하지 않아도 되는지, 그리고 이와 같은 예외 규정을 이른바 모든 디지털 증거에 대한 압수 · 수색영장 집행의 경우 압수 · 수색 대상이 빠른 시일 내에 삭제될 것이 명백하다고 볼 수 있다는 근거 규정으로 두어야 하는지, 아니면 증거 인멸의 우려가 현저할 경우라고 보아 모두 적용할 수 있는지 아니면 보다 근본적으로 대상판례의 주식회사 카카오톡 측에 대한 피의자의 대화 등에 대한 압수 · 수색영장 집행의 경우와 같이 보아 피압수 · 수색물이 제3자에게 있을 경우라 하더라도 동법 제122조의 적용 여부를 살펴보아야 하는가이다. 하지만 이러한 핵심적인 논점 이외에 대상판례가 함의하고 있는 많은 기타 논점들 역시 결코 간략하게 논의되거나 무시될 수 있는 것들은 아니다. 첫째, 대법원 판례[9]를 통하여 디지털 증거의 경우 정치하게 발전된 당사

---

5) https://www.lawtimes.co.kr/Legal-News/Legal-News-View?serial=144376 (최종방문일 2019. 1. 25).

6) 주지하다시피 『형사소송법』 제121조(영장집행과 당사자의 참여)는 영장집행에 참여할 수 있는 자로 "검사, 피고인 또는 변호인"을 규정하고 있는데, 동법 제219조에 의하여 수사절차에 있어 동조가 준용될 경우 수사절차에서의 피의자는 "당사자"로 부르기 다소 적절하지 않은 측면이 있고, 변호인 역시 "당사자"가 아닌 보조자의 지위를 갖고 있기에 졸고에서는 "당사자 등"이라 부르고자 한다.

7) 강구민 · 김창우 · 오경식, "압수 · 수색영장 집행에 있어 참여권자에 관한 소고", 법학논집(제22권 제2호), 조선대학교 (2015.8) 526면.

8) 이원상, "수사절차에서 통신자료 활용에 따른 쟁점 고찰", 형사소송 이론과 실무(제7권 제1호), 형사소송법학회 (2015), 73면.

자 등의 참여권에 대한 법리 이전에 왜 『형사소송법』이 영장 집행시 참여권자의 참여를 규정하고 있는지 이를 연혁적·비교법적으로 살펴보아야 한다. 둘째, 비록 대법원 판례[10)]에 따라 대상판례에서 수사기관이 주식회사 카카오톡 측에 영장 사본만을 팩스로 전송한 행위[11)]는 부적법한 영장 제시 내지 사전 통지의 시도라 보이기는 하나, 대상판례에서 수사기관이 그러한 행위를 했다는 사실에 비추어 보아 수사기관은 주식회사 카카오톡 측을 영장 제시 내지 사전 통지의 대상으로 본 것으로 보이는데, 그 근거는 무엇이고 과연 그러한 행위가 적법한 것인지 검토해 보아야 한다. 셋째, 카카오톡 대화내용 등과 같은 정보 역시 저장되어 있는 형태 등으로 보아 디지털 증거임이 명백해 보이는데 그러면 이를 어떻게 수집하는 것이 적법한 것인지, 여타의 디지털 증거와는 다른 특성이 있다고 볼 수 있는지 재차 검토해 볼 필요가 있다.

2. 영장 집행에 있어 "참여"의 의의

주지하다시피 영장 집행시 우리 『형사소송법』은 당사자 등으로 검사·피고인·변호인(제121조), 책임자로서 책임자·주거주·간수자·이에 준하는 자·인거인 또는 지방공공단체의 직원(제123조)의 참여를 규정하고 있으며 동법 제121조와 제122조는 압수·수색영장 집행시 원칙적으로 당사자 등에게 "미리 집행의 일시와 장소를 … 통지하여야" 하고 예외적으로 당사자가 "참여하지 아니한다는 의사를 명시한 때 또는 급속을 요하는 때에는 예외로 한다."고 규정하여 당사자 등의 참여 없이 영장을 집행할 수 있도록 하고 있고 이러한 규정들은 동법 제

9) 대법원 2015. 7. 16. 2011모 1839 전원합의체 판결 등

10) 대법원 2017. 9. 7. 2015도10648.

11) 제3자가 보관하고 있는 정보에 대한 압수·수색은 과거 실무상 이른바 '팩스영장'의 형태로 집행하여 영장의 원본이 아닌 사본을 제시하여 이루어졌고, 팩스영장을 받은 기관이 영장에 기재되어 있는 정보에 관한 자료를 직접 확인하여 해당 정보가 담긴 파일 또는 서면을 담당 수사관에게 이메일이나 팩스로 송부함으로써 이는 정보의 보관자가 피압수자가 직접 해당 정보 또는 자료를 선별하여 스스로 압수·수색을 집행한 것과 사실상 다를 바가 없어서 압수목록을 피압수자에게 별도로 교부하지도 않았다. 이러한 팩스영장에 의한 집행방식에 관한 직접적인 규율 내용은 그 어디에도 존재하지 않았다(김혁, "제3자 보관 정보에 대한 압수수색 영장의 집행과 적정절차 : 서울고법 2015. 6. 25. 2014노2389 판결 (대법원 2017. 9. 7. 2015도10648판결)을 중심으로", 형사정책연구(제29권 제1호(통권 제113호)) (2018) 83~86면).

219조에 의하여 검사 또는 사법경찰관의 압수 · 수색 · 검증에 준용하도록 하고 있다. 따라서 애초에 이러한 영장 집행에 있어 당사자 등을 참여하도록 하는 『형사소송법』상 규정은 적용의 시점상 수사기관이 영장 집행 이전에 집행 사실을 당사자 등에게 사전 통지하는 것과 실제로 영장 집행시 당사자 등이 직접 참여하는 것으로 구분하여 생각할 수 있을 것이다.[12] 영장 집행에 있어 이러한 "참여"의 중요성이 더욱 확대된 이유는 디지털 증거의 경우 "디지털 저장매체의 복제본 혹은 원본을 반출한 후, 혐의사실과 관련된 디지털 정보를 탐색 · 복제하는 과정에 피압수자를 참여시켜야만 증거능력을 인정받을 수 있"[13]으므로 압수 · 수색 현장에서부터는 여러 가지 사정을 이유로 피압수 · 수색자를 참여시킬 수 없다 하더라도 적어도 수사기관이 해당 디지털 증거를 확보한 후 이를 정리하는 과정에서는 피압수 · 수색자를 참석시켜야 "참여"가 보장되어야 한다고 보아야 한다.

한편 이와 같은 영장 집행시 당사자 등의 영장 집행의 참여 규정은 일본『형사소송법』상 존재하는 것을 그대로 계수한 것이다. 따라서 일본『형사소송법』과 실무가 이러한 "참여" 관련 규정 및 "급속을 요하는 경우"예외로 인정하고 있는 부분을 어떻게 규정하고 해석하고 있는지 살펴볼 필요가 있다. 또한 이와 같이 영장 집행시 사전 통지 및 고지의 연원은 어떠한 것인지 보통법 (common law)과 이를 발전시킨 미국법상 판례 등의 문헌도 살펴볼 필요가 있다고 본다.

가. 일본 형사소송법상 "참여"의 의의와 그 예외의 인정

일본『형사소송법』 제113조 제2항은 "압수장 또는 수색장의 집행을 하는 자는 미리 집행의 일시 및 장소를 전항의 규정에 의하여 입회할 수 있는 자에게 통지하여야 한다. 단 이들이 미리 재판소에 입회하지 아니하는 의사를 명시한 경우 및 <u>급속을 요하는 경우</u>에는 그러하지 아니하다."[14]고 규정함으로써 마치 우리

---

12) 신이철, "수사기관의 압수수색영장 집행절차와 제한 규정", 중앙법학(제11집 제2호), 중앙법학회(2009), 227-228면.

13) 권양섭, "경찰의 디지털 증거 수집 및 처리 가이드라인 제정을 위한 실태조사 연구",원광법학(제33권 제2호), 원광대학교 법학연구소, (2017), 84면.

14) 일본 형사소송법 · 규칙, 법무부 (2009.12) 47면.

『형사소송법』 제122조와 유사한 내용을 규정한 것으로 보이나 일본『형사소송법』 제127조 규정에 의하여 법원의 압수 · 수색 절차에 규정된 제113조 규정을 수사절차에는 준용하고 있지 않아 수사기관의 수사절차에서 이루어지는 압수 · 수색에서 당사자 등에 대한 사전 통지의 필요성은 부인되고 있다. 따라서 대상판례에서와 같은 문제는 일본『형사소송법』 규정에 따라서 일본에서는 발생할 수 없으리라 본다. 다만 당사자 등이 아닌 간수자 등에 대해서는 일본『형사소송법』 제114조와 제127조 그리고 제222조에 의하여 급속을 요하는 경우에는 통지 없이 주거주, 간수자 또는 이들을 갈음할 사람의 입회 없이 영장을 집행하도록 하고 있고, 동법 제222조 제6항에 의하여 "검찰관 · 검찰사무관 또는 사법경찰직원은 제218조의 규정에 의하여 압수 · 수색 또는 검증을 함에 있어 필요한 때에는 피의자를 이에 입회하도록 할 수 있"[15]으므로 비록 영장 집행 단계에서 당사자 등에 대한 사전 통지는 불필요하다고는 하나 영장 집행 과정에서 피의자의 참여 여부를 수사기관의 판단에 맡기고 있다.[16]

나. 보통법 및 미국법상 "참여"의 의의와 그 예외의 인정[17]

영장 집행시 당사자 등의 참여를 확보하기 위해서는 당사자 등에 대한 영장 집행 사실에 대한 사전 통지 내지 고지가 당연히 선결되어야 한다. 보통법상 압수 · 수색영장 집행시 사전 통지 내지 고지(notice) 의무를 수사기관에게 부과한 가장 오래된 판례는 1603년 영국 판례인 *Semayne* 사건[18]이다. 동 사건에서 영국 법원은 "보안관은 피의자 등의 가옥에 영장 집행을 위해 들어가려 할 경우 문이 폐쇄되어 있는 경우 이를 부수고 들어갈 수 있으나 부수기 전에 들어가려고

---

15) 일본 형사소송법 · 규칙, 법무부 (2009.12) 47면.

16) 조대호, "각국의 디지털증거 압수절차 및 증거활용에 관한 연구 -관련성 있는 정보의 선별 범위 및 당사자 참여권의 인정 범위를 중심으로 -", 국외훈련검사 연구논문집(I) 제32집, 798~799면 (2017).

17) 엄밀하게 이야기하여 미국에서의 영장 집행시의 당사자 등에 대한 고지 및 "참여"의 시작점은 우리『형사소송법』 및 일본『형사소송법』상 규정되어 있는 당사자 등에 대한 사전 통지의 경우와 같이 집행 이전의 시점에서부터 출발하는 것이 아니라 영장을 피압수 · 수색대상자에게"제시"함으로부터 출발한다고 볼 수 있다.

18) 5 Coke 91, 77 Eng.Rep. 194 (K.B. 1603).

하는 이유를 명시하고 문을 열어줄 것을 사전에 요청하여야 한다."고 판시한 바 있다.

미국법의 경우 1813년 *Bell v. Clapp*[19] 사건에서 주법원이 수사기관의 압수·수색영장 집행시 당사자 등에 대한 고지의무의 필요성을 인정한 이후 많은 주에서 영장 집행시 수사기관의 적정한 고지(due notice) 의무를 법제화하였고,[20] 고지 의무를 정형화한 이른바 사전 고지의 원칙(knock & announce rule)[21]과 이에 대한 예외가 보통법상 근거하고 있다는 것을 명확히 하였으며,[22] 역사적으로 사전 고지의 원칙은 영장 집행 장소가 주거지나 주택에 부속한 토지(curtilage)일 경우 적용되는 것으로 여겨져 왔다.[23] 한편 미 연방 대법원은 *Wilson v. Arkansas*[24] 사건에서 대법관 전원일치의 의견으로 "보통법상 근거를 갖고 있는 사전 고지의 원칙은 미 연방 수정헌법 제4조에서 규정하고 있는 불합리한 수색과 압수의 금지 원칙이 근거하고 있는 합리성의 요구(the reasonableness inquiry)에 그 근거를 두고 있다"고 판시함으로서 사전 고지의 원칙이 헌법상 원칙임을 명확히 한 바 있다. 또한 사전 고지의 원칙의 예외와 관련하여 미 연방 형사소송규칙 (the Federal Rules of Criminal Procedure)에는 아무런 규정이 없는데,[25] 다만 전술한 *Wilson*[26] 사건에서 동 법원이 영장 집행

---

19) 10 Johns.R.263 (N.Y. Sup. Ct.1813).

20) Blakey, T*he Rule of Announcement and Unlawful Entry : Miller v. United States and Ker v. California*, 112 U. PA. L. REV. 499, 508-516 (1964).

21) 이는 전통적으로 압수·수색영장의 집행이 피압수·수색대상자의 주거 등에 직접 들어감으로 시작되므로 주거에 대한 노크 및 고지가 집행에 선행되어야 한다는 원칙을 설명한 것이다. 따라서 'knock & announce rule'을 '노크 및 고지 원칙'이라고 직역하는 것이 적정하나 졸고에서 필자는 이를 '사전 고지 원칙'이라고 의역하여 사용하고자 한다.

22) 비록 체포 영장 집행에 관하여 판시한 사건이나 이에 대한 선도적인 판례로는 People v. Maddox (46 Cal. 2D 301, 294 p. 2d 6 (1956)) 판례가 있다(Wayne R. LaFave, S*earch & Seizure – A Treatise on the Fourth Amendment* – , West's Criminal Practice Series (4th ed.) (2004), 4면에서 재인용).

23) Penton v. Brown, 1 Keble 699, 83 Eng. Rep. 1193 (K.B. 1664); Haggerty v. Wilbur, 16 John.R. 287 (N.Y. Sup. Ct. 1819) (LaFave, 주 24)의 글, 669면) 참조).

24) 514 U.S. 927, 115 S. Ct. 1914, 131 L. Ed.2d 976 (1995).

25) https://www.fletc.gov/sites/default/files/imported_files/training/programs/legal-division/downloads-articles-and-faqs/research-by-subject/4th-amendment/knockandannounce.pdf (최종방문일 2019. 1. 25).

26) 514 U.S. 927, 115 S. Ct. 1914, 131 L. Ed.2d 976 (1995).

시 증거 인멸(destruction of evidence)의 우려를 이유로 사전 고지를 하지 않을 가능성이 있음을 지적하는 등 사전 고지의 원칙의 예외 인정 가능성을 열어둔 바 있다.

결국 미국법상 판례에 의하여 인정되는 압수·수색영장 집행시 당사자 등의 참여를 확보하기 위한 사전 고지 원칙의 예외 중 가장 중요한 것은 증거 인멸의 우려이다. 다만, 수사기관의 증거 인멸 우려의 주장을 인용하기 위한 기준에 대하여 종래 하급심 법원이 다소 엇갈린 판결을 내리던 중, 미 연방 대법원은 *Richards v. Wisconsin*[27] 사건에서 "마약 수사 사건과 같이 영장을 집행하는 수사관 등에 대한 치명적인 상해 위험이 현존하거나 증거 인멸의 가능성이 현저할 것이라는 수사기관의 합리적인 의심이 필요"하다고 판시함으로서 사전 고지의 원칙에 대한 예외로서의 일반원칙(the blanket rule)을 천명하였다.

이와 같이 증거 인멸의 우려를 이유로 하여 영장 집행시 당사자 등에게 사전 고지의 예외를 인정하는 경우 이외에 미국법은 이른바 "비밀 입장(surreptitious entry)"이나 "정탐과 잠입(sneak and peek)" 영장을 발부할 수 있도록 하고 있다. 전술한대로 미 연방 수정헌법 제4조는 이른바 사전 고지의 원칙의 헌법적 근거를 제공하고 있으나 동조 규정이나 연방 형사절차규칙 제41조는 영장 집행 전 사전 고지의 방법이라 할 수 있는 당사자 등이나 간수자 등에 대한 영장 제시를 반드시 요구하는 규정을 두고 있지 않다.[28] 게다가 미국 연방형사절차규칙 제3103a조는 법원은 영장 집행 사실을 고지하는 것이 동 규칙 제2705조에서 규정하고 있는 ① 사인의 생명 신체의 안전을 위협할 가능성이 있거나, ② 기소 회피를 위한 도주의 우려를 배가하거나, ③ 증거를 조작하거나, ④ 증인을 위협하거나, 또는 ⑤ 기타 수사를 심각하게 방해할 위험이 있는 경우 중 하나에 해당한다고 신뢰할 만한 합리적 이유(reasonable cause)가 있는 경우 통지를 지연할 것을 명령할 수 있다고 규정하고 있다. 동조 규정은 영장 집행 후 30일 이내에 합리

27) 520 U.S. 385, 117 S. Ct. 1416, 137 L.Ed 615 (1997).

28) United States v. Grubbs, 547 U.S. 90, 98-99 (2006), Department of Justice, *Searching & Seizing Computers & Obtaining Electronic Evidence in Criminal Investigations - Computer Crime & Intellectual Property Section Criminal Division*, 83면 (2009) 참조.

적인 기간 내에 영장 집행을 고지하거나 또는 필요할 경우 영장 집행 후 30일 이후라도 적법한 집행의 고지를 할 수 있도록 하고 있으며 동조 (b)(3)항[29]은 재연장의 정당한 사유만 있다면 영장 집행 후 90일 이후에도 적법한 영장 집행의 고지가 가능하도록 하고 있다. 따라서 증거 인멸의 위험이 있을 경우 영장 집행 사실에 대한 고지 내지 통보는 불필요한 것으로 새길 수 있다.

이와 같이 미국법상 영장 집행에 대한 당사자 등의 참여는 집행 사실에 대한 고지만을 의미한다고 볼 수 있으며, 미국법상으로는 우리 『형사소송법』과 판례에 의하여 인정되는 디지털 증거에 있어 당사자 등의 광범위한 참여는 인정되지 않는다고 보아야 하는데 이러한 차이의 근본적인 이유는 미국의 경우 일반 유체물이나 디지털 증거물의 경우이든지 불문하고 영장 집행 당사자인 수사기관의 영장 집행시 수사기관의 재량권 행사를 상당부분 인정하고 있기 때문이다. 비록 미국법 역시 디지털 증거 압수 · 수색의 경우에는 일반 유체물에 대한 그것과는 달리 카피나 이미징(imaging)과 같은 압수 · 수색 장소에서부터 정보를 복사하는 과정과 이에 대한 포렌직 분석이 반드시 동반될 수밖에 없으므로 이는 압수 · 수색 자체가 두 단계로 이루어져 있다는 점을 인정하고 있고,[30] 따라서 컴퓨터 포렌직 작업 역시 압수 · 수색영장 집행 과정의 일부로 보아야 하며,[31] 디지털 증거의 압수 · 수색이라는 것이 다른 유체물 증거의 압수 · 수색 과정보다 그 정도에 있어 범죄 혐의와 무관한 정보가 혼재된 증거물을 압수하여 컴퓨터 포렌직을 통해 수색의 절차를 밟게 되는 것이므로 혼재된 증거물을 수색할 경우 수사기관은 프라이버시의 침해를 최소화하는 방식을 통해서 해야 한다는 *Anderson v. Maryland*[32] 사건 및 영장 기재 사실과 별개의 사실이 혼재된 증거물을 압수할

---

29) 18 U.S.C. § 3103a(b)(3).

30) Department of Justice, 주 30)의 글, 86면. 한편, Kerr 교수는 종래 범죄 혐의에 관한 증거를 수색하여 압수하는 하나의 단계가 디지털 증거의 압수 · 수색에도 적용되는 법리를 비판하고 디지털 증거 수집을 위한 영장 집행 과정은 증거를 수색 및 압수하여 범죄 혐의와 관련된 증거를 찾아내는 두 단계로 이루어져야 함을 전제한다고 주장한 바 있다(Orin S. Kerr, *Search Warrants in an Era of Digital Evidence*, 75 MISSISSIPPI LAW JOURNAL, 85, 87 (2005).

31) United States v. Syphers, 426 F. 3D 461, 468 (1st Cir. 2005)(동 사건에서 법원은 컴퓨터를 압수하는 것을 "수색"이라 표현하고 있으며), United States v. Mutschelknaus, 564 F. Supp. 2d 1072, 1076 (D.N.D. 2008)(동 사건에서 법원은 컴퓨터 포렌직 절차를 "사후수색"이라 칭하고 있다)(Department of Justice, 주 28)의 글, 86면).

경우 "속독(brief perusal)"을 통하여 개별 문서의 수색이 진행되어야 하나 영장의 범위를 넘어설 경우 수색을 중단해야 한다는 *United States v. Heldt,*[33] 사건의 판결내용에 근거하여 수색의 내용이 영장의 범위를 넘어서는 것이 명백한 경우 영장 집행을 중단하여야 하며, 영장 집행시 범죄를 입증할만한 증거를 우연히 발견한 경우 이의 증거능력을 인정할 수 있다는 이른바 플래인뷰(plain view) 예외에 따라 비록 영장 범위를 벗어나는 증거이기는 하나 속독 과정에서 해당 증거가 피압수 · 수색대상자 등의 유죄를 입증할 수 있는 증거임이 명백한 경우 이를 압수할 것을 허용하고 있다.

3.『형사소송법』 제122조 후단의 "급속을 요하는 때"의 의의

대상판례에서 수사기관은 수사의 효율성을 기하기 위하여 이른바 팩스영장[34]을 기관에 모사전송하는 통상적인 수사 관행에 따라 사건의 당사자인 피의자에게 영장 집행을 사전에 통지하지도 않고, 당사자가 영장의 집행과정에 참여하는 것도 보장하지 않은 것[35]으로 보인다. 엄밀하게 따져 이와 같은 수사기관이 주식회사 카카오톡에 팩스영장을 모사전송한 것은 영장의 집행에도 해당하지 않는 것으로 보아야 한다.

한편 원심법원이 기술한대로 대법원은『형사소송법』 제122조 후단의 "급속을 요하는 때"를 "압수 · 수색영장 집행 사실을 미리 알려주면 증거물을 은닉할 염려 등이 있어 압수 · 수색의 실효를 거두기 어려울 경우"[36]라고 해석하고 있고 이는 헌법재판소의 입장[37]과도 일치한다. 하지만 전술한대로 대상판례에서 원심법원은 "급속을 요하는 때"에 대한 위와 같은 해석과 함께 "증거은닉의 우려"와 관련하여 "이 사건 압수 · 수색 집행의 대상은 주식회사 카카오톡이 서버에 보관

32) 427 U.S. 463 (1976).
33) 668 F.2d 1238, 1267 (D.C. Cir. 1982).
34) 김혁, 주 11)의 글.
35) 김혁, 주 11)의 글, 93면.
36) 대법원 2012. 10. 11, 2012도7455.
37) 헌법재판소 2012. 12. 27, 2011헌바225.

하고 있는 대화내용과 계정 정보 등으로서, 피의자인 준항고인이나 변호인이 접근하여 관련 정보를 은닉하거나 인멸할 수 있는 성질의 것이 아니"고 "주식회사 카카오톡이 관련 정보를 5~7일 동안만 보관하고 있다고는 하나, 이 사건 압수·수색은 영장이 발부된 2014. 5. 24.로부터 이틀이 지난 2014. 5. 26.에야 실시되었으므로 실제로 이 사건 압수·수색이 검사의 주장과 같이 전격적으로 급박하게 이루어진 것도 아니다."라고 판시하였다. 필자는 후술하는대로 이와 같은 원심법원의 판단은 대상판례의 사실관계를 잘못 판단하였을 뿐만 아니라 "급속을 요하는 경우"에 대한 대법원과 헌법재판소의 입장과 다소 배치되는 것이라 생각한다.

가. 대상판례에서 당사자 등의 증거은닉의 염려가 본질적으로 없다고 할 수 있는가?

대상판례에서 원심법원은 압수·수색 집행의 대상을 제3자인 주식회사 카카오톡 측이 서버에 저장하고 있었고, 당사자 등이 주식회사 카카오톡 측의 서버에 접근하여 직접 관련 정보를 은닉하거나 인멸할 수 없었기에, 이 경우는 증거은닉 또는 증거인멸의 위험이 없는 것이었다고 보고 있다.

하지만 대화내용 등의 정보는 계정을 갖고 있는 사용자가 주식회사 카카오톡 측에 요청할 경우 영구삭제가 가능하거나[38] 사용자가 사용중이던 계정에서 탈퇴할 경우 주식회사 카카오톡의 서버에 저장되는 기간 이후에는 즉시 삭제[39] 되므로 비록 당사자 등이 직접 관련 정보를 은닉하거나 인멸할 수는 없다 하더라도 증거은닉 또는 증거인멸의 위험이 없는 것이었다고 볼 수는 없다. 따라서 적어도 피의자 등 당사자가 영장 집행에 대한 사전 고지를 받을 경우 사용중이던 카카오톡 계정에서 탈퇴하려는 시도는 했을 수 있다고 보는 것이 합리적이기에

38) 2011년 5월 경남의 모 대학교수 부인 살해사건과 관련하여 범인으로 기소된 남편인 강모 교수가 내연녀와의 카카오톡 대화를 카카오톡 본사 측에 직접 찾아가 삭제를 요청하였고 삭제되었다는 보도가 나온 바 있다[http://news.mt.co.kr/mtview.php?no=2011052513211655956&type=1&STOCK_TOP (최종방문일 2019. 1. 25.)].

39) 이와 관련된 부분은 2018. 5. 21. 카카오톡 측에 직접 문의하여 답변을 받은 것이나, 내부 정책과 관련된 것이었다는 이유로 동일한 내용의 서면으로 통지받지는 못하였다.

영장 집행 사실의 사전 고지시 증거 은닉이나 인멸의 시도는 있을 수 있고 따라서 원심법원이 판단한대로 대상판례에서 당사자 등의 증거은닉의 염려가 본질적으로 없다고 보기는 어렵다고 보는 것이 적정하다고 생각한다.

나. 대상판례에서 원심법원은 "급속을 요하는 경우"를 어떻게 해석하고 있는가?

영장이 발부된 시점인 2014. 5. 24. 영장에 적시한 "압수할 물건"은 "2014. 5. 12.부터 2014. 5. 21.까지 준항고인과 대화한 카카오톡 사용자들과 주고받은 대화내용 및 사진 정보, 동영상 정보 일체"에 해당하는 것이었고, 2014년 당시 주식회사 카카오톡 측이 대화내용 등을 서버에 저장하는 기한은 평균 5~7일이었다.[40] 따라서 엄격하게 보아 당시 주식회사 카카오톡 측이 5일 동안만 대화내용 등을 서버에 저장하였다면 영장 발부 시점인 2014. 5. 24.에는 이미 2014. 5. 19. 이전의 대화내용 등은 서버에 저장되어 있지 않을 수 있었다고 보이고, 서버 저장 최대 기한인 7일을 적용한다 하더라도 영장 발부 시점에 확보 가능한 대화내용 등은 2014. 5. 17. 이후의 것이었으리라 추정할 수 있다. 실제로 대상판례에서 검찰이 확보한 대화내용 등이 영장에 적시된 2015. 5. 12.부터 2014. 5. 21.까지의 압수할 물건 모두에 해당된 것이었는지는 해당자료를 직접 볼 수 없었던 관계로 알 수 없으나 주식회사 카카오톡 측이 주장한 정보의 서버저장 기일을 그대로 받아들인다면 영장 발부 즉시 수사기관이 이를 집행하였다 하더라도 검찰이 확보하고자 한 모든 증거를 확보하는 것은 사실상 불가능했으리라 생각된다. 그러한 점에서 원심법원이 판시한 내용인 검사가 영장발부 즉시 이를 집행한 것이 아니므로 "급속을 요한 집행"이었다는 검사의 주장이 타당하지 않다고 보는 것은 일면 수긍할 점이 있다고 본다. 그리고 원심법원의 이러한 판시내용은 "급속"이라는 개념 자체가 지극히 시간적인 것이라는 지극히 상식적인 해석으로, 그리고 주식회사 카카오톡의 대화 저장 일수가 5~7일에 불과하여 집행 사실의 통지 없이 영장을 집행하였다는 검찰의 시간적 촉박함 내지 긴급성에 대한 주장

---

40) 이 역시 당시 언론보도 등을 통하여 확인한 것이기는 하나 반드시 정확한 것이라고 볼 수는 없다.

에 대하여 이를 반박할 수 있는 답변으로는 유의미하나 전술한대로 "급속을 요하는 때"에 대한 종래 대법원의 입장 내지 해석이 시간적 촉박함 내지 긴급성 보다는 증거 인멸의 우려에 더 초점을 맞추고 있다고 보면 원심법원의 해석은 다소 결을 달리 하는 것으로 판단된다. 물론 위 (1)에서 언급한대로 대상판례의 경우 증거은닉 내지 증거인멸의 염려가 없는 것으로 원심법원이 판단했기에 "급속을 요하는 때"를 시간적 촉박함 내지 긴급성에 대한 것으로 파악했을 수도 있다. 하지만 전술한대로 "급속"이라는 개념을 반드시 시간적인 것으로 파악할 수는 없다고 본다.

그렇다고 해서 종래 대법원의 입장대로 "급속을 요하는 때"를 증거 인멸이 우려되는 때로 해석하는 것 역시 반드시 항상 옳은 것이라고 볼 수도 없다. 왜냐하면 종래 대법원의 입장대로 해석할 경우 영장이 발부된 대부분의 경우가 증거 인멸이 우려되는 때로 볼 수 있어 『형사소송법』 제122조 후단의 예외 규정이 남용될 수 있는 소지가 있기 때문이다.

4. 제3자에 대한 영장 집행과 당사자에 대한 영장 집행의 사전 통지

대상판례에서 수사기관에 의하여 이른바 팩스영장을 모사전송받은 주식회사 카카오톡은 『형사소송법』상 어떠한 지위를 갖고 있다고 볼 수 있는가? 전술한대로 대상판례에서 수사기관은 주식회사 카카오톡에게 영장을 적법하게 제시하지 아니하였으나 영장을 적법하게 제시하였다면 동법 제118조에서 규정한 압수 · 수색영장을 처분 받는 자에 해당한다는 점, 제121조 및 제122조의 당사자 등에는 해당하지 않으나 제123조 제2항에서 규정하고 있는 주거주 · 간수자 또는 이에 준하는 자에 해당한다는 점은 명백해 보인다. 결국 피압수 · 수색 대상물을 서버에 저장하고 있던 주식회사 카카오톡은 카카오톡이라는 인스턴트 메신저 서비스를 제공하므로 『정보통신망 이용촉진 및 정보보호 등에 관한 법률』 제2조 제3호의 "정보통신서비스 제공자"에 해당하는 것으로 보인다. 문제는 대상판례에서 당사자인 준항고인에 대한 영장 집행에 대한 사전 통지 없이 주식회사 카카오톡 측에 대한 통지를 하는 것이 과연 조문 해석상 적법한 것이라 할 수 있는가라는 점인데, 대상판례의 경우 원심법원이 판단한 것과는 달리 이는 "급속을 요하는 경우"에 해당한다고 보아야 하므로 당사자 등에 영장 집행 사실을 사전 통지할 필요는 없어 보이고, 실무상 많은 경우 이와 같은 예외에 해당한다고 보아 당사자 등에 대한 사전 통지 없이 영장 집행이 이루어지는 경우가 많다. 다만 여기에서 문제되는 것은 대상판례와 같이 제3자가 소유 또는 소지하고 있는 유·무체물에 대한 압수·수색영장 집행시 『형사소송법』 제122조 규정에 의하여 동조 후단의 예외에 해당하지 않는 한 당사자 등에 집행을 사전 통지해야 하는 것인가이다. 이에 대하여 "피의자가 압수·수색대상 물건의 소유자 등이거나 피의자의 주거지, 사무실 등을 압수·수색하는 경우가 아니라 제3자가 소유 또는 점유하는 물건, 제3의 장소를 압수·수색하는 경우 『형사소송법』 제121조, 제122조, 제219조를 그대로 적용하여 사건관계인으로서 피의자를 계속하여 그 절차에 참여하게 한다면, 피의자가 수사과정을 감시할 있도록 하는 결과가 되어 수사 보안이 지켜지기 어려운바 … 적절하지 않다"[41]는 주장이 있으나 애초에 영장 집행 과정에 피의자 등과 같은 사건관계인[42]을 참여시키게 될 경우 수사 보안 등의 문제가 발생할 수 있음은 당연히 생각할 수 있는 것이고, 저장매체에 있는 디지털 증거를 압수·수색장소에서 이미징 등의 방법으로 복제하고 추후 이를 재복제하는 과정에까지 당사자 등의 참여를 인정하고 있는 현재 대법원 판례[43]의 입장에서 『형사소송법』 제122조 후단의 예외가 적용될 수 없어 피의자가 압수·수색의 집행 과정에 직접 참여하는 것을 허용하는 것이 적절하지 않다는 주장은 법리해석상 수긍하기 어렵다.

한편 카카오톡 대화와 같은 경우 일반 압수수색영장에 의하여 수집할 경우 사용자에게 집행 사실을 통지할 법적 이유가 없으나 "송수신이 완료된 전기통신의 경우"로 보아야 하므로 『통신비밀보호법』 제9조의3에 의하여 "검사 또는 사법경찰관은 송수신이 완료된 전기통신에 대하여 압수·수색·검증을 집행한 경우

---

41) 이순옥, "디지털 증거의 압수수색절차에 관한 판례 연구 - 대법원 2015. 7. 16.자 2011모1839 전원합의체 결정을 중심으로 -", 중앙법학(제19집 제2호), 중앙법학회 (2017), 130~131면.

42) 졸고에서 필자가 "당사자 등"으로 표시한 것을 이순옥 교수는 본인의 논문에서 "사건관계인"으로 지칭하였기에 여기에서 그대로 쓰고자 한다.

43) 대법원 2015. 7. 16, 2011모1839.

그 사건에 대하여 공소를 제기하거나 공소의 제기 또는 입건을 하지 아니하는 처분(기소중지결정을 제외한다)을 한 때에는 그 처분을 한 날부터 30일 이내에 수사대상이 된 가입자에게 압수 · 수색 · 검증을 집행한 사실을 서면으로 통지"[44]하면 된다는 견해도 있는데, 카카오톡 대화의 특성을 참조할 때 분명히 새겨야 할 견해로 본다.

5. 인스턴트 메신저 서비스 제공자의 서버에 있는 정보의 특성

주지하다시피 대상판례에서 "압수할 물건"은 피의자의 카카오톡 대화내용 등이다. 이와 같은 대화내용 등은 서비스를 제공하는 제공자의 서버에도 저장되나 기본적으로 이러한 인스턴트 메신저 서비스 기능을 사용하는 사용자의 기기에도 저장되게 된다. 따라서 본질적으로 정보 서비스 제공자의 서버에 저장되어 있는 정보나 개별 사용자의 사용기기에 저장되어 있는 정보는 그 질과 양적인 면에서 결코 큰 차이가 없거나 대상판례에서와 같이 "압수할 물건"에 준항고인과의 대화 상대방의 "카카오톡 아이디의 계정정보" 등을 포함시킨 것과 같이 영장에 기재된 범위에 따라 정보서비스 사용자의 프라이버시 침해의 소지는 오히려 훨씬 더 확대될 수 있는 소지가 있기에, 일반 디지털 증거를 수집하는 과정과 비교하여 차이를 둘 필요성은 현저히 감소된다고 할 것이다. 다만 주식회사 카카오톡과 같은 정보서비스 제공자의 서버에 저장되어 있는 정보는 회사의 정책에 따라 저장되는 기간이 5~7일로 극히 제한적이라는 점에 비추어 영장의 신속한 집행은 필수적이며 주지한대로 카카오톡 대화 등에 대한 영장 집행시 일반 디지털 증거 더 나아가 여타 유체물 증거에 대한 압수 · 수색영장 집행의 경우와 마찬가지로 증거 인멸의 우려가 있기에 『형사소송법』 제122조 후단의 "급속을 요하는 경우"로 보아 사전 고지의 필요성은 인정되지 않는다 하더라도 일반 디지털 증거의 압수 · 수색의 경우에 준하여 당사자 등의 참여권은 인정되어야 한다고 본다.

---

44) 이원상, 주 8)의 글, 73면.

III. 결론

수사기관의 압수·수색영장의 집행에 있어 당사자 등의 참여권을 보장하게 되면 수사기밀의 노출 가능성이나 수사의 효율성 측면에서 많은 어려움이 노정될 수 있는 것은 주지의 사실이다.[45] 그럼에도 불구하고 특히 디지털 증거의 경우 대법원 판례를 통하여 당사자 등의 참여권을 보다 철저하게 보장하고 있는 이유중 가장 중요한 것은 디지털 증거가 갖고 있는 정보의 대량성으로 인하여 영장에 기재되어 있는 범죄 혐의와 무관한 정보가 수사기관에 의해 수집될 가능성이 일반 유체물 증거의 경우보다 훨씬 높기 때문이다. 디지털 정보는 마치 용기에 담긴 물과 같이 저장매체의 종류에 따라 여러 형태로 존재할 수 있는데, 정보서비스 제공자가 제공하는 인스턴트 메시지 기능을 이용한 대화내용 등의 정보는 그 본질적인 점에서 그리고 저장되어 있는 방식에 비추어 일반 디지털 증거와 비교하여 다르다고 볼 수 없음은 분명한 사실이므로 그러한 대화내용 등의 정보가 정보서비스 제공자의 서버에 저장되어 있든, 인스턴트 메시지 기능을 사용하는 사용자의 개인 휴대 전화나 컴퓨터에 저장되어 있든지 저장 매체가 어떤 것이든지 상관없이 이는 동일한 디지털 증거로서 수집과정에서부터 동일하게 취급되어야 한다. 그럼에도 불구하고 대화내용 등의 정보가 정보서비스 제공자의 서버에 저장되어 있을 경우 당사자 등은 압수·수색영장 집행에 대한 사전 통지를 받지 못할 뿐만 아니라 집행절차에 참여할 수 없도록 하는 것은 비록 실무상 현실적이고 용이한 방법일 수는 있으나 결코 적법한 것이라고 보기는 어렵다.

따라서 해당 정보가 당사자 등의 휴대 전화나 컴퓨터에 저장되어 있을 경우 우리 『형사소송법』 규정에 근거하여 법원이 발전시킨 정교한 참여권 규정을 적용하는 반면에 동일하거나 오히려 훨씬 더 대량의 정보가 제3자인 정보서비스 제공자의 서버에 저장되어 있을 경우에 수사기관은 종래 영장 집행 자체를 제대로 하지 않고 사실상 임의 제출에 의존하여 정보를 수집하거나, 증거인멸의 우려 때문에 무조건 급속을 요한다는 이유로 압수·수색의 실질적 대상자의 참여 없이

45) 권양섭, 주 13)의 글, 84면.

간수자 등 책임자에 해당하는 제3자인 서버 담당자의 참여만을 보장한 상황에서 압수·수색영장 집행을 함으로써 디지털 정보의 압수·수색에 요구되는 당사자 등의 참여권을 사실상 무시해 왔다. 이는 비록 인스턴트 메신저 서비스를 통하여 정보서비스 제공자의 서버에 저장된 정보의 경우 압수·수색에 있어 시의성이 중요한 요소이기는 하나 그렇다고 해서 일반 디지털 증거와 카카오톡과 같은 인스턴트 메신저 서비스를 통하여 저장되는 정보와의 차이를 인정할 수 있는 것도 아니다.

결국 수사기관은 영장 집행 과정에서 증거인멸의 우려가 인정되어 이의 사전 고지를 당사자 등에게 하지 않고, 제3자인 간수자의 지위에 있는 주식회사 카카오톡과 같은 정보통신 서비스 제공자에게 영장을 제시함으로써 수사기관이 압수·수색하고자 하는 정보를 확보할 수는 있다고 본다. 다만, 수사기관이 영장을 집행하여 해당 정보를 압수·수색하였다 하더라도 당사자 등의 참여를 완전히 배제하는 것은 일반 디지털 증거에 비추어 반드시 그 정당성을 인정받을 수 있는 것도 아니고, 일반 디지털 증거의 압수수색과정에 비추어 제3자인 정보서비스 제공자의 서버로부터 해당 정보를 수집하였다고 하더라도 압수·수색절차가 종료된 것이라고 볼 수도 없다. 따라서 일반 디지털 증거의 압수·수색절차와 마찬가지로 당사자의 참여를 실질적으로 보장하는 실무의 변화가 있어야 할 것으로 생각된다.

참고문헌

법원실무제요 형사[II], 법원행정처 (2014).

강구민 · 김창우 · 오경식, "압수수색영장 집행에 있어 참여권자에 관한 소고", 법학논집(제22권 제2호), 조선대학교 (2015.8).

권양섭, "경찰의 디지털 증거 수집 및 처리 가이드라인 제정을 위한 실태조사 연구",원광법학(제33권 제2호), 원광대학교 법학연구소, (2017).

김 혁, "제3자 보관 정보에 대한 압수수색 영장의 집행과 적정절차 : 서울고법 2015. 6. 25. 2014노2389 판결 (대법원 2017. 9. 7. 2015도10648판결)을 중심으로", 형사정책연구(제29권 제1호(통권 제113호)) (2018).

신이철, "수사기관의 압수수색영장 집행절차와 제한 규정", 중앙법학(제11집 제2호), 중앙법학회 (2009).

이순옥, "디지털 증거의 압수수색절차에 관한 판례 연구 – 대법원 2015. 7. 16.자 2011모1839 전원합의체 결정을 중심으로 –", 중앙법학(제19집 제2호), 중앙법학회 (2017).

이원상, "수사절차에서 통신자료 활용에 따른 쟁점 고찰", 형사소송 이론과 실무(제7권 제1호), 형사소송법학회 (2015).

조대호, "각국의 디지털증거 압수절차 및 증거활용에 관한 연구 – 관련성 있는 정보의 선별 범위 및 당사자 참여권의 인정 범위를 중심으로 –", 국외훈련검사 연구논문집(I) 제32집, 798~799면 (2017).

Department of Justice, Searching & Seizing Computers & Obtaining Electronic Evidence in Criminal Investigations - Computer Crime & Intellectual Property Section Criminal Division, (2009).

Orin S. Kerr, Search Warrants in an Era of Digital Evidence, 75 MISSISSIPPI LAW JOURNAL 85, (2005).

Wayne R. LaFave, Search & Seizure - A Treatise on the Fourth Amendment - , West's Criminal Practice Series (4th ed.) (2004).

[국문초록]

형사소송법상 규정되어 있는 수사기관의 압수 · 수색영장의 집행에 있어 당사자 등의 참여권을 보장하게 되면 수사기밀의 노출 가능성이나 수사의 효율성 측면에서 많은 어려움이 노정될 수 있는 것은 주지의 사실에도 불구하고 특히 디지털 증거의 경우 대법원 판례를 통하여 당사자 등의 참여권을 보다 철저하게 보장하고 있는 가장 중요한 것은 디지털 증거가 갖고 있는 정보의 대량성으로 인하여 영장에 기재되어 있는 범죄 혐의와 무관한 정보가 수사기관에 의해 수집될 가능성이 일반 유체물 증거의 경우보다 훨씬 높기 때문이다. 디지털 정보는 마치 용기에 담긴 물과 같아서 저장매체의 종류에 따라 여러 형태로 존재할 수 있는데, 정보서비스 제공자가 제공하는 인스턴트 메시지 기능을 이용한 대화내용 등의 정보는 그 본질적인 점에서 그리고 저장되어 있는 방식에 비추어 일반 디지털 증거와 비교하여 다르다고 볼 수 없음은 분명한 사실이므로 그러한 대화내용 등의 정보가 정보서비스 제공자의 서버에 저장되어 있든, 인스턴트 메시지 기능을 사용하는 사용자의 개인 휴대 전화나 컴퓨터에 저장되어 있든지 저장 매체가 어떤 것이든지 상관없이 이는 동일한 디지털 증거로서 수집과정에서부터 다르게 취급될 이유가 없다. 그럼에도 불구하고 대화내용 등의 정보가 정보서비스 제공자의 서버에 저장되어 있을 경우 당사자 등은 압수 · 수색영장 집행에 대한 사전 통지를 받지 못할 뿐만 아니라 집행절차에 참여할 수 없도록 하는 것은 비록 실무상 현실적이고 용이한 방법일 수는 있으나 결코 적법한 것이라고 보기는 어렵다.

주제어 : 디지털 증거, 참여권, 사전 고지, 압수 · 수색, 증거인멸

[Abstract]

Right to Participate Search & Seizure Process of Digital Evidence

Park, Yong Chul
(Professor, Sogang University Law School)

In terms of digital evidence, the right to participate in the process of search & seizure is deemed to be more important than any other kinds of evidence due to the vastitude of digital evidence in small devices. People who have direct interests in the evidence of investigative agencies's crime charges such as suspects would be willing to participate in the Process and the Right to participate starts with notifying the suspects of the attempt of search & seizure.

In a case pending at Supreme Court, a prosecutor decided not to notify the suspects because it seemed to be sufficient once he notified the server company. The major reason of not notifying the suspect was based on the exceptional clause quoting urgency. Then what should be the definition of practical reality of urgency that investigative agencies would be able to use in order to get around the demand of notifying suspects of search & seizure?

This article tries to analyze a pending Supreme Court case regarding the questions on the Right to Participate search & seizure process of digital evidence. There could not be any ideal answer to that, however the writer attempts to go into innovative answer which might lead the court opinion globally.

keywords : Digital Evidence, Right to Participate, Prior Notice, Search & Seizure, Destruction of Evidence

배달 조건부 수색·압수·검증 영장의 가능성 검토*

– 심 희 기**–

목 차

* 이 논문은 형사실무연구회에서 발표한 논문을 토대로 수정·가필하여 비교형사법연구에 '배달 조건부 수색·압수·검증 영장의 도입 제안'이라는 제목으로 투고하여 비교형사법연구 제20권 제4호(2019. 1. 31.)에 먼저 게재되었다. 게재된 후 논문을 다시 읽어 보니 매우 의미 있는 지정토론 부분이 논문에 반영되지 않은 결함이 발견되었다. 또 다소간 부연하고 싶은 부분이 있어 위와 같이 제목을 소폭 변경하고 약간의 수정·증보를 더하여 다시 투고한다. 정정원 박사님(한양대학교 법학연구소 연구원)과 조원경 재판연구관님의 지정 토론이 이 논문을 구상하고 완성하는데 큰 도움이 되었다. 이 자리를 빌어 감사의 뜻을 전하고 싶다.

** 연세대학교 법학전문대학원 교수

I. 문제의 제기

'한국은 마약 청정국'이라는 명제는 더 이상 사실이 아니다. "대검찰청이 발표한 '2017 마약류 백서'에 따르면, 처벌받은 마약류 사범은 2012년 9255명, 2013년 9764명, 2014년 9984명, 2015년 1만1916명, 2016년 1만4214명으로 꾸준히 증가해 왔다. 통상적으로 국민 10만 명당 마약류 사범이 20명 미만이면 '마약 청정국가'로 인정한다. 한국은 이미 인구 10만 명당 마약류 사범이 약 30명이다."[1)]

이런 조류 속에서 필로폰등 금제품(contraband)이 해외에서 국내로 밀수입되는 사례가 늘어나고 있다. 필로폰이나 아동포르노물등의 금제품이 국내에서 다른 지역으로 택배를 통하여 전달되는 사례도 있을 것이다. 금제품이 해외에서 국내로 밀수입되는 사례와 관련된 대법원판결만 하더라도 여러 건이다. 이와 관련된 대법원 판례요지는 다음과 같은 두 가지 점으로 요약할 수 있다.

하나는 "관세법의 목적에 비추어 보면, 우편물 통관검사절차에서 이루어지는 우편물의 개봉, 시료채취, 성분분석 등의 검사는 수출입물품에 대한 적정한 통관 등을 목적으로 한 행정조사의 성격을 가지는 것으로서 수사기관의 강제처분이라고 할 수 없"으므로, 세관당국이 수색영장 없이 우편물의 개봉, 시료채취, 성분분석 등의 검사를 진행하였다 하더라도 "특별한 사정이 없는 한 위법하다고 볼 수 없"고, "이 우편물에 대한 통제배달의 과정에서 '수사관이 사실상 해당 우편물에 대한 점유를 확보'하고 있더라도 이는 수취인을 특정하기 위한 특별한 배달방법으로 봄이 상당하고 이를 해당 우편물의 수취인이 특정되지도 아니한 상태에서 강제로 점유를 취득하고자 하는 강제처분으로서의 압수라고 할 수는 없다."(대법원 2013.9.26. 선고 2013도7718 판결, 이하 '2013년 판결'로 약칭함)는 점이다. 2013년 판결에서 언급된 통제배달 기법은 'LCD(live controlled delivery) 기법'(이하 'LCD'로 약칭함)이다. 약물규제 당국이 금제품의 존재를 발견하면 이를 즉시 압수 · 폐기하는 것이 상식에 맞다. LCD는 약물규제 당국이 금

---

1) 시사저널 2018. 7. 2.자

제품의 존재를 발견하였지만 이를 즉시 압수 · 폐기하지 않고 철저한 감시체제를 가동하면서 탁송화물이 탁송자의 의도대로 탁송계약상의 경로를 밟아 진정한 수취인(밀수출입업자 · 밀거래인이나 이들의 공범)에게 배송될 때까지 은밀히 추적하는 기법이므로 법원이 수사기관의 LCD를 임의수사 방법으로 용인하는 것은 특별한 정책적 배려를 하는 셈이다. 법원이 LCD에 대하여 특별한 정책적 배려를 하는 이유는 진정한 수취인을 포착하여야 책임 있는 정책당국이 금제품의 생산 → 유통 → 소비의 전체 경로를 알아 내 좀 더 근본적인 해결책을 도모할 수 있고 더 많은 양의 금제품을 발견 · 폐기할 수 있기 때문이다.

또 하나는 "마약류 불법거래 방지에 관한 특례법 제4조 제1항에 따른 조치의 일환으로 특정한 수출입물품을 개봉하여 검사하고 그 내용물의 점유를 취득" 하는 행위는 "수출입물품에 대한 적정한 통관 등을 목적으로 조사를 하는 경우와는 달리, 범죄수사인 압수 또는 수색에 해당하여 사전 또는 사후에 영장을 받아야 한다."(대법원 2017. 7. 18. 선고 2014도8719 판결, 이하 '2017년 판결'로 약칭함)는 점이다. 2017년 판결의 대상이 된 사안에서 수사기관이 운용한 통제배달 기법은 CCD(clean controlled delivery) 기법(이하 'CCD'로 약칭함)이었다. CCD는 수사기관이 금제품을 탁송인이나 수취인 모르게 무해물질로 대체한 상태에서 금제품이 수사기관에 발각되지 않은 것처럼 가장하면서 진정 수취인에게 배송될 때까지 은밀히 추적하는 기법이다.

2017년 판결의 기초가 된 사안은 수사기관이 CCD를 활용하고자 기도한 사안인데 이 사안에서는 수사기관이 "사전 또는 사후에 영장을 청구하지 않고 그 기법을 감행하였으므로 그로 말미암아 취득한 증거는 위법수집증거로서 1차 증거는 물론이고 파생증거들도 모두 증거능력이 없는 것"으로 판단되었다.

수사기관이 LCD나 CCD를 수행하려고 할 때 공동체와 법질서는 가급적 그 정책의 수행을 도와주려는 입장에 서야 한다. 각종 금제품의 밀거래업자(trafficker, smuggler)를 단속하려는 수사기관은 다음과 같은 어려움에 직면하고 있기 때문이다.

밀거래업자는 국내 · 국제 우편탁송 · 택배를 이용하여 원격지 거래에 임하는 수가 있는데 누가 진정한 발송자이고 누가 진정한 수취인인지를 판별하기 어렵게 하려고 탁송인 · 수취인의 진정한 성명 · 주소 · 연락처(각종 전화번호)를 허무인 · 타인의 그것으로 가장할 뿐만 아니라 금제품이 유통 · 배달되는 경로의 요소 요소에 정을 모르는 무고한 시민들을 2중 · 3중으로 개입시킨다. 겉으로 드러난 탁송장 · 운송장의 발송인과 수취인이 모두 무고한 시민일 때가 많다. 따라서 수사기관은 탁송장 · 운송장에 표시된 발송인과 수취인의 인적 사항만으로는 사전에 피의자를 특정하기 어렵고, 사전에 수색 · 압수 · 검증하고자 하는 물건 · 장소를 특정하기도 어렵다. 수사실무자는 현행법상 불특정의 피의자를 상대로 하는 체포영장 · 구속영장, 수색 · 압수 · 검증 영장의 청구가 매우 어려운 것으로 인식하고 있다.[2] 그래서 각종 금제품의 밀거래업자를 단속하려는 수사기관이 사전 · 사후에 영장을 신청하여 단속에 임하는 사례가 그리 많지 않은 것 같다.

다행인 것은 금제품을 식별하는 수사기관 측의 기술이 차츰 고도화되고 있다는 점이다. 예를 들어 '어떤 물품이 금제품인 것 같다'는 의심이 상당한 수준으로 객관화(X-ray나 마약탐지견이 단서를 제공하는 경우)되면 수사기관은 그런 의심을 품었으면서도 그 물품을 바로 수색 · 압수하지 않고 탁송장 · 운송장에 적힌 경로대로 그 물품이 평화롭게 이전되도록 방치하되 그 경로를 강도 높게 감시하다가 더 큰 규모의 범죄조직 · 범죄물량이 드러나면(여기까지 진척시키려면 엄청한 예산과 자원이 투입되어야 한다.) 그 단계에서 드러난 범죄조직과 범죄물량을 적발하려는 수사기법이 통제배달(controlled delivery)이다. 유엔 회원국들은 유엔 차원의 조약을 체결하여 상호 협조 체제를 구축하였으며 이를 전담하는 유엔 차원의 국제기구도 오랜 기간 활동하고 있는데[3] 그들이 이구동성으로 체약국들에게 권고하는 수단이 통제배달이다.

2013년 판결의 대상이 된 사안에서 수사기관은 통제배달을 수단으로 더 큰 범죄조직과 범죄물량의 적발을 기도하였지만 큰 성공을 거두지는 못하였다. 2017년 판결의 대상이 된 사안에서 수사기관은 사전 · 사후 영장 발부절차를 밟지 않아 결과적으로 말단의 범죄 조차도 적발하지 못하게 된 실패사례를 기록하

2) 예상균, "마약수사에서의 통제배달기법 고찰", 법과정책연구 제15집 제2호(한국법정책학회, 2015. 6.), 682~685면.

3) 조균석, "약물범죄수사기법으로서의 통제운반", 법조 41권 1호(424호)(법조협회, 1992) 20~26면.

고 말았다. 그런데 2017년 판결에서 대법원은 '적법하게 CCD를 하려면 사전·사후 영장을 발부 받는 절차를 밟으라'는 판지를 보이고 있다. 이 판결은 사전·사후 영장 청구의 방법으로 합법적인 통제배달을 수행할 수 있는 길이 있으니 수사기관은 이를 활용할 수 있다는 암시를 하고 있기 때문에 특히 중요하다.

이 논문에서 필자는 대한민국의 수사기관이 사전 '수색·압수·검증 영장'(이하 '수색 영장'으로 약칭함)을 발부받아 적법하게 통제배달을 수행하려고 시도할 때 지방법원 판사를 설득하여 사전영장을 발부받으려면 어떤 대비를 하여야 하는가 하는 문제를 고민·검토하는 사전 정지작업으로 미국의 장래 수색 영장 경험을 일별하고 한국에서의 벤치마킹 방안을 검토해 보려고 한다. 사후 영장을 청구하는 방법은 정도(正道)가 아니고 예외에 해당하는 것이므로 이 논문에서는 사전영장을 발부받는 방안에 집중하겠다. 미국에서 금제품 단속의 가장 유효한 법적 수단은 장래 수색 영장으로 간주되어 왔다.[4]

통제배달에 관하여 가장 많은 판례법을 축적해 둔 곳은 단연 미국이다. 유엔차원의 국제기구가 체약국들에게 권고하는 수단 중의 하나가 통제배달이지만[5] 유엔기구에 그런 아이디어를 제공한 국가도 바로 미국이었다.

이미 1970년대 이전부터 미국의 여러 주(states)에서 통제배달이 수사에 활용되었고 각 주 마다 다양하고 고유한 판례들이 축적되었다.[6] 그러다가 2006년에 미국 연방대법원이 통제배달에 활용된 이른바 '장래 수색 영장(anticipatory search warrant)'의 합헌성을 선언한 판결[7]을 선고하였다. 이 판결의 내용은 우리에게 시사하는 점이 많아 Ⅱ.에서는 이 판결을 자세히 소개한다. 다음에 LCD이든 CCD이든 대한민국의 수사기관이 사전 수색 영장을 발부받아 통제배달

---

4) Andrew M. Belt, "Comments: Anticipatory Search Warrants: State and Federal Applications and Their Future in Maryland", U*niversity of Baltimore Law Review* Volume 28 Issue 2 Spring, 1999, p.337.

5) 이경렬, "국제조직범죄에 대한 통제배달기법의 활용: 특히 국제마약사범을 중심으로", 형사정책연구 제57권 제1호(형사정책연구원, 2004), 245∽270면.

6) James A. Adams, "ANTICIPATORY SEARCH WARRANTS: CONSTITUTIONALITY, REQUIREMENTS, AND SCOPE", *Kentucky Law Journal* Summer, 1990/1991, p.681 이하 참조.; Gerald S. Reamey, "THE PROMISE OF THINGS TO COME: ANTICIPATORY WARRANTS IN TEXAS", *BAYLOR LAW REVIEW* Vol. 65:2(2013), p. 474면 이하 참조.

7) UNITED STATES v. GRUBBS(Decided March 21, 2006)

을 적법하게 활용하려고 할 때 가장 먼저 부딪히는 문제는 피의자를 어떻게 특정할 것인가 하는 문제이다. 따라서 Ⅲ.에서는 이 문제에 힌트를 줄 수 있을 만한 미국 판결(2008년의 일리노이 주 항소법원 판결)을 발굴하여 자세히 소개하겠다. Ⅳ.에서는 미국의 장래 수색 영장 판례와 관련실무를 벤치마킹하여 한국에서의 '배달 조건부 수색 · 압수 · 검증 영장[8]의 도입가능성'을 타진해 보겠다.

II. 2006년 미국 사안과 미국 연방 대법원 판결

1. 장래 수색 영장과 촉발조건

먼저 우리에게 생소한 '장래 수색 영장(anticipatory search warrant)'과 '촉발조건(triggering condition 혹은 condition precedent)'의 논증구조를 설명해 둘 필요가 있다. 2001년 12월에 제프리 그럽스(Jeffrey Grubbs)는 아동포르노 비디오테이프(이하 '비디오테이프'로 약칭함)를 판매하는 웹사이트에 접속하여 비디오테이프를 주문하였다. 그 웹사이트는 우편물 감찰을 임무로 하는 잠입수사관(undercover postal inspector)이 운영하는 웹사이트였다. 그럽스는 이 사실을 모른 채 이 메일(e-mail)로 비디오테이프를 주문하고 45불 짜리 현금과 자신의 주문 취지가 담긴 편지를 웹사이트 운영자에게 우송하였다. 이 편지에 그럽스의 실명과 주소가 적혀 있었다. 잠입수사관은 연방 치안판사(magistrate judge)에게 장래 수색 영장을 청구하였고 연방 치안판사는 청구취지에 합치하는 영장을 발부하였다. 이 영장은 '그럽스가 비디오테이프를 수령(acceptance of the videotape)할 것'을 촉발조건으로 하는 장래 수색 영장이었다. 장래 수색 영장은 통상의 수색 영장(ordinary search warrant)과 다음과 같은 차이가 있다.

통상의 수색 영장은 '수사관이 수색하려는 물건이 현재 어느 장소에 있으니

---

8) 미국에서는 '장래 영장(anticipatory warrant)' 혹은 '조건부 영장(conditional warrant)'이라는 용어가 사용되지만 한국에서는 배달 조건부 영장이라는 용어가 적절할 것으로 생각된다. 미국의 장래 영장이란 결국 통제배달 대상 '우편물 · 포장물 · 소포'가 장래 피의자등의 주거등에 배달되어 피의자측이 포장물을 수령하는 것을 정지조건으로 현재 발부되는 수색 영장이고 미국인들이 말하는 촉발조건(triggering condition)이란 한국법상 정지조건과 매우 유사한 개념이다.

그 장소와 물건을 수색할 수 있도록 명령을 구하는 영장'이다. 이에 반하여 장래 수색 영장이란 '수사관이 수색하려는 물건 · 사람이 수사관이 수색하려는 장소에 현재는 존재하지 않지만 촉발조건이 충족되면 수사관이 수색하려는 장소에 존재할 가능성이 있으니 지금 그 가능성을 미리 판단하여 수색 영장을 발부하여 달라는 영장'이다. 수사관이 통제배달을 염두에 두고 장래 수색 영장을 청구할 때는 특단의 사정이 없는 한 촉발조건이란 '피의자 기타의 자가 통제배달 목적물을 수령하는 일(the event of the acceptance)'이다. 이 논증에는 '통제배달 목적물을 수령하는 자는 적어도 금제품 관련 범죄의 유력한 관여자로 추측된다'는 가정이 전제되어 있다.

이처럼 '장래 수색 영장 · 통제배달 · 촉발조건'을 중요 키워드로 하는 수사기법은 그럽스 판결(2006) 이전의 미국에서 다음과 같은 사정 하에 있게 된다. 대부분의 주(state)에서는 '장래 수색 영장 · 통제배달 · 촉발조건' 논증이 공인되어 이에 관한 많은 판례법이 축적되었는가 하면 몇몇 주에서는 그 남용의 위험성을 경계하여 불법시하거나 적법한 것으로 인정하더라도 적법으로 인정되는 범위를 좁히는 방향으로 운용되었다.[9] 대부분의 주에서 이 수사기법이 공인되어 많은 판례법이 축적되는 이유는 '통제배달 목적물이 배달되는 곳'에 '금제품 관련 조직범죄집단의 단서가 존재하고 금제품의 대량 적발의 가능성이 높다'는 경험적 데이터가 축적되어 갔기 때문이다. 이런 법 상황에서 2006년에 미국 연방대법원이 이 수사기법의 합헌성 여부를 정면으로 심사하게 된 것이다.

2. 연방 치안판사가 발부한 장래 수색 영장과 선서 진술서, 부속서

연방 치안판사가 발부한 장래 수색 영장의 수색 장소는 피의자 그럽스의 자택(home)이었고 (상세한 기술은 영장청구서 부속서1에 기재되었다), 영장청구서 부속서2 (attachment 2)에는 수색할 물건이 상세하게 열거되어 있었다. 따라서 이 영장의 수색장소와 수색물건의 특정성 요건(the particularity requirement)

9) Andrew M. Belt, "Comments: Anticipatory Search Warrants: State and Federal Applications and Their Future in Maryland" in *University of Baltimore Law* Review Volume 28 Issue 2 Spring, 1999, p.338 이하.

에는 문제가 없었다. 문제는 촉발조건이 적혀 있는 서류의 장소(place)에 있었다.

통상 미국의 수사관이 영장을 청구할 때 치안판사에게 제출하는 서류에는 3가지가 있다. 하나는 (1) 수사관이 특정의 장소 · 물건을 수색할 필요를 느끼게 된 계기가 되는 사유서(APPLICATION FOR A WARRANT)와 수사팀이 어떻게 통제배달을 하겠다는 것인지를 상세히 진술하는 선서 진술서(affidavit)이고, 또 하나는 (2) 선서 진술서를 보충하는 부속서(attachments)이며, 또 하나는 (3) 영장 초안이다. 영장초안이란 치안판사가 영장을 발부할 필요가 있다고 인정하면 공란으로 남겨둔 곳에 필요사항을 채워 넣은 후 사인만 하면 되도록 미리 영장의 필요적 기재사항 등을 인쇄해 둔 서류양식이다. 그럽스 사건에서 촉발조건(피의자 기타 누군가가 자의로 통제배달 목적물을 배달하는 일)은 선서 진술서에는 적혀 있었지만 영장 원본이나 피수색자측에게 교부되는 영장사본(a copy of the warrant)에는 적혀 있지 않았다. 2002년 4월 19일 잠입수사관(undercover agent)은 택배업자로 가장[10]하여 그럽스가 주문한 비디오테이프를 그럽스의 자택으로 배달하려고 시도하였다. 택배업자의 유니폼을 입은 잠입수사관이 현관에서 '택배요!'라고 외치며 현관문을 노크하자 그럽스의 처(wife)가 나와 비디오테이프를 포장한 박스를 수령하고 영수증에 사인한 후 포장박스를 그럽스의 자택 안으로 들여 놓았다.[11] 수 분 후에 잠입수사관이 그럽스의 집 안으로 진입하여 수색 영장을 집행하기 시작하였다. 어느 순간 잠입수사관은 그럽스에게 "귀하는 내가 왜 여기에 있는지 알 겁니다."라고 말했고 그럽스는 긍정적으로 답하였다. 그럽스는 잠입수사관을 차고(garage)로 안내하였고 거기에 잠입수사관으로부터 그럽스의 부인이 수령한 비디오테이프가 놓여 있었다. 수 분 후에 잠입수사관은 그럽스에게 영장 사본을 교부하였다. 잠입수사관이 그럽스에게 미란다 경고를 발한 후 그럽스는 그의 컴퓨터, 시디 롬, 디스켓을 수색하는 데 동의하였고 인터뷰에 응할 것도 동의하였다. 그럽스는 그가 비디오테이프를 주문한 사실을 인정하였고 다른 아동포르노물을 소지하고 있음을 인정하였다. 그 후 잠입수사관은 그럽스를 체포

---

10) 한국에서는 아직 수사관이 택배업자로 가장하여 통제배달을 시행하였다는 기록을 찾기 힘들다. 그러나 미국에서는 수사관이 택배업자로 가장하여 통제배달을 시행하는 사례가 매우 흔하다.

11) 이것을 이른바 '촉발조건의 충족'으로 볼 수 있는가 하는 점이 법정에서 다투어질 수 있다.

하였고 문제의 비디오테이프와 다른 아이템들도 압수하였다. 연방 대배심은 그럽스를 아동포르노 취득 혐의로 기소하였다. 기소후 그럽스는 자신의 자택에서 압수된 물증과 잠입수사관과의 인터뷰에서 그가 행한 불이익 진술의 증거를 배제하려는 항고(motion)를 제기하였다. 그럽스의 논거는 "자신의 사건에서 장래 수색 영장 자체에 촉발조건이 명시되지 않았으니 이 영장은 위헌"이라는 점이었다. 연방 지방법원은 연방 제9항소법원의 호탈 판결[12]을 근거로 그럽스의 항고를 기각하였다. 호탈 판결은 "장래 수색 영장의 촉발조건은 영장 자체나(or) 영장발부의 기초가 된 선서 진술서에 적혀 있고 집행하는 수사관이 소지하고 있어야 한다"는 취지의 판결이었다. 이 판결에 따르면 촉발조건은 영장 자체에 기재되어 있지 않더라도 선서 진술서에 기재된 것으로 족하다. 그럽스 사건에서 촉발조건은 영장 자체에 기재되어 있지 않았지만 선서 진술서에는 기재되었으므로 이 요건은 구비된 것으로 보인다. 그러나 연방 제9항소법원은 "장래 수색 영장 자체에 촉발조건이 명시되지 않은 영장은 위헌"이라고 판시하면서 연방 지방법원 판결을 취소하고 그럽스의 손을 들어 주었다. 캘리포니아 검찰이 연방 대법원에 상고하였다.

3. 연방 제9항소법원의 논거와 캘리포니아 검찰의 반박

미국 연방 헌법 수정 4조는 "모든 영장에는 선서에 기초한 범죄혐의의 상당한 이유(probable cause)가 적시되어야 하며 수색 · 압수할 장소와 물건 · 사람이 명시되어야 한다."[13]고 규정하고 있다. 그럽스와 제9항소법원은 촉발조건이'영장 자체'에 적혀 있거나 아니면 '피수색자에게 교부되는 서류'에 적시되어야 한다고 주장한 것이다. 그럽스 사건에서 촉발조건은 '영장 자체'에는 적혀 있지 않았고 치안판사를 설득하기 위한 선서 진술서에만 적혀 있었으며, 피수색자에게 교부된 영장 사본이나 부속서에도 적혀 있지 않았다. 연방 제9항소법원이 판시한 과거의 호탈 판결에는 이런 내용이 판시되지 않았는데 그럽스 사건에서 연방 제

12) *United States v. Hotal*, 143 F.3d 1223 (1998)

13) "no Warrants shall issue, but upon probable cause, supported by Oath or affirmation, and particularly describing the place to be searched, and the persons or things to be seized."(The Fourth Amendment)

9항소법원은 입장을 변경한 것이다.

이 논증을 반박하는 캘리포니아 검찰의 상고이유는 "촉발조건은 영장을 집행하는 수사관이 소지하는 선서 진술서에 명시되는 것으로 충분한 것이며 반드시 영장 자체에 명시될 필요는 없다."는 것이었다. 미국 연방 헌법 수정 4조는 장소와 대상물건의 특정성 요건에 대하여만 명시하였고 따라서 촉발조건은 특정성 개념에 포섭되는 개념이 아니라는 주장이었다. 특정성 요건의 의미에 대한 캘리포니아 검찰의 해석은 다음과 같은 것이었다:

> "헌법수정 4조의 특정성 요건의 구비는 장소, 사람, 물건에 미치는 것이지 시간(time)에 미치는 것은 아니다. 영장이 어떤 시간에 집행되어야 적절한 집행이 될 것인지의 문제는 상당한 이유의 존재 문제에 연동되어 있다. 장래 수색 영장이 촉발조건의 충족 이전에 집행되면 그 집행이 무효로 될 뿐이다."

4. 2006년의 연방 대법원 판결

연방 대법원은 다음과 같이 캘리포니아 검찰의 손을 들어 주었다.

(1) 장래 영장은 장래 영장이라는 사실만으로(categorically) 위헌은 아니다. 금제품이나 범죄의 증거가 특정한 장소에 존재할 상당한 가능성이 있으면 수정 4조의 상당한 이유가 있는 것이다. 장래 영장이 **발부될 때** 그 영장에 적시된 장소에 아직은 금제품이 **존재하지 않는 사실**이 문제되지만 영장이 집행될 때 금제품이 그 장소에 있을 가능성이 있는 한 영장에 적시된 장소에 **현재 금제품이 존재하지 않는 사실**은 중요하지 않다.

장래 영장은 원리상 **통상의 영장**과 다르지 않다. 모든 수색 영장은 장래를 향하여 있다. 치안 판사의 영장 발부 결정은 영장의 목적물이 수 시간 후 혹은 수일 후 어떤 장소에 있을 터이니 그것을 수색하라는 결정이기 때문이다. 장래 영장도 치안판사로 하여금 ⓐ 금제품, 범죄 증거, 혹은 도망자가 ⓑ 영장이 집행될 즈음에 영장에 적시된 장소에 장차 존재할 것으로 믿을 만한 상당한 이유가 ⓒ 존재하는지 여부를 **지금** 결정하도록 한다.

촉발조건의 발생–이 사건에서는 비디오테이프의 성공적인 배달–이 바로 수색의 상당한 이유를 근거지우며, 선서 진술서가 촉발조건이 충족될 것이라고 믿게 하는 토대를 제공한다.

(2) 현재 문제가 되는 영장은 수정 4조의 특정성 요건을 위반하지 않았다. 수정 4조는 오직 두 가지 사항, 즉 수색될 장소와 수색될 사람과 물건이 특정될 것을 명시하였다. 여기서는 이 문구가 결정적이다. 특정성 요건의 요구는 (장래 수색) 영장이 집행될 시간을 정하는 촉발 조건의 특정까지 포섭하지 않는다.

피상고인(그럽스)이 주장하는 두 가지 정책적 근거(policy rationales)-㉮ 집행하는 관헌의 권한의 한계를 명시할 필요가 있다는 점과 ㉯ 피수색자로 하여금 집행 관헌의 행동을 감시(police)하게 할 필요가 있다는 점-는 수정 4조와 연방 형사소송규칙(Federal Rule of Criminal Procedure) 41조에 근거가 없는 주장들이다.

III. 2008년의 일리노이 주 항소법원 판결[14]의 사안

2013년 판결 사안에서 한국의 수사기관은 금제품을 압수하거나 진정 수취인을 체포하기 위하여 사전에 어떤 영장도 청구하지 않고 LCD를 가동하다가 누군가가 우편물을 수령하자 그 수령자를 금제품 소지 · 취득의 현행범으로 체포(형사소송법 212조)하고 관련 금제품을 체포현장에서의 영장 없는 수색 · 압수의 방식(형사소송법 216조 1항 2호)으로 수색 · 압수(이하 '수색'으로만 약칭함)하였다. 이런 방식의 현행범 체포와 금제품 수색은 후술(Ⅳ.1)하는 것처럼 다소간 위험한 방식이다. 2013년 판결 사안에서 피의자는 자신이 우편물에 금제품이 섞여 있음을 알고 배달하였음을 자백하고 또 검사실에서 그 우편물 전체를 수사기관에 임의로 제출하여 검사가 그 우편물을 사전 · 사후의 압수 · 수색 · 검증 영장 없이 압수하였다. 그러나 만약에 우편물을 수령한 자가 자신은 '우편물에 금제품

14) PEOPLE v. BUI (Appellate Court of Illinois, First District, Sixth Division. The PEOPLE of the State of Illinois, Plaintiff-Appellee, v. Duoc BUI, Defendant-Appellant. No. 1-05-3880. Decided: March 21, 2008)

이 섞여 있음을 몰랐다'고 주장하거나 그 우편물의 임의제출을 거부하면 수사기관은 어떻게 대응할 것인가? 실제로 2013년 판결 사안에서 피의자는 수사단계에서 검사에게 자신이 우편물에 금제품이 섞여 있음을 알고 수령하였음을 자백하였지만 공판정에서는 이를 부인하였다. 금제품의 수취 피의자는 시간이 지날수록 공판정에서 유능한 변호사를 고용하여 '위법수집증거논증'을 정교하게 구사하여 금제품의 수사와 공소유지를 어렵게 하고 있다. 사전 영장을 발부받아 통제배달을 도모하는 방향의 실무가 필요한 이유는 바로 여기에 있다. 이하에서 사전 영장을 발부받아 통제배달을 도모하는 방향의 미국의 실무례를 소개하겠다.

통제물질(possession of a controlled substance with intent to deliver, 이하 편의상 '마약'으로 약칭함) 소지 혐의로 기소된 부이(Duoc BUI)는 배심단으로부터 유죄평결(징역 15년)을 받았다. 부이가 수사측의 통제배달 기법으로 체포되어 기소된 경위는 다음과 같다.

2004년 9월 29일 시카고 경찰청의 택배감찰팀(package interdiction team)의 형사 솔라바(Solava, a member of the police department's narcotics division)는 UPS 택배소포를 살펴 보다가 의심스런 소포를 발견하였다. 정육면체의 그 소포는 6면의 이음매 부분이 모두 두꺼운 검은 테이프로 테이핑되어 있었는데 수취인은 부이, 수취인 주소는 시카고의 미시건 애비뉴(상세주소는 생략함)로 적혀 있었지만 탁송자(수령불능의 경우 리턴받을 사람)의 성명과 전화번호가 전산상 확인되지 않는 점이 솔라바에게 의심을 불러 일으켰다. 솔라바는 ⓐ 탁송자 정보가 가짜인 점, ⓑ 탁송지가 멕시코와 접경인 점, ⓒ 소포 6면의 이음매 부분이 모두 두꺼운 테이프로 테이핑된 점에 의심을 품고[15], 마약탐지견 팀(a canine handler team)에 탐지견 검사를 의뢰하였다.

마약탐지견팀은 문제의 소포를 다른 소포들과 섞어 놓은 뒤 탐지견에게 이상 소포를 탐지하도록 신호를 주었다. 탐지견이 문제의 소포를 탐지하여 훈련받은 대로 신호를 보였다. 정확성을 기하려고 마약탐지견팀은 다른 탐지견에게도 동일한 역할을 부여하였다. 동일한 반응이 나왔다. 다른 수사관 베이토(Bator)가

15) 두껍게 테이핑하는 밀매업자는 그렇게 하여야 '국경의 엑스레이나 마약탐지견의 탐지를 불가능하게 만든다'고 생각하는 것인데 그렇기 때문에 규제 당국자는 오히려 의심을 품게 된다.

탁송장에 적힌 수취인 주소에 가서 확인하니 그 주소지는 “슈퍼 네일즈(Super Nails)” 살롱이었다. 솔라바는 수색 영장(search warrant)을 발부받아 소포를 열고 그 내용물을 조사[16)]하였다.

소포 안에 또 다시 테이핑된 작은 여러 소포들이 들어 있었다. 작은 소포들은 다이어트 식품이 들어 있는 소포들이 대부분이었는데 그 중 핑크빛 알약이 들어 있는 병을 담은 플라스틱 백 5개가 섞여 있었다. 그 알약을 성분분석하니 엑스터시(ecstasy)였다.

수사관들은 문제의 소포를 통제배달하기로 하는 방침을 결정하였다. 베이토는 장래 수색 영장을 청구하여 발부받았다. 장래 수색 영장의 실무례가 없는 한국 수사관의 입장에서 주목할 점들은 다음과 같다.

① 영장청구서의 피의자명은 “부이 혹은 누구든지 UPS 소포를 점유하는 자(Duoc Bui or anyone taking control of the UPS Parcel)”로 기재되었고,

② 수색 장소는 “미시건 애비뉴와 혹은 소포가 수령된 일리노이주의 어느 장소(and/or any other location that the parcel is accepted into the State of Illinois)(상세주소 생략함)”로 기재되었고,

③ 소포는 택배업자를 가장한 수사팀이 직접 배달하여야 하고,

④ 수색영장은 반드시 수령된 후에만 집행될 수 있으며,[17)]

⑤ 수사관은 소포 속에 전자 추적 기구(electronic signaling device)를 넣어 둘 수 있다. 이 전자 기구는 정지 상태, 이동 상태, 소포의 개봉을 모두 알려주는 기구이어야 한다.

장래 수색 영장을 청구하는 수사팀이 치안판사에게 제출하는 의견서(complaint)에서 수사팀은 의심스런 소포가 발견된 경위, 영장이 발부되면 향후 진행될 통제배달 계획을 자세히 진술하였다. 슈퍼 네일 살롱은 탁송장에 기재된

16) 2017년 한국의 대법원이 ‘CCD를 하려면 영장이 필요하다’고 판시한 것과 일맥상통하는 미국의 실무례이다.

17) 이 부분이 촉발조건이 명시된 부분이다.

수취인 주소였지만 수사팀이 실제로 현장에 나가 체크하였더니 부이의 이름으로 그 곳에 거주하는 사람은 없었다. 장래 수색 영장을 신청한 베이토는 18년 동안의 형사 경력이 있고 그 동안 수 백 건에 걸쳐 소포를 감찰하고 수색 영장을 신청하는 일에 참여한 바 있는 경력 수사관이었다. 이런 경험에 힘입어 베이토 수사관은 "밀거래업자들(traffickers)은 거리에서 탁송장의 주소와 다른 장소로 옮길 수 있고 따라서 영장은 소포가 수령되는 장소라면 어느 장소라도 수사팀이 수색할 수 있게 해야 한다."고 요청하였다.

장래 수색 영장이 발부되자 수사팀은 마약을 원위치시킨 다음 전자 감시 기구를 소포 안에 집어 넣고 원래의 포장처럼 복원시켰다. 2004년 9월 30일 15시에 베이토는 UPS 배달원의 옷을 입고 UPS 배달원으로 가장하여 그 소포를 배달하려고 슈퍼 네일 살롱을 방문하였다. 잠입수사요원이 살롱 안에 들어 갔더니 어느 여성이 탁송장의 수취인 란에 사인하였다. 소포는 살롱의 카운터 옆에 놓여졌다. 그 사이 다른 수사팀 요원들은 살롱 근처에서 차량에 탑승한 채 사태 진행을 감시하고 있었다. 전자 추적 기구는 4시간 동안 아무 신호를 보내지 않았다. 2004년 9월 30일 19시 경 살롱의 건너편에 차 1대가 도착한 후 주차되었다. 부이가 하차한 후 살롱 안으로 들어 갔다. 5분 후에 전자 추적 기구가 신호를 보내기 시작하였다. 아직 개봉되지 않은 그 소포를 부이가 들고 살롱을 나와서 자신의 차로 다가가 그 소포를 차량의 뒷 좌석에 집어 넣은 뒤 자동차를 운전하기 시작했다. 부이는 브로드웨이에서 어떤 여성 1인을 픽업하여 조수석에 태운 뒤 캠벨 스트리트(상세주소는 생략함)에 있는 집에 도착하였다. 부이는 그 소포를 들고 집 안으로 들어갔으며 차량은 브로드웨이에서 픽업된 여성이 운전하여 사라졌다. 5분 후에 전자 추적 기구가 소포의 개봉사실을 알렸다. 수 분후에 수사팀은 캠벨 스트리트에 있는 집 안으로 진입하여 영장을 집행하기 시작하였다.

솔라바는 수사팀과 피의자의 행동을 총괄적으로 관찰할 수 있는 장소에서 사태진행을 감시하고 있었다. 부이가 기소된 배심공판에서 솔라바는 "부이가 캠벨 스트리트에 있는 집에 들어 가고 수사팀이 그 집에 들어간 후 아무도 그 집에서 나온 사람이 없다."고 증언[18]하였다. 베이토와 다른 2인의 수사관이 현관에서 "수색 영장이다. 경찰이다!"라고 외치며 노크하였다. 30초 동안 답이 없자 수사팀은 현관 문을 부수고 집 안으로 진입하였다. 베이토가 제일 먼저 진입하였는데 지하실에서 소란한 소리가 들려 수사팀원들은 지하실로 향하였다. 베이토가 "소포를 받은 사람은 어디에 있는가?"라고 소리치자 부이가 지하층에 있는 자신의 침실에서 나왔다. 베이토는 부이로 하여금 바닥에 엎드리게 하고 다른 수사관이 부이에게 수갑을 채웠다. 베이토가 부이의 침실에 들어가자 UPS 소포가 개봉되어 있을 뿐만 아니라 핑크빛 알약도 육안으로 볼 수 있었다. 부이의 침실에는 UPS 소포에 없던 다른 검은 색 백(bag)도 있었다. 그 검은색 백 안에 흰가루가 들어 있는 플라스틱 zip-lock 백도 있었는데……핑크 빛 알약 전체의 시가는 약 12만 5천불(이하 생략).

IV. 한국에서의 배달 조건부 수색 · 압수 · 검증 영장의 도입 제안

그럽스 판결의 법정 의견(Opinion of the Court)은 보수의 아이콘으로 통하였던 故 스켈리아(Antonin Scalia) 판사가 썼지만 거의 만장일치의 판결이었다. 그럽스 판결 이전에도 통제배달 관련 주 법원의 판례가 끊임없이 축적되고 있었지만 그럽스 판결 이후에는 장래 수색 영장의 촉발조건인 '피수색자 측의 포장물의 수령'으로 인정받으려면 어떤 배달이어야 하는가에 관한 논쟁이 전개되고 있다. 가령 피수색자 측이 직접 배달(hand in hand) 받아야 통제배달이고 '수사 측이 수취인 주소의 현관에 소포를 떨어 뜨려 놓은 것만으로는 촉발조건이 충족되었다고 볼 수 없는 것 아닌가?'가 다투어진 사례[19]가 있는가 하면 수취인이 수령하는 것만으로는 부족하고 수취인이 소포의 수령 후 개봉까지 해야 통제배달의 완성으로 볼 수 있다는 주장도 있다.

---

18) 증거연쇄(chain of custody)를 입증하기 위한 증언이다. 통제배달에는 여러 수사관이 동원됨을 알 수 있고 성공적인 통제배달을 입증하는 일이 간단치 않음을 알 수 있다.

19) Court of Appeals of Kansas. STATE of Kansas, Appellee, v. Jordan MULLEN, Appellant. No. 110,468. Decided: May 01, 2015

1. 2013년 판결 사안의 '장래 수색 영장 · 촉발조건'적 구성의 가능성

2013년 판결의 사안에서 수사기관은 LCD를 기도하였는데 그 전말은 다음과 같다. 인천공항세관 마약조사과 마약조사관은 성분분석실의 성분분석결과를 받은 후 바로 적발보고서를 작성하여 인천지방검찰청 검사에게 보고한 다음, 인천지방검찰청과 합동으로 이 사건 우편물을 LCD 방식으로 배달하여 진정한 마약밀수범을 검거하기로 방침을 정하였다. 2013년 판결 이후 이제 이런 방침을 정하기 전의 우편물의 개봉, 시료채취, 성분분석 등의 검사는 수출입물품에 대한 적정한 통관 등을 목적으로 한 행정조사의 성격을 가지는 것으로 공인되었으므로 수사기관은 사전에 영장을 발부받을 필요가 없다.

다음에 세관 소속 특별사법경찰관과 인천지방검찰청 수사관들로 구성된 합동수사반은 2012. 9. 11. 10:00경 관할우체국 및 수취지역으로 출발하여 11:30경 담당 집배원에게 통제배달 협조요청을 하였다.[20] 합동수사반은 2012. 9. 11. 13:30경 집배원으로부터 '우편물에 기재된 수취인의 핸드폰으로부터 2회에 걸쳐 배달문의 전화를 받았다'는 통보를 받고 그 통보대로 13:35경 배달장소를 수취지 근처의 식당으로 정하였다. 합동수사반은 같은 날 13:57경 위 식당에서 이 사건 우편물을 수령한 피의자 D를 현행범으로 체포하였다. D는 당초 우편물의 수취인으로 기재된 사람이 아니었는데 문제의 소포를 수령하겠다고 나선 것으로 미루어 최초의 탁송장에 수취인으로 기재된 사람의 인명과 그 전화번호는 허무인의 그것이거나 아니면 무고한 사람의 성명이 사칭된 것일 수 있다. 아무튼 실제로 우편물을 수령한 D는 2012. 9. 11. 인천지방검찰청 검사실에서 우편물 전체를 수사기관에 임의로 제출하였고 검사는 이 사건 우편물을 영장 없이 압수하였다.

필로폰 밀수 혐의로 기소된 D는 법정에서 "필로폰 밀수에 관여한 적이 없고, 이 사건 우편물이 발송된 사실은 발송 후에 알게 되었으며, 그 속에 필로폰이 들어있다는 사실도 체포된 후에야 비로소 알게 되었다."며 범행을 부인하였다. 그러나 제1심은 "① D가 증거로 사용함에 동의한 각종 수사보고에 의하면,

---

20) 미국에서도 상업행위를 하는 집배원에게 통제배달 협조요청을 하는 사례가 있지만 이런 방침은 영장을 발부하는 판사의 입장에서 볼 때 실패의 가능성, 집배원의 생명 · 신체의 위험성 때문에 걱정스런 방침이 될 것이다.

이 사건은 인천공항 국제우편물류센터에서 이 사건 우편물 안에 필로폰이 들어 있는 사실이 발견되어 수사가 개시되었고, 이에 검찰은 이 사건 우편물에 대한 통제배달을 실시하여 집배원으로부터 이 사건 우편물을 배달하려는 D를 필로폰 밀수혐의로 현행범 체포하였던 것이므로, 이 사건 우편물 안에 필로폰이 들어 있었고, D가 이를 수령하려고 했던 사실은 명백한 점"이라는 점을 포함한 9가지 정황을 인정하여 유죄판결을 선고하였다.

2013년 판결 사안에서 수사기관은 사전 수색 영장 신청 없이 통제배달을 실시하였고 촉발조건(누군가의 통제배달 대상물의 수령)의 구비 후 현장에서 피의자 D를 현행범으로 체포하였다. 이 사안에서 수사기관은 통제배달 대상물을 계속 압수할 필요가 있었으므로 사후영장을 발부받아야 하였지만(형사소송법 제217조 제2항) 현행범으로 체포된 피의자가 통제배달 대상물을 임의제출하였으므로 수사기관이 사후영장을 청구하지 않았다. 이런 방식의 통제배달 실천사례는 다음과 같은 두 가지 점에서 위험성을 안고 있다.

첫째, 2013년 판결 사안에서 수사기관은 D를 현행범으로 체포하였는데 공판정에서 피고인은 현행범 체포 요건이 구비되지 않은 위법수사행위라고 주장할 가능성이 있다. 실제로 D는 공판에서 고의를 부인하였다. 둘째, 압수되어야 할 금제품에 대하여 2013년 판결 사안과 달리 소포의 점유자 · 피의자가 임의제출을 거부하면 수사기관은 사후영장 발부절차를 밟아야 할 것이고 그 경우 지방법원 판사는 수사기관의 통제배달 결정 방침의 적법성과 적절성을 심사하여야 할 상황에 놓이게 될 것이다. 예를 들어 2013년 판결 사안과 비슷한 사안에서 사후영장 청구를 받은 지방법원 판사가 현행범체포의 요건 혹은 제216조 제3항의 요건이 불비되었다고 판단[21]하여 사후영장 발부를 거부한다면 2013년 판결 사안과 유사한 사안에서도 통제배달을 통하여 어렵게 획득한 증거를 증거로 사용하지 못하는 결과를 빚을지 모른다.

요컨대 현행 수사실무처럼 사전 수색 영장을 청구하지 않고 통제배달을 감행하는 방침의 수행은 매우 위험한 방침이다. 2017년 판결은 수사실무의 그러한

21) 이런 사례는 적지 않다.

방침에 대한 경고의 의미도 있다고 생각된다. 따라서 향후에 검찰실무가 2017년 판결 사안과 유사한 사안에서 사전 수색 영장을 발부받아 ㉠ 내용물을 교체(CCD)하고, 더불어 ㉡ 통제배달의 방침을 정한 뒤에는 일종의 장래 수색 영장 청구를 시도하여 진정한 수취인을 검거하는 사례를 시도해 나갈 것을 제안한다. 2017년 판결 사안에서 검찰이 장래 수색 영장을 청구하여 발부받았더라면 소포 수령인에게 형사책임을 물을 수 있었을 것이다.

2. 피의자가 불명할 때 피의자를 어떻게 특정할 것인가

조원경 재판연구관은 "미국의 경우 수령자나 수령장소를 확실하게 특정하기 어려운 사안에서도 장래 영장이 발부되는 사례가 존재하는지, 그런 경우에 영장 발부의 적법성이 인정된 사례가 있는지 궁금"하다고 질문하였다. 이 질문에 공감하기 때문에 필자는 그런 사례를 찾아 보았다.

아닌게 아니라 수사기관이 통제배달 방침을 정한 후 사전 수색 영장을 청구할 때 피의자를 어떻게 특정할 것인지 문제된다. 현행 형사소송법상 수색 · 압수 · 검증 영장(이하 '수색 영장'으로 약칭함)을 청구하려면 피의자의 성명 등을 특정(형사소송법 219조, 114조)하여야 한다. 통제배달에서는 종종 피의자를 특정하기 곤란한 경우가 발생한다.

2008년의 일리노이 주 항소법원 판결 사안에서처럼 탁송장의 수취인을 주위적 피의자로 기재한 다음 "혹은 누구든지 문제의 소포를 점유하는 자"를 추가 기재하면 어떨까 한다. 공소사실의 주위적 · 예비적 기재, 선택적 기재가 허용되므로 피의자의 성명을 부득이하게 위와 같이 기재하는 것이 불법시될 이유가 없다. 중요한 점은 수사기관이 그렇게 기재할 수밖에 없는 사유를 최선을 다하여 영장 청구서에 설득력 있게 기재하는 일이다.

3. 장래 수색 영장이 남용 · 오용될 우려에 대한 검토

장래 수색 영장(필자의 용어법으로는 배달 조건부 수색 · 압수 · 검증 영장)이 발부되면 혹시나 발부받은 수사기관이 이를 남용할 우려가 있지 않을까 하는 우려가 생길 수 있다. 정정원 박사는 지정토론에서 "영장의 발부 이후 해당 조건의 성취 시까지는 영장의 효력이 유동적인 것으로 파악될 여지가 있는 것이 아닌가? 또 탐색적 영장으로 남용될 여지가 있다."는 우려를 표명하였다. 충분히 일리 있는 지적이다. 이런 우려가 있기 때문에 2008년의 일리노이 주 항소법원 판결 사안에서 치안판사는 영장을 발부하면서 "③ 소포는 택배업자를 가장한 수사팀이 직접 배달하여야 하고, ④ 수색은 반드시 수령된 후에만 집행될 수 있다."는 조건을 붙였다. 이 조건은 장래 수색 영장이 남용 · 오용될 우려를 막기 위한 안전장치(safeguards)였다. 장래 수색 영장이 남용 · 오용될 우려가 있으면 지방법원 판사가 미국의 실무례를 벤치마킹하여 적절한 조건을 붙이면 될 것이다.

미국에서 장래 수색 영장이 고안되게 된 극단적인 사례는 다음과 같은 사례이다. 믿을 만한 정보원이 "장래의 특정한 시점에 특정한 장소에 많은 양의 금제품이 배달될 것"이라는 정보를 제공하였지만 '누가 당사자(발송인 · 수취인)이고 그 당사자의 인적 사항이 무엇인지에 대한 정보가 없을 때이다.[22] 이런 경우가 빈발하기 때문에 '장래 수색 영장'이 고안된 것이다. 대한민국에서는 이런 사건이 발생할 가능성이 없다고 판단하면 '장래 수색 영장'을 고려할 필요가 없다. 그러나 대한민국에서 이런 사건이 발생할 가능성이 없다고 단언할 수 있을지 의심스럽다. 다른 한편 '장래 수색 영장'을 운용하지 않으면 밀거래업자들이 용이하게 증거물을 폐기하거나 안전한 다른 곳으로 빼돌릴 가능성이 늘어날 것이다.[23] 수사측이 통제배달 방침과 '장래 수색 영장'을 적절히 결합시키면 금제품 관련 범죄투쟁의 가장 최적의 타이밍을 선택할 수 있는 이점이 생긴다.

4. 현행의 대물적 강제처분에서 특정성 요건을 부과하고 영장 집행기관에게 영장 제시를 요구하는 이유의 재검토

22) Thomas J. Gardner, Terry M. Anderson, *Criminal Evidence: Principles and Cases* (8th Edition, 2012), p. 400 이하.

23) Andrew M. Belt, "Comments: Anticipatory Search Warrants: State and Federal Applications and Their Future in Maryland: in *University of Baltimore Law Review* Volume 28 Issue 2 Spring, 1999, p. 337 이하.

그럽스 사건은 우리로 하여금 현행의 대물적 강제처분에서 특정성 요건을 부과하고 집행기관에게 영장 제시를 요구하는 이유를 재검토하게 만든다.

그럽스와 연방 제9항소법원은 장래 수색 영장의 촉발조건이 영장 자체에 기재되어야 하는 이유를 피수색자측에게 영장 사본을 교부하게 하는 제도의 정책적 존재근거(policy rationales)와 동일하다고 주장하였다. 연방 대법원과 캘리포니아 검찰은 그 주장이 연방 헌법 수정 4조와 연방 형사소송규칙 41조에 근거가 없는 주장이라고 일축하였다. 그러나 피수색자측에게 영장 사본을 교부하게 하는 제도의 정책적 존재근거가 ㉮ 집행하는 관헌의 권한의 한계를 명시할 필요가 있다는 점과 ㉯ 피수색자로 하여금 집행 관헌의 행동을 감시(police)하게 할 필요가 있다는 점은 어느 당사자도 부인하지 않는다. 이 문제와 관련하여 필자에게 인상적인 미국제도의 모습은 다음과 같은 두 가지이다.

첫째, 미국의 영장주의(warrant requirement)는 영장이 집행되는 상대방에게 영장 사본을 제시하게 만들었다는 점이다. 최근의 대법원 판결(대법원 2017. 9. 21. 선고 2015도12400 판결)의 기초가 된 사안은 민주주의적 시민사회를 꿈꾸는 연구자에게 시사하는 점이 있다.

공직선거법 위반 혐의를 받는 피의자에게 적법하게 압수 · 수색 · 검증 영장이 발부되었다. 사법경찰관은 이 영장을 집행하는 과정에서 피의자에게 영장 기재 혐의사실의 주요 부분을 요약해서 고지하면서 위 영장 첫 페이지와 피의자에 관한 범죄사실이 기재된 부분을 보여 주었으나, 피의자가 위 영장의 나머지 부분을 넘겨서 확인하려고 하자 뒤로 넘기지 못하게 하였다. 그리하여 피의자는 이 사건 영장의 내용 중 나머지 압수 · 수색 · 검증할 물건, 압수 · 수색 · 검증할 장소, 압수 · 수색 · 검증을 필요로 하는 사유, 압수 대상 및 방법의 제한 등이 기재된 부분을 확인하지 못하였다. 영장이 집행되는 상대방에게 영장 사본을 제시하게 만들면 이런 다툼은 생기지 않을 것이다. 피수색자 측에 집행에의 참여를 보장하는 현행법 체제(법 제219조, 121~124조)만으로는 충분하지 않다는 생각이 든다.

둘째, 영미법계 국가에서 영장을 신청하는 수사관은 선서 진술서(affidavit)를 제출하게 되어 있다. 이 선서 진술서를 읽어 보면 ⓐ 수사관이 얼마나 많은 경력이 있고 얼마나 많은 정보를 수집하였는지를 잘 알 수 있고, ⓑ 수사관이 치안판사에게 거짓말을 했다면 위증죄의 형사책임이 있음을 알게 하고, ⓒ 장래 영장에서는 촉발조건이 언제 충족되고 왜 지금 상당한 혐의를 인정할 수 있는지를 알 수 있다.

모든 측면을 따라 할 수는 없고 그래서도 안되겠지만 영장 사본 교부 제도, 선서 진술서 제도의 핵심적 측면을 한국 제도에 조금씩 반영하려는 노력이 필요할 것이다.

참고문헌

단행본

Thomas J. Gardner, Terry M. Anderson, *Criminal Evidence: Principles and Cases* (8th Edition, 2013)

논문

심희기, “세관직원의 국제우편물 개봉 · 시료채취와 수사기관의 통제배달”, 한국비교형사법학회 비교형사법연구 16권 2호(2014.12.)

예상균, “마약수사에서의 통제배달기법 고찰”, 한국법정책학회 법과정책연구 제15집 제2호 (2015. 6.)

이경렬, “국제조직범죄에 대한 통제배달기법의 활용: 특히 국제마약사범을 중심으로”, 한국형사정책연구원 형사정책연구 제57권 제1호(2004).

조균석, “약물범죄수사기법으로서의 통제운반”, 법조협회 법조 제41권 제1호(통권 424호)(1992).

Andrew M. Belt, “Comments: Anticipatory Search Warrants: State and Federal Applications and Their Future in Maryland”in *University of Baltimore Law Review* Volume 28 Issue 2 Spring, 1999.

James A. Adams, “ANTICIPATORY SEARCH WARRANTS: CONSTITUTIONALITY, REQUIREMENTS, AND SCOPE”in *Kentucky Law Journal* Summer, 1990/1991.

Gerald S. Reamey, “THE PROMISE OF THINGS TO COME: ANTICIPATORY WARRANTS IN TEXAS”in *BAYLOR LAW REVIEW* Vol. 65:2, 2013.

[국문초록]

이 논문에서 필자는 대한민국의 수사기관이 사전 수색·압수·검증 영장(이하 '수색 영장'으로 약칭함)을 발부받아 적법하게 통제배달을 수행하려고 시도할 때 지방법원 판사를 설득하여 사전영장을 발부받으려면 어떤 대비를 하여야 하는가 하는 문제를 고민·검토하는 사전 정지작업으로 미국의 장래 수색 영장 경험을 개관하고 한국에서의 벤치마킹 방안을 검토하였다.

이미 1970년대 이전부터 미국의 여러 주(states)에서 통제배달이 수사에 활용되었고 각 주마다 다양하고 고유한 판례들이 축적되었다. 그러다가 2006년에 미국 연방대법원이 통제배달에 활용된 이른바 '장래 수색 영장(anticipatory search warrant)'의 합헌성을 선언하였다. Ⅱ.에서는 이 판결을 자세히 소개하였다. 다음에 대한민국의 수사기관이 사전 수색 영장을 청구하여 통제배달을 시도하려 할 때 가장 먼저 부딪히는 문제는 피의자를 어떻게 특정할 것인가 하는 문제이다. 따라서 Ⅲ.에서는 이 문제에 힌트를 줄 수 있을 만한 2008년의 일리노이 주 항소법원 판결을 발굴하여 자세히 소개하였다. Ⅳ.에서는 2008년의 일리노이 주 항소법원 판결을 벤치마킹하여 한국에서의 배달 조건부 수색·압수·검증 영장 도입의 가능성을 타진하였다.

주제어 : 장래 수색 영장, 통제배달, LCD, CCD, 촉발조건

[Abstract]

Proposal for an adaptation of anticipatory search warrant discourse into South Korea

by Huigi Sim[24)]

What kind of preparations should be done to persuade a judge of a local court to issue a kind of anticipatory search warrant when the investigation agency in South Korea is seeking a prior warrant for a search, seizure and verification (hereinafter referred to as a 'search warrant')? To answer this question, I summarized the American type anticipatory search warrant discourse and discussed a kind of benchmarking ways in South Korea.

Since the 1950s, controlled delivery has been used in various states in the United States, and various and unique cases have been accumulated in each state. In 2006, the Supreme Court of the United States recognized the constitutionality of the anticipatory search warrant which has been used in controlled delivery matters. In part II, I summarized the decision in great detail.

The first question which South Korea's investigative agencies face is the problem that how to specify the suspect. A decision of an appellate Court of Illinois can be very helpful. Therefore, in part III I introduced the decision in detail. In part IV, I discussed how to benchmark the ruling of the Illinois state appeals court and proposed the adoption and adaptation of it into South Korea.

Keyord : Anticipatory Search Warrant, controlled delivery, live controlled delivery, clean controlled delivery, triggering condition

24) Professor of Law, Yonsei University Law School

신체침해에 있어서 강제처분법정주의와 영장주의*

- 조 기 영**-

목 차

I. 서설

인간의 신체도 다른 물체와 마찬가지로 감각세계에 속하는 대상인 이상 형사소송에서 '물적 증거'가 될 수 있다. 예를 들면, 신체에 난 상처의 상태는 상해의 정도를 보여주며, 신체의 일부인 혈액이나 뇨는 음주운전이나 향정신성의약품의 복용 여부를 판단하는 자료가 된다. 그러나 인간의 신체를 직접 대상으로 하는 수사 방법은 그 밖의 물적 증거를 수집하는 경우와는 달리 인간의 존엄성과

---

* 이 논문은 필자가 2018. 12. 17. 개최된 대법원 형사실무연구회에서 '강제채뇨와 압수수색영장에 관한 고찰'이라는 주제로 발표한 내용을 수정하여 「동북아법연구 제12권 제3호(2019. 1.), 253~279쪽」에 위 제목으로 이미 게재한 논문의 내용 그대로임을 밝혀둔다.
** 전북대학교 법학전문대학원 교수

인격권을 침해할 소지가 크다. 특히, 강제채혈, 강제채뇨 등 피의자의 동의 없이 신체 내부에 침해를 가하여 증거를 수집하는 경우에는 신체의 안전성과 인간의 존엄을 보호하기 위하여 다른 물적 증거의 수집 방법 보다는 강화된 절차가 필요하다.

강제처분을 통제하는 헌법과 형사소송법의 기본 원리는 강제처분법정주의(이하 '법률주의'로 부르고자 한다)와 영장주의이다. 법률주의와 영장주의는 국민의 기본권을 보호하기 위한 별개의 독립된 원리로서 상호 보완적으로 작용한다. 그러나 법원이 일정한 요건을 부과하거나 영장주의에 의한 통제를 전제로 법률이 사전에 규정하고 있지 않거나 명확히 예정하고 있지 않은 강제처분을 허용하는 것은 영장주의의 한계를 일탈한 것으로서 법률주의 위반의 문제가 발생할 수 있다.

최근 대법원은 압수수색영장을 발부받아 피의자의 의사에 반하여 도뇨관을 이용한 강제채뇨의 적법성을 긍정하는 판결(이하 '강제채뇨 판결'이라고 부르고자 한다)을 선고하였다.[1] 경찰관이 소변 제출을 거부하는 피의자를 병원 응급실로 데리고 가 피의자의 신체를 제압한 후 도뇨관을 사용하여 강제로 채뇨한 사안에서이다. 현행 형사소송법은 강제채혈 · 채뇨의 근거나 절차를 직접 규율하는 명문의 규정을 두고 있지 않다. 그럼에도 불구하고 판례와 통설은 강제채혈 · 채뇨는 강제수사에 해당하며 엄격한 요건 하에 판사가 발부한 영장에 의하여 허용된다는 입장이다. 그러나 이에 관한 명문 규정이 없는 현행법상 이들 강제처분이 허용되는지, 특히 인간의 존엄성과 신체의 안정성을 침해하는 강제채뇨까지 허용된다고 할 수 있는지는 의문이다.

이 논문은 강제채뇨와 같은 인권침해의 정도가 심각한 신체침해를 법원이 판례에 의해서 긍정하는 것이 법률주의 관점에서 볼 때 적정한 것인가라는 의문에서 출발한다. 수사절차를 규율하는 법률주의와 영장주의는 어떤 관계에 있는지, 각각 어떠한 역할을 담당하는지 살펴보고자 한다. 유추적용금지의 원칙에 비추어 볼 때 현행법상 명문의 규정이 없는 유형의 강제처분에 해당하는 강제채뇨

---

1) 대법원 2018. 7. 12. 선고 2018도6219 판결.

가 허용될 수 있는지도 중요한 관심사이다. 한편, 강제채혈에 유추 적용되어야 하는 영장의 종류에 관하여는 판례와 학설의 차이가 있는바, 이러한 차이가 영장주의 관점에서 유의미한 것인지 고찰하고자 한다. 나아가 영장 집행에 '필요한 처분'의 법치국가적 한계를 설정할 수 있는 기준을 살펴보고자 한다. 먼저, 학계에서 통용되고 있지는 않은 용어인 '신체침해'의 개념을 살펴보는 것으로 시작하고자 한다.

II. 신체검사와 신체침해

현행법상 사람의 신체를 대상으로 하여 증거를 수집하는 방법에는 '신체의 수색'(제109조, 제124조, 제219조), 검증으로서의 신체검사(제140조, 제141조, 제142조, 제219조), 감정처분으로서의 신체감정(제172조, 제173조, 제221조의 4)의 3가지 종류가 있다. 모두 법원이 행하거나 법원의 명령으로 이루어지도록 규정되어 있고, 수사기관에도 관련 규정이 준용되는 법률 형식을 취하고 있다. 다만, 수사기관의 감정유치는 별도의 규정을 두고 있다. 수사기관의 처분으로 이루어지는 신체수색, 검증, 감정처분은 법원의 영장을 발부받아 실시되어야 한다.

신체에 대한 수색, 검증, 감정과는 성질이 구별되는 것으로서 피의자의 의사에 반하여 신체 내부에 침해를 가하여 일정한 증거를 수집하는 강제처분이 존재한다. 예를 들면, 신체의 일부인 혈액, 뇨, 위액 등의 분비물, 정액, 피부조직이나 손톱 등을 취득하는 경우 등이다.

종래 학설은 혈액이나 뇨, 정액 등의 직접 채취나 항문 내부, 위장 내부 등을 검사하는 처분 등을 '체내검사' 또는 '신체검사', '체내강제수사' 등의 개념으로 체계화하고 있다. 즉, 이러한 처분들은 신체에 대한 수색(제109조)과 구별되는 체내검사라고 하거나,[2] 신체 자체를 검사의 대상으로 하는 처분으로서 신체검사

---

2) 김인회, 형사소송법(제2판, 2018), 155쪽; 배종대/이상돈/정승환, 신형사소송법(2008), 193쪽; 신동운, 신형사소송법(제3판, 2011), 307쪽; 이은모, 형사소송법(2010), 297쪽; 이재상, 형사소송법(제9판, 2012), 327쪽; 임동규, 형사소송법(제5판, 2008), 232쪽; 정승환, 형사소송법(2018), 197쪽 등.

라고 부르기도 하고,[3] 체내강제수사로 분류하기도 하고,[4] 실무상 주로 문제되는 강제채뇨·채혈만을 별도의 항목으로 다루기도 한다.[5]

이와 달리 독일형사소송법(학)의 용례에 따라 신체의 자연적 구성부분을 취득하거나 신체의 내부에 작용하는 처분은 '신체침해'(körperliche Eingriffe)라는 개념을 사용할 것을 주장하는 견해가 있다.[6] 신체침해에 해당하는 검사들은 단순히 신체상의 특징을 확인하는 것이 아니라 신체 내부에 대한 침해를 수반하므로 검사라고 부르기 어렵고, 일정한 경우 증거물을 신체로부터 찾아내는 수색 내지 압수의 성격도 지닐 수 있으므로 신체침해라는 개념을 사용하는 것이 바람직하다는 것이다. 이 견해는 '신체침해'를 '피의자의 의사와 관계없이 신체 내부에 침해를 가하여 일정한 증거를 수집하는 것'이라고 정의한다.

신체검사 내지 체내검사와 신체침해는 구별되어야 한다고 생각한다. 신체의 상태를 그대로 인식하는 행위와 신체의 자연적 구성부분을 취득하거나 신체 내부에 작용하는 행위는 피의자의 기본권 침해 정도가 다르고, 신체침해의 경우는 보다 강화된 요건 및 절차가 요구된다고 보아야 하기 때문이다. 독일형사소송법에서도 신체검사(körperliche Untersuchung)는 신체침해와 별개의 범주로 구분되고 있다(동법 제81조의a 제1항).[7] 당해 형사절차상 중요한 사실을 확정하기 위해 '혈액 채취와 그 밖의 신체침해'도 실시될 수 있는데, 이러한 신체침해는 신체검사의 하위 유형이지만 의사에 의해 의학 기술의 준칙에 따라 이루어지고 또한 피의자의 건강을 해할 염려가 없는 때에 한하여 피의자의 동의 없이도 실시될 수 있다.

신체침해는 신체검사 또는 신체수색과도 구별된다. 먼저, 신체검사와 신체수색은 그 방식이 아니라 처분의 목적에 의해 구별해야 한다.[8] 신체검사란 '피의자

---

3) 손동권, 형사소송법(개정신판, 2010), 314-5쪽은 질내, 항문내, 구강내에 대한 강제수색인 체내강제수사, 연하물에 대한 강제수사, 강제채뇨와 강제채혈 등이 신체검사에 포함된다고 설명한다.

4) 김재환, 형사소송법(2013), 228쪽.

5) 노명선/이완규, 형사소송법(제5판, 2017), 255쪽

6) 신양균, 형사소송법(제2판, 2004), 225쪽; 신양균, 신판 형사소송법(2009), 245쪽.

7) 독일형사소송법 제81조의a 제1항「피의자에 대한 신체검사는 당해 형사절차상 중요한 사실을 확정하기 위하여 명할 수 있다. 이러한 목적을 위한 혈액 채취와 그 밖의 신체침해는 의사가 의학 기술의 준칙에 따라 검사의 목적으로 시행하고 피의자의 건강을 해할 염려가 없는 때에 한하여 피의자의 동의 없이도 실시될 수 있다.」

8) Meyer-Goßner/Schmitt, StPO, 60. Aufl., 2017, § 81a Rn. 9.

의 의사와 무관하게 존재하는 신체 또는 신체 일부의 상태, 또는 피의자의 정신 상태와 뇌의 작동방식, 신체와 결부된 정신의 기능 등을 신체침해 없이 감각적으로 지각하는 것'을 의미한다.[9] 신체검사가 신체나 정신의 상태를 있는 그대로 인지하는 것을 목적으로 하는 것이라면, 신체수색은 의복의 안, 신체 표면 및 구강, 항문 등 신체 표면상 자연적으로 개방될 수 있는 신체외강(Körperöffnungen)에 숨겨져 있는 물건을 발견 · 획득하는 것을 목적으로 한다.

한편, 신체검사와 신체침해는 비록 경미한 것일지라도 신체에 대한 손상을 야기(Beibringung von Verletzungen des Körpers)시키는지 여부에 의해 구별된다. 신체침해란 신체의 자연적 구성부분, 즉 세포, 혈액, 체액, 정액, 소변, 타액(침) 등을 특히 사후의 분자유전학적 검사를 목적으로 취득하거나 또는 신체에 어떤 물질을 투여하거나 그 밖에 피부와 근육에 의해 폐쇄되어 있는 신체의 내부에 작용하는 것을 말한다.[10]

신체침해에 해당하는지는 고통을 야기하는지 여부에 따라 판단하지 않는다. 단순한 신체검사에서도 고통은 발생할 수 있으며, 신체침해가 있어도 고통은 발생하지 않을 수 있다. 또한 의학적 수단이나 장치의 이용 여부도 신체침해를 판단하는 기준이 아니다. 혈압 측정, 심전도 검사, 뇌파 검사 및 분리 가능한 의치의 취득 등은 의학적 장치가 이용되고 통상적으로 의료인에 의해 행해지더라도 이는 단순한 신체검사에 해당할 뿐이다.[11]

III. 강제처분법정주의와 영장주의

1. 형사절차법정주의와 강제처분법정주의

헌법 제12조 제1항은 「누구든지 법률에 의하지 아니하고는 체포 · 구속 · 압

---

9) Meyer-Goßner/Schmitt, a. a. O. 범행의 증거로서 상처나 부상을 확인하는 것이 대표적인 예이다.
10) Meyer-Goßner/Schmitt, a. a. O., § 81a, Rn. 15.
11) Löwe/Rosenberg-Krause, StPO 2 Bd, 25 Aufl., 2004, § 81a, Rn. 27.

수 · 수색 또는 심문을 받지 아니하며, 법률과 적법한 절차에 의하지 아니하고는 처벌 · 보안처분 또는 강제노역을 받지 아니한다.」고 규정하고 있다. 이는 죄형법정주의에 관한 규정임과 동시에 형사소송법의 기본원칙인 형사절차법정주의를 선언한 것이다. 형사절차법정주의란 형벌권을 실현하는 절차에서 개인의 자유침해를 억제하기 위하여는 형사절차를 법률에 의하여 규정하여야 한다는 원칙을 말한다.[12)]

형사소송법 제199조 제1항은 「수사에 관하여는 그 목적을 달성하기 위하여 필요한 조사를 할 수 있다. 다만, 강제처분은 이 법률에 특별한 규정이 있는 경우에 한하며, 필요한 최소한도의 범위 안에서만 하여야 한다.」고 규정하고 있다. 이 조문은 강제처분법정주의를 규정한 것으로 이해되고 있다. 연혁적으로 보면, 동 조항은 1922년 일본대정형소법으로 거슬러 올라간다. 당시 이 조항의 취지는 강제처분의 전권을 지니고 있는 예심판사 외의 수사기관은 임의처분만을 할 수 있다는 점을 입법적으로 확인하기 위한 것이었다.[13)] 그러나 현행법상 수사기관은 영장주의의 통제를 받기는 하지만 체포 · 구속, 압수 · 수색 등 광범위한 강제처분의 권한을 부여받고 있다. 따라서 형사소송법 제199조 제1항은 수사기관은 임의수사만을 할 수 있다는 식으로 읽을 수는 없으며, 여기에 어떤 적극적인 의미를 부여하여야 한다.

헌법 제12조 제1항이 강제처분법정주의에 일정한 의미를 부여해 줄 수 있을 것이다. 헌법 제12조 제1항의 취지는 개인의 생명이나 자유 등 기본권을 침해하는 처분의 요건 및 그 절차를 미리 법률로 규정함으로써 국가권력의 남용을 방지

---

12) 이재상, 형사소송법, 4쪽; 신양균, 신판 형사소송법, 6쪽.

13) 1890년 일본형소법 하에서는 기소전 강제처분은 현행범사건을 제외하고 원칙적으로 예심판사의 전권이었다. 당초에는 피의자의 취조 등도 수사기관이 독자적으로 행할 수 있는 것으로 고려하였지만, 그 후 수사기관은 임의처분에 한하여 조사를 행할 수 있는 것으로 해석되었다. 1922년 대정형소법 제254조 제1항이 「수사에 있어서 그 목적을 달성하기 위하여 필요한 취조를 하는 것이 가능하다.」라고 규정한 것은 이러한 취지를 명문화한 것이다. 대정형소법도 강제처분은 예심판사의 전권으로 하여 1890년 형소법 이래의 원칙은 기본적으로 유지되었다. 다만, 수사기관은 현행범사건과 새로 신설된 '요급사건' 등의 경우에는 예외적으로 일정한 강제처분을 할 수 있었다(동법 제123조, 제124조, 제170조, 제172조, 제180조). 여기서 「강제처분은 별도의 규정이 있는 경우를 제외하고는 이를 행할 수 없다.」는 단서를 신설한 것은 본문의 취지를 보다 명확하게 함과 동시에 강제처분은 어디까지나 형사소송법이 이를 인정하는 예외의 경우에 한하여 가능하다는 것을 확인하기 위한 것이다. 井上正仁, 强制捜査と任意捜査(신판, 2014), 27쪽 참조.

하기 위한 것이다. 국가권력에 의한 인권침해의 사례는 형사절차에서 가장 빈번하게 발생하므로 적법절차의 원리는 형사절차에서 특히 존중되어야 한다.[14] 그러나 법률주의 관점에서 볼 때 헌법 제12조 제1항은 일정한 강제처분을 사용할 수 있는지 여부 그 자체를 국민 자신, 즉 그 대표기관인 국회를 통하여 의식적·명시적으로 선택한 법률에 근거 규정이 없는 한 행할 수 없는 취지로 이해할 수 있다.

법률주의는 영장주의와 엄격히 구별되며 양자는 혼동되어서는 안된다. 강제처분법정주의는 형사절차에 있어서 당해 강제처분을 이용할 수 있는지 여부와 누가 그러한 처분을 어떠한 요건 하에 할 수 있는지를 정하는 것이다. 반면, 영장주의는 법률에 의해 강제처분이 허용된 것을 전제로 하여 그 조건과 개별적·구체적인 처분의 허용 여부 절차를 규율하는 것으로 독자적인 의미를 지니는 별개의 존재이다.

2. 영장주의

헌법 제12조 제3항 전단은「체포·구속·압수 또는 수색을 할 때에는 적법한 절차에 따라 검사의 신청에 의하여 법관이 발부한 영장을 제시하여야 한다.」고 규정하고 있으며, 제16조는「모든 국민은 주거의 자유를 침해받지 아니한다. 주거에 대한 압수나 수색을 할 때에는 검사의 신청에 의하여 법관이 발부한 영장을 제시하여야 한다.」고 하여 영장주의를 천명하고 있다. 영장주의란 형사절차와 관련하여 체포·구속·압수 등의 강제처분을 함에 있어서는 사법권 독립에 의하여 그 신분이 보장되는 법관이 발부한 영장에 의하지 않으면 아니된다는 원칙이다. 영장주의의 본질은 신체의 자유를 침해하는 강제처분을 함에 있어서는 중립적인 법관이 구체적 판단을 거쳐 발부한 영장에 의하여야만 한다는 데에 있다.[15]

---

14) 권영성, 헌법학원론(개정판, 2009년), 423쪽.

15) 헌법재판소 1997. 3. 27. 96헌바28·31·32(병합) 결정.「특히, 수사기관에 의한 강제처분의 경우에는 범인을 색출하고 증거를 확보한다는 수사의 목적상 적나라하게 공권력이 행사됨으로써 국민의 기본권을 침해할 가능성이 큰 만큼 수사기관의 인권침해에 대한 법관의 사전적·사법적 억

영장주의는 영미법의 산물이다. 15세기말 이후 영국에서 종교적 이단자를 적발하거나 정부에 대한 반대자를 탄압하고, 각종 징세나 사회통제를 위해 수색 장소, 목적물 등이 전혀 특정되지 않은 일반영장이 사용되고, 의심스럽다고 생각되는 자들의 주거 등에 관헌들이 실력으로 침입하여 망라적 수색을 하고 문서나 물건을 압수하는 일이 행해졌다. 식민지 미국에서도 영국에서 부과한 관세의 징수를 위해 일반영장 또는 원조영장의 이름으로 무차별적으로 가택 수색 등이 행해지자, 이에 대한 강력한 반감이 형성되었다.[16] 미국 독립 후 각주는 권리선언에 일반영장의 금지를 포함시켰으며 미국수정헌법 제4조는 이러한 법집행에 대한 비판적 태도에서 유래한 것이다.

미국수정헌법 제4조는「신체, 주거, 서류 및 물건의 안전을 보장받을 개인의 권리는 불합리한 수색 및 압수로부터 침해될 수 없다. 선서 또는 확약에 의하여 뒷받침되는 상당한 이유가 있고, 수색될 장소 및 사람 또는 물건을 특정하여 기재되지 아니한 때에는 영장은 발부될 수 없다.」고 규정하고 있다. 미국헌법상 영장주의는 1차적으로는 일반영장을 금지하는 것을 목적으로 하지만, 이를 포함하여 탐색적 · 망라적 압수수색은 허용되지 않는다는 취지를 규정한 것이다.

일반영장에 의한 일반적 · 탐색적 압수수색을 허용하지 않는 것은 (1) 충분한 근거도 없이, (2) 수색 장소나 목적물도 특정하지 않은 채, (3) 행정기관과 사법기관이 미분화되었기에 영장 자체도 처분을 행하는 기관이 스스로 발부하여 자의적으로 근거 없는 압수수색을 하는 것에 대한 반발이었다.[17] 이러한 문제에 대응하기 위해 미국수정헌법은 (1) 상당한 이유가 존재할 것, (2) 수색 장소 및 압수 목적물을 특정할 것을 영장의 기본적인 요건으로 하고, (3)의 문제에 대하여는 미국수정헌법 제4조가 이를 명확히 규정하고 있지는 않지만, 이후 판례에 의하여 영장을 집행하는 기관과 독립한 사법기관이 미리 요건의 존부를 심사하여 발부하여야 한다는 취지로 해석되었다.[18] 미국법상 영장주의는 미국수정헌법

제를 통하여 수사기관의 강제처분 남용을 방지하고 인권보장을 도모한다는 면에서 영장주의의 의미가 크다.」

16) 문성도, "영장주의의 비교법적 고찰 – 한국 헌법 제12조 제3항과 미연방헌법 제4조의 규범적 특징을 중심으로 –", 형사법연구 제24호(2005년 겨울), 168쪽.

17) 井上正仁, 앞의 책, 29쪽.

에 법률적 근거를 두고, 미국수정헌법에서 유래하여 개별 사안에서 작동하는 원리이다. 미국에서도 영장주의는 법률주의를 전제로 하고 있다.

3. 법률주의와 영장주의

(1) 법률주의와 영장주의의 관계

법률주의와 영장주의는 모두 국민의 기본권을 보장하고 그 침해를 최소화하는 것을 목적으로 하는 헌법상의 원칙이다. 법률주의와 영장주의는 그 목적이 동일하다. 법률주의는 입법부가 행정부의 수사권한을 통제하기 위한 장치이고, 영장주의는 사법부가 행정부의 수사권한을 통제하기 위한 장치이다. 법률주의와 영장주의는 수사절차에서 권력분립을 실현하는 제도라고 할 수 있다.[19)]

그러나 법률주의와 영장주의는 그 작동 원리가 다른 별개의 독립된 제도이다. 법률주의는 수사권에 대한 민주주의적 통제를 의미한다. 수사권의 행사에 관한 내용을 규정하고 있는 형사소송법도 결국은 국민의 대표기관인 국회에서 법률의 형식으로 제정한 것이다. 법률주의는 국민을 대표하는 국회가 형사절차상 누가, 어떠한 요건하에, 어떠한 절차에 따라 피의자 등의 기본권을 침해할 수 있는지를 법률로 정하는 원칙을 말한다. 한편, 영장주의는 법률이 규정한 강제처분의 허용 요건 및 절차의 준수 여부를 중립적이고 독립적인 제3자가 판단한다는 데 그 본질이 있다. 이미 언급한 바와 같이 헌법재판소는 영장주의의 본질은 "신체의 자유를 침해하는 강제처분을 함에 있어서는 중립적인 법관이 구체적 판단을 거쳐 발부한 영장에 의하여야만 한다는 데에 있다."[20)]고 밝히고 있다.

이러한 의미에서 영장주의는 논리적으로 법률주의를 전제로 한다. 독립적이고 중립적인 제3자가 영장을 발부함에 있어서 판단의 대상으로 삼는 것은 입법자가 침해 권한을 부여하고 그 요건과 방식을 설정한 법률 규정의 내용을 충족시

---

18) 예를 들면, Johnson v. United States, 333 U.S 10 (1948); Aguilar v. Texas, 378 U.S. 108 (1960).

19) 배종대/이상돈/정승환, 신형사소송법, 91쪽.

20) 헌법재판소 1997. 3. 27. 96헌바28 · 31 · 32(병합) 결정.

키고 있는지 여부이다. 예를 들면, 법관은 피의자에 대한 구속여부를 판단함에 있어서 '죄를 범하였다고 의심할 만한 상당한 이유가 있는지', '증거를 인멸할 염려가 있는지, 도망하거나 도망할 염려가 있는지'를 심사하여야 하며, 이러한 구속의 요건이 미리 성문의 법률로 정하여져 있다(법 제201조 제1항, 제70조). "법률주의는 강제수사의 적법성의 한계를 법률에 명백히 규정하여 법관에 의한 구체적 판단을 가능하게 한다는 점에서 영장주의의 전제가 되는 원칙"이다.[21]

형법에서의 죄형법정주의 원칙은 절차법에서도 원칙적으로 동일하게 적용된다.[22] 헌법의 효력은 형사소송법에도 미치며, '헌법과 법률에 의하여 그 양심에 따라 독립하여 심판'하여야 하는 법관(헌법 제103조)은 헌법과 법률에 구속되어야 한다. 법관은 영장을 발부함에 있어서 구체적 사안의 개별성을 고려할 수 있지만 헌법과 법률이 설정한 한계를 벗어날 수 없다.[23] 법률주의와 영장주의는 규범적 관점에서 대등한 관계에 있는 것이 아니다. 민주주의적 통제원리인 법률주의를 전제로 법치국가적 통제원리인 영장주의가 개별적 · 구체적 사안에서 피의자 등의 기본권 보호를 보다 강화 내지 보완하기 위해 추가적인 장치로서 마련된 것이라고 볼 수 있다.[24]

(2) 법률주의와 영장주의의 구별

법률주의와 영장주의가 적용되고 작동하는 해당 영역은 상호간에 명확하게 구별되어야 한다. 영장주의에 관한 종래 논의 중에는 법률주의와 영장주의가 엄밀하게 구별되지 않고 혼동되어 취급되는 경우가 있다. 예를 들면, 영장청구권자

---

21) 이은모, 형사소송법, 201쪽.

22) Jahn, Rechtstheoretische Grundlagen des Gesetzesvorbehaltes im Strafprozessrecht, im Gesetzlichkeit und Strafrecht, Hrsg. von Kudlich, Montiel und Schuhr, 2012, Dunkel & Humbolt · Berlin, S. 223. 물론, 독일에서도 형법에 관한 죄형법정주의의 구체적 내용이 절차법인 형사소송법에 어느 범위에서 적용될지에 관하여는 견해의 차이가 있다.

23) Jahn, a. a. O., S. 225.

24) "수사절차에서 강제처분은 합목적성을 이유로 자의적으로 행사될 가능성이 크기 때문에, 추상적인 법률유보만으로는 기본권보장에 미흡한 측면이 적지 않다. 이러한 이유에서 강제처분의 권한이 본래 헌법이 그 독립성을 보장한 법관에게 속하는 것임을 명백히 하고, 수사절차에서 사법적 사전통제를 위하여 마련된 것이 영장주의라고 할 수 있다." 신양균, 신판 형사소송법, 154쪽.

를 검사로만 한정할 것인가 아니면 사법경찰관에도 법관에 대한 영장청구권을 인정할 것인가의 문제는 독립적인 제3자인 법관이 법률상 영장발부의 요건을 심사한다는 영장주의의 문제가 아니다.[25] 이는 헌법과 형사소송법에서 영장청구권자를 누구로 정할 것인가라는 법률주의의 문제이다.[26]

미국수정헌법 제4조는 흔히 체포 및 압수 · 수색에 관한 영장주의를 규정한 조문으로 이해되고 있다. 그러나 동법 제4조는 법률주의와 영장주의를 동시에 규정하고 있는 조문으로 볼 수 있다. 동조의 첫 번째 문장을 '합리성 조항'(reasonableness clause)이라고 하고, 두 번째 조항을 '영장 조항'(warrant clause)이라고 칭하기도 한다. '합리성 조항'은 체포, 수색, 압수 등이 합리적일 것을 규정하고 있을 뿐이고, '영장 조항'은 영장 발부의 요건을 정하고 있다. 체포, 수색, 압수가 합리적이기 위해 반드시 영장이 필요한지 여부에 관하여 미국 내에서는 영장 조항에 따른 강제처분만이 합리성 조항을 충족시킨다는 견해와 영장 조항은 합리성 조항에 어떤 의미를 부여하거나 범위를 정하는 역할을 하는 것이 아니며 강제처분의 합리성 여부는 모든 관련 요소를 고려하여 판단하면 족하다는 견해가 있다.[27] 후자의 견해에 따르면, 합리성 조항은 영장주의와는 별개로 체포, 수색, 압수의 적법성을 판단하는 기준을 '헌법'에서 규정하고 있는 것이 된다. 견해의 차이를 떠나 미국수정헌법 제4조는 영장을 발부하기 위한 요건으로 '상당한 이유'를 요구하고 있는바, '상당한 이유'를 전제로 수색 장소나 목적물을 특정한 영장을 발부할 수 있다는 의미에서 법률주의와 영장주의를 동시에 규정한 것으로 볼 수 있다.

---

25) 같은 취지로는, 김선택, 영장청구주체 헌법규정의 해석론 및 개정론, 공법연구 제38권 제2호, 2009년, 261쪽.

26) 황정인, 영장주의의 본질과 영장제도 : 체포제도를 중심으로, 형사정책연구 제21권 제2호 (통권 제82호, 2010 · 여름호), 220쪽은 각국의 영장제도에 차이가 있는 점을 고려하여 영장제도와 영장주의를 구분하고, '수사기관 및 수사기관이 속한 행정권으로부터는 독립되어 있어서 중립된 지위에 있는'자에 의한 심사가 영장주의의 필수적인 조건이라고 말한다. 이는 타당한 진술이다. 그러나 영장주의를 '형사절차의 강제처분은 적법절차에 의한 사법심사를 받아야 한다는 원칙'으로 개념 정의하고, 여기서 적벌절차는 "그 절차가 법률로 정해져야 할 뿐만 아니라 그 법률의 내용이 정의에 합치되는 거시어야 한다."고 기술하고 있는 부분은 타당하지 않다. 이 부분은 법률주의의 영역에 속하는 것이기 때문이다.

27) 조성훈, "디지털 증거와 영장주의 : 증거분석과정에 대한 규제를 중심으로", 형사정책연구 제24권 제3호(통권 제95호, 2013 · 가을호), 114쪽.

법률주의와 영장주의의 혼동은 영장주의의 전제가 되는 법률의 근거 및 요건, 즉 법률주의가 암묵적으로 소홀히 취급되어 형사소송법이 법률로 규정해야 할 사항들에 관한 입법이 제대로 이루어지지 않을 우려가 있다. 또한 법률주의에 따른 규율의 부재는 법률주의가 담당하여야 하는 역할을 영장주의가 떠맡게 되어 영장주의가 과도한 부담을 안게 되고 그 한계를 일탈하는 경우도 발생할 수 있다.

(3) 영장주의의 한계

법원이 일정한 요건을 부과하거나 영장주의에 의한 통제를 전제로 법률이 미리 규정하고 있지 않거나 명확히 예정하고 있지 않은 강제처분을 유추적용을 통해 허용하는 것은 영장주의의 한계를 일탈한 것으로서 권력분립의 원칙과 민주주의 원칙에 근거를 둔 법률주의 위반의 문제가 발생할 수 있다.

법률주의 내지 강제처분법정주의는 권력분립의 원칙과 민주주의의 원칙에 근거를 두고 있다. 형사소송법은 공법에 속하는 법률이며 공법, 특히 행정법에서 인정되는 법률유보(Gesetzesvorbehalt)의 원칙이 형사소송법에도 적용된다. 법률유보의 원칙에 따르면, 기존의 규정을 확장 또는 보충하는 것을 넘어 주관적 공권에 대한 침해를 위임한다거나, 법률에 규정되지 않은 침해권한이나 입법자가 예정하지 않은 침해를 행하는 것과 같이 법률이 예정하지 않은 사실관계에 대하여 유추적용을 통해 전혀 새로운 규칙을 창설하는 것은 권력분립의 원칙에 반한다.[28)]

법률주의는 권력분립의 원칙뿐만 아니라 민주주의 원칙에도 근거를 두고 있다. 법률은 민주적 정당성이 인정되는 국회의 의사를 표현한 것이기 때문에 '법률의 우위'가 인정되어야 한다. 이러한 민주주의 원칙의 요청으로부터 형사소송에서 불리한 유추는 허용되지 않는다는 근거를 도출할 수 있다.[29)] 독일형사소송법의 해석에 있어서 성문법률주의(lex scripta), 유추적용금지(lex stricta), 명확성의 원칙(lex

28) Kudlich, Das Gesetzlichkeitsprinzip im deutschen Strafprozessrecht, im Gesetzlichkeit und Strafrecht, Hrsg. von Kudlich, Montiel und Schuhr, 2012, Dunkel & Humbolt · Berlin, S. 247.

29) Kudlich, a. a. O., S. 248.

certa) 등 실체법인 형법에 적용되는 죄형법정주의(Gesetzlichkeitsprinzip)가 형사소송법에 적용되는 범위에 관하여는 전면적인 적용을 주장하는 견해와 제한적인 적용을 주장하는 견해의 대립이 있다. 그러나 견해의 차이에도 불구하고 특히 수사절차상 이루어지는 강제처분은 법률에 근거가 있어야 하며, 유추적용은 허용되지 않는다는데 학설은 공감대가 형성되어 있다.[30]

피의자의 의사에 반하거나 또는 동의 없이 이루어지는 사진 촬영은 형사소송법 제199조의 강제처분에 해당된다고 보는 것이 통설이지만, 대법원은 형사소송법상 명문의 규정이 없음에도 불구하고 ① 범죄 혐의의 명백성, ② 증거보전의 필요성, ③ 증거보전의 긴급성, ④ 촬영방법의 상당성이라는 요건을 창설하여 영장 없는 사진촬영이 위법하다고 단정할 수 없다는 입장을 취한 바 있다.[31] 법원이 강제수사에 해당하는 피의자의 동의 없는 사진촬영의 요건을 창설하여 그 적법성을 인정하는 것은 법률주의 위반의 소지가 있는 것이다.

'강제채뇨 판결'에서 대법원은 명문 규정이 없음에도 불구하고 도뇨관을 사용한 강제채뇨의 적법성을 긍정하였다. 그러나 형사소송법은 '강제채뇨'라는 강제처분을 예정하고 있지 않다. 독일형소법 제81조의a가 신체검사 외에 혈액 채취 그 밖의 신체침해에 관한 규정을 명문으로 두고 있는 것과 대조된다. 독일의 경우는 1933년 형소법 개정으로 신체침해에 관한 근거 규정이 도입되기 이전에는 학설과 판례는 혈액 채취와 그 밖의 신체침해는 대상자의 동의 없이는 허용되지 않는 것으로 보고 있었다.[32] 대법원이 '강제채뇨 판결'에서 압수영장을 근거로 한 도뇨관을 이용한 채뇨의 적법성을 인정한 것은 기존의 영장 규정을 유추 적용하여 – 일정 조건을 부가하여 – '강제채뇨영장'을 창조한 것이라고 볼 수 있다.

이러한 판례의 법형성 기능을 긍정적으로 평가하는 견해가 있을 수도 있다. 현행법상 법률의 근거가 없고 그 내용이 불명확한 경우에는 판례가 영장주의에 따라 규율을 할 수밖에 없으며, 이는 판례에 의한 법형성이 아니라 영장주의의 적용 내지 운용으로도 볼 수 있다. 특히, 당면한 사안을 판단해야 하는 법원이

---

30) Jahn, a. a. O., S. 230; Kudlich, a. a. O., S. 253.

31) 대법원 1999. 9. 3. 선고 99도2317 판결.

32) Löwe/Rosenberg-Krause, a. a. O., § 81c, Rn. 1.

언제 이루어질지 모르는 입법을 마냥 기다릴 수만은 없다는 주장도 예상된다. 이러한 견해는 신체의 안전성과 인간의 존엄성을 크게 침해하지 않는 강제채혈의 경우는 타당하게 적용될 수 있다. 강제채혈의 경우도 유추적용금지의 원칙이 적용된다고 보아야 하지만, 형사소송법 개정이 이루어지고 있지 않은 상황을 감안하지 않을 수 없기 때문이다. 또한 강제채혈의 허용성을 부정하는 학설상의 견해는 찾아보기 어렵고, 강제채혈은 적정하게 실행되면 거의 고통이 없고 혈우병 환자에게만 위험할 수 있을 뿐이며 채혈 과정에서 피의자에게 수치심이나 굴욕감을 주지는 않기 때문이다. 그러나 피의자의 굴욕감과 인간의 존엄성에 대한 심각한 침해에 해당하고 신체의 안전성에 대한 위험을 야기할 수 있는 강제채뇨는 강제채혈과는 기본권 침해의 정도가 다르다. 법률주의와 강제처분법정주의의 민주주의적 성격을 고려할 때 입법이 예상하지 않은 강도의 기본권침해를 수반하는 강제처분을 판례가 '유추를 통해 창조'(Rechtssetzung durch Analogie)하는 것은 헌법상 권력분립의 원칙과 민주주의 원칙 위반의 소지가 있다. 강제채뇨라는 인권침해의 허용 여부 및 허용 요건에 관하여는 국민의 대표기관인 국회에서 판단할 문제에 해당한다.

일반론적으로 법원의 판단은 개별적 · 구체적인 사건의 해결을 도모하기 위한 것이며, 개별 사안의 특수한 맥락을 바탕으로 하는 것이다. 하지만 법원의 판단은 기본적인 가치판단을 포함할 수밖에 없으며 형사실무에 미치는 파급효과도 크다. '강제채뇨 판결'에 의해 이제 수사기관은 심각한 기본권침해를 수반할 수밖에 없는 강제채뇨라는 수사 방법을 공식화할 수 있게 되었다. 판례에 의한 문제해결은 개별적 · 단편적 성격을 지니므로 당해 강제처분의 요건과 절차에 관한 법률의 내용이 불명확한 상태에 머물게 되고, 매우 복잡한 내용이 될 우려가 있다.[33] 법률주의가 아닌 영장주의의 운용으로 강제처분을 규제한다면 미국에서와 같은 영장주의의 유연한 해석[34]이 고개를 들고 활용될 우려도 있다. 예를 들면,

---

33) 미국 판례법상 압수 · 수색에 관한 방대하고 복잡한 법리를 전체적으로 개관하기가 쉽지 않다는 점은 이에 관한 좋은 예이다. 전자정보에 대한 압수 · 수색에 관한 대법원의 판례 법리는 다양한 쟁점을 다뤄가며 전개되고 있다. 법률의 정비가 없는 상태에서 판례의 법리가 지나치게 방대해지고 복잡해진다면 법률의 명학성의 원칙 관점에서 국민에게 이롭지 못하며, 수사실무를 담당하는 수사기관에도 명확한 지침을 제시하기 어려울 수 있다.

'강제채뇨 판결'의 후속 판결로 강제채혈[35]에서와 마찬가지로 긴급강제채뇨 후 사후영장을 발부받으면 영장주의 위반이 아니라는 법리가 전개될 가능성도 전혀 배제할 수 없다.

「통신비밀보호법」은 법률주의에 따라 새로운 유형의 강제처분을 규율하고자 하는 입법적 대응의 바람직한 예에 해당한다. 대법원은 전자정보의 압수수색의 범위를 합리적으로 제한하기 위한 법리를 지속적으로 전개해나가고 있다. 이러한 대법원의 판례 법리는 디지털 증거의 특성을 반영하면서 영장주의의 취지를 관철하려는 노력으로 평가할 수 있다. 전자정보에 대한 압수수색의 집행 방법에 관한 대법원 판례[36] 법리에 기초하여 신설된 형사소송법 제106조 제3항이 이후 전개되는 판례들[37]의 토대 및 기준이 되었다고 평가하는 것도 무리는 아닐 것이다. 다른 한편, 판례가 전자정보에 대한 압수수색에 관한 주요 쟁점들에 관한 법리의 전개를 전담하고 있는 현재의 상황도 법률주의 관점에서 바람직한 것은 아니다.

입법에 의한 규율이 지연되고 있는 분야인 '신체침해'에 관한 법률주의에 따른 대응이 필요하다. 신체침해의 요건과 절차를 사전에 법률로 엄격하게 규정하고, 신체침해의 허용 여부 및 절차 준수 여부를 영장주의의 통제 하에 두는 형사소송법 개정이 필요하다고 본다. 앞에서 언급한 독일형사소송법 제81조의a가 입법의 모델이 될 수 있을 것이다. 다만, 이 경우에도 인간의 존엄성의 본질적 내용과 신체의 자유를 침해하는 '강제채뇨'는 어떠한 경우에도 허용되지 않는다는 입법적 조치가 필요하다.[38]

---

34) 예를 들면, 영장이 없더라도 상당한 이유가 있으면 압수수색은 적법하다는 법리, 우연한 발견 이론 등이 여기에 해당한다.

35) 대법원 2012. 11. 15. 선고 2011도15258 판결 참조.

36) 대법원 2011. 5. 26.자 2009모1190 결정.

37) 예를 들면, 대법원 2015. 7. 16.자 2011모1839 전원합의체 결정; 대법원 2016. 3. 10. 선고 2013도11233 판결; 대법원 2017. 9. 21. 선고 2015도12400 판결 등 참조.

38) 강제채뇨의 위헌성 및 그 허용성을 부정해야 하는 근거에 관한 상세한 논의는, 조기영, "강제채뇨의 허용성에 관한 고찰", 비교형사법연구 제20권 제4호(2019. 1), 92쪽 이하 참조.

IV. 신체침해와 영장주의

1. 학설의 현황

형사소송법은 강제채혈이나 강제채뇨에 관한 직접적인 명문 규정을 두고 있지 않다. 학설상 신체침해의 경우 적용되어야 할 영장의 종류에 관한 논의는 종래 현행법상 인정되는 강제처분의 규정들이 당연히 유추적용될 수 있다는 점을 암묵적으로 전제하고 있다. 그러나 보다 우위에 있어야 할 근본적인 문제는 신체침해의 경우 적용되어야 할 영장의 종류가 아니라, 신체침해에 관한 명문의 규정을 두고 있지 않은 현행 형사소송법 하에서 압수수색검증이나 감정에 관한 규정을 유추 적용하는 것이 허용되는지 여부라는 점은 이미 강조한 바와 같다.

법률주의에 따른 형사소송법 개정 이전의 상황에서는 강제채뇨나 이와 동등한 정도의 기본권침해를 가져오는 강제처분(예를 들면, 정액 채취)을 제외한 강제채혈 등 그 밖의 신체침해에 어떤 강제처분 규정들을 유추적용할 수 있는지에 관한 논의는 여전히 실익이 있다. 현행법이 인정하고 있는 강제처분과 영장의 종류를 전제로 하여 인체 내부의 체액을 강제 채취하는 경우 어떤 영장을 발부받아야 하는지에 관하여 종래 주로 강제채혈을 중심으로 논의가 전개되었다.

'검증영장설'은 신체검사는 원칙적으로 검증으로서의 성격을 가지는 것이고, 검증으로서의 신체검사는 신체의 외표에 대한 검증뿐만 아니라 신체의 내부검사도 포함한다고 본다.[39)]

'감정처분허가장설'은 신체내부에 대한 침입을 수반하는 내부검사는 감정이고, 체액의 채취는 전문가에 촉탁하여 채취된 물건의 성분을 감정하는 수단으로 행해지는 것이므로, 그 채취의 목적 또한 감정결과의 획득이 있으므로 감정처분허가장에 의하여야 한다고 한다.[40)]

---

39) 신동운, 신형사소송법, 307쪽; 조국, "수사상 검증의 적법성 – 사진 및 무음향 비디오 촬영과 신체침해를 중심으로 –", 형사법연구 제20호 (2003 겨울), 313쪽.

40) 강구진, 형사소송법원론, 228쪽; 서태경, "형사소송법상 신체내부에 대한 강제수사의 절차와 한계", 한양법학 제19권 제2호(2008. 10), 402쪽.

'압수 · 수색영장설'은 체액이라는 증거자료의 점유권을 물리적으로 취득하여 영치하는 것이므로 압수 · 수색영장에 의하여야 한다고 한다.[41)]

'검증영장 · 감정처분허가장 병용설'은 신체검사는 원칙적으로 검증의 성격을 가지므로 신체의 손상을 수반하는 내부검사도 기본적으로는 검증처분이지만, 의사 등과 같은 전문인의 감정을 필요로 하므로 검증영장 외에 별도로 감정처분허가장이 필요하다고 한다.[42)]

'압수수색영장 · 감정처분허가장 병용설'은 체액의 강제채취 그 자체는 압수 · 수색의 성격을 가지는 것이지만, 채취된 체액은 전문가의 감정을 필요로 하는 것이므로 압수 · 수색영장과 감정처분허가장을 모두 법원으로부터 발부받아야 한다고 한다. 다수설적 견해이다.[43)]

2. 판례의 입장

2004년 대법원은 주취운전과 음주측정거부의 각 도로교통법위반죄의 경합관계를 실체적 경합관계라고 보아야 하는 이유를 논증하면서 강제채혈은 '감정처분허가장 등'에 의해 이루어질 수 있음을 시사한 바 있다.[44)] 그 이후 대법원은 피고인이 운전 중 교통사고를 내고 의식을 잃은 채 병원으로 호송되었기 때문에 출동한 경찰관이 피고인의 동의 없이 또한 영장도 없이 의사 등으로 하여금 채혈을 하도록 한 사안에서, "형사소송법 제215조 제2항, 제216조 제3항, 제221조,

41) 김형준, "형사절차상 혈액 · 뇨의 강제채취와 그 한계", 형사법연구 제9호(1997. 12.), 315쪽.

42) 백형구, 형사소송법강의, 319쪽; 신양균, 신판 형사소송법, 247쪽; 이재상, "강제채뇨와 강제채혈", 고시계 1998. 8., 163쪽.

43) 김재환, 형사소송법, 229쪽; 노명선/이완규, 형사소송법, 255쪽; 배종대/이상돈/정승환, 신형사소송법, 193쪽; 손동권, 형사소송법, 315쪽; 이은모, 형사소송법, 298쪽; 임동규, 형사소송법, 233쪽; 정승환, 형사소송법, 198쪽; 방경휘, "수사상 강제채뇨에 관한 연구 – 한국과 일본의 논의를 바탕으로 –", 인하대학교 법학연구 제21집 제3호(2018. 9), 291쪽

44) 대법원 2004. 11. 12. 선고 2004도5257 판결.「우리 형사소송법에 의하더라도 음주측정을 거부한 사람에 대하여 법원의 감정처분허가장 등을 발부 받아 강제로 혈액을 채취한 다음 그 혈액을 의사로 하여금 감정하게 하는 방법으로 혈중알코올농도를 측정하지 못할 이유는 없으며, 교통경찰관들이 음주측정을 거부하는 운전자들에 대하여 강제채혈을 하지 않고 음주측정거부로만 의율하는 것은 어디까지나 우리 형사소송법이 강제채혈에 관련된 명시적 규정을 따로 두지 아니하고 있는 데서 오는, 절차적인 불명확함이나 번거로움, 시 · 공간적 제약 등에서 비롯되는 실무 관행일 뿐이(다).」

제221조의4, 제173조 제1항의 규정을 위반하여 수사기관이 법원으로부터 '영장 또는 감정처분허가장'을 발부받지 아니한 채 피의자의 동의 없이 피의자의 신체로부터 혈액을 채취하고 사후적으로도 지체 없이 이에 대한 영장을 발부받지도 아니"한 경우는 위법하다고 판시함으로써,[45] 강제채혈을 위한 사전영장은 제215조에 의해 발부받은 영장 또는 감정처분허가장이라는 입장을 분명히 하였다.

대법원이 '영장 또는 감정처분허가장'을 언급하였고, 형사소송법 제215조 제1항, 제2항이 규정하고 있는 영장은 압수, 수색, 검증을 포함하는 것이므로 동 조항의 영장의 구체적 내용이 무엇인지 해석의 여지가 있을 수 있다. 그러나 대법원이 "수사기관이 범죄 증거를 수집할 목적으로 피의자의 동의 없이 피의자의 혈액을 취득·보관하는 행위는 법원으로부터 감정처분허가장을 받아 형사소송법 제221조의4 제1항, 제173조 제1항에 의한 '감정에 필요한 처분'으로도 할 수 있지만, 형사소송법 제219조, 제106조 제1항에 정한 압수의 방법으로도 할 수 있고, 압수의 방법에 의하는 경우 혈액의 취득을 위하여 피의자의 신체로부터 혈액을 채취하는 행위는 그 혈액의 압수를 위한 것으로서 형사소송법 제219조, 제120조 제1항에 정한 '압수영장의 집행에 있어 필요한 처분'에 해당한다."고 판시하고 있는 것에 비추어 볼 때 강제채혈을 위한 제215조에 규정된 강제처분은 압수를 의미하는 것으로 볼 수 있다.

2012년 대법원은 의식불명 상태에 있는 피의자로부터 동의를 얻거나 감정처분허가장이나 사전 압수영장을 발부받을 시간적 여유도 없는 긴급한 상황에서 먼저 강제채혈을 한 후 제216조 제3항에 의해 사후영장을 발부받아야 한다는 법리를 전개하면서도 강제채혈은 압수영장 또는 감정처분허가장에 의해 가능하다는 점을 명백히 하였다.[46] 이러한 대법원의 입장은 최근 강제채뇨의 경우도 적용되는 영장은 압수영장 또는 감정처분허가장에 의할 것이라고 판시함으로써 그대로 유지되고 있다.

---

45) 대법원 2011. 4. 28. 선고 2009도2109 판결; 대법원 2011. 5. 13. 선고 2009도10871 판결.

46) 대법원 2012. 11. 15. 선고 2011도15258 판결. 이러한 입장이 다시 한 번 확인된 판결로는, 대법원 2016. 12. 27. 선고 2014두46850 판결.

「수사기관이 범죄 증거를 수집할 목적으로 피의자의 동의 없이 피의자의 소변을 채취하는 것은 법원으로부터 감정허가장을 받아 형사소송법 제221조의4 제1항, 제173조 제1항에서 정한 '감정에 필요한 처분'으로 할 수 있지만(피의자를 병원 등에 유치할 필요가 있는 경우에는 형사소송법 제221조의3에 따라 법원으로부터 감정유치장을 받아야 한다), 형사소송법 제219조, 제106조 제1항, 제109조에 따른 압수 · 수색의 방법으로도 할 수 있다. 이러한 압수 · 수색의 경우에도 수사기관은 원칙적으로 형사소송법 제215조에 따라 판사로부터 압수 · 수색영장을 적법하게 발부받아 집행해야 한다.」[47)]

요컨대, 대법원은 수사기관의 강제채혈이나 강제채뇨는 법원으로부터 감정처분허가장을 발부받아 가능하며 이때 피의자의 동의 없이 혈액이나 소변을 채취하는 것은 '감정에 필요한 처분'으로 하거나(제221조의4 제1항, 제173조 제1항) 또는 압수수색영장을 발부받아 압수의 방법으로도 가능하며 이때 피의자의 동의 없이 혈액이나 소변을 채취하는 것은 '압수영장의 집행에 있어 필요한 처분'으로 할 수 있다(제215조, 제219조, 제120조 제1항)는 입장이다.[48)]

3. 검토

현행법상 강제처분의 유형이 압수수색, 검증, 감정 등으로 구분된 것은 연혁적으로 1922년 일본대정형사소송법의 영향인 것으로 보인다.[49)] 대륙법계 전통

---

47) 대법원 2018. 7. 12. 선고 2018도6219 판결.

48) 이러한 두 가지의 방법이 가능하지만 실무에서는 먼저 감정인을 위촉해야 하는 감정절차보다는 압수 · 수색절차가 편리하고 효율적이어서 압수 · 수색영장을 받는 실무가 일반적이라고 한다. 김영규, "의식없는 음주운전자로부터 채혈한 혈액 감정서의 증거능력 – 대법원 2012. 11. 15. 선고 2011도15258 판결 –", 형사소송 이론과 실무 제6권 제1호(2014. 6), 10-11쪽.

49) 프랑스법을 모방한 1880년 일본치죄법은 공판전 강제처분의 권한은 예심판사의 전권으로 하고, 다만 현행범의 경우에 한하여 검사나 사법경찰관에게도 강제처분의 권한을 인정하였는데, 이러한 구조하에서 예심판사가 할 수 있는 처분에는 '임검(臨檢)' 내지 '가택수색(家宅捜索)'과 '감정' 2가지가 있었다. '임검'은 오늘날 검증과 압수 · 수색이 혼합된 성격을 가지고 있는 처분이었으며, 한편, 감정은 예심판사가 '학술직업으로 인하여' 자격이 인정되는 자에게 명하는 것으로서, '특별한 지식'을 가지고 판사가 알 수 없는 사항을 보충하기 위한 목적으로 이루어지는 것이었다. 1922년 일본 대정형소법은 독일법을 따라 종래 예심의 장에 규정되어 있던 각종 처분을 수소법원의 처분으로서 총칙에 규정하고 이것을 예심에도 적용하는 형태로 규정하면서, '검증'을 증거의 수집보다는 순수하게 증거조사로 보는 독일식의 관념에 따라 수색과 검증은 그 성질이 다른 것으로서 장을 구별하여 규정하였다. '감정'에도 감정유치를 추가하여 '감정인은 필요한 경우 법원의 허가를 받아 신체를 검사하고, 사체를 해부하거나 물건을 훼손'하는 것이 허용되었다. 한편, 감정도 '학식경험있는 자'에 행해지는 것으로 차이가 없지만, 주로 대상의 성질과 상태를 인식함에 있어서 법관이

에 기반을 둔 현행 형사소송법은 법원이나 수사기관의 강제처분의 유형을 압수 · 수색 또는 검증, 감정 등으로 명확히 구분하고 이들 강제처분의 요건과 절차를 별도로 규정하고 있다. 판례법 국가의 전통에 있는 미국이 수정헌법 제4조에 의하여 압수 · 수색은 물론 각종 신체침해 사안의 적법성을 판단하는 것과 대조되는 모습이다.

학설이 강제채혈이나 강제채뇨에 적용될 영장의 종류를 논구하는 것은 2가지 측면에서 의미가 있다고 볼 수 있다. 하나는, 강제채혈 · 채뇨에 관한 명문 규정이 없는 현행법 하에서 명문으로 인정된 강제처분에 관한 규정을 유추적용함으로써 신체침해의 근거 규정을 마련하기 위한 것이고, 다른 하나는, 방법론적으로 대륙법계의 규정 체계를 바탕으로 개념의 엄밀성을 추구하기 위해서이다. 반면, 대법원은 감정처분허가장 '또는' 압수영장 어느 것이라도 무방하다는 상당히 '유연한 입장'을 취하고 있다. 이는 미국 판례가 미국수정헌법상 프라이버시 침해가 있는지, 적정절차 위반인지 그 실질적인 기본권 침해의 정도를 중심으로 수사기관의 다양한 강제처분의 적법성을 판단하는 모습과 유사한 접근법이라고도 볼 수 있다.

대법원은 이러한 '유연한 입장'을 취하는 이유를 스스로 제시하고 있지는 않다. 형사소송법상 감정이나 압수 · 수색 규정을 유추 적용하여 강제채뇨의 허용성까지 인정하는 판례의 입장에 대하여는 의문이 있다는 점은 앞에서 강조한 바와 같다. 다만, 형사소송법 개정이 이루어지기 전까지 강제채혈이나 그 밖의 헌법상 허용될 수 있는 신체침해에 어떠한 종류의 영장이 적용되어야 하는가라는 관점에서 본다면, 영장의 종류에 집착하지 않는 판례의 입장은 이해될 수 있는 여지가 있다고 생각된다.

첫째, 강제채혈이나 그 밖의 신체침해의 성격은 형사소송법이 규정한 강제처분의 한 유형에 정확히 일치하는 것은 아니고 감정 또는 압수의 성격도 공유하고 있는 것으로 볼 수도 있다. 강제채혈을 예로 들면, 강제채혈이 이루어지는 과정은 크게 ① 채혈, ② 채취된 혈액의 취득 · 보관, ③ 혈액의 분석 등 3단계로

나 수사기관의 부족한 점을 특별한 학식경험을 가지고 보충하는 것, 이른바 '감정인이 행하는 검증'으로 이해하였다. 이에 관한 상세한 내용은 井上正仁, 앞의 책, 111-6쪽 참조.

나눌 수 있다. 이러한 개별 단계의 성질을 논구하여 ①은 검증, 압수 또는 '압수에 필요한 처분'이라고 하거나, ②는 압수 또는 '감정에 필요한 처분'이라고 하거나, ③은 감정 또는 검증이라고 할 수 있다. 그러나 형사소송법이 예정하지 않은 강제처분의 특정 측면에 주목하여 그 성격을 파악하려고 하는 경우에는 다양한 해석과 판단이 불가피할 수밖에 없다. 예를 들면, 현행법상 영장에 의한 신체검사를 예정하고 있는 검증과 감정은 규정 체계상 별개이고 법문언상의 개념[50]도 다르며 연혁적으로 대륙법계에서 각각의 독자성이 인정되어온 별개의 처분이지만, 양자는 밀접한 관계에 있다. 검증과 감정 모두 사실인정을 위한 자료의 발견, 수집, 보전이라는 기능적 관점에서 보면 유사성 내지 공통성이 인정될 수 있으며, 사실인정을 위한 자료 수집 방법의 차이가 인정되나 종국적으로는 모든 증거조사가 법관의 감각작용을 통해 이루어진다는 점에서 공통된 목적을 위한 것이라고 볼 수 있다.[51] 감정을 개념상 증인 외의 제2의 인적 증거방법이라고 칭하지만 특정 전문분야에 대한 법관의 지식결여를 보충하기 위해 감정인을 활용하는 것이므로[52] 검증을 '감정인을 활용한 검증'이라고 관념하지 못할 이유도 없다. 독일형소법 제81조의a 규정처럼 명문으로 신체침해를 규정하고 있지 않은 현행법에서는 강제채뇨나 강제채혈과 같은 신체침해의 법적 성격을 일의적으로 파악하기는 어려울 수 있다.

둘째, 대법원은 기본권침해를 최소화하는 관점에서 압수 또는 감정처분 모두 영장담당판사의 사법적 사전심사를 거친다는 점에서 그 절차상 유의미한 차이를 인정하지 않아도 무방하다는 입장을 취한 것으로 해석할 수도 있다. 강제채혈과 같은 신체침해가 법률상 문제되는 것은 그 강제성이 지니는 인권침해 요소 때문이다. 수사기관의 신체침해를 억제하고 적정하게 통제하여야 한다는 실질적인 관점에서 본다면, 신체침해에 적용되는 영장의 종류와 형식은 본질적인 문제

---

50) 검증은 '사실을 발견함에 필요한 때'에 행하는 것이고(제139조, 제215조), 감정은 '학식경험이 있는 자'가 하는 것(제169조)이다.

51) 따라서 검증(Augenschein)은 법률이 정한 다른 증거조사방법에 속하지 않는 경우에 한정해야 한다고 해석되고 있다. 신양균, 신판 형사소송법, 665쪽; Meyer-Goßner/Schmitt, a. a. O., § 86 Rn.1.

52) Meyer-Goßner/Schmitt, a. a. O., Vor § 72 Rn.1.

가 아니라고 볼 수 있는 것이다. 민법상 의사표시의 구성요소를 세분하여 분석하는 것은 법률행위의 효력을 엄밀하게 판단하기 위함이고, 형법상 행위의 단일성과 다수성을 치밀하게 밝혀야 하는 것은 피고인의 형량에 직결되는 문제이기 때문이다. 하지만 법률에 명문 규정이 없는 신체침해의 경우는 기본권의 보장을 위한 본질적 절차를 담보할 수 있다면 영장의 종류 문제는 유연하게 접근할 수 있다고 판단할 수 있는 것이다. 헌법은 적법절차의 원칙과 영장주의를 규정하고 있지만 사안별 영장의 종류까지는 규정하고 있지 않다.

이러한 유연한 실질적 관점에서 본다면 압수수색영장에 의하든 감정처분허가장에 의하든, 법원 판사에 의한 사전 심사절차를 거치고, 압수수색영장에는 감정처분허가장과는 달리 신체검사에 관한 주의 사항을 규정한 형사소송법 제141조가 적용되지 않더라도 숙련된 의료인에 의해 의학적 방법으로 행해질 것 등의 조건을 부가함으로써의 피의자의 기본권침해를 방지할 수 있도록 할 수 있다는 실무적 태도를 취하는 것도 가능할 수 있다고 생각된다.

V. 신체침해와 '필요한 처분'

1. 학설의 현황

강제채혈 등 신체침해를 하는 경우 이를 위하여 피의자를 병원 등 처분에 적합한 장소에 인치할 필요가 있다. 피의자가 임의동행을 거부하는 경우 유형력을 행사하여 피의자를 강제인치하는 것이 허용되는지가 문제된다. 강제인치 내지 강제연행의 문제는 강제채혈 뿐만 아니라 의사 등에 의해 의학적으로 상당한 방법으로 행해지는 검증 등 사람의 신체를 대상으로 하는 다른 형태의 강제처분에서도 문제될 수 있다.

이에 관하여는 종래 일본에서 강제채뇨와 관련하여 논의된 내용들이 적극설과 소극설로 구분되어 소개되어 왔다.[53] 적극설에는 ① 영장의 당연한 내용 또는

53) 학설의 상세한 내용은, 이은모, "소변강제채취의 허용성 및 법적 성격에 관한 검토", 한양대학교

그 부수적 효력으로 가능하다는 견해(영장효력설 또는 부수처분설), ② 압수수색 영장의 집행에 '필요한 처분'으로 가능하다는 견해(필요처분설), ③ 영장에 장소가 명시되어 있거나 강제인치를 허가하는 취지의 기재가 있는 경우에 한하여 가능하다는 견해(영장기재설)가 있다. 적극설은 일본 판례의 입장이며,[54] 일본 판례는 영장효력설을 취하고 있는 것으로 이해되고 있다.[55] 반면, 소극설은 강제연행은 신체의 자유를 침해하는 행위로서 소변채취와는 다른 새로운 별개의 처분이므로 체포영장이 함께 없으면 강제연행은 허용되지 않는다는 견해라고 한다.

이 문제를 다루고 있는 국내 학설은 소위 '필요처분설'[56] 또는 '영장효력설'[57]에 따라 이를 허용하는 입장이다.

2. 판례의 입장

대법원은 '강제채뇨 판결'에서 '압수 · 수색영장의 집행에 필요한 처분'으로 피의자를 강제 인치할 수 있다는 입장을 밝혔다.

> 「압수 · 수색의 방법으로 소변을 채취하는 경우 압수대상물인 피의자의 소변을 확보하기 위한 수사기관의 노력에도 불구하고, 피의자가 인근 병원 응급실 등 소변 채취에 적합한 장소로 이동하는 것에 동의하지 않거나 저항하는 등 임의동행을 기대할 수 없는 사정이 있는 때에는 수사기관으로서는 소변 채취에 적합한 장소로 피의자를 데려가기 위해서 필요 최소한의 유형력을 행사하는 것이 허용된다. 이는 형사소송법 제219조, 제

법학연구소 법학논총 32집 제3호(2015), 12-3쪽; 방경휘, 앞의 논문, 291-291쪽 참조.

54) 이은모, 앞의 논문, 12쪽. 일본 판례는(일최재 1994. 9. 16. 결정, 형집 제48권 제6호, 420쪽) 「신체가 구속되어 있지 않은 피의자를 채뇨장소로 임의동행하는 것이 사실상 불가능하다고 인정되는 경우에는 강제채뇨영장의 효력으로서 채뇨에 적합한 가장 가까운 장소까지 피의자를 연행할 수 있고 그 경우에 필요최소한의 유형력을 행사할 수 있다고 해석하는 것이 상당하다. 그렇게 해석하지 않으면 강제채뇨영장의 목적을 달성할 수 없고 또한 영장을 발부한 판사는 연행의 당부까지도 심사하여 영장을 발부한 것으로 보아야 하기 때문이다. 그때 영장에 피의자를 채뇨에 적합한 가장 가까운 장소까지 연행하는 것을 허가한다는 취지로 기재할 수 도 있다.」고 판시하였다고 한다.

55) 방경휘, 앞의 논문, 293쪽.

56) 노명선/이완규, 형사소송법, 256쪽; 이은모, 앞의 논문, 13쪽; 이재상, 앞의 논문, 163쪽; 방경휘, 앞의 논문, 294쪽.

57) 김형준, 앞의 논문, 318쪽.

120조 제1항에서 정한 '압수 · 수색영장의 집행에 필요한 처분'에 해당한다고 보아야 한다. 그렇지 않으면 피의자의 신체와 건강을 해칠 위험이 적고 피의자의 굴욕감을 최소화하기 위하여 마련된 절차에 따른 강제 채뇨가 불가능하여 압수영장의 목적을 달성할 방법이 없기 때문이다.」

대법원은 '강제채뇨 판결' 외에서도 '피의자의 동의 없이 피의자의 혈액을 취득 · 보관하는 행위',[58] '검사, 수사관 등이 영장집행장소로 이동하기 위하여 경비원 등의 영장집행 방해를 제지하고 엘리베이터에 탑승하는 일련의 행위,[59] '원격지 저장매체에 적법하게 접속하여 내려 받거나 현출된 전자정보를 대상으로 하여 범죄 혐의사실과 관련된 부분에 대하여 압수 · 수색하는' 행위[60] 등도 형사소송법 제120조 제1항의 '압수 · 수색영장의 집행에 필요한 처분'에 해당한다고 판단한 바 있다.

3. 검토

형사소송법은 법률이 허용하고 있는 강제처분을 실시하기 위한 목적으로 강제력(Zwang)을 행사할 수 있는 권한에 관한 규정을 두고 있지 않다. 다만, 형사소송법은 일정한 직무집행이나 강제처분을 함에 있어서 '필요한 처분'을 할 수 있는 경우를 8개의 조문에서 규정하고 있으며,[61] '필요한 처분'의 내용을 예시하고 있는 경우도 있다.[62]

대법원은 '압수 · 수색영장의 집행에 필요한 처분'의 의미를 "영장집행의 목적

58) 대법원 2012. 11. 15. 선고 2011도15258 판결.

59) 대법원 2013. 9. 26. 선고 2013도5214 판결.

60) 대법원 2017. 11. 29. 선고 2017도9747 판결.

61) 법원이 관할구역 외에서 직무를 행하거나 사실조사에 필요한 처분(제3조), 압수 · 수색영장의 집행에 있어서의 필요한 처분(제120조), 압수 · 수색영장의 집행을 중지한 경우에 필요한 처분(제127조), 검증에 필요한 처분(제140조), 감정에 필요한 처분(제173조, 제175조, 제221조의2), 재판장이 피고인의 퇴정을 제지하거나 법정의 질서를 유지하기 위하여 필요한 처분(제281조) 등이 여기에 해당한다.

62) 형사소송법은 압수 · 수색영장의 집행에 있어서는 '건정을 열거나 개봉'(제120조 제1항), 검증을 함에 있어서 '신체의 검사, 사체의 해부, 분묘의 발굴, 물건의 파괴'(제140조), 감정에 관하여 '타인의 주거, 간수자 있는 가옥, 건조물, 항공기, 선차 내에 들어가거나 신체의 검사, 사체의 해부, 분묘발굴, 물건의 파괴'(제173조)가 가능하다고 규정하고 있다.

을 달성하기 위한 필요 최소한도의 범위 내에서 그 수단과 목적에 비추어 사회통념상 상당하다고 인정되는 처분"이라고 정의한 바 있다.[63] '필요한 처분'은 그 목적의 범위를 벗어나지 않는 한 명문의 규정이 없더라도 인정될 수 있는 성질의 것이다. 예를 들면, 독일형소법 제81조의a에 따른 신체검사 또는 신체침해의 경우 이를 위한 '필요한 처분'을 명문으로 규정하고 있지 않지만, 신체검사 또는 신체침해 명령을 실행하기 위한 준비행위(Vorbereitung)로서 직접강제(Unmittelbarer Zwang)도 허용된다고 해석하는 것이 독일의 학설[64]과 판례[65]의 태도이다. 즉, 피의자가 신체침해의 실행에 저항하는 때에는 비례성 원칙의 범위 내에서 직접강제를 위한 처분이 허용된다.[66] 예를 들면, 신체검사나 신체침해가 이루어지는 장소로 인치하기 위해 '신체적 유형력'(körperliche Gewalt)을 행사할 수 있으며, 피의자를 의자나 침대에 결박할 수 있고 경찰관이나 의료인이 피의자를 제압할 수 있다. 또한 신체검사나 신체침해를 위해 필요한 자세를 유지하도록 신체적 유형력이 행사될 수 있다. 처분의 실행을 위해 필요한 때에는 옷을 벗길 수도 있고, 동공의 홍조를 확인하기 위해 강제적으로 눈을 뜨게 할 수 있으며, 강제적인 방식으로 신체에 대한 측정을 할 수 있다. 그러나 강제적으로 안정제를 주사하는 것은 허용

63) 대법원 2013. 9. 26. 선고 2013도5214 판결 참조.

64) Löwe/Rosenberg-Krause, a. a. O., § 81a, Rn. 77. 일본의 경우도 '필요한 처분'이라는 표지는 1922년 대정형소법에 의해 도입된 것이지만, 그 이전 1880년 명치형소법시대부터 압수수색에 수반하여 당연 허용되는 것으로 해석되어 왔다고 한다. 井上正仁, 앞의 책, 148쪽.

65) 독일 드레스덴 최고법원은 경찰관이 채혈을 위해 강제력을 행사한 사안에서 신체침해의 유형으로 채혈을 규정하고 있는 독일형소법 제81조의a는 신체침해의 권한규정임과 동시에 적법한 채혈을 위해 강제력을 행사할 수 있는 법적 근거도 된다고 판시한 바 있다. 동 법원은 이러한 견해를 형소법은 "이 규정에 의해 음주 관련 범죄의 경우 명령된 처분의 즉각적인 실행가능성을 실현시킬 것"을 의도하고 있다는 당해 규정의 의미와 목적에서 도출하였다. 형사소송상의 모든 침해규범은 그러한 기본권침해의 법적 근거임과 동시에 기본권 침해를 위한 강제력 행사의 근거도 된다는 것이다. OLG Dresden : Anwendung unmittelbaren Zwangs zur Durchsetzung einer rechtmäßig angeordneten Blutentnahme, NJW 2001, 3643.

66) 헌법적 관점에서 볼 때 강제처분을 방해하는 적극적 작위(예를 들면, 수색을 피하기 위해 주거의 출입문을 잠그거나 강제채혈의 대상자가 몸부림을 치는 경우)와 협조를 거부하는 부작위(예를 들면, 채혈 대상자가 재킷을 벗는 것을 거부하거나 대상자가 수색의 대상인 문을 열러주기를 거부하는 경우)는 질적으로 구별되어야 한다. 협조의 거부는 허용된다고 보아야 하기 때문이다. 그러나 형사소송의 관점에서 볼 때는 강제처분에 대한 적극적 방해 행위와 소극적 비협조는 동일한 것으로 평가되어야 한다. 양자 모두 형사소추의 효율성에 대한 위험을 가져오는 것이기 때문이다. Benfer, Anwendung unmittelbaren Zwangs zur Durchsetzung strafprozessualer Rechtseingriffe, NJW 2002, 2688.

되지 않는다. 이것은 신체검사를 위해 필요한 준비행위에 해당하지 않기 때문이다. 신체검사를 용이하게 해 줄 뿐인 처분을 하기 위해서는 피의자의 동의가 필요하다.[67]

'필요한 처분'은 어디까지나 '본래의 강제처분'의 목적을 달성하기 위한 준비행위로서 본래의 처분의 목적을 달성하기 위한 범위를 벗어날 수 없고, 그 수단 · 방법 · 범위가 본래의 처분의 범위를 초월하는 것이 될 수는 없다는 점이 강조되어야 한다. 필요한 처분이 본래의 처분의 목적 범위를 벗어나는 경우나 필요한 처분이 본래의 처분의 목적을 달성하기 위한 범위 내라도 비례성의 원칙을 벗어난 경우에는 영장주의 위반이라고 보아야 한다.[68]

강제채혈 등 신체침해를 허용하는 영장이 발부되어 적법한 절차에 따라 집행되는 때에는 피의자를 병원 등 채혈에 적합한 장소로 강제인치하는 것도 허용된다고 보아야 한다. 적극설 중 '영장효력설' 또는 '부수처분설' 등 일본식 논의에 따른 구별은 실질적으로는 거의 의미가 없다고 보인다. '필요한 처분권한'이라는 것은 '본래의 처분권한'에서 유래하는 것이기 때문이다. 따라서 본래의 처분 권한을 벗어나지 않는 한 필요한 처분은 인정될 수 있다. 그러나 형사소송법 제120조가 '필요한 처분'이라는 문언을 사용하고 있는 점을 존중한다면, 강제채혈 등 직접적인 신체침해를 위한 강제인치는 강제채혈이라는 본래의 처분을 실행하기 위해 '필요한 처분'이라고 볼 수 있다.

VI. 결론적 고찰

수사절차를 규율하는 2가지 헌법적 원리는 법률주의와 영장주의이다. 법률

---

67) Löwe/Rosenberg-Krause, a. a. O.

68) '강제채뇨 판결' 사안에서 설령, 형사소송법상 강제처분에 관한 규정들을 유추 적용하여 강제채뇨의 법적 근거를 긍정할 수 있다고 하더라도, 즉 법률주의의 요구를 충족시켰다고 가정하더라도, '영장주의'에 위반되는 것이라는 의문이 든다. 격렬하게 저항하는 피의자의 신체를 제압한 후 도뇨관을 사용하여 강제로 채뇨하는 처분은 자연배뇨된 소변의 압수라는 영장의 본래의 목적을 달성하기 위한 처분으로 보기도 어렵고, 설령, 그 목적 범위 내에 속한다고 하더라도, 비례성의 원칙을 위반한 것으로 판단되기 때문이다.

주의와 영장주의는 국민의 기본권을 보호하기 위한 별개의 독립된 원리로서 상호 보완적으로 작용해야 한다. 법률주의가 국민의 기본권 침해를 안이하게 영장주의에 방임해서는 안되며, 영장주의가 법률주의의 영역을 침범해서도 안된다. 법률주의의 요청에 따라 강체채혈 등 신체침해의 법률적 근거와 상세한 절차를 마련하는 것이 필요하다. 기본권 침해의 정도가 심각한 강제채뇨는 압수 · 수색이나 감정에 관한 형사소송법 규정을 유추 적용하여 허용하는 것은 법률주의 관점에서 심각한 문제가 있다고 보인다. 형사소송법 개정을 통해 신체침해의 요건, 절차 등을 마련하는 경우에도 강제채뇨의 허용성은 부정하여야 한다고 판단된다.

형사소송법 개정 이전에 강제채혈 등 신체침해에 적용되는 영장의 종류에 관한 논의는 불가피한 측면이 있다. 이에 관해 학설과 같이 엄밀한 개념 구분을 추구하는 것이 방법론적으로 타당하지만, 기본권 침해적 요소에 대한 영장주의에 의한 통제라는 실질적인 관점에서 본다면 영장의 종류에 집착하지 않는 판례의 '유연한 입장'도 이해될 수 있다.

법률이 긍정하고 있는 강제처분의 목적 달성을 위한 준비행위로서 직접강제를 행하는 것도 현행법상 허용된다고 해석된다. 그러나 영장 집행에 '필요한 처분'은 본래의 처분의 목적을 달성하기 위한 범위를 벗어날 수 없고, 비례성의 원칙을 준수하는 범위 내에서일 뿐이다.

참고문헌

국내문헌

강구진, 형사소송법원론, 학연사, 1984
권영성, 헌법학원론(개정판), 법문사, 2009
김재환, 형사소송법, 법문사, 2013
노명선/이완규, 형사소송법(제5판), SKKUP, 2017
배종대/이상돈/정승환, 신형사소송법, 홍문사, 2008
백형구, 형사소송법강의(제8정판), 박영사, 2001
손동권, 형사소송법(개정신판), 율곡출판사, 2010
신양균, 형사소송법(제2판), 법문사, 2004
______, 신판 형사소송법, 화산미디어, 2009
이은모, 형사소송법, 박영사, 2010
이재상, 형사소송법(제9판), 박영사, 2012
임동규, 형사소송법(제5판), 법문사, 2008
정승환, 형사소송법, 박영사, 2018

김선택, 영장청구주체 헌법규정의 해석론 및 개정론, 공법연구 제38권 제2호(2009)
김영규, 의식없는 음주운전자로부터 채혈한 혈액 감정서의 증거능력 – 대법원 2012. 11. 15. 선고 2011도15258 판결 –, 형사소송 이론과 실무 제6권 제1호(2014. 6)
김형준, 형사절차상 혈액·뇨의 강제채취와 그 한계, 형사법연구 제9호(1997. 12.)
문성도, 영장주의의 비교법적 고찰 – 한국 헌법 제12조 제3항과 미연방헌법 제4조의 규범적 특징을 중심으로 –, 형사법연구 제24호(2005년 겨울)
방경휘, 수사상 강제채뇨에 관한 연구 – 한국과 일본의 논의를 바탕으로 –, 인하대학교 법학연구 제21집 제3호(2018. 9)
서태경, 형사소송법상 신체내부에 대한 강제수사의 절차와 한계, 한양법학 제19권 제2호(2008. 10)
이은모, 소변강제채취의 허용성 및 법적 성격에 관한 검토, 한양대학교 법학연구소 법학논총 32집 제3호(2015)
이재상, 강제채뇨와 강제채혈, 고시계 1998. 8.
조　국, 수사상 검증의 적법성 – 사진 및 무음향 비디오 촬영과 신체침해를 중심으로 –, 형사법연구 제20호 (2003 겨울)
조기영, 강제채뇨의 허용성에 관한 고찰, 비교형사법연구 제20권 제4호(2019. 1)

조성훈, 디지털 증거와 영장주의 : 증거분석과정에 대한 규제를 중심으로, 형사정책연구 제24권 제3호(통권 제95호, 2013 · 가을호)

황정인, 영장주의의 본질과 영장제도 : 체포제도를 중심으로, 형사정책연구 제21권 제2호 (통권 제82호, 2010 · 여름호)

외국문헌

Löwe/Rosenberg, StPO 2 Bd, 25 Aufl., 2004

Meyer-Goßner/Schmitt, StPO, 60. Aulfl., 2017

Benfer, Anwendung unmittelbaren Zwangs zur Durchsetzung strafprozessualer Rechtseingriffe, NJW 2002, 2688.

Jahn, Rechtstheoretische Grundlagen des Gesetzesvorbehaltes im Strafprozessrecht, im Gesetzlichkeit und Strafrecht, Herausgegeben von Kudlich, Montiel und Schuhr, Dunkel & Humbolt·Berlin, 2012

Kudlich, Das Gesetzlichkeitsprinzip im deutschen Strafprozessrecht, im Gesetzlichkeit und Strafrecht, Hrsg. von Kudlich, Montiel und Schuhr, Dunkel & Humbolt·Berlin, 2012

OLG Dresden : Anwendung unmittelbaren Zwangs zur Durchsetzung einer rechtmäßig angeordneten Blutentnahme, NJW 2001, 3643

[국문초록]

이 논문은 강제채뇨와 같은 인권침해의 정도가 심각한 신체침해를 법원이 판례에 의해서 긍정하는 것이 법률주의 관점에서 볼 때 적정한 것인가라는 의문에서 출발하여 수사절차를 규율하는 2가지 원리의 법률주의와 영장주의의 기능과 관계를 고찰하고 있다. 대법원이 압수 · 수색이나 감정에 관한 형사소송법 규정을 유추적용하여 강제채뇨의 허용성을 긍정한 것은 심각한 인권침해의 허용 여부는 입법적 판단에 따라야 한다는 법률주의 관점에서 의문이 있다.

형사절차법정주의 원칙을 준수하고 영장주의의 한계를 분명히 하기 위해 강제채혈 등 신체침해에 관한 형사소송법 규정 신설하는 작업이 요구된다. 다만, 이러한 입법이 이루지기 전에도 압수 · 수색이나 감정에 관한 규정을 '강제채혈'에 유추적용하는 판례의 입장은 법률주의의 범위를 벗어난 것이라고는 볼 수 없다.

법률이 긍정하고 있는 강제처분의 목적 달성을 위한 준비행위로서 직접강제를 행하는 것도 현행법상 허용된다고 해석하여야 한다. 하지만 영장 집행에 '필요한 처분'은 본래의 처분의 목적을 달성하기 위한 범위를 벗어날 수 없고, 비례성의 원칙을 준수하는 범위 내에서 가능하다.

주제어 : 신체침해, 형사절차법정주의(법률주의), 영장주의, 강제채혈,
강제채뇨, 필요한 처분

[Abstract]

'Gesetzlichkeit' and the requirement of warrant in criminal procedure in case of intrusions into the human body

Cho, Gi Yeong[69]

This paper is based on the question of whether it is appropriate for the court to affirm a violation of human rights such as forced catherterization by a precedent in terms of lex scripta and lex stricta. It examines the function and relationship between the principle that criminal procedure should be prescribed by law and the requirement of warrant. The Supreme Court affirmed the acceptability of forced catherterization by analogy to the provisions of the Criminal Procedure Law on seizures and searches or appraisal. It is doubtful from the viewpoint that the serious violations of human rights should be regulated by the law made by the representative of the people.

It is required to establish a new criminal procedure law for the violation of the body such as forced blood collection. However, even before such legislation is implemented, the position of the korean Supreme Court to apply the provisions on seizure, search or appraisal to forced blood collection can not be regarded as the violation of lex stricta.

It should be interpreted that it is permissible under the present law to directly enforce the act as a preparatory act to achieve the purpose of the compulsory disposition affirmed by law. It should be emphasized, however, that the 'necessary disposition' in the execution of a warrant can not be beyond the scope of achieving the purpose of the original disposition and is within the scope of compliance with the principle of proportionality.

Keyword : intrusions into the human body in criminal procedure,
Gesetzlichkeitsprinzip, warrants requirement, forced catherterization,
principle of proportionality

---

69) Professor, Law School, Chonbuk National University, Ph. D. in Law.

강제채뇨의 허용성에 관한 고찰*

- 조 기 영**-

목 차

Ⅰ. 서설

대법원 2018. 7. 12. 선고 2018도6219 판결(이하 '대상판결'이라고 칭함)은 강제채뇨에 관한 대법원의 입장을 밝힌 최초의 판결이다. 2014년 강제채뇨의 위법성을 상고이유로 상고된 사안이 확인되지만, 대법원의 실체 판단이 이루어지지 않아 범죄 증거 수집을 목적으로 하는 강제채뇨의 적법성 등에 관한 쟁점은 다루어지지 못했다.[1] 대상판결 이전에는 강제채뇨(die zwangsweise Entnahme von

* 이 논문은 필자가 2018. 12. 17. 개최된 대법원 형사실무연구회에서 '강제채뇨와 압수수색영장에 관한 고찰'이라는 주제로 발표한 내용을 수정하여 「비교형사법연구 제20권 제4호(2019. 1.), 73~102쪽」에 위 제목으로 이미 게재한 논문의 내용 그대로임을 밝혀둔다.

** 전북대학교 법학전문대학원 교수

1) 대법원 2014. 12. 11.자 2014도14421 결정. 제1심 법원(부산지방법원 2014. 8. 7. 선고 2014고단4990)이 피고인에게 필로폰 투약 혐의로 징역 10월과 추징 100,000원을 선고하자, 피고인은 양

Urin)의 허용여부, 허용요건, 적용되어야 할 영장의 종류 및 절차 등에 관한 논의는 주로 학설상으로 전개되어 왔을 뿐이다. 강제채혈에 관하여는 일련의 대법원 판례 법리[2)]가 전개되어 피의자의 동의가 없더라도 사전영장 또는 사후영장에 따라 적법하게 강제채혈을 할 수 있다는 법리가 확립되어 있는 것과 비교되는 상황이었다. 대상판결은 (1) 강제채뇨의 허용성, (2) 강제채뇨와 영장주의, (3) 강제채뇨를 위한 필요 최소한의 유형력의 행사 가능 여부 등 강제채뇨 관련 중요한 법리들을 상세히 밝히고 있다.

이 논문은 '강제채뇨의 허용성' 문제에 집중하여 대상판결의 법리를 비판적으로 고찰하고자 한다. 강제채뇨의 허용성, 즉 현행법상 강제채뇨라는 수사 방법이 허용될 수 있는가라는 문제는 강제채뇨 관련 다른 쟁점들의 선결 문제에 해당하고, 이에 관한 국내의 논의가 아직은 충분하지 않다고 판단되기 때문이다.

II. 대상판결 사안

1. 사안의 개요

(1) 강제채뇨 관련 사실관계

부산지방검찰청 소속 검사는 부산지방경찰청 소속 경찰관의 신청에 따라 피고인이 2017. 8. 초순경 메트암페타민을 투약하였다는 제보자의 진술내용을 근거로 부산지방법원에 압수 · 수색 · 검증영장을 청구하여 2017. 8. 10. 영장담당판사로부터 마약류 관리에 관한 법률 위반 혐의에 관하여 압수 · 수색 · 검증영장

형부당을 이유로 항소하였다. 항소심 법원(부산지방법원 2014. 10. 16. 선고 2014노2886 판결)이 항소를 기각하자, 피고인은 "경찰관이 압수 · 수색영장을 제시하지 않은 채 피고인을 강제 연행하여 강제로 소변을 채취한 다음 긴급체포한 것이 위법하다는 취지"로 상고하였다. 대법원은 이러한 주장은 피고인이 이를 항소이유로 삼거나 원심이 직권으로 심판대상으로 삼지 아니한 것을 상고이유에서 비로소 주장하는 것으로서 적법한 상고이유가 되지 못한다는 이유로 상고기각 결정을 하였다.

2) 대법원 1999. 9. 3. 선고 98도968 판결; 대법원 2011. 4. 28. 선고 2009도2109 판결; 대법원 2011. 5. 13. 선고 2009도10871 판결; 대법원 2012. 11. 15. 선고 2011도15258 판결.

을 발부받았다.

이 사건 영장의 '압수할 물건'란에는 '피의자의 소변 30cc, 모발 약 80수, 마약류, 마약류 사용 또는 거래 위한 도구, 피고인이 소지하고 있는 휴대폰'이, '수색 · 검증할 장소'란에는 '피고인의 소지품, 피고인의 주민등록상 주소지, 피고인의 실제 주거지, 그 밖에 피고인이 전속적으로 점유 또는 관리하고 있는 실제 거주지, 소재 발견지, 피고인이 전속적으로 운행하는 차량'이 각 기재되어 있었다.

경찰관은 2017. 8. 28. 11:10경 부산 해운대구 ○○○○에서 피고인에게 이 사건 영장을 제시하고 피고인의 실제 주거지를 수색하여 사용 흔적이 있는 주사기 4개를 증거물로 압수하였다. 경찰관은 같은 기회에 이 사건 영장에 따라 피고인에게 소변과 모발을 제출할 것을 요구하였으나, 피고인은 욕설을 하며 완강하게 거부하였다. 경찰관은 피고인을 3시간가량 설득하였으나, 피고인이 계속 거부하면서 자해를 하자 이를 제압하고 피고인에게 수갑과 포승을 채운 뒤 강제로 부산의료원 응급실로 데리고 갔다.

피고인이 부산의료원 응급실에서도 소변의 임의제출을 거부하자, 경찰관은 같은 날 15:30경 응급구조사로 하여금 피고인의 신체에서 소변 30cc를 채취하도록 하여 이를 압수하였다. 압수한 소변을 간이시약(MET)로 검사한 결과 필로폰 양성반응이 나왔다. 경찰관은 같은 날 16:00 피고인을 부산지방경찰청 마약수사대로 인치 한 후 피고인의 모발을 채취하여 압수하였다.

(2) 사건의 경과

피고인은 2017. 8. 27. 22:00경 피고인의 주거지에서 향정신성의약품인 메트암페타민(이하 '필로폰'이라 한다) 약 0.03g을 일회용 주사기에 넣고 물로 희석한 후 팔 혈관에 주사하는 방법으로 필로폰을 투약하였다는 범죄사실로 부산지방법원에서 징역 1년과 추징 100,000원을 선고받았다.[3)]

피고인은 "피고인의 소변에 대한 압수 · 수색 · 검증영장 집행이 위법하므로 피고인의 소변 및 모발, 그리고 그에 기초하여 수집된 증거들은 위법수집증거 또

3) 부산지방법원 2017. 11. 24. 선고 2017고단4484 판결.

는 위법수집증거의 2차적 증거로서 유죄 인정의 증거로 삼을 수 없다."는 점과 양형과중을 항소이유로 하여 항소를 제기하였다. 항소심 법원은 "피고인에 대한 압수수색검증영장의 집행은 압수수색검증을 하는 사유, 압수수색검증과의 관련성, 긴급성 등 제반사정을 종합하여 볼 때 영장 집행을 위한 필요한 처분으로서 영장의 집행을 위한 범위 내에서 상당한 방법으로 이루어진 것이므로 적법하(고)", 원심의 양형은 적절하다는 이유로 피고인의 항소를 기각하였다.[4]

피고인은 원심의 판단은 논리와 경험의 법칙에 반하여 자유심증주의의 한계를 벗어나 사실을 오인하였고, 압수영장 집행에 관한 법리를 오해하였다는 점을 상고이유로 하여 상고를 제기하였다. 이에 대해 대법원은 아래와 같이 판시하면서 피고인의 상고를 기각하였다.[5]

2. 대법원의 판결요지

「강제 채뇨는 피의자가 임의로 소변을 제출하지 않는 경우 피의자에 대하여 강제력을 사용해서 도뇨관(catheter)을 요도를 통하여 방광에 삽입한 뒤 체내에 있는 소변을 배출시켜 소변을 취득 · 보관하는 행위이다. 수사기관이 범죄 증거를 수집할 목적으로 하는 강제 채뇨는 피의자의 신체에 직접적인 작용을 수반할 뿐만 아니라 피의자에게 신체적 고통이나 장애를 초래하거나 수치심이나 굴욕감을 줄 수 있다. 따라서 피의자에게 범죄 혐의가 있고 그 범죄가 중대한지, 소변성분 분석을 통해서 범죄 혐의를 밝힐 수 있는지, 범죄 증거를 수집하기 위하여 피의자의 신체에서 소변을 확보하는 것이 필요한 것인지, 채뇨가 아닌 다른 수단으로는 증명이 곤란한지 등을 고려하여 범죄 수사를 위해서 강제 채뇨가 부득이하다고 인정되는 경우에 최후의 수단으로 적법한 절차에 따라 허용된다고 보아야 한다. 이때 의사, 간호사, 그 밖의 숙련된 의료인 등으로 하여금 소변 채취에 적합한 의료장비와 시설을 갖춘 곳에서 피의자의 신체와 건강을 해칠 위험이 적고 피의자의 굴욕감 등을 최소화하는 방법으로 소변을 채취하여야 한다.」

4) 부산지방법원 2018. 4. 13. 선고 2017노4648 판결.

5) 대법원 2018. 7. 12. 선고 2018도6219 판결.

III. 강제채뇨의 허용성

1. 종래 학설 현황

대상판결은 강제채뇨는 '범죄 수사를 위해서 강제채뇨가 부득이하다고 인정되는 경우에 최후의 수단으로 적법한 절차에 따라 허용된다.'고 하여 강제채뇨의 허용성을 인정하고 있다. 강제채뇨의 '허용성'이란 인간의 존엄성과 신체의 자유, 적법절차의 원칙 및 비례성의 원칙이라는 관점에서 현행법상 강제채뇨라는 수사방법이 비록 영장주의의 적용을 받는다고 하더라도 허용될 수 있느냐의 문제라고 정의할 수 있다.[6] 허용성의 문제는 강제채뇨의 근거, 형식 및 절차에 관한 명문의 법률 규정을 두고 있더라도 제기될 수 있는 문제이다. 예를 들면, 독일의 경우는 1933년 형소법 개정을 통해 '혈액 채취나 그 밖의 신체침해'의 법률적 근거와 절차를 마련하였지만, 후술하는 바와 같이 도뇨관을 이용한 강제채뇨는 허용될 수 없다는 학설이 지배적이다.

종래 학설은 대체로 강제채뇨의 허용성을 긍정하고 있었다. 마약음용 여부를 확인하기 위한 강제수사의 필요성이 현저하고, 의사에 의하여 정당한 방법으로 실행되고, 피검사자의 건강을 침해하지 않는 범위에서는 허용된다는 것이 다수설의 입장이다.[7] '허용설'도 강제채뇨는 건강을 침해할 가능성이 높고 인간의 존엄을 해할 수도 있으므로 극히 제한된 범위 내에서만 최후 수단으로 인정될 수

---

6) 이은모 교수는 강제채뇨의 허용성을 "마약류를 사용한 의심이 있는 자가 소변의 배출 및 제출을 거부하는 경우 이를 강제로 배출시켜 증거로 사용하는 것이 비록 영장에 의한다고 해도 현행법상 허용될 수 있는 것인지"의 문제로 정의한다. 이은모, "소변강제채취의 허용성 및 법적 성격에 관한 검토", 한양대학교 법학연구소 법학논총 32집 제3호(2015), 2쪽.

7) 김재환, 형사소송법(2013), 228쪽; 노명선/이완규, 형사소송법(제5판, 2017), 254쪽; 배종대/이상돈/정승환, 신형사소송법(2008), 193쪽; 백형구, 형사소송법강의(제8정판, 2001), 318쪽; 손동권, 형사소송법(개정신판, 2010), 315쪽; 이은모, 형사소송법(2010), 297쪽; 이재상, 형사소송법(제9판, 2012), 328쪽; 임동규, 형사소송법(제5판, 2008), 233쪽. 이재상 교수는 강제채뇨가 허용될 수 있는 이유를 다음과 같이 제시한 바 있다. "강제채뇨는 본인의 의사에 따라서는 자연배뇨에 의하여 정신적 고통에서 피할 수 있는 길이 열려 있기 때문에 이 경우의 정신적 고통에는 인격의 존엄에 대한 침해라는 색체가 약화되고, 또 굴욕감 등은 의사 등의 기능자에 의하여 적당한 장소에서 적절하게 행하여지는 때에는 어느 정도 완화될 수 있을 뿐만 아니라, 채뇨과정에서 건강을 침해할 위험성이 없다는 점을 종합하면 영장을 받고 적법한 절차를 거친 강제채뇨는 허용된다고 하지 않을 수 없다." 이재상, 강제채뇨와 강제채혈, 고시계(1998. 8.), 161쪽.

있다는 점을 강조하고 있음은 물론이다.

이러한 통설적 견해와 달리 강제채뇨는 과잉금지의 원칙이나 보충성의 원칙에 비추어 허용되지 않는다는 '불허설'이 제시되었다는 점은 주목할 만하다.[8] 강제채뇨는 강제채혈과는 달리 피의자에게 굴욕감 등 정신적 고통도 주며, 자연배출이 가능하고 채뇨 이외의 방법으로 마약잔류물질에 대한 검사가 가능하다는 것을 이유로 한다. 또한 최근에는 강제채뇨는 법률주의와 영장주의를 위반하는 위헌적 행위이기 때문에 이를 불허해야 한다는 견해도 제시된 바 있다. 격렬히 저항하는 피의자의 음부를 강제로 노출시키고, 신체를 속박하여 도뇨관을 삽입하여 방광에서 소변을 채취하는 방법으로 이루어지는 강제채뇨가 피의자의 신체적 · 정신적 기본권을 침해하는 정도는 압수 · 수색이라는 대물적 강제처분과 체포 · 구속이라는 대인적 강제처분보다 큼에도 불구하고, 이에 대한 근거규정이 없으므로 강제채뇨를 허용하는 것은 위헌이고 영장주의 위반이라는 것이다.[9]

통설이 강제채뇨의 허용성을 명시적으로 긍정하거나, 이를 긍정하는 입장을 전제로 그 허용요건을 논하는 것은 다분히 1980년에 일본에서 나온 판례 하나를 염두에 두고 있는 것으로 보인다.[10] 우연일 수도 있겠지만 대상판결의 강제채뇨의 허용성, 강제채뇨의 허용요건 및 강제채뇨를 위한 필요한 유형력의 행사 등에 관한 주요 판시사항의 내용도 일본의 최고재판소의 결정 내용과 유사한 부분이 적지 않다. 그러나 일본 법원이 강제채뇨에 관한 일본 실무를 적법한 것으로 용인한다는 점이 현행 형사소송법의 해석에서 어떤 기준이 될 수 없음은 물론이다. 우리가 참고할 수 있는 외국의 선례와 논의는 일본에만 국한될 수 없음은 자명하

8) 신양균, 형사소송법(제2판, 2004), 225쪽; 신양균, 신판 형사소송법(2009), 247쪽.

9) 하태인, "수사상 강제채뇨에 관한 비판적 고찰", 부산대학교 법학연구, 제51권 제4호(2010. 11.), 327-8쪽.

10) 교과서 외의 학술논문 중 강제채뇨의 허용성을 인정하는 견해들은 거의 예외 없이 1980년의 일본 최고재 결정을 소개하거나 원용하고 있으며, 이들 학설이 제시하는 강제채뇨의 허용요건도 일본 판례의 그것과 크게 다르지 않다. 예를 들면, 김형준, "형사절차상 혈액 · 뇨의 강제채취와 그 한계", 형사법연구 제9호(1997. 12.), 306-7쪽; 방경휘, "수사상 강제채뇨에 관한 연구 - 한국과 일본의 논의를 바탕으로 -", 인하대학교 법학연구 제21집 제3호(2018. 9), 288-9쪽; 서태경, "형사소송법상 신체내부에 대한 강제수사의 절차와 한계", 한양법학 제19권 제2호(2008. 10). 397-8쪽; 이은모, 앞의 논문, 4쪽; 이재상, 위의 논문, 160-1쪽; 조국, "수사상 검증의 적법성 - 사진 및 무음향 비디오 촬영과 신체침해를 중심으로 -", 형사법연구 제20호 (2003 겨울), 315-6쪽 등.

므로, 시야를 넓혀 독일과 미국에서는 이 문제를 어떻게 이해하고 있는지를 살펴 보고자 한다.

2. 비교법적 검토

(1) 독일

(가) 독일 형사소송법 제81조의a

독일 형사소송법 제81조의a는 신체검사와 신체침해의 요건과 절차를 규정하고 있다.[11] 신체검사(körperliche Untersuchung)는 당해 형사절차상 중요한 사실을 확정하기 위하여(zur Feststellung von Tatsachen für das Verfahren von Bedeutng) 행해질 수 있으며(동법 제81조의a 제1항 전단), 원칙적으로 법관의 명령에 의하여 실시되어야 한다(동법 제81조의a 제2항). 당해 형사절차상 중요한 사실을 확정하기 위해 필요한 경우에는 '혈액 채취와 그 밖의 신체침해'도 실시될 수 있는데, 이러한 신체침해는 의사에 의해 의학 기술의 준칙에 따라 이루어지고 또한 피의자의 건강을 해할 염려가 없는 때에 한하여 피의자의 동의 없이도 실시될 수 있다(동법 제81조의a 제1항 후단). 이 경우에도 법관의 명령에 의하여 시행되어야 하는 것이 원칙임은 물론이다.

신체검사란 '피의자의 의사와 무관하게 존재하는 신체 또는 신체 일부의 상태, 또는 피의자의 정신 상태와 뇌의 작동방식, 신체와 결부된 정신의 기능 등을 신체침해 없이 감각적으로 지각하는 것'을 의미한다.[12] 한편, 신체침해란 신체의 자연적 구성부분, 즉 세포, 혈액, 체액, 정자, 소변, 타액(침) 등을 특히 사후의 분자유전학적 검사를 목적으로 취득하거나 또는 신체에 어떤 물질을 투여하거나 그 밖에 피부와 근육에 의해 폐쇄되어 있는 신체의 내부에 작용하는 것을 말한다.[13] 신체검사와 신체침해는 고통을 가져온다거나 의학적 수단이나 장치를 이

---

11) 독일형사소송법 제81조의a 제1항「피의자에 대한 신체검사는 당해 형사절차상 중요한 사실을 확정하기 위하여 명할 수 있다. 이러한 목적을 위한 혈액 채취와 그 밖의 신체침해는 의사가 의학 기술의 준칙에 따라 검사의 목적으로 시행하고 피의자의 건강을 해할 염려가 없는 때에 한하여 피의자의 동의 없이도 실시될 수 있다.」

12) Meyer-Goßner/Schmitt, StPO, 60. Aulfl., 2017, § 81a Rn. 9.

용하는지 여부에 의해 구별되는 것이 아니라, 비록 경미한 것일지라도 신체에 대한 손상을 야기하는지 여부(Beibringung von Verletzungen des Körpers)에 의해 구별된다.[14)]

독일에서는 피의자에 대한 신체검사가 어떠한 요건 하에 허용될 수 있는지가 1933년까지 다투어져 왔다. 1933년 독일 형사소송법 제81조의a가 신설되기 이전에도 피의자는 물론 피의자 아닌 자도 증거 수집 목적으로 이루어지는 신체검사에 수인할 의무가 있다는 것이 통설과 판례의 입장이었다.[15)] 독일 판례는 수색에 관한 규정(동법 제102조, 제105조)을 신체검사에 적용하였음에 반하여, 학설은 살아있는 사람의 신체에 대한 검사는 검증에 의한 규정에 의하여야 한다는 입장이었다.[16)] 벨링은 신체검사는 일부는 수색에 관한 규정에 의해, 일부는 검증에 관한 규정에 의해 가능하다는 견해를 주장하기도 하였다.[17)] 그러나 주목할 만한 것은 당시 통설과 판례는 혈액 채취와 그 밖의 신체침해는 대상자의 동의 없이는 허용되지 않는 것으로 보고 있었다는 점이다.[18)]

이러한 논쟁과 관련하여 신체침해를 인정하는 독일형소법 제81조의a가 신설된다. 동 조항은 1933. 11. 24.「위험한 상습범인과 보안 및 개선 처분에 관한 법률」의 제정에 수반하여(Ausführungsgesetz zu dem Gesetz gegen gefährliche Gewohnheitsverbrecher und über Maßregeln der Sicherung und Besserung) 독일형소법에 추가된 것이다.[19)] 동 조항을 신설한 이유는 피

---

13) Meyer-Goßner/Schmitt, a. a. O., § 81a, Rn. 15.

14) 신체침해에 해당하는지는 고통을 야기하는지 여부에 따라 판단하지 않는다. 단순한 신체검사에서도 고통은 발생할 수 있으며, 신체침해가 있어도 고통은 발생하지 않을 수 있다. 또한 의학적 수단이나 장치의 이용 여부도 신체침해를 판단하는 기준이 아니다. 혈압 측정, 심전도 검사, 뇌파 검사 및 분리 가능한 의치의 취득 등은 의학적 장치가 이용되고 통상적으로 의료인에 의해 행해지더라도 이는 단순한 신체검사에 해당할 뿐이다(Löwe/Rosenberg-Krause, StPO 2 Bd, 25 Aufl., 2004, § 81 a, Rn. 27.). 구강, 항문, 여성의 질 등 자연적인 신체외강에 대한 검사는 초음파검사와 마찬가지로 신체침해가 아니며, 단순한 신체검사에 해당한다(Meyer-Goßner/Schmitt, a. a. O).

15) Löwe/Rosenberg-Krause, a. a. O., § 81c, Rn. 1.

16) Löwe/Rosenberg-Krause, a. a. O., § 81a, Rn. 1.

17) Beling, Die Vornahme von Untersuchungen am menschlichen Körper als Prozeßmaßregel, ZStW 15 (1895), 471.

18) Löwe/Rosenberg-Krause, a. a. O., § 81c, Rn. 1.

19) RGBl. I 1933, 995 (1000) : Müncher Kommentar-Trück, StPO, 1. Aufl., 2014, § 81c, Rn. 3.

의자나 피고인에 대한 보안처분 요건의 존부를 확인하기 위하여 혈액 채취 등 신체침해를 가져오는 일정한 검사를 행하여야 할 필요성이 인정된다고 보았기 때문이다. 당시 동법 제81조의a는 신체검사의 대상으로 피의자뿐만 아니라 피의자 아닌 자도 그 대상으로 포함하고 있었으며, 동조 제2항은 혈액 채취와 그 밖의 신체침해에 관한 근거규정을 마련하게 된다.[20] 그러다가 1950년 개정에 의하여 피의자와 피의자 아닌 자를 구별하면서 피의자 아닌 자에 대한 신체검사 등에 관한 규정인 제81조의c가 추가되었다.[21] 1953년 개정 형소법은 혈액 채취는 오로지 '의사'에 의해서만 가능하도록 하였으며, 1997년 개정 형소법에 의해 '목적 구속성'과 '폐기 원칙'에 관한 오늘날의 제81조의a 제3항이 신설되었다.

(나) 강제채뇨의 허용성

강제채혈은 적정하게 실행되면 거의 고통이 없고 혈우병 환자에게만 위험할 수 있기 때문에 독일형소법 제81조의a에 의해 허용된다는 것이 독일의 통설적 입장이다.[22] 이 경우에도 예를 들면, 수술 준비를 위해 이미 채혈된 혈액 등을 취득하는 방법이 선행되어야 하며, 과잉금지의 원칙상 피의자가 채혈을 거부하는 경우에만 신체침해가 가능하며, 처음부터 제81조의a에 의한 채혈을 해서는 안된다.

도뇨관(Katheter)을 이용한 채뇨(Urinabnahme)가 독일형소법 제81조의a가 정한 신체침해의 일 유형으로 허용되는지 여부에 관하여는 이를 대체로 부정하는 것이 학설의 일반적인 입장이다. 강제채뇨는 감염위험과 그 고통 때문에 원

---

20) 1933년 독일형소법 제81조의a「(1) 피의자에 대한 신체검사는 당해 형사절차상 중요한 사실의 확정을 위하여 명하여질 수 있다. 피의자 아닌 자에 대하여는 그 자의 신체에 특정한 증적 또는 범죄행위의 결과가 존재하는지 여부가 확정되어야만 하는 때에 한하여 그 자의 동의 없이 신체검사가 행해질 수 있다.
(2) 혈액 채취 그리고 그 밖의 침해는 의학적 준칙에 따라 검사목적으로 이루어지는 혈액 채취 그리고 그 밖의 침해는 피검사자의 건강을 해할 염려가 없는 경우에 한하여 피검사자의 동의 없이 허용된다.
(3) 명령 권한의 법관에 있으며, 지체로 인한 위험이 있는 때에는 검사와 검사의 보조자로서 검사의 명령을 수행하는 경찰관 및 감호관(Sicherheitsbeamten)에게 있다.」

21) 이는 피의자 아닌 자에 대한 형사절차상 기본권 침해를 가능한 최소화하기 위함이다. Müncher Kommentar-Trück, a. a. O., § 81c, Rn. 3.

22) Löwe/Rosenberg-Krause, a. a. O., § 81a, Rn. 40-41.

칙적으로 부정된다고 보아야 하지만, 예외적으로 중대한 범죄를 범하였다는 혐의가 있고 증거수집을 위해 불가피한 경우에는 도뇨관을 이용한 강제채뇨도 가능하다는 견해[23]도 있다. 하지만 마약과 관련된 구체적인 범죄혐의가 있더라도 강제채뇨는 허용되지 않는다는 것이 독일의 다수설적 입장이다.[24]

도뇨관을 이용한 강제채뇨는 요로계통의 감염을 가져올 위험이 있기 때문에 비례성의 원칙에 반한다고 하거나[25], 방광염을 일으킬 위험이 있기 때문에 이를 허용할 수 없다고 한다.[26] 의학적 관점에서 뿐만 아니라 인간의 존엄과 비례성 원칙이라는 헌법적 관점에서 볼 때도 강제채뇨는 허용될 수 없기 때문에 소변검사는 대상자의 자발적인 임의 제출에 의해서만 가능하다고 주장되기도 한다.[27] 독일형소법 제81조의a 제1항이 규정한 '그 밖의 신체침해'의 허용 여부는 신체침해의 정도 · 위험성과 범죄혐의의 중대성을 비교형량하여 유형적 · 단계적으로 판단할 것을 제안하면서 강제채뇨의 허용성을 부정하는 견해도 있다. 혈액 채취는 제81조의a 제1항이 정한 방법에 따라 강제적으로 이루어질 수 있으며, X선촬영, 심전도 검사, 뇌전도 검사, CT 등은 비교적 쉽게 허용될 수 있지만, 수액(髓液)이나 위액을 채취하는 것처럼 강제적으로 배관을 이용하는 것은 예외적으로 허용되어야 하고, 혈관 조영술(Aniographie)[28]이나 강제적인 도뇨관 사용은 언제

---

23) Max Kohlhaas, Zweifelsfragen zu § 81a StPO aus ärztlicher Sicht, NJW 1968, 2277.

24) 피의자의 신체내부에서 정액, 수액, 뇨를 채취하는 것이 가능하다고 설명하고 있는 견해들(예를 들면, Pfeiffer, StPO, 5. Aufl., 2004, § 81a, Rn. 5; Rogall, Die Vergabe von Vomitivmitteln als strafprozessuale Zwangsmaßnahme, NStZ 1998, S. 68 Fn. 42)은 1993년의 독일연방헌법재판소 결정(BVerfGE NStZ 1993, 482)을 인용하고 있다. 그러나 동 판례 사안은 수사기관이 수사 목적으로 강제채뇨를 실시한 사안이 아니라 보호관찰을 받는 사람에게 소변을 제출하도록 의무를 부과하는 것이 인간의 존엄이나 자기부죄거부특권에 반하지 않는다는 취지의 판례일 뿐이다.

25) Adams, Die Berücksichtigung der Behandlungsbedürftigkeit von Drogenabhängigen im Rahmen des Ermittlungs-, Erkenntnis- und Vollstreckungsverfahrens, NStZ 1981, 241(244) ; Meyer-Goßner/Schmitt, a. a. O., § 81a, Rn. 21.

26) Berr/Krause/Sachs, Drogen im Straßenverkehrsrecht, 2007, S. 74; Löwe/Rosenberg-Krause, a. a. O., § 81a, Rn. 63; Müncher Kommentar-Trück, StPO, 1. Aufl., 2014, § 81a Rn. 18.

27) Burmann/Heß/Hühnermann/Jahnke-Burmann, Straßenverkehrsrecht, 25. Aufl. 2018, § 81a StPO Rn. 2.

28) 목동맥에 조영제를 투여하고 뇌를 뢴트겐 촬영을 하는 혈관 조영술(Aniographie)도 심각한 부작용을 배제할 수 없기 때문에 그 증거가치에 불구하고 강제적 방식으로는 이루어질 수 없다. Meyer-Goßner/Schmitt, a. a. O., Rn 38.

나 허용될 수 없다는 것이다.[29]

한편, 수사단계에서 수사기관이 수사 목적으로 도뇨관을 이용하여 강제로 소변을 채취한 사안을 다루고 있는 독일의 판례는 찾아보기 어렵다.[30] 다만, 소변 검사와 관련된 1993년 독일연방헌법재판소의 판례는 강제채뇨와 관련하여 언급할 만한 가치가 있다.[31] 독일에서 일부 강제채뇨의 허용성을 인정하는 견해들은 위 판례를 근거로 원용하고 있기 때문이다.[32] 위 사안은 청구인이 유죄판결을 받고 보호관찰 기간 동안 총 10회에 걸쳐 소변검사를 위해 소변을 제출하라는 법원의 결정에 대하여 헌법소원을 제기한 사건이다. 독일연방헌법재판소는 법원의 이러한 지시는 청구인의 독일기본법상의 인간존엄의 불가침, 일반적 행동자유권, 자기부죄거부의 권리 등을 침해하는 것은 아니라고 판단하였다. 동 재판소는 법원의 지시가 인간존엄의 불가침을 침해하지 않는 이유를 설시해 나가던 중, 소변의 제출은 의학적 감독을 위해 필요한 최소한의 조치로서 인간존엄의 불가침에서 유래하는 인격권을 침해하는 것은 아니라고 하면서, 그 과정에서 수치감을 일으킬 수는 있고 불쾌감(병원에서의 대기 시간, 제출상의 문제)이 있을 수 있지만, "그러나 법률은 또한 독일형소법 제81조의a의 요건 하에 강제채뇨를 허용하고 있다(vgl. Kleinknecht/Meyer 40. Aufl., § 81a Rn. 15)."라는 문장을 사용하여 법원의 지시가 청구인의 기본권을 침해하는 것은 아니라고 밝힌다. 동 재판소의 위와 같은 문장에 주목하여, 독일연방헌법재판소는 감독 목적으로 소변을 취득하는 것이 인간존엄성보장에 반하지 않는다는 입장을 취하고 있음과 동시에 독일형소법 제81조의a에 의한 강제채뇨도 허용하는 입장이라고 해석하는 견해가 있다.[33]

---

29) Volk, Grudkurs StPO, 6. Aufl., 2008, S. 64.

30) 필자는 beck-online DIE DATENBANK라는 독일법률정보 사이트에서 채뇨검사(Urinprobe), 도뇨관(Katheter), 채뇨(Harnentnehmen), 강제채뇨(die zwangsweise Entnahme von Urin) 등의 검색어로 강제채뇨와 관련된 독일 판례를 검색하려고 시도하였다. 그 결과 검색되는 판례나 논문들은 주로 보안처분 단계에서 마약복용 여부를 감시하기 위한 소변 제출 및 소변 검사 등에 관한 자료들이며, 수사기관이 증거 수집을 직접적인 목적으로 도뇨관을 이용하여 강제채뇨를 한 사례는 찾아볼 수 없었다.

31) BVerfG, Beschluß vom 21 04. 1993, NStZ 1993, 482.

32) 각주) 24참조.

33) Rogall, a. a. O., S. 68 Fn. 42.

그러나 위 판례가 수사기관의 수사 목적을 위한 강제채뇨를 허용한 것이라고 보기는 어렵다고 생각된다. 독일연방헌법제판소가 독일형소법 제81조의a를 언급한 것은 정기적인 소변 제출의 불편함은 문언상 강제채뇨도 가능한 것으로 해석될 수 있는 독일형소법 제81조의a 비추어 보면 수인해야 할 정도라는 취지로 보인다. 동 재판소는 위 문장의 마지막 부분에 '(vgl. Kleinknecht/Meyer 40. Aufl., § 81a Rn. 15)'를 인용하고 있는데, 수사절차상의 강제채뇨의 허용성을 심각하게 고민하고 신중하게 위 문장을 사용하였다기보다는 독일 판례의 관행처럼 저명 주석서를 그저 인용한 것이 아닌가라는 추측이 든다. 참고로 독일연방헌법재판소가 인용한 위 주석서의 현재 입장은 강제채뇨 불허설이다.[34] 무엇보다도 최근의 독일 주석서나 이론서들이 독일 판례(연방헌법재판소)가 수사절차상 강제채뇨를 허용한다는 입장을 취하는 것으로 이해하고 있지 않다.

결론적으로 독일의 경우는 신체의 안전성에 대한 위험, 인간의 존엄성, 비례성 원칙 등을 이유로 강제채뇨의 허용성을 부정하는 것이 학설의 일반적 입장이고, 수사상 강제채뇨의 허용성을 긍정한 판례도 찾아보기 어렵다고 말할 수 있다.

(2) 미국

미국은 우리나라처럼 형사절차상 강제처분을 압수 · 수색, 검증 또는 감정 등으로 세분하는 체계를 취하고 있지 않다. 대륙법계의 강제처분 개념에 비추어 볼 때 압수 · 수색이라기보다는 신체침해(intrusions into the human body)에 해당하는 강제처분들도 개인의 '프라이버시에 대한 정당하거나 합리적인 기대'(justifiable or reasonable expectation of privacy)를 침해하는 경우에는 미국수정헌법 제4조가 규정하고 있는 '압수 · 수색'(search and seizure)으로서 동 조항의 적용을 받게 된다. 수사기관의 처분이 신체에 대한 침해를 내용으로 하고 있는 경우도 기본적으로 다르지 않다. 따라서 압수 · 수색 등 수사기관의 강제처분은 상당한 이유가 있고 판사가 발부한 영장에 의해 실시되는 것을 원칙으로 한다. 다만, 피의자를 적법하게 체포하는 경우(search incident to arrest)나

---

34) Meyer-Goßner/Schmitt, a. a. O., § 81a, Rn. 21.

그 밖의 긴급상황의 존재를 인정할 수 있는 경우(search in response to exigent circumstances), 대상자가 임의로 동의(search by consent)하는 경우에는 경찰관은 수색영장 없이 강제처분을 행할 수 있다.[35]

그러나 미국 판례는 사람의 신체에 대한 침해는 매우 극단적인 경우에 해당하기 때문에 일정한 처분은 전혀 허용되지 않는다고 하거나, 또는 통상적인 수색영장보다 강화된 요건을 요구한다.[36] 대표적으로 1952년 로친 사건(Rochin v. California)에서 문제된 강제적인 연하물 배출은 미국헌법상 허용되지 않는 강제처분이다. 미국연방대법원은 경찰관들이 로친의 방으로 강제적으로 침입하였을 때 로친이 2개의 캡슐을 입으로 삼키자 이를 강제적으로 빼내려다 실패한 후 로친을 병원으로 데려가 의사로 하여금 로친의 위에 튜브를 연결한 후 구토제를 넣어 2개의 캡슐을 토하게 한 일련의 사건에 대하여 "양심에 충격을 주는 것"이라고 특징짓고 이러한 과정으로 취득된 증거는 미국수정헌법 제14조[37]의 적정절차에 위반되는 것이기 때문에 증거로 사용할 수 없다고 판시하였다.[38]

부상당한 피체포자의 거부에도 불구하고 경찰관의 지시를 받은 의사가 채혈을 한 사안이 문제된 슈머버 사건(Schmerber v. California)에서 미국연방대법원의 다수의견은 이러한 채혈은 적정절차조항이나 미국수정헌법 제4조를 위반하는 것은 아니라고 판시하였다.[39] 동 법원은 여기서 ① 채혈을 통해 피의자가 음주 운전을 하였다는 범죄 증거를 발견할 수 있는 "확실한 징표"(clear indication)가 존재할 것, ② 검사(test)가 통상적이고 실제로 위험, 트라우마, 또는 고통을

---

35) LaFave/Israel/King/Kerr, Criminal Procedure, 5th. 2009, p. 180.

36) 예를 들면, Schmerber v. California, 384 U.S. 757, 86 S.Ct. 1826, 16 L.ED.2d 908 (1966)에서는 "사람의 신체에 대한 침해"(intrusions into the human body)는 매우 침습적이기(offensive) 때문에 그러한 증거가 발견될 수 있다는 점에 대한 "명백한 징표"(clear indication)를 기초로 해서만 이루어질 수 있다는 점을 강조하고 있다. 이 밖에도 미국 판례는 감청이나 사적 주거에 대한 야간 수색 등에 관하여는 침해의 중대성을 이유로 상당한 이유의 판단에 있어 가중된 요건을 요구하고 있다. LaFave/Israel/King/Kerr, Id, p. 167-8.

37) 미국연방대법원이 이러한 행위를 미국수정헌법 제4조에 따라 판단하지 않은 이유는 로친 사건 당시에는 아직 동법 제4조에 따른 배제법칙이 州에 적용되지 않았기 때문이다. LaFave/Israel/King/Kerr, Id, p. 182 fn. 7. 미국수정헌법 제4조가 주에게도 적용된 때는 1961년이다.

38) Rochin v. California 342 U.S. 165, 72 S.Ct. 205, 96 L.Ed. 183 (1952). 동 사건의 자세한 사실관계에 관하여는, 신양균/조기영, 판례교재 형사소송법(제2판, 2014), 289쪽 참조.

39) Schmerber v. California, 384 U.S. 757, 86 S.Ct. 1826, 16 L.Ed.2d 908 (1966).

가져오지 않는다는 의미에서 “합리적인 방법”(a reasonable one)일 것, ③ 혈액이 “의사에 의해 병원이나 검사에 적합한 환경아래서 승인된 의학적 법칙에 의해 채취되었다”는 의미에서 검사가 “합리적인 방식으로 이루어졌을 것”이라는 3가지의 핵심 요소를 고려하야야 한다고 판시하였다. 슈머버 사건은 신체침해의 경우 통상적인 압수 · 수색보다 강화된 요건 하에 강제채혈을 허용하는 판례 법리를 밝힌 판례이지만 직접적으로 강제채뇨를 대상으로 하는 것은 아니다.

미국연방대법원 단계에서 경찰관이 수사 목적으로 강제채뇨를 행하여 법원의 판단이 이루어진 사안은 찾아보기 어렵다.[40] 다만, 강제채뇨와 관련된 50년대의 미국 하급심 판례로서 언급할 만한 가치가 있는 것으로 네스미드 사건(United States v. Nesmith)이 있다.[41] 이 사건도 강제채뇨 사안을 직접 판단대상으로 한 경우는 아니지만 방론으로 강제채뇨는 허용될 수 없다고 밝히고 있다는 점에서 적지 않은 의미가 있는 판례이다. 네스미드 사건은 피고인이 교통사고로 인한 과실치사죄로 기소된 사안이다. 수사 단계에서 피고인을 체포한 경찰관은 음주의 영향아래 운전을 하였는지를 판단하기 위해 피고인에게 소변을 제출할 것을 요구 또는 지시하였고, 피고인은 이에 응하였다. 이후 피고인은 제출된 소변을 증거로 사용하는 것은 미국수정헌법 제5조가 규정한 자기부죄거부특권에 위반된다는 이유로 증거배제신청을 하였다. 이에 대해 콜롬비아 특별구 연방지방법원은 자기부죄거부금지특권의 연혁과 미국내 여러 선례를 검토한 후 자기부죄거부특권은 ‘구술 증언’(oral testimony)에만 적용되며, 물적 증거인 피고인의 신체에는 적용이 없다고 판단하였다. 이때 동 법원은 일종의 방론으로 로친사건을 언급하면서 “만일 피고인이 소변 제출 요구에 순응하도록 폭력이 행사되었거나 또는 협박이 이루어졌다거나, 또는 피고인의 신체에서 소변을 채취하기

40) 필자는 LexisNexis Academic이라는 미국법률정보 사이트에서 미국연방법원과 각주 법원의 판례들을 대상으로 urine, specimen, catheter, catherterization, forced catherterization, Rochin, Schmerber 등의 검색어로 수사절차에서의 강제채뇨 사안의 존부를 확인하였으나 이를 찾아볼 수는 없었다. 소변검사가 ‘헌법상 혐의 없는 수색’으로서 허용될 수 있는지에 관하여 5개의 판례가 있다고 밝히고 있는 2014년에 발표된 논문(Caitlin E. Borgmann, The Constitutionality Of Government-imposed Bodily Intrusions, 2014 University of Illinois Law Review 1059)도 있지만, 이는 수사기관이 수사 목적으로 강제채뇨를 한 사안은 아니며, 정부나 기업이 피고용자 등에게 소변 제출을 명하여 검사를 행하는 사안에 관한 것이다.

41) United States v. Nesmith, 121 F. Supp. 758 (U.S.Dist. 1954).

위하여 일정한 도구가 강제적으로 사용되었다면, 로친 사건의 원칙이 이 사건에도 적용될 수 있을 것이다."라고 판시하였다.

소변 검사와 관련한 일부 미국 사례는 군사항소법원의 판례에서 찾아 볼 수 있다. 1954년 윌리엄슨 사건(United States v. Williamson)[42]에서는 의식불명의 군인으로부터 채취한 소변에 대한 분석결과는 자기부죄거부특권을 침해하는 것이 아니며 유죄의 증거로 사용할 수 있다고 판단한 바 있으며, 1954년 부커 사건(United States v. Booker)[43]에서는 당사자의 동의를 얻어 행해진 강재채뇨는 자기부죄거부특권을 침해하는 것이 아니며, 채뇨로 수집된 증거는 유죄의 증거로 사용할 수 있다고 판시한 바 있다. 그러나 이들 사안은 대상자의 의사에 반하여 도뇨관을 사용하여 소변을 채취한 '강제채뇨'의 사안은 아니다.

도뇨관을 이용한 강제채뇨가 이루어진 사안은 미국 해군-해병 군사법원이 다룬 사건에서 찾아 볼 수 있다. 1993년 미국 해군-해병 군사법원은 미국 해군인 피고인이 무단이탈과 코카인과 마리화나를 사용한 혐의로 특별군법회의(special court-martial)에서 유죄평결을 받고, 도뇨관에 의한 강제채뇨로 이루어진 소변 검사 결과에 대한 증거배제를 신청한 사건에서 강제채뇨의 적법성을 인정하며 이를 기각한 바 있다.[44] 동 법원은 강제채뇨로 취득한 소변검사결과의 증거능력을 부정하지 않았지만, 이러한 결론이 '범죄 수사의 목적'으로 이루어진 강제채뇨의 적법성을 인정한 것은 아니다. 해당 사안에서는 피고인이 약물 남용의 증상을 보였고 의사가 응급실에서 피고인이 사망할지 여부를 확인하기 위해 섭취한 물질의 성질을 판단하기 위한 '의료상의 목적'으로 피고인의 의사에 반하여 강제채뇨가 이루어진 경우이다. 동 법원은 강제채뇨의 적법성을 인정한 것은 오직 의학적 필요에 의하여 강제채뇨가 이루어졌기 때문이라고 그 이유를 밝히고 있으며, "만일 지휘관이 상당한 이유가 있는 수색으로서 건강한 군인에게 강제채뇨를 명하였다면, 우리는 … 피고인에게 유리하게 판단하였을 것이다."라고 판시하고 있다. 결국, 이 사안도 의료적 목적으로 강제채뇨가 행해진 경우로서

42) United States v. Williamson, 4 U.S.C.M.A. 320, 15 C.M.R. 320 (1954).
43) United States v. Booker, 4 U.S.C.M.A. 335, 15 C.M.R. 335 (1954).
44) United States v. Terry S. FITTEN, 39 M.J. 659 (1993).

수사기관이 증거를 수집하는 범죄 수사의 목적으로 이루어진 강제채뇨와는 직접 비교할 사안은 못된다.

교도소 등의 수용자에 대해 공공보건 및 복지에 관한 규정에 따라 소변을 제출하도록 하고, 이를 거부하는 경우 강제채뇨가 실시되었더라도 수용자의 권리를 침해하거나 미국수정헌법 제4조에 위반되지 않는다는 하급심 판례[45)]들이 발견되지만, 이러한 사안도 수사기관이 수사 목적으로 강제채뇨를 실시한 경우는 아니다. 최근 사우스 다코다(South Dakoda) 州의 '미국시민권연합'(American Civil Liberties Union)이 사우스 다코다 법원에 경찰관이 다섯 살의 아동의 엄마의 남자 친구가 임의로 소변을 제출하지 않자 그 아동에 대해 강제채뇨를 실시한 사건에 대하여 미국수정헌법 제4조 위반을 이유로 한 소송을 제기한 사례가 논란이 되고 있지만,[46)] 이 사건은 보호관찰(probation) 중에 있는 대상자가 소변 제출을 거부함으로써 발생한 것으로서 수사단계에서의 강제채뇨 사안은 아니다.

결론적으로 미국 판례 사안에서 범죄 수사 목적의 강제채뇨가 직접 문제된 사건은 발견하기가 쉽지 않다. 수사 목적의 강제채뇨가 로친의 법리대로 양심에 충격을 주는 것으로서 허용될 수 없는 것인지, 또는 슈머버 법리에 따라 비교형량을 통하여 판단될 문제로 이해될 지는 분명하지 않다.

(3) 일본

일본의 경우도 강제채뇨나 신체침해에 관한 명문의 규정이 없는 것은 우리나라와 마찬가지이다. 그러나 일본 판례는 일정한 요건이 갖추어지면 도뇨관을 이용한 강제채뇨가 가능하다는 입장이다.[47)] 강제채뇨의 허용성에 관하여 일본의

---

45) Cedric Saulsberry v Jason S. Leiher, 151 F. Supp. 2d 1109 (2001).

46) The Washington Times July 10, 2016 (https://www.washingtontimes.com/news/2016/jul/10/ police-use-catheters-force-to-collect-urine-sample/).

47) 일본최고재판소 1980. 10. 23. 결정 형집 34권 5호 305-306쪽. 「소변을 임의제출하지 않는 피의자에 대하여 강제력을 사용하여 그 신체로부터 요를 채취하는 것은 신체에 대한 침입행위가 되는 것은 물론 굴욕감 등의 정신적 타격을 주는 행위이지만, 위 채뇨에 통상 이용되는 도뇨관을 요도에 삽입하여 요를 채취하는 방법은 피채취자에게 어느 정도의 육체적 불쾌감 내지 저항을 주는 것이라고 할 수 있고, 의사 등 이에 숙련된 기능자에 의해 적절히 시행되는 한 신체상 또는 건강상 특별한 장애를 초래할 위험성은 비교적 적고, 설령 장애를 초래하더라도 경미한 것에 지나지 않는다고 판단되며, 또한, 이러한 강제채뇨가 피의자에게 주는 굴욕감 등의 정신적 타격은 검

학설은 불허설과 허용설로 나누어져 있다.[48)]

3. 강제채뇨의 허용성에 관한 고찰

(1) 대상판결 검토

대상판결은 "범죄 수사를 위해서 강제 채뇨가 부득이하다고 인정되는 경우에 최후의 수단으로 적법한 절차에 따라 허용된다."고 하여, 수사기관의 강제채뇨에는 보충성의 원칙이 적용된다는 점을 분명히 하고 적법절차의 준수를 강조하고 있다. 대상판결이 강제채뇨가 부득이한 경우 최후 수단임을 판단하는 요소로 고려한 내용은 "피의자에게 범죄 혐의가 있고 그 범죄가 중대한지, 소변성분 분석을 통해서 범죄 혐의를 밝힐 수 있는지, 범죄 증거를 수집하기 위하여 피의자의 신체에서 소변을 확보하는 것이 필요한 것인지, 채뇨가 아닌 다른 수단으로는 증명이 곤란한지 등"이다. 또한 강제채뇨는 "의사, 간호사, 그 밖의 숙련된 의료인 등으로 하여금 소변 채취에 적합한 의료장비와 시설을 갖춘 곳에서 피의자의 신체와 건강을 해칠 위험이 적고 피의자의 굴욕감 등을 최소화하는 방법으로 소변을 채취하여야 한다."고 판시하고 있다.

① 범죄혐의의 존재 및 범죄의 중대성

마약류취급자가 아니면서 향정신성의약품을 투약한 때에는 10년 이하의 징역 또는 1억원 이하의 벌금에 처할 수 있다.[49)] 마약류 투약범죄는 법정형을 기준으로 할 때 중대한 범죄라고 볼 수 있다. 그러나 외국의 경우 마약류의 남용이

증의 방법으로서의 신체검사에 있어서도 같은 정도인 경우가 있을 수 있으므로, 피의자에 대한 위와 같은 방법에 의한 강제채뇨가 수사절차상 강제처분으로서 절대로 허용되지 않아야 할 이유는 없고, 피의사건의 중대성, 혐의의 존재, 당해 증거의 중요성과 그 취득의 필요성, 적당한 대체수단의 부존재 등의 사정을 고려하여, 범죄 수사상 부득이하다고 인정되는 경우에는 최종적 수단으로서 적절한 법률상의 절차를 거쳐 이를 행하는 것은 허용된다고 하여야 하며, 다만, 이를 실시함에 있어서는 피의자의 신체의 안전과 그 인격의 보호를 위한 충분한 배려가 이루어져야 한다고 해석하는 것이 상당하다.」

48) 일본 학설의 현황은, 井上正仁, 强制捜査と任意捜査(신판, 2014), 83-84쪽 참조.

49) 「마약류관리에 관한 법률」 제60조 제1항 제2호, 제4조 제1항 제1호, 제2조 제3호 (나)목.

문제되더라도 마약류의 투약, 즉 자기사용을 처벌하는 경우는 비교적 드물고 이를 처벌하는 경우에도 그 법정형은 중하지 않은 것이 보통이다. 우리나라의 양형실무를 보더라도 마약류 사범의 경우에는 집행유예를 선고하는 경우가 많고 실형이 선고되는 경우에도 1년 미만 또는 3년 미만의 경우가 대부분이다.[50)]

물론, 마약류의 자기사용도 남용자 자신의 건강을 해치며, 망상이나 환각 등 마약류의 약리작용으로 인해 다른 범죄행위나 교통사고의 발생을 가져올 수 있고, 마약류 사용자가 마약류 밀매조직의 일원인 경우도 있을 수 있다는 점에서 마약류 범죄를 중대한 범죄라고 할 수 있다. 대상판결에서 피고인이 범죄단체나 마약밀매조직의 일원인지, 마약류의 사용으로 인해 다른 범죄를 범하였는지는 법원의 판결문만으로는 확인되지 않는다. 다만, 피고인은 2015. 4. 2. 마약류관리에관한법률위반(항정)죄로 징역 10개월을 선고받아 2015. 9. 25. 포항교도소에서 그 형의 집행을 종료하였다.

대상판결은 "피고인에 대한 피의사실이 중대하고 객관적 사실에 근거한 명백한 범죄 혐의가 있었다고 볼 수 있다."고 판단하고 있다. 그러나 개별 사안의 구체적 사정을 떠나 법정형의 고저만을 이유로 일반적으로 중대한 범죄라고 단정하기는 곤란하다. 대상사안에서도 피고인에게는 징역 1년과 100,000원의 추징이 선고되었을 뿐이며, 모두에 소개한 2014년 사안[51)]에서도 피고인에게 징역 10월과 100,000원의 추징이 선고되었다.

② 범죄 혐의 해명 가능성 및 소변 확보의 필요성

'소변성분 분석을 통해서 범죄 혐의를 밝힐 수 있어야 하며, 범죄 증거를 수집하기 위하여 피의자의 신체에서 소변을 확보하는 것이 필요하여야' 한다.

사안에서 경찰관은 막연히 피의자가 필로폰을 사용하였다는 혐의에 그치지 않고, 제보자의 진술내용에 따라 영장을 청구하였고, 피의자의 실제 주거지에서

50) 형사정책연구원의 보고서에 따르면, 2001년 총 5,012명의 마약류 사범 중 제1심에서 벌금형을 선고 받은 자는 117명(2.3%), 집행유예를 선고 받은 자는 1,775명(35.4%)이며, 실형을 선고 받은 자 3,092명 중 1년 미만은 1,019명(20.3%), 3년 미만의 경우는 1,898명(37.9%)이다. 신의기/강은영/이민식, 마약류 사범 실태, 한국형사정책연구원(2002), 135쪽.

51) 각주 1) 참조.

사용 흔적이 있는 4개의 주사기를 발견하고, 소변과 모발의 제출을 요구하였다는 점에서 마약류 투약의 증거가 피의자의 체내에 잔류할 것이라고 믿을 만한 근거는 있다고 할 수 있다. 범죄 혐의 해명 가능성은 인정된다고 볼 수 있다.

그러나 피의자의 범죄 혐의 해명을 위해 반드시 소변을 확보해야 할 필요성이 인정되는지에 관하여는 약간의 의문을 제기할 수 있다. 신체내부에서 마약성분을 검출하는 방식 이외의 방법으로도 유죄를 입증하는 것이 전혀 불가능한 것이 아니다. 예를 들면, 피의자의 주거 등에서 마약류 또는 주사기가 발견되거나 팔 등에 주사기를 사용한 다수의 흔적이 있는 경우에는 이러한 정황증거에 의하여 마약류 투약의 사실을 입증하는 것이 불가능한 것이 아니다. 대상사안에서도 압수수색과정에서 사용된 흔적이 있는 4개의 주사기가 발견되었다. 또한 경찰관은 제보자의 진술내용에 따라 영장 청구를 신청하였다. 사안에서 피고인의 소변을 무리하게 확보하지 않더라도 경찰관은 향후 제보자의 협조나 진술과 함께 압수된 주사기 4개를 가지고 피고인의 혐의를 증명할 가능성이 있을 수 있다. 소변 확보의 필요성이라는 요건이 충족되었는지는 의문이 남는다.

③ 대체수단의 곤란성

'채뇨가 아닌 다른 수단으로는 증명이 곤란하여야' 한다. 뇨는 혈액과 달리 체내에서 생성되어 방광에 일정시간 체류한 후 자연적 생리현상으로 체외에 배출되므로 자연배출을 기다리거나 피의자의 자발적 배뇨를 구하여 이를 채취하는 것이 가장 바람직한 방법이다. 그러나 수사에 비협력적인 피의자는 이러한 배뇨에 응하지 않을 것이며,[52] 대상사안에서 피고인이 바로 그러하다.

피의자가 소변의 임의제출[53]을 거부하는 경우 마약류 투약의 증거방법을 획득하는 방법으로는 강제채혈, 모발 채취 등을 생각해 볼 수 있다. 먼저 강제채혈은 피의자에 대한 신체침해의 정도가 덜하고, 실무와 학계에서 그 허용성에 별다

52) 일본에서는 소변검사를 회피하기 위해 피의자가 수일동안 배뇨를 참으면서 소량만을 배뇨하여 의복 등에 적시도록 한 경우가 있었다고 한다. 井上正仁, 앞의 책, 81쪽.

53) 피의자가 임의로 제출한 소변에 대한 감정 결과의 증명력 등이 문세된 판례 사안으로는, 대법원 2002. 1. 8. 선고 2001도1897 판결.

른 의문이 제기되지 않았다는 점에서 비례성의 원칙을 준수하는 증거수집 방법이 될 수 있다. 대상판결 사안에서 영장의 '압수할 물건'란에는 '혈액'이 포함되어 있지 않으나, 확립된 대법원 판례[54]에 의하면 먼저 강제채혈을 하고 사후영장을 발부받음으로써 그 채혈의 적법성이 인정될 수 있기 때문이다. 그러나 필로폰 성분이 혈액 중에 머무는 시간은 매우 짧고, 검사를 위해 필요한 혈액의 양도 다량이라는 주장[55]을 고려한다면 강제채혈은 적절한 수단이 아닐 수 있다.

그러나 '대체수단의 곤란성' 요건과 관련하여 '모발'에 의한 범죄 혐의 해명 가능성이 인정될 수 있고, 따라서 소변 확보의 필요성이 인정된다고 볼 수 있는지는 의문이다. 소변감식은 복용 후 10일 이상 경과한 경우는 복용사실을 확인할 수 없는 경우가 대부분이지만, 모발감식은 복용 후 수 개월 지난 마약성분도 확인 가능하다고 한다.[56] 또한 모발검사는 모세혈관을 통하여 모발에 축적된 약물을 모발 성장기간으로 모발을 구분하여 감식하면 복용 여부뿐만 아니라 복용 시기도 추정할 수 있고, 모발 중에 축적된 약물 양을 통해 약물 중독 정도도 추정할 수 있다고 한다.[57] 다만, 모발감식은 소변감식이 1~3일 내에 결과를 알 수 있음에 비하여 10일 이상 소요된다는 단점이 있다.[58]

사안에서는 강제채뇨가 이루어지고 30분 만에 압수수색영장에 기재되어 있던 모발에 대한 압수가 이루어졌다. 피의자의 메스암페타민 투약 혐의를 증명하기 위해 피의자의 소변 외에 모발도 채취하는 것이 수사실무인 것으로 보이며,[59] 대상사안도 예외는 아닌 것으로 보인다. 모발이나 수염 또는 겨드랑이

---

54) 대법원 2012. 11. 15. 선고 2011도15258 판결.

55) 필로폰 등 향정신성약물성분이 혈액 중에 남아 있는 시간은 약30분 정도라고 하며, 검사에 필요한 혈액의 양도 200~300cc 정도로서 상당한 양이라고 한다. 이은모, 앞의 논문, 6쪽.

56) 하태인, 앞의 논문, 315쪽. 약물 성분이 소변에 잔류하는 기간을 경과해서 소변에 의한 검사가 불가능하다고 판단될 경우에는 모발로 검사를 할 수 있다는 견해로는, 방경휘, 앞의 논문, 287쪽.

57) 하태인, 앞의 논문, 315-6쪽.

58) 하태인, 앞의 논문, 316쪽.

59) 이러한 사정을 엿볼 수 있는 판례로는, 대법원 1994. 12. 9. 선고 94도1680 판결; 대법원 1998. 2. 24. 선고 97도1376 판결; 대법원 1998. 2. 24. 선고 97도1376 판결; 대법원 1999. 3. 23. 선고 99도338 판결; 대법원 2000. 3. 24. 선고 2000도102 판결; 대법원 2018. 2. 8. 선고 2017도14222 판결 등. 모두 수사기관이 피의자들의 동의를 받아 소변과 모발을 채취한 사안이다. 2002년 마약류 감식 실적으로 볼 때 전체 마약검사 중 소변검사가 55%, 모발검사가 20%라고 한다. 하태인, 앞의 논문, 313쪽 각주 9).

털[60]을 절제하는 것은 피부나 근육에 의해 보호되는 신체 내부에 대한 침해가 아닐 뿐만 아니라 신체에 손상을 주는 것이 아니다. 다만, 피의자의 외모를 변경시키고 다른 사람이 이를 인식하게 된다는 점에서 신체침해라고 할 수 있고, 독일의 경우는 법관의 명령에 의하여 가능하다고 해석되고 있다.[61] 피의자에 대한 강제적인 모발 채취로 범죄 혐의를 증명할 수 있는 가능성이 있음에도 불구하고 인간의 존엄성과 인격권을 심각하게 침해하고 피의자에게 고통과 감염 등의 신체 손상을 가져올 수 있는 강제채뇨를 실시한 상황이 과연 '대체수단의 곤란성' 요건을 충족시킬 수 있는지 강한 의문이 든다.

④ 채뇨방법의 상당성 및 피해 최소성

대상판결은 "의사, 간호사, 그 밖의 숙련된 의료인으로 하여금 소변 채취에 적합한 의료장비와 시설을 갖춘 곳에서 피의자의 신체와 건강을 해칠 위험이 적고 피의자의 굴욕감 등을 최소화하는 방법으로 소변을 채취하여야 한다."고 판시하였다.

사안에서는 부산의료원 응급실에서 강제채뇨가 이루어졌다. 병원 응급실은 일응 소변 채취에 적합한 의료장비와 시설을 갖춘 곳이라고 볼 수 있다. 채뇨방법의 상당성을 판단함에 있어 의료장비와 시설보다 오히려 더 중요한 요소는 강제채뇨를 행하는 '의료인'이 '의학 준칙을 따르는 것'이라고 할 수 있다. 사안에서는 '의사의 지시를 받은 응급구조사'에 의해 강제채뇨가 이루어졌다. 관계 법령에 따를 때 응급구조사가 '숙련된 의료인'으로서 수사 목적의 강제채뇨를 그 업무 범위로 할 수 있는지는 의문이 든다.[62] 대법원이 강제채뇨를 실시할 수 있는 의료

60) 필로폰 투약 혐의를 확인하기 위해 소변 채취 외에 겨드랑이 털을 채취한 사안으로는, 대법원 2012. 6. 14. 선고 2011도5313 판결.

61) Löwe/Rosenberg-Krause, a. a. O., § 81a, Rn. 47.

62) 응급구조사는 「의료법」 상 '의료인'에 해당하지 않는다(동법 제2조 제1항). 응급구조사는 「응급의료에 관한 법률」에 따라 의료인과 함께 '관계 법령에서 정하는 바에 따라 취득한 면허 또는 자격의 범위에서 응급환자에 대한 응급의료를 제공하는 응급의료종사자'(동법 제2조 제4호)로서, 응급구조사는 응급환자가 발생한 현장에서 응급환자에 대하여 상담 · 구조 및 이송 업무를 수행하며, 「의료법」 제27조의 무면허 의료행위 금지 규정에도 불구하고 보건복지부령으로 정하는 범위에서 현장에 있거나 이송 중이거나 의료기관 안에 있을 때에는 응급처치의 업무에 종사할 수 있는데(동법 제41조), 응급의료에 관한 법률 시행규칙(보건복지부령) 제33조는 예를 들면, '심폐소생술의 시행

인의 범위에 융통성을 부여하는 데는 신중을 기해야 한다. 독일형소법상 신체침해는 오직 의사의 자격을 가진 자에 의해서만 가능하며, 의사 아닌 자가 의학적 준칙을 준수하였다고 하여 원칙적으로 신체침해가 정당화되지는 않는다. 의료상·기술상 보조자, 실습중인 의과대학생, 레지던트, 위생사 및 간호사 등은 신체침해의 권한이 없다.[63] 다만, 통설은 피의자의 동의를 받거나 또는 제81조의a의 문언에 반하여 예외적인 경우에는 위험이 발생할 우려가 없는 때에 한하여 의사의 지도, 감독 및 책임 하에 의사 아닌 자에 의한 신체침해가 이루어질 수 있다고 본다.[64]

한편, 대상판결이 언급한 피해 최소성, 즉 "피의자의 신체와 건강을 해칠 위험이 적고 피의자의 굴욕감 등을 최소화하는 방법"이라는 요건은 후술하는 바와 같이 피의자의 저항을 제압하고 강제적으로 이루어지는 채뇨 상황에서 이러한 요건이 충족될 수 있는지 근본적인 의문이 있다.

(2) 결론적 고찰

우리 형사소송법에는 독일형소법처럼 강제채뇨와 같은 신체침해를 허용하는 명문의 규정이 없다. 독일의 경우는 1933년 신체침해에 관한 근거 규정이 도입되기 이전에는 학설과 판례가 강제채혈도 허용되지 않는다고 보았다는 점은 이미 기술한 바와 같다. 대상판결은 강제채혈에 관한 종래 판례 법리와 맥락을 같이하여 감정처분허가장 또는 압수영장에 의해 강제채뇨가 가능하다고 보고 있다. 이러한 입장에 대하여는 법률의 근거가 없음에도 불구하고 영장주의를 통해 심각한 신체침해를 허용하는 결과가 되어 형사절차법정주의(Gesetzlichkeit im Strarfprozess)와 강제처분법정주의에 어긋나는 것은 아니라는 의문이 제기될

을 위한 기도 유지, 정맥로의 확보, 인공호흡기를 이용한 호흡의 유지, 특정 상황에서 일정 약물 투여, 구강내 이물질 제거, 기도기를 위한 기도유지, 기본 심폐소생술 등' 응급상황에서 생명 유지를 위한 업무를 규정하고 있을 뿐, 수사 목적의 증거를 수집하기 위한 도뇨관을 이용한 채뇨를 그 업무범위로 규정하고 있지 않다.

63) Löwe/Rosenberg-Krause, a. a. O., § 81a, Rn. 35.

64) 독일연방헌법재판소는 피의자는 의사에 의해서만 채혈이 행해져야 한다는 기본법상의 권리를 가지는 것은 아니라고 판시한 바 있다. BVerfG - 1 BvR 403/69 v. 14. 11. 1969.

수 있다. 즉, 형사소송법은 '강제채뇨'라는 강제처분을 예정하고 있지 않음에도 불구하고, 판례가 영장주의라는 우회로를 통해 '강제채뇨영장'이라는 법형성 기능을 담당한 것은 아닌가라는 문제제기이다.[65]

설령, 형사소송법상 압수 · 수색, 검증, 감정 등 강제처분에 관한 규정들을 근거로 강제채뇨의 법적 근거를 구할 수 있다고 하더라도, 다시 말하여, 형사절차법정주의와 강제처분법정주의에 어긋나지 않는다고 보더라도, 대상사안에서 '영장주의'의 요청이 충실하게 지켜졌는지도 의문이 들지 않을 수 없다. 대상사안의 압수 · 수색 · 검증영장에는 압수할 물건으로 '피의자의 소변 30cc'가 기재되어 있지만, 영장에 도뇨관을 이용한 채뇨 방법이 가능하다는 기재는 없다. 영장을 발부한 법관의 의사는 피의자의 자연배뇨를 기다려 그 소변을 압수할 수 있다는 의미로 해석되는 것이 자연스러우며, 이러한 방식으로 피의자의 동의를 받아 소변을 취득하는 것이 종래의 실무인 것으로 보인다.[66] 대상판결의 원심법원은 "피고인에 대한 압수수색검증영장의 집행은 압수수색검증을 하는 사유, 압수수색검증과의 관련성, 긴급성 등 제반사정을 종합하여 볼 때 영장 집행을 위한 '필요한 처분'으로서 영장의 집행을 위한 범위 내에서 상당한 방법으로 이루어진 것이므로 적법"하다고 판단하고 있다.[67] '압수 · 수색영장의 집행에 필요한 처분'이란 영장집행의 목적을 달성하기 위한 필요 최소한도의 범위 내에서 그 수단과 목적에 비추어 사회통념상 상당하다고 인정되는 처분을 의미한다.[68] 필요한 처분이 본래의 처분의 목적 범위를 벗어나거나, 본래의 처분의 목적을 실현하기 위한 것이라도 비례성의 원칙을 벗어나는 경우에는 영장주의 위반이라고 볼 수 있다. 대상사안에서 사법적 심사를 거쳐 영장을 발부한 법관이 도뇨관을 이용한 강제채뇨를 실행을 예상하고 허가하였는지가 불분명하고, 인간의 존엄과 신체의 안전성을 침해하는 방식으로 이루어진 강제채뇨는 비례성의 원칙을 위반한 영장집행으로서 영장주의 위반의 문제가 발생할 수 있다.

---

65) 판례에 의한 법형성에 대한 비판으로는, 조기영, 신체침해에 있어서 강제처분법정주의와 영장주의, 전북대학교 동북아법연구 제12권 제3호(2019. 1), 263쪽 이하 참조.

66) 각주 59) 참조.

67) 부산지방법원 2018. 4. 13. 선고 2017노4648 판결.

68) 대법원 2013. 9. 26. 선고 2013도5214 판결 참조.

신체침해에 관하여 법률의 근거를 두고 법관의 명령에 의해 이를 가능하도록 하는 독일에서도 범죄 수사의 목적으로 이루어지는 도뇨관을 이용한 강제채뇨에 대하여는 부정적 입장이 학설의 일반적인 태도라는 점은 이미 기술한 바와 같다. 공권력의 과도한 행사가 늘 문제되고, 경찰관들이 막강한 위용을 자랑하는 미국[69]에서도 강제채뇨의 허용성을 인정한 판례나 수사단계에서 경찰관이 강제채뇨를 실행한 사례를 찾아보기 어렵다. 조심스럽지만 독일이나 미국은 수사상 강제채뇨에 대하여 회의적이고 신중한 입장을 취하고 있다고 말할 수 있다. 그럼에도 불구하고 우리 대법원이 비록 엄격한 요건 하에서라지만 일본 판례와 맥락을 같이하여 수사상 강제채뇨의 허용성을 쉽게 긍정한 것에는 아쉬운 부분이 있다.

헌법상 보장되는 신체의 자유와 관련하여 도뇨관을 이용한 강제채뇨의 신체의 건강과 안전에 대한 위험성이 문제된다. 이에 관하여는 의학적으로도 상반된 견해가 주장될 것으로 예상된다.[70] 비교법적 관점에서 보면, 독일의 통설은 방광염, 요로감염 등 강제채뇨가 가져올 수 있는 신체의 안전에 대한 위험성을 심각하게 인식하는 입장이라고 할 수 있다. 반면, 국내의 허용설과 일본 판례는 비뇨기과의 일상에서 행해지는 시술 정도로 인식하는 입장이라고 할 수 있다.

강제채뇨는 헌법상 보장되는 인간의 존엄과 인격권을 심각하게 침해하는 행위이다. 강제채뇨를 당하는 피의자의 굴욕감과 인간의 존엄성에 대한 침해는 명백하다. 피의자는 격렬하게 저항하였음에도 불구하고 경찰관의 완력아래 자신의 하복부와 성기가 노출[71]되고 여성 간호사가 자신의 성기를 조작하는 것을 받아들일 수밖에 없다. 설령, 그것이 고통스럽지 않더라도 피의자는 도뇨관이 삽입되고 그 튜브가 방광에 연결되어 있는 상황을 의료인 아닌 경찰관이나 주위의 구경꾼이 엿보는 모멸감을 감수하여야 한다.

---

69) 세계에서 가장 많은 형사사법비용을 지출하면서도 가장 많은 범죄가 발생하고 경찰관들 또한 폭압적인 미국의 형사사법체계는 몰락이라고 볼 수 있다는 미국 학자의 주장은, Stuntz, The Collapse of American Criminal Justice, Harvard University Press, 2013 참조.

70) 도뇨관 이용에 의한 신체침습은 대상자의 자발적 동의가 없는 한 그 저항 과정에서 건강상 문제를 가져올 수밖에 없고 또한 감염의 위험이 있다는 견해가 있을 수 있고, 소독 등을 철저히 하여 무균 도뇨관을 사용하여 숙련된 의료인에 의해 이루어지는 경우는 건강상 특별한 문제가 없다는 견해가 있을 수 있다.

71) 유치장에서의 '알몸 수색'의 위헌성에 관한 헌재 2002. 7. 18. 2000헌마327 결정 참조.

의료인에 의해 의학적 방법으로 진행된다면 신체적 고통과 정신적 굴욕감이 완화될 것이라는 주장은 의사와 환자의 신뢰관계를 전제로 환자의 자발적 동의하에 진료 및 치료 목적으로 이루어지는 도뇨관을 이용한 채뇨에는 타당할 수 있다. 그러나 격렬히 저항하는 피의자를 완력으로 제압하여 강제적으로 이루어지는 채뇨의 경우에는 피의자의 신체에 부상을 가져올 우려도 있고 정신적 굴욕감이 완화된다고 볼 근거는 없어 보인다. 피의자가 느낄 수 있는 신체적 · 정신적 고통은 여러 가지 사정에 좌우되고, 피의자에 따라 고통을 감내할 수 있는 범위는 다르다. 피의자가 평소에 강인한 성격의 인물인지 나약한 정신력을 가진 자인지, 채뇨 당시 얼마나 긴장하였는지 또는 어느 정도의 무력감과 공포감을 느꼈는지, 도뇨관은 정확하게 살균되어 있고 재활용되지 않았는지, 채뇨를 실행하는 의료인의 숙련 정도는 어느 정도인지 일률적으로 말할 수 없다. 피의자는 무의식적 '거세 공포'를 느낄 수 있고, 감염에 대한 의식적 공포도 가지게 될 것이다. 또한 우려되는 상황이지만, 만일, 강제채뇨가 적법하게 되어 강제채뇨가 수사실무의 표준이 된다면 피의자들은 강제채뇨에 대한 의식적 · 무의식적 공포로 인하여 이를 피하기 위한 방법으로 자백을 선택하게 될 것이다. 이는, 반대로, 수사기관은 자백을 확보하기 위한 수단으로 강제채뇨의 위협을 사용하고자 하는 유혹을 느낄 수도 있다는 것을 의미한다.

국가는 신체침해로 인해 피의자가 겪을 수 있는 신체적 · 정신적 고통을 외면해서는 안된다. 강제채뇨는 피의자의 신체와 정신의 건강에 대한 공격이며, 인간의 존엄성 · 자율성 · 안전감을 침해하는 행위이다. 강제채뇨는 부득이한 경우 최후 수단으로 사용된다고 하더라도 피의자의 인격과 신체의 안전성을 침해하는 것이 불가피하므로 인간의 존엄성과 그로부터 유래하는 인격권의 본질적인 내용을 침해하는 것이며 헌법상 적법절차의 원칙의 실질적인 내용을 침해하는 것이고,[72] 비례성의 원칙을 벗어나는 것이며, 수사의 상당성을 갖추지 못한 수사 방

72) 같은 취지의 주장으로는, 박재혁, 강제채뇨와 적법절차의 원칙, 대한변협신문 제715호, 2018. 11. 26. "강제채뇨를 위해 경찰관은 피의자의 팔과 다리를 결박하고, 피의자는 괴성(screaming and hollering)을 지르며 몸부림치는 상황에서, 인간의 가장 은밀한 부위에 강제로 튜브를 삽입하여 소변을 빼내는 방식은, 피의자로 하여금 스스로 짐승과 같이 여기게 만들 뿐 아니라(이러한 광경은 흡사 도살장에 끌려온 가축을 연상시킨다) 피의자를 한낱 증거수집을 위한 도구로 전락시

법에 해당한다고 하여야 한다. 강제채뇨로 채취된 소변을 증거로 사용하는 것은 자유주의적 법치국가의 기본적 가치와 적법절차의 최소한의 기준을 침해하는 것이라고 볼 수 있다.

Ⅳ. 대상판결 관련 문제

1. 피의자 아닌 자에 대한 강제채뇨의 허용 여부

대상판결은 강제채뇨의 허용 요건으로 '범죄혐의 존재'를 요구하고 있다. 따라서 설령, 대상판결의 입장을 전제로 하더라도 '피의자 아닌 자'에 대해서는 인간의 존엄성을 침해할 위험성이 높은 강제채뇨가 허용되지 않는 것으로 해석하여야 한다.[73]

2. 긴급강제채뇨의 허용 여부

긴급성의 요건을 추가하여 사전영장 없는 강제채뇨를 허용할지가 문제된다. 현행법의 규정들(제216조, 제217조)과 강제채혈에 관한 종래 판례의 입장을 유추하면 이러한 해석이 불가능한 것은 아니다. 설령, 대상판결의 입장을 전제로 하더라도, 강제채혈과는 달리 강제채뇨는 대상자의 신체 내부에 대한 침입으로 인한 인격권 침해 및 신체의 안전에 대한 위험성이 강하므로 강제채뇨라는 강제처분을 위해서는 판사의 사전심사가 필수적이라고 해석하여야 한다.

강제채뇨의 법적 성질을 압수수색과 감정처분의 성격을 모두 가지는 것으로 이해하는 다수설[74]에 따르면, 사전에 감정처분허가장이 없는 강제채뇨는 허용되

키는 것으로서, 인간 존엄의 불가침성(sacrosanctity of human dignity) 및 헌법상 적법절차 원칙에 위배된다고 하지 않을 수 없다 할 것이다."

73) 신동운, 신형사소송법, 307쪽; 김형준, 앞의 논문, 308쪽.

74) 김재환, 형사소송법, 229쪽; 노명선/이완규, 형사소송법, 255쪽; 배종대/이상돈/정승환, 신형사소송법, 193쪽; 손동권, 형사소송법, 315쪽; 이은모, 형사소송법, 298쪽; 임동규, 형사소송법, 233쪽; 정승환, 형사소송법, 198쪽.

지 않는다는 논리적 결론을 얻게 된다. 그러나 실질적인 관점에서 볼 때 강제채뇨는 강제채혈과는 달리 인간의 존엄성 및 신체의 안전에 대한 침해의 정도가 크기 때문에 비례성 원칙의 관점에서 설령, 대상판결의 입장에 따라 강제채뇨의 허용성을 인정하는 견해에 입각하더라도, 사전영장주의의 적용을 완화하지 않아야 할 필요성이 있다. 이는 방대한 양의 민감한 개인 정보가 담겨져 있는 휴대전화를 사전영장에 따른 제약 없이 압수수색하는 것은 개인의 사생활과 비밀의 자유를 침해하기 때문에 긴급압수수색 이후 사후영장에 의한 정당화는 허용될 수 없다는 논리와 같은 맥락이다.[75]

3. 음주운전 수사를 위한 강제채뇨의 허용 여부

채뇨검사는 마약 외에 음주운전을 확인하기 위한 유용한 수단이 될 수 있다. 그러나 대상판결의 입장에 선다 하더라도 혈중 알코올 농도 확인을 위한 강제채뇨는 허용되지 않는다고 하여야 한다. 대상판결은 범죄의 중대성을 요건으로 제시하고 있는데, 도로교통법상 주취운전은 사회적 비난은 크지만 법정형이 마약류범죄보다 낮기 때문이다. 또한 현행 도로교통법이 음주측정불응죄를 처벌하고 있는 점을 고려할 때에도 음주운전 피의자에 대한 강제채뇨는 허용될 수 없는 것으로 보아야 한다.[76]

4. 현행법상 신체침해의 허용 범위 : 정액 채취

소변 외에 정액 등의 체액을 형사절차상 증거방법으로 채취하는 것이 허용되는지 문제될 수 있다. 예를 들면, 수사기관은 정액을 채취하여 용의자와 범인의 동일성을 확인할 필요가 있을 수 있다.[77] 대상판결의 논리라면 부득이한 경우 최후수단으로 직접강제를 통한 정액채취가 가능하다는 입장이 가능할 수 있

75) 조기영, 사전영장 없는 휴대전화 압수수색의 허용 여부, 전북대학교 동북아법연구 제9권 제3호(2016. 1), 221쪽 이하 참조.

76) 같은 취지로는, 조국, 앞의 논문, 317. 음주측정불응죄에 의한 처벌이 가능하기 때문에 혈액 중 알코올성분의 확인을 위한 영장없는 강제채혈 · 채뇨는 허용되지 않는다고 한다.

77) 서태경, 앞의 논문, 385쪽.

다. 그러나 정액의 강제적 채취는 굴욕감 등 정신적 타격이 강제채뇨의 경우에 비하여 더 심하다고 할 수 있기 때문에 인간의 존엄과 신체의 자유의 본질적 내용을 침해하는 것으로서 그 허용성은 부정되어야 할 것이다.

V. 맺음말

플라톤은 "한 국가에서 존중되는바 바로 그것이 그 국가에서 함양될 것"(What is honored in a country will be cultivated there)이라고 말한바 있다. 형사소송법 제141조 제1항은 신체 '검사를 당하는 자의 성별, 연령, 건강상태 기타 사정을 고려하여 그 사람의 건강과 명예를 해하지 아니하도록 주의'할 것을 규정하고, 동조 제4항은 '사체의 해부 또는 분묘의 발굴'을 하는 때에도 禮를 갖출 것을 요구하고 있다. 이 조문의 연혁은 19세기 말로 거슬러 간다. 이로부터 130여년이 지난 오늘날의 인권 관념에 비추어 볼 때 강제채뇨는 생명과 인격의 존엄을 지닌 사람에 대한 禮를 갖춘 처분이라고 보기는 어렵다는 인식은 비단 필자만의 주관적 견해만은 아닐 것이다. 한국의 형사실무에서 강제채뇨가 마약사범 수사의 전범이 되는 상황은 발생하지 않아야 할 것이다.

역사적 관점에서 볼 때 대상판결은 아직 종이 위의 잉크도 마르지 않은 상태에 있다.

참고문헌

국내문헌

김재환, 형사소송법, 법문사, 2013
노명선/이완규, 형사소송법(제5판), SKKUP, 2017
배종대/이상돈/정승환, 신형사소송법, 홍문사, 2008
백형구, 형사소송법강의(제8정판), 박영사, 2001
손동권, 형사소송법(개정신판), 율곡출판사, 2010
신양균, 형사소송법(제2판), 법문사, 2004
______, 신판 형사소송법, 화산미디어, 2009
신양균/조기영, 판례교재 형사소송법(제2판), 화산미디어, 2014
이은모, 형사소송법, 박영사, 2010
이재상, 형사소송법(제9판), 박영사, 2012
임동규, 형사소송법(제5판), 법문사, 2008
정승환, 형사소송법, 박영사, 2018

김형준, 형사절차상 혈액·뇨의 강제채취와 그 한계, 형사법연구 제9호(1997. 12.)
박재혁, 강제채뇨와 적법절차의 원칙, 대한법협신문 제715호, 2018. 11. 26.
방경휘, 수사상 강제채뇨에 관한 연구 – 한국과 일본의 논의를 바탕으로 – , 인하대학교 법학연구 제21집 제3호(2018. 9)
서태경, 형사소송법상 신체내부에 대한 강제수사의 절차와 한계, 한양법학 제19권 제2호(2008. 10)
신의기/강은영/이민식, 마약류 사범 실태, 한국형사정책연구원, 2002
이은모, 소변강제채취의 허용성 및 법적 성격에 관한 검토, 한양대학교 법학연구소 법학논총 32집 제3호(2015)
이재상, 강제채뇨와 강제채혈, 고시계 1998. 8.
조 국, 수사상 검증의 적법성 – 사진 및 무음향 비디오 촬영과 신체침해를 중심으로 – , 형사법연구 제20호 (2003 겨울)
조기영, 신체침해에 있어서 강제처분법정주의와 영장주의, 전북대학교 동북아법연구, 제12권 제3호 (2019. 1)
______, 사전영장 없는 휴대전화 압수수색의 허용 여부, 전북대학교 동북아법연구 제9권 제3호 (2016. 1)
하태인, 수사상 강제채뇨에 관한 비판적 고찰, 부산대학교 법학연구, 제51권 제4호(2010. 11.)

외국문헌

Berr/Krause/Sachs, Drogen im Straßenverkehrsrecht, 2007

Burmann/Heß/Hühnermann/Jahnke-Burmann, Straßenverkehrsrecht, 25. Aufl. 2018

LaFave/Israel/King/Kerr, Criminal Procedure, 5th. 2009

Löwe/Rosenberg, StPO 2 Bd, 25 Aufl., 2004

Meyer-Goßner/Schmitt, StPO, 60. Aulfl., 2017,

Müncher Kommentar, StPO, 1. Aufl., 2014

Pfeiffer, StPO, 5. Aufl., 2004

Stuntz, The Collapse of American Criminal Justice, 2013

Volk, Grudkurs StPO, 6. Aufl., 2008

Adams, Die Berücksichtigung der Behandlungsbedürftigkeit von Drogenabhängigen im Rahmen des Ermittlungs-, Erkenntnis- und Vollstreckungsverfahrens, NStZ 1981, 241

Beling, Die Vornahmevon Untersuchungen am memschelichen Körper als Prozeßmaßregel, ZStW 15 (1895), 471

BVerfG, Beschluß vom 21 04. 1993, NStZ 1993, 482

Caitlin E. Borgmann, The Constitutionality Of Government-imposed Bodily Intrusions, 2014 University of Illinois Law Review 1059

Rogall, Die Vergabe von Vomitivmitteln als strafprozessuale Zwangsmaßnahme, NStZ 1998, 68

[국문초록]

대법원 2018. 7. 12. 선고 2018도6219 판결은 강제채뇨에 관한 대법원의 입장을 밝힌 최초의 판결이다. 위 판결 이전에는 강제채뇨의 허용여부, 허용요건, 적용되어야 할 영장의 종류 및 절차 등에 관한 논의는 주로 학설상으로 전개되어 왔을 뿐이다. 위 판결은 (1) 강제채뇨의 허용성, (2) 강제채뇨와 영장주의, (3) 강제채뇨를 위한 필요 최소한의 유형력의 행사 가능 여부 등 강제채뇨 관련 중요한 법리들을 상세히 밝히고 있다.

이 논문은 '강제채뇨의 허용성' 문제에 집중하여 위 판결의 법리를 비판적으로 고찰하고 있다. 먼저, 독일과 미국 등에서 수사 목적의 강제채뇨가 허용되는지 여부를 살펴보았다. 독일은 1933년 개정된 형사소송법 제81조의a에 의해 '그 밖의 신체침해'로서 강제채뇨를 위한 법적 근거를 마련하였지만, 독일의 통설적 입장은 피의자의 신체의 안전성과 인간의 존엄 등을 이유로 강제채뇨의 허용성을 부정하고 있으며, 강제채뇨를 인정한 독일 판례도 찾아보기 어렵다. 미국 판례 또한 수사 목적을 위한 강제채뇨에 대하여는 회의적인 입장을 취하고 있다.

강제채뇨는 피의자의 신체의 자유와 인간의 존엄 및 인격권을 침해하는 수사 방법으로서 비례성의 원칙을 벗어나는 것이며 수사의 상당성을 갖추지 못한 강제수사로서 허용되어서는 안된다.

주제어 : 강제채뇨, 압수영장, 감정처분허가장, 인간의 존엄, 비례성의 원칙

[Abstract]

A study on the permissibility of the forced catherterization by police officers

Cho, Gi Yeong[78]

The korean Supreme Court Decision 2018Do6219 Decided June 12, 2018 is the first judgment that revealed the Supreme Court's position on forced catherterization by police officers. Before the ruling, discussions on whether to allow forced catherterization or not, allowable legal conditions, types of warrants to be applied, and procedures have been largely theoretical. The above Decision revealed several important jurisdictions related to compulsory catherterization, including (1) permissibility of forced catherterization, (2) warrants requirement, and (3) availability of legal force for catherterization.

This paper focuses on the 'permissibility of forced catherterization by police officer' and critically examines the judgment of the korean Supreme Court. First, I examined whether forced catherterization for investigation purposes is allowed in Germany and the United States. Germany has established legal grounds for compulsory catherterization as 'andere körperliche Eingriffe'(other intrusions into the human body) under Article 81a of the german Criminal Procedure Act amended in 1933, but Germany's legitimate position denies the permissibility of forced catherterization on the basis of the body's safety and human dignity. It is also hard to find cases in Germany where the forced urination is accepted. The US case also takes a skeptical position on forced catherterization for investigation purposes.

The forced catherterization by police is a method of investigation that violates

---

78) Professor, Law School, Chonbuk National University, Ph. D. in Law.

the freedom of the body, human dignity and morality of the suspect. It is beyond the principle of proportionality and should not be allowed as a method of investigation.

Keyword : forced catherterization, warrants requirement, human dignity, principle of proportionality

刑事裁判의 諸問題 [第9卷]

2019年 5月 14日 第1版 1刷 印刷
2019年 5月 27日 第1版 1刷 發行

編 者 刑事實務硏究會
發行處 司法發展財團

서울특별시 서초구 서초대로 219
전화 02) 3480-1309
팩스 02) 533-4074

ISBN 979-11-6086-040-5 94360
ISBN 978-89-93171-08-2 (세트)

정가 : 70,000원